职务犯罪检察
专题研究与办案指引

最高人民检察院第三检察厅 编

中国检察出版社

图书在版编目（CIP）数据

职务犯罪检察专题研究与办案指引／最高人民检察院
第三检察厅编 . —北京：中国检察出版社，2023.5
ISBN 978 - 7 - 5102 - 2874 - 2

Ⅰ.①职…　Ⅱ.①最…　Ⅲ.①职务犯罪 – 检察 – 中国
Ⅳ.①D924.393

中国国家版本馆 CIP 数据核字（2023）第 043190 号

职务犯罪检察专题研究与办案指引

最高人民检察院第三检察厅　编

责任编辑：柴凯菲　李冬青　彭羽涵
技术编辑：王英英
封面设计：秋　萍

出版发行：中国检察出版社
社　　　址：北京市石景山区香山南路 109 号（100144）
网　　　址：中国检察出版社（www. zgjccbs. com）
编辑电话：(010) 86423768
发行电话：(010) 86423726　86423727　86423728
　　　　　 (010) 86423730　86423732
经　　　销：新华书店
印　　　刷：唐山玺诚印务有限公司
开　　　本：787 mm × 1092 mm　16 开
印　　　张：48.75
字　　　数：1144 千字
版　　　次：2023 年 5 月第一版　　2025 年 7 月第八次印刷
书　　　号：ISBN 978 - 7 - 5102 - 2874 - 2
定　　　价：148.00 元

编写说明

　　党的二十大报告强调"坚持不敢腐、不能腐、不想腐一体推进，同时发力、同向发力、综合发力"。检察机关在反腐败斗争中肩负着重大政治责任和重要法律责任。为指导更好发挥反腐败检察职能作用，促进职务犯罪检察理论研究与实务应用融合发展，我们组织编写了《职务犯罪检察专题研究与办案指引》一书，内容包括中国刑法学研究会、最高人民检察院第三检察厅、人民检察杂志社联合开展的首届全国职务犯罪检察论坛征文部分优秀获奖论文，最高人民检察院单独或联合发布的职务犯罪案件指导性案例、典型案例及解读，职务犯罪常见罪名释义与证据指引以及部分职务犯罪检察实务专题文章。本书的编写特别是首届全国职务犯罪检察论坛征文评选得到了最高人民检察院两个职务犯罪检察研究基地（上海交通大学廉政与法治研究院、河南大学职务犯罪检察研究中心）、各省级检察院职务犯罪检察部门以及检察系统内外作者的大力支持，清华大学黎宏教授、张建伟教授，北京大学车浩教授，北京师范大学刘志伟教授对部分文章进行了审核评阅，在此一并表示感谢。

　　本书坚持问题导向、实践导向、质量导向，内容涵盖贪污贿赂、渎职、洗钱犯罪等实体法律问题，以及监检衔接、特别程序、认罪认罚从宽、企业合规、证据标准等专门性问题，既有专家学者的思考研究，也有实务部门的总结提炼，针对性、指导性都很强，供从事职务犯罪理论研究和实务工作人员参考借鉴。当然，书中不少文章属于探讨性的，如有不妥当之处，期待广大读者提出意见建议，共同推动职务犯罪检察工作高质量发展，助力坚决打赢反腐败斗争攻坚战、持久战。

最高人民检察院第三检察厅

2023 年 5 月

目　录

第三部分　渎职犯罪研究

第四部分 贪污贿赂洗钱犯罪研究

第五部分 诉讼程序及证据审查研究

第六部分 认罪认罚从宽制度与企业合规研究

第七部分　职务犯罪案例解读

第八部分　职务犯罪常见罪名释义及证据指引

第一部分

职务犯罪检察综合研究

能动履职 相向而行
携手共筑职务犯罪案件质量共同体[*]

边学文[**]

习近平总书记在十九届中央纪委六次全会上深刻指出，全面从严治党是新时代党的自我革命的伟大实践，开辟了百年大党自我革命的新境界。在这场伟大实践中，纪检监察机关案件审理部门和检察机关职务犯罪检察部门都是重要的参与力量，共同肩负着推进全面从严治党、深入开展反腐败斗争的重大职责使命，面对新形势新任务新挑战，应当携手共进，加强衔接配合，完善制约机制，转变执法司法理念，与时俱进破解实践难题，更好服务反腐败工作大局。

一、强化政治引领，始终坚持正确方向

全面从严治党和反腐败斗争是党中央集中统一领导下的总体战、整体战、系统战。监察机关与检察机关应不断提高政治站位、保持政治定力、坚定政治方向、防范政治风险，从捍卫"两个确立"、践行"两个维护"的政治高度，同心同力、协同协作，确保党中央关于反腐败工作的重大决策部署落到实处。

（一）必须旗帜鲜明讲政治，实现讲政治和抓业务辩证统一

习近平总书记深刻指出，全面从严治党首先要从政治上看。职务犯罪案件政治性强、敏感性高，社会关注多，是一项十分严肃的政治工作，必须旗帜鲜明讲政治。在办理职务犯罪案件时，要不断提高政治判断力，深刻认识职务犯罪案件为什么政治性强；不断提高政治领悟力，深刻认识在案件办理中如何突出政治引领；不断提高政治执行力，深刻认识在办案中如何把落实政治要求摆在第一位。实践中，既要充分认识到，反腐败斗争已取得压倒性胜利并全面巩固，切实增强对中国特色反腐之路的制度自信；也要清醒认识到，反腐败斗争形势依然严峻复杂，必须把严的主基调长期坚持下去。监察机关与检察机关同为政治机关，要心怀"国之大者"，同向发力，自觉把办理职务犯罪案件放在党和国家工作大局中谋划推进，坚决贯彻落实习近平总书记重要指示批示和党中央重大决策部署。没有

---

* 本文节选自《人民检察》2022 年第 11 期，系 2022 年 5 月 18 日在全国检察机关职务犯罪检察业务讲座上的授课内容。

** 第二十届中央纪委委员，中央纪委国家监委案件审理室主任。

脱离业务的政治，也没有脱离政治的业务，讲政治是依法办案的行动指南，抓业务是讲政治的具体实践。要坚持从政治上看、从政治上办，善于发现案件背后的政治问题，深入剖析政治成因，准确揭示案件的政治影响和政治危害，切实把维护好党中央权威和集中统一领导落实到职务犯罪案件办理的全过程和各方面。办案中，监察机关案件审理部门与检察机关职务犯罪检察部门作为"关口"和"窗口"，要共同提升专业素养和业务能力，坚决杜绝就案论案、机械办案，杜绝把讲政治和抓业务对立起来，善于用政治眼光思考问题，善于从大局出发看待分析问题，确保查办职务犯罪工作始终保持正确的方向、取得良好的效果、达到预期的目标。

（二）必须坚持实事求是，实现坚守底线和与时俱进辩证统一

实事求是是中国共产党人认识世界、改造世界的根本要求，是马克思主义的精髓和灵魂，也是我们党的思想路线。办理职务犯罪案件，就是在调查研究中寻求真相，从发现问题、收集证据、归纳事实、厘清真相、形成判断，到最终作出结论，都离不开实事求是这一原则方法。职务犯罪主体身份特殊，不同于一般的刑事案件，往往牵一发而动全身，不仅涉及当事人的政治生命和人身财产权利，还可能会对其所在部门、地区、行业、系统带来各种影响，关系到党在人民群众心中的形象，关系到社会公平正义。应坚持一切从实际出发，一是一、二是二，事实为上、证据为王，是什么问题就认定什么问题，属于什么性质就评价为什么性质，有一分证据说一分话，不强拉硬拽、不拔高凑数、不牵强附会。坚决防止"是非不分""颠倒黑白"等问题，严格依规依纪依法，共同筑牢案件质量关口，确保执法司法落实党中央要求不偏向、不变通、不走样。"法与时转则治"，在坚持真理、坚守法律底线的同时，监察机关与检察机关应当在依法独立公正行使权力的同时，不断与时俱进、加强配合，共同有效应对职务犯罪手段隐蔽化、行为表象合法化、多种犯罪交织、对抗性增强的新形态，突破传统调查、审理、审查起诉模式，摒弃惯性思维，完善刑事审判标准下的监察机关调查取证、证据审核与检察机关证据审查认定的相互衔接，共同提高职务犯罪案件查办质量，确保案件经得起实践、历史和人民的检验。

二、强化使命担当，准确把握目标任务

确保职务犯罪案件办理高质高效，有力惩治各类腐败问题，是监察机关与检察机关共同的目标任务。要紧紧围绕党中央关于全面从严治党和反腐败工作部署开展工作，共同致力于实现一体推进"不敢腐、不能腐、不想腐"的战略目标。

（一）坚定不移推进反腐败斗争

习近平总书记反复强调，作风建设永远在路上，党风廉政建设和反腐败斗争永远在路上，全面从严治党永远在路上。国家监察体制改革以来，监察机关与检察机关坚决贯彻落实习近平总书记重要指示批示和党中央重大决策部署，自觉肩负起在党的自我革命中的职责使命，严格依法办案，及时有效惩处各类腐败问题，不断过滤杂质、清除毒素、割除毒瘤，进一步纯洁了党的队伍，维护了党的肌体健康。在推进党的自我革命新的伟大实践中，监察机关与检察机关应忠诚履职尽责，以永远在路上的清醒和坚定，坚持严的主基调

不动摇，保持反对和惩治腐败的强大力量常在，坚定不移把全面从严治党向纵深推进。既要看到重大案件背后政治问题和经济问题相互交织、利益关系盘根错节、权力与资本"结盟""勾连"等特点，深挖其中影响政权稳定、经济安全、国家安全的问题，又要对发生在人民群众身边的"蚁腐蝇贪""小官巨贪"等问题毫不手软，不断增强人民群众的获得感、幸福感、安全感，巩固党长期执政的根基。应紧紧围绕党和国家工作大局，准确理解把握党中央政策的精神实质，与办案工作和正在做的事情紧密结合起来，创造性贯彻落实，对特殊敏感和重点行业领域的案件，在不起诉、适用认罪认罚从宽制度、重大事实情节变更以及文书公开、案件信息发布等方面加强沟通协调，充分保证案件办理取得良好效果。

（二）切实保障和提高案件质量

党的十九大以来，中央纪委国家监委持续强调要"推进新时代纪检监察工作高质量发展"。最高人民检察院要做好2022年职务犯罪检察工作，也强调要做实"质量建设年"各项举措，不断推进职务犯罪检察工作高质量发展。案件审理部门和职务犯罪检察部门更要深刻认识到高质量发展是新时代的主题，而案件办理的高质量则是题中应有之义，要立足各自职能职责，牢固树立质量意识，发现问题及时报告和纠正，努力守住"关口"、把牢"出口"，共同肩负起保障和提高案件质量的职责使命。应坚持系统观念，着力提高业务指导的深度、广度、精度，聚焦执法司法中的深层次问题，加强调查研究，创新指导方式，传导执法司法的新理念新标准新要求，及时解决实践中的疑难问题。建立健全监检协作机制，通过共同开展职务犯罪案件质量评查、发布典型案例、联合出版业务书籍，共同提升办理职务犯罪案件的能力水平。继续深化拓展业务交流方式，推动"同堂培训"常态化，加强对办理职务犯罪案件疑难问题的会商、研讨和论证，树牢案件质量共同体意识，共同推进办案质效提升。

三、强化配合制约，构建良性监检关系

国家监察体制改革构建了一个新的国家权力结构格局。宪法和监察法都明确规定，监察机关办理职务违法和职务犯罪案件，应当与检察机关互相配合，互相制约。互相配合、互相制约是辩证统一的有机整体。只谈配合不讲制约，配合就失去了立场；只讲制约不讲配合，制约就失去了意义。案件审理部门和职务犯罪检察部门应坚持配合与制约相统一，确保监察执法与刑事司法衔接（以下简称法法衔接）顺畅高效。

（一）深化互相配合是核心要义

宪法对于监察机关与检察机关的关系定位，首要的表述是互相配合，这体现了党和国家对监察机关与检察机关形成反腐败工作合力的要求和期望。国家监察体制改革以来，监察机关与检察机关积极主动探索，全面总结经验，单独或者联合出台多项规章制度，完成了立梁架柱、夯基垒台，努力推动建立权威高效、衔接顺畅的法法衔接机制。应认真落实好2021年国家监察委员会、最高人民法院、最高人民检察院、公安部联合印发的《关于加强和完善监察执法与刑事司法衔接机制的意见（试行）》，将法法衔接工作放在推进国

家治理能力和治理体系现代化的大局中谋划，及时关注工作中遇到的新情况新问题，共同研究提出务实管用的方法对策。坚持协调有序、配合有方，经常把办案理念、标准、要求放到一起比较，努力减少分歧，达成更多共识，推动执法司法理念、标准贯通融合。建立健全办理职务犯罪案件沟通联络机制，对特殊案件可以商请检察机关提前介入，对案件中的重大争议问题，及时通过会商、论证等方式研究解决；移送案件时全面客观介绍案情，对相关涉案人员不移送司法处理的要及时作出说明，帮助检察机关全面了解案件情况；定期通报不起诉、退回补充调查等情况，重大案件结案后可以共同"复盘"案件办理各环节的经验和教训，促进共同提升、共同进步。

（二）深化互相制约是必然要求

深化互相制约，是一种更高层次的配合，是实现目标任务的必然要求。监察机关将认定的事实与意见移送审查起诉，实质上也是将案件交由司法机关进行再次检验，是接受监督的过程。通过审查起诉这道把关程序，可以避免先入为主、有效查漏补缺，从而更好地保障和提高案件质量。当前，对接受监督制约还有一些不正确认识，不同程度地存在配合有余而制约不足的问题。比如，个别地方监委办案部门对检察机关提出的补证意见不重视、不采纳，甚至自设条件要求不退查；有的部门不允许司法机关调整事实、变更数额、改变定性。此外，仍有极个别地方追求"零不诉""零无罪"等不符合法治精神和司法规律的目标。与此同时，有的办案检察官习惯于当"二传手"，工作标准不高、要求不严，认为有法院在后边兜底，对案件质量隐患问题不愿提，仅满足于能作出有罪判决、事实认定不至于影响量刑降档即可，导致制约职责履行"偏软"。工作中，案件审理部门和职务犯罪检察部门应杜绝这些错误做法，树立正确的执法司法政绩观，支持对方依法履行职责，确保职务犯罪案件高质量办理。

四、强化法治思维，严格依法规范办案

推进反腐败工作规范化、法治化、正规化，是党中央提出的明确要求。案件审理部门与职务犯罪检察部门应恪守权力边界，切实增强法治意识、程序意识、证据意识，把法治思维和法治方式贯穿于办理案件全过程，确保案件"查得实、诉得出、判得了"，实现政治效果、法律效果和社会效果的有机统一。

（一）坚持以刑事法律为准绳的犯罪认定标准

准确惩治职务犯罪，监察机关与检察机关要共同遵循一致的刑法认定标准，使用同一把标尺。在认定犯罪事实和性质方面，准确把握罪与非罪界限，正确区分此罪与彼罪，一罪与数罪，切实贯彻罪刑法定、疑罪从无和证据裁判原则。正确理解法律规定的基本原理，立足案件事实证据作出判断和处理，做到"一把法律尺子量到底"。特别是新形势下，针对当前金融领域乱象丛生、国有企业"靠企吃企"等突出问题，系统梳理法律适用难题，及时提出指导意见，出政策、出标准、出规范，严肃惩治国有企业管理人员和金融领域公职人员职务犯罪案件，推动重点领域堵塞漏洞、完善制度、提升治理水平。全面理解刑法条文规定，积极探索不常见职务犯罪罪名的实践应用，不仅通过依法充分履行惩处犯

罪职责，校正国家公职人员职务行为，及时有力震慑违法犯罪行为，还要通过立规矩、划底线、亮红灯，充分发挥案件标本兼治的综合效应，织密惩治各类职务犯罪的法网。要充分认识监察机关开展调查工作的权力边界，克服"以数额论英雄"的思维观念，摆脱对传统办案模式的路径依赖，精准把握部分罪名与违纪违法的竞合问题，防止不当"出罪"问题。推动理论界和实务部门深化对职务犯罪罪名的研究，及时把理论成果、实践经验提炼转化为法律制度规范，适时联合最高人民法院、最高人民检察院发布监察司法解释性文件，为完善刑事立法司法作出贡献。

（二）严格落实以审判为中心的证据标准

监察法明确规定，监察机关在收集、固定、审查、运用证据时，应当与刑事审判关于证据的要求和标准相一致。无论是监察机关履行调查处置工作职责，还是检察机关承担指控证明犯罪主导责任，都要以事实为根据，以法律为准绳。刑事诉讼以审判为中心，就是要以庭审为中心，以证据为中心。职务犯罪的审理和公诉部门在审核和追诉指控犯罪活动中，必须树立案件质量共同体意识，把庭审的需要向前延伸，引导依法、规范、全面、客观收集证据，做到严格审核把关与巩固监察调查成果相统一。应深刻认识职务犯罪案件的取证特点规律，准确把握非法证据的范围和认定标准，严格审慎适用非法证据排除程序。职务犯罪案件特别是贿赂犯罪案件对言词证据依赖性较高，在讯问和询问过程中往往需要运用一定的策略和方法，须正确区分调查策略与诱骗方法，不能简单地把在思想政治教育、释法说理等工作中，依照有关规定给予被调查人政策出路的工作认定为"引诱""欺骗"。同时，监察机关办案人员要树立法庭意识，以庭审需要为目标导向，立足案件基本事实，严格依照刑事诉讼法、《监察法实施条例》等规定调查取证，获取被调查人供述或者证人证言时，不做不切实际、违反法律规定的承诺。

五、强化守正创新，勇于善于破解实践难题

当前，腐败与反腐败较量还在激烈进行，并呈现出一些新的阶段性特征。正所谓，形势决定任务。案件审理部门和职务犯罪检察部门必须清醒认识到反腐败永无止境，须坚持问题导向，深入研究当前腐败方式、特征和表现，共同提高审查和认定新题难题的能力。

（一）着力提升应对职务犯罪新动向新问题的能力

实践表明，随着反腐败斗争不断深入，贪腐分子往往层层设防、步步设计，为犯罪行为披上貌似合法的市场外衣，像设计金融产品一样设计犯罪手法，比照着犯罪构成要件规避查处，贪腐手段花样不断翻新、方式更加隐蔽，"放贷牟利""期权腐败""隐形持股""出资购股""虚假交易""离职补偿"等各种腐败形式层出不穷，呈现出隐蔽性、复杂性、专业性、高智能性、兑现延时性、境内外交织等特点。虽然赤裸裸的金钱交易少了，但涉案金额和社会危害往往巨大。近年来，在办理职务犯罪案件过程中，也遇到了许多需要两家共同研究解决的问题。比如，对金融国企领域较为突出的"政商旋转门""影子股东"问题，如何运用刑法评价；离职的国家工作人员承诺为他人谋利能否定罪；"行贿人代持型"受贿犯罪如何认定既遂未遂形态；对收受即将上市的原始股行为，如何计算受贿

数额；通过获取商业机会接受利益输送，哪些情形可以认定为犯罪；领导干部在职时为他人谋利而亲属收受财物，本人退休后才知情的，是否构成受贿罪；等等。面对这些新问题，两家应坚持同题共答，不轻易说"不"，而善于说"行"。坚持首先从政治上看问题，始终站在保持平稳健康的经济环境、风清气正的政治环境、国泰民安的社会环境的高度，深入分析新型腐败问题的社会危害性、依法惩处的充分必要性、认定构成犯罪的实质合理性。应保持对隐形变异腐败行为的敏锐性和洞察力，认真分析各类腐败问题的新表现、新特点，提高透过表象看本质的能力，加强理论阐释，克服经验主义，运用新理念新思维新方法有效应对新动向、解决新问题，有力提升惩处各类腐败问题的能力。

（二）注重把握立法精神，善于解释、运用法律

马克思曾指出，"法官的责任就是当法律运用到个别场合时，根据他对法律的诚挚理解去解释法律"。监察机关和检察机关在办案过程中，也要基于正义、基于对法律诚挚的理解去解释法律，准确把握法律的基本原则和价值追求，深刻理解其中蕴含的政治要义和法益原则，立足文义解释、用好体系解释、善用目的解释，通过科学合理的法律解释有效指导办案，积极破解理论和实践难题。比如，在办理违法发放贷款犯罪案件中，对违反"国家规定"如何理解，就需要结合中国人民银行 1996 年发布的《贷款通则》、2010 年公布的中国银行业监督管理委员会《流动资金贷款管理暂行办法》等对信贷业务具体流程和工作要求的规定，立足法律规范的整体性和内在逻辑一致性作出合理解释。实践中还应注意，司法解释或者司法解释性文件多数是基于当时的历史背景和现实情况，立足解决当时面临的问题，既不可能穷尽当时的所有问题，也不可能完全预见未来可能出现的新情况，具有局限性和滞后性。应避免遇到新情况，没有司法解释就不会办案的现象，防止产生过于依赖法条、机械执法司法的情况。比如，不实际工作而领取薪酬，即"挂名领薪"问题，2007 年"两高"印发的《关于办理受贿刑事案件适用法律若干问题的意见》明确规定以受贿论处。但对于实际工作而领取薪酬明显高于正常水平的行为，即"超额领薪"问题，虽然相关司法解释没有作出规定，但这并不意味着不能认定为受贿犯罪，而应从是否具有贿赂犯罪权钱交易的本质特征出发，准确认定"超额领薪"的性质。面对各种表现形式的职务犯罪案件，监察机关与检察机关必须紧跟时代发展，善于从立法本意、实现正义出发解释法律，依法运用刑法武器予以有效打击，充分释放法律的惩治震慑功能。

习近平总书记指出，我们党历经百年、成就辉煌，党内党外、国内国外赞扬声很多。越是这样越要发扬自我革命精神，千万不能在一片喝彩声中迷失自我。面对四个"任重道远"，作为反腐败斗争的主力军，监察机关与检察机关要坚决扛起政治责任，忠实履行职责，勇于担当、主动作为，高质高效推进案件办理，为反腐败斗争取得新胜利作出新的更大贡献。

监察机关与检察机关办案衔接
难点问题解析*

史卫忠**

国家监察体制改革以来，全国各级检察机关自觉坚持党对反腐败工作的绝对领导，依法履行好新时代赋予的职务犯罪检察职能，目前已形成了上下一体、内部协调、横向协作、整体统筹的职务犯罪检察工作新机制，为检察机关在反腐败斗争中发挥应有职能作用提供了组织保障。同时，检察机关坚持以宪法、监察法确立的互相配合、互相制约原则为根本遵循，高度重视与纪检监察机关的沟通，适时将意见一致的成熟做法制度化、规范化，国家监察委员会、最高人民法院、最高人民检察院、公安部联合印发了《关于加强和完善监察执法与刑事司法衔接机制的意见（试行）》，对管辖、证据、留置与强制措施、移送起诉、审查起诉等各环节衔接工作予以规范，为建立权威高效、衔接顺畅的衔接机制，推进监察机关与检察机关在办案中实现有序配合、有效制约提供了制度遵循。笔者结合司法实践，解读监察机关与检察机关办案衔接中的重要措施和难点问题。

一、职务犯罪职能管辖分工与衔接

职能管辖又称立案管辖，是指监察机关、检察机关、公安机关在查办刑事案件立案上的分工。监察法规定监察机关对涉嫌贪污贿赂、滥用职权、玩忽职守、权力寻租、利益输送、徇私舞弊以及浪费国家资财等职务违法和职务犯罪进行调查。刑事诉讼法规定，检察机关在对诉讼活动实行法律监督中发现的司法工作人员利用职权实施的非法拘禁、刑讯逼供、非法搜查等 14 个侵犯公民权利、损害司法公正的犯罪，可以立案侦查；公安机关则管辖监察机关、检察机关职能管辖范围以外的普通刑事案件。由于监察机关调查管辖和检察机关、公安机关侦查管辖范围存在部分交叉和重合，司法实践中厘清职能管辖界限，明确管辖优先次序，对依法查办职务犯罪案件，减少管辖争议，推动后续司法程序有序开展具有积极意义。

（一）监察机关调查管辖范围

按照管辖罪名划分，监察机关有权管辖共计 101 个罪名。根据监察法等相关规定，监察机关对六大类 88 个罪名具有管辖权，2021 年 9 月 20 日国家监察委员会发布的《监察法

＊ 原载《人民检察》2021 年第 21—22 期。

＊＊ 最高人民检察院检察委员会委员、第三检察厅厅长、一级高级检察官。

实施条例》又进行了补充和调整，其中增加了《刑法》第134条之一的危险作业罪，司法工作人员以外的公职人员利用职权实施的非法拘禁罪、虐待被监管人罪、非法搜查罪，即共计92个罪名。此外，监察机关对国家公职人员利用职权实施的非法拘禁、刑讯逼供、虐待被监管人、非法搜查、徇私枉法等侵犯公民权利、损害司法公正的14个罪名具有管辖权。由于该14个罪名与前述92个罪名中均有滥用职权罪、玩忽职守罪、非法拘禁罪、虐待被监管人罪、非法搜查罪，因此核减重复的5个罪名后，监察机关职能管辖罪名共计101个。

按照管辖属性划分，可将监察机关管辖罪名分为专属管辖和交叉管辖。专属管辖主要包括刑法分则第八章贪污贿赂罪、第九章渎职罪规定的罪名，以及相关章节中仅由国家工作人员构成的犯罪。交叉管辖主要指监察机关、检察机关、公安机关均可管辖的罪名，如监察机关和公安机关均能管辖重大责任事故罪、职务侵占罪等，监察机关和检察机关均能管辖虐待被监管人罪、非法搜查罪等。在区分监察机关和公安机关职能管辖时，关键要审查把握涉罪人员是否属于公职人员，是否在行使公权力过程中实施犯罪，对公职人员在行使公权力过程中实施的犯罪，应由监察机关管辖，其他犯罪由公安机关管辖。

（二）检察机关侦查管辖范围

检察机关在对诉讼活动实行法律监督中发现的司法工作人员利用职权实施的非法拘禁、刑讯逼供、非法搜查等侵犯公民权利、损害司法公正的犯罪可以立案侦查，共包括14个罪名。此类犯罪主要有以下特点：一是犯罪主体限于司法工作人员。根据《刑法》第94条规定，司法工作人员，是指有侦查、检察、审判、监管职责的工作人员；二是犯罪行为限于发生在司法活动中；三是犯罪手段表现为在司法活动中"利用职权实施"；四是犯罪客体为侵犯公民合法权利和损害司法公正。

（三）监察管辖和检察管辖的竞合和优先次序

所谓管辖竞合，是指由于监察机关对检察机关侦查管辖的14个罪名有调查管辖权，实践中会产生两个机关对此类职务犯罪案件均有管辖权的情况。从法律职能配置初衷来看，检察机关的侦查管辖权是对诉讼活动实行法律监督的重要体现和保障，其和监察管辖具有特殊和一般的关系，对不涉及贪污贿赂等监察机关管辖的其他职务犯罪，一般由检察机关立案侦查，必要时，监察机关也可以立案调查。当然，由于监察机关职务犯罪监察全覆盖的职能属性以及监察管辖部分罪名的专属性和排他性，检察机关在查办案件过程中，发现犯罪嫌疑人还涉嫌监察机关管辖的贪污贿赂等职务犯罪的，应当及时与监察机关沟通。沟通后分情况予以处理，或者全案由监察机关管辖，或者分别管辖。分别管辖的，一般以监察机关为主调查，检察机关予以协助。

（四）互涉案件管辖中监察机关"为主调查"原则

由于调查管辖、侦查管辖权主体不同，实践中相关机关按照法定分工进行调查、侦查时，可能涉及对方管辖的案件，如被调查人（犯罪嫌疑人）同时涉嫌贪污罪、故意伤害罪，分别由监察机关、公安机关查办的情况。不同于刑事诉讼中传统的"随主罪确定为主侦查"原则，监察法确立了互涉案件一般由监察机关"为主调查"的原则，这主要是考虑到监察权行使的特殊性和查办反腐败案件的实践需要。这里的"为主调查"并不是"一并调查"，监察机关不能一并办理其职能管辖范围以外的刑事案件，而是指在办理互涉案件中，由监察机关为主协调调查和侦查进度、协商重要调查和侦查措施使用等。而且，实践中存在监察机关为主调查的例外情况，对于普通刑事案件重大疑难，而职务犯罪案件轻微简单等不适宜由监察机关为主调查的情况，由监察机关和其他机关分别依照法定职责开展工作并加强沟通协作。

二、调查管辖、司法管辖的衔接与配合

调查管辖和司法管辖的地域管辖、级别管辖原则均不同，调查管辖主要依据干部管理权限确定调查机关，实行分级负责制；而司法管辖依据犯罪地、犯罪嫌疑人居住地确定地域管辖，按照审级管辖原则确定审查起诉检察机关的级别。这就造成监察机关按照调查管辖规定查办的案件，其本地同级司法机关可能没有法定管辖权，需要办理指定司法管辖。而具有司法管辖权是检察机关依法受理案件和适用刑事强制措施的前提。因此，及时办理好司法指定管辖，才能使调查程序和刑事诉讼程序顺利衔接，确保审查起诉和审判工作正常推进。

一是商请指定管辖的方式。对于上级监察机关指定调查的职务犯罪案件，一般采取先纵后横的方式办理商请指定管辖，即由立案调查的监察机关逐级报请指定其调查的上级监察机关后，由上级监察机关商请同级检察机关办理指定管辖；对于其他职务犯罪案件，一般采取先横后纵的办理方式，即由立案调查的监察机关直接商请同级检察机关，由该检察院逐级报请上级检察院办理指定管辖。

二是注意审查监察机关是否有调查管辖权。司法机关办理起诉、审判管辖时，应当审查监察机关对案件是否具有管辖权，包括依法具有管辖权和被指定调查两种情况。

三是主案和关联案件应分别办理指定管辖。根据刑事诉讼法规定，管辖的效力只能及于因某一犯罪行为而产生的具体案件，不能延伸至其他自然人。因此，对于指定司法管辖的职务犯罪案件，在审查起诉、审判过程中，需要追加犯罪嫌疑人、被告人的，监察机关应当再次商请检察机关办理指定管辖手续。但是，监察机关仅需要补充移送起诉犯罪事实的，可以直接移送原受理移送起诉的检察机关，无须再办理指定管辖。

三、刑事强制措施的衔接和适用

留置措施是监察机关调查措施之一，也是调查阶段限制人身自由的唯一措施。而刑事强制措施中除逮捕、拘留以外，还存在取保候审、监视居住等限制人身自由的过渡性措施。对于监察机关移送起诉的职务犯罪案件，存在留置或未留置两种情形，检察机关在适用刑事强制措施时，既要依法规范，也要充分考虑犯罪严重程度和犯罪嫌疑人的人身危险性等因素，以确保各项措施衔接有序、符合诉讼规律。

（一）留置案件刑事强制措施的衔接

《刑事诉讼法》第 170 条第 2 款对监察机关移送起诉案件的强制措施衔接作出了原则

性规定，2019 年最高人民检察院《人民检察院刑事诉讼规则》第六章第六节又完善和细化了执行拘留、审查采取强制措施、告知权利和通知家属、期限计算等内容。实践中，需要注意以下几个问题：

一是先行拘留与留置措施的关系。先行拘留不同于《刑事诉讼法》第 82 条规定的公安机关对现行犯或者重大嫌疑分子的"先行拘留"，也有别于一般意义上拘留的概念。先行拘留是衔接留置措施的唯一的、过渡性的强制措施，检察机关在适用时无须进行实体审查，对于监察机关移送起诉的已采取留置措施的案件，一律以先行拘留措施对接。这是因为检察机关在正式审查采取何种刑事强制措施之前，需要时间对羁押必要性等进行综合审查判断，同时在程序上要和监察机关进行对接。因此，先行拘留措施更多地带有监检过渡的色彩，是强制措施衔接机制中的"衔接"所在。

二是先行拘留与后续刑事强制措施适用的关系。检察机关在先行拘留后，应针对刑事强制措施履行司法审查判断职责，即从案件事实、法律适用、人身危险性、认罪认罚等方面依法开展羁押必要性审查，不能因为对犯罪嫌疑人先行拘留，就当然地适用逮捕强制措施。但从司法实践来看，留置即逮捕的现象仍十分明显，这意味着羁押必要性审查职能发挥不够充分，有待加强。

三是公安机关是先行拘留的执行机关。根据刑事诉讼法规定，拘留、逮捕强制措施由公安机关负责执行。对于先行拘留，公安机关是法定的执行主体，其应当在收到拘留决定书等材料后 3 日内执行拘留，并在执行拘留后立即将犯罪嫌疑人送看守所羁押，至迟不得超过 24 小时。实践中还存在已采取留置措施的被调查人因身体等原因不符合监管场所羁押条件，又不具备送往有医疗条件的监管场所羁押的情形，此种情况可能影响刑事强制措施的执行。根据前述的只能由先行拘留对接留置措施的原则，检察机关不能直接采取取保候审等非羁押性强制措施，只能在公安机关执行拘留后，及时变更刑事强制措施。

四是犯罪嫌疑人何时享有辩护权的问题。对于审查采取刑事强制措施的阶段性质曾存在认识分歧，有观点认为，先行拘留后检察机关决定采取刑事强制措施的期间，不属于审查起诉阶段，不应允许律师会见，正式进入审查起诉阶段后才允许会见。也有观点认为，审查决定采取刑事强制措施不是审查起诉之外的独立阶段或特别程序，而是审查起诉阶段内的一个刑事强制措施适用环节，且律师在此阶段介入有助于检察机关全面、客观审查羁押必要性。《人民检察院刑事诉讼规则》采纳了后一种意见，监察机关移送起诉后，案件即由监察调查进入刑事诉讼程序，应当依法保障犯罪嫌疑人的辩护权。

（二）未留置案件刑事强制措施的衔接

对于监察机关移送起诉的未采取留置措施的案件，检察机关受理后，在审查起诉过程中根据案件情况，可以依照相关规定决定是否采取逮捕、取保候审或者监视居住强制措施。需要明确的是：

一是对于未留置案件，不能适用先行拘留。刑事诉讼法作为授权型立法，对于未明确赋予司法机关的权力，不能认为司法机关享有该项权力。尤其是先行拘留还涉及限制人身自由，更不允许在没有法律明确规定的情况下直接适用。

二是审查起诉期限何时开始计算的问题。对于监察机关未采取留置措施的案件，由于法律未给检察机关设置审查采取刑事强制措施的专门时间，实践中有观点认为，可以参照《人民检察院刑事诉讼规则》第 143 条第 2 款"人民检察院决定采取强制措施的期间不计入审查起诉期限"的规定，从检察机关审查决定采取强制措施之日起计算审查起诉期限。我们认为，该条款针对的是监察机关采取留置措施的案件，对未留置案件，从保障当事人合法权益和规范检察机关职权行使的角度出发，应从检察机关受理案件之日起计算审查起诉期限，避免实践中出现检察机关受理案件后长时间不作出强制措施决定，导致案件审限无法起算的情况。

（三）互涉案件中留置和刑事强制措施的转换

在办理互涉案件过程中，存在留置和强制措施转换的问题，如犯罪嫌疑人被检察机关、公安机关拘留、逮捕后，监察机关为调查职务犯罪，需要采取留置措施的情况。对于刑事强制措施与留置能否转换，转换后刑事强制措施属于中止抑或解除状态，以及解除留置后检察机关、公安机关侦查尚未终结的，原刑事强制措施能否继续适用等问题，实践中长期存在困惑。我们认为，在查办职务犯罪的层面上，留置措施具有与刑事强制措施基本相同的性质。基于强制措施之间具有互斥性，不能对同一人叠加适用，尤其是具有羁押属性的强制措施，在适用时更应依法、审慎。因此，留置措施和刑事强制措施之间同样具有互斥性，不能同时适用。在处理互涉案件中留置和强制措施的转换问题时，应当把握以下几点：

首先，刑事强制措施可以依法转换为留置措施。监察机关对互涉案件中已被采取刑事强制措施的犯罪嫌疑人采取留置措施时，刑事强制措施已不具有继续存在的法理依据，也不具备执行的现实可能性，应当主动解除或自动解除。监察机关采取留置措施期满或者解除留置措施后，重新将犯罪嫌疑人移交检察机关、公安机关继续侦查，对于符合法定条件的，检察机关、公安机关可以继续拘留、逮捕犯罪嫌疑人，并依法办理有关手续，此前已采取的刑事强制措施时间计入本次同类刑事强制措施羁押时间。

其次，留置措施可以依法转换为刑事强制措施。对监察机关已采取留置措施的案件，发现被调查人还涉及检察机关、公安机关管辖的犯罪，经沟通一致，在监察机关依法解除留置措施后，检察机关、公安机关可以依法采取刑事强制措施。

最后，检察机关应当加强互涉案件中强制措施的衔接。对于互涉案件中依法将留置措施转换为强制措施的，在调查、侦查终结后一般分别移送起诉，监察机关负责统筹协调移送起诉工作进度。检察机关应当妥善处理好强制措施的衔接，如果公安机关采取的是拘留、监视居住或取保候审措施，则检察机关不能以先行拘留对接，应当及时审查作出监视居住、取保候审或者逮捕决定；如果在公安侦查阶段，检察机关已对犯罪嫌疑人审查批准逮捕的，检察机关受理案件后应及时办理换押手续。

四、健全和完善职务犯罪案件补查体系

退回补充调查、补证和自行补充侦查构建了职务犯罪案件补查体系，对检察机关完善以证据为核心的指控体系，履行证明犯罪责任，提升职务犯罪案件办理质效具有重要意义。在运用各项补查制度时，要充分考虑监察调查权的专属性和完整性，准确把握适用条

件，注意各项措施之间的衔接关系，更好地发挥检察机关配合和制约职能。

一是明确三种补查措施的适用条件。退回补充调查、补证和自行补充侦查措施在实践中并非无差别适用，适用条件根据审查阶段和补查内容的不同而存在差异。一般而言，对于检察机关审查认为犯罪事实不清、证据不足的，经与监察机关沟通协商后可以退回补充调查；对于主要犯罪事实已经查清，仍有部分证据需要补充完善的，可以书面要求监察机关补证。而自行补充侦查主要限于《人民检察院刑事诉讼规则》第 344 条规定的 3 种情形。

二是准确把握自行补充侦查的范围。职务犯罪案件自行补充侦查权是检察机关履行指控犯罪职责、实现与监察机关相互制约的一项措施，适用时要坚持依法规范、必要适度、及时高效的原则。对证人证言、犯罪嫌疑人供述和辩解的内容主要情节一致，个别情节不一致，或者物证、书证等证据材料需要补充鉴定的，检察机关可以自行补充侦查；对其他由检察机关查证更为便利、更有效率、更有利于查清案件事实的情形，检察机关应事先与监察机关沟通一致后，开展自行补充侦查，并争取监察机关的协同支持。对于可能影响职务犯罪基本事实和性质认定，或者可能对量刑产生重大影响的问题，需要补充完善证据的，应当商请监察机关补证或者退回补充调查，不适用自行补充侦查。

三是注意提前介入和补查的动态关系。实践表明，提前介入工作状况直接影响着移送起诉后案件办理质效和退回补充调查比例，检察机关应与监察机关一道，充分发挥提前介入工作的功能价值，向前传导刑事证据标准，促进依法客观、全面收集证据，切实提升审查起诉阶段办案质效。

最高人民检察院《关于先后受理同一犯罪嫌疑人涉嫌职务犯罪和其他犯罪的案件审查起诉期限如何起算问题的批复》的理解与适用[*]

张希靖　陈旭文　竹莹莹[**]

最高人民检察院《关于先后受理同一犯罪嫌疑人涉嫌职务犯罪和其他犯罪的案件审查起诉期限如何起算问题的批复》（以下简称《批复》）于 2022 年 11 月 9 日经最高人民检察院第十三届检察委员会第一百零八次会议通过，自 2022 年 11 月 18 日起施行。为便于司法实践中正确理解和适用，现就《批复》的制定背景、主要内容、需要注意的问题等解读如下。

一、《批复》的制定背景

按照监察执法与刑事司法衔接方面的相关规定以及国家监察体制改革以来的办案实践，互涉案件是指犯罪嫌疑人既涉嫌职务犯罪又涉嫌其他犯罪的案件。检察机关在办理互涉案件时常遇到监察机关和侦查机关对同一犯罪嫌疑人移送审查起诉的时间不一致的情形，多数情况是监察机关移送其调查的职务犯罪案件在前，少数情况是侦查机关移送其他犯罪案件在前。检察机关的审查起诉期限可否从受理后案之日起重新起算，现有法律法规未予规定。如按照受理前案之日起算，则往往会出现检察机关对后案审查起诉时间不够、律师全面阅卷难以保障等实际问题，而将两种案件分别起诉，又无法充分体现反腐败工作效果。如按照受理后案之日起算，则缺乏明确的法律规定。对此问题，实践中存在分歧意见。

江苏省检察机关在办理施某某涉嫌受贿、诬告陷害案过程中，遇到如何起算审查起诉期限的问题，案件基本情况是：检察机关于 2022 年 1 月 27 日受理监察机关移送起诉的施某某涉嫌受贿罪一案，于同年 2 月 25 日受理公安机关移送起诉的施某某涉嫌诬告陷害罪一案，检察机关将两案并案处理。江苏省检察院就该案审查起诉期限起算问题向最高人民检察院请示。最高人民检察院经过深入调查研究、广泛征求意见后制发了《批复》，对上述问题作出明确规定。

　＊　原载《人民检察》2023 年第 3 期，有删节。

　＊＊　张希靖，最高人民检察院第三检察厅副厅长；陈旭文，最高人民检察院第三检察厅主办检察官、二级高级检察官；竹莹莹，最高人民检察院第三检察厅三级高级检察官。

二、《批复》的主要内容

《批复》规定，对于同一犯罪嫌疑人涉嫌职务犯罪和其他犯罪的案件，监察机关、侦查机关移送检察机关审查起诉时间不一致，需要并案处理的，审查起诉期限自受理后案之日起重新计算。这样规定有以下几点考虑。

（一）符合我国反腐败工作的法律机制和内在要求

自国家监察体制改革以来，我国坚持党中央集中统一领导、各级党委统筹指挥、纪委监委组织协调、职能部门高效协同、人民群众支持参与的反腐败工作体制机制。监察机关依法负责调查国家工作人员相关职务犯罪，公安机关、检察机关、国家安全机关等负责侦查国家工作人员其他犯罪。对于互涉案件，监察法及 2021 年国家监察委员会《监察法实施条例》确立了监察机关为主调查并组织协调的办理原则。《监察法》第 34 条第 2 款规定，被调查人既涉嫌严重职务违法或者职务犯罪，又涉嫌其他违法犯罪的，一般应当由监察机关为主调查，其他机关予以协助。《监察法实施条例》第 51 条规定，公职人员既涉嫌贪污贿赂、失职渎职等严重职务违法和职务犯罪，又涉嫌公安机关、检察机关等机关管辖的犯罪，依法由监察机关为主调查的，应当由监察机关和其他机关分别依职权立案，监察机关承担组织协调职责，协调调查和侦查工作进度、重要调查和侦查措施使用等重要事项。这样规定的目的之一是尽量保证互涉案件得到一并处理，从而实现反腐败工作的最大效果。从司法实践来看，监察机关为主调查并组织协调办理互涉案件机制运行良好，同一国家工作人员所涉职务犯罪案件与其他犯罪案件一般不会割裂办理，案件移送起诉后也同样需要连贯考虑案件后续处理和反腐败工作整体效果。虽然检察机关受理互涉案件的前案与后案可能出现时间不同，但相关反腐败法律机制的内在要求并没有发生变化，受理前案与后案后应以并案处理为原则，尽量做到全案审查。因此，审查起诉期限自受理后案之日起重新计算符合国家监察体制相关法律规定的本质要求。

（二）符合诉讼期限的法律规定精神

刑事诉讼法等相关法律设置诉讼期限、期限延长及期限重新计算等制度，是出于对办案效率和办案质量有机统一的考量。在检察机关对互涉案件作出并案处理的情况下，如按照受理前案之日计算全案审查起诉期限，虽一定程度上有利于促使案件尽快办结，但势必有损后案及全案办理质量。刑事诉讼法规定可以重新计算审查起诉期限的几种情形均涉及对新证据的补充及审查，互涉案件中的后案本质上也属于出现的新罪名和新证据，同样需要重新计算诉讼期限。参考《刑事诉讼法》第 160 条关于"在侦查期间，发现犯罪嫌疑人另有重要罪行的，自发现之日起依照本法第一百五十六条的规定重新计算侦查羁押期限"以及 2019 年最高人民检察院《人民检察院刑事诉讼规则》第 346 条关于"补充调查、补充侦查完毕移送起诉后，人民检察院重新计算审查起诉期限"等规定，互涉案件全案审查起诉期限自受理后案之日起重新计算，符合期限设置的立法精神。

（三）有利于确保办案取得"三个效果"的有机统一

一是审查起诉期限从受理后案之日起重新计算，有利于确保检察机关审查质量。刑事诉讼法规定检察机关审查起诉期限为1个月，不论案件复杂程度和难易程度，至多延长15日。如互涉案件的审查起诉期限一律从受理前案之日起计算，客观上将导致检察机关审查后案的时间少于常规时间，还会产生一个半月期限届满时必须先对前案提起公诉、再对后案补充起诉的情况，有损案件办理的法律效果。

二是审查起诉期限从受理后案之日起重新计算，有利于保障犯罪嫌疑人诉讼权利。犯罪嫌疑人全面了解其所涉罪名及相关事实的时间以及辩护人阅卷、会见、形成辩护意见的时间不应被压减。对于犯罪嫌疑人及其辩护人申请适用认罪认罚从宽制度的案件，更应有相应的时间保障并尽量对全案适用该制度。如果通过延长审查起诉期限、退回补充调查或补充侦查等方式解决审查起诉期限不够的问题，会增加诉讼环节，有损案件办理的社会效果。

三是检察机关办理案件应依法及时公开社会关注的重要案件信息，对于较为重大的国家工作人员职务犯罪案件，一般都要发布提起公诉的新闻报道。如因后案审查起诉期限不够导致互涉案件前后案不能一并起诉，从而两次或数次发布对同一犯罪嫌疑人提起公诉的新闻报道，将有损案件办理的政治效果、社会效果和法律效果。

三、准确理解《批复》的内容

（一）《批复》仅适用于同一犯罪嫌疑人同时涉嫌职务犯罪与其他犯罪的互涉案件

除监察机关与其他侦查机关分别调查、侦查的互涉案件外，同一犯罪嫌疑人涉嫌不同犯罪的案件，有的由公安机关、检察机关、国家安全机关、中国海警局、监狱等不同侦查机关分别侦查，还有的由同一系统但不同地方的侦查机关分别侦查，情况多样。虽然不同侦查机关侦查的案件也存在前案、后案分别移送检察机关审查起诉的情况，但此类案件与监察机关、侦查机关分别调查、侦查的互涉案件有所不同，不能适用《批复》的规定。主要原因在于：

一是互涉案件已确立监察机关为主调查的法律原则，《监察法实施条例》第51条还具体规定了监察机关负责组织协调调查和侦查工作进度、重要调查和侦查措施使用等事项，故互涉案件很少有失于统筹、协调混乱的情况。不同侦查机关分别侦查的案件，缺少谁为主侦查、谁为主统筹的法律规定，实践中不能避免有些地方借分案移送之由延长办案时间的问题。

二是相较于互涉案件，不同侦查机关分别侦查的案件数量庞大、罪名多，牵涉面广。如果此类案件一律适用《批复》关于审查起诉期限从受理后案之日起重新计算的规定，那么只要检察机关尚未诉出前案，就可能面临接续受理侦查机关移送的后案或后后案，审查起诉期限一次次重新计算，必将导致犯罪嫌疑人被超期羁押，相关权益受到侵害。

（二）《批复》仅适用于检察机关对互涉案件进行并案处理的情形

《人民检察院刑事诉讼规则》第 18 条规定，对于一人犯数罪，并案处理有利于查明案件事实和诉讼进行的，检察机关可以在职责范围内对相关犯罪案件并案处理。除极个别情况外，互涉案件在监察机关为主调查并组织协调下调查、侦查，在移送检察机关审查起诉前即属统筹有度的整体，因此在前案、后案分别移送起诉后，检察机关一般应根据前述规定进行并案处理。但实践中也存在少数不并案处理的情况，如有的检察机关办理的涉黑保护伞案件，审查起诉期间发现犯罪嫌疑人另有其他受贿事实正在监察机关调查过程中，为避免保护伞案件与涉黑案件脱节提起公诉，故将包庇、纵容黑社会性质组织犯罪先行起诉，后对其受贿犯罪追加起诉，此类案件因不具备并案处理的前提条件而不适用《批复》的规定。

（三）准确理解《批复》"从受理后案之日起"的含义

一是审查起诉期限起算的时间点不是检察机关收到后案之日。实践中，检察机关收到其他机关移送的"后案"材料后不是一律受理，即使决定受理也不一定在收到案件当日就办理受理手续，为减少分歧，因此《批复》明确以受理后案之日为审查起诉期限重新计算的起算时间点。

二是审查起诉期限起算的时间点不是检察机关决定并案之日。检察机关受理后案后还存在决定是否并案的问题，而受理后案时间与决定并案时间往往不是同一日，起草过程中考虑到笼统规定"审查起诉期限重新计算"可能会误导实践，产生按受理后案时间起算和按决定并案时间起算的不同做法，因此明确规定受理后案之日为审查起诉期限重新计算的起算时间点而非决定并案之日。

（四）准确理解《批复》"重新计算"的含义

一是"重新计算"体现对前案审查起诉工作合法性的认可。检察机关受理前案时审查起诉期限即已开始计算，受理后案且并案处理后，需要对前面的审查起诉期限的现实予以评价，因此使用"重新"二字，可以打消办案人员对前面审查起诉期限是何种性质、如何把握的疑虑，避免产生误解。

二是"重新计算"意味着按照后案的审查期限计算规则确定审查起诉期限。《刑事诉讼法》第 170 条第 2 款确定了监察机关移送起诉案件的审查起诉期限计算规则，这一规则与侦查机关移送起诉案件的审查起诉期限计算规则并不相同。对于互涉案件，如侦查机关移送起诉其他犯罪案件在前，监察机关移送起诉职务犯罪案件在后，并案处理后审查起诉期限的计算应当分情况处理：

其一，检察机关在对侦查机关移送的前案审查起诉期间已经决定采取强制措施，在受理监察机关移送的未采取留置措施的后案，并案处理后的审查起诉期限自受理后案之日起重新计算。

其二，检察机关在对侦查机关移送的前案审查起诉期间未采取强制措施，在受理监察机关移送的采取留置措施的后案，并案处理后的审查起诉期限自受理后案之日起按照《刑事诉讼法》第 170 条第 2 款的规定计算，即检察机关应当对犯罪嫌疑人先行拘留，在拘留后的 10 日内作出是否逮捕、取保候审或者监视居住的决定，在特殊情况下，决定的时间可以延长 1 日至 4 日，检察机关决定采取强制措施的期间不计入审查起诉期限。

四、《批复》适用中需要注意的问题

（一）严禁滥用审查起诉期限重新计算规则

《批复》主要目的是为解决办理互涉案件期限不够尤其是审查后案时间不够的问题，切实保障办案质效和犯罪嫌疑人诉讼权利。检察机关应当严格把握《批复》的适用条件，只有客观上监察机关、侦查机关移送起诉时间无法统筹一致且需要并案处理的案件，才能按照受理后案之日起重新计算审查起诉期限，对于前案、后案在移送起诉前可以统筹协调时间或者检察机关受理前案后有必要先行提起公诉的，不可随意适用《批复》的规定，更不可为了延长审查期限而人为拆分前案、后案或者拖延后案的受理时间。

（二）加强与监察机关、侦查机关的沟通配合

《批复》施行后，各地检察机关应当坚持与监察机关互相配合、互相制约的工作原则，在获悉犯罪嫌疑人同时涉嫌职务犯罪和其他犯罪时，要及时商请监察机关统筹侦查机关移送起诉的节奏，尽量做到同步移送；在审查前案时发现犯罪嫌疑人另有职务犯罪或其他犯罪的，要及时与移送机关沟通，如后案也需移送起诉的，商请由监察机关统筹进度，避免因信息不对称造成分案处理、先后移送起诉的局面。需要强调的是，各地检察机关应当注意互涉案件分案移送起诉的时间问题，如发现侦查机关存在故意拆案、无故拖案等情形，应当依法进行法律监督，提出纠正意见，确保《批复》能够依法、规范、合理地落实落地。

（三）互涉案件补充调查、补充侦查以二次为限

虽然互涉案件并案处理后审查起诉期限自受理后案之日起重新计算，但这一规则需要遵循《人民检察院刑事诉讼规则》第 346 条第 2 款"补充调查、补充侦查以二次为限"的规定。换言之，不管是退回补充调查还是退回补充侦查，累计次数不能超过二次。若是前案已经退查二次，受理后案且并案处理后，后案不得再行退查。若是前案已经退查一次，并案处理后的后案至多可退查一次。为了防范办案机关滥用退查措施，多次重新计算互涉案件审查起诉期限，从而损害犯罪嫌疑人的诉讼权益，作出这样的限制性规定是正当且必要的。

办理职务犯罪互涉案件实务问题研究

俞昕水　万　龙　石　跃[*]

互涉案件，是指犯罪嫌疑人涉嫌由不同办案机关管辖的多个罪名的案件。监察体制改革后，监察机关集中行使职务犯罪的调查权，成为刑事案件新的办案主体。实践中被调查人或犯罪嫌疑人既涉嫌监察机关管辖的职务犯罪，又涉嫌其他机关管辖普通犯罪的案件（以下简称职务犯罪互涉案件[①]）越来越多。由于监察程序与司法程序不同，职务犯罪与普通犯罪的办案要求也有差异，职务犯罪互涉案件办理中存在诸多需要解决的问题。本文通过调研 2019—2021 年 J 省检察机关办理职务犯罪互涉案件情况，对一些实务问题进行了研究，并提出了相关解决路径，以期为职务犯罪互涉案件办理工作机制的完善提供有益借鉴。

一、J 省 3 年办理职务犯罪互涉案件情况

（一）从互涉案件数量上来看，上升趋势比较明显

2019—2021 年，J 省检察机关共办理职务犯罪互涉案件 152 件[②]。其中，2020 年、2021 年案件数量分别同比上升 14.0%、82.9%。案件数量上升的主要原因是，随着监察体制改革不断深入，监察机关办理职务犯罪案件数量、类型不断增多，逐渐与其他机关所办案件交织。特别是扫黑除恶专项斗争、政法队伍教育整顿中，查处涉黑涉恶职务犯罪及保护伞、司法人员等犯罪主体容易形成互涉案件。

（二）从涉及的办案机关来看，监察机关和公安机关互涉案件较多

监公互涉案件为 126 件，占 82.9%；监检互涉案件为 24 件，占 15.8%。监公互涉案件中，行贿犯罪 76 件，占 60.3%，这主要是因为行贿主体人员复杂，同时涉及其他犯罪较多。有些行贿人为了实施违法犯罪，如非法采矿、串通投标等，或者实施违法犯罪后不被追究刑事责任而向他人行贿，如故意伤害、寻衅滋事等。

---

* 俞昕水，江苏省人民检察院党组成员、副检察长；万龙，江苏省人民检察院第三检察部副主任、三级高级检察官；石跃，江苏省人民检察院第三检察部三级检察官助理。

① 因检察机关立案管辖的司法人员职务犯罪 14 个罪名，监察机关也具有管辖权，对检察机关与其他机关的互涉案件，本文不再单独进行讨论。

② 这里所称的"件"，不是指单独的一个案件，而是互涉的两个或两个以上案件，但因为系相同的犯罪嫌疑人，为统计方便，将其计为一件。

（三）从案件处理情况来看，审查起诉阶段和审判阶段并案处理的案件较多

目前监察机关调查案件，检察机关、公安机关侦查案件绝大多数都是由不同机关办结后分别向检察机关移送起诉。检察机关受理后，并案审查起诉110件，占72.4%，分别审查起诉42件，占27.6%。同时，分别起诉的案件提起公诉后，法院已判决36件，其中并案审理31件，占86.1%。

（四）从期限计算方式来看，对于并案处理案件，检察机关倾向在前案期限内办结，审判机关一般会重新计算办案期限

检察机关并案审查起诉的案件中，在前案审查起诉期限内办结103件，占93.6%，在后案审查起诉期限内办结7件①，占6.4%。这主要是因为在法律没有明确规定的情况下，承办人担心案件超期办理。后案提起公诉后，如果前案尚未判决，法院决定并案审理的，一般会以检察机关补充起诉为由重新计算审理期限。

（五）从强制措施情况来看，留置措施适用比例较高，且与刑事强制措施转换的情形较多

2021年办理的互涉案件中，采取留置措施52件，占69.3%，其中采取留置措施后转刑事强制措施，或者采取刑事强制措施后转留置措施27件，占36.0%，这些案件绝大部分都是在调查（侦查）阶段进行的转换，审查起诉、审判阶段仅有个别案件。留置与刑事强制措施转换的案件中，刑事强制措施为监视居住的案件14件，占51.9%。

二、关于案件管辖问题

国家监察体制改革后，创设了监察管辖制度。监察机关与审判机关、检察机关、公安机关、国家安全机关等一起构成多元管辖的新格局②。因监察体制改革时间较短，法律规定相对原则，导致各方在互涉案件管辖问题上存在一定分歧，尤其是案件调查（侦查）阶段的职能管辖、级别管辖、指定管辖等。

（一）监察机关"主调查"不能突破职能管辖

监察机关对职务违法和职务犯罪进行调查，并有明确的职能管辖范围。《监察法》第34条第2款规定，"被调查人既涉嫌严重职务违法或者职务犯罪，又涉嫌其他违法犯罪的，一般应当由监察机关为主调查，其他机关予以协助"。对于监察机关能否依据该规定一并调查其他机关管辖的罪名存在争议。有学者认为，"涉嫌贪污贿赂等职务犯罪行为的社会危害性更大，因此在出现犯罪嫌疑人兼犯多罪且包含职务犯罪时，应当将其交由国家

---

① 实际上，这7件案件中，真正意义上按照后案计算审查起诉期限的仅2件，其他5件均没有超出前案的审查起诉期限。

② 王霁：《监察机关与其他国家机关互涉案件管辖问题研究》，载《重庆理工大学学报》2020年第11期。

监察机关，监察机关自动被视为主管部门"①。不少实务办案人员也认为监察机关行使主调查职责，可以并案管辖其他罪名。特别是在监察机关调查职务犯罪时，已经一并将其他罪名如洗钱、挪用资金、职务侵占等犯罪调查清楚的情况下，更没有必要重复移送其他机关管辖。

我们认为，管辖权是国家公权力，法不授权即禁止。监察法、刑事诉讼法对监察机关、公安机关、检察机关等办案机关的职能管辖作了界定。管辖权的扩张只能在具有相同性质职权的机关之间进行，如果各机关的职权存在本质差异，那么其中一机关便不能合并办理依法由其他机关管辖的案件②。因此，监察调查与刑事侦查互涉犯罪不能进行并案侦查，只能在遵循法律既定职能管辖的前提下进行侦查③。对于互涉案件的管辖，法律规定也逐渐明确：2021 年颁布的《监察法实施条例》规定，互涉案件应当由监察机关和其他机关分别依职权立案，标志着该问题已经定分止争，即监察机关不能突破职能管辖办理其他机关管辖的案件。

（二）建立互涉案件随主案同级管辖制度

因监察管辖与司法管辖在地域管辖、级别管辖原则方面有所不同，有些互涉案件被调查人或犯罪嫌疑人的干部管理权限在上级机关（如中管、省管、市管、垂管干部），但工作地点却在地方。这会出现职务犯罪由上级监察机关调查，普通犯罪由地方公安机关侦查的情况，导致地域管辖和级别管辖的不一致。如省管干部李某受贿、洗钱案，受贿犯罪由 J 省监委调查，而 J 省公安厅一般不直接办理案件，将洗钱犯罪指定 A 市 C 区公安局侦查，后续李某案件的审查起诉又指定 B 市检察院管辖。根据同级移送原则，C 区公安局侦查后既无法移送省检察院审查起诉，也无法移送 B 市检察院审查起诉，最终省公安厅再次指定管辖至 B 市公安局，由 B 市公安局移送起诉。这样公安机关办理一个简单互涉案件就牵扯了省公安厅、A 市公安局、A 市 C 区公安局、B 市公安局四家单位。因为级别管辖不统一、不对等，导致反复指定管辖，增加了诉讼程序和司法损耗，诉讼效率大打折扣。

我们认为，职务犯罪互涉案件应随主案同级管辖，一方面可以更好地进行案件统筹，方便各办案机关之间协作配合；另一方面可以方便程序衔接，避免出现程序瑕疵甚至违法问题。如上李某受贿、洗钱案，如果随主案的调查机关省监委，对应确定由省公安厅直接侦查洗钱犯罪，由省监委和省公安厅分别向省检察院移送受贿案和洗钱案，省检察院受案后，在审查起诉环节并案，整个过程无需指定管辖，大大提高了诉讼效率。因此，对于由监察机关为主调查的互涉案件，或者涉及省管、市管干部的互涉案件，其他机关一般应当按照监察机关的层级确定级别管辖；改变目前省级公安机关不直接办案的现状，可参照国家、省级监察机关、检察机关模式，省级公安机关直接侦办案件；必须指定管辖的案件，应当事先会商，根据审查起诉、审判管辖，指定侦查管辖机关。

---

① 马怀德：《中华人民共和国监察法理解与适用》，中国法制出版社 2018 年版，第 134 页。
② 谢佑平、万毅：《刑事诉讼牵连管辖制度探讨》，载《政法学刊》2001 年第 1 期。
③ 程雷：《"侦查"定义的修改与监察调查权》，载《国家检察官学院学报》2018 年第 5 期。

（三）确立一次商请确定司法管辖的原则

监察机关调查的职务犯罪案件，需要指定审查起诉、审判管辖的，监察机关应当在移送起诉前商请检察机关指定管辖，其他机关侦查的刑事案件亦同。实践中职务犯罪互涉案件商请指定管辖有两种做法：一种是调查机关和侦查机关分别就自己办理的案件商请指定管辖，这样做主要考虑，管辖是对"案"的管辖，因互涉案件调查和侦查机关不同，罪名也不相同，有必要对两案分别指定管辖，实践中这样的做法比较多；另一种由先移送起诉的办案机关商请指定管辖，后移送的案件无须办理，依前案获得管辖权。

我们认为，管辖本质上是对"人"的管辖，先移送的案件指定管辖后，司法机关即拥有了对犯罪嫌疑人或被告人的管辖权，对后续移送的其他罪名，自然具有管辖权，无须再指定管辖。因此，互涉案件商请指定管辖，由最先移送起诉的单位办理一次即可。在职务犯罪互涉案件调查或侦查终结前，主调查的监察机关应该按照法律规定，商请检察机关办理司法管辖。在特殊情况下，其他办案机关拟先向检察机关移送互涉罪名的，也可以由其他办案机关商请检察机关办理司法管辖。

三、关于工作统筹问题

对于职务犯罪互涉案件办理，不同于刑事诉讼中传统的"主罪主侦查"原则，监察法确立了"监察主调查"原则，这主要是考虑到监察权行使的特殊性和查办反腐败案件的实践需要①。根据国家监察委员会、最高人民法院、最高人民检察院、公安部《关于加强和完善监察执法与刑事司法衔接机制的意见（试行）》（以下简称《衔接意见》）的有关规定，为主调查的监察机关应承担组织协调、沟通会商等统筹案件办理的职责。但在司法实践中，职务犯罪互涉案件统筹的主体、内容、机制等尚不明确。

（一）明确监察机关审理部门承担案件统筹职责

互涉案件办理中，根据案件类型，公安机关、检察机关有专门的办案部门负责案件办理与协调。而监察机关是调查职务违法和职务犯罪的专责机关，内部有多个部门（如案件调查部门、审理部门、案管部门等）负责职务犯罪案件办理，需要明确具体的部门负责互涉案件的统筹。据调研，监察机关办案中，一般由调查部门负责与互涉侦查机关沟通协调调查取证相关事宜，由案管部门或审理部门负责沟通协调管辖和法律适用等问题，目前对互涉案件的统筹没有明确规定，很多案件出现多头管理、无人统筹的情况。

我们认为，应当从有利于发挥统筹职能、有利于工作衔接的角度，明确监察机关审理部门作为互涉案件的统筹部门。因为审理部门居中承上启下，对内负责监察机关案件质量审核把关，对外负责司法机关提前介入、移送起诉、退回补充调查等重要的程序衔接，适合承担互涉案件统筹协调职责。同时需要明确，审理部门的职责主要为牵头协调和指挥调度，而落实工作要求、进行工作衔接、解决具体问题，仍应由熟悉案件情况的调查部门来负责。

① 史卫忠：《监察机关与检察机关办案衔接难点问题解析》，载《人民检察》2021年第21—22期。

(二) 正确履行"主调查"的统筹工作职责

《衔接意见》对监察机关的"主调查"的职责规定得比较原则，缺乏具体可操作性。实践中，监察机关对互涉案件的办理，存在统筹"过度"和"不足"的现象。一方面，有些办案机关对涉及"国企改革""委派"等复杂主体，在可能构成公安机关管辖的职务侵占、挪用资金罪名时，不移送案件或案件线索，仍然以贪污罪、挪用公款罪办理；有些办案机关虽然将互涉案件交给其他机关，但为了高效办理案件需要，可能会存在借手续办案、干涉办案的情况，影响其他机关独立办案。另一方面，有些办案机关怠于行使统筹职责，在调查后期才将互涉案件匆匆移送其他机关，致使互涉案件办理进度不同步、移送起诉时间不一致，个别互涉案件甚至出现前案审查起诉期限届满，后案仍无法侦查终结的情况。

我们认为，应当细化监察机关"主调查"的统筹工作内容，体现"调查优先、分工负责、协同并进"原则。具体包括：一是要确保调查优先。监察机关主导互涉案件办理工作，优先开展监察调查活动，优先采取调查措施。二是明确分工负责。各办案机关分别拥有不同的职权边界，彼此独立，不能混为一谈，更不能僭越权力界限，干涉其他机关办案活动。因此监察机关可要求其他办案机关协助调查，但不能代替其他办案机关行使办案职能。三是推动协同并进。监察机关要协调调查和侦查工作进度，沟通关联证据收集情况，协调案件移送起诉时间，提前会商确定审查起诉、审判管辖单位，确保互涉案件后续刑事诉讼顺利进行。

(三) 充分发挥互涉办案机关的协作配合作用

监察机关在互涉案件中统筹作用的发挥，离不开公安、检察、法院的积极配合。但是从当前情况看，协作配合还有待进一步加强。有些办案机关把统筹简单化，侦调之间、侦（调）诉之间缺乏沟通，案件大多还是各办各的，造成个别案件信息不通、进度不一，甚至有的异地管辖案件在移送起诉前不知道互涉案件的存在。有些案件存在指定管辖、强制措施衔接、证据转换等疑难复杂问题，需研究解决的事项众多，单凭一个单位、一个部门难以统筹到位。

我们认为，统筹是一个持续过程，要对调查（侦查）、审查起诉、审判阶段进行全覆盖。同时有些案件前案进入审查起诉、审理阶段后，后案才被立案调查（侦查），形成跨阶段的互涉案件，因此监察机关、公安机关、检察机关、审判机关都要参与统筹工作。作为侦查主体，公安机关等要配合监察机关对符合法定条件的被调查人适用刑事强制措施，协助监察机关采取搜查、留置、通缉、查封、扣押等调查措施。作为审查起诉主体，检察机关可以通过提前介入等方式，就重大疑难复杂案件调查（侦查）提出工作建议；作为审判主体，法院对于案件审判管辖、前后案审理进度等及时作出安排。

在此基础上，还应当建立完善工作机制，进一步整合各机关办案力量，确保信息实时共享、线索双向移送、案件顺畅流转。一般案件可以通过定期召开联席会议，由互涉案件的各办案机关通报各自办理案件情况，共同研究解决案件办理的具体问题，必要时可以邀请审查起诉的检察机关参加会商或提前介入。重大疑难复杂案件，可以成立联合专案组，由监察机关一名负责人担任组长，各单位内部职能部门办案人员为成员，成立统筹组、调查组、综合组等，既统一调度、又分工负责，保证整个专案依法高效办理。

四、关于强制措施问题

依据《衔接意见》规定，在侦查阶段、审查起诉、审判阶段，拘留、逮捕等强制措施可以转换为留置措施。这既涉及监察与司法的法法衔接，也涉及办案机关内部的协作配合，是一个全新法律问题。

（一）确立刑事程序一般不回转原则

留置措施与刑事强制措施转换，其实质上是监察程序与司法程序的交织。由于两个程序办案模式和法律属性不同，对于留置与强制措施的转换必须要慎重，特别是在案件审查起诉、审判阶段。有人认为，犯罪嫌疑人或被告人被留置后，属于犯罪嫌疑人或被告人"不在案"，根据相关法律规定，案件无法移送审查起诉或提起公诉。实践中，有些案件可能因此出现检察院退回补充侦查，法院退回案件等情况。同时，从《衔接意见》的规定看，审查起诉、审判阶段，拘留、逮捕等措施转换为留置措施的条件是"案件重大复杂"，这个概念比较模糊，实践中没有相应标准，强制措施的转换具有一定的随意性。

我们认为，程序回转会影响刑事诉讼程序的安定和法律权威，会给犯罪嫌疑人或被告人的权利保障带来障碍，非因法定事由，程序一般不得回转。既然法律没有将强制措施转换作为程序回转的情形，那么案件就不能以此为由进行程序回转，而是应当按照既定的程序向前推进。至于因"犯罪嫌疑人或被告人不在案"而无法受理案件的问题，最高人民检察院曾对被强制戒毒的犯罪嫌疑人能否受案的问题作出解答，认为移送起诉的犯罪嫌疑人不在案而不能受案的情况，是指犯罪嫌疑人在逃，正处在强制戒毒期内的犯罪嫌疑人，强制戒毒对其人身自由的约束要强于取保候审、监视居住，办案部门可以进行告知、讯问，所以检察机关应当受理案件①。同理，对于被监委留置的犯罪嫌疑人，同样不属于"在逃"，留置对其人身自由约束也强于取保候审、监视居住。因此对于这类案件，如果经沟通协商，前后两案没有并案必要的话，其原案的刑事诉讼程序应当继续推进。公安机关侦查、检察机关提起公诉、法院审判开庭需要提讯提解被告人的，凭工作证件、提押证和监察机关的相关手续到留置场所办理。

此外，在审查起诉、审判阶段，犯罪嫌疑人、被告人、罪犯已被羁押或者在监管场所服刑的，应当以强制措施不转换为原则，以"重大复杂案件"转换为例外。对于"重大复杂案件"应当从严把握，可以设置一些具体情形，如处级以上干部案件或者可能判处10年有期徒刑以上案件等。同时，强制措施转换既要经过监察机关内部审批，也要经过司法机关审查同意，避免强制措施转换不当。

---

① 袁卓：《犯罪嫌疑人不在案的，案管部门可否受理案件》，载《检察日报》2022年5月16日。

（二）刑事强制措施解除由办案机关决定，再次采取强制措施需要重新作出决定

实践中对于留置与拘留、逮捕等刑事强制措施转换的具体衔接，存在不同认识。以杨某职务侵占、贪污案为例，在侦查阶段，经公安机关提请，检察机关决定批准逮捕杨某。期间监察机关因调查贪污罪需要将杨某留置，公安机关将杨某解除逮捕。调查结束后，监察机关解除留置并将杨某交还给公安机关继续侦查。公安机关直接开具逮捕证，将杨某送看守所执行逮捕。对此，有人认为，本案应当由作出逮捕决定的检察机关解除逮捕。解除逮捕是对先前决定的改变，这种改变一般应当由作出决定的机关自行作出，或者由其上级机关指令作出，其他机关无权改变，即"谁决定谁解除"。另外，对于重新逮捕的情况，是采取杨某案件的做法，不需要重新报请检察机关逮捕，由公安机关直接开具逮捕证予以执行；还是由公安机关重新报请逮捕，然后由检察机关作出批准逮捕决定，最后再由公安机关开具逮捕证执行逮捕，目前也有不同认识。

我们认为，采取拘留、逮捕等刑事强制措施，是为了保障刑事诉讼程序的顺利进行。刑事诉讼程序分为侦查、审查起诉、审判等不同阶段，采取的刑事强制措施是否能保障刑事诉讼程序正常进行，应当由各阶段的办案机关判断。实践中，有权机关作出拘留、逮捕决定后，后续刑事诉讼程序可以沿用。犯罪嫌疑人或被告人虽然一直被羁押于看守所，但实际上是通过换押的形式在不同办案机关之间流转。每个办案部门在审查案件的同时，也要审查拘留、逮捕的适用是否合适，如果发现有错误或者不再具有羁押必要性，可以撤销或者变更。《公安机关办理刑事案件程序规定》第 144 条的规定，对被逮捕的人，公安机关在侦查中发现不应当逮捕的，由公安机关释放。《人民检察院刑事诉讼规则》第 575 条规定，检察机关依法对侦查和审判阶段的羁押必要性进行审查。经审查认为不需要继续羁押的，应当建议公安机关或者法院释放犯罪嫌疑人、被告人或者变更强制措施。拘留、逮捕的"解除"与"撤销""变更"具有相似性，都是对现有强制措施的改变，也应当由正在办理案件的司法机关作出解除决定，即"谁办案谁解除"。关于"重新拘留、逮捕"，因为前次拘留、逮捕的解除，意味着原有决定不再执行。如果需要再次拘留、逮捕，则需要依法重新作出决定，并办理相关执行手续。同时，犯罪嫌疑人由监察程序回到司法程序后，其是否具有拘留、逮捕必要性，也需要结合现有事实证据进行判断。

（三）指定居所监视居住与留置应当切割清晰

调研发现，出于案件办理便利性考虑，留置与指定居所监视居住相互转换的情况较多。而指定居所监视居住，不同于一般的监视居住，具有一定的羁押性质。刑事诉讼法对指定居所监视居住作出了一些限制性规定①，立法目的无非是防止指定居所监视居住成为变相羁押②。但实践办案中有"重配合、轻程序"思想，存在"将指定居所监视居住直接

---

① 《刑事诉讼法》第 75 条规定，监视居住应当在犯罪嫌疑人、被告人的住处执行；无固定住处的，可以在指定的居所执行。对于涉嫌危害国家安全犯罪、恐怖活动犯罪，在住处执行可能有碍侦查的，经上一级公安机关批准，也可以在指定的居所执行。但是，不得在羁押场所、专门的办案场所执行。

② 汪建成、胡星昊：《论监视居住制度的司法完善》，载《中国刑法学杂志》2013 年第 6 期。

异化为变相羁押，沦为侦查取证的手段[①]"的风险隐患。有些互涉案件因办理受贿行贿案件需要，由公安机关先以普通犯罪将行贿人指定居所监视居住，对其是否"有住处"的审查不严格；有些互涉案件为了方便继续办理职务犯罪案件，就直接在临近留置场所的地方执行监视居住，可能会造成留置场所与指定居所监视居住场所的混同；个别互涉案件指定居所监视居住后，存在法律手续不完善、"一指了之"、办案程序不规范的现象。

我们认为，应当依照刑事诉讼法、《公安机关办理刑事案件程序规定》，严格规范指定居所监视居住的决定和执行程序，避免出现程序违法的情况。犯罪嫌疑人在办案机关所在地的市、县内有固定住处的，除涉嫌危害国家安全犯罪、恐怖活动犯罪外，不得指定居所监视居住，更不得在办案机关所在地以外的地级市指定居所监视居住；指定居所监视居住不得在羁押场所、专门的办案场所执行监视居住。需要强调的是，"羁押场所、专门的办案场所"是针对所有办案机关而言的，并不单指公安机关。监察机关的留置场所以及监察机关所有的具有办案功能的场所均不得作为指定居所监视居住的场所，即应排除负责办案监察机关所属产权的所有地点，避免将来面临取证程序不当的质疑。同时，相关办案单位、强制措施、羁押和看护等都要依法及时切换和变更，使监察调查程序与刑事侦查程序切割清晰。检察机关应当加强对指定居所监视居住的法律监督，对于不符合指定居所监视居住规定，或者指定居所监视居住不规范的情况，要依法监督公安机关及时予以纠正。

五、关于并案处理问题

从目前办案情况来看，因为互涉案件大多由监察机关和其他办案机关分别调查（侦查）移送，所以并案处理的问题主要集中在审查起诉阶段。虽然法律规定互涉案件可以并案审查起诉，但并案与否以及并案后案件如何办理等问题，有待进一步明确。

（一）分案起诉的互涉案件要"应并尽并"

《人民检察院刑事诉讼规则》第 18 条第 2 款规定，对于一人犯数罪、共同犯罪等，并案处理有利于查明案件事实和诉讼进行的，检察机关可以在职责范围内对相关犯罪案件并案处理。据此，有人认为，法律条文中使用的"可以"一词，赋予了办案机关裁量权，据此办案机关可根据自身情况和案件情况，权衡、裁量是否并案处理，既可以决定并案审查起诉，也可以决定不并案审查起诉。实践中，办案人员对于并案与否的问题态度比较随意，缺乏明确的标准，没有对前后案受理时间间隔、事实关联紧密程度等予以关注。

我们认为，法律所规定的"可以并案处理"，应当理解为只要符合并案处理条件的案件，都应当进行并案处理，简言之"应并尽并"。"可以"一词在公法上表示对公权力机关授权时，原则上不能轻易地将其解释为裁量权，因为对于公权力机关而言，法律的授权既是职权也是职责，而职责是不能任意放弃的[②]。一般来说，由不同机关调查取证的互涉案件，检察机关或法院并案处理不仅有利于查明案件事实，还有利于保障诉讼权利、准确

---

① 郭烁：《论作为"超羁押手段"的指定居所监视居住制度》，载《武汉大学学报（哲学社会科学版）》2016 年第 6 期。

② 万毅：《解读并案管辖四个关键词》，载《检察日报》2014 年 3 月 5 日。

定罪量刑，可以说互涉案件并案审查起诉、审理天然追求公正。所以，实践中应更加注意效率问题。如果并案可能会导致案件审查起诉过分迟延，那么不宜并案。

（二）按照后案受理之日计算审查起诉期限

无论是在调查、侦查阶段，还是在审查起诉、审理阶段，基于效率原则，法律均设置了一定的办理期限。实践中，如果犯罪嫌疑人被羁押，案件审查起诉自受理之日起算，期限为一个月。刑事诉讼中规定一个月的审查起诉期限，是为了迅速及时地查明案件[①]。那么先后受理的两个案件并案后，审查起诉期限该怎么计算？在相关规范明确之前，实践中承办人为了避免案件超期办理，大多按照前案来计算审查起诉期限。虽然这样能够促使迅速办案，但也可能导致后案审查起诉时间被大大压缩，不利于查清案件事实。

我们认为，效率和公正是司法的两大主题，二者既对立紧张又和谐统一[②]。并案处理的初衷是兼顾公正效率，审查起诉期限的计算也应当以此为出发点。如果前案已经移送审查起诉一段时间，后案才移送审查起诉，此时以前案计算审查起诉期限，那么后案的审查起诉期限将不足一个月，不利于承办人全面审查案件证据材料，也不利于辩护律师行使辩护权，影响案件实体公正。根据刑事诉讼法规定，退回补充调查（侦查）的案件复报后，需要重新计算审查起诉期限，其主要原因就是案件出现了新的事实证据，要给予一定的审查时间。后案对于前案来说，就是新的事实证据，因此并案后要按照后案受理之日计算审查起诉期限。这样的期限计算方式所得出的期限长度与并案审查起诉的工作量是成比例的，符合适度性原则。

（三）遵循不同案件的特别规定

审查起诉阶段，检察机关办理监委案件，与办理公安、检察机关立案侦查案件存在较大区别。比如，根据法律规定，检察机关对监委移送案件作不起诉处理，需要报送上级检察机关审批。如果职务犯罪互涉案件并案后，检察机关核减监察机关移送的罪名，仅认定公安机关移送罪名，此时是否需要报送上级检察机关审批有待明确。

我们认为，监察体制改革后，由监察机关调查职务犯罪案件，审查起诉、审判监察机关办理职务犯罪案件有新的办案程序和要求，与公安机关、检察机关侦查案件有一定差别。如果案件没有并案处理，那么各个案件按照自身的流程办理，不存在冲突问题。如果案件并案处理，建议综合互涉案件的整体情况，该有的办案程序和要求不能省略。互涉案件并案后，按照先前案件最严格程序和最高要求来执行。对于审查起诉阶段核减罪名问题，如果并案后将监委移送的罪名核减，实际上就是对监委移送案件作不起诉处理，应当报送上一级检察机关审批。

---

① 李新、余响铃：《延长审查起诉期限问题研究》，载《中国刑事法杂志》2013 年第 10 期。

② 于增尊：《效率追求如何契合公正：刑事诉讼期限立法的基本原则》，载《法学杂志》2019 年第 5 期。

六、结语

随着职务犯罪互涉案件数量上升，相关实务问题的解决日益紧迫。对于职务犯罪互涉案件，在调查（侦查）阶段要坚持职能管辖原则，由同级的监察机关和其他办案机关分别调查、侦查，如果审查起诉、审判需要商请指定管辖，前案已商请的，后案无须再次商请。作为主调查机关的监察机关，在坚持职务犯罪优先调查的同时，也要注重发挥组织协调的统筹作用，推进互涉案件协同办理，一般案件可以将联席会议作为沟通协商平台，重大疑难复杂案件可以由监察机关牵头各办案机关成立专案组办理。案件移送起诉后，出于有利于查明案件事实和诉讼进行的考虑，对符合条件的职务犯罪互涉案件，检察机关应当并案审查起诉，法院应当并案审理。因后案之于前案是新的犯罪，有新的证据材料需要审查，并案后按照后案受理之日计算办案期限。在强制措施方面，留置与拘留、逮捕等刑事强制措施的转换不属于刑事诉讼程序回转的情形，如无并案必要，原案诉讼程序继续进行。未来，有关机关应当研究制定专门规范性文件明确上述问题，完善职务犯罪互涉案件办理机制，为实践办案提供指引。

论职务犯罪案件监检配合制约的法定原则与事项归类

——从《监察法》第 4 条第 2 款展开

陶文婷*

一、问题的提出

着眼于职务犯罪案件之办理程序，监检机关之间能否建立起高效权威、合理科学的衔接机制，对腐败案件的办理质效来说，具有关键意义。从立法规定来看，2018 年正式颁布的监察法，通过其第 4 条第 2 款中的"互相配合、互相制约"原则[1]，为监检机关妥善处理彼此间关系提供了宏观指引，回答了"监检机关当如何衔接"这一基础性问题。就此而言，在职务犯罪案件衔接工作中，监检机关应当以配合、制约原则作为彼此关系的处理依据，该点已成为理论共识。[2] 将目光移向刑事诉讼法之规定，其第 7 条为居于诉讼程序的"公检法"三机关安排了类似的工作原则，[3] 但相较于监察法，前者在配合、制约原则以外，还规定了"分工负责"原则，并将其设定为办案主体间配合、制约之前提。这一立法间规定的差异，直观反映在职务犯罪案件中，监检关系、监审关系较之于"侦诉审"关系的特殊性，也使得监察法中的配合、制约原则成为一项具有独立研究价值的法定原则。具体到监检衔接事项，在职务犯罪案件中，监察机关与检察机关的衔接，涉及案件管辖、提前介入、证据审查、强制措施审查、退回补充调查、监察从宽处罚建议审查等诸多事项，可谓千头万绪。但若将配合、制约原则与相关事项加以联结，监检衔接诸事项之间亦有其内在排布规律，即一些事项更偏重监检机关的配合，另一些事项则偏重于监检机关之间的制约。然而，仅凭监察法中有关配合、制约原则的表述，监检机关很难直接把握到前述分布规律，这就需要从理论层面入手，为监检机关探明配合、制约的基本界限。

---

* 华中师范大学法学院讲师。

① 《监察法》第 4 条第 2 款："监察机关办理职务违法和职务犯罪案件，应当与审判机关、检察机关、执法部门互相配合，互相制约。"

② 相关观点参见王洪宇：《监察体制下监检关系研究》，载《浙江工商大学学报》2019 年第 2 期；封利强：《检察机关提前介入监察调查之检讨——兼论完善监检衔接机制的另一种思路》，载《浙江社会科学》2020 年第 9 期；陈小炜：《监检关系视野下退回补充调查与自行补充侦查》，载《北方法学》2020 年第 6 期。

③ 《刑事诉讼法》第 7 条："人民法院、人民检察院和公安机关进行刑事诉讼，应当分工负责，互相配合，互相制约，以保证准确有效地执行法律。"

总之，不论从主体关系角度出发，还是从客观存在的衔接事项出发，配合、制约原则都可谓是监检衔接理论命题之"塔基"，是监检衔接程序合理运作之"轴承"，其重要性不言而喻。但当笔者以"互相配合、互相制约"为关键词，在"北大法宝—法学期刊"数据库中进行标题检索，仅查找到1篇以《监察法》中配合、制约原则为题的文章①，其余11篇文章所讨论的，皆为刑事诉讼程序中"公检法"三机关的"分工负责、互相配合、互相制约"，又或三机关之间的配合与制约②。若纵向对比，可以发现在监检衔接理论命题的内部，重衔接程序研究、轻主体关系研究的倾向也比较明显。申言之，在现阶段，研究者们将目光更多地投向了监检衔接具体程序的适用与改进，如先行拘留、退回补充调查、检察提前介入等③，作为办案主体间衔接法定原则的配合、制约原则，其受到的关注程度尚不及前者。回到笔者在前述提及的监察法配合、制约原则之专题文章，首先需要肯定一点，该文开创性地对此项原则进行了系统讨论，只是从文章内容看，该文更多是立足于宏观视角，就配合、制约原则在监察法中的地位，及其作为一项基本原则的必要性等理论问题展开论述，而未单独着眼于监检机关之间的配合与制约，就其意涵作出解读；同时，也未论及配合与制约的界限何在，并据此对监检衔接的主要事项进行归类。基于以上研究现状，以及配合、制约原则在监检衔接理论命题中的基础性地位，本文拟以职务犯罪案件中的监检衔接为研究视角，全面解构配合、制约原则，在此基础上，进一步寻找到监检机关配合、制约的应然界限，从而辨明相关衔接事项的基本属性并对其加以归类，以期构建一个内部秩序井然、程序运作融洽的监检衔接程序体系，为下一步的衔接程序研究打下基础。

二、监检机关"互相配合、互相制约"原则的解读

关于监察机关与司法机关之间的关系，宪法与监察法作出了完全一致的规定，即"互相配合、互相制约"④，这也是监察机关在职务犯罪案件中与司法机关进行工作对接时必须遵循的法定原则。着眼于监察法的具体规定，在涉及监察机关与司法机关的衔接时，现有规定更多体现的是监检之间的衔接，仅有少数条文就监察机关与审判机关之间的业务联

---

① 崔凯：《〈监察法〉"互相配合，互相制约"原则的明确及展开》，载《中南大学学报（社会科学版）》2021年第4期。

② 通过这种检索方式，笔者在"北大法宝—法学期刊"数据库中一共检索到13篇文章。其中，因为有1篇文章系对"港澳政治体制中行政、立法与司法既互相配合又互相制约原则的探讨"（作者为中山大学粤港澳发展研究院的王禹教授），故前述13篇文章中，与监察法或刑事诉讼程序中配合、制约原则直接相关的文章实际为12篇。单就刑事诉讼研究领域而言，早在1979年立法机关将"分工负责、互相配合、互相制约"写入刑事诉讼法以前，已经有学者对"公检法"三机关的配合与制约关系进行了专门讨论，此即《公安、检察和法院应正确贯彻互相配合、互相制约的原则》一文，刊载于《法学》1958年第1期，作者为胡军（文章并未载明作者身份）。

③ 譬如，高童非：《监检衔接中先行拘留措施的法教义学反思》，载《地方立法研究》2020年第2期；董坤：《检察提前介入监察：历史流变中的法理探寻与机制构建》，载《政治与法律》2021年第9期；陈小炜：《监检关系视野下退回补充调查与自行补充侦查》，载《北方法学》2020年第6期，等等。

④ 《宪法》第127条第2款与《监察法》第4条第2款均规定："监察机关办理职务违法和职务犯罪案件，应当与审判机关、检察机关、执法部门互相配合，互相制约。"

系作出了规定。从缘由来看，立法中存在的这一显著差异，既是职务犯罪调查与审查起诉进程相连的必然结果，也是"侦审阻断"诉讼构造原则在职务犯罪案件中的延续[1]，即通过减少调查机关与审判机关之间的业务往来，为后者中立、客观地对待调查结论打好基础。另外，以上立法现象亦表明，与监审衔接相比，监检衔接成为"互相配合、互相制约"原则最主要的指导对象。

关于"互相配合、互相制约"原则的基本内涵，权威方面作出了如下释义："互相配合"是指监检机关在依法履职的基础上，互相支持，避免出现"各行其是、互不通气、甚至是互相扯皮"等降低反腐工作效率的现象；"互相制约"则是指监检机关在程序的制约下，"防止和及时纠正错误"，确保办案质量。[2] 由该释义出发，可知"互相配合"与"互相制约"的基本要求为依法互相支持以及实施程序制约。不过，结合理论界对刑事诉讼中公检法三机关工作原则[3]作出的有关解读，该原则在内涵上不止于此，而是有着更加深刻的理论意蕴，如还涉及监检缘何得以配合、制约以及配合与制约之间的关系等问题。基于此，笔者认为监检衔接法定原则的基本范畴可作如下展开。

（一）监检机关"互相配合""互相制约"的内涵

第一，互相配合原则。在实现方式上，如前述所言，该原则要求监检机关在衔接工作中依法给予对方支持，开展有效合作，这当中实则包含两重要求。其一，监检机关在衔接工作中应当为对方提供支持，但前提为"依法"。进一步说，监检机关在个案中进行配合时，不仅要遵循"法无授权即禁止"的要求，以相关法律法规为配合型衔接活动开展之界限，同时，还应严格区分并正确履行各自的法定职责，防止出现监检之间相互替代或职责混同的过度配合现象，如检察机关代替行使调查职权、监察机关过度参与审查起诉工作等。其二，在"互相"一词的限定下，"配合"应当是主体之间的"双向配合"。即监检衔接过程中，不仅要体现检察权对犯罪调查权的配合，如检察机关将需要由监察机关为主管辖的案件进行移送；相关事项中也要体现犯罪调查权对检察权的配合，譬如，从为犯罪追诉进行准备这点来看，职务犯罪调查活动可视为对公诉活动的配合。[4] 总之，通过确立互相配合原则，立法者希望监检机关在腐败犯罪追究过程中形成合力，提升此类案件的追诉效率，故该原则的侧重点在于"合"。

第二，互相制约原则。从前述权威释义来看，该原则意在强调监检机关在衔接过程中，通过一定的程序来避免或及时修正工作中已然出现的错误，这种错误既包括两机关对于相关实体法事实的认识错误，也包括在具体程序事项上出现的操作错误。由此可见，立法确立本项原则的直接目标是：确保职务犯罪案件追究的准确性，实现"不枉不纵、不错

① 参见陈实：《刑事庭审实质化的维度与机制探讨》，载《中国法学》2018年第1期。
② 参见中共中央纪律检查委员会法规室、中华人民共和国国家监察委员会法规室编写：《〈中华人民共和国监察法〉释义》，中国方正出版社2018年版，第66页。
③ 《刑事诉讼法》第7条均规定："人民法院、人民检察院和公安机关进行刑事诉讼，应当分工负责，互相配合，互相制约，以保证准确有效地执行法律。"
④ 参见马怀德主编：《监察法学》，人民出版社2019年版，第112页。

不漏"。① 除此之外，若上升至权力运行层面，该原则还肩负着另外一重制度使命，即防止职务犯罪调查权或检察权被滥用，确保此类案件犯罪追究活动的正当性。具体来说，如果立法仅规定监检之间的配合，而不对两种权力的行使施以一定限制，一来可能导致二者之间过度协作，致使职务犯罪被追诉人在审前阶段处于不利的境况当中，更进一步讲，两种权力可能会脱离原本的运行轨道，陷入肆意运作的失序状态。就此而言，互相制约原则的存在极富现实意义，其通过从宏观层面向监检机关发出权力制衡与约束之指令，以确保职务犯罪调查权与检察权在各自的权力轨道中平稳运行。另外，也正是因为监检机关在职务犯罪案件中有着各自的职权，其权力运行亦有各自的轨道，故权力制约本身也要有一定尺度。倘若一方在另一方行权过程中以制约之名行干预之实，那么本质上仍为权力的滥用。故此，为防止权力之间出现倾轧，制约活动实施的时间节点须限于事前以及事后，即事前防止错误的发生，事后及时纠正对方工作中已然出现的错误。同时，与前述配合活动一样，制约活动亦要依法实施，即通过法定程序来实现监检权力间的有效牵制。

欲完整把握监检衔接之法定原则，仅单独考察两项子原则仍稍欠火候，还需将二者置于一处，辨明配合与制约之间存在何种关联。对此，有学者从配合、制约的向度出发，认为配合是指职权有所交集的机关在相关事项中显现的"正向协作关系"，而制约则刚好相反，系指代前述机关通过对他方职权进行"反向制衡"。② 尽管该观点未就配合与制约的关系作进一步考察，却也提供了一种分析思路：既然配合与制约活动在运行向度上截然不同，这是否意味着二者之间存在对立关系？换句话说，配合是否等同于不制约，而制约是否就意味着不配合？对于前述问题，笔者认为答案均为否定，理由如下：从目标来看，配合是指各主体为完成共同的职责使命而协调一致、通力合作，其侧重点为效率；制约则是指各司其职的主体为了防止某项权力过于膨胀以致滥用，而通过一定的制度或者规则来进行彼此间的约束，其侧重点为公正。配合与制约虽然处于完全不同的目标语境，如前者指向共同任务的高效完成，后者指向任务进行过程中，各权力主体之间的合法牵制，但在效率与公正价值的辩证作用下，配合与制约之间事实上结成了十分紧密的逻辑联系。就此而言，配合不是无条件、无限制的配合，理想的配合状态必然以权力行使受到合理制约为前提；同理，制约也不等于主体之间放弃协作，相反，制约是为了更好的配合，即通过减少程序瑕疵、降低权力被滥用的可能性，为主体之间的协作成果提供充分的正当性支持。所谓配合与制约具有一体两面的属性③，便大致体现于此。具体到职务犯罪案件，包括监检机关在内的国家机关在遵循此项原则时，应当将配合与制约统一起来，而不可顾此失彼，有所偏废。

（二）监检机关"互相配合、互相制约"的基础

从源流来看，"互相配合、互相制约"原则始见于我国宪法与刑事诉讼法，其作用在

---

① 谢佑平、万毅：《分工负责、互相配合、互相制约原则另论》，载《法学论坛》2002 年第 4 期。

② 参见左卫民、唐清宇：《制约模式：监察机关与检察机关的关系模式思考》，载《现代法学》2018 年第 4 期。

③ 参见谢佑平、万毅：《分工负责、互相配合、互相制约原则另论》，载《法学论坛》2002 年第 4 期。

于，指导公安司法机关在诉讼过程中妥善处理"侦、诉、审"三大职权之间的关系。随着监察法正式颁布，配合与制约原则亦被写入了该法的总则部分，并在此后获得了基本法的承认。尽管如此，在监察法的起草过程中，前述原则并非在一开始就被立法者所选定，而是经历了从无到有、由疏向细的变化历程。① 可见，对于刑事诉讼活动中国家机关的关系处理原则能否适用于监察机关，立法者进行了十分审慎的考量，而唯有确认监察机关与相关国家机关具有互相配合与制约的基础，该原则方可被写入监察立法。从结果来看，立法者显然找到了前述原则的适用基础，但相关权威释义对此并未作出详细解读。受学者观点之启发，对于监检机关何以配合以及何以制约这两个事关衔接的重要问题，笔者认为可从以下几方面寻找答案。

其一，关于监检机关互相配合之基础，归结起来主要包括两个方面：一为职权作用对象的同一性，二为犯罪追诉任务的一致性。其中，前者是监检协作需求得以形成的直接原因，后者则为根本原因。具言之，所谓职权作用对象的同一性，即指监察调查权与审查起诉权作用的直接对象均含有职务犯罪案件②，正是因为此类案件的存在，监检机关的履职活动才被连接了起来。尽管监察法在配合、制约条款中还规定了职务违法案件，但从监察机关在该类案件中的调查与处置权限来看，职务违法案件的办理基本是由监察机关一方参与便可完成，就此而言，监检职权行使的联接点主要是职务犯罪案件。所谓犯罪追诉任务的一致性，则具体表现为职务犯罪调查与公诉活动在反腐职能方面的一致。如前所述，调查活动也好，审查起诉活动也罢，二者均以查证案件事实、追究刑事责任为主要工作内容，本质上可以统归为职务犯罪的追诉活动。从目标来看，前述两类活动既与法院的居中裁判有所区别③，也完全异于被追诉人一方所开展的辩护活动，故在"控、辩、审"的三方构造中，监检机关与侦诉机关一样，在进行犯罪追诉时彼此之间存在着共生关系④。此外，具体到个案追诉当中，配合原则的双向性要求则部分源于调查与审查起诉程序之间的回转。申言之，案件一旦进入刑事诉讼程序，其与调查程序之间的联系并不会就此割裂，譬如，当检察机关认为案件尚未达到提起公诉的法定标准时，可依法将案件退回至监察机关，并由后者进行补充调查，此时，在程序回转的背景下，监检之间的协作关系重新启动。在根源上，前述程序之所以发生回转，仍是基于犯罪追诉任务的一致性。可见，相比于职权作用对象的同一性，犯罪追诉的同向要求在监检机关的配合关系当中居于基石地位。

其二，关于监检机关互相制约之基础。从权力同质的角度出发，既然刑事诉讼中的侦诉机关能够互相制约，那么，在职务犯罪调查与刑事侦查同质前提下，自然能推导出职务

① 从立法机关公布的两版《监察法（草案）》来看，草案一审稿中并未规定配合与制约原则，二审稿虽然增加了该项原则，却只规定了监察机关与司法机关之间的配合与制约，而未加入监察法正式颁行版本中的"执法部门"。

② 参见吕泽华：《我国职务犯罪监察调查工作中的监检关系问题研究》，载《安徽大学学报（哲学社会科学版）》2020年第4期。

③ 参见苗生明、张翠松：《职务犯罪案件监检衔接问题研究》，载《国家检察官学院学报》2019年第3期。

④ 参见吴思远：《我国职务犯罪调查模式之法治化进路》，载《江淮论坛》2019年第3期。

犯罪案件中监检机关亦可互相制约的结论。然而，仅凭这一点尚不足以解释监检机关缘何得以互相制约，对此，笔者认为可以通过刑事诉讼法中的关联条文来寻找答案。从立法原意推导，法条之所以在配合关系外确立公检法三机关之间的制约关系，其主要目的在于，使各机关在互不干涉却能相互牵制的前提下行使各自的职权，重在实现诉讼职能之间的平衡，而若溯源至理论根基，前述目标实际上是权力制衡原理在刑事诉讼立法中的集中体现。其精髓在于，通过公共权力之间的约束与平衡，来保障整个国家权力体系的稳定运行，本质上是对权力运行规律的科学反映。① 据此，为使国家权力体系内部形成井然秩序，避免出现某项权力占据绝对优势地位的失范现象②，公共权力在运行过程中必须遵循权力制衡之定律。从权力建构方式来看，监察权的形成系基于此前分散在各个机关的各类反腐权力，而在权力集中的过程中，一旦尺度把握不好，则容易出现"过犹不及"的局面。为了避免该现象产生，立法向监察机关同其他职权有所交集的国家机关提出了彼此牵制的原则性要求，这也是"互相制约"被写入立法的根由所在，也成为了监检机关制约彼此的理论基础。此外，制约不仅要实现，而且还应当以行之有效的方式加以实现，就此而言，监检机关在法律地位上的平等则是制约目标得以有效实现的现实基础，倘若权力结构偏离了平面化形态③，权力制约的效果无疑将大打折扣。

（三）监察法中"分工负责"原则阙如之析因

当涉及权力配置问题时，权力的分立与制衡常常为论者一并提起④，颇有"孟不离焦、焦不离孟"之观感。实际上，在权力制衡理论中，权力之间的牵制与平衡并非自始存在，而是以权力的分立为必要前提。具言之，为防止公共权力因过度聚合而陷入混沌状态，国家首先要对权力进行科学划分，并设置相互独立的机关来行使特定领域的公共权力，如此，方才产生权力制衡之议题。在配置犯罪追究相关权力时，我国立法机关也将前述分立与制衡的基本原理应用至法条当中，并将其具化为"侦、诉、审"三机关"分工、配合与制约"的法定原则，若将此项原则分别拆解成三项子原则，从法条表述的顺序来看，"分工负责"实际上是另外两项子原则的起点，因为若无职权上的明确界分，权力主体在犯罪追究活动中的配合与制约将无从谈起。自1979年出现刑事诉讼法起，前述原则便始终作为三机关关系处理的指导原则，从未变更。近年来，随着监察体制改革的开展，监察机关开始承担起职务犯罪案件的调查取证职责，也因此，其同职司犯罪公诉职能与审判职能的司法机关产生了十分紧密的联系。基于这种客观存在的业务联系，在改革试点阶

---

① 参见刘俊杰：《当代中国权力制衡结构研究》，中共中央党校出版社2012年版，第23—24页。

② 参见周永坤：《规范权力——权力的法理研究》，法律出版社2006年版，第223页。

③ 据学者考察，权力平面结构模式是洛克和孟德斯鸠等人的分权制衡理论的典型实践。"在这种权力结构模式下……不同的权力主体各自行使法律规定的权力，在各自的领域内具有最终的权威，同时各种权力主体之间形成法律上的牵制关系，消灭独尊的、绝对的权力。"樊崇义：《法律监督职能哲理论纲》，载《人民检察》2010年第1期。

④ 参见［美］布鲁斯·阿克曼：《别了，孟德斯鸠：新分权的理论与实践》，聂鑫译，中国政法大学出版社2016年版，第131—132页。

段,理论界便出现了将前述"分工、配合与制约"的诉讼法原则植入监察法的观点,[①] 也有学者主张在刑事诉讼法的相关条文中直接加入"监察机关",一并适用既有的"分工、配合与制约"原则。[②] 从立法结果来看,一方面,修改后的刑事诉讼法并未在相关原则中加入"监察机关"这一新生权力主体;另一方面,监察法最终也仅规定了三项子原则中的后两项,而未将"分工负责"一并写入,这一表述的缺失看似突兀,也与刑事诉讼中既存的关联原则有所出入,但"分工负责"表述的阙如,实际上蕴含着立法者对监察权与司法权、调查程序与刑事诉讼程序属性差异的审慎考量。

结合宪法规定,国家机关之间的"分工"分别有着宏观、中观与微观三重含义。其中,宏观与中观意义上的"分工"主要体现于《宪法》第3条规定;而微观意义上的"分工"则反映在《宪法》第140条。具言之,在宏观层面,国家权力有立法、行政、监察、审判与检察此五者之分;在中观层面,前述权力在内部又有中央与地方的职权界分[③];而在微观层面,"分工负责"仅用来指代刑事案件中,侦查、检察与审判三机关各司其职[④],除此之外,宪法中再无"分工负责"之表述。由此可见,尽管"分工"在基本法中具有多重意涵,但若具体到特定领域,国家机关欲成立"分工负责"的关系必须满足一定条件,"分工负责"的立法表述并不可随意使用。以刑事诉讼为例,在该领域中,公检法三机关得以分工的前提——各主体共同负责犯罪追究事项,本质上反映了国家对于犯罪追究此项重要权力的科学配置;三机关进行分工的程序限定为刑事诉讼程序,倘若超越该特定程序,则前述机关之间的配合、制约关系将不再成立,如公安机关在履行治安执法或行政处罚职责时,由于其处于行政程序而非诉讼程序,其与审判、检察两机关之间的分工关系也就无从谈起了。此外,在刑事案件的办理过程中,特定机关不能代行其他机关之职权,而是应当在各个阶段、各具体事项中正确履行自身职责,此亦为"分工负责"的题中之义。

基于此,"分工负责"并不是一个放之四海而皆准的普适性原则,而是有着严格的适用条件,在特定语境下方可成立。如前所述,监检衔接机制的一个重要特征为对接程序的二元化,同时,在腐败犯罪之外,监察机关还负责职务违法案件的查处。在此背景下,若监察法将"分工负责"与"配合、制约"规定在一处,那么,一方面,在监察程序与刑事诉讼程序异质的现实下,监察机关与司法机关之间的"分工负责"将难以"名正",也即"分工"在程序名义上缺乏正当性;另一方面,由于监察机关同时负责职务违法与职务犯罪案件查处工作,其同司法权在指向对象上并非完全同一,监察机关与司法机关之间的

---

① 参见朱福惠、张晋邦:《监察体制改革与宪法修改之学理阐释》,载《四川师范大学学报(社会科学版)》2017年第3期。

② 参见李声高:《新监察制度下的侦诉关系之重构》,载《西部法学评论》2018年第4期。

③ 《宪法》第3条第2、3、4款:"全国人民代表大会和地方各级人民代表大会都由民主选举产生,对人民负责,受人民监督。国家行政机关、监察机关、审判机关、检察机关都由人民代表大会产生,对它负责,受它监督。中央和地方的国家机构职权的划分,遵循在中央的统一领导下,充分发挥地方的主动性、积极性的原则。"

④ 《宪法》第140条:"人民法院、人民检察院和公安机关办理刑事案件,应当分工负责,互相配合,互相制约,以保证准确有效地执行法律。"

"分工负责"也就无法"言顺"了。可以说，正是因为前述原因，立法机关在 2018 年修订刑事诉讼法时，未将"监察机关"加入分工、配合与制约的法定原则中。尽管如此，若仅着眼于职务犯罪案件，监察机关与司法机关的确存在着分工关系，包括阶段职能的分工以及案件管辖的分工。其中，阶段职能的分工是指监察、检察、审判三机关共同承担职务犯罪追究任务，分别在调查、审查起诉与审判阶段履行法定职责；案件管辖的分工则是指监检机关在职务犯罪案件职能管辖权限上的细分，即由监察机关负责大部分职务犯罪的立案调查，检察机关负责小部分职务犯罪案件的立案侦查。有鉴于此，虽然相关立法并未明文规定监察、检察、审判三机关"分工负责"的基本原则，但在职务犯罪案件中三机关事实上存在着分工关系的前提下，对监检机关来说，既然二者共同承担着腐败犯罪的追诉任务，监检机关便更要区分好、履行好各自的职责，在法律界限内正确行使相关事项的判断权与决策权。

三、监检机关"互相配合、互相制约"事项的划分

（一）配合、制约原则具体化之必要

对于刑事诉讼法中的"分工、配合与制约"条款，理论界存在一种批评声音，譬如有学者认为，该条款原封不动地照搬宪法原则，而未对该原则如何实现作进一步展开，本质上属于"立法者的不作为"。① 对此，有学者亦表示认同，并提出部门法应当通过明确而具体的规定来诠释特定的宪法性原则②，以使其获得落地执行的生命力。着眼于法律原则特有的宏观指引性与意旨稳定性③，笔者认为，前述观点对于法条表述趋同化所作理解并不完全准确，作为一项法律原则，刑事诉讼法中"分工、配合与制约"条款与宪法表述的重合，其背后有一定的法理依据。不过，从立法实践来看，部门法中的特定原则往往是作为系列具体规则之基础而存在，如刑事诉讼法第四章"辩护与代理"即是对该法第 11 条被告人享有辩护权原则的具体展开。相较之下，刑事诉讼法仅就公检法三机关的分工作出了说明④，而未设置专章或者专门的规则来说明三机关之间的配合与制约关系应当如何实现，就此而言，前述学者所谓之"以规则具体化原则"的观点仍有一定参考意义。

回到监察法中，其总则部分所规定的配合、制约原则同前述诉讼法原则一样，亦是对宪法性原则的重复，尽管该法就监检之间的业务往来作出了相对较多的规定，但是对于监检机关应当在哪些事项中协同合作，以及在哪些事项中进行制约，监察法并未进一步展

---

① 参见李样举、韩大元：《论宪法之下国家立法具体化功能的实现》，载《厦门大学学报（哲学社会科学版）》2013 年第 3 期。

② 参见孙远：《"分工负责、互相配合、互相制约"原则之教义学原理——以审判中心主义为视角》，载《中外法学》2017 年第 1 期。

③ 与法律规则相比，法律原则一是在指导维度上更加宽广，其不会专门就具体事项提出解决方案，而是在宏观层面对此类事项进行指引；二是在变化趋势上，"法律原则通常是社会重大价值的积淀，不会轻易改变"，法律规则需根据实践状况的变化而不断调整。前述观点参见张文显：《法理学》（第五版），高等教育出版社 2018 年版，第 121 页。

④ 参见《刑事诉讼法》第 5 条与第 19 条，即公安机关负责刑事案件的侦查，人民检察院行使检察权并负责部分职务犯罪案件的立案侦查，人民法院行使审判权并负责受理自诉案件。

开。随着《监察法实施条例》的颁布，前述立法缺陷得到了一定弥补，具言之，《监察法实施条例》第 8 条不仅明确指出了监察机关与司法机关需要加强协作的具体事项，同时还要求前者须依法办理后者提出的程序性意见，因而也体现了司法机关对监察调查的制约。① 须得承认，相比于刑事诉讼规范，监察规范在配合、制约原则的具体化方面取得了明显进步，但同时，也要看到前述条文仍有一定的提升空间：一方面，囿于规范表述的节制要求，《监察法实施条例》第 8 条所规定的配合、制约事项依然十分有限，难以覆盖所有的衔接事项；另一方面，该条并未明确指出配合、制约的边界何在，具体到监检衔接活动，如果权力主体分不清配合、制约的界限，那么监检机关在进行对接时，很可能会对彼此之间的关系处理产生困惑，进而出现应当配合的时候不配合、应当制约的时候不制约的失范现象。基于此，笔者认为有必要对监检机关配合、制约事项的界限进行探讨，以进一步明晰监检机关在衔接时的权责划分，为监检衔接事项的类型划分打好基础。

（二）监检机关配合、制约的界限

在权力运行领域，权力的分立与制衡原理被西方学者形象比喻为"国家权力的调节器"，相应地，在权利保障领域，前述原理则化身为"公民权利的保护伞"。② 在该观点的基础上，我国有学者提出，配合与制约的界限在于公民基本权利。具言之，倘若相关事项会对公民基本权利造成直接的影响和干预，那么国家机关之间应当形成有效的制约关系，反之，权力主体则应结成配合关系，因为如果"不存在需保障的利益"，国家机关继续维持牵制关系就会造成不必要的掣肘，有碍于效率的提升。③ 不得不承认，该观点以公民权利是否受影响来划定国家机关之间配合与制约的边界，具有一定的合理性，因为在犯罪治理过程中，国家机关的任务不仅在于及时、高效地完成犯罪惩治任务，同时，也要兼顾相关当事人尤其是被追诉人权利的保障，以不侵犯其合法权益作为权力行使的底线。但在细节上，笔者认为前述观点仍有值得商榷之处，主要体现在其对配合关系判定标准的认识上。

根据前述观点后半部分的表述，只有当不存在需要保障的公民权益时，国家机关方能进行配合。然而，以监检衔接为例，在此过程中，实际上并不存在与权利干预完全无关的事项，因为从衔接对象来看，实体法事实的评价也好，程序性事实的评定也罢，二者均关涉被追诉人基本权利的存在状态，此时，若以"不存在需保障的利益"为配合行为的实施基准，那么监检衔接过程中将不再存在配合关系，这显然于理不合。事实上，不只是监检

---

① 《监察法实施条例》第 8 条："监察机关办理职务犯罪案件，应当与人民法院、人民检察院互相配合、互相制约，在案件管辖、证据审查、案件移送、涉案财物处置等方面加强沟通协调，对于人民法院、人民检察院提出的退回补充调查、排除非法证据、调取同步录音录像、要求调查人员出庭等意见依法办理。"

② 参见〔德〕康拉德·黑塞：《联邦德国宪法纲要》，李辉译，商务印书馆 2007 年版，第 376 页。

③ 参见孙远：《"分工负责、互相配合、互相制约"原则之教义学原理——以审判中心主义为视角》，载《中外法学》2017 年第 1 期。

衔接，普通犯罪案件中的各类事项亦无不涉及被追诉人的基本权利与诉讼权利①，在此背景下，权力主体欲判定其在特定事项中应当相互配合抑或进行制约，则需在是否"涉及权利保障需求"的基准上更进一步，以该事项是否"直接干预并影响公民基本权利"为配合、制约之界分，而不可将前述两重标准混为一谈。可见，既有观点在概括界分标准时，其表述准确性有所欠缺。除此之外，配合、制约的界分标准还应具备较高的涵摄性，能够在精准界分相关事项的同时，不留遗漏地将相关事项纳入对应的关系范畴中。而从权力制约理论出发，除了权利保障之功能，权力制约的目的还在于防错与纠错，从而确保权力行使的正确性，而只有当权力被正确行使，权利保障才能获得实现之基础。在此意义上，权利保障是权力制约的衍生功能，就此而言，前述所提之权利干预标准在涵摄范围上并不够全面。

所谓"解铃仍须系铃人"，配合、制约事项的区分，笔者认为还是应当回到二者所追求的目标之上。如前所述，在职务犯罪案件中，监检机关进行配合的目标在于形成合力，提升办案效率，进而保障反腐败执法的及时性；而制约的目标则在于通过程序来牵制彼此，避免出现错误或及时纠正已经出现的错误，从而保障公权力行使的正确性。基于此，若按以下标准来划分监检之间的配合、制约事项，可能更为妥当：从结果来看，监检机关共同从事的有助于提升反腐败执法效率的衔接事项，可以归于配合关系之中，而主要体现对公权力进行控制的衔接事项，则可归于制约关系。在此基础上，前述由学者提出的公民权利干预标准则可作为配合、制约事项划分时的辅助参考，尤其在直接干预、影响被追诉人合法权益的事项当中，监检机关间的配合应让位于制约。

（三）监检机关配合、制约的事项归类

结合相关法律规范②中关于监检衔接事项的具体规定，笔者认为，相关事项可根据以上标准作出如下归类（见表1）。

第一类是主要监检机关之间协同配合关系的事项，主要包括案件管辖衔接、涉案财物移送衔接、违法所得没收程序与缺席审判程序适用衔接以及检察机关提前介入。之所以作此归类，原因如下：首先，案件管辖问题（包括职能管辖竞合、互涉案件管辖、指定管辖等情形）的解决，不仅直接影响到监检机关在特定案件中的职能定位，尤其是涉及检察机关是作为侦查主体还是起诉主体参与衔接工作，也关系到具体参与对接的监检机关的确定。此类问题若能得到及时解决，无疑有助于后续衔接工作的顺畅开展，为反腐任务的高效完成起个好头。其次，直观来看，涉案财物移送衔接与被追诉人的财产权紧密相关，若依权利干预标准，似乎应当将其划分在制约事项下。笔者在此之所以将其归于配合之列，主要是因为法律所保护的乃是属于公民个人的合法财产③，而在监检衔接中，涉案财物由

---

① 结合宪法、刑事诉讼法及监察法的规定，职务犯罪被追诉人在案件办理过程中享有的权利包括：人身自由权、人格尊严权、合法私有财产不受侵犯权、申诉救济权、不受刑讯逼供权、辩护权（监察法对此项权利未作规定）。

② 主要包括：监察法、《监察法实施条例》《国家监察委员会与最高人民检察院办理职务犯罪案件工作衔接办法》等。

③ 《宪法》第 13 条第 1 款："公民的合法的私有财产不受侵犯。"

监察机关向检察机关移送的前提为此类财产乃涉嫌犯罪所得，其中可能包括被追诉人以非法方式占有的公共财物，以及其向他人索取或收受的现金、固定资产、金融资产等资财。换言之，在职务犯罪的特定语境下，涉案财物的处理与公共财产或利害关系人合法财产之回复有着更为密切的联系，服务于腐败犯罪惩治的总体目标。同时，为防止被追诉人的合法财产遭不当处置，监察法详细规定了财产限制措施的执行程序①，并要求监察机关对无关财产须及时解除相应措施，从而为被追诉人合法财产权的保障增设了一重"保护网"。同理，职务犯罪案件中的两类特别程序，尤其是违法所得没收程序的适用，其重点亦在提升反腐败效率，即通过依法处置被追诉人违法所得，及时挽回或减少国家和人民的财产损失②，因而也可以归于配合事项之中。最后，关于检察提前介入工作机制的归属，理论界存有争议。如有学者认为，在提前介入环节中，检察机关应当强调其对监察调查权的制约作用，并将其视为唯一能对监察调查活动发挥事中制约作用的衔接活动。③ 然从相关规定来看，检察机关在提前介入阶段的工作内容为，就与犯罪追诉有关的重要问题向监察机关提出书面意见，至于是否接受这些意见，则由监察机关根据案件情况独立决定。与此同时，现行法也未明确赋予检察机关在提前介入活动中，对监察机关进行监督或制约的权力。可见，在提前介入机制中，检察机关的定位为监察机关的"协助者"而非"制约者"④，该工作机制因犯罪惩治价值的凸显而更加符合配合关系的特征。总体而言，以上协同配合事项，共同构成了监检衔接机制中的监检协作机制。

第二类是主要体现监检机关之间权力制约关系的事项，主要包括检察机关对刑事强制措施、证据、监察从宽处罚建议进行审查以及不起诉决定的作出。由于此类事项基本上都直接涉及被追诉人的基本权利，具有比较鲜明的权利保障色彩，故而构成了监检衔接机制中的公诉制约机制。譬如，刑事强制措施尤其是逮捕措施的适用，直接关系到被追诉人的人身自由状况；非法证据排除规则的适用则与被追诉人不受刑讯逼供权的实现密切相关；检察机关对监察从宽处罚建议的审查关涉到被追诉人认罪认罚从宽权利的实现；不起诉决定的作出则直接影响被追诉人的人身自由、人格尊严以及财产等多项基本权利的恢复；退回补充调查与自行补充侦查事项虽不直接干预或影响被追诉人权利，但其本质上是检察机关为避免事实认定出现错误而实施的程序性控制，故与制约事项之判定标准亦相吻合。另外，从法律规定来看，监察权对检察权的制约主要体现在，当前者认为不起诉决定存在错

---

① 参见《监察法》第25条："监察机关在调查过程中，可以调取、查封、扣押用以证明被调查人涉嫌违法犯罪的财物、文件和电子数据等信息。采取调取、查封、扣押措施，应当收集原物原件，会同持有人或者保管人、见证人，当面逐一拍照、登记、编号，开列清单，由在场人员当场核对、签名，并将清单副本交财物、文件的持有人或者保管人。对调取、查封、扣押的财物、文件，监察机关应当设立专用账户、专门场所，确定专门人员妥善保管，严格履行交接、调取手续，定期对账核实，不得毁损或者用于其他目的。对价值不明物品应当及时鉴定，专门封存保管。查封、扣押的财物、文件经查明与案件无关的，应当在查明后三日内解除查封、扣押，予以退还。"

② 参见马怀德主编：《监察法学》，人民出版社2019年版，第297页。

③ 参见左卫民、刘帅：《监察案件提前介入：基于356份调查问卷的实证研究》，载《法学评论》2021年第5期。

④ 参见董坤：《检察提前介入监察：历史流变中的法理探寻与机制构建》，载《政治与法律》2021年第9期。

误时，可依法对此提请复议①，学者在论及监察机关对检察机关的制约时，也多是以该程序事项作为例举。② 由上可见，在监检机关形成制约关系的事项中，实际上更多体现的是检察机关对监察机关的制约。当提及监检机关的相互制约关系时，郭志媛教授则明确指出，在制约关系中，应当着重探索检察机关对监察机关的制约及其效力强化。③ 对此，笔者认为，以上现象和观点的形成，与办案程序的转换关联殊甚。尤其当转换端口涉及不同属性的国家权力时，为了保障权力行使正当无误，在后衔接的权力主体就需要对前序主体的行权效果进行检验。具体到监检衔接，权力制约便主要体现在检察机关就调查结论是否准确、调查行为是否合法以及被追诉人人身自由受限是否妥当，所进行的全面审查。

表 1　职务犯罪案件监检机关配合、制约事项的分类

界分标准	侧重保障腐败惩治的及时性	侧重确保权力行使的正确性	
监检关系	检察机关与监察机关协同配合为主	检察机关对监察机关进行制约为主	监察机关对检察机关进行制约为主
事项分类	案件管辖衔接、涉案财物移送衔接、违法所得没收程序与缺席审判程序适用衔接、检察机关提前介入	刑事强制措施的依法适用、退回补充调查与自行补充侦查、非法证据排除、监察从宽处罚建议审查、决定不起诉	对不起诉决定提请复议

四、监检衔接事项再厘定：基于制约与监督的辨析

（一）制约与监督之辨

关于监检机关的关系问题，有学者从监察法中的配合、制约条款出发，认为根据该条，"监察机关应当接受司法机关的制约与监督"④；亦有学者提出了类似主张，认为检察机关应当通过逮捕审查与证据合法性审查，来实现检察权对职务犯罪调查权的有效监督。⑤ 以上观点的出现，给监检衔接事项的厘定带来了一个新问题，即制约与监督二者是否等同？若不等同，那么上文提到的审查逮捕以及审查起诉诸事项究竟是属于制约范畴，还是应当归于监督范畴？欲回答以上问题，关键在于制约、监督概念的辨明，这将对监检衔接事项的厘定产生直接影响。

关于制约与监督在语义上是否等同，对此，学界已达成了共识。具体来说，制约、监

---

① 《监察法》第 47 条第 4 款："……监察机关认为不起诉的决定有错误的，可以向上一级人民检察院提请复议。"

② 相关论述参见王洪宇：《监察体制下监检关系研究》，载《浙江工商大学学报》2019 年第 2 期；封利强：《检察机关提前介入监察调查之检讨——兼论完善监检衔接机制的另一种思路》，载《浙江社会科学》2020 年第 9 期；秦前红主编：《监察法学教程》，法律出版社 2019 年版，第 90 页。

③ 参见李小恺：《纪检监察监督和法律监督的界限与衔接讲座综述》，载微信公众号"蓟门一体化刑事法讲坛"2022 年 5 月 10 日。

④ 参见李晓明、芮国强主编：《国家监察学原理》，法律出版社 2019 年版，第 602—604 页。

⑤ 参见李奋飞：《"调查—公诉"模式研究》，载《法学杂志》2018 年第 6 期。

督虽然在内涵上有相通之处，如都承载了权力控制理念，但二者在外延上的区别则更加明显，本质上属于两个不同概念。① 归结起来，在权力控制的语境下，制约与监督之间的差异主要表现在以下三个方面：其一，权力控制的基础不同。制约的基础在于"过程性分权"，监督的基础在于"功能性授权"②，这是制约、监督之间产生分野的根源。具体来说，制约往往表现为立法将内容上具有关联属性的公共权力分别配置给不同的国家机关，并通过程序安排，使各主体在完成共同任务的同时，权力行使受到彼此的牵制。与此相对，监督则表现为立法为保障公共权力合法行使，通过设立专门的监督机构，对其他机构的行权行为从外部进行监测、督促。其二，在前述控权原理的影响下，制约与监督在权力控制的向度上产生了显著差异。具言之，在制约机制中，权力主体因同一根本性任务而聚于一处，此时，各主体不仅要共同参与、形成合力，也要彼此牵制、形成均势，主体间的权力控制由此呈现双向性特征。而在监督机制中，由于监督权特有的专属性与不可分割性，职司监督的主体须跳脱于被监督机关而独立存在，与后者并无直接的业务联系。此时，权力控制体现为监督者对被监督者的单方控制，后者并无反向监督的权能，故监督在权力控制向度上呈现出单向性特征。其三，权力控制的效果不同。在均势要求下，同一根本性任务中互相牵制的权力主体在各自的职责范围内拥有排他的决定权，一方作出的决定对另一方具有刚性约束效力；相较而言，基于监督权的单方、专有属性，监督主体在行使此项权力时，其地位实际在被监督主体之上。在英文表达中，监督所对应的动词"supervise"，拆解开来亦有"在上方"（super－）、"观测"（vis－）之意。但为了防止此项权力对其他主体的正常履职造成不当干扰，立法者在进行制度设计时往往将"监督"与"建议"搭配起来③，这就使监督权虽然在控权向度上具有"自上而下"的特征④，但其控权效果却相对柔和，不及制约控权那般强效。总而言之，制约与监督在语义上并不等同，当被用来指代特定的控权方式或机制时，二者不可随意替换。在明晰此点以后，以下可就监检衔接事项的属性进行再度厘定。

　　将制约、监督的主要特征分别代入前述已经一轮厘定的衔接事项中，首先可以确定的是，案件管辖衔接、涉案财物移送衔接、特别程序适用衔接以及检察提前介入，此类事项由于侧重监检合力的形成而非监检权力的控制，故笔者将其归类为配合型事项，应属无误。对于前述归类为监检机关制约关系体现的刑事强制措施审查、证据审查、监察从宽处

---

　　① 在我国，关于制约与监督之间存在的区别，最早为宪行法学者所关注。早在本世纪初，相关学者便以二者的区分为主题专门撰写文章或出版论著。如王寿林：《监督与制约问题探讨》，载《北京行政学院学报》2001 年第 5 期；高山：《国家权力的制约监督》，河北人民出版社 2005 年版；等等。在刑事诉讼法学界，也有不少学者对此表示认同，如何家弘教授在文章中明确指出，"权力的监督与权力的制约或制衡是不同的概念"，魏晓娜教授在文章中也提及了制约与监督的区分。参见何家弘：《中国反腐治本论》，载《法学杂志》2018 年第 10 期；魏晓娜：《依法治国语境下检察机关的性质与职权》，载《中国法学》2018 年第 1 期。

　　② 参见陈国权、周鲁耀：《制约与监督：两种不同的权力逻辑》，载《浙江大学学报（人文社会科学版）》2013 年第 6 期。

　　③ 参见张智辉：《论法律监督》，载《法学评论》2020 年第 3 期。

　　④ 参见何家弘：《中国反腐治本论》，载《法学杂志》2018 年第 10 期。

罚建议审查、决定不起诉、不起诉复议五类事项，其中，后四类事项的属性较易明确。具体来说，监察机关决定是否将案件移送审查起诉，检察机关就移送而来的证据、监察从宽处罚建议进行审查，并决定是否提起公诉，监察机关对不起诉决定提请复议，这些都属于典型的制约活动：在监察决定权与检察决定权的互动中，二者既共同履行着犯罪追诉职责，又实现了彼此之间的法律牵制，符合制约之过程性、双向性、强效性控权特征。在上述事项中，唯有刑事强制措施审查尤其是逮捕审查，在事项归类上存有争议。依照笔者在前文中提出的配合、制约之界分标准，连同审查逮捕在内的刑事强制措施审查事项应归入至检察机关对监察机关的制约活动，检察系统内也有检察官对审查逮捕事项的属性界分持相同观点。① 不过，也有学者主张将审查逮捕活动界定为检察权对监察调查权进行的监督，并将其归于诉讼监督事项当中。② 对此，笔者认为，前述观点实际上混淆了制约与监督的含义，理由如下：从控权基础来看，由于监督权特有的外在属性，监督活动的特别之处在于，即便监督主体撤出相关领域，原受监督的权力主体其履职行为并不会因此而中断。而在制约机制中，由于各主体均服务于同一根本性任务，任一主体的缺位均会导致其他主体的职权活动无法继续开展。就此而言，尽管由于内在具有的司法审查品格，检察机关所从事的审查逮捕活动带有些许"功能性授权"色彩，但在根本目标上，审查逮捕主要是服务于犯罪追诉，一旦缺少这一环节追诉活动便无法向前推进，可见，审查逮捕依然是一种"过程性分权"即制约的体现。此外，从控权向度与效果来看，审查逮捕也符合制约关系的典型特征。一方面，审查逮捕活动的启动以监察机关案件移送决定权的行使为前提，通过逮捕审查权的行使，检察机关又可就监察机关限制被追诉人人身自由的决定进行反向制约，故具有权力制约的双向特征；另一方面，检察机关的审查逮捕决定一经作出，不仅会对被追诉人人身自由状态产生直接效力，也会对监察机关产生刚性约束力，这一点与以柔性约束而著称的监督明显不同。基于以上分析，尽管审查逮捕乍看起来与监督控权机制有形似之处，但从核心特征来看，其应当属于制约事项而非监督事项。

至此，上文提到的监检衔接诸事项在监检配合、制约关系中的归属判定完毕，尤其是相关制约事项，并未因为监督概念的引入而发生变动。

（二）监督与法律监督之辨

从相关论述中，笔者还注意到，学者间之所以不约而同地将"监督"一词应用至监检关系的讨论中，不仅仅是受到了配合、制约原则的影响，即从"制约"一词中引申出"监督"，同时，也受到了检察机关作为法律监督机关的定位影响，这点从学者频频提及"法律监督"便可看出。就此而言，在辨明制约与监督的差异后，有必要更进一步，对监督与法律监督之间的关系进行辨析，这对监检关系的澄明亦有重要意义。

由前文有关检察机关基本职权的论述可知，在刑事诉讼活动中，检察机关所行使的检

---

① 参见苗生明、张翠松：《职务犯罪案件监检衔接问题研究》，载《国家检察官学院学报》2019年第3期；陈国庆主编：《职务犯罪监察调查与审查起诉衔接工作指引》，中国检察出版社2019年版，第9页。

② 相关观点参见胡勇：《监察体制改革背景下检察机关的再定位与职能调整》，载《法治研究》2017年第3期；贺卫：《监察体制改革背景下的"检—监"衔接机制构建》，载《犯罪研究》2018年第6期。

察权即法律监督权，主要是以公诉职权与诉讼监督职权的形式加以体现。若将此二者分别与制约、监督对应起来，则可发现，公诉权的运行带有鲜明的制约色彩，诉讼监督权的运行则遵循着权力监督的逻辑。以侦诉关系的处理为例，一方面，在完成犯罪追诉共同任务的过程中，检察机关可以通过决定是否提起公诉，对侦查权的行使结果予以制约；另一方面，在诉讼监督权的支持下，检察机关则可通过立案监督、侦查监督等途径对侦查活动进行同步监督，一旦侦查机关实施了违法行为，检察机关可对其提出纠正意见，但最终是否要纠正以及应如何纠正等"后监督问题"，则由侦查机关自行决定，检察机关无权进行干预。① 于此，可以发现，在法律监督者的身份之下，检察权的运行实际遵循着制约与监督的双重逻辑。而就后种逻辑而言，在检察权中，与"制约"相对的"监督"并不是指广义上的"法律监督"，而是特指检察机关在诉讼过程中，对相关机关如对侦查机关权力行使合法性进行的"诉讼监督"，其与监督控权机制所独有的专门性、单向性以及相对柔性三项特征均相吻合。若以公式表达，则监督、法律监督与诉讼监督三者间，关系如下：法律监督 > 与制约相对的监督 = 诉讼监督。

根据这一界分，再度着眼于监检关系，可以发现二者之间的监督关系仅存在于监察机关对检察机关工作人员履职行为纯洁性、合法性的监督，而不存在典型意义上由检察机关对调查取证主体进行的专门性监督。对于监察机关及所属人员的履职规范性，监察法仅设置了人大、民主、社会、舆论等外部监督机制，而并未将包括检察监督在内的司法监督规定在内。从相关规范性文件来看，监检衔接事项均是围绕着配合与制约展开，其中并未体现检察机关对职务犯罪调查权的监督。一些学者主张通过审查逮捕、审查起诉以及非法证据排除等方式来发挥检察对监察的监督作用，实际上指的是广义的法律监督，而非类似于侦查监督的调查监督；至于前述将审查逮捕归入诉讼监督活动的观点，则是将制约、监督概念相混淆的体现。

综上，基于制约与监督、监督与法律监督的区分，可得出以下结论：监检衔接机制中，目前仅存在配合事项与制约事项，在监督事项方面，并不存在检察机关对监察机关调查活动所实施的外部监督。就此而言，监检关系显著区别于普通刑事案件中的侦诉关系。

---

① 参见陈国庆：《刑事诉讼法修改与刑事检察工作的新发展》，载《国家检察官学院学报》2019 年第 1 期。

医务人员科研领域职务犯罪认定思路及治理思考

鲍　键　常丹丹*

随着国家对人民健康问题的重视，医学研究越来越得到重视，尤其是在重大疾病、传染病、肿瘤等方面的研究投入逐年加大，80.34% 三级公立医院均获得科研经费支持，早在 2018 年全国有 21 家医院科研经费突破 5000 万，部分医院年获得的科研经费超亿元，科研经费金额巨大。[①] 医学研究人员中医务人员占比较大，这部分研究人员具有双重身份，即科研人员与临床医务人员的双重身份，其在进行医学科学研究的过程中对科研经费的使用犯罪具有自身的特点。因此，加强对医务人员科研经费使用的监管，促进科研成果转化，对保障医学科研工作的健康持续发展，助力实现健康中国具有重要意义。

一、医务人员科研经费的来源与构成

医务人员科研领域科研项目主要包括纵向课题和横向课题，其经费来源也分为纵向经费和横向经费。

（一）纵向课题

纵向课题是指由各级政府指定的科研行政单位代表政府立项的课题，是科技主管部门或机构批准立项的各类计划（规划）、基金项目（如国家科技部、省科技厅、市科技局，国家社科联、省社科联、市社科联及教育部、教育厅等）。纵向课题包括：一是国家级课题。一般指国家科学技术部、国家发展和改革委员会、国家财政部、国家自然科学基金委员会、国家社会科学基金委员会下达的项目。二是省部级课题。一般指省科技厅、省发展和改革委员会、财政厅、自然科学基金委员会下达的项目，以及除了国家科学技术部、国家发展和改革委员会、国家财政部以外的国家其他部委下达的部级项目。三是厅局级课题。一般指市级项目以及省厅级、局级项目。四是校级课题。由于纵向课题是由政府部门（或者受政府部门委托）下达的，带有一定的指导性，且很难获得，是衡量一个单位（如高等院校、科研机构）科研水平的重要指标，在科研评价体系中，具有比横向项目更高的权重价值，虽然后者的经费往往成倍地大于前者。纵向课题常用于评职称中，经费主要来

* 鲍键，浙江省杭州市余杭区人民检察院党组书记、检察长；常丹丹，浙江省杭州市余杭区人民检察院第二检察部一级检察官。

① 载 https://3g.163.com/dy/article/FTBTR9AB0514TE1K.html? spss = adap_pc。

源于国家财政资金。涉及纵向课题的医务人员科研经费使用案例有某医院原党委书记李某涛、大内科副主任王某月等人贪污案,以虚列支出方式,套取课题经费 75.76231 万元。[①]

(二) 横向课题

横向课题是横向科技项目的简称,属科技项目的一种,是指企事业单位等单位委托的各类科技开发、科技服务、科学研究等方面的项目,以及政府部门非常规申报渠道下达的项目。另外,申请文件的承担单位中没有本单位署名的纵向项目,由承担单位转拨本单位的子课题或者外协经费,一般也按横向项目对待。医务人员获得的横向课题经费主要是医院和医学科研人员承接医药企业、医学设备等企业的研究项目而获得的经费。目前涉及横向课题的医务人员科研经费犯罪案例披露不多,这与犯罪手段比较隐蔽以及认定比较困难有关。而就披露的案例中如上文提到的李某涛等人案件中,李某涛等人为了掩饰套取纵向经费的亏空,为此借用横向课题与北京康××公司达成合作协议。由康××公司代为退还经审计发现存在问题的课题经费 126.22 万元。[②] 这些案件也引发了学者对医学科研经费管理和使用腐败防治的思考。

二、医学科研经费使用管理中的罪案主要表现和特点

医学科研经费使用过程中的犯罪,有诸多方面和其他科研领域经费使用犯罪相似,主要是科研人员借用其研究者的身份或在科研开展过程中非法骗取、转移、违法使用或挪用科研经费的犯罪活动,主要以贪污、挪用类犯罪形式出现,如将科研项目的科研经费作为个人报酬、虚列科研项目套用资金、大量使用虚假发票报销中饱私囊、虚开劳务费用、虚开差旅费用等方法将科研经费占为己有。医务人员因其双重身份,接受医药企业的横向课题过程中还涉及变相的利益输送,有其自身的特点。主要特点如下:

(一) 借用科研名义,报销个人费用

科研课题获得经费后开展过程中,课题负责人对于经费的使用有着高度的自由支配权,同时科研经费支出项目繁多,日常生活的多项支出均可涉及,购买私人物品或个人花销的报销很常见,如假借科研的名义为个人购买电脑或相机等贵重物品,假借外出学习或考察的名义,报销个人旅游费用等,此类行为屡见不鲜,课题组负责人有时候对此类行为很难逐项核实,由此产生犯罪空间和犯罪行为。

(二) 利用虚假合同,套用科研经费

该类行为主要是通过编造虚假的合同套取科研费用。科研行为中经常因自身条件或人员限制,需要向外部购买科技服务或新购买一定的科研设备,此过程中有些科研人员通过虚假的合同套取科研资金,如设备采购合同、技术服务合同等虚假合同,通过此类虚假合同,达到套取科研经费的目的,此类行为往往套取金额较大,且多为项目负责人

---

① (2015) 三中刑终字第 00426 号裁定书。
② (2015) 三中刑终字第 00426 号裁定书。

进行此类犯罪行为。

（三）虚假发票报销，侵吞科研经费

在科研费用的报销过程中，各项开支需要出具发票才能报销，尤其是在医学科研活动中，往往涉及大量的试剂等实验用品采购，部分医学科研人员通过和试剂供应公司勾结，开具大量的虚假发票，从中获利。

（四）假借横向经费，收取贿赂为实

近年来，随着卫生行政主管部门不断的规范和打击药品器械回扣行为，该类犯罪行为的生存空间越来越小，但是因为医务人员常常从事医学科研工作，尤其是一些大型医院，医务人员具有医生和科研人员的双重身份，一些不法药品企业或器械供应商就假借横向课题的名义进行利益输送，而医务人员也通过横向课题经费变相的收受药品和器械的回扣等，更有甚者，横向课题本身都是虚构的，整套材料全部为虚假材料，只为通过医学科研的名义获取非法利益。此类犯罪行为因为特别隐蔽，司法认定比较疑难，目前在医学行业中有不断蔓延的趋势，亟待重视。

三、医务人员科研经费使用犯罪原因分析

（一）医务人员自身原因

医务人员长期从事医学及科研工作，工作繁忙，生活与社交较为单一，其法律意识相对较为淡薄，大部分人认为是自己通过申请获得的课题经费，自己可以根据自己的需求进行支配，往往容易忽略科研经费是国家配套资金，不是自己的小金库，不得随意支配。医务人员在自我认知上存在较大偏差，由于医学机构多年的科研经费使用习惯，往往把大部分的精力都放在如何申报课题，如何进行研究，往往导致对经费的使用合规不够重视。同时医学机构的监管部门往往关注的都是药品和器械回扣问题，对于科研经费疏于管理，医务人员对于科研经费的使用漏洞存在侥幸心理，也导致了此类犯罪行为的发生。

（二）科研经费管理措施落实难以到位

近年来，我国虽然对科研经费的管理不断在改进监管措施，但是在实践中，各种监管措施很难具体落实。目前科研工作主要以课题组的形式，课题负责人就是直接责任人，虽然主管部门将经费划入申报人单位，但经费的具体开支还是由研究者进行，单位行使监督权，且由于科研可以为高校或单位带来荣誉和经济效益，出于自身的利益考虑，高校和单位往往鼓励科研人员多申报课题，其行使的监督权也往往大打折扣。

（三）科研经费管理存在诸多漏洞

科学研究存在很多的不可预测性，在课题预算的编制阶段只能对费用进行预估，在科研工作的实际进行中往往出现偏差，实际的经费使用和当初的预算编制无法统一，不予以报销将严重影响科研人员的积极性，财务部门往往常因剩余经费需交回主管部门与单位资

产无关而放松把关。同时财务人员往往并不具备科研的专业知识，形成重形式而轻实质的审查漏洞，这也就导致了虚假合同等造假手段骗取科研经费的行为能够得以成功。

（四）科研经费管理与回收矛盾

科研经费的无法精准预测，导致在科研结束时尚可能有经费结余，但是按照之前的管理体制，剩余的经费需要上交主管部门①，因此导致了科研人员想方设法使用经费，虚假发票冲账等行为就此产生。近些年来国家不断严管科研经费使用，各高校和单位在科研经费使用报销方面不断从严，手续日益复杂，相对严格的报销手续又严重地影响科研人员的积极性。也正是这些问题，诱发了少数科研人员突破法律底线而实施科研经费使用犯罪问题的产生。

四、医学科研领域职务犯罪中的疑难问题

（一）案例引发的思考

山东某大学医院干部保健科副主任医师邱某贪污案：被告人邱某系山东某大学某某医院（事业单位）干部保健科副主任医师。任职期间，分别承担了高血压血管重构机制的比较蛋白质组学研究及功能探讨，高血压大鼠衰老与血管重构的分子机制研究，Profilin-1在原发性高血压血管重塑中的作用及机制研究，Profilin-1在高血压血管内皮功能失调中的作用及机制研究等四个科研项目，其利用职务便利，于2009年10月至2014年11月，采取从济南某生物科技有限公司等相关业务单位虚开发票的手段，虚报冒领山东某大学某某医院科研经费共计308169.10元。被告人邱某将此款项用于借款、购买理财产品和个人消费。法院认为，被告人邱某身为国家工作人员，利用职务上的便利，骗取公共财物，数额巨大，其行为已经构成贪污罪。②

由此可以看出，法院认定邱某骗取科研经费行为构成贪污罪的内在逻辑是：（1）涉案的科研人员为事业单位工作人员，属于国家工作人员，具备贪污罪的主体资格。（2）作为科研项目负责人，负责科研项目并管理使用科研经费，存在可利用的"职务便利"。（3）以非法占有为目的，以虚开发票的手段虚报冒领科研经费，符合贪污罪的客观要件。（4）科研经费是公共财物，属于贪污罪的犯罪对象。

事实上，除了骗取科研经费的行为与贪污罪的客观行为模式一致以外，判决书在犯罪主体、客体方面的论理方面也并未充分论证：（1）涉案人员属于"双肩挑"人员，其在单位是副主任医师，属于事业单位在编人员，但不具有行政职权，其承担了科研任务，在负责科研任务时，是否属于国家工作人员，对此判决书没有充分释法说理，仅凭干部履历表、山东某大学某某医院人事处提供的邱某基本情况，认定被告人邱某作为国家工作人员的主体身份情况。由此可见，法院是基于邱某系事业单位在编人员而直接认定国家工作人员身份。（2）纵向科研经费确实来自中央或地方财政资金，但是，根据课题制的运行机

---

① 2021年8月国务院印发《国务院办公厅关于改革完善中央财政科研经费管理的若干意见》改变了此规定，明确结余资金留归项目承担单位使用。

② （2016）鲁0102刑初766号判决书。

制，在课题发布管理单位（国家有关部门）确定立项课题（确定课题负责人、承担单位以及立项题目）后，课题发布管理单位就会将科研经费拨付至课题负责人所在的科研机构或者高校（以下统称课题承担单位）。课题负责人组织开展课题研究，并将有关费用在课题依托单位报销。科研经费的使用操作由课题负责人决定，监督管理权在课题承担单位，课题主管发布单位只是负责验收课题是否按时按质完成，对于经费的具体使用并无实际的监督和管理。如是，既已拨付的科研经费，是否依然视为国有财产？对此判决书没有解释说理。上述问题与行为人的定罪与否息息相关，是在对行为人定罪量刑过程中不能回避的问题。

（二）从事科研的医务人员是否属于国家工作人员

根据《刑法》第 93 条的规定，国家工作人员是指国家机关中从事公务的人员，国有公司、企业、事业单位、人民团体中从事公务的人员和国家机关、国有公司、企业、事业单位委派到非国有公司、企业、事业单位、社会团体从事公务的人员，以及其他依照法律从事公务的人员，以国家工作人员论。可见，认定国家工作人员需要两个步骤：一是在国家机关、国有公司、企业、事业单位、人民团体或者受前述单位之委派到其他单位工作；二是必须从事公务。

司法实践中，单位性质一般均比较明确，所以认定国家工作人员的本质是对从事公务的认定。依照 2003 年《全国法院审理经济犯罪案件工作座谈会纪要》的规定："从事公务，是指代表国家机关、国有公司、企业、事业单位、人民团体等履行组织、领导、监督、管理等职责。公务主要表现为与职权相联系的公共事务以及监督、管理国有财产的职务活动。如国家机关工作人员依法履行职责，国有公司的董事、经理、监事、会计、出纳人员等管理、监督国有财产等活动，属于从事公务。那些不具备职权内容的劳务活动、技术服务工作，如售货员、售票员等所从事的工作，一般不认为是公务。"

医务人员是否属于国家工作人员，关键是看其是否从事公务。正如《关于办理商业贿赂刑事案件适用法律若干问题的意见》第 4 条："医疗机构中的国家工作人员，在药品、医疗器械、医用卫生材料等医药产品采购活动中，利用职务上的便利，索取销售方财物，或者非法收受销售方财物，为销售方谋取利益，构成犯罪的，依照刑法第三百八十五条的规定，以受贿罪定罪处罚。医疗机构中的非国家工作人员，有前款行为，数额较大的，依照刑法第一百六十三条的规定，以非国家工作人员受贿罪定罪处罚。医疗机构中的医务人员，利用开处方的职务便利，以各种名义非法收受药品、医疗器械、医用卫生材料等医药产品销售方财物，为医药产品销售方谋取利益，数额较大的，依照刑法第一百六十三条的规定，以非国家工作人员受贿罪定罪处罚。"

由此可见，医疗机构中的医务人员并不必然就属于国家工作人员，要结合其行为所依靠的权力来源即从事活动的性质属公务活动或者劳务活动而定性。一般认为，公务是具有裁量性、判断性、决定性的事务，所以单纯的机械性、体力性、智力性的活动不应被认定为从事公务。比如陈兴良教授认为："处方权不是一种职权，它只是医务人员从事业务活动的一种资格，就如同教师要想执教必须持有教师证一样，它并非法律上的权利。临床医生开具处方是利用自己的专业知识为病人服务的行为，并不具有'管理'性质，因此处方行为并不属于公务活动范畴。"① 司法实践中，一些司法机关仅因医务人员系事业单位在编医生的主体身份而直接认定其对课题组有管理职权，进而认定为国家工作人员值得商榷。

如上考量，医务科研人员具有双重身份，一是作为医务人员，二是作为科研人员。由于医务和科研是独立的两个工作内容，行为人在一个领域内的职务和职权并不涵射另一个领域，即行为人作为医务人员的行政管理职权并不及于管理科研活动。所以在认定医务人员科研领域职务犯罪案件中，并不能因行为人的行政身份而直接认定其在科研活动中的国家工作人员身份。而应依据其在科研活动中的行为能否认定为"从事公务"来判断其是否国家工作人员。笔者将医务科研人员分为两类来探讨，一是作为课题负责人的医务人员，二是作为一般科研人员的医务人员。

首先，针对作为课题负责人的医务人员，其在组织、管理课题组从事科研活动，对调研计划的安排、经费的使用以及课题组成员的选任、合作单位的选择中都有很大的裁量权、决定性。具体到科研经费的使用中，该经费用在何处、用多少、何时用，只要符合预算，课题负责人均有决定权。如是，可以说课题负责人对科研经费的使用具有决定力。课题负责人对课题组的组织、管理活动与从事公务中的组织、管理活动具有同质性。如此，应当认定课题负责人对课题组从事组织、管理活动属于公务活动，进而将课题负责人认定为国家工作人员符合法律的逻辑和精神。

其次，对于一般课题组成员，其只是课题一般参与人，与课题负责人有所区别，并不从事管理活动，仅仅是从事具体的科研活动。科研活动是一种利用科研手段和装备，为了认识客观事物的内在本质和运动规律而进行的调查研究、实验、试制的活动，与从事公务中的组织、管理活动相去甚远。因而即使一般的科研人员按照课题规划、研究计划进行科研活动，也无法将其认定为从事公务。因此从事科研的一般课题组成员，不能被认定为国家工作人员，其不是职务犯罪的适格主体，即便骗取科研资金涉嫌犯罪的也不能以职务犯罪追究其责任，可能涉嫌诈骗犯罪。如被告人张某在上海某大学博士研究生就读期间，以私盖报销专用章和领导印章、伪造报销发票和采购合同等方式，多次在上海某大学财务处进行虚假报销以骗取有关科研项目经费，共计人民币864682.98元，2016年12月27日，被告人张某被以诈骗罪，判处有期徒刑7年。

（三）科研经费是否为公共财产

从科研经费的运行机制而论，课题申请成功后，课题发布单位将经费转入课题承担单位，供经费的使用人即课题组使用，而且应专款专用。课题承担单位对经费的使用进行监督管理，既无所有权，也无使用权。那么，在课题承担单位管理之下的科研经费是否属于公共财产？

针对该问题，课题承担单位的职责是控制科研经费的使用，监督科研经费的使用不仅要用于科研，还需符合法律和相关规定，并依照已经编制的预算控制经费的使用情况。依照2021年国务院办公厅《关于改革完善中央财政科研经费管理的若干意见》规定，项目

---

① 苏显龙：《北大刑法学教授认为医生收取回扣不构成受贿罪》，载《人民日报》2004年5月31日。

承担单位要落实好科研项目实施和科研经费管理使用的主体责任。从其职责进行理解，课题承担单位基于法律委托对科研基金进行管理。依据我国《刑法》第 91 条，公共财产是指下列财产：（1）国有财产；（2）劳动群众集体所有的财产；（3）用于扶贫和其他公益事业的社会捐助或者专项基金的财产。在国家机关、国有公司、企业、集体企业和人民团体管理、使用或者运输中的私人财产，以公共财产论。显然，在课题承担单位管理之下的科研经费属于公共财产。①

（四）纵向科研经费是否属于科研人员研究的对价

科研经费拨付的前提是课题组获批了课题，而课题组是通过竞争获得课题。那么，在课题组按时按质完成课题时，因获批课题而拨付的经费是否属于课题成果的对价？有学者认为，科研经费是由国家有关部门审定，作为科研人员从事课题研究的对价而存在的，只要真实地从事了科研活动，科研人员即便采取不正当手段套取科研经费，也不属于侵害国家财产的行为，更不成立贪污犯罪。② 有的学者认为横向课题通常把经费与研究成果直接挂钩，将其理解为"花钱买成果"或者科研经费是科研成果的"对价"并无不妥。在纵向课题的研究过程中，完成预期的研究成果固然重要，但是研究过程的合法合规也同等重要。因此，在国家财政拨款的科研活动中，认为科研经费是科研成果的"对价"，只要提供了符合要求的科研成果，套取科研经费行为不属于侵害国家财产的认识是不正确的。③

2021 年国务院办公厅《关于改革完善中央财政科研经费管理的若干意见》第 6 条规定："改进结余资金管理。项目完成任务目标并通过综合绩效评价后，结余资金留归项目承担单位使用。项目承担单位要将结余资金统筹安排用于科研活动直接支出，优先考虑原项目团队科研需求，并加强结余资金管理，健全结余资金盘活机制，加快资金使用进度。"从该条可以推导出，科研资金并非科研人员研究成果的对价，而是给课题承担单位保障科研顺利开展的资金。可以理解为是国家给科研机构及科研活动提供的资金保障，对于科研人员非基于科研目的，而是出于非法占有目的，骗取、套取科研资金的行为，应以贪污罪定罪处罚。

（五）横向科研经费是否属于科研人员研究的对价

横向科研经费与纵向科研经费的拨付方式一样，亦是在课题达成意向签约之后，由课题发布者将科研经费汇入课题依托单位，科研经费由课题依托单位管理。然而实践中的横向课题可以分为两类：一类是实质的横向课题，即为了实现技术突破、创新成果而开展的实质研究。另一类是虚假的横向课题，即以合法方式掩盖行受贿的犯罪事实，是一种新型的隐蔽的权钱交易方式，由药品、药械公司与医务人员虚构课题签订合同，以科研经费之名，行行受贿之实。

针对实质的横向课题，因为课题发布者将科研资金汇入课题依托单位，课题依托单位

① 虚假的横向课题经费除外，详见本部分之（五）。
② 肖中华：《科研人员不当套取国家科研经费不应认定为贪污罪》，载《法治研究》2014 年第 9 期。
③ 刘科：《套取国家财政拨款科研经费行为定罪中的疑难问题研究》，载《法学杂志》2015 年第 7 期。

基于委托关系对该资金形成管理关系。依据我国《刑法》第91条第2款规定，在国家机关、国有公司、企业、集体企业和人民团体管理、使用或者运输中的私人财产，以公共财产论。如因课题依托单位管理不善，导致科研资金损失，课题依托单位应承担赔偿责任。故科研人员以虚开发票、虚构合同等方式骗取、套取该横向科研经费的，应以贪污罪定罪处罚。

针对虚假的横向课题，因课题发布者与课题组恶意串通，以合法形式掩盖非法目的，合同无效。课题发布者基于该合同将科研资金汇入课题依托单位的，因其具有欺诈性质，委托关系不成立，该资金不符合《刑法》第91条第2款的规定，不能以公共财物论。对于以此方式非法获利的课题发布者和课题承担者，应以行贿罪、受贿罪追究刑事责任。

除上述两种独立情形外，还存在实质横向课题与虚假横向课题交织的情况，即课题是真实存在的，但课题发布者与课题组在课题基础上虚构金额利益输送。科研资金与课题的价值并不属于等价交换。回顾前文提到的李某涛等人的案例，公诉机关以受贿罪提起公诉。但法院经审理认为某大学对于康××公司代退126.22万元一事应是知情和认可的，该行为并不能被认定为仅是被告人李某涛、王某月的个人行为，同时，该代退行为还存在课题成果开发等市场利益交换因素，故这说明无法足以认定被告人李某涛、王某月的行为具有索要钱款性质，故公诉机关指控被告人李某涛、王某月犯受贿罪的指控不能成立。法院作出该判决的逻辑，一是主管单位对代为退还一事知情和认可，不是李某涛等人的个人行为；二是课题成果开发存在市场利益交换，126.22万元系课题成果的对价。

法院的判决逻辑，一是主管机关知情、同意能否成为阻却的犯罪的理由，在不同的犯罪中应作不同的认定，在职务犯罪的场合，主管部门的知情、同意并不能阻却犯罪成立，因职务犯罪还侵犯了职务的廉洁性和不可收买性，所以主管机关并不能对此作出同意的表示，其没有履行主体管理责任的行为应予以否定评价。二是课题成果虽然存在市场利益交换的价值，但是其价格不能偏离其价值。对此可以参照2007年"两高"公布的《关于办理受贿刑事案件适用法律若干问题的意见》对10种交易型受贿的规制，对于严重偏离市场交易的开放性、随机性、公开性，价格与价值实质背离的行为予以打击。①

五、治理医学科研领域职务犯罪思考

（一）加强相关法律知识培训，预防科研经费使用犯罪行为发生

鉴于部分从事科研工作的医务人员工作繁忙，法律意识淡薄，对高校、医院规范进行科研经费使用方面的宣传显得尤为重要，让该部分人员认清科研经费的管理规定，明确科研经费的归属和性质，增强科研人员的经费管理和接受监督意识，从根源上杜绝科研经费使用犯罪行为的发生。

（二）在实际操作上简化流程，在经费使用上赋予管理的自主权

医学科研存在诸多的不确定性，可简化预算编制，同时下放预算的调剂权给项目承担

---

① 对于科研成果的价值评估是一个非常复杂的问题，需要更深入的研究，建立科学的评估体系。

单位，压实项目管理部门和项目承担单位的责任，同时可以尝试项目费用的包干制，参考公立医院改革的医保付费模式，即医学保险机构就病种付费标准与医院达成协议，医院在收治参加医学保险的病人时，医学保险机构就该病种的预付费标准向医院支付费用，超出部分由医院承担的一种付费制度。科研项目也可参照该模式，项目负责人在承诺遵守科研经费相关规定的基础上，自主决定项目经费使用。

（三）充分利用大数据，强化科研项目经费的监督检查

充分利用大数据等信息技术手段，线上全流程检查，减少过程检查，提高监督检查效率。对于科研项目经费的使用加强事中及事后的监管，会同审计和财务进行监督，同时强化项目承担单位的责任，要求项目承担单位切实履行监管责任，动态监管科研经费使用，确保科研经费使用在项目上。同时参考目前工程施工单位的管理模式，进行信誉评价，对于评价较低的项目承担单位，给予一定的限制措施，如近期内不允许承接新项目等，同时对于科研经费滥用的个人，建立信息库，给予惩戒。

（四）强化对横向课题的实质审查，斩断非法利益输送链

主管部门及课题承担单位应强化对横向课题立项的实质审查，从合作科研项目是否实际存在，科研的内容是否具有实用性、创新性、价值性，合作方支付的资金是否与科研成果的等价交换，科研成果是否被实际运用，招投标、合作协议是否规范合法等反面进行实质审查，严防以合法形式掩盖非法目的，假借横向课题进行利益输送的行为。对于非法利益输送的合作单位实行负面清单制度，录入诚信档案并实行惩戒，从根源上斩断非法利益输送链。

职务犯罪共犯量刑平衡的司法逻辑与路径考量

——以检察机关量刑建议拟制为视角

钟瑞友*

　　[**案例**]　为获取个人晋升优势，某派出所民警张某在办理朱某盗窃案过程中，明知窃取一辆助力车不构成犯罪，仍授意辅警李某采用蹲马步、打巴掌、夹手指等方式，刑讯逼迫朱某承认另外两起盗窃事实。获取口供后，李某又以电警棍击打相威胁，让朱某指认"盗窃现场"，并制作虚假辨认笔录。后经侦查、起诉和审判程序，一审法院判决，张某犯徇私枉法罪，判处免予刑事处罚；李某犯刑讯逼供罪，判处有期徒刑 7 个月，缓刑 1 年 3 个月。检察机关审查后认为，张某的判决适用法律错误、量刑失衡（畸轻），遂提出抗诉。二审阶段，中级法院采纳检察机关抗诉意见，认定张某犯徇私枉法罪，判处有期徒刑 1 年，缓刑 1 年 6 个月。

　　职务犯罪共犯量刑平衡问题，属于除个案平衡与类案平衡之外的一种新的平衡，是个体公正与整体公正之间维系的一种相对平衡。[①] 其内在主旨在于，在多人共同职务犯罪宣告刑确定过程中，注重主从犯之间量刑结构的稳定性，即使是在未区分主从犯的案件中，也应当根据各被告人在犯罪中的作用、地位、表现来确定宣告刑的轻重。然而事实上，这一问题不仅在职务犯罪案件甚至在整个刑事案件办理过程中，都未引起足够重视。比如，我们以"量刑平衡"或"量刑失衡"为理由关键词在中国裁判文书网进行刑事判决书检索，筛选出符合条件的判决书 572 份（职务犯罪案件 54 份），其中理由为"量刑平衡"的 361 份（高级法院判决 5 份，中级法院判决 146 份，基层法院判决 209 份），理由为"量刑失衡"的 211 份，而职务犯罪案件涉及"量刑平衡"或"量刑失衡"问题的仅 5 份。如此寥寥几百份刑事判决书，在总量近千万份刑事判决书的裁判文书网中可谓沧海一粟。又如，我们以"量刑平衡"或"量刑失衡"为关键词在中国知网进行文献检索，筛选出各类符合条件的文献 79 篇（职务犯罪类 12 篇），其中学术期刊 43 篇，学位论文 19 篇；但近 10 年来，符合上述条件各类文献仅 26 篇（职务犯罪类 6 篇），其中学术期刊 15 篇，学位论文 8 篇，报纸 3 篇。由此可见，无论实务界还是学术界，共犯量刑平衡问题都备受冷落，更别提职务犯罪这一小众研究范畴。就此而言，在当前深入推进认罪认罚从宽制度、检察机关具有量刑建议提出权并上下一体特别强调精准量刑的背景下，充分履行量刑

---

　　*　浙江省金华市人民检察院党组书记、检察长。

　　①　武鑫：《共犯间量刑平衡的裁判逻辑与适用情形》，载《法律适用》2020 年第 15 期。

建议主导作用和量刑逆转监督义务，是检察机关不可推卸的政治责任和法治担当。因此，面对职务犯罪共犯量刑平衡问题，我们亟须将其纳入量刑建议的重点课题加以探讨。

一、职务犯罪共犯量刑平衡的内涵

职务犯罪共犯量刑平衡，是指在一定时间和区域内，对职务犯罪案件的犯罪事实、性质和情节基本类似的共同犯罪人，在量刑时应当确定基本相同的刑种和刑期，保持量刑的时空一致性和结构稳定性。其理论依据是我国刑法罪责刑相适应原则。就此而言，如果说量刑公正是对单一犯罪人进行的个处，是一种静态的公正，那么量刑平衡则是对不同犯罪人进行的比较，是一种动态的公正。它不仅关涉法律公平正义在共同犯罪内部成员之间的内心认同感和认同度，从而影响刑罚的矫治、教育、预防功能发挥，而且关涉法律公平正义在整个社会共同体中的权威性和公信力，从而影响司法办案政治效果、法律效果和社会效果的有机统一。

就内容而言，职务犯罪共犯量刑平衡问题包括四层含义：一是案情与刑罚的平衡。罪刑相适应是人们最为质朴的公正意识体现，它要求刑罚与罪行相匹配，刑罚与犯罪嫌疑人的社会危害性相适应。罪质相同的案件，其犯罪情节、量刑情节都不一定相同，因此在量刑时，应当根据案件本身的固有情节，重罪重判，轻罪轻判，罚当其罪。二是个案上的平衡。即同一司法机关对犯罪性质相同、情节相似的案件，应当作出相当的处罚，不能同罪异罚。三是时间上的平衡。对性质相同或情节相似的案件，在适用相同法律的前提下，司法机关应当最大限度地保持量刑的前后连贯性，不因时间的不同而作出差异悬殊的判决。"法律旨在创设一种正义的社会秩序"①，量刑作为一种法律适用活动，其本身也有一定的秩序，对于相同的事实，应当适用同一法律进行裁决。四是地域上的平衡。犯罪性质相同、情节相似的犯罪案件，不能因管辖的司法机关处于不同的行政区域，产生不同的甚至截然相反的结果。诚然，量刑的地域性差异是客观存在的，但我们不能以此来否定量刑地域平衡的合理性与必要性。

二、职务犯罪共犯量刑平衡的动因

（一）量刑逆转

量刑逆转，又称量刑倒挂②，是指在共同犯罪中起次要或较小作用的共犯刑期，大于或等于在共同犯罪中起主要或较大作用的共犯刑期。关于量刑逆转现象，长期以来，由于受我国刑法学责任刑/报应刑＋预防刑理论的影响，很多学者认为，"我国刑法将共同犯罪人区分为主犯、从犯，只是就责任而言，他们的责任大小不等同于再犯罪可能性大小，也就是说从犯的宣告刑大于主犯是可能的，不能片面追求主从犯的量刑平衡"。③ 实务界也

①　［美］E. 博登海默：《法理学：法律哲学与法律方法》，邓正来译，中国政法大学出版社 2017 年版，第 333 页。

②　李建超：《确定刑量刑建议的重庆实践》，载《检察日报》2019 年 7 月 29 日。

③　张明楷：《刑法学》（第五版），法律出版社 2016 年版，第 599 页。

充分认可这点，比如《人民检察院刑事诉讼规则》、最高人民检察院《关于刑事抗诉工作的若干意见》，就将因量刑问题而引发的抗诉应当改判标准之一限定于"量刑明显不当"，把《刑事诉讼法》第236条规定的"量刑不当"之外延缩小解释至"明显"的范畴。

（二）职务犯罪共犯量刑逆转的不可取性

诚然，法律的适用因适用者对法律的理解不同而存有差异，特别是在共同犯罪中，共犯全体的犯罪事实及共犯间的地位、作用等，也因判断者社会阅历的不同而存有不同，甚至对共同犯罪中量刑逆转的理解，也都是多样的。就此而言，法定量刑幅度内的量刑逆转具有一定的合法性理据①，但其是否算得上量刑公正，进而能否达到司法办案"三个效果"相统一就值得商榷了。毋庸置疑，司法办案不仅要对案件的法律效果负责，还要对案件的政治效果和社会效果负责。实践中之所以部分案件会舆情汹涌、民意沸腾，就是因为在很多时候，部分司法工作人员偏执地认为，纯粹适用法律并超脱于案件相关的其他各方面因素，就是一种职业操守，一种专业精神，一种公正担当，而忽视了作为公共认知的常识、常理、常情经验法则②，忽视了基于我国基本国情的"三个效果"有机统一司法观。如果说未超过法定幅度范围的量刑逆转在法律职业共同体中还可以勉强接受，但对于一般民众而言，量刑逆转是很难想象的。因为，同等罪行的共犯应受到同等处罚，不同罪行的共犯应受到不同处罚，这是存在于老百姓中最为朴素的公正价值观。一旦主犯轻判、从犯重判，量刑结果在政治和社会效果上就会失衡。因此，我们认为，除特别情况外，即使是在自由裁量幅度范围内，量刑逆转也无法达致"三个效果"有机统一；即使可以称得上合法，也就很难说得上公正。

1. 不利于犯罪人的认罪伏法。职务犯罪的社会关切度和民众评价度一向特别高，一旦出现量刑逆转，其所造成的负面影响是显而易见的——量刑过重会动摇犯罪者认罪伏法的决心，量刑过轻会放纵犯罪，助长犯罪人的侥幸心理和嚣张气焰，无形中也会削弱刑罚阻止再犯的特殊预防功能，同时丧失警示社会上不稳定分子的一般预防功能，更会在社会情感上背离民众朴素的法正义观，造成被害方严重不满。

2. 有损于司法机关的公正形象。司法是社会正义的最后一道防线，司法机关承担着维护法律尊严、实现公平正义的神圣职责。一旦职务犯罪量刑失轻失重，改判率、再审率居高不下，很多人就会和人情案、关系案、金钱案扯上关系，申诉、信访不断，不仅会增加司法机关的诉累之痛，而且必将动摇社会公众对司法人员的信任，司法权威荡然无存。

3. 浪费司法资源和滋生司法腐败。量刑逆转产生的不公感必然导致职务犯罪案件上诉、申诉率居高不下。量刑效率的低下和上诉、申诉率的高涨，都会不同程度地增加当事人的诉讼成本，也将极大地浪费有限的司法资源。另外，量刑逆转有时会成为滋生腐败的温床，不可避免地伴生一些徇私枉法、行贿受贿等渎职和贪腐犯罪，极易导致司法腐败。

---

① 武鑫：《共犯间量刑平衡的裁判逻辑与适用情形》，载《法律适用》2020年第15期。
② 陈忠林：《关于法学研究的几点体会》，载《西南法学》2021年第2期。

（三）职务犯罪共犯量刑逆转的原因考量

1. 立法的不完备性。成文法的记载总是有限的，而现实生活又是纷繁复杂的。为了让成文刑法能够适应现实需要，立法者在制定刑法时，往往对各种犯罪情节和法定刑幅度作出具有一定模糊性和弹性的规定。法定刑幅度过大，是造成量刑失衡的最大原因，再者刑法规定的犯罪情节较为原则，实践中也造成司法机关很难准确把握应有的"度"。

2. 自由裁量权的影响。美国大法官卡多佐认为，司法人员是"喜爱和厌恶、偏好和偏见、本能、情感、习惯和信念的复合体"①，更有甚者，认为"法官的情绪，甚至早餐的味道，去法院途中的交通状况都可能影响到法官对当事人和证词的信赖程度"。② 的确，量刑过程如同定罪一样，是主观性或者说是个体性的判断过程，司法人员的个体因素如年龄、性别、文化水平、习惯爱好等都会对量刑产生一定影响。

3. 社会因素的影响。量刑是在具体的社会生活环境中进行的，许多社会因素却会与刑事处罚相关联，这主要表现在量刑过程中所遭遇的新闻舆论压力等。面对这些外在因素，虽说司法人员不太可能受到直接干扰，但在考量具体案件，特别是在量刑轻重的时候，顾忌的因素往往就会增多，思想也会在潜移默化中受到影响。

三、国外共犯量刑平衡模式考察

（一）美国"精准网格式"量刑平衡模式

为严格限制司法者的自由裁量权，纠正量刑不公和量刑偏差等问题，20 世纪 70 年代美国掀起了一场旨在反对"康复矫治主义量刑模式"的刑罚确定化改革运动③，1987 年还制定了复杂程度史无前例的《量刑指南》。美国的《量刑指南》是一张纵横交错的表格：纵向表示犯罪轻重，分 4 区 43 个犯罪等级；横向表示犯罪历史得分，分为 6 种 13 个点；纵横交错向包括 258 个小区域，表示量刑建议的范围，即被告人应当被监禁的月数。另外，就量刑的事实依据而言，美国量刑指南不仅考虑被告人的犯罪意图、犯罪行为及危害后果，而且参考被告人的年龄、受教育程度和职业技能、邻里关系、犯罪记录、一贯表现、就业、情感、健康状况等，以决定对不同被告人处以不同的刑罚，可谓鞭辟入里、细致入微。虽说美国《量刑指南》在刑罚改革运动中的贯彻可谓一波三折，先后经历了法官量刑酌处权的限缩与宽缓、量刑位阶的校正以及证据认定规则的调整等阶段，但这种"精

---

① ［美］本杰明·卡多佐：《司法过程的性质》，苏力译，商务印书馆 1998 年版，第 105 页。

② "美国法学家卢埃林举了这么一个例子，对一个患有消化不良的法官来说，一顿令人不满意的早餐就可能在制作判决的时候起决定性的作用，使案件产生不同的后果。"王金霞：《法官判决过程中非理性因素的影响》，载《人民法院报》2014 年 6 月 20 日。

③ 20 世纪 30 年代前，以康复矫治主义和刑罚个别化为主要特征的量刑格局流行于美国刑事司法领域。康复主义量刑体系中，司法人员视罪犯为病患，通过全面掌握的犯罪情境，广泛考察各种信息，犹如医者从事临床诊断般为罪犯"对症下药"。吕泽华：《美国量刑证明标准的变迁、争议及启示》，载《法学杂志》2016 年第 2 期。

准网格式"量刑平衡模式依然对司法活动产生重要影响。①

(二) 英国"综合考量式"量刑平衡模式

2010 年，英国依据《死因裁判官及司法法案》成立量刑委员会。② 量刑委员会替代原有的量刑顾问小组和量刑指南委员会，成为全新的独立量刑指南创制机构，同时也将"综合考量式"量刑平衡模式走深走实：一是注重考量量刑指南制定的民主性。量刑指南并非司法人员的单一意见，而是综合司法人员和其他非司法人员的全面意见。二是注重考量司法人员适用的专业性。无论是量刑指南委员会还是量刑委员会所创制的量刑指南，都采用了步骤式模式，近乎于将量刑过程的每一个细节都进行详细的顺序性规定。三是注重考量量刑一致与自由裁量的平衡性。宏观上量刑指南规定了"强约束性＋宽量刑幅度"方式，微观上量刑指南规定了加重或减轻因素的"穷尽＋非穷尽"方式，通过这种"一张一驰"的组合，有效保障了量刑一致与自由裁量的平衡性。四是通过网络鼓励民众参与量刑活动。比如，量刑委员会网站推出的"You be the Judge"网络体验游戏，为访问者提供了多个不同罪行的庭审案件及量刑指南，访问者扮演虚拟听众，可以听取相应证据，并依据量刑指南对被告人量刑，最后还可以与宣告刑进行比较，确保了量刑活动的民众参与度。③

(三) 德国"注重预防式"量刑平衡模式

《德国刑事诉讼法》第 46 条规定了"刑事处罚必须与犯罪行为相适应""刑事处罚必须具有犯罪预防效果"两个量刑原则。因此，在具体量刑过程中，需要充分考虑有利和不利的情况，例如，犯罪人的人身危险性、刑罚对犯罪人重返社会的作用和刑罚比例原则的适用等。对于保安处分而言，应当遵循比例原则，即保安处分的判处必须与犯罪行为的严重性、将要实施的犯罪行为以及由行为人引起的危险程度相适应。就此而言，为了协调具体案件中罪刑相适应和特殊预防的关系，德国产生了一种"注重预防式"幅度刑量刑理论，即司法人员在法定刑内确定与罪责相适应的刑罚幅度，在此幅度范围内考虑特殊预防的目的，最终确定刑罚。这一理论要求司法人员根据具体的罪责从法定刑内选择较窄的量刑幅度，然后基于特殊预防的目的，避免刑罚低于或高于犯罪人应承担的责任。④ 同时，德国刑事诉讼法允许辩诉交易和由法官、检察官、被告人三方达成合意的量刑协商，法官和检察官积极促进被告人达成量刑合意。实践中还可以通过加强非正

① 当前美国量刑改革向"简化量刑规范、扩大司法人员量刑酌处权"的方向发展，表现为"纯粹的直觉驱动与规则武断间的平衡与折中"，旨在有效弥补强制性失范的指南空缺，并给予法官适宜的量刑指导，促进量刑均衡。崔仕绣：《美国量刑改革的源起、发展及对我国的启示借鉴》，载《上海政法学院学报》2020 年第 1 期。

② 20 世纪初至今，英国的量刑指南制度经历了上诉法院判决指南阶段、上诉法院和量刑顾问小组阶段、量刑顾问小组和量刑指南委员会阶段、量刑委员会阶段等四个发展阶段。王烁：《英国量刑指南制度及其对我国的启示》，载《刑法论丛》2017 年第 2 卷。

③ 王烁：《英国量刑指南制度及其对我国的启示》，载《刑法论丛》2017 年第 2 卷。

④ ［德］汉斯－约格·阿尔布莱希特：《德国量刑制度：理论基石与规则演绎》，印波、郑肖垚译，载《人民检察》2018 年第 3 期。

式交流，或通过常态化的司法研讨，实现在特定标准上的互相沟通，不仅实现共犯量刑平衡，而且促进类案平衡。

（四）日本"检裁互动式"量刑平衡模式

日本通说认为，面对大范围的法定刑，需要确定一个很小的范围作为量刑起点，以体现量刑标准中的各种因素对量刑的影响。实践中，确立共犯量刑基准的动因，很多来自于检察官的求刑权，在检察院的求刑权与裁判所的量刑权的交互作用下，共犯间的具体量刑基准得以确立。[①] 检察官庭审中提出的量刑建议，内容包括主刑、附加刑、追缴以及是否宣告缓刑等。这里需要指出的是，日本针对检察官的量刑建议没有全国性标准，虽然在不同时期和不同地区，由于刑事政策会有所差异，从而导致检察官在提量刑建议时掌握的标准呈现出时间或地域上的差异性，但受检察一体的约束，检察官量刑建议在刑罚幅度上还是能大体保持平衡。[②] 目前，"基于检察官的同心协力原则的求刑已经统一化，因此，对量刑的统一化也能发挥其作用，正如'求刑减三成'的说法，求刑对形成量刑常规也极为有益"。[③]另外，日本还通过上诉审程序，对以量刑不当为由的上诉案件进行审查，以在整体上显示量刑基准的范围，从而实现量刑统一和量刑平衡。

四、职务犯罪共犯量刑平衡的实践进路

无论是大陆法系国家还是英美法系国家，都趋向于采取一定的措施来规范量刑行为、防范量刑逆转，平衡量刑结果，这对我们极具启示意义。在当前深入推进认罪认罚从宽制度，特别是自上而下特别强调提出精准刑量刑建议的背景下，检察机关对于刑事案件的量刑平衡具有主导作用和监督义务。因此，树立以责任为基础、以预防为目的的量刑指导思想，同时采取必要措施对量刑建议权进行程序性、实体性精准把控，是确保量刑建议中量刑平衡，进而促使审判阶段量刑平衡的必要举措。具体就职务犯罪共犯而言，检察机关量刑建议拟制中的量刑平衡问题要注意以下四点：

（一）政策之平衡：注重宽严相济刑事政策运用的协调性与均衡性

2021 年 6 月，最高人民法院和最高人民检察院联合制定的《关于常见犯罪的量刑指导意见（试行）》（以下简称"两高"《量刑指导意见》）指出，"量刑应当贯彻宽严相济的刑事政策，做到该宽则宽，当严则严，宽严相济，罚当其罪，确保裁判政治效果、法律效果和社会效果的统一"。同时"两高"《量刑指导意见》还强调，量刑要客观，全面把握不同时期不同地区的经济社会发展和治安形势的变化，确保刑法任务的实现；对于同一地区同一时期案情相似的案件，所判处的刑罚应当基本均衡。由此可见，在制定共同犯罪精准量刑意见的司法实践中，检察官除了要慎重把握经济社会和治安形势变化这一宽严相

---

① 李文杰：《裁判员新制下日本的量刑实践及其对中国的启示》，载《东南法学》2019 年春季卷。
② 林喜芬、刘思宏：《日本：检察官主要在裁判程序辩论阶段"求刑"》，载《检察日报》2020 年 9 月 15 日。
③ ［日］大谷实：《刑法讲义总论》（新版第二版），黎宏译，中国人民大学出版社 2008 年版，第 475 页。

济刑事政策的巨大适用动因外，还需要注意深入关切宽严相济刑事政策适用的"罪刑法定之红线"与"罪责刑相适应之底线"。一方面，罪刑法定原则是宽严相济刑事政策的基础。无论是从宽还是从严，都只能以现行法律确立的基本原则和具体规定为限，不能脱离法律规定讲"宽"与"严"。贯彻宽严相济刑事政策，虽然主要强调"宽"，但"宽"也是有范围、有限度的，这个度就是刑法、刑事诉讼法及相关司法解释规定的各种实体标准、程序规范。另一方面，罪责刑相适应原则是宽严相济刑事政策的标准。"宽"与"严"的适用，不仅要考虑犯罪行为的客观危害性，还要考虑犯罪人的主观危险性，将责任与预防统一，最终根据案件具体情况和主观恶性进行量刑上的宽严相济。具体而言，就是在确定各共犯的宽严相济情节方面的量刑调节比例时，注意综合平衡从严从宽比例与实际增加减少刑罚量之间的关系，把控幅度上下限的合理维度，保障罪责的对等性：共犯在共同犯罪中的作用越大，罪责越重，从严比例就相对大一些，从宽比例就相对小一些；共犯的作用越小，罪责越轻，从严比例就小一些，从宽比例就大一些。

（二）地位之平衡：注重主从犯地位作用和参与程度在量刑上的倾向性

共同犯罪的特殊之处就在于，多人行为之间存在意识联络的共同性，因此，检察机关对于多人共同职务犯罪案件进行量刑的第一步，就是对整体犯罪情况进行事实证据判断和法律适用评价。但多人职务犯罪案件很多时候会分案处理，由不同的检察官办理，甚至非同一时段办理，由此导致检察官很难对全体共犯出具集中统一的刑量建议。我国刑法规定了共犯分类的量刑准则，比如，对于从犯，应当予以从宽处罚。"两高"《量刑指导意见》规定，从犯一般应当"减少基准刑的20%—50%；犯罪较轻的，减少基准刑50%以上或者依法免除处罚"。由此可见，从犯的量刑基准从属主犯，而且是"应当"轻于主犯。因此，检察机关对于多人共同职务犯罪案件进行量刑的第二步，就是根据各共犯在犯罪事实中的地位、作用、参与程度等客观情节，加之犯罪动机、意图、态度等主观情节予以事实判断，进而划分各共犯的主从地位和大小作用。但需要注意的是，共犯间的地位、作用、参与程度等量刑情节多种多样，无法在成文法中完全反映出来，检察官只能根据朴素正义观进行相对评判，在共同犯罪的整体事实中按一定比例进行分配。因此，检察机关对于多人共同职务犯罪案件进行量刑的第三步，就是在法定刑幅度内确定各个共犯的具体量刑起点和基准刑，这自然就会产生共犯间的量刑差别，继而出现共犯间量刑平衡的调节过程。以上量刑思维即职务犯罪共犯量刑考量之"地位之平衡"。

（三）全案之平衡：注重各共犯基于个人情节引发量刑轻重的系统性

检察官在基于地位作用区分出职务犯罪各共犯基准刑的阶梯后，还需根据各共犯的量刑情节分别调整基准刑，从而得出拟宣告刑（多人共同职务犯罪案件量刑第四步）。此处必须关注众多共同犯罪中每一个犯罪者独有的个人情节。例如，从犯A与B，若A赔偿被害人损失并取得被害人谅解，此即A的个人情节，其他同等条件下，A的刑期会相对于B稍低一些，如B为5年，则A为4年6个月。然而，个案中存在着形形色色的个人情节，如前科劣迹、自首、立功、坦白、赔偿损失、取得谅解、期待可能性等法定或酌定的量刑情节，甚至包括年龄、背景、经历、身份、受教育程度等都会在量刑考虑范围内。如此，在根据个人情节调整出拟宣告刑后，便很可能会导致根据共同犯罪人地位作用所调整出的"地位之平衡"状态无法实现。此时会出现相同地位作用的共犯刑期不同，或不同地位作用的共犯间刑期相同的量刑逆转现象。"两高"《量刑指导意见》中的量刑步骤强调，"综合考虑全案情况，依法确定宣告刑"，即强调全案平衡作为量刑的最后一环。换言之，当出现量刑逆转现象，检察官可以在第五步进行全案平衡调节，进而得出确定的宣告刑，使各共犯的量刑与其在共同犯罪中的地位和作用相适应。实践中一旦出现量刑逆转，如果可在第五步通过自由裁权实现全案平衡，拟制量刑程序到此结束；而大多数情况下无法实现全案平衡，那就需要检察官把此前的量刑拟制建议推倒重来，在比较前者基础上，在每一个拟制步骤，对需要从宽的再适度放宽或收缩幅度，对需要从严的再适度收缩或放大从严幅度，从而达致在整体上最终实现量刑的平衡与协调。

（四）方法之平衡：注重主犯总体从严、从犯应当从宽原则运用的贯通性

如何避免各共犯因拥有过多情节出现量刑逆转进而导致失衡矛盾，相关司法解释及指导性意见均秉持"在共同犯罪案件中对主犯的量刑总体从严，而对从犯的量刑应当从宽的"平衡原则。如《关于处理自首和立功若干具体问题的意见》第 8 条第 5 款、《关于贯彻宽严相济刑事政策的若干意见》第 33 条等。检察机关如何在司法实践中充分运用这一平衡原则，我们认为，可以从制定精准量刑建议的步骤上开辟路径。"两高"《量刑指导意见》对常见量刑情节的适用明确指出，"量刑时应当充分考虑各种法定和酌定量刑情节，根据案件的全部犯罪事实以及量刑情节的不同情形，依法确定量刑情节的适用及其调节比例……具体确定各个量刑情节的调节比例时，应当综合平衡调节幅度与实际增减刑罚量的关系，确保罪责刑相适应"。具体而言，在制定共同犯罪精准量刑意见的实践中，全案平衡往往到最后才开始调节，导致一旦出现量刑逆转，只有有限且被动的 20% 自由裁量空间，效果自然不尽如人意。因此，只有将全案平衡的视角前移，在整个量刑建议拟制过程中，灵活运用"主犯总体从严、从犯应当从宽"原则，才能够有效避免量刑逆转或量刑逆差过大的现象，实现量刑平衡。也就是说，检察官在考量每一个量刑情节的刑罚幅度时，不但应将目光穿梭于事实与规范之间，还应同时将目光不断往返于全案量刑的前后对照，时时绷紧"主犯总体从严、从犯应当从宽"的原则神经，对每一共犯的量刑，都严格按照其主从犯地位及作用进行谨慎增减。

诉源治理视域下坚持受贿行贿一起查的
逻辑与路径研究

张　波 等*

党的十九大报告指出，腐败是我们党面临的最大威胁。夺取反腐败斗争压倒性胜利，需要坚持无禁区、全覆盖、零容忍，坚持受贿行贿一起查。为了落实党的十九大报告提出的受贿行贿一起查的反腐败精神，党的十九届中央纪委历次全会都对坚持受贿行贿一起查作出部署，要求各级纪检监察机关在严肃查办受贿案件的同时，加大对行贿的查处力度。2021 年，中央纪委国家监委与中央组织部、中央统战部、中央政法委、最高人民法院、最高人民检察院联合印发《关于进一步推进受贿行贿一起查的意见》（以下简称《推进受贿行贿一起查的意见》），提出要彻底斩断"围猎"与甘于被"围猎"利益链、破除权钱交易关系网，推动实现腐败问题的标本兼治。

习近平总书记指出："法治建设既要抓末端、治已病，更要抓前端、治未病。"① 遏制腐败现象的蔓延势头，一方面，要着力营造党员干部不敢腐、不能腐、不想腐的政治氛围。另一方面，要依靠法规制度，立"明规矩"、破"潜规则"，双向发力，"压缩消极腐败现象生存空间和滋生土壤，通过体制机制改革和制度创新促进政治生态不断改善"。② 坚持受贿行贿一起查是提高腐败治理效能的必然要求，强调既抓末端也抓前端、既治已病也注重治未病、既惩治受贿人也惩治行贿人，是一种与以往"轻行贿重受贿"模式完全不同的新模式，其背后存在以诉源治理为目标的反腐败的新逻辑。

一、坚持受贿行贿一起查契合诉源治理逻辑

（一）行贿是"因"，受贿是"果"

因果关系本质上是一种"引起与被引起的关系"③。它反映了事物之间普遍联系的基

---

*　张波，江苏师范大学法学院副院长，教授，博士；岳德成，江苏省徐州市铜山区人民检察院副检察长；魏娴，江苏省徐州市铜山区人民检察院二部主任；张译元，南京大学法学院 2021 级硕士研究生；温若昕，江苏师范大学法学院 2021 级硕士研究生。

① 习近平：《坚定不移走中国特色社会主义法治道路，为全面建设社会主义现代化国家提供有力法治保障》，载《求是》2021 年第 1 期。

② 《习近平谈治国理政（第二卷）》，外文出版社 2017 年版，第 168 页。

③ 张文显：《法理学》，高等教育出版社、北京大学出版社 2011 年版，第 128 页。

本规律，既可以表现为行为与结果之间的因果关系，也可以表现为人的主观态度与外部行为之间的因果关系，还可以表现为一种行为引发另一种行为的行为间的因果关系。行为间的因果关系一般又表现为两种情形，一种是侵害行为与反击行为关系，如正当防卫行为引发的关系；另一种是一种行为与另一种行为的前后依存关系，即一种行为离不开另一种行为，两种行为互相依存。如刑法学中的犯罪对合关系。行贿罪与受贿罪之间就是一种"彼此俱罪的对合关系"。① "犯罪行为人及其指向对象互为行为相对人，彼此依存，缺一不可。"② 受贿罪离不开行贿罪，行贿罪离不开受贿罪。

在行贿行为和受贿行为之间，哪个是引起行为，是"因"，哪个行为是被引起行为，是"果"呢？从理论上讲，要么是行贿行为是引起行为，是"因"，受贿是"果"，要么是受贿行为是引起行为，是"因"，行贿是"果"。就第一种情况而言，行贿引起受贿，行贿成功，行贿罪和受贿罪均成立。第二种情况存在于索贿的情形之下，在这种情形下，索贿行为是引起行为，行贿人如果行贿，获得不正当利益，发生了交换行为，受贿罪和行贿罪皆成立；行贿人没有获得不正当利益，交换不成立，行贿罪不成立。因此，行贿行为与受贿行为二者"之间具有相互依存、互为因果的密切联系"。③ 但必须强调指出的是，就两种情形而言，第一种情况是最常见的情形，学者们把这种情况称为"通常情况"，并注重从这个角度总结二者之间的因果关系，认为"没有行贿就没有受贿，并且是先有行贿而后有受贿"。④ "除了索取贿赂型的受贿罪外，通常情况下没有行贿行为就没有与其相对的受贿行为。"⑤

除了少数的索取贿赂型的案件在因果关系逻辑上可以采取重受贿轻行贿的治理之外，基于通常情况下的"行贿是因，受贿是果，没有因，便没有果"逻辑要求，治理贿赂犯罪必须对行贿行为和受贿行为同时进行治理，实行双罚制，既要治理受贿也要治理行贿。不能忽视行贿的治理，因为"行贿不查，贿赂不止"。⑥ 不惩处行贿行为，必然"违背了事物的因果规律"。⑦ 六部门联合印发的《推进受贿行贿一起查的意见》遵循了贿赂犯罪发生的因果关系逻辑，注重强化对行贿这个"因"的治理，契合了诉源治理的理念。

（二）贿赂罪的"矛盾源头"存在动态转换

贿赂罪发生的主要矛盾源头在哪里？究竟行贿是矛盾的源头，还是受贿是矛盾的源头？这直接影响到刑事司法的政策选择及其相关的制度设计。如果把行贿与受贿看作一个矛盾体的话，依据矛盾律，贿赂犯罪中必然存在矛盾的主要方面和矛盾的次要方面。到底行贿是矛盾的主要方面呢？还是受贿是矛盾的主要方面呢？矛盾律显示，在事物发展过程

---

① 陈兴良：《论犯罪的对合关系》，载《法制与社会发展》2001 年第 4 期。
② 陈兴良：《论犯罪的对合关系》，载《法制与社会发展》2001 年第 4 期。
③ 张智辉：《受贿罪立法问题研究》，载《法学研究》2009 年第 5 期。
④ 张智辉：《受贿罪立法问题研究》，载《法学研究》2009 年第 5 期。
⑤ 王军明：《中国行贿罪的刑事立法困境及其完善》，载《当代法学》2019 年第 1 期。
⑥ 张洋：《进一步推进受贿行贿一起查》，载《人民日报》2021 年 9 月 28 日，第 7 版。
⑦ 苗有水：《为什么提倡"惩办行贿与惩办受贿并重"》，载《人民法院报》2015 年 5 月 8 日，第 6 版。

中，同一矛盾双方的力量发展是不平衡的，其中"必有一方是主要的，他方面是次要的"。① 在矛盾发展的一定过程或一定阶段上居于支配地位、起着主导作用的方面是矛盾的主要方面，处于被支配地位的方面是矛盾的次要方面。就贿赂罪而言，有学者认为受贿是矛盾的主要方面，因为在行贿与受贿这一对矛盾体中，受贿起到了主导和决定作用，"行贿人的目的能否实现，国家机关的正常活动是否遭到破坏，关键取决于受贿人"②，"当受贿人忌惮刑法而不敢接受贿赂时，行贿行为也就没有存在的空间"。③ 遵循这一矛盾逻辑，受贿行为是矛盾的主要方面，受贿行为亦被理解为矛盾的源头，反贿赂的主要路径应是惩治受贿行为。控制受贿这个源头就可以控制贿赂犯罪。

矛盾是运动的，在矛盾发展的过程中或在一定阶段上，矛盾的主要方面和次要方面不是固定的，二者是会互相转化的。在矛盾运动过程中，有的时候，某一因素起支配主导作用，成为矛盾的主要方面；有的时候，另一个因素又会起到主导作用，从而取代前一个因素而成为矛盾的主要方面，二者的力量增减程度会导致二者互易位置。党的十八大以后，随着全面从严治党和全面推进依法治国战略的持续推进，国家从严治吏的力度全面加强，更加强调官员权力被关进制度的牢笼里，出现了官员不敢腐、不能腐、不愿腐的现象。但与此同时，也出现了行贿人大力"围猎"党员干部现象。这种情况说明，受贿不再是矛盾的主要方面，受贿也不是腐败现象的主要源头。相反，行贿逐渐成为矛盾的主要方面，成为了贿赂犯罪的"危害之源、危害之首"。④ 诉源治理就是要依据矛盾律，根据贿赂犯罪矛盾的主要方面和次要方面的变化，抓住矛盾的主要源头，探讨矛盾中起主导和支配作用的因素。坚持受贿行贿一起查的治理政策契合了贿赂犯罪矛盾的变化特点，注重从行贿的源头上有效打击"围猎"行为，着力铲除容易滋生权钱交易的不良土壤，通过双向发力遏制腐败行为的发生。

二、"轻行贿重受贿"模式背离诉源治理的逻辑

（一）"轻行贿重受贿"模式忽视行贿之"因"

行贿与受贿是一种对合关系，从行为的因果关系层面来看，除了"少数索贿情形外，行贿是'因'，受贿是'果'；没有行贿，就没有受贿"。⑤ 行贿受贿之间的因果关系逻辑要求控制贿赂犯罪，必须要重点抓住行贿这个"因"。遗憾的是，"轻行贿重受贿"模式恰恰就是忽视了行贿这个"因"，过于强调受贿这个"果"。之所以忽视这个"因"，一是源于不科学的制度设计。现行刑法对行贿罪设置了不合理的特别出罪条款和从宽处罚条款，使大多数行贿人免除了被追究刑事责任的风险。如《刑法》第 390 条第 2 款规定，行贿人在被追诉前主动交待行贿行为的，可以从轻或者减轻处罚。其中，犯罪较轻的，对侦破重大案件起关键作用的，或者有重大立功表现的，可以减轻或者免除处罚。在 2012 年

① 《毛泽东选集（第一卷）》，人民出版社 1991 年版，第 322 页。
② 赵全洲：《对贿赂罪的立法建言》，载《法学》1987 年第 11 期。
③ 姜涛：《废除行贿罪之思考》，载《法商研究》2015 年第 3 期。
④ 徐胜平：《行贿罪惩治如何走出困境》，载《人民检察》2012 年第 16 期。
⑤ 李少平：《行贿犯罪执法困局及其对策》，载《中国法学》2015 年第 1 期。

的《关于办理行贿刑事案件具体应用法律若干问题的解释》中，"被追诉前"被解释为"检察机关对行贿人的行贿行为刑事立案前"。这样，一些行贿人利用这个漏洞在纪委监委立案调查时就主动交代，从而在一定程度上逃避司法惩处。二是刑事政策出现模糊和漏洞现象。比如，1999 年最高人民法院、最高人民检察院《关于在办理受贿犯罪大要案的同时严肃查处严重行贿犯罪分子的通知》中体现的刑事政策就被有的学者归纳为"有利于打击受贿的刑事政策"。① 该通知强调办理受贿犯罪大要案与严肃查处严重行贿犯罪之间的因果关系，仅提出"在办理受贿犯罪大要案的同时严肃查处严重行贿犯罪分子"，忽视了一般情况下的贿赂犯罪中的因果关系。该通知第 5 条提出，要讲究斗争策略，注意工作方法，通过打击行贿、介绍贿赂犯罪，促进受贿犯罪大案要案的查处工作。"行贿与受贿存在明显的因果关系。如果仅仅严惩受贿而宽宥行贿，也就意味着只打击了犯罪的'果'而忽略了'因'。"② "轻行贿重受贿"治理模式忽视了行贿的这个"因"，自然无法遏制贿赂犯罪增长。

（二）"轻行贿重受贿"模式忽视行贿之"源"

在治理贿赂犯罪的过程中，以往的"轻行贿重受贿"模式力图通过控制受贿来控制此类犯罪，进而忽视行贿之"源"，忽视了贿赂犯罪的源头变化。在我国，行贿犯罪一直被置于辅助治理受贿犯罪的地位，甚至被视为惩治受贿罪的工具，行贿罪作为贿赂犯罪的源头治理被忽视，出现"开着水龙头拖地"现象。李少平归纳了 2015 年前后的贿赂案件数据，发现"行贿犯罪案件收案数仅为受贿犯罪案件的 24%，行贿犯罪案件的生效判决人数仅为受贿犯罪案件的 26%"。③ 彭冲调研了 2010 年至 2013 年重庆市沙坪坝区检察院立案查处行贿犯罪案件情况，发现该院共立案查处受贿案件 111 件 117 人，但行贿案件只有11 件 11 人，仅为该院所查办受贿案件数量的 10% 左右，立案后不予起诉或法院判决适用缓刑的达 8 人。④ 行贿案件审查起诉数量少于受贿案件审查起诉数量，有案件事实上的原因，但也有法律上的原因，与"行贿轻刑化"的实体法规定及长期的刑事司法实践中形成的"轻行贿重受贿"治理模式有内在的关联。

"开着水龙头拖地"引发了腐败泛滥后果。"重受贿轻行贿"治理政策意图通过在程序和实体上通过引入行贿者和受贿者之间的博弈机制，以加强对受贿犯罪的有效规制。⑤但这种机制却被行贿人巧妙地利用于脱罪。不仅如此，该机制还成为了行贿人"围猎"官员的一种机制。云南省纪委监委推出的警示教育片《开尔行贿记》，以典型案例的方式剖析了昆明开尔科技有限公司如何"围猎"公职人员的过程。资料显示，该公司从 2010 年起，通过精准的直奔主题型、组团的营造氛围型等多种"围猎"方式，行贿 105 名国家公

① 吴斌等：《宽严相济的行贿罪刑事政策探析》，载《黑龙江政法干部管理学院学报》2013 年第 6 期。
② 刘英团：《对行贿人也要严惩才能遏制行受贿犯罪》，载《人民日报》2013 年 11 月 27 日，第 19 版。
③ 李少平：《行贿犯罪执法困局及其对策》，载《中国法学》2015 年第 1 期。
④ 彭冲：《行贿受贿犯罪"剪刀差"不难解决》，载《检察日报》2015 年 1 月 18 日，第 3 版。
⑤ 高诚刚：《实证研究视角下"行贿从轻"的实效》，载《政治与法律》2016 年第 5 期。

职人员，行贿金额高达 1300 余万元。① 从诉源治理的角度来看，该案的"围猎"行为引发了大量的案件，毁坏了数百个家庭，严重地危害社会的安全与稳定，行贿已经成为了贿赂犯罪的主要源头。"倘若不堵塞行贿这一腐败之'源'，而寄希望于'腐败之河'自动干涸"②，实践证明已经不可能。遏制腐败高发，遏制"围猎"行为，不能忽视行贿"源头"的治理，需要改变以往"轻行贿重受贿"的治理模式。

三、坚持受贿行贿一起查的诉源治理目标

（一）推动实现腐败问题的标本兼治

坚持受贿行贿一起查，双向发力治理受贿行贿犯罪行为，是推动实现腐败问题的标本兼治的有效举措。坚持标本兼治，是我们党长期形成并始终坚持的反腐方针。一方面，加强以完善惩治和预防腐败体系为重点的反腐倡廉建设，严厉打击受贿犯罪现象。另一方面，注重提高教育和惩治、管理和监督的效能，综合运用多种手段，"全方位、多方面从源头上预防和治理腐败现象"③。党的十八大以来，习近平总书记在坚持标本兼治，综合治理、惩防并举、注重预防的方针基础之上，提出要"更加科学有效地防止腐败"④ 的主张，高度重视从源头上防止腐败，提出对腐败问题"要抓早抓小，有病就马上治，发现问题就及时处理，不能养痈遗患"⑤，要不断地"深化腐败问题多发领域和环节的改革"⑥，不断地铲除不良作风和腐败现象滋生蔓延的土壤。

标本兼治就是要惩防并举，从源头上预防和解决腐败问题，其中，治标强调突出惩治的作用，治本重在突出预防的功能。坚持受贿行贿一起查既是惩治之策又是预防之策，是惩防并举之策。就惩治而言，坚持受贿行贿一起查，要求在惩治腐败的过程中，不仅要依法查处受贿行为，追究受贿人的法律责任，而且要依法查处行贿人的行贿行为，追究行贿人的法律责任。行贿与受贿是一条毒藤上的两个毒瓜，不查行贿将会导致负向激励，不仅会让行贿人认为行贿无事、行贿无罪，而且会导致社会民众也产生行贿无罪化、轻罪化甚至无错化的错误认识，进而引发不良的社会效应，演绎出谁不行贿谁吃亏的心理变化，助长了行贿犯罪的滋生蔓延⑦，最终无法从根子上净化和根治腐败的土壤。所谓的预防就是要从腐败的源头抓起，补齐腐败治理的短板漏洞。在腐败现象的治理中，行贿治理已经成为腐败治理的短板漏洞。行贿人为牟取不当利益，无底线地"围猎"官员，由此引发的腐败案件已经成为目前腐败案件发生的重要类型，这也是当前出现腐败增量的重要原因。

---

① 《让"围猎者"付出代价——从开尔公司行贿案看受贿行贿一起查的政策把握》，载《中国纪检监察》2021 年第 21 期。

② 苗有水：《为什么提倡"惩办行贿与惩办受贿并重"》，载《人民法院报》2015 年 5 月 8 日，第 6 版。

③ 江泽民：《论党的建设》，中央文献出版社 2001 年版，第 480 页。

④ 《习近平谈治国理政》，外文出版社 2014 年版，第 385 页。

⑤ 《习近平谈治国理政》，外文出版社 2014 年版，第 394—395 页。

⑥ 《习近平谈治国理政》，外文出版社 2014 年版，第 392 页。

⑦ 参见《行贿与受贿是一条毒藤上的两个瓜　最高检发话：严惩长期"围猎"干部的行贿犯罪》，载《西安日报》2015 年 4 月 30 日，第 8 版。

"河南高某某行贿案"是 2022 年国家监察委员会和最高人民检察院首次联合发布的 5 起行贿犯罪典型案例之一，该案中的高某某先后 43 次向南阳市方城县某某医院院长行贿，金额高达 600 万元，同时向该医院药品科科长张某某先后 13 次行贿共计 6 万元。更需警惕的是，据有的学者观察，一些行贿人搞长远投资，把目标瞄准有"投资"前途的年轻干部，导致 31—45 岁成为违纪违法案件多发年龄段。① 行贿人不择手段"围猎"党员干部案件之所以大量发生，一个重要的原因就在于忽视行贿的治理。因此，坚持受贿行贿一起查是一个惩防并举之举，是一种针对"围猎"的反"围猎"措施，可以从根本上压缩行贿空间，从行贿的源头上遏制腐败现象。

（二）提升惩贿治腐的综合治理效能

提升惩贿治腐的综合治理效能，遏制腐败现象，减少腐败案件数量的上升，从理论上讲，至少需要两个体制机制作为支撑。

一是健全权力配置和运行制约监督机制。党的十八大以来，我国通过建立权力清单、负面清单、责任清单，推进权责法定化、程序化、透明化，整合监察力量，扩大了监察范围，健全国家监察组织机构、权力配置和法律依据，形成了全面覆盖国家机关及其公务员的国家监察体系。② 该机制把官员的自由裁量权控制压减到合理区间，把权力关进制度的笼子里，有效地防止权力的滥用和出轨。健全权力配置和运行制约监督机制的功能，重在预防官员的腐败，从制度设计的目标和实际效果上来看，只是构建了针对受贿人的不敢腐、不能腐、不想腐的体制机制，只是完成了反腐机制建设的一个环节。

二是构建一体推进不敢腐、不能腐、不想腐的体制机制。健全权力配置和运行制约监督机制，重点打击受贿犯罪，惩治了官员犯罪，在一定程度上遏制了权力的滥用，但并没有构建起针对行贿人的不敢腐、不能腐、不想腐的体制机制，没有解决行贿人的不敢贿、不能贿、不想贿的问题，没有满足系统治理的基本要求，忽视了诉源治理的目标。坚持受贿行贿一起查正是"构建一体推进不敢腐、不能腐、不想腐体制机制"任务的关键环节和关键举措，它既可以延续和强化以往针对受贿人的不敢腐、不能腐、不想腐体制机制，让其继续发挥作用，也构建了针对行贿人的不敢腐、不能腐、不想腐体制机制，并最终构建起"三不"一体化的体制机制。从制度设计的目标来看，坚持受贿行贿一起查作为构建"三不"一体化体制机制的推进举措，既显示了继续查处受贿的反腐决心，也释放出坚决查处行贿的强烈信号，将会形成行贿人和受贿人均"不敢"的震慑，强化了行贿人和受贿人均"不能"的约束，增强了行贿人和受贿人均"不想"的自觉，提升了惩贿治腐的综合治理效能，实现了诉源治理的目标。

---

① 张顺美等：《行贿人热衷"投资"有前途的年轻干部》，载《广州日报》2008 年 9 月 26 日，第 2 版。

② 《习近平谈治国理政（第二卷）》，外文出版社 2017 年版，第 169 页。

四、坚持受贿行贿一起查的诉源治理路径

（一）提高调查行贿成案线索调查能力

实现对行贿罪的治理成效，遏制贿赂犯罪爆发的主要源头，需要扭转行贿入罪难困境，而扭转行贿入罪难困境，则需要提高调查行贿成案的线索调查能力。贿赂犯罪在犯罪特征上属于"一对一"犯罪，具有极强的隐蔽性；在证据特征上，书证等材料极少，对口供的依赖程度较高；在心理特征上，会出现行贿人和受贿人之间激烈博弈的"囚徒困境"现象。这些特征是我国以往之所以形成"轻行贿重受贿"治理模式的重要原因。坚持受贿行贿一起查并不会改变贿赂犯罪的这些特征。因此，坚持受贿行贿一起查意味着需要调查机关提高调查行贿成案线索调查能力，这是有效推进受贿行贿一起查，强化行贿源头治理的关键举措。

提高调查行贿成案线索调查能力，一是要利用好认罪认罚从宽制度，运用好"承诺"策略。这种策略是"侦查人员利用犯罪嫌疑人希望得到从宽、从轻或减轻处理的心理，以某种利益的'让渡'为条件，达到换取犯罪嫌疑人主动供述犯罪事实的一种审讯策略"①。无论是对于受贿人还是行贿人，只要依法利用好"承诺"策略，就可以破除贿赂犯罪"一对一"的死结。二是提升贿赂案件调查谋略能力。调查人员要预先构思好针对各种变化事物的多种计谋、方案，把握住策略与当前调查任务及外在条件的相适性，做好方案选择，学会换位思维，破除定式思维，充分掌握暗示的技巧，有效破解贿赂犯罪调查难题。② 三是增强查微析疑的能力，增强对案件线索的敏感性。比如，在建设工程领域，办案人员要以工程项目为轴线来调查贿赂行为，从小案深究细查，不放过从项目审批到竣工验收的所有环节。③ 四是增强科技办案辅助意识。在大数据时代，人们在进行各种活动时总会留下痕迹，受贿行贿犯罪行为作为一种特定的社会活动，一定会有迹可循，调查人员要增强电子数据证据意识，通过现代信息科技发现、固定、还原相关信息痕迹以为查办案件服务。④

（二）精准把握受贿与行贿的平衡性量刑

坚持受贿行贿一起查，需要健全惩治行贿行为的制度规范，修订完善刑法的相关规定，这个规定主要是指刑法关于特别自首制度的规定。1988 年全国人大常委会通过的《关于惩治贪污贿赂罪的补充规定》第 8 条第 2 款规定了针对行贿人的特别自首制度，即行贿人在被追诉前，主动交代行贿行为的，可以减轻处罚，或者免予刑事处罚。在后来的刑法修订过程中，该制度进入刑法典。行贿人的特别自首制度的设立初衷是为了分化、瓦

---

① 刘利平：《侦查讯问中的承诺行为探讨——以贿赂犯罪侦查为视角》，载《中国检察官》2015 年第 11 期。

② 参见杨耀杰等：《贿赂案件侦查谋略研究》，载《中国检察官》2012 年第 1 期。

③ 参见王晓东：《论商业贿赂犯罪窝案串案的发现与深挖》，载《山东警察学院学报》2016 年第 1 期。

④ 参见谭明权：《现代信息科技在受贿行贿案件查办中的应用》，载《河南司法警官职业学院学报》2018 年第 4 期。

解行贿与受贿之间的同盟关系，打击贿赂犯罪现象，但实践证明，其在分化、瓦解行贿、受贿利益共同体方面的作用有限，社会上行贿受贿成风的事实已经证明了这一制度作用有限。① 正是因为如此，《刑法修正案（九）》对特别自首作了两个方面的修改：一是在从宽幅度上的调整，对于行贿人在被追诉前主动交待行贿行为的，还需满足"犯罪较轻"以及"对侦破重大案件起关键作用的"或者"有重大立功表现"这两个条件。二是在财产刑方面，在行贿罪每一档量刑之后都增设了罚金刑且为"并处"，这就意味着只要触犯行贿罪就必然面对罚金的处罚。这项修改在立法上体现了对行贿罪特别自首的限制加大。

　　坚持受贿行贿一起查"应当取消特别自首制度，明确行贿犯罪与受贿犯罪在立案过程中的平等地位"。② 取消的理由，既有实践中该制度导致行贿泛滥的原因，也有法学理论上的依据，具体而言，一是把受贿罪和行贿罪按照"主从"进行定位不合理。行贿罪与受贿罪是对合关系，在理论上，二者本是社会危害性相当的两种犯罪，行贿特别自首制度隐含着犯罪的"主从"之分的前提，认为受贿犯罪是主要犯罪，行贿犯罪是次要犯罪，这种"主从"之分是不合理的。③ 二是该制度违反量刑平等理论。为什么在其他犯罪中犯罪嫌疑人提供口供并不能获得同等的优待呢？为什么受贿人在被追诉之前如实供述自己的罪行，真诚悔过，积极退赃，避免、减少损害结果的发生，却只能按照普通自首予以对待呢？

　　在刑法没有修改完善特别自首制度的情况下，坚持受贿行贿一起查，需要根据个案情节通过把握双方起到的作用予以量刑，严格行贿犯罪从宽情节的认定，若是行贿人主动行贿，积极追求犯罪结果，那么就应当严格限制特别自首的适用，若是受贿人主动索贿，那么对待行贿人可采取宽松的条件。这样一来，对于真正需要惩戒的积极行贿人能够起到应有的惩罚作用，不会轻纵行为性质恶劣的行贿人。对行贿犯罪治理而言，还要严格把握对行贿人适用缓免刑、减刑、假释和暂予监外执行，加大财产刑的运用和执行力度，加大追赃挽损力度。同时，对受贿犯罪治理而言，如果受贿人在被追诉之前如实供述自己的罪行，也交代了对侦破重大案件起关键作用的线索，或者有重大立功表现的，也可以依法从轻量刑，做到行贿受贿的量刑平衡。

（三）运用好联合惩戒的诉源治理工作机制

　　惩治行贿犯罪泛滥现象，不能靠单兵作战，需要在党中央的集中统一领导下，以纪检监察机关为主导，人大机关、政协机关、组织人事部门、统战部门、执法机关等部门协同合作，形成联合惩戒行贿的工作合力，特别需要运用好以下三个源头治理机制。

　　一是运用好纪检监察机关的"通报"和"建议"的源头治理机制。纪检监察机关是党内监督和国家监察的专责机关，负责涉嫌贪污贿赂犯罪的调查职责。根据相关规定，纪检监察机关要依法做好受贿行贿一起查工作，在个案处理上，除了要做好立案环节的查处力度、精准适用纪法和运用政策外，还要运用好"通报"和"建议"联合工作机制。纪

---

① 参见刘仁文、黄云波：《行贿犯罪的刑法规制与完善》，载《政法论丛》2014 年第 5 期。
② 刘仁文、黄云波：《行贿犯罪的刑法规制与完善》，载《政法论丛》2014 年第 5 期。
③ 刘仁文、黄云波：《行贿犯罪的刑法规制与完善》，载《政法论丛》2014 年第 5 期。

检监察机关对查办案件中涉及的行贿人，认为依纪法还需要进行组织处理、行政处罚和资质限制的，可以根据行贿人的主体身份和行贿行为发生的领域，及时向市场监管、金融监管、住房城乡建设、司法行政等相关机关通报，需要人事部门作出组织处理的，还应当提出处理"建议"，注重源头治理。

二是发挥好检察建议的源头治理机制。检察机关作为法律监督机关，在实践创新中探索出检察建议的法律监督方式。这种监督方式内含着诉源治理的功能。在中央提出社会治安综合治理方针政策时，检察机关就开始运用检察建议参与社会治安综合治理。最高人民检察院在《人民检察院检察建议工作规定》中明确了检察建议的四种主要类型，其中就包括纠正违法检察建议和社会治理检察建议。相较于案发后对腐败案件的治理，从源头减少行贿行为的产生具有更加高效、低成本等优点，在对贿赂犯罪的预防治理中，检察院应当善于做到"发现一案治理一类"，在国家重要工作、重点工程、重大项目中精准履职，发挥检察建议的源头治理功能，针对普遍性、典型性行贿问题提出检察建议，促进标本兼治。"山东薛某某行贿、串通投标案"是2022年国家监察委员会和最高人民检察院首次联合发布的5起行贿犯罪典型案例中的一个案例，在该案中，沂水县人民检察院针对该案暴露的行贿问题，分别向县财政局、市场监管局、教育局、体育局制发检察建议，相关部门根据检察建议及时作出整改，开展联合专项整治活动，提升了联合惩戒行贿的综合效能。

三是探索推行行贿人"黑名单"制度。2021年，十九届中央纪委五次全会报告首次提出探索建立行贿人"黑名单"制度，并强调以该制度为载体推动构建亲清政商关系。同年9月施行的《监察法实施条例》第207条规定，对于有行贿行为的涉案单位和人员，按规定记入相关信息记录，可以作为信用评价的依据。《推进受贿行贿一起查的意见》在总结各地实践探索经验的基础之上提出探索推行行贿人"黑名单"制度。行贿人"黑名单"制度是从源头上预防和杜绝行贿行为的一个极为有效的源头治理手段，一旦行贿人进入黑名单，不让其参与市场竞争，其市场准入、资质资格都受到限制，他们的行贿就失去了行贿的意义。探索推行行贿人"黑名单"制度，需要结合社会信用体系建设，尽快建立和相关单位共享信息的全国行贿人信息库，为联合惩治行贿提供信息支撑。但是，行贿人"黑名单"制度的建立，是一个系统工程，既要在内部管理上严格审批，层层把关，确保信息精准，也要在外部联合上，协同多方力量系统施治，打破行业、区域壁垒。[①] 因此，纪检监察机关要充分发挥牵头作用，联合组织人事、政法机关、司法机关、市场监督管理、发展改革、住房城乡建设、金融监管、财政税务等相关单位共同参与，建立统一管理平台，共享数据信息，分头设计针对行贿行为领域的市场准入、资质限定、组织处理、失信记录的具体措施，着力营造"一处行贿、多处受限"的法治环境，从源头上遏制行贿行为的产生动因，构建惩贿治腐的长效机制。

五、结语

诉源治理是一种通过多种治理手段，预防潜在纠纷、化解已有矛盾，不断提高社会治理法治化水平的善治模式，其核心内容就是强化对诉讼的源头治理。坚持受贿行贿一起查

---

① 参见李茂楠：《织密"黑名单"数据网》，载《中国纪检监察》2022年第4期。

作为一种内含着诉源治理逻辑的治理模式，在实施之初，可能会导致诉讼案件的快速增长，甚至出现贿赂犯罪数量暴增的现象，但这是一个对贿赂存量处理过程中出现的必然结果，伴随着受贿行贿一起查的不断深入，行贿的"源头"会受到遏制，滋生贿赂犯罪的土壤得到了改良，行贿严惩的观念将会确立，此时，贿赂犯罪的增量将会停止，而后贿赂犯罪数量将会逐步下降。我们要辩证地理解存量和增量的关系，理性地看待坚持受贿行贿一起查的诉源治理功能的实现过程，不能操之过急。

同时，坚持受贿行贿一起查是对以往"重受贿轻行贿"治理模式的转变，需要我们在实践中把握好操作尺度，避免出现误导社会民众对腐败的关注点转移至处理行贿一方，出现对权力规制的放松，进而出现转移国家对腐败核心问题治理的巨大风险。① 习近平总书记指出："腐败的本质是权力出轨、越轨"②，而权力出轨和越轨主要与国家的"权力配置不科学、使用不规范、监督不到位有关"③，也和行贿的土壤没有得到根治有关。党的十八大以来，我国已经建构起权力的配置和运行制约监督机制，对受贿人而言，"不敢腐的震慑作用充分发挥，不能腐、不想腐的效应初步显现，反腐败斗争压倒性态势正在形成"④。但对行贿人而言，却没有解决好行贿人的不敢贿、不能贿、不想贿的问题，没有改良好腐败滋生的土壤问题。因此，坚持受贿行贿一起查的治理模式虽然是要解决实践中对行贿行为发力不够的问题，但不能仅仅理解为是对行贿行为的单向发力。坚持受贿行贿一起查的治理模式强调的是双向发力，既要继续严查受贿，也要发力严查行贿，推进"三不"一体化体制机制的建构。

---

① 参见何荣功：《"行贿与受贿并重惩罚"的法治逻辑悖论》，载《法学》2015 年第 10 期。
② 中共中央文献研究室：《习近平关于全面从严治党论述摘编》，中央文献出版社 2016 年版，第 189 页。
③ 中共中央文献研究室：《习近平关于全面从严治党论述摘编》，中央文献出版社 2016 年版，第 189 页。
④ 《习近平谈治国理政（第二卷）》，外文出版社 2017 年版，第 161 页。

"受贿行贿一起查"背景下治理行贿犯罪的
现实困境与完善路径

时　红　张　倩　曹艳晓*

2021 年中央纪委国家监委、最高人民检察院等联合印发《关于进一步推进受贿行贿一起查的意见》，要求保持反腐败斗争高压态势，必须受贿行贿一起查，让"围猎者"付出应有代价。但在当前惩治贿赂犯罪的司法实践中，存在"重受贿轻行贿"、追究行贿责任力度与受贿追责不平衡等现实问题，因此针对行贿犯罪这种贪利性犯罪，亟须全方位加大对行贿犯罪的查处惩戒力度，遏制行贿犯罪蔓延势头。

一、受贿行贿一起查的法治必要

长期以来，我国在查处反腐败案件中一直存有"重受贿轻行贿"的倾向。究其原因，虽有传统文化认为行贿者处于相对弱势方的原因，但更多来自司法办案中过度依赖言词证据的现状。实践表明，意欲通过采取轻处理行贿换取打击受贿的做法并未减少受贿犯罪的发生。对行贿者的宽纵，使其对行贿行为受到法律处罚的后果存有极大程度投机及侥幸心理，为获取不正当利益铤而走险，行贿行为浸入公权力的各领域，继而引发更为严重的恶性竞争及不正当竞争，损害社会对公平正义的追求。因此，党的十九大报告提出，腐败是党面临的最大威胁，坚持受贿行贿一起查，坚持全覆盖、无禁区、零容忍，坚持重遏制、强高压、长震慑，坚决防止党内形成利益集团。受贿行贿一起查的提出，是既往的纠偏，也是反腐的决心。无差别打击惩处行贿犯罪与受贿犯罪，从腐败源头上实现有效治理，让行贿者无处遁形并为自己的行为付出法律代价，是坚持法律面前人人平等以及司法公正的原则要求，是实现中国特色社会主义法治的必然选择。

二、从一起单位行贿案窥视治理行贿犯罪的现实困境

（一）基本案情

2012 年下半年至 2014 年 12 月，被告单位海某公司，在承接南京市某拆迁安置保障房项目过程中，为谋取不正当利益，由该公司法定代表人被告人程某某向时任南京市某开发

---

* 时红，江苏省南京市秦淮区人民检察院第三检察部主任；张倩，江苏省南京市秦淮区人民检察院第三检察部三级检察官助理；曹艳晓，江苏省南京市秦淮区人民检察院第三检察部四级检察官助理。

建设指挥部常务副指挥长、党组书记黄某某和时任南京市某保障房开发建设有限公司总经理周某行贿钱款共计折合人民币481.2943万元。

2020年12月31日南京市秦淮区监察委员会以程某某涉嫌单位行贿罪向南京市秦淮区人民检察院移送审查起诉。2021年2月8日南京市秦淮区人民检察院以海某公司、程某某犯单位行贿罪提起公诉，并对被告单位和被告人分别出具确定刑量刑建议书。2021年9月17日南京市秦淮区人民法院作出一审判决，被告单位海某公司犯单位行贿罪，判处罚金人民币400万元；被告人程某某犯单位行贿罪，判处有期徒刑2年6个月，缓刑3年，并处罚金人民币80万元；扣押在案的现金人民币100万元及被告单位海某公司、被告人程某某退缴的违法所得人民币200万元，予以追缴并上缴国库。

（二）该案折射出的治理行贿犯罪的现实困境

1. 行贿犯罪刑罚设置不完善之困。为鼓励行贿人坦白交代贿赂行为，刑法特别规定了对于检举揭发或者坦白的行贿人给予从轻、减轻甚至免除处罚的刑事政策，司法实践中，不少行贿人都适用了缓刑或者被免除了处罚，这使得自由刑的威慑力不足。虽然《刑法修正案（九）》为行贿罪增设了罚金刑，一定程度上发挥了刑罚的预防惩罚功能，但效果仍有遗憾。正如有学者指出的，"行贿犯罪的刑罚措施，如自由刑、没收财产刑不足以拔本塞源。《刑法修正案（九）》在行贿罪一条增加的罚金刑，对犯罪人后续生产发展可谓影响甚微，亦难以切中要害"。①

从贿赂犯罪的发生机制上来看，行贿犯罪往往是利益输送的源头和权钱交易的开端，也因此，有必要加大对行贿犯罪的惩处力度。现行刑法中关于行贿罪的刑罚设置为自由刑和财产刑两种刑罚，在惩治行贿犯罪方面存在不足，因为行贿者的根本动机或者说追求的终极目标包括物质利益和非物质利益（资质及荣誉等），一方面，对于意图通过行贿行为获得资质、身份、荣誉等非物质利益的行贿人，所追求的是不能通过金钱进行量化的利益，罚金刑显然力不从心。另一方面，对于拥有特殊资质、特定身份的行贿人通过行贿行为获得不正当利益的，只简单适用罚金刑，可能对其后续发展并无重大影响。行为人依然坐拥其继续从业的资格或者身份，也还有持续发展的经济基础，这就使得其再犯可能性大大增加。

为遏制贿赂犯罪，推动惩防腐败建设，2013年最高人民检察院公布了《关于行贿犯罪档案查询工作的规定》②，该行贿犯罪档案查询系统的构建可以说是检察机关在防控贿赂犯罪领域的尝试，通过对经人民法院依法判决犯有行贿罪的个人和单位建立犯罪档案，以便有关部门查询，从而作为行贿者进入特定领域的依据。本文认为，该制度从某种程度上来说具备资格刑的部分雏形。但是以档案查询连接行政资格罚的功能存在明显不足，表现在，该规定未对行贿犯罪档案查询给出定义，就其法律性质，多数学者认为属于检察建

---

① 夏晗、张娇东、陈健：《行贿档案查询制度与行贿罪资格刑的构建》，载《人民司法》2016年第28期。

② 鉴于检察机关职能调整，检察机关从2018年8月1日起已停止行贿犯罪档案查询。中国裁判文书网已将法院的裁判文书全面上网公开，相关单位和个人如有查询需要，可以自行查询。

议权的延伸。也就是说，该规定，只是工作程序规定，并非必须遵守的禁止性规则，该规定没有对查询的行贿者设置处罚条款，只提到相关部门可以根据查询结果依据相关法律法规或者管理规定对相关主体作出处罚，并无强制力和约束力。申言之，行贿犯罪档案查询系统作为一种纯客观的公共信息库，其检察建议权的性质，决定了其不能强迫查询主体必须查询，也不能对查询结果进行规范性评价。此引发的市场准入权利限制、资格剥夺以及其他社会非规范性评价便与该制度无直接相关性。

现行刑法对于行贿罪的刑罚设置存在资格刑刑罚不足问题。现行刑法中规定的资格刑包括剥夺政治权利、驱逐出境。一方面，剥夺政治权利主要包括政治权利，不包括一般公民从事特定职业、营业权利的剥夺，也无相关荣誉、资格的剥夺。另一方面，根据刑法规定，附加剥夺政治权利只适用于危害国家安全罪，故意杀人等严重破坏社会秩序，判处死刑、无期徒刑的犯罪分子等，独立适用剥夺政治权利的，依照刑法分则的具体规定。可见，总则中附加适用的情形不包括行贿罪，独立适用的情形行贿罪也未规定。即除判处无期徒刑的行贿人可以适用剥夺政治权利以外，其他情形难以适用该资格刑。另外，驱逐出境的资格刑只适用于外国人。再者，行贿人既有自然人也有单位，我国刑法对于自然人仅规定了剥夺政治权利和驱逐出境，而对于单位没有资格刑的规定。不难发现，对于行贿罪的刑罚治理出现了资格刑刑罚不足的局面。如在程某某案中，海某公司所挂靠的某公司江苏分公司系房地产开发企业二级资质，但越级承揽房地产开发项目，是否需取消其房地产开发企业资质，被告程某某和被告单位海某公司是否需被列入行贿人"黑名单"或限制承接项目等，均无明确规定，职务犯罪预防作用自然无法发挥。

2. 行贿违法所得认定与追缴之困。认定与追缴行贿犯罪违法所得对行贿犯罪无疑是釜底抽薪式的打击，是惩治行贿犯罪的重要环节和司法办案的后半篇文章，但目前司法实践中认定的追缴行贿违法所得的实际操作性问题凸显，导致司法机关对之追缴不统一、不准确、不全面，严重影响行贿犯罪的打击力度。

一是司法实践操作依据不明确。虽然刑事诉讼法等相关法律法规都对违法所得查封、扣押、冻结程序、鉴定程序及追缴程序有所规定①，但均只是抽象性原则性规定，缺乏追缴违法所得的具体适用规则，法律依据的不明确导致司法实务的无所适从和实践操作的乱象丛生。

二是违法所得追缴程序不明晰。在刑事诉讼程序侦查、起诉和审判三个阶段，公检法三部门均有初步认定及查封、扣押、冻结违法所得，并根据法院裁判予以追缴的权力和职责，但也造成在各诉讼阶段对违法所得的认定与追缴分而治之的混乱局面。再者因追缴工作没有形成明确而系统的操作制度体系，实操中行贿违法所得追激的程度依赖于行贿人及其家属方面的配合程度。

三是违法所得认定标准不统一。通过行贿手段直接产生、获得的不正当财物及孳息等可直接认定违法所得数额，但行贿犯罪所获间接经济利益的价值则难以准确认定，如在通过行贿手段取得项目承接等经营机会时，是采用"纯利润"计算方法还是"毛利润"计算方法？如在涉案单位和个人未建立完善财务管理制度，缺乏生产经营账目等时，办案机

---

① 特别是《关于实施刑事诉讼法若干问题的规定》（2012）第十章专门规定了涉案财产的处理程序。

关指派、聘请的专门机构如何进行鉴定等？都导致对违法所得的准确追缴困难。在程某某案中，程某某系通过行贿手段违规承揽高于自身资质的建设工程项目，涉案公司工程利润中的违法所得部分应依法予以追缴，但移送起诉时所扣押的违法所得仅为100万元，与建设工程项目总造价不成比例，也不符合行贿犯罪中违法所得与行贿数额之间的常见情形。在如何认定行贿所取得的不正当财产性利益上，存在认识分歧和证据障碍：一是海某公司通过行贿获取的并非直接利益，而是一个承接建设工程项目的商业机会，而后海某公司进行了开发建设、付出了各种市场要素将商业机会转化为工程利润，是一种间接利益。司法实践中，少见将间接利益全部认定为不正当财产性利益的案例，但如果按照比例认定，如何确定合理比例也是难题。二是因工程款尚未全部结清、被告单位和被挂靠方在利润分成比例上存在分歧等原因，涉案公司实际利润难以明确，无论是将间接利益全部认定还是按比例认定违法所得，都存在证据上的障碍。

3. 单位行贿认定与责任追究之困。目前单位行贿现象较为严重，占行贿犯罪较大比例[①]。但囿于单位行贿定性难、处罚难、落实责任难，导致出现单位行贿案件多、追究单位刑事责任少的尴尬现象。从单位犯罪主体复杂性来看，公司单位意志与个人意志区分、个人财产与公司财产混同等情形较多，个人犯罪还是单位犯罪扑朔迷离。从监察机关取证方向来看，监察机关着重于核心行贿行为的取证，而容易忽视行贿主体区分，导致关于行贿主体性质的证据不明确，对个人行贿还是单位行贿定性造成困难。如在程某某案中涉案建设工程项目利润进入程某某公司账户，行贿款亦从公司账户汇出，可能涉嫌单位犯罪，但监察机关并未移送起诉涉案公司。从法定刑配置比较来看，自然人犯行贿罪有三个法定刑幅度（5年以下有期徒刑或者拘役、5年以上10年以下有期徒刑、10年以上有期徒刑或者无期徒刑），但单位行贿罪只有一个法定刑幅度（5年以下有期徒刑或者拘役），单位犯对有影响力的人行贿罪法定刑更低（3年以下有期徒刑或者拘役），可见单位行贿与个人行贿之间法定刑的失衡亦不利于单位行贿刑事责任的追究。此外追究单位刑事责任与保障民营企业发展之间的尺度等，都导致司法实践的模糊与不统一，影响行贿犯罪的打击力度。

三、受贿行贿一起查背景下治理行贿犯罪的应然路径

行贿作为腐败之"源"，是滋生腐败犯罪的"温床"，坚持受贿行贿一起查，让行贿行为无处遁形，破除"开着水龙头拖地"现象，让受贿行为成"无源之水"，就必须要掐住贿赂犯罪的"七寸"，加大对行贿犯罪的打击力度。

（一）探索增设资格刑配置，完善行贿犯罪刑罚设置

如前所述，行贿罪刑罚治理存在资格刑不足问题，实际上，《关于进一步推进受贿行贿一起查的意见》（以下简称《意见》）的有关规定正是对此问题的回应。关于各相关单位如何对行贿人开展联合惩戒，《意见》强调，各相关机关要各司其职、各负其责，加强协作配合，形成联合惩戒行贿的工作合力。纪检监察机关对查办案件中涉及的行贿人，按

---

① 以2018年以来某检察院办理的行贿犯罪案件为例，个人行贿案件5件，单位行贿案件6件。

照有关规定应由其他单位作出组织处理、行政处罚和资格资质限制等处理的，要根据行贿人的主体身份及时向相关单位提供情况。行贿人系市场主体的，根据行贿所涉领域，要向市场监督管理、发展改革、住房城乡建设、金融监管、司法行政等相关单位通报，由相关单位根据职责权限依规依法对行贿人作出处理。此外，中央纪委国家监委正在建立行贿人"黑名单"制度，并就纪检监察机关与人大机关、政协机关和组织人事部门、统战部门、执法机关等对行贿人开展联合惩戒进行探索实践，以提高治理行贿的综合效能。《意见》还要求，对于行贿所得的不正当非财产性利益，如职务职称、政治荣誉、经营资格资质、学历学位等，督促相关单位依照规定通过取消、撤销、变更等措施予以纠正。

《刑法修正案（九）》增设了从业禁止规定，第37条之一规定："因利用职业便利实施犯罪，或者实施违背职业要求的特定义务的犯罪被判处刑罚的，人民法院可以根据犯罪情况和预防再犯罪的需要，禁止其自刑罚执行完毕之日或者假释之日起从事相关职业，期限为三年至五年。……其他法律、行政法规对其从事相关职业另有禁止或者限制性规定的，从其规定。"实际上，部分司法解释中有关于利用职业便利犯罪或者实施违背职业要求的特定义务的犯罪适用禁止令、从业禁止的规定，如危害药品安全犯罪案件，判处缓刑同时如应当同时宣告禁止令，禁止犯罪分子在缓刑考验期内从事药品生产、销售及相关活动。此外，除刑法直接规定外，行政处罚以及律师法、执业医师法、会计法、拍卖法、公司法、商业银行法等其他法规中也可见资格罚的存在，规定只要行为人被判决有罪，即规定其丧失相关资格。

而关于行贿犯罪，目前并无相关从业禁止的规定。本文认为，资格刑适应行贿罪特点，应当在行贿罪中增加对单位或主管人员的资格处罚，并整合其他法律法规中资格性行政处罚。原因如下：一是行贿罪在部分与资格资质关联度高的行业比较突出。行贿罪主要集中在经济型贿赂中，比如金融、建设、政府采购、医药卫生等领域，该类领域一般具有一定的资质或资格，其犯罪主体行贿的目的也多是获得某种资质或资格，比如不具备资格、身份的自然人或者单位希望通过行贿而获取；有资格、身份的自然人或者单位希望通过行贿而获取正当或者不正当利益等。要从根源上有效防止和惩罚其再犯，最有效的方法是剥夺其从事特定行业的资格。二是国外资格刑设置的借鉴。很多国家规定，一旦享受荣誉者实施的行为被判决为犯罪即当然丧失荣誉、称号、军衔的享有权。如俄罗斯联邦刑法典规定了法院可以判决剥夺犯罪人所享有的专门称号、军衔或荣誉称号、职衔或国家奖励等资格①。法国刑法典首次明确规定了法人犯罪的资格刑，如禁止法人从事职业性或社会性活动，关闭企业机构，禁止参与公共工程，禁止公开募集资金，禁止签发支票或使用信用卡付款等②，对我国借鉴意义很大。三是行贿罪中的从业禁止在部分地区已有探索并取得实效。《深圳市南山区建立受贿行贿一起查工作机制实施方案》中要求，依纪依法取消行贿人的政治待遇、职务晋升、资格资质、荣誉奖励等，对"围猎者"一追到底。深圳市某清洁服务有限公司多次报名参加政府项目招投标，但均被拒之门外。究其原因，与该公司及其董事长的两条行贿记录有关。深圳市还在政府项目中推行行贿行为一票否决制度，

---

① 吴平：《俄罗斯联邦刑法典中的资格刑规定述评》，载《安徽警官职业学院学报》2004年第2期。
② 马克昌：《外国刑法学总论（大陆法系）》，中国人民大学出版社2009年版，第167页。

只要有行贿记录，就不能参与土地出让、工程建设、政府采购、资金扶持等政府项目。南山、前海等地还通过大数据技术，汇总纪检监察、公安、检察、法院等机关在各类案件中查实的行贿企业及个人信息，建立行贿人"黑名单"数据库。

我国刑法立法目的是预防和惩罚犯罪，从犯罪预防的角度来分析行贿罪的刑罚配置，这就要求刑罚必须是适当的，有针对性的。为此，本文提出行贿罪资格刑的构建思路：在资格刑的内容上，扩展其权利内容。可以在现有的选举权、被选举权等四项权利的基础上增加荣誉、军衔权。另外，为合理配置刑罚权，将禁止令中有关资格罚的内容划归资格刑，禁止令中关于禁止从事特定活动的规定体现为资格的限制或剥夺，符合资格刑的设置原则。此外，《刑法修正案（九）》中从业禁止量刑幅度比较单一，且设置于刑罚总则中，难以满足分则中各类犯罪的不同情节，可将其改为"剥夺从事一定职业或营业的权利"，确立为资格刑的一种。在行贿罪条文中，一方面，规定具体适用资格刑的情节、类型、幅度。比如在何种情形下、多长期间内禁止行贿人从事相关职业、社会活动，或吊销其相关执照的刑罚。另一方面，增加对于行贿单位的资格刑规定，如规定行贿单位不能再从事相关生产、取消已取得的资质、收回已获得的荣誉等。当然，需要注意的是，在对行贿罪进行资格罚时，同样需要把握比例和适度原则，充分保障涉案人员和企业合法的人身和财产权益，保障企业合法经营。要充分研判使用资格刑的后果，将采取措施对企业合法正常生产经营的影响降到最低。

（二）明确行贿违法所得认定，加大违法所得追缴力度

受贿行贿一起查背景下要治理和遏制行贿犯罪，需加强对行贿犯罪违法所得的追缴强度，提高行贿犯罪的成本，需让行贿人经济上无利可图，避免行贿人产生"拼坐几年牢、捞取万贯财"的"投机心理"。

1. 统一违法所得认定标准。通过行贿手段直接产生、获得的不正当财物及孳息，如行贿人通过行贿违规获得的政府补贴等，可直接认定违法所得数额；但通过行贿手段间接产生、获得的不正当财物及孳息，往往难以全部认定为违法所得数额。在通过行贿取得项目承接等经营机会时，可以通过价格认定、审计工程项目等手段，将被告单位实际取得的利益扣除掉合理成本，再结合案件特点、行业规律、行贿数额等因素酌情认定违法所得。而当案件案情复杂违法所得难以查清时，考虑到委托鉴定、工程审计等时间冗长、程序复杂等因素，司法机关酌情认定并有效追缴违法所得的处理方式，相对于原则性地判定追缴违法所得但不确定具体数额实际无法执行的形式化判决结果，显得更为实际而高效。在程某某案中，程某某系挂靠某公司国际工程分公司承接涉案保障房项目，因保障房项目本身利润有限，且二者关于利润分成亦存在纠纷，一味求准无法实现，秦淮区检察院综合考量项目标的大小、合理利润区间、被告方自认的合理程度等多方面因素，与监察机关、审判机关多次沟通后达成一致，最终以程某某自认并主动上缴的数额认定行贿违法所得数额，并通过认罪认罚工作促使被告人主动认缴到位，将追赃挽损、认罪认罚与打击行贿犯罪有机结合，充分体现检察机关遏制行贿犯罪的力度、深度、广度。

2. 完善违法所得追缴程序。在违法所得全程追缴程序下，需注重公检法相互配合与制约监督，首先是办案机关的责任制，在侦查、审查起诉等阶段，对案件所涉经济利益性

质的认定归属于该阶段的办案机关，均需对涉案单位或个人的违法所得作初步认定并查封、扣押、冻结，避免转移财产无法追缴或拉长审判期限影响诉讼效率。其次是检察机关的法律监督权。检察机关应当通过讯问犯罪嫌疑人听取其意见、审查鉴定机构及鉴定结论的合法性、对随案移送的财物进行核实、清点等方式对认定、查封、扣押、冻结的违法所得进行专门审查，并作为证据加以证明，确保违法所得认定、查封、扣押、冻结的合法性、准确性及全面性。最后是法院的最终裁定权。法院要改变以往重定罪量刑、轻违法所得认定及裁判的局面，应当对违法所得作专门实质性审查，包括性质、范围、数额均应由法院最终认定并裁判，并根据裁判进行追缴。"三步走"确保对行贿犯罪违法所得追缴的准确性、规范性和全面性。

（三）注重财产刑"双罚"制，提高行贿犯罪成本

行贿犯罪系贪利性犯罪，若不严肃查处行贿犯罪，使得行贿人所获收益大于犯罪成本，无疑会形成"行贿—获利—处罚—再行贿—再获利"的恶性循环，使市场竞争变成贿赂、人情及关系网的恶性博弈，损害市场公平竞争，长期以往会形成劣币驱逐良币的反面效应，严重损害社会公平正义，不利于营造公开、公平、透明的市场环境。因此对单位行贿犯罪等贪利型犯罪，需加大财产刑处罚力度，视犯罪性质和情节等灵活提出"双罚"量刑建议。因为财产刑处罚与追缴违法所得法律性质不同，追缴违法所得并非对行贿人的惩罚，仅是剥夺行贿犯罪所获得的违法收益，避免行贿人因违法犯罪而获利，而财产刑是在追缴违法所得之后对行贿人合法财产的剥夺，是具有惩罚性的刑罚。针对行贿犯罪"以利换权、钱权交易"的本质，需加大财产刑处罚力度，击中行贿者贪财图利的痛处，促使意图行贿者重新估价自己的犯罪行为，发挥刑法打击和预防行贿犯罪的作用，推动实现腐败问题的标本兼治。

在程某某案中，秦淮区检察院一方面围绕单位犯罪的认定要点再次讯问被告人，另一方面调查涉案公司的决策机制等，最终查明被告人作为涉案公司实际控制人，以涉案公司名义签署挂靠协议承接涉案建设工程项目，行贿款项系公司所出，犯罪所得亦归公司所有，依法应当认定为单位犯罪。经与监察机关沟通后，检察机关依法直接追加涉案公司为被告单位，准确履行指控犯罪职能，为后期进行单位犯罪"双罚"奠定了基础。在考量量刑建议时，秦淮区检察院充分利用省职务犯罪案例库资源，比对本省同类案件已生效判决结果，最终以犯罪数额等为基数，考量被告单位及被告人的履行能力，在本案违法所得界定可能有一定争议时，灵活运用罚金刑量刑建议予以适度平衡，提出本案高达犯罪数额一倍的"双罚制"罚金刑量刑建议，充分体现出检察机关对行贿犯罪的严厉打击和震慑。

坚持受贿行贿一起查，就是让"围猎者"寸步难行，从源头上斩断腐败利益链，一体推进不敢腐、不能腐、不想腐。结合司法办案中遇到的实际问题和处置方式，着重从完善行贿犯罪刑罚设置、规范行贿违法所得认定与追缴、注重财产刑"双罚制"等角度，提高行贿犯罪成本，罚当其罪，釜底抽薪，实现打击惩治"全覆盖"。

司法实践中打击行贿犯罪的立法难题*

北京市人民检察院第二分院课题组**

《关于进一步推进受贿行贿一起查的意见》明确提出，反腐败要坚持无禁区、全覆盖、零容忍，坚持重遏制、强高压、长震慑，坚持行贿受贿一起查。在全面打击行贿犯罪的大背景下，2019 年至 2022 年，某市某分院共办理行贿类案件 30 件 31 人，其中行贿罪 19 件 19 人，单位行贿罪 10 件 11 人，同时触犯行贿罪、单位行贿罪 1 件 1 人。从办案情况来看，司法机关在惩治行贿类犯罪时面临很多掣肘，总观行贿类犯罪定罪量刑的法律和司法解释，一方面存在规范的空白和缺位，另一方面存在概念界定不明等不够精准的问题，导致实践中法律适用上认识的分歧。规范层面的难题，传导至司法，必然导致法律适用极度不统一，严重损害司法权威。只有充分关切司法实践对立法的迫切需要，并及时进行回应，才能保证法律在该问题上的针对性、及时性和可执行性，才能保证立法和司法形成良好的互动关系，在打击行贿类犯罪中形成合力。

一、行贿类犯罪中单位犯罪的入罪与出罪

不同于大陆法系其他国家和英美法系，我国的单位行贿罪立法模式独具特色，仅有我国把单位行贿罪、对单位行贿罪作为单独一个罪名从行贿罪中分离出来，并配置相应的法定刑。而从案件办理情况来看，在现行刑法体系之下单位犯罪的入罪面临很多实务难题。

（一）单位行贿罪犯罪主体范围不明

根据我国刑法及司法解释的规定，单位行贿罪的主体要件中不要求单位具有独立的法人资格，但由于单位是法律上的拟制人，其意志只能来源于作为单位成员的自然人的意思活动，因此，司法实务中常常面临构成单位行贿还是个人行贿的争议焦点。不仅如此，实践中认定单位犯罪时对"单位"这一主体要素的考量，更偏重于从意志因素、利益归属等方面的实质性判断，而并非将其作为一个内涵和外延相对确定的法律概念进行形式判断，造成在实践中对"单位"的理解和认识不同，在考量一些特殊主体实施的行为能否构成单位行贿罪还存在诸多争议，例如，公司制运行的律所。此外，虽然司法解释明确了单位部

———————————

＊ 本文系北京市人民检察院第二分院 2022 年重点调研课题部分成果。

＊＊ 课题组成员：李华，北京市人民检察院第二分院党组成员、副检察长；丁子舟，北京市人民检察院第二分院第三检察部主任；李银，北京市人民检察院第三检察部检察官；支蕊娴，北京市人民检察院第二分院第三检察部副主任；刘珊，北京市人民检察院第二分院第三检察部检察官助理。

门分支机构或者内设机构、部门可以构成单位犯罪的主体，但在实务中由于单位上下级之间存在意志上的联通性，利益上的一致性等原因，在确定何者为犯罪主体时亦存在争议。

（二）犯罪构成要素的综合考量——单位行贿和个人行贿的界分规则不明

总体来说，目前司法实务中主要以单位意志和利益归属作为界分单位行贿和个人行贿的主要标准，辅之以行贿款来源、行贿目的判断等因素。在上述判断标准的体系下，司法实践中存在两个较为突出的问题。

1. 犯罪意志的集合性指向不清。实践中主要分为两种：一是不当然代表单位的人员实施的行贿行为是否能够体现单位意志。如被告人为单位中层或业务员时，其实施的行贿罪何时能够代表单位意志。司法实践中，该种情况往往要结合单位制度、单位惯例、单位事后有无追认等情况综合判定。二是当然代表单位的人员实施的行贿行为是否体现单位意志。如在股份公司主要负责人或实际控制人个人决策、实施行贿行为的情况下，是否必然构成单位行贿罪存在争议。由于单位实际控制人身份的双重性，其行为既能代表个人意志，又能代表单位意志，因此通过意志的指向性区分此罪与彼罪并不现实。

2. 利益归属及归属方式的判断不一。《刑法》第393条第2款规定"因行贿取得的违法所得归个人所有的，依照行贿罪定罪处罚"，可见，如果在单位意志不明确的情况下，利益归属是一个更重要的要件。但实践中因为单位利益和个人利益的高度一致性，以及公司财务制度的不规范，单位和个人财产高度混同的情况非常多见，因此有时利益归属为谁难下判断。

（三）单位行贿犯罪处断的现实思考

近年来，在经济领域实施的行贿犯罪中，案件情况的复杂性、判断因素和标准的多重性、司法者主观裁量的不确定性等多重作用下，极易发生司法实践中对个人行贿和单位行贿的处断不统一进而导致同案不同判的后果，严重损害了司法的严肃性和刑罚的确定性。因此，明确相关的界分规则，对于司法者面对争议案件进行裁量非常重要。清华大学周光权教授主张，"对单位犯罪的认定要回到《刑法》第30条'单位实施的危害社会的行为'上来，结合《刑法》第13条对'犯罪概念'的界定，如何理解'危害社会的行为'是关键。对其进行解读，要坚持责任主义的立场，坚持'主客观相统一'原则"[①]。笔者对此观点是认同的，是否认定为单位行贿罪，主观意志的表现与客观行为的后果即利益归属两者必须相互统一，即使在衡量是否为"单位"这一主体要素时亦如此。

1. 主观表现为代表单位意志。判断"为谋取不正当利益"到底是基于单位的整体意志还是基于单位中的自然人意志是界分关键。一般来讲单位意志最典型的表现为单位的规章制度或者单位决策层通过开会讨论等形式形成的单位决策，容易有争议的主要为单位中的中层或者一般工作员擅自为本单位谋取不正当利益而行贿，如事中或事后得到负责人认可、默许，或者追认的，仍可视为行贿行为具有犯罪意志的整体性，以单位行贿论处。另

---

① 参见海淀区人民检察院课题组：《行贿犯罪的理论与实践专题研讨会综述》，载《中国检察官》2019年第8期。

外，针对单位负责人实施行贿行为、获取违法利益的情况，笔者认为应当通过判定其行为和追求的结果是否背离单位的宗旨，是否违反相关合同约定，是否违反单位的相关制度等，判断其行为代表单位意志还是个人意思。例如，甲某行贿案中，其系公司主要负责人，其在获取行贿所谋取的直接利益后，因行贿所得利益绝大部分体现为其实施其他违法犯罪行为所获利益，虽然单位账户收取过部分钱款，但根据其所实施的违法行为背离公司合同约定，最终判定其构成个人行贿，而非单位行贿。

2. 客观表现为利益归属为单位。为单位谋取不正当利益系单位行贿的特定目的，因此单位系行贿利益的获得者。在判断利益归属方式时，尤其是判断行贿行为实施者在其中也获取利益时，不应着眼于结果，而应当着眼于获取利益的过程，这样才能抓住利益归属的本质。例如，有学者认为，行贿所得不正当利益整体、概括地归属于单位之后，单位成员通过财务制度获得分配利益的情况下应当认为行贿所得的利益归属于单位，进而认定为单位行贿罪①。

综上，单位犯罪是我国刑法体系中的重要部分，为防止单位行贿罪成为个人行贿的"保护伞"，有必要结合新形势及司法实践中的突出问题，通过司法解释和指导性案例的形式，对相关问题提供指引，切实实现罪刑法定原则与罪责刑相适应原则。

二、不正当利益的范围划定及追缴

（一）不正当利益范围认定的扩张趋势

行贿罪的构成要件中，谋取不正当利益属于主观要件中的犯罪目的。大陆法系绝大部分国家的立法中对行贿罪没有该要件的要求，但仍有国家针对行贿人所谋取利益的不同情形，在量刑上加以区别。一直以来，学界都存在废除行贿罪中关于不正当利益之规定的主张，理由主要有以下两点：一是行贿罪侵害的法益与行贿人所得利益是否正当无关。行贿罪的危害性不取决于行贿人有无谋取不正当利益，只要行贿人给予国家工作人员以财物，就侵害了行贿罪的保护法益。行贿人所谋取的利益是否正当，不能作为定罪的一个条件，它只是反映行贿人的主观恶性，而不影响其行为的本质。② 二是包括司法解释在内各种关于"谋取不正当利益"的解释，始终没有提供一个明确的认定标准，阻碍了司法实践打击行贿犯罪，对证据认定造成困扰。③

不正当利益作为行贿犯罪的构成要件对于行贿罪打击范围起到了一定的限缩作用，但随着时代的发展、贿赂犯罪类型、手段的不断翻新，立法者和司法者不断对不正当利益的外延进行着扩大解释：一方面，从司法解释对不正当利益的规定来看，从最开始的违反法律等规定，到将谋求竞争优势纳入不正当利益范畴，再到通过扩大谋求竞争优势的范围，充分体现了针对司法实务中由于认定不正当利益的掣肘给打击行贿犯罪带来的困境，立法

---

① 参见吴兆煜、刘震：《单位行贿罪与行贿罪的区分》，载《人民司法》2019 年第 29 期。

② 参见赵翀：《行贿罪中"谋取不正当利益"之要件》，载《华东政法学院学报》2005 年第 2 期；李希慧、徐光华：《贿赂犯罪立法完善的几个问题》，载《刑法评论》2009 年第 2 期。

③ 参见何显兵：《行贿罪"谋取不正当利益"要件研究》，载《黑龙江省政法管理干部学院学报》2007 年第 1 期；徐胜平：《行贿罪惩治如何走出困境》，载《人民检察》2012 年第 16 期。

与时俱进地作出了回应；另一方面，司法适用中对不正当利益的认定也呈现实质上扩张的倾向，即对该利益是否违反公平、公正原则进行实质把握。如向司法工作人员打探案件并未干预实体办理等情形，在实践中已经逐步由存在争议转变为构成"程序性不正当利益"的共识。

虽然不正当利益的扩张倾向是贿赂犯罪新形势下理论与实务界作出的应对，但是笔者意识到在罪刑法定的语境下认定入罪要件要时刻保持克制，厘清罪与非罪的边界。例如，行贿人为追求效率，为使合法合规的正当事由在正常周期内提速办理，给予国家工作人员贿赂。又如，为避免被刁难，只求业务顺利正常开展，向国家工作人员行贿。上述情况在实践中也有一定争议，对公平公正原则的解释需要有一定的边界，并非因行贿行为就必然导致不公平不公正，竞争优势的获取需要到达何种程度，采取哪种标准等仍然需要证据证明。

对此，立法者可以通过立法、司法解释明确不正当利益的判断标准或原则，同时着眼于"除外"规定的方式，将不属于不正当利益的情况予以列明或作出原则性规定。通过正反两方面规定，使不正当利益的认定更为明晰，避免司法实践中的分歧和争议，也为司法者裁判提供更有力的支撑。

（二）不正当利益追缴的法理支撑和法律依据

"任何人不得从其违法行为中获利"是法治社会的共识。行贿犯罪属于典型的贪利型犯罪，以权钱交易的违法行为谋求利益是该类犯罪的本质。对于行贿人谋取到不正当利益的情况下，对行贿人通过违法行为获取的不正当利益严格依法予以处置，不仅是追缴犯罪所得的题中应有之义，也有利于破解行贿行为"低成本高回报"的难题，持续压缩"围猎"和甘于被"围猎"的生存空间，增强受贿行贿一起查的政治效果、法律效果和社会效果。

综观我国法律及相关规定：《刑法》第 64 条规定，犯罪分子违法所得的一切财物，应当予以追缴或者责令退赔。2012 年"两高"《关于办理行贿刑事案件具体应用法律若干问题的解释》对行贿犯罪取得的不正当财产利益应当予以追缴、责令退赔，因行贿取得的财产性利益以外的经营资格、资质或者职务晋升等不正当利益，建议有关部门依照相关规定予以处理。监察法、《监察法实施条例》《中国共产党纪律检查机关监督执纪工作规则》《中国共产党纪律处分条例》等，不仅对行贿行为不正当获利的追缴和处置作出了规定，也针对处置机关，移送程序等作出了进一步的规范。如《中国共产党纪律处分条例》第 40 条规定，对于违纪行为所获得的职务、职称、学历、学位、奖励、资格等其他利益，应当由承办案件的纪检机关或者由其上级纪检机关建议有关组织、部门、单位按照规定予以纠正。

可见，对行贿获取的不正当利益的追缴，在法理层面和规范层面均有相应的支撑。

（三）不正当利益追缴的司法困境

虽然如上文所提，法律对不正当利益的追缴作出了原则性的规定，但由于追缴标准和范围不明确，追缴主体和追缴程序不具体，加之案件查办机关对此项工作还不够重视，认识不统一，积极性不高，查办案件时各机关没有形成合力，导致实践中对行贿所获不正当利益的追缴比率低。主要体现为两方面：

一方面，财产性利益中的间接利益难以确定。笔者认为，行贿所获取的不正当利益，根据与行贿行为的关联程度，可以分为直接利益和间接利益。直接利益，系通过行贿行为直接获得的不正当财产。间接利益系行贿人获取不正当利益之后，又以此为基础产生、获得的不正当财产。主要体现为通过行贿获取竞争优势或者商业机会之后单位或个人获取的利益如何确定。如行贿人中标某工程项目后通过经营行为获取的巨额经济利润等，因行贿方财务制度不规范、不配合取证等，导致司法机关难以准确核算行贿方获取的间接利益中的经营成本、进而确定追缴数额。

另一方面，非财产性利益的追缴在实践中也面临困难，主要体现为司法机关的追缴方式缺乏规范指引。如检察机关在查办案件的过程中如何发挥自身职能对非财产性利益予以纠正，值得进一步研究。虽然有通过检察建议的方式进行督促、纠正的作法，但如果没有规范的指引和支撑，容易导致实践中操作混乱和纠正行为缺乏刚性。

（四）对不正当利益追缴的现实思考

笔者认为，应通过对司法解释、监检衔接规定等的进一步明确、细化、规范行贿类犯罪不正当利益追缴的对象、主体、程序、政策等，不断增强不正当利益追缴的可操作性。

1. 追缴对象范围。要准确界定法律所规定的因行贿获得的不正当利益的内涵和外延，以确定追缴的对象和范围，尤其是明确间接利益的认定。间接利益往往以行贿行为获得利益为前提和充分条件，该种利益的获取往往掺杂了其他因素，可以说体现为"多因一果"。特别要说明的是，对于纳入追缴范围的间接利益，应当进行一定的限缩，准确把握行贿行为在间接利益取得过程中的原因力大小，以及行贿人获取直接利益后，间接利益的取得是否具有确定性，如果该利益的获得与行贿行为所直接获取的利益具有当然性、确定性关系，那么就应当将该间接利益纳入追缴的范围。

2. 追缴数额的计算方式。有必要以合理的方法实现国民合法财产权保护与不法得利剥夺之间的合理平衡结果，贯彻"任何人不得从刑事不法行为中获利"的理念。就此而言，当前学界提出的解决规则主要存在净利原则、总额原则以及相对总额原则。[①] 笔者认为，对于行贿获取不正当利益的计算规则也可借鉴上述原则，但是具体案件中采取何种原则，追缴的范围、是否扣除及扣除的范围等都应当结合个案的情节、行贿人的态度、案件证据等具体情况来判断，不能一概而论。实际上，行贿人所获得的不正当利益一般是确定的，难以计算的是应当扣除的成本。笔者认为，对于成本的扣除，首先，应当确定扣除的类型，如行贿人获取机会后实际投入的经营成本因不具有违法性，应当予以扣除，但为实施犯罪而投入的成本不应予以扣除。其次，办案机关可以从行贿人处调取相关证据，结合缴税等情况综合判定，也可以委托有资质的相关机构进行鉴定或审计。笔者主张不能因为行贿方拒不提供相关证据，难以计算应当扣除的成本就放弃对不正当利益的追缴。实际上，从刑法理论上考虑，行贿人付出的成本也可以视为其行贿成本，即使不予扣除，从法理上也有支撑。这也是上文提到的总额原则适用的基础。最后，办案机关应当本着从严打击行贿犯罪，压缩其犯罪成本的态度，处理不正当利益追缴的问题，对行贿人拒不提供证

---

① 参照冯文杰：《论没收违法所得财物的计算规则》，载《北京社会科学》2021 年第 10 期。

据，确实无法查清应当扣除成本的，应当全额追缴其所获取的不正当利益。

3. 追缴路径和程序。第一，以行贿类犯罪立案并移送司法机关的案件。纪检监察机关在审查调查期间，应当查清被审查调查人存在的违纪违法事实和通过行贿行为不正当获利的具体情况。对行贿人通过行贿行为所得的不正当获利，应当区分不正当财产性利益和不正当非财产性利益予以处置。

对于不正当财产性利益，纪检监察机关应当采取适当的保全措施，通过依法查封、扣押、冻结等方式防止被审查调查人将违法所得转移或隐匿，并在移送检察机关审查起诉时随案移送，同时注重依法保护企业和个人的合法财产。检察机关应当依法对涉案财物情况进行审查，重点审查行贿违法所得是否全部在案、是否需要追加采取措施、是否存在不应当被采取措施的合法财产等情况。审判机关应依法进行审判并对行贿违法所得予以收缴，并依照最高人民法院《关于刑事裁判涉财产部分执行的若干规定》第6条、第7条等规定，行贿人通过行贿获得的不正当财产性利益在审判时尚未追缴到案，法院判处继续追缴的，由法院执行机构负责执行，检察机关予以配合。

对于不正当非财产性利益的追缴，笔者认为应当以纪检监察机关部门为主，将相关情况以适当方式通报相关主管部门依规依纪依法予以纠正。此外，对于监察机关未通报处理的，应当明确检察机关一方面可以函告调查机关转送相关处理意见，另一方面也可通过发送检察建议书的方式通报相关主管部门予以纠正。

第二，对于以行贿类犯罪立案但未移送司法机关的案件以及未立案的行贿行为的不正当获利的处理。笔者认为此种情形需要根据案件的具体情况判断如何追缴。如果行贿行为已经构成行贿罪，但因一些从轻减轻情节对行贿人不再追究的，那么仍有追缴不正当利益的基础。在案件不移送司法的情况下，检察机关可以依据受贿案件的生效判决等作为追缴不正当利益的依据，将相关线索及认定基础移送至监察机关，但如何取证，如何启动不正当利益追缴的程序还需要进一步加以规范。

第三，刑事政策的引导。实践中，要秉持"惩前毖后、治病救人"方针和宽严相济的政策，将认错悔错表现和配合态度与处理结果挂钩，对积极配合处置不正当获利的行贿人，可依法从轻、减轻处理，对于移送司法机关的行贿人可出具在法律政策规定范围内最大限度予以从宽处理的建议。但对有条件配合处置拒不配合的行贿人，应由相关办案机关依规依纪依法强制追缴，严厉惩治。

三、行贿犯罪刑罚体系的缺失与完善

我国刑法立足于刑罚理性主义，对行贿犯罪的刑罚体系进行了不断完善，特别是《刑法修正案（九）》优化了量刑的内容。但司法实践中，有关行贿犯罪的定罪量刑问题的现行法律、司法解释仍存在不够精准之处，加之与认罪认罚从宽制度的结合适用，容易导致控辩审三方对同一法律事实如何量刑存在较大争议，无法形成对行贿犯罪的打击合力。

（一）刑罚体系设置不均衡之现状

1. 主刑刑档差异较大。一方面，单从受贿罪、行贿罪的刑期设置上来看，最低刑档设置存在明显差异，可能造成行贿处理重于受贿，影响案件刑罚均衡。而最高刑档虽然规定了行贿罪在具有数额特别巨大和特别严重情节情形下可判处无期徒刑，但真正适用的案件寥寥；另一方面，自然人犯罪与单位犯罪法定刑相差悬殊。犯行贿罪最高刑可至 15 年有期徒刑，但单位行贿罪法定最高刑仅为 5 年有期徒刑。在打击行贿犯罪的司法实践中，笔者越发感到，单位行贿罪与行贿罪对法益造成的侵害实质相当，但刑罚如此悬殊，造成实践中单位反而成了个人犯罪的"挡箭牌"，难以罚当其罪、实现罪责刑相适应；且综观我国刑法体系中其他罪名的单位犯罪与自然人犯罪针对个人的刑罚无差别，仅有贿赂一章单位犯罪与个人犯罪处罚悬殊，有悖于刑法在单位犯罪刑罚的系统性。

2. 罚金刑法律规定模糊。罚金刑系行贿类犯罪的一项重要的打击手段，现行法律及相关解释中对行贿犯罪判处罚金刑的法律依据仅有 2016 年贪贿司法解释中第 19 条的规定，即刑法规定并判处罚金的除贪污、受贿罪以外的贪污贿赂犯罪，应当在 10 万元以上犯罪数额 2 倍以下判处罚金。没有根据犯罪数额、主刑刑档来确定具体标准，尤其是对于犯罪数额巨大、特别巨大且适用认罪认罚从宽制度的行贿犯罪，提出罚金刑的范围过大，导致司法权无法得到有效的制约，也有损司法的权威性。例如，办理的某房地产公司及隋某杰单位行贿案，涉案金额 1100 余万元，被告人被判处罚金 100 万元；某集团数据中心及总经理张某哲单位行贿案，涉案数额 1300 余万元，被告单位被判处罚金 300 万元，被告人被判处罚金人民币 50 万元；某中药饮片公司、某药业公司、杨某山单位行贿罪案中，涉案金额 1700 余万元，两被告单位共计被判处罚金 300 万元，被告人被判处罚金 50 万元。比较上述案例，既存在涉案数额相差很多，被告单位罚金刑相同的情况，也存在涉案额较大者，被告人被判处罚金反而更低的情况。

3. 量刑情节标准难以统一。有关贿赂犯罪的司法解释、法律适用文件众多繁杂，各种法定从宽、从重、减轻、加重情节与幅度标准难以统一，监察机关、司法机关针对行贿人开展教育转化的法律、政策掌握尺度不一致，同案不同判的情况时有发生。

（二）刑罚体系调整之必要性

党的十八大以来，随着国家反腐工作的展开，贿赂犯罪得到了社会空前的关注与讨论，面对中国当前腐败犯罪现实态势，刑事法律发挥着不可替代的作用，而立法中关于行贿犯罪刑罚体系的规定存在着一定困境，不对刑法加以修改和完善，难以走出这一困境。

从国外法律来看，对行贿犯罪的刑种以及刑罚处罚方面导向不一，部分国家对行贿犯罪规定了相对较轻的刑罚，一般自由刑期都基本是 3 年以下，如德国、日本、俄罗斯和意大利，部分国家在立法上更加强调对行贿犯罪惩罚的严厉性，如美国规定为 15 年以下监禁。

"刑法规范的设计与实际运行之间却并非绝对的契合关系，组成罪刑规范的犯罪构成要件要素体系、刑罚体系以及罪刑配置关系，直接决定对犯罪规制能力的大小，是影响罪刑规范犯罪规制能力的基本要素。"[1] 中国在刑事立法上可借鉴国外关于行贿罪的刑事立法经验，进一步细化行贿犯罪的罚则，增强司法可操作性和刑罚惩治犯罪的能力，这对于促进国民形成法治观念，实现对贿赂犯罪的有效治理有着非常重要的现实意义。

---

[1] 魏昌东：《中国刑法惩治贪污贿赂犯罪罪刑规范立法运行效果考察》，载赵秉志主编：《刑法论丛》（第 20 卷），法律出版社 2009 年版，第 231 页。

（三）刑罚体系调整之建议

1. 主刑档：法定刑的设定不仅要在统一罪名内部均衡设定，在相似罪名乃至整个刑法典的罪名之间的法定刑也要均衡设置。建议根据受贿罪 3 年以下、3 年到 10 年、10 年以上的刑档设定对应调整行贿罪的刑档设置，确保行受贿对合犯罪刑罚设置保持协调；针对单位行贿、对单位行贿罪法定刑档单一问题，建议根据行贿罪的标准，本着适当从宽的原则确定其差异化刑档，合理设定其法定最高刑，确保罪当其罚。以匹配行贿犯罪整体刑罚体系。

2. 罚金档：全面细化配置罚金刑标准。可根据行贿数额的倍数确定，亦可根据行贿者的不正当利益获取情形确定。从各国刑事立法经验来看，罚金刑已是打击行贿犯罪有效手段，例如，有的国家规定无论是贿赂罪还是不法馈赠罪，当事人可以被判处相当于有价物 3 倍的罚金，由于行贿人往往具有较为强大的经济实力，因此，唯有加重对行贿人一方的处罚力度，以此来达到打击贿赂犯罪的源头遏制行贿行为的目的。

3. 资格刑：增加"资格刑"的适用，剥夺行贿犯罪人从事原有工作或者某种职业、某项活动的资格，也是降低行贿人通过行贿获取收益的可能性、压缩其违法生存空间的有力方法，可将该刑罚的适用与我国现正探索建立的行贿人黑名单制度相结合，从而实现腐败源头上的治理，斩断贿赂犯罪链条。

4. 量刑处断标准的统一：如前所述，笔者认为应当将行贿犯罪的主刑刑档调整与受贿罪一致，但基于构成要件的差异、执法司法策略的考虑等，在具体处刑上行贿罪并非要与受贿并重惩办，还是应遵循罪责刑相适应原则、行贿犯罪构成特点、社会危害程度确定具体刑罚。

一方面，明确行贿犯罪的量刑规则。对此张明楷教授主张，"应当确立一条量刑规则：在对应的受贿罪属于基本犯的情况下，对行贿罪的基本犯只能科处 3 年以下有期徒刑，而不应在 3 年以上 5 年以下裁量刑罚……作为法定刑升格条件的'情节严重'与'情节特别严重'，仅限于因行贿谋取不正当利益的情节严重或者特别严重，而非泛指行贿情节严重或者特别严重；根据行贿数额、次数、对象等认定情节严重与特别严重的做法，不符合罪刑法定原则"。[①] 笔者赞同上述部分观点即对基本犯的量刑规则，但认为在确定行贿犯罪行为是否达到法定刑升格条件时，还是应当依据相关司法解释中的情节要件，但建议对现有解释中的情节进一步进行明确合理解释。

另一方面，厘清《刑法》第 390 条第 2 款的从宽处罚规定与自首、立功等其他法定从宽处罚情形的界分。虽然理论界有声音认为第 390 条第 2 款的规定在分化、瓦解行贿、受贿利益共同体方面的作用有限，且存在被滥用的风险，但笔者认为从促进刑罚及时性的实现和有效打击受贿类犯罪等角度来看，该条款的设立具有正当性，只是应当明确当发生司法适用冲突时如何抉择，以便使该规定充分发挥揭露、惩罚、预防受贿犯罪的作用。

[①] 参见张明楷：《行贿罪的量刑》，载《现代法学》2018 年第 3 期。

四、结语

对腐败犯罪"零容忍"要求我们严肃查办受贿案件的同时，加大对行贿的查处力度，这既是深化反腐败斗争的重要举措，也是推动经济社会健康发展、维护人民合法权益的必然要求。行贿犯罪仍然是我国反贿赂刑法体系中的重要罪名，我国现行的立法具有一定合理性，我们不能轻言行贿类犯罪罪名的存废，而是要认真评估反贿赂刑法法网的疏密和行贿行为的社会危害性，形成妥当的解释和严密的刑罚制度，从而在刑事司法上严格执法，做到不枉不纵。同时，基于我国复杂的社会背景，还要不断完善反腐败的配套制度，从源头上积极预防和治理贿赂犯罪，规范国家权力的有序运行才是我们治理腐败的最优选项。

职务犯罪中"电话通知"型自首的认定

严海杰*

自首作为我国法定的从减轻情节，对实现刑法一般预防之刑罚目的、搭建犯罪嫌疑人回头的彼岸桥梁具有不可或缺的作用。同时，也是全面推进常态反腐、法治反腐过程中的重要一环。然而，司法实务及案例裁判中对职务犯罪中"电话通知"型一般自首的认定呈现出结论上的左右摇摆与冲突纠结，在损坏法律适用统一性与严肃性的同时，也在消磨社会公众的刑法认同感和公平直觉，归其原因，并非在于规范供给的不足，而在于认识错位和理解偏差，故应在明确规范依据本真适用基础后"拨乱反正"，对职务犯罪中的"电话通知"型到案情形予以准确认定，这也是司法适用主体破除具体个案拿捏不定与顾及政策力度而瞻前顾后的实质进路。

一、"电话通知"型自首认定的现实冲突

我国《刑法》第 67 条第 1 款、1998 年《最高人民法院关于处理自首和立功具体应用法律若干问题的解释》（以下称《解释》）、2009 年《最高人民法院、最高人民检察院关于办理职务犯罪案件认定自首、立功等量刑情节若干问题的意见》（以下称《职务意见》）与 2010 年《最高人民法院关于处理自首和立功若干具体问题的意见》（以下称《意见》）共同组成了认定一般自首的基础性和主要性技术规范。根据上述法规，成立一般自首需同时具备自动投案和如实供述自己罪行两个要件。而在既有职务犯罪案件中，"电话通知"型到案是否认定为自首的判断中，更多的焦点和争议在于是否符合"自动投案"的认定评价。其中，自动投案，一般理解为犯罪事实或者犯罪嫌疑人未被公安、监察、检察、审判等办案机关发觉，或者虽被发觉，但犯罪嫌疑人尚未受到办案机关的调查谈话、讯问，或者未被宣布采取调查措施或者强制措施、未被群众扭送时，主动将自己置于办案机关的合法控制下，接受审查与裁判的行为。

但是，上述法规作为裁量实践中各种待认定事实的尺规，在司法实务领域对于"电话通知"型到案的认定已经明显出现各持己见、相互矛盾的现象。

在不同地区之间，司法实务主体认定不一。四川省高级人民法院审结的任某受贿案中，四川省高级人民法院经审理后认为，"本案检察机关电话通知上诉人任某到案接受调查时已掌握其涉嫌受贿的具体线索，因此任某接电话通知后到案的行为不符合《职务自首

---

* 北京市中伦律师事务所律师，西南政法大学量刑研究中心助理研究员。

意见》的相关规定，不应认定为自首"①。上海市静安区人民法院审结的胡某邦贪污、挪用公款案中，法院认为，"（一）检察机关直接对职务犯罪立案侦查且犯罪嫌疑人系通过打电话等形式被动到案的情况下，如果检察机关根据已经掌握的犯罪嫌疑人的犯罪事实在立案前对犯罪嫌疑人以询问笔录或调查笔录的形式进行调查，犯罪嫌疑人如实供述检察机关已经掌握的犯罪事实的，不能成立自首；（二）检察机关掌握相关犯罪事实后，在立案前通知纪检机关，并由纪检机关通知犯罪嫌疑人到案的，如果犯罪嫌疑人主动供述检察机关已经掌握的犯罪事实，不能成立自首"②。辽宁省沈阳市中级人民法院认为，"职务犯罪被告人经电话通知到案，虽与未接到任何通知即主动、直接向办案机关投案有所区别，但无论是从司法解释、刑事政策的角度，还是从司法经济的角度来看，接到电话通知后到案都应视为自动投案，如果又如实供述的，都应认定为自首而非坦白"③。江苏省泰州市人民检察院认为，"接到电话通知后到案符合立法本意，应当视为自动投案的情形"④。上海军事检察院认为，"电话通知到案，应当根据情况区别对待。主要是根据犯罪嫌疑人供述犯罪事实的时间来确定。如果犯罪嫌疑人经办案机关电话通知到案后，接受第一次询（讯）问时，就如实供述犯罪事实的，可以认定自首。犯罪嫌疑人虽经电话通知到案，但未在第一次询（讯）问时供述犯罪事实，或在司法机关采取强制措施后，才如实供述犯罪事实的，不能认定自首"⑤。

在同一地区内部，裁判结论也相互冲突。以北京市为例，在高级人民法院层面，既有北京市高级人民法院"郭某斌系办案机关电话通知到案，具有自动投案情节"⑥的支持性判例，也有"经查：纪委人员出具的到案经过可以证明董某华系经纪检机关电话通知到案，且纪检机关在董某华到案前已进行了前期调查，并掌握了其个人账户收到证人王某1所在公司人员转账的证据。其到案后虽能如实供述其伙同王某1贪污280余万元的事实，但根据《最高人民法院、最高人民检察院关于办理职务犯罪案件认定自首、立功等量刑情节若干问题的意见》第一条第三款'没有自动投案，在办案机关调查谈话、讯问、采取调查措施或强制措施期间，犯罪分子如实交代办案机关掌握的线索所针对的事实的，不能认定为自首'的规定，依法不能认定董某华对于其贪污280余万元的事实具有自首情节"⑦的否定性判例。在中级人民法层面，既有北京市第一中级人民法院"2018年3月14日，海淀检察院认为张某涉嫌罪名应该为贪污罪，故未批准逮捕，张某被取保候审，张某涉嫌贪污罪的线索移交海淀区监察委办理。2018年10月11日，海淀区监委核查组电话联系被调查人张某，要求次日前往监委接受调查。2018年10月12日，被调查人张某在爱人张某

① 竹莹莹等：《犯罪线索被掌握后通知到案的不属于自动投案》，载《人民司法》2017年第5期。
② 魏凯：《国企改制中双重身份及职务犯罪自首的认定》，载《人民司法》2013年第8期。
③ 韩志彤、彭聪：《经电话通知到案是否系"自动投案"》，载《人民法院报》2015年8月6日，第7版。
④ 王绩伟：《经电话通知到案应认定为自动投案》，载《检察日报》2012年3月23日，第3版。
⑤ 许存奎：《职务犯罪案件中自首的法律适用》，载《人民检察》2013年第10期。
⑥ 北京市高级人民法院刑事裁定书，（2019）京刑终103号。
⑦ 北京市高级人民法院刑事判决书，（2018）京刑终182号。

甲的陪同下来到海淀区监察委，到案后，主动供述了自己涉嫌贪污罪的事实（具有自首情节）"①，北京市第二中级人民法院"刘×1的犯罪事实虽被侦查机关发现，但刘×1尚未受到讯问、未被采取强制措施时，经侦查机关电话通知到案，并能如实供述自己的罪行，构成自首"②，北京市第三中级人民法院"鉴于孟某霞接到监察机关电话通知后主动到案，如实供述其所犯挪用公款的犯罪事实，系自首"③ 等支持性案例，也有北京市第三中级人民法院"被告人寇某跃于2019年8月23日经金隅集团纪委通知后到案，被告人寇某跃到案后，虽能如实供述主要犯罪事实，但因其到案缺乏自愿性、主动性，不符合成立自首所要求的'自动投案'这一必要条件，故不能认定寇某跃具有自首情节"④、北京市第二中级人民法院"经查，经纪委电话通知到案不属于自动投案，不能认定刘某平有自首情节"⑤ 的否定性案例。在纵向维度，基层法院之间存在认定不一致的情形，如北京市西城区法院认为，"鉴于被告人邓某龙、何某、郑某、刘某经纪委及单位通知后，主动到检察机关接受调查，且到案后能如实供述自己的犯罪事实，系自首"⑥；北京市朝阳区法院认为，"经查，被告人牛某职务犯罪的线索已被区监察委掌握，其在未被告知目的的情况下由其单位工作人员陪同下达到朝阳区监委接受调查，不具有投案的主动性，不属于主动投案，不符合自首成立条件"⑦。在横向维度，同一法院也会存在前后认定不一的情形，如北京市海淀区法院认为，"鉴于被告人鲁某龙经上庄镇纪委电话通知后自行到案，到案后如实供述了其贪污罪犯罪事实，系自首"⑧ 的支持性案例，与"白某清在接到电话通知后即返回单位的行为系接受办案机关的调查谈话，不具有投案的主动性和自愿性，不属于自动投案；北京市纪委在白某清到案前已经掌握了其涉嫌贪污的具体犯罪线索，白某清在调查谈话期间如实交代相关犯罪事实的行为，不能认定为自首"⑨ 的否定性案例。

遗憾的是，在基层意见不一的情形下，最高人民法院层面并没有及时对上述问题予以有效、终裁性的回应。虽然最高人民法院曾发布《刑事审判参考》第709号"吴江、李晓光挪用公款案"（2011年12月，《刑事审判参考》总第80集）、第755号"刘某、姚某挪用公款案"（2012年7月，《刑事审判参考》总第84集）等针对职务犯罪领域自首认定的

① 北京市第一中级人民法院（2019）京01刑初33号刑事判决书。
② 北京市第二中级人民法院（2016）京02刑初77号刑事判决书。
③ 北京市第三中级人民法院（2018）京03刑终470号刑事裁定书。
④ 北京市第三中级人民法院（2020）京03刑初52号刑事判决书。
⑤ 北京市第二中级人民法院（2017）京02刑初38号刑事判决书。
⑥ 北京市西城区人民法院（2018）京0102刑初366号刑事判决书。
⑦ 北京市朝阳区人民法院（2021）京0105刑初964号刑事判决书。
⑧ 北京市海淀区人民法院（2019）京0108刑初1684号刑事判决书。
⑨ 北京市海淀区人民法院（2017）京0108刑初2197号刑事判决书。

相关指导性案例，刑事审判第一庭法官渠帆①、刑事审判第三庭法官黄应生②等也对提出倾向性的观点，以图作为指导实践中如何认定职务犯罪案件中的自首及把握办案机关掌握的线索范围等问题的重要供给，客观起到了一定的作用。但是，一方面，上述最高人民法院指导性案例与当前职务犯罪监察主导体制的脱节，使得原本基于党内纪律检查委员会与检察院反贪污贿赂局传递式处理体制的语境分析，可能并不适用于当下监察委员会一体式调查处理体制以及"零容忍"治理政策的情境，从而丧失了指导性案例内含规则推演适用的底层基础和话语前提。强行或机械适用不仅不能起到统一裁判和法律适用，还可能使得原本基于适用者个人理解的任意解释被附上指导案例规则或精神推演的"掩体""外衣"，更加难以被纠偏和反驳（当前上述司法实务适用结论的相互矛盾，可能恰是此担忧的现实演变）。在第 755 号刘某、姚某挪用公款案等的指导评析中，对自首能否认定的重要依据仍在于掌握线索说，并不合理、自洽。另一方面，最高人民法院法官阐述的相关观点固然有其合理性和权威性，但除了解释时效存在滞后于职务犯罪调查侦查体制的重大变革的质疑外，其本身仍属于作为个体裁判者或适用主体的一家之言，相关观点很难被各地司法适用者普遍采纳。

由此，不论是地方区域之间的对比，还是同一地方区域的内部抽查，在职务犯罪案件中"电话通知"型到案是否认定为自首的问题上，各方并没有取得一致性的意见。而这种局面，在某种程度上或许与最高人民法院案例供给的有效性、精准性或延展性都没有基于当前体制、政策、需求予以应时性回应或进一步解释有关，进而在司法裁判结论上该问题似乎沦为适用者自由裁量、个体解释的范畴，在社会公众视角下无疑会演化为"同案不同判"的乱象，严重地影响案件当事人和社会公众对司法公正的确信，进而影响司法权威和司法公信力。

二、"电话通知"型自首认定的冲突厘清

在以上实务认定与案例判定中，"电话通知"型到案构成自动投案或自首与否的争议点，归结起来主要在于此类到案是否具备自愿性、主动性，能否节省司法成本，更在于犯罪的线索或事实是否被前期掌握或调查等。但是，上述所谓争议点既缺乏深入规定内里的推敲，也未站在自身制度和当下语境充分考虑，从而引发了当前实务认定不应有的冲突和矛盾。

（一）从规范依据角度，在文义和逻辑层面并没有认定冲突的应有基础

第一，应当注意自动投案与掌握犯罪事实（线索）在不同规范认定中的界别性区分。

① 渠帆法官在《张丁强受贿案——接到司法机关委托他人转告的口头通知后，自行到案但未供述犯罪事实的，不能认定自首》一文中对"被告人张丁强在接到司法机关委托他人转告的口头通知后，自行到案，重庆市彭水苗族土家族自治县人民法院亦认定为自动投案"的认定予以支持。参见张军、黄尔梅主编：《最高人民法院自首、立功司法解释案例指导与理解适用》，法律出版社 2012 年版，第 134—139 页。

② 黄应生法官认为犯罪嫌疑人因司法机关捎带口信或接到电话通知以后，自动到司法机关接受调查的，可以视为自动投案。因为捎口信、打电话不是强制措施，犯罪嫌疑人仍有自主决定去与不去的自由。参见黄应生：《自首适用法律若干疑难问题探讨》，载《中国审判》2008 年第 3 期。

《职务意见》第1条规定:"犯罪事实或者犯罪分子未被办案机关掌握,或者虽被掌握,但犯罪分子尚未受到调查谈话、讯问,或者未被宣布采取调查措施或者强制措施时,向办案机关投案的,是自动投案。在此期间如实交代自己的主要犯罪事实的,应当认定为自首。"基于文义理解和逻辑解释,上述规定的前一情形是犯罪事实或者犯罪分子未被掌握时的自动投案,而后一情形作为前一或有命题的再次否定,则应理解为在犯罪事实和犯罪分子被掌握,但犯罪分子尚未收到调查、讯问或未被宣布采取调查措施、强制措施时的自动投案。由此可知,办案机关是否掌握犯罪事实或犯罪线索不能作为阻却构成自动投案的独立要素,只有同时具备时间性要求才能满足。"只要办案机关事先掌握了犯罪嫌疑人的犯罪事实,其就失去了自首的余地"① 的观点,混淆了线索掌握说或事实掌握说以没有自动投案为前提的判定,其本质是行为人交代的事实与办案机关掌握事实是否同一的判定(从而存在准自首的适用空间②),不涉及也不应作为是否构成自动投案的唯一判定依据(但上述董某华等实践判例中似乎往往将此作为是否构成自动投案的重要依据),也并不因此当然得出失去自首余地的结论。即使办案机关掌握了犯罪事实,办案人基于自主、自动、自觉、自发的意愿到办案机关投案后如实供述,完全是一种典型的自首行为。换句话说,犯罪事实是否被掌握与电话通知到案不是一回事,前者是办案机关对客观事实的认知,后者是被通知人自愿接受处罚的主观选择,自动投案取决于后者而非前者。不论办案机关对犯罪事实的掌握程度如何,均不构成自动投案的障碍。③ 否则,等于引导被调查人或行为人投案之前先行评估投案风险,掂量投案与否的价值,窥探犯罪事实或线索是否被办案机关掌握:若没掌握就投案,掌握了就逃跑之后再择机"制造"自动投案。这不仅无端增加了包括境外红通人员在内的职务犯罪嫌疑人的投案顾虑,降低了潜在人员的投案积极性,也削弱了自首制度的应有价值。

第二,收到调查、讯问或被宣布采取调查措施、强制措施,不应被宽泛、形式的理解。普通刑事案件中收到讯问、宣布采取调查措施、强制措施等,因需满足特定的送达、告知、履职行为而内涵相对明确和较易感知,而对于职务犯罪中调查的理解因职务犯罪中存在接受举报、外围调查、审查调查谈话、讯问、留置等措施而并不清晰和明确。就此,一方面,根据法条内部性质同一或近似的体系解释,此处的调查也应是满足履行特定告知、履职行为或较易感知的性质,而非一切调查措施。另一方面,结合中央纪委办公厅于2019年印发的《纪检监察机关处理主动投案问题的规定(试行)》第2条"本规定所称主动投案,是指:(一)党员、监察对象的涉嫌违纪或者职务违法、职务犯罪问题,未被纪检监察机关掌握,或者虽被掌握,但尚未受到纪检监察机关的审查调查谈话、讯问或者尚未被采取留置措施时,主动向纪检监察机关投案"等规定,对于调查的限定也至少以正式的监察委审查调查谈话为起点,并不包括一切调查或初查措施。

第三,电话通知不具有强制性、正式性和不可选择性,被通知人到案是基于自主选择

---

① 魏凯:《国企改制中双重身份及职务犯罪自首的认定》,载《人民司法》2013年第8期。

② 参见林永春:《职务犯罪自首的认定》,载《人民司法》2016年第23期。

③ 韩志彤、彭聪:《经电话通知到案是否系"自动投案"》,载《人民法院报》2015年8月6日,第7版。

的主动、自愿到案。首先，电话通知并不属于刑事诉讼法或监察法规定的强制措施[①]，作为一种非面对面、不具有强制性或约束力的告知方式，目的是"约谈"被通知人，为调查谈话制造条件（即让被通知人到案接受调查），而不是已经进行调查谈话或讯问。从接到通知到办案机关就可能涉嫌的违法犯罪问题对被通知人进行正式的询问，这段时间都属于调查谈话之前，也完全符合"犯罪嫌疑人尚未受到办案机关的调查谈话、讯问"的时间要求。其次，经电话通知时，被通知人并未被限制人身自由，仍有选择到或者不到的自由，甚至还有逃跑、隐匿、抗拒的机会。换句话说，虽然被通知人在电话通知中是被联系、被接洽的一方，但按照办案部门的要求或经过双方协商在约定时间、到指定的地点接受调查是主动、自愿的选择[②]，强调的是在被通知时是否归案问题上的自主选择性及自愿执行性，即"能逃而不逃"，应当肯定具有投案的主动性和自愿性。最后，电话通知后投案是被通知人基于自身意志自愿积极地投案，强调对主观归案行为所导致的后果予以接受和认同，即对主动将自身置于司法机关控制之下这一结果主观上不持反对意见。[③] 而且，实务中办案机关对通知事由、目的通常并不明示，多以协助调查、配合办案等方式约谈被通知人，只要不是以通知开会、学习、正常履职等名义诱使到案，到案即具有自动性。

此外，根据《解释》第 1 条"并非出于犯罪嫌疑人主动，而是经亲友规劝、陪同到案的；公安机关通知犯罪嫌疑人的亲友，或者亲友主动报案后，将犯罪嫌疑人送去投案的，也应当视为自动投案"的规定，犯罪嫌疑人基于自发、自主、自觉意愿的主动到案并非自动投案的必备条件，即使不认为电话通知到案的自愿性、主动性，也不当然构成否定其成立自动投案的理由，而且，相比较《解释》第 1 条"犯罪后逃跑，在被通缉、追捕过程中，主动投案的"以及"公安机关通知犯罪嫌疑人的亲友，或者亲友将犯罪嫌疑人送去投案的"等认定为自动投案的情形，"电话通知"型到案在社会危险性、主观恶性、人身危险性方面明显较轻，若不予认定，将导致接电话通知到案的"轻情形"不成立自首，而潜逃后再投案的"重情形"反倒构成了自首，显然有失公允，也无法实现司法解释内部的逻辑自洽。针对此情形，那种试图以调整潜逃再投案之自首从减轻幅度的设想[④]，解决不了认定自首与不认定自首在性质判定上的失衡，也回答不了举重以明轻原则在该处适用的背离原因，实际上与疑罪从有后再予以从轻量刑进行"安慰性补偿"的错误逻辑相一致，并不合法、合理。

（二）从制度价值角度，认定冲突反映的或许是认罪悔罪及有利于司法机关侦破案件在量上的区别，但不应是质的异同

刑法总则规定的自首制度适用于一切犯罪（包括故意犯罪与过失犯罪、自然人犯罪与单位犯罪），旨在通过鼓励行为人自动投案，一方面促使行为人悔过自新，不再继续作案；另一方面，促进案件及时侦破与审判。这两个方面既是设立自首制度的目的，也是设立自

---

① 聂昭伟：《行为人经电话通知后主动到案属自动投案》，载《人民法院报》2013 年 12 月 5 日，第 6 版。

② 许存奎：《职务犯罪案件中自首的法律适用》，载《人民检察》2013 年第 10 期。

③ 王绩伟：《经电话通知到案应认定为自动投案》，载《检察日报》2012 年 3 月 23 日，第 3 版。

④ 竹莹莹等：《犯罪线索被掌握后通知到案的不属于自动投案》，载《人民司法》2017 年第 5 期。

首制度的依据。换言之，将自首规定为任意型（"可以"而非"应当"）从轻、减轻处罚的事由，一方面考虑到行为人的悔过自新之意是可能存在的非确定状态，因而再犯可能性减少；另一方面则是基于行为人的到案及陈述使得案件得以及时侦破、推进或审判的政策性理由。因此，在考虑自首的成立时，应以上述两方面的立法理由为依据，且具备其中之一即可。①

就前者认罪悔罪、悔过自新而言，电话通知到案的允诺与及时到案，从时间周期上可能属于瞬时决定或短时的过程，但其背后主动服从办案机关工作安排、第一时间澄清或者到案归案悔过自新的配合意愿，不仅不能以被通知或者反应时间短来磨灭，反而应当从心理决定的瞬时反应机制作出解读，这种第一反应的应诺和即刻的按约到达，都能反映出被通知人的自愿自觉和无条件配合。

就后者节约司法资源而言，电话通知到案节约了缉拿抓捕成本。事实上，不管是否掌握了犯罪事实或线索，但是均不能否认，电话通知后主动到案切实节省了办案机关现场实施抓捕的人力、物力和财力，也避免了可能发生的拒捕、逃跑、伤亡的风险和可能，节约了司法成本。被通知人的整个归案过程既不会动用外力强制，也无拖赖、抵赖等不自愿表现，基于其自主意志自愿、自觉、及时到案，较之犯罪后逃跑、被通缉过程中投案等情形，司法抓捕资源的耗费明显较少，依循"举重以明轻"的解释方法与规则，应认定构成自动投案。作为自动到案的反面——强制被动到案，其予以实施的主要考虑在于防止行为人自杀或逃跑、毁灭伪造证据或串供、实施新的犯罪等，而在电话通知主动到案的情形中，被通知人以实际反应和行动证实了上述考虑和动机的多余，也就不存在将其作为强制被动到案类情形予以对待的基础和必要性。另一方面，从推进案件审查、及时侦破上看，被通知人的到案及陈述不仅补足了重要的证据形式（嫌疑人、被告人供述和辩解），而且司法机关可以通过上述证据对现有证据材料的逻辑链条、反映事实进行关联性、确认性的梳理和构建，进而对尚未涉及或调查的部分进行针对性的补查，同时，在共同犯罪案件中，先或早到案人的顺利归案，对于办案机关按照其供述顺藤摸瓜找到其他调查人或被告人、提取和固定相关证人证言、收集相关书证物证等证据材料，以及查明和捋清各方相关责任、违纪违法等问题有非常重要的作用，有助于构建证据体系②、节约司法资源和提高办案效率。

更进一步说，尽管行为人投案的动机各异，有的是慑于法律的威严，有的是为了争取宽大处理，有的是出于真诚悔过，但不同的动机并不影响投案的自动性，只要在其具有人身自由之时，不是出于违背其本意的原因而主动将自己置于办案机关的控制之下，就应认定具有自动性。③ 如果认为只有那种"没有任何外力作用影响下自行到案"的情况才能构成自动投案，则与通缉后到案、亲友陪同到案、在现场等待等法律规定相冲突，更背离了激励性的自首制度功能，特别是在过失犯罪或者违法性认识不足（或欠缺）的故意犯罪

---

① 张明楷：《刑法学》（第六版），法律出版社 2021 年版，第 734 页。
② 王安胜、寇爱苹：《自首的本质是主动协助查明案件事实》，载《检察日报》2018 年 7 月 18 日，第 3 版。
③ 韩志彤、彭聪：《经电话通知到案是否系"自动投案"》，载《人民法院报》2015 年 8 月 6 日，第 7 版。

中，潜在被调查人完全有可能意识不到违法犯罪事实的存在或刑事不法评价的成立，这种主动到案或悔罪意识"待唤醒"的"睡眠"状态并不能否认行为人对若有犯罪或被通知事项的认罪悔罪、自愿伏法、置于有权机关控制下的想法和动机，也就不应排除在自首认定的窄门之外，而电话通知或陪同到案无疑为此类犯罪或此类"睡眠"状态留下主动到案的"伏法金桥"。至于"投案主动性和自愿性方面的差别"则完全可以通过在认定自首成立的基础上，依据涉嫌犯罪的事实、性质、情节和对于社会的危害程度，结合自动投案的动机、阶段、客观环境，交代犯罪事实的完整性、稳定性以及悔罪表现等具体情节给予从轻或减轻的处理类型，以及从轻或减轻的程度、比例等刑罚裁量杠杆予以衡平，从而实现量刑事实的有效提取、固定和评价。

（三）从国家治理策略的导向上，常态高压反腐并不等于自首认定的当宽从严及与普通犯罪适用的不平等

党的十八大以来，全面从严治党、以铁腕维护党纪，以铁律惩治腐败，形成惩治腐败的高压态势，全面构建"不敢腐""不想腐""不能腐"的常态化反腐机制已经成为新时代党和国家的庄严承诺和重要任务。司法特别是刑事司法作为反腐治腐的利器，发挥着不可或缺的作用，而自首等量刑情节作为行为人社会危害性、人身危险性的重要认定，也反映了司法适用主体在国家治理策略强度调整及打击职务犯罪司法需要的理解不一。就职务犯罪自首而言，司法实践中通常显露两种极端：一种情况是自首制度过多地使用，导致产生了轻刑缓刑认定的上升趋势；另一种情况是对自首的适用情形分析得太死板，生搬硬套法律及司法解释，直接造成了量刑不合理的后果。① 而随着全面高压反腐体制的构建和倡导，深度影响着职务犯罪自首的认定②，在一些实践中，司法适用主体内部或多或少弥漫着为了体现对反腐倡导的支持、回应打击职务犯罪的需要和与被调查人（及所代表的腐败）队伍划清界限的考虑，在能否认定自首存在模糊不清或无明显必要时，更倾向于不予认定的氛围，从而把一种对被调查人个体并不妥当的、一味从严从重的处理做法，作为司法适用主体意思表示的形式和方法，这显然是适用个体对于国家治理策略的误读，也逾越了事实情形与法律解读的基本判断位阶。事实上，国家治理策略对于司法反腐最大的意义在于坚决以事实依据和法律准绳的认定、理解，连同对于前端法网制定、编织的严密和后端执法力度、标准的"一竿子到底"，而不是单纯依赖司法适用主体对于个案、个别情节的硬性迁就或者当宽却严，这既不是国家治理策略制定的初衷，也违背了常态化依法反腐的基本设计，对此的明确，才能破除司法适用主体在具体情节的拿捏上的过多考虑和犹豫不决。

另外，职务犯罪与普通刑事案件固然在调查侦查程序、办案机关、处理对象等方面存在不同，这也是在讨论"电话通知"型自首能否认定时，否定性观点通常强调和依据的方面，但是，即使职务犯罪案件存在接受举报或线索移交、外围调查、初查等程序，在普通

---

① 程继红：《职务犯罪自首问题研究》，载《2018 第二届全国检察官阅读征文活动获奖文选》（2018 年 7 月），第 5—6 页。

② 张旭、朱笑延：《系统论视阈下职务犯罪自首制度的应然转向》，载《长白学刊》2020 年第 2 期。

刑事案件里面也对应存在受理举报或线索移交、初查、初核等程序，并不存在本质的不通过。"如果是普通刑事案件，公安机关电话通知犯罪嫌疑人到案的，认定为自动投案应无疑问"[①] 的情景下，单纯强调办案程序的不同而排斥同一刑罚裁量事实的相同认定，不仅会渐次失去社会公众对刑法及其执行的认同感与信任感，也实际上违背了"对任何人犯罪，在适用法律上一律平等"的基本原则。

至此，"电话通知"型到案认定构成自动投案以及进一步依据如实陈述情况等认定自首，不仅有文义、法律和制度上的充足依据，也符合国家反腐治理策略指导下依法贯彻"当宽则宽"的刑事政策思路，应当以上述理解路径对司法适用者自身理解不一导致的类案不类判情形予以调停和厘清，以保证法律的统一理解和正确实施。

三、结语

自首是刑法对犯罪人的罪后行为给予的刑罚评价，所有规定都是围绕犯罪人设定，评价的核心是犯罪人的投案行为，判断的标准是以其是否具有选择自由并出于自己意志，而非办案机关的电话通知及其对犯罪事实的掌握程度。这既是我国自首立法趋于成熟的标志，也是认定自动投案的基本规则。否则，涉嫌职务犯罪的相关人员无法根据法律的文义理解和一般人的认知确定自己的行为后果，即便基于主动、自愿的投案也难以实现所期盼的处理宽待，无疑变相引导潜在职务犯罪人采取"先潜逃再行归案制造自首"，这不仅浪费司法资源，也违背了自首制度追求功利、兼顾正义的价值取向，长此以往，势必逐渐偏离刑法鼓励投案自首的立法本意，不符合刑罚的理性与正义，让自首制度的引领、规范作用发生异化。

---

① 赖正直：《职务犯罪案件中"自动投案"和"主动投案"的差异及衔接》，载《人民法院报》2020 年 6 月 25 日，第 6 版。

第二部分

贪污贿赂犯罪研究

论公司上市前"突击入股"行为的司法认定

胡东林　王菊芬　徐　敏*

近年来，涉股权型受贿案件呈增多趋势且形式多样，实务中较常见的涉股权型案件有如下几种类型：（1）国家工作人员完全不出资，请托人无偿赠与公司股份；（2）国家工作人员出资入股后抽回出资或由行贿人返还出资，其享有的股份不变；（3）国家工作人员低价出资入股，其购股价格低于股份实际价格；（4）国家工作人员在公司拟上市等重大节点前突击入股，意图获取公司上市的股份溢价。以上前两种类型中，国家工作人员事实上没有任何出资而获取了相应股权，属于"干股型"受贿，司法解释有明确规定；第（3）种情形入罪没有争议，数额计算可将股份实际价值与低价出资之间的差额作为受贿数额认定。实践中争议最大的是第（4）种情形，能否入罪及如何定罪争论大，在司法实践中存在罪与非罪并存，同罪不同罚等现象。因此，有必要对此类投资股权型问题加以研究。现以我们2021年办理的一起公司上市前"突击入股"案件为例展开探讨。

一、问题的提出

被告人何某某，某市新区党工委副书记、管委会主任（副厅级）。2019年至2020年，被告人何某某利用职务便利，先后为甲公司在财政补助资金发放、用地指标落实等事项上谋取利益。2019年11月，甲公司法定代表人傅某某为感谢并进一步求得被告人何某某的帮助，在甲公司申报上市期间，邀请被告人何某某投资入股，何某某为获取公司上市后股权溢价欣然同意。傅某某遂将其个人控制的50万股公司股份以4.5元/股转让给何某某，何某某以妻弟蒋某某名义出资人民币225万元并由蒋某某出面签订了股权转让协议，但股份仍登记在傅某某名下。2020年5月，甲公司在A股市场上市，上市发行价7.05元/股。2021年6月，开盘日价8.76元/股。2021年3月，何某某被监委立案调查。案发时股权尚处于禁售期，案发当日价值10.51元/股。

从司法实践看，之前此类情况多仅作为行政处罚而未追究刑事责任。如深交所前发行审核部副总监冯某树，其作为证监会发审委员会委员，在参与甲、乙、丙等公司的首次公开发行上市审批过程中，通过岳母代持突击入股，在公司企业上市后高价抛出的方式，非法获利达2.48亿元。2017年4月中国证监会作出行政处罚，没收违法所得2.48亿元，处

*　胡东林，浙江省人民检察院党组成员、副检察长；王菊芬，浙江省人民检察院二级高级检察官；徐敏，浙江省人民检察院第三检察部副主任。

以 2.51 亿元罚款，并予以终身市场禁入，但并未移送司法机关处理。[①]

从相关规定看，2003 年《全国法院审理经济犯罪案件工作座谈会纪要》规定，对国家工作人员支付股本金而购买较有可能升值的股票，由于不是无偿收受请托人财物，不以受贿罪论处。按上述纪要规定，案例所述的何某某，虽然利用职务便利为拟上市公司谋取利益并购买了股权，但因其有实际出资不符合干股型受贿，又因尚未获取收益故不存在获取了高于出资应得的股权收益，似乎不应定罪。但不可否认的是，何某某利用职务便利为行贿人谋取利益，用权力换取巨大、可预期的股权溢价，其本质就是权钱交易，如不对此种行为纳入刑事打击范畴，不符合社会朴素的公平正义观，严重损害公众对公权力廉洁性的期待。

那么，此类行为到底是获取收益机会还是收受贿赂？是否应纳入刑法打击犯罪？如果认定受贿犯罪，犯罪形态和数额又该如何认定和计算？

二、公司上市前"突击入股"行为应纳入刑法评价

实践中，不少学者和司法工作人员认为国家工作人员出资购买原始股获取的是收益（商业）机会，而不是财物或财产性利益，不应纳入受贿犯罪的范畴。本文认为前述行为应纳入刑法评价，理由如下：

（一）公司上市前"突击入股"所获取的不是收益机会

持反对入罪观点者将投资入股获取收益的行为一概定性为商业（收益）机会，不属于贿赂犯罪对象，理由是国家工作人员出资购买可能升值的股权，购买时按照实际价格支付对价，出资后国家工作人员有权获取升值部分，获益体现的是投资与回报的市场关系，获利来自市场，属于市场行为[②]；对证券市场不可能具有确定性控制力，国家工作人员获取经济利益有极高风险，还需要借助商业运作或价格判断能力赚取投资收益[③]，也就是股权投资的特性决定其风险性，投资收益具有不确定性也存在亏损可能，所以不属于受贿罪对象。本文认为上述观点失之偏颇。

1. 将上市前投资原始股视同为商业机会，并没有把握通过原始股获利的本质。单纯的投资入股通过企业的经营行为获取收益且收益具有不确定性，一般来说不纳入刑法评价，而在公司上市前"突击入股"，获取的并不是单纯的商业（收益）机会。所谓的商业机会，是存在于某种特定的经营环境条件下，企业可以通过一定的商业活动发现、分析、选择、利用，并为企业创造利润和价值的市场需求。显然，商业机会离不开商业活动。企业谋划上市并非商业活动，而是向监管机关提出的一种行政许可申请。在我国资本市场，普遍存在"高发行价""高市盈率"现象，绝大多数新发行股票进入二级市场后，会产生高额股权溢价，企业上市后原始股价值可能会上升几倍甚至几十倍。如在证监会发审委员

---

① 陆玲、张建锋、曲艳丽、秦嘉敏：《发审硕鼠冯小树》，载《财经》2017 年第 10 期。

② 赵煜：《惩治贪污贿赂犯罪实务指南》，法律出版社 2019 年版，第 350 页。

③ 薛进展、闫艳丽、谢杰：《理财型受贿司法认定若干疑难问题》，载最高人民法院刑事审判第一、二、三、四、五庭主办：《刑事审判参考》（2010 年 1 集），法律出版社 2010 年版，第 217 页。

会委员冯某树案中，其仅以几百万元原始本金，在企业上市后就获利 2.48 亿元，增值达几十倍。从这个意义上来说，原始股权的价值提升，并不是直接来源于商业机会和企业通过正常生产经营活动所创造的利润，而是来源于具有一定垄断性的行政许可。

2. 将上市前投资原始股视同普通的商业机会，忽略了其特殊性。普通的商业机会因其天然具有市场风险，能否获利具有较大不确定性，因而一般不纳入受贿罪对象的范畴。然而，对上市前的企业来说，其经过前期准备已经进入上市申请程序，获得上市许可已经具有高度盖然性。据统计，2019—2021 年度 A 股 IPO 首发上会企业达到 1324 家（含北交所 IPO），其中，1259 家通过，56 家未通过，9 家暂缓审议，近三年度 A 股 IPO 整体通过率为 95.09%，① 上市是大概率事件。对于小概率不能上市的情况，在司法实践中，行贿人往往约定附加投资利息或固定收益，对冲收益机会本身的风险，因此，国家工作人员接受的并非收益机会，而是具有相对确定的期望利益。虽然公司上市后也有破发可能，但实际上破发是小概率事件，即便破发，跌破的也只是发行价，对原始股价格持有者，获利仍是确定的，只是获得的收益大小而已。因此，"突击入股"所获得的利益是相对确定的，是不具有市场风险的高回报、高收益。在大陆法系国家，如德国，也将这种获利的期望纳入财产范围，"如果这种获利的期望已经相当确定，依照经济领域的观点足以赋予经济价值，则同样属于财产"②。

（二）"突击入股"只是获得利益的手段，目的是获取高额股权溢价

从形式上看，行为人足额支付股本金购买公司上市前的原始股，按照 2003 年会议纪要，不以受贿罪论处。我们认为，看问题要看本质，需要对此类行为的性质重新审视。这里要厘清一个手段和目的关系，购股只是手段，目的是获取高额股权溢价。

一方面，国家工作人员在公司上市前"突击入股"，其购买原始股只是犯罪手段，不是目的，目的是获取原始股上市后的巨额收益。国家工作人员"突击入股"并不是为了成为股东获取分红，而是通过公司上市后抛售获利，获得股权只是实现利益的手段、方式，所指向的犯罪对象是高额股权溢价。

另一方面，行贿人让国家工作人员购买原始股，输送的不是投资分红的机会，而是让渡自己所持股权上市后的高额股权溢价。行贿人之所以要将公司的原始股转让给国家工作人员，往往是基于国家工作人员利用职权为其谋利的期待或回报，输送的上市后的股权溢价是支付给权力的对价。

综上，购买原始股只是受贿者获利的手段，而收受股权高额溢价才是受贿的目的。按照主客观相一致原则，对国家工作人员"突击入股"行为性质的认定，不能以获取股权有无出资进行简单地评价，而应从其"投资"的目的来进行实质评价。

（三）"突击入股"行为侵害了受贿罪保护的法益，具有刑事打击必要性

在公司上市前"突击入股"，国家工作人员利用职权获得的并非风险不确定的商业机

---

① 《2019—2021 年 A 股 IPO 报告》，载 https://baijiahao.baidu.com/s? id = 1721731848199718017&wfr = spider&for = pc。

② 王钢：《德国判例刑法（分则）》，北京大学出版社 2016 年版，第 214 页。

会，而是确定的可期待的股权溢价，符合权钱交易本质，侵害了受贿罪保护的法益。

1. 符合权钱交易实质。从表面上看，突击入股获得原始股，通过二级市场的正常交易获利套现，权钱交易的路径并不直接，但所谓的"投资"并不是正常市场投资，实质是权钱交易，只是犯罪手法更具迷惑性。一是投资股权并不是正常市场投资行为。以前述何某某案为例，从购股资格看，何某某并不具有购买股权的资格；从购股节点看，何某某在公司已经申报上市、股权进入封闭期期间即本文所称的"突击入股"，违反证监会相关规定；从承担的风险看，购买股票的时间节点及购买价格等，决定了无亏损风险，收益具有确定性。二是国家工作人员获得的股权溢价实质是基于权力给予的对价。原始股一般都是内部股，具有一定的封闭性和非公开性，行贿人让渡自己的利益，看中的是国家工作人员手中的权力，是基于对国家工作人员利用权力为其谋利的期待和回报。如作为管委会主任的何某某本身不具有购股资格，行贿人傅某某在请托何某某为自己公司取得了600万元的财政补贴后，为了表示感激并争取继续得到帮助，才将自己实际控制的股权转让给何某某。因此，国家工作人员不符合投资股权条件，利用职务便利"突击入股"以获取高额股权收益的行为符合权钱交易的本质。

2. 具有严重社会危害性。相对于传统型受贿，涉股权投资型受贿涉案金额大，且披上"合法"投资外衣，欺骗性更强，又多以代持股、隐性持股、影子股东等形式存在，隐蔽型更强，查处难度更大。同时，基于行受贿双方权钱交易的对价性，一般来说，国家工作人员从行贿方获取的利益越大，其利用职权为行贿人谋取利益往往也会更大，甚至官商结合、政商结合，形成腐败利益团体，导致国家和公众利益严重受损，破坏党和国家机关在人民群众心目中的形象和公信力，具有严重社会危害性。

3. 侵害了受贿罪保护的法益。根据我国刑法理论通说，受贿罪侵犯的法益是国家工作人员职务行为的不可收买性，具体包括职务行为的不可收买性本身和国民对职务行为不可收买性的信赖。[①] 如前所述，从表面上看，"突击入股"行为因披有实际出资、通过市场交易获利的"合法"外衣，与正常的投资获利行为并无明显区别，因此，也有观点认为该行为并未侵犯受贿罪所保护的法益。"突击入股"受贿行为虽依托复杂商业活动呈现更强的隐蔽性，但其同样亵渎了职务行为的不可收买性，破坏了社会的公平正义，破坏了社会公众对公职人员职务行为不可收买性的信赖，侵犯了受贿罪所保护的法益。

综上，将投资股权型受贿犯罪行为纳入刑法评价，对严密刑事法网，顺应反腐新形势，有效打击新型受贿犯罪具有重要的意义。

需要注意的问题，投资股权型受贿尽管在方式、形态上区别于传统受贿，但其本质仍然是权钱交易，因此我们在办理"突击入股"型受贿案件中，要注意把握国家工作人员是否利用职务便利为行贿人谋取利益这一核心。重点审查国家工作人员投资入股与职权职务之间的关系，包括认购资格有无限制、投资入股是否依托职权获取、有无接受行贿人请托、有无利用职务便利为行贿人谋取利益等。目前有一种情形是否定罪值得探讨，如果国家工作人员基于自己的身份地位，收受行政管理对象给予的投资机会，对方并无具体请托事项、具体谋利诉求，只是基于国家工作人员身份地位给予投资机会，能否定罪？根据

---

① 张明楷：《刑法学》，法律出版社2016年版，第1204页。

2016 年"两高"《关于办理贪污贿赂刑事案件适用法律若干问题的解释》第 13 条规定，"国家工作人员索取、收受具有上下级关系的下属或者具有行政管理关系的被管理人员的财物价值三万元以上，可能影响职权行使的，视为承诺为他人谋取利益"，国家工作人员收受行政管理对象财物的，可视为承诺为他人谋利，可以构成受贿罪。但笔者倾向对于"突击入股"行为，在此种情况下，入罪应更谨慎。国家工作人员投资具有违规性，也有违职务廉洁性，但因被管理人员并没有具体请托，只是出于感情投资给予国家工作人员投资机会，同时国家工作人员有真实出资，未为管理对象谋取实际利益，对职务廉洁性没有实质侵害，因此是否入罪处理建议综合案件的实际情况和办案效果进行分析判断。

三、受贿犯罪既未遂形态及数额的认定

根据刑法理论，行为人追求的结果已经发生，行为目的已经实现，即犯罪既遂。实务中有观点认为，以公司上市获取溢价为目的的"突击入股"，公司上市后溢价已经客观产生，犯罪目的已经实现，至于溢价有无实际取得、何时取得，均不影响犯罪既遂的认定。本文认为，如前所述，"突击入股"型受贿中，国家工作人员利用职务便利出资购买股权是手段，目的是获取高额股权溢价，鉴于上市公司制度的相关规定，行为人获取原始股权溢价受一定的条件制约，并非一上市即可实现，因此，就受贿犯罪既未遂形态及数额认定，应区分三种情形来把握：

（一）案发时已经实际获利

案发时公司已经上市，国家工作人员已经通过二级市场套现获利，其犯罪目的已经得以实现，此时构成犯罪既遂，受贿犯罪数额以国家工作人员实际所得的数额认定，即售出股票所得减去支出的原始股股本金后的实际获利金额。对此，司法实务中并无分歧。

（二）案发时公司已经上市但尚在禁售期

如前所述，"突击入股"型受贿以公司上市并套现获利时为犯罪既遂。上市后在禁售期案发，国家工作人员行为目的尚未实现，则为犯罪未遂，以上市后的股票价值减去支出的原始股股本金后的金额认定为受贿犯罪数额，对此争议不大，但司法实务中以什么时间节点的股票价格为计算标准有不同观点，如上市发行价、开盘日价、案发日价、开盘日到案发日的最低价。上述计算标准均有其理由，我们倾向以开盘日到案发日的最低价作为股票价值计算标准。

持以上市发行价为计算标准的观点认为，该价格是经过科学的定价机制和程序确定的一个相对合理的价格，是在该阶段唯一具有确定性的价格。同时囿于禁售期的限制，在此阶段持股的国家工作人员均无法抛售获利，股票价格无论如何波动均不会对其实际获利产生影响，因此以上市发行价为标准计算最合理、最确定。

持公司上市即犯罪既遂的观点者认为，开盘日是股权进入二级市场公开发行之日，意味着股权已经可以进入市场流通，此时股权溢价已经产生，利益输送的行为目的已经完成，犯罪既遂，因此应以开盘日价为标准计算犯罪数额。

持以案发当日（立案日）价格为计算标准的观点认为，在司法实务中，以造成经济损

失为入罪条件的渎职犯罪案件，一般以司法机关立案日为认定犯罪数额的时间节点，该计算标准在贿赂案件也可以参照适用。

我们认为，前述三种计算标准虽各有道理但也均有局限性。上市发行价是通常所称的"打新价"，该价格是面向部分机构或自然人的，而非二级市场交易价格，而国家工作人员获取股权高额收益需要通过二级市场实现，故以上市发行价为标准计算犯罪数额缺乏合理性。开盘日价是股票进入流通市场的价格，因此时股权处于禁售期，以该价格认定无法应对国家工作人员在此期间不可能实际占有该股权溢价的抗辩。而以案发日为标准计算犯罪数额的方法，不适用于"突击入股"型受贿犯罪，因为渎职类案件中犯罪行为导致的后果已经发生且处于持续状态，以案发日作为节点确定损失数额有合理性，而"突击入股"型受贿的股权溢价是通过市场获得的，具有市场性，以调查机关立案日即公权力介入日确定犯罪数额，一方面随意性大且显得过于强势，可能会遭诟病；另一方面没有体现股价波动的市场特点。

本文倾向按照开盘后至案发日之间的股票最低价为标准计算受贿数额。主要理由：一是从主观上看，国家工作人员对股票上市后能获取的利益存在受贿的概括故意，在此期间的股权溢价未超出其认知范围；二是从客观上看以行受贿双方指向的贿赂——股权溢价产生之时即开盘之日起作为起算时点，行为人意志以外的原因未能获得股权溢价的时间点即案发之日作为结点，以在此期间的最低价作为犯罪数额的计算节点，既充分考虑了有利于被告人原则，也便于公诉指控、认定，可有效地排除被告人的相关辩解，且符合股价市场波动的特点，因此以开盘后至案发日之间的股票最低价为标准计算犯罪数额最为稳妥。

（三）案发时公司已经过了禁售期但尚未套现获利

此时原始股已经过了禁售期，随时可以通过二级市场套现，但国家工作人员基于对市场和股票的乐观判断等原因，在案发前并不急于套现获利，对此时犯罪的既未遂形态认定存在不同意见。有观点认为，国家工作人员没有实际得到利益，犯罪目的未实现，应认定犯罪未遂。本文倾向，犯罪未遂是意志以外的原因导致犯罪目的不能实现，而该阶段中阻碍国家工作人员通过二级市场获取高额溢价的限制已经消灭，不予抛售是国家工作人员自主选择的后果，而非意志以外的原因导致，因此此种情形应认定为犯罪既遂。

此时犯罪数额计算标准主要有三种不同观点，即解禁日价格、案发日价格、解禁日至案发日间的最低价格。本文倾向以解禁日价格为标准来计算犯罪数额，如前所述，股票解禁日阻碍国家工作人员获取利益的限制已经消灭，犯罪目的可以实现，因此，以解禁日价格为标准来计算犯罪数额有一定的理论支撑。

四、余论

何某某受贿案，我们所提的构罪意见以及犯罪形态、数额认定方式得到了监察机关的认同，该节事实最终认定犯罪未遂，以开盘日至案发日之间的最低价8.56元/股为标准计算受贿犯罪数额，法院的判决采纳了检察机关的全部指控，目前已经判决生效。但此类股权投资案件因没有明确的司法解释，司法实务中能否定罪以及如何定罪分歧意见大，案件处理缺乏统一标准，亟待司法解释予以明确。

论出资型拟上市原始股受贿案件的认定[*]

——从司法裁判认定新旧思路的评析入手

胡锋云　等^{**}

一、问题的提出

按股分利是股份制经济的基本分配原则，股份价值不仅在于其本身的交换价值，更包括附随利益，如分红权、上市增益，而可期待的巨额附随利益往往更是资本和权力追逐的对象。因此，权股交易型受贿以其更隐蔽的犯罪手段、更低的犯罪成本、更高的犯罪收益成为受贿犯罪市场的新宠。①

司法实践在处理涉股受贿案件时一贯参照 2003 年《经济犯罪座谈会纪要》和 2007 年《受贿意见》的规定②，以收受或索要股份时是否（足额）支付股份对价进行罪与非罪的判断，并区分认定受贿数额与孳息。质言之，司法机关对涉股受贿案件认定的传统思路主要侧重于考察行为人是否实际出资或出资充足与否。但自中纪委网站将李某受贿案作为典型案例披露以来，"一手批扶持资金，一手购原始股"的以公职谋私利的新手法③开始进入刑事司法视野。李某受贿案宣判后在实务界引发的示范效应值得关注，同类案件陆续以

---

　*　本文系安徽省人民检察院立项课题"论受贿犯罪中的'财物'"（WJ202222）的阶段性成果。

　**　胡锋云，安徽省马鞍山市人民检察院第八检察部主任，四级高级检察官；陆飞，安徽省人民检察院第三检察部三级高级检察官；王洪男，江苏省南京市栖霞区人民检察院第一检察部主任；童辉，安徽省马鞍山市监察委员会第九监察室副主任（主持工作）；杜子太，安徽省马鞍山市监察委员会案件审理室副主任。

①　孙树光：《权股交易型受贿罪数额的司法标准建构》，载《华侨大学学报（哲学社会科学版）》2019 年第 6 期。

②　为行文简洁，本文以"两高"指代最高人民法院、最高人民检察院，2007 年《受贿意见》指代 2007 年施行的最高人民法院、最高人民检察院《关于办理受贿刑事案件适用法律若干问题的意见》，2008 年《商业贿赂意见》指代 2008 年施行的最高人民法院、最高人民检察院《关于办理商业贿赂刑事案件适用法律若干问题的意见》，2016 年《贪污贿赂解释》指代 2016 年施行的最高人民法院、最高人民检察院《关于办理贪污贿赂刑事案件适用法律若干问题的解释》，2003 年《经济犯罪座谈会纪要》指代 2003 年最高人民法院发布的《全国法院审理经济犯罪案件工作座谈会纪要》。

③　《不收现金收股权聪明反被聪明误——深圳市发改委原处长李某违纪违法案剖析》，载中央纪委国家监委网站，http://www.ccdi.gov.cn/yaowen/201902/t20190201_188179.html，2019 年 2 月 12 日访问。

相似的裁判思路予以认定①。李某受贿案特殊之处在于，被告人并非"空手套白狼"收受他人免费或低价原始股，而是实际出资购买，交易当时殊难体现权与钱直接交换，双方指向的主要是该原始股上市后的巨大收益。由此，司法裁判时并未先行考察股权实际价值以判断交易时被告人是否足额出资，而是比较原始股上市后的收益与被告人实际出资之间是否存在差额来判断罪与非罪，甚或不再区分受贿数额与孳息。

司法实务自此对出资型涉原始股受贿案件的处理呈现两种迥然不同的认定思路：以实际（足额）出资为判断标准的传统型进路，和以实质获益为判断标准的突破型进路。本文将结合典型案件，逐一考察评析两种进路的得失，并以此探求此类受贿行为认定的日后走向。

二、传统型进路与突破型进路的考察

（一）传统型进路之考察

[**案例 1**] 李某华利用担任某省科技厅原厅长职务之便，为 A 公司谋利。2007 年 10 月，A 公司准备上市，贿送李某华 35 万股公司原始股（价值人民币 105 万元），由他人代持。2012 年底公司上市后，李某华在原始股交易解禁期满后全部抛售得款 500 余万元。后因关联案件被查处，李某华安排他人退给了该公司 105 万元作为购买原始股价款。两审法院均认定李某华受贿数额 105 万元，剩余收益 390 余万元作为孳息予以追缴。②

[**案例 2**] 2009 年 10 月，张某阳等人受 A 证券指派进入 B 公司开展 IPO 项目。A 证券负责人与 B 公司董事长商议入股 B 公司，并要求若未上市该公司原价回购股份。被告人张某阳等人出资 260 万元共同购入 B 公司 65 万股，后张某阳又以 7.7 元/股购入 7 万股增发股（同期他人购股价 9—10 元/股），均由他人代持。2011 年 1 月 B 公司上市，股票发行价格为 55.36 元/股。上述股份均由代持人在解禁期满后代为操作抛售，张某阳从中获益 2000 余万元。经审查起诉、审判阶段两次鉴定，入股时 B 公司股权最低价值分别被评估为 20.77 元/股、11.82 元/股。两审法院均以审判阶段鉴定的 11.82 元/股作为入股时的股权价格，以该价格计算应出资额，从而将该数额与张某阳等人实际出资额的差额认定为受贿数额，将之与实际盈利的差额作为孳息予以追缴。③

案例 1 中李某华虽案发前退回原始股购买价款但依法不影响其行为认定，属于《经济

---

① 安徽省马鞍山市中级人民法院（2021）皖 05 刑终 41 号刑事裁定书（曹某受贿案）；安徽省无为县人民法院（2020）皖 0225 刑初 179 号（刘某受贿案）；安徽省淮南市中级人民法院（2020）皖 04 刑初 4 号（郎某受贿案）。

② 参见广东省高级人民法院（2015）粤高法刑二终字第 177 号刑事裁定书；肇庆市中级人民法院（2018）粤 12 刑初 29 号刑事判决书。

③ 参见上海市杨浦区人民法院（2017）沪 0110 刑初 1187 号一审判决书；上海市中级人民法院（2018）沪 02 刑终 1368 号二审裁定书。

犯罪座谈会纪要》的第一种未支付股本金的情形①而当然入罪。案例2中张某阳两次购入原始股时均支付了所谓的价款，但检法均以资产鉴定方式确定购买时该原始股所对应的资产价值，从而认定本案属于纪要第三种未足额支付股本金的情形。同时，上述两案例均以该纪要为指引，认定无对价收受或低价购买原始股时为犯罪既遂，将上市后的收益作为孳息予以追缴。

综观近年来"两高"发布的司法解释、指导案例和参考案例，以出资状况判断罪与非罪的传统型进路是一贯意见。2007年《受贿意见》尤为明显，在干股型受贿、合作投资型受贿、委托理财型受贿中均有体现。例如，干股型受贿案原本即属于无实际出资情形，但仍以干股是否实际转让来判断股份分红是纳入犯罪数额还是仅作为孳息追缴。最高人民法院指导性案例"潘玉梅、陈宁受贿案"的裁判理由亦明确"国家工作人员利用职务上的便利为请托人谋取利益，并与请托人以'合办'公司的名义获取'利润'，没有实际出资和参与经营管理的，以受贿论处"。《刑事审判参考》所载案例第562号梁晓琦受贿案中，对国家工作人员以投资理财名义通过他人购买股票证券收受贿赂的认定，无论涉及记名还是无记名股票，均强调应以国家工作人员未实际出资作为犯罪认定的前提条件。

司法实践一般认为传统型进路立基于权钱交易的受贿罪本质，坚守了行为与犯意同在的同时性原则。一方面，受贿故意形成于行受贿双方达成以"钱"易"权"合意时，并将收受或索取行为认定为受贿实行行为，符合行为与故意同在的同时性原则。另一方面，行为对象限制在交易时指向的对象，以交易时为节点区分行为对象及其产生的孳息，符合行为对象与故意同在的同时性原则。

传统型进路与刑法理论的契合是其优势所在，可有效应对未出资型涉股受贿犯罪的认定，但其重大缺陷在于忽视当前越发多见的出资型涉股受贿案件，以至于不可避免地因无法应对新情况而呈现一定的迟滞性和被动性。众所周知，拟上市原始股一般不会对社会公开发行，不存在统一的市场价格。对行为人出资充足与否只能依赖于司法鉴定，当前主要采取净资产鉴定法，即以交易时股份对应的公司净资产值来确定股份价值。但以鉴定意见定案不可避免地存在如下问题：一是从鉴定可靠性来看，当前的公司或企业，尤其是科技公司或服务型企业，公司资产比重中无形资产往往不容忽视甚至占绝对地位。但迥异于有形资产价值的稳定性，无形资产价值的鉴定可能"因人而异"——不同的鉴定机构出具的结果可能差别很大。此外，因交易时与鉴定时之间存在较大时间差，使得无形资产价值的鉴定存在更大的不确定性。当鉴定意见作为定案关键证据但其本身可靠性存疑时，司法处理的合法性和合理性将何以确认？二是从经济学常识来看，股票或股份的交易价格跟公司净资产值之间未必存在正相关关联，更遑论处于不确定状态的原始股，其价格更易受到资产价值以外因素的影响。三是从诉讼经济角度来看，资产鉴定不仅众口难调，还存在耗时费钱的问题，难免给司法部门较大负累。张某阳等人非国家工作人员受贿案即为范例，曾

---

① 《经济犯罪座谈会纪要》"涉及股票受贿案件的认定"规定，在办理涉及股票的受贿案件时，应当注意：（1）国家工作人员利用职务上的便利，索取或非法收受股票，没有支付股本金，为他人谋取利益，构成受贿罪的，其受贿数额按照收受股票时的实际价格计算。（2）行为人支付股本金而购买较有可能升值的股票，由于不是无偿收受请托人财物，不以受贿罪论处。（3）股票已上市且已升值，行为人仅支付股本金，其"购买"股票时的实际价格与股本金的差价部分应认定为受贿。

经先后两次鉴定，但控辩双方仍为股份价值激辩不休。

更为重要的是，对原始股交易而言，由于交易机会的稀缺及其潜藏的巨大收益，无论股本金是否足额支付，股本金与上市后动辄十几倍甚至上百倍的收益相比，都是"九牛一毛"不值一提。换言之，即便可以鉴定出未足额出资的部分并认定为受贿数额，但将高额收益作为孳息予以追缴的认定忽略了行受贿双方指向未来收益的真实意图，未免失于洞察而过于机械，而完全无视此类利益输送的不法实质。综上，传统型裁判进路不仅在出资是否足额的判断上存在实际困难，也欠缺对该类型贿赂犯罪不法实质的准确把握。

可资对照的是 2001 年的相关案例。原中国纺织总会会长、全国政协常委吴某英利用职权帮助某湖北公司上市时，让其子购买了 10 万股该公司内部职工股，上市后陆续抛售获利 89 余万元，后吴某英因此事被留党察看并撤销相关资格。类似案件如神华集团副董事长李某强案，中央候补委员、国防科委副主任徐某航案。[1] 上述案件中涉案人均仅论以违纪，但无一例被纳入刑事司法程序。换言之，当时对已支付对价涉原始股案件一般不作为受贿犯罪处理，这与传统型进路实属一脉相承。

（二）突破型进路之考察

[**案例 3**] 被告人李某利用任职深圳市发改委负责项目审批等职务便利，为涉案公司提供帮助后要求以他人代持方式购买未公开发行的原始股。2009 年，李某以 5 元/股价格认购拟上市 B 公司 5 万元股份，该公司成功上市发行价格为 46 元/股，股票禁售期满后，李某将该股票抛售获利 127 万元。2015 年，李某以 1.5 元/股价格认购拟上市公司 C 公司 75 万元股份，该公司上市发行价为 9.5 元/股（同期股东协议转让价格相同），案发时仍未抛售。

案例 3 中法院认为行贿人系"出于行贿目的让被告人低价认购"涉案公司原始股，且"该原始股的发行对象均系针对公司高管及专门引进的投资机构等特定人群，并非面向社会对外公开发行"，被告人作为国家工作人员，利用"管理服务关系而获得认购该原始股的交易机会，在明知该公司即将上市且购买原始股利润空间巨大的情况下予以认购获利"，其行为构成受贿罪。关于受贿数额的认定，法院对已套现的以实际获利金额扣除出资额作为收受 B 公司原始股的受贿数额，但认为尚未抛售的 C 公司原始股案发时"仍处于持有状态，未进行市场交易，结合该公司的新三板上市价及股东协议转让的市场价（两者价格相同），与被告人购买该股份时获得的价格预期基本一致"，据此以上市发行价与出资额之差作为受贿数额。

上述裁判理由清晰地显示出该案不同于传统进路的认定思路：首先，法院未要求控方提供被告人购买原始股时所支付价款与股份当时的实际价值之间是否相当的证据，即未区分纪要所列第二种和第三种情形。换言之，法院虽提及"低价认购"，但实质并未以出资充足与否来判断罪与非罪。其次，在犯罪数额的认定上，区分案发时是否已抛售从而分别以发行价或实际销售价作为计算的依据。该计算方式意味着犯罪数额计算时点并非行受贿双方交易时，且不再区分犯罪数额和孳息。

---

① 参见王加林、李守葆：《他们栽在了股票上市上》，载《党风通讯》2001 年第 3 期。

　　突破型进路不考虑行为人出资与涉案股权价值的关联，直接将出资额作为成本予以扣除后径行得出受贿数额，不再区分受贿数额与孳息，避免了烦琐而极富争议的资产鉴定，一定程度上直接揭示了当前与公职密切关联的涉原始股交易的不法实质，具有一定的前瞻性。但突破型进路将犯罪认定延至实际收益时，在刑法教义学上存在如下解释困境，以致有违反罪刑法定原则的隐忧。

　　1. 行为对象的不确定性。传统型进路是将股份本身作为行为对象，以股份的实际价格作为犯罪数额认定的依据，但突破型进路抛弃以出资判断数额的确定标准，似乎是以实际获益作为行为对象。一方面，以实际获益为行为对象的突破型进路无法以行受贿双方进行原始股交易时作为行为时，否则行为时行为对象尚未存在，违背行为对象与犯意同时存在原则；另一方面，实际获益是否实现并不完全取决于行受贿双方而可能受制于市场因素，也即行为对象将来是否确定存在也是存疑的，由此陷入犯罪成立与否一直处于不确定的状态。例如，李某受贿案中法院在案件认定时既未考虑涉案公司上市失败的概率（严格地说，虽然涉案公司上市概率很大但毕竟不等于毫无风险，且上市后股票价格随行就市，亦存在"破发"的可能），亦未考察请托人是否如案例 2 中张某阳要求行贿方提供未上市回购的保障条款，也即被告人出资购买原始股时所期待的利益即便有转化为确定利益的高度盖然性，也还是一种相对不确定的收益。

　　2. 犯罪着手的难以判断。犯罪着手的判断直接影响到犯罪成立与既遂的判断。我国传统观点采形式的客观说，认为"着手以实施一部分符合构成要件的行为为必要，且以此为足"。结果说亦是有力的学说，认为"侵害法益的危险达到紧迫程度（发生危险结果）时，就是着手"。[①] 传统型进路认为双方进行股份交易时对职务行为的不可收买性或公正性产生了具体危险即应为着手。但突破型进路对着手认定存在两个问题：一是依形式的客观说，行为人若先行实施了职务谋利或收受行为即可视为着手，受贿罪即告成立，但其后公司未成功上市，且原始股因此严重贬值，受贿人亦构成犯罪未遂，但由于受贿数额无从确定以致难以选择适当的罪刑条款。二是依结果说，双方就将来实际收益达成合意时，因当时难以确定以权所换之"利"能否实际存在，导致对法益是否造成紧迫危险的判断取决原始股盈利与否，着手的判断亦存在不确定性。

　　3. 犯罪既遂的标准不明。突破型进路以实际获益为既遂标准，表面上较为清晰，但实践中如何判定实际收益仍存在较大争议，主要围绕上市发行价、解禁期满日股票均价、股票实际销售价以及案发日股票均价做法不一，直接影响到犯罪数额和孳息的确定。案例 3 李某受贿案涉案两笔原始股交易中犯罪数额的认定规则并不同一，案发时尚未抛售的以上市发行价认定，已抛售的以实际售价认定，同类案件中亦有对已抛售的仍以发行价为依据，超额获利部分作为孳息予以追缴的情形。

　　突破型进路所存在的上述困境归根结底与当前对受贿行为对象的界定有关。一方面，不确定的实际收益是否为"财产性利益"引发争论，另一方面，当受贿对象指向不确定利益时，受贿犯罪的不法结构是否因此生变，而需对受贿故意、着手和既遂重新界定。对此，有必要围绕涉出资型原始股受贿的不法实质，从刑事政策的视角和教义学视角分别考

---

① 张明楷：《刑法学（上）》，法律出版社 2016 年版，第 340 页。

察刑事处罚的必要性和突破型认定思路的可行性。

三、刑事政策视角下刑事处罚之必要性分析

在进行刑法教义学思考之前，有必要从刑事政策视角下先行考察出资型涉原始股受贿案件的惩罚必要性，也对前文提及的此类案件从违纪到违法处理转变的正当性的回应。

（一）出资型原始股受贿案件刑事处罚的必要性

原始股交易原本即具有一定隐蔽性，公职人员实际出资且由他人代持更增一层隐蔽性，不易被关注且"出事"也更易推责，表面上属于灰色空间内经济活动。但回溯该交易之本质，行贿人之所以将具有稀缺性和巨大利益前景的原始股购买机会让渡给受贿人，仍是基于受贿人作为国家公职人员的地位或职务行为，此种情形与直接贿送金钱实物并无实质的区别。

尤需注意的是，国内证券市场日渐成熟，公司上市的难度降低、原始股上市后收益空间越发显著。个案中公职人员因原始股交易获利较之普通受贿极为突出，以 M 市原金融办副主任曹某受贿案为例，其案涉普通受贿数额仅 70 余万元，但通过原始股交易获利高达 2700 多万元。可以设想，若此类与职务关联紧密的"一本万利"行为无法入罪，那么与此相关的刑法规定将会被稍有智慧的人规避，从而使得利用公职谋利将大行其道，这显然背离立法本意。① 因此，在受贿方式日趋隐蔽且贿赂形态日新月异的当下，刑法作为反腐败天然且责无旁贷的有效武器，理应抛弃"过分的折中主义"，缩小"过大的灰色区域"，而提升"威慑力"。②

（二）确立禁止以公职谋取私利的受贿犯罪法益观

2008 年《商业贿赂意见》首次明确"商业贿赂中的财物"，既包括金钱和实物，也包括可以用金钱计算数额的财产性利益。党的十八届四中全会决定提出的"完善惩治贪污贿赂犯罪法律制度，把贿赂犯罪对象由财物扩大为财物和其他财产性利益"，在 2016 年《贪污贿赂解释》得到具体贯彻。因此，把财产性利益纳入受贿对象已是共识，当下围绕"财产性利益"迫切需要解决的主要问题不再是能否问题，而是如何认定的问题。③ 鉴于法益对犯罪构成要件解释的指导机能，首先应确立符合刑事政策要求和满足刑法体系解释需要的受贿犯罪保护法益。

在受贿犯罪的保护法益问题上，传统理论通说经历从国家机关正常活动说到职务廉洁说的转变；后受日本刑法理论的影响，来源于罗马法主义的不可收买性说和日耳曼法主义的公正性说渐成有力的学说。但无论是廉洁性说、不可收买性说还是公正说，就我国刑法关于受贿犯罪圈的划定、犯罪既遂及数额等认定的协调解释上均存力有未逮之处，且难以

---

① 最高人民法院刑事审判第一庭、第二庭编：《刑事审判案例》，法律出版社 2002 年版，第 605 页。
② 参见韩小鹰：《"反腐败"的形势政策：对法哲学的重新思考》，载《法治论丛》2003 年第 6 期。
③ 参见于同志：《刑事实务十堂课——刑事审判思路与方法》，法律出版社 2020 年版，第 290 页。

充分顾及刑事政策合目的性预防需要。① 劳东燕教授立足于权力关系在传统和现代国家制度语境中所经历的变化，通过分析不同职权特性如何影响对受贿犯罪本质的把握，进而提出受贿犯罪基础法益是公职的不可谋私利性，从而兼具融贯性与合目的性。本文亦以公职不可谋私利说为指导，划定"财产性利益"的范围。

该法益观认为在公私二分的制度框架下，公职人员兼具公共职位的占有者与对私域享有自主权的个人之双重身份从而导致公法上的人格寄居在具有私欲的个人身上，腐败问题才得以滋生、蔓延。因此，现代国家应将关注的重点放在受贿人身上，并认识到受贿犯罪不法本质在于行为人违反不得利用公共职位谋取私利的禁止性义务，把公共职位当作私有财产来对待。② 因此，受贿罪之"财产性利益"认定的第一要素应为与公职的关联性。

禁止利用公职谋取私利的法益观能更为妥当地解释，当前受贿犯罪立法定性定量模式下，以受贿数额为中心的刑罚标准和以财物取得为基础的既遂标准，毕竟实际获得财物数额的大小，直接体现了行为人利用公共职位谋取私利的程度，决定了受贿犯罪的不法程度。③《刑法修正案（九）》虽规定了受贿罪定罪的数额标准和情节标准，但 2016 年《贪污贿赂解释》仍旧坚持了犯罪数额在受贿罪定罪处罚中的基础性作用，并未认可其他情节在受贿罪量刑中的独立评价地位。由此，受贿罪中财产性利益认定的第二个限定要素是可以金钱计算数额的利益。不仅要求具有利益属性，即对人之需求的满足性，还应具备可以金钱计算数额的属性。与此印证的是，2016 年《贪污贿赂解释》对"财产性利益"的界定既包容了可折算为货币的"物质利益"，也涵括须支付货币的"其他利益"，亦可确证前述的判断。

值得一提的是，当前众多论者在讨论财产性利益时，将其与非物质性利益如性贿赂、招工提干等列为对立的概念，也即将财产性利益局限在物质利益的范畴。同时在对待商业性机会、交易信息等明显具有物质性的利益时，又考虑其所具有的不确定性，而试图以风险判断、非实际经营管理等原则加以限制以将之纳入或排出贿赂犯罪的范围。但本文认为，上述考量均可在以金钱计算数额的属性上予以讨论。毕竟，无论是何种利益载体，无论是掺入市场常态化经营风险还是进行了实际经营管理，其所直接影响的是该利益本身可被金钱计算数额的难易程度。

四、突破型认定思路的教义学分析

突破型进路所遭遇的教义学解释困境主要是囿于传统观念，将国家公职人员谋取的私利直接指向了不确定的原始股上市后的实际获益，以致行为（行为对象）与故意同在的同时性原则遭遇冲击，进而导致着手、既遂的认定困难。

（一）原始股作为受贿财物所具有的特殊性

首先，众所周知，公司拟上市原始股亦是股份之一种，是股东行使表决权、分红权之

---

① 参见劳东燕：《受贿犯罪两大法益学说之检讨》，载《比较法研究》2019 年第 5 期。
② 参见劳东燕：《受贿犯罪的保护法益：公职的不可谋私利性》，载《法学研究》2019 年第 5 期。
③ 参见劳东燕：《论受贿罪的实行行为》，载《政法论坛》2020 年第 3 期。

依据，因此具有使用价值。其次，原始股虽然交易价格较低，但系市场稀缺物品，稀缺性主要体现在对购买原始股资格的限制，以致难以被一般市民公开获取。因稀缺性而生的价值不仅体现股份的交易价格上，更多体现在原始股作为股份本身所具有的期待利益上，即原始股的价值既包括股份即时市场价值又包括股份蕴藏的期待利益，该期待利益不仅包括依法享有的分红，也包括上市后可能的巨额增益。最后，原始股虽然不可公开交易，但法律并非禁止其转移占有，故而原始股本身的可控性、可转移性亦无争议。原始股转移的同时，不仅股份本身的价值随之转移，附随于股份之上的分红利益和上市后的可能增益亦随之移转。

原始股购买资格的稀缺性体现出国家公职人员依恃公权力所具有的较之一般公众的优势地位，彰显了该利益与公职的密切关联性。继而，在具有公职关联性的原始股交易中，对其不法实质的判断不应仅落脚在是否足额支付股份当下的交易价格，也应涵摄到原始股所具有的期待利益，毕竟交易双方所指向的主要对象也是该期待利益。换言之，当国家工作人员以出资购买拟上市原始股时，不能以其貌似合法的出资形式，遮蔽了其系以公职谋取原始股本身蕴藏的巨额期待利益的非法目的，而这恰是涉原始股受贿不法本质之所在。虽然权钱交易框架下对行为时的判断限制在交易时，更多关注判断交易时利益存在及多寡的确定性。但公职的不可谋私利性说则将关注的焦点落脚在利益本身上，无须将利益的实现固定在某一确定的时点，只需关注获益与公职的关联性，即利益是否肇因于公职而可将双方达成合意后随着条件成就而逐渐实现的利益纳入受贿数额。应当说，此种观点恰当地评价了行受贿双方真实意图，是主客观相一致原则的准确适用。

（二）关于行为对象不确定性的回应

如上所述，涉原始股受贿的行为对象为股份即时市场价值和期待利益，所以双方进行原始股交易时，不仅股份即时市场价值是确定存在，该股份本身所附随的期待利益也是确定存在的。前述所谓的"对象的不确定性"其实并非是对该期待利益存在本身的质疑，所质疑的是该利益能否实现以及利益实现的多寡。显而易见，"犯意与行为对象同在"原则指的是行为对象应与犯意同在，并非强求行为对象的变现过程也要在交易时点呈现。当前干股型、合作经营型及投资理财型受贿认定中，以获取的分红或利润作为行为对象的，在双方达成合意时，分红和利润也仅作为可期待利益而存在，但其尚未实现故而数额难以判断。原始股的期待利益亦然，只有在满足成功上市条件后，原始股的期待利益才具有以金钱计算数额的现实可能性；反之则不具备，这也符合市场规律和一般人（包括行为人）的正常认知。

德国刑法判例亦认为，可以获利或得利的期望是否属于财产，需要区分情况判断。如果这种获利期望并不确定，如高风险的投机，则不能认定为其属于财产。因此，不确定的与他人订立合同的可能性，不能被评价为财产。相反，如果这种获利的期望已经相当确定，依照经济领域的观点足以被赋予经济价值，则同样属于财产。通过购买彩票所获得的中奖可能性，司法判例也认为属于财产。① 日本最高法院 1988 年 7 月 18 日认为，在股票

---

① 参见王钢：《德国判例刑法分则》，北京大学出版社 2016 年版，第 214 页。

即将上市，而且该股票价格肯定会比上市价格高的时候，根据上市价格取得该股票所得的利益就是贿赂。①

（三）关于犯罪着手难以判断的回应

批判观点认为出资型涉原始股受贿着手难以判断，主要是因为将行为对象确定为实际获益。本文将原始股当下的交易价值和期待利益均作为受贿罪行为对象，即便行为人认购具有稀缺性的原始股时有实际出资，也是利用公职谋取了行贿人本可期待的原始股上市后巨额利益。将期待利益纳入行为对象，在受贿人认购原始股时即对受贿罪保护法益产生具体紧迫的危险，无论适用"形式的客观说"还是"结果说"，此时均可认定"着手"，亦符合犯意与行为同在的原则。

"着手"认定与数额认定的"附条件实现"应予以区分。本文认为，即便立足于受贿罪"计赃入罪"的立法要求，犯罪着手的判断只要行为对象存在和对保护法益有具体危险即可，但具体犯罪数额并非认定着手时必须确定的内容。因此，即便认购原始股时为受贿犯罪着手，后因所附条件未成就而无法获得期待利益的收益时，虽无法评价为受贿罪既遂，仍可成立受贿罪基本犯未遂。只是从司法实务惯例来看，受贿基本犯未遂通常不作犯罪处理。

（四）关于犯罪既遂认定标准不明的回应

既遂认定之所以存在问题，主要涉及受贿数额与孳息区分，当前存在多种观点，但各有不足。一是以上市发行价为标准的观点仅注意到期待利益成就所附条件的满足，如同公司具备分红能力但给受贿人多少分红仍需考虑具体情况，同样在公司上市后因存在原始股禁售期，此时并不具有实际获益的现实可能性。二是以禁售期满日价格计算，虽有实现可能性，但从受贿犯罪不法实质充分评价的角度，综合考虑股票价值随行就市的变动性导致价格确定的不稳定性以及股份所具有的按股分红的自然属性，此观点对期待利益所能实际获利的不充分评价，不能恰如其分地体现"以公职谋取私利"的程度，无从体现法益被侵害的程度。

此外，在现阶段虽然尚未出现但不排除出现的情形是，假如涉案公司上市概率很大，原始股未上市前在一级市场受到热捧，价格飞涨，受贿人遂将利用公职购买的原始股高价抛售，此种情况下可视为期待利益的提前实现。因此，以实际获利时作为犯罪既遂的观点，不仅具有现实可能性，还能充分评价行为人非法购买原始股所蕴含的全部期待利益，无须界分犯罪数额与孳息，即可充分评价行为人以公职谋私利不法实质，有效贯彻从严惩治贪腐的刑事政策。

案例1、案例2均严格区分犯罪数额与孳息，仅将股份即时市场价值作为受贿行为对象，而将更为明显的案发时已实现的期待利益作为孳息，以致难以充分评价涉原始股受贿的不法实质。案例3对已抛售的原始股以实际获益计算犯罪数额是妥当的，但对案发前未

---

① 参见［日］大谷实：《刑法讲义各论》（第二版），黎宏译，中国人民大学出版社 2008 年版，第 580 页。

抛售的部分以上市发行价计算，明显未考虑该期待利益实现可能性，稍有不妥。本文认为，对上述案件均应直接以实际获益扣除行为人出资计算犯罪数额，但对案发前尚未销售的情形，区分是否经过股票禁售期，对已经超过禁售期的原始股，以案发日股票交易均价扣除出资成本计算受贿数额，对未过禁售期的原始股因其不具有兑付可能性，宜以未遂论，数额计算遵循有利于被告人的原则。

五、余论：突破型进路在涉股受贿案件的延伸适用

在干股型受贿案中，传统型进路依《受贿意见》规定，根据干股是否实际转让，将分红区分评价为孳息或受贿数额，虽具有某种合理性，但也容易陷入如下困境：若分红大于干股价格，则可能出现对单纯收受分红的处罚重于对实际收受干股和分红处罚。如某甲收受 5% 干股（价值 10 万元）并过户，后又分得红利 30 万元。依传统型进路，若实际转让股份，受贿数额为 10 万元（孳息 30 万元），应在有期徒刑 3 年以下量刑；若未实际转让股份，受贿数额则为 30 万元，在有期徒刑 3—10 年内量刑，明显存在罪责刑不相适应的问题。如此处理势必鼓励在特殊暴利行业和领域中，将小额股份过户转让，让行为人坐收巨额红利。[①]

质言之，不论原始股、股票还是干股，不论出资足额与否，行受贿双方的意图均是"醉翁之意不'止'在酒"。股份之所以成为贿赂新媒介，正是基于股份制公司按股分利的基本分配原则，双方所勾兑的不限于股份即时市场价值，更包括分红等期待利益。同时，禁止以公职谋取私利的受贿犯罪法益观，明显不同于以财产损失为核心的财产犯罪，无须考量被害人财产损失情况，因此对犯罪数额与孳息的认定不必固守财产犯罪的区分认定模式。[②]

因此，当前突破型进路特别考虑到股份作为受贿行为对象所具有的特殊性，将股份即时市场价值和期待利益均纳入行为对象，以实际获益作为犯罪数额，不特别区分受贿数额与孳息，不仅可以避免可能出现的"罪刑倒挂"的困境，更能充分体现将股份作为利益输送所企图实现长期"以权换利"的不法实质。所以，在涉股受贿案件的办理可广泛适用突破型裁判进路以彰显腐败惩治法网之严密。

---

① 参见赵煜：《惩治贪污贿赂犯罪实务指南》，法律出版社 2019 年版，第 345 页。

② 参见陈国庆、韩耀元、邱利军：《"关于办理受贿刑事案件适用法律若干问题的意见"的解读》，载《人民检察》2007 年第 14 期。

涉原始股受贿相关问题研究

杨　彬　余枫霜　刘会宇*

近年来，随着反腐败斗争的不断深入，受贿犯罪模式不断翻新，更加复杂隐蔽，新类型犯罪手段层出不穷，涉原始股受贿犯罪也日益增多。实践中，不少受贿人盯上了原始股这块利益蛋糕，利用职务上的便利，索取、收受或者出资购买原始股，待上市后抛售获利。涉原始股犯罪可分为几种基本类型？如何认定出资购买原始股并获得巨额收益的行为？犯罪数额及孳息该如何计算？当前，理论界对于如何划定涉原始股受贿的刑法规制圈争议较大。司法实践中，各地对涉原始股受贿的判决思路也不尽相同甚至相互冲突，亟须加深研究、达成共识。本文拟结合司法案例，就涉原始股型受贿的相关疑难问题展开分析，以期为办案实践提供一些借鉴和参考。

一、原始股的特征

原始股不是一个严格意义上的法律概念，没有法律层面的明确定义。不过，在国务院规定、部委规章出台的文件规定中，均提及了原始股。比如，2001 年，中共中央办公厅、国务院办公厅关于印发《关于党政机关工作人员个人证券投资行为若干规定》的通知中，提到了原始股的概念：“对于本规定发布前党政机关工作人员违反当时规定买卖股票的行为，应当继续依照原有的规定予以查处；特别是对利用职权或者职务上的影响购买、收受‘原始股’的，要发现一起，查处一起，绝不姑息。”2006 年，国务院办公厅《关于严厉打击非法发行股票和非法经营证券业务有关问题的通知》中指出，“非法证券活动的主要形式为：一是编造公司即将在境内外上市或股票发行获得政府部门批准等虚假信息，诱骗社会公众购买所谓‘原始股’”。

通常认为，原始股是公司上市之前发行的股票，即在一级市场上购买但还未上市交易、未进入二级市场流通的股票。原始股具有以下几个方面的特征：第一，原始股属于股票的一种，是一种特殊类型的股票。第二，原始股的投资主体通常需要具备一定的资格，一般只有公司董事、监事、高级管理人员、重要员工、股权投资基金、拟上市公司引进的战略投资者等特定主体才有资格购买原始股。第三，投资原始股的收益回报率比普通股票

---

* 杨彬，江苏省南京市人民检察院党组副书记、副检察长；余枫霜，江苏省南京市人民检察院第三检察部主任；刘会宇，江苏省南京市人民检察院第三检察部副主任。

高，一旦公司上市，原始股持有人可能获得数倍、几十倍甚至上百倍的巨额收益，产生财富上的滚雪球效应。

二、涉原始股受贿的主要类型

（一）无偿接受原始股

涉原始股受贿犯罪的第一种表现形式是，行为人无偿收受行贿人给予的原始股，即行贿人将自己名下的原始股或者自己出资购买的原始股送给受贿人，或者受贿人直接向行贿人索要原始股。根据 2007 年"两高"《关于办理受贿刑事案件适用法律若干问题的意见》（以下简称《意见》）第 2 条的规定，"干股是指未出资而获得的股份。国家工作人员利用职务上的便利为请托人谋取利益，收受请托人提供的干股的，以受贿论处"。根据《意见》规定，司法实践中，对于该行为构成"干股型"受贿犯罪没有争议，受贿人本质上还是收受了干股，只不过是一种特殊类型的干股而已。但是，在如何认定犯罪既遂及犯罪数额上却存在分歧。按照《意见》第 2 条的规定，"进行了股权转让登记，或者相关证据证明股份发生了实际转让的，受贿数额按转让行为时股份价值计算，所分红利按受贿孳息处理。股份未实际转让，以股份分红名义获取利益的，实际获利数额应当认定为受贿数额"。实践中，如果股份已变更登记至受贿人安排的第三人名下，或受贿人已正常领取分红、行使股东权利的，一般可以认定为"相关证据证明股份发生了实际转让"。但是，实践中更多的情形是，双方仅仅达成转让股权的口头约定、原始股依然登记在行贿人名下，此时能否认定犯罪既遂？又该如何计算犯罪数额？有观点认为，"导致股权变动的根本原因在于当事人之间具有法律约束的意思表示而非登记本身"[1]，因此，"股权从双方口头合意商定之日起就发生了实际转让"[2]。笔者认为，股权转让的口头约定，仅仅表示双方达成了行贿、受贿的合意，并不能作为证明"股份发生了实际转让的"直接证据。受贿犯罪应以受贿人是否实际收到、控制财物作为既未遂的判断标准。在行贿人代持股权、双方仅达成口头约定的情形下，需要结合受贿人能否通过行贿人实现对股权的排他性控制、行贿人是否将代持股权与个人股权作区别处理、行贿人有无按照受贿人的授意处置股权等因素，予以审慎分析判断。

（二）出资购买原始股

涉原始股受贿犯罪的第二种表现形式是，行为人利用职务上的便利获得购买原始股的机会，出资购买原始股并抛售获利。出资购买原始股的情况比较复杂，我们可以根据不同的条件进一步细化分类。从购买的时机看，可以分为上市筹备前购买与上市筹备期间购买。上市筹备期（Pre - IPO），是指从公司着手上市准备工作到股票首次公开发行之间的时段，拟上市公司在这段期间需要律师事务所进行上市辅导、会计师事务所进行专门审计、聘请保荐机构推荐与指导发行人上市。拟上市公司向证监会提出首次公开募股

---

[1]   刘宪权、谢杰：《贿赂犯罪刑法理论与实务》，上海人民出版社 2012 年版，第 225 页。
[2]   马铁鹏：《涉股票类受贿犯罪疑难问题探析》，载《中国检察官》2020 年第 12 期。

（IPO）申请后，需经过初审会、发审会审核过会和证监会批复同意，才能公开发行股票。可见，在上市筹备期间出资购买原始股，比在上市筹备前购买原始股，面临的市场风险更小。

从购买主体看，可以分为与首次发行相关主体购买原始股和其他国家工作人员购买原始股。公司注册成立后上市筹备前，在日常经营中，难免要与负责项目审批、市场监管、税务征收等各职能部门打交道，企业为了获得相关职能部门的关照，可能会给予相关国家工作人员购买原始股的机会。另外，企业拟上市过程中，为了获得金融证券监管部门、上市中介机构的支持，可能将原始股贿送给上述机构的国家工作人员，以期通过利益捆绑、推进公司上市。与普通主体不同的是，与首次发行相关主体购买原始股后，为了追求上市后的个人利益，可能疏于履行监管职责使不合格的发行人进入市场，影响证券市场的稳定与安全。同时，金融证券监管部门、国有上市中介机构的人员，对公司能否上市具有信息优势、话语权甚至直接决策权，上述特定人员购买原始股，几乎不必承担任何市场风险。

从购买价格看，可以分为以内部价购买、以机构投资者入股价购买、以量身定做的特定价格购买，等等。如前所述，原始股一般只售给特定人员。特别是公司进入上市筹备期后，原始股更是可遇不可求的稀缺资源，除了优化股权结构而引入机构投资者、为激励关键员工而接受部分员工入股外，其他人员很难获得投资入股机会。期间，国家工作人员利用职务便利获得购买原始股的机会后，有的以内部价购买原始股，有的以机构投资者的入股价购买，还有的公司专门为国家工作人员进行增资扩股，使其能以量身定做的特定价格入股。

三、出资购买原始股获益行为的性质认定

（一）理论上的分歧观点

对于国家工作人员利用职务上的便利，从行贿人处获得购买原始股的机会，出资购买原始股并出售获利的行为，该如何评价？是一种风险投资行为、违纪行为还是受贿犯罪行为？目前，理论界和司法实务界对该行为的性质认定存在较大分歧。

一种观点认为，出资购买原始股获益的行为并不构成受贿犯罪，主要理由包括以下几点：首先，根据2003年《全国法院审理经济犯罪案件工作座谈会纪要》第三部分第7条第2项规定，"行为人支付股本金而购买较有可能升值的股票，由于不是无偿收受请托人财物，不以受贿罪论处"。请托人虽鉴于国家工作人员的职权，主动奉上原始股，主观上亦有通过国家工作人员谋利之目的，"但因国家工作人员支付了对价，其后续红利的取得也是基于前期的购买与投资行为产生的收益，财物的取得更多源于请托人给予国家工作人员的优先购买权，不宜认定双方系行受贿关系"[1]。其次，国家工作人员虽通过职务便利获得了购买原始股的机会，但出资购买原始股时，目标公司是否能够上市还不确定，投资股票属于射幸行为，行为人仅仅获得了一个盈利机会，而非确定性的财产性利益。从风险承担的角度看，投资股票是有风险的，购买原始股虽然风险小、获利空间大，但也不能完

---

[1]　林春艳：《受贿案中"出资证明书"数额认定》，载《检察日报》2007年2月25日。

全排除亏损的可能，实践中也有公司无法上市等投资风险存在。因此，"盈利和亏损都具有盖然性，这与收受他人直接财产性利益的情况截然不同，不应纳入贿赂犯罪的范畴"①。

另一种观点则认为，国家工作人员利用职务上的便利，出资购买原始股的行为，应该受到刑罚的规制。"受托人接受收益机会，实际上取得了财产性利益的期待权，获得了本不应当也无能力获取的财产性利益。正是这种不义之财的客观表征，决定了接受收益机会应当按照受贿定性。"② 从法益侵害角度看，原始股不向社会公开发行，一般只针对公司高管、关键员工及专门引进的投资机构等特定人群，在不具备投资主体资格的情况下，"以小额资金投入获取非一般人所能获得的巨额利益，严重违背了投资市场的一般规律，其行为严重侵犯了国家工作人员的职务廉洁性和职权行为的不可收买性，不认定犯罪违反一般人认知"③。还有观点认为，对于接受有收益机会的案件应区别对待。"如果国家工作人员接受有商业运作风险的收益机会，不能认为为受贿；反之，国家工作人员接受没有市场风险的收益机会，应当认定为受贿。"④

笔者认为，2003 年会议纪要的规定并不是认定犯罪的绝对障碍。首先，会议纪要颁布时间较早、股本金内涵不清晰，故纪要第三部分第 7 条第 2 项应仅适用于正常的股票投资行为，无法准确评价购买原始股的行为。在涉原始股受贿中，行为人根本不具备购买资格，如果不是出卖公权力，即便"支付股本金"也无法购买原始股，根本不具备适用之前提。其次，我国资本市场存在"高发行价""高市盈率"现象，国家工作人员出资购买原始股，并不是着眼于获得股票本身，而是着眼于在目标公司上市后获取原始股升值所带来的暴利，这已经超越了"投资购买较有可能升值的股票"所能评价的范畴。权钱交易是受贿犯罪的本质，按照一般的社会常识，原始股上市后存在巨大收益，行贿人之所以愿意将如此大的利益蛋糕让渡给国家工作人员，无非是想利用"原始股"来收买国家工作人员手中的权力，符合受贿犯罪钱权交易的本质特征。行为人也能认识到，对方给予购买原始股的机会，看中的正是自己的职务便利，主观上具有非难可能性。实践中，有的国家工作人员系低价购买原始股，应按照 2007 年《意见》规定的交易型受贿论处；也有国家工作人员是在公司 Pre - IPO 期间购买原始股，甚至有的行贿人还对国家工作人员作出了保底承诺、回购承诺，或国家工作人员本身就负责目标公司上市审批事宜，能直接决定公司能否上市、何时上市，他们购买原始股的市场风险接近于零，属于通过购买原始股来收受确定的、可预期的财产性利益，这种财产性利益是职权行为的对价，如果上述行为均不纳入刑法的规制圈，有轻纵犯罪、放纵腐败之嫌。

（二）出资购买原始股属于受贿性质的不同司法认定思路

[案例 1] 中国证监会稽查局原局长欧某受贿案。2011 年，经欧某介绍，陈某民承接了某公司的首次公开发行股票（IPO）业务，2012 年上半年，为了让欧某对公司上市提供

① 郭竹梅：《受贿罪新型暨疑难问题研究》，中国检察出版社 2009 年版，第 323 页。
② 薛进展、张铭训：《接受收益机会之性质认定与数额计算》，载《检察日报》2007 年 7 月 9 日。
③ 马云飞：《出资购买原始股的行为如何认定》，载《中国检察官》2020 年第 10 期。
④ 参见朱兴旺、章晓耿：《以理财形式受贿司法认定疑难问题》，载《湖南公安高等专科学校学报》2009 年第 3 期。

帮助，该公司董事长文某福和陈某民商量后决定把某公司 2% 股权以 5.42 元/每元注册资本转让给被告人欧某及陈某民（共计 56.8182 万元注册资本），购股款共计 308 万元，并约定由文某福代持。2013 年 3 月，陈某民将某公司引进四家战略投资者并与四家风投公司以 23.94 元/每元注册资本（PE 价格）签订合同的情况告诉了欧某，欧某在得知某公司有可能上市的情况后，才支付了购股款。经鉴定，以支付入股款时的价格计算，某公司市场投资价格为 25.62 元/每元注册资本，上述股权市场价值为人民币 1455.682284 万元，扣除已支付的购股款，实得人民币 1147.682284 万元。

　　法院经审理后认为，欧某在证监会担任相关领导职务，其职责和职权就是监督、查处证监会工作人员违规违纪行为，在明知证监会工作人员不能购买未上市企业股权的情况下，在公司上市筹备期间购买某公司未上市的股权属于利益输出型的钱权交易行为[①]，结合欧某利用职务便利向证监会的相关人员打招呼为请托人谋利的事实，应构成受贿罪。受贿犯罪数额的计算以鉴定确定的受贿人出资购买时原始股价值，与受贿人实际支付的金额之间的差额计算。从数额认定的思路可以看出，法院认为该案属于"交易型受贿"，行为人以明显低于市场的价格购买原始股，受贿数额以交易时原始股市场价格和行为人实际支付价格的差额计算。

　　[案例 2] 深圳市发改委能源处原处长李某受贿案。2005 年至 2009 年，某医疗公司经市发改委申报资助项目，获得政府无偿扶持资金人民币 2000 多万元，李某利用职务便利为上述项目上报国家发改委提供帮助，并向梁某秋提出购买某医疗公司原始股的要求。为了感谢李某的帮助，2009 年下半年，梁某秋以每股 5 元的价格让李某认购 1 万股某医疗公司的原始股份，李某出资人民币 5 万元以其妻子黄某琴名义与梁某秋签订了委托持股协议。2011 年 2 月，某医疗公司股票在深交所挂牌交易（发行价格 46 元/股）。2014 年，股票禁售期过后，梁某秋帮李某将股票套现并转入李某指定的银行账户，扣除出资额人民币 5 万元，李某获利人民币 122 万元。

　　法院经审理后认为："该原始股的发行对象均系针对公司高管及专门引进的投资机构等特定人群，并非面向社会对外公开发行。被告人李某作为国家工作人员，利用其与某医疗公司之间的管理服务关系获得认购该原始股的交易机会，在明知该公司即将上市且购买原始股利润空间巨大的情况下予以认购获利，其行为构成受贿罪。关于受贿数额，根据被告人将原始股解禁后套现的获利金额，确定受贿金额为 122 万元。"[②] 法院认为受贿人通过投资机会兑现的所有获利均是行贿人让渡的，均应认定为犯罪数额。

　　[案例 3] 证监会发行审核委员会原委员吴某受贿案。2014 年底，吴某等人受私募老板邀请参观拟上市公司 A 公司时，承诺会利用发审委委员的身份，为 A 公司成功上市保驾护航。2015 年，吴某以每股 5.2 元的价格，收受 A 公司原始股 100 万股。2016 年上半年，吴某利用担任证监会主板发行审核委员会委员的职务便利，为 A 公司首次公开发行股票通过发审委审核提供帮助。2016 年，A 公司成功上市，股票发行价为每股人民币 31 元，吴某通过他人陆续将上述 100 万股出售，获利人民币 2500 余万元。

---

①　参见江苏省常州市中级人民法院（2017）苏 04 刑初 38 号刑事判决书。
②　广东省深圳市南山区人民法院（2018）粤 0305 刑初 506 号刑事判决书。

检察机关审查后认为：该案例与其他涉原始股受贿犯罪不同的是，国家工作人员吴某是证监会发审委委员，其购买原始股时，股票即将上市。按照相关规定，拟上市公司申请首次公开发行股票，需要通过主板发审委的审核。发审会由 7 名委员组成，7 名委员中需有 5 名以上委员投赞成票，企业才能顺利过会。原始股是不对外发行的稀缺资源，行贿人为了顺利过会，才将即将发行的 100 万股原始股拱手相送。吴某作为发审会委员，由于其身份的特殊性，对 A 公司能否成功上市、100 万股原始股能否升值变现具有直接决策权，因此，吴某出卖权力所获取的，是没有风险的、可预期的财产性利益，而非简单的投资收益机会。这种没有风险的、确定的财产性利益，也应纳入受贿对象的范畴。

[案例 4] 南京市教育局原副书记夏某受贿案。2007 年至 2013 年，被告人夏某利用其职务便利，为王某亲属在入学等事项上提供帮助。2007 年，被告人夏某出资人民币 20 万元受让王某给予的江西某股份有限公司原始股，该原始股对机构投资者有保本承诺，2011 年，夏某将该原始股售出，扣除出资后获利人民币 304.4009 万元，其中包括收受王某所送财产性利益价值人民币 135.25 万元（股票上市发行价与购买价之间的差额）及孳息 169.1509 万元。

法院经审理后认为："王某转让某公司股份的目的是得到夏某的关照，夏某亦利用其职务便利为王某的儿子升学、亲属提职等事项提供帮助，该笔事实本质上符合受贿罪权钱交易行为的性质。本案受贿罪的对象应理解为可以量化价值数额的财产和财产性利益。夏某收受的某公司的原始股投资机会，该投资机会具有价值且可以量化，系财产性利益的一种，属于受贿犯罪的对象范畴。夏某的犯罪数额应以某公司股票的上市发行价与夏某支付的价款差额认定，该数额系由夏某收受的投资机会直接决定，未受市场炒作等其他因素影响。该笔事实中，认定夏某的犯罪数额为股票上市发行价与出资额之间的差额 135.25 万元。"① 该案中，法院亦认为原始股购买机会是一种特殊的、可以计算的财产性利益，应纳入刑法的规制范畴。

四、涉原始股受贿的犯罪数额认定

涉原始股受贿的犯罪数额认定是实务难点，也往往是控辩双方的争议焦点。犯罪数额认定关乎受贿罪成立与否的定罪问题，所得数额既是构成要件要素又表征既遂②。因为无论是入罪判断，还是情节加重的量刑提档，仍然有一个共同的特征和要求，那就是必须具备基本的受贿数额基础③。司法实践中，存在多种犯罪数额认定方法，我们分情况加以分析：

（一）无偿收受原始股的犯罪数额认定

收受（索取）行贿人给予的原始股，根据 2007 年"两高"《意见》规定，参照"干

---

① 江苏省南京市中级人民法院（2021）苏 01 刑初 1 号刑事判决书。

② 参见雷一鸣：《构成要件知识本土化视角下受贿罪的数额与情节新解》，载《法学评论》2018 年第 6 期。

③ 蔡道通：《论受贿罪加重情节的地位及其解释立场》，载《法律适用》2018 年第 19 期。

股"犯罪数额的认定，进行了股权转让登记，或者相关证据证明股份发生了实际转让的，受贿数额按转让行为时股份价值计算。那么原始股受贿的犯罪数额，也应遵循该原则，但是原始股因其特殊性，在犯罪数额认定上有一定难度。因为原始股不在二级市场流通，有时只在一级市场上的极少数主体之间流通，或者此前没有转让先例，现实中基本依赖鉴定去确定原始股价格，但往往也会出现原始资料不完整、没有其他参照价格而无法准确确定犯罪数额的情况。笔者认为，行贿人贿送原始股给国家工作人员系典型的钱权交易行为，相比一般的犯罪行为手段更隐蔽，办案机关应督促行贿人提供完整材料供鉴定机构鉴定，如行贿人不予提供，可以考虑以公司上市前招股说明书确定的发行价确定原始股价值，进而确定受贿犯罪数额。

对于出售时原始股的增值部分应如何评价，有不同的观点。一种观点认为，按照干股的认定思路，原始股已经转让的情况下，只应将原始股价值认定为犯罪数额，后期的增值部分应认定为孳息。另一种观点认为，可以认定为两次受贿，一次收受了原始股，另一次收受的是原始股增值部分，原始股的价值以及后期的增值部分一并认定为犯罪数额。我们认为，对行贿人而言只是一次行贿，不存在受贿人两次收受的问题，既然认定系干股受贿的一种，只能将原始股的价值认定为犯罪数额，增值部分认定为孳息。

（二）出资购买原始股的犯罪数额认定

1. 受贿犯罪数额＝原始股的市场价值×购买股数－出资额。案例1欧某受贿案即按照该种方法认定。该种方法认定的依据是将涉原始股受贿认定为交易型受贿的一种，与司法解释规定的低价买房、低价买车认定思路相同。这种认定方法在理论和实践中的争议相对较小。但弊端也较为明显，一是原始股一般均不对外公开销售，交易时的市场价格往往很难评估，因为很难找到合适的参考价格；二是此种认定方法没有对原始股的犯罪行为进行全面评价，不利于对犯罪的打击。欧某的辩护人对鉴定样本和鉴定方法均提出了质疑，认为鉴定时参考机构投资者投资的价格（PE价）为基础进行评估不合理。

2. 受贿犯罪数额＝出售原始股的价格×购买股数－出资额。案例2李某受贿案即按照该种方法认定。该种方法将行为人购买原始股的全部获利均认定为犯罪数额，其论证思路是，从根本上看受贿人就不具备购买原始股的资格，行为人之所以获得丰厚利益，是由于行贿人将本应自己获得的财产性利益让渡给了受贿人。该认定思路认为购买原始股是犯罪预备，股权行权是犯罪着手，售出获利是犯罪既遂，那么股票出售价与出资额之间的差额理应认定为犯罪数额。

该认定方法，也面临不少质疑：一是如果原始股上市后一直未售出或者案发前没有售完，犯罪数额该如何计算？该种方法无法解决。二是何时出售股票具有随机性，依赖于行为人的选择，若犯罪数额的确定取决于受贿人的变现时间，明显违反司法逻辑。三是如果受贿人分多次售出，就会出现行贿行为只有一次，但受贿犯罪多次既遂的情况，明显违反法理言下之意。四是在股票上市后，股票价格可能随市场行情瞬息万变，行为人如果经验丰富、出售时机选择适宜，获利就大；反之则少。如果将获利数额和犯罪数额直接划等号，实际上是将对行为社会危害性的评价与对行为人经验和运气的评价挂钩，显然不符合基本法理。

3. 受贿犯罪数额 = 股票禁售期届满时的价格 × 购买股数 − 出资额。该种认定方法是针对股票上市后有禁售期的原始股的，因为实践中从保护公司经营角度出发，对原始股基本设定了时间不等的禁售期。持股人要出售原始股的，需在禁售期满后。该认定方法也将受贿对象界定为购买原始股这一投资机会，而对投资机会的量化选择的是股票禁售期届满的价值与出资额之间的差额。股票禁售期满时，该原始股就有了一个可以兑现的价值，之后受贿人在何时变现系其个人自由选择，或者说是一种经营行为，不应当认定为受贿犯罪数额。

该种认定方法也会有一定弊端，"因为如果限售期满的价格低于发行价（破发），甚至低于出资额，将会出现犯罪数额倒挂，与司法逻辑相悖"。① 就可能导致因为受贿数额的计算不科学而无法追究受贿人的刑事责任，明显不利于对腐败犯罪的打击。即便不出现"破发"等极端情况，该种认定方法在犯罪既遂点的认定上也很难与行贿犯罪契合，因为行贿人在让渡原始股时行贿犯罪已完成，但是受贿犯罪却要等到股票上市 1 年以后才既遂，不符合刑事犯罪的一般认定规则。

4. 受贿犯罪数额 = 股票发行价 × 购买股数 − 出资额。案例 4 夏某案受贿案即按照该种方法认定。该种方法的依据是将原始股投资机会认定为一种财产性利益，而原始股发行时的市场价值与出资额之间的差额，由投资机会直接决定，未受市场行情等其他因素影响。行为人收受该投资机会时，对该财产性利益是有充分预期，该财产性利益也可以量化。与第二种认定方法不同的是，股票上市后，因股价波动、出售时间等因素的影响，导致最终获益金额与投资机会无直接关联，主要由市场决定，故将该部分受市场等因素影响而不断变化的金额认定为孳息更为适宜。

该种认定方法争议相对较少，但也并非无懈可击。实践中，购买原始股的时间往往与上市发行时间不一致。在上市筹备期间购买原始股，一般一两年后股票上市发行，但在上市筹备前购买原始股的，购买时间和上市时间可能相差数年。如案例 4 夏某受贿案中，购买原始股的时间与上市时间相差近两年，辩护人即提出该价格不客观不准确。此外，该种认定思路没有考虑打新股的概率，新股中签率 = 股票发行股数/有效申购股数 ×100%，因此若通过打新股的方式获得上述股票，则需要付出巨大成本，如股票持仓量、大量资金等。

笔者认为，第一种认定方法将涉原始股受贿认定为低价买股的交易型受贿，没有考虑原始股的稀缺属性以及背后蕴含的巨大利益，没有对犯罪行为全面评价，不符合目前对于职务犯罪严厉打击的思路，并且市场价值很难评估，在实践中往往难以操作。第二种认定方法评价相对更全面，"逻辑上符合行受贿的对象——原始股带来的利益"②，但是犯罪数额受市场因素以及受贿人行权的时间节点选择影响，不具有严肃性，也不符合基本法理。另外，采用此种认定方法，主观恶性相对较小的，出资购买原始股的，犯罪数额为获利数额，犯罪数额大；主观恶性更大的，无偿收受原始股的，反而以鉴定的原始股价值认定犯罪数额，犯罪数额小，罪责刑明显不相适应。目前，虽有个别判决采用此种思路，但是在

① 马云飞：《出资购买原始股的行为如何认定》，载《中国检察官》2020 年第 10 期。
② 马云飞：《出资购买原始股的行为如何认定》，载《中国检察官》2020 年第 10 期。

现行法律和司法解释未修订的情况下，不宜作为基本认定方法。第三种认定方法将原始股的投资机会量化为股票可以上市交易时的价值与投资额的差额，实践中原始股基本是有限售期的，那么可以上市的价格一般就是限售期满的价格，该种认定方法犯罪数额不受受贿人选择因素的影响，也具备可操作性，相比第二种认定方法而言，争议会小一些，但是如果两个不同的投资主体同时出资购买了一只原始股，会因为投资主体的禁售期不同，最终认定的犯罪数额不同，违背司法逻辑，也不是最合适的认定方法。

笔者同意第四种认定方法，具体分析如下：

首先，股票发行价格符合股票的市场价。《证券发行与承销管理办法》规定，首次公开发行证券，可以通过询价的方式确定证券发行价格，也可以通过发行人与主承销商自主协商直接定价等其他合法可行的方式确定发行价格。发行人和主承销商应当在招股意向书（或招股说明书）和发行公告中披露本次发行证券的定价方式。由此可见，主承销商通过"路演"等方式确定的发行价，一定要符合市场规律，如价格太高，可能会导致发行失败，价格太低，则无法满足发行人的需求，外部投资者也均是以该价格认购，符合股票的市场价值。

其次，股票发行价格与出资额之间的差额，受贿人已实际占有，不受市场及受贿人行权时间选择的影响。受贿人出资购买的该原始股，获得了非一般人所能获得的巨额利益，该利益包括两部分，股票发行价格与出资额之间的差额是基于该投资机会本身就获得的财产性利益，理应认定为受贿犯罪数额。而原始股的溢价是公司上市等市场因素带来的，不是行贿人直接贿送的，不应当认定为犯罪数额，应认定为受贿犯罪的孳息。

最后，以股票发行价格与出资额之间的差额认定受贿数额具有可操作性，并且没有司法认定上的核心障碍。实践中，公司首次上市时的发行价是确定的，无须评估。虽上市发行与出资购买有一定的时间差，但基于原始股流通的相对封闭性，难以通过科学鉴定来判断原始股上市前的合理市场价值，而上市发行价是第一次经过市场检验的价格，以上市发行价认定市场价较为合理。此外，虽然该认定方法未考虑原始股是受贿人直接出资购买，而不是通过打新股方式获得，没有考虑打新股需具备的巨额资金和持仓量，但是我们认为受贿人获得的本质上是一种优先购买权，在目前的法律框架范围内无法用刑法去规制。如果受贿人就以上市发行价直接优先购买原始股，只能涉嫌违纪或者违反行业管理规范。

综上，在涉原始股型受贿中，犯罪既未遂尤其是犯罪数额认定是现实中的难点。无偿收受原始股，系代持的，应严格考量受贿人对原始股的控制程度，可以从行贿人是否丧失控制以及受贿人能否实际控制去综合评判既未遂。如股权已经实际转让，那么该原始股的价值应当认定为犯罪数额，后期增值部分认定为犯罪孳息。出资购买原始股的，倾向于以股票上市发行时的价值与出资额之间的差额认定犯罪数额，后期股票如继续增值，认定为受贿犯罪的孳息。但将来随着社会经济的发展，司法解释的再次修订，以行权时的获利数额与出资额之间的差额认定犯罪数额也是一种可能的方向。

受贿犯罪数额中税费扣除问题研究*

陈旭文　竹莹莹**

近年来，随着经济社会不断发展，腐败犯罪手段呈现不断变换、翻新升级等新特征。行受贿犯罪案件中，国家工作人员收受行贿人代为支付相关费用的财物、服务等情形增多。行受贿过程中产生的相关税费是否需从受贿犯罪数额中扣除，司法解释尚无明确规定，实践中亦未形成统一意见。对此，笔者试分以下两种情况进行阐述。

一、受贿人为完成受贿而支付的税费

受贿人为实现财物所有权或占有权的转移，往往需要支付相关费用。作为受贿成本，受贿人支付的税费一般不从受贿数额中扣除。但涉及具体案件处理时，仍然会出现不同的认定意见。

[案例1] 行受贿双方商定以居间服务费名义进行利益输送100万元，行贿人按约定将100万元汇入受贿方指定的某企业账户，受贿人从该企业账户中将部分款项转入个人账户、部分款项用于支付员工工资、部分款项用于消费支出，在此过程中产生税费1万元，该部分税费是否应从受贿数额中扣除，存在两种不同意见。

第一种意见认为，受贿人从企业账户中转出或使用受贿款过程中产生的税费已缴纳进入国家财政，受贿人并未实际取得；以居间服务费名义进行虚假交易完成行受贿过程中缴纳的税费，不体现权钱交易本质，故应从受贿数额中扣除。该案受贿数额为99万元。

第二种意见认为，1万元税费是受贿人为实现受贿所得而支付的费用，属于受贿成本，不应从受贿数额中扣除。该案受贿数额为100万元。

笔者赞同第二种意见。受贿人为完成受贿而支付的税费，应当作为受贿成本计入受贿数额。主要理由：一是符合行受贿双方主观认知。案例1中，行受贿双方商定利益输送的标的数额是100万元而非99万元，行贿人对受贿人后续上缴的1万元税费不知情。二是行贿人按约定将款项汇入受贿人指定的企业账户，此时行受贿犯罪已属既遂，受贿人对100万元具备完全控制支配能力，受贿数额应认定为100万元。三是受贿人收到贿赂款后在支配、使用及转汇过程中产生的税费，或者向指定企业支付的"过桥费""通道费"等

---

* 原载《检察日报》2023年4月21日，第3版。

** 陈旭文，最高人民检察院第三检察厅二级高级检察官；竹莹莹，最高人民检察院第三检察厅三级高级检察官。

相关款项，属于受贿成本，与行贿人无涉。四是受贿人为完成受贿而支付的税款与行贿人为实施行贿犯罪所支付的税费，情形不同，认定原则也不同，不能因为均属税费而一律扣除。五是税费已经上缴国家与受贿犯罪数额认定属于两个层次的问题。受贿犯罪数额是受贿人从行贿人处得到的不该得到的好处，是司法机关对国家工作人员利用职权换取非法利益的量化评价。按照《刑法》第 64 条的规定，受贿犯罪所得财物均应依法追缴，上缴国库。受贿所得财物是否已经上缴、何时上缴、由谁上缴，是认定犯罪及其数额之后的追赃问题，在法院判决之前已经上缴税费的，案件进入执行阶段后对该部分数额不再追缴即可。因此，税费已上缴国家财政，不影响受贿犯罪数额的认定。

二、行贿人为完成行贿而支付的税费

与受贿成本一般不应从受贿数额中扣除所不同的是，行贿成本一般应从受贿数额中扣除，这是评价对合犯不同行为主体为实现各自目的而实施不同行为的应有之义。然而，在把握一般原则的同时，也需考虑行贿人为完成行贿而支付相关税费的各种不同情形，既做到依法认定，也兼顾合理公允。笔者梳理总结几种常见情况后，试提出以下三项认定原则。

（一）实际收受原则

实际收受原则，是指以受贿人实际收受行贿人非法给予的财物价值认定受贿数额，行贿人为完成行贿而支付相关费用或上缴相关税款，但受贿人没有实际收受或客观上不可能实际收到的，那么该部分税费一般不应计入受贿数额。

[案例 2] 某国家工作人员利用职权为行贿人谋取利益，并向行贿人提出让其特定关系人到行贿人公司挂名领薪，行贿人遂安排该特定关系人到其公司担任部门经理，该特定关系人入职后每月领取薪酬 1.5 万元，至案发共计 37.5 万元，扣除个人所得税 2.2 万元后，实际领取金额为 35.3 万元。该笔受贿数额应认定为 37.5 万元还是 35.3 万元，即个人所得税 2.2 万元是否应计入受贿数额，存在两种意见。

第一种意见认为，国家工作人员非法收受的财物是薪酬，而非实际到手的钱款，行贿人为了向国家工作人员输送利益已实际代缴个人所得税 2.2 万元，因此该部分数额属于薪酬的一部分，应当计入受贿数额。

第二种意见认为，行贿人公司在支付薪酬时代扣代缴的个人所得税已上缴国家财政，国家工作人员的特定关系人无法实际收受，也没有实际收到，因此个人所得税作为行贿人的行贿成本，不宜计入受贿人的犯罪数额。

笔者赞同第二种意见。国家工作人员的特定关系人对行贿人代扣代缴的个人所得税不具有实际控制的能力，没有实际收受，也不可能实际收到。该部分费用既未在特定关系人不劳而获的意图范围之内，也自始未经特定关系人之手，故将个人所得税 2.2 万元从全部薪酬数额 37.5 万元扣除，认定受贿数额 35.3 万元妥当。需要说明的是，与个人所得税上缴国家财政有所不同，养老保险、医疗保险、失业保险、工伤保险、生育保险和住房公积金属于用人单位给予员工的保障性待遇，行贿人公司在支付薪酬时将上述"五险一金"打入特定关系人的个人账户及统筹账户，特定关系人符合一定条件时即可实际使用账户的款项，故应当计入受贿数额。

（二）必要性原则

必要性原则，是指行贿人支付的相关税费是其完成行贿必须支付的款项，税费与财物本身不能剥离，如换作受贿人或其他任何人购买财物也应同样支付税费，那么该税费一般应当计入受贿数额。

[**案例 3**] 行贿人购买房产送给某国家工作人员，除支付购房款 1000 万之外，还支付了契税 50 万元、权属登记费（也称房屋登记费）80 元。对于契税 50 万元、权属登记费 80 元是否应认定为受贿数额，有两种意见。

第一种意见认为，契税 50 万元、权属登记费 80 元均已缴纳进入国家财政，受贿人并未实际取得，故不应认定为受贿数额。故该案受贿数额为 1000 万元。

第二种意见认为，契税、权属登记费均是日常购房必要费用，应认定为受贿数额。

笔者基本赞同第二种意见，但也需区分两种具体情形：一是如果税费属于购买某项财物所必须的支出，而行贿人购买该财物后即转送给国家工作人员，也就是即买即送，那么该税费应当计入受贿数额。案例 3 中，假设不存在权钱交易情况，国家工作人员自行购买房产，那么契税、权属登记费与购房款一样，同时都由其本人支付；而在权钱交易的关系中，国家工作人员本该自己支付的契税、权属登记费换作由行贿人代为支付，属于受贿所得，应计入受贿数额。需要说明的是，同样属于行贿人已付出而受贿人未实际收受的情形，为何挂名领薪中的个人所得税可以从受贿数额中扣除，而购买房产时上缴的契税、权属登记费却应计入受贿数额，原因在于，支付薪酬与购物转送在行受贿方式上不完全相同：特定关系人通过正常劳务获取用人单位支付的薪酬，与通过挂名领薪方式白白获取薪酬，其实际到手的钱款数额相同，不存在应当减少的财产而相应减少的情况；国家工作人员通过正常市场途径购买房产，必然同时支付契税、权属登记费等附着于房产之上的相关税费，但在权钱交易关系中，国家工作人员除了获得房产等财物本身外，其本应支付的税费即本应减少的财产没有减少，因此将这部分税费计入受贿数额具有合理性。二是行贿人购买房产时支付了契税、权属登记费等相关费用，但时隔多年才将房产送给国家工作人员，那么受贿数额要根据行受贿当时的房产价值予以认定。换言之，行贿人购房当时支付的契税、权属登记费等是当年房产流转过程中产生的费用，不是多年后房产价值的必然组成部分，故不应计入受贿数额。

（三）主客观一致原则

主客观一致原则，是指认定受贿数额时既要考虑国家工作人员是否实际收受或有无实际收受可能等客观情况，也要考虑行受贿双方是否就财物的种类、金额等达成合意，特别是受贿人是否对行贿人支付的相关税费具有明知或明知的可能性。

[**案例 4**] 行贿人购买 A 款汽车送给某国家工作人员，由于当时该车比较畅销，行贿人除支付购车款 60 万之外，还额外支付了加价提车费 30 万元。对于加价提车费 30 万元是否应认定为受贿数额，有两种意见。

第一种意见认为，按照必要性原则，加价提车费是购得上述汽车的必要费用，故 30

万元应当计入受贿数额。

第二种意见认为，应区分情况认定。一是如果受贿人知道当时购买 A 款汽车需额外支付提车费，或者车型系受贿人指定，行贿人没有选择余地，那么 30 万元应当计入受贿数额。二是如果车型不是受贿人指定，而是行贿人自行选定，受贿人对加价提车费一事并不知情，那么 30 万元不应计入受贿数额。

笔者基本赞同第二种意见。必要性原则是认定受贿数额的其中一项原则，但不是唯一原则。案例 4 中，加价提车费确属行受贿当时行贿人为完成行贿所必须支付的费用，但如果背离主客观一致原则，那么该部分费用也不宜计入受贿数额。换言之，如果无法认定行贿人额外支付的费用在受贿人主观明知范围之内，那么将失去认定这部分费用属于受贿数额的基础。如何认定受贿人的主观明知，可能是办理此类案件的难点。笔者认为，除了对行贿人明确告知受贿人有加价提车费、受贿人供述其本来就知道有加价提车费或者曾从其他途径知悉购买 A 款汽车需支付加价提车费等情形，可以直接认定受贿人对加价提车费具有主观明知外，在受贿人指定车型让行贿人购买的情形中，一般也可推定受贿人明知加价提车费的存在或者对加价提车费具有概括的受贿故意。如果从社会一般人的常识或经验角度，可以分析得出购买 A 款汽车必须额外支付费用，这是众所周知的事情，那么该额外费用一般不应从受贿数额中刨除。当然，以上是推定受贿人具有主观明知的一般思路，具体到个案的处理，仍需结合证据情况具体分析认定。需要强调的是，如果有证据证明加价提车费是优先购得 A 款汽车的费用，在不支付的情况下只需等待数月也可提车，而受贿人并无着急获得车辆的意图，是行贿人出于向受贿人示好的目的，单方面支付费用以及时购得该车送给受贿人，那么此种情况中的加价提车费 30 万元不宜计入受贿费用，原因在于，行贿人的一厢情愿并不等于受贿人的受贿故意，行贿人的财产损失也不等于受贿人的受贿数额。

索贿探析与两层次认定思考[*]

段剑良[**]

索贿是受贿犯罪的一种表现形式，指国家工作人员利用职务上的便利，索取他人财物。相对于普通的收受型受贿，索贿因其主动性、造意性，主观恶性更大，又因其更严重损害人们对公职行为廉洁性、不可收买性的信赖，以及对国家工作人员道德品行的评价，客观上也具有更大的危害性。故刑法规定了"索贿的从重处罚"；司法解释规定[①]受贿数额在1万元以上达不到"数额较大"时，具有"多次索贿"情节的应当追究刑事责任；司法解释性质文件规定[②]具有索贿情节的一般不适用缓刑或者免予刑事处罚。与普通受贿不同，索贿不需要"为他人谋取利益"，这样规定无疑表明刑法对索贿型受贿犯罪更严厉的谴责。

尽管刑法有相关规定，但如何理解和认定索贿仍有不少争议。比如，有学者认为"索贿即行为人主动向他人索要、勒索并收受财物"[③]，"索贿包括要求、索要与勒索贿赂"[④]。也有实务界人士认为，即便有先提出、安排的成分，但未超出行贿人的心理预期，没有对行贿人形成心理强制，达到行贿人内心极度痛苦、极不情愿拿出财物的程度，行贿人内心是愿意接受的，不宜认定为索贿[⑤]，"除主动要求他人给予财物外，还要求给他人形成心理强制才能认定为索贿"[⑥]。司法实践中有类似案例，如曾任某市房产管理局局长、某市某区主要领导的张某，在工程承揽、征地拆迁等方面"关照"过某房地产公司，其间公司法人代表董某给张某送过财物，后张某调任他职之前再次主动向董某索要数额特别巨大的财物，董某虽不情愿最终仍按要求交付了财物，相关情节未被明确为索贿。

[*] 原载《检察日报》2021年9月7日，第7版。

[**] 最高人民检察院第三检察厅办公室负责人。

① 最高人民法院、最高人民检察院《关于办理贪污贿赂刑事案件适用法律若干问题的解释》（法释〔2016〕9号）。

② 最高人民法院、最高人民检察院印发《〈关于办理职务犯罪案件严格适用缓刑、免予刑事处罚若干问题的意见〉的通知》（法发〔2012〕17号）。

③ 高铭暄、马克昌主编：《刑法学》（第五版），北京大学出版社、高等教育出版社2011年版，第660页。

④ 张明楷：《刑法学（下）》（第五版），法律出版社2016年版，第1206页。

⑤ 王晓东：《贪污贿赂、渎职犯罪司法实务疑难问题解析》，人民法院出版社2020年版，第122页。

⑥ 刘晓虎：《司法疑难之130：索贿的认定要点如何把握》，载微信公众号"刑水浮萍"2019年6月28日。

　　笔者认为，把索贿解释为带有胁迫性质的"强要财物"，要求对他人形成心理强制甚至是极度痛苦，实际上是把索贿中的索取行为等同于勒索行为，且把能否认定索贿从受贿一方的行为很大程度上转移至行贿一方的主观心态上，这种观点限缩了索贿的适用范围，偏离了刑法索贿条款的含义及立法意图，在刑事政策上也不具有合理性。试想某国家工作人员甲向下属乙索财，如果乙很不情愿但考虑到甲的一贯作风害怕被打击而给了，甲就可能构成索贿，如果乙有意巴结甲、正苦于没有好机会行贿，甲就是普通受贿，这显然是不合理的。

　　从文理解释看，《刑法》第 385 条中规定的"索取"一词，在现代汉语中意思是"向人要（钱或东西）"①，也有的解释为"要；讨取"②。虽然刑法用语与规范汉语不是完全对应关系，但基本内涵应该是一致的。而把"向人要（钱或东西）"解释为"强迫人给（钱或东西）"，核心含义发生很大转变，不符合一般国民的正常理解和认知。对比《刑法》第 385 条第 1 款完整内容，"索取"一词相对的是"收受"，其突出的是主动性，即自己主动要属于索取，而"收受"突出的是被动性，即被动接受的属于收受。故从文义上理解，索贿中的"索取"一词最基础的意思是索要，语义范围涵盖索求、勒索。

　　从法的协调性看，《刑法》第 389 条规定"因被勒索给予国家工作人员以财物，没有获得不正当利益的，不是行贿"，这里用的是"被勒索"，恰恰说明索贿不限于更不等同于勒索财物，否则刑法对行贿者免除责任，就应该直接表述为"因被索贿给予国家工作人员以财物，没有获得不正当利益的，不是行贿"。《刑法》第 388 条关于斡旋受贿的规定表述为"索取请托人财物或者收受请托人财物的"，在斡旋受贿中首先受贿人不是基于自己的职权而是他人的职权，这种情况下很难进行勒索；其次行贿人的范围已经从"他人"缩小为"请托人"，本是主动请求斡旋且所求是不正当利益，在此情况下面对索取财物，不太可能形成心理强制更不可能是极度痛苦的，因而《刑法》第 388 条中的"索取"一词，也只能是主动向他人要财物的意思。

　　从刑事政策角度看，当前反腐败斗争的重点之一就是要查处那些"党的十八大以来不收敛不收手"的腐败分子，而索贿岂止是"不收敛不收手"，而是主动伸手、主动腐败，其肆无忌惮、寡廉鲜耻对党风政风和社会风气无疑具有更大的腐蚀性和负面效应，对这种行为理应露头就打、从严查处。而如果把索贿从"索取他人财物"限索为"勒索他人财物"，使得索贿的适用范围极窄，发挥不了应有的预防惩治作用。一方面，现实生活中，腐败分子主动索要财物的不乏其人，但对于普遍具有较高文化程度、有一定社会地位的官员，向人勒索强要财物的并不常见；另一方面，勒索要达到什么程度，如何证明行贿人是真正受到心理强制迫不得已交付财物，实务操作时也有难度。

　　笔者主张，对索贿的理解与认定可以采取"两层次"论，即只要国家工作人员利用职务便利主动提出具体明确的财物要求，就构成索贿，除外情形是在国家工作人员索要财物之前或提出之时，行贿人已经明示暗示要给与财物。第一层次属于积极层面的认定，即只

---

　　①　中国社会科学院语言研究所词典编辑室：《中国现代汉语词典》（第七版），商务印书馆 2016 年版，第 1257 页。

　　②　商务印书馆辞书研究中心：《新华词典》（第四版），商务印书馆 2013 年版，第 969 页。

要国家工作人员因职务关系主动向他人要财物，不管是一般的索要财物，还是强迫性的勒索财物，都是索贿，都应从重处罚，只不过从重的尺度依其"索取"的恶劣程度有所不同。第二层次属于消极层面的否认，国家工作人员即使主动提出财物要求，但之前行贿人已经明示或暗示过要给予财物，包括此前有概括性的表示，就不作索贿认定，因为这种情形下受贿方已经不具有"主动性""造意性"，按照普通的收受型受贿处理即可。

上述理解与认定，首先是回归刑法关于"索取他人财物"的规范含义，维护刑法用语的严谨性、协调性；其次是呼应刑法关于索贿从重处罚的立法意图和反腐败斗争形势需要，对所有主动索贿的行为，都应给予相应的、罪刑相当的处理，进一步"激活"索贿条款；最后是便于实务操作，即对索贿行为，调查取证的重点是国家工作人员有没有主动提出财物要求以及以何种方式提出，行贿人有没有在国家工作人员索取财物之前明示暗示给予财物，一旦确属主动索要或勒索财物，就不用再考虑谋取利益的问题，从而降低调查取证和司法审查的难度。

在认定索贿时，还涉及一个既未遂问题。有观点认为，索贿情形下只要国家工作人员实施了索要行为就是既遂[1]，因为已经侵害了国家工作人员职务行为的不可收买性。笔者认为，如果刑法单独规定"索贿罪"并明确为行为犯，那么以提出财物要求为既遂点的观点具有正当性、必要性，但目前刑法把索贿作为受贿犯罪的一种形式，则应考虑受贿罪的整体构成及形态认定，以是否实际受贿作为既未遂的统一认定标准。如此，国家工作人员在他人未有给予财物的明示、暗示时利用职务便利主动提出财物要求，就构成索贿型受贿罪，之后再根据是否实际取得或控制财物以及未得逞是意志以外原因还是主动放弃，来区分既遂、未遂、中止。

---

① 张明楷：《刑法学（下）》（第五版），法律出版社 2016 年版，第 1221 页。

受贿后及时退还或上交财物的司法认定探析

赖权宏　刘　帅[*]

2007 年，最高人民法院、最高人民检察院出台《关于办理受贿刑事案件适用法律若干问题的意见》（以下简称《意见》），在第 9 条第 1 款规定"国家工作人员收受请托人财物后及时退还或者上交的，不是受贿"，并在同条第 2 款规定了对因被查处而退还财物的仍作为受贿罪处理的例外情形，即"国家工作人员受贿后，因自身或者与其受贿有关联的人、事被查处，为掩饰犯罪而退还或者上交的，不影响认定受贿罪"。该司法解释的出台旨在解决实践中存在的受贿人收受财物后及时退还或上交行为的定性问题。然而，其并未完全解决实践中存在的法律适用不统一的问题，还引发了新的理论争议和实践难题。一方面，该规定缺乏充分的法理支撑。收受财物后退还的行为究竟属于认罪态度、积极退赃等量刑情节，还是与传统刑法犯罪既遂理论不符的特殊出罪事由，理论探讨仍不充分。另一方面，该规定引发司法实践"混乱"。由于该司法解释未明确何为"及时"，导致实践操作差异巨大。一些案件中，收受财物后及时退还或上交行为的定性问题对案件定罪量刑具有重大影响，因此容易成为控辩双方争议的焦点问题。在新时代刑事检察工作高质量发展的背景下，有必要对"收受财物后及时退还或上交"（为行文方便，以下均简称收受财物后及时退还）行为的法律适用问题进行深入探讨，以实现让人民群众在每一个案件中感受到公平正义的司法宗旨。

一、"及时退还"三种常见处理模式评析

对于收受财物后及时退还是否作为受贿罪处理的问题，实践中存在"无罪"模式、"主观无罪"模式和"从宽处理"模式三种常见处理模式。"无罪"模式主张，行为人收受财物后及时退还（因相关人员被查处，为掩饰犯罪而退还的除外），不论行为人是否具有受贿的主观故意，均不作为受贿处理；"主观无罪"模式主张，只有行为人主观上没有收受财物的故意且收受财物后及时退还，才不是受贿；"从宽处理"模式主张，收受财物后及时退还仍应作为受贿处理，不过一般应当从宽处理。以上三种模式各有利弊，以下予以简要评析。

---

　　*　赖权宏，四川省人民检察院第三检察部主任，三级高级检察官；刘帅，四川省人民检察院办公室一级主任科员。

（一）"无罪"模式

该模式对国家工作人员除因被查处之外的其他主动退还财物的情形，一律不作为受贿处理，符合《意见》第9条第1款的字面含义。不过，该做法与受贿罪既遂的刑法理论存在冲突。通常认为，故意犯罪有预备、未遂、中止和既遂四种停止形态，一旦犯罪行为结束后，其停止形态就不会再发生改变。受贿罪作为具有财产属性的犯罪，财物的交付是判断犯罪既遂的通常标准，即一旦交付财物即构成受贿既遂。"无罪"模式则意味着，受贿既遂后仍可认定为无罪，与通常的刑法既遂理论冲突。换言之，"无罪"模式有限缩刑法打击面之嫌。不过，"无罪"模式在司法实践中具有一定的积极效果。"无罪"模式否定了被"及时退还"财物的赃物性质，可以减少全案受贿犯罪数额的认定，相对减轻国家工作人员的罪责，更易被该国家工作人员所理解和接受，因而有利于降低控辩对抗强度。正如有学者所言，"无罪"模式的合法性存疑，但具有显著的政策有效性，并且是有利于被告人的处置方案。[①]

（二）"主观无罪"模式

该模式强调考察国家工作人员行为时的主观心态，对于没有受贿故意或者不明知收受的是财物的，不认定为受贿。典型的主观无罪情形有两种：一种是事后知情并及时退还财物。例如，行贿人谎称所送的是水果、糕点、茶叶等物品，但是实际上包装内藏有大量现金等财物，国家工作人员事后发现并及时退还的。另一种是当面拒收不能，事后及时退还。例如，行贿人将财物放在国家工作人员办公场所后迅速离开，国家工作人员来不及当面退还的。以上两种情形，"主观无罪"模式均不作为犯罪处理。与之相对应，"主观无罪"模式还主张，对于有收受财物故意的，不论是否及时退还财物，均是受贿。"主观无罪"模式符合受贿罪的构成要件要求，较好地把握了受贿罪是故意犯罪的特征。不过，该处理模式一方面对司法解释的理解过于僵化，不能充分发挥宽严相济刑事政策"宽严有度、宽严审时"[②] 的效果；另一方面在实践中容易诱发国家工作人员产生投机心理，助长通过辩解不知情而获得无罪处理的投机心理，有妨碍打击犯罪之嫌。

（三）"从宽处理"模式

该模式关注是否有及时退赃的实际行为，对于及时退还财物的，主张一律从宽处理。相比拒不退赃的情形，及时退还收受财物的行为在一定程度上减少了犯罪产生的社会危害，对其予以从宽处理具有一定的合理性，与罪责刑相适应的刑法原则总体一致。不过，"从宽处理"模式不区分国家工作人员收受财物和退还财物的主观心态，司法理念过于粗糙，与司法专业化、精准化的时代要求相悖。同时，不分情形的一律从宽，与"当宽则宽，当严则严"的宽严相济刑事政策不符，容易放纵犯罪分子，损害法律威严。

---

① 孙道萃：《"收受财物后及时退还"的刑法教义分析》，载《江汉学术》2017年第1期。

② 宽严相济的刑事政策包括如下内容：该严则严，当宽则宽；严中有宽，宽中有严；宽严有度，宽严审时。参见马克昌：《宽严相济刑事政策研究》，清华大学出版社2012年版，第75—81页。

综上，三种常见处理模式有的不考察国家工作人员行为时的主观心态，有的只考察国家工作人员收受贿赂时的主观心态而不考察行为人退还财物时的主观心态，有的只注重考察行为人是否有退赃行为，均缺乏对行为人收受财物和退还财物两个不同阶段的主客观方面的全面把握和评价。而且，上述三种模式均在一定程度上与宽严相济刑事政策不符，难以实现政治、法律和社会效果有机统一，不利于反腐败工作权威高效依法开展。

二、"及时退还"的三个常见认识误区

（一）将"收受财物后及时退还"等同为缺乏受贿故意

不论是理论界还是实务界，均有人认为"及时退还的本质是无受贿罪故意"①。这种主张正是前述"主观无罪"模式的理论依据。"主观无罪"模式重点关注是否有受贿故意，即只要没有受贿故意，收受财物的行为就不是受贿。反之，只要有受贿故意，不论是否"及时"退还，均是受贿罪。笔者认为，这种主张限缩了司法解释的适用空间，且与出台司法解释的初衷相悖。这是因为，受贿罪的主观方面是故意早已成为理论界与实务界的通识，对于缺乏受贿故意的收受财物行为，本身就不符合受贿罪的构成要件，不应作为犯罪处理。如果坚持这种主张，司法解释就是多此一举。实际上，"收受财物后及时退还"的规定，特别强调退还财物的"及时性"。从文义上看，收受财物后及时退还的不是受贿，这里并没有附加其他条件。反之，如果收受财物后未及时退还财物的，则不符合该司法解释规定的作出无罪处理的适用条件。因此，"主观无罪"模式将"收受财物后及时退还"等同于缺乏受贿故意是不妥的，严重忽视了"及时性"这一出罪要件，明显与司法解释的内在逻辑相悖。

（二）将"及时退还"中的"及时"限定为具体期限

如前所述，《意见》未对何为"及时退还"作出细化规定。对于何为"退还"，实践中并无明显争议，但对"及时"的理解把握则存在严重分歧。当前实践中，对"及时"的理解主要有两类主张。一类主张"及时"是指明确、具体的时限。不过，在具体时限方面，又有不同观点。有人认为，可以参照 1988 年国务院《国家行政机关及其工作人员在国内公务活动中不得赠送和接受礼品的规定》规定的 1 个月的礼品上交期限，及时退还以 1 个月为限。② 有人则认为，应当参照挪用公款罪或挪用资金罪，及时退还以 3 个月为限。③ 另一类主张"及时"是一个相对概念，并非具体时限。具体而言，是否"及时"需要结合退还的自愿性、可行性、有效性等因素综合判断。笔者认为，两种主张各有优劣。第一种主张可称为"固定时限说"，为认定及时退还划定了明确红线，统一了认识分歧，方便司法实践操作。不过，其缺点也显而易见，即缺乏充足的法律依据。假设某地司法机关明确将 3 个月作为及时退还的时限标准，则控辩双方均会认同 3 个月以内退还财物的属于"及时退还"，但是对于超过 3 个月的退还行为，控方势必主张不属于"及时退还"，

---

① 孙道萃：《"收受财物后及时退还"的刑法教义分析》，载《江汉学术》2017 年第 1 期。
② 邓维聪：《受贿罪中的及时退还财物之认定》，载《人民法院报》2007 年 11 月 14 日，第 6 版。
③ 陈国庆：《新型受贿犯罪的认定与处罚》，法律出版社 2007 年版，第 58 页。

但辩方可以主张属于"及时退还",毕竟法律并无明文规定。由此可见,"固定时限说"的好处是便于控辩双方对某些情形下的出罪达成共识,弊端是超出该时限即作为入罪的法律依据不充分。相比之下,第二种主张可简称为"相对时限说",为"及时"的理解增加了自愿性、可行性、有效性等限定因素,更有利于全面、细致地考察行为人的整体行为,更有利于作出罪责刑相适应的处理决定。其缺点是增加了司法的不确定性,容易对案件的公正处理带来不利影响。

(三)将索贿行为排除出"及时退还"的适用范畴

在关于"收受财物后及时退还"的理解方面,有观点认为,索贿行为具有严重的主观恶性,应当从严打击,"及时退还仅适用于收受贿赂而不包括索贿情形"[①]。这种观点有一定的合理性,符合从严惩治索贿行为的司法导向。然而,这种"一刀切"的做法值得商榷。这是因为,"收受财物后及时退还"规定的背后,蕴含着"赎罪""宽恕"的法律精神。一个行为是否应当评价为犯罪,本质上要看行为是否具有严重的社会危害性。索贿并非一律"十恶不赦"。对于自愿悔过退还财物且未造成严重社会危害性的,并非一律不能作出罪处理。有的案件中,索贿是出于一时冲动,甚至可能是亲友危难时的"冲动之举",这种情况是否可以网开一面值得探讨。而索贿一律不出罪的做法,则会严重打消索贿行为人主动退赃、谋求悔过从宽的积极性,造成不必要的司法对抗。

三、"及时退还"的三种类型及其处理路径

根据收受财物的行为是否存在过错、退还财物是否自愿以及是否真正出于悔过而退还财物三方面因素,简称为过错性、自愿性、悔过性,可以将实践中的收受财物后及时退还行为区分为"无过错型退还""悔过型退还"和"投机型退还"三种类型。以下笔者将结合几个实际案例(均作化名或隐名处理),对此作进一步探讨。

(一)"无过错型退还"及其处理

[**案例1**]2011年10月,W某在担任某省委书记期间,省委拟进行换届选举,某市委书记S某为了被确定为考察对象,到W某办公室说给W某带了些东西,S某放下一个黑包后就离开了。当天,W某发现黑包里有30万美元。第二天,W某安排其秘书通知S某到办公室,将装有30万美元的黑包带走。[②]

在案例1中,W某从始至终不具有受贿故意,且在得知黑包中放有30万美元后,第二天就安排秘书将钱款退还,其行为不符合受贿罪的构成要件,不是受贿犯罪。类似W某的这类退还行为,可概括为"无过错型退还",是指国家工作人员收受财物的行为不存在刑法上的过错即受贿故意,之后再退还财物的行为。常见的"无过错型退还"包括国家工作人员不知道收受的物品系钱财或被迫收受财物当场来不及退还,之后再予退还的行

---

①　孙道萃:《"收受财物后及时退还"的刑法教义分析》,载《江汉学术》2017年第1期。

②　本案例来源于王晓东:《贪污贿赂、渎职犯罪司法实务疑难问题解析》,人民法院出版社2020年版,第95页。为便于讨论,对案例文字略作形式修改。

为。从犯罪构成方面考察，"无过错型退还"的行为人缺乏受贿故意，因而不能作为受贿犯罪处理。从刑事政策方面看，对该类行为也无从严打击甚至入罪的必要性。对于"无过错型"退还，应当依法认定不构成受贿罪。

（二）"悔过型退还"及其处理

[**案例2**] 被告人Z某原系某县扶贫开发办公室主任，利用职务便利为该县某公司法定代表人李某某谋取利益，先后分三次收受李某某所送贿赂款5万元、2万元及10万元，共计17万元。在收受李某某最后一笔10万元的贿赂后，Z某心生悔意，多次打电话给李某某要将该笔钱退还，但是李某某置之不理。之后，被告人Z某以其他形式将该10万元退还给了李某某。①

在案例2中，Z某的退还行为是积极的、主动的，且不存在《意见》第9条第2款中规定的，自身或相关的人、事被查处，为掩饰犯罪而退还或者上交的情形，能够表明其具有强烈的悔过意愿。如果将第3次收受10万元作为受贿犯罪处理，则Z某的受贿数额将达到17万元，与其实际仅到手和占有7万元财物不符，且会导致全案罪刑不相适应，造成刑罚过重。实际上，从刑事政策方面看，我国刑法并不追求严刑峻法，而是力求实现"宽严相济"，对Z某从宽处理符合"当宽则宽"的刑事政策。类似Z某的退还行为，可以概括为"悔过型退还"，是指行为人出于认罪悔罪而自愿退还已收受财物的行为。对于"悔过型退还"，从受贿罪的构成要件上看，其符合受贿罪既遂。不过，从刑事政策上看，是否应当对这种行为进行追究则需要结合案件具体情况进行讨论。如果收受财物数额较小，且未造成其他恶劣影响，结合宽严相济刑事政策、认罪认罚从宽制度等谦抑性制度，根据《刑法》第13条但书的规定即"但是情节显著轻微危害不大的，不认为是犯罪"，可以对国家工作人员作出罪处理。鉴于这种类型的出罪处理，是在行为符合受贿罪形式构成要件情形下的特殊出罪方式，因此实践中的重点和难点是准确判断国家工作人员是否确实属于"悔过型退还"。一般来说，可以从行为人退还财物后是否再次收受贿赂、行为人对退还行为的主观认识、是否有相关人员被查处等方面综合判断行为人退还财物的悔过性。对于无相关人员被查处、行为人主动及时退还财物且未再收受贿赂，确实真诚悔改的，即属于"悔过型退还"，可以根据《刑法》第13条但书的规定作出罪处理。需要说明的是，退还时间是否"及时"应作相对把握，且仅仅是判断是否属于"情节显著轻微"的参考因素之一。

（三）"投机型退还"及其处理

[**案例3**] 2002年至2010年，被告人Y某利用担任某区委书记等职务上的便利，为某实业公司在工程项目承揽等事项上提供帮助，于2012年收受该公司法定代表人贺某某所送位于海南省的价值400余万元的别墅一套，并安排由其侄女代持房产。2014年，因为收到相关匿名举报后担心被查处，Y某将该套房产退还贺某某。2009年至2010年，Y某利用担任某区委书记等职务上的便利，为某房地产公司在土地性质变更上提供帮助，收受该

---

① 本案例来源于S省某市检察院办理的Z某受贿案。为便于讨论，对案件事实略作简化处理。

公司法定代表人何某所送现金 32 万元。后来，Y 某帮助变更土地性质未果，于 2016 年左右向何某退还 30 万元。①

案例 3 中，Y 某本身具有受贿的故意，后来两次退还财物的原因，一次是因为担心被查处，一次是因为未实现请托人的谋利事项，两次退还行为均发生在收受财物相对较长的时间后，目的均是降低被查处风险而不是知罪悔过。类似 Z 某的两次退还行为，可概括为"投机型退还"，是指为了降低被查处或者被行贿人举报的风险，而将已收受财物退还的行为。这类退还行为本质上是为了使权钱交易行为的腐败行为更安全、更隐蔽，并不是消除再犯危险性的悔过行为。从犯罪构成上看，"投机型退还"符合受贿罪的构成要件，属于受贿既遂。"投机型退还"既对国家工作人员廉洁性造成严重侵害，又试图掩饰隐瞒犯罪行为而获得从宽处罚，严重侵害法律尊严，实质上并未减轻其行为的严重社会危害性。在刑事政策层面，"投机型退还"并未实际降低行为人的再犯可能性，因此也不能基于刑事政策对其作出罪的降格处理。而且，如果对"投机型退还"作出罪处理，还会树立投机退赃可以获得从宽处理的错误导向，反而助长贿赂犯罪。因此，应当将"投机型退还"作为受贿处理。

"国家工作人员收受请托人财物后及时退还或者上交的，不是受贿"的规定，是对国家工作人员收受财物并符合受贿罪形式要件的情形下，基于刑法谦抑精神和宽严相济刑事政策考虑所作出的政策感召处置方式，是司法实践中贯彻执行《刑法》第 13 条规定，倡导实质判断、追求情理法相统一的路径之一。执行该规定时，就是要对收受财物后真诚认罪悔罪、情节显著轻微的国家工作人员给出路，同时堵住投机型退还的后路，实现反腐败斗争政治、法律和社会效果的有机统一。

---

① 本案例来源于 S 省某市检察院办理的 Y 某受贿案。为便于讨论，对案件事实略作简化处理。

关于贿赂款由行贿人"保管"行为的思考

陈 沁[*]

一、贿赂款由行贿人"保管"行为的客观样态

根据两阶层犯罪构成理论，犯罪概念可以进行阶层化理解，即犯罪由客观违法阶层和主观责任阶层构成。认定客观违法阶层的核心问题在于行为是否具有法益侵害性。以受贿罪来看，受贿罪是指国家工作人员利用职务上的便利，索取他人财物的，或者非法收受他人财物，为他人谋取利益的行为。其保护法益是国家工作人员职务行为的廉洁性、不可收买性。受贿行为所索取、收受的财物与国家工作人员的职务行为具有关联性，本质上是一种不正当报酬的利益，与职务行为之间存在对价关系，形成权钱交易。我们在分析贿赂款由行贿人"保管"行为的客观表现时，应重点关注行为人对贿赂款的收受情况。

（一）行为表现

在贿赂款由行贿人"保管"这一类型行为中，贿赂款通常不发生转移，即行贿人或根据行为人的要求安排，不实际支付贿赂款，而是由行贿人继续"保管"贿赂款。

民法上的"保管合同"是指保管人保管寄存人交付的保管物品，并返还该物的合同。保管合同是实践性合同，自保管物交付时成立，但是当事人另有约定的除外。根据此定义，寄存人应当有交付保管物的行为，并且享有领取保管物的权利。对应到贿赂款由行贿人"保管"行为中，即行为人应当有交付贿赂款的行为，并且可以要求行贿人给付贿赂款。行为人将贿赂款交付给行贿人的前提和基础是其已经实际收受了行贿人的贿赂款。司法实践中，行为人与行贿人往往是以口头等形式约定贿赂款暂由行贿人"保管"，这里的"保管"能否理解为前述民法意义上的"保管"，笔者认为需要结合受贿人是否实际收受了贿赂款来分析。

（二）实际收受的认定

关于行为人对贿赂款"实际收受"行为的具体认定，我国刑法学界存在以下几种观点：一是转移说，二是藏匿说，三是控制说或取得说，四是失控说或损失说，五是失控说

---

* 上海市人民检察院第三检察部检察官助理。

加控制说。① 笔者在这里拟通过两种行为模型进行分析。

1. 存在交付动作。行贿人在行贿时直接将贿赂款交付给行为人，行为人收受之后再表示贿赂款仍由行贿人"保管"。此种模型较为简单，即行贿人将贿赂款以现金或银行卡等形式现场直接交付给行为人，行为人存在一个具体的"收受"动作，行为人可能是全部收受，也可能是部分收受（剩下部分由行贿人"保管"）。无论是全部或者部分收受，均表明行为人现场已经接受给付并完成了贿赂款的实际交付，贿赂款的所有权由行贿人转移至行为人。此时，毫无疑问，行为人已经实际收受并取得了贿赂款，其后再将全部或者部分贿赂款交由行贿人保管的行为，属于民法意义上的"保管"。

2. 尚未进行交付。行贿人在行贿时尚未将贿赂款交付给行为人，行为人口头表示贿赂款由行贿人"保管"。此时行为人是否实际收受了贿赂款，笔者认为应当结合行为人对贿赂款的事实管领力和支配情况进行判断。事实管领力即管理与控制能力，表示一种能够对事物进行实际管理和控制的状态。具体来看：一种情形是行为人对贿赂款形成了事实管领力，对贿赂款具有支配与控制能力。此时，虽然行贿人尚未将贿赂款交付给行为人，但是行为人基于其对贿赂款的事实管领力，能够对贿赂款进行管理、支配动作，该情形下应当认定行为人已经实际收受了贿赂款。另一种情形是行为人对贿赂款尚未形成事实管领力，尚不具备支配与控制能力。即该笔贿赂款仍处于行贿人的自由掌控之下，款项的使用、收益并不受行为人支配，此时则不能认定行为人实际收受了贿赂款。如何判断行为人对贿赂款的事实管领力和支配情况，笔者将在本文第三部分"贿赂款由行贿人'保管'行为的认定"中予以阐述。

（三）与代管行为的区分

实务中还存在行受贿双方达成合意后，行为人将贿赂款交给行贿人"代管"的情形。"代管"的表现形式通常为行贿人根据行为人的指定或安排，将贿赂款用于出借或者投资等用途。此时，行贿人系根据行为人的安排对贿赂款作出处分，体现的是行为人的意志，即行为人在控制和支配贿赂款，系行为人在取得贿赂款的前提和基础上进一步作出的使用和处分行为，故应当认定为行为人已经完成贿赂款的收受。笔者认为，"保管"更多体现的是一种静态的暂时存放的管理状态，而"代管"则表现为动态的处分支配的管理行为。

二、贿赂款由行贿人"保管"中行为人的主观意图

主观责任阶层所要认定的核心问题在于，行为人对相关法益侵害事实是否具有可谴责性，只有具备可谴责性，刑法才能就该法益侵害事实让行为人承担刑事责任。一个行为人如果具有犯罪故意或者过失，就表明其具有主观罪过性、非难可能性，但如果同时存在一些阻却事由，则可以排除非难可能性。受贿等职务犯罪行为，结合其本身犯罪类型的特殊性以及主体身份的特定性，犯罪主体一般是文化水平相对较高且具有一定社会地位的自然人，通常不会出现如责任年龄、责任能力、违法性认识可能性等主观责任阻却事由。因此，我们在分析时侧重于主观故意方面。

---

① 彭巍：《论受贿款由行贿人保管的定性》，载《中国检察官》2014 年第 6 期。

（一）行为人将贿赂款交由行贿人"保管"的原因分析

根据行为人主观上是否想要接受贿赂，行为人将贿赂款交由行贿人"保管"的原因可以分为以下两点：

1. 逃避法律制裁。行为人主观上具有非法占有行贿人贿赂的目的，并且认识到行贿人交付的财物是基于行为人职务行为的不正当报酬。行为人将贿赂款暂时交由行贿人"保管"的原因仅仅是为了逃避法律制裁，名为"保管"，实为"迟延受领"，此时应当认为行为人主观上具有受贿犯罪故意。

2. 受个人情感因素影响。行为人或碍于和行贿人之间的情面、或受到其他压力等因素的影响，无法直接拒绝行贿人的贿赂，选择以将贿赂款交由行贿人"保管"的形式或托辞，来达到不收受行贿人贿赂的目的，即名为"保管"，实为"拒绝收受"，那么此时，不应当认定行为人具有主观罪过性。

（二）收受型受贿中"为他人谋取利益"

索取型受贿，行为人的主观恶性显而易见，在此不作分析。下文主要就收受型受贿中"为他人谋取利益"的问题进行探讨。

受贿本质上是一种权钱交易行为。行贿人给付贿赂的原因在于受贿人能够利用职务便利为其谋取利益。从现有的立法框架来看，除了索贿外，"为他人谋取利益"是受贿罪的一个重要特征，也是主观构成要件之一。根据《全国法院审理经济犯罪案件工作座谈会纪要》的相关规定，"为他人谋取利益包括承诺、实施和实现三个阶段的行为。只要具有其中一个阶段的行为，如国家工作人员收受他人财物时，根据他人提出的具体请托事项，承诺为他人谋取利益的，就具备了为他人谋取利益的要件"。这意味着为他人谋取利益是受贿人的一种心理态度和主观意图。行为人将贿赂款交由行贿人"保管"，根据请托人谋取的利益是否实现分为以下两点：

1. 利益已经实现。即行为人利用职务便利已经为请托人实际谋取到相关利益，此种情形无须赘述，行为人完全具备了为他人谋取利益该要件。

2. 利益尚未实现。即请托人希望谋取的利益尚未达成，预先将贿赂给付行为人，此时行为人将贿赂款交由行贿人"保管"的主观心态可能为：一是准备等到其实际为行贿人谋取到利益后再完成交付，显然，行为人对其与行贿人之间权力与财物互相交换的本质是充分认识的，符合为他人谋取利益的要件。二是行为人打算视谋取利益的实际情况决定是否收受贿赂，如果未能成功帮助行贿人谋取到利益，则不予收受或者减少收受数额。此时，仍然应当认定其主观故意，行为人实际上已经承诺为行贿人谋取利益。三是行为人主观上并不准备为请托人谋取利益，此时要结合行为人将贿赂款交由行贿人"保管"后是否存在实际收受行为，如行为人最终收受了贿赂，根据相关司法解释，明知他人有具体请托事项仍然收受其财物的，视为承诺为他人谋取利益。

三、贿赂款由行贿人"保管"行为的认定

实务中关于行为人将贿赂款交由行贿人"保管"行为的认定主要存在以下几种意见：

第一种意见认为行为人收受该笔贿赂款既遂，原因在于当行受贿双方达成"保管"贿赂款的约定合意时，即表明行贿人已经实际交付了贿赂款，行为人则已经收受了贿赂款，同时其交由行贿人暂为"保管"的行为是一种处分行为，该笔贿赂款的所有权自行贿人转移至行为人。尽管贿赂款位于行贿人处"保管"，但行为人具有请求行贿人随时给付返还的权利，故而对该笔贿赂款享有实际控制权。第二种意见认为行为人收受的该笔贿赂款不构成受贿犯罪，主要原因系贿赂款并未实际给付，即行为人未实际收受到相关财物。第三种意见认为行为人收受的该笔贿赂款属于犯罪未遂。行受贿双方主观上达成了收受贿赂的合意，即形成了职务行为与财物之间的对价关系，已经侵害到受贿罪的保护法益国家工作人员职务行为的不可收买性。但是由于行贿人未向行为人实际交付贿赂款，行为人未实际收受到，对该笔款项不具有支配与控制能力，该笔款项的实际占有、使用和处分人仍然是行贿人。

笔者认为对贿赂款由行贿人"保管"行为的认定，应当秉持主客观相一致的原则，结合前文论述的客观违法阶层与主观责任阶层的不同样态，行为的定性存在以下多种可能。

（一）行为人主观上具有非法占有贿赂款的故意

即行为人主观上想要收受行贿人的贿赂款，表明行为人已经充分认识到其职务行为与行贿人给付的财物之间的交换性，并希望发生这样一种权钱交易。此时，分成以下情形讨论：

1. 情形一：全部交付。行贿人将贿赂款以现金或者银行卡等形式，现场直接交付给行为人，行为人全部接受后又交由行贿人"保管"。例如，行贿人把装满现金的信封交给行为人，行为人先行收下后，再将信封还给行贿人，以口头方式让行贿人继续"保管"。此时，行为人的"先行收下"动作可以认定为已经完成实际收受，款项的所有权由行贿人转移至行为人，行为人对该笔款项已经形成控制，其后续再将贿赂款交由行贿人继续"保管"是受贿人对已经收受的贿赂款的处分行为。故此种情形下应当认定为犯罪既遂。

2. 情形二：尚未交付。行贿人尚未将贿赂款现实交付给行为人，行为人口头表示贿赂款由行贿人"保管"。此时行为人是否实际收受了贿赂款，是否犯罪既遂，笔者认为应当根据行为人对贿赂款的事实管领力情况进行判断。

（1）事实管领力的判断。事实管领力，表示对事物管理与控制的能力，在此即指行为人对贿赂款的管理与控制能力。笔者认为可以细分为静态的掌控能力和动态的操控能力。静态的掌控能力主要体现在总体上行为人对贿赂款的掌握了解情况，如贿赂款的储存和变化情况；而动态的操控能力则体现为行为人对该贿赂款的处分能力，如行为人是否能够向行贿人随时要求给付款项、行贿人是否能够依照行为人的意思表示处分款项等。行为人对贿赂款的事实管领力可能会受到多种因素的影响。包括行为人与行贿人之间的关系、贿赂款的形式、行贿人利益的实现情况等。一是行为人与行贿人之间的关系。当行为人与行贿人存在某种特殊关系时，行为人对贿赂款的支配与控制性相对更强。这种关系可能是基于情感产生的信任关系，也可能是基于利益或者职务产生的制约关系。通常情况下，行为人与行贿人之间的信任度更高、制约性越强，行为人对贿赂款的支配力也越大。二是贿赂款的形式。特定形式或状态下的贿赂款受行为人支配的可能度会更高。如与现金相比，以行为人名义存储的存折形式的贿赂款，行为人对该贿赂款的控制力更为充分。又如同样是以银行卡形式给付的贿赂款，密码由行为人掌握的较之于密码由行贿人掌握的状态下，显然前者行为人对贿赂款的控制性更强。三是行贿人利益的实现情况。在行为人已经利用职务便利帮助行贿人实现利益的情况下，行贿人对给付贿赂款的想法不容易出现变卦情况，如果利益尚未实现，行贿人的心态会随着时间的推移产生波动，很可能会改变主意拒绝向行为人给付贿赂款。总言之，我们在判断行为人对贿赂款的事实管领力时，应当具体情况具体分析，综合多项因素，结合实际情况进行判断。

（2）两种情形下的认定。一是行为人对贿赂款已经形成事实管领力，尽管此时行贿人尚未将贿赂款现实交付给行为人，但是基于行为人能够对贿赂款进行管理、支配和控制，应当认定行为人已经实际收受了贿赂款，为犯罪既遂。二是行贿人对贿赂款尚未形成事实管领力，不具备管理与控制能力，表明该款项仍处于行贿人的自由掌控之下，款项的使用不受行为人支配，行贿人最终是否会将贿赂款给付行为人受多种因素的影响，笔者认为不能认定行为人实际收受了贿赂款，基于我们这一部分所讨论的前提是行为人具有非法占有贿赂款的故意，故此时属于犯罪未遂。

3. 情形三：部分交付。行贿人将贿赂款以现金或者银行卡等形式，现场直接交付给行为人，行为人部分接受，剩余部分由行贿人"保管"。如行贿人把五张储值均为 10 万元人民币的消费卡现场交给行为人，行为人收下了其中三张，剩余两张以口头形式表示先放在行贿人处。首先，对于行为人已经收下的三张消费卡，根据前述情形一"全部交付"，应当认定为犯罪既遂。对于剩余两张消费卡的认定，笔者认为可以分为两种情况：一种是行为人收下五张消费卡后还给行贿人两张，那么行为人收下的那一刻即已经既遂，原理和前述情形一一样，将剩下两张消费卡交由行贿人属于行为人行使的处分行为。另一种是行为人本身仅收下了三张消费卡，剩余两张卡始终在行贿人处。对于已经收下的三张消费卡，毫无疑问应当认定为既遂。争议点主要在剩下的两张卡，笔者认为可以参照情形二"尚未交付"的内容进行事实管领力的判断以及相应既、未遂的认定。

（二）行为人主观上不具有非法占有贿赂款的故意

即行为人主观上并不想要收受行贿人的贿赂款，行为人可能已经认识到权钱交易的本质，本身拒绝或因害怕法律制裁而不敢收受贿赂款。此时，笔者认为可以分成以下情形讨论：

1. 情形一：未收受且未谋利。即行为人实际未收受贿赂款，且未利用职务便利为行贿人谋取利益，此时行为人不构成犯罪。行为人主观上没有非法占有贿赂的直接故意，且客观上也没有实际收受财物和为行贿人谋取利益的行为，不符合受贿罪的犯罪构成要件。

2. 情形二：未收受但谋利。若行为人实际未收受贿赂款，但是利用其职务便利为行贿人谋取到利益，并且致使公共财产、国家和人民利益遭受重大损失的，则可能构成渎职犯罪，此时行为人为行贿人谋取到的通常为不正当利益。

3. 情形三：实际收受。行为人主观上虽然不具有非法占有的故意，但是事实上收受了行贿人的财物，此时笔者认为可以根据行为人是否明知请托事项分成三种情况。第一种是行为人明知行贿人的请托事项，此时行为人是否为行贿人谋取到利益在所不问，构成受贿罪既遂。根据最高人民法院、最高人民检察院《关于办理贪污贿赂刑事案件适用法律若干问题的解释》第 13 条第 1 款第 2 项，明知他人有具体请托事项而收受其财物的，应当认定为"为他人谋取利益"。第二种是行为人并不知晓请托事项，客观上也没有为行贿人谋取利益，此时行贿人给付财物的行为可能属于日常意义上的"感情投资"，系正常人情往来的，则不能认定为受贿犯罪。第三种是行为人并不知晓请托事项，但客观上促进了行贿人所谋取利益的实现：（1）尽管行为人对请托事项不知情，但是若能够推断出行贿人给付金钱有对行为人职务行为施加影响的意图，同样应当认定为受贿。（2）若行为人履职时没有受贿故意，且双方亦未就请托事项进行意思联络，但是在履职后即客观促进行贿人谋取利益的实现后收受行贿人财物的，根据最高人民法院、最高人民检察院《关于办理贪污贿赂刑事案件适用法律若干问题的解释》第 13 条第 1 款第 3 项"履职时未被请托，但事后基于该履职事由收受他人财物的"，应当认定为受贿既遂。只要行为人收受财物与其先前职务行为存在关联，其收受财物的行为就侵害了国家工作人员的职务廉洁性。

论受贿罪中职权制约关系的二元化阶层认定路径

刘 松[*]

一、受贿罪中的职权制约关系

相比于斡旋类的间接受贿，国家工作人员利用职务上的便利是认定直接受贿必不可少的关键构成要件要素之一。尽管 1979 年、1997 年两部刑法都将利用职务上的便利明示为受贿罪的罪状，但对"利用职务上的便利"的具体内涵在规范上起初并无准确的界定，直到 2003 年 11 月，最高人民法院在《全国法院审理经济犯罪案件工作座谈会纪要》中将"利用职务上的便利"明确为"既包括利用本人职务上主管、负责、承办某项公共事务的职权，也包括利用职务上有隶属、制约关系的其他国家工作人员的职权"。该意见扩大了"利用职务上的便利"文义解释的范围，以实质解释的方式解决了实践中的不少疑难复杂问题，一直沿用近 20 年，至今仍是区分直接受贿与间接受贿的重要依据。

虽然在目前的立法框架下，受贿犯罪本质上仍然是钱权交易的犯罪，无论是收受货币、物品，还是财产性利益，都是以国家权力不可收买性的丧失为代价，是利用职权的犯罪行为[①]，但是职权是随着政治体制改革的发展变化而动态调整变化的。20 年来，随着我国经济体制、司法体制等领域改革的不断深化，社会治理结构和方式日趋完善，与之相应的政治体制改革也在不断深化完善，在受贿罪的认定过程中，如何准确认定"利用职务上的便利"不可避免地出现了一些新情况、新问题，其中职权制约关系的认定问题尤为突出。[②]

在"利用职务上的便利"中，第一个方面"利用本人职务上主管、负责、承办某项公共事务的职权"，是直接利用自己的职权。任何国家工作人员都拥有一定的职权，可能经办或者参与管理一定的公共事务，可以接受请托人的请托作出一定的职务行为或者不作出本应作出的职务行为，从而为请托人谋取利益并收受财物。[③] 实践中，在这方面不管单位的职能如何调整、个人的职权如何变化，都可以找到"三定方案"等书面文件作为依据，认定起来并不困难。

第二个方面"利用职务上有隶属、制约关系的其他国家工作人员的职权"，则是利用

---

* 江苏省淮安市人民检察院第三检察部副主任。
① 蔡道通：《论受贿罪加重情节的地位及其解释立场》，载《法律适用》2018 年第 19 期。
② 参见孙谦、万春、黎宏主编：《职务犯罪检察业务》，中国检察出版社 2022 年版，第 131—138 页。
③ 孙国祥：《贿赂犯罪的学说与案解》，法律出版社 2012 年版，第 338 页。

别人的职权，是别人的职权为我所用。别人为什么愿意把他自己的职权给我用？就是因为我们之间有隶属、制约关系。在司法认定上，隶属关系不难认定，上下级之间通常还是界限分明的。但制约关系的认定却极为复杂，既有简单到一目了然，一看就存在制约关系的情形；也有似是而非，似乎无法判断是否存在制约关系的情形；还有不同人有不同的认识，有人认为有制约关系、有人认为没有制约关系的情形。如何准确理解和认定职权制约关系，是受贿犯罪案件办理中面临的重要问题和实践难题。[①]

二、认定职权制约关系应当作类型化区分

本文认为，对职权制约关系的认定，应当采取二元化阶层认定的路径，先作类型化区分，再作个性化精准判断，类型化区分是第一阶层，个性化精准判断是第二阶层。

所谓类型化区分，即在认定职权制约关系时，应当首先从请托的国家工作人员的职权对受托国家工作人员职权的直接影响力上，对请托类型从制约力上作有理有据的分类界分。常见的类型主要有四类：

一是具有间接隶属关系的领导与下属之间。比如，某县委常委、宣传部部长对该县宣传领域外的其他各机关部门的领导干部都具有制约力，这种制约力的权力来源并非县委宣传部部长本身的职权，而是基于其县委常委的职权和该职权所附随的县委领导的身份。[②]因为这种类型的情形涉及隶属关系，也有观点认为这种情形不属于制约关系而属于广义的隶属关系；还有观点认为无论是认定隶属还是制约都影响不大，可以参照前述《全国法院审理经济犯罪案件工作座谈会纪要》中关于"担任单位领导职务的国家工作人员通过不属自己主管的下级部门的国家工作人员的职务为他人谋取利益的，应当认定为'利用职务上的便利'为他人谋取利益"予以入罪。[③]这些观点虽有争鸣，但最终的指向一致，说明这种情形在实践中的认识基本一致。

二是具有间接管理关系的国家工作人员之间。比如，某省政府办公厅某处负责联系全省财税交通经贸工作，该处处长对地级市交通局局长具有制约力，虽然两者在职务级别上看似乎是平级，甚至可能该地级市交通局局长在级别上是二级巡视员，还高于正处级的该处长，但这种级别上的"下高上低"并不影响职权上的制约，这种制约力的权力来源是该处室的职权而非处长的级别。更进一步探讨，该处长对地级市分管交通的副市长是否有制约力？从职务上看该处长肯定比副市长级别低，但从职权上看副市长在交通领域的工作能够受到该处长的间接管理，应当认为该处长对该副市长有制约力。再深入一步，该处作为省政府办公厅的一个处室，之所以能联系全省的财税交通经贸工作，是因为该处室是为分管副省长的日常工作服务的部门，该处室的职权是与分管副省长的工作职权密切关联的，该处处长之所以能够将联系全省财税交通经贸工作的职责异化为对全省财税交通经贸工作

① 参见郭竹梅：《受贿罪司法适用研究》，法律出版社 2018 年版，第 102—104 页。

② 参见杨兴国：《贪污贿赂犯罪认定精解精析（修订版）》，中国检察出版社 2015 年版，第 171—174 页。

③ 参见欧阳本祺：《我国刑法中"利用职务便利"的类型化解释》，载《江苏行政学院学报》2019 年第 6 期。

的间接管理职权，离不开这一因素，该处室的职责实际上是依附于该省领导在分管领域的管理职责，只不过省领导是直接管理职权，该处室是将工作联系变成了实际上的间接管理。

三是具有特殊管理职权的部门领导与其他部门国家工作人员之间。比如，在监察体制改革前，检察机关具有反贪污、反渎职侵权的职务犯罪侦查权，某县检察院检察长对该县其他各机关的公务人员都具有制约力，这种制约力的权力来源就是当时检察机关所具有的职务犯罪侦查这一特殊管理职权。[①] 监察体制改革以后，随着检察机关反贪污、反渎职侵权部门的转隶，由于前述制约力的权力来源没有了，该县检察院检察长对该县其他各机关的公务人员的制约力亦难以再认定。但是对于检察机关在监察体制改革后继续保留的，在对诉讼活动实行法律监督中发现的司法工作人员利用职权实施的非法拘禁、刑讯逼供、非法搜查等 14 个侵犯公民权利、损害司法公正的犯罪案件侦查权[②]，以及检察机关本身就具有的刑事诉讼监督权等，与这些职权相关的制约力仍然存在则是无虞的。

四是具有时效性授权职责的领导与被授权范围内国家工作人员之间。比如，某省开展为期一年的环保专项督查，组成若干专项督查组到各地级市开展督查，某督查组组长系省教育厅副厅长兼任，在到某市督查期间，该督查组组长对该市在环保督查领域内的国家工作人员都具有制约力，其制约力的权力来源就是省里对该环保专项督查组的授权职责，但是这种授权具有时效性、范围性特征，即授权有明确的时间限制和具体的职权范围限制，超过了这两个限制，一般就难以认定该督查组组长对该市的制约力。与之相类似的一种情况是，请托的国家工作人员与受托的国家工作人员在某一项具体的事情上具有制约关系，比如某县分管旅游工作的副县长因该县旅游品牌的推介需要市委宣传部分管副部长的支持审批，在这一期间，能够认定该副部长对该副县长具有职务上的制约关系，这种制约关系实质上是前述时效性授权职责认定的"简化版"，区别是前述时效性授权是上级赋予的职权，后述"简化版"情形是自己有求于他人的职权。

三、认定职权制约关系应当作个性化精准判断

类型化区分想要解决的是一般性的规则问题，即在这种类型下，不问请托的国家工作人员与受托的国家工作人员之间职务级别上的大小关系、受托人心理上的抗拒程度和能否拒绝的可能性，一概将之认定为具有职权制约关系。这种类型化区分的好处是，可以相对简单的解决受贿犯罪实践中遇到的多数问题，提高受贿犯罪打击的效率，但由于这种类型化区分不是权威解释，也没有法律司法解释等的依据，在具体案件的适用中仍然不可避免地会产生一些认识分歧。如某省政府办公厅处长对某市副市长的制约力认定，在法庭上控方始终认为有制约力，因为该处长所联系的领域是该副市长的分管领域；辩方则坚持认为没有制约力，因为常理是一个正处级干部无法制约到一个副厅级干部。由于双方谁也说服不了谁，只能在法庭上各自自说自话，把这个法律适用的难题交给法庭裁判。对法庭来说，这既是法律适用问题，又不单纯是法律适用问题，而是法律适用与证据交互交织的综

---

① 参见刘方：《贪污贿赂犯罪的司法认定》，法律出版社 2015 年版，第 163—164 页。

② 史卫忠：《监察机关与检察机关办案衔接难点问题解析》，载《人民检察》2021 年第 21 期。

合问题。认定这样的法律适用问题，既要靠一般性的规则判断，更要靠在案证据所反映出的案件具体情况，才能作出准确判断。

这就是第二阶层，个性化精准判断，即在第一阶层类型化区分的基础上，结合在案证据，对职权制约关系作进一步的实质化认定。

这种实质化的认定，本质上是主观判断与客观判断相结合的综合判断，因此个性化的精准判断，离不开具体案件的具体事实，一定程度上是把法律适用问题转化为证据问题，用证据来解决法律适用问题。其基本的判断方法是，根据职权制约关系认定中对合的请托、受托两方国家工作人员的证言，辅以其他在案证据对有无制约力进行综合判断。

第一，从请托方国家工作人员，也就是受贿罪的犯罪嫌疑人自己的供述和辩解看，该受贿人要供述自己对受托方是否具有制约力的认识。行为是认识支配下的具体活动，在行贿人找到受贿人提出具体的谋利事项后，受贿人发现该谋利事项不在自己主管、负责、承办的职权范围内，此时从办事成本角度分析，受贿人最先想到的，自然是希望找到一个既能办成该谋利事项又能受其制约的人，这样才能最稳妥的把行贿人所托之事办成。因此，受贿人对制约关系的认识特别是其为何认为自己能够制约到受托方，是判断制约力成立与否的重要证据。

第二，从受托的国家工作人员的证言看，该受托人要证实为什么会帮助请托自己的国家工作人员来办这件事，是基于亲情、友情还是职权制约关系。如果是基于职权制约关系，受托人在接到请托人请托时，是如何考虑的，其帮助请托人办成事的原因是什么，其为何认为该请托人能够对自己产生制约力。受托人作为接受请托、帮助办事的一方，属于被动接受者，被动接受者为何愿意在受托后主动帮忙，对判断制约力成立与否十分重要。

第三，还可以从谋利的具体事情上来分析判断制约力。比如，请托人向受托人提出希望受托人帮忙办成一件事，受托人听了具体的事情后，发现这件事情要想办成并不是自己简单打个招呼就行的，还需要自己再进行周密的安排，需要费一番周折才能帮忙办成，甚至还可能需要做一些违规的事情才行。在这种情况下受托人还是帮助请托人把事情办成了，这难道不能清晰地说明请托人、受托人之间的制约关系吗？此时对制约力的判断，可以说是事实胜于雄辩。

以往遇到这样的情况，相当一部分司法人员看到了办事中的违规情况后，就简单地以谋取不正当利益作斡旋受贿的认定，以降低认定直接受贿的难度，而不愿意再从直接受贿的角度进行深入细致的分析判断。这样一来，指控的难度虽然降低了，但却没有准确把握住受托、请托双方你来我往背后真实的职权制约关系。如此这般的就低认定多了、习惯了，一旦今后遇到不标准或者一眼看不出来是否谋取不正当利益的情形时，就会感到遇到了棘手的难题，在无从判断的两难之下，为了降低指控的风险，只得放弃了入罪认定，转而建议监察机关作违纪处理，这不利于对腐败犯罪的打击。

四、类型化区分与个性化判断二元阶层适用的关系

类型化区分与个性化精准判断并不矛盾，两者是相辅相成、互为补充、一先一后的关系，即类型化的一般判断在先，个性化的精准判断在后；在分析认定职权制约关系时，首先应当结合类型化的界分标准进行基本的判断，如果经过类型化判断，发现案件中的制约关系十分清晰、非常明确，实际上是没有必要再进行第二步的个性化精准判断的。如果经过第一步的类型化判断，不能得出确实充分的结论，则需要结合在案证据进一步展开个性化的精准判断。因此，个性化精准判断，实际上是为了解决职权制约关系认定中的以下两类实践难题。

一是解决在类型化区分中遇到的争议问题。类型化的区分虽然好，但由于只是认识上的标准，没有规范上的依据，往往容易产生争议，即使将来司法解释或者规范性司法文件以适当方式对制约力的类型作了规定，但再详细也能只是列举，不可能穷尽实践中的所有情况，总有挂一漏万的时候；个性化精准判断则是在类型化区分的基础上用证据说话，用证据来解决实践中的争议和难题。争议点不同，相应的证据也不同，证据随着争议点走，就可以解决主要问题。

比如，前述省政府办公厅联系交通工作的处长对地级市分管交通的副市长之间是否具有制约力的争议问题，控方在指控该处长对副市长具有制约力的时候，并不需要作过多理论上的分析论证，而是应当主要通过举证把该法律适用问题自然转换成证据问题，用确实充分的证据来证实有制约力。其一，该处长供述，其所在的处室负责联系全省的交通工作，平时在该省的交通领域自己有很大的话语权，自己曾经多次帮助该市解决交通领域的一些问题，而这些问题没有自己的帮助该市无法解决。其二，该副市长证实，由于分管交通领域，平时与该处长工作上多有联系，该处在全省交通领域有很大的话语权，曾帮助该市解决了很多年想解决但一直没能力解决的问题；当该处长找到自己帮忙时，虽然这个忙不太好帮，但考虑到该处长的职权能够实际管到自己的工作，今后该市交通领域的工作还需要该处长的关照和支持，所以就答应帮忙了，并为此费了好一番周折才把事情办成。其三，在案其他相关证人证言和书证证实，该处的工作职责与全省交通领域工作有密切关联，能够影响到省里对地级市交通工作的整体评价，该处长请托之事比较难办但不违规，该副市长为了办成此事下了很大的功夫、用了较长时间才办成。通过上述举证，控方以确实充分的证据证实该处长对该副市长具有制约力，从而认定直接受贿，被告人亦当庭表示无异议。

二是解决类型化区分无法涉及的特殊疑难问题。现实中的受贿情形是极其复杂、变化多端的，类型化区分反映的只是实践中认识相对一致的部分情形，还有一些情形各方认识分歧很大，并没相对统一的看法，有的甚至是同样的情况，在不同的案件、不同的地方、不同的人身上表现为不一样的情况，呈现鲜明的个性化特征。在这种情况下，第一步的类型化区分根本派不上用场，只能通过个性化的精准判断来准确识别是否具有职权制约关系。

比如，县委常委、政法委书记能否制约到分管城建的副县长？一般认为，两者之间是平级，不能认定为存在制约关系。本文认为，两者之间是否具有制约关系不能简单的一概而论，应当结合在案证据作出分析判断。证据显示：其一，该县委常委、政法委书记供述，自己在该县长期担任县领导，资历老、影响大，在自己任县领导的时候该副县长还是县里一名副局长，自己平时对该副县长关照有加，且该副县长所分管的城建领域涉及烂尾楼处置、拆迁等工作，自己作为县委常委、政法委书记负有维稳职责，多次出面帮助该副县长协调解决这些涉及维稳的难题。其二，该副县长证实，一方面自己刚担任副县长且分管的城建工作难度大，需要县委领导的大力支持，该县委常委、政法委书记作为县里的老领导，在县委常委会研究城建工作时，说话管用，能够对城建工作起到帮助作用；另一方面城建工作遇到的烂尾楼处置、拆迁等工作矛盾多、问题多、困难多，在推动这些难题解决上离不开政法机关的帮助，没有该书记帮助协调，很多难题都无法解决，自己从心里是把该书记当成领导看待的，所以该书记请托帮忙时，自己无法拒绝。其三，在案其他相关证人证言和书证证实，该书记在县委常委会研究城建工作时多次力排众议支持该副县长的提议，并曾协调该县政法机关帮助解决处理了一系列涉及烂尾楼处置、拆迁的具体事项。此外，该案中还补充调取到书证证实，该县曾为统筹处置城建领域的相关老大难工作成立了旧城改造指挥部，该书记是指挥部副指挥长，该副县长是指挥部成员。这些在案证据证实，该县委常委、政法委书记对该分管城建的副县长具有制约力。该案法院最终以直接受贿认定，被告人亦当庭表示无异议。

以往遇到这种情况，常见的做法是由于无法作类型化区分，考虑到将来在法庭上对制约关系的认定必然存在认识分歧，为稳妥起见，主动退而求其次，不予认定直接受贿，转为考虑能否认定为斡旋受贿。这样的固化思维，导致的结果就是，在制约力的认定上压根就进入不到第二步的个性化精准判断，控方似乎未尽全力就主动让出了认定直接受贿的"阵地"，十分可惜。

需要提醒的是，在类型化区分与个性化判断的二元阶层认定场合，个性化精准判断所起的作用更多的是对类型化区分的印证；而在解决类型化区分无法涉及的特殊疑难问题时，我们实际上是跨过类型化区分，单独适用个性化的精准判断，此时个性化精准判断的功能已从此前的印证变为现在的独立证明。在这种事实上的一元场合，对个性化精准判断的适用要求显然要高于上述二元阶层认定场合，适用时应当更加谨慎和谦抑，证据的证明要求也应当更高，方能得出令人信服的结论。

五、余论

直接受贿与斡旋受贿相比，差别在谋利事项是否正当利益，上述做法带来的问题是虽然暂时绕开了职权制约难题，但在后续判断是否不正当利益时又常常举步维艰、犹豫不定。殊不知，当控方在认定制约关系的"阵地"上没有竭尽全力甚至主动放弃后，退而求其次认定不正当利益也仍然可能绞尽脑汁、纠结万分，在论证是否不正当利益上所下的功夫也许是只多不少。原因在于，行贿人在请托时、受贿人在收钱帮忙办事时，基本是不会考虑所要谋取的是正当利益还是不正当利益，而实践中不正当利益的认定往往比职权制约关系的认定更为复杂、更为多样、更为模糊，真的让人很难判断。

对于斡旋受贿，有学者指出："立法者之所以在普通受贿成立条件基础上，要求必须为请托人谋取不正当利益，方成立受贿罪，显然是认为，斡旋受贿相对于普通受贿而言，违法性与有责性相对较轻。"[①] 当我们回归刑法文本时，可以看到刑法的制定者将直接受贿安排在第 385 条后，并没有将斡旋受贿紧随其后安排，虽然两者在罪名上都叫"受贿

---

① 陈洪兵：《贪污贿赂渎职罪解释论与判例研究》，中国政法大学出版社 2015 年版，第 78 页。

罪"。而是在受贿罪的处罚（第 386 条）、单位受贿罪（第 387 条）这两个条文之后，才将斡旋受贿安排在第 388 条，中间相隔两个条文，也许就是在提醒法律的具体适用者，在受贿犯罪中，应当首先的、主要的考虑直接受贿，只有在认定直接受贿确实走不通时才考虑斡旋受贿。

　　虽然这两者都是受贿，但是一方面，直接受贿体现的是权钱交易谋取利益，斡旋受贿体现的是权钱交易谋取不正当利益；另一方面，《刑法》第 388 条关于斡旋受贿的规定表述为"索取请托人财物或者收受请托人财物的"，即在斡旋受贿中受贿人不是基于自己的职权而是他人的职权，行贿人的范围也从"他人"缩小为"请托人"。① 显然，斡旋受贿的射程要远小于直接受贿，斡旋受贿认定多了，是否会影响反腐败的实际效果，值得深入研究。

---

　　① 段剑良：《索贿探析与两层次认定思考》，载张志杰主编：《刑事检察工作指导》第 4 辑，中国检察出版社 2021 年版。

索取、收受商业机会的罪与非罪

朱瑞玺*

受贿犯罪因其恶劣影响一直是我国重拳打击的犯罪行为之一。随着市场经济发展，新的贿赂形式不断出现，日渐隐蔽、掩人耳目。由于法律规定的滞后性，类似索取、收受商业机会的行为能否被受贿罪进行刑事规制，成为一个亟待解决的问题。笔者遇到这样一个案例：2007 年 3 月，A 市监狱迁建扩容工程项目经省发改委审批立项，交由 A 市城投项目投资管理有限公司代建，该公司为国有企业，2009 年 5 月监狱交付使用。2011 年 1 月，被告人章某担任 A 市监狱的监狱长，全面负责监狱工作。因监狱工程质量存在问题，代建公司在该项目后续工作如资金拨付、产证办理等方面仍需章某的支持。2012 年 12 月至 2019 年 5 月，章某与其子通谋，利用章某职务之便，向监狱代建公司负责人朱某打招呼，借由朱某及代建公司系列人员的帮助，章某之子顺利获得两项政府工程项目的"经营方选择权"，一为公租房门窗安装项目，二为城市生活广场墙地砖供应项目。朱某所在公司为两项目的甲方，无论章某之子选择何人实施项目，乙方承包者因甲方关照均会同意。在项目后续施工过程中，章某之子无资金、人力付出，不担风险。第三方经章某之子介绍进行项目施工，后陆续将事先约定好的介绍费转给章某之子，共计 227 万元。

在本案中，朱某因章某职务制约给予章某之子两个政府工程项目，章某之子将获取的工程项目交由第三方实施，从中赚取固定比例介绍费。因为善意第三方是按照市场行情将部分利润分与章某之子，与章某职务无关，双方之间不存在行受贿关系。章某及章某之子是否构成受贿罪，关键在于能否认定章某利用职务之便，帮助第三方获取的政府工程项目属于贿赂，即商业机会是否属于贿赂。

一、将商业机会认定为贿赂的困难及原因分析

（一）贿赂内容和范围难以涵盖商业机会

刑法将贿赂的范围明文规定为"财物"，就贿赂的内容和范围，刑法界主要有三种不同学说。第一种是财物说，认为贿赂仅限于狭义的财物，即货币和物品，不包括其他利益。第二种是财产性利益说，该说认为贿赂不仅指财物，还包括提供房屋装修、含有金额的会员卡、代币卡等可以用金钱计算的财产性利益。第三种是利益说，主张贿赂既包括财

---

* 江苏省苏州市姑苏区人民检察院第二检察部检察官助理。

物，也包括财产性利益，还包括非财产性利益，比如迁移户口、介绍工作、提职晋级等①。三种学说有关贿赂的外延不断延伸，采纳何种学说，将会直接影响受贿罪的惩罚范围。随着时代发展，财产性利益说逐渐成为通说②。2016 年 4 月 18 日，最高人民法院、最高人民检察院《关于办理贪污贿赂刑事案件适用法律若干问题的解释》（以下简称两高解释）第 12 条规定："贿赂犯罪中的'财物'，包括货币、物品和财产性利益。财产性利益包括可以折算为货币的物质利益如房屋装修、债务免除等，以及需要支付货币的其他利益如会员服务、旅游等。后者的犯罪数额，以实际支付或者应当支付的数额计算。"该解释通过概括性的界定和不完全的列举说明，规定了贿赂的内容和范围，明确《刑法》第 385 条中的"财物"既包括财物，也包含财产性利益③。

所谓财产性利益，吴鸿章在《财产性利益型贿赂相关问题探析》中概括其是狭义财物以外的一种积极利益或消极利益，有三个基本特征：有经济价值；能够以货币价值尺度衡量其经济价值；具有转移可能性、管理可能性。④ 通说认为商业机会不属于财产性利益，而属于非财产性利益。财产性利益的关键特征在于能够以货币进行对价，具有相对确定性。商业机会虽然蕴含期待性利益，存在经济价值并能够被交换，但受于商业风险和行为人对机会的把握程度，最终能否获利、获利多少皆不确定⑤。我国对于受贿罪采用计赃定罪量刑的模式，而商业机会的价值无法事前估值，难以纳入贿赂范围。故通说认为将商业机会认定为贿赂，系不利于犯罪嫌疑人的类推解释，有违罪刑法定原则。

（二）行受贿关系认定困难

在通说认为商业机会为非财产性利益的前提下，单纯索取、收受商业机会行为本身并不构成受贿。重点在于如何评价后续的商业机会价值变现行为。若将商业机会交予善意第三人经营，第三人后根据市场行情给予利润分成，因利益获取与职务行为无关，属于提供商业机会所得，似乎也难以认定为受贿⑥。

如下图所示，在提供旅游服务等一般财产性利益型贿赂中，请托方因旅游服务向旅行社买单，既是行贿又是费用支付人，其对于旅游花费大小是明知的。与之相比，在国家工作人员索取、收受商业机会时，商业机会提供者仅提供商业机会，国家工作人员最终利润的取得需要依赖第三方商业机会经营者来实现。此种情况下，商业机会提供者与经营者并未形成联系，导致商业机会提供者无法知晓也无法决定商业机会经营者到底分给国家工作人员多少经营利润。现假设商业机会经营者为善意，在肯定经营者并不属于行贿人而商业机会确又无法事先估值的情况下，认定商业机会提供者属于行贿人并准确认定行贿金额确属牵强。而行受贿具有对合关系，在一般理解中，无行贿自然无受贿。

---

① 参见宋东来、李冠煜：《受贿罪中贿赂范围的界定——基于若干特殊"贿赂"的分析》，载《江苏警察学院学报》2011 年第 2 期。

② 参见储琪：《我国刑法中的财物应当包括财产性利益》，载《人民法院报》2020 年 6 月 4 日。

③ 参见雷娜：《财产性利益型贿赂之实证探究》，载《新经济》2019 年第 11 期。

④ 参见吴鸿章：《财产性利益型贿赂相关问题探析》，载《市场周刊》2020 年第 11 期。

⑤ 参见陈新民：《商业机会可否认定为受贿罪中的财物》，载《中国检察官》2010 年第 14 期。

⑥ 参见罗开卷：《索取、收受商业机会行为的刑法评价》，载《人民法院报》2019 年 10 月 10 日。

提供旅游服务贿赂

A（旅游服务提供者）　————————→　B（国家工作人员）

旅游费用（受贿款）　　　　　　　　具体实施旅游服务

C（旅行社）

提供商业机会

A（商业机会提供者）　————————→　B（国家工作人员）

提供经营利润（受贿款）　　　　　　转售商业机会

C（第三方商业机会经营者）

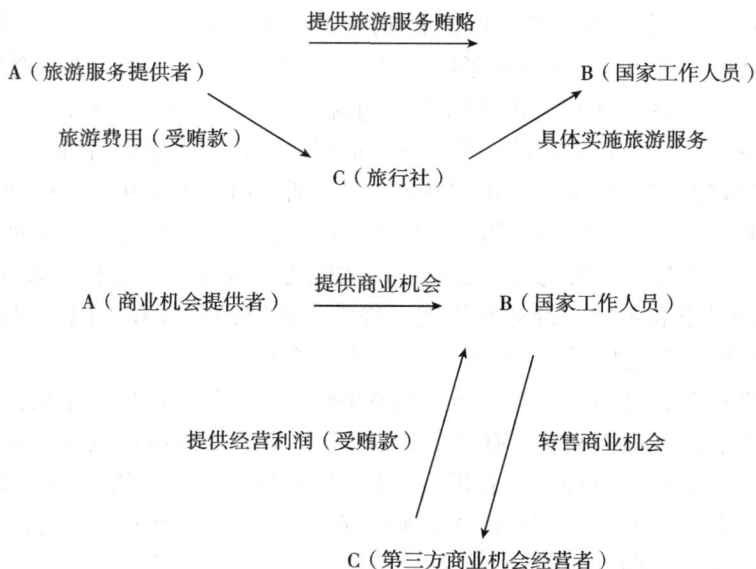

二、将商业机会认定为贿赂的必要性论证

（一）索取、收受商业机会后交由善意第三方经营并获利符合受贿本质特征

从事实层面，若国家工作人员索取、收受商业机会的目的就是为了将之转售第三人经营，从而在变现商业价值后获取不正当利益。行为人此种情况下不投入经营成本，不承担经营风险，是以索取、收受商业机会为名行获取利益之实。国家工作人员利用职务之便索取、收受商业机会，为他人谋取利益，虽然并未直接从商业机会提供者处获利，但却必然能够从第三方处变现，收受商业机会与直接收受财物并无实质性区别。与索取、收受商业机会后自己经营获利的"以权生钱"不同，此时的商业机会已经被特定化为具有经济价值的物，其具体价值只是有待第三方与国家工作人员的协商。在章某案中，章某利用监狱改迁机会，通过监狱长身份要求代建方为其儿子提供政府工程，代建方为了能够监狱工程顺利实施并结项，违规提供给章某之子两个政府工程，章某之子转身便将政府工程介绍给无关联善意第三方并赚取数百万元介绍费，做利益掮客。章某及章某之子的行为完全符合受贿罪的构成要件。

从理论层面，虽然通说认为商业机会属于非财产性利益，但实际尚有争议。宋东来、李冠煜在《受贿罪中贿赂范围的界定》一文中提及受贿罪侵犯的客体是国家工作人员职务行为的廉洁性，主要包括三点，分别是职务的不可收买性、职务的公正性和职务的正常履行三方面内容。该文主张非财产性利益难以用货币衡量，不具备财产性和物质性特征，收受非财产性利益对职务行为的不可收买性这一直接客体侵害不明显，故受贿罪中的贿赂不应包括非财产性利益。但是，对于商业机会，该文却指出行为人不直接索取财物，而改为向对方索取商业机会，再将商业机会交由指定方或自己运作，从中赚取利润的应当以受贿论处。可见，对于商业机会的定性并未形成绝对统一。

（二）索取、收受商业机会现象频发，不对其进行刑法规制有违公平与正义

　　首先，商业机会本身具有经济价值，国家工作人员利用职务便利索取、收受商业机会现象并不少有，在建设工程领域较为突出。介绍工程并按比例获取居间介绍费属行业惯例，结合建设工程领域层层转包现象，行受贿犯罪在其中留有生存空间。据业内人士讲述，5000万元的劳务工程，大概是100万元的居间费。5000万元的土方工程，大概是150万元的居间费。5000万元的路桥工程，大概是200万元的居间费。5000万元的绿化工程，大概是250万元的居间费。一般居间费是总造价的1至5个点，利润越大，居间费越高。国家工作人员在行业惯例基础上，在索取、收受工程项目后，利用自身职权影响，向第三方施压，提高分成比例的现象也并不鲜有。相较于索取、收受普通财物并为行贿人谋取商业机会等利益，索取、收受商业机会并为商业机会提供者谋取其他利益仅在贿赂内容上存在区别且多了一个变现环节。与受贿几万元的小额犯罪相比，索取、收受大型工程项目并转手获利百万元乃至千万元的社会危害性明显更大。若对该情形不加以规制，以无罪进行处理，明显有违社会公平与正义。

　　其次，索取、收受商业机会与违法违规提供商业机会为一体两面。通过对索取、收受行为的打击能够有效治理非法提供行为。在建设工程领域，某些国家工作人员通常因受贿而为请托人谋取利益，枉顾招投标流程，将政府工程项目非法内定给请托人，构成受贿罪。但章某案中角色转换，国家工作人员朱某为使监狱改迁工程顺利结项，摇身一变成请托方，应监狱长章某要求将两个政府工程项目提供给章某之子，以换来章某对其工作的支持与帮助。在本案中，朱某成为"行贿"一方，但不论其角色如何转换，其利用国家工作人员身份把政府工程项目作为工具，非法内定给他人以达成自己目的，系非法的。居间介绍费的存在证实政府工程项目往往存有较为可观的利润空间，使各方趋之若鹜，依法进行招投标等流程才能确保政府工程项目透明公正，并确保工程质量。若对章某的行为不予刑事评价，则也侧面说明朱某的行为社会危害性不大，令人产生错误认识，似乎对国家工作人员给钱不行，给工程则可以，助涨以非法提供商业机会来谋利的不良之风。

三、将商业机会认定为贿赂的可操作性研究

（一）认定索取、收受商业机会为受贿的情形讨论

　　本文主要探究以商业机会为受贿对象的情形。

　　在《索取、收受商业机会的刑法评价》一文中，罗开卷将索取、收受商业机会的情形分成六种。索取、收受商业机会后自己进行经营并获取收益的不以受贿论处；明显抬高利润的对利润抬高部分以受贿论处；未付出实质性经营活动而获取收益或者所获取的收益明显高于相应经营活动应得收益的部分以受贿论处；将索取、收受的商业机会交予具有职务制约关系的他人经营并获取收益的以受贿论处，行贿对象为具有职务制约关系的他人；利用职务便利为请托人谋取商业机会并索取、收受其财物的以受贿论处。最后一种最具争议

的即索取、收受商业机会后交予无职务制约关系的他人经营并获取收益应当如何处理①。

不可否认，若国家工作人员索取、收受商业机会后由自己或近亲属经营，进行资金及人力投入，承担经营风险，则获利后哪些部分为劳动所得，哪些部分为犯罪数额难以判定。受贿行为的本质特征是权钱交易，收受他人财物是利用职务便利为他人谋取利益的对价，对于这种自己通过投资经营方式获取的财物，由于缺乏权钱交易特征，难以认定受贿②。

就《索取、收受商业机会的刑法评价》一文，虽然六种情形均涉及索取、收受商业机会，但笔者认为，除索取、收受商业机会后自己或近亲属经营外，仅最后一种情形即交由无职务制约关系第三方经营系以商业机会为受贿对象，其余情形下，商业机会均系国家工作人员为行贿人谋取的利益，受贿对象仍是行贿人提供的其他财物，与普通受贿并无区别，并非本文意欲探究的主题。例如，若第三方明知国家工作人员利用职权索取、收受商业机会仍参与其中，事前事中进行共谋，并按照约定在经营商业机会后将相关利润分与国家工作人员，此时第三方与国家工作人员行受贿关系明确，犯罪对象是分成利润，而非商业机会，提供的商业机会系国家工作人员为第三方谋取的利益。由此可见，在商业机会存在的行受贿案件中，需要准确认定商业机会到底属于受贿财物，抑或国家工作人员为行贿人谋取的利益，商业机会性质的准确认定对案件的正确办理存在至关重要的影响。

现探究商业机会为受贿对象的情形，即若第三方为善意，对国家工作人员提供的商业机会来源并不知情，甚至不知道国家工作人员身份的情况下，因市场惯例，对国家工作人员提供商业机会的行为给予好处费、介绍费的情形认定。笔者认为，因商业机会经营者不具有行贿的主观故意，难以认定其为行贿一方。从受贿对象为商业机会这一角度进行论证，认定国家工作人员构成受贿需要满足以下条件：首先，在主观故意上，国家工作人员索取、收受商业机会是为了转售商业机会，兑现商业机会的经济价值，本身并不参与实际经营。其次，在客观行为上，国家工作人员在第三方后续经营中并不投入资金及人力，不担成本。即使在经营过程中，国家工作人员有少许参与如进行跑腿、款项催付，但其参与行为与最终分成明显不成对价。最后，在最终结果上，国家工作人员不担风险，即使项目后期亏损，但第三方仍需支付国家工作人员介绍费、好处费等费用。在满足上述情况下，国家工作人员名为索取、收受商业机会，实则收受贿赂，应当以受贿罪承担刑事责任。

（二）索取、收受的商业机会宜认定为财产性利益

认定利用职务之便，索取、收受商业机会并为他人谋取利益是否构成受贿的主要法律障碍在于商业机会是属于财产性利益抑或非财产性利益。虽然通说认为商业机会无法准确事前估值，属于非财产性利益，但笔者认为不可一概而论。在财产性利益、非财产性利益的集合内，商业机会应当与两者是交叉包含关系，而非完全是某一种利益的子集合。对于商业机会的准确定性，需要结合具体案件进行具体分析，关键点在于案件中的商业机会是否能够直接以货币进行衡量换算。

---

① 参见罗开卷：《索取、收受商业机会行为的刑法评价》，载《人民法院报》2019年10月10日。

② 参见赵煜：《受贿认定疑难问题及立法完善》，载《法治研究》2014年第12期。

比如，在建设工程领域，在工程项目承包转包中，介绍者与工程实施者通过居间介绍费这一行业惯例进行比例分成，通常是按照工程量的百分比，这使得工程项目的经营机会得到了事前的价值评估，一般符合市场定价，并不再是难以进行货币折算的非财产性利益，此时将商业机会认定为贿赂不再具有法律障碍。由建设工程领域延伸至代理销售、产品加工等各领域，国家工作人员以兑现价值为目的索取、收受商业机会，在后续与商业机会经营者协商过程中，必然会涉及利润分成问题，此时的分成比例一方面遵循行业惯例，符合市场经济规律，具有客观性，另一方面掺有国家工作人员的主观意愿，在主客观一致的基础上，谈妥的利润分成为国家工作人员所支持，可以认定为商业机会的现实价值。在章某案中，政府工程项目在被内定给章某之子后，章某之子即与第三方洽谈利润分成问题，第三方在后续施工得款后按照之前约定将利润陆续支付给章某之子，章某之子所得利润即属于商业机会的变现价值。

（三）商业机会提供者宜认定为行贿人

在认定索取、收受商业机会为受贿的情况下，需要探究商业机会提供者是否属于行贿人。认定其为行贿人的困难主要在于以下两点：一是相较于其他财产性利益型贿赂，商业机会贿赂的特殊点在于需要寻求第三方进行兑现，商业机会提供者并不直接"实际"支付货币折算款，可能辩解对第三方支付金额不知情，在"计赃定罪"的模式下，难以直接将商业机会变现金额认定为其行贿数额。二是在提供商业机会过程中，类似章某案中的朱某，作为政府工程项目的甲方，强制要求承包乙方选择章某之子介绍的第三方来实施项目，在政府预算已定的情况下，乙方碍于甲方面子选择章某之子介绍的第三方，最终结果是乙方无法货比三家，利润受限，难以认定朱某及其国有企业在提供商业机会过程中利益受损。

在这里，需要明确的是商业机会提供者同样存在刑法评价的必要。章某案中的朱某，明知章某及章某之子并无工程经营资质，亦无经营资本，单纯将工程项目介绍他人获利，仍为了谋求章某在监狱改迁项目上对其的配合而非法给予章某之子工程项目，违背公平公正原则，给市场正常竞争造成不良影响。

针对第一点，根据两高解释，财产性利益的犯罪数额，可以"应当支付的数额"计算。朱某在建设工程领域工作多年，系国有企业负责人，对章某之子将政府工程转交他人所得介绍费数额当有一定的推测，存有概括的故意，以章某之子实得金额认定朱某行贿金额具有一定合理性。但在具体司法实践过程中，因为朱某对于该金额的认知清晰度确系不高，且该金额的大小也并非其所能决定，结合处罚受贿为主、行贿为辅的原则，考虑到是否为单位行贿等因素，对朱某是否可以从宽处理以及是否有起诉必要均有讨论空间。

针对第二点，笔者认为，行贿人主观具有行贿故意，客观上向国家工作人员提供了贿赂即可，至于最终谁因为行贿而利益减少则在所不问。张三经李四同意，利用李四的财物对赵五进行行贿，"借花献佛"，虽然行贿负担由李四承担，但在假设李四并无行贿故意的情况下，应当认定张三为行贿人。章某案中的朱某向章某及章某之子提供商业机会，其实质是利用甲方身份，向项目乙方打招呼，乙方碍于甲方面子，考虑到工程款能够顺利支付等因素，不得已选择章某之子介绍的第三方进行施工，乙方对于章某及章某之子并无行贿故意，但行贿负担实质上由乙方承担，该案与张三行贿情形并无区别。

（四）索取、收受商业机会既未遂问题

国家工作人员在索取、收受商业机会后进行兑现的过程中，若商业机会经营者已经按照约定将相关利润分与国家工作人员，则受贿金额为相关利润金额，且认定为受贿既遂并无争议。若国家工作人员在得到商业机会后，尚未来得及寻求第三方进行兑现，一是缺少对于该商业机会变现价值的约定，二是缺少第三方证词，无法对国家工作人员转售商业机会的主观故意予以印证，国家工作人员是否构成受贿往往存疑，缺乏讨论价值。三是国家工作人员已然获得商业机会，且与第三方就提供该机会的利润分成有所约定，但尚未取得利润的既未遂认定问题。

笔者认为，对于该情形，可以参考索取、收受借条的受贿情形。对收受欠条的行为，若行贿人尚未支付欠条中的金额即案发，理论和实践中一般按照受贿未遂进行认定，认定受贿金额为欠条显示金额。若是欠条上并未准确数额，则往往难以认定。就商业机会而言，国家工作人员虽与商业机会经营者有所约定，但毕竟未实质取得款项，自身财产并未实质增加，同收受欠条般以受贿未遂认定较为合适。同时，对于已寻得第三方但对分成金额仅作模糊约定的，同样存在与欠条般受贿数额难以认定问题，需要进行进一步探究。

放贷收息型受贿争议问题的分析与认定

曹纪元[*]

从借款流向上区分，借款型受贿分为"借入型"和"贷出型"两种。对于借入型受贿的判定，在最高人民法院 2003 年 11 月发布的《全国法院审理经济犯罪案件工作座谈会纪要》中已经作出明确规定。但是对于通过"放贷收息"方式实施的贷出型受贿，即"放贷收息型受贿"，目前并无司法解释或相关规定。"放贷收息型受贿"作为近年来较为常见但存在较大理论及实践争议的受贿犯罪类型，具体是指国家工作人员利用职务上的便利，为请托人谋取利益，通过借款、放贷等方式收受请托人以"利息"名义给予的钱款的行为。

一、问题的提出

[**基本案情**] 2015 年 12 月，私营企业主乙经人介绍，与时任某市市长的犯罪嫌疑人甲相识。2016 年 1 月至 2020 年 1 月，甲利用担任某市市长、市委书记的职务便利，多次接受乙的请托，在工程承揽、子女安排工作等事项上为乙谋取利益。2017 年 1 月，甲向乙提出，自己手中有闲置资金，可以出借给乙用于生产经营。由于乙手中资金充裕并无借款需求，乙本想表示拒绝，但为了感谢甲利用职务便利提供帮助并继续获得甲的照顾，乙表示自己虽然暂时没有资金需求，但是说不定什么时候就能用得上，同意甲的提议。甲遂以现金的方式交给乙 100 万元，乙向甲出具了借条，但双方未就借款利息、还款期限等事项进行约定。2018 年 1 月至 2020 年 1 月，乙每年年初以支付"利息"的名义送给甲 50 万元，3 年共计 150 万元。其间，甲交给乙的 100 万元"本金"始终放在乙处，乙没有实际使用。

本案中，犯罪嫌疑人甲利用担任某市市长、市委书记的职务便利，接受乙的请托，为乙谋取利益，但是甲并没有收受乙直接给予的好处费，而是与乙另行建立借贷关系，以收受借贷利息的方式收取乙给予的钱款。对于犯罪嫌疑人甲的行为是否构成受贿罪，以及在构罪的情况下受贿数额如何计算，理论及司法实践存在着较大的争议。

二、性质判断：放贷收息行为是受贿还是民间借贷

（一）观点之争

关于犯罪嫌疑人甲的行为是否构成受贿罪，存在着较大的分歧，主要有以下三种不同

＊　天津市人民检察院第二分院第三检察部副主任、四级高级检察官。

的观点:

第一种观点认为,甲的行为不构成犯罪。此种观点的理由是,甲的这一行为与民间借贷行为相比,并没有本质上的区别。"国家工作人员作为社会的一员,也享有正常出借资金并收取利息的权利,国家工作人员与其他平等民事主体之间发生的借款及收取利息行为受到法律的保护。"① 另外,甲将资金出借给乙用于生产经营,乙通过使用甲的资金也能获取相应的经营收益,乙理应向甲支付利息。因此,甲的行为属于正常的商业行为,不构成犯罪。

第二种观点认为,甲的行为不构成犯罪,但是在理由上与第一种观点相比却有所不同。此种观点认为,甲乙之间的行为从本质上看确实属于权钱交易,但是由于现行法律及司法解释对此种行为的性质没有作出明文规定,按照法无明文规定不为罪的原则,甲的行为不构成犯罪。

第三种观点认为,甲的行为构成受贿罪。此种观点认为,甲利用职务上的便利为请托人乙谋取利益,又以个人名义向请托人乙出借钱款,并收取乙支付的高额利息,甲的行为属于以借贷为名的受贿行为。

(二) 审查判断要点

判断国家工作人员放贷收息行为性质的关键,在于准确区分"放贷收息型受贿"与"民间借贷行为"的不同,其中两者区分的关键,在于牢牢把握受贿犯罪权钱交易的本质特征。具体来说,应当从以下几个方面入手进行综合审查。

1. 审查双方关系是否平等。在正常的民间借贷关系中,出借方与借款方之间是一种平等的民事法律关系,双方基于意思自治达成借贷合意。出借方虽然有可能是国家工作人员,但是正常民间借贷关系的建立却并不是基于出借方的国家工作人员身份,出借方的职权因素在借贷关系中并没有发挥作用,出借方与借款方之间也不存在管理、制约、监督等关系。另外,在正常的民间借贷关系中,双方一般原来就有经济往来,很多时候双方是亲戚、朋友、同事、同学等相对较为密切的关系。而在放贷收息型受贿中,双方借贷关系的建立主要是基于出借方的国家工作人员身份,借款方往往在相关谋利事项上有求于或受制于出借方的职权,双方的关系及地位在本质上并不平等,出借方的职权因素在该借贷关系建立过程中发挥着"一锤定音"的决定性作用。另外,在放贷收息型受贿中,双方平时一般没有经济往来,借贷关系的建立往往发生在双方达成权钱交易的合意之后。

2. 审查借贷原因是否合理。在正常的民间借贷关系中,双方借贷关系的建立主要是基于借款方的借款需求以及出借方的出借能力,时间节点也相对较为随机,主要取决于借款方的实际借款需求。同时,借款方从出借方处借得的钱款,通常也会被用于较为急需的用途。而在放贷收息型受贿中,双方的借贷关系并不是建立在资金供需达成一致的基础之上,借贷关系建立的时间节点往往发生在国家工作人员利用职务便利为请托人谋取利益之后,或者有求于国家工作人员之时,借款方从出借方处借得的钱款通常也没有急需的用

---

① 参见最高人民法院刑事审判第一、二、三、四、五庭编:《刑事审判参考》(总第 129 辑),人民法院出版社 2022 年版。

途，甚至往往处于闲置的状态。

3. 审查借贷意愿是否真实。在正常的民间借贷关系中，出借方及借款方均具有真实的借贷意愿，借款需求通常情况下由借款方提出。而在放贷收息型受贿中，出借方和借款方一般都不具有真实的借贷意愿，出借方出借的目的旨在通过此种方式收受或者索取行贿人的贿赂，并不考虑借款方是否具有实际的资金需求；而借款方借款的目的也旨在通过此种方式向国家工作人员表示感谢，或者出于感情投资目的与国家工作人员维持良好的关系。另外，在放贷收息型受贿中，借款需求通常情况下是由出借方提出，或者在出借方暗示的情况下，由借款方"顺势提出"。当然，此种情形也并非绝对，不排除借款方为了通过此种方式送予国家工作人员贿赂，而主动向出借方提出高息借款的情况。

4. 审查借贷手续是否异常。在正常的民间借贷关系中，借贷手续是否齐备主要取决于双方关系的亲疏远近，如果双方平时关系相对较为密切，借贷关系的建立则往往以口头约定为主。但是如果双方平时交往较少或者根本没有交往，双方在借贷时往往就会有着严格的借贷手续，并且一般会在借贷手续上清楚地载明借贷金额、归还时间、借贷利率、担保人、抵押物等细节，而且借贷手续一般都会在借款当时就进行签订。也就是说，"借贷手续的正式程度与借贷双方的人际关系，以及借入方的信用程度，往往存在一定的对应关系"[1]。而在放贷收息型受贿中，签订借贷手续的目的并不是为了防止双方在日后产生民事债务纠纷，其目的一般都是掩盖行受贿犯罪的事实。另外，为了对抗相关部门的调查，实践中还经常出现后补、倒签借款合同、借条等借贷手续的情形，"如果合同双方没有订立该合同的客观需要，而纯粹是为了某种目的创设该合同，那么双方缔约的真实动机就值得怀疑"[2]。因此，借贷手续签订的时间也能够在一定程度上反映出借贷关系的真实性。

5. 审查资金来源是否异常。在正常的民间借贷关系中，出借方一般都是将自有资金出借给借款方，几乎很少出现将他人资金转借给借款方的情况。而在放贷收息型受贿中，不仅有出借方将自有资金出借给借款方的情况，还存在出借方将从他人处以无息或者较低利息借来的资金，甚至是从银行贷款来的资金再转借给借款方的情况，目的就是从中赚取利息差额。另外，由于国家工作人员的收入水平有限，因此，在放贷收息型受贿中，尤其是涉及相对较为大额资金的放贷收息型受贿中，即使是出借方将自有资金出借给借款方的情形，其中也不乏涉案资金来源于贪污、受贿等违法犯罪所得的情况。

6. 审查给付方式是否正常。在正常的民间借贷关系中，为了便于操作或者规避可能出现的法律纠纷，无论借贷双方是否签订有借贷手续，资金出借以及归还的方式一般都会通过转账汇款等途径进行给付，尤其是在涉及相对大额资金往来的情况下，双方往往都会注意"留痕"，一般都不会使用现金进行交付。而在放贷收息型受贿中，出于掩盖"借款"事实或者自身资产状况的目的，出借方往往会避免"留痕"，基本上都不会通过自己

---

[1]　参见何大庆、陈赓、魏洋：《国家工作人员借贷投资与变相受贿之辨析》，载《中国检察官》2016 年第 8 期。

[2]　参见王勇、李继：《通过民事合同方式实施的新型受贿犯罪之认定》，载《人民司法》2014 年第21 期。

或家人名下银行账户转账的方式出借资金，一般都是通过现金或者其实际控制的他人银行账户进行交付。

7. 审查借贷风险是否存在。在正常的民间借贷关系中，出借方出于规避风险以及确保资金安全的考虑，在借款时往往较为关注借款方是否具有相应的还款能力；借款方为了使出借方放心地将资金借给其本人，一般也都会告知出借方借款的目的，以及归还的日期、借款的利息，以言语或行动证明所借资金安全可控。而在放贷收息型受贿中，由于借贷关系是基于出借方的职权而建立，因此出借方一般不会过问或者不会具体过问资金用途、归还时间、还款保障、借款利息等细节，对于其所"借出"的资金是否能够收回一般并不担心。另外，从借款方的角度看，由于借款方同意或者提出借款的目的，旨在通过此种方式向国家工作人员表示感谢或者维持关系，因此，即使在出现较大经营风险的情况下，借款方对于从国家工作人员处"借"得的钱款，一般也会如约兑付"借款"的本金及利息。

8. 审查利息回报是否合理。在正常的民间借贷关系中，借款方支付给出借方的利息一般会与正常经济活动所产生的收益相匹配，或者与当地民间借贷的一般利率水平基本相当。而在放贷收息型受贿中，借款方会给予出借方高额的利息，出借方获取的利息与正常情况下资金所能产生的收益严重不成比例。至于利息回报的合理水平如何确定，实际上与数额认定也存在着密切的关联，具体将在下一部分予以论证。

综上，审查判断"放贷收息型受贿"与"民间借贷"的核心，在于紧紧围绕受贿犯罪权钱交易的本质特征，审查双方的借款行为是否存在异常，因为"贿赂与职务行为之间的对价关系，是贿赂犯罪的核心要件"[1]。需要说明的是，由于放贷收息行为的隐蔽性，对于上述八个方面的判断应当综合进行，"不能孤立、割裂地认识刑法语境中的借款行为，究竟是合法的民间借款行为，还是打着借款旗号行物质利益输送之实的贿赂犯罪行为"[2]，单独从某个或者某几个方面入手，可能都无法准确判断出涉案行为的性质。另外，上述八个方面仅是为司法实践提供了审查判断的参考路径，最终结论性的认定还应当建立在确实、充分的证据之上。"办案中要深入贯彻证据裁判原则，善于通过现象看本质，并依据行为的本质属性来进行司法认定，不拘泥于形式与细枝末节。"[3]

在上述案例中，从双方关系上看，甲乙双方的关系基于甲的职权而建立，甲曾利用职务便利为乙提供过帮助，同时乙也希望能够继续得到甲的照顾，双方并非是一种平等的民事法律关系。从借贷原因和借贷意愿上看，借款一事由甲主动提出，乙在其手中资金充裕，并没有资金需求的情况下，出于对甲的感谢以及为了继续获得甲的照顾，同意了甲的提议。从借贷手续和给付方式上看，乙虽然向甲出具了借条，但是二人并未对借款期限及利息进行约定，涉案的 100 万元"本金"也是甲以现金的方式进行交付。从利息回报上看，乙每年支付给甲的"利息"高达 50 万元，折合为年利率高达 50%。另外，甲在明知乙没有资金需求的情况下，仍然在乙"顺水推舟"之下向乙放款并收取高息，甲具有收受

---

① 参见车浩：《刑法教义的本土形塑》，法律出版社 2017 年版。

② 参见曹坚：《如何认定借款型受贿犯罪》，载《检察日报》2016 年 10 月 23 日，第 3 版。

③ 参见于同志：《刑事实务十堂课：刑事审判思路与方法》，法律出版社 2020 年版。

乙财物的主观故意。综上可以看出，甲的行为符合放贷收息型受贿的特征，二人之间并非正常的民间借贷关系。

三、数额认定：认定全部利息还是扣除相应数额

（一）观点之争

与性质判断相比，放贷收息型受贿的数额认定问题在理论及司法实践中存在着更大的争议，争议的焦点在于是按照国家工作人员收到的全部利息进行计算，还是在其收到的利息中扣除部分数额进行计算。其中，扣除部分数额的观点，又可以分为"一年期贷款市场报价利率的差额""一年期贷款市场报价利率四倍的差额""同期民间借贷利率的差额""同期向其他人员借款利率的差额"等不同的标准。具体来说，有以下五种不同的观点。

第一种观点认为，获得的全部利息收入均应计入受贿数额。也就是说，在前述提到的案例中，犯罪嫌疑人甲的受贿数额应该认定为其所收到的全部利息，即150万元。

第二种观点认为，应当以一年期贷款市场报价利率为标准进行计算，超出部分的差额计入受贿数额。在前述提到的案例中，甲收到的150万元利息，扣除按照一年期贷款市场报价利率所能获得的利息，差额部分认定为受贿数额。

第三种观点认为，应当以一年期贷款市场报价利率的四倍为标准进行计算，超出部分的差额计入受贿数额。该种观点认为，按照2020年12月修正的最高人民法院《关于审理民间借贷案件适用法律若干问题的规定》第25条的规定，"出借人请求借款人按照合同约定利率支付利息的，人民法院应予支持，但是双方约定的利率超过合同成立时一年期贷款市场报价利率四倍的除外"。因此，在认定放贷收息型受贿犯罪数额时，应当参照民间借贷保护的上限进行计算。也就是说，在前述案例中，甲收到的150万元利息，扣除按照"一年期贷款市场报价利率四倍"所能获得的利息，差额部分认定为受贿数额。

第四种观点认为，应当以同期民间借贷的利率为标准进行计算，超出部分的差额计入受贿数额。以前述案例为例，在计算甲的受贿数额时，应当参照同期民间借贷利率进行确定，对于超出同期民间借贷利率所获得利息，计入受贿数额。

第五种观点认为，应当以同期向其他人借款的利率为标准进行计算，超出部分的差额计入受贿数额。以前述案例为例，如果行贿人乙除了从甲处借款以外，同期还从其他出借方处借款，那么在计算甲的受贿数额时，应当以乙同期向其他人借款的利率为标准，超出部分的差额计入甲的受贿数额。

（二）分情况适用不同的认定标准

犯罪数额的认定必须建立在性质判断的基础之上，在涉案双方具有行受贿故意，行为性质被认定为放贷收息型受贿的前提下，探讨具体犯罪数额的认定。笔者认为，在认定犯罪数额时，应当具体区分"没有资金需求"和"存在资金需求"两种情形，分情况适用不同的认定标准。

1. 对于没有资金需求的情形。如果依据在案证据能够认定行贿人没有资金需求，则应当将国家工作人员收到的全部利息计算为受贿数额。所谓没有资金需求的情形，是指国

家工作人员在明知借款方没有借款需求的情况下，仍然将款项"出借"给借款方以收取高额利息，并且借款方实际上并没有使用该款项的情形。在此种情形下，国家工作人员把资金放在借款方处，目的是掩盖其收受贿赂的事实，双方对于这一目的也都主观明知，所谓"借出的款项"完全变成了掩盖非法目的的幌子，那么根据主客观相一致的原则，在认定受贿数额时，国家工作人员获得的所有利息均应认定为受贿数额。但是需要说明的是，从实践操作层面来看，需要重点围绕"行贿人是否有资金需求以及国家工作人员是否明知""双方对于以借款收息方式行受贿是否明知"等问题进行取证和审查。

2. 对于存在资金需求的情形。如果依据在案证据能够认定行贿人存在资金需求，并且客观上也使用了受贿人提供的资金，则应当在计算受贿犯罪数额时扣除部分数额。所谓存在资金需求的情形，是指行贿人存在一定的借款需求，对于国家工作人员提供的资金存在实际使用的情形。

诚然，对于应当扣除部分数额的观点，理论及司法实践中存在着不同的声音，反对的理由主要有二：一是认为扣除部分数额的观点没有从贿赂的角度把握数额的认定。反对者认为，刑法之所以要惩罚受贿犯罪，目的就是在于禁止国家工作人员基于个人经济利益实施职务行为，以保护国家工作人员职务行为的廉洁性和不可收买性。二是认为与现行民事法律规定不相符。认为应当支付合理利息的观点，本质上是认为国家工作人员的这一行为具有民事上的合法性。但是，正如前文所述，放贷收息型受贿中借贷双方之间并非是平等的民事法律关系。按照民法典的规定，对于此种基于犯罪目的实施的借贷行为，属于自始无效的民事法律行为。同时，此种观点在承认行为刑事违法性的同时，又从民事角度承认其合法性，无论是从法理上还是从逻辑上，都存在着矛盾和不妥之处。

笔者认为，上述反对扣除部分数额的观点，存在一定的合理之处。但是，之所以选择扣除部分数额，主要还是基于行贿人作为"借款方"客观上使用了国家工作人员提供的资金，理应向国家工作人员支付"合理"的利息。对于这种存在资金需求的情形，采纳扣除部分数额的观点，既考虑到国家工作人员与借款人之间权钱交易的受贿行为应当予以打击，又注意适当保护国家工作人员的合法权益，是在缺少相关规定情况下的折中之举，司法实践中的部分判决亦采纳了此种方式①。

由于扣除部分数额的观点又可以细分为不同的扣除标准，司法实践中的做法亦不甚一致。笔者建议，应当首先采用"同期向其他人员借款利率的差额"的标准进行计算，如果不存在同期向其他人员借款的情况，则应当采用"一年期贷款市场报价利率的差额"的标准。之所以采取上述分层计算的方式，主要基于以下三点考虑：

第一，优先选用"同期向其他人员借款利率的差额"这一扣除标准，主要是因为在对涉案资金实际使用的情况下，同期向其他人员借款的利率更能反映出国家工作人员应得的合理利息水平。需要说明的是，如果同期出现向其他多个人员借款并且利率高低不一的情况，从有利于被告人的角度出发，可以按照最高的利率标准进行扣除。

第二，考虑到部分案件可能不存在同期向其他人员借款的情形，将"一年期贷款市场报价利率的差额"作为备选标准。之所以选择"一年期贷款市场报价利率的差额"，而非

①　浙江省长兴县人民法院（2019）浙0522刑初200号刑事判决书。

"一年期贷款市场报价利率四倍的差额"，主要是因为防止出现利率"倒挂"的情况。由于在部分案件中，同期向其他人员借款的利率实际上低于"一年期贷款市场报价利率的四倍"，因此，如果以"一年期贷款市场报价利率的四倍"作为扣除标准，则会出现按照"同期向其他人员借款利率"这一首选标准扣除构成犯罪，而按照"一年期贷款市场报价利率的四倍"这一备选标准扣除不构成犯罪的情况。诚然，可能会有观点提出，"一年期贷款市场报价利率的四倍"是民间借贷利率保护的上限，从有利于被告人的角度出发，采用这一扣除标准进行计算可能更为合理。但是，笔者认为，正常的民间借贷建立在双方平等协商、意思自治的基础之上，司法解释设定民间借贷利率保护的上限，目的是维护金融秩序的稳定，作为放贷收息型受贿，在认定犯罪数额时套用民间借贷的民事法律规定并不合理。另外需要说明的是，对于"一年期贷款市场报价利率"可能相对不高的问题，笔者认为，"一年期贷款市场报价利率"仅为备选标准，实践中如果被告一方能够举证证明其同期向其他人员借款的利率更高，那么采用"同期向其他人员借款利率"这一首选标准即可。

第三，与"同期向其他人员借款利率的差额"的标准相比，"同期民间借贷利率的差额"在实践中存在取证难的问题，从取证的角度难以确定同期民间借贷的平均利率，在实践中适用的可能性较低。

关于性质及数额认定的争议，恰恰说明国家工作人员放贷收息行为具有高度的隐蔽性及迷惑性，相关问题的解决最终还有赖于通过司法解释等方式予以明确，这不仅是避免司法实践认定困难的需要，也是新形势下反腐败斗争的需要。

高息放贷型受贿犯罪的司法认定研究

李皓皓　南晨阳*

近年来，随着反腐败斗争的深入开展和市场经济下交易方式日益复杂化，犯罪分子为逃避打击，受贿手段不断翻新升级，犯罪行为隐形变异，出现大量披上合法外衣的新型受贿犯罪形式。有的将受贿行为掺杂在市场经济活动中，企图逃避法律制裁，给受贿犯罪的查处和办理带来了挑战。实践中，行为人以放贷方式收取高额利息的行为不断出现。由于该行为融入了民间借贷因素，使其具有一定的迷惑性，容易与正常民事法律活动相混淆。该类行为能否作为受贿犯罪处理，犯罪金额应当如何认定，需要在理论上厘清和实践中实质把握。

一、高息放贷型受贿犯罪的界定

高息放贷型受贿犯罪是指国家工作人员利用职务上的便利为请托人谋取利益，通过向请托人出借钱款并以收取高额利息的方式收受贿赂的行为。2007 年最高人民法院、最高人民检察院出台了《关于办理受贿刑事案件适用法律若干问题的意见》（以下简称《意见》）对交易形式收受贿赂、收受干股等 10 种新型受贿犯罪形式作了规定，尽管对国家工作人员以高息放贷形式收受贿赂未作明确指引，但国家工作人员通过高息放贷形式进行权力变现，实质是权钱交易的一种形式。2022 年 4 月，湖南省纪委监委官方通报了 8 起高息放贷受贿典型案例。其中，湖南省高级人民法院原党组成员、副院长李某为私营业主周某、粟某在民事、刑事诉讼案件中谋取利益，以高息放贷的方式收取二人好处费。李某借出 610 万元，收取二人"利息"331 万元，涉嫌受贿犯罪。

由于高息放贷型受贿有民间借贷的外衣，较之传统意义上直接收受财物的受贿形式更难甄别，导致在司法实践中对高息放贷型受贿的认定出现了一些争议和模糊认识，对行为性质有不同观点。有观点认为，国家工作人员作为社会一员，离不开参与社会经济活动，包括与其他社会成员发生民间借贷关系，鉴于现行法律对此类行为如何定性并没有明确规定，只要存在真实的借贷关系，收取一定限度的高额利息有其合理性，应该将该种行为纳入私法调整范围。也有观点认为，高息放贷的行为侵害了职务的廉洁性，违反了廉洁纪律，根据规定，通过民间借贷等金融活动获取大额回报，影响公正执行公务的，属于违纪

---

* 李皓皓，四川省人民检察院第三检察部三级高级检察官；南晨阳，最高人民检察院第三检察厅二级检察官助理。

行为。而另一些观点认为，这种借贷关系不是民法意义上的资金借贷关系，而是当事人双方以民间借贷为名进行利益输送，侵害了国家工作人员职务行为的廉洁性和不可收买性，应以受贿罪定罪处罚。

总的来看，受贿罪侵犯的法益是职务行为的不可收买性和廉洁性，即国家工作人员职务行为与财物的不可交换性。一旦财物成为职务行为的不正当对价，行为就侵害了受贿罪的法益，其客观表现就是权钱交易。一端是权力以及权力所能带来的利益，另一端是贿赂，即权力或利益的对价，二者的交换和互动，最终构成了受贿犯罪①。因此，确定贿赂行为的存在，就必须围绕受贿犯罪权钱交易的本质属性。国家工作人员利用职务上的便利为请托人提供帮助，又以个人名义向请托人出借钱款，收取高额利息完成利益输送，体现了不正当报酬与职务行为的对价关系，具有权钱交易本质特征的，应认定为受贿犯罪。

值得注意的是，若不能查明国家工作人员与请托人之间权钱交易的性质，则应排除在受贿罪之外。笔者认为，下列两种情形不应作为受贿犯罪处理：一是国家工作人员与亲戚、同学、朋友之间基于私人情感等产生的民间借贷行为，没有利用职务便利为他们谋取利益或承诺谋利，此种收取高息的行为，不应认定为受贿犯罪。二是国家工作人员将钱款借贷给他人获取了高额利息，但没有利用职务便利为他人谋取利益或承诺谋利，且借贷对象不属于具有行政管理关系的被管理人或具有上下级关系的下属，不管该利息收入是否合纪合法，不宜作为受贿犯罪处理。

二、高息放贷型受贿与民间借贷的界分依据

正常的民间借贷是出借人和借款人两个平等主体之间为实现自己民事权利的一种合约行为，符合自愿、平等、公平、诚实信用的市场交易法则。但是，如果行为人的合意中全部或部分是出于贿赂目的，该合约的内容或履行就会因目的被扭曲变异，从而表现出与正常民事借贷行为的不同。笔者认为，高息放贷型受贿与民间借贷的界分主要表现在以下四个方面：

一是从双方当事人关系来看，民间借贷是以意思自治为前提建立的民事法律关系，双方法律地位平等，且借贷双方往往是亲戚、朋友、同学等较亲密关系；而高息放贷型受贿中，借贷双方地位不平等，放款一方是行使公权力的国家工作人员，借款的一方往往是国家工作人员管理、制约、监督的对象，由于隐含了职权因素，双方地位并不平等。

二是从借贷基础来看，在民间借贷中，借贷关系建立在借款人有借款需求的基础上，借贷发生往往是借款人为了缓解生产经营的资金压力；而高息放贷型受贿中，借贷关系是建立在国家工作人员利用职务便利为请托人谋取利益或者承诺谋利的基础上，国家工作人员不关注请托人是否有借款需求，甚至主动要求出借资金，且长期续借，而请托人给予国家工作人员高额利息，并非为了缓解资金压力，反而会增加经营成本，实际是违背市场经济规律的异常行为。

三是从借贷合同协商和履行来看，民间借贷中，借贷双方通常对借款金额、时间、利息、用途充分协商，权利义务和风险对等，体现了主体的平等性和自愿性。高息放贷型受

① 参见郭竹梅：《受贿罪司法适用研究》，法律出版社2018年版，第18页。

贿中，通常无正当的借款事由，国家工作人员只需出资，不过问请托人收款后的用途，不承担经营或投资风险，只追求固定数额的高利息回报，收益与风险明显倒挂。

四是从借款回报来看，民间借贷中，借款方基于自身利益的考量，给出借人的利息一般是与正常生产经营活动所产生的收益相匹配，即使为了一时急需，双方约定了较高的利息，但多为短期借款。高息放贷型受贿中，请托人往往长期给予国家工作人员高出银行利率几倍甚至数十倍的高额利息，获取的利息与资金正常产生的收益严重不匹配，请托人不计成本支付的高额利息实际上是对国家工作人员职务行为的一种对价性给付。

三、受贿数额全额认定的三种情形

具有借款需求和真实的借贷意愿是成立借贷关系的前提和基础，笔者认为，对于高息放贷型受贿犯罪数额的司法认定，应以是否有借款需求和真实的借贷意愿来区分犯罪数额全额认定与差额认定，笔者结合查阅的刑事判决对该问题进行探讨。

主要有三种情形应全额认定：第一种情形是请托人无借款需求，国家工作人员也明知对方无借款需求，仍将款项"借"给请托人，以此来收取高额利息。该类情形实际是以借款收息为名，行行受贿之实，国家工作人员明知全部利息是自己职务行为的对价而予以收受，根据主客观相一致原则，应将全部利息认定为受贿数额。如勾某某受贿案中，法院裁判理由认为：胥某所借 100 万元并非其存在资金需求，仅是胥某为拉近与勾某某的关系，便于请托其在工程项目等方面提供帮助，而与勾某某产生利益勾连，结合胥某在支付利息期间多次请托勾某某帮忙的情形，故胥某该 100 万元借款所支付的"利息"应全额认定为被告人勾某某的受贿款[①]。

第二种情形是国家工作人员利用职权地位的优势，违背请托人的真实意愿，主动要求将款项"借"给请托人，请托人被迫接受并给予高息，实质为索贿，由于缺少真实的民事合意，双方订立的借款合同不具有效力，因而全部的利息都应当认定为受贿数额。如赵某某受贿案中，法院裁判理由认为：赵某某利用职权，主动提出以高额利息出借资金给 A 公司，借款期限、利息等均是赵某某决定，A 公司被迫接受。赵某某按照核算的本息等额向 A 公司拨付工程款后立即安排取出，并支配取出的资金本息。赵某某以借收息为名索取财物，故依法不予扣除相应的利息[②]。

需要指出的是，对于前述两种情形，国家工作人员的"借款"在一定期限内客观上也可能产生一定的收益，但应当认为这只是犯罪的一种手段或工具，产生的这种收益应属于犯罪成本，在认定犯罪金额时，作为犯罪成本不予扣减。

第三种情形是对于受贿人未实际出借资金，整个借贷关系虚假，借贷关系只是受贿犯罪行为掩盖手段的情况，该类数额认定与传统受贿犯罪的数额认定模式无异，即以收受钱款全额认定。2007 年《意见》中规定的干股型受贿、无实际出资的委托理财型受贿等均为此类受贿数额认定模式。

---

① 参见（2021）川 0727 刑初 6 号刑事判决书。

② 参见（2020）川刑终 343 号刑事裁定书。

四、受贿数额差额认定的三种观点及处理路径

对于请托人具有借款需求，"借款付息"不违背请托人真实意愿，国家工作人员也实际出借资金给请托人的情况，由于行为人之间既存在部分民间借贷的真实合意行为，也存在附随进行的权钱交易行为，此时的高额利息，既包含部分正常利息，也包含了部分权力的对价。在这种情况下，考虑到行为人之间的借贷事实客观存在，对其借款本金的正常利息完全不予认可有失公平，可以按照《意见》中规定的交易型受贿和实际出资的委托理财型受贿等犯罪数额的"差额计算"认定思路。如《意见》第 1 条规定，以明显高于市场价格向请托人出售房屋，汽车等物品的，受贿数额按照交易时当地市场价格和实际支付价格的差额计算；《意见》第 4 条规定，国家工作人员利用职务上的便利为请托人谋取利益，以委托请托人投资证券、期货或者其他委托理财的名义，虽然实际出资，但获取"收益"明显高于出资应得收益的，以受贿论处。以"收益"额与出资应得收益额的差额计算。即在计算受贿数额时，从实际支付的利息中扣除属于民间借贷正常利率计算所得利息部分，该差额即为职务行为的对价。

对于正常利率的认定标准，实务中争议较大，从笔者查阅案例的情况来看，各地判决采用的标准并不统一，主要存在以下三种观点：

其一，银行同期存款利率说，即以银行同期存款利率作为正常利率，超出部分即为受贿所得。如梁某某受贿案中，法院采用了此种观点，法院裁判理由认为：国家法定存款利率（银行同期存款利息）是行为人可以预知并可期待的合法收益，即行为人无须权钱交易即可获得，而超出部分就是行为人希望获取的超额回报，也是行贿人支付的对价。[1] 该种观点考虑了依法保护被告人依照国家法定利率应当取得的预期收息收益，体现了保护犯罪人合法权益的执法理念，同时国家法定利率具有法定性和全国统一性，能够有效避免操作的随意性和执法的不统一性。[2] 但该种观点将标准限定为银行同期存款利率，忽视了民间借贷与银行借贷的区别，正常的民间借贷利率普遍高于银行借款，如此认定会扩大刑事处罚的范围[3]。

其二，合法的民间借贷最高利率说，即以合法的民间借贷最高利率作为正常利率，超出部分即为受贿所得。1991 年最高人民法院《关于人民法院审理借贷案件的若干意见》将合法的民间借贷最高利率规定为"银行同类贷款利率的四倍"，2015 年最高人民法院出台了《关于审理民间借贷案件适用法律若干问题的规定》，取代了前述规定，将合法的民间借贷最高利率规定为年利率 24%，该司法解释 2020 年又被修订，民间借贷法律保护的上限 24% 被修改为"合同成立时一年期贷款市场报价利率四倍"。如岳某受贿案中，法院采用该观点，裁判理由认为：杨某某系以"借贷"为幌子采用高额返息的方式对被告人岳某贿赂。根据《意见》第 4 条规定，被告人岳某借贷给杨某某的 20 万元，按照有利于被

---

① 参见（2020）鄂 05 刑终 218 号刑事裁定书。

② 赵慧：《放贷生利型受贿行为的司法认定》，载《刑事司法指南》2013 年第 1 集（总第 53 集）。

③ 沈建光、陆俊杰、李佳吟、张怡铭：《高息借贷型受贿犯罪中数额认定的方法》，载张志杰主编：《刑事检察工作指导》第 3 辑，中国检察出版社 2020 年版。

告人的原则，以银行同期贷款利率 4 倍（相关规定修改后按年利率 24%）核算应付利息。① 该种观点认为，合法的民间借贷最高利率是法律不予保护的高息认定标准，该标准以下确定的民间借贷利率符合社会公众（包括具体民间借贷双方）正常利息的心理预期。该种观点虽然考虑了民间借贷的性质，但高息放贷型受贿行为并非正常的民间借贷，在认定受贿数额时完全套用民事法律规定并不合适，如果不具体问题具体分析，按照单一化的标准均以合法的民间借贷最高利率扣减，过于机械化，亦不符合个案的客观实际，容易背离法律预防与惩治腐败犯罪的目的。

其三，借款人同期借款利息说，即以借款人向他人借款的一般利率作为正常利率，超出部分即为受贿所得。如丁某某受贿案中，法院采纳该观点。法院认为，丁某某利用担任交通局副局长职务上的便利，为蔡某承揽工程提供帮助，借款给蔡某并收取高息。同时，法院确认蔡某同期找多人以 3% 的月息借款。法院认定，丁某某收取蔡某所付"利息"按月利息 3% 扣除后，应认定为丁某某受贿的贿赂。② 在包某某受贿案，法院亦采用该种观点，裁判理由认为：被告人包某某与陈某并非朋友、同学或者老乡等亲密关系，仅因案件审理而相识。二人之间的借款、付息行为与职务有关，基本不存在正常民间借贷的风险，究其实质系权钱交易的延续。公诉人从有利于被告人的角度出发，减去陈某向他人借贷通常所需支付的利息款，以高出的 9 万元作为被告人受贿金额是适当的③。该种观点，考虑到了请托人向他人借贷的情况，在一定程度上反映其借款需求、市场价格以及借款主体的个性化因素。但请托人若存在多个借款，且借贷期限、借贷对象、借贷原因、借贷时期均不一致的情况下，如何确定同期正常利率就成为一个难题。此外，若因客观原因，行贿人向他人同期借款利率不能查清，正常利率又如何确定，存在争议。

关于正常利率认定标准，笔者认为，需坚持事实求是的精神，不能简单搞"一刀切"，既要从有利于被告的角度以合法的民间借贷最高利率作为考量因素，更要兼顾到请托人向他人借款反映出的个性化利率差异进行区分处理，从而正确发挥司法指引和导向作用。具体而言，可以遵循以下几个标准：

一是请托人有实际借款需求，且同期向其他一般民事主体借款的，应当结合该类借款时长、市场利率等因素确定正常利率，受贿数额为实际支付利息与按正常利率计算所得利息的差额。此种情形下，主要考虑有实际的借款关系为基础，请托人除向国家工作人员借款外，也向其他人借款，在处理上既要考虑到国家工作人员与请托人之间权钱交易的受贿行为应予打击，又要兼顾公平，适当保护被告人的合法权益，将客观上发生的且一般民事主体同样能够取得的正常利率予以扣除，以避免刑法的打击面过大。在证据收集上，一方面，既要收集受贿人自身的供述，也要收集请托人的证言、其他出借人的证言等；另一方面，也要注意收集借款发生期限内，请托人向其他人借款的合同、凭证以及市场利率资料等书证。在证据的采信上，正常利率的认定要注意排除短期借款或者亲友关系等导致利率偏高的情形，此类情形的高利率，多因请托人急需或者私人情感等原因导致，不具有参考

---

① 参见（2019）川 0726 刑初 59 号刑事判决书。
② 参见（2010）武刑初字第 39 号刑事判决书。
③ 参见（2013）杭上刑初字第 98 号刑事判决书。

性。因此，在证据审查上要尽量保持借款时间、期限的一致性，以准确分析请托人是否有借款需求以及请托人进行民间借贷的正常利率情况。

二是请托人同期向他人借款利率难以查明的，可以借贷合同成立时合法的民间借贷最高利率认定为正常利率，受贿数额为实际支付利息与按借款时合法的民间借贷最高利率计算所得利息的差额。对于请托人向他人借款利率难以查明的情形，从存疑有利于被告人的角度，将合法的民间借贷最高利率作为一个兜底标准，寻求法律范围内最大限度保护被告人的合法权益。此种情形，以超出借贷合同成立时民间借贷的保护上限的部分认定为受贿数额，可以避免打击范围扩大化，符合刑法的谦抑性原则，在惩治犯罪的同时，有利于减少对抗，提高诉讼效率，促使被告人认罪服法。

综上，对于高息放贷型受贿行为的处理，既要坚持罪刑法定原则，立足受贿犯罪权钱交易本质进行准确定性，又要坚持事实求是，把确属于正常民间借贷的情况排除在犯罪之外。在受贿数额认定上，要避免机械化和"一刀切"，既要充分审查是否具有借款需求和真实合意，又要考量同期请托人向其他一般民事主体借款情况以及市场利率水平，以作出相应的处理。

单位受贿罪司法疑难及其破解研究[*]

——基于对 35 起单位受贿案的实证分析

曹 波 周 宇[**]

我国刑法采用二元犯罪主体立法模式，单位的犯罪主体资格能力得到明确认可。作为单位犯罪的重要罪名，单位受贿罪具体司法认定中显露出的典型特征在相当程度上揭示出单位职务犯罪的一些共同特点。就立法层面来看，单位受贿罪"入刑"时间不算长，并且当前对单位受贿罪的研究也多集中于单位贿赂犯罪与自然人贿赂犯罪认定的比较研究，[①]或者是基于具体法律规定从理论上对该罪的认定进行一般性解读，而从实证角度研究如何认定单位受贿罪的文献总体较少。基于此，为破解司法实践中单位受贿罪认定疑难问题，本文将样本地域限定为贵州省，采用实证分析的方法，总结归纳出该样本在认定单位受贿罪上具有的归罪特点及司法疑难，以期提出更具针对性、更为完善的单位受贿罪司法认定规则。

一、问题的提出

本文在中国裁判文书网以"单位受贿罪"为关键词，区域范围限定为"贵州省"，共检索出相关裁判文书共 44 份。其中，关于刑罚执行与变更的裁定书 8 份，涉及刑事管辖权的决定书 1 份，按照单位受贿罪判处的裁判文书共 35 份。在经过相应筛选后，将其中纯正自然人犯罪、未经最终裁决的起诉书予以排除，另加上北京华宇元典信息服务有限公司运营的"元典智库"检索出的指导案例和评析案例各 1 份，最终的有效样本数共 22 份，其中包含 2 份刑事抗诉书（参见表 1）。

---

  * 本文系贵州大学文科研究一般项目资助"刑事责任年龄最新修正的教义诠释与规范适用研究"（GDYB2021005），中国博士后科学基金第 67 批面上资助项目"刑事治理现代化内在逻辑与推进路径研究"（2020M673298）的阶段性成果。

  ** 曹波，贵州大学法学院副教授，贵州基层社会治理创新高端智库研究员，法学博士，中国社会科学院法学所暨贵州省社会科学院联合培养博士后，硕士生导师；周宇，贵州大学法学院硕士研究生。

  ① 冯志恒：《论贿赂犯罪体系中的单位犯罪》，载《西北大学学报（哲学社会科学版）》2013 年第 6 期；孙道萃：《单位贿赂犯罪的立法检视与改进》，载《时代法学》2015 年第 5 期。

表1　2014—2021年样本单位受贿罪案例概况①

序号	案号	案件名	单位性质	裁判程序	裁判结果
1	（2017）黔01刑终15号	龚某学、陈某祥受贿、单位受贿案	国家机关	二审	单位受贿
2	（2020）黔2723刑初154号	某县水务局、唐某华单位受贿、受贿、私分国有资产案	国家机关	一审	
3	（2021）黔2627刑初35号	龙某勇、某县交通运输局受贿、单位受贿案		一审	
4	（2016）黔2301刑初280号	某县交通运输局、罗某云单位受贿案	事业单位	一审	
5	最高人民检察院指导性案例第73号	浙江省某县图书馆及赵某、徐某某单位受贿、私分国有资产、贪污案		一审	
6	（2019）黔0523刑初55号	某县职业教育中心、某县中等职业学校单位受贿、受贿案		一审	
7	（2017）黔2624刑初34号	某县鸭产业化建设管理办公室、欧某勇单位受贿案		一审	
8—18	……	……		……	……
19	（2018）黔0111刑初729号	贵州某矿业集团有限公司某煤矿、李某举单位受贿案	国有企业	二审	
20	（2020）黔2323刑初257号	某县城开发管理委员会、陈某政单位受贿、受贿、贪污案	政府派出机构	一审	
21	（2014）黔毕中刑终字第438号	顾某顺受贿案	国家工作人员	二审	个人受贿
22	（2019）黔2730刑初113号	卢某、姚某森受贿案	国家机关	一审	

（一）单位受贿罪的主体身份性质

在所选取的22份案例中，犯罪行为主体性质为国家机关的共有7起，其中1起判定为自然人受贿，6起判定为单位受贿，占比27%。事业单位作为单位受贿罪犯罪主体的共有6起，占比约27%。国有企业、国有公司实施单位受贿行为的共有3起，占比约14%。其中，某县城开发管理委员会、陈某政单位受贿、受贿、贪污案②和2起抗诉书聚焦于同一个争议点，即国家机关的派出机构是否具备单位受贿罪的犯罪主体资格。

综合来看，在单位受贿中，国家机关、国有事业单位作为犯罪主体占绝大多数，对于国家机关单位受贿的，有的按照单位受贿罪处理，有的则按照自然人共同犯罪来处理。例如龚某学、陈某祥受贿、单位受贿，贵阳市某区城市综合执法大队市某中队单位受贿一案。③ 2份抗诉书主要针对一审法院否认国家机关派出机构的单位受贿罪主体资格，要求

---

① 《2014—2021年样本单位受贿罪裁判案例》，载中国裁判文书网，https：//wenshu.court.gov.cn；《浙江省某县图书馆及赵某、徐某某单位受贿、私分国有资产、贪污案》《左某受贿、贪污、挪用公款案》，载元典智库，https：//www.chineselaw.com，2022年4月14日最后访问。

② 参见贵州省普安县人民法院（2020）黔2323刑初257号。

③ 参见贵州省贵阳市中级人民法院（2017）黔01刑终15号。

纠正法院的司法适用错误，主张按照单位受贿处理。例如"钟检公诉诉刑抗〔2015〕2号"，主张国家机关派出机构具备单位受贿主体资格。① 由此可见，虽然刑法明确将国家机关规定为单位受贿罪的犯罪主体，但国家机关的单位职务犯罪主体资格在具体司法实践中依然存在较大差异并形成考验司法智慧的疑难问题。

（二）单位受贿罪常见辩护理由

除 7 起未明确列举辩护理由的裁判文书外，所选取案例中的辩护方针对检察机关指控的犯罪事实，有 5 起案件的辩护焦点集中于单位受贿主体身份归结，即是自然人抑或单位，如顾某顺受贿案、② 左某等受贿、贪污、挪用公款案等。③ 有 4 起案件的辩护理由是相关单位收受财物是为本单位正当运转，弥补本单位经费不足。例如，某县鸭产业化建设管理办公室、欧某勇单位受贿案，④ 某县职业教育中心、某县中等职业学校单位受贿、受贿案等。⑤ 其次，有 3 起案件，辩护方提出自身不符合单位受贿罪要求的主体资格，例如，原贵阳市某区工商行政管理局、某区食品药品监督管理局单位受贿、贪污、滥用职权案，⑥ 某市经济适用住房建设有限公司、陈某庆单位受贿，陈某庆受贿案等；⑦ 有 2 起案件，辩护方以量刑过重、具有自首情节辩护，如贵州某矿业集团有限公司某煤矿、李某举单位受贿案。⑧

由此可见，对于检察机关指控的单位受贿罪，其中占比最高的辩护理由与上文所分析的内容都指向同一个问题，即自然人受贿与单位受贿的区分。其次，最先运用的辩护理由便是其收受钱财是以弥补本单位经费不足，便利本单位正当运转为目的。对这一辩护理由可从两个角度进行解读，一是否认行为违法性，辩护方认为其收受钱财是为本单位正常运转，并非是实施侵犯贿赂类犯罪法益的行为。二是对应于单位受贿罪成立的相关构成要件，辩护方主要是通过否认"为他人谋取利益"要件的成立，即认为其收受钱财是为本单位自身发展而非为他人谋取利益，辩解其行为构成犯罪的不适格性。

（三）单位受贿罪较为普遍的犯罪行为方式

在选取的 22 份案例中，由国家机关、国有企事业单位等集体讨论或共同决策后实施，在职务交往过程中收受诸如"回扣款"等财物，并用于单位使用的，共有 14 起被判定为单位受贿罪，占比 63%。共有 6 起案件属于国有机关、国有企业、事业单位中的自然人受贿，占比 27%。由此可见，司法实践中多通过单位意志的有无和违法所得的去向作为区分

---

① 参见贵州省六盘水市钟山区人民检察院钟检公诉诉刑抗〔2015〕2 号刑事抗诉书。
② 参见贵州省毕节市中级人民法院（2014）黔毕中刑终字第 438 号。
③ 参见左某等受贿、贪污、挪用公款案（第 195 号），最高人民法院刑事审判第一庭、最高人民法院刑事审判第二庭编：《刑事审判参考 2002 年第 4 辑——总第 27 辑》，法律出版社 2002 年版。
④ 参见贵州省三穗县人民法院（2017）黔 2624 刑初 34 号。
⑤ 参见贵州省金沙县人民法院（2019）黔 0523 刑初 55 号。
⑥ 参见贵州省贵阳市乌当区人民法院（2017）黔 0112 刑初 101 号。
⑦ 参见贵州省贵阳市中级人民法院（2014）筑刑二终字第 108 号。
⑧ 参见贵州省贵阳市中级人民法院（2019）黔 01 刑终 540 号。

自然人犯罪和单位犯罪的依据。国家机关、国有企业、事业单位等行为主体，经由集体共同讨论或共同决策，利用其职务便利收受财物并将收受的款项用于单位使用的，在司法实践中被判定为单位受贿罪的概率超五成。单位意志和违法所得去向并重对于区分单位犯罪和自然人犯罪虽有一定可靠性，但对于"没有违法所得""违法所得去向不明"等类犯罪情况却无法明辨是否属于单位犯罪。加之，经由样本分析得出的只是一个概括性结论，其结论的正确性和精准度对样本总数、影响因子、地域环境等条件的依赖性极大。进而样本分析的结论具有一定的普遍性而非百分百的精确性。

例如，卢某、姚某森受贿案，法院查明的事实表明，在 2016 年初某县交警大队领导与驾校共谋，约定由交警大队在该驾校学员的驾考中提供作弊，交警大队将帮助驾校作弊中收受的钱财用于本单位使用，当事人卢某只是执行单位领导的意思安排作弊人员考试。其犯罪行为模式，与单位受贿罪的行为模式具有高度相似性，按理应以单位受贿罪处理，但法院却将其认定为自然人共同犯罪。[①] 个中原因，我们认为可能有两点：一是可能将单位意志的存在与否作为区分单位犯罪与自然人犯罪的关键，采取的是同时否定"单位领导意志决定说"和"以单位名义和违法所得去向说"，否认单位意志的存在，最终按照自然人犯罪处理；二是面对组织作弊罪的犯罪主体争议时，[②] 该法院可能是采较严谨的态度，不认同单位作为组织作弊罪犯罪主体的适格性。所以，法院最终裁定的作出是多方论证的结果，行为方式只是其中一项判定因素，经由样本分析得出的犯罪行为方式不可避免地带有盖然性的特点，但是盖然性越大，可靠度也越高。经由样本分析得出的单位受贿犯罪行为方式盖然性超半成，其可行性与可靠性在相当程度上是值得肯定的。

总的来说，经由国家机关、国有企事业单位等共同决策或集体讨论决定，在职务交往过程中收受财物并将收受的财物用于单位使用的，在司法实践中有超半数的可能按照单位受贿入罪。然而，一方面，尽管存在法律明文规定，国家机关及国家机关的派出机构是单位受贿罪的应然犯罪主体，但司法实践中将涉国家机关及国家机关派出机构的单位受贿行为作为自然人犯罪处理的仍大有人在。另一方面，辩护方常以收受财物是出于弥补本单位经费不足，维持单位正常运转等理由，否认"为他人谋取利益"要件的成立进行争辩。"为他人谋取利益"要件在本罪犯罪构成中的体系地位何如，对入罪、量刑具有何种影响，本文需要进行进一步的研讨。

二、单位受贿罪的司法认定疑难

由前述可知，单位受贿罪的司法认定实践中主要存有两方面的问题，即国家机关的单位受贿主体地位争议，以及"为他人谋取利益"要件在单位受贿罪犯罪构成中的体系归属问题。相应地，全国人大常委会对《刑法》第 30 条作出的立法解释所涉及之单位犯罪成立范围的论争，以及 2018 年监察法颁布实施后，监察法和刑法关于单位职务犯罪惩办上法法衔接的问题，亟待单位受贿罪的理论研究和司法处置妥善解决。

---

① 参见贵州省龙里县人民法院（2019）黔 2730 刑初 113 号刑事判决书。

② 参见何素军、鲁海军：《组织考试作弊罪的司法认定》，载《人民司法（应用）》2016 年第 19 期；朱丽欣：《刑法修正案（九）组织考试作弊罪解析》，载《中国检察官》2015 年第 21 期。

（一）单位受贿罪的主体争议

1. 单位犯罪成立范围模糊。受限于单位犯罪成立范围法定原则，司法实践中存在着大量可由单位实施的具有严重社会危害性的行为无法追究单位的刑事责任。鉴于此，2014年4月24日，《关于〈中华人民共和国刑法〉第三十条的解释》（以下简称"刑法第30条解释"），针对单位实施非法定单位犯罪行为，作出了对其自然人（组织、策划、实施）追究刑事责任的规定。① 因此规定中实施主体与追责主体不一致，对该项规定的规制范围，学界热议不止。有从反证及体系解释的角度着手，认为规制的是单位犯罪。② 另有学者着眼于实质单位犯罪的"无罪说""自然人犯罪说"途径，主张"刑法第30条解释"是采自然人犯罪说立场，应当视实质单位犯罪为自然人犯罪。③

从关注立法技术、注重打击犯罪抑或遵从法律文本的不同角度理解，会得出截然不同的结论。当前认为"刑法第30条解释"属于实质扩张单位犯罪成立范围的支持论者大多是立足于现实需要，即适用实用主义对此进行解读。反对者出发点则是严格遵从法律文本规定，反对通过解释的方式改变立法原意。因而，此规定涉及单位行为和单位成员行为之间的区分性，学界关于此条款的性质界定对具体司法实践中依据何种标准进行犯罪认定与刑事归责具有不小的影响。

2. 国家机关的犯罪主体资格辨析。从样本数据分析可知，在司法实践中国家机关的单位犯罪主体资格在本文所研究的单位受贿罪中有较大概率被认可，但在诸如样本所提到的组织作弊罪等类犯罪中，其往往被看作自然人共同犯罪处理。同样的，国家机关派出机构的犯罪主体资格认定也面临着上述相似问题，尽管存在立法统一规定，但两份抗诉书却反映出与具体法律规定不符的不同司法处理结果。而在理论上，尽管单位受贿罪的犯罪主体中规定了国家机关的应然资格，但仍有大多数学者要么从国家机关的财政来源、国家机关会不当转嫁自然人刑事责任角度对国家机关的单位犯罪主体资格予以否定，④ 要么以国家机关的权力来源、追责的负面影响及追责无法实现刑罚预防目的的理由反对国家机关的单位犯罪主体资格。⑤ 持否定说的学者主张应将国家机关剥离出单位犯罪主体范围。同样的，马克昌先生也曾明确指出，单位犯罪包括"机关"的规定并无必要，从立法上就应否定"机关"的单位犯罪主体身份。⑥ 可见，国家机关的单位受贿罪主体归属争议，理论层

① 2014年4月24日，第十二届全国人民代表大会常务委员会第八次会议通过的《关于〈中华人民共和国刑法〉第三十条的解释》规定，"公司、企业、事业单位、机关、团体等单位实施刑法规定的危害社会的行为，刑法分则和其他法律未规定追究单位的刑事责任的，对组织、策划、实施该危害社会行为的人，依法追究刑事责任"。

② 余秋莉：《走向扩张的单位犯罪及其应对——基于〈刑法〉第30条立法解释的分析》，载《刑法论丛》2017年第4期。

③ 刘根：《论实质单位犯罪问题的立法解释》，载《南昌大学学报（人文社会科学版）》2015年第6期。

④ 温登平：《单位受贿罪司法现状的刑法学分析》，载《刑法论丛》2019年第1期。

⑤ 韩成军：《单位受贿罪若干疑难问题研究》，载《郑州大学学报（哲学社会科学版）》2012年第3期。

⑥ 马克昌：《"机关"不宜规定为单位犯罪的主体》，载《现代法学》2007年第5期。

面上肯定说与否定说之间的争辩仍在继续，实践中的认定规则也未见统一。

3. 监察对象缺失单位。2018 年 3 月 20 日出台的监察法在总结党的十八大以来反腐败实践经验的基础上，将党内监督中可复制、可推广、行之有效的经验正式上升为法律，正式确立国家监察程序，使得监察经验能在全国范围内推广。鉴于监察法的出台重设了我国的权力分配，监察程序的制度建构及实际运行方面的经验势必深刻影响刑法和刑事诉讼法的实施。在监察法已经实际运行的当下，面临的是监察法的具体规范适用及如何与其他关联性法律之间进行衔接实施等实质性问题。[①]

我国刑法中规定的职务犯罪主体除了自然人还有单位。综观《监察法》第 15 条关于监察对象的规定，其内容指明监察对象都是自然人，单位这一主体未被涵摄在内。但是，有学者提出，《监察法》第 62 条等将相关单位的行为规定为违法，从侧面反映出监察法中的监察对象包括单位。[②] 不过，《监察法》第 62 条规定中的责令整改属于单位上下级内部监督的应有之义，不能据此得出监察法明文规定监察对象中包括单位。[③] 进而基于最小伤害原则，公民享有的自由与国家权力介入社会生活的程度两者之间的界限应由法律明文规定予以明确。通观监察法及监察工作的一些程序性规定，虽肯定了监察委对单位职务犯罪的管辖权，但监察对象中没有明文规定单位这一主体，是不争的事实。

（二）"为他人谋取利益"要件的认定疑难

相较于自然人受贿行为而言，现行刑法在单位受贿罪的规定中，概括性地要求索贿和收受贿赂都要受到"为他人谋取利益"的限制，单位受贿罪中"为他人谋取利益"要件的重要程度可想而知。明晰辩护方是如何通过否认"为他人谋取利益"要件的成立来辩解其行为不构罪对今后的司法实践能发挥针对性的破解作用。

辩护意见一方面是根本性地混淆为他人谋取利益与为自己谋取利益的区别，将单位成员和单位进行了严格独立理解，将犯罪单位解释为"他人"。在受贿行为中为他人谋取利益的"他人"是指权钱交易的对价方，该对价方一般是指财物的所有者，既包括自然人也包括单位。为他人谋取利益中的"谋利"的指向对象也是指向行贿人，指为行贿人谋取的利益，而不是受贿方获得的利益。[④] 其次，单位成员是认定单位犯罪的一个重要方面，但单位成员犯罪和单位犯罪有所区别，为他人谋取利益，这里面的他人显然指的是行贿人，而不是受贿单位内部成员或者受贿单位本身。单位作为拟制的法律主体，单位犯罪的犯罪行为在自然行为属性层面需要由自然人（单位成员）作出，但无法否认的是单位自身具有刑事责任能力，单位与单位成员之间不具有恒定的连带关系。在单位受贿行为中，当客观上已具备单位犯罪成立条件时，单位和单位成员两者之间的行为具有同一性，背离单位犯罪成立的基本原则，严格坚持单位和单位成员之间的绝对独立性实属不当，此时不可将单位理解成"他人"。

---

① 陈伟：《监察法与刑法的衔接协调与规范运行》，载《中外法学》2019 年第 2 期。
② 石经海：《〈监察法〉与〈刑法〉衔接实施的基点、问题与路径》，载《现代法学》2020 年第 1 期。
③ 贾健、张竞悦：《论〈监察法〉的监察对象与〈刑法〉职务犯罪主体的衔接问题》，载《唐山学院学报》2022 年第 1 期。
④ 陈伟：《受贿罪中"为他人谋取利益"的内涵界定》，载《理论学刊》2012 年第 9 期。

再者，谋利的指向对象也是针对权钱交易的对价方而言，就上文中所提及的某县鸭产业化建设管理办公室、欧某勇单位受贿，① 某县职业教育中心、某县中等职业学校单位受贿、受贿等案例而言，② 为他人谋取利益的谋利对象是指和犯罪单位存在对价交易的一方，而不是该犯罪单位是否通过收受财物为本单位谋利。并且，单位犯罪的构成本身要求犯罪利益归单位，如果犯罪利益是归个人，那么就要看是否是个人盗用单位名义实施犯罪的问题，所以辩护的焦点应该是是否盗用单位名义。

另一方面，"为他人谋取利益"要件在理论层面面临着存废之争和体系地位归属问题。如王充教授从立法论和解释论的不同角度解读"为他人谋取利益"要件，主张废除受贿罪中"为他人谋取利益"要件利于解决社会犯罪现实与刑事理论之间的矛盾。③ 在保留"为他人谋取利益"要件的基础上，又进一步发展出"主观说"④"客观说"⑤"新客观说"⑥等理论。

在本文所关注的单位受贿罪案例中，辩方通过"否认谋利要件、否认行为构罪"的理由在于辩护意见将"为他人谋取利益"要件理解成受贿犯罪中依附于"履职行为"的必备要素存在。即将"为他人谋取利益"要件理解为由谋利意图和履职行为两部分组成，两者属于同一层级，无轻重、强弱之分。不论主张"为他人谋取利益"要件属于"客观说""主观说"抑或"新客观说"的理论背后，都指向同一个理论起点，即要求谋利意图与履职行为同时存在，只是各自侧重点存在不同。其中，"谋利要件"对"履职行为"具有依附性。依此理解，在犯罪主体存在为他人谋利的意图但并未实施具体行为时，无法认定"为他人谋取利益"要件的成立，无法对此进行处罚。反之亦然，诸如在事后受贿的场合，尽管实施了相应的不当职务行为，但谋利意图很难论证，同样会否定"为他人谋取利益"要件的成立。同样地，如何探究"谋利意图"的存在在司法实践中也会面临着取证难的问题。

三、单位受贿罪司法认定的完善路径

围绕单位犯罪这一核心要素，可通过在单位受贿罪中合理区分单位犯罪和自然人犯罪、辨析"刑法第 30 条解释"界定单位犯罪成立范围和重塑"谋利要件"的体系地位精准认定单位受贿罪的成立三方面对单位受贿罪的司法认定予以完善，上述做法既有利于纠正犯罪主体认定错误，完善司法适用，又有利于统一法院司法认定规则，提升司法效率。

---

① 参见贵州省三穗县人民法院（2017）黔 2624 刑初 34 号。

② 参见贵州省金沙县人民法院（2019）黔 0523 刑初 55 号。

③ 王充：《论受贿罪中"为他人谋取利益"》，载《刑法论丛》2016 年第 2 期。

④ 参见陈兴良：《受贿罪研究》，载陈兴良主编：《刑事法判解》（第 3 卷），法律出版社 2001 年版，第 40—41 页；陈兴良：《口授刑法学》，中国人民大学出版社 2007 年版，第 725 页。

⑤ 参见叶良芳：《"为他人谋取利益"的一种实用主义诠释——关于办理贪污贿赂刑事案件适用法律若干问题的解释第 13 条评析》，载《浙江社会科学》2016 年第 8 期。

⑥ 张明楷：《论受贿罪中的"为他人谋取利益"》，载《政法论坛》2004 年第 5 期。

(一) 合理界定单位犯罪成立范围

1. 单位犯罪认定规则。如何认定单位犯罪与自然人犯罪是正确理解"刑法第 30 条解释"的前提。学界多以自然人犯罪的认定条件为蓝本，比较单位犯罪自身不同于自然人犯罪的独特之处，如"单位意思"①或"为单位谋利"②，据此提出认定单位犯罪的规则，然前述观点各具有一定的片面性，仅片面、孤立地考量单一犯罪成立要件，难免存在以偏概全之感。"新组织体归责理论"③和王皇玉教授的"法人归责理论"④则具有一致的论证基础，都是透过组织体内部执行业务之自然人犯罪行为归咎为法人罪责。不一样的是，蔡蕙芳教授所提之组织体罪责，认为尽管法人的违法或犯罪行为客观上需由自然人予以实施，但法人这一组织体对于上述自然人之实行行为具有支配性。依正犯之犯罪支配理论，法人为直接实现犯罪构成要件之人，具有正犯性质，应作为正犯承担刑事责任。⑤相较而言，后两种法人归责理论更具先进性，其中组织体罪责理论在认定法人犯罪上更近一步，只独立地考量法人这一组织体，依据正犯之犯罪支配理论，从该组织体的客观不法要件和主观罪责要件来认定法人责任。因而，依照新组织体责任论抑或组织体罪责理论更适宜区分单位犯罪与自然人犯罪。其将单位作为一个整体，在思考单位独立性与依附性的基础上，递进式地考虑了由单位到责任人的归责路径，全面地考量单位意志和单位成员意志的归属与区分，条理清晰、适用方便。并且，更加契合司法实践需求，如国家监察委员会、最高人民检察院首次联合发布的行贿犯罪典型案例：浙江贵某贵金属有限公司、李某某单位行贿案，正是基于整体考量（单位意志、违法利益归属等）予以认定单位犯罪。

依据新组织体责任论和罪刑法定原则，"刑法第 30 条解释"并未扩张单位犯罪成立范围，而是对单位成员（单位领导、单位普通员工等）个人责任的一种处罚规则。从法律文本的原意对相关规定进行解读是罪刑法定原则的应有之义，在单位犯罪成立范围法定原则的基础上，如若认为"刑法第 30 条解释"是通过立法解释的方式扩张单位犯罪的成立范围，一方面承认通过立法解释的方式扩张单位犯罪犯罪圈，实际上否定了单位犯罪成立范围法定原则，造成司法权入侵立法权的不当观感。另一方面，这也是不当拔高立法解释之过，使其超越法律文本原意，背离法教义学的基本要求。而按照新组织体责任论理解"刑法第 30 条解释"，在单位的犯罪主体资格不复存在时，单位自身责任便不能等同于单位领导集体责任，但在单位不成立犯罪的前提下，单位成员（单位领导、单位普通员工等）需要对自身的行为负责，这便是"刑法第 30 条解释"追究自然人责任的原因。按照上述理

① 黎宏：《单位犯罪中单位意思的界定》，载《法学》2013 年第 2 期。
② 《"单位犯罪司法适用困境与立法完善"讲座顺利举行》，载"刑事疑案与刑法解释"微信公众号 2022 年 5 月 2 日。
③ 参见李本灿：《单位刑事责任论的反思与重构》，载《环球法律评论》2020 年第 4 期。
④ 参见王皇玉：《法令遵循对法人刑事归责性之意义与影响——从〈营业秘密法〉第 13 条之 4 谈起》，载《月旦法学杂志》2020 年第 303 期。
⑤ 蔡蕙芳：《台湾地区法人犯罪立法之检视与理论建构》，载《东吴法律学报》2017 年第 4 期。

解路径也回避了刘艳红教授对"刑法第30条解释"有罪论的反教义学批判。[①]

2. 国家机关不具有单位犯罪主体资格。尽管"肯定论"立足于形式公平,坚持认为国家机关和其他单位应平等适用法律。但有学者经由实证分析指出承认国家机关的单位犯罪主体资格存在刑罚难以执行,对直接责任人员按照单位犯罪处理可能轻纵犯罪等弊端。[②] 可见,承认国家机关的单位犯罪主体资格不仅在犯罪论、刑罚论等刑事理论上无充足法理支持,在司法实践中还有不当轻纵自然人刑事责任的弊端。具体到本文,样本中单位受贿罪中的犯罪主体为国家机关及其派出机构的占绝大多数,经研究发现,其性质全部为行政机关及其派出机构。理论上行政机关所实施行为代表人民意志,设定对代表人民意志的机关进行处罚存在逻辑悖论。同时,行政机关无自身独立资金来源,罚金刑功效几近于无。并且,其可能会造成自然人刑事责任失衡。因而,应从立法上否定国家机关的单位犯罪主体资格。

3. 将公职单位纳入监察对象范围。公职单位具有实施职务犯罪行为的现实可能性,并且带有更大的社会危害性,是刑法应然的规制对象,且刑法规定中的二元犯罪主体明确包含单位。但监察法的出台使职务犯罪案件的侦查权进行了移交,由于监察对象的缺失,单位涉嫌犯罪时未能顺利启动侦查,后续实体层面的惩罚更无从谈起。对此,有学者从完善实体法衔接适用角度,主张时机成熟时,需要通过立法修订的方式将单位纳入监察对象范围。[③] 也有学者通过类比与监察法密切相关的法律文本,认为公职单位是监察法天然的监察对象,将其纳入监察范围,也符合监察体制的目的要求。[④] 综合来看,学界已经普遍认识到监察对象缺失单位的立法遗漏,支持将公职单位纳入监察对象范围,并充分肯定将公职单位纳入监察对象范围的有益作用,即能够更好地协调法法关系、衔接各法适用,实现对统一法秩序的追求。

法律解释、法律修订和法律修正是处理立法缺失的三种主要方法。其中,法律修订涉及对法律的全面修改,这将影响法律的权威性与稳定性,并不是处理立法缺失的优选办法。法律的生命在于解释,能通过解释的方式解决的问题应当先解释。在监察对象只包括自然人的前提下,只能通过扩大解释将单位主管人员纳入监察范围。如若是要将单位解释为自然人,不仅会改变法律条文的基本含义,还涉嫌类推解释。可见通过解释的方法,无法实现逻辑自洽,这样的漏洞已无法通过解释的方式实现填补。因而,针对监察法立法时就存在的缺失,当前采取其他补救的措施都不能根本上解决问题,立法层面的缺漏最终还有待立法本身去解决。因此应当以立法修正的方式正面回应这一问题,将单位纳入监察对象范围。

---

① 刘艳红:《"规范隐退论"与"反教义学化"——以法无明文规定的单位犯罪有罪论为例的批判》,载《法制与社会发展》2018年第6期。

② 裴显鼎:《国家机关单位犯罪的困境与变革——对190份生效刑事裁判文书的实证研究》,载《法律适用》2021年第12期。

③ 陈伟:《监察法与刑法的衔接协调与规范运行》,载《中外法学》2019年第2期。

④ 李亚龙:《监察法与刑法衔接视域下的"监察对象"认定》,载《政法学刊》2020年第3期。

（二）"为他人谋取利益"要件体系地位新解读

理论上（传统）客观说和主观说的背后都认为"为他人谋取利益"要件的成立要求谋利行为和履职行为同时存在，一则无法处理诸如默契受贿、事后受贿等受贿类型，二则"为他人谋取利益"要件的成立，有赖于探明行为人行为时是否具有"谋利意图"，无疑给司法认定增添了难题。司法实践中，为统一"为他人谋取利益"要件的司法适用标准，2016 年 4 月 18 日最高人民法院、最高人民检察院《关于办理贪污贿赂刑事案件适用法律若干问题的解释》（以下简称《解释》）第 13 条以期对"为他人谋取利益"司法认定提供帮助，① 但下述证实其结果并不尽如人意。学界对《解释》第 13 条分别从"主观说"② 和"实用主义"③ 的角度进行解读。但研究发现《解释》第 13 条的全部规定无法统一适用主观说。实用主义思路在对《解释》第 13 条中各条款进行理解时不可避免地会突破法条限制，与受贿罪本质不符，并经由实证分析反映出《解释》第 13 条的实用主义尝试极不成功。④ 由此，"为他人谋取利益"要件的认定在刑事理论和司法适用中都存在较大困难。

将"为他人谋取利益"要件剥离出受贿罪入罪范围考虑要素之外，孤立地看待此一要件的性质，是造成上述司法适用困境的主要错误。正如有论者指出，（传统）客观说和主观说的根本错误在于，脱离受贿罪法益制约，单纯围绕"为他人谋取利益"作形式解读，导致无法对受贿罪的处罚范围产生限定作用。⑤ 因而，探究"为他人谋取利益"要件的法律性质时，应回归于整体性、体系性的法律规定，全面考量立法目的，辨析此要件的体系地位。

1. 围绕受贿罪法益展开研究。有观点认为，"为他人谋取利益"要件对于行为入罪不发挥任何作用，不是本罪的必备要件。⑥ 但受贿罪的行为方式中明确区分"索贿"和"收受财物、为他人谋取利益"两种情况，在现行立法规定下，无法消解"为他人谋取利益"要件的犯罪构成要件地位。如后所述，非要件说忽视了"为他人谋取利益"与受贿罪法益

① 最高人民法院、最高人民检察院《关于办理贪污贿赂刑事案件适用法律若干问题的解释》第 13 条规定，具有下列情形之一的，应当认定为"为他人谋取利益"，构成犯罪的，应当依照刑法关于受贿犯罪的规定定罪处罚：（1）实际或者承诺为他人谋取利益的；（2）明知他人有具体请托事项的；（3）履职时未被请托，但事后基于该履职事由收受他人财物的。国家工作人员索取、收受具有上下级关系的下属或者具有行政管理关系的被管理人员的财物价值 3 万元以上，可能影响职权行使的，视为承诺为他人谋取利益。

② 陈兴良：《为他人谋取利益的性质与认定——以两高贪污贿赂司法解释为中心》，载《法学评论》2016 年第 4 期。

③ 叶良芳：《"为他人谋取利益"的一种实用主义诠释——关于办理贪污贿赂刑事案件适用法律若干问题的解释第 13 条评析》，载《浙江社会科学》2016 年第 8 期。

④ 潘星丞：《"为他人谋取利益"之实证分析与理论重构——由行为属性说转向职务属性说》，载《山东大学学报（哲学社会科学版）》2019 年第 4 期。

⑤ 参见李邦友、黄悦：《受贿罪法益新论——以"为他人谋取利益"为切入点》，载《武汉理工大学学报（社会科学版）》2013 年第 2 期。

⑥ 参见李洁：《为他人谋取利益不应成为受贿罪的成立要件》，载《当代法学》2010 年第 1 期。

之间存在的必然联系。

当前作为通说的受贿罪侵害法益是职务行为的廉洁性,[①] 在收受型贿赂中,"为他人谋取利益"要件的成立则使得权钱交易的对价关系予以成立,职务行为的廉洁性遭受破坏,使得行为符合受贿罪的入罪标准。但是,在单纯受贿无法明证当事人存在"为他人谋取利益"的场合,收受贿赂行为完备,权钱交易之间的对价关系已经实现,同样侵害职务行为的廉洁性,按照廉洁性说理当认定为犯罪,但却因无法证实"为他人谋取利益"要件成立而无法构成犯罪,从而出现逻辑矛盾,人为造成了受贿罪的法益侵害与犯罪成立之间的紧张关系。现如今对"廉洁性说"构成重大挑战的是"职务行为的不可收买性说"。[②]"不可收买性说"是在承认受贿罪的基础法益是职务行为的廉洁性的基础上,进一步限定廉洁义务的内容,将"廉洁义务"与"职务行为"关联起来,充分考量两者之间是否建构了"权钱交易"关系。不可收买性至少包括"职务行为的不可收买性本身"和"国民对职务行为不可收买性的信赖"两个方面。在收受型贿赂中,行为人收受财物后未有明示或默示的同意为他人谋利,该财物收受行为与其职务行为之间尚未建立起对价关系,并未实现权钱交易之间的联结,公众对国家工作人员职务行为的信赖就并未受到侵害,从而国家工作人员职务行为的不可收买性也就并未被现实侵犯,不得评判该行为构罪。

由上可知,赞成不可收买性说的论者是在通过对比各种学说的前提下,承认职务行为的廉洁性是受贿罪基础法益的基础上,进一步指明权钱交易的对价双方应为"贿赂行为"与"职务行为的不可收买性"。立足于"职务行为的不可收买性"既能妥善处理"公正说"所导致的犯罪圈狭小的障碍,又能对"廉洁说"中的职务行为内涵进行进一步的具体化。因而,受贿罪的法益界定为"职务行为的不可收买性"能弥补理论上的缺漏,也能更好地指导司法实践。其中,作为收买对象的"职务行为"无须是事实层面的,只需是规范层面的,即不需要实施层面的履职行为。尽管如此,也不能否定"谋利要件"存在的合理性,我国受贿罪中的职务要件(履职行为)是相对于受贿人而言的,更加注重于职务的便利性,并不能涵盖对价性的内容,就需要"谋利要件"来进行补充,正是"为他人谋取利益"这一要件,联结起国家工作人员职务行为的不可收买性和其职务本身。

2. "谋利要件"的体系地位。在认同职务行为的不可收买性属于受贿罪法益的前提下,对于"为他人谋取利益"要件在本罪犯罪构成中的体系地位,学者们有如下看法:付立庆教授在明确受贿罪法益是国家工作人员职务行为不可收买性的前提下,认为"为他人谋取利益"应采混合违法要素说。即区别于不同的场合,分别发挥主观违法要素抑或客观违法要素的作用。[③] 也有学者从教义学的角度着手,逐层递进式地考量受贿罪法益、受贿罪犯罪构成等内容,推导出"谋利要件"的内涵,并认为"谋利要件"应归属为职务属

---

① 郝力挥、刘杰:《对受贿罪客体的再认识》,载《法学研究》1987 年第 6 期;高明暄、马克昌:《刑法学》,北京大学出版社、高等教育出版社 2016 年版,第 629 页。

② 张明楷:《刑法学》(下),法律出版社 2021 年版,第 1588 页。

③ 付立庆:《受贿罪中"为他人谋取利益"的体系地位:混合违法要素说的提倡》,载《法学家》2017 年第 3 期。

性说。① 可见，学者们采取一种有别于以往的解读途径，立足于受贿罪整体，全面考量受贿罪的法益、犯罪构成，而后论及"谋利要件"的体系地位。这是一种由整体到部分、由大及小的论证方法，对"谋利要件"的解读具有体系性、协调性。论者都认为"谋利要件"对行为入罪发挥着相当作用，其能联结职务行为的不可收买性与其职务义务本身的对价关系。而职务属性说是对于混合的违法要素说的进一步细分，在承认"谋利要件"属于违法要素的基础上，进一步指出"谋利要件"的属性，其着重点不是谋利行为（实施层面的履职行为），而是谋利背后反映出的职务属性。对于典型受贿、默契受贿和事后受贿的犯罪认定，都可通过"谋利要件"的职务属性统一解释。收受贿赂中，因关注的是谋利行为是否是职务权限的对价，而不在于是否承诺谋利、是否实施了谋利行为。事后受贿的理解也是如此，"谋利要件"无法推导出行为人的主观故意，关键在于犯罪主体收受财物时是否认识到该财物是职务权限的对价。

3. 索贿和收受贿赂同时要求"谋利要件"的正当性。自然人受贿犯罪中，索贿行为直接造成对职务行为不可收买性的破坏，而收受贿赂行为，则需要通过"谋利要件"建构其权钱交易之间的联结。较之自然人受贿罪，单位受贿罪中索贿与收受贿赂都须同时具备"为他人谋取利益"要件。对于单位受贿罪无论索贿、收受贿赂都要求"谋利要件"存在应做怎样的诠释才具有正当性是本文需要解释的重点之一。有学者经由与自然人受贿罪的立法对比，基于罪名协调性的考虑，反对单位受贿中索贿和收受贿赂同时具备"谋利要件"，认为这不仅会给司法实践徒增困惑，也会在理论上产生争议。②

然而，按照上文的理解，依据职务属性说，"谋利要件"是职务要件的二级要件，对职务要件具有附属作用，就能恰当地解决这一问题。在单位职务犯罪中，贿赂行为若建立起权钱交易之间的对价，侵犯职务行为的不可收买性，此行为入罪就恰如其分。其中，索贿与收贿只影响罪责程度，而不影响法益侵害的有无及大小，即使索贿，也必须将可谋利的职务权限作为对价，才能建构其权钱交易之间的对价，对法益造成侵害。只不过索贿场合无须承诺谋利，因为索贿行为已经建立起了对价。因之，无论是索贿受贿还是受贿收贿，"谋利"都是必要要件，而"承诺"皆非必要要件。将"谋利"理解为依附于职务要件的可谋利性（职务属性说），才能使之既是收贿与索贿皆必备的要件，又无须表现为行为（如承诺）。

除此之外，在贿赂犯罪中，标志权钱交易对价关系的成立，就意味着法益侵害存在，行为符合入罪标准。本文所选取案例中多次提到的犯罪主体收受钱财归单位使用的犯罪行为方式，不会对受贿行为的定性发挥决定作用，其对于犯罪成立的作用甚至无法与"谋利要件"相提并论，属于事后行为范畴。事后行为虽对行为的定性影响不大，却与罪数有关，牵涉着行为的完整评价问题。在具体案例中，则需要依据全面评价原则判断行为主体的罪数。

---

① 潘星丞：《"为他人谋取利益"之实证分析与理论重构——由行为属性说转向职务属性说》，载《山东大学学报（哲学社会科学版）》2019 年第 4 期。

② 利子平、石聚航：《我国单位受贿罪的立法审思与完善路径》，载《辽宁师范大学学报（社会科学版）》2022 年第 2 期。

贪污贿赂犯罪中违法所得的边界

李雪峰*

没收违法所得在剥夺犯罪收益、威慑犯罪等方面具有不可替代的作用。随着违法所得规则体系的逐渐完善，违法所得已逐步成为融合刑事实体与程序的范畴，既体现为刑法条文原则性规定，同时也发展为刑事诉讼程序之一。其中，贪污贿赂犯罪中的违法所得没收更是该制度的重点问题，已形成普通贪污贿赂犯罪的违法所得没收与犯罪嫌疑人、被告人逃匿、死亡没收违法所得互为补充的格局。而违法所得认定的边界范围作为违法所得的基础性问题，直接影响制度实施效果，至今在理论与实践中存在不小争议，有待进一步讨论。

一、违法所得的基本含义

《刑法》第 64 条规定，犯罪分子违法所得的一切财物，应当予以追缴或者责令退赔；对被害人的合法财产，应当及时返还；违禁品和供犯罪所用的本人财物，应当予以没收。该条集中规定了刑事没收的实体法依据[①]。然而该条仅原则性规定违法所得处理原则，并未解释违法所得的概念与内涵。为此，2014 年《关于刑事裁判涉财产部分执行的若干规定》第 10 条进一步明确，对赃款赃物及其收益，人民法院应当一并追缴。被执行人将赃款赃物投资或者置业，对因此形成的财产及其收益，人民法院应予追缴。即违法所得包括赃款赃物及其收益。但具体到贪污贿赂犯罪中，仅赃款赃物及其收益的范围显然缩小了类案违法所得的范畴，一方面是因为 2016 年《关于办理贪污贿赂刑事案件适用法律若干问题的解释》第 12 条明确贿赂犯罪中的"财物"，包括货币、物品和财产性利益。财产性利益包括可以折算为货币的物质利益如房屋装修、债务免除等，以及需要支付货币的其他利益如会员服务、旅游等。当中财产性利益并非严格意义上的具有投资或者增值属性的财物，实际也并非用于投资或增值，诸如旅游消费等并不具备收益可能性，难以认定为一般意义上的违法所得。另一方面则因为该定义无法涵盖行为人通过消费、赠予等形式转移违法所得的情形，难以实现剥夺犯罪收益的制度目标。

为此，2017 年《关于适用犯罪嫌疑人、被告人逃匿、死亡案件违法所得没收程序若干问题的规定》（以下简称《规定》）第 6 条进一步解释扩大了违法所得的范围，并明确

---

　* 江苏省无锡市锡山区人民检察院检察二部检察官助理。

　① 尹振国、方明：《我国刑事特别没收手段的反思与重构——兼论〈刑法〉第 64 条的完善》，载《法律适用》2019 年第 5 期。

"视为"违法所得的情形，其明确：通过实施犯罪直接或者间接产生、获得的任何财产，应当认定为《刑事诉讼法》第280条第1款规定的"违法所得"。违法所得已经部分或者全部转变、转化为其他财产的，转变、转化后的财产应当视为前款规定的"违法所得"。对此，违法所得的范围得以通过三层判断的逻辑予以明确①，即第一层是通过犯罪直接产生或直接获得的任何财产，第二层是通过犯罪间接产生或间接获得的任何财产，第三层是违法所得转化、转变后的财产。因此，我国已经实际上在贪污贿赂犯罪领域借用了取得物、报酬物和对价物等国际通用概念②，较为适当地划定了违法所得的范围。与此同时，《规定》第17条进一步明确了违法所得的证明标准，即高度可能属于违法所得及其他涉案财产的应当认定违法所得。

值得探讨的是，作为刑事诉讼特殊程序的违法所得没收程序中确立的违法所得认定标准，是否能作为普通贪污贿赂犯罪中认定违法所得的依据。本文认为，违法所得没收程序虽然旨在解决特殊情境下的涉案财物追缴问题，但其认定违法所得的标准、逻辑均与普通贪污贿赂犯罪中没收违法所得没有区别，因此值得借鉴其中合理之处，以解决普通贪污贿赂犯罪中的财产问题。

二、违法所得没收的具体问题

尽管贪污贿赂犯罪中违法所得包括直接获取的财产及其产生收益，并在有证据证明时包括关联的替代品（如受贿款购置的房产）不存争议，但囿于实践中的丰富样态，违法所得的诸多具体问题仍有待进一步讨论，以明确其具体边界。

（一）犯罪未遂形态中违法所得的认定

在贪污贿赂犯罪的既遂案件中，是否"取得"财物涉及事实判断，通常不存在争议。例如，收受贿赂并使用财物的，犯罪已经既遂，财物系犯罪直接获得，属于违法所得。但在未遂样态中，涉案财物能否认定为违法所得则需要价值判断。例如，A区国土局副局长，利用职务便利为B谋取利益，并约定行贿款项150万元根据项目收益分三期支付，第一、二期均按约定支付，第三期因工程尚未依进度结算未能支付，此时案发。上述情形能否认定尚未支付50万元属于违法所得则需对"产生、取得"进行解释，其是否包含预期可取得的特定财产是问题的关键。一种观点认为，受贿人并未实际取得财物，且案发时行贿人也并未结算工程取得行贿款，因而不属于违法所得。另一种观点认为，行贿犯罪未遂，其行贿所用的财物已经计入到受贿犯罪数额当中，且行贿犯罪所用的本人财物也应当予以没收，因此，对于该部分已经明确并可以取得的款项应计入违法所得。本文认为，犯罪未遂中已经特定化的财物与合法财物之间存在明显界限，其已经通过行受贿双方合意被赋予特定违法目的，虽然其并未真正被交付控制，但并不能否认其违法性质。在受贿未遂情形下，受贿方允诺的好处与行贿方谋取的不正当利益已经实际兑付，因此该部分金额已经是受贿方职务行为或不正当利益的对价，将其认定为违法所得并予以没收较为合理。值

① 严林雅：《刑事没收违法所得的判断规则与法律效果》，载《浙江警察学院学报》2021年第3期。
② 向燕：《论刑事没收及其保全的对象范围》，载《中国刑事法杂志》2013年第3期。

得注意的是，被索贿而同意给予财物但因意志以外因素未能实际给付的，被索贿者并未获取不正当利益的，该部分金额不是不正当利益的对价，不宜被认定为违法所得。

（二）犯罪所得的经营增值认定

收益与违法所得之间具有关联性是适用没收的前提，换言之，对于贪污贿赂犯罪所得产生的收益部分，应当与犯罪所得具备关联性才能将其纳入没收范围。实践中，受贿财产产生的自然利息、投资后的增值部分亦计为违法所得不存争议。但对于以违法所得为资金从事正常经营所产生收益部分能否认定为违法所得则存争议。有学者认为，非经营性和非劳动性加工收益应当没收①，实质经营后增值部分构成阻却关联性事由，不再认定为违法所得。笔者认同这一观点，一方面目前立法保障合法收益及其正常增值，对于违法所得与合法所得混同后增值部分，仅将违法所得相应部分的收益视为违法所得。对应国家工作人员以交易形式收受贿赂情形中，犯罪行为直接指向实际支付价格与市场价格之间的差额，已经投入的合法本金部分的收益不属于违法所得。基于这一原则，正常经营行为合理地利用了财物，并投入了管理、劳动等要素，这部分合法投入及其收益应当予以适当考虑。另一方面，实践对于合作投资型受贿与违规从事营利活动问题，区分认定的核心要素有二，其一是否实际出资，其二是否参与经营管理。国家工作人员实际出资或参与经营管理，承担投资风险，分得正当合理利润，一般定性为违规从事营利活动②。即通过实质经营管理行为产生的收益，构成阻却违法的事由。因此，对于以违法所得为投入基础，同时付出经营或劳动的，应当慎重考虑收益部分的关联性，谨慎纳入违法所得的范围。

（三）等值没收的法律适用

对于已经灭失的违法所得是否仍具有刑法没收上的价值，实践中有多种观点。一种观点认为，既然贪污贿赂犯罪所取得的财物都已经通过各种消费、支出或者使用，那么违法所得将不复存在，该部分已经灭失的财产已经消失，不再具有刑法意义上的没收价值。例如，在任某厚违法所得没收案中，扬州市中级人民法院认定：任某厚实施受贿犯罪所得的168 万元和贪污犯罪所得的 69 万元已经被用于贿选、旅游和疗养，没有节余，没收的财物中不应包含该部分金额③。另一种观点认为，虽然贪污贿赂犯罪取得的财物已经消失，但仍具有没收意义，该部分款项仍属于违法所得，只要犯罪嫌疑人或被告人愿意退赔的，该部分款项即为违法所得。例如，张某崎违法所得没收案中，张某崎在担任南京某科学园发展有限公司招投标管理办公室主任期间，利用职务便利，为他人提供帮助，先后多次收受他人给予的购物卡和现金，其中购物卡已经被其消费。南京市中级人民法院认为，张某崎书面委托所在单位代其退缴案款，应视为张某崎对退缴款项系违法所得性质的认可，对于该部分退缴金额应认定为违法所得④。

---

① 谢雄伟：《论刑事违法所得没收的本质、内涵与计算方法》，载《法学论坛》2016 年第 5 期。
② 段海龙：《合作投资型受贿与违规从事营利活动之辨》，载中央纪委国家监委网站，https://www.ccdi.gov.cn/hdjln/ywtt/202108/t20210819_142264_m.html。
③ 参见扬州市中级人民法院（2016）苏 10 刑没初 1 号刑事裁定书。
④ 参见南京市中级人民法院（2014）宁刑没初字第 1 号刑事裁定书。

目前，贪污贿赂犯罪相关司法解释尚未明确违法取得财产无法找到、价值灭失时可采取等值没收。《规定》第 6 条所明确的视为违法所得情形中，并未涉及财产灭失的处理，仅要求对于转化后仍具有财产价值的转化物视为违法所得。有观点认为，等值没收与违法所得追缴及责令退赔是相同概念①，当违法所得无法找到时予以追缴，当违法所得被消耗、损毁后，则应要求犯罪分子退赔。这一观点与 2016 年《关于办理贪污贿赂刑事案件适用法律若干问题的解释》第 18 条内容相近，后者规定：贪污贿赂犯罪分子违法所得的一切财物，应当依照《刑法》第 64 条的规定予以追缴或者责令退赔，对被害人的合法财产应当及时返还。但是，该规定能够适用的前提是：即便损毁、灭失的违法所得仍属于违法所得。换言之，该条默认了即便违法财物已经灭失，仍属于"违法所得的一切财物"，才能适用追缴退赔。然而，损毁、灭失的违法所得是否仍属于该条当中的财物恰是值得讨论的内容。

根据现有关于"违法所得"的司法解释，违法所得的基本属性是财产性，如果违法所得已经丧失财产属性，显然难以纳入违法所得的评价范畴。正如学者所言，当犯罪所用的财物和违禁品事实上不能被没收时，如毒品被吸食，存放毒品的房屋已经倒塌，曾经犯罪所用的财物和违禁品已经无法对社会造成危害，是否应当对其使用"追征"手段，则不无疑问②。但是，2018 年《关于办理黑恶势力犯罪案件若干问题的指导意见》第 29 条作了一定突破。其明确依法应当追缴、没收的财产无法找到、被他人善意取得、价值灭失或者与其他合法财产混合且不可分割的，可以追缴、没收其他等值财产。即支持追缴、没收等额替代财产，尤其是违法所得价值灭失时，直接以等额财产视为违法所得。有学者同样支持等值没收，不论原始形态的违法所得及其收益是否存在，都应当允许被追诉人的其他财产进行没收，即"采用等值没收的方式实行财产折抵"③。事实上，考虑到违法所得价值灭失乃财产被违法取得所造成，行为人对自己控制财产出现的价值灭失应当承担责任也具有合理性。

笔者认为，可以适当明确等值没收规则，但应当考虑两方面因素。第一，考虑是否有直接被害人。财产被非法取得后，被害人利益直接处于受损状态，若因价值灭失而放弃追缴则无法保障被害人权益，不能恢复被破坏的物权财产分配秩序，因此，直接以行为人等值财产作为替代，才能实现"利益填平"。第二，考虑财产灭失与行为人过错程度。在一些财产犯罪中，行为人取得财物后往往不甚珍惜，在过度、不当使用后发生价值灭失，对于此类直接由行为人导致的财产灭失后果，可以考虑等值没收。结合到贪污贿赂犯罪中，笔者认为，应当在贪污贿赂犯罪具体罪名中存在受害单位或者被害主体的情形，予以选择适用，同时要结合财产灭失的主客观因素，对于不能归责于行为人的财产价值灭失后果，不能适用等值没收。

（四）违法所得的善意取得

违法所得能否被善意取得，既是民法理论问题，同时也决定着违法所得的边界。例

①　何鑫：《刑事违法所得数额的司法认定问题研究》，载《法律适用》2020 年第 11 期。
②　尹振国、方明：《我国刑事特别没收手段的反思与重构——兼论〈刑法〉第 64 条的完善》，载《法律适用》2019 年第 5 期。
③　黄风：《论"没收个人全部财产"刑法的废止——以追缴犯罪资产的国际合作为视角》，载《法商研究》2014 年第 1 期。

如，行贿人将财物交付受贿人后，受贿人担心案发而将财物予以出售，该出售后的财物是否仍属于违法所得？如果违法所得可以适用善意取得制度，则违法所得的边界即因善意取得切断，善意取得的受让人将取得对违法财物的所有权。在民法理论上，赃物被区分为"盗赃物"（又称"占有脱离类赃物"）和"非盗赃物"（又称"占有委托类赃物"），后者可以适用善意取得制度。即贪污贿赂犯罪中的违法所得理论上可以被善意取得。事实上，违法所得适用善意取得是国际通用规则，英国法律规定在被告从对一项资产无权利或者权利有瑕疵者处善意有偿地购买了对该资产的法定权利，并且不知悉影响该权利的任何权利或利益时，他可以提起善意购买的抗辩①。美国同样认可善意取得抗辩，对于在犯罪发生之后获得的财产（如犯罪所得），所有人必须以优势证据原则证明其：（1）是财产的善意购买人；（2）不知道或合理地没有理由相信财产应该被没收②。

我国 2014 年《关于刑事裁判涉财产部分执行的若干规定》第 11 条回应了善意取得的问题，第三人善意取得涉案财物的，执行程序中不予追缴。作为原所有人的被害人对该涉案财物主张权利的，人民法院应当告知其通过诉讼程序处理。亦言之，善意取得的违法财物，不作为刑事中违法所得处理，按照相关民法归责处理。

我国贪污贿赂犯罪相关司法解释未明确违法所得的善意取得问题，《规定》第 7 条规定，违法所得没收程序当中，对申请没收的财产主张权利的自然人和单位可以向法院提出主张。一般认为，其中利害关系人包括违法所得的善意受让人。2021 年 12 月最高人民检察院公布第三十二批指导性案例，这是首次就职务犯罪适用违法所得没收程序为主题的指导案例。笔者注意到，其中黄艳兰贪污违法所得没收案已经明确，善意第三方对申请没收财产享有合法权益的，应当依法保护。该案中，行为人利用贪污所得资金支付首付款后，向三家银行以按揭贷款方式购买，三家银行对按揭贷款房产进行抵押，三家银行均为善意第三方可以善意取得抵押权，可以优先受偿③。抵押权作为物权的一种可以善意取得，那么理论上所有的物权均可以善意取得。因此，贪污贿赂犯罪中违法所得认定，应当充分考虑善意受让人的权益保护，合理认定违法所得的范围。

（五）共同犯罪违法所得的认定

共同犯罪中违法所得的追缴规则，同时关系违法所得的认定问题。目前，连带没收的方式被广泛地应用于我国的司法实务中④，也直接影响违法所得的认定规则。对共同犯罪适用连带追缴，可以规避分配数额、个人财产状态、财产来源等信息获取难题，以更为平稳、简单的方式认定违法所得的数额，实现犯罪利益的剥夺。当然，同时也将一定程度上忽视各行为人之间的负担平衡，甚至突破了等值没收的边界，将本不属于行为人所得部分纳入了违法所得范围。譬如，A 与 B 共同利用职务便利，为行贿人牟利，并收受好处 100

---

① 李昊：《论英美法中基于犯罪行为的回复与没收》，载《东方法学》2019 年第 2 期。
② 王赟：《反腐败追赃视野下美国违法所得没收程序研究》，载《安徽警官职业学院学报》2021 年第 4 期。
③ 张志杰主编：《刑事检察工作指导（第 1 辑）》，中国检察出版社 2022 年版，第 206 页。
④ 李紫阳、杨湘粤：《刑民关系视野下连带没收适用之限制》，载《武汉公安干部学院学报》2021 年第 2 期。

万元，其中 A 分得好处 50 万元，B 分得好处 50 万元。A 与 B 共同受贿 100 万元不存争议，但如对 A 或者 B 适用连带没收 100 万元，则在 A 或者 B 实际违法所得之外，另行承担了共同受贿人的实际违法所得 50 万元。无论从违法所得的实质联系观点亦或等值没收理论看，连带没收规则均将突破实质获利的数额边界，将个人违法所得的范围扩张到共同违法所得的数额。即便行为人可在实际承担全部共同违法所得没收责任后，可以向其他同案行为人索赔，但考虑到个案实际，实际实现将困难重重。

连带没收既有实践的基础，且存在较大现实需求，从节约司法资源、高效矫正违法财产利益上看，不应一味否定。但究竟如何适用这一"超越"违法所得限度的规则，则需进一步讨论。一种观点认为，连带没收源于民法上的共同侵权，其目的在于保护权利人被犯罪侵害的财产权益，因此是否存在被害人将决定连带没收的合理性，对于公债（国家没收）适用连带没收存在将公法债权转化为私法债权的质疑。如果没收的违法所得属于被害人合法所有的则连带没收，如果是应当上交国家的违法所得，则采用个别没收①。但该观点显然划分得过于简单，例如挪用公款从事违法活动获利的，既需将本金发还原单位，同时应剥夺其违法获利，如果仅要求数名共同被告在挪用的本金范围内连带没收，对于违法获利部分缺少规制，反而无法有效剥夺违法获利。同时该观点忽视违法行为人之间债务分担的公平性，共同犯罪的违法所得分配比例可能存在较大差异，连带没收可能产生矫正违法分配上的二次不公。另一种观点认为，共同犯罪中违法所得处理时适用连带责任，实质在于共犯间分赃不明时，以类似于财产共有之思维采连带没收②，个别责任应为共同犯罪违法所得没收的原则，连带没收为无法证明时的补充规则。本文同意这一观点，作为对"任何人不从违法中获利"规则的践行，个别没收能准确实现违法利益剥夺，并准确限制违法所得的范围，实现行为人对自己违法所得部分负责并且共同对违法所得总额负责的效果。在取证不能时，以连带没收为兜底，以防止仅有一人到案客观不能查明或行为人通过拒绝供违法所得款分配方式，便使得没收宣告的目的落空。

（六）受贿罪中其他收益型违法所得的没收

根据相关司法解释，受贿罪中的财物包括财产性利益，包括可以折算为货币的物质利益如房屋装修、债务免除等，以及需要支付货币的其他利益如会员服务、旅游等。此外，还包括各类交易型受贿，如低买高卖等。对于此类不存实质载体的行受贿方式，其违法所得的金额以市场价格或应当支付与实际支付价格的差额计算，其本质为受贿主体应当财产减少但未减少，不应增加财产但实际增加。尤其对于应当减少但实际未减少情形，虽然于形式上受贿人财产不做任何变化体现，但实质收益已经发生。笔者认为，对受贿罪中其他财产利益，亦属于违法所得，应予以没收。目前司法解释已经确定该类财产利益的计算方法，应当直接将确定的财产利益数额认定为违法所得的数额。同时，因为该类受贿行为不存在实体财物的变动，如行贿人免除受贿人 20 万元债务，无法确定受贿人哪一部分财产

① 邓光扬：《追缴共同犯罪之违法所得不能一概适用连带责任》，载《法律适用》2018 年第 22 期。

② 梅传强、欧明艳：《共同犯罪违法所得处理研究——以共同犯罪人之间是否负连带责任为焦点》，载《中国人民公安大学学报（社会科学版）》2020 年第 1 期。

应当减少，而实际用于偿还该笔债务，只能采取等值没收方式，认定受贿人名下财产的20万元属于违法所得。至于消费、服务等行为，因其实质与先收财物，后消耗的方式相同，也应采取等值没收方式。

三、违法所得的计算规则

长期以来，违法所得计算规则一直存在较大争议，并旗帜鲜明地存在"总额原则"与"净利原则"之争①，而核心在于是否扣除犯罪成本问题。总额原则指违法所得数额不用扣除犯罪成本，如此计算一方面利于举证，避免对犯罪成本举证等诉累，另一方面则有效打击犯罪，彻底剥夺了违法利益。然而并非所有司法解释均持此观点，实践中也呈现违法所得计算的多样性趋势。根据最高人民法院1998年出台的《关于审理非法出版物刑事案件具体应用法律若干问题的解释》第17条明确，本解释所称违法所得数额，是指获利数额；2012年出台的《关于办理内幕交易、泄露内幕信息刑事案件具体应用法律若干问题的解释》第10条明确，违法所得，是指通过内幕交易行为所获利益或者避免的损失。也就是违法所得数额仅指获利数额，即全部收入扣除其直接用于经营活动的合理支出后剩余的数额。因此，仅以"总额原则"与"净利原则"之一指导司法实践显然难以贯通。

具体到贪污贿赂犯罪中，同样应当结合具体情形计算违法所得的数额。本文认为，可以从以下几个角度把握：第一，以非法占有为目的的犯罪中，非法取得的财物均为违法所得，不应扣除犯罪成本。如对于贪污罪，行为人具有非法占有目的，因此不存在成本扣除的问题，以实际获取金额计算违法所得。但在挪用公款罪中，行为人挪用但不以非法占有目的，因此可能存在扣除成本问题。如将公款用于经营，牟利部分属于违法所得，而本金可以扣除。第二，以行贿获取的机会型利益，不计入因该机会获取财产的成本。如通过行贿100万元获取工程承接机会，向该工程投入300万元成本后获纯利200万元，该100万元行贿金额不计入违法所得成本。第三，实施犯罪过程中支付的劳动者工资报酬、社会保险费用、案发前已经缴纳的税费等直接用于生产、经营活动的适当的合理支出，应予扣除。

违法所得既是刑法中基础性问题，也是实务中易出现争议且无法回避的问题，既需要考虑基本概念，同时需要结合具体问题予以探讨。目前，违法所得的概念性问题仍存在一些有待明确的地方，如没收与追缴概念的辨析，二者是否为同一概念；又如没收违法所得与没收供犯罪所用的本人财物的概念辨析，张明楷教授认为二者存在不同②。在这些基本问题尚未完全明确的前提下，给违法所得下一个贯穿于刑法及相关司法解释的定义显然较为困难。囿于目前完全定义的困难，结合具体情境讨论违法所得的边界就成为现实必要。具体到贪污贿赂犯罪中，结合取得物、报酬物和对价物的基础概念，合理认定收益辐射范围，并审慎认定转化、转手等情形时的适用，能较为合理地确定违法所得的边界。未来，仍需结合实践进一步明确等值没收、连带没收的适用条件及其限制，以精准剥夺犯罪利益。

---

① 冯文杰：《论没收违法所得财物的计算规则》，载《北京社会科学》2021年第10期。
② 张明楷：《论刑法中的没收》，载《法学家》2012年第3期。

我国贪污受贿犯罪特别宽宥制度中
"积极退赃"的司法适用研究

付晓东[*]

　　针对贪污贿赂犯罪复杂严峻的犯罪形势，2015 年《刑法修正案（九）》对贪污贿赂犯罪做了大量实质性的修改。[①] 其中修改后的《刑法》第 383 条第 3 款规定"犯第一款罪，在提起公诉前如实供述自己罪行、真诚悔罪、积极退赃，避免、减少损害结果的发生，有第一项规定情形的，可以从轻、减轻或者免除处罚；有第二项、第三项规定情形的，可以从轻处罚"。该规定被称为贪污受贿犯罪的特别宽宥制度，该制度正式落地后，便十分广泛的应用于贪污受贿犯罪的量刑实践中。据不完全统计，在 2016—2020 年 5 年间共适用 25000 余件，占贪污受贿案件总量的 38.5%。[②] 虽然适用率很高，但是至今为止该项制度仍然在具体适用上存在较多的争议点，尚未达成统一的理解与实践适用标准。

　　特别宽宥制度可以划分为"如实供述自己罪行""真诚悔罪""积极退赃""避免、减少损害结果的发生"四个具体适用条件。其中"积极退赃"更引人关注，一方面它是犯罪人主观认罪悔罪心态的客观印证，另一方面也有助于国家财产法益的恢复。由于贪污受贿犯罪的特殊性质，积极退赃原本作为酌定情节适用率就很高，但在贪污受贿犯罪的特别宽宥制度总体适用情况存在争议的背景下，在认定上更为困难但适用率依然居高不下。[③] 因此，本文欲通过抽取部分裁判文书对涉及的"积极退赃"条款的司法适用情况进行统计，梳理司法适用中暴露的问题，并加以评析提出建议，以期对规范"积极退赃"的司法适用有所帮助。

一、"积极退赃"司法适用现状考察

　　中国裁判文书网检索数据中，贪污罪、受贿罪在 2016—2020 年一审案件数有所下降，但仍然保持 3000 以上的较大数量，并且呈现犯罪金额大，贪污、受贿、挪用资金、滥用

　　* 西南政法大学法学院硕士研究生。

　　① 张远煌、彭德才：《贪污贿赂犯罪特别从宽处罚制度价值分析——以司法机关办案数据为基础》，载《河南大学学报（社会科学版）》2017 年第 1 期。

　　② 数据来源：中国裁判文书网 2016—2020 年适用《刑法》第 383 条第 3 款贪污受贿犯罪的案件数量与判决书总量的比值。

　　③ 李冠煜：《贪污罪量刑规范化的中国实践——基于〈刑法修正案（九）〉生效后的案例分析》，载《法学》2020 年第 1 期。

职权等行为交织普遍的情况。根据刑法规定，结合观察与经验发现贪污罪与受贿罪在刑罚适用上基本一致，故本文以贪污罪的样本为例说明对于两罪适用特别宽宥制度的司法实践情况。

本文通过中国裁判文书网以"贪污罪"为案由，以"2021年""判决书""一审程序""积极退赃"搜索到文书242篇，经筛选后分省按比例抽取，保证判决书较少的省份至少有1个样本，共取得样本26篇，经逐篇审查，排除不符合条件的样本后，选取的样本均在"本院认为"或者"本案适用的法律条文"部分引用了本条款。选取的样本地域分布广泛，有较强的代表性，时间新，能够较充分反映特别宽宥制度的司法适用现状，详细数据见表1。

表1   "积极退赃"司法适用现状统计

序号	案号	退赃率	退赃时间	退赃主体	退赃对象	情节混用	退赃表述	处罚表述
1	皖1322刑初139号	100%	不清	本人	纪委	自首	全部退赃	酌情从轻处罚
2	皖1125刑初70号	100%	监委调查期间	本人	监委	单独使用	如实供述，积极退赃	未明确说明
3	京0108刑初760号	100%	监委留置期间	家属	监委	自首、认罪认罚	家属帮助下积极退赃	依法减轻处罚
4	闽0721刑初70号	100%	纪委调查期间	本人	监委	自首、认罪认罚	积极退赃	依法减轻
5	粤1803刑初32号	100%	立案前	本人	工作单位	自首	退清赃款	依法从轻
6	桂1121刑初37号	31.8%	案件审理中	本人	不清	单独使用	积极退赃	酌情从轻处罚
7	黔2625刑初15号	100%	公诉前	本人、家属	不清	单独使用	积极退赃	酌情从轻处罚
8	苏0922刑初87号	100%	立案前	本人	监委	单独使用	退出全部赃款	酌情从轻处罚
9	渝0120刑初7号	100%	案件审理过程中	本人	监委	单独使用	在提起公诉前如实供述自己罪行、真诚悔罪、积极退赃，避免、减少损害结果的发生	可从轻、减轻或免除处罚
10	兵0802刑初7号	100%	案发前	本人	工作单位	自首	积极退缴全部账款	未明确说明
11	冀0481刑初107号	100%	公诉前	本人	监委	自首	且已全部退还赃款	未明确说明

续表

序号	案号	退赃率	退赃时间	退赃主体	退赃对象	情节混用	退赃表述	处罚表述
12	豫 0811 刑初 45 号	100%	公诉前	家属及本人	监委	单独使用	在提起公诉前如实供述自己罪行、真诚悔罪、积极退赃,避免、减少损害结果的发生	可以从轻处罚
13	黑 0724 刑初 12 号	100%	案发后公诉前	本人	监委	认罪认罚	在提起公诉前如实供述自己的罪行,真诚悔罪、积极退赃	依法可从轻处罚
14	鄂 0528 刑初 37 号	100%	案发后公诉前	本人	监委	单独使用	在提起公诉前如实供述自己罪行,真诚悔罪、积极退赃	依法可从轻处罚
15	湘 1230 刑初 16 号	100%	案发前	本人	不清	坦白	提起公诉前如实供述自己罪行、真诚悔罪、积极退赃,在案发前已清退全部赃款未造成损失	缓刑
16	苏 0812 刑初 70 号	100%	监委调查期间与审理期间	不清	监委与法院	认罪认罚	全部退赃	缓刑
17	赣 0734 刑初 19 号	100%	监委调查期间	本人	监委与检察院	坦白	积极主动退出了全部违法所得	酌情可以从轻处罚
18	辽 0113 刑初 77 号	100%	监委调查期间	家属	监委	单独使用	到案后积极退缴全部赃款,自愿认罪认罚,积极缴纳罚金	可依法对其从轻处罚
19	内 0523 刑初 89 号	100%	审理期间	本人、家属	监委、法院	认罪认罚	亲属于庭后自动补交赃款完成全额退赃	依法对刘某军减轻处罚
20	青 0123 刑初 44 号	100%	公诉前	近亲属	监委	单独使用	其近亲属代为退赃,主动退回全部违法所得	可酌情从轻处罚
21	鲁 0827 刑初 39 号	88.9%	调查期间	家人	监委	单独使用	被告人家人主动向调查机关退赃	可从轻处罚
22	鲁 0902 刑初 144 号	100%	调查期间	本人	部队	认罪认罚	到案后能够积极退缴赃款赃物	依法可对其从轻处罚

续表

序号	案号	退赃率	退赃时间	退赃主体	退赃对象	情节混用	退赃表述	处罚表述
23	晋 0222 刑初 10 号	100%	立案前	不清	工作单位	自首	积极退赃	依法从轻处罚
24	沪 0113 刑初 229 号	100%	投案后	本人	监委	坦白、认罪认罚	积极退赃	可依法从轻处罚
25	川 1503 刑初 88 号	100%	公诉前	家人	检察院	坦白、认罪认罚	且退缴了违法所得	依法可从轻处罚
26	川 3426 刑初 53 号	100%	公诉前	本人	纪委监委	认罪认罚	主动退缴个人所得赃款	可以从宽处理

（一）基本情况统计

经统计分析发现，在退赃率①上，认定为"积极退赃"的样本的退赃率绝大多数为 100%，1 个样本退赃率为 88.9%、1 个样本退赃率为 31.8% 也均被认定为积极退赃。在退赃时间上，绝大多数被认定为"积极退赃"的样本在案发前或者案件调查过程中退赃，符合"在提起公诉前"这一时间限定，但有 4 个样本在案件审理中退赃也被认定为"积极退赃"。在退赃主体上，大部分是本人在案发前或者调查机关调查过程中退赃，少部分是在犯罪嫌疑人被采取强制措施后由亲属向调查机关退赃，也存在既有本人退赃又有亲属退赃的情形复杂情形。在退赃对象上，绝大部分向纪委监委、检察院、法院等党政机关退赃，少部分向原工作单位退赃，也有随着案件发展过程分别向不同部门退赃的情况。

（二）态度与认知

除在具体限定条件上，各地司法实践有所差异，在对特别宽宥制度的态度与认知上也存在不同。在与其他量刑情节的关系上，各样本多与自首、坦白，尤其是认罪认罚等其他量刑情节混用，单独使用本条款的样本占少数。在完整使用情况上，绝大多数仅适用其中的"积极退赃"这一条件，完整适用该条款的仅有 5 个样本。在从宽处罚上，单独适用该条款后依法从轻、减轻或免除处罚的仅有 2 个样本，酌情从宽的有 10 个样本，14 个样本都是与其他法定量刑情节结合后适用依法从宽处理。

二、"积极退赃"司法适用的现实困境

（一）对"积极退赃"是否可以单独适用理解不同

学者们与司法实践中对于特别宽宥制度中"积极退赃"这一条件能否单独使用这一问题尚未形成较为统一的观点，也没有相关的司法解释加以阐明，导致在司法实践中，对于第 383 条第 3 款适用条件的存在不同理解，出现了很多认知与判处刑罚不一致的问题。

有观点认为第 383 条第 3 款规定的"如实供述自己罪行""真诚悔罪""积极退赃"

---

① 此处统计的退赃率为退赃金额与实际犯罪所得之比。

"避免、减少损害结果的发生"四个条件中仅需具备其一即可适用本条款，基于此种理解也出现了许多单独使用积极退赃的表述或者与其他量刑情节相结合但却引用本条款进行从宽处罚的情况。① 另一种观点认为，"如实供述自己罪行""真诚悔罪""积极退赃""避免、减少损害结果的发生"四个条件缺一不可，因此，必须完整满足四个条件，才能引用本条款进行从宽处理，也不能将其中的一个或者几个条件与其他量刑情节进行组合从宽处理。② 还有观点认为，"如实供述自己罪行""真诚悔罪""积极退赃""避免、减少损害结果的发生"四个条件中，前三个条件属于主观条件，第四个条件属于客观条件，想适用本条款必须达到主客观相统一，即前三个条件满足一个即可，最后一个条件必须满足，基于此种理解只要满足主客观条件就可以适用本条进行从宽处罚，再加之其他酌定或者法定情节并不影响本条的适用。③

（二）"积极退赃"是否属于法定量刑情节存在争议

对"积极退赃"量刑情节性质的认定应当以特别宽宥制度中的性质为基础，在《刑法》第 383 条第 3 款修改之初，有许多学者就提出了该条款的法律性质问题，即该制度到底属于何种量刑情节，对此大体有三种不同的学说，即法定量刑情节说、酌定量刑情节说、酌定情节的法定化说。法定量刑情节说认为，"特别宽宥制度"是刑法明文规定的，属于在相关犯罪处以刑法时法官应当考虑的量刑情节，与其他酌定量刑情节明显不同，虽然规定在分则并不影响其法定量刑情节的性质。④ 酌定量刑情节说认为，法定的量刑情节均规定在我国刑法总则中，有且仅有固定的种类，适用于刑法分则所有罪名中，而"特别宽宥制度"仅仅作为贪污受贿犯罪的处罚规定在分则当中，属于典型的酌定情节。酌定情节的法定化说认为，"特别宽宥制度"中的四个条件其实质都是酌定的量刑情节，但是由于其在贪污受贿犯罪中较为普遍出现，有着很高的适用率，考虑到效率问题，因此，立法将其明文规定在刑法中，赋予其法定量刑情节的地位，以更好的指导司法实践。⑤

而在司法实践中，认定犯罪人成立"积极退赃"后，由于司法工作人员对其法律性质的不同理解，致使在如何进行从宽处罚上出现多种不协调的现象，包括依法从宽、酌情从宽、指代不明等多种情形，比较混乱。

（三）"积极退赃"的认定标准不统一

对于如何认定"积极退赃"，一种观点认为应当坚持客观标准，以退赃的具体比例或

---

① 卢建平：《酌定量刑情节法定化的路径选择及评析》，载《政治与法律》2016 年第 2 期。
② 王刚：《我国贪污受贿犯罪之特别宽宥制度的适用研究》，载《绥化学院学报》2017 年第 3 期。
③ 欧阳本祺、舒畅：《我国贪污受贿罪中适用特别宽宥制度的实证研究》，载《河南财经政法大学学报》2017 年第 6 期。
④ 张旭：《也谈〈刑法修正案（九）〉关于贪污贿赂犯罪的修改》，载《当代法学》2016 年第 1 期。
⑤ 卢建平、朱贺：《酌定量刑情节法定化的路径选择及评析——以我国〈刑法〉第 383 条第 3 款为例》，载《政治与法律》2016 年第 3 期。

者数额为认定依据，只要退赃不符合既定的客观标准就不能认定为积极退赃;[1] 另一种观点认为应当坚持主观标准，以犯罪人的主观心态作为认定依据，只要犯罪人主观上是主动退赃的意图，即不存在欲掩饰罪行或逃避处罚的不良心态即可认定为积极退赃;[2] 还有观点认为，"积极退赃"的认定既要考虑主观方面，又要考虑客观方面，在对犯罪人严格要求的背景下实现主客观标准的有机平衡。[3]

从司法实践中我们可以看到，各地对于认定"积极退赃"的具体标准并不统一。虽然绝大多数被认定为"积极退赃"的样本中退赃率都是 100%，但是仍然存在退赃率只有 30%情况下，法院在考察其主观态度后也被认定为"积极退赃"的现实情况，这种认定标准上的混乱给司法适用造成了挑战，有可能侵害不同犯罪人之间的平等权利。

（四）"积极退赃"条件限定不明确

积极退赃的条件限定主要体现在退赃主体、退赃对象和退赃时间上，样本反映出各地法院对上述条件的认定有所差异，这种差异会导致不同情况在不同地域法院是否会被认定为积极退赃的结果不同，对规范适用特别宽宥制度形成挑战。

从退赃主体上看，既有本人退赃的，也有本人被采取强制措施后亲属退赃的，也有本人部分退赃不足部分由其亲属退赃的情况，不同案件中使用的表述也各不相同，包括代为退赃、协助退赃等。从退赃对象上看，贪污罪的退赃对象主要是纪委监委、检察院、法院等党政机关，部分包括其原工作单位。由于贪污犯罪的主体特殊性，犯罪人所在单位一般都是党政机关或者国有企业，一般不存在退赃对象是否适格的问题。而在受贿犯罪中除了上述退赃的对象外，有些受贿人还会将赃款退还给行贿人，对行贿人能否成为积极退赃的对象存在一定争议。从退赃时间上看，有三个方面的问题：一是虽然刑法明文规定了"在提起公诉前"这一时间限定，但对于这一限定是只约束"如实供述自己罪行"还是约束整个条款也存在不同理解，在司法实践中仍然存在在法院审理过程中退赃也被认定为积极退赃的情形。二是在犯罪人在调查期间赃款，但由于计算误差比被最终指控的金额仍有少许误差而在审理过程中又补缴的行为能否认定为积极退赃？三是假如认为"在提起公诉前"这一时间限定，是约束整个条款，那么在共同犯罪被分别起诉的场合是要求在同案犯被提起公诉前就应当退出赃款，还是在本人被提起公诉前退出赃款？

三、"积极退赃"司法规范适用路径建构

（一）准确认定"积极退赃"法定量刑情节地位

区分酌定量刑情节与法定量刑情节可以从适用上加以考察。实际上，两者在适用上最主要的区别就是当出现这一情节时法官是否必须考虑应用该情节，不适用该情节时是否应

---

① 吴海波：《〈刑法修正案（九）〉背景下的贪污贿赂退赃问题研究》，载《安徽行政学院学报》2017 年第 6 期。

② 马涛、吴静：《论认罪认罚从宽制度中的退赃退赔行为》，载《汕头大学学报（人文社会科学版）》2018 年第 4 期。

③ 孙本雄：《贪污罪从宽情节的理解与适用》，载《刑法论丛》2017 年第 2 期。

当阐明理由。显而易见，当犯罪人有退赃行为时法院必须考虑适用该情节，当法院却认为不适用该量刑情节时应当阐明理由，特别宽宥制度中"积极退赃"属于酌定量刑情节法定化，在对退赃行为适用该条款时应当依法从宽处理而不应表述为酌情从宽或者表述不清，并且在有退赃行为却不适用该条款时应当阐明理由。

本文认为，特别宽宥制度属于刑法明文规定的法定量刑情节，其中"积极退赃"作为组成部分，其性质也属于法定量刑情节无疑。而在不能完全满足特别宽宥制度而无法适用该条款从宽处罚时，"积极退赃"本身仍可以作为一个酌定量刑情节使用。

（二）特别宽宥制度中"积极退赃"不能单独使用

单独使用积极退赃的表述或者与其他量刑情节相结合但却引用本条款进行从宽处罚的情况在司法实践中时有发生，本文认为，从不同的解释方法都可以得出积极退赃只能与其他条件共同使用这一结论。换言之，只有满足了"如实供述自己罪行""真诚悔罪""积极退赃""避免、减少损害结果的发生"这四个条件才能适用特别宽宥制度。

从字面上看，前三个情节表明的是行为人主观上态度，后一个情节表明的是行为人客观上造成的危害减少，前三个情节表述完之后用的是"逗号"，然后再写的是"避免、减少损害结果的发生"，这说明前三个情节与第四个情节之间是"并且"的关系，而不是"选择"关系。若是"选择"关系的话，在表述完"积极退赃"后，应当用的是"顿号"或者是文字"或者"，而不应当是"逗号"。所以说，根据法条的表述，四个情节应当同时满足才能适用从宽处罚。而在前三个情节内部，也不是择一即可。根据"顿号"的使用方法，句子有两个层次的话，可在最低层次的并列成分间用"顿号"，其上一层改用"逗号"，不能都用"顿号"。所以，"如实供述自己罪行""真诚悔罪""积极退赃"三个情节之间法条用的是"顿号"，说明其之间是处于低一层次的，并具有并列关系，所以三个情节要同时满足。

从总则与分则相协调的角度来看，该条的规定只能理解为同时满足四个条件才能从宽处罚，首先第一个条件为"如实供述自己的罪行"，这一规定在总则的"自首""坦白"的都有规定。主动投案并如实供述自己的罪行的是自首，被动投案并能如实供述自己罪行的为"坦白"，无论自首还是坦白都是法定从宽量刑情节。对于"自首"的，可以从轻或者减轻处罚，犯罪较轻的可以免除处罚；对于"坦白"的可以从轻处罚，若因如实供述罪行避免特别严重结果发生的，则可以减轻处罚。可见，仅"如实供述自己罪行"一个量刑情节，并不能免除处罚，所以从体系解释的角度，考虑到总则与分则的协调性，把该条理解为四个条件同时满足才能从轻、减轻或者免除处罚更加合理。

从我国刑事政策与立法目的来看，该条的规定只能理解为同时满足四个条件才能从宽处罚，从党的十八大以后的反腐败形势与司法实践来看，对贪污贿赂罪采取的是从严打击的刑事政策毋庸置疑，立法者在《刑法修正案（九）（草案）》草案说明也明确指出中设立本条的目的是"进一步完善反腐败的制度规定，加大对腐败犯罪的惩处力度"[1]，弘扬

---

[1]　李适时《关于〈中华人民共和国刑法修正案（九）（草案）〉的说明》，2014 年 10 月 27 日在第十二届全国人民代表大会常务委员会第十一次会议上。

正气清风。认为实践中该条款事实上宽纵了贪污受贿犯罪人从而体现其宽缓刑事政策的观点并不合理，刑事政策应当从立法原意讨论，而不是从施行后的客观效果考察，因此，对贪污贿赂犯罪采取的是宽缓刑事政策的观点并不可取。因此，应当要求四个要件同时具备才能适用从宽处理，而不能仅满足一个条件就从宽处理。

（三）建立"积极退赃"比例加数额的客观认定标准

在司法实践中，既有通过退赃数额和比例确定积极退赃的客观标准，也有退赃率不高但充分考察犯罪人主观态度从而认定积极退赃的主观标准，也有将其结合的混合标准，那么到底应当以何种标准来认定"积极退赃"呢？

本文认为，由《刑法》第 383 条第 3 款设立的目的与法条表述来看，该条规定既包括对犯罪人主观态度的考察，又包括对国家财产法益的恢复，由此作为从宽处罚的根据。然而在肯定四要件齐备说的前提下，"积极退赃"这一条件仅需要体现对财产法益作用即可，应当以客观标准作为认定积极退赃的标准，这一标准可以通过专业评估加以确定。个人认为贪污受贿犯罪在数额较大或者数额巨大时，退赃率少于 75% 不应当认定为积极退赃；在数额特别巨大时，剩余 25% 的不退赃比例仍然可能数额巨大，不能达到有效恢复财产法益的效果。因此，除了考察其退赃率还应考察其不能退赃的数额，不论出于何种原因，未退赃数额达到数据巨大的标准的不能认定为积极退赃。

使用客观标准有内在合理性与可行性，一是客观退赃标准符合积极退赃条件设立的核心目的，充分衡量对国家财产法益的恢复程度；二是犯罪人主观态度方面主要可以通过"如实供述""真诚悔罪"等其他条件予以评价，积极退赃再予考察有重复评价嫌疑；三是退赃行为的主观心态难以凭客观退赃行为准确考察，需要综合犯罪人全案表现考量；四是符合司法实践的通行做法，提高司法效率；五是主观想退赃，但是客观不能退赃的虽不能适用积极退赃从宽处罚，但是可以通过将其作为独立的酌定情节加以考量，实现情与理的平衡。

但是有部分学者指出，采用绝对的客观标准会出现客观退赃不能但不能从宽处罚、部分不能全部退赃的犯罪人完全不退赃，不利于财产法益的恢复。对此，应当明确三个问题：一是客观标准也并不意味着全额退赃，但要求达到对国家财产法益一定的恢复程度，客观退赃不能达不到该标准就意味着该退赃行为达不到本条中从宽处罚的要求，自然不能适用本条款从宽处罚，其积极的主观态度也已经被其他条件所包容，不必再重复评价。二是我们承认恢复国家财产法益的重要意义，但不能忘记刑法的首要功能"惩罚犯罪"，不能退赃者完全不退赃正是此类犯罪的基本形态，为了尽可能地恢复财产法益而无节制的追求宽纵犯罪人，无异于舍本逐末，正如一些学者所说要警惕"宽大无边"倾向[①]。三是达不到本条中"积极退赃"标准虽不能引用本款从宽处罚，但是仍可以通过酌定情节加以考量，退赃数额越多从宽幅度越大，即可实现情与理的平衡以及刺激犯罪人尽可能多退赃以最大程度恢复国家财产法益。

---

① 张兆松：《认罪认罚从宽视野下贪污贿赂犯罪量刑"两极化"现象之反思》，载《山东警察学院学报》2021 年第 2 期。

（四）明确退赃主体、对象、时间等具体限定条件

《刑法》第 383 条第 3 款规定较为抽象，在实际操作中经常出现理解不一致的地方，也没有相应司法解释予以具体明确，给司法实践在具体认定条件上造成了一定困扰，有必要加以阐明。

1. 退赃主体。在退赃主体上看，本条规定的退赃主体应当包括犯罪人本人与其他和犯罪人有密切关系的人，犯罪人本人退赃无疑是最典型与理想的，在认定上也基本不存在争议。但是由于犯罪人被采取强制措施等客观情况，也出现了与犯罪人有密切关系的人也参与退赃的情况，对此应当认为不论是其本人实施或者他人的协助下进行的，抑或亲密关系人独立进行的退赃在财产法益的恢复效果上是没有差别的，只要犯罪人没有其他主观恶性，均应当认为是合格的退赃主体，而不应当有太过严苛的限制,① 当然，成立积极退赃也需要同时满足特别宽宥制度的其他条件才能进行从宽处罚，退赃行为不能适用特别宽宥制度仍然可以作为酌定量刑情节加以考量，这样能够最大程度上激发犯罪人退赃热情，恢复国家财产法益。

2. 退赃对象。从退赃对象上看，贪污罪退赃主体一般为纪委监委、检察院、法院、原工作单位等党政机关或者国有企业，不论是党政机关还是国有企业其均为国有资产的管理、使用者，能成为合格的退赃对象。而在受贿罪中，由于受贿款属于违法所得应当收缴由此具有了国有财产的性质，将其上交给党政机关或者工作单位理所应当，返还给行贿人事实上使得国有财产受到了损失，不能发挥弥补财产法益的作用，不能认定其属于合格的退赃对象。②

3. 退赃时间。《刑法》第 383 条第 3 款表述为 "在提起公诉前如实供述自己罪行、真诚悔罪、积极退赃" 从文义解释角度出发，提起公诉前应当视为对 "如实供述" "真诚悔罪" "积极退赃" 等条件的时间限制，因此，积极退赃也必须满足在提起公诉前这一时间条件。③

据此应当明确以下几点：一是在法院审理过程中退赃不满足积极退赃的时间要求，不能认定为积极退赃；二是在犯罪人在调查期间全额退赃，但因为调查机关统计误差指控金额稍高于已退赃金额，犯罪人在审理过程中又补缴的行为，因其不能归责于犯罪人应当认定为满足时间要求，但差额巨大的情况下可以推定没有如实交代，当然不属于积极退赃，无所谓时间条件的考量；三是在共同犯罪被分别起诉的场合应当要求在本人被提起公诉前退出赃款，而不论与同案犯相比本人先被起诉或者后被起诉。

四、结语

在贪污受贿犯罪发案率居高不下的背景下，遵从宽严相济的刑事政策指导，为打击与

---

① 童德华、陈梅：《刑法中退赃制度的重构——基于境外追赃实践的思考》，载《西部法学评论》2018 年第 4 期。

② 庄绪龙：《职务犯罪退赃退赔事后表现对量刑的影响》，载《人民司法》2017 年第 34 期。

③ 刘昭陵：《贪污贿赂罪从宽处罚新规的适用》，载《山西师大学报（社会科学版）》2017 年第 4 期。

预防犯罪，《刑法修正案（九）》规定贪污受贿犯罪的特别宽宥制度有一定的合理性。考虑到积极退赃的广泛适用，特别宽宥制度将积极退赃这一情节纳入其中的初衷值得肯定，但更要注意对立法规定的正确理解与司法适用，既要明晰"积极退赃"的具体认定标准，又要用这一具体标准"积极退赃"规范司法适用。在未来，可以考虑通过出台相关的司法解释或者指导案例来对"积极退赃"的细节问题加以明确，解决理论争议，统一理解认识，促进司法实践的规范化适用。

行贿犯罪所获不正当利益的剥夺范围研究

罗　蕾　刘开廷*

行贿人通过行贿获得各种各样的不正当利益，这些不正当利益除了极少数被剥夺外，大部分在案发后仍继续由行贿人继续持有。加之我国对行贿犯罪的低查处率、低起诉率、低处罚率和高缓刑率，行贿所获得的巨大利益与行贿人所需要付出的代价失衡，导致行贿犯罪久制不止。作为一种"贪利"型犯罪，没收行贿获得的不正当利益，是从根源上遏制行贿犯罪的有力手段。但是在严惩行贿犯罪、剥夺或没收行贿所获不正当利益的同时，也要充分保障行贿人（或行贿单位，下同）、第三人和其他涉案人员的合法权益。

一、行贿所获不正当利益剥夺的司法现状

笔者选取了中国裁判文书网上 G 省近 3 年行贿类犯罪（含商业贿赂）共 265 份裁判文书①作为参考，发现样本中，对行贿犯罪不正当利益的处理呈现以下特点。

（一）处置比例总体偏低且处置标准不一

该 265 份行贿类判决书中，有 41 份判决提及行贿获取的不正当利益处置，占比仅约 15%。其中 14 份判决对不正当利益数额进行了计算并予以全部没收或追缴；有 4 份判决已明确不正当得利数额，但只予以部分没收；有 9 份系行贿人为他人利益行贿，判决只没收了行贿人获利，未对第三人的不正当利益予以处理；有 9 份判决书未计算或无法计算不正当利益数额，仅按查封扣押、行贿人主动供述或退缴的不当获利数额予以没收；还有 5 份判决书，载明了不正当利益由其他职能部门或被害单位处理的情况，抑或与其他犯罪非法所得混合而在他罪中予以处置。其余判决，或未提及不正当利益的处置；或已无处置必要；或模糊表述为"已上交违纪款""已退回全部涉案财物"。

（二）不同领域呈现不同的处置趋势

上述统计范围涉及多个领域的腐败问题。一是在政府采购、审批、经营许可、承接工程、招投标、物业租售等经济活动中谋取不正当竞争利益的，在行贿类犯罪中最常见，占

＊　罗蕾，广东省东莞市纪委监委案件审理室四级主任科员；刘开廷，广东省东莞市第二市区人民检察院第二检察部二级检察官。

①　统计区域为 G 省，统计时间为 2019 年至 2021 年期间，案由为行贿，案件总数量为 332 份，其中 67 份未公开，数据采集时间为 2022 年 3 月。

案件总比约 62%①。该类案件往往获利非常巨大但予以没收的很少。统计范围内该领域的 165 份判决中，仅 11 份提及了不正当利益的处置。因此，经济活动成为了行贿犯罪高发领域。二是在代办违章扣分、入户入学、居住证、房产证等中介居间活动中谋取不正当利益的，占案件总比约 13.6%。该类案件对行贿人直接获得的佣金予以没收的较多，但基本都忽略对第三人获得的不正当利益的处置。统计范围内的 36 份居间代办类行贿判决，有 17 份对行贿人获利予以没收（含全部没收、部分没收及对行贿人主动上交的没收），但没有任何一份判决有提及对第三人获得不当利益的处置。如何某良行贿罪案，对于何某良从事居间办理违规换证业务获取的业务佣金予以没收，但对手续不全的第三人违规获取的办证利益未提及如何处理。三是从事非法采矿、非法运输、开设赌场、黄色产业等非法活动过程中谋取庇护、关照和不予查处利益的，占案件总比约 15%，该类案件对非法活动取缔的多，但对非法活动所获得的经济利益予以没收的少。部分非法活动还可能构成犯罪，行贿的违法所得与其他犯罪的违法所得发生重叠时，在其他犯罪中予以处理的较常见。统计范围内的 40 份寻求庇护类行贿判决，仅 6 份提及了对非法活动获利的处理。四是通过骗取国家税款、补偿款等方式谋取非法财产性利益的，占案件总比约 4%，该类案件因为有税务机关、拨付部门先行核算过违法所得，所获不正当利益一般都能精确追缴或没收。如刘某基行贿案中，刘某基向国家工作人员行贿，骗取税款，骗取的税款总额由国家税务机关先行计算得出，法院判决直接予以确认。五是在民刑事案件、执行案件、治安案件中谋取请托关照、逃避处罚、从轻处理利益的，占案件总比约 4.9%。统计范围内的 13 份案件处理谋求关照类行贿判决，有 2 份因为逃避处罚的目的未能实现而不需要纠正，有 2 份在判决中有提及纠正情况，剩余判决则未提及是否予以纠正。六是谋求职务提拔、人事调整的，占案件总比约 5.2%，这类案件往往因行为人涉嫌行贿犯罪而在移送司法前已被开除，无需再另行处理。值得注意的是，除了上述六类行贿领域外，统计的案件中，还存在 2 份行贿人追求的是"与受贿人搞好关系、感谢支持工作"，无具体请托事项的判决。

（三）受办案成本与办案便利的制约明显

一是对于较难区分与计算的财产性不正当利益，只有极少数有聘请审计机构或者已由专门机关先行进行专项计算，大部分不予区分或模糊处理。统计的案例中，仅 2 个有聘请专业机构进行数额计算，有 1 个因涉嫌骗取税款由税务机关先行计算。二是认定不正当获利的证据基本来自于定罪量刑需要，在获利不影响定罪量刑时极少专门收集相关证据。如黄某金犯非法倒卖土地使用权罪、行贿罪一案中，其对非法所得获利的计算是基于对非法倒卖土地使用权罪定罪量刑的需要。又如陆某浩行贿罪、非法采矿罪一案，非法所得计算是出于对非法采矿罪的定罪量刑需要。三是对直接性利益、行贿人主动上交的违法所得、已扣押的财产处置的多，而对于间接的、第三人持有的、不在案的违法所得处置的少。

（四）轻刑率高、财产刑运用力度小，惩罚效果不佳

参考的 265 个行贿类判决中（详见表 1），轻刑率非常高。判处缓刑、拘役或免予刑

事处罚或者 3 年以下有期徒刑的约占据了所有案件总量的 92%，而判处 10 年以上有期徒刑或者无期徒刑的则无一例。其中，有 49 个未处罚金，216 个并处了罚金。实践中，除居间代办类行贿案件外，大多行贿类犯罪案件中行贿获利都远大于行贿金额，而实务中多数判决并未对行贿获利作出处置，此时财产刑的经济惩罚作用就十分重要。但参考的案例，罚金大多低于行贿金额，只有极个别能达到行贿数额的 2 倍或以上（详见表 2）。而没收财产刑则需达到 10 年以上刑期时才可匹配适用，适用比例更是极低。轻刑化明显，对行贿人的震慑力度不大；而财产性运用力度小，则无法起到对行贿人进行经济惩罚的效果，这使得行贿人热衷于以较小的代价去换取巨大的利益，行贿犯罪屡禁不止。

表 1　行贿类犯罪判刑情况[①]

数据	缓刑/拘役/免罚	3 年以下有期徒刑	3 年至 5 年有期徒刑	5 年以上10 年以下有期徒刑	10 年以上有期或无期徒刑
数量	126	123	16	5	0
占比	46.6%	45.5%	5.9%	1.8%	0%

表 2　行贿类犯罪财产刑适用情况[②]

数据	未处罚金	罚金占行贿金额比重1%—30%	罚金占行贿金额比重30%—90%	罚金是行贿金额的1—2 倍	罚金是行贿金额的2 倍及以上	没收财产
数量	49	117	77	17	5	0
占比	18.5%	44.2%	29.1%	6.4%	1.9%	0%

二、不正当利益的剥夺范围

根据 2012 年"两高"《关于办理行贿刑事案件具体应用法律若干问题的解释》第 12 条的规定，行贿人谋取了实体不正当利益、手段不正当利益或者在经济、组织人事管理等活动中谋取了竞争优势的，都属于不正当利益。考虑到一般情况下，对行贿人持有的行贿直接获得的财产性不正当利益应予以剥夺基本能达成共识。笔者在这里仅对存在一定争议的非财产性不正当利益、间接获得的不正当利益及由第三人取得的不正当利益等的剥夺范围展开讨论。

---

① 对一份判决中有数个被告人的，分别统计判刑情况；对于单位犯罪的，统计其直接责任人的判刑情况。

② 对于单位行贿罪中，单位与直接责任人均有罚金的，以两者罚金的总和与行贿金额进行比重计算。

（一）非财产性不正当利益的剥夺范围

以能否用货币折算为标准，可将不正当利益划分为非财产性利益和财产性利益①。非财产性利益可以由监察机关直接纠正或者要求相关部门、人员予以纠正。但非财产性利益有时会衍生为财产性利益。如行贿人往往在获取经营资格、资质之后进行经营投入获取更大利益，此类案件在行贿案件中占比较大，但如何处置存在不同意见。

第一种观点认为，非财产性利益由相关部门根据相关规定处理即可，其转化为实在性的物质利益尚需行贿人付出劳动并实施一系列的生产经营获得，且是否可以转化为实在性利益存在偶然性，故不需予以收缴。第二种观点认为，很多经营资格、资质本身就是一种竞争优势，如果直接转让会有相应的市场对价，可以根据其直接转让估算其市场价值进行收缴。第三种观点认为，非财产性不正当利益衍生出的财产性利益应该在扣除相应成本后予以收缴。

笔者同意第三种观点。该种利益在目前行贿案件中占比较大，对这种方式获得的利益不予剥夺，会进一步排挤其他诚实竞争者，亦会成为对行贿者的一种变相鼓励。对于行贿人投入的合法成本以及付出劳动，可以在具体操纵层面，扣除其开展经营活动的合理成本后所获的利润确定为行贿获得的不正当利益予以追缴没收。

（二）间接获得的不正当利益的剥夺范围

《人民检察院刑事诉讼规则》（2019年修订）第515条将"违法所得"划分为直接获得的利益和间接获得的利益。如行贿人向国家工作人员行贿使其名下不符合拆迁补偿条件的违章厂房获得拆迁补偿，其违规获得的补偿款即为直接获得的不正当利益。如行贿人将违规获得的补偿款用于投资理财，产生了新的收益，该收益即为间接获得的不正当利益。根据《人民检察院刑事诉讼规则》② 和最高人民法院《关于刑事裁判涉财产部分执行的若干规定》③ 的相关规定，间接获得的不正当利益亦属于不正当利益的剥夺范围，即间接获得的不正当利益应该予以没收或追缴。

值得注意的是，不正当利益进入市场后产生间接所得，间接所得又进一步衍生利益，对间接所得不宜无限追及。间接所得追及越远，其与行贿行为的关联性就越小，而掺杂的行贿人合法利益或善意第三人的合法利益就越多，对市场经济的稳定性影响就越大，实际

---

① 刘明祥将财产性利益定义为财物以外的具有财产价值的利益；张明楷认为，财产性利益是指狭义的普通财物以外的财产上的利益；前田雅英的观点是财产性利益是相对于财物而言的，本身不是财物，但是具有一定的物质性的内容，直接体现为某种经济利益。

② 《人民检察院刑事诉讼规则》第515条规定，犯罪嫌疑人、被告人通过实施犯罪直接或者间接产生、获得的任何财产，应当认定为"违法所得"。违法所得已经部分或者全部转变、转化为其他财产的，转变、转化后的财产应当视为前款规定的"违法所得"。来自违法所得转变、转化后的财产收益，或者来自已经与违法所得相混合财产中违法所得相应部分的收益，也应当视为第一款规定的违法所得。

③ 2014年10月30日发布的最高人民法院《关于刑事裁判涉财产部分执行的若干规定》第10条规定，对赃款赃物及其收益，人民法院应当一并追缴。被执行人将赃款赃物投资或者置业，对因此形成的财产及其收益，人民法院应予追缴。

操作中面临的困难也会越多。因此，应综合考虑行贿直接获得的不正当利益对该收益的贡献大小、合法经营成本在其中占有的比例、追缴所需投入的司法成本、对善意第三人的影响，对整个市场经济社会秩序的影响等因素来明确追及范围。如广州市某粮油储备贸易公司、梁某某和广东某经济发展有限公司、何某单位行贿罪案，判决载明因行贿人经营"瑞华大厦"和"港澳中心"两个项目的主体资金均是通过行贿行为获得，因此，该经营活动的所产生的的收益均应认定为违法所得，视为相关违法的孳息收入予以追缴。

（三）不正当利益被第三人取得时的处置范围

不正当利益被第三人取得，主要有三种情况。

一是行贿人为他人利益而行贿，行贿人与获利人不是同一人。如行贿人为其弟弟的违建民房能够顺利建成而向城管行贿。二是行贿人为他人利益而行贿，但行贿人自己亦有获利。如中介人员行贿国家工作人员为客户第三人加快办理房产证，中介收取了第三人的佣金获得财产性利益，第三人获得加速办证利益。三是行贿人为自己利益而行贿，但行贿获利已转移给第三人。如行贿人违规获得超额补贴后，将该笔补贴用于偿还其对第三人的债务。

对于第三人取得的不正当利益是否处置，存在分歧。持肯定的观点认为，第三人虽未行贿，但该利益的不正当性质并未发生改变，如果该部分不正当利益不予处置，不利于打击违法犯罪。尤其是对于行贿人转移行贿获利的情况，若不没收转移到第三人的违法所得，会包庇助长行贿人通过转移违法所得来逃避利益损失[1]。持否定的观点认为，个人只能对自己的违法行为负责，而不能祸及他人的财产和利益[2]。

笔者认为，应区分不同情况进行判断。如果该不正当利益属于非法利益，则应当予以追缴或剥夺，因为任何人都不能持有非法利益。如违建民房、假社保、不符合条件的贷款等。如果该利益本身是正当的，但由于程序违法违规或者谋取了不正当竞争优势而被认定为不正当利益，则此时应考虑第三人是否善意。若第三人获取该利益时明知或应当明知系行贿所得、违法违规取得，或者无偿取得、以不合理的低价取得，或者通过违法犯罪手段、非法债务等恶意方式取得的，该违法所得仍然要予以追缴。但是，如果第三人不明知，是善意取得涉案的违法所得，则可不予追缴。在有关执行的司法解释中[3]，也采用了对第三人的"善意"与否进行甄别的做法。

值得注意的是，对于行贿人将行贿获利转移给第三人，而第三人又是善意的情况，可

---

① 吴天云：《台湾地区的剥夺犯罪所得制度——摸索中的立法、学说与实务》，载《人民检察》2015年第10期。

② 孙良国：《贿赂治理的理想与贿赂追征的计算》，载《中国刑事法杂志》2012年第7期。

③ 2014年10月30日发布的最高人民法院《关于刑事裁判涉财产部分执行的若干规定》第11条规定，被执行人将刑事裁判认定为赃款赃物的涉案财物用于清偿债务、转让或者设置其他权利负担，具有下列情形之一的，人民法院应予追缴：（1）第三人明知是涉案财物而接受的；（2）第三人无偿或者以明显低于市场的价格取得涉案财物的；（3）第三人通过非法债务清偿或者违法犯罪活动取得涉案财物的；（4）第三人通过其他恶意方式取得涉案财物的。第三人善意取得涉案财物的，执行程序中不予追缴。作为原所有人的被害人对该涉案财物主张权利的，人民法院应当告知其通过诉讼程序处理。

以通过没收替代物或折价款的方式实现对行贿人不当获利的剥夺。而在司法实践中，对于第三人取得的不正当利益，大多未予以处理，亦未对第三人的善意与否进行甄别。这里既有在未采取刑事措施情况下追缴违法所得存在现实困难的原因，也有追求司法效率、降低司法成本的考虑。

（四）不正当利益未实现时的处置范围

比如行贿获取的工程项目，因市场变化、政策调整等未实际开展等，都属于未实现的不正当利益。笔者认为，虽然对未实现的"不正当利益"剥夺的无从谈起，但这不代表着就要对其放任不管，可以通过撤销现存的实现"不正当利益"的条件，来达到预防行贿犯罪的效果。另外，对于持续性获利类型的不正当利益，对尚未获得的不正当利益也应终止其获利资格，或者在其实际获得该不当利益后直接予以追缴。

三、不正当财产性利益的数额计算

（一）财产性利益数额计算的时间点

第一种观点认为，应以"获得时"计算数额，即以行贿人获取该不正当财产性利益的时间点计算数额。第二种观点认为，应该以"裁判时"计算数额①。第三种观点认为，应以"保全时"计算，即侦查机关对犯罪所得采取了保全措施的时间点。第四种观点认为，价额的计算节点无须僵硬地固定，而应从公平合理的角度，按具体案例情况来选择相应的标准。

笔者同意第四种观点。一是因为若按获得时计算数额，那当不正当利益发生了增值、产生了孳息、收益时，与相关司法解释关于"间接利益也属违法所得"的精神相悖。二是若按"裁判时"或"保全时"，那当非法所得被行贿人消费或无偿赠与他人时，则无法实现没收或者追缴。

所以，笔者认为应遵循"公平合理"原则和"不得从违法行为中获利"原则，行贿获利没收数额的计算时间节点，除因行贿人自身以外的客观性原因贬值的，应在上述时间节点之间"就高不就低"地进行选择。比如，行贿人通过投资理财等途径使得行贿得到的财产性不正当利益获得了增值，此时应该根据相关司法精神，采用"裁判时"来计算获取的不正当利益数额。又如，行贿人因投资失败、经营不利等原因导致最初获取的不正当财产性利益贬值，其中的损失也应当由行贿人自行承担，此时应采纳"获得时"来计算不正当利益数额。还有一种情况是，财产性利益的贬值是由于银行利息、外汇调整等行贿人自身以外的原因导致的，该利益价值的变化并不因行贿人的行为而左右，此时则应采纳"裁判时"来作为不正当利益的计算时间点，才更符合公平合理的原则。

（二）混合性不正当财产性利益的数额计算

行贿所得的财产性利益进入行贿人手中后，行贿人不断加以利用、投入经营，期间会

---

① 《荷兰刑法典》规定，法官认为属于非法所得的物品价值应按照作出司法决定时的市场价值确定。

与行贿人的其他财产或者第三人的合法财产相混合。笔者认为，这种混合性的财产利益，可以分割的，分割后没收不正当利益部分。无法分割或者难以分割的，则可参照《关于刑事裁判涉财产部分执行的若干规定》的相关规定，按违法所得及其收益在混合财产中所占的比例来计算没收数额，并从行贿人处没收相应的折价款①。

（三）行贿款是否应从行贿人获利数额中扣除

目前尚无具体司法解释明确行贿人获利数额的计算标准。但在司法实务界，普遍认可没收的违法所得应扣除行为人合理合法的支出和成本，这也是为了避免行为人的合法财产受到侵犯。我国行政机关目前对行政违法所得的处理亦是如此。如《工商行政管理机关行政处罚案件违法所得认定办法》第 2 条的规定，工商行政管理机关认定违法所得的基本原则是：以当事人违法生产、销售商品或者提供服务所获得的全部收入扣除当事人直接用于经营活动的适当的合理支出，为违法所得。因此，不正当利益的没收范围应采纳"利润说"而不是"全部说"，基本可以达成共识。但对于行贿款是否可作为行贿人付出的成本予以扣除，则存在一定争议。

第一种观点认为行贿款属于非法成本，所支出之成本亦属不法成本，不能主张正当之权利；且根据《刑法》第 64 条规定，供犯罪所用的本人财物，应当予以没收，行贿款即属于供犯罪所用的本人财物。第二种观点认为应当扣除行贿款之后剥夺剩余的不正当获利金额，因为行贿款亦是受贿款，应从受贿人处予以收缴。

笔者认为，对于行贿款是否扣除，不能"一刀切"地扣除或不予扣除，而应考量具体案情。对于行贿是为了从事违法犯罪活动的，笔者同意上述第一种观点。违法犯罪活动本就被明令禁止，和行贿犯罪合并则具有双重危害性，应从严打击，不应对其进行违法犯罪活动投入的成本主张正当权利，这也符合刑法中"供犯罪所用的本人财物应予没收"要义。如陆某浩行贿罪、非法采矿罪一案，未将其行贿款从其非法采矿的违法所得中予以扣除。而对于行贿仅仅是为了获取不正当竞争利益，其获取竞争利益之后进行合法正当经营从而获得利润的，笔者则同意上述第二种观点。因为该类活动除了行贿手段外，行贿人的经营活动并未违法。行受贿是对向犯，贿赂款项在受贿犯罪中已予以处理；法律追缴违法所得的基本原理是不得使违法行为人获益，行贿款付出后属于受贿人获得的"不正当利益"，从受贿人处予以追缴更为合适，此处不宜重复追缴。如深圳市某建筑工程有限公司、郑某祺单位行贿罪一案。该案违法所得的计算，系工程项目获利扣除行贿款后得出。又如广州市某粮油储备贸易公司、梁某某和广东某经济发展有限公司、何某单位行贿罪案，亦是扣除了行贿款计算违法所得。

（四）不正当财产性利益难以计算或计算成本过高

笔者认为，考虑到客观实际，兼顾效益，可以适当采取变通做法。比如，间接产生的

---

①　根据 2014 年 10 月 30 日发布的最高人民法院《关于刑事裁判涉财产部分执行的若干规定》第 10 条第 3 款的规定，如果被执行人把获取的赃款赃物与合法财产一起用于投资、置业，混合财产中赃款赃物所占的份额及在此基础上产生的收益，人民法院应予追缴。

财产性利益进行精准估量需要付出较大成本，可以允许办案人员根据现有证据、市场行情、专家意见等进行估算认定，但该认定数额不能超过行贿人的获利总额，否则有侵害合法利益之嫌。又如，对于利益价值难以确定、数额计算困难，或者计算成本过大或成本大于利益价值等情况，可以考虑以行贿人主动上缴或供述交代的数额进行认定，但前提是该数额不能显著小于其可能获得的不正当利益。笔者选取的案例中，黄某强行贿案因为行贿所得的收益难以计算，且与其他收益混同，判决按其主动交代的获利 5 万元认定其违法所得。而黄某强行贿数额约 103 万，且相关银行流水显示总收入远远超过 5 万元。此时按其主动交代来认定违法所得，难免有放任行贿人继续持有不当利益之嫌。再如，当坚持全部没收会导致成本过高、办案资源的较大浪费时，可以将没收不当获利与财产刑的运用结合起来综合施治，通过加大罚金刑和没收财产刑的运用和执行力度来对该犯罪获利予以规制。

四、结语

没收行贿所得的不正当利益，可以预防和惩治行贿犯罪，旨在维护社会主义市场经济秩序和国家机关正常活动，建立健康有序、公平竞争的社会秩序。这些都不应以产生新问题为代价。因此，纪检监察机关和司法机关在履行追缴职责，没收非法获利的同时，要明确权力边界，严格控制追缴范围在不当获利范围内；严禁超范围的查封、扣押和冻结，充分保障他人的合法权益，保障企业合法经营；坚持人道主义原则，对于行贿人及家属保留生活所必需；保护善意第三人，减少社会对立面；在打击和预防违法犯罪外，兼顾经济社会稳定，最大限度实现三个效果的统一。

单方面认定行贿罪问题研究

马　涛　樊京京*

本文所称单方面认定行贿罪，是指在同一起贿赂犯罪中，不追究受贿罪刑事责任而需要追究行贿罪刑事责任的情况。刑法理论上，行贿罪与受贿罪被称为对向犯。通常情况下，成立受贿罪时也行贿罪也成立，但是，实践中也大量存在只有一方成立犯罪的情形。过去，为鼓励行贿人揭发犯罪以有效惩治腐败，理论上关注较多的是构成受贿而不构成行贿的情形，如因被勒索而给予国家工作人员以财物，没有谋取不正当利益的，受贿罪成立而行贿罪不成立。不过，司法实践中也一直存在受贿人没有被追究刑事责任而只认定行贿罪的案件，如发生在贵州徐某申诉案，其申诉理由之一是：受贿人未被刑事处罚，没有受贿主体，不可能有行贿主体，故自己不构成行贿罪。当前，在国家要求"进一步推进受贿行贿一起查"的背景下，加强对于单方面认定行贿罪问题的研究，有利于正确理解和处理相关疑难问题，从而实现"打击行贿的精准性、有效性，推动实现腐败问题的标本兼治"[1]，故十分必要。

一、单方面认定行贿罪的刑事政策立场

罪刑法定原则要求，刑法没有规定为犯罪的，不得定罪处罚；并且，刑法应具有明确性，其中当然包括犯罪成立条件的明确性。《刑法》第389条规定了行贿罪的成立条件，即该罪的犯罪构成，"犯罪构成是认定犯罪的唯一依据"，[2] 该原理对于单方面行贿罪的认定也不会例外。但是，刑法即便加上相关司法解释，也不可能将犯罪中所有问题规定得清清楚楚，故办案中特别是涉及疑难或特殊情形时，在坚持"犯罪构成是认定犯罪的唯一根据"的同时，也必须以刑事政策为指导，才能合法并妥当地认定和惩治犯罪。

当下，国家表明了要严厉惩治行贿犯罪的刑事政策立场。2021年9月，中央纪委国家监委与中央组织部、中央统战部、中央政法委、最高人民法院、最高人民检察院联合印发《关于进一步推进受贿行贿一起查的意见》（以下简称《受贿行贿一起查意见》）中指出，"要清醒认识行贿人不择手段'围猎'党员干部是当前腐败增量仍有发生的重要原因，深

---

* 马涛，贵州省人民检察院副检察长，二级高级检察官；樊京京，贵州省人民检察院法律政策研究室四级高级检察官。

[1] 中央纪委国家监委会同最高人民检察院等单位出台《关于进一步推进受贿行贿一起查的意见》，2021年9月印发。

[2] 张明楷：《违法阻却事由与犯罪构成体系》，载《法学家》2010年第1期。

刻把握行贿问题的政治危害，多措并举提高打击行贿的精准性、有效性，推动实现腐败问题的标本兼治"，并强调，"纪检监察机关、审判机关和检察机关根据职能职责严肃惩治行贿行为。纪检监察机关要严格依法履行查处行贿的重要职责，对查办案件中涉及的行贿人，依法加大查处力度，该立案的坚决予以立案，该处理的坚决作出处理，并建立对行贿人处理工作的内部制约监督机制。检察机关和审判机关要严格行贿犯罪从宽情节的认定和刑罚适用，加大财产刑运用和执行力度。"可见，在长期与腐败犯罪作斗争过程中，国家更加深刻认识到了行贿犯罪的危害性，以及打击行贿对于从根源上治理腐败的重要作用，并明确要求打击行贿犯罪应持一种更加严厉的立场，具体来说表现：一是定罪上尽可能追诉，即"该立案的坚决予以立案"。二是量刑上从严惩处，即"要严格行贿犯罪从宽情节的认定和刑罚适用"。在以上刑事政策的指导下，即便是具体案件中由于各种原因其中受贿罪无法被追究刑事责任，但对于案件中涉及的行贿罪部分，仍然要坚持从严追诉和惩处的立场。

在以上刑事政策立场指导下，本文以下着重对追诉标准差异、国家工作人员收受财物后及时退还或上交、第三人截留行贿财物以及受贿罪超过追诉时效或受贿人死亡等四类较为特殊情形中，就单方面行贿罪认定相关问题进行分析。

二、追诉标准差异导致的单方面认定行贿罪

虽然司法解释规定的行贿罪与受贿罪一般情形下的追诉标准都是 3 万元，但是，对于犯罪数额在 1 万元以上不满 3 万元并有其他特殊情形而成立犯罪的，行贿罪与受贿罪却存在差异，这些差异很可能导致出现单方面认定行贿罪的情况，对此应当注意。

在受贿或行贿数额在 1 万元至 3 万元之间时，2016 年出台的最高人民法院、最高人民检察院《关于办理贪污贿赂刑事案件适用法律若干问题的解释》（以下简称《2016 年贪污贿赂解释》）第 1 条中规定了受贿罪有 3 种情形，分别是"（一）多次索贿的；（二）为他人谋取不正当利益，致使公共财产、国家和人民利益遭受损失的；（三）为他人谋取职务提拔、调整的"。但是，该解释对行贿罪规定了 6 种情形，分别是"（一）向三人以上行贿的；（二）将违法所得用于行贿的；（三）通过行贿谋取职务提拔、调整的；（四）向负有食品、药品、安全生产、环境保护等监督管理职责的国家工作人员行贿，实施非法活动的；（五）向司法工作人员行贿，影响司法公正的；（六）造成经济损失数额在五十万元以上不满一百万元的"。可见，成立行贿罪的情形要明显多于受贿罪。

（一）向 3 人以上行贿

根据前述司法解释，向 3 人以上行贿的构成行贿罪，故可能出现行贿人向 3 人以上行贿，但各受贿人均达不到追诉标准而不能追究刑事责任的问题。例如，行贿人 A 分别向国家工作人员 B、C、D 各行贿 1.5 万元时，根据 2012 年出台的最高人民法院、最高人民检察院《关于办理行贿刑事案件具体应用法律若干问题的解释》（以下简称《2012 年行贿案件解释》）第 5 条规定，"多次行贿未经处理的，按照累计行贿数额处罚。"故无论是按照向 3 人以上行贿的追诉标准，或者是行贿累计后达到 4.5 万元超过一般情形下 3 万元的追诉标准，都应当认定构成行贿罪。但是，由于各个受贿人受贿数额只有 1.5 万元，如果各

个受贿人不属于共同受贿，或者不具备《2016 年贪污贿赂解释》降低数额追诉情节时，就只能追究行贿人刑事责任，而不能追究受贿人刑事责任。

在上面案例中，行贿人单次行贿数额在 1 万元至 3 万元之间，但需要进一步追问的是，如果单次行贿均达不足 1 万元，但向 3 人以上行贿后累计在 1 万元至 3 万元之间的，是否构成行贿罪？例如，行贿人 A 分别向国家工作人员 B、C、D 各行贿 6000 元时，累计行贿数额为 1.8 万元，是否构成行贿罪？本文认为，这种情况一般不应当被认定为行贿罪，但如果向 3 人以上行贿是基于同一谋取不正当利益事项时，则应认定为行贿罪。理由在于：

首先，如果行贿人是基于同一谋取不正当利益事项而向 3 人以上行贿的，应当被评价为同一行贿事实或行贿行为，其行贿数额应当合并计算。故其行贿数额就是 1.8 万元，由于同时具备了向 3 人以上行贿的情节，就应当追究其行贿罪刑事责任。反之，如果行贿人是基于不同谋取不正当利益事项而向 3 人以上行贿的，由于不能被评价为同一行贿事实或行贿行为，金额便不能合并计算，故没有同时满足行贿数额在 1 万元至 3 万元之间和向 3 人以上行贿这两个条件。

其次，对于《2016 年贪污贿赂解释》第 7 条第 2 款作出以上理解，没有超出其条文可能表达语意范围。并且，从刑事政策方面考量，《受贿行贿一起查意见》要求，重点查处多次行贿、巨额行贿以及向多人行贿的情况。对于向 3 人以上行贿累计在 1 万元至 3 万元之间的，如果全部不追究行贿罪刑事责任，则不能贯彻前述重点查处多次行贿、向多人行贿的刑事政策要求；如果各种情形下都追究，则可能过于扩大处罚范围。故本文提出，将基于同一谋取不正当利益事项而 3 人以上行贿后累计在 1 万元至 3 万元之间，应构成行贿罪。既有法理基础，也有利于贯彻当前从严打击行贿罪的刑事政策，同时有利于合理限定处罚范围。

最后，司法实践有类似案例。如国家监察委员会、最高人民检察院《首次联合发布 5 起行贿犯罪典型案例》（2022 年 4 月 20 日发布）的"河南高某某行贿案"中说明，高某"为得到时任该医院药品科科长张某某（已判决）的帮助，先后 13 次给予张某某人民币共计 6 万元"。如果按数学方法进行推断，必然会得出 13 次行贿行为中至少有 8 次行贿数额少于 1 万元的结论。法院认定行贿数额为 6 万元，必然是将其中单次不足 1 万元的行贿进行了累计，其前提主要是因为高某多次行贿都是基于长期在该医院销售"大输液"产品这一请托事项。

（二）将违法所得用于行贿

行贿人用违法所得行贿，也可能导致只追究行贿罪的情况。例如，行贿人用 2 万元违法所得行贿构成行贿罪，但是，《2016 年贪污贿赂解释》只是规定收受财物后用于非法活动的，才会将追诉标准降低到 1 万元至 3 万元。收受违法所得时，受贿罪追诉标准起点仍是 3 万元，故这种情况下只追究行贿罪刑事责任。但是，对于将违法所得用于行贿情形的，有两点需要注意：其一，将违法所得用于行贿是对于行贿财物客观性质的规定，不需要受贿者对此有认识。司法实践中，不能因为只有行贿人知道是违法所得而受贿人不知道，就不追究行贿罪刑事责任。实际上，为了行贿成功，行贿人往往不会告诉受贿人行贿财物是违法所得。其二，用前次行贿获取的非法所得再次进行行贿，不能从总行贿数额中扣除。例如，行贿人第一次行贿 10 万元，通过行贿谋得不正当利益 20 万元，又用其中 10 万元进行第二次行贿的，那么，其行贿数额就应当是 20 万元。

（三）向特定国家工作人员行贿

《2016 年贪污贿赂解释》第 7 条规定，向负有食品、药品、安全生产、环境保护等监督管理职责的国家工作人员，并有实施非法活动或者向司法工作人员行贿，影响司法公正情节时，行贿罪追诉标准为 1 万元至 3 万元。但是，该解释第 1 条中，并没有规定以上特定国家工作人员受贿时降低追诉标准，故向特定国家工作人员行贿并有相应情节时，也会出现只追究行贿罪的情况。

需要注意的是，《2016 年贪污贿赂解释》第 1 条规定，受贿人"为他人谋取不正当利益，致使公共财产、国家和人民利益遭受损失的"追诉标准降低到 1 万元至 3 万元。司法解释之所以作出向特定人员行贿降低追诉标准的规定，主要还是因为这些特定国家工作人员实施非法活动或司法不公正行为，比一般国家工作人员更容易造成国家和人民利益的损失，故该条成为降低标准追诉受贿人的依据。但是，当前我国相关司法解释中并没有关于该条中"致使公共财产、国家和人民利益遭受损失"具体数额的规定。不过，《2016 年贪污贿赂解释》第 7 条中规定，行贿"造成经济损失数额在 50 万元以上不满 100 万元的"，追诉标准降低到 1 万元至 3 万元。本文认为，该规定可以参照适用至受贿罪中去，结果是，向负有食品、药品、安全生产、环境保护等监督管理职责的国家工作人员以及司法工作人员行贿 1 万元至 3 万元，并有实施非法活动或影响司法公正情节时：如果造成经济损失数额在 50 万元以上的，则同时追究行贿罪与受贿罪刑事责任；如果造成经济损失不足 50 万元的，由于其中行贿罪部分具有向特定国家工作人员行贿的情节，而受贿罪部分不具备"致使公共财产、国家和人民利益遭受损失的"的情节，则只能追究行贿罪刑事责任。

三、国家工作人员收受财物后及时退还或上交导致的单方面认定行贿罪

2007 年出台的最高人民法院、最高人民检察院《关于办理受贿刑事案件适用法律若干问题的意见》第 9 条规定，"国家工作人员收受请托人财物后及时退还或者上交的，不是受贿"。可是这种情形下，国家工作人员不构成受贿罪，但行贿人是否一定不成立行贿罪呢？理论上通常认为，为谋取不正当利益给予国家工作人员以财物，国家工作人员客观上接收（占有）了财物时，只要财物已经转移至国家工作人员或者其亲属的控制之下，行贿罪便既遂。[①] 本文认为，对于受贿人因及时退交而不构成犯罪时，判断行贿人是否构成行贿罪的关键是要看行贿罪是否既遂。原则上来说，如果行贿罪既遂的，则应追究其刑事责任；行贿罪未遂的但具有严重情节的，也应当追究刑事责任。但是，由于受贿人退交财物的具体情况有所差异，会对行贿罪是否既遂产生影响，具体来说：

---

① 张明楷：《刑法学》（第六版），法律出版社 2021 年版，第 1619 页。

（一）国家工作人员当面退还的

在国家工作人员收到财物后，当面就予以退还的，由于国家工作人员并没有占有财物，故行贿人最多成立行贿罪未遂。问题是，对于该种行贿未遂是否需要处罚呢？本文认为，行贿罪未遂时虽然侵害了职务行为的不可收买性，但由于法益侵害程度相对轻微，一般情况下应不作犯罪处理，但如果行贿行为本身的情节严重的话，也应当追究其行贿罪未遂的刑事责任。具体来说，对于行贿未遂"情节严重"判断可参考《2016 年贪污贿赂解释》来确定，大致包括行贿数额在 100 万元以上的、行贿数额在 50 万元以上不满 100 万元但具有将违法所得用于行贿，或者通过行贿谋取职务提拔、调整的等情节之一。

（二）国家工作人员当时没有发现或由于其他原因没有退还，事后及时退还或上交的

司法实践中，由于各种原因，经常会出现国家工作收到财物后没有当场退还的情况，如国家工作人员与行贿人是朋友或亲属关系，虽然并不想收受财物并为行贿人谋取利益，但碍于情面没有当场拒绝，事后及时上交单位纪检部门；再如，行贿人将财物隐藏在其他物品中，国家工作人员当场没有发现，事后发现及时上交或既还的。对于以上情况，均属于国家工作人员客观上占有了财物，但主观上没有受贿故意的情况，故不能构成受贿罪。[①] 但是，按照前述国家工作人员客观接收的标准，案件中行贿罪已经既遂，故只要符合相应追诉标准的，就应追究行贿罪刑事责任。

（三）特定关系人收受贿赂，国家工作人员知情后及时退还或上交的

司法实践经常发生的情况是，行贿人并不直接将财物送给国家工作人员，而是送给国家工作人员的亲属等特定关系人，国家工作人员知情后及时退还或上交。在此场合，行贿人是否构成行贿罪？本文认为，应当区分两种情况而分别认定：

其一，行贿人本身就是将财物送给特定关系人，意图使特定关系人通过国家工作人员职权谋取不正当利益的。《2016 年贪污贿赂解释》第 16 条第 2 款规定，"特定关系人索取、收受他人财物，国家工作人员知道后未退还或者上交的，应当认定国家工作人员具有受贿故意"。反过来说，国家工作人员知情后退还或上交的，当然不构成受贿罪。并且，由于行贿人只有向特定关系人行贿的故意，故也不能构成行贿罪。但是，在这种情况下，国家工作人员退还或上交的行为，并不影响前期利用影响力受贿罪和对有影响力的人行贿罪既遂的事实，故应以对有影响力的人行贿罪追究行贿人刑事责任。

其二，行贿人将财物送给特定关系人，意图通过特定关系人转送国家工作人员的。对于这种情况，国家工作人员知情后及时退还或上交的，当然也不构成受贿罪。但是，是否认定国家工作人员客观上接收了财物进而认定行贿罪既遂，就会成为问题。本文认为，原则上来说，如果事前没有国家工作人员指示，特定关系人接收了财物不能等同于国家工作人员客观上接收了财物，故应认为行贿罪未遂，不应追究刑事责任。

[①]　张明楷：《受贿罪中收受财物后及时退交的问题分析》，载《现代法学》2012 年第 4 期。

四、第三人截留行贿财物导致的单方面认定行贿罪

司法实践中，在行贿人委托第三人行贿时，第三人很可能截留其中部分行贿财物，从而导致单方面认定行贿罪情形的出现。根据具体案情，可区分以下两种情况进行讨论：

（一）截留行贿财物的是受贿人指定的第三人

对于该种情况，实践及理论上均没有争议地认为，第三人收受财物就等同于国家工作人员收受财物。如张明楷教授指出，"索取或者收受贿赂，并不限于行为人将贿赂直接据为己有，而是包括使请托人向第三者提供贿赂的情形"。① 再如，周光权教授指出，"收受财物事，是将财物归自己支配还是由自己或直接指示行贿人将其交付第三人，均不影响收受的认定"。② 由于在这种截留情况下国家工作人员与第三人构成受贿罪的共犯，故无论第三人截取多少均不影响行贿罪及数额的认定。例如，行贿人 A 意图向国家工作人员 B 行贿，B 指示 A 将财物交付给第三人 C。行为人 A 实际将 3 万元给予了第三人 C，而事后 C 告诉国家工作人员 B 只收到 2 万元，甚至将全部 3 万元截留的，也不影响行贿罪的认定，行贿数额为 3 万元。

（二）截留行贿财物的不是受贿人指定的第三人

如果行贿人只是通过第三人将财物交付国家工作人员，但该第三人不是国家工作人员指定的第三人并且事前没有与国家工作人员通谋的，则第三人收到财物不能视为国家工作人员收到财物。对于行贿人构成何罪以及数额认定问题，本文认为，应进一步区分以下几种情况：

其一，第三人将部分财物送国家工作人员的，按实际给予数额认定行贿罪。例如，行贿人将 5 万元交给第三人用于行贿，如果第三人将其中 3 万元交给国家工作人员的，则行贿人成立行贿罪，行贿数额为 3 万元；如果将其中 1 万元至 3 万元交给国家工作人员，并有司法解释规定的严重情节的，也应追究行贿罪刑事责任。

其二，第三人将全部财物送国家工作人员而国家工作人员拒绝接受，其后将财物截留的，可视情况追究行贿罪未遂的刑事责任。这种情况属于行贿罪的未遂犯，是否需要追究行贿罪刑事责任应视行贿行为情节是否严重来判断，如行贿人通过第三人向国家工作人员行贿 200 万元而被拒绝，其后第三人将 200 万元截留的，可追究行贿人行贿罪未遂的刑事责任。需要注意的是，由于司法解释规定的数额为量刑规则，③ 故应选择适用行贿罪第一档法定刑，在最高 5 年有期徒刑范围内量刑，并适用《刑法》第 23 条比照既遂犯从轻或者减轻处罚的规定。

其三，第三人收到财物后根本没有将财物交给国家工作人员的，而是全部截留的，行贿人不构成行贿罪。这种情况下，由于完全没有侵害到国家工作人员职务行为的不可收买性，故无论交给第三人多少财物，第三人可能构成侵占罪或不构成犯罪，而行贿人不可能

---

① 张明楷：《刑法学》（第六版），法律出版社 2021 年版，第 1591 页。
② 周光权：《刑法各论》（第 4 版），中国人民大学出版社 2021 年版，第 556 页。
③ 张明楷：《加重构成与量刑规则的区分》，载《清华法学》2011 年第 1 期。

构成行贿罪。

五、受贿罪超过追诉时效或受贿人死亡导致的单方面认定行贿罪

《刑法诉讼法》第 16 条规定了 6 种不追究刑事责任的情形，本文认为，可能涉及单方面认定行贿罪的，主要是受贿罪超过追诉时效和受贿人死亡这两种情况。以下分别讨论：

（一）受贿罪超过追诉时效

《刑法》第 87 条规定，"犯罪经过下列期限不再追诉：（一）法定最高刑为不满五年有期徒刑的，经过五年；（二）法定最高刑为五年以上不满十年有期徒刑的，经过十年；（三）法定最高刑为十年以上有期徒刑的，经过十五年；（四）法定最高刑为无期徒刑、死刑的，经过二十年。如果二十年以后认为必须追诉的，须报请最高人民检察院核准"。可见，刑法主要是依据具体犯罪法定刑上限来决定追诉时效的。

刑法对于行贿罪与受贿罪都是规定了三档法定刑。对于第二档法定刑，两罪的法定刑上限都是 10 年有期徒刑，故追诉时效都是 15 年。对于第三档法定刑上限，虽然受贿罪是死刑而行贿罪是无期徒刑，但追诉时效都是 20 年。

需要特别注意的是，在第一档法定刑时，行贿罪法定刑的上限为 5 年有期徒刑而受贿罪为 3 年，于是前者追诉时效为 10 年而后者为 5 年。故司法实践中很可能出现，虽然行贿数额与受贿数额相同，但受贿罪经过追诉时效而行贿罪没有的情况，例如，2017 年 1 月 1 日，行贿人 A 向受贿人 B 行贿 5 万元，因属于受贿 "数额较大" 最高可判处 3 年有期徒刑，故到 2022 年 1 月 1 日后受贿罪就超过追诉时效。然而，由于行贿罪的最低追诉时效为 10 年，故在 2022 年 1 月 2 日至 2027 年 1 月 1 日这 5 年内，虽然不追诉受贿人刑事责任，但可追究行贿人刑事责任。

（二）受贿人死亡

司法实践中，很可能发生行受贿犯罪发生后，受贿人因自杀、事故或生病死亡的情况，虽然不能再追究受贿人刑事责任，但应当坚决追究行贿人刑事责任，理由在于：

其一，死亡只是不追究受贿人的法定原因，但不能因受贿人死亡而否定行受贿犯罪已经发生的事实。

其二，受贿人死亡作为法定不起诉的理由，其效力只能及于死亡的犯罪嫌疑人或被告人本人，而不能及于其他犯罪嫌疑人或被告人。行受贿犯罪发生后，行贿人没有死亡的，当然应追究其刑事责任。

其三，认定构成行贿罪是没收其违法所得的前提，从而贯彻了国家 "推进受贿行贿一起查" 的要求。通常情况下，行贿人通过行贿所谋取的违法利益，远大于受贿人。《刑事诉讼法》第 298 条规定，"对于贪污贿赂犯罪、恐怖活动犯罪等重大犯罪案件，犯罪嫌疑人、被告人逃匿，在通缉一年后不能到案，或者犯罪嫌疑人、被告人死亡，依照刑法规定应当追缴其违法所得及其他涉案财产的，人民检察院可以向人民法院提出没收违法所得的申请"。可见，在受贿人死亡的案件中，仍应当追缴其违法所得。根据 "推进受贿行贿一起查" 的要求，更应当没收行贿人的违法所得，而没收违法所得以认定其构成行贿罪为前提。

单位行贿罪的司法认定标准研究

叶祖怀　刘韵倩*

我国《刑法》第 30 条规定，公司、企业、事业单位、机关、团体实施的危害社会的行为，法律规定为单位犯罪的，应当负刑事责任；第 393 条规定，单位为谋取不正当利益而行贿，或者违反国家规定，给予国家工作人员以回扣、手续费，情节严重的，是单位行贿罪。由于刑法未对单位犯罪的概念作出明确界定，理论界也存在不同解读，司法人员对单位行贿罪与行贿罪的区分标准把握不一，导致司法实践中时常出现同案不同判的现象。同时，因单位行贿罪与行贿罪在入罪标准及法定刑上的巨大差异，以致"构成单位行贿罪而非行贿罪"成为许多贿赂犯罪案件中被告人获取较低刑罚的主要辩护思路。实际上，无论是对个人定罪还是对单位定罪，均应当遵循罪刑法定、罪责刑相适应、疑罪从无等刑事法基本原则，定罪的证据均应达到确实、充分并"排除合理怀疑"的程度，而不应在行贿罪与单位行贿罪难以区分时，从有利于"个人"的角度出发降低证明标准将单位入罪，损害单位的合法权益。确属单位行贿罪的，亦不能错误认定为行贿罪，以保障"个人"的合法权利，让单位承担应有的法律责任。

认定单位行贿罪的标准，主要集中于对行贿意志、行贿目的及利益归属的判断上，即支配行贿行为的意志是单位意志还是个人意志，行贿目的是为单位还是为个人谋取不正当利益，因行贿而获取的利益是否归属于单位。但是，对这三个要素的判断不应囿于表象，而应深入其表象背后作实质性分析。同时，还需把握好三者之间的内在联系，在认定构成单位行贿罪时，三者具有不可分割性，缺一不可。

一、单位行贿罪之单位意志形成

犯罪意志是行为人自觉选择犯罪行为并支配行为向符合构成要件事实的方向发展的心理过程，是成立犯罪故意的本质要素[1]。单位意志是单位犯罪主观要件之核心部分。从单位与自然人犯罪意志相区别的角度考察，单位意志的本质特征是整体性和程序性。单位意志不是单位内部某个成员的意志，也不是各个成员意志的简单相加；单位意志形成后则独

---

* 叶祖怀，广东省珠海市人民检察院党组成员、副检察长、三级高级检察官；刘韵倩，广东省珠海市人民检察院第三检察部副主任、一级检察官。

[1]　贾宇：《论犯罪故意中的犯罪意志》，载《国家检察官学院学报》1996 年第 3 期。

立于单位成员而存在，又须传达、贯彻给单位成员才能得以实现①。单位成员的意志要上升为单位意志，还须经过法定或者约定的程序②。也有论者认为，单位意志还具有独立性、间接性、真实性、复杂性、职权性等特点③，但这些特征都是整体性和程序性特征的不同表现形式，将其与整体性和程序性并列似有不妥。

单位是由一定的人员、结构、制度和文化等因素构成的，单位意志的整体性和程序性特征，决定了单位意志须通过一定的决策方式形成，而单位整体意志的形成依附于单位成员的意志，从单位成员的意志上升为单位意志则有赖于相应的程序。不同的单位因其性质、规模、组织结构、权力分配模式等的差异，决策形成方式亦有不同，对单位意志的认定也因此而适用不同的标准。

（一）单位决策机构决定

行贿行为由决策机构按决策程序决定或认可，是单位行贿意志形成的典型表现形式之一。一般而言，由决策机构作出的决定代表单位意志，是最受认可的形成单位意志的方式，因这种机制下形成的单位意志是决策机构成员在相互沟通、协调一致后形成的整体意志。通过决策程序形成的行贿意志，其表现形式多样，如决策后形成具体的行贿指令；通过书面文件确定或者约定公关费用、产品销售回扣率；有的具有较强的隐蔽性，无明文规定，以单位惯例的形式存在。需要注意的是，由于行贿行为的违法性，不能要求决策机构的决定必须依规定召开会议或形成书面文件，通过口头沟通、分别沟通或默认的方式达成一致亦可作出单位决定、形成单位意志，在认定时不应过分强调形式要件，而应进行实质性判断。

（二）单位负责人决定

现实中，单位的事项并非均由决策机构决定，很多情况下单位负责人直接承担决策者角色。一般认为，单位负责人在职权范围内为单位利益决定行贿，能够代表单位意志。那么，单位负责人的意志是否当然代表单位意志？单位负责人的意志向单位意志转化是否应当受到某种限制？笔者认为，应当根据不同单位的性质、规模、议事程序、决策方式等进行具体分析。如一些夫妻公司、个人控股公司，如果公司负责人为单位谋取不正当利益而

---

① 张明楷：《刑法学》（第六版），法律出版社 2021 年版，第 176 页；石磊：《单位犯罪意志研究》，载《法商研究》2009 年第 2 期；陈小彪、万丹：《论单位犯罪中"单位整体意志"及其司法认定》，载《法律适用》2005 年第 11 期。

② 戴澜：《单位犯罪认定中的几个问题》，载《法学论坛》1997 年第 6 期；万志尧：《单位犯罪宜更审慎认定——从"单位意志"与"责任人"入手》，载《法律适用》2019 年第 4 期；周建达、马荣春：《论单位犯罪刑事责任的根据：单位意志自由》，载《金陵法律评论》2008 年第 1 期；陈小彪、万丹：《论单位犯罪中"单位整体意志"及其司法认定》，载《法律适用》2005 年第 11 期。

③ 冀彬：《单位行贿罪司法适用疑难问题研究》，内蒙古大学 2017 年硕士学位论文；唐玉国：《浅析法人犯罪意识和意志》，载《政法论丛》1996 年第 3 期；朱英禄：《试论法人犯罪主观方面的特征》，载《法律适用》1995 年第 3 期；吴金水：《论单位犯罪的概念》，载《法学》1998 年第 1 期；孙昌军：《单位犯罪研究》，武汉大学 1998 年硕士学位论文。

行贿，可以代表单位意志，但机关、上市公司等单位的决策机构、决策程序往往由法律或规章制度予以规定，按照法律或规章制度规定的程序作出的决议才能被视为单位意志，故单位负责人的意志不能当然地转化为单位意志。又如大型企业与中小型企业，其决策程序也存在差异，大型企业的组织架构、运作模式、议事程序等相对复杂，负责人违反规则作出的决定不能当然代表单位意志，而中小型企业决策权相对集中，负责人往往可以直接参与单位具体事务的决定与执行。对于一人公司，则需考察公司是否具有独立的财产、名称、机构及场所等因素，其中最重要的是看其有无独立的财产与经费，在公司利益与股东利益相分离的情况下，其负责人的行贿意志可以代表单位意志。从处罚单位犯罪的目的与效果看，是否独立的核算单位，是衡量是否相对独立单位的最重要标准①。如果股东财产与公司财产混同，就意味着利益混同，独立决策程序没有展开的基础，无法区分公司负责人的行贿决策是代表单位意志还是个人意志，单位意志也就丧失了前提。如郑某然行贿案②，被告人郑某然为某公司获取科技扶持资金而行贿，某公司在形式上有两名股东出资成立，但该 2 人均系挂名股东，公司实为由郑某然控制的一人公司，且某公司的财产与郑某然的个人财产未分离，故不能以单位犯罪论。

（三）单位一般工作人员决定

如果单位一般工作人员的行贿行为事前得到了决策机构或者负责人的授权，属于执行单位意志，构成单位行贿罪。如果单位一般工作人员为本单位谋取不正当利益而行贿，但事先未得到单位授权，如业务员在开拓市场过程中以"招待费""业务拓展费"等名义行贿，是否属于代表单位意志存在争议。肯定说认为，一般工作人员在职权范围内为了单位利益而行贿是单位犯罪意志形成的形式之一③；折中说认为，如果行贿行为得到事后认可，可以视为单位意志形成的途径之一④；否定说认为，即使获得事后认可也不属于单位意志，行为完成后，不论是否得到追认，都不能影响前行为的性质，肯定事后认可的效力将有违行为与责任同时存在原则⑤。

肯定说实际上是借用了民法上职务侵权责任的理论，但将这一理论适用于刑法中显然违背了罪责自负原则。否定说则未能认识到单位意志的特殊性。单位意志来源于个人意志，单位决策机构或负责人事中支持或者事后认可也是单位意志的一种形成机制，如果仅将单位犯罪意志的形成限定为决策机构或者负责人决定，会不当缩小单位犯罪的范围。现实中，许多大型企业涉及战略性、长期性的决策由决策机构或负责人决定，而一般经营性、短期性的决

---

① 张明楷：《刑法学》（第六版），法律出版社 2021 年版，第 176 页。

② （2014）沪二中刑终字第 1425 号。

③ 万志尧：《单位犯罪宜更审慎认定——从"单位意志"与"责任人"入手》，载《法律适用》2019 年第 4 期；李希慧、杜国强：《贪污贿赂罪研究》，知识产权出版社 2004 年版，第 332 页。

④ 龚培华、徐亚之：《论单位行贿与个人行贿的司法认定》，载《上海政法学院学报（法治论丛）》2011 年第 6 期；李僚义、李恩民：《中国法人犯罪的罪与罚》，中国检察出版社 1996 年版，第 98 页；陈小彪、万丹：《论单位犯罪中"单位整体意志"及其司法认定》，载《法律适用》2005 年第 11 期；张平、谢雄伟：《单位行贿罪若干问题新探》，载《理论月刊》2005 年第 4 期。

⑤ 石磊：《单位犯罪直接负责人员是否包括事后认可的领导》，载《检察日报》2005 年 3 月 10 日。

策，具体部门或者负责该业务的单位成员即可决定。笔者认为，一般工作人员的行贿意志，满足一定条件即可上升为单位意志：一是职务关联性，即行贿行为与职务相关，是在履行职务过程中发生的，如果擅自进行或者超越职权进行相关活动，则不具备职务关联性；二是事后获得认可，包括对行贿资金的支出予以签字认可等方式的直接认可，也包括知道行为人有行贿意图后不加以否定或阻止、放任其实施行贿行为的间接认可。

（四）单位实际经营者决定

实践中，单位成立后存在所有权与经营权分离的情形，如承包、挂靠、联营等。在行贿犯罪比较常见的工程建设领域，某些具有一定资质的企业允许他人以其单位的名义对外承接工程，在此过程中发生的行贿行为是否能够体现单位意志，应当具体分析挂靠或承包的方式以及双方的权利义务关系。如果仅仅是借用被挂靠方或发包方的资质或者名义，被挂靠方或发包方不参与实际经营管理，从事经营活动的资金、人员等完全由挂靠方和承包方负责，自负盈亏、自担风险，除缴纳一定管理费之外，经营活动产生的利润也全部归挂靠方和承包方所有的，即使行贿行为以被挂靠方或发包方的名义实施，也并未真正体现单位意志。反之，如果被挂靠方或发包方实际参与经营管理，有资产投入并获取相应利润，那么企业经营所获取的利益不仅仅是挂靠方或承包方的个人利益，还包括被挂靠方或发包方的利益，如果行贿行为未得到被挂靠方或发包方的否定或排斥，则可以认定行贿行为体现了单位意志。如王某强行贿案①，王某强负责的甲分公司与乙公司签有书面承包协议，有明确权利义务关系及利润分配的特别约定；乙公司在发包期间实际参与企业的经营管理，并根据企业的营利状况按一定比例获取利润；承揽工程和索要工程款是王某强的工作职责，其为履行工作职责而行贿，代表甲分公司的意志，其谋取的不正当利益与乙公司、甲分公司利益相关，属于单位犯罪。

二、单位行贿罪之行贿目的认定

单位行贿罪具备单位犯罪的一般特征，同时又有其自身特性。作为目的犯，它要求单位"为谋取不正当利益"而行贿。前文侧重于从单位意志的形成方式上阐述单位意志，但若要准确判断行贿意志是否真正代表了单位意志，则必须判明行贿的目的是否为为单位谋取不正当利益。行贿目的既是判断行贿行为是否体现单位意志的重要内容，同时也是认定是否构成单位行贿罪的必要条件。单位行贿罪中的"谋取不正当利益"，首先要求必须是为"本单位"，而判断是否为"本单位"，应结合单位及行为人的各种主客观要素进行实质性判断。

（一）为"本单位"谋取不正当利益

任何行为都有目的，即使行为人的主观心理状态有时较难查明，但判断是否构成单位行贿罪，该要素仍不可或缺。如单位负责人虽以单位的名义行贿，但却是为谋一己私利，由于单位负责人的决策权往往看似代表单位意志，此时如果不考察其行贿的真实目的，仅凭决策形成过程进行判断，则会错误认定单位行贿罪。

---

① （2015）浙杭刑终字第 30 号。

行贿目的是否必须限定为"本单位"谋利？是否也可以包括为"他单位""他人"谋利？有观点认为，单位行贿罪必须是为本单位谋取不正当利益，如果是为其他个人及单位谋取不正当利益，则属于自然人犯罪①；有观点认为，单位行贿罪中的"为谋取不正当利益"也包括为其他单位或者个人谋取不正当利益，而不限于为本单位谋取不正当利益②；也有观点认为，为了"他人""他单位"的利益，尤其是有某种特定亲密、关联关系的"他人""他单位"的利益，也可以构成单位行贿罪，即单位行贿主体与获利主体并不一定具有同一性③。

笔者认为，单位行贿罪的犯罪目的应当是为"本单位"谋利。持不同意见者通常以自然人犯罪作类比，如盗窃罪中的"以非法占有为目的"、行贿罪中的"谋取不正当利益"，均不限于非法占为己有或为自己谋取不正当利益，还可以是非法占为"他"有或为他人谋取不正当利益，认为单位行贿罪也不必要求一定是为"本单位"谋取利益。但是，这种将自然人犯罪与单位犯罪进行的简单类比，忽略了单位犯罪的特性。单位犯罪中实际上存在两类主体，一类是单位主体，另一类是单位内部的自然人主体。没有单位作为主体，自然人便是独立的自然人主体；没有单位内部的自然人主体，也不可能有单位犯罪④。单位犯罪的特殊性，要求必须是为"本单位"谋利。

首先，符合"本单位"利益的意志才能成为单位意志。自然人的犯罪意志由本人即可形成，单位的犯罪意志则依赖单位成员的意志形成。要判断单位成员的意志是个人意志还是单位意志，标准即是否为"本单位"利益，换言之，只有为"本单位"谋取利益的个人意志才能够形成单位意志，才有可能成立单位犯罪。如果是为"他单位""他人"的利益，归根结底还是为了谋取私利。其次，符合"本单位"利益的行为才是单位行为。如前文所述，单位由一定的人员、结构、制度和文化等因素构成，单位成员的行为具有个人属性和单位属性，认定单位成员的行为是单位行为还是个人行为，要看该行为是为了谁的利益。只有根据单位的宗旨和目标、为了单位的发展等本单位利益实施的行为，才属于单位行为。最后，如果是损害单位利益的行为，则不应处罚单位。如果允许为"他单位""他人"谋利成立单位犯罪，就会出现单位自己对自己犯罪，形成犯罪单位与被害单位是同一单位的怪异现象。如以单位的名义、用单位的资金、为他单位的利益行贿，此时单位的财产权益已然受损，不应再承担刑事责任。我国刑法对私分国有资产罪、私分罚没财物罪等都规定只处罚直接负责的主管人员和其他直接责任人员而不处罚单位，也是基于上述原理。从这个意义上讲，单位行贿罪中的行贿主体与获利主体应当具有同一性。

在对被告人孙某某行贿案的解读中，作者认为，田某某为 H 公司和 S 公司的实际控制人，因 S 公司及田某某涉嫌合同诈骗罪，田某某为逃避刑事处罚，请托司法工作人员陈某某提供帮助。孙某某作为 H 公司法定代表人，按照田某某的指使，使用 H 公司的钱款向陈某某行贿，H 公司构成单位行贿罪，孙某某作为单位直接责任人员亦应承担刑事责

---

① 徐芳：《论单位犯罪意志的判断标准》，湘潭大学 2020 年硕士学位论文。
② 张明楷：《刑法学》（第六版），法律出版社 2021 年版，第 1626 页。
③ 蒋为杰：《刑案研解：法官判案思维与智慧》，中国检察出版社 2019 年版，第 103—132 页。
④ 张明楷：《刑法学》（第六版），法律出版社 2021 年版，第 176 页。

任①。笔者认为，本案中构成单位行贿罪的应当是 S 公司而非 H 公司。首先，S 公司具有行贿故意。单位作为法律拟制的犯罪主体，承担刑事责任的必要条件是主观上有罪过。行贿故意的认定，并非只依据决策形成方式，还应结合行贿目的。本案中，两个公司的实际控制人均是田某某，田某某的行贿意志代表哪个公司的意志，关键要看其是为哪个公司谋利。显然，"免除刑事处罚"是 S 公司所要谋求的不正当利益，产生行贿动力、具有行贿故意的是 S 公司。其次，H 公司利益受损不应再受处罚。单位虽然是由自然人组成，但因其具有团体性、组织性、利益共同性，如果行为不是为单位自身谋取利益，甚至行为本身即已使单位利益受损，则该行为即属于"损公肥私"，从这个意义上讲，单位已是"受害者"。案例中，H 公司的财产利益已然受损，而不正当利益却归属于 S 公司，所以 H 公司是本案中的"受害单位"而非"犯罪单位"。最后，行贿资金来源并不是认定单位行贿罪的决定性因素。行贿资金是否来源于单位财产，可作为判断是否构成单位行贿罪的参考因素，但不是决定性因素。构成单位行贿罪可以使用个人资金，构成行贿罪也可使用单位资金。因此，不应拘泥于行贿资金是否从单位账目中支出或者报销，而应从实质上进行综合分析。本案中，行为人为了 S 公司的利益而行贿，即使行贿资金来源于 H 公司，仍应认定 S 公司为单位行贿罪的主体，至于行为人从 H 公司获取行贿资金的行为是否构成职务侵占罪或挪用资金罪，则另当别论。

（二）对"本单位"利益应作实质性判断

直接为本单位谋取不正当利益，自然符合单位行贿罪的目的要求。但现实中还存在这样一种情形：行为人出于为本单位谋取不正当利益的目的或者初衷，首先通过行贿为"他单位"或"他人"谋取不正当利益，继而又通过"他单位"或"他人"为本单位谋取不正当利益，此种情形下，应当如何认定行为人的行贿目的？

有观点认为，判断是否为"本单位"的利益，应当以行贿行为的直接受益者为准②。笔者理解，此处的"直接受益者"，显然更侧重于从客观方面强调直接的利益归属，但鉴于单位行贿罪作为目的犯，还应当结合行贿意志的具体内容进行判断。行贿目的有时也具有复杂性和多重性，如果仅从表面上看，某些行贿行为的直接受益者看似并非本单位，但如果从主观要件上进行考察，则无法回避促使行为人产生行贿意识、实施行贿行为的初始动因和真正目的，即行贿的动力、出发点或者所要达成的目标，及至最终形成单位意志、作出行贿决定，实质上仍可能是为了本单位的利益。甚至有时，为其他单位或个人谋取利益只是为本单位谋取利益的"手段"而已，又或者，为其他单位或个人谋利在本质上即是为"本单位"谋利。

如甲公司为了获取政府工程，以与副市长 B 有关系为名，许诺负责政府工程的某局副局长 A 帮助其提拔，并在 A 不知情的情况下向 B 行贿，后 A 如愿升任局长，甲公司也如愿承接到政府工程。甲公司行贿 B 是否属于为本单位谋利？从表面上看，甲公司行贿的直

---

① 蒋为杰：《刑案研解：法官判案思维与智慧》，中国检察出版社 2019 年版，第 103—132 页。

② 龚培华、徐亚之：《论单位行贿与个人行贿的司法认定》，载《上海政法学院学报（法治论丛）》2011 年第 6 期。

接目的是 A 的职务提拔，A 也是行贿行为的直接受益者。但深入案件表象背后探究其实质就会发现，虽然行贿、职务提拔、获取工程之间看似是一种逐级递进的关系，但从甲公司行贿意志的形成角度考察，三者却是一个密切关联的、不可分割的整体。甲公司之前与 A 达成利益交换的合意，即甲公司帮助 A 提拔，A 则将工程交由甲公司承接，那么，甲公司帮 A 提拔实质上就是在帮本单位获取政府工程，就是为了本单位的利益，或者说，帮 A 职务提拔既是甲公司行贿的直接目的，同时又是为本单位谋取利益的"手段"，其结果就是，A 和甲公司均从行贿行为中获益，只不过，甲公司采用了一种更为隐蔽的、"迂回的"方式，实现了与公权力之间的不法利益交换。

当然，在对上述案例中的情形进行判断和认定时，需要特别注意把握行贿行为、他人获益、本单位获益之间的内在联系以及不可分割的因果关系，认清他人获益与本单位利益的一致性，防止将借为本单位谋利之名、行谋取个人私利之实的行为错误认定为单位行贿罪。

（三）"以单位名义"及与单位利益的关联程度

如果利益与本单位无关，虽以单位名义行贿，却实质上损害了单位利益，则不成立单位行贿罪。2001 年《关于全国法院审理金融犯罪案件工作座谈会纪要》中规定："以单位名义实施犯罪，违法所得归单位所有的，是单位犯罪。"有观点据此认为，"以单位名义实施犯罪"是认定单位犯罪必不可少的要素。其实，该纪要中对单位犯罪概念的界定，是在"金融犯罪案件"的语境中作出的。对单位行贿罪成立与否的判断，不应拘泥于是否以单位名义。以何种名义行贿，只是外在的、表面的形式，不同的行贿名义下可能有相同的行贿故意，现实中不乏"以单位名义谋取个人利益"或"以个人名义谋取单位利益"的情形。以单位名义谋取个人利益，属于冒用、盗用单位名义实施犯罪，没有体现单位意志和为单位谋利的目的，属于个人行贿。以个人名义为单位谋取不正当利益，如果行贿行为系单位授权或获得事后认可，可以代表单位意志，则应当认定为单位行贿。

行贿所谋取的利益与本单位有关联的，则应视关联的紧密程度作具体分析。单位为谋取潜在或长远的利益，与某些官员之间长期保持特殊的密切关系，以各种名义进行所谓的"感情投资"，事实上已形成官商勾结的"利益共同体"，双方实际上均具有"利益交换"的目的，甚至单位的利益与官员的荣辱升迁捆绑在了一起，为官员办事即等于为单位谋利，行贿行为与单位利益之间的因果关系较为明确，则属于为"本单位"谋取不正当利益，不管是以什么名义行贿，只要体现单位意志，就应当认定为单位犯罪。对于行贿行为与单位利益之间联系不够紧密、因果关系不明确的，在认定犯罪性质时需特别慎重，防止不当扩大单位行贿罪的适用范围。

三、单位行贿罪之利益归属判断

利益是否归属于单位，是认定单位行贿罪的必要条件，即在单位行贿意志和目的之下，如果行贿行为所谋取的利益归单位所有，则属于单位犯罪。相较于"为单位谋取利益"的目的性，此处之利益归属是从利益的客观归属上进行判断，即根据利益或违法所得实际去向的不同来区分个人行贿与单位行贿。如果尚未实际取得利益，则以行贿意志和目的作为区分个人行贿与单位行贿的标准。

（一）利益全部归单位所有

单位行贿意志下，利益或违法所得归单位所有，则成立单位犯罪。有观点认为，通过利益的客观归属即可推定是单位还是个人行贿①。此观点失之偏颇。有时利益的归属并不能完全反映行为人的主观意图究竟是为公还是为私，此外还存在未能实际获利的情形。个人基于引起领导重视、获取奖励等特定目的，在单位不知情的情况下通过行贿为单位谋取不正当利益，虽然利益归属于单位，但由于单位缺乏行贿意志，则不属于单位犯罪，否则，单位可能会因有关人员的"擅自而为"随时被陷于犯罪之中。例如，甲公司为获取工程，请自然人乙帮忙请托国家工作人员丙，并向乙承诺若中标将依工程造价按比例给予好处费，乙在甲公司不知情的情况下向丙行贿，乙的行应构成行贿罪而非单位行贿罪。可见，要正确判断是个人行贿还是单位行贿，除要看利益的客观归属外，还要看行贿行为是否体现了单位意志。

（二）利益全部归个人所有

我国《刑法》第 393 条规定，"因行贿取得的违法所得归个人所有的，依照本法第三百八十九条、第三百九十条的规定定罪处罚"。这是否意味着，只要违法所得归个人（本单位中的个人）所有，就应当按照《刑法》第 389 条的规定认定为行贿罪？这涉及对该规定应理解为法律拟制还是注意规定的问题。笔者认为该规定属于注意规定，要构成行贿罪，仍需符合行贿罪的构成要件，而不能仅以违法所得归属于个人就一律认定为行贿罪。换言之，要准确区分行贿罪与单位行贿罪，仍需综合考察行贿意志、行贿目的及利益归属。

法律拟制的特点是，将原本不同的行为按照相同的行为处理，包括将原本不符合某种规定的行为也按照该规定处理②。如将《刑法》第 389 条的规定理解为法律拟制，则意味着不管行贿意志，只要违法所得归于个人，就必须认定为行贿罪。这样理解的原因在于，尽管行贿是单位的决策、为了单位利益，但违法所得归个人所有，从而改变了行贿行为的性质。但问题是，如果单位行贿罪已属既遂，行为人事后又采取某种方式将违法所得予以侵吞，则后行为应构成其他犯罪如职务侵占罪或者贪污罪，实无理由和必要单独拟制为个人行贿。在法律意义上，犯罪所得的归属、去向实质上是犯罪既遂后对不法利益的处置，属于事后行为，对已经发生的犯罪行为的性质不产生影响，正如受贿后将财物捐献给公益事业不影响受贿罪的成立一样。再者，理解为法律拟制，看似为了追求罪刑均衡，实则会造成罪责刑不相适应，如行为人为单位谋取不正当利益而行贿，违法所得归单位所有后，行为人又利用职务上的便利将其据为己有，此时认定为单位行贿罪和职务侵占罪或者贪污罪，才能更全面地评价行为人的行为。

---

① 陈小彪、万丹：《论单位犯罪中"单位整体意志"及其司法认定》，载《法律适用》2005 年第 11 期；高铭暄、赵秉志、赵国强：《单位投机倒把犯罪案件中的刑事责任问题》，载《中国法学》1990 年第 2 期。

② 张明楷：《刑法分则的解释原理》，中国人民大学出版社 2011 年版，第 631 页。

　　注意规定是在刑法已作基本规定的前提下，提示司法工作人员注意，以免忽略的规定。注意规定的设置，并不改变基本规定的内容，只是对相关规定内容的重申。注意规定只具有提示性，其表述的内容与基本规定的内容完全相同，不会导致将原本不符合相关基本规定的行为也按基本规定论处①。因此，《刑法》第393条的规定实际上仅具有提示作用，即当一行为看似符合第393条前段规定的单位行贿罪，同时出现了"因行贿取得的违法所得归个人所有"的特殊情形时，刑法便提示司法工作人员予以注意，着重考察行为人是否系以单位的名义而中饱私囊，并在第393条后段中提示注意第389条行贿罪的罪状。而要认定为第389条的行贿罪，行为人的行为仍需符合行贿罪的构成要件。

（三）利益部分归单位部分归个人所有

　　单位员工的利益往往与单位利益挂钩，行为人的行贿动机因而也具有多重性和复杂性，谋取单位利益与个人利益有时兼而有之，交织在一起相互影响，但只要行为人的主观心态是为了单位利益即可，不要求具有排他性。行为人主观上是为单位谋取利益，客观上个人也获取了利益，不会因个人也获利而改变单位行贿的性质。此外，单位行贿罪中的"不正当利益"，是指为单位谋取的初始利益，不包括获得利益后的再分配情形。利益归属于单位所有，单位再将利益以发放奖金等形式分配给单位成员，不影响单位行贿罪的认定，因为单位获取的利益最终会转化为个人利益，表现为个人待遇的提高、奖金福利的发放等。在这种情况下，单位利益是权钱交易直接针对的对象，个人利益只是单位获得利益后的延伸结果，不能因为最终个人获利而否定单位利益。实践中，应当注重考察单位和个人之间的权利义务关系，特别是有关利润分配的约定和通常做法。如果单位和个人有关于利润分成的约定，则虽然谋取的不正当利益最终不完全归属于单位，仍不影响单位行贿罪的认定。

---

　　①　张明楷：《刑法分则的解释原理》，中国人民大学出版社2011年版，第622页。

论单位行贿犯罪独立归责的逻辑及其路径

孙泽晖　叶　卿*

我国《刑法》第 393 条对单位行贿犯罪作出了专门规定，相对于自然人行贿犯罪，单位行贿犯罪是非典型的行贿犯罪，在我国刑法理论和立法司法中，自然人犯罪是作为犯罪的标本加以讨论的，而单位犯罪则往往处于从属和被忽视的地位，特别是在单位犯罪的责任追究上，由于缺乏相应的法律规范体系，往往将单位犯罪责任认定依附于其内部自然人犯罪身上，有学者指出，"我国传统单位刑事责任理论是以个人刑事责任为基础，以个人和单位的联系为媒介，通过评价单位内部特定自然人的行为和意志来追究单位刑事责任的一元模式"[①]。在这种归责模式下，单位行贿犯罪在责任认定和刑罚裁量上脱离了对涉罪单位整体行为因素的考量，容易出现刑事打击过度或刑罚不当的问题。特别是作为单位行贿犯罪主要主体之一的"企事业单位"，随着市场经济法律体系的日益完善，一旦触犯单位行贿犯罪，不仅仅要面临刑法的处罚，还要同时面临民事、商事和行政法律法规日趋严厉的制裁，势必影响其生存发展及市场经济秩序稳定。

近年来，我国高度重视市场主体的保护工作。2020 年以来，面对需求收缩、供给冲击、预期转弱和新冠肺炎疫情影响，中央经济工作会议提出并强调"保就业保民生保市场主体"的政策要求。因此，单位行贿犯罪的立法司法研究亟须加强，需要提供出更加客观公正和符合经济社会发展实际情况的刑事责任归责路径。本文结合笔者所在的成都市新都区人民检察院办理的 C 市某设计研究院单位行贿不起诉案为线索，对单位行贿犯罪采取独立归责的"分离认定"模式进行考察。

一、日益加大的非刑罚处罚力度对构建单位行贿犯罪独立归责制度提出了现实要求

（一）罚金刑对实施犯罪的单位威慑力有限

我国 1997 年《刑法》第 30 条、第 31 条规定了单位犯罪制度，确立了犯罪主体二元制的格局，对单位的刑事责任形式。我国刑法规定的是对实施犯罪的单位判处罚金刑。在我国刑罚体系中，罚金刑属于附加刑，单独适用时仅限于较为轻微的犯罪，而且司法实践

---

* 孙泽晖，四川省成都市新都区人民检察院党组书记、检察长；叶卿，四川省成都市新都区人民检察院党组成员、副检察长。

[①] 彭新林：《企业合规改革与单位刑事责任理论的重构》，载《检察日报》2022 年 5 月 12 日。

中判处罚金数额普遍不高，对不少犯罪的单位来说，通过犯罪获得的利益远远大于犯罪受到的处罚。因此，在很长一段时间，刑法中关于单位犯罪的规定因为犯罪成本过低而往往缺乏足够的震慑力。

（二）单位行贿犯罪非刑罚处罚措施日趋严厉

近年来，随着我国社会主义法治体系建设的不断完善和打造市场化法治化国际化营商环境力度加大，国家对作为市场主体的"单位"的不法行为特别是犯罪行为陆续出台了一系列的配套惩戒性法律规范，单位犯罪特别是单位行贿犯罪受到了更加广泛、更加严格的系统性"惩罚性"规制，行贿单位在融资、参与招投标等领域付出巨大的犯罪成本，对单位生存、发展及其员工切身利益产生极大影响。（1）关于限制招投标或注销营业执照的规定：①《招标投标法实施条例》第67条规定，以行贿谋取中标的，将被取消1—2年投标资格，严重者将被吊销营业执照。②《反不正当竞争法》第19条规定，经营者贿赂他人的，处10万元以上300万元以下罚款，情节严重的吊销营业执照。（2）关于限制融资、政府补贴和奖励的规定：《上海证券交易所股票上市规则》及《深圳证券交易所股票上市规则》均规定，发行人首次公开发行股票后申请其股票上市的公司及其控股股东、实际控制人最近3年不得存在贿赂犯罪。除了明文规定外，单位行贿还在现实中影响其贷款融资、政府补贴、技术改造奖励资格等。（3）关于市场准入黑名单的规定：2021年9月，中央纪委国家监委与中央组织部、中央统战部、中央政法委、最高人民法院、最高人民检察院联合印发《关于进一步推进受贿行贿一起查的意见》（以下简称《意见》），进一步加强行贿犯罪惩戒措施，提出要建立对行贿人的联合惩戒机制，组织开展对行贿人作出市场准入、资质资格限制等问题研究，探索推行行贿人"黑名单"制度。《意见》出台后，天津等地出台行贿人员市场资格准入"黑名单"工作办法，如天津津南区规定"对有行贿劣迹的不法商人或单位，在工程建设、医药器械购销、政府采购等领域限定准入条件，严把资格审查入口"，可以预见今后针对单位行贿的处罚将越来越严厉。

（三）实质性处罚不断加重对尽快构建单位行贿犯罪独立归责制度提出现实要求

作为单位犯罪的主体"单位"，其权利义务的属性与自然人有着明显区别，对于自然人犯罪最严厉的刑罚就是死刑，其次是自由刑，而罚金刑及附加刑对于自然人犯罪来说是较轻一个等次的刑罚措施。然则，对于"单位"特别是作为市场主体的企事业单位而言，我国刑法处罚带来的威慑力已远不如行政法律法规作出的市场准入限制规定，如上所述，一般行贿行为单位将在1年至2年内被取消投标资格，这对于企事业单位特别是规模以上的企业而言，相当于暂停大部分营业，且不论其能否在此期间维持单位运营，即使在1年至2年后恢复参与投标资格后也要付出巨大的成本来恢复声誉重新建立合作关系；而单位行贿情节特别严重的，由工商行政管理机关吊销营业执照，这一规定如果严格执行，无异于给构成行贿犯罪的单位判了"极刑"。某种意义上，目前单位行贿犯罪已出现刑罚与配套的行政处罚倒挂现象，而且呈现不断加大的趋势，因此当前，尽管单位行贿犯罪受到的刑事处罚没有变化，但实质上单位行贿犯罪受到的实质性处罚及付出的犯罪成本已大幅提高。不断强化的刑罚措施也带来可能加大其伤害企业和企业家的风险，本着谦抑原则审慎适用刑法，保障经营者合法权益，防止因刑事立法的不足和刑事司法的失误而误伤或过度处罚经营者十分必要。① 在这一现实情况和趋势面前，过去在刑法理论研究和司法实践中容易被忽略的单位行贿犯罪，应该得到重新审视并切实加强相应的研究，改变以往将单位行贿犯罪依附于内部特定自然人行贿犯罪归责制度的做法，逐步构建起体现单位行贿犯罪特点、更加客观评价单位整体行为的独立归责制度。

二、现有刑法规范体系下单位行贿犯罪归责制度存在的主要问题

在我国，成立单位犯罪必须满足四个要件：一是单位依法成立，拥有一定的财产，能够以单位名义合法开展活动并独立承担责任；二是体现单位意志；三是以单位名义实施，目的是为单位谋取利益；四是与单位业务活动相关。② 以上四要件中，按照张明楷教授刑法学理论对不法构成要件要素与责任要素的划分，"体现单位意志""以单位的名义作出，目的是为单位谋取利益"是认定单位犯罪的责任要素。

现行刑法及相关立法、司法解释或其他规范性文件关于单位犯罪责任认定的规定十分有限，主要包括以下几类：一是关于单位犯罪意志方面：最高人民法院印发的《全国法院审理金融犯罪案件工作座谈会纪要》规定，以单位或分支机构名义实施犯罪，违法所得归单位或分支机构所有的，是单位犯罪；最高人民检察院《关于办理涉互联网金融犯罪案件有关问题座谈会纪要》规定，经单位决策实施或员工主要按照单位决策实施犯罪活动，违法所得归单位所有的可以以单位犯罪追究。二是关于单位犯罪刑罚裁量方面：最高人民检察院《关于办理涉互联网金融犯罪案件有关问题座谈会纪要》规定，对认罪认罚、主动退赃退赔的应当在是否起诉和量刑建议中予以考察，对情节轻微、可免予刑事处罚或情节显著轻微、危害不大、不认为是犯罪的，应当依法不起诉；最高人民法院、最高人民检察院《关于办理职务犯罪案件认定自首、立功等量刑情节若干问题的意见》规定单位集体决定、单位负责人决定或直接负责的主管人员自动投案，如实交代单位犯罪事实的，应当认定为单位自首；最高人民法院、最高人民检察院、海关总署《关于办理走私刑事案件适用法律若干问题的意见》规定单位集体决定或单位直接负责的主管人员自首的，应当认定为单位自首。从以上规定可以看出，目前我国对单位行贿犯罪在内的单位犯罪责任认定，主要依附于单位内部需要承担刑事责任的自然人，而未考虑单位这一主体在单位犯罪发生机制中的独立作用，对单位犯罪责任认定缺少刑法规范意义上的整体的、全面的评价，存在的问题集中表现在以下几个方面。

（一）对"体现单位意志"规定过于原则，缺少对单位意志形态及过错程度分类、刑事责任阻却事由的必要考量

按现行法律规定，在司法实践中，认定体现单位意志的依据就是"单位集体决策或单位负责人个人决定以单位名义作出"，这样的认定方式实际上不能区分单位意志不同形态

---

① 谢鹏程：《让刑法更好地保护企业和企业家》，载《检察日报》2022 年 4 月 21 日。
② 谢鹏：《刑事合规视角下我国单位犯罪制度的完善》，载《法治日报》2022 年 2 月 28 日。

及其轻重程度，具体表现可能会出现以下几种情形：（1）单位决定方式，是单位全体人员决定、单位领导集体决定或单位负责人个人决定，三种方式体现单位的意志应该是呈逐渐减弱的关系，如果单位负责人违背公司重大事项决策必须集体讨论决定的规定而个人以单位名义决定的事项，单位意志甚至可能对决定的事项持否定态度，该情形下单位意志实际上是一种管理不规范造成的过失责任；（2）尽管是单位全体集体决定或单位领导集体决定，在一些重大事项会议讨论过程中，如果承办人员刻意隐瞒其企图作出涉及违法犯罪决定的关键事项，而导致参与集体讨论的其他人员在被误导而未尽注意义务情形下作出的决定，此种情形下的违法犯罪行为以单位名义作出，但体现的单位意志的过错程度也是较轻的；（3）如果在集体研究中，承办人员针对专业性特别强的项目，刻意隐瞒或误导所报告事项关键信息，且参会人员不具有违法认识可能性的，此种情形不宜认定为体现单位意志。

（二）将"为单位谋利"作为认定单位责任的规定过于原则，缺少对单位犯罪非法所得利益及犯罪成本比例的考量

客观化的意志说认为，应当从客观上判断某种心理状态是故意还是过失，如果从客观上进行评价得出的结论是，结果与行为人的计划相符合，则认定为故意；否则即为过失。[①] 现实行受贿等不法交易中，存在单位负责人或直接负责人通过以单位名义实施行贿等不法行为，利用直接经手便利，在单位不知情的情况下为自己谋取了大部分利益，而只为单位谋取小部分利益的情形，在这种情形下，单位所获的小部分利益实际与其犯罪成本相比小很多，根据客观意志说，这种情形单位意志的过错程度相比单纯的单位为谋利而行贿犯罪要轻得多。因此，对单位犯罪归责应当充分考虑具体个案"谋利"的实际情况，并以违法所得与犯罪成本的比例原则作为客观事实来评价判断犯罪意志的重要依据。

（三）未形成独立健全的单位犯罪刑罚裁量规范体系

单位犯罪哪些情形下构成自首、坦白、立功，哪些情形下适用从重从轻处罚，哪些情形下适用减轻处罚、免除处罚，除职务犯罪、走私犯罪等个别罪名对单位职务犯罪自首认定有所规定外，现行的刑法及相关立法司法解释和规范性文件未有关于单位犯罪刑罚裁量的具体规定，未形成有别于自然人犯罪的单位犯罪裁量规范体系。

（四）未形成独立健全的关于单位犯罪认罪认罚从宽的制度体系

认罪认罚从宽制度是准确及时惩罚犯罪、节约司法资源、化解社会矛盾、推动国家治理体系和治理能力现代化的一项重要的刑事诉讼制度。现行制度没有对认罪认罚的主体作出限制，在当前的司法实践中，已经有大量的对单位适用认罪认罚从宽的案例。但由于单位作为犯罪主体时，实际上只有拟制的人格，在认定单位犯罪认罪认罚的意志上，目前未有统一明确的标准；此外，在确定认罪认罚行为人从宽处罚的幅度和标准上，对于自然人犯罪而言，认罪认罚并积极赔偿损失，可以预期其在向合法秩序回归，而对其从宽处罚，但对于单位而言，如何认定其向合法秩序回归并给予多大从宽幅度方面目前尚未有明确的规定。

---

① 张明楷：《刑法学》（第六版），法律出版社 2021 年版，第 333 页。

三、构建单位行贿犯罪独立归责的法理逻辑

周光权教授指出，"要形成扎根于中国大地、直面中国社会现实的刑法学派，就必须重视客观性思考、体系性思考和功能性思考这三个刑法方法论"①。下文将运用刑法客观性、体系性、功能性思考理论，对单位行贿犯罪独立归责制度的构建进行研究分析。

（一）刑法客观性思考理论对构建单位行贿犯罪独立归责制度的指导意义

客观性思考以防止错判、切实保障被告人权利为目标。客观性思考的重要性决定了对于犯罪客观要件的每一个问题（包括实行行为、危害结果、因果关系与客观归责、未遂犯与不能犯的区分、共犯的违法性等），都必须不厌其烦地从不同侧面进行仔细检验。根据刑法客观性理论，单位行贿犯罪的客观性评价范围不仅要包括单位行贿犯罪中的责任人客观行为，还应包括单位规章制度、议事规则、经营状况、单位获利及犯罪成本比例等其他的客观行为，比如单位是否建立规范有效的规章制度，是否建立足够完善的风险防控机制，单位负责人个人决定以单位名义作出的行为是否违反单位一贯经营主张，是否违背了重大决策事项必须集体研究决定的议事规则，是否存在单位不具有违法性认识可能性等责任阻却事由等，这些都关系到单位意志的认定，一件单位犯罪案件的单位意志可能会存在故意、过失的情形，一些近似于在形式上符合单位犯罪的案件，可能会存在单位无过错情形，这些都直接关系到单位犯罪责任的大小甚至有无。

（二）刑法的体系性思考理论对构建单位行贿犯罪独立归责制度的指导意义

体系性思考方法能够避免解释漏洞，同时妥善处理刑民等关系。根据刑法的体系性理论，在刑法体系中，如果不贯彻体系性思考就势必顾此失彼、前后矛盾。因此，针对行贿等单位犯罪，刑法也应当形成体现单位犯罪特点的责任认定体系、刑罚裁量体系和认罪认罚从宽制度体系。在单位行贿犯罪中受到行贿犯罪处罚的单位承担的不仅仅是罚金刑罚，而且在民商事和行政法领域会受到限制参与招投标、上市融资甚至吊销营业执照等处罚。因此，研究单位行贿犯罪，不能仅仅就刑法规定的刑罚来评估犯罪单位受到的惩罚后果，而是要从刑法、民法、商法、行政法等综合法律体系中来统一评估并做出全面客观的判断。

（三）刑法的功能性思考理论对构建单位行贿犯罪独立归责制度的指导意义

功能性思考始终关注刑事裁判的动向，注重社会治理的积极参与，使得刑事政策刑法化，能够妥善处理处罚必要性和刑法公正性的关系。根据刑法的功能性理论，中国刑法学派必须是有助于解决我国社会转型时期所呈现的各种社会难题的实用型理论，其中一定融入了大量政策性、功能性及回应性的思考。单位行贿犯罪的犯罪主体"单位"大部分是"企业"或者直接参与市场经济活动的"事业"单位，这些企事业单位是市场经济活动的主体，与经济社会稳定大局息息相关，政策性极强。党的十八大以来，以习近平同志为核

---

① 周光权：《论中国刑法学派形成的基本前提》，载《中国社会科学院大学学报》2022 年第 1 期。

心的党中央高度重视依法平等保护各类企业合法权益，习近平总书记强调："要千方百计把市场主体保护好，为经济发展积蓄基本力量。"近年来，中央提出"六稳""六保"方针，中央经济工作会议多次强调"保就业保民生保市场主体"，2020 年 7 月最高人民检察院下发《关于充分发挥检察职能服务保障"六稳"六保"的意见》，依法合理采取更加灵活务实的司法措施，从维护企业正常经营的角度，坚持依法能不诉的不诉，逐步扩大酌定不起诉在认罪认罚案件中的适用，慎重适用涉财产强制性措施；2021 年 4 月中央全面依法治国委员会正式将少捕慎诉慎押确定为刑事司法政策，对从严把握起诉标准提出了更高要求。因此，保护市场主体维护经济秩序稳定已成为当前我国的一项重要国家政策，刑法学中必须融入或吸纳这些国家政策，并在对单位犯罪进行处罚的时候采取功能性理论来建立独立归责制度。

四、建立单位行贿犯罪独立归责制度的路径探讨

单位行贿犯罪独立归责制度与传统的自然人犯罪归责制度相比，应当突出单位拟制人格的特点，体现单位在管理、经营、决策等方面形成的普遍性规范，在评判标准中，既要考量现代企业制度因素，又要考虑现代商业及行业规则等，从而对单位犯罪责任作出全面客观的评价。以 2021 年笔者所在的成都市新都区人民检察院办理的 C 市某设计研究院单位行贿不起诉案为例，该研究院院长陶某某在承接某市义务教育标准化建设项目中，通过院长助理季某某与该项目负责人常某某商议了回扣比例，在未经单位集体研究决策的情况下，个人决定以研究院名义参加项目竞标并顺利中标设计业务后，按照双方约定的回扣比例向常某某行贿。在该案办理过程中，检察官在征求监察部门意见前提下，通过走访公共资源交易中心等行政主管部门，调阅单位相关规章制度和资料档案，认定研究院案发前已出台《设计项目投标管理办法》《采购管理办法》等规范性文件，显示企业日常管理中对预防行贿违法犯罪行为设置了一定的合规管理体系，可以表明单位对行贿行为持否定态度，评估认为单位行贿犯罪意志主观恶性较小，最终在提出合规整改计划监督其整改后，对该研究院作出酌定不起诉决定。现结合该案办理情况，从遵循刑法的客观性、体系性和功能性思考理论的角度，提出以下三个路径的探讨。

（一）构建独立于自然人犯罪的单位行贿犯罪法律体系，从立法及司法解释层面实现单位行贿犯罪独立归责规范化

首先要形成有关认定单位行贿犯罪独立意志方面的法律规范，将单位规章制度、行业规则、商业规则及企业文化等可能涉及认定单位意志的因素纳入法律规范范畴，对单位进行独立的归责评价。在危害结果发生时分别认定单位的刑事责任和自然人的刑事责任，改变以往仅凭通过评价内部自然人的行为和意志来追究单位刑事责任的一元模式。其次要形成单位行贿犯罪独立的刑罚裁量规范，将单位整体行为可能与刑罚相关因素予以规范，对单位犯罪如何认定坦白、自首，哪些情形适用从重从轻处罚、免除处罚，予以明确规定，如单位居于上级行政主管部门要求或者公共利益出发而作出的行贿犯罪行为，可以考虑从轻处罚。

（二）构建以涉案企业合规制度为核心的单位行贿犯罪认罪认罚从宽制度

应通过刑事诉讼法立法、司法解释或规范性文件等方式明确单位犯罪可以适用认罪认罚从宽制度，并根据单位拟制人格特点和社会治理需要，形成独立于单位内部人员自然人犯罪的单位犯罪认罪认罚从宽制度。对于单位而言，单位的认罪认罚从宽制度不仅仅要体现在如何修复受损的社会关系，而且要从预防犯罪和履行单位社会责任的角度，按照规范的现代企业（单位）管理制度标准，针对单位犯罪背后的治理漏洞进行合规整改。2020年3月起，最高人民检察院推行的涉案企业合规试点工作正是对涉嫌单位犯罪的企业认罪认罚从宽制度的一种探索实践。单位行贿犯罪作为较为常见的单位犯罪之一，对我国营造公平竞争的法治化营商环境建设和党政机关反腐败工作造成极大的负面影响，治理行贿犯罪，要依法严厉打击，也要着眼于犯罪预防，通过涉案企业合规认罪认罚从宽等制度构建，引导涉嫌行贿犯罪的单位建立起廉洁的单位文化和企业法律风险防控等现代管理制度，促进诉源治理，真正实现"办理一案、治理一片"的法律效果。

（三）认真落实少捕慎诉慎押刑事司法政策及国家发展战略需要，依法审慎把握单位行贿犯罪起诉标准

坚持受贿行贿一起查，是党的十九大作出的深化反腐败斗争的重要部署。在办理单位行贿犯罪案件中，严格按照《关于进一步推进受贿行贿一起查的意见》的精神，对涉嫌行贿的单位严肃惩治，是刑法功能性思考理论的必然要求。同样基于功能性思考理论，在办理行贿犯罪案件中，同时要兼顾少捕慎诉慎押刑事司法政策及保护市场主体、维护市场经济秩序等国家发展战略需要，综合评估并平衡好多项政策之间的价值关系，依法审慎把握单位行贿犯罪起诉标准。对内部特定自然人构成行贿犯罪的单位，如果追究内部自然人行贿犯罪已起到从严打击效果，不能简单地一律追究单位行贿犯罪责任。特别是对已建立相对完善的合规管理体系，主观上无过错或过错轻微的单位行贿犯罪，且一旦定罪量刑将会造成大量员工失业或者企业亏损倒闭等情形，不宜作出起诉决定或判处刑罚。

第三部分

渎职犯罪研究

体系解释视角下国有公司人员渎职犯罪定位及完善

——从裁判文书网 18 件争议案件出发

付继博*

　　国有公司人员渎职犯罪（《刑法》第 168 条）的特别之处在于，其罪名在《刑法》分则第三章第三节，侵犯的法益是公司、企业管理秩序，而其性质及客观要件却与第九章的渎职犯罪更为相似。通过对案件样本的研究，结合实际办案工作，笔者发现此类案件在犯罪主体、客观要件及犯罪结果认定等多个方面存在争议。要解决这些问题，需要根据该罪名在刑法体系中的定位，结合我国司法政策的演进，做出逻辑自恰又能针对现实问题的认定方法，必要时完善相关罪名的刑法体系结构。由于相关罪名在司法实践中并不常见，本地区样本量不足，故笔者在中国裁判文书网下载相关案件法律文书，增加研究样本数量，找出共性问题，为研究提供相对充分的实证资料。

一、观察：研究样本图景展开

　　为全面了解全国范围内办理国有公司人员渎职犯罪基本情况，笔者在中国裁判文书网共下载到 52 件案件的判决书、二审裁定书，虽然案件数量不多，但"麻雀虽小五脏俱全"，能够反映办案一般情况。我们重点针对控辩双方有较大争议的 18 件案件处理情况进行研究。①

（一）主体职责方面争议问题

　　主体职责方面一直是职务犯罪案件的重点、难点问题，在国有公司人员渎职犯罪中，这个问题更加明显。案件样本中，按照国有独资公司、国有控股参股公司的管理人员、普通职工的不同标准排列组合，可以划分为四类人员，数量分布见图 1。

---

　　*　江苏省南通市海门区人民检察院第二检察部主任。

　　①　这里的争议案件是指被告人、辩护人对案件定性有异议的案件，不包括量刑轻重的争议。

（单位：人）

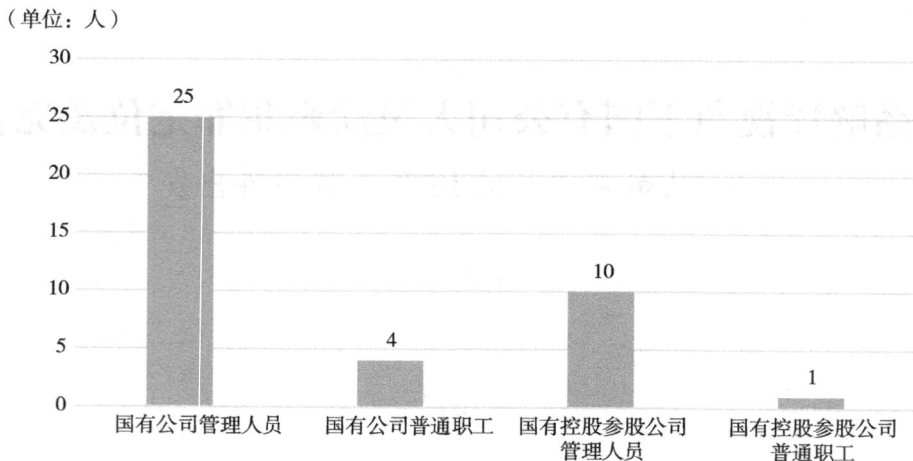

图1　主体身份分布情况

　　这四类人员划分方式并非凭空想象，而是样本案件主体职责方面争议问题的重要表现形式。涉及国有公司普通职工犯罪的主要辩护理由是没有管理国有资产的职权。国有控股参股公司管理人员主要辩护理由是不属于受国有单位委派从事公务的人员。例如，在崔某某一案中，其辩称在国有控股公司担任工会专干，不属于国有公司、企业委派到国有控股公司从事公务人员，不构成国有公司人员失职罪的主体。还有因央企为赴海外上市在境外注册造成的"形式外资"问题，如在彭某某一案中，其辩护人认为彭某某所在中国移动通信集团湖北有限公司是在海外上市的外资法人独资公司，不是国有公司，不具有从事公务的主体资格。法院裁判认为该公司的外在形式虽是外国企业法人独资，但不能改变中国国有企业的根本性质。图1中唯一一件国有控股公司普通员工涉罪的是中国石油天然气股份有限公司某地加油站加油员张某某，其违反公司禁止刷卡套现的规定，未认真核实加油卡的来源及所套款的去向，按照上级领导周某某要求，与同一班组的其他人员共同多次为他人刷卡套现造成公司损失。对于以上争议案件，笔者因未阅卷不做定性评价，但这些案件能够反映主体方面问题的主要方向。

（二）严重不负责任认定的问题

　　根据《刑法》第168条，国有公司、企业人员失职罪、滥用职权罪两个罪名的表现形式分别是严重不负责任和滥用职权，相较于滥用职权需要有明确的规范依据，司法实践中争议比较大的问题是对严重不负责任认定。从案件样本看，对是否达到严重不负责任的辩护点多达15个，归纳起来主要包括四类（见图2）。

　　对于严重不负责任是否需要违反规范的问题，一直是理论和司法实践的重要争议，包括具体规范和概括责任两种观点。具体规范观点认为只有行为人违反了规范（包括公司内部规定、会议决议等）的情况下才构成严重不负责任，而概括责任观点则认为公司、企业管理活动非常复杂，规范不能涵盖所有领域，对于是否构成严重不负责任无法量化，还是要根据相关主题概括的总体履职责任予以判断。例如，在唐某某一案中，公诉人采用的是具体规范观点，认为被告人唐某某严重违反国有企业"三重一大"决策

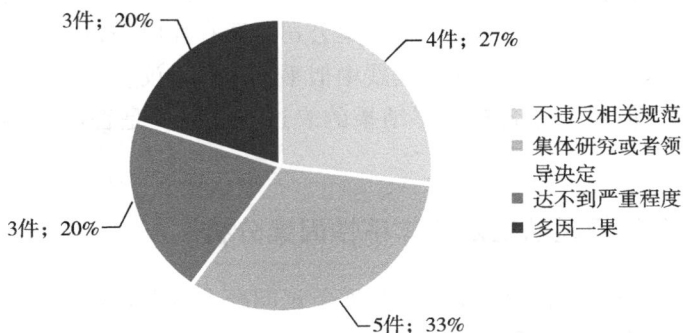

图2　主要辩护点分布情况

制度，未正确履行董事长职责。而辩护人辩称不能扩大解释《关于进一步推进国有企业贯彻落实"三重一大"决策制度的意见》（以下简称《意见》），本案不符合该《意见》规定情况。法院最终没有认定被告人唐某某违反"三重一大"决策制度，但依然认定其严重不负责任，法院采用的就是概括责任观点，认为虽然唐某某没有明确违反某项具体规定，但根据案件事实及证据依然认定其行为达到严重不负责任的程度。实践中另一个常见的辩护点是"集体研究或者领导决定"，如在邝某某案中，辩护人辩称某省出版传媒集团党委会研究决定用闲散资金理财，可委托银行理财、打新股、搞资本经营、搞多元化投资。被告人邝某某办理的理财业务都是向董事长汇报同意之后进行的，涉案理财项目，董事长王某让其沿用前任做法。公司没有制定购买理财产品的程序和审查、审批的相关规定，所以邝某某不构成犯罪。此类争议在国家机关工作人员渎职犯罪案件中都出现过，是否可以类推适用也是刑法体系协调的问题。

（三）犯罪结果认定问题

对于犯罪结果认定的争议问题可以概括为四个递进的层次：第一层次是造成国家利益重大损失的类型问题；第二层次是损失是否发生的问题；第三层次是损失金额认定的问题；第四层次是非国有损失是否扣减的问题。案件样本反映的具体争议点详见图3。

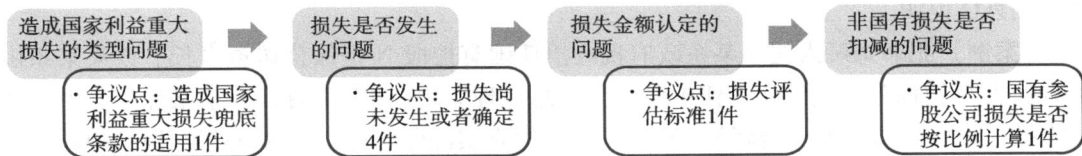

图3　犯罪结果认定的四个层次

以上四个层次的问题在案件样本中都有体现，以比较有争议的两个案件为例。造成国家利益重大损失除了财产损失外，是否包括其他类型的损失，应该如何认定？在李某某一案中，法院认定李某某严重不负责任，对徐某某等人出具的全部房屋产权所有证不加任何审核，均加盖了房管办印章，造成家属区拆迁过程中，多人持房屋产权所有证暴力阻碍依法拆迁，数十人因此群体越级上访的严重后果，致使国家利益遭受重大损失。本案中，法院把数十人暴力抗法、越级上访认定为国家利益遭受重大损失，这个认定方式是否具有普适性值得研究。另外，在国有参股、控股公司中，对于国家利益的理解是否包括非国有部分？如在方某某国有公司人员失职案中，涉案公司为国有控股公司，案件对损失额以国资占比进行了计算。这个问题在以往司法实践中似乎不存在争议，一般是参照渎职犯罪规则按照损失全额计算，但相关罪名对犯罪结果的表述有差异，是否可以参照也需要进一步明确。

二、检视：争议问题认定及其体系性因素分析

笔者认为，国有公司、企业人员渎职犯罪争议问题本质上是相关罪名在刑法体系中的定位不清造成的，这里尝试做深入分析。

（一）主体问题认定体系考量及反思

国家工作人员和国有公司、企业人员都是刑法条文中常见的概念。在国有控股、参股公司尚未出现时，主体认定问题并不紧迫，但随着社会经济不断发展，国有独资公司、企业不断减少，国有控股、参股公司数量越来越多，尤其是随着银行、能源、电信等大型央企推进整体上市，对于国家出资企业中相关人员严重不负责任或者滥用职权给企业造成损失的是否符合相关罪名主体身份的问题需要有明确界定。对此，最高人民法院在 2005 年专门出台司法解释——《关于如何认定国有控股、参股股份有限公司中的国有公司、企业人员的解释》（以下简称《2005 年解释》），认定国有公司、企业委派到国有控股、参股公司从事公务的人员，以国有公司、企业人员论。但该解释内容比较概括，操作性不强，范围也不够全面。[①] 2010 年 11 月，"两高"共同出台《关于办理国家出资企业中职务犯罪案件具体应用法律若干问题的意见》（以下简称《2010 年意见》）细化了国有参股、控股企业中国家工作人员的认定规则，[②] 同时补充规定："国家出资企业中的国家工作人员在公司、企业改制或者国有资产处理过程中严重不负责任或者滥用职权，致使国家利益遭受重大损失的，依照刑法第一百六十八条的规定，以国有公司、企业人员失职罪或者国有公司、企业人员滥用职权罪定罪处罚。"这条规定使国有公司、企业人员的认定依赖于国家工作人员的认定规则，这在实践中有失公平。以我们实际办理的沈某某国有公司人员失职案为例具体说明。

[案例] 犯罪嫌疑人沈某某系政府批准担任国有控股 N 担保公司董事长。钱某某系由国有控股 N 担保公司董事会委任担任该公司总经理。2015 年 11 月，钱某某经办、由沈某某审批，违反公司《业务规程》，未调查 K 公司真实经营状况，为 K 公司在银行 400 万元贷款提供担保，后 K 公司无力偿还，造成 N 担保公司代偿损失 218 万元。最终沈某某因犯

---

① 如国家机关、事业单位委派到国有参股公司从事公务的人员就不在这个范围内。

② 第六部分规定：经国家机关、国有公司、企业、事业单位提名、推荐、任命、批准等，在国有控股、参股公司及其分支机构中从事公务的人员，应当认定为国家工作人员。具体的任命机构和程序，不影响国家工作人员的认定。经国家出资企业中负有管理、监督国有资产职责的组织批准或者研究决定，代表其在国有控股、参股公司及其分支机构中从事组织、领导、监督、经营、管理工作的人员，应当认定为国家工作人员。

国有公司人员失职罪被判刑，而钱某某因不具有国有单位委派身份而无法认定该罪名。

从职权上讲，由国有控股公司聘任的高级管理人员与国有单位委派人员无本质差别，同样承担着尽职经营，促进国有资产保值、增值的义务，仅仅因为没有委派程序而不受《刑法》第 168 条规制，造成权力和责任不统一的状况，不利于督促相关人员提高审慎履职能力。《2005 年解释》是特定历史时期的产物，不能因为形成司法习惯就认定为理所当然，而应作出更符合经济社会发展客观实际的调整。

（二）严重不负责任的规范依据问题

对《刑法》第 168 条滥用职权的规范依据问题一般争议不大，要求行为人明确违反法律、法规、规章、政策、行业规范、上级或者本单位管理规定和程序等。但对于严重不负责任理解就存在很多争议，前述案例中对认定严重不负责任是否需要明确依据就是其中之一。这实际也是刑法体系的问题，滥用职权的认定可以参照国家机关工作人员滥用职权罪，因为两者的法条文本是一致的。而严重不负责任在国家机关工作人员渎职犯罪条文中没有直接对应的表述，于是出现争议。对于这个问题，国家监察委员会在 2022 年初出台的《关于办理国有企业管理人员渎职犯罪案件适用法律若干问题的意见》（以下简称《2022 年意见》）规定了认定精神，即严重不负责任，是指不履行或者不正确履行自己的职责，通常表现为工作中轻率大意、不认真调查研究或者擅离职守、对分工负责的工作失管失察等。下列情形属于严重不负责任：一是在重大经营决策时，不认真分析研究，不尊重客观经济规律，不听取多方意见与建议，盲目决策的；二是在公司、企业管理方面失管失责，经营管理混乱的，或者对于侵吞、私分、挪用单位财产的严重违法犯罪行为失管失责的；三是在经济交往活动过程中失察失职，对本单位利益遭受损失存在重大过失的，或者在本单位利益将遭受损害时不及时采取补救措施的。笔者认可《2022 年意见》的精神，但《2022 年意见》的规定更多的是从执纪执法调查的方向出发的，对案件调查取证具有很强的指导作用，对司法裁判认定还需要进一步细化。另外，司法实践中还存在将"严重"和"重大损失"混同的问题，只要损失巨大，那么就认定责任人不负责任达到"严重"的程度，这实际上是混淆了犯罪后果和责任的关系。所以，司法文件还有必要进一步明确"严重"的认定规则。

（三）与渎职罪关系问题

国有公司人员渎职犯罪是从 1997 年刑法"徇私舞弊造成破产、亏损罪"演变而来。[①]其特别之处在于从刑法体系看，属于第三章破坏社会主义市场经济秩序罪第三节妨害公司、企业管理秩序罪一节，但基本价值取向、入罪标准却与刑法第九章渎职罪更加相似。如果说该罪名是为保护公司、企业管理秩序，但又只能适用于国有公司企业，不适用于私

[①]　1997 年《刑法》第 168 条："国有公司、企业直接负责的主管人员，徇私舞弊，造成国有公司、企业破产或者严重亏损，致使国家利益遭受重大损失的，处三年以下有期徒刑或者拘役。"1999 年《刑法修正案（一）》修订为"国有公司、企业、事业单位人员失职罪、国有公司、企业、事业单位人员滥用职权罪"。

营企业；如果说该罪名是为了保护国有资产，督促国家工作人员的尽责履职的，但其罪名又没有编排在刑法第八章、第九章。在案例样本争议问题中，主体争议、损失认定、集体研究及领导决定等法律适用问题，都属于与渎职罪关系的范畴。

目前，国有公司人员渎职犯罪专门的司法解释只有 2010 年最高人民检察院、公安部共同发布的《关于公安机关管辖的刑事案件立案追诉标准的规定（二）》。① 而这条解释还仅仅是解决入罪标准的问题，对于案件样本中的法律适用争议问题没有涉及。实际上，前述的集体研究及领导决定的问题，在 2012 年"两高"《关于办理渎职刑事案件适用法律若干问题的解释（一）》中有类似的规定，以"集体研究"形式实施的渎职犯罪，应当依照刑法分则第九章规定追究国家机关负有责任人员的刑事责任，对于具体执行人员，应当在综合认定其行为性质、是否提出反对意见、危害结果大小等情节基础上决定是否追究刑事责任和应当判处的刑罚。对于损失认定的问题，《刑法》第 168 条规定的损失范围是"国家利益"，而《刑法》第 397 条规定的损失范围是"公共财产、国家和人民利益"。因表述的差异导致实践中对"国家利益"是否包括非国有财产认定不一。对于《刑法》第 168 条入罪标准中"其他致使国家利益遭受重大损失的情形"的理解，前述李某某一案中把"数十人因此群体越级上访"纳入其中，应该是直接参照了渎职犯罪入罪标准中的"造成恶劣社会影响的"情形。该入罪标准如何应用即便在渎职犯罪中都存在争议，是否可以直接类推至第 168 条值得商榷。对于司法实践中《刑法》第 168 条如何参照适用第 397 条的混乱局面，有必要进一步明确规则。

三、探索：体系解释视角下相关定位问题及完善

笔者认为，若要从根本上解决以上问题，应尝试从法律体系着手完善。

（一）增设"国有公司、企业、事业单位渎职罪"一节

《刑法》第 165 条至第 169 条打击的都是国有公司工作人员在履职过程中，侵害国家利益的行为。② 笔者认为，把这 5 个罪名放在妨害对公司、企业管理秩序罪中是不合适的，也不能突显相关罪名要保护的法益。对于国有企业特殊保护的原因在于两个方面：一是国有公司、企业、事业单位在社会生活中占据着举足轻重的地位，在一定程度上具有社会属性，如果工作人员背离职责，严重不负责任或者滥用职权，不仅会使国有公司、企业的正常活动遭到破坏，还会使国家和人民利益受到损害，从而破坏社会主义市场经济秩序；二是国有企业代理人问题，国有企业资产属于全体人民，然而国家又不可能像法人一样去经营国有资产，国家只能层层委托各级代理人（国有企业工作人员）代为管理，为了避免权

---

① 2022 年修订时删除了这部分内容。还有一些其他主题的司法解释涉及这个罪名，如最高人民法院《关于审理扰乱电信市场管理秩序案件具体应用法律若干问题的解释》第 6 条规定，"国有电信企业的工作人员，由于严重不负责任或者滥用职权，造成国有电信企业破产或者严重损失，致使国家利益遭受重大损失的，依照刑法第一百六十八条的规定定罪处罚"。

② 《刑法》第 165 条至第 169 条对应的罪名分别为非法经营同类营业罪；为亲友非法牟利罪；签订、履行合同失职被骗罪；国有公司、企业、事业单位人员失职罪；国有公司、企业、事业单位人员滥用职权罪；徇私舞弊低价折股、出售国有资产罪。

责不统一的问题，法律给相关人员增加了额外的法定责任，做到权责再平衡。由此可见，第 165 条至第 169 条的立法目的及保护的法益与第 158 条至第 164 条的其他妨害对公司、企业的管理秩序罪存在本质区别。另外，第 168 条还包括国有事业单位，而该节其他罪名根本不涉及国有事业单位。所以从体系上讲，两个罪名集群存在诸多不兼容。

所以建议增设"国有公司、企业、事业单位渎职罪"一节，将《刑法》第 165 条至第 169 条 5 个罪名纳入其中，第 169 条之一调整至第 161 条之一。① 将第 168 条调整至第 165 条作为类似于滥用职权罪、玩忽职守罪第 397 条的一般性罪名，对另外 4 个罪名起到引导和补充作用。这样调整的好处是可以形成国有公司、企业、事业单位渎职罪体系，出台统一的司法解释规则。

（二）扩大主体范围至非委托类高级管理人员

在前述体系调整基础上，明确国有公司企业工作人员内涵和外延。《刑法》第 93 条规定了国家工作人员的含义，但在刑法条文中并没有说明国有公司企业人员范围的条款，也没有规定国有公司企业人员与国家工作人员的关系。从 1997 年刑法出台的背景来看，当时国有参股、控股公司还比较少见，不成为问题。② 随着国有控股、参股公司如雨后春笋般出现之后，最高司法机关只能以司法解释形式来打"补丁"，实质上确定了国有公司企业人员等于国有公司企业中的国家工作人员，经过多年的实践操作，司法机关已经潜移默化地认可了这一认定方法，但已经忽略其并没有刑法条文依据的问题。

在前述沈某某国有公司人员失职案中，沈某某作为公司董事长固然有违规审批责任，定罪没有异议，但钱某某作为公司总经理在办理担保业务过程中严重不负责任，未调取 K 公司真实财务数据，对损失发生起到重要作用，但仅因其是公司董事会聘任不属于国家工作人员而不法定罪处罚。从保护国有资产维护经济秩序大局来看，即便国有控股、参股企业中有其他所有制股份，但此类企业具有的政策属性及承担社会责任的价值属性与全资国有企业是没有区别的。然而，按照目前司法解释的规定，如果其管理人员严重不责任给公司造成巨大损失，却无法追究刑事责任，这显然与刑法的立法精神不符。所以笔者建议，在原有司法解释确定的国有公司企业人员范围的基础上，将国有控股、参股公司其他管理人员纳入其中，同时避免模糊化的问题，这里判断管理人员的依据是公司章程对本公司管理人员的界定。

（三）明确参照渎职犯罪法律适用规则

国有公司、企业人员渎职犯罪单独设节后，就可以出台有针对性的司法解释体系，当然考虑规则内在协调性不必面面俱到，对与渎职犯罪共通之处可以直接参照适用，而国有公司、企业人员渎职犯罪独特的构成要件则必须由专门司法解释予以明确，不可直接参

---

① 《刑法》第 169 条之一背信损害上市公司利益罪保护的法益是上市公司及其公众投资者的财产权益，明显与第 161 条违规披露、不披露重要信息罪更为接近。

② 1998 年下半年开始，为了解决国有企业改革发展的资金需求和完善社会保障机制，开始尝试国有股减持的探索性尝试。2001 年 6 月 6 日，国务院颁布《减持国有股筹集社会保障资金管理暂行办法》（后因 2017 年国务院印发《划转部分国有资本充实社保基金实施方案》而失效），延续了前述思路。

照，如严重不负责任、国家利益等问题。以严重不负责任认定为例，国家监委《2022 年意见》对严重不负责任的认定在总体概括基础上，是从重大经营决策失职、不监管单位违法犯罪行为、对外经济交往失职三个平行的领域进行列举的。从这三个方面看，《2022 年意见》似乎采纳的是概括责任观点，但列举的三个方面是在履职层面的，对于责任来源及要求还是需要有规范明确确定的。笔者认为，是否构成"严重不负责任"，需要从三个层次来具体把握。第一个层次是行为人首先要具有相关工作职责，这是不负责任的前提条件，这需要规范、文件等赋权，可以是法规、规章、行业规范、上级管理制度等外部规定，也可以是公司管理规定、领导分工及会议纪要等内部规定，这些都是行为具有责任的基础。第二个层次是行为人在工作过程中不履职或者不正确履职，也就是《2022 年意见》不完全列举的几种情况，如重大经营项目随意决策、盲目决策，对单位内部违法犯罪行为忽视监管等。这个层次如果有规范文件依据对犯罪认定自然有重要作用，但公司经营管理活动千差万别，管理规范无法囊括所有情况，所以对这个层次同意适用概括责任观点。第三个层次是不负责任是否达到"严重"程度的问题。该问题更无法用规范明确，就如同民法典中的重大过失一样，需要由司法机关在办案实际中根据案件具体情况予以判断，故检察机关在介入此类案件调查过程中，要注意与调查机关沟通会商"严重"程度认定的问题，有针对性地提出调查取证方向。总结归纳来看，严重不负责任一般包括对应当预见的重大问题而未预见，或者已经预见但明显怠于履职，从而引发损害后果，这里的应当可以从法律一般人角度予以判断。对于这个问题要有调查、有论证，不能因忽视而影响犯罪认定。诸如此类与渎职罪不存在共性问题的地方都需要专门司法解释予以明确。

渎职犯罪的危害结果认定

——以禁止间接处罚原则为视角

邓毅丞　雷英君*

一、问题的提出

危害结果是大多数渎职犯罪的犯罪成立条件①，但是当前刑法学界对渎职犯罪危害结果的研究相对匮乏。事实上，危害结果范围的确定对渎职犯罪的认定有重要规制意义，具有相当程度的研究价值和研究空间。

一般认为，"间接处罚主要是指，某种行为及结果原本不是刑罚处罚的对象，但由于该行为及其结果存在于某一犯罪中，导致对该行为及结果实施刑罚处罚"②。简单来说，"间接处罚就是缺乏法律根据的处罚"③。禁止间接处罚原则的提出原因如下：一方面，贯彻和保障罪刑法定原则。为了保障人权，定罪和量刑必须由刑法明文规定，超出刑法条文的规制范围则违反了这一原则，间接处罚对刑法未予规定的情形进行处罚，必须予以禁止。④ 另一方面，维持刑法的谦抑性。刑法的谦抑性要求刑法具有补充性和不完整性，以限制刑法干涉范围的膨胀，间接处罚会使刑法丧失限制司法权力的机能。⑤

---

* 邓毅丞，华南师范大学法学院副教授；雷英君，华南师范大学 2021 级刑法学研究生。

① 渎职犯罪规定在我国刑法第九章当中，共 25 个条文、37 个具体罪名，其中基本犯成立条件中含有 "致使……""导致……""造成……" 等结果表述的罪名有：滥用职权罪（第 397 条）；玩忽职守罪（第 397 条）；执行判决、裁定失职罪（第 399 条）；执行判决、裁定滥用职权罪（第 399 条）；失职致使在押人员脱逃罪（第 400 条）；滥用管理公司、证券职权罪（第 403 条）；徇私舞弊不征、少征税款罪（第 404 条）；徇私舞弊发售发票、抵扣税款、出口退税罪（第 405 条）；违法提供出口退税证罪（第 405 条）；国家机关工作人员签订、履行合同失职被骗罪（第 406 条）；违法发放林木采伐许可证罪（第 407 条）；环境监管失职罪（第 408 条）；食品、药品监管渎职罪（与有其他严重情节并列为选择性要素）（第 408 条之一）；传染病防治失职罪（第 409 条）；商检失职罪（第 412 条）；动植物检疫失职罪（第 413 条）；不解救被拐卖、绑架妇女、儿童罪（第 416 条）；失职造成珍贵文物损毁、流失罪（第 419 条），共 18 个罪名。

② 张明楷：《责任刑与预防刑》，北京大学出版社 2015 年版，第 264 页。

③ 孙书强：《论间接处罚》，载《价值工程》2011 年第 5 期。

④ 参见张明楷：《结果与量刑——结果责任、双重评价、间接处罚之禁止》，载《清华大学学报（哲学社会科学版）》2004 年第 6 期。

⑤ 参见张明楷：《责任刑与预防刑》，北京大学出版社 2015 年版，第 265 页。

目前我国刑法理论对间接处罚问题的专门研究较少，多见于有关量刑问题研究的部分论述中。禁止间接处罚原则最早由张明楷教授提出和阐述，张明楷教授认为，"当行为人实施 A 罪行为时，只有当 A 罪的非法定刑结果，是有关 A 罪的罪刑规范所欲阻止的结果的强化或者加重，或者属于有关 B 或 C 等罪的罪刑规范所欲阻止的结果时，才能在对 A 罪的量刑时，考虑该结果。如果行为人在实施 A 罪行为时，造成的结果不是任何犯罪的法定刑基础的结果，或者说不是任何罪刑规范所欲阻止的结果，就不是量刑所应考虑的结果"①。例如，张明楷教授认为，因为违法性（法益侵害性）是由符合构成要件的事实来说明的，刑法并不处罚过失毁坏财产的行为（刑法没有设立过失损坏财物罪），只阻止故意造成的财产损害（刑法设立了故意毁坏财物罪），过失造成的财产损害不是对刑法所保护的法益造成的损害，对财产损害的过失也不是罪过内容。② 除此之外，像过失造成的轻伤、③ 过失造成的名誉毁损、故意或过失造成的轻微伤等结果也不是对刑法所保护法益的侵害，不能作为量刑情节考虑。④

按照基本逻辑，既然在量刑时不得考虑任何非罪刑规范所欲阻止的结果，那么在作为给行为整体定性的定罪环节，更不能将任何非罪刑规范所欲阻止的结果作为犯罪成立的条件。况且，"处罚"的确定本身就需要经过定罪、量刑两个环节的合力，这样解释并没有超出"禁止间接处罚"的文义。也即，禁止间接处罚应当共同适用于定罪环节与量刑环节。

但是，我国目前对渎职犯罪的危害结果似乎存在有违"禁止间接处罚"原则的法律规定。最高人民法院、最高人民检察院《关于办理渎职刑事案件适用法律若干问题的解释（一）》第 1 条第 1 款规定，对于《刑法》第 397 条规定的滥用职权罪与玩忽职守罪，单独满足"轻伤 9 人以上"或"造成经济损失 30 万元以上的"即认定为"致使公共财产、国家和人民利益遭受重大损失"。⑤ 又如，最高人民法院、最高人民检察院《关于办理环境污染刑事案件适用法律若干问题的解释》第 2 条规定，对于《刑法》第 408 条规定的环境监管失职罪，单独满足"致使公私财产损失三十万元以上"或"致使三人以上轻伤"

---

① 张明楷：《结果与量刑——结果责任、双重评价、间接处罚之禁止》，载《清华大学学报（哲学社会科学版）》2004 年第 6 期。

② 类似观点参见张蕾：《间接处罚之禁止——以交通肇事罪定罪量刑中的赔偿因素为中心展开》，载《中共南宁市委党校学报》2015 年第 4 期。

③ 认为将过失致人轻伤当作量刑情节属于间接处罚的观点，同参见尹子文：《防卫过当的实务认定与反思——基于 722 份刑事判决的分析》，载《现代法学》2018 年第 1 期。

④ 参见张明楷：《结果与量刑——结果责任、双重评价、间接处罚之禁止》，载《清华大学学报（哲学社会科学版）》2004 年第 6 期。

⑤ 2012 年 12 月最高人民法院、最高人民检察院印发的《关于办理渎职刑事案件适用法律若干问题的解释（一）》第 1 条规定："国家机关工作人员滥用职权或者玩忽职守，具有下列情形之一的，应当认定为刑法第三百九十七条规定的"致使公共财产、国家和人民利益遭受重大损失"：（一）造成死亡 1 人以上，或者重伤 3 人以上，或者轻伤 9 人以上，或者重伤 2 人、轻伤 3 人以上，或者重伤 1 人、轻伤 6 人以上的；（二）造成经济损失 30 万元以上的；（三）造成恶劣社会影响的；（四）其他致使公共财产、国家和人民利益遭受重大损失的情形。"

即认定为"致使公私财产遭受重大损失或者造成人身伤亡的严重后果"。① 在其他渎职犯罪的司法解释中也存在单独以造成他人轻伤或经济损失作为过失型渎职犯罪危害结果认定标准的规定。② 按照张明楷教授的上述论述，因为刑法并不处罚过失毁坏财产和过失致人轻伤的行为，过失造成轻伤损害和财产损失不是任何罪刑规范所欲阻止的结果，所以在渎职犯罪的危害结果中，部分过失型渎职犯罪造成的轻伤损害和财产损失两种危害结果违背了刑法的"禁止间接处罚"原则，不应当成为犯罪成立的客观条件。

基于此，有必要澄清司法解释是否违反刑法"禁止间接处罚"原则的问题。此外，在司法实践中，对于多次未达犯罪数额的渎职行为，基于"禁止间接处罚"原则，不能分别定罪量刑，但是是否可以对多次渎职行为的数额进行累计计算，如何累计，即间接处罚的数额累计问题。本文通过对这两个问题展开研究，以期对理论与司法实践有所借鉴作用。

二、间接处罚的渎职结果范围

我国司法解释对渎职犯罪危害结果的规定，是否违反了刑法的"禁止间接处罚"原则，论述的展开同时也是对张明楷教授上述论证过程和结论提出的质疑。

对此本文持否定意见，主要理由有以下几点：

（一）过失犯罪的司法现状及其间接处罚困境

在司法实践中，对于许多侵害公共法益的犯罪，都将以过失形式造成轻伤损害和财产损失包含在构成要件行为中。

[案例1] 2016 年 4 月 28 日 11 时许，被告人周某从郧县茶店舒安液化气站用 50 公斤装大钢瓶灌装 10 罐液化气后，驾驶微型面包车运至竹山双台乡普渡村 1 组的被告人刘某某家。当日 17 时左右被告人周某在将大罐液化气往刘某某的小罐液化气坛子里导罐时，为了加快导罐速度，便用液化气灶在大液化气罐底部加热。在加热过程中，引燃泄漏的液化气并发生爆炸，致使周某面部、双臂大面积烧伤，村民占某、程龙林等三户九间平房烧毁，附近另外 10 户村民房屋及其他基本生活资料遭受不同程度损失。经竹山县消防大队认定，火灾及爆炸造成直接财产损失 289167.4 元。法院认定刘某某、周某的行为构成过失以危险方法危害公共安全罪。③

在案例 1 中，唯一可归责的危害结果就是所造成的 289167.4 元直接财产损失。可见，

---

① 2016 年最高人民法院、最高人民检察院印发的《关于办理环境污染刑事案件适用法律若干问题的解释》第 2 条规定："实施刑法第三百三十九条、第四百零八条规定的行为，致使公私财产损失三十万元以上，或者具有本解释第一条第十项至第十七项规定情形之一的，应当认定为'致使公私财产遭受重大损失或者严重危害人体健康'或者'致使公私财产遭受重大损失或者造成人身伤亡的严重后果'。"
② 参见 2006 年最高人民检察院《关于渎职侵权犯罪案件立案标准的规定》；2001 年最高人民检察院《关于印发〈人民检察院直接受理立案侦查的渎职侵权重特大案件标准（试行）〉的通知》。
③ 参见湖北省十堰市中级人民法院（2017）鄂 03 刑终 156 号刑事裁定书。

在司法实践中，过失形式导致财产损失也是犯罪成立的构成要件行为。①

[**案例 2**] 被告人饶某某身为大竹县某某小学副校长，在分管安全工作中，没有认真履行安全管理职责，被告人李某某身为大竹县某某小学党支部副书记兼教务处主任，在制定 2015—2016 年上学期期末测试实施方案时，没有事先向被告人饶某某征求外派监考教师名单的意见，且在事发现场组织指挥不当，导致 2016 年 1 月 21 日 8 时 35 分左右，该校四、五年级学生在教学楼的二、三楼之间发生拥堵踩踏事故，造成 10 名学生受轻伤，法院认为 2 被告人的行为均构成国有事业单位人员失职罪。②

案例 2 中，过失造成被害人轻伤无疑是犯罪成立的构成要件行为。而在其他一些被告人的过失行为同时造成被害人轻伤损害以及经济损失后果的案件中，法院均认定成立相应的过失犯罪。③

可见，在涉及公共法益的情形下，司法实践普遍将过失造成他人轻伤损害或财产损失的行为认定为犯罪。若将上诉情形都认定为间接处罚予以排除，显然与司法实践不相契合。那么，究竟是司法实践的做法有误，还是间接处罚理论存在偏差，就有待检讨。

（二）禁止间接处罚的对象限于客观结果

危害结果和罪过形式在犯罪论体系中分属不同的犯罪阶层要素。在大陆法系的三阶层犯罪论体系中④，危害结果为构成要件要素，属于犯罪成立的构成要件符合性层面，而故意和过失为责任因素，是有责性层面的内容⑤。在"不法—责任"的形式的二阶层体系中，危害结果属于不法阶层的内容，罪过形式属于责任阶层的内容。⑥ 而在"二层次的递进式的犯罪构成体系"中，危害结果包含在犯罪构成的客观要件内，罪过形式则包含在犯罪构成的主观要件内。⑦ 我国的平面式的四要件犯罪构成体系虽没有阶层之分，但危害结果和罪过形式也分属于不同的犯罪要件，危害结果为犯罪构成客观方面要件，罪过形式则属于犯罪构成主观方面要件。⑧ 可见，无论在何种犯罪论体系中，危害结果和罪过形式都分属不同的犯罪阶层或要件，在认定犯罪时要进行明确区分，不能混淆判断。而对禁止间

---

① 类似判决可参见广东省东莞市第二人民法院（2015）东二法刑初字第 683 号刑事判决书（李某某、杨某某、朱某某过失决水案）；辽宁省鞍山市中级人民法院（2020）辽 03 刑再 7 号刑事裁定书（王某某玩忽职守案）；河北省遵化市人民法院（2014）遵刑初字第 165 号刑事附带民事判决书（孙某、刘某甲等过失以危险方法危害公共安全案）；西藏自治区芒康县人民法院（2021）藏 0328 刑初 17 号刑事判决书（达某、其某等失火案）等。

② 参见四川省大竹县人民法院（2016）川 1724 刑初 171 号刑事判决书。

③ 参见山西省晋城市中级人民法院（2017）晋 05 刑终 87 号刑事判决书（杨某某过失爆炸案）；广东省广州市荔湾区人民法院（2014）穗荔法刑初字第 687 号刑事判决书（徐某、杨某过失以危险方法危害公共安全案）等。

④ 指德日刑法的多数学者采取的构成要件符合性、违法性、有责性的三阶层体系。

⑤ 参见黎宏：《刑法总论问题思考》，中国人民大学出版社 2016 年版，第 74 页。

⑥ 参见张明楷：《刑法学（上）》（第三版），法律出版社 2016 年版，第 129、245 页。

⑦ 参见黎宏：《刑法总论问题思考》，中国人民大学出版社 2016 年版，第 94 页。

⑧ 参见高铭暄、马克昌主编：《刑法学》（第九版），北京大学出版社、高等教育出版社 2019 年版，第 48 页。

接处罚问题的讨论应仅限于客观的危害结果，不涉及罪过形式等主观要素。

张明楷教授本人作为坚定的结果无价值论者，在对间接处罚的探讨中，却似乎存在对违法性本质问题的思维模糊。违法性的本质问题，也是行为无价值论与结果无价值论最先的争议领域。行为无价值论实际上采取"主观的违法性论"，认为违法的本质是规范的违反，故意、过失是判断违法性不可缺少的基础或资料，应当以一般人标准进行事前判断；结果无价值论则维持了"客观的违法性论"，认为刑法的目的与任务是保护法益，违法的实质是法益侵害与危险，故意、过失均是责任要素，违法评价的对象应当是事后查明的客观事实。① 所以依照结果无价值论的基本观点，违法的本质是法益侵害与危险，能够说明违法性程度的、刑法所保护的法益或者说罪刑规范所欲阻止的结果只能是"客观的法益侵害结果"。

以过失造成财产损害为例。无论从我国《刑法》分则第五章侵犯财产罪专章，还是从故意毁坏财物罪这一具体罪名中均可得知，公私财产的所有权是我国刑法的保护法益，因此，只要是发生了"财产损害"这一客观结果，刑法所保护的法益便受到了损害，违法的本质是客观的法益侵害结果，与主观上的故意、过失无关。所以张明楷教授所说的"罪刑规范是否阻止该结果，不能仅从客观上进行抽象的判断，而应从主客观统一的角度进行考虑"，② 明显是在违法性判断上掺杂了主观因素，没有坚持客观的法益侵害判断，这显然是存在问题的。"过失造成财产损害"实际上包含了主、客观两个要素，分别是"过失造成的财产损害"和"造成财产损害的过失"，张明楷教授在这里实质上是混淆了"过失造成的财产损害"这一客观结果和"造成财产损害的过失"这一主观罪过两个概念，前者无疑是罪刑规范阻止的对象，其与故意毁坏财物罪中"故意造成的财产损害"在法益侵害性上并无二致。张明楷教授以刑法是否规定相应的罪名来判断是否构成间接处罚，然而犯罪的成立本身就是主客观因素综合的结果，因此张明楷教授在此问题上不当地考虑了主观因素。

概言之，在判断结果是否侵害刑法所保护的法益时，应当保持客观主义的立场，从客观实在上判断这一结果是否是罪刑规范所欲阻止的结果，坚定地排除对主观因素的考虑。将主客观要素并列用于禁止间接处罚范围的判断将不当扩大间接处罚的禁止范围。因此，在张明楷教授列举的间接处罚情形中，只有故意或过失造成轻微伤是实质上的间接处罚，需要予以禁止。因为"轻微伤"不属于我国刑法规制的损害范围，我国刑法对伤害行为的干预以造成"轻伤"为起点，对于故意或过失造成轻微伤，在定罪和量刑中都不得考虑。而"轻伤"和"财产损失"均属于我国刑法规制的损害，因此，过失型渎职行为造成的轻伤损害和财产损失两种结果类型不属于刑法"禁止间接处罚"的范围。

（三）过失造成危害结果渎职行为的处罚必要性判断

可能有人会提出质疑，既然是否构成间接处罚是一个考察危害结果是否为刑法规定的

① 参见张明楷：《行为无价值论与结果无价值论》，北京大学出版社 2012 年版，第 133—139 页；张明楷：《刑法的基本立场》，商务印书馆 2019 年版，第 212—218 页。
② 张明楷：《结果与量刑——结果责任、双重评价、间接处罚之禁止》，载《清华大学学报（哲学社会科学版）》2004 年第 6 期。

法益侵害的客观判断问题，那么过失造成财产损害与故意造成财产损害的差别在哪里？一般情况下的过失造成财产损失与渎职犯罪中的过失造成财产损失差别又在哪里？为何渎职犯罪将过失造成财产损害作为犯罪成立条件，却没有在刑法分则侵犯财产罪专章中设立与故意毁坏财物罪相对应的过失毁坏财物罪？这也是需要讨论的问题，即主观方面的谴责可能性问题。

　　我国刑法理论通说认为，犯罪成立必须遵循主客观相统一的原则。[①]　在刑法分则侵犯财产罪专章中，过失造成财产损害与故意造成财产损害在"造成财产损害"这一客观法益侵害结果上是一致、应受刑法规制的，区别在于主观层面的不同。之所以不设立过失毁坏财物罪，是因为立法者认为"造成财产损害的过失"与"造成财产损害的故意"在责任层面和处罚必要性上不同，只有后者是具备责任、与法益损害结合后需要遭受刑罚的。换言之，在一般情况下，刑法不处罚过失毁坏财物行为的核心在于对"造成财产损害的过失"这一主观因素的豁免。

　　需要注意的是，对主观因素是否需要受到刑法非难的判断，不像客观违法要素一样一成不变，而是由不同具体罪名的行为情景决定的。这一点，张明楷教授也并不否认，张明楷教授在论述过失造成财产损害中同时指出，"具有公共危险与职务过失的除外"，[②]　也是考虑到在不同罪名适用中对主观因素处罚必要性的区分。一般情况下，当犯罪客体是个人法益时，"造成财产损害的过失"这一主观因素的处罚必要性较低，这主要是因为犯罪对象是个别的、少量的财产，社会危害性小，且这种情况下行为人通常是一般人，刑法对其无特殊要求，另外存在这样的过失最终发生危害结果的可能性相对较小。但同样是过失，在渎职犯罪中情况则大为不同。首先，在渎职犯罪中，造成的财产损害结果往往受害范围广且后果严重。与针对个人法益的犯罪不同，渎职犯罪侵害的对象是公共法益。这一点从国家机关工作人员的工作职责与监管领域设置即可以体现，正是因为在社会生产生活中，存在一些领域，它们紧密关系国计民生、具有重要的社会、经济、安全价值，所以在这些领域中设置国家机关工作人员进行严格监管。一旦国家机关工作人员存在渎职行为，相应就会造成极为严重的后果，社会危害性巨大。其次，渎职犯罪的主体为具有职责要求、熟悉职务领域的国家机关工作人员，他们对可能产生的后果有充分的认识，法律对他们有高于一般人的要求。最后，在渎职犯罪中，过失型的渎职行为与一般的过失行为相比，对造成财产损害结果具有较高的概率。这一点与上述第一点相关，正是因为这些领域的重要性，实施犯罪行为获利更大，往往会对潜在的第三人具有更强的犯罪激励作用，一旦出现渎职行为，就极有可能与第三人的其他犯罪行为结合在一起共同造成严重后果。相同的分析也可以适用过失型渎职行为造成的轻伤损害。所以，综合而言，在渎职犯罪这一侵害公共法益的犯罪中，"造成财产损害的过失"这一主观因素达到了可谴责的程度，因此与造成的客观损害结果相结合应当进行刑罚处罚。

---

　　① 参见高铭暄、马克昌主编：《刑法学》（第九版），北京大学出版社、高等教育出版社 2019 年版，第 101 页。

　　② 张明楷：《结果与量刑——结果责任、双重评价、间接处罚之禁止》，载《清华大学学报（哲学社会科学版）》2004 年第 6 期。

总之，无论从司法实践现状还是从法理分析考虑，都应当将主观因素与客观因素严格区分，在判断是否属于间接处罚时，必须从完全客观的角度判断危害结果是否侵害刑法所保护的法益，然后，依据处罚的必要性判断具体罪名中的主观因素是否需要受到刑法非难，分别判断后再回归主客观相统一的刑法原则确定最终是否定罪处罚。因此，在过失型渎职犯罪中将造成的轻伤损害和财产损失两种结果类型作为犯罪客观要件并未背离刑法的"禁止间接处罚"原则。

三、间接处罚的数额累计问题

单次渎职行为未达刑法规定的构成要件结果标准，不能对其定罪处罚，否则就会构成刑法所禁止的间接处罚，这与"轻微伤"不属于我国刑法规制的损害范围原理相同，在此不再赘述。但是，对于多次未达追诉标准数额的渎职行为，是否可以将数额累计计算，以累计数额达到入罪标准认定犯罪，这就涉及间接处罚的数额累计问题。司法实践中也常见这一存疑情形，如：

[案例3] 广东省物价局的文件规定，自 2001 年起我省已经取消报建费项目，即乡村村民宅基地建设规划许可一律不得有任何收费项目。被告人林某某原是中某某某镇党委委员、副镇长，从 2011 年 10 月至 2014 年 7 月分管该镇规划建设办。林某某分管该办后，在明知该项"办证费"没有合法依据的情况下，仍然同意该办继续违法收费。经林某某安排，该办从 2012 年开始，改由工作人员陈某 1 负责统一向申请办证人收取办证费并登记，然后发证。2012 年至 2014 年 7 月，该办共违法收取"办证费"58 万元，造成群众较大的经济损失。其中，2012 年共收取了 20 万元"办证费"；2013 年共收取了 22 万元"办证费"；2014 年 1 月至 7 月共收取了 16 万元"办证费"。法院认定被告人林某某无视国家法律，身为国家机关工作人员，作为吴川市某某镇规划建设办公室的分管领导，故意超越职权，同意该办违法私设收费项目，向新建住宅的村民非法收取费用，造成人民群众重大经济损失（数额为 58 万元），其行为构成滥用职权罪。①

案例 3 中被告人林某某每次渎职行为的犯罪数额都未达入罪标准，正因如此，其辩护人提出了"总计 58 万元是 2011 年底至 2014 年 7 月多次收费累加。对于职务犯罪的有关数额，《刑法》分则第八章明文规定了'按照累计数额处罚'，但是第九章对于渎职犯罪的规定和司法解释，并没有规定累加。根据罪刑法定原则，本案不能将累加数额作为犯罪数额"的辩护意见。② 类似案件中，数额能否累计直接关系到犯罪的成立与否。

我国刑法对部分犯罪有数额累计计算的规定，分别规定在走私普通货物、物品罪（第153 条）、逃税罪（第 201 条）、走私、贩卖、运输、制造毒品罪（第 347 条）以及贪污罪的处罚规定（第 383 条）四个条文中。③ 除此之外，还有数个司法解释对非法采矿罪、破

---

① 参见广东省吴川市人民法院（2016）粤 0883 刑初 439 号刑事判决书。
② 参见广东省吴川市人民法院（2016）粤 0883 刑初 439 号刑事判决书。
③ 《刑法》第 153 条第 3 款规定"对多次走私未经处理的，按照累计走私货物、物品的偷逃应缴税额处罚"；第 201 条第 3 款规定"对多次实施前两款行为，未经处理的，按照累计数额计算"；第 347 条第 7 款规定"对多次走私、贩卖、运输、制造毒品，未经处理的，毒品数量累计计算"；第 383 条第 2 款规定"对多次贪污未经处理的，按照累计贪污数额处罚"。

坏性采矿罪、诈骗罪、盗窃罪、生产、销售伪劣商品罪、非法占用农用地罪、挪用公款罪、侵犯知识产权类犯罪等的数额累计计算问题作出了相关规定。① 对部分故意型渎职犯罪，也有一定数额累计的法律依据。② 一般而言，多次行为主要有三种情况，第一，每次行为的数额都未达到犯罪标准，但数额累计计算则达到犯罪标准；第二，每次行为都达到犯罪标准，可独立构成犯罪；第三，多次行为中部分达到犯罪标准，部分未达到犯罪标准。在本文讨论间接处罚的语境下，重点分析的是第一种情形，即在多次渎职行为中，单次行为的数额均未达到构成渎职犯罪的标准，但多次行为累计达到犯罪标准的情况，将如何处理，下面开始讨论。

（一）多次渎职行为的数额累计

本文认为，对于罪过形式为故意型渎职犯罪，③ 若同时为数额犯，即刑法或司法解释将一定数额的实现规定为犯罪构成要件，④ 则可以视具体情况（主要考虑单次数额与时间间隔）对多次行为数额进行累计计算以定罪量刑。为表述方便，下文主要以滥用职权行为造成的经济损失数额为例展开论述。

首先，多次行为数额累计计算的原理在于违法性的累计。对于数额累计的适用范围，有论者主张对其限缩，认为数额累计只能针对符合徐行犯、集合犯形态的数次行为，对连

---

① 参见 2016 年最高人民法院、最高人民检察院《关于办理非法采矿、破坏性采矿刑事案件适用法律若干问题的解释》第 8 条；2016 年最高人民法院、最高人民检察院、公安部《关于办理电信网络诈骗等刑事案件适用法律若干问题的意见》第 2 条；2013 年最高人民法院、最高人民检察院《关于办理盗窃刑事案件适用法律若干问题的解释》第 3 条第 1 款；2004 年最高人民法院、最高人民检察院《关于办理侵犯知识产权刑事案件具体应用法律若干问题的解释》第 12 条第 2 款；2001 年最高人民法院、最高人民检察院《关于办理生产、销售伪劣商品刑事案件具体应用法律若干问题的解释》第 2 条第 4 款；2000 年最高人民法院《关于审理破坏土地资源刑事案件具体应用法律若干问题的解释》第 9 条；2000 年最高人民法院《关于审理破坏森林资源刑事案件具体应用法律若干问题的解释》第 7 条；1998 年最高人民法院《关于审理挪用公款案件具体应用法律若干问题的解释》第 4 条。

② 2006 年最高人民检察院《关于渎职侵权犯罪案件立案标准的规定》中规定，涉嫌以下情形之一的，应予立案：（1）徇私舞弊不征、少征应征税款，致使国家税收损失累计达 10 万元以上的；（2）上级主管部门工作人员指使税务机关工作人员徇私舞弊不征、少征应征税款，致使国家税收损失累计达 10 万元以上的；（3）徇私舞弊，致使国家税收损失累计达 10 万元以上的；（4）徇私舞弊，致使国家税收损失累计达 10 万元以上的；（5）发放林木采伐许可证允许采伐数量累计超过批准的年采伐限额，导致林木被超限额采伐 10 立方米以上的；（6）因放纵走私致使国家应收税额损失累计达 10 万元以上的。

③ 之所以将数额累计的范围限定为故意犯罪，主要是因为过失犯罪与故意犯罪行为人对危害结果的认识和预见有极大差异，因而只有在特殊的情形下才例外规定过失犯罪。我国刑法及司法解释均没有对过失犯罪数额累计的规定，从罪刑法定的角度考虑不宜对过失型渎职行为累计数额定罪量刑。也有学者认为多个过失行为不能将犯罪数额累计计算是因为过失犯罪行为人对不利后果具有不期待性，没有主动追求的心态，因此多个过失行为导致的不利后果不具有必然的内在联系，只能进行单独考量。笔者认为这种说法有一定合理性，但事实上多个故意行为导致的不利后果也不一定具有必然的内在联系，因此存在一定问题。参见张伟：《数额犯若干问题研究》，载《中国刑事法杂志》2010 年第 3 期。

④ 参见唐世月：《数额犯论》，法律出版社 2005 年版，第 22 页；涂龙科：《犯罪论中数额的地位》，载《法律科学（西北政法大学学报）》2012 年第 4 期；刘新凯、王洪华：《犯罪数额认定若干问题思考》，载《中国检察官》2016 年第 8 期。

续犯、同种数罪不宜采用此方法。① 有论者则主张对于数额犯，原则上应对多次行为涉及的数额累计计算，但却以整体行为成立连续犯、徐行犯或集合犯为限。② 也有论者列举出犯罪数额累计计算的使用条件及情况。③ 概言之，这些学者均认为应当对数额累计计算进行限制，限于上诉几种犯罪类型中。但这些观点均没有从数额累计计算的原理出发，考虑多次行为数额累计与构成犯罪的违法性的等价关系。

与德日刑法不同，我国刑事立法采取的是定性加定量的模式，④ 因此，我国刑法中存在着罪量因素，最直接体现为分则罪名中存在的众多数额要求。⑤ 一个行为要同时满足形式违法性与实质违法性，达到值得刑罚处罚的社会危害程度才能认定为犯罪行为。为此，我们需要对一个行为的"可罚的违法性"进行考量。可罚的违法性最早是日本刑法学者为了在司法中将形式上符合构成要件而实质违法程度轻微的行为非罪化提出的概念，⑥ 指的是值得动用刑罚处罚的违法性。⑦ 有论者将其理解为，刑事违法与其他违法的共性在于均与整体法秩序相冲突，个性在于是否达到值得动用刑罚制裁的程度，刑法基于谦抑性的考虑，只能将值得动用刑罚处罚的违法行为认定为犯罪，这就是刑法的可罚的违法性。⑧ 总体上，笔者也认同这种观点。

实际上，多次滥用职权行为数额的累积同时也是违法性的累积。违法性程度的差异是一般违法行为与犯罪行为的区别所在，一般违法行为正是因为其违法性未达恶劣的可罚程度，才无须由刑法规制。单次渎职行为数额未达犯罪标准不构成犯罪，只是说明单次行为的危害性未达到可罚的违法程度，但多次数额累积提高了违法程度，对行为的处罚就有了正当性。另外从犯罪预防的角度考虑，若刑法不对这种情况进行数额累计规制，难免会继"蚂蚁搬家型走私"后出现"蚂蚁搬家型渎职"。有论者从价值评判的"同等"与"区别"角度论证数行为整体评价为犯罪的依据，认为数个违法行为不同于单个违法行为，而与犯罪一致。定罪量刑要体现出对不同行为的价值批判，无论从犯罪预防需要还是罪行均衡的必然要求考虑，都应当对行为人多次实施的触犯同一罪名的行为累计数量处罚，⑨ 笔者深以为然。

其次，单次行为数额未达入罪标准不影响对数额累计计算。有论者认为当多次行为分别没有达到追诉标准且不符合连续犯或徐行犯等实质评价为一行为的条件，刑法又没有将多次实施某行为类型化为犯罪的成立条件时，说明立法者做出了"此种小恶不断的现象尚

---

① 参见陈航：《累计数额刑事处罚制度研究》，载《云南大学学报（法学版）》2007 年第 6 期。
② 参见叶良芳：《刑法中数额的性质及其计算》，载《云南大学学报（法学版）》2006 年第 4 期。
③ 参见张伟：《数额犯若干问题研究》，载《中国刑事法杂志》2010 年第 3 期。
④ 《刑法》第 13 条规定的"情节显著轻微危害不大的，不认为是犯罪"。
⑤ 也有学者将其视为"制约犯罪成立的程度性因素"，观点相近。参见彭泽君：《日本刑法中的可罚的违法性理论及其对我国的借鉴》，载《法学评论》2005 年第 6 期。
⑥ 参见刘士心：《论可罚的违法性》，载《中国刑事法杂志》2009 年第 3 期。
⑦ 参见刘士心：《论可罚的违法性》，载《中国刑事法杂志》2009 年第 3 期；于改之：《可罚的违法性理论及其在中国的适用》，载《刑法论丛》2007 年第 2 期；彭泽君：《日本刑法中的可罚的违法性理论及其对我国的借鉴》，载《法学评论》2005 年第 6 期。
⑧ 参见刘士心：《论可罚的违法性》，载《中国刑事法杂志》2009 年第 3 期。
⑨ 参见王飞跃：《论一罪累计数量处罚制度的合理性》，载《法律科学》2009 年第 4 期。

不需通过刑法予以应对"的政策判断，绝不能通过间接处罚架空立法者的判断。① 但是既然多次行为数额累计计算的正当性在于违法性的累计，那么单次数额不达犯罪标准，并不影响数额累积的属性，只要累计数额满足达到犯罪标准即可定罪处罚。有学者也直接提出，"我国刑法关于数额犯的处理方式是，不管其每次数额多少，对未经处理的情况，均累计计算其数额"。② 司法实践也采取这种累计方式，在案例 3 中，行为人的每次滥用职权行为均未达到犯罪标准，但法院最终依旧采取将被告人数次滥用职权行为的数额进行累积计算定罪处罚。③

但是，若单次行为数额完全不在刑法的评价范围内，不宜累计。在数额累计计算的情况下，无须单次数额达到犯罪标准，但也并非不做任何要求。否则，对滥用职权造成一块钱经济损失也进行数额累计，则数额标准就成了虚制的标准。对此，有学者在研究受贿罪的数额累计问题时也提出，有必要规定一个无争议的，可以累计的受贿罪的最低数额。④ 那么，如何确定累计的最低数额标准呢？笔者认为，此处可以引用行政处罚的处罚标准，即只有当一个行为的数额达到了应当进行行政处罚的程度，才可以对该数额进行累计。因为一个行为只有满足行政处罚法的处罚标准，才能说明该行为是一个违法行为，具有了一般违法性，换句话说，此时该行为才达到了可以进行违法性程度累计的要求，否则就是一个尚未进入法领域评价的行为。而且，这种标准的处理也契合了行政法与刑法关于一般违法行为与犯罪行为的位阶关系。

因此，对于间接处罚的数额累计问题，由于违法性的累积达到了定罪的程度，因此可以对多次渎职行为的数额进行累计。数额累计不要求单次数额达到入罪标准，但对完全不在刑法评价范围内的数额不宜累计，累计的最低数额标准可参照行政处罚的处罚标准。

（二）多次渎职行为的累计时间限制

在讨论完累计计算的数额问题后，还需进一步讨论数额累计的时限问题。本文认为，无需对多次行为间隔时间的紧密性做要求，但不能突破追诉时效的基本限制，并且在未超过诉讼时效的场合，每次行为的时间间隔原则上也不宜超过两年。

首先，数额累计与连续犯不同，不要求多次行为的连续性，因此，先后的违法行为之间不需要在时间间隔上特别紧密。我国刑法通说认为，所谓连续犯是指"基于同一或者概括的犯罪故意，连续实施性质相同的独立成罪的数个行为，触犯同一罪名的犯罪形态"。⑤ 连续犯属于处断的一罪或称裁判的一罪，即原本按照刑法法理应当将数个行为独立定罪，法律也未作特殊规定，但由于有犯意和时间上的紧密联系，司法实践将其认定为一罪。但

---

① 参见曾文科：《刑行衔接视野下"未经处理"的认定规则》，载《法学》2021 年第 5 期。

② 黎宏：《论盗窃罪中的多次盗窃》，载《人民检察》2010 年第 1 期。

③ 类似判决可参见河南省上蔡县人民法院（2009）上刑初字第 113 号刑事判决书（聂某某滥用职权案）、安徽省萧县人民法院（2017）皖 1322 刑初 559 号刑事判决书（陈某某滥用职权案）。

④ 参见黄伟明、李泽康：《受贿罪定罪数额标准与数额累计适用研究》，载《山东大学学报（哲学社会科学版）》2019 年第 5 期。

⑤ 高铭暄、马克昌主编：《刑法学》（第九版），北京大学出版社、高等教育出版社 2019 年版，第 188 页。

本文讨论的数额累计情形并非连续犯，多次行为并非独立成罪的数行为，因此在犯意和时间上都无须做紧密性要求。

其次，对于超过追诉时效的行为，其数额不能累计。虽然对于数额累计的多次行为不要求在时间间隔上特别紧密，但是，不能突破追诉时效的基本要求。我国刑法规定了追诉时效制度，[①] 刑事追诉时效届满将产生国家刑罚权绝对消灭的法律效果，对于超过诉讼时效的犯罪行为不能追诉，也就是说，即便多次行为均满足犯罪标准，一旦超过追诉时效，也不能进行处罚。举重以明轻，对于尚未满足犯罪标准的多个行为，若超过追诉时效，对其数额不能累计成为承担刑罚处罚的数额因素。

最后，在未超过诉讼时效的场合，每次行为的时间间隔原则上也不宜超过两年。我国行政处罚法规定行政处罚的时效一般以两年为限。[②] 通说认为，行政处罚时效的价值在于，通过规定行政行为持续的最大时间范围，保证行政机关及时作出行政行为，防止因拖延而导致有关证据散失、毁灭，影响行政行为作出的准确性，损害相对人权益。当行政机关在法定期限内不作出处罚决定或不执行处罚决定，即发生有利于受处罚人的结果。[③] 从对行政处罚时效的价值考量中可以发现，立法者基于对证据、权益、效率等各方面考虑，最终认为对于行政行为规定两年的时效能达到最好的平衡效果。对于多次未达犯罪标准的渎职行为，单独看来均为一般违法行为，同样基于以上价值的考虑，也应当规定两年时效为宜。另外，司法解释对一些犯罪的处罚规定通常也以两年作为限制，[④] 遵此习惯也有一定的法律稳定性意义。

概言之，对多次故意型渎职行为可以进行数额累计计算，在数额方面，单次行为的数额不要求达到犯罪标准，但以达到行政处罚标准为限；在时间方面，多次渎职行为的间隔时间不要求达到紧密性程度，但不能突破追诉时效的基本限制，原则上也不宜超过两年。

---

① 参见《刑法》第 87 条。

② 《行政处罚法》第 36 条第 1 款规定：违法行为在 2 年内未被发现的，不再给予行政处罚；涉及公民生命健康安全、金融安全且有危害后果的，上述期限延长至 5 年。法律另有规定的除外。

③ 参见张引、熊菁华：《行政程序法的基本原则及相应制度》，载《行政法学研究》2003 年第 2 期；张泽想：《行政处罚的时效制度——兼析〈行政处罚法〉第 29 条》，载《法学杂志》1997 年第 2 期；姜明安：《行政的现代化与行政程序制度》，载《中外法学》1998 年第 1 期。

④ 例如 2016 年最高人民法院、最高人民检察院《关于办理非法采矿、破坏性采矿刑事案件适用法律若干问题的解释》第 8 条规定：多次非法采矿、破坏性采矿构成犯罪，依法应当追诉的，或者 2 年内多次非法采矿、破坏性采矿未经处理的，价值数额累计计算；2016 年最高人民法院、最高人民检察院、公安部《关于办理电信网络诈骗等刑事案件适用法律若干问题的意见》第 2 条第 1 款规定：2 年内多次实施电信网络诈骗未经处理，诈骗数额累计计算构成犯罪的，应当依法定罪处罚；2013 年最高人民法院、最高人民检察院《关于办理盗窃刑事案件适用法律若干问题的解释》第 3 条第 1 款规定，2 年内盗窃 3 次以上的，应当认定为"多次盗窃"。

渎职犯罪追诉时效起算和中断问题探析

钟达先　隗立娜*

渎职罪，是指国家机关工作人员利用职务上的便利或者徇私舞弊、滥用职权、玩忽职守，妨害国家机关的正常活动，损害公众对国家机关工作人员职务活动客观公正性的信赖，致使国家与人民利益遭受重大损失的行为，主要规定于我国《刑法》第九章，包括滥用职权型渎职罪、玩忽职守型渎职罪、徇私舞弊型渎职罪三种类型。从渎职罪的自身属性来看，渎职罪案件发生在不同的领域、不同的行业，具有很强的专业性和智能性，而且案件发生在履行职务的过程中，具有很强的隐蔽性和欺骗性，且一个犯罪结果的发生往往牵涉人员多、职权领域广，具有责任的分散性和背景的复杂性等特点，因此，渎职犯罪的行为成立、结果发生、因果关系等构成要件的认定经常存在分歧意见，基于上述案件特点和司法疑难问题，渎职犯罪的追诉时效的起算、中断等时间节点的判断也是司法实务中常见的疑难问题之一。

一、追诉时效的基本概念和适用原则

（一）追诉时效的法律规定

追诉时效，是指在刑事诉讼中，对犯罪分子追究刑事责任的有效期限。根据我国刑法规定，犯罪尚在追诉期限内的，可以追究犯罪分子的刑事责任；犯罪已过追诉期限的，不能再追究行为人的刑事责任，已经追究的，应当撤销案件、不起诉或终止审理。追诉时效事关刑罚的消灭，在犯罪有连续状态、犯有数罪以及新法与旧法交替时均会涉及，我们必须厘清思路、准确适用。

我国刑法关于追诉时效规定于第 86 条至第 89 条，共计 3 个条款，分别规定了追诉时效期限、追诉期限的延长、追诉期限的计算起点和中断。第 87 条是一般规定，一般不存在理解和运用的分歧。第 88 条规定明确不受追诉时效限制的情形，由于职务犯罪一般情况下没有直接的自然人被害人，因此很少有被害人提出控告而司法机关不予立案的情形。前两条法律规定的适用在实务中产生争议的问题较少，而导致渎职犯罪时效问题出现分歧主要是与实体审查有关，如对犯罪行为、犯罪结果和因果关系的不同认知会导致认定追诉时效的计算起点、重新计算有不同观点等，笔者将在下文中针对不同类型的渎职犯罪分别阐述本文观点。

---

* 钟达先，北京市房山区人民检察院检察长；隗立娜，北京市房山区人民检察院第二检察部检察官。

（二）追诉时效法律规定运用的基本原则

实践中容易产生争议的问题，往往是没有法律明确规定或者是对法律规定有理解分歧的情况，解决问题的基本原则就是我们要从根本上思考追诉时效设定的立法精神，从而决定我们的司法立场。追诉时效制度的理论基础是国家刑罚权与私人权利的平衡：第一，国家刑罚权应保持克制。刑法上追诉时效的重要价值在于督促公权力的限期行使，即具有敦促司法机关及时履行追诉职责，避免司法机关在追诉权的行使上处于"睡眠状态"。若由于司法机关怠于履行职责而导致行为人的犯罪行为超过法定追诉期限，国家就应该为怠于履职行为承担不利后果，即无法继续对犯罪人行使刑罚权。第二，人的可改造性和社会性是追诉时效制度的创设依据。行为人在一定期限内没有犯新罪，其人身危险性、社会危害性已经消失或减弱，国家刑罚权对这些行为人需要保持克制而不再追诉，从而保护新确立的、稳定的社会关系，避免产生新的社会矛盾。第三，国家对于社会影响恶劣、犯罪情节严重、社会危害性大的犯罪行为，经特殊程序核准，即使超过追诉时效仍可以行使刑罚权，以发挥刑法一般预防和特殊预防的功用，引导正确的社会价值取向。

笔者认为基于上述三方面的价值考量，认为解决个案分歧的问题，正确理解刑法追诉时效的渊源和价值是基本的逻辑起点，我们既要保持刑法的谦抑性，也要通过精准理解和适用法律回应社会的司法需求。

（三）刑法规定的"不受追诉时效的限制"的司法含义

《刑法》第88条规定了刑事诉讼过程中两种"不受追诉期限的限制"的具体情形。那么，"不受追诉时效的限制"是无限制的延长还是追诉时效的"中止"呢？对此，学界和实务界均存在两种对立的态度和观点。笔者认为，将"不受追诉时效期限的限制"解读为追诉时效"中止"更为适当，更符合追诉时效制度的法理基础与价值追求。追诉时效的价值是限制国家刑罚权的扩张，督促公权力的限期行使，若将《刑法》第88条"不受追诉时效期限的限制"解读为追诉时效的无限期"延长"，则会导致对犯罪嫌疑人的无限期追诉，与追诉时效制度的价值追求不符。追诉时效"中止"的理解则恰好符合追诉时效制度的价值追求。因为在犯罪嫌疑人被立案而逃避侦查又被抓获归案、投案或者回到原生活环境可以被公安机关、监察机关找到或者控制，犯罪嫌疑人"逃避侦查"的现实状态已经消失，剩余的追诉时效期限应该继续计算，这样可以督促国家司法机关在剩余期限内行使追诉权。如果超过法定期限司法机关并没有开展侦查、讯问、起诉、审判等审查活动，期限届满仍不能直接追究刑事责任，确需追责的，应该严格按照审批程序报最高人民检察院核准。

二、渎职犯罪追诉时效确定的"三步法"

我国《刑法》第89条规定："犯罪行为有连续或者继续状态的，追诉期限从犯罪行为终了之日起计算"，这是刑法对连续犯和继续犯的追诉期限所做的特殊规定。最高人民检察院《关于办理渎职刑事案件适用法律若干问题的解释（一）》（以下简称《解释（一）》）亦规定："以危害结果为条件的渎职犯罪的追诉期限，从危害结果发生之日起计算；有数个危害结果的，从最后一个危害结果发生之日起计算。"由此可以得出，追诉时效计算的起点应该是犯罪之日，即犯罪成立之日，据此可以得出追诉时效起点的判断方法第一步是确定犯罪行为的属性，法律适用原则是：结果犯就是犯罪结果发生之日，行为犯就是犯罪行为完成之日，危险犯就是具体的危险出现之日。结果犯有多个犯罪结果的，从最后一个犯罪结果发生之日起计算。

实务中，产生分歧的主要原因在于渎职犯罪的行为和结果发生有时是同时发生，相伴相随，有时是时空间隔很大，犯罪成立时间难以确定；有些犯罪一个行为引发多个继发性"连锁反应"，以哪个结果认定犯罪行为造成的直接危害后果需要判断，有些渎职犯罪与其他职务犯罪交叉进行，追诉时效的中断和重新计算节点判断困难，等等，可见渎职犯罪的追诉期限起算、中断等问题较为复杂，仅通过原则性的论断难以把握。

解决这个问题，正确适用追诉时效法律规定，笔者认为一个基本思路就是应以犯罪行为和犯罪构成要件为中心，兼顾刑法关于渎职犯罪的特殊规定，用"三步法"判断追诉时效起算时间：一是先判断具体犯罪行为的属性和归类，是属于行为犯、结果犯还是危险犯，找到追诉时效判断的基础标准。二是厘清刑法理论中的连续犯、继续犯、状态犯的概念和区分，对于特征不同的犯罪行为类型准确理解犯罪行为终了时间、犯罪结果发生时间，即查明犯罪构成要件齐备之时。三是结合法律规定确定追诉时效的计算起点。

三、"状态犯＋结果犯"型渎职犯罪追诉时效起算时间认定

渎职犯罪多以危害结果发生为犯罪构成要件之一，因此渎职犯罪中结果犯居多，本文将以不同类型的结果犯为主要研究对象。通过梳理生效案例，实践中准确区分状态犯和继续犯的特点对于渎职犯罪追诉时效的确定至关重要。本部分，笔者将以一个滥用职权案为例，分析一下状态犯和结果犯结合的渎职犯罪如何确定追诉时效期限起点。

[**案例1**] 张某青因涉嫌犯抢劫罪，于2007年9月被某县公安局上网追逃。后其父为帮助其参军入伍，虚构出生证明申请变更户籍信息。2007年10月，时任某县公安局城东派出所教导员的被告人沈某某在办理张某青的户口项目变更申请时，严重违反公安机关户政管理的有关规定，在申请原始材料严重欠缺，审批程序手续不齐全的情况下，违规办理审批同意张某青的变更户籍信息申请。同年10月至11月期间，张某青新的户籍信息登记成功，致使张某青原网上追逃的身份证号码在全国人口信息系统中无法找到，张某青抢劫的犯罪事实得不到及时的追究。同年11月，沈某某在负责张某青的征兵政审工作期间，没有认真履行职责，出具了"张某青符合征兵政审条件""无违法违纪及不良行为"的意见，致使张某青于2007年12月1日政审合格并应征入伍参军，服役至2011年9月。2011年9月，某县公安机关将张某青抓获归案。2012年8月人民法院以抢劫罪判处张某青有期徒刑1年10个月，并处罚金人民币2000元。检察机关以沈某某构成滥用职权罪提起公诉，后经两级人民法院审理认为本案已超过追诉时效，裁定中止审理。①

---

① 案例来源：《刑事审判参考》第1134号沈某某滥用职权案，案例及裁判观点参见林钟彪、林伟桐：《沈某某滥用职权案［第1134号］——滥用职权罪追诉时效期限的起算点应如何认定》，载《刑事审判参考（总第105集）》，法律出版社2016年版。

本案的主要争议问题在于如何判断沈某某犯罪行为的犯罪结果发生时间,进而判断是否在追诉时效之内。关于本案的法律适用,笔者认为在没有证据证明沈某某明知张某青系网上追逃人员而实施犯罪行为的情况下,以玩忽职守罪对其行为予以评价更为适宜,如其明知而为,其行为符合徇私枉法罪的构成要件。因本案的证据未公开,案件其他情况不详,且罪名对本案核心争议问题影响不大,笔者仅借此案件、以滥用职权罪为例,对"状态犯+结果犯"类型的渎职犯罪时效问题进行探讨。

(一)一行为多结果的,应以最后一次结果出现为追诉时效起算时间

我们知道,滥用职权罪系以危害结果为构成条件的渎职犯罪,其行为追诉时效期限应当从危害结果发生或者呈现后符合本罪构成要件之日起计算,并非以行为实施之日计算追诉时效期限。关于本案中沈某某滥用职权行为所造成的犯罪结果,显然检察机关和人民法院持不同观点,检察机关认为张某青从部队被抓获,造成恶劣社会影响的结果才得以发生并呈现,且随着该事件的曝光,在较大范围内弱化和降低了国家机关及其工作人员在人民群众中的执法威信,对党和国家形象造成不可避免的负面影响,那么沈某某的犯罪结果应该是从2011年9月起算。人民法院则认为沈某某的犯罪行为导致张某青的犯罪行为得以逃避处罚是本案的犯罪结果,该结果在2007年已经呈现,后续的影响只是犯罪结果的持续,追诉期限应从2007年12月起算。司法实践当中,渎职犯罪的情况复杂,渎职行为造成损害后果的情形也较为复杂,有生命损害、健康损害、物质损害等,不同的损害后果,在认定发生时间上也不尽相同。就本案而言,双方的观点均有合理之处,但论证过程和结论还可以进一步充分,笔者认为本案未超过追诉时效,应予追究刑事责任,分析如下:

本案的犯罪行为属于一行为多结果的犯罪构成模式。检方仅将张某青被查获后造成的恶劣社会影响作为其唯一犯罪结果没有完整地评价全部犯罪行为。笔者认为,沈某某的犯罪行为有两个犯罪结果:一是其行为直接导致张某青被重新录入户政管理系统,在不符合征兵条件的情况下入伍服兵役,且使其抢劫的犯罪事实得不到及时的追究,严重影响了司法机关对犯罪的打击,破坏了户籍管理的社会秩序和征兵工作的管理制度;二是张某青身份被查明后从部队被查获并获刑,因事件曝光导致大量负面舆情、对党和国家公信力的严重损害,属于最高人民检察院《关于渎职侵权犯罪案件立案标准的规定》中"严重损害国家声誉,或者造成恶劣社会影响"的具体体现。虽然两个结果具有一定的关联性,但是其造成的危害后果并不相同,侵犯的具体法益性质不同,是两个分别与犯罪行为有独立因果关系的犯罪结果,本案属于典型的一个行为多个结果的模式,那么根据《解释(一)》第6条之规定,以危害结果为条件的渎职犯罪的追诉期限,有数个危害结果的以最后一个犯罪结果发生之日起算。因此本案应该以2011年9月作为追诉时效起点。

(二)应准确理解犯罪行为和犯罪结果不同存续阶段的司法含义

本案裁判理由中,人民法院还对状态犯和持续犯的混淆会导致结论错误作出了论述,基于前述理由和结论,笔者认为本案第二个犯罪结果发生于2011年,不属于前一个犯罪结果状态的持续,是一个新的犯罪结果的发生而非前结果的发现,因此裁判文书对本案检方意见的驳回结论有待商榷,但是抛开本案,笔者认为人民法院提到的状态犯和持续犯的区分对于追诉时效的认定有重要影响，做如下两方面分析：

1. 犯罪结果持续不同于犯罪行为持续。以滥用职权罪为例，本罪属于状态犯，犯罪行为实行终了后产生不法状态，此后，不法状态在被发现和止损之前一直存在，但滥用职权行为本身已经实行终了，不再持续发生。因此，追诉期限应从滥用职权行为造成侵害结果发生之日起算，而不能以侵害结果终了之日起算。例如，对于我们以造成恶劣社会影响为犯罪结果的渎职犯罪，造成恶劣社会影响的这种结果往往是无形的，那么经调查或者司法程序查证结果出现之时，就应当作为追诉时效期间起点，不能因为结果状态的持续而认为这是行为的持续。因此，即使这种结果状态持续多年，如沈某某滥用职权案中，假设因负面舆情持续"发酵"导致多年恶劣影响未能消除，或者多年之后再次被提及引发社会关注、造成恶劣影响，因后续情形没有超过"严重损害国家声誉，或者造成恶劣社会影响"这一要素的范围，本质上是一个犯罪结果状态的持续，都不是新的犯罪结果发生，起算时间都应该是最初出现结果的时间点。

2. 犯罪结果发现不同于结果发生。状态犯的特点就是犯罪行为实行终了后产生不法状态和结果出现，而这种侵害结果将在一定时空内持续存在。实务中，司法人员极易误把犯罪结果被发现、行为人被查处当做犯罪结果发生的时间，而忽略了状态犯的这一特征。如前所述，要正确理解和适用追诉时效的司法价值和立法精神，追诉权应积极、精准行驶，追诉期限仍应从犯罪行为造成的侵害结果发生之日或者说是结果显现之日起算，而不能以侵害结果终了、被发现之日起算，如果因为监察机关或者司法机关没有发现犯罪行为导致追诉时效超过，仍不能追究刑事责任，所以准确判断犯罪结果何时发生、犯罪构成要件何时齐备是关键问题。以沈某某滥用职权案为例，其行为虽然发生于 2007 年，但是 2011 年张谋青被查获才造成恶劣社会影响，沈某某的行为才具备刑事犯罪的构成要件，犯罪才成立，因此得出 2011 年是本案犯罪结果发生并发现的时间，此时追诉时效起算的结论。

四、"持续犯 + 结果犯"型渎职犯罪追诉时效起算时间认定

持续犯的最基本的特征就是犯罪行为与不法状态同时存续，此类犯罪如何确定犯罪成立和结果发生是司法实务中的困境问题，争议非常大，本文以不作为的徇私枉法罪为例进行思考和研究。

［案例 2］被告人焦某，1999 年至 2015 年 10 月任职某地某区公安局刑警大队原副大队长，2015 年 10 月调离刑警队不再从事刑事侦查工作。2003 年本地发生一起故意伤害致人死亡刑事案件，案发后，犯罪嫌疑人 A 和 B 找到该刑警队警长梁某和副大队长焦某寻求帮助，如实陈述了案发事实并表达了想要 C 顶替的意图，梁某和焦某收受了该二人的钱款后允诺帮忙，并在接警后查办了 C，后 C 以故意伤害罪判处有期徒刑 4 年，A、B 始终没有被查获。2016 年焦某因酒后驾驶机动车造成交通事故且逃逸，后其指使他人作伪证，得到其没有酒驾和逃匿情节，承担次要责任的事故认定书，并向保险公司报案获得赔偿金 20 余万元。2016 年保险诈骗案案发，后查明徇私枉法一案。①

---

① 案例来源：中国裁判文书网——焦某徇私枉法、保险诈骗案。

本案的争议问题集中于焦某徇私枉法的犯罪行为追诉时效何时起算。本文中，笔者将以徇私枉法罪为例，分析不作为的玩忽职守、徇私舞弊等类型犯罪的追诉时效相关法律问题。

（一）持续犯行为终了之日为追诉时效起算时间

玩忽职守类型的渎职罪通常属于典型的继续犯。继续犯最根本的特征是犯罪行为与不法状态在一定时间内处于共存共生、相伴相随的继续状态。以本案为例，司法工作人员以依法履行法定职责为前提，不论以作为或不作为的方式枉法，只要主观故意，在枉法开始之后法定职责结束之前，被枉法的事实没有纠正期间，犯罪行为导致的司法机关正常的司法活动秩序被侵害这一结果是持续存在，也就是其犯罪行为和不法状态处在继续状态，符合继续犯的特征。根据继续犯的处罚规则，其行为终了时间为犯罪成立时间，也就是追诉时效起算时间。

（二）本案焦某的犯罪行为终了之日应是其不再具有查办刑事案件职责之日

有一种观点认为本案中 C 被错误判刑，焦某等人的行为就既遂，笔者认为不能这样理解。被告人焦某于 1999 年至 2015 年期间一直担任区公安局刑警大队副大队长职务，直到 2015 年 10 月调离刑警大队，此期间，其身为专门负责侦查刑事犯罪的公安人员，在其任职期限内均负有侦查犯罪的职责，其在明知张某被故意伤害致死案系 A、B 所为的情况下，却在参与张某被故意伤害致死案侦办过程中，不积极履职刑警职责，对明知是有罪的人而故意包庇不使其受追诉，且其在任职期间的长期包庇行为，导致真正的犯罪分子一直逍遥法外。故本案的行为终了之日应该是焦某不再具有查处刑事案件职责之日。从犯罪构成要件来说，其调离刑侦岗位后，也不再符合徇私枉法罪的构成要件。

（三）持续犯的犯罪行为终了时间判断要全面审查行为人主体身份、职责变化、止损情况等情节综合认定

在状态犯的语境下，渎职犯的犯罪行为终了之时可以总结为以下几种情况：一是行为人自己主动纠正、停止犯罪行为。在这种情况下，行为人主动纠正错误的职权行为，犯罪行为自然终了，但其主动停止犯罪活动的行为不影响构成犯罪的认定，只要符合犯罪构成要件的，应当认为其犯罪既遂。二是行为人法定职责消失、不再符合犯罪构成要件。渎职犯罪为特殊主体犯罪，国家工作人员的公权力来源于法定职责，犯罪行为持续的前提也是因为国家工作人员法定职责的持续，所以法定职责消失，如调离岗位、退休、职责变更等情形发生，犯罪行为自然终了。三是犯罪行为或者结果被发现、继续犯罪客观不能。例如，关联人员被查获、犯罪结果呈现、犯罪行为暴露，纪检监察机关、公安机关、检察机关查明存在犯罪事实并作出相应调查、侦查措施时，犯罪行为自然终了。对于这种被动结束的犯罪行为，如果其行为和结果等要件已经符合犯罪构成，也应该以犯罪既遂处理。

五、"连续犯 + 时效中断"类型的渎职犯罪追诉时效问题分析

国家机关工作人员由于职务行为的复杂性和职责的连贯性，连续犯发生的概率较高，

而且多种不同职务犯罪行为很可能交织出现，本部分笔者将以一个虚拟案例来研究连续犯追诉时效中可能存在的问题。因各类犯罪行为都可能存在连续犯的情况，且处理规则并不因罪名不同而存在差异，因此为方便表述，笔者将本案前后两罪分别设置贪污罪和非法批准占用土地罪。

设定案情：被告人甲系国家机关工作人员，负责批准土地征收、征用和土地管理工作。1999 年至 2004 年，其利用职务便利，采取收入管理费不报账的手段，先后 6 年 7 次侵吞被管理对象上缴的土地有偿使用款计 8 万余元，最后一次犯罪时间为 2004 年 11 月。2011 年至 2015 年期间，被告人又利用其职务便利，徇私舞弊违反土地管理法规，采用将时间前提等方式规避审批权限，连续多年、多次非法为其亲友控制的企业批准、划拨土地共计 90 亩，其中第一次违规批准、划拨时间为 2011 年 4 月（本起事实单独达到追诉标准），以后每年一次，最后一次为 2015 年 10 月。2015 年 10 月检察机关对曾某某涉嫌贪污罪和非法批准占用土地罪刑事立案侦查，于 2016 年 5 月移送法院审理。

本案的案情比较简单，就是甲从事公共事务管理过程中，先触犯了贪污罪，后触犯了非法批准占用土地罪，且两个犯罪都存在多次连续的犯罪行为，争议问题是贪污犯罪是否超过追诉时效，笔者认为，本案有以下三个方面问题值得司法实务人员关注和研究。

（一）发生在法律修订之前的行为，应以立案时的法律规定认定追诉时效期限

由于该案的立案侦查、审查起诉和审理期间跨越了刑法修订过程，存在新旧法律适用的分析。审理期间《刑法修正案（九）》（2015 年 11 月 1 日施行）和最高人民法院、最高人民检察院《关于办理贪污贿赂刑事案件适用法律若干问题的解释》（法释〔2016〕9 号，2016 年 4 月 18 日施行）已经生效。如果被告人、辩护人提出本案应根据从旧兼从轻原则适用现行法律，即贪污数额 8 万余元应判处 3 年以下有期徒刑，追诉时效为 5 年，2009 年 10 月之后贪污罪已经超过追诉时效，不应追究其刑事责任，那么这种观点是否成立呢？最高人民法院《关于被告人林少钦受贿请示一案的答复》〔（2016）最高法刑他 5934 号〕指出：追诉时效是依照法律规定对犯罪分子追究刑事责任的期限，在追诉时效期限内，司法机关应当依法追究犯罪分子刑事责任。对于法院正在审理的贪污贿赂案件，应当依据司法机关立案侦查时的法律规定认定追诉时效。依据立案侦查时的法律规定未过时效，且已经进入诉讼程序的案件，在新的法律规定生效后应当继续审理。由此可见，旧法时已经立案侦查的案件，其追诉期限的计算依据旧法，但判处刑罚时适用新法较轻的，审判时应当适用新法的规定。因此本案贪污行为的追诉时效是 10 年，应该是至 2014 年 11 月结束。

（二）后罪存在连续状态时，前罪追诉时效重新计算的时间为后罪成立之日

本案中，甲的贪污罪和非法批准占用土地罪均存在连续行为，这些连续行为是否属于《刑法》第 89 条规定的"连续状态"呢？根据全国人大常委会法制工作委员会刑法室的立法释义："连续状态"是指犯罪人在一定时期，以一个故意连续实施数个独立的犯罪行为触犯同一罪名的，如罪犯多次在汽车上扒窃，其连续扒窃行为即是盗窃罪的"连续"状态。据此，甲的贪污行为和非法批准占用土地罪行为均系在一个故意下连续实施的数个独立的行为，且各个连续状态之间没有超过追诉时效，应属于"连续状态"。二罪的追诉时效应从犯罪的连续状态结束即犯罪终了时计算。故甲贪污罪的追诉时效自 2004 年起算至 2014 年届满；非法批准占用土地罪的追诉时效自 2015 年 10 月起开始计算。但本案需要解决的问题是，贪污罪因后罪被中断时效后重新计算，那么起算时间应该怎么确定，是后罪犯罪成立之时还是犯罪完成之时呢？

这要重新回归我国《刑法》第 89 条规定，笔者认为本条规定有两个重要方面需要明确，一是对于犯罪行为有连续或者继续状态的，作出了追诉期限从犯罪行为终了之日起计算的特殊规定；二是《刑法》第 89 条第 2 款规定的"犯后罪之日"指的是后罪成立之日，而非第 1 款的例外规定，因为这一款应该理解为是一个普遍适用的原则性规定，作出与刑法体系内其他规定保持一致的理解更为适宜。故本案中，甲贪污罪的追诉时效应从非法批准占用土地罪成立之日起计算，案例已经阐明 2011 年 4 月第一次犯罪行为已经达到立案标准，曾某某的非法批准占用土地罪于 2011 年 4 月成立，其贪污罪的追诉时效应自 2011 年 4 月起中断并重新起算，后罪行为终了之时是非法批准占用土地罪追诉时效的起算日期，不影响前罪追诉时效的计算。

论"集体研究型"滥用职权罪因果关系的认定

姜小东　潘　艳*

一、问题的提出

（一）"集体研究型"滥用职权罪因果关系的规定缺失

"集体研究型"渎职是渎职犯罪的一种特殊的形态，其实质是多个自然人共同谋议后实施渎职行为，成立共犯①，较之于一般的共同犯罪，它的特殊性在于行为人是同一组织的多名国家机关工作人员，行为方式是通过有组织的集体研究。鉴于该种犯罪具有参与角色复杂、原因力分散等特点，导致此类由集体经过研究而作出决定的滥用职权的行为，在法律适用上，特别是因果关系的认定上，存在重重困难。

虽然"两高"先后出台《关于正确认定和处理玩忽职守罪的若干意见（试行）》（已失效）、《关于加强查办危害土地资源渎职犯罪工作的指导意见》（已失效）、《关于办理渎职刑事案件适用法律若干问题的解释（一）》（以下简称《解释（一）》），明确了"集体研究型"渎职犯罪应依法追究刑事责任，但遗憾的是没有明确"集体研究"的类型，更没有触及该类滥用职权罪因果关系问题，导致实务中认定混乱，因果关系话语错乱。

（二）实务案例中因果关系的话语错乱

1. 滥用职权罪案例中的因果关系话语提取。通过分析 10 篇②实务判决书中因果关系部分的判决，发现滥用职权罪中因果关系的判断标准模糊、理论落后并且混乱、同类案例间认定差异大，提取出其中因果关系部分的 11 对概念为：刑法上因果关系和法律上因果关系、必然因果关系和偶然因果关系、直接因果关系和间接因果关系、唯一因果关系和多

---

* 姜小东，唐山师范学院历史文化与法学系讲师；潘艳，河北省唐山市人民检察院第三检察部副主任。

① 参见周光权：《渎职犯罪疑难问题研究》，载《人民检察》2011 年第 19 期。

② 中国裁判文书网：（2015）商刑再终字第 2、3 号刑事判决书（吕某英、毛某四滥用职权案）；（2016）辽 01 刑终 740 号刑事判决书（鄢某军、闫某生滥用职权案）；（2017）苏刑终 333 号刑事判决书（周某华滥用职权、贪污案）；（2017）鄂 09 刑终 131 号刑事判决书（林某滥用职权案）；（2018）赣 03 刑终 79 号刑事判决书（柳某某、叶某某滥用职权案）；（2018）晋 04 刑终 156 号刑事判决书（高某廷、贺某宁滥用职权案）；（2018）湘 09 刑终 391 号刑事判决书（杨某旋、李某民、代某卫滥用职权案）；（2019）鄂 08 刑终 75 刑事判决书（汪某滥用职权、受贿案）；（2019）皖 01 刑终 640 号刑事判决书（张某武滥用职权案）；（2020）桂 01 刑终 309 号刑事判决书（陈某文、黄某、苏某文等滥用职权案）。

因一果关系、排他因果关系和竞合因果关系、阻断因果关系和介入因果关系、条件因果关系和相当因果关系、较弱因果关系和较强因果关系、较远因果关系和较近因果关系、较大因果关系和较小因果关系、重要因果关系和次要因果关系。

2. 错乱话语的分析。从判决因果关系话语的提取情况，不难发现这些因果关系的类型概念，通常采用了哲学中、生活中的相反对比词语，如必然偶然、大小、直接间接、远近等，多来源于我国传统、德日刑法、民法借鉴或者实务自创。这些词语的使用对于分析不同原因对结果原因力的作用，原因之间前后的逻辑关系等具有说理的积极意义，但由于概念混杂适用，使本就复杂的因果关系理论和一直广受分歧的滥用职权罪显得更加扑朔迷离难以捉摸。从案例来看，在使用中并没有什么案件类型性、针对性、匹配性的规律，使因果关系分析丧失了规范性、严肃性，亟待解决。

二、"集体研究型"滥用职权行为模型的分析与建构

因果关系就是一个长期困扰认定渎职犯罪之罪与非罪的老大难问题，法官在具体认定中似乎"只可意会，不可言传"，最高人民检察院也意图通过指导性案例予以明确，但仍旧是捉摸不透的领域。[①] 这种情况下，就需要用法学理论来弥合二者的差别，将事实进行分类研究，区别不同的理论模型再匹配因果关系学说，增强论述的说理性，避免公诉人、辩护人、法官在论证认定因果关系时，只在"有无"两个字之间争论。

（一）司法案例角度的模型分类建构

从裁判文书网选择提取典型案例，进行分析构建出五种理论类型如下：

[**案例1**] 经审查：谢某孝等人在未提交区政府常务会议和区委常委会议集体研究的情况下，擅自安排蔡某投公司与新大陆公司签订收购协议。在事后召开的区政府常务会议和区委常委会议上，谢某孝等人没有如实说明对拟收购资产的价值未进行评估，且已签订收购协议的事实，使该议题蒙混过关，顺利通过。[②]

该案例显示，该行政决定本应经过集体研究才能作出，但被告人滥用职权绕过集体研究自行作出行政行为，在事后的集体研究会议上又没有如实说明，致使研究集体被骗作出错误决定。被告人明知该决定应该由集体作出，绕过了集体而自己决定是明显的滥用职权行为，却不是典型的"集体研究型"，暂命名为"绕过集体型"。

[**案例2**] 被告人高某泉身为国家机关负责人员，以集体研究形式，弄虚作假，违法决定伪造工程项目，套取现金51万元，违反规定处理公务，核销费用人民币31万元；同样以集体研究形式，违法决定设立商业性经营公司，违法决定先后投入公款100万元，用于经营，亏损人民币67万元。其滥用职权，共造成经济损失人民币98万元，致使公共财

---

① 参见姜涛：《渎职犯罪因果关系的判断方法》，载《河北法学》2021年第10期。

② 参见（2019）鄂刑终356号刑事判决书（谢某孝、谢某斌受贿、滥用职权案），载中国裁判文书网，https：//wenshu.court.gov.cn/website/wenshu/181107ANFZ0BXSK4/index.html？docId=97e4eab742fd45acb943ac8a00d7a509。

产、国家和人民利益遭受重大损失，构成滥用职权罪。①

该案例显示被告人作为负责人借用集体研究形式作为挡箭牌，主导决定进程和结果，表面是集体研究作出决定，实质是负责人一人决定，与案例 1 不同的是，本案经过了集体研究，但是集体在研究中并没有发挥正确研究合法决策的作用，暂命名为"主导集体型"。

［案例 3］经审理查明根据《垫资开发合同》，联某益公司垫付的资金用于合作开发项目，不属于借款，县政府常务会议对垫资款不予支付利息及土石方价款结算问题已经议定，这是依照程序规定集体研究决策的行为，谢某作为县政府常务会议组成人员应当遵守和执行，谢某虽曾向时任县长沈某汇报联某益公司反映的意见，但沈某亦只是要求谢某"按照相关程序进行"。在县政府常务会议原决定未经法定程序变更或撤销的情况下，谢某擅自变更会议已经议定的事项，显属超越职权的行为，时任县长沈某、财政局长蔡某虽在拨款审批表签字，但此举不能替代县政府常务会议依照正常程序作出的决定。原判认定谢某构成滥用职权犯罪是正确的。②

该案例显示事项经过集体研究已经作出合法决定，但被告人作为主管领导不执行该集体研究决定，其上级签字同意下级签字执行是被被告人欺骗下的行为，多人签字同意造成了损害结果，需要分析不同人与结果的因果关系，暂命名为"违背集体型"。

［案例 4］虽然唐某华在考核验收后和资金拨付前，有向其所在局党组汇报进行"集体研究"的情形，但因其未全面客观汇报，导致局党组错误决策，唐某华对此应予承担主要责任。其所称的"其仅为一般执行人员，并无决策权，作用相对较小"的上诉意见不能成立，本院不予采纳。唐某华与钟某（另案处理）共同实施上述行为，应予认定为共同犯罪。在共同犯罪中，唐某华作为项目的具体实施者，其作用和地位与钟某相当。其上诉所称的系从犯的意见不能成立，本院不予采纳。③

该案例显示两被告人相互串通，通过不全面汇报的方式，虽然不能够主导集体决策，但将集体引向错误使集体陷入违法。与案例 2 不同的是，都是利用了集体研究作为进行滥用的挡箭牌，本案是"不全面汇报"和集体"未全面审查"共同作用的结果，并且本案滥用行为人是共同犯罪，暂命名为"利用集体型"。

［案例 5］本案中，原审缪某华作为县海洋与渔业局下属执法大队的负责人，明知县海洋与渔业局党组联席会议所作"处罚与油补挂钩"的违法决定超越法律规定，属于集体滥用职权的决议，未提出不予执行的意见，仍布置各渔政中队执行、落实，以致渔政大队编造违法事实，作出对从事养殖的捕捞渔船、从事工程作业的渔船予以行政处罚决定，并

---

① 参见（2018）吉刑再 12 号刑事判决书（高某泉等挪用公款案），载中国裁判文书网，https：//wenshu. court. gov. cn/website/wenshu/181107ANFZ0BXSK4/index. html? docId = 48e10ca4dcf74e07861caa070094bec0。

② 参见（2019）闽刑终 1 号刑事判决书（谢某受贿案），载中国裁判文书网，https：//wenshu. court. gov. cn/website/wenshu/181107ANFZ0BXSK4/index. html? docId = b510e5b8eb834b91a203ab3d00933532。

③ 参见（2019）湘 08 刑终 100 号刑事判决书（唐某华滥用职权、受贿案），载中国裁判文书网，https：//wenshu. court. gov. cn/website/wenshu/181107ANFZ0BXSK4/index. html? docId = a8032d0933a047fe874dab1a018317b9。

以渔船缴纳罚款作为获得油补的前置条件，对相关渔船申报的捕捞作业时间不再按照规定进行核实，将罚款后的渔船申报柴油补贴的申请资料上报至如东县海洋与渔业局，最终导致国家巨额柴油补贴被骗领，原审被告人缪某华的行为构成滥用职权罪。①

案例显示集体作出了违法错误决定，作为下级执行人明知该集体研究的内容是违法的，有责任提出反对意见，未对集体研究形式的滥用职权行为提出反对意见，不打折扣的进行了违法执行，暂命名为"执行滥用型"。

上述案例中体现的"绕过集体型""主导集体型""违背集体型""利用集体型""执行滥用型"5种集体研究类型，基本涵盖了涉及集体研究型滥用职权的种类，具有典型性和代表性，体现涉及集体研究的滥用职权的复杂情况，在进行因果关系分析判断时，对不同类型进行分析，有利于对该犯罪进行类型化、规范化的认定。

（二）因果关系分析工具引入的评价与选择

在滥用职权罪这种结果犯中需要考察客观上存在因果关系，才能为下一步主观追责奠定基础，认定因果关系存在与否是一个把损害结果归属于行为人的过程，在这种回溯追索中，不同的学说有不同的特点，如大陆法系就经历了从条件说、原因说到相当因果关系，再到客观归责这样一个学说的演进过程②，总体过程呈现出范围不断缩小，从事实到评价的过程，需要综合分析使用才能达到较好的效果。

1. 因果关系分析工具的检视。第一，我国传统因果关系理论的局限。我国刑法因果关系理论，在必然因果关系说和偶然因果关系说中跳转周旋。必然说强调危害行为必然导致危害结果的发生，偶然说强调危害行为与危害结果之间存在偶然性。认定犯罪是一个从事实到评价的过程，而这种必然和偶然的分析方法将事实判断与法律判断杂糅在一起，缺少独立评价层次，传统因果关系的认定思路混乱。

第二，条件说作为因果关系的基础。条件说是大陆法系有关因果关系认定问题的发源和基础。按照"无此行为则必不生损害，也就是无A则无B，那么行为与结果之间即可肯定具有因果关系；若无此行为损害仍会发生，那么行为与结果之间无因果关系"的判断逻辑。应当说，条件说奠定了刑法上的因果关系的事实基础，因此，成为所有因果关系及归责理论都无法回避的起点。③批评者指出该说将无休止的联系进行下去，顺次连锁，将无止境。而如果均认定因果关系存在并使行为人负责，则显然失之漫无边际，也有违正义原则。但是条件说并不是过时被抛弃的学说，其他学说的作用基础和原理都是条件说。面对批评，条件说提出了实行行为、主观责任都可以对范围进行限定。只是存在介入因素是确实条件说的中断理论并不合理，但是在实务中依然应该提倡以条件说为第一次范围性观察，以确定因果关系的大致范围，从而排除无关行为，极大缩小考察范围，为进一步锁定因果关系打下基础。

---

① 参见（2015）通中刑二终字第001刑事判决书（缪某华犯受贿罪、滥用职权案），载中国裁判文书网，ttps://wenshu.court.gov.cn/website/wenshu/181107ANFZ0BXSK4/index.html？docId = f92c31249e504bc591b038f261aeeca1。

② 陈兴良：《从归因到归责：客观归责理论研究》，载《法学研究》2006年第2期。

③ 周光权：《客观归责理论的方法论意义兼与刘艳红教授商榷》，载《中外法学》2012年第2期。

第三，原因说的思维有可取之处。鉴于条件说的链条过长，出于限制条件说的意图很多学者主张运用一定的标准对条件进行选择，从中选出对结果发生起了重要作用的条件作为刑法上的原因。① 原因说的做法是把条件说上的每一节链条分成两部分，即"条件"和"原因"，对二者严格加以区别。认为"条件"和结果不存在因果关系，"原因"与结果存在因果关系。该说有其一定合理性和积极的意义。但该理论在如何区分原因和条件上无法达成一致意见，提出了"最终说""直接说""必要说""有效说""异常说"等。目前在司法实践中还大量存在原因说话语，实务判决中通过对原因的划分来判断原因力的大小，主要划分为主要原因与次要原因，直接原因与间接原因，并遵循直接原因的原因力大于间接原因的原因力，主要原因的原因力大于次要原因的原因力的规律进行判断，尤其是在多因一果的比较中有借鉴意义的。

第四，相当因果关系说的价值。我国台湾地区林钰雄教授认为相当因果关系说是我国台湾地区以及日本刑法理论和实践所流行的学说。该说认为一个行为必然或可能地发生该结果的相当关系时，当依照人们日常生活经验的判断符合时，行为与结果间就存在行为与结果的因果关系。根据对"相当性"判断标准的不同分为客观说、主观说、折中说，通说认为客观相当因果关系说相比于其他学说更有利于在司法实务中的运用且包容性更强，尤其是日本前田雅英教授总结提出的"介入因素三个标准"对于相当因果关系说处理介入因素的因果关系的判断提供了更加规范的标准。

第五，客观归责说新兴。客观归责说目前是德国刑法理论的通说，日本通说反对采取这一理论。该说提出区分归因于规则，通过客观结果归责方式来对条件说的条件等价性进行限制，逻辑较为严谨，限制了条件说过宽的弊端，一定意义上克服了相当因果关系说判断标准不太规范的问题，因此该说具备理论优势。但客观归责说也存在不少不足，如模糊了阶层判断、边界不清，与我国刑法规范不容，不宜贸然采用。

第六，英美双层次说借鉴。英美刑法对因果关系的判断分为两步：第一步是判断事实因果关系，第二步是判断法律因果关系。② 就是所谓的"英美双层次说"。虽然英美法系和大陆法系的犯罪构成和体制完全不同，但是在对因果关系上殊途同归。条件说和双层因果中的事实原因都是为了解决事实的基本问题，为第二阶段的条件选择或者行为人刑事责任的承担提供客观的基础。然后再对这些事实进行法律价值的判断，通过法律规范进行分析鉴别，最后从众多的原因中选出法律原因。这种先从事实后到法律的思维方式，符合人类对犯罪的认识规律。

2. 因果关系分析工具的选择。通过对上述六种工具的考察可以发现学说工具的演进，就是一个不断缩小因果链条以达到因果关系精准认定的过程。如果说早期的条件说为因果关系寻找确定了一个链条范围，后面的原因说、相当因果关系说、客观归责说的研究，是在该条件说确定"链条"基础上如何做到精准"截取"的不同思考。通过反思我国传统因果关系，分析大陆法系由条件说到客观归责理论的演进思路，考察英美法系的"两分法"思维特点，本文提倡在认定滥用职权罪的因果关系时分步骤进行，第一步以条件说

---

① 参见张绍谦：《刑法因果关系研究》，中国检察出版社2004年版，第27页。
② 参见张明楷：《刑法学》（第六版），法律出版社2021年版，第227页。

"无 A 则无 B"的逻辑为找出"因果链条"作为认定基础;第二步用行为论和责任论来限制链条长度范围,即能够认定与结果存在因果关系的行为必须是制造了危险的行为,并且这种行为主观方面是出于故意;第三步用借用原因说的话语工具(如直接、重要、作用大等)进行比较和选择;第四步用相当说"介入因素三标准"来解决介入因素的问题。整个过程借鉴英美法系的阶层思维,先事实分析后法律评价。至于大陆法系的最新成果"客观归责"目前该理论的边界生不清楚,理论界争论很大,经过检索案例证明我国实务界尚未采用过。

三、"集体研究型"因果关系的判断与解决

(一) 分类解决思路阐释

"集体研究型"滥用职权较之于个人滥用职权的行为,因其作出的决定,通常会以单位名义施行,并且往往会得到各部门有关人员的积极配合,所以造成的危害更大。但由于我国刑法没有将滥用职权罪纳入单位犯罪的范畴,仅在《解释(一)》中概括性规定了"追究国家机关负有责任的人员的刑事责任"。为准确认定谁是"有责任的人",厘清因果关系,结合前文案例,运用因果关系分析工具,完成事实归因和结果归责,初步统一整合了因果关系认定领域的司法话语和认定步骤。

(二) 不同类型下的因果关系认定匹配选择

1. 类型一:"绕过集体型"。前述集体研究型滥用职权行为模型的分析与建构案例 1 中,被告人谢某孝等人违反《国有资产评估管理若干问题的规定》《重大行政决策程序暂行条例》在未提交区政府常务会议和区委常委会议集体研究,致使公共财产遭受重大损失。被告人谢某孝明知应当经过领导通过审批、审核而未经审批、审核作出的行政行为,造成过错的,由于具体负责人隐瞒事实、提供虚假证据,导致领导决策错误。

在整个审判过程中,公诉人、辩护人、审判人员,并没有提出因果关系认定的问题,因为本案并非典型的"集体研究型",本案行政事务属于应当但未经过集体研究,所以本案因果关系认定中相对比较简单,按照条件说没有前者就没有后者的逻辑关系,没有被告人谢某孝的越权绕过集体研究自行越权决定的行为,就没有本案结果的发生,所以能够肯定其行为与结果存在没有前者就没有后者的因果关系。由于没有介入因素,没有经过集体研究,所以无须考察相当性,从原因说角度看被告人的行为是导致结果的直接、唯一的原因。

2. 类型二:"主导集体型"。前述集体研究型滥用职权行为模型的分析与建构案例 2 中,被告人高某泉身为国家机关负责人员,主导决定进程和结果,以集体研究形式弄虚作假。判决书显示 2012 年 9 月,时任人防办主任的被告人高某泉主持单位会议决定,签订虚假"通化市玉皇山连通道扩建工程"补充协议、编造虚假报批文件及工程预算书等,虚增工程量,伪造工程结算支出。

从条件说来看,没有假借集体拍板滥用职权就没有相关损失的发生,其行为违反了法律的授权及《重大行政决策程序暂行条例》有关规定,这种对权力的滥用制造了法律上的

风险，可以肯定存在因果关系。判决书没有显示更多的信息，在该集体研究的流程中，明知该会议研究的事项违法而支持同意的参与人，除非表决时明确反对该项决议才无须对其进行因果关系层面的归责。本案中如果存在列席人、记录人或者知情人，那么责任认定对于"集体研究型"犯罪中决策的这些人，由于他们并没有参与实施犯罪的共同故意和行为，所以不存在刑法上的因果关系。但是，如果这些人中有单位纪律监察或监督部门的人员，则由于其违反了监督职责就属于法所不允许的风险，应当认为与本案的结果有因果关系。《解释（一）》第5条国家机关负责人员违法决定，或者指使、授意、强令其他国家机关工作人员违法履行职务或者不履行职务，构成《刑法》分则第九章规定的渎职犯罪的，应当依法追究刑事责任。

3. 类型三："违背集体型"。前述集体研究型滥用职权行为模型的分析与建构案例3中，县政府常务会议对垫资款不予支付利息及土石方价款结算问题已经议定，这是依照程序规定集体研究决策的合法正确行为，谢某作为县政府常务会议组成人员应当遵守和执行，在县政府常务会议原决定未经法定程序变更或撤销的情况下，谢某擅自变更会议已经议定的事项，显属超越职权的行为。另外该错误滥用行为经时任县长沈某、财政局长蔡某虽在拨款审批表签字，那么该签字是否属于滥用行为，与结果有没有因果关系。

按照条件说，没有谢某擅自变更会议已经议定的事项滥用职权的行为，就不会造成重大损失，符合滥用职权罪的犯罪构成，其行为违反了公职人员政务处分法、《重大行政决策程序暂行条例》有关内容，制造了法所不容许的风险，作为公职人员其对行为和结果是明知的。时任县长沈某、财政局长蔡某在拨款审批表签字，是谢某擅滥用行为的介入因素，没有该签字当然就不会造成实际损失，该签字虽然作用也大但并不异常，因为该签字在该二人的行政权限范围内，是按照会议的决定事项签字，当时并不知道该集体决议被非法变更，其行为与结果的发生没有相当性。这个案例也提示一个问题，在危害结果发生由多个行为共同引起时，需要分析各个行为是否是刑法上的危害行为，是不是行政行为允许的风险，哪一个主体对结果的发生具有更大的原因力，对结果具有更大的贡献。

4. 类型四："利用集体型"。前述集体研究型滥用职权行为模型的分析与建构案例4中，唐某华虽然不是会议的主导者和主要决策者，但其通过不全面汇报的方式，使与会人员陷入错误认识，利用集体作出错误决定，并具体负责实施，其作用和地位与钟某相当，应承担主要责任。

按照条件说，没有唐某华的隐瞒事实、片面汇报，就不会有局党组错误决策，就不会造成国家项目财政补贴资金1000万元损失，因此唐某华构成滥用职权罪。对于作为从事法定事务的滥用职权行为的主体，其如果骗取领导利用集体研究的方式使决议被批示同意的，应区分该特定的人对领导或者集体有多大的影响力，这个影响力与前行为的原因力成正比例关系，这个影响力的概念在利用影响力受贿罪中可以得到一些借鉴参考，影响力的大小需要考虑编造手段、审批流程、审批内容等多种因素。若该特定的人对因果影响力大，那么就应当对结果负责，因为其制造发出的原因力强；对于审批的领导也应该视情况分析，若骗术高明、破绽不明显，而通常只作形式审查，审批过程已尽到足够注意义务的情况下，则不截断前行为的原因力，该审批领导无须对结果负责。若该特定的人对因果影响力小，如在破绽十分明显骗术并不高明，审批者应作但未作实质审查，或者审批时未尽到足够的注意义务，则审批的领导需要对结果负责。

5. 类型五："执行滥用型"。"集体研究"型滥用职权犯罪中，对具体执行人的责任认定也要分不同情况，特别是在执行人可能是迫于领导或集体压力去违法执行的情况，存在其行为与内心意愿并不一致，主观方面不好把握和确定的问题，可以在具体案件中用期待可能性理论去进行一定分析说明。

缪某华作为县海洋与渔业局下属执法大队的负责人，明知县海洋与渔业局党组联席会议所作"处罚与油补挂钩"的违法决定超越法律规定，属于集体滥用职权的决议，未提出不予执行的意见，仍布置各渔政中队执行、落实，以致造成重大损失。根据《公务员法》第60条①，被告人对错误的集体研究决议没有提出反对意见，在明知违法的情况下予以执行，是集体研究型违法行为的介入因素。所以用条件说来看提取出一个因果链条是逆向的从损害结果到违法执行再到错误集体决策。从相当说介入因素三标准来看，集体作出错误决定对结果作用大，前行为与结果有因果关系，下级执行错误决定按照公务员法属于异常，前行为与结果没有因果关系，执行行为对于损害结果作用大，前行为与结果没有因果关系，综合来看前行为与结果没有因果关系，下级执行行为与结果有因果关系。

此外，根据《解释（一）》第5条第2款②的规定，若执行人员在执行之前或过程中提出过不同意的反对意见，则应从轻减轻执行人员的责任；若执行人员没有严格执行非法决策，而是想办法通过其他合法方式变通执行或在执行中终止原错误决策的执行，则应相应地减轻或免除其责任。

四、结语

法律中的因果关系问题，是一个复杂和纠缠不清的问题，刑法中的因果关系认定更是一直困扰着理论界和实务界，要为刑法实践找出一个统一的、可以涵盖所有行为模式评价的，并且切实可行的、稳定的决策模型不是一件容易的事情。近年来滥用职权案件频发，这种犯罪态势下，对司法实践人员的办案提出了更高的要求，而"工欲善其事，必先利其器"，就需要探寻一个合理可靠的理论工具来处理类似问题。笔者通过对检索案例的分析，分类阐释不同"集体研究型"滥用职权犯罪因果关系的认定，以期改变"集体研究型"滥用职权罪责任认定难的现状，但没有一种因果关系的认定方法能够适用所有犯罪，仍需具体案件具体分析。

---

① 《公务员法》第60条规定：公务员执行公务时，认为上级的决定或者命令有错误的，可以向上级提出改正或者撤销该决定或者命令的意见；上级不改变该决定或者命令，或者要求立即执行的，公务员应当执行该决定或者命令，执行的后果由上级负责，公务员不承担责任；但是，公务员执行明显违法的决定或者命令的，应当依法承担相应的责任。

② 《解释（一）》第5条第2款规定：以"集体研究"形式实施的渎职犯罪，应当依照刑法分则第九章的规定追究国家机关负有责任人员的刑事责任。对于具体执行人员，可视具体情节决定是否追究刑事责任或者应当判处的刑罚。

司法工作人员渎职犯罪中
"徇私"要件的认定与分析

聂文峰　金华捷*

　　刑法中的"徇私"是渎职犯罪中特有的要件，罪名主要集中在《刑法》第九章规定的相关渎职犯罪中，主要包括滥用职权罪、玩忽职守罪、徇私枉法罪、徇私舞弊减刑、假释、暂予监外执行罪、徇私舞弊不移交刑事案件罪、徇私舞弊不征、少征税款罪、徇私舞弊发售发票、抵扣税款、出口退税罪、违法提供出口退税凭证罪、放纵走私罪、商检徇私舞弊罪、动植物检疫徇私舞弊罪、招收公务员、学生徇私舞弊罪等，其中，徇私舞弊在滥用职权罪、玩忽职守罪、食品、药品监管渎职罪中是作为从重、加重处罚情节，在其他渎职犯罪中，则作为犯罪构成要件之一。此外，在《刑法》第三章中也有三个罪名包含这个情节①。而司法工作人员渎职犯罪中的徇私要件主要集中在滥用职权罪、玩忽职守罪、徇私枉法罪、徇私舞弊减刑、假释、暂予监外执行罪、招收公务员徇私舞弊罪中。

　　有观点认为，徇私舞弊在不同的条文中，其侧重点应有不同，如《刑法》第401条至第404条、第410条至第414条，其侧重点在徇私，《刑法》第405条、第418条，其侧重点是舞弊。② 笔者认为从刑法条文表述来看，"徇私"和"舞弊"的结合才是这个犯罪情节的完整内涵。根据2003年最高人民法院印发的《全国法院审理经济犯罪案件工作座谈会纪要》第6条指出，徇私舞弊型渎职犯罪的"徇私"应理解为徇个人私情、私利。实践中对于舞弊的认定没有分歧。但是对于"徇私"的理论定位和具体认定尚存在不同认识。尤其是监察体制改革以来，对于《刑法》第九章渎职犯罪的惩治日渐成为检察机关履行法律监督职能的主要方式之一。实践中也迫切需要在理论上对于"徇私"有一套体系性的认定分析，从而为司法实践认定提供借鉴。

　　笔者结合刑法理论，先厘清其理论定位，再对构成要件层面的问题进行阐释，进而对实践中常见的渎职犯罪中的"徇私"类型进行分析。

---

　　* 聂文峰，上海市人民检察院第三分院第二检察部主任、三级高级检察官；金华捷，上海市人民检察院第三分院第二检察部一级检察官助理。

　　① 该三个罪名分别为：国有公司、企业、事业单位人员失职罪、国有公司、企业、事业单位人员滥用职权罪、徇私舞弊低价折股、出售国有资产罪，其中，徇私舞弊在前2个罪名是作为从重处罚情节，在后一罪名中是作为构成要件。由于本文着重讨论渎职犯罪，该3个罪名不做重点论述。

　　② 张明楷：《刑法学》（第五版），法律出版社2016年版，第1243页。

一、"徇私"的理论定位

"徇私"的理论定位解决这个要件在理论上的来源问题。根据司法解释对其含义的规定，"徇私"属于主观方面要件在实践中没有争议。主要问题有二：一是其属于犯罪目的还是犯罪动机；二是该要件在有些罪名中属于构罪要件，在有些罪名中属于加重情节，那么其存在根据应如何理解。

（一）"动机"与"目的"的辨析

"徇私"属于目的犯中的特定目的。所谓的目的犯，是指以行为人主观上具有某种特定目的作为成立犯罪的要件或是法定量刑情节的犯罪。根据该特定目的与滥用职权罪、徇私枉法罪等罪名客观要件的联系，具有徇私目的的罪名属于短缩的二行为犯。短缩的二行为犯的基本构造是，完整的犯罪行为原本有两个行为组成，但刑法规定，只要行为人以实施后行为为目的而实施了前行为，即便其没有实施后行为，其行为就能以犯罪既遂认定。反之，如果行为人不具有实施后行为的目的，即便其在客观上实施了前行为，其行为也不成立相应的犯罪。就此而言，短缩的二行为犯实际上是将原来的复合行为"缩短"为单一行为的一种犯罪。在这类犯罪中，后行为并没有被"缩短"得无影无踪，而是成为了实施前行为的主观目的。对此，张明楷教授指出，短缩的二行为犯，是刑法将并没有完成的二行为犯作为追求第二个行为的目的予以规定的。① 具有徇私目的的罪名即是如此，以徇私枉法罪为例。完整的犯罪行为原本包括徇私行为和枉法裁判行为，而立法者将后续的徇私行为短缩为枉法裁判行为的主观目的。

笔者认为，短缩的二行为犯中的特定目的不同于直接故意意志中的犯罪目的，应该是犯罪动机。根据传统观点，所谓犯罪动机，是指刺激行为人实施犯罪行为的内心起因或者内心冲动。人的任何犯罪行为都是在一定的动机的作用下实施的，犯罪动机是行为人实施犯罪行为的原因。犯罪动机回答犯罪人基于何种心理原因实施犯罪行为，故动机的作用是发动犯罪行为。② 同时，在犯罪动机与犯罪目的（直接故意意志中的犯罪目的）的关系上，学界通说认为，犯罪目的以犯罪动机为基础，犯罪目的源于犯罪动机，犯罪动机促使犯罪目的的实现。犯罪动机起的是推动、发动犯罪行为的作用；犯罪目的起的是为犯罪行为定向、确定犯罪目标和侵害程度的作用。③

从传统观点对犯罪动机的描述来看，目的犯中的特定目的完全符合犯罪动机的特性。应该看到，从行为人主观心理角度分析，目的犯中的特定目的的确是刺激行为人实施犯罪行为的起因和冲动。行为人正是在这类特定目的的驱使下，才实施了相关犯罪行为。同时，这类特定目的与直接故意意志中的犯罪目的形成了有效的互动，前者驱使行为人实施犯罪行为，后者为犯罪行为确定方向，两者相互联系，互相作用，共同推动了故意犯罪的实施。

---

① 张明楷：《论短缩的二行为犯》，载《中国法学》2004 年第 3 期。
② 刘宪权主编：《刑法学》（第四版），上海人民出版社 2016 年版，第 168 页。
③ 刘宪权主编：《刑法学》（第四版），上海人民出版社 2016 年版，第 168 页。

以徇私枉法罪为例，该罪存在两种目的，一是希望造成枉法裁判结果的目的，这属于直接故意意志中的犯罪目的；二是徇私目的，这属于目的犯中的特定目的。从中我们不难得知，徇私目的是刺激行为人实施枉法裁判行为的内心起因和冲动，正因行为人主观上形成了这种心理活动，其才会实施枉法裁判的行为。在此基础上，行为人希望案件被枉法裁判的结果发生的犯罪目的为行为人的危害行为确定了方向。由此可见，"希望枉法裁判的结果发生"以及"徇私目的"这两种不同的目的的相互作用，推动了枉法裁判罪的实施。据此，短缩的二行为犯中特定目的的特性与犯罪动机的特性高度一致。

（二）徇私目的的存在根据

如前所述，刑法中的徇私目的在有些罪名中属于构罪要件，例如：徇私枉法罪、徇私舞弊减刑、假释、暂予监外执行罪、徇私舞弊不移交刑事案件罪、徇私舞弊不征、少征税款罪、商检徇私舞弊罪、动植物检疫徇私舞弊罪、招收公务员徇私舞弊罪；而在滥用职权罪、玩忽职守罪、食品、药品监管渎职罪中，"徇私"属于从重、加重情节。

存在根据是指徇私目的为什么可以成为相关罪名的构罪要件和从重、加重情节。事实上，刑事犯罪的构成要件不是随意设置的，其通常要和法益侵害性、行为人的罪责等价值判断存在因果关联。笔者认为，该特定目的属于一类主观责任要素，属于有责性的范畴。正是因为徇私目的加重了行为人的罪责程度，所以其才能成为相关罪名的构罪条件和加重情节。

应该看到，德日三阶层犯罪论体系中的有责性评价的是行为人应受法律谴责的程度。根据刑法原理，行为人应受法律谴责的程度一般是由以下几个因素决定的。其一，行为人具有实施合法行为的可能性，即期待可能性。只有在具有实施合法行为可能性的情况下，实施了相关犯罪行为，行为人才能受到法律的谴责。其二，行为人对于行为所产生的危害结果具有认识的可能性。如果行为人对于行为所产生的危害结果完全不具有认识可能性，行为人就不应受到法律的谴责。其三，刑事责任年龄和生理状况。刑事责任年龄和生理状况是行为人受到法律谴责的前提。行为人只有达到了刑事责任年龄且生理健全，法律上才认可其具有一定的社会认知能力，进而在行为人实施违法行为时，法律可以对行为人加以谴责。其四，行为人的主观恶性。主观恶性也是体现行为人是否应受法律谴责的一个因素，行为人的主观恶性越大，其应受法律谴责的程度就越大。

笔者认为，某些目的犯中的特定目的在很大程度上能够体现行为人的主观恶性，因而这类特定目的毫无疑问就属于主观责任要素。目的犯中的特定目的不仅具有形式判断的作用，即决定行为人的行为性质，同时，这些特定目的还有价值判断的作用。正如前述，在某些情况下，行为人主观上是否具有某些特定目的可以决定行为是否具有法益侵害性。而有些目的尽管不能决定行为是否具有法益侵害性，但是行为人主观上是否具有这些目的可以影响和决定行为人主观恶性的程度。如果行为人主观上具有这些特定目的，则其主观恶性程度就大；反之，其主观恶性程度就小。正因这些特定目的具有调节和影响行为人主观恶性程度的作用，因而，这些特定目的完全可以成为有责性的考量因素。

在滥用职权罪中，行为人如果主观上具备"徇私"的目的，根据刑法条文的规定，司法机关则会其加重处罚。立法者之所以将"徇私"的目的作为滥用职权罪的加重情节，主要是因为该特定目的影响行为人主观恶性的程度。行为人的主观恶性程度高，行为的社会危害性就大。根据罪刑相适应原则，立法者理应设定较高的法定刑惩治社会危害性较大的行为。同理也适用于徇私枉法罪。只有行为人基于徇私目的这一主观恶性较大的犯罪动机实施了枉法裁判的行为，其行为的社会危害性才达到了值得科处刑罚的程度。这些对行为人主观恶性程度产生影响的主观要素在德日三阶层犯罪论体系中，理应属于有责性评价的范畴。

需要说明的是，很多犯罪动机似乎都有升高主观罪责程度的作用，如打击报复、生活私怨、贪图私利等。为什么这些犯罪动机没有成为构成要件，而只是作为酌定量刑情节予以考虑，而"徇私"却成为了某些渎职犯罪的法定构成要件或者法定从重、加重处罚情节？笔者认为，渎职犯罪侵犯的法益是国家机关管理活动。公职行为本应公器公用，而在渎职犯罪中，行为人却出于个人私利、私情履行职权。这种"公"与"私"之间的冲突，使得"徇私"在渎职犯罪领域中体现的主观恶性特别大，也侵害了国家公权力的合法性、公正性，以及国民对此的信赖。同时，徇私目的在渎职犯罪中也较为常见。正因如此，徇私目的才得以成为渎职犯罪的法定构成要件或者处罚情节。

二、"徇私"要件含义的认定

徇私的含义包括徇私情和徇私利两种类型。通常认为，徇私利一般是指收受金钱、物质利益或者为获取非物质性利益，如个人荣誉、职位升迁等；而徇私情一般是指基于个人私交之情、接受吃请等情形。但是实践中还是有些问题存在不同意见。例如，"徇私"不仅是刑法中渎职犯罪的法定构罪要件和法定刑升格要件，同样也是常见的日常生活用语。生活中只要存在"公共"的事物，就必然会出现相对应的"私情、私利"，二者是一对同时出现辨证概念。应该看到，日常生活中的"私"的范围非常广泛，是与"公"相对应的范畴，那么刑法中"徇私"要件能否也作日常生活的理解，这不无争议。再如，2003年最高人民法院印发的《全国法院审理经济犯罪案件工作座谈会纪要》中指出，国家机关工作人员为了本单位的利益，实施滥用职权、玩忽职守行为，构成犯罪的，不属于"徇私"的范畴。实践中有观点认为，该规定违背刑法原理，为了本单位的利益也可以是"徇私"①。也有观点认为，该纪要属于准司法解释性质的规定，如违背刑法原理，实践中可以突破该规定作出认定。对此，实践中也存在不同意见。

上述两个问题是徇私要件在整体层面上的问题，涉及徇私要件认定的大前提如何确立，也是理论上应当予以回应的问题。

（一）"徇私"在刑法中与日常生活中含义的区分

笔者认为，刑法中的"徇私"与日常生活中的徇私应该有边界。这既影响到实践中的具体认定，也涉及解释理念问题。

实践中有观点认为，刑法用语应当以文义解释为原则。文义解释通常源于日常生活用语的含义。如依此观点，徇私就应当采取非公即私的立场和意见。当然，这种立场可以便

---

① 张明楷：《刑法学》（第五版），法律出版社2016年版，第1242页。

于司法实践的认定，但是否合乎法理则不无疑问。笔者认为，以文义解释为原则的立场不能适用于所有的情形，徇私要件也不能按照非公即私的框架进行界定。

从解释学的方法论层面讲，任何结论都有赖于特定前提，即前提不同结论也随之不同。刑法解释也是如此，在刑法用语的规制目的与日常生活用语没有出入的情况下，文义解释的方法无疑是妥当的，其不会对刑法用语含义造成扩张或限缩。但是，当二者的规制目的有较大差异的情况下，文义解释就会有局限性，这也是目的解释、历史解释、当然解释等解释方法赖以存在的根据。

日常生活中的徇私没有特定的规制目的，其是与"为公"相对应的概念。因此，日常生活场合下的徇私可以采取非公即私的含义。甚至在辩证理念下，公和私是对立统一的，二者相互包含又能相互转化，呈现出公中有私、私中有公的特点。在此前提之下，徇私甚至可以采取"只要有私"的解释立场，只要一有私利、私情因素，我们就可以认为行为人在徇私。

但刑法中的徇私要件则是渎职犯罪的构罪要件和法定刑升格要件。我国刑事立法采取的是"定性+定量"的模式，因此构罪要件和法定刑升格要件不是随意设置的，都有其规范意义，即能够反映行为的严重社会危害性。而刑法中的社会危害性通常是超出一般社会容忍程度的。这也是日常生活中的危险纷繁复杂，但刑法只能对其中部分的危险加以规制的原因所在，也是理论界一直呼吁的"刑法不是万能药"的由来。据此，反映严重社会危害性的刑法构成要件的含义当然也不能完全等同于日常生活用语。否则这里面就会有社会危害性上的落差，即将社会危害性较小的因素纳入能够反映严重社会危害性的理性范畴之中。

事实上，由于规制目的不同导致生活用语与刑法用语含义不同的实例并不鲜见。"暴力"在日常生活中要定义的是人身侵害，因此故意杀人当然属于暴力范畴；但强奸罪中的"暴力"规制的是对于女性性权力的侵害，因性权力依附于生命权，故强奸罪中"暴力"不能包含故意杀人。

同时，在该问题上也要关注一般的犯罪动机与法定构成要件之间边界。正如前述，渎职犯罪中的徇私是犯罪动机。而一般的犯罪动机通常不会作为法定构成要件出现，而一般由司法机关作为酌定量刑情节予以考量。这是因为，普通的犯罪动机虽然也能够反映行为人的主观恶性，进而影响行为的社会危害性，但是，其对社会危害性的影响程度有限，不具有稳定性。立法这通常只会将对社会危害性具有严重以及类型化影响程度的因素，作为特定罪名的构成要件。这也决定了，渎职犯罪中的徇私的含义不能等同于日常生活中的含义。

笔者认为，渎职犯罪中的徇私可以是私中有公、公中有私。这是因为，"公"和"私"的对立只有在纯粹理性概念中才有存在意义，一旦介入社会生活因素后，二者不可能绝然割裂。但是，渎职犯罪中的徇私必须超出社会一般观念能够容忍的程度，不能是"非公即私"和"有私即可"。例如，个人私交是常见的日常生活中的私情。但是，在渎职犯罪认定中，不能仅仅因为存在私交就认定具备徇私要件，还要强调私人之间长期存在互相请托、利益交换等进一步体现私情的因素。再如，日常生活中的相互帮助、工作中的上级嘉许也涉及私利，但基于纯粹的生活上的帮助和工作中的嘉许而实施渎职行为便不能认定为徇私，除非存在进一步的个人利益交换或者输送等。因为纯粹的私交、日常生活的相互帮助、工作中的嘉许都没有超出一般社会观念容忍程度。司法实践中完全可以把这些因素作为酌定量刑情节予以考量，而没有必要作为法定构成要件予以评价。同时，实践中公利与私利不可能绝然割裂，经常会出现公中有私，公私夹杂的情况。因此在认定逻辑上，不能一有私情私利因素就认定徇私，而是要判断个人利益是否占据支配地位或者具有利益交换性，以及能否排除公共利益。否则，徇私的犯罪圈就会没有边界。

（二）"徇私"与本单位利益的关系

理论界有观点认为，2003 年《全国法院审理经济犯罪案件工作座谈会纪要》中关于"为了本单位利益"不属于徇私的意见值得批判。这种意见认为，当前反腐败形势下，"私"的含义已经扩大到"本单位"的"小公"，如《刑法》第 396 条私分国有资产罪、私分罚没财物罪中的"私"就是以"国家机关、国有公司、企业、事业单位、人民团体"或者"司法机关、行政执法机关"单位名义进行的获取私利。徇单位之私的渎职行为其法益侵害性、道义上的可谴责性并不比并不比徇个人之私的情形更小，不应将其排除在"徇私"的范围之外。①

当然，上述的纪要文件属于准司法解释性质的文件，其中的观点在实践中并非绝对不可逾越。但是，其中的观点是否真的违反法理而值得批判，这不无疑问。笔者认为，为了本单位利益不属于徇私的司法标准不能突破。

事实上，上述认为本单位利益也可以是徇私的两点理由均有值得商榷之处。

首先，私分国有资产罪、私分罚没财物罪中的"私"和渎职犯罪中的徇私本身的规制目的就有差异。简单来说，这两种"私"赖以存在的前提不同，结论自然是不同的。私分国有资产罪、私分罚没财物罪中的"私"的存在根据，是要界定私分财物的行为是否具有合法授权，通过区分"具有合法授权"和"擅自实施"，来界定涉案行为是否具有侵犯公职人员廉洁性的法益。因此，这里的"私"是与"具有合法授权"相对应的概念，含义是"无合法依据而擅自实施"，是二罪违法性的根据，属于客观违法要素。而渎职犯罪中的徇私的存在根据是公权私用的主观恶性较大，通过区分渎职行为是为公还是徇私，来界定行为人的主观恶性程度。因此，徇私中的"私"是与"公"相对应的概念，属于主观责任要素。据此，以私分国有资产罪、私分罚没财物罪中的"私"来界定渎职犯罪的徇私，是不妥当的，因为二者前提不同，存在根据不同，结论没有可比性。

其次，判断徇单位之私是否构成徇私要件，不仅要判断法益侵害性，也要评判主观可谴责性，亦即我国刑法理论中的主观恶性。正如前述，徇私要件属于主观责任要素，其能够成为法定构成要件的根据，是升高了行为人的主观恶性。事实上，纯粹为了个人私情私利而渎职与为了单位利益而渎职，行为人主观恶性程度显然是不同的。如果行为人以纯粹个人私情私利为动机，无论是从法纪还是从道德观念角度，都是不被容许的；而在为了单位利益的动机中，行为人毕竟有出于公心的成分。这在社会观念的评价中还是有差别的，尤其是我国公众观念中"出发点"的好坏经常是评判某行为是否可以受到苛责的标准。而

---

① 陈兴良主编：《刑法各论精释》，人民法院出版社 2015 年版，第 1230 页。

犯罪动机这个概念，就是"出发点好坏"感性意识在犯罪论体系这个理性范畴中的体现。徇私这类犯罪动机的界定，也不能完全脱离社会观念和人情因素。

事实上将"为了本单位利益"也认定为徇私有明显弊端："公"和"私"是一对辩证概念，二者相互依存，相互为对方存在的根据。如果实践中将本单位利益视为私利，无疑将"公"的概念消灭了，那么所谓的"徇私"这个法定构成要件也就失去了存在的意义，案件中的"徇私"也就无处不在，也扩大了打击面。

因此，2003年《全国法院审理经济犯罪案件工作座谈会纪要》虽属准司法解释性质的规定，但其关于"徇私"的规定具备一定的合理性，问题的关键是其没有进一步区分是为了单位的合法、正当利益还是为了单位的非法、不正当利益情形，如果司法工作人员是为了单位的非法利益、不正当利益实施渎职行为的，则可以认定具有徇私目的。从存在根据角度分析，国家机关赖以存在的前提是合法发挥公共职能，其在利益方面受到法律、法规的严格约束，不可能有非法、不正当利益的存在空间。因此，单位的非法、不正当利益本质上就转化为了私人利益或者由私人利益占据支配地位。

三、"徇私"目的具体类型的分析与认定

实践中涉及"徇私"认定的案件较为多样，笔者归纳了几种常见的存在争议的情形进行分析。

（一）共犯中"徇私"目的的认定

1. 部分行为人具有"徇私"目的的认定。实践中有多人基于职权共同渎职，但只有部分行为人具有徇私目的的情形。例如：李某、陆某系某地公安机关侦查人员，共同办理张某寻衅滋事案。其间，李某接受张某亲属请托，承诺照顾张某。陆某明知李某接受请托，仍与李某共同利用办理刑事案件的职权，以证据不足为由，违法撤销案件。该案中，如陆某不知李某接受请托，则不能认定具有徇私目的；但陆某在本案中本人没有徇私情形，却明知李某接受请托，仍与李某共同违背职权，能否认定其具有徇私目的，实践中存在不同意见。

笔者认为，徇私目的属于主观责任要素。共同犯罪中，根据违法连带，责任个别的认定原则，徇私目的应该各自分别认定，只要行为人没有共同谋求、获取个人私利或者个人私情的，一般不能认定具有徇私目的。理由有二：一是"责任个别"是责任主义的应有之义。责任主义提倡罪责自负，行为人的罪责只能由行为人自己承担。行为人是否承担刑事责任并不能影响其他行为人实施的危害行为是否具有可罚性，与其他行为人是否对其实施的危害行为承担刑事责任没有关系。二是行为人的责任要素缺乏相互传递的媒介，明知他人具有责任要素，并不意味着自己也具有该责任要素。这也使得责任要素只能针对不同的行为人作出个别认定。简言之，共同渎职犯罪中，行为人不对他人是否具有徇私利承担刑事责任；即使明知他人具有徇私目的，也不意味着自己也有徇私目的。

该案中，陆某明知李某"有私"，并不意味着本人也"有私"。因而，司法机关应认定李某具有徇私目的，而不能认定陆某也有此目的。

2. 非国家机关工作人员"徇私"目的的认定。实践中有些非国家机关工作人员基于

徇私目的参与了国家机关工作人员的渎职行为。例如，张某为实现对李某的债权，知道非国家机关工作人员王某系某地派出所执法民警季某的好友，遂通过王某向季某请托，唆使季某利用职权为其提供帮助，并承诺事后分别给予二人好处。季某遂利用职权，插手经济纠纷，对李某刑事立案，通过该手段帮助张某追讨债务。事后，王某、季某分别收受张某给予的好处费 1 万元、2 万元。本案中作为非国家机关工作人员的王某是否能认定具有徇私目的并成为徇私枉法罪的共犯，实践中存在不同意见。

笔者认为，这类情形中的非国家工作人员可以认定为具有徇私目的，并成立相关渎职犯罪的共犯。理由有二：一是是否具有徇私目的遵循的是"责任个别"的认定规则。这类情形中的非国家机关工作人员共同分得好处费的，那么可以认定具有徇私目的。二是特定身份是实行犯的构罪要件，帮助犯、教唆犯无须有此身份，因而共犯是否具有国家机关工作人员的身份不影响渎职犯罪成立。

如果非国家机关工作人员没有徇私利，在定性上需分别讨论。若共同渎职行为触犯的是以徇私目的为加重情节的罪名，非国家机关工作人员在构罪的基础上以基本法定刑予以量刑；若触犯的是以徇私目的为构罪条件的罪名，国家机关工作人员与非国家机关工作人员在滥用职权行为范围内成立共犯，非国家机关工作人员以滥用职权罪的共犯认定。

（二）徇私情的认定

1. 上级指令与徇私情的辨析。在国家机关工作人员履职中，下级服从上级指令属于履职制度，也可能掺杂个人私交。如果上级指使下级实施渎职行为，下级能否当然认定为徇私情，实践中存在不同意见。

笔者认为，这类情形还是应当考量执行上级指令的人员自身是否有私情、私利。如果经上级指令后，其与上级共同获取、谋求实际利益或者私情的，认定其具有徇私目的自不待言。

值得讨论的是，能否将上级指令纯粹评价为一种私情。实践中，上下级之间可能存在一定的私交，很难区分私交与"上级指令"之间哪一个占据支配地位。因而在通常情况下，执行上级指令不构成徇私情。毕竟这其中含有制度管理缘由，在无法实际切割的情况下，还是作出有利于被告人的认定较为妥当。

但是，当上级指令明显违法的情况下，执行上级指令就可能从制度因素蜕变为"照顾情面"，可以认定为徇私情。当然，司法机关也要考虑到执行上级指令可能存在碍于情面、不得已的被迫执行情况。将这类情形认定为徇私情，不具有期待可能性。在具体认定上，可依据执行指令人员是否实际提出反对意见或者上级是否存在胁迫作为区分标准。

2. 徇私情与日常交往的界限。国家机关工作人员会与他人存在私交。例如，李某系某地公安执法民警，张某系李某邻居，二人长期密切交往。后张某因在酒吧聚会与他人发生争执进行互殴，涉嫌寻衅滋事。李某在召集相关寻衅滋事人员进行调解时得知张某涉案，碍于情面，采取调解后不予刑事立案的方式，没有追究张某等人的刑事责任。对于李某的这类情形是否属于徇私情，实践中有不同意见。

笔者认为，通常情况下，只有亲友基于私交向国家机关工作人员请托的情况下，才能认定徇私情，其他情形一般不予认定。这里主要考虑日常生活的私情与刑法中私情的边界，可作为酌定裁量情节的私情与渎职犯罪中法定构成要件的边界。如果认为只要有私交就一概认定徇私情，那么，国家机关工作人员在履职中但凡涉及亲友，就可以认定为徇私情。这种宽泛地认定与立法者将徇私情作为法定构成要件的初衷相悖。事实上，这种有私交、无请托的情形完全可以作为酌定裁量情节予以评价。

特定情况下，如果国家机关工作人员与其亲友长期存在利益输送，已经超越了普通的私交关系，可以推定其存在请托，认定具有徇私目的。本案即属此例，二人长期密切交往已经超出了一般的私交关系。

（三）徇私利的认定

1. 徇私利与本部门利益的界限。王某系某监狱内监区长，李某系该监区服刑犯人。其间，王某为不符合减刑条件的李某申报减刑，但未收取财物。案发后，王某供述其为李某报请减刑是为了维护监区稳定。对于这类部门负责人为了本部门的利益是否属于徇私利，实践中有不同意见。有观点认为，根据《全国法院审理经济犯罪案件工作座谈会纪要》规定，国家机关工作人员为了本单位利益，不属于徇私。因此，只有不是为了本单位层面的利益，才可以认定为徇私。

笔者认为，在上述这类情形中，如果涉案的渎职行为涉及个人荣誉、职务升迁，依法可以认定为徇私利，但本部门利益则不在此列。本部门利益与本单位利益有类似之处，仍然具有团体性、公共性的成分，与纯粹的个人利益存在对立关系。在国家机关管理活动中，部门利益、荣誉和个人利益、荣誉是相互分离的。作为部门负责人，以本部门利益为犯罪动机，也有出于公心的成分，与纯粹为了私利确实存在差别，故而法律评价上也应当有所不同，一般不宜以徇私认定。即便在某些情况下，部门负责人的个人利益会掺杂在部门利益之中，如部门工作业绩可能与个人业绩挂钩。但是，这种情况下除非有明确的部门规定外，通常难以证明个人利益能够占据支配地位，从有利于被告人和严格证据标准的角度，原则上不宜认定为具备徇私要件。

值得注意的是，部门中小集体的利益不能等同于本部门利益，如工作小组、多人共同利益等。这是因为，这类利益已经脱离了公共性，只是私人利益的集合。即便是常设的工作小组，虽是为工作需要而成立，其对外并不具有独立性，故而不具有公共属性。在职务犯罪中，行为人利用职务便利后将公共财物转入小金库的，通常也可以认定为具有非法占有目的，进而成立贪污罪。其原理也是因为小集体具有私人性的特点。为了这类小集体利益而实施渎职行为的，当然可以认定具备徇私要件。

2. 徇私利的因果关联。如刘某系某监狱内监区长，吴某系该监区服刑犯人。其间，刘某为监区工作业绩，为吴某违法申报假释。根据监狱管理规定，监区工作业绩间接关系监区刘某的个人评优等个人荣誉。在办案中，同监区其他工作人员也各自作出证言，均认为刘某是为了个人荣誉才实施该渎职行为。实践中有观点认为，个人荣誉属于私利范畴，因此这类情形属于徇私利。

笔者认为，个人荣誉当然属于私利。但是，行为人徇私利的目的应当与涉案的渎职行为具有直接因果关联，不能因为案件中存在私利因素，就一概认定具有徇私目的。正如前述，徇私目的是渎职行为的犯罪动机。那么，这类犯罪行为在构造上必然呈现出前因后果的关系，即徇私目的是前因，渎职行为是后果，并且这里的因果关联具有直接性，即徇私目的是行为人实施渎职行为的直接原因。如果徇私目的与渎职行为之间的因果关联可以是间接的，必然会使因果链条无限拉长，最终导致案件中只要一有私利因素，就可以成立徇私目的。这和徇私目的的含义要限缩认定的精神相悖。

在该案中，本部门荣誉与个人荣誉本来就是或然的关系。即使不考虑证据因素，行为人为谋取个人荣誉的动机与其违法申报假释的渎职行为在因果关联上并不具有直接性。因此，这类情形不能认定为徇私利。

最后，笔者认为在办理司法工作人员渎职犯罪案件中，从证明角度看，为证实徇私要件的成立，必须查明徇私的事实，同时还应结合舞弊事实进行综合判断。在存在"公私兼顾""公中有私"的情形下，则还要进一步查明所谓的"公"是合法的、正当的，还是非法的、不正当的，并结合其与司法工作人员个人利益是否具有直接的因果关联进行综合认定，而不应一概予以否定，以真正做到不枉不纵。

民事审判活动中自由裁量
与枉法裁判的价值博弈

刘　晶　乔　青　章　秦*

民事枉法裁判罪，是指司法工作人员在民事审判活动中，故意违背事实和法律作枉法裁判，情节严重的行为。实务中该罪名适用率较低，原因主要有三个方面。一是由于民事案件的复杂性及法官的自由裁量权，客观上认定在审判活动中"违背事实和法律"较为困难；二是主观上认定为故意违背事实和法律难以与认识分歧或过失等区分开来；三是在责任追究中对责任主体的界定和确定具体责任人存在困难。从价值选择的层面而言，这三个方面都要解决如何从民事审判活动中精准辨别法官究竟是行使自由裁量权还是玩弄法律作出枉法裁判这个核心问题。因此，从根本上对此加以厘定对于实务中准确认定民事枉法裁判罪具有重要的实践价值。

一、主体身份的具体认定

（一）"民事审判活动"的认定

民事枉法裁判罪当然的发生情境是民事审判活动中，但"民事审判活动"如何理解却同样存在着需要说明的空间，并且还影响到责任主体的具体认定。

首先，民事审判活动的结果不仅包括民事判决和裁定，还包括民事调解。虽然有观点认为，刑法未规定枉法调解，根据罪刑法定主义，不能认定枉法调解构成犯罪，并且调解含有当事人自治的成分，如果将调解纳入会使大量调解结案案件被要求再审。① 但这种观点显然缺乏理据，一方面，法院调解是人民法院和当事人进行的诉讼活动，由法官主持通过调解实现民事权利的实质处分，因此调解协议同样具有法律效力，非经法定程序不得变更，其同样是人民法院依照法律行使审判权的一种方式，是人民法院的一种诉讼活动。枉法调解的本质与枉法裁判的本质相同，都是审判人员滥用职权的司法行为，都侵犯了当事人的合法权益。另一方面，根据刑法理论界的通说，相对的罪刑法定主义更符合罪刑法定原则的本质，它允许符合立法原意的扩大解释，枉法调解基于其法律效力、性质、形成过程等原因，将其解释为枉法裁判的一部分不违反罪刑法定原则。因此，对于徇私舞弊、弄

---

　* 刘晶，上海市青浦区人民检察院党组书记、检察长；乔青，上海市青浦区人民检察院第三检察部副主任；章秦，上海市青浦区人民检察院第三检察部检察官。
　① 参见张伟东：《论枉法调解是否构成民事枉法裁判罪》，吉林大学 2013 年硕士学位论文。

虚作假，隐瞒或者伪造案件有关证据或者采取胁迫手段强迫当事人调解的行为，若达到情节严重标准，同样应当以民事枉法裁判罪追究其刑事责任。

其次，民事审判活动是指整个民事诉讼环节，在民事立案活动和审理活动中故意实施了枉法裁判行为均可构成本罪。理由在于，根据民事诉讼法的规定，人民法院的民事审判活动由受理立案、开庭审理和执行三个环节的程序组成，是依次递进、环环相扣的动态过程，审判不能等同于审理，也就不能把民事审判局限于开庭审理阶段。同理，主流观点认为，在刑事附带民事诉讼活动中，法官故意违背事实和法律作出枉法裁判的行为，同样可以构成本罪。[①]

（二）"司法工作人员"的认定

民事枉法裁判罪中，"司法工作人员"通常必须具备审判员资质，具有审判职权，但是否构成该罪必须具有审判职权和审判资质则存在不同的认识分歧。一种观点认为只有直接行使审判职权作出枉法裁判的法官才对结果负责[②]；另一种观点认为除了直接裁判者，其他人员只要实施了徇私行为对枉法结果发生起到实质作用都构成本罪。[③] 究竟哪种观点更具有合法性和合理性，还需回到当下司法体制和司法现状来进行讨论。

实践中，虽然按照司法责任制规定，案件由合议庭、独任审判员独立行使审判权并承担责任，庭长、院长不能直接审批非自己审理的案件，但他们可以直接对庭内、院内类案审理和批量案件的法律适用进行统一，且必须保证同类案件相同判决，也即同案同判。在这种情况下，虽然作出最后判决的是直接承办案件法官，但庭长、院长却是实际在背后敲下法锤的裁判者。并且，除了审判业务部门的主管人员外，掌握着对法官们职务晋升、职级评定、工作分配等具有直接制约或决定关系的职权岗位同样在内部对裁判结果的发生形成了制约压力。可以说，即使是司法责任制改革后，法官们既不敢也不能违背庭领导、院领导作出的工作指示、授意，尤其当个人意志通过某种方式变成集体意志时，若还不能将在背后利用职务便利，指使、授意案件审判人员枉法裁判的"实质裁判者"纳入规制范围，则未免在法律文义解释上陷入过度狭义解释的误区。因此，应当认为民事审判活动只要求发生的环境是民事诉讼活动，裁判结果发生在民事诉讼，但并不限制本罪的构罪主体是直接从事民事审判活动的人员。虽没有直接参与审判活动，但对审判活动的结果起到直接作用的人同样是本罪的适格主体。从近些年的相关案件裁判结果来看，也基本采纳了第二种观点，认可实质裁判者对裁判结果的形成应当承担相应法律责任。例如，上海市某区法院某庭长接受请托后，在数百起民事案件审理中均未直接审理，且审理期间其还升任行政领导岗位，但其利用自己担任庭长统一庭内法律适用的职权，以及叠加成为行政领导后所具有的权力影响，指示多名法官对数百件民事案件作出了枉法裁判，后该庭长因犯民

---

①　郝川、接磊：《附带民事诉讼中枉法裁判应定民事枉法裁判罪》，载《检察日报》2015 年 8 月 17 日，第 3 版。

②　参见张俊霞、郝守才：《渎职罪的理论与司法适用》，中国检察出版社 2002 年版，第 144 页。

③　参见刘德法、孔德琴：《民事枉法裁判罪若干问题研究》，载《郑州大学学报（哲学社会科学版）》2006 年第 2 期。

枉法裁判罪被追究刑事责任。①

（三）共同犯罪认定对入罪身份的影响

如前所述，实质裁判者虽未直接参与庭审活动，但同样应当纳入构成民事枉法裁判罪的主体范围。实务中存在分歧的一个问题是，当实质裁判者未直接实施枉法裁判行为时，认定其构成犯罪是否必须以直接审判案件的承办法官构成共同犯罪为前提。有观点认为非直接裁判者构成本罪必须以直接裁判者认定共同犯罪为前提，否则主体身份存在争议空间。② 但从海南高院原副院长张某慧行政枉法裁判案③的认定思路来看，其一，只要行为人基于职务产生对直接裁判者的制约力和影响力，实际上已经在行使审判职权，是否认定案件承办法官构成本案的共同犯罪，并不影响对实质裁判者的责任追究。其二，即便认定案件承办法官的行为构成共犯，仍然可以基于情节显著轻微等理由对其不追究刑事责任，但这并不会切断实质裁判者的刑事责任问题。因此，对于直接审理案件的承办法官，何时处理、如何处理均不影响对实质裁判者的刑事责任追究。例如，在上例上海市某区法院某庭长涉嫌民事枉法裁判罪审理过程中，曾有意见认为当时直接审判案件的法官尚未被追究刑事责任，此时认定该庭长构成犯罪存在主体身份障碍，但经讨论和研究后，最终法院采纳了检察机关指控该庭长构成犯罪的公诉意见。

二、主观故意的具体认定

根据民事诉讼法及相关司法解释规定，民事审判活动中，审判人员依照法定程序，全面、客观地审核证据，依据法律的规定，遵循法官职业道德，运用逻辑推理和日常生活经验，对证据有无证明力和证明力大小独立进行判断，并公开判断的理由和结果。在实质判断上，民事案件裁判奉行"优势证据原则"，将"高度盖然性"作为确认民事案件事实的标准。这与刑事诉讼中排除合理怀疑形成唯一结论的标准相比，民事诉讼在发生案件事实认定错误时很难界定审判人员是故意还是由于业务能力不高、工作不负责任，或是逻辑推理和日常生活经验不足造成。进而，这也成为民事枉法裁判罪认定中的最大难点。但主观的认定总是要以一定的事实作为基础和依据，实务中可以考虑从以下几个方面进行分析认定。

（一）从行为推知主观

主观故意总是通过一定行为表现出来，也即刑法理论所称"主观见之于客观"，因此行为人在审判活动中是否具有明显异常的行为表现，也可作为认定其对于枉法裁判是否具有主观故意的重要参考。

首先，依据审判活动中的具体法律行为进行判定。根据2006年最高人民检察院《关于渎职侵权犯罪案件立案标准的规定》对民事、行政枉法裁判案立案追诉标准的规定，行

---

① 上海市青浦区人民法院（2022）沪0118刑初95号刑事判决书。
② 参见王作富：《刑法分则实务研究（下）》，中国方正出版社2003年版，第2102页。
③ 海南省第一中级人民法院（2020）琼96刑初34号刑事判决书。

为人实施了伪造、变造有关材料、证据，制造假案枉法裁判的，串通当事人制造伪证，毁灭证据或者篡改庭审笔录而枉法裁判的，徇私情、私利，明知是伪造、变造的证据予以采信，或者故意对应当采信的证据不予采信，或者故意违反法定程序，或者故意错误适用法律而枉法裁判的，应当予以立案调查。从规定列举的情况来看，实施了伪造、变造案件材料，串通作伪证，有选择性采信不应当采信的证据、适用不应当适用的程序和法律，最终造成错误判决结果的，都可推定其主观上具有枉法裁判故意。

其次，依据行为人在案件审理前及审理过程中有无接受请托实施枉法裁判行为进行判定。枉法裁判的发生通常与接受了当事人一方的请托密切相关，因此也是在民事枉法裁判罪审查时需要格外关注之处。实践中对于此种情况，一方面，接受请托时，行为人违反法律、法官职业道德基本准则规定的禁止性规定和注意义务，私下与请托方会见接触，泄露审判工作秘密，与当事人一方关系紧密且反常，具有徇私情节；另一方面，接受请托后，在使该方胜诉的主观意图驱动下，行为人在审判活动中往往会选择性采信证据，对应当采信的证据不予采信，对应当调查的事实不予调查核实。当行为人在案件审理过程中背离法官的职责、良知和职业道德，实施一系列枉法裁判行为，徇私情与枉法裁判行为便互为关联，充分证明行为人主观上具有枉法裁判的故意。

（二）从后果推知主观

枉法裁判的当然后果便是裁判结果的错误，这种错误不仅体现为实体法上的错误，同样也体现为程序法上的错误。行为人在审判活动中违反民事法律的规定和实践，存在明显的法律适用错误，进而作出错误的裁判结果，可以推定其主观上具有枉法故意。

首先，裁判结果存在明显的法律适用错误并导致错误裁判结果可以推定其主观存在枉法故意。以张某庆、王某忠民事枉法裁判案①为例，一审判决中张某庆明知审理的案件是合同纠纷案件，应当适用合同法关于代理的规定，但其接受请托后为使原告方获得胜诉判决，将应当视为拒绝的代理行为认定为同意，放弃法官职责操守，故意错误适用法律。王某忠在二审判决中，明知一审判决适用法律错误，但其同样因接受请托为使原告方获得胜诉判决，用另一个法律适用错误掩盖一审的法律适用错误，最终作出错误的裁判结果，给民事案件被告造成重大经济损失，严重损害司法机关的形象和法律权威，二人均属于故意玩弄法律作出枉法裁判的行为。

其次，从结果是否违反民法基本原则进行判定。民事法律关系较为复杂，在具体认定时有时并无明确的法律规定，此时法官便需要依据公平、自愿、平等、不违反公序良俗等民法基本原则进行裁判。而这些原则既是法官据以定案的依据，同样也是对其判决结果是否合法合理的考量准则。

（三）从认知水平推知主观

刑法理论中，认定行为人主观认知水平时通常都是以一般人的认识能力和认知水平作为标尺，进而判断个案中行为人究竟是否具有"明知"行为的危害后果。但对于民事枉法

---

① 吉林省通化市中级人民法院（2018）吉 05 刑终 199 号刑事裁定书。

裁判罪等主体为特殊身份犯的犯罪来说，本罪主体所具有的特殊身份和职务需要决定了其在为职务行为时，必须具备高于社会一般人的认识水平和预见能力。但具体如何判断，理论上存在着主观说和客观说两种不同的认定路径，主观标准说强调依据行为人个人的认识和预见能力，基于具体情况判明行为人有无罪过，这考虑到了每个行为人对自己行为理解、认识、判断能力等方面的特殊性，有其合理的成分，但这一标准过分主观无法保证评价的客观性和标准统一性。客观标准说强调依据社会一般人能否预见其行为会引起损害后果，来决定具体的行为人实施其行为时是否有过错，这能够克服主观标准说的缺陷，但如果完全不考虑行为人的具体情况，则又会造成打击犯罪范围存在较大的差误。因此，实务在作具体判断时通常以一般人认知能力和水平为基础，同时结合具体案件中行为人的文化水平、履职经历、过往办理案件情况、发表论文情况、平时表现、个人所获荣誉情况等对其认知能力进行综合评定，确认其在个案中对于枉法结果的发生是否存在主观上的故意。例如，审判人员对于其业务范围内的知识应当掌握，若其对案件事实简单、证据充分、法律规定明确的案件却作出明显错误的裁判，违反法律规定剥夺诉讼参与人的诉讼权利且拒不改正并作出明显错误的裁判，明显违背证据规则认定事实，或明显违背法律对当事人权利义务的明确规定适用法律，这些情况的发生表明审判人员连应具备的基本常识都未做到，可直接推定其主观上是基于故意而实施枉法裁判行为。

三、"违背事实和法律"的具体认定

（一）认定"违背事实与法律"的几个要点

民事枉法裁判罪侵害的法益不仅包括具体民事案件中当事人的权益，更是对国家司法机关权威和法律公信力的严重侵害。而它之所以规定在渎职犯罪中，是因为其不仅天然地包含着不履行查清案件真相的职责以致发生枉法裁判的典型渎职行为，还包括了违背证据采信原则有偏向性采信一方的证据，甚至毁灭或伪造证据，故意错误适用法律等作为方式作出枉法裁判的渎职行为。根据实务中民事枉法裁判的相关案例，行为人违背事实与法律的行为主要包括伪造、毁灭证据，制造虚假的法律文书，无中生有、编造裁判的"法律依据"，串通当事人制造伪证或篡改庭审笔录，故意不履行调查核实证据和疑点的法定职责等。当手段行为全部具备后，在认定行为的性质及后果时，还需要注意以下几个方面的问题以确认行为所具有的刑事违法可能。

1. 枉法裁判所违背的事实指的是法律事实，且是审判时在案证据所能证明的法律事实。民事案件发生于平等主体之间，由于取证能力和手段的制约，当事人所能提供的有效证据有限，加上民事关系的错综复杂，民事案件中客观事实的查明变得极为困难，因此法律关系内讨论的事实都只能是法律事实。再看结论作出的过程，作为司法者，当面对某一事实时，脑海中逻辑进程包括该事实是否可能真实，是否有证据支撑，证据是否较为充分，该事实是典型事实（事件、行为）还是疑难事实，案件涉及单一事实还是多重事实，多重事实是否都与案件相关联，依据该相关联的事实是否会产生法律后果，疑难案件中的事实是否可以被"类型"化，如何进行推理，推理后产生何种法律后果的完整经过。在此过程中，法官必须借助法律事实发现、法律解释、漏洞补充、价值衡量、法律论证等方法，对事实及其法律意义进

行阐释，进而依据当时的证据作出裁判。故当讨论裁判结果的作出是否违背事实时，只能够从审判时的情境出发，判断裁判者思考和论证的依据是否充分，逻辑推理是否严密，所查明的法律事实是否合法合理，进而判断究竟是否为枉法裁判。

2. 枉法裁判违反了法律强制性和禁止性规定，在法无明文规定的情况下作出的裁判明显违背了法律基本原则。当裁判结果的作出明显违背了法律的强制性和禁止性规定时，则枉法裁判毫无疑问已经构成，是否构成犯罪则还需对主观状态进行甄别判断。但当民事诉讼呈现的法律关系并没有明确的法律规定时，究竟何种裁判构成枉法裁判，其判断依据又回归到民事法律所需要遵循的法律原则中，其中很重要的部分便是进行恰当的法益衡量。例如，当合同中虽然内容和形式均合法，但认可该合同效力将可能侵害不特定人的利益时，则依据法律的基本原则应当确认合同无效。又如，当借款合同表面合法，但因为高额利息已事先从借款总额中被扣除的事实可能被隐瞒，判决确认有效会导致超过国家规定的高额利率被实质认可，存在套路贷未被查清的可能时，则不应当作出会引起此种后果的判决结果。

3. 枉法裁判所违背的法律既包括实体法也包括程序法，且违法行为导致了枉法裁判后果。首先，程序法的存在恰恰是为了保证实体法得到统一正确实施，对程序法的故意违反和利用同样能够造成违法的裁判结果。例如，在张某庆、王某忠民事枉法裁判案中，张某庆接受原告方请托后为增加对原告方的有利证据，在未经事先调查证言、未查明他人是否与本案具有利害关系的情况下，将与案件毫无关联的人追加为"第三人"，参与到诉讼中，最终作出有利于原告的判决。二审中王某忠明知该法律适用错误却不予纠正，致使一审判决得到二审确认，进一步滑入错误深渊。其次，违反实体法和程序法的行为需要以枉法裁判的产生作为后果。实践中，民事法庭长期面临着人案突出的矛盾，部分法官为了在规定的审限内结案往往采用劝当事人撤诉再重新起诉或者系统内先行结案再开庭审理或对不应适用简易程序的案件适用简易程序审理等方式，在此过程中难免存在违反程序法的行为，显然并非只要故意违反了法定程序便一概认定犯罪追究刑事责任，还必须考察违法行为是否实际引发了枉法裁判后果的发生。最后，枉法裁判的认定只需要行为确认，不要求必须造成实质损害后果。根据民事枉法裁判罪的罪状描述及相关立案追诉标准，除了造成经济损失或当事人身体精神损害的后果会构成犯罪外，伪造、变造证据或串通伪证等而作出枉法裁判即可构成犯罪，无须产生实质损害后果。

（二）"徇私"情节对行为认定的影响

实践中，民事枉法裁判案件都有"徇私情、徇私利"行为的存在，细究之下不难发现"徇私"不仅是枉法裁判行为发生的动机，也是认定枉法裁判行为，以及串联客观行为与主观故意之间关联性的重要方面。而"徇私"情节中，除了熟人关系外，受贿行为同样普遍存在其中。有学者对50起法官职务犯罪案件进行统计发现，受贿罪、贪污罪、挪用公款罪和巨额财产来源不明罪这四种贪利型犯罪中，犯受贿罪的比例为100%。[①] 可见在巨额利益面前，少部分法官难以坚守司法公正底线和法律职业伦理，将手中的权力转化为获

---

① 焦占营：《司法人员职务犯罪问题研究——以50起法官职务犯罪案件为样本的分析》，载《河南社会科学》2011年第5期。

取利益的工具，枉法裁判便"毫不意外"地随之产生。从逻辑脉络的角度，可以以"徇私"行为为引线串联起民事枉法裁判罪定性的整体脉络和架构。

首先，"徇私"行为起因于收受贿赂和关系请托，进而实施了私下与请托方会见接触、收钱收物，指导请托方证据收集，泄露审判工作秘密等行为，不仅系违反法律、法官职业道德基本准则规定的禁止性规定和注意义务的行为，且实质违法。

其次，行为人接受请托后，为帮助请托方获得胜诉判决，还伴随着对应当调查的事项不调查，串通伪造、毁灭证据，违反证据采信规则认定"优势"证据等行为，不仅背离了作为法官的职责、良知和职业道德，而且具有违背事实和法律的违法性。

最后，基于帮助请托方胜诉实施一系列违纪违法行为后，错误适用法律采纳和支持请托方的证据和诉请，不仅其所作出的判决是枉法裁判，主观上也可推定其具有了希望和放任的故意。

前述上海市某区法院某庭长顾某某民事枉法裁判案便完整体现了这一逻辑过程，顾某某收受贿赂接受请托后，在立案之前便作出受理和胜诉允诺，在案件审理过程中明知批量案件中借款人不真实，可能存在不具备金融牌照的平台假借自然人借款名义非法放贷的情况，却故意终止调查核实，勾结请托人篡改证据材料，利用自己职权便利及影响力向法官施压，最终作出大量的枉法裁判判决。

（三）自由裁量权与枉法裁判的界分

司法过程既包含着创造的因素也包含着发现的因素，法官必须经常对相互冲突的利益加以权衡，并在两个或两个以上可供选择的、在逻辑上可以接受的判决中做出抉择。在作出这种抉择时，法官必定会受到自身学识、价值观、社会环境和观念的影响。同时，由于法律效力层次的多样性、法律条款语言的简洁性、法律规范调整范围的有限性，同一个事实可能有多个法律与之相对应，也可能寻找不到可以适用的具体规定。因此，同一案件可能会出现不同的法律事实认定，进而在判决结果上也截然相反。该如何界分法官自由裁量权和枉法裁判，已然成为民事枉法裁判罪及其他类似罪名认定时一个无法回避的难题。

为了充分保护法官的自由裁量权，刑法在认定枉法裁判时同样保持一贯的谦抑性态度和做法，这反映在最终枉法裁判的认定需要经过枉法行为系故意违背事实和法律、主观上必须出于故意等多个方面的甄别，只有全部符合的行为才会成为刑法规制的对象。例如，只有当司法工作人员在民事审判活动中选择性适用对一方有利的证据、对应当采信的证据不予采信，对应当调查的事实不予调查，对于显而易见的疑点选择视而不见，故意违背事实和法律，作出与民众朴素正义观背道而驰的裁判时，才认为是对优势证据和规则自由裁量权的滥用，视为对民事诉讼"证据必须查证属实才能作为认定事实的根据，人民法院应当依据法律程序，全面地、客观地审查核实证据"这一基本精神的违背，进而否定行为的合法性。

而作出如此严格的规定，除了自由裁量与枉法裁判之间的价值博弈之外，更是为了保障法律的权威和人民对法律公正性的期待。在尽力保障法官自由裁量权的同时，也在最大程度上防止少数司法工作人员，特别是民事审判工作人员，利用专业知识，故意玩弄法律，打着所谓"优势证据、自由裁量"的幌子枉法裁判，一旦被查处，又以自身工作能力水平有限为借口，妄图逃避法律制裁。事实上，当行为人的所有行为都已经可以符合"徇私情、徇私利"——故意违背事实和法律——枉法裁判形成的逻辑链条时，任何关于主观不明知，没有故意枉法裁判，自由裁量权行使的辩解都显得过于苍白，检察机关在认定罪与非罪时也无须再考虑自由裁量权的问题。

四、民事枉法裁判价值判断的具体路径

随着"庭审实质化"和"以审判为中心"的日益深化，法官早已脱离纸面判案的刻板印象，而是实实在在地参与到证据审查的过程中。尤其在民事案件中，遵循"优势证据原则"据以定案时，法官不仅要秉持客观公正、不偏不倚的职业精神和公正态度，更要将民事诉讼法和相关司法解释所规定的"人民法院应当全面地、客观地审查核实证据""证据必须查证属实才能作为认定事实的根据"等原则在审判活动中加以落实和具体实现。因此，鉴于民事案件证据规则及法官主体身份的特殊性，在民事审判活动中鉴别是枉法裁判还是自由裁量时，可以从以下几个维度加以把握和甄别。

首先，准确认定民事枉法裁判的"事实"，需要结合民事案件和民事枉法裁判刑事案件中证据综合判定。刑事枉法裁判事实的认定必须以民事案件中的"事实"为基础，同时按照刑事标准对民事枉法裁判罪所要求的枉法故意进行提炼，将主观见之于客观，民事法律事实与刑事法律事实两相结合，进而准确认定民事枉法裁判的犯罪事实。

其次，民事法官滥用"优势证据""自由裁量权"裁判案件，属于枉法裁判。民事裁判中的"优势证据原则"是一个较为主观的认定标准，尤其在以阴阳合同等情形中，表面证据已经形成"优势证据"的情况下，若法官不对其中的疑点与破绽进行深入调查，法律便容易沦为他人勾兑案件的工具，法律的公正性便也荡然无存。

再次，民事枉法裁判中故意的认定既要依据行为人的主观认识情况，更要结合行为人在案件审理过程中各种行为表现进行综合评判。一方面，认定行为人的主观状态首先要依据其客观行为，法官在裁判过程中接受请托，私下与当事人或关联人联络，指导证据收集和举证，对于明显的破绽视而不见或加以掩饰，明显违背法律和事实作出有利于请托人的判决，当然应当认定其具有枉法故意。另一方面，本案的犯罪主体是受到过专业法律训练，对于法律规则和裁判者行为规范都了然于胸的职业法官，对其主观明知的要求应当高于一般人的认知要求。

最后，在实际认定中既要关注裁判行为明显违背事实法律和常情常理之处，同时也要具体案件具体分析，准确把握认定尺度。一方面，对于具体案件中，如虚假诉讼案件，存在法官明显受到证据欺骗且较难被发现、未有与案件相关人员接触等无法认定其故意作枉法裁判情形时，应当进行出罪处理。另一方面，尽管宪法和法律都赋予审判机关和审判人员以独立行使审判权的至高权力，但实践中审判机关和审判人员判案时受到地方、上级干涉的情形并不鲜见，这种情况下当枉法裁判发生时，对于执行上级明显严重违反法律程序，所要求作出的裁判严重违背案件事实和法律仍依命令、指令枉法裁判的，认定构成民事枉法裁判罪不存疑问。但对于已经通过多种渠道主张过反对意见，但因受到外部过度压力作出枉法裁判，尚未造成其他严重后果的，对具体审判案件的法官如何处理还需结合个案情况作具体把握，不宜一概认定构成本罪。

徇私枉法罪认定中的疑难问题刍议

张宝峰　朱明亮[*]

　　根据最高人民检察院公布的 2021 年 1 月至 9 月全国检察机关主要办案数据，全国共立案侦查司法工作人员相关职务犯罪案件 1840 人，其中徇私枉法罪 422 人，占比高达 22.3%[①]，是检察机关直接立案侦查的 14 个罪名中发生频率较高的罪名之一。司法人员徇私枉法侵害了刑事追诉活动的正当性，降低了司法机关的公信力，对社会危害性极大。然而在刑法理论和司法实践中对徇私枉法罪的理解和适用在一些地方还存在一定争议。本文对徇私枉法的若干疑难问题进行探讨、研究，以期能够对司法实践有所裨益。

一、不法层面

（一）实行行为的认定

　　根据《刑法》第 399 条第 1 款的规定徇私枉法包括三种行为：（1）"明知是无罪的人而使他受到追诉"；（2）"明知是有罪的人而故意包庇不使他受到追诉"；（3）"刑事审判活动中故意违背事实和法律作枉法裁判"，在司法实践中可以将其分为两大类：一类是枉法裁判行为，对应较为概括的行为（3）；另一类是枉法追诉行为对应相对较为细致的行为（1）、行为（2）。2006 年最高人民检察院《关于渎职侵权犯罪案件立案标准的规定》将故意使罪重的人受较轻的追诉，或者使罪轻的受到较重的追诉明确规定为该罪应予立案情形之一。然而按照上述对应分类从字面看，恐怕无法得出侦查、起诉人员以徇私为动机实施隐瞒事实、违反法律行为，故意使有罪的人受到较轻追诉，或使有罪的人受到较重追诉应当以该罪论处的结论。

　　针对受到较轻追诉有学者主张将行为（2）扩大解释成"明知是有罪的人而包庇不使他受到应有的追诉"[②]，使行为（2）包括了"明知是有罪的人而使其不受任何追诉"和"明知有罪的人而使其受到较轻追诉"两种情况。笔者认为这样解释并未突破文字的可能文义，不违反罪刑法定的原则，具有一定的合理性。

---

　　[*]　张宝峰，江苏省扬州市江都区人民检察院党组成员、政治部主任；朱明亮，江苏省扬州市江都区人民检察院第三检察部检察官助理。

　　[①]　参见《2021 年 1 至 9 月全国检察机关主要办案数据》，载中华人民共和国最高人民检察院官网，https://www.spp.gov.cn/xwfbh/wsfbt/202110/t20211018_532387.shtml#2，2022 年 5 月 21 日访问。

　　[②]　参见张明楷：《刑法学》，法律出版社 2021 年版，第 1650 页。

　　然而面对有罪的人受到较重追诉，通过文义解释恐怕难以得到合理结论，显然行为（1）的对象为"无罪的人"，行为（2）"包庇"指隐瞒、祖护行为均不能包括该情况。因此有学者主张，对"有罪的人受到较重的追诉"由于不能为徇私枉法罪条文的最大可能含义所包容，故针对此情况不能以此罪论处①，如果情节严重造成严重后果的，可按《刑法》第 397 条规定追究刑事责任②。另有学者主张利用间接正犯原理，侦查、检察人员是利用无过错且缺乏故意的法官将罪犯由轻罪定为重罪，即是行为（3）的间接正犯③。笔者认同利用间接正犯解决上述问题。一是必须承认成文法条在某些地方确实有可能存在缺陷，但不能因为法条稍有疑问就说法条存在漏洞，建议立法者重新修法，而应当尽量通过合理解释使它能够既符合立法目的又未超过文字最大射程成为"完美"法条。二是从字面理解该刑法条文虽不能直接得出对有罪的人受到较重追诉成立本罪，但将侦查、检察人员实施上述行为解释成利用无故意的法官实施犯罪，符合间接正犯理论且并未突破罪行法定原理。三是"对有罪的人受到较重追诉"纳入该法条处罚并未超出国民预期，其与其他几种枉法追诉相比该行为不仅破坏了我国刑事追诉活动，还严重侵害了当事人的自由和权利，因此这种行为更应该纳入徇私枉法罪中予以规制，相反将此种情况排除在该罪之外似有实质不合理之处。

（二）行为对象理解

　　根据刑法徇私枉法罪的规定，该罪的行为对象分"有罪的人"和"无罪的人"两种情况。针对"无罪的人"对其认识较为统一，是指没有犯罪事实或者其他依法不应当追究刑事责任的人。然而关于有罪的人在司法实践和刑法理论界对其有着较大争议。主要有三种观点，分别为法院判决说、立案说、涉嫌犯罪说。主张法院判决说的主要依据是根据我国《刑事诉讼法》第 12 条的规定："未经人民法院依法判决，对任何人都不得确定有罪"，因此，构成徇私枉法罪的前提是被包庇之人必须是经过人民法院确定有罪需要追究刑事责任，未经人民法院审判不能成立徇私枉法罪。但该说会造成普通大众无法接受的法律后果，一旦犯罪分子在行为人的帮助下，通过串供、伪造等行为使犯罪事实无法查清或者已过诉讼时效，犯罪分子得不到追诉，行为人枉法目的得逞反而不受处罚。立案说认为只要前案被司法机关立案侦查，进入刑事追诉环节该案犯罪嫌疑人即为有罪之人。但该说将司法实践中大量存在因徇私而未被立案的案件删除在外不具有合理性，也不符合司法解释④明确将"故意包庇使其不受立案"规定为徇私枉法罪的立案情形之一。

　　笔者赞同涉嫌犯罪说，即只要枉法当时在案证据达到了法律规定的刑事案件的查处标准且需要追究当事人刑事责任即可。刑事追诉活动是一个法定的过程，其包括立案、侦查、起诉、审判多个环节，随着诉讼进程的深入每一个阶段证据标准会有所不同，故应当以每一阶段的客观事实和此时的审查标准衡量司法人员相应的行为。徇私枉法虽然并不必

---

① 参见肖晓祥：《徇私枉法罪疑难问题》，载《铁道警官高等专科学校学报》2013 年第 23 期。
② 参见何承斌：《徇私枉法罪行为构造研析》，载《郑州大学学报（哲学社会科学版）》2006 年第 1 期。
③ 参见张明楷：《刑法学》（第六版），法律出版社 2021 年版，第 1650 页。
④ 参见最高人民检察院《关于渎职侵权犯罪案件立案标准的规定》（高检发释字〔2006〕2 号）。

然要求"有罪的人"被判刑，但如果前案判处无罪是否必然可以反证出行为人并不构成徇私枉法。笔者认为并不能，如在一起故意伤害罪中，立案时被害人伤情鉴定为轻伤，行为人基于徇私的目的隐瞒事实、中断侦查、放任不管，后经部门领导或上级督导移送检察院审查起诉，在审判阶段经法院重新组织鉴定为轻微伤。在事后原案当事人因证据发生变化未被追究刑事责任，但在侦办此案时应以行为人枉法之时的证据为标准，判断行为人是否破坏了司法机关刑事诉讼活动，使司法威信和权威丧失。故针对此种情况仍需以徇私枉法罪追究其刑事责任，但应按照未遂处理。

（三）行为主体的界定

确定徇私枉法罪主体判断标准，能够正确判断罪与非罪，区分此罪与彼罪，在司法实践中具有重要意义。我国《刑法》第 399 条第 1 款明确规定，成立本罪的主体是特殊主体司法工作人员，根据《刑法》第 94 条的规定，司法人员是指有侦查、检察、审判、监管职责的工作人员。针对此罪主体判断标准大致有身份论、职责论、兼而有之论三种主张，身份论主张形式上是否有司法人员的身份；职责论主张实质上是否承担司法职责；兼而有之论主张在满足形式身份前提下还需满足实质职责①。比较来说笔者更赞成职责论，首先，身份论不符合我国立法解释，根据 2002 年全国人大常委会《关于〈中华人民共和国刑法〉第九章渎职罪主体适用问题的解释》规定，行为人是否符合该章主体，不是根据其固定身份判断，而是由其履行的职责和根据；其次，兼而有之论不当缩小了该罪打击范围，在司法实践中存在大量不具有司法人员身份，但承当司法职责人员；最后，职责说符合立法对渎职犯罪予以规定的本意，本罪的实质即为行为人对其司法职责的亵渎。

然而在司法实践中单靠具有相应职责这一标准在认定徇私枉法罪主体时仍然存在一定问题。例如，案外派出所民警和看守所管教违规为犯罪分子出具虚假立功材料，帮助犯罪分子减轻处罚其罪名认定仍有争议，下文以此两种情况，对构成此罪主体进一步探讨。

1. 仅具有监管职责的司法人员。看守所管教徇私为留所服刑罪犯制造虚假材料，报请立功，以达到罪犯减刑、假释目的，以徇私舞弊减刑、假释罪定罪应无疑问，但针对未决犯不具有查禁犯罪职责的看守所管教报请虚假立功构成何罪存在较大争议，在司法实践中既有认定为构成帮助犯罪分子逃避处罚罪，② 也有认定构成徇私枉法罪③。

认定构成徇私枉法罪的理由有：（1）看守所管教符合徇私枉法罪的主体要件，根据《看守所条例》第 3 条之规定④看守所管教具有监管和辅助司法追诉职责；（2）行为人为徇私情、私利，采用伪造、虚构立功材料，故意使罪重的监管人员受到较轻的追诉。但笔者不认同此观点，其一，根据徇私枉法罪的罪状表述其只能由司法工作人员利用自己的追诉、审判职权才能实施，因此其主体只能是享有追诉、审判职权的特定司法工作人员，《刑法》第 94 条中仅有侦查、检察、审判具有追诉、审判职责，故该罪不应当包括监管人

---

① 参见高明暄、马克昌主编：《刑法热点疑难问题探讨》，中国人民公安出版社 2002 年版，第 2 页。

② 参见李亮辉帮助犯罪分子逃避处罚二审刑事裁定书，（2018）粤 01 刑终 514 号。

③ 参见孙洪法徇私枉法罪案，（2014）常刑二终字第 63 号。

④ 《看守所条例》第 3 条：看守所的任务是依据国家法律对被羁押的人犯实行武装警戒看守，保障安全；对人犯进行教育；管理人犯的生活和卫生；保障侦查、起诉和审判工作的顺利进行。

员在内。而看守所不具有查禁犯罪职能的普通管教仅有监管职能，至于其辅助追诉职责指的是帮助追诉、审判看管好犯罪嫌疑人，其实质也是履行监管职能。其二，针对立功材料看守所通常仅起到程序流转作用，还需其他单位进一步认定，按照看守所管教收到在押人员控告、举报、申诉材料的一贯操作流程，看守所收到在押人员检举材料会先转递负有调查职责的办案单位，经办案单位查证属实符合立功的规定后，才会出具有关意见给审判机关反映被告人有立功表现。其三，看守所管教仅处于从属、协助、执行等地位和职能，对案件走向没有决定权，仅是从旁保障追诉活动的顺利进行。因此，徇私枉法罪的主体是对案件具有承办、指挥职责的司法工作人员①，而不具有查禁职能的看守所管教仅有监管职责，故不应认定为徇私枉法罪。

笔者认为该种情况可能会构成帮助犯罪分子逃避处罚罪：（1）看守所管教符合该罪的主体资格，根据《人民警察法》第 2 条，人民警察具有惩治违法犯罪职责；依据相关规范，看守所管教需依法对线索收集、转递、处置，即相关法律法规已将查禁犯罪活动职责赋予看守所管教。（2）本罪侵犯的客体是国家对犯罪的查禁活动。看守所管教民警利用其监管便利，违规伪造、虚构立功线索，侵犯了国家对犯罪分子的查禁。（3）符合该罪的客观行为，根据最高人民检察院《关于渎职侵权犯罪案件立案标准的规定》，行为人有"帮助、示意犯罪分子隐匿、毁灭、伪造证据，或者串供、翻供的"行为应予立案。就看守所管教而言其通过伪造虚假立功材料意图帮助犯罪嫌疑人减轻处罚，故构成帮助犯罪分子逃避处罚罪。根据最高人民检察院《关于人民检察院立案侦查司法工作人员相关职务犯罪案件若干问题的规定》，该罪不属于检察机关立案管辖罪名，但笔者认为由于检察机关是刑事诉讼的监督单位，全流程参与刑事诉讼活动，其便于发现、侦破司法工作人员帮助犯罪分子逃避处罚案件，故由检察机关立案侦查更为适宜。

2. 具有相关职责的案外司法人员。具有追诉、审判职责的案外司法人员，由于徇私、徇情出具虚假立功材料，应当如何定性？在理论界存在两种观点：第一种观点认为应当以徇私枉法罪追究刑事责任②，第二种观点认为应当构成滥用职权罪或帮助犯罪分子逃避处罚罪③。存在上述疑问是由于对《刑法》第 94 条"职责"的理解存在分歧，即该职责是否必须特指其具体承办、负责、主管的案件。笔者认为对其"职责"不应作狭窄理解否则会不当缩小徇私枉法的适用范围，其不仅应当包括主管、办理、经手的案件，还应包括行为人利用司法职务或者地位形成的便利条件配合、协助等方式实际参与了追诉进程。故认定上述情况构成徇私枉法似乎更为恰当。

首先，"案外"司法人员具有"双重"追诉职责。立功线索大多属于检举揭发他人犯罪，针对原案犯罪嫌疑人来说负责查证揭发线索的司法人员确实并非原案的具体承办人员而仅是协助追诉，但对于揭发线索的查证该案外司法人员是具体承办人，在履行自己的刑事追诉职责，将其排除在徇私枉法罪之外不具有合理性。

---

① 参见张明楷：《论帮助毁灭、伪造证据罪》，载《山东审判》2007 年第 1 期。

② 参见薛培、胡继恒：《追诉犯罪过程中侦查人员出具虚假立功材料的定性》，载《中国检察官》2010 年第 2 期。

③ 参见张明楷：《刑法学》（第六版），法律出版社 2021 年版，第 1649 页。

其次，立功材料将直接影响刑罚的追诉效果，若虚假立功材料被成功认定侵害了国家的司法机关的正常活动。证明立功的材料，并不是对案件无关紧要的文书，而是法定的量刑情节，如果被成功认定，其后果是罪犯可以从轻、减轻处罚甚至可以免除处罚。

最后，案外司法人员提供的立功材料其调查程序、证明能力、证明力与本案司法人员提供的立功材料并无区别。通常情况若无相反证明一般均会被审判人员采纳，其原因就在于他们本身都具有特定的侦查职能，案外司法人员利用了其负责辖区刑事案件办理的职责，而一般主体不具有这样的资格提供相关材料，即使提供有关书面材料通常也需要侦查部门进行调查核实后才能作为证据使用。

二、责任层面

（一）徇私动机

"徇私""徇情"的性质，在刑法理论上主要存在犯罪动机说、犯罪目的说、行为说三种观点。笔者认为动机说更为合理：第一，目的是通过行为而实现的，故通常情况下目的不会发生在行为之前，但在司法实践中存在大量行为人是收到原案犯罪嫌疑人好处后才枉法；第二，构成徇私枉法罪均应当有徇私情节但并非均有徇私行为，如行为人为了偏袒、"保护"自己亲友或者报复仇人而实行枉法行为，但此时可能徇私仅存在内心，而外化的仅有枉法行为；第三，从逻辑关系上看，行为人实施犯罪行为所希望达到的结果是犯罪目的，而犯罪动机是引起行为人产生犯罪目的的某种心理刺激或内心冲动。在本罪中枉法行为其客观想要造成的危害结果应当是"出入人罪"，而引起"出入人罪"的心理起因是"徇私、徇情"。因此，引起行为人产生心理刺激的徇私属于犯罪动机。

刑法理论一般认为动机不是犯罪构成的必需要件，通常其只影响责任的大小，继而对量刑产生影响。有学者指出徇私只是本罪的动机，并非必备的构成要件要素，它不影响定罪，只有量刑上的意义[①]。但笔者认为当某些特定的动机作为责任要素时，要想构成此罪必须具有此特定的动机。在我国《刑法》第 399 条明确将"徇私、徇情"规定为构成要件要素的情况下，要想构成该罪，徇私作为责任要素应当必须具备。将徇私作为成立犯罪的必备条件，在司法实践中查明徇私情节必将成为查办该案件的难点，但不能因此就将徇私枉法简单等同于枉法，这样必将导致随意扩大该罪的处罚范围。需要查证徇私动机但无必要一定查实行为人存在与原案犯罪嫌疑人或其他利益关系人共谋、利益交换等客观行为，如果能够认定行为人故意实施了刑法规定的渎职行为，并且查明行为人与原案涉案人员存在私利、私交、私愤，或者案件办理影响个人、单位的政绩等情况，就可以被认定或推定行为人出于徇私动机[②]。但如果渎职行为是由于行为人法律水平不高、事实掌握不全导致，则必然不构成该罪。如同刑法规定的绑架罪一样，勒索财物是成立该罪的主观超过要素，并不需要客观化，只要行为人具有此意思即使客观没有通知被绑架人近亲属，也构成该罪，若无此意思仅以实力控制被害人或控制后让被害人隐瞒被控制事实而与家属索要

---

① 陈兴良：《罪名指南》，中国政法大学出版社 2000 年版，第 1591 页。

② 参见张明楷：《渎职罪中"徇私"、"舞弊"的性质与认定》，载《人民检察》2005 年第 23 期。

财物，则不构成绑架罪，根据性质可能成立非法拘禁或抢劫。

（二）为单位徇私

在司法实践中一些司法人员为了本单位、集体谋取不正当的经费保障、绩效考核、职务晋升、荣誉等，置法律法规不顾实施枉法行为，这一徇"小集体"之私是否能够成为徇私枉法罪中的徇私是一个颇有争议的问题。

笔者认为徇私枉法罪应当包括徇小集体之私，第一，从侵害法益讲徇单位之私和徇个人之私并无区别，均侵害了国家司法机关对刑事案件的追诉，损害了社会大众对司法公正的价值追求，其本身客观违法性并未改变。第二，不按照徇私枉法处理会造成刑法处罚的失衡，若徇单位之私不按照徇私枉法定罪则可能以一般渎职罪滥用职权论处，然而与徇私枉法罪相比，滥用职权罪为结果犯必须造成相应的结果，故成立滥用职权罪入罪门槛可能会更高而不当放纵一些违法人员，同时徇私枉法罪的法定刑高于一般渎职的滥用职权罪。第三，徇小集体之私并没有突破该罪的含义，"私"与"公"相对于整个社会的公平正义来说，均为小集体、小团伙的利益，其都可以评价为该罪的"私"。第四，刑事立法之所以在本罪的罪状中加上"徇私、徇情"，其目的是将因为法律水平不高、政策把握不准、能力有限等非故意枉法行为排除在外，显然徇单位之私不属于上述非故意行为。

（三）间接故意

刑法徇私枉法罪法条两处规定了"明知"、两处规定了"故意"，其立法目的是将过失导致的不正确追诉和判决排除在外，这一点应无异议。但在理论界对于该罪名是否包括间接故意存在不同的看法。有学者主张该罪仅成立具有徇私动机的直接故意[1]，因为在间接故意中行为人只是放任结果的发生，而不是积极地追求这种结果，结果发生与否行为人皆可接受，故在间接故意犯罪中并不存在犯罪目的。然在徇私枉法过程中行为人是以徇私为动机，以枉法为目的，通过积极的枉法行为追求危害结果，故间接故意在该罪没有存在空间。但同时也有学者主张该罪包括直接故意和间接故意[2]，认为该罪刑法条文并未排除间接故意，人们之所以说该罪只能由直接故意构成，只是根据有限的事实作的归纳，并不是法律的规定。

笔者赞同第二种观点该罪存在间接故意。间接故意是认识到危险结果可能发生，并放任结果的发生。就该罪而言即只要行为人在徇私的推动下，实施的作为或不作为的渎职行为对危害结果的发生与否不能确定，且行为人对案件后续追诉听之任之放任不管，任其自由发展即可能构成间接故意。在司法实践中亦有认定徇私枉法存在间接故意的案例，如刘某、覃某波徇私枉法案，法院认为两被告人刘某、覃某波作为司法工作人员，为了私情或私利，故意隐瞒案件真实情况，出具虚假文书材料，违规办理案件，放任没有犯罪事实或者罪行较轻的人受到刑事或较重刑事追诉的危害后果，其行为构成徇私枉法罪[3]。

---

[1]　参见王作富：《刑法分则实务研究（下册）》（第四版），中国方正出版社 2010 年版，第 1889 页。
[2]　参见张明楷：《刑法学》，法律出版社 2021 年版，第 1650 页。
[3]　参见刘捷、覃贵波徇私枉法案，（2018）川 0114 刑初 216 号。

三、司法认定

(一) 犯罪形态

对于该罪是否存在未完成形态在理论中也存在一定的争议。有学者认为徇私枉法罪不存在未遂，徇私枉法行为一旦实行，要么因为"情节显著轻微、危害不大"而不构成犯罪；要么成立犯罪且成立既遂①。也有学者认为，本罪存在既遂与未遂的区分，当行为人实施了枉法行为，但最终行为人追求的结果没有实现时，应当认定为本罪的未遂犯②。

笔者认同徇私枉法是行为犯，但不认为行为人只要实施了徇私枉法罪所规定的实行行为就构成该罪的既遂，该罪存在未遂的可能，且其既遂未遂的区分标准并不以对象得到实际错误的处理为条件。任何犯罪行为都是一个过程，即使是行为犯也应当通过行为的进程认定其对法益的侵害和威胁程度。以是否实施了《刑法》分则的实行行为为标准判断是否构成本罪，以行为对法益的侵害、危险程度作为标准判断是否既遂。

就徇私枉法罪而言只要实施了司法解释规定的行为就构成犯罪，又由于刑法规定该罪的目的是规避司法人员破坏刑事追诉，影响司法公正，故该罪既遂的标椎应当是行为人的行为足以影响事实的认定，造成犯罪嫌疑人可能逃避、受到刑事追诉的危险。若司法人员在实施徇私枉法行为过程中，由于意志以外的原因，而未能继续完成法定行为，或已经实施的行为不足以达到徇私枉法的目的，则应当成立为本罪的未遂。如司法人员在刑事审判活动中收受被告人亲属的贿赂，在审委会讨论该案件时故意违背事实和法律作出虚假陈述，试图作枉法裁判把有罪判无罪或重罪判轻罪，但最终未被审判委员会采纳，行为人所实施的行为并不足以达到徇私枉法的目的，故行为人只成立本罪未遂③。又如，某侦查人员在办理某刑事案件时因徇私利，故意通过伪造虚假证据，意图使罪重的原案犯罪嫌疑人在其虚开增值税专用发票一案中受到罪轻的追诉，由于其意志以外的原因，其目的没有得逞，且其已经实施的行为还不足以达到徇私枉法的目的，故认定本案是未遂④。

(二) 犯罪罪数

在司法实践中，徇私枉法行为有时会与其他违法犯罪行为同时发生，如司法工作人员索取贿赂，通过毁灭、伪造证据、阻止证人作证的方式对无罪的人采取剥夺其人身自由的强制措施，并在限制人身自由期间对其刑讯逼供获取"有罪"供述，行为人的上述行为可能同时触犯受贿罪、帮助毁灭、伪造证据罪、妨害作证罪、非法拘禁罪、刑讯逼供罪、徇私枉法罪。针对同时触犯多种罪名情况，只有准确认定上述行为是一罪还是数罪，才能有利于合理量刑，维护刑法权威。

---

① 肖中华：《渎职犯罪法定结果、情节在构成中的地位及既遂未遂形态之区分》，载《法学》2005 年第 12 期。

② 周光权：《危害结果仍是区分渎职罪未遂与既遂标志》，载《检察日报》2003 年 10 月 21 日，第 8 版。

③ 参见周光权：《徇私枉法罪研究》，载《人民检察》2007 年第 12 期。

④ 参见王智徇私枉法案，（2017）桂 1021 刑初 170 号。

行为人徇私枉法，在实际操作中可能采用了多重的方法和手段，导致该罪在客观方面呈现出多样性。因此在判断徇私枉法罪罪数时，首先，应当根据行为人的行为进行一定的事实评价，判断其是否符合相关罪名的构成要件，即对行为人涉嫌的罪名予以确定；其次，再根据刑法理论的判断规则进行法律评价，以最终确定司法结果。就该案例而言行为人所实施的帮助毁灭、伪造证据、妨害作证、非法拘禁、刑讯逼供行为包含在徇私枉法罪客观构成要素中，上述行为与徇私枉法属于想象竞合，择一重罪处罚即可。

受贿罪与徇私枉法罪由于具有两个行为其并非想象竞合；又由于受贿并非枉法手段行为，枉法也非受贿的结果行为，因此也非牵连犯。从刑法理论讲司法人员收受贿赂后徇私枉法应当数罪并罚，但我国《刑法》第399条第4款基于收受贿赂进而枉法具有通常性将其拟制为一罪处罚[1]。但笔者所举之例不能以一罪处罚，而应当按受贿与徇私枉法数罪并罚[2]。首先，《刑法》第399条第4款规定为"收受贿赂"而《刑法》第385条受贿罪除"非法收受"外还规定了"索取他人财物"，显然立法者这一拟制规定将索取他人财物排除在外。其次，立法者之所以将其拟制为一罪是由于收受贿赂后枉法具有普发性，但索取贿赂不具有普发性是较为例外情形。最后，与收受财物相比，索取贿赂其违法性与有责性更重，可谴责性更强，故上述案例应当受贿罪与徇私枉法罪数罪并罚。

---

① 参见张明楷、黎宏、周光权：《刑法新问题探究》，清华大学出版社2003年版，第402页。

② 参见张明楷：《刑法学》（第六版），法律出版社2021年版，第1651页。

论渎职罪中"造成恶劣社会影响"的司法审查

——以媒体报道类型为视角

郑法梁*

　　"造成恶劣社会影响"作为渎职罪的重大损失情形之一,在实践中被广泛适用。媒体报道类型又为其中的典型,具有较强的研究意义。实证分析发现,裁判者有时在认定"造成恶劣社会影响"过于依赖媒体知名程度,未能对媒体报道展开学理性分析和体系化审查,涉媒体报道的渎职案件办理存在明显的共性问题。基于此,本文以涉媒体报道渎职案件为样本,总结归纳现状,厘清现实问题和原因,并提出针对性的建议,以期为渎职案件的准确审查提供有益思路。

一、样本分析

(一)样本的整体情况

　　在中国裁判文书公开网以渎职罪、玩忽职守罪等罪名及"二审""造成恶劣社会影响""媒体"为关键词,共收集到 2022 年 4 月 15 日前相关二审刑事判决或裁定书 100 余份,经筛查,共得到有效裁判文书 92 份。

(二)样本的具体情况

　　1. 关于媒体报道的基本情况。从表 1 可知,变量一中"造成网络舆情、群众反映强烈""社会影响极坏"占比低,"严重损害政府公信力、国家声誉"和"造成恶劣社会影响"占据绝大部分,反映了媒体报道的次生影响相较"造成网络舆情、群众反映强烈"等过程性的影响,实质性后果的影响更具司法认同感。变量二中,以渎职行为造成的后果为主要报道内容,少数仅报道渎职行为,同时报道渎职行为和渎职后果占比更小,这由媒体报道的客观规律所决定。

---

　　*　浙江省瑞安市人民检察院第二检察部四级检察官。

表1

报道基本情况		涉及中央 媒体案件数	涉及省级 媒体案件数	涉及地方 媒体案件数
变量一：报道产生的次生影响	严重损害政府公信力、国家声誉	13	11	6
	造成网络舆情，群众反映强烈	0	2	2
	社会影响极坏	1	1	2
	造成恶劣社会影响	12	26	15
变量二：报道的具体内容	针对渎职行为	6	8	3
	针对受监管公民实施违法犯罪等渎职后果	17	28	16
	两者皆有	3	5	6

2. 关于媒体报道的辩护焦点。92件渎职案件中，有70件案件辩护人对媒体报道的相关事项提出辩护。表2反映，辩护要点集中于媒体报道有无造成恶劣后果、报道内容的真实性、渎职行为与危害后果的因果性、渎职行为自身的轻微性等变量。其中，变量三占比71.4%，为最主要的辩护战场，辩护意见均未被法院采纳。变量四占比20%，仅次于变量三，渎职行为与媒体报道造成的影响后果无直接因果关系为常见的辩护意见，相关辩护意见亦未被采纳。变量五系在认可因果关系的基础上，提出行为人原因力轻微的罪轻辩护，占比2.9%，有一件案件被法院采纳，行为人被判处免予刑事处罚。"报道内容的真实性"变量占比2.9%，相关意见未被采纳。

表2

主要辩护事项	辩护的案件数	具体辩护理由	辩护采纳数
变量三：媒体报道有无造成恶劣后果	50	事件虽被媒体传播有一定影响，并未达到恶劣程度	1
变量四：报道内容的真实性	2	媒体报道严重失实	0
变量五：渎职行为与危害后果的因果性	14	受监管对象引发的危害后果与渎职人没有直接因果关系或没有关系	0
变量六：渎职行为的轻微性	2	多因一果，渎职行为仅是相对较小的原因	1

3. 关于媒体报道在渎职犯罪中的作用。滥用职权罪、玩忽职守罪均要求国家机关工作人员的渎职行为致使公共财产、国家和人民利益遭受重大损失。根据2012年最高人民法院、最高人民检察院印发的《关于办理渎职刑事案件适用法律若干问题的解释（一）》（以下简称《解释一》）规定，重大损失包括造成一定数量的伤亡、经济损失30万元以上，以及造成恶劣社会影响和其他遭受重大损失的兜底情形。从表3可知，个别媒体报道在实践中有单独作为定罪情节，被认定造成恶劣社会影响；媒体报道与渎职行为的基础结果并不排斥，实践中存在基础结果被认定为重大损失，而媒体报道造成恶劣社会影响的双

重危害后果；媒体报道并不必然造成恶劣社会影响，在基础结果已达到重大损失的情况下，媒体报道有时只是案件的附随情节，在量刑时酌情考虑。其中，作为定罪情节的占比70.6%，作为主要情节的占比18.5%，作为附随情节的占比9.8%，作为其他情节的占比1.1%。主要情节的占比不低，说明裁判者在认定媒体报道造成恶劣社会影响是进行独立的，与基础结果是否构成重大损失无直接关联性。

表3

媒体报道在渎职犯罪	具体表现	案件数
变量七：定罪情节	以媒体报道造成恶劣社会影响作为犯罪构成要件	65
变量八：主要情节	基本后果构成重大损失以上，媒体报道引发的造成恶劣社会影响或者媒体报道、信访等多因素共同造成恶劣社会影响	17
变量九：附随情节	基本后果构成重大损失以上，媒体报道未被认定造成恶劣社会影响	9
变量十：其他情节	无罪案件	1

二、审查涉媒体报道渎职案件存在的问题

（一）媒体报道定位混乱

媒体报道在渎职后果认定中处于何种定位，司法实践认识不一，带有一定的混乱性。一是在媒体报道能否作为定罪情节的定位上，不同的司法机关有不同的理解把握。例如，张某治玩忽职守案①，基本案情为张某治在履行公安民警职务中，由于疏忽大意导致被害人被错误抓捕羁押12天，后该事件被国内多家媒体报道后引发社会公众广泛关注以及评论。一审法院认为，渎职犯罪的后果应当以行为人的行为本身造成的社会影响来判定，媒体报道起到的是一个信息传播作用，属于社会监督，不能以此认定造成恶劣社会影响；检察机关抗诉后二审法院采纳抗诉意见并认为，媒体报道具有舆论导向的作用，"青海警方跨省抓错人事件"被全国各种媒体报道后引发公众广泛关注、评论，对青海公安队伍的形象和声誉造成严重的负面影响，媒体报道是真实客观的，社会恶劣影响来源于公安人员渎职行为侵害公民权利的事件本身的恶劣性。二是媒体报道在被认定为渎职后果的主要情节还是其他情节时具有随意性。例如，张某等人玩忽职守案②，基本案情为张某作为具有处理交通事故资格的民警，在处理道路交通事故工作中严重不负责任，致使他人骗取保险赔付款104万余元，人民网等多家媒体纷纷报道，二审裁判文书认定本案渎职后果既包括造成公共财产损失，又包括造成恶劣社会影响。又如，何某记受贿、滥用职权案③，基本案情为何某记作为南昆山管委会规划建设股负责人，在收受钱财后伙同他人私自减免企业城

---

① 参见（2015）宁刑终字第77号刑事判决书。
② 参见（2016）皖13刑终627号刑事裁定书。
③ 参见（2017）粤13刑终76号刑事裁定书。

市建设配套费计 79 万余元，搜狐网等多家媒体报道，二审裁判文书仅将造成公共财产损失作为渎职后果，未将媒体报道作为主要情节予以评价。张某案和何某记案在媒体报道事实方面类似，最终认定的情节定位有所区别。

（二）媒体报道定性差异

媒体报道造成社会影响的恶劣程度的认定存在差异，个别案件情形有是否达到恶劣程度的争议。例如，刘某波滥用职权无罪案①，基本案情为刘某波作为一民事借贷纠纷案件的审判长，在组织调解中，因当事人自认，未对现金借款真实性进一步审查核实，制作了不正确的民事调解书。当事人后以该调解书为依据申请执行天鸿公司在西平县开发的康馨佳苑项目，给天鸿公司造成损失。之后，某报刊登该案相关报道。该案一审判决无罪，经检察机关抗诉，二审维持原判。案件主要争议焦点之一为渎职行为有无达到造成社会影响恶劣的程度，抗诉机关认为，刘某波滥用职权行为造成包括媒体报道在内的多种后果，属于恶劣社会影响；一审、二审法院均认为，即使出现了媒体报道等情形，但未达到恶劣程度，不构成犯罪。

媒体报道介入后，渎职犯罪因果关系立场亦有差异。实践中，辩方对渎职犯罪因果关系一般持必然因果关系说，认为媒体报道具有偶然性，若媒体不介入，渎职行为人就不会造成恶劣社会影响，所以否定因果关系。裁判者往往持多因一果立场，"当渎职犯罪的结果与行为人的行为之间具有部分因果关系时，就可以将这一结果归责于行为人。在多因一果的情况下不再继续判断原因力的大小，一概认定为具有刑法上的因果关系"②。双方不同的因果关系立场，带来因果关系证明责任的差异，以辩方的立场，控方必须证明渎职行为与媒体报道间存在必然的引起关系；以裁判者的立场，控方仅需证明渎职行为引起了基本后果，大大减少了控方的举证责任。

（三）媒体报道认定标准模糊

媒体报道认定造成恶劣影响的文书说理模糊。2018 年最高人民法院印发的《关于加强和规范裁判文书释法说理的指导意见》规定，裁判文书释法说理，要阐明事理，说明裁判所认定的案件事实及其根据和理由，展示案件事实认定的客观性、公正性和准确性；要释明法理，说明裁判所依据的法律规范以及适用法律规范的理由；诉讼各方对案件法律适用存有争议或者法律含义需要阐明的，法官应当逐项回应法律争议焦点并说明理由。结合表 1、表 2，共有 50 件案件辩护方就媒体报道是否达到恶劣程度提出异议，少部分的裁判文书以"案件经媒体报道后，严重损害政府公信力、国家声誉或造成网络舆情，群众反映强烈"等具体影响对争议焦点简单说理，大部分的裁判文书以"案发后，经媒体报道，造成了恶劣社会影响"的结论代替说理，甚至略过造成恶劣社会影响的争议，以"行为人滥用职权或者玩忽职守，致使公共财产、国家和人民利益遭受重大损失"的上位概念回避。裁判文书的不充分说理使得造成恶劣影响的实践标准难以把握。

---

① 参见（2018）豫 06 刑终 87 号刑事裁定书。

② 参见姜涛：《渎职犯罪因果关系的判断方法》，载《河北法学》2021 年第 10 期。

媒体报道认定造成恶劣社会影响的司法逻辑模糊。从个别案件反映出，裁判者对媒体报道认定的司法逻辑不当，有时过于看重媒体报道的重要性，轻微的渎职行为一经重要媒体曝光并迅速上升为犯罪。在司法认定时，忽视了基本的犯罪行为和基础结果，仅凭媒体报道的次生影响作为衡量是否构成犯罪的依据，易给人民群众造成舆论决定犯罪的不良感观。例如，方某秋滥用职权案①，基本案情为方某秋在普宁市公安局交通警察大队里湖中队设置于省道的一测速点进行移动测速执法时，在收取一违章超速行驶当事人 200 元后，删除了该车的超速违章记录，该行为被某媒体曝光后，其他新闻媒体也相继报道该事件，法院最终认定该案造成恶劣社会影响，判处方某秋有期徒刑 6 个月，缓刑 1 年。实际上，除去媒体报道因素，方某秋的渎职行为和造成的基础后果是轻微的，远未达到犯罪程度；而被媒体报道后，方某秋就构成犯罪，这种司法认定逻辑值得商榷。

三、媒体报道审查乱象的深层次原因

（一）"造成恶劣社会影响"沦为"口袋条款"

2012 年"两高"《解释（一）》将滥用职权罪、玩忽职守罪中"致使公共财产、国家和人民利益遭受重大损失"分为四种情形，"造成死亡 1 人以上，或者重伤 3 人以上，或者轻伤 9 人以上，或者重伤 2 人、轻伤 3 人，或者重伤 1 人，轻伤 6 人以上""造成经济损失 30 万元以上的"等两种情形被视为物质性损失，因其标准量化明确，不存在适用障碍。"造成恶劣社会影响""其他致使公众财产、国家和人民利益遭受重大损失的情形"被视为非物质性损失。"造成恶劣社会影响"是与物质性损失同质不同类的情形，"其他致使公众财产、国家和人民利益遭受重大损失的情形"则是兜底条款。"造成恶劣社会影响"的表现形式有多样，在实践中包含"造成秩序性损害""造成声誉性损失""严重破坏社会秩序，造成公众权益性损害""损害司法公正，造成社会性危害"等情形，② 这些情形难以量化评价。

尽管，针对法律条款含义不明，特别是对兜底条款进行解读时，法律解释上有同质性解释原则支撑。同质性解释，是指当刑法语词含义不清，对附随于确定性语词之后的总括性语词的含义，应当根据确定性语词所涉及的同类或者同级事项予确定。③ 同质性解释的判断标准一般分实质相同说、同一类型说等观点，对"造成恶劣社会影响"解释时采取实质相同说显然更为恰当。不过，"造成恶劣社会影响"与物质损失属于两个不同性质的损失，在运用同质性解释规则时，因缺乏具体参照对象，而无从比对行为性质是否同"质"。就此，实践样本演变出以实践经验权衡"造成严重恶劣的影响"的把握标准，媒体报道作为"造成严重恶劣的影响"的认定依据逐渐流行。一旦案件经媒体报道产生负面影响，司法机关便可以套用"造成严重恶劣的影响"，"造成严重恶劣的影响"沦为口袋条款。样本中有一批案件经媒体报道后，对行为人定以渎职罪，又判处其免予刑事处罚，上述人员原本有无达到追究刑事责任的程度和必要，不禁让人反思。

---

① 参见（2017）粤 52 刑终 263 号刑事裁定书。
② 参见魏煜鑫：《论渎职犯罪中"造成恶劣社会影响"的界定》，载《江西社会科学》2017 年第 5 期。
③ 参见梁根林：《刑法适用解释规则论》，载《法学》2003 年第 12 期。

（二）司法审查逻辑不清、认识有误区

1. 媒体报道类型的入罪逻辑不同。渎职行为造成物质性损失的，入罪逻辑相对简单，采取"渎职行为 + 重大损失的基本后果 = 渎职罪"模式。涉及媒体报道类型，入罪逻辑变得复杂，需采取"渎职行为 + 造成恶劣社会影响（基本后果 + 媒体传播） = 渎职罪"模式。可疑惑的是为什么未达重大损失的基本后果经过媒体传播就能造成恶劣的社会影响？这要从渎职罪保护的法益说起。晚近以来，渎职罪保护的法益不是单一要件已达成共识；认为滥用职权罪保护的法益是职务行为公正性及其信赖的观点，在刑法学界渐具影响力。[1] 1987 年最高人民法院研究室《关于对重大责任事故和玩忽职守案件造成经济损失需追究刑事责任的数额标准应否做出规定问题的电话答复》（以下简称《答复》）中提到，实践中，因重大责任事故和玩忽职守所造成的严重损失，既有经济损失、人身伤亡，也有的还造成政治上的不良影响。尽管《答复》被《解释（一）》代替而失效，仍为渎职罪的法益探讨提供原始依据。《答复》明确将政治上的不良影响视为玩忽职守罪造成的严重损失，乃是《解释（一）》造成恶劣的社会影响规定前身。因此，渎职罪的法益当然包括人民对职务行为的信赖。

媒体报道系国家宪法赋予的舆论监督。媒体借助报刊、广播、电视等大众传媒，对国家机关工作人员在履行职责或者行使职权过程中发生的违法违纪行为进行披露、批评和建议，进而形成舆论压力，督促相关机关及人员正视并解决相关问题，从而实现对权力的监督与制约。[2] 就渎职行为而言，渎职行为的公之于众和广泛传播，在一定程度上势必会产生国家、政府等声誉损失等方面的负面附随结果（社会影响）。[3] 上述案件在媒体报道前，渎职行为一般仅对特定人造成损害结果，其造成政治上的不良影响也是局限、个别的，而经过媒体传播，政治上的不良影响则被扩大，从个人转变为群体对政府的公信力产生质疑，因而攀升至恶劣。其中，发挥重要作用的便是媒体报道，而且扩大的程度受传播力度和广度决定。

2. 媒体报道在渎职犯罪因果关系的认识误区。故意犯罪与过失犯罪均要求实行行为在因果流程中达到支配程度，在多因一果中应是主因，不然在结果归责时易因其他更重要原因的介入而中断。渎职犯罪不同于一般的故意犯罪与过失犯罪，其实行行为与结果之间的因果关系亦有所不同。从渎职罪的法定刑设置上可看出，滥用职权罪、玩忽职守罪中造成 1 人死亡的，法定刑为 3 年以下；若是过失致人死亡罪，法定刑为 3 年至 7 年。正是认为渎职犯罪中，实行行为对死亡结果的出现仅发挥间接的作用效果，不法程度程度才比过

---

[1]　参见劳东燕：《滥用职权罪客观要件的教义学解读——兼论故意·过失的混合犯罪类型》，载《法律科学》2019 年第 4 期。

[2]　参见秦正发、秦洁：《渎职罪中"造成恶劣社会影响"认定评析——以舆论监督为视角》，载《科技与法律》2019 年第 1 期。

[3]　参见秦正发、秦洁：《渎职罪中"造成恶劣社会影响"认定评析——以舆论监督为视角》，载《科技与法律》2019 年第 1 期。

失犯罪轻。① 可以说，渎职罪的因果关系在最初设定时即异化。

样本中，普遍以渎职行为人系造成危害后果的原因力之一作为因果关系的成立理由。的确，事实因果关系判断是渎职犯罪因果关系认定的基础。事实因果关系通常采取条件说，即事实上是否存在引起与被引起关系的事实判断；在渎职行为与危害后果间存在"无前者就无后果"的关系时，事实因果关系则成立。因果关系的判断除了事实层面的，还牵涉价值层面。为避免过于泛化渎职行为所造成的后果，需以相当因果关系限制。相当因果关系的核心是：从生活经验来说，如果是由于无法预料的异常行为的介入引起危害结果发生，开始的实行行为和最终结果之间不具有"相当性"②，不能将结果归责于渎职行为人。在相当性因果关系判断时，媒体报道容易陷入异常介入因素的认识误区。其实，媒体报道作为一个舆论监督的方式和权利，它对政府行为进行报道是通常和普遍的，若将其视为异常、偶然的介入因素是对舆论监督的错误解读。案件经媒体报道后，认为造成恶劣社会影响，是渎职行为所引起的自然发展的后果，就像伤势能从轻伤演变成重伤甚至死亡，此时犯罪后果才完全形成、固定。基于这层认识，实务中的因果关系认定相对容易理解。例如，杜某某、韩某某玩忽职守案③，基本案情为韩某某、杜某某任查验岗民警期间，不认真审查入户材料，在材料明显造假、无机动车安全技术检验合格证明的情况下为多辆救护车办理入户，二人办理入户手续的一救护车于 2014 年 7 月在非法营运过程中，发生 4 名陪护人员因车上加装的汽油发电机尾气泄漏而一氧化碳中毒死亡的事故，该案被中央媒体报道造成恶劣影响。一审、二审法院均认为 4 人死亡事故发生系经营者擅自假装汽油发电机，杜某某、韩某某的渎职行为与该结果无直接的刑法上的因果关系，不具有相当性。但渎职行为和相关案件的报道已造成了恶劣的社会影响，这与二人的渎职行为具有刑法上的因果关系。

（三）媒体报道类型审查体系的缺乏

渎职案件中，媒体报道不能作为介入因素而对待，在造成恶劣社会影响的情境下，属于危害后果的一部分，故裁判者应以犯罪事实的标准展开实质性审查。样本中，对媒体报道的审查普遍浅表化，究其原因，是审查体系的缺乏。一是裁判者不重视实质性审查。"案件有主流媒体报道即能认定造成恶劣的社会影响"的理念观点，造成裁判者不愿、不想进行实质性审查；法庭上控辩双方亦很少对媒体报道的内容展开交锋，裁判者缺乏说理评析的必要性和主动性。在如此长期的司法环境作用下，不对媒体报道进行实质性审查几乎成了常态。二是裁判者不知、不会实质性审查。实质审查包含审查对象、审查要件、审查方向等因素。全媒体时代，一个渎职案件由媒体报道公开后，就能在短时间发酵，引起舆情关注。此时，对渎职案件的媒体报道不是一篇、二篇，可能是数十个、数百个媒体平台转载，实践中要实质审查的对象究竟是首发的媒体报道还是所有的媒体报道不明确。上

---

① 参见劳东燕：《滥用职权罪客观要件的教义学解读——兼论故意·过失的混合犯罪类型》，载《法律科学》2019 年第 4 期。

② 参见陈京春：《论食品安全监管渎职类犯罪的因果关系——以瘦肉精案件为考察对象》，载《政治与法律》2014 年第 9 期。

③ 参见（2015）郑刑一终字第 00448 号刑事裁定书。

述媒体报道材料应当以视听资料还是书证的方式固定，进而以何种证据类型审查亦不明确。"审查要件"简而言之是"怎么审"，裁判者常因不知审查而陷入迷茫的沼泽。媒体报道作为犯罪事实的证据，其审查要件一方面包含合法性、客观性、关联性的程序审查，另一方面还包含证据能认定事实的确实充分论证审查。在审查方向上裁判者也有偏颇，对媒体报道的反应一般是直接判断案件有无造成恶劣的社会影响，以及因果关系是否被中断的思考。实际上，这种思考反应已跳过媒体报道的基本审查方向，默认了媒体报道的事实和客观影响，肯定了媒体报道相关证据体系。三是缺乏统一的审查标准。即使找对了媒体报道的审查对象和审查要件，样本因为审查标准的差异而结论各异，不同系统的司法部门和同一系统的不同单位都存在这种情况。"在不同的审查标准可能会导致不同审查结果的时候，于何种情形适用何种审查标准应有所说明，不应率性而为、信手拈来"①，统一的审查标准显得尤为重要。因缺乏相应的司法解释和规范性文件，实践无法统一审查标准，仍是自由裁量优先。

四、强化媒体报道类型司法审查的建议

（一）正视媒体报道的影响

全媒体经不断发展，信息无处不在、无所不及、无人不用，导致舆论生态、媒体格局、传播方式发生了深刻变化。人民监督意识不断加强，监督方式的革新，使公职人员的职权运用更加公开透明，政府公信力面临重要检验。实践表明，一些案件的渎职行为被媒体报道后，严重损害政府公信力，造成政治上的不良影响，属于造成恶劣社会影响，这是全媒体时代对渎职犯罪重大损失的必然解读。因此，裁判者应正视媒体报道作为渎职罪定罪情节的影响力，当渎职案件经媒体报道，即使物质性损失未到构罪标准，只要造成了恶劣社会影响，就构成渎职罪。理顺媒体报道能作为定罪情节后，基于该条款尚没有明确的解释规定，同质性解释原则适用空间有限，实践样本参照存有偏差等客观情况，为防止造成恶劣社会影响条款被滥用，裁判者应坚持审慎认定的原则。若案件涉及媒体报道造成影响的恶劣程度争议时，而且不同部门、控辩双方争议较大，实践亦没有类似案件，从刑法的谦抑性出发，建议做下行处理。裁判者不能因为案件指标，或者为了有罪判决而一味地套用造成恶劣社会影响条款，杜绝只要有媒体报道就会造成恶劣社会影响的错误理念。

一个渎职案件往往包含多个后果，在有媒体报道的情况下，对是否造成恶劣社会影响的认定应坚持独立性审查原则。进言之，若渎职案件造成了30万元以上的公共财产损失，案件经媒体报道后未造成严重舆情，此时对媒体报道造成的影响应评价为附随情节，不应被基础后果左右。独立性审查能客观认定案件后果的路径，从而准确评价渎职行为人的罪责刑。审查逻辑可分解为，以构成事实对媒体报道作出客观公正的认定；坚持以证据的三性作为审查基础，采用刑事诉讼中犯罪事实清楚、证据确实、充分的证明标准，准确认定渎职案件被媒体报道的客观情况及客观后果；根据查明的事实再进行是否造成恶劣社会影响的评价。

---

① 参见杨登峰：《从合理原则走向统一的比例原则》，载《中国法学》2016年第3期。

（二）体系审查媒体报道

媒体报道首先审查的是内容的真实性，具体为媒体报道的细节准确是否真实（事实真实）、媒体报道的事实与客观事实是否总体一致（总体真实）、揭示事实的本质是否符合规律（本质真实）。一些报道者为提高新闻的价值，让作品更吸引眼球，有时会对新闻内容夸大拔高，或站在价值审判者角色给予观点而非客观事实的陈述，也有的报道不严谨，最终呈现给大众的是失实的媒体报道。因此，在审查媒体报道时，应判断其报道内容为完全失实或个别失实或基本属实或完全属实，对于完全失实的媒体报道所造成的社会影响，显然不能将该后果归责于渎职行为人，对于个别失实的媒体报道应考虑失实部分是否影响到新闻的总体真实和本质真实。媒体报道的对象包括渎职行为和渎职行为造成的后果等，其中渎职行为造成的后果占据主要地位。针对渎职行为的报道，与案件的关联性毋庸置疑，对于渎职行为造成的后果必须进行关联性审查。

（三）科学判断恶劣程度

1. 判断渎职行为的自身危害性。我国传统理论在阐释犯罪的社会危害性特征时指出，"就危害社会行为而言，既有违反道德的行为，又有一般的违法行为，还有触犯刑律的犯罪行为，它们表面上似乎只有量的不同，没有质的不同，但实际上都有自己的量和质，否则无法将这三种行为区分开来"。[①] 渎职行为发生在政务领域，受纪法共治，根据行为的危害程度存在违纪违法行为和犯罪行为的区分。因此，在审查案件时要结合渎职行为的存续时间、具体手段、主观恶性、行为性质，基本后果等因素对渎职行为的社会危害性作出综合判断，避免仅从量上考虑渎职行为是否符合渎职罪的构成要件，更要从行为的质上考察是否具有刑事谴责的必要。

2. 判断媒体报道造成的显性影响。2012 年"两高"《解释（一）》规定经济损失、人员伤亡在内的四种重大损失，其中经济损失明确仅限于直接经济损失，不包括间接性的损失，人员伤亡也是要求直接性的结果。对造成恶劣社会影响而言，这种影响必然是现实的、显性的，而隐性、衍生的影响不被渎职罪评价。媒体报道作为对案件的次生影响，在评价时应针对其所造成的显性影响，如引起事件的关注热度、人民群众的反映、国家机关形象有无受损、社会公众心理、道德伦理和普遍价值有无被伤害等[②]。这些显性影响由媒体知名程度、报道点击量、浏览量、转发量、评论量、发帖数、官方情况说明、舆情专报等客观呈现，审查的重点应落在上述要素进行实质判断。

3. 探索必要参照的量化指标。想要全部细化造成恶劣社会影响的情形和标准是不现实的，但对于媒体报道类的情形可以探索必要参照的量化指标。媒体报道的最大流量来源于网络空间，关于媒体报道造成的实际传播情况、影响情况可以适当借鉴 2013 年 9 月最高人民法院、最高人民检察院联合发布的《关于办理利用信息网络实施诽谤等刑事案件适用法律若干问题的解释》（以下简称《网络诽谤解释》）。《网络诽谤解释》对利用网络实

---

① 参见高铭暄主编：《刑法学原理》（第一卷），中国人民大学出版社 2005 年版，第 390—391 页。
② 参见杨书文：《渎职犯罪结果犯之危害后果的认定》，载《中国检察官》2014 年第 6 期。

施诽谤行为"情节严重"的司法认定从点击、浏览次数与被转发次数做了具体数量标准。最高人民法院认为,《网络诽谤解释》"为诽谤罪设定了非常严格的量化的入罪标准",并"经实证研究和专业论证,对诽谤信息被点击、浏览次数与被转发次数,在数量标准上作了区别规定",一定程度明晰了司法认定标准。[①]

　　对媒体报道的恶劣程度可从 3 个维度入手:事件传播程度,参照《网络诽谤解释》的入罪标准,分为程度低、程度适中、程度广;"人民负面反应的情况,可分为一般、强烈、非常强烈"[②];事件对国家声誉、道德伦理的冲突等,可分为弱、较强、非常强烈。若 3 个维度均为第一级别,则不可能造成恶劣社会影响。通过 3 个维度指标,可对媒体报道造成恶劣社会影响进行审慎和实质性的判断。

---

　　① 　参见最高人民法院 2013 年 9 月 9 日新闻发布会材料(一),载 http://www_court. gov_cn/xwzx/xwfbh/twzb/201309/t20130909_187818. htm。

　　② 　参见关福金等:《渎职犯罪"造成恶劣社会影响"的理解与认定》,载《人民检察》2017 年第 7 期。

在司法工作人员相关职务犯罪认定中应坚持
形式标准与实质标准的双重判断

司左军 李 智*

一、问题的提出

2018 年修改后的刑事诉讼法规定检察机关在对诉讼活动实施法律监督中发现的司法工作人员利用职权实施的非法拘禁、刑讯逼供等侵犯公民权利、损害司法公正的相关职务犯罪可以立案侦查,即赋予了检察机关对司法工作人员相关职务犯罪的侦查权。2018 年以来,检察机关查处了一批司法工作人员相关职务犯罪案件,2019 年立案 871 人,2020 年立案 1421,2021 年立案 2253 人①。检察机关对司法工作人员相关职务犯罪的侦查工作与监察体制改革之前所开展的贪污、贿赂犯罪的侦查工作并不完全相同,也面临着新的问题和挑战。如何准确认定“司法工作人员”等问题关系着检察机关能否对相关线索开展侦查;如何准确认定“致使公共财产、国家和人民利益遭受重大损失”则关系着检察机关立案侦查的司法工作人员滥用职权、玩忽职守案件的质量和效果。在贯彻落实《中共中央关于加强新时代检察机关法律监督工作的意见》的新形势下,正确处理司法实践中关于司法工作人员相关职务犯罪认定方面的分歧,准确认定犯罪构成,高质量办理司法工作人员相关职务犯罪案件,增强依法反腐合力,是摆在检察机关面前的一道现实问题。

二、司法工作人员相关职务犯罪在四个方面存在的认定分歧

《关于人民检察院立案侦查司法工作人员相关职务犯罪若干问题的规定》以列举的形式明确了检察机关管辖的 14 个罪名,这 14 个罪名符合修改后《刑事诉讼法》第 19 条第 2 款规定的 3 个基本特征:犯罪主体均为“司法工作人员”,犯罪手段表现为在诉讼活动中“利用职权实施”,犯罪结果分别为“侵犯公民权利、损害司法公正”。②

---

* 司左军,北京市大兴区人民检察院第七检察部主任、四级高级检察官;李智,北京市大兴区人民检察院第七检察部检察官助理。

① 数据来源于 2020 年最高人民检察院工作报告。

② 参见王建平、高翼飞:《〈关于人民检察院立案侦查司法工作人员相关职务犯罪若干问题的规定〉理解与适用》,载《人民检察》2019 年第 4 期。

（一）主体身份的认定：形式身份和实质职责

主体身份的认定是基础性工作，决定着检察机关是否具有侦查权。根据《刑法》第94 条的规定，司法工作人员是指有侦查、检察、审判、监管职责的工作人员。法律的规定是高度概括和抽象的，现实的生活是纷繁复杂和多样的，法律和现实之间总是存在差距的，这就意味着在司法实践的具体案件中检察官必须结合自身对条文的理解，对能否认定"司法工作人员"作出判断评价。[①] 司法实践中的案件多种多样，在公安、检察、法院等司法机关中，除了正式编制的人员外，还有大量的事业编制、聘用制人员，甚至还有不少的从其他机关、企事业单位借调的人员，对于这些人员能否认定为"司法工作人员"，实践中存在争议。

持绝对的身份标准说观点者认为，只有正式编制人员才能认定为司法工作人员。持相对的身份标准说观点者认为，正式编制、事业编制和聘用制都能认定为司法工作人员。持职责标准说者认为，只要承担侦查、检察、审判、监管职责就应认定为司法工作人员。随着理论研究的不断深入和法律规定的不断完善，绝对的身份标准说已经逐渐退出了历史的舞台。现在理论届普遍认为职责标准说更加科学合理。但司法实践中，仍然有司法人员持相对身份标准说观点，对将借调人员认定为司法工作人员持怀疑或否定态度。

（二）利用职权的认定：写在纸上的职权和握在手里的职权

"利用职权"是司法工作人员相关职务犯罪的基本特征之一。司法工作人员相关职务犯罪归根结底仍然是职务犯罪，利用职权的认定关系到犯罪能否成立。

1989 年，最高人民法院、最高人民检察院联合印发了《关于执行〈关于惩治贪污罪贿赂罪的补充规定〉若干问题的解答》（已失效）对"职权"作出如下解释："职权"是指本人职务范围内的权力。"利用职权"与"利用职务上的便利"在本质上都是利用职务行为。因此，法律、司法解释对"利用职务上的便利"的规定对于理解"利用职权"具有重要的参考意义。1999 年最高人民检察院印发的《关于人民检察院直接受理立案侦查案件立案标准的规定（试行）》中受贿罪法律规定中"利用职务上的便利"，是指利用本人职务范围内的权力，即自己职务上主管、负责或者承办某项公共事务的职权及其所形成的便利条件。2003 年最高人民法院印发《全国法院审理经济犯罪案件工作座谈会纪要》规定受贿罪"利用职务上的便利"，既包括利用本人职务上主管、负责、承办某项公共事务的职权，也包括利用职务上有隶属、制约关系的其他国家工作人员的职权。

司法实践中，有观点认为"利用职权"是以本人具有主管、负责、承办职权为前提的，没有职权、超越职权就不是利用职权。并且认为本人所具有的主管、负责、承办职权是与岗位密切相关，在岗位上才有职权，离开了岗位就不具有职权。例如，某法官助理由在审判厅协助法官办理案件调整到办公室从事行政工作，但是仍然掌握法官办公室的钥匙以及办案系统的登录密码。其接受当事人请托后，夜间来到法官办公室，利用法官的办案系统登录密码出具有利于请托人的法律文书。上述观点就认为该法官助理没有利用职权，

---

① 参见徐岱、李方超：《"国家工作人员"认定范围的再解释》，载《法学》2019 年第 5 期。

不是职务犯罪。理由有二，一是他的岗位由审判厅调整到办公室后就不再具有办理案件的职权；二是案件的承办职权属于法官，法官助理利用的不是他"本人的职权"。另一种观点认为，该法官助理构成"利用职权"实施的职务犯罪，职权并不仅限于表面"写在纸上"的职权，而是指实际"握在手里"的职权。

（三）因果关系的认定：自然因果关系和实质因果关系

在检察机关管辖的司法工作人员实施的 14 个罪名中，有一些犯罪因果关系复杂，"多因一果"的情况比较普遍。司法实践中，很多案件涉案环节较多，集体责任与个人责任交织、主要责任和次要责任交织、决策责任和执行责任交织。[①] 一个行为到底是正常的履职行为还是职务犯罪行为，该行为与危害结果之间有没有因果关系，都是实务中认定的难题。

特别是在不作为的滥用职权、玩忽职守犯罪中，因果关系的认定尤其复杂。在这类不作为犯罪中，不作为都体现为听任其他条件所导致的法益侵害结果发生而不阻止、不介入的消极义务违反方式。在事实因果关系流程中，与作为表现出的对结果的实然影响不同，不作为的行为方式不能介入自然因果流程，从而对自然因果流程没有实存的作用力或原因力，确立不作为因果关系并无自然因果关系作为基础。[②] 无自然因果关系作为判断基础，给不作为职务犯罪中因果关系的认定带来很大的障碍和争议。例如，一交通民警在查获一酒后驾驶机动车的违法行为人后，未依法扣押其机动车驾驶证和车辆，也未按照道路交通安全法等行政法规进行行政处罚。后该人再次饮酒发生交通事故致一人死亡。一审法院认定其构成滥用职权罪，二审法院认为一人死亡的结果与该交通民警不履职的行为之间无因果关系。

笔者认为在自然因果关系中，是犯罪嫌疑人的醉酒驾车行为导致了被害人的死亡的结果，但是之前的查处行为已经使民警在实质上介入到了自然因果关系中。被害人死亡的结果是存在避免可能性的，民警也存在作为的可能，正是民警的不作为导致了危害结果的发生，因此存在实质因果联系，构成渎职犯罪。

（四）危害结果的认定：量化标准和实质影响

检察机关负责侦办的 14 个罪名中，实践中高发的司法工作人员利用职权实施的滥用职权罪、玩忽职守罪均为结果犯。2012 年最高人民法院、最高人民检察院《关于办理渎职刑事案件适用法律若干问题的解释（一）》第 1 条规定"造成死亡 1 人以上，或者重伤 3 人以上，或者轻伤 9 人以上，或者重伤 2 人、轻伤 3 人以上，或者重伤 1 人、轻伤 6 人以上的；造成经济损失 30 万元以上的；造成恶劣社会影响的；其他致使公共财产、国家和人民利益遭受重大损失的情形"的应当认定为致使公共财产、国家和人民利益遭受重大

[①] 参见王昌奎、田维武、王勐视：《司法人员职务犯罪"以事立案"模式研究》，载《重庆大学学报（社会科学版）》2012 年第 5 期。

[②] 李川：《不作为因果关系的理论流变与研究进路》，载《法律科学（西北政法大学学报）》2016 年第 1 期。

损失。与其他公职人员群体相比，司法工作人员具有法律专业知识丰富、反侦查意识和能力强的特点，其熟知诉讼程序，作案手段更加"内行"，[①] 在作案过程中十分注意规避入罪标准。实践中，司法工作人员的职务行为与社会安全生产、经济运行并不直接相关，较难达到上述第 1 项、第 2 项人员伤亡、财产损失的立案追诉标准；第 3 项、第 4 项内容在客观上又不易把握和认定。[②]

司法实践中，不少司法人员严格依据上述解释第 1 条第 1 项、第 2 项的量化标准，基本不考虑适用第 3 项、第 4 项的规定。产生该种现象的主要原因有二：一是第 3 项、第 4 项的规定过于概括，具体标准难以把握，会引起过度扩张犯罪圈的质疑；二是当前司法工作人员相关职务犯罪案件不起诉率、定罪免刑率仍然较高，[③] 适用第 3 项、第 4 项规定进行追诉后，在后续审判环节存在被否定的风险，影响案件质效。另有观点认为，既然司法解释设置了恶劣社会影响和其他重大损失的标准，那么在评价危害结果时就不宜以前两项的量化标准作为唯一标准，需要根据案件情况对第 3 项、第 4 项规定进行实质解释。比如，公安民警接受当事人的请托，对应给予行政处罚的违法行为人不予行政行政处罚，应当对其实质影响进行判断，论证其能否以第 3 项、第 4 项规定进行立案追诉。

三、形式标准与实质标准双重判断路径的构建

以上关于"司法工作人员""利用职权"、因果关系、危害结果四个方面的争议：形式上的身份和实质上的职责、写在纸上的职权和握在手里的职权、自然因果关系和实质因果关系、量化的标准和实质的影响，都可以概括为形式标准与实质标准之争。不管是形式标准还是实质标准都是帮助司法人员形成内心确信的工具，但是单一的标准或多或少存在缺陷，本文认为应当兼顾形式标准与实质标准，采取双重标准判断争议焦点。

（一）对形式标准和实质标准的评价

形式标准和实质标准各有优劣，在司法实践中都有一定的优势，也都有解决不了的问题。

形式标准的优点在于简单明了，只要符合形式标准就必然构成犯罪，能够快速认定犯罪构成要件，提升办案效率。在司法工作人员相关职务犯罪的认定中，形式标准是客观而明确的，具有普适性，极少产生分歧。例如，司法工作人员滥用职权行为造成了 1 人死亡的结果，侦查、检察、审判三个环节的办案人员一般都会得出符合危害结果要件，构成犯罪的结论。例如，岗位职责清楚写明了司法工作人员的职权范围，渎职的犯罪嫌疑人在职权范围内滥用职权的，当然是"利用职权"实施犯罪。司法实践中，侦查机关一般都会从相关单位调取职权内容和范围的书证，以证明犯罪嫌疑人利用了职权。形式标准简单明

---

① 钟会兵、马文涛：《检察机关行使司法人员职务犯罪侦查权研究》，载《中国检察官》2019 年第 20 期。

② 陈重喜、魏巍：《司法工作人员相关职务犯罪构成要件争议点辨析》，载《人民检察》2020 年第 22 期。

③ 参见侯亚辉：《司法工作人员相关职务犯罪侦查实务研究》，载《人民检察》2021 年第 18 期。

了，极少产生争议。在司法责任制的大背景下，负责办理案件的司法人员因为害怕办错案而被追责，所以更倾向于采用形式标准。

采用形式标准容易陷入机械司法的陷阱之中，甚至可能放纵部分犯罪。司法实践中，采用单一的形式标准对司法工作人员相关职务犯罪进行认定的情形不在少数，这是值得反思的现象。形式标准只对具体的、量化的标准进行逻辑上的判断，不考虑案件的实质情形，不考虑立法目的，不考虑法益的侵害。例如，在"利用职权"的认定上，只看书证写明的职权范围；在危害结果的认定上，只看人员、财产损失有没有达到数量标准。如果只盯着明确的、量化的标准，把"法律题"做成了"语文题""数学题"，司法就不再是司法。形式标准也有难以解决的难题。人民警察的警种分类很细，同一个派出所内，有负责户籍的民警、有负责街道、社区的"片警"、有负责处理 110 警情的巡逻警……派出所内负责治安巡逻的民警在值班的过程中接到了群众的报案，有刑事案件发生要求去立即抓捕犯罪嫌疑人。该民警显然不能以自己是治安巡逻民警而拒绝。以形式标准进行认定，需要先在形式上查清职权范围，结果发现治安巡逻民警的职权范围是负责办理行政违法案件，并没有办理刑事案件的职权，没有办理刑事案件的职权也就没有追诉犯罪的职权，难道就因此不追究徇私枉法犯罪的责任了吗？显然这种结论有违正义，难以为社会公众所接受。以单一的形式标准进行司法认定存在明显的缺点和不足。

实质标准的优点在于追诉犯罪更全面、更彻底，切实将公平正义贯彻于每一个具体个案中。司法是维护社会公平正义的最后一道防线，司法工作人员是维护社会公平正义的具体执行者，承担着更重的责任。"最后一道防线"能否守住，取决于能否维护法律统一正确实施，取决于能否维护司法公正，[1] 取决于司法工作人员是否公正履职。用形式标准对司法工作人员的履职行为进行评价，所打击的只是一些最明显的犯罪行为，没有触及深水区，用实质标准进行全面的评价才能真正做到"刮骨疗毒、刀刃向内"。若是因为立法漏洞的原因，导致严重侵犯法益的行为未被刑法规定为犯罪并处以刑罚，责任在立法者。若刑法已经规定了相关犯罪，因为机械司法导致严重侵犯法益的行为未被正确适用法律认定为犯罪的，责任在司法者。

实质标准的缺点在于得出的结论缺乏明确而具体的司法解释依据，比如，将一种滥用职权造成的结果认定为"恶劣的社会影响"，需要办案人员充分论证和说理。论证的过程费时费力，且还有不被认可的风险。但是这不是我们弃用实质标准的理由。

（二）形式标准和实质标准双重判断的内涵

检察机关是犯罪的追诉人，同时也是无辜者的保护人，追诉中的公正司法人。[2] 采用形式标准和实质标准的双重符合性判断，相对于单一的形式标准或实质标准判断方法，对问题的认定更加准确。在具体判断时遵循以下路径，即先进行形式标准判断，若符合则直接入罪，不再进行实质标准判断，若存疑或者不符合形式标准则进行实质标准判断，若不

---

① 吴建雄、马少猛：《司法人员职务犯罪侦查制度的基本理论与机制构建》，载《中国刑事法杂志》2020 年第 5 期。

② 张军：《关于检察工作的若干问题》，载《人民检察》2019 年第 13 期。

符合实质标准则出罪，若符合则入罪。

形式标准判断过程为：先寻找是否符合形式标准的证据，选择刑法规范中具体的、量化的标准对是否能够认定为司法工作人员相关职务犯罪进行判断，若符合，则可直接判定构成犯罪。这样的做法，既提高了办案效率，不易在后续诉讼阶段产生认定分歧。若不符合形式标准或是否符合形式标准存疑，则进行实质标准的判断。

实质标准判断过程为：在仅用形式标准不能认定构成犯罪的情形下，用所有的刑法规范对是否能够认定为司法工作人员相关职务犯罪进行更全面、更充分的判断。在实质判断中应以国民预测可能性为评价标尺，即社会一般人的角度来判断是否能够认定。

（三）四个方面认定问题的双重判断结论

第一，主体身份的认定。先进行形式标准判断，一般来说借调人员只是临时被借调到司法机关工作，可能没有借调手续、工作证这些能够直接认定司法工作人员身份的证据。就要采用实质标准进行判断，调取借调人员在司法机关实质上履行职责的证据，只要能够证明实际履行侦查、检察、审判、监管的职责，[①] 则不应纠结于其没有形式上的身份，而应当根据相关解释的规定，认定其符合职务犯罪的主体身份。

第二，利用职权的认定。先进行形式标准判断，调取犯罪嫌疑人职权范围的证据，如果犯罪嫌疑人的法定职权与实施犯罪行为所利用的职权不一致，就需要进行实质标准判断。早在20世纪80年代，最高人民法院、最高人民检察院就已经认识到认定职务犯罪应当从现实的客观情况出发，不应从抽象的定义或者概念出发，某些党政干部权力集中于一身，他们实际上掌握的权力，要比法律（或者某些规章）赋予他们"直接主管、经管的权力"大得多，如果对这些大量存在的客观事实视而不见，一味强调构成职务犯罪只限于利用本人主管、经管工作的权力，那就会放纵犯罪，显然，这样解释法律是不符合实际情况的。[②] 职务犯罪中的"利用职权"不单单是指利用本人主管、经管的权力这一种情形，应当从实质标准进行更全面的理解。滥用的表现形式应当包括超越职权和不正当行使职权两种，超越职权系指无权而行使职权，不正当行使职权是指有权而违反规定行使。[③] 滥用职权是行为人违背法律授权的宗旨行使职权，超越职权范围或者违反职权行使程序，以不正当目的或不法方法实施职务行为。[④] 既有的司法判例也认可超越职权属于职务犯罪的观

---

① 最高人民法院《关于未被公安机关正式录用的人员、狱医能否构成失职致使在押人员脱逃罪主体问题的批复》（已失效）、最高人民检察院《关于合同制民警能否成为玩忽职守罪主体问题的批复》、最高人民检察院《关于工人等非监管机关在编监管人员私放在押人员行为和失职致使在押人员脱逃行为适用法律问题的解释》和最高人民检察院《关于企业事业单位的公安机构在机构改革过程中其工作人员能否构成渎职侵权犯罪主体问题的批复》，上述批复和解释，均明确了以职责作为司法工作人员犯罪主体的认定标准。全国人民代表大会常务委员会《关于〈中华人民共和国刑法〉第九章渎职罪主体适用问题的解释》明确规定不论是否有行政编制，只要是经授权或者接受委托在国家机关行使职权时，有渎职行为，构成犯罪的，都可以依照刑法关于渎职罪的规定追究刑事责任。司法工作人员是国家机关工作人员的细分类型，当然也应当以职责作为对其认定的实质标准。

② 参见邢雯：《试论受贿罪利用职务上的便利》，载《法学研究》1988年第6期。

③ 江岚、祝炳岩：《滥用职权罪中"滥用职权"再析》，载《中国刑事法杂志》2013年第11期。

④ 周光权：《渎职犯罪疑难问题研究》，载《人民检察》2011年第19期。

点，"履行公务过程中，超越职权，擅自决定或处理自己无权直接决定的事项，致使国家和人民利益遭受重大损失，其行为构成滥用职权罪"[1]。

第三，因果关系的认定。先进行形式标准判断，从自然因果关系来看，造成一人死亡的结果是犯罪嫌疑人的交通肇事行为引起的，从外在形式上看不出民警的行为与一人死亡的结果存在因果关系。但是民警确实违反了道路交通安全法等法律规定未履行职责依法查处饮酒驾车的道路交通违法行为。此时我们应当进行实质标准判断。先假设负有义务的公安机关会合乎规范地行事，在此基础上再来判断行为人的不作为与损害结果之间是否存在"没有前者就没有后者"的条件关系（结果避免可能性）。[2]

第四，危害结果的认定。先进行是否符合伤亡人数、损失金额标准的形式判断，不符或者存疑时进行"恶劣社会影响""其他情形"的实质判断。有学者对"恶劣社会影响"的判断进行了指标细化，可以在司法实践中进行借鉴，具体分解为四个判断指标：渎职行为及其危害结果的恶劣程度，具体包括对司法机关形象、公信力和声誉的影响，对司法秩序的影响，对人民群众的司法获得感的影响，分为一般、非常、极其三个等级；事件扩散知悉范围，可以通过宣传报道媒体的类别、地位、潜在传播对象等进行判断，分为一般、较广、极其广三个层级；一定范围内负面评论的数量，可以分为较多、多、非常多三个层级；负面评论的程度，可为分为一般、强烈、非常强烈三个层级，负面评论的数量和程度需要借助科学的方法，在一定范围内进行调查统计。在分步确定上述四个指标后，如果其中三个指标均为中间档以上，则应当作出"恶劣"的认定。[3] 需要注意的是，并不是只有事件扩散出去，被公众所知晓才能算是恶劣的社会影响。例如，2012 年最高人民检察院发布的指导案例"罗甲、罗乙、朱某、罗丙滥用职权案"（检例第 6 号），此案中没有媒体报道也无群众上访，但并未影响到其"恶劣社会影响"的认定。

① 甘肃省武威市中级人民法院（2020）甘 06 刑终 71 号刑事判决书。

② 参见喻浩东：《不作为因果关系判断中的自由意志与规范假设》，载《政治与法律》2022 年第 4 期。

③ 参见关福金、王爱平、白洁：《渎职犯罪"造成恶劣社会影响"的理解与认定》，载《人民检察》2017 年第 7 期。

徇私枉法罪中情节（特别）严重
判断标准的科学构建

——以 H 省 147 起徇私枉法案件为例

王洪涛　熊焕喜　黄　江*

一、问题缘起

习近平总书记深刻指出，要树立正确法治理念，把打击犯罪同保障人权、追求效率同实现公正、执法目的同执法形式有机统一起来，坚持以法为据、以理服人、以情感人，努力实现三个效果的有机统一。以法为据的核心在于罪刑法定原则的切实贯彻。徇私枉法罪共有三个量刑档次，但现有法律法规并未将法定刑升格要素和判断标准予以明确，如此不仅导致法律规定模糊不清，更易陷入类案不同判的窘境。具言之，虽然立法规定的模糊可在一定程度上体现法律的灵活性，但更有"违反刑法明确性原则，甚至违反罪刑法定原则"[1] 之虞。从司法实践层面观之，徇私枉法罪自 1997 年被刑法予以规定后，其内容至今未有改变，但由于受案数逐渐递增，该条款中有关情节（特别）严重判断标准规定之模糊所产生的问题也愈发明显。以 H 省 2019 年至今受理的渎职类案件为分析蓝本，可在一定程度上揭示明确情节严重与情节特别严重界分标准的现实意义。[2] 2019 年至今，H 省共计受理渎职案件 300 案 383 人，其中徇私枉法案件 147 案 185 人，占比接近 50%。渎职类犯罪共计 37 个罪名，由此可见，徇私枉法罪乃渎职类犯罪的重要罪名，完善该罪名的法律规定具有重要的实践意义。从另一角度来看，H 省近十年共计受理徇私枉法案件 205 例 306 人，2019 年至今所受理的 147 件占比已超过 70%。申言之，近三年所办 147 案 185 人中，涉及情节严重分析与认定的 63 案 70 人，情节认定存在较大分歧的 16 案 19 人；已判决生效的 95 案 117 人中，法院与检察院对情节认定存在分歧的 7 案 7 人。由此，一方面表明徇私枉法罪受案数量在逐渐递增，迫切需要对其予以完善；另一方面也说明情节判断在

---

　*　王洪涛，湖南省人民检察院检察委员会委员、第三检察部主任、三级高级检察官；熊焕喜，湖南省人民检察院第三检察部四级高级检察官；黄江，湖南省宁乡市人民检察院第二检察部副主任、二级检察官。

①　陈洪兵：《"情节严重"司法解释的纰缪及规范性重构》，载《东方法学》2019 年第 4 期。

②　笔者通过威科先行检索发现，2019 年至今全国共涉及徇私枉法罪裁判案件 575 起（一审裁判数统计）；H 省涉及徇私枉法罪裁判的案件数（一审裁判数统计）为 95 件，占全国总数的 16.5%，由此可见 H 省徇私枉法案件在全国案件总数中占有较大比重，运用该省数据分析徇私枉法罪具有典型意义。

司法实践中并未形成较为统一的意见。

　　孟德斯鸠曾指出，"法律不能让人难以捉摸"①，徇私枉法罪中"情节（特别）严重"标准的不确定性，较大程度影响了对该类犯罪打击的力度和精准度。办案人员对于情节（特别）严重的把握标准不一，严重影响法律适用的统一性，更易导致司法操作的五花八门，甚至司法恣意。从另一视角观之，司法工作人员实施的徇私枉法行为通常具有专业性较高、隐蔽性较强等特点，有些徇私枉法行为历经十余年，都难以被发现。同样以 2019 年来 H 省徇私枉法罪相关数据为依据，案发时间间隔 10 年以上的案例有 36 件，占比 24.49%。从追诉时效的相关规定来看，行为人的犯罪行为是否达到情节严重标准，将直接影响行为人的法定刑量刑幅度、法定最高刑以及追诉时效。例如，袁某徇私枉法案、邱某徇私枉法等 7 起案件中，情节严重标准难以把握，如果未达情节严重标准，则该案法定最高刑为 5 年，已过 10 年追诉时效，因此"情节严重"与"情节特别严重"的判断，直接影响到相关程序的启动。职是之故，正确把握"情节严重"与"情节特别严重"的界分标准，不仅是罪责刑相适应原则的题中之义，更是保障裁判统一性的基石。

二、情节严重与情节特别严重的学理分析

　　情节是否严重乃是对犯罪行为综合性评价后所形成的结果，"量刑情节是反映行为社会危害性和人身危险性的事实情况"②，这亦表明考量"情节"的根本目的。或言之，《刑法》分则中作为法定刑升格条件的"情节"应体现法益侵害程度③。贝卡里亚指出，对犯罪最强有力的约束力量不是刑罚的严酷性，而是刑罚的必定性（明定性），④ 故此，分析徇私枉法罪中情节严重与情节特别严重界分点的实质在于精准打击司法工作人员徇私枉法行为。从规范层面分析，徇私枉法罪属行为犯，当罪犯实施徇私枉法行为时即可入罪，入罪后通过"情节"的不同来判断其刑罚是否需要升格。这种"法定刑"升格的法理意涵可从贝卡里亚所建立的"越轨行为阶梯评价理论"中寻得。贝卡里亚将违法行为称之为"越轨行为"，违法行为最高层次乃直接毁灭社会的行为，最低层级即对于作为社会成员的个人所可能实施的、最轻微的非正义行为。在违法行为的两级之间，包括了所有侵害公共利益的、我们称之为犯罪的行为，这些行为都沿着这无形的阶梯从高到低顺序排列。对这种层级不同的犯罪行为需要一个相应的、由最强到最弱的刑罚阶梯。贝卡里亚的观点不仅使犯罪与刑罚之间发生了必然性联系，而且尽量使这种对应关系精确化。⑤ 申言之，罪和

---

　　①　［法］孟德斯鸠：《论法的精神》（下卷），许明龙译，商务印书馆 2016 年版，第 695 页。

　　②　刘艳红：《情节犯新论》，载《现代法学》2002 年第 5 期。

　　③　参见陈洪兵：《"情节严重"的解释误区及立法反思》，载《湖南大学学报（社会科学版）》2019 年第 3 期；陈兴良：《规范刑法学（上册）》（第 2 版），中国政法大学出版社 2008 年版，第 197 页。另有案例表明，对于刑法规定的情节犯和情节加重犯，一般应当从行为人的手段是否恶劣、后果是否严重、是否造成恶劣社会影响等方面综合分析认定。参见《刑事审判参考》第 237 号：李永宾徇私枉法、接送不合格兵员案。

　　④　［意］切萨雷·贝卡里亚：《论犯罪与刑罚》，黄风译，中国法制出版社 2009 年版，第 68 页。

　　⑤　刘宪权：《中国刑法发展的时代脉动——97 刑法颁布实施 20 年刑事法治纵览与展望》，载《法学》2017 年第 5 期。

刑应是一种一一对应的关系，刑罚类似是对犯罪开出一张价目表，有什么样的罪，就有什么样的刑对应。① 具体来看，徇私枉法罪中的三档刑罚即是"越轨行为阶梯评价理论"的现实产物，亦可理解为徇私枉法罪量刑的"价目表"。具言之，明确徇私枉法罪中法定刑升格的条件乃是为了严格区分不同的犯罪情节的徇私枉法行为，并对其科以科学的刑罚评价。

从宏观层面看，考量情节的根源在于考量犯罪行为的社会危害性和人身危险性，具体到徇私枉法罪，应从规范文本出发，剖析"情节"分析时应予考量的因素。徇私枉法罪属于行为犯，同时法律规定了法定刑升格的条件，此种立法模式在刑法体系中并不少见，故将其置于整个规范体系中综合分析，不仅可以体现分析的逻辑合理性与论证科学性，还能保持法律规定与适用的统一。有学者在梳理相关规范后认为，我国刑法中的"情节严重（恶劣）"的判断受到数额、手段、后果、对象、次数、损失、再犯、主观、伤害、影响、时间、主体、自伤、用途、人起次、条件、危险、其他等 20 个要素影响。② 学者的考察属于对整个犯罪体系中涉及"情节"判断的梳理，具体到徇私枉法罪，还应结合其本身特点予以考量。徇私枉法罪在犯罪体系中属于渎职罪项下的具体罪名，该罪以包庇为主要犯罪手段，因此可参考其他包庇类和渎职类犯罪的情节认定标准。刑法中，包庇类犯罪主要囊括包庇罪及包庇、纵容黑社会性质组织罪，渎职类的犯罪共计有 37 个。现就相关罪名的情节认定分析如表 1：

表 1 相关罪名情节认定分析

罪名	一般刑期	加重情节及刑期		
包庇、纵容黑社会性质组织罪	5 年以下有期徒刑	情节严重	黑社会性质组织跨境的 多次实施包庇、纵容行为的致使经济、社会生活秩序特别严重破坏的 致使逃匿或者查禁工作严重受阻的 兜底条款	5 年以上有期徒刑
包庇罪	3 年以下有期徒刑、拘役或者管制	情节严重	被窝藏、包庇的人可能判处的刑期 被窝藏、包庇的罪名 被窝藏、包庇的人再次故意犯罪的刑期 行为次数及涉案人数 兜底条款	3 年以上 10 年以下有期徒刑
滥用职权罪、玩忽职守罪	3 年以下有期徒刑或者拘役	情节特别严重	伤亡人数 经济损失 不报、迟报、谎报致使损失后果扩大的 特别恶劣社会影响的其他特别严重情节	3 年以上 7 年以下有期徒刑
民事、行政枉法裁判罪	5 年以下有期徒刑或者拘役	情节特别严重	无规定	5 年以上 10 年以下有期徒刑
执行判决、裁定失职罪执行判决、裁定滥用职权罪	5 年以下有期徒刑或拘役	未明示	致使当事人或其他人利益遭受特别重大损失	5 年以上 10 年以下有期徒刑

① 董玉庭、董进宇：《刑事自由裁量权与刑法基本原则关系研究》，载《现代法学》2006 年第 5 期。
② 张庆立：《"情节严重（恶劣）"的法律解释》，载《法律方法》2021 年第 1 期。

在上述罪名中，主要入罪情节或法定刑升格情节的考量要素有 8 个，分别为：行为次数、涉案人数、原案刑期、原案罪名、造成的再犯新罪、伤亡情况、经济损失及社会影响。从深层次而言，关注法定刑升格情节的考量要素实质上是为实现"量刑公正"这一目的。质言之，从犯罪体系中归纳法定刑升格情节的考量要素乃是量刑形式公正的要求，即追求相同案件情节判处相同刑罚的一致性。① 然而，仅仅追求形式"量刑公正"而忽视隐藏于个案之中的公正状态，容易陷入机械司法的尴尬境地。通常而言，实质意义的量刑公正需由司法工作人员在办理具体个案时，运用经验与智慧对案件中各种因素进行具体分析，寻找出最适合此案件的处理结果。② 故此，还应辅以相应的实证分析来揭示徇私枉法罪中情节严重与情节特别严重的实践做法。

三、情节严重与情节特别严重的实证考察

由于立法对徇私枉法罪加重情节的规定阙如，而司法实践又受到法官"不得拒绝裁判原则"之约束，故在个案中只能通过自由裁量来明确徇私枉法罪中的情节严重与情节特别严重。为此，笔者以 H 省 2019 年至今 147 件徇私枉法案件为分析样本，来考察实践中有关情节严重与情节特别严重的认定标准。147 件案件中，共有 95 起已有生效判决，涉案117 人，其中认定情节严重的有 10 人、情节特别严重的有 16 人，占生效人数的 22.22%；暂未判决案件中，检察机关认定情节严重的有 25 人、情节特别严重的有 4 人，占未判决案件人数的 42.65%。从总体来看，被检察机关、审判机关认定情节严重的 55 人中，有 44人同时具备两个以上升格要素。

从目前办案情况来看，办案人员在适用法定刑升格条件时，考虑的升格要素主要有 7个（见图 1）。

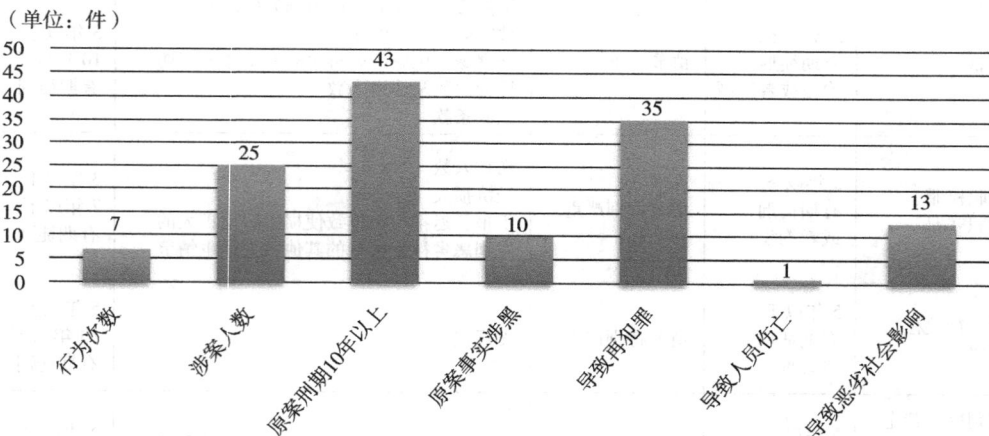

（单位：件）

图中数据：
- 行为次数：7
- 涉案人数：25
- 原案刑期10年以上：43
- 原案事实涉黑：10
- 导致再犯罪：35
- 导致人员伤亡：1
- 导致恶劣社会影响：13

图 1　徇私枉法样本案例中的升格要素数量统计

---

① 参见白云飞：《论量刑公正》，载《中国刑事法杂志》2010 年第 2 期。
② 参见白云飞：《论量刑公正》，载《中国刑事法杂志》2010 年第 2 期。

上述要素的分析认定，基本涵盖了司法实务中常见的升格要素，与关联罪名的情节认定也基本相当，该 55 个样本中，主要考虑行为次数、涉案人数、原案刑期、原案罪名以及造成的再犯新罪、人员伤亡、社会影响 7 个升格要素，暂未考虑经济损失这一升格要素。

从分歧案件的涉情节来看，H 省共有 16 案 19 人情节认定的分歧较大：有的案件同时符合多个升格要素，办案人员不知如何把握；有的案件行为次数 2 次、涉案人员多人，办案人员难以径行认定；有的案件原案刑期较重、性质较为恶劣，办案人员同样难以认定；有的案件发生了一定后果，办案人员不知如何判断因果关系（具体可参见表 2）。

表 2 H 省徇私枉法罪情节认定分歧案件要素分布

	行为人	原案刑期	原案罪名	行为次数	涉案人数	造成的后果
1	向某	可能 10 年以上	故意伤害致人死亡罪	2 次	2 人	再犯罪，涉黑
2	谭某	可能 10 年以上	贩卖毒品罪	2 次		再犯罪，涉黑
3	廖某		非法吸收公众存款 1 亿元	2 次	2 人	被害人自焚
4	许某	可能 10 年以上	生产、售假冒伪劣产品			
5	吕某				3 人	再犯罪，涉黑
6	肖某某蔡某				7 人	再犯罪，涉黑
7	刘某				5 人	
8	喻某				7 人	
9	姚某杨某	11 年	抢劫罪			
10	罗某		强奸罪	2 次	2 人	
11	彭某谭某	死刑	贩卖、制作、运输毒品罪			
12	李某	可能 10 年以上	抢劫、故意伤害致人死亡			
13	龙某	可能 10 年以上	故意杀人罪			再犯罪，涉黑
14	钟某	可能 10 年以上	故意杀人罪			再犯罪，涉黑
15	罗某		组织卖淫罪			
16	朱某		绑架罪	2 次	3 人	

四、情节严重与情节特别严重界分标准的科学构建

罪刑法定原则是刑法的铁律，亦是刑法的生命，刑罚的明确性是罪刑法定原则的题中之义。申言之，法律的执行不应依赖于临时的、富有弹性的、依靠自我意识的事实导向，应当适用规则比较明确、操作起来基本上不会发生争议的规则，即亮线规则（Bright - linerule）。① 亮线规则的核心在于刑罚适用的确定性，科学并有效地贯彻该原则不仅便于社会一般民众理解犯罪，亦有助于司法工作人员执行与遵守刑法规范，更可满足罪刑法定原则之要求。上文已从理论与实践两层次揭示了徇私枉法罪中法定刑升格应予考量的要素，同时结合学理分析之结果与实证考察之样态，可科学并合理地寻得区分徇私枉法罪中情节严重与情节特别严重的相关标准，为精准打击渎职犯罪、有效维护司法秩序夯实基础。

（一）全面考量徇私枉法办理的原案刑期与罪名

司法实践中，徇私枉法所涉原案事实、性质、情节不同，行为人的主观恶性、危害后果也截然不同。具体来说，可以通过刑期、罪名等量化指标予以判断：

1. 考量原案刑期。根据刑责相适应原则，刑罚的轻重与社会危害性大小相当②，原案刑罚越重，则原案的社会危害性越大。故此，渎职侵权案件③、包庇类案件④均将原案刑期作为情节的判断标准。徇私枉法罪属于渎职类犯罪，亦应具有相同的判断标准。质言之，原案刑期越重，社会危害性越大，司法工作人员徇私枉法行为应承担的责任也就更大。笔者认为，对可能判处 10 年有期徒刑以上刑罚的案件，徇私枉法办理的，可以认定为情节严重。

首先，我国有期徒刑幅度中，10 年以上有期徒刑系长期有期徒刑。⑤ 根据刑责相适应原则，可能判处 10 年有期徒刑以上刑罚之罪，社会危害性较大。司法工作人员在办理上述案件时徇私枉法，不仅主观恶性更大，极易带来较为严重的法律后果，将此类情形升格认定为情节严重，可以有效回应社会公众对于司法工作人员渎职犯罪惩处力度的期待。

---

①　Roger B. Dworkin, Fact Style Adjudication and the Fouth Amendment: The Limits of Lawyering, 48 Ind. L. J. 329（1973），转引自易延友：《疲劳审讯的认定与界定——以 817 个实务案例为基础的展开》，载《政法论坛》2019 年第 2 期。

②　马克昌：《刑罚通论》，武汉大学出版社 2002 年版，第 265 页。

③　根据《人民检察院直接受理立案侦查的渎职侵权重特大案件标准（试行）》，可能判处 3 年以上 7 年以下有期徒刑的案件系渎职侵权重大案件，可能判处 7 年以上有期徒刑、无期徒刑、死刑的案件系渎职侵权特大案件标准。

④　根据"两高"《关于办理窝藏、包庇刑事案件适用法律若干问题的解释》（以下简称《包庇案件解释》）第 4 条，包庇罪中，原案无期徒刑以上的案件，罪名、身份特殊且可能判处 10 年以上有期徒刑以上刑罚的案件，认定情节严重。

⑤　刘宪权：《限制或废除死刑与提高生刑期限关系论》，载《政法论坛》2012 年第 3 期。

其次，司法工作人员系特殊主体，现有法律法规①和普通社会公众对司法工作人员提出了更高的职责要求。司法工作人员不仅履行打击犯罪的法定职责，还具备清晰的法律认知，对于法律规范应该有更高的熟悉度、敬畏心，其徇私枉法行为对司法秩序造成的破坏程度，相较于一般包庇犯罪明显更为严重，原案刑期标准也应适当予以降低。

最后，以 H 省 147 案 185 人的样本为例，分析司法实践中原案刑期的合理性界限。若参考包庇罪无期徒刑的升格要件，H 省情节严重人数为 5 人，仅占全部移送审查起诉人员的 2.7%；若参考《人民检察院直接受理立案侦查的渎职侵权重特大案件标准（试行）》3年以上有期徒刑即可认定重特大案件"的意见，情节严重的比例可能达到 75% 以上；如果将 10 年以上有期徒刑以上刑罚作为界分标准，情节严重人数为 49 人，占全部移送审查人员的 26.4%。由此，后者比例明显更符合刑法精准打击犯罪之目的，更与贝卡里亚的"越轨行为阶梯评价理论"理论相吻合。

此外，以许某徇私枉法案为例②，亦可佐证将"原案刑期作为升格情节"的合理性。该案中，秦某涉嫌生产、销售伪劣产品罪，该罪名并非传统刑法理论中的典型重罪，如果仅以原案罪名作为升格情节，该案可能难以认定情节严重。但若摆脱定式思维，将原罪刑期予以考量，则可较好评价原案带来的法益危害。立法者对生产、销售伪劣产品罪赋予较重刑期，与该罪名对市场经济秩序乃至人身权利的损害程度是相匹配的，将原案刑期作为许某的升格情节，符合刑责相适应原则。

进一步剖析许某徇私枉法案，论证"可能被判处"刑罚的认定规则。根据《关于办理窝藏、包庇刑事案件适用法律若干问题的解释》（以下简称《窝藏、包庇案件解释》）第 4 条第 2 款之规定，认定"可能被判处"的刑罚时，不应考虑自首、立功、认罪认罚等从宽处罚情节。由于上述三个情节均系罪后量刑情节，但作为罪中情节的未遂、从犯等应否考量，实践中存在争议。笔者认为，在认定"可能被判处"的刑罚时，相对于罪后情节，更应考虑罪中情节。一方面，罪中情节与犯罪构成紧密相关，反映了犯罪行为的事实要素，直接体现犯罪行为社会危害性的大小，是最为重要的量刑情节③。另一方面，司法工作人员有较为丰富的办案经验及法律知识，若司法工作人员对原案刑期以及未遂、从犯等罪中情节有明确认识，则应根据主客观相统一原则，结合认识要素进行判断。

2. 结合原案罪名。法律所规定的犯罪构成，决定了行为的社会危害性，量刑必须根据犯罪性质决定。④ 笔者认为，对危害国家安全犯罪、恐怖主义或者极端主义犯罪，或者

① 以前述包庇罪与渎职侵权罪的规定为例，包庇罪的升档情节为无期徒刑以上刑罚，渎职侵权重大案件的标准为 3 年有期徒刑以上，两者差异巨大，体现了法律法规对司法工作人员渎职行为的从严打击力度。

② 许某系某地派出所所长。秦某等人在该地制售假烟，许某收受秦某财物后，故意对其犯罪行为不予查处。该案案发后，秦某涉嫌生产、销售伪劣产品的涉案金额高达 368 万元，但有未遂情节。此案中，应当如何判断秦某的原案刑期？应否对许某认定情节严重？

③ 参见马克昌：《刑罚通论》，武汉大学出版社 2002 年版，第 336 页。

④ 马克昌：《刑罚通论》，武汉大学出版社 2002 年版，第 278 页。

系黑社会性质组织犯罪的案件①，徇私枉法办理的，可以认定为情节严重。上述罪名均系国际社会普遍公认的极端、恶性犯罪，《窝藏、包庇案件解释》第 4 条第 2 款亦持此种观点。上述罪名对国家安全、社会安定的破坏巨大，如果司法工作人员在办理上述案件过程中徇私枉法，将对社会秩序造成非常恶劣的后果，对其评价为情节严重，可以有效实现罪责刑相适应原则。

再重点关注黑社会性质组织犯罪。虽然包庇、纵容黑社会性质组织罪中，"多次包庇纵容"才认定情节严重，但是该罪系一般主体，而徇私枉法罪的主体系司法工作人员。司法工作人员的工作专业性高、稳定性强，长期在某一地区司法领域工作，如果其利用职权职责、徇私徇情，充当黑社会性质组织"保护伞"，可能致使黑社会性质组织称霸一方，故其徇私枉法行为相较于一般的包庇、纵容行为危害更大。因此，司法工作人员在黑社会性质组织犯罪中徇私枉法的，认定为情节严重难以产生较大争议。需要说明的是，鉴于上述行为可能判处 5 年以上 10 年以下有期徒刑，在认定司法工作人员对涉黑犯罪的包庇纵容时，应注意主客观相统一原则的贯彻，避免客观归罪。对于确实无法认识到涉黑犯罪的情形，不宜径行认定情节严重。

3. 综合考量原案刑期、原案罪名、行为次数。对前述案件类型，多次徇私枉法办理的，可以认定为情节特别严重。首先，对于上述犯罪性质恶劣、情节严重的案件，行为人多次徇私枉法办理，足以体现其主观恶性大、犯罪习性深，对法律法规、司法秩序缺乏基本的敬畏心。其次，多次徇私枉法办理恶性刑事案件，可能对社会秩序造成特别严重的后果，应当将其升格认定为情节特别严重。最后，H 省多次徇私枉法办理前述案件的人数为 10 人，占全部涉案人员的 5.4%，将其作为情节特别严重的升格条件，符合司法实践之一般规律。

（二）重点关注徇私枉法的行为次数和涉案人数

根据《刑法》第 5 条明确的罪责刑相适应原则，刑罚的轻重应当与犯罪分子所犯的罪行和承担的刑事责任相适应。因此，我国刑法往往将多人多次作为法定刑升格条件，以包庇类犯罪为例，包庇、纵容黑社会性质组织罪将多次作为升格条件，包庇罪亦将多人多次作为升格条件。具体到本罪，一般情况下，徇私枉法的次数越多，徇私枉法行为涉及的人员越广，行为人的主观恶性越大，造成的客观危害也越大，而犯罪行为的社会危害性和犯罪人的人身危险性，决定刑事责任的轻重程度②。故此，笔者认为，行为人实施 3 次以上徇私枉法行为的，或者徇私枉法行为涉及 5 人以上的，可以考虑认定情节严重；实施 6 次以上徇私枉法行为，或者徇私枉法行为涉及 10 人以上的，可以考虑认定情节特别严重。

根据刑法理论的通说与司法实践，多次是指 3 次以上。③ 司法实务中，将 3 次犯罪作为法定刑升格条件的做法较为普遍、争议较小，但有关涉案人数的界定问题，司法实践中

---

① 笔者认为，无须将危害公共安全、故意杀人、贩卖毒品、强奸等罪名纳入直接升档的案件类型，上述罪名虽然有较大危害性，但其对社会秩序的破坏程度，与国家安全犯罪、恐怖主义或者极端主义犯罪、黑社会性质组织犯罪明显不相当。将上述罪名中可能判处 10 年以上有期徒刑刑罚的案件进行升格评价，足以体现对相关案件的打击力度。

② 马克昌：《刑罚通论》，武汉大学出版社 2002 年版，第 264 页。

③ 张明楷：《法定刑升格条件的认识》，载《政法论坛》2009 年第 27 期。

分歧较大。以 H 省调研情况为例，部分案件办案人员不知如何分析界定，例如，某些案件被包庇人员高达 7 人，却没有认定徇私枉法情节严重。笔者认为，可以参考包庇罪的认定标准，结合两罪的不同特性，在"3 人"的基础上适当调高，作为情节严重的界分点。具体而言，包庇罪系一般主体，日常接触刑事案件数量较少，即使接触刑事案件，也是基于亲友等关系对个案予以认识，包庇多名犯罪的人可能性较低、难度较大，将包庇 3 名犯罪的人作为情节严重认定标准，较为合理。然而，徇私枉法罪的主体系司法工作人员，日常接触的共同犯罪案件数量较多，其对某一犯罪的人徇私枉法，可能影响全案的办理。以何某徇私枉法案为例，何某出于包庇卖淫场所老板黄某的故意，教唆证人作伪证，不仅包庇了黄某不受立案，同时致使另外 5 名同案犯不受追诉。何某主观上明知其行为可能放纵黄某的同案犯，仍然放任此种结果的发生，客观上导致 6 名有罪的人被放纵，其徇私枉法的人数应当认定为 6 人。司法实践中，司法工作人员办理 3 人以上共同犯罪的案件概率较高，在界分涉案人员标准时，应当考虑上述特性，否则可能罪责刑失衡。以 H 省样本数据为例，如果将升格人数界定为 3 人，情节严重的数量为 40 案 50 人，仅此一项要素就将导致 27% 的人员判处 5 年至 10 年有期徒刑。所以，突破刑罚理论中对"多数认定"的一般规定，认定徇私枉法人数 5 人以上为法定刑升格条件，更为合理。

（三）合理权衡徇私枉法行为对社会的危害程度

在考虑徇私枉法行为的社会危害性时，可从刑法体系出发，参照包庇类犯罪、渎职类犯罪的相关规定，将再犯新罪、人员伤亡、经济损失、恶劣社会影响作为情节严重、情节特别严重的标准。

1. 再犯新罪。徇私枉法行为实施后，前罪行为人在其可能判处的刑罚期间内，再次实施故意犯罪，可以结合新罪的刑期、罪名等，综合考虑是否可以认定"情节严重"。

从 H 省调研情况来看，新罪发生的后果是否应当一律归结于徇私枉法行为，普遍争议较大。笔者认为，首先应贯彻具体问题具体分析之原则，结合徇私枉法罪的特殊主体身份予以判断。司法工作人员具有依法查禁犯罪、维护司法秩序的职权职责，其徇私枉法行为对司法秩序的破坏巨大。正如法谚所云，"一次不公正的裁判，其恶果甚至超过十次犯罪"。因为犯罪不过弄脏了水流，而不公正的审判则败坏了水的源头。司法工作人员的徇私枉法行为，不仅严重影响普通社会公众对公权力、社会秩序、法律规范的敬畏之心，还有可能致使违法犯罪行为人的犯罪行为日益猖獗，给社会、公众造成反复发生、持续存在的负面影响。其次应坚持主客观相统一原则，根据客观上的因果关系以及行为人主观认识要素进行综合判断。若徇私枉法行为与新罪行为之间具有刑法意义上的因果关系，徇私枉法行为高概率地导致了新罪，是新罪发生的重要条件，且新罪行为的发生没有超出徇私枉法行为人的主观认识要素，则新罪的发生应当归责于徇私枉法的行为①。一般来说，还应

---

① 具体来说，因果关系是指危害行为与危害结果之间合乎规律的引起与被引起的客观联系。若根据一般人的生活经验来判断，行为高概率会导致危害结果的发生，客观上也确实导致了危害结果的发生，行为和结果之间即存在因果关系。当前行为与后行为之间存在介入因素时，同样应当对介入因素的发生进行相当性判断，如果介入因素从属于前行为，前行为高概率地导致了介入因素，则后行为仍然可以归责于前行为。

注意徇私枉法行为与新罪发生之间的时间间隔，从而客观评价两者之间的因果关系。

以杨某徇私枉法案为例①，可论证徇私枉法主体因果关系判断的特殊性。本案中，杨某作为县公安局副局长，其徇私枉法行为，不仅致使司法机关公信力严重受损、公平正义的底线被破坏，而且致使自己从此丧失公平公正立场，不得不与谈某结为利益共同体，进而致使一般办案民警均忌于对谈某的查禁，黑社会性质组织不断发展壮大、不断实施新罪。

此外，如何科学体认徇私枉法行为与新罪之间的因果关系，成为实践中的一大难题。以陶某徇私枉法案②为例。

从客观方面分析，检察机关对周某提出 1 年以上 2 年以下有期徒刑量刑建议，陶某徇私枉法对其判处拘役并宣告缓刑。周某在 1 年内多次实施了再犯罪行为，严重破坏了当地经济、社会生活秩序，客观上造成了法益被侵害的后果。

从因果关系分析，第一，陶某徇私枉法使周某应被羁押而未被羁押，其行为是周某再犯新罪的必要条件；第二，刑罚具有惩罚功能、威慑功能、矫正功能③，周某仅被宣告缓刑，导致刑罚功能未得到应有发挥，因而其再犯罪风险明显高于普通民众④，徇私枉法行为与新罪行为之间，具有高度伴随性；第三，周某"买通"负有依法查禁职责的陶某后，认为自己有后台、关系硬，上述心态一定程度上助长了其再犯罪心态；第四，该案致使周某在当地声名大振，更多人员逐渐依附于周某等人，致使黑社会性质组织坐大成势、不断实施犯罪。陶某的徇私枉法行为高概率地引起了周某的再犯罪行为，可以认定其徇私枉法行为与再犯罪的危害结果之间具有客观上的因果关系。

从主观方面分析，周某的再犯罪并没有超出陶某的主观认知。陶某系刑庭庭长，具备较为丰富的办案经验，对于被告人的人身危险性有较强的认知能力。本案的被告人周某，曾经因故意犯罪被判处刑罚，后再次实施犯罪，陶某能够认识到周某具有一定犯罪习性，再犯可能性大。后一次犯罪中，周某在公共场合参与打斗，于民警在场情况下朝天开枪，

---

① 杨某系某县公安局副局长。2010 年，谈某实施贩卖毒品行为，应当判处 10 年以上有期徒刑，杨某基于私情私利，故意包庇谈某不受追诉。后谈某在该县范围内多次实施违法犯罪行为，杨某均对其行为予以放纵，以谈某为首的黑社会性质组织不断发展壮大，致使该地社会、经济秩序遭到严重破坏。杨某被抓获到案后，在自书材料中写道："这件事情发生后，外面都在传，谈某黑白两道通吃，谈某在公安系统有背景、有靠山，一般的办案民警都不敢查办他，这种传言，我没法制止、只能表示默许……当我第一次违反原则帮助谈某开始，我就跟他的利益捆绑在了一起，在谈某后续犯罪过程中，如果我不继续帮助他，一旦谈某被抓获，事情就会失控，我的事情可能就会暴露，我的日子也就到头了"。

② 2010 年，周某因故意犯罪被判处有期徒刑 3 年 6 个月。2015 年，周某再次实施犯罪，其在歌厅打斗过程中，民警已经到场情况下，周某拿出随身携带的枪支朝天开枪两枪，并用枪柄殴打他人头部，造成恶劣社会影响。后周某因涉嫌非法持有枪支罪被起诉至法院，检察机关建议对周某判处 1 年以上两年以下有期徒刑。陶某系该法院刑庭庭长，陶某明知周某曾经故意犯罪被判处有期徒刑，本次犯罪行为应属累犯、不应适用缓刑，却在接受他人请托后，故意对周某重罪轻判，对其仅判处拘役 3 个月，适用缓刑。该案判决后，周某等人在该县名声如日中天，周某 1 年内多次实施犯罪，逐渐发展为黑社会性质组织，后因犯参加黑社会性质组织罪等罪被判处有期徒刑 8 年。

③ 陈兴良：《刑法总论精释》（第三版），人民法院出版社 2016 年版，第 12 页。

④ 以 H 省样本为例，被徇私枉法的原案行为人再犯罪的人数为 41 人，再犯罪比例高达 22%。

更足见其漠视法律、胆大妄为，人身危险性大。陶某作为一名法官，明知放纵人身危险性较大的犯罪分子，可能导致其再犯新罪，仍然故意包庇，对其新罪后果应当承担责任。

2. 人员伤亡。徇私枉法行为造成的人员伤亡情况可以作为情节（特别）严重的升格要素。一方面，刑法的目的是保护法益。生命健康权是人民群众的基本权利，是我国宪法、刑法依法保护的重要人权。如果徇私枉法行为不仅破坏了刑事诉讼活动的公正性，还产生了侵犯人身权利的客观后果，侵犯了两个法益，可考虑认定为情节严重①。另一方面，刑罚具有安抚功能。通过对犯罪适用和执行刑罚，能够在一定程度上满足受害人及其家属要求惩罚犯罪人的报复心理，可以平息或缓和犯罪给被害人以及社会其他成员造成的激愤情绪，使他们在心理上、精神上和物质上得到抚慰②。由此，《刑法》第 399 条第 2款、第 3 款民事、行政枉法裁判罪、执行判决、裁定失职罪、执行判决、裁定滥用职权罪及《刑法》第 266 条诈骗罪，均把犯罪行为造成的人员伤亡作为情节要素予以考虑。因此，笔者认为，徇私枉法行为致使当事人或者其近亲属自杀、自残造成重伤、死亡，或者精神失常的，可以认定情节严重。

以龚某徇私枉法案为例③，可直观地认识"人员伤亡"对于法定刑升格的意义。赵某涉嫌非法吸收公众存款罪，丁某多次举报赵某，意图挽回自己的损失，龚某作为主管刑侦大队的副局长，故意包庇赵某，致使公平正义的底线被破坏，丁某难以获得合理合法的救济与抚慰，进而实施自残行为。龚某的行为不仅破坏了司法秩序，而且给丁某的身心造成严重损害，对于龚某的行为，如果仅作为普通徇私枉法行为予以评价，不足以评价其对丁某生命健康权带来的法益侵害。

3. 经济损失。H 省样本中暂时没有以经济损失作为升格条件的案件。如何理解"其他致使国家利益遭受重大损失"的情形，实践中可能存在一定争议。根据《关于办理渎职刑事案件适用法律若干问题的解释（一）》第 8 条之规定，经济损失是指渎职犯罪或者与渎职犯罪相关联的犯罪立案时已经实际造成的财产损失，包括为挽回渎职犯罪所造成损失而支付的各种开支、费用等。由此引发的问题是，应如何理解"为挽回渎职犯罪所造成损失而支付的各种开支、费用"。实践中，对渎职人员或原案涉案人员的办案费用，如指定居所监视居住产生的办案经费，是否可以认定为致使国家利益遭受重大损失难以把握。笔者认为，该类办案经费不宜认定为致使国家利益遭受重大损失，查处犯罪分子的犯罪行为是司法机关的正常办案工作，据此所产生的费用系司法机构正常运行、日常办案的必要支出，不宜归结于某一件个案或者个体，不宜认定为致使国家利益遭受重大损失。

4. 恶劣社会影响。徇私枉法行为造成恶劣社会影响的，可以考虑认定情节严重；造成特别恶劣社会影响的，可以考虑认定情节特别严重。对于恶劣社会影响的判断，可参考最高人民检察院第三检察厅《职务犯罪常见罪名释义及证据指引》中滥用职权罪的相关指

---

① 参见张明楷：《法定刑升格条件的认识》，载《政法论坛》2009 年第 27 期。在加重结果表现为人身伤亡的场合，仅要求行为人对该结果具有过失，不会违反责任主义。

② 陈兴良：《刑法总论精释》（第三版），人民法院出版社 2016 年版，第 12 页。

③ 赵某非法吸收丁某 500 万元后未予退还，丁某将赵某非法吸收公众存款的线索举报至县公安局。龚某系公安局主管刑侦大队的副局长，其明知赵某涉嫌非法吸收公众存款罪，却基于自己与赵某的债权债务关系，故意包庇赵某不受追诉。丁某见举报无望，到相关部门自泼汽油点火自焚，造成恶劣社会影响。

引，对于引发新闻媒体广泛关注，引起强烈社会反响的；对于造成大规模上访、暴力冲突等事件，影响国家机关正常职能活动的；对于诱发民族矛盾纠纷，严重影响民族团结、社会稳定的；其他能够证明造成恶劣社会影响的，可以认为造成恶劣社会影响。

笔者认为，H 省办理的操场埋尸系列渎职案件可提供社会影响程度认定的方法。杜某故意杀人、将尸体掩埋于校园操场之下，市、县两级公安机关多名领导及干警共同徇私枉法，被害人家属多年控告无果，致使该起命案被掩盖 16 年之久，该案一经曝光引发境内外媒体的高度关注，引起强烈社会反响，致使政府公信力、司法公信力遭受严重破坏，属于造成特别恶劣社会影响，情节特别严重的情形。

5. 可适当引入兜底条款。界分徇私枉法罪情节（特别）严重标准时，合理运用兜底条款，可确保该罪量刑体系的周延性，为没有明确的情节要素的适用留下空间，更好地维护法益。① 具体而言，可规定：有其他严重情形的，考虑认定情节严重；有其他特别严重情形的，考虑认定情节特别严重。对于实践中发生的新型情况，如果与其他升格要素基本相当，且在条文文义的射程之内，可以出于法益保护和人权保障相协调的考虑，将其认定为情节（特别）严重②。

① 参见张庆立：《"情节严重（恶劣）"的法律解释》，载《法律方法》2021 年第 1 期。
② 参见张庆立：《"情节严重（恶劣）"的法律解释》，载《法律方法》2021 年第 1 期。

徇私枉法罪证明标准与法律适用分歧问题研究

姚俊峰*

依法正确对刑事犯罪进行追诉，关系公民自由、生命和财产等基本权利，也是维护社会安全稳定的最后屏障。刑事司法办案中的腐败渎职，严重破坏司法生态、降低司法公信力，是人民群众反映强烈的突出问题。徇私枉法罪是司法工作人员典型性渎职犯罪，本质是对广义司法权的滥用，侵害的法益是司法活动正常开展及国民对司法公正的信赖。国家监察体制改革后，徇私枉法罪是检察机关可以直接立案侦查司法工作人员14种职务犯罪之一，从贵州省检察机关2021年直接立案侦查司法工作人员相关职务犯罪情况看，徇私枉法罪占比较大，加之理论和实务对徇私枉法罪的证明标准和法律适用在认识理解上存在一定分歧，开展相关分歧争议问题的研究，有助于准确指控证明犯罪，增强法律监督刚性，推动社会治理能力提升。

一、对明知是无罪的人而使其受追诉、明知是有罪的人而故意包庇不使其受追诉的理解

（一）对"明知"的理解

"明知"包括知道或者应当知道，知道是能够通过证据证明的确实知道，应当知道是指以相关工作岗位职责要求具备的专业水平来评判后认为理应知道。刑法上的"明知"重点在于如何认定应当知道，这需要以从事业务岗位的普通办案人员所能认知的证明程度作为对照标准。办理徇私枉法案件，在犯罪嫌疑人不供述情况下，用直接证据证明主观明知的难度较大，可以参考办理毒品犯罪案件适用法律的规定，在行为人存在明显异常行为又不能合理解释时，合理推定其具有某种主观明知。例如，对通常专业水平均能认知属于犯罪构成要件欠缺不构成犯罪、犯罪情节显著轻微不认为是犯罪、已过追诉时效不能追究刑事责任等情形，仍基于个人动机执意推动刑事追诉；或有证据证明相关人员涉嫌犯罪，却出于一己之私不依法开展刑事追诉。针对实践中，一些犯罪嫌疑人以业务能力低为由否认徇私枉法主观犯意时，直接证明难度大，可综合三个方面"偏离度"推定：一是有无明显偏离岗位职责要求的基本专业能力和水平，二是有无明显偏离该类业务的惯常操作方式，三是有无明显偏离本人经历所体现出对类似事项或案件的秉持态度和做法。

---

* 贵州省人民检察院第三检察部主任、三级高级检察官。

（二）对"无罪的人"的理解

这里所称"无罪的人"，既包括事实上无罪的人、依法不负刑事责任的人，还包括证据不能证明有罪的人。事实上无罪，是指没有犯罪事实和犯罪事实非犯罪嫌疑人所为；依法不负刑事责任的人，是指根据《刑事诉讼法》第 16 条规定不应当追诉的人；证据不能证明有罪的人，是指因证据不足而不能刑事追诉的人。

（三）对"有罪的人"的理解

以往理论和实务对该问题争论颇多，有的认为只有经审判认定构成犯罪才能视为徇私枉法罪中"有罪的人"；有的认为一旦被确定为犯罪嫌疑人，即可视为"有罪的人"；还有的认为需达到事实清楚，证据确实、充分的证明标准才能认定为"有罪的人"①。笔者认为，"有罪的人"应当是有证据证明实施了犯罪的人，这是一种较低标准的刑事证明，也是一种合理的认定标准，如证明标准过高会影响对徇私枉法罪法益的有效保护。值得注意的是，不同诉讼阶段认定"有罪的人"会呈现不同的证明标准，总之，在审判前的追诉阶段认定为"有罪的人"是采取一定证据基础上的推断预判，这时毕竟没有经过审判，是为了法益保护的需要而合理推断，必须允许事中或事后反证，如有更确凿的证据证明不是有罪的人或经审判判决无罪的，可作为有力证明否定之前"有罪的人"认定②，这样无疑能较好地兼顾及时惩治犯罪及保证实质正义的刑罚社会价值的平衡。

（四）对"追诉"的理解

追诉是让实施犯罪的人承担刑事责任的必由路径，其蕴含惩治犯罪和人权保障的双重目标。以往对追诉的含义有一些争议，现在基本统一了认识，即对于推动刑事追诉程序前行具有实质意义的司法活动。一般把开展刑事立案、采取强制措施，提起公诉、审判等视为进入刑事追诉程序，但不包括进行治安处罚，党纪政务处分等。国家监察体制改革后，对监察机关开展调查活动，虽可能使被调查人被移送审查起诉，且调查机理上也与侦查有一定相似，但监察机关毕竟依据监察法开展审查调查，而非依据刑事诉讼法，且执纪问责和监察调查具有一体性，启动调查后仍可能按监督执纪四种形态处理，故不应当等同于本罪的"追诉"。

二、对徇私的理解认定

目前，对徇私的证明与法律适用存在不同观点，如目的说、动机说、行为说③，主观要件说等。概括起来，有的认为徇私是一种犯罪动机，是发自于内心的深层原因，难以通过证据来证明，且徇私对于认定徇私枉法罪所起的是一种提示作用，只是为了把因业务不熟悉，工作能力不足的过失枉法从徇私枉法罪中剥离，即只要不属于业务能力不足导致的

① 张明楷：《外国刑法纲要》，清华大学出版社 1999 年版。
② 王作富主编：《刑法分则实务研究（下）》，中国方正出版社 1997 年版。
③ 吴海文：《腐败产生的原因及惩治和预防腐败的对策》，载《时代经贸》2011 年第 2 期。

枉法均可以认定为本罪，所以一般不需要用证据证明；有的认为徇私是一种内化于外的客观行为，必须以证据证明有徇私结果出现才能认定本罪。笔者认为，前者忽视了犯罪构成的规范要求，实际上抹煞了构成要件的符合性。后者对特定法益的保护又过于滞后。整体看，徇私是一种犯罪动机，一般来说不是犯罪构成要件，但当刑法分则具体罪名把其作为主观构成要件时，必须以证据证明，这样才能满足构成要件的符合性。

（一）徇私的含义

《说文解字》对"私"的解释大概有两层含义，一是个人的、与公相反的，二是秘密的，不公开。2003 年《全国法院审理经济犯罪案件工作座谈会纪要》（以下简称 2003 年《经济犯罪纪要》）认为，徇私舞弊型渎职犯罪的"徇私"应理解为徇个人私情、私利。1996 年最高人民检察院《关于办理徇私舞弊犯罪案件适用法律若干问题的解释》（以下简称 1996 年《徇私舞弊解释》），对徇私概括为贪图钱财、袒护亲友、泄愤报复或者其他私情私利。这是迄今对徇私定义最为全面的司法解释，但因 1997 年刑法修改后以徇私枉法罪取代了徇私舞弊罪，1996 年《徇私舞弊解释》因罪名及精神被 1997 刑法吸收而被废止。可见，徇私的含义为徇私情私利，这种私是和公相对的，即不是为国家或者单位的正当利益。

（二）对徇私作合目的性理解

学理理论对徇私是否包含徇单位、小集体之私争议较大。前述 1996 年《徇私舞弊解释》明确规定，为牟取单位或者小集体不当利益而实施枉法行为的，依法追究直接负责的主管人员和其他直接责任人员的刑事责任。2003 年《经济犯罪纪要》规定，国家机关工作人员为了本单位的利益，实施滥用职权、玩忽职守行为，构成犯罪，依照《刑法》第397 条第 1 款的规定定罪处罚。有观点认为，只要不是为国家利益都一律认定为徇私；有观点又认为只要不是为纯粹个人利益，哪怕是为小集体、小团体的不当利益，也不是徇私。这些对司法规定的认识理解分歧容易形成徇私这一主观构成要件的虚无化，也直接导致司法实务结果的差异化。例如，实务中对徇小集体之私而枉法的行为既有认定为徇私枉法罪的，也有认定为滥用职权罪的，不利于司法的严肃与统一。笔者认为，上述观点都有一定片面性。徇私是主观构成要件方面的犯罪动机，之所以把犯罪动机纳入徇私枉法罪的犯罪构成，是为与法律政策水平不高、司法能力不足而过失造成枉法行为相区别，刑法重点惩治因徇私而故意破坏法秩序这种主观恶性更大的犯罪行为。公与私本身就是相对的概念，关键是看对比参照物，如相对于国家集体整体正当利益而言，单位之公、小集体之公也难言是公。所以，不能笼统以公私的感性认识而论，应当坚持"刺透面纱"原则，从以下几方面理性解析。

1. 从法益受侵害性来把握罪质。徇私枉法罪侵害的是国家司法制度及国民对司法公正的信赖，从这一点说，徇私枉法或不徇私而枉法，对法益侵害的程度是同等的，两者的不同在于行为人的主观恶性在于刑罚预防功能的价值体现。所以，对徇私这一主观构成要件的证明程度，可以根据惩治和预防犯罪现实需要适当放宽，不宜作过于限缩解释，否则不利于对司法秩序和司法制度的维护。当然，有观点可能会认为即使不能认定徇私，只要有枉法行为还可以认定为滥用职权罪，不会因放纵犯罪而造成法秩序的破坏。但是，滥用职权罪与徇私枉法罪毕竟在受侵害的法益、社会危害程度、刑罚幅度上均不同，从罪责刑相统一和一般预防的作用看，应当罚当其罪，而不宜依赖于用滥用职权罪作兜底处理。

2. 从新旧法律更迭中把握统一性。1996 年《徇私舞弊解释》对徇私的范畴及小集体不当利益是否系徇私进行了明确，随着 1997 年刑法修改，对 1979 年刑法罪名变更扩充，该司法解释作为一个整体随之消失，其合理内容已被 1997 年刑法所继承，作为一种指导司法实践的司法理念，并不必然因刑法的修改变动而泯灭其精神与价值①，广受实务所借鉴的《刑事审判参考》也有多起案例处理参考了被废止司法解释精神的情形，故被废止的司法解释不与现行法律的合理内容和精神冲突，可以为司法实务所借鉴参考。同时，2006 年最高人民检察院《关于渎职侵权犯罪案件立案标准的规定》（以下称 2006 年《渎职侵权立案标准》）明确，"直接负责的主管人员和其他直接责任人员为牟取本单位私利而不移交刑事案件的"，以徇私舞弊不移交刑事案件罪立案，最高人民检察院检例第 7 号胡宝刚等徇私舞弊不移交刑事案件一案也把为牟取小集体利益以罚代刑认定为徇私舞弊，虽然罪名不同，但不可否认，徇私舞弊犯罪在类法益侵害、有罪不究的行为目的等方面具有一定的共同属性，理解上可作对比参考。

3. 从规范解释中把握准确性。现有法律体系具有内在统一性，关键在于规范解释和理解。2003 年《经济犯罪纪要》规定，为单位利益实施枉法行为不以徇私枉法罪论处，但需要注意的是，为单位利益与为单位、小集体不当利益甚至借为单位利益之名行个人或少数人利益之私是完全不同的概念，不能混为一谈。实践中，有的单位负责人打着为单位利益的名义，利用职权做一些枉法之事，如用枉法行为换取的财物设立小金库，表面上看确实有部分用于公务，但也有相当部分用于个人或少数领导的烟、酒等违规开支；有的单位负责人背着领导班子其他成员，实质由个人控制小金库的资金使用，擅自违反规定过年过节给上级领导送礼、给少数人发"公务补贴"，严重违反《党政机关国内公务接待管理规定》，且未体现集体意志，实则是为个人办事、提拔晋升创造条件，实质是用公款进行的所谓感情投资；还有的为包含本人在内的单位少数人滥发奖金补贴，这些为单位或小集体不当利益与为单位利益完全是两种性质行为，其危害性、隐蔽性都较一般徇私更为严重，更难以被查处。例如，某派出所所长徇私枉法案，该所长指使办案民警将涉嫌组织卖淫的犯罪嫌疑人作一般违反治安处罚法处理，将犯罪嫌疑人缴纳的"罚款"纳入派出所"小金库"，大部分用于派出所领导私车加油费用、领导每月购买接待用烟和宴请接待费用，少部分用于食堂公用支出，检察机关认为符合徇私要件，以徇私枉法罪提起公诉得到法院生效裁判采纳。所以，认定徇私应当对法律及相关司法解释作目的解释、体系解释。

4. 具体分析主要犯罪动机。在区分为单位利益、为个人利益时，要坚持具体案件具体审查分析，找出主要犯罪动机，也可借鉴认定单位犯罪的审查思路，一是看实施行为能否代表单位或集体意志，是否一定程度让单位领导层知晓，或故意避开内部监督的制度规定；二是看实施行为的目的，如行为目的就是为个人或少数几个人获取私利，哪怕实际获得利益后为掩盖而将部分甚至大部分用于单位公务，都难言为单位利益；三是利益归属及

---

① 陶新征等：《徇私枉法罪中"私"之探讨》，载《长江大学学报（社会科学版）》2011 年第 9 期。

使用的正当性，即获得利益主要用于公务还是供少数人非法占有或违规支用。

三、对有争议枉法行为的理解认定

（一）对枉法行为形式的理解

徇私枉法罪是行为犯。依据《刑法》第 399 条规定，徇私枉法罪犯罪构成要求"对明知是无罪的人而使他受追诉""对明知是有罪的人而故意包庇不使他受追诉"。

2006 年《渎职侵权立案标准》对具体枉法行为作出列举式规定：涉嫌下列情形之一的，应予以立案：（1）对明知是没有犯罪事实或者其他依法不应当追究刑事责任的人，采取伪造、隐匿、毁灭证据或者其他隐瞒事实、违反法律的手段，以追究刑事责任为目的立案、侦查、起诉、审判的；（2）对明知是有犯罪事实需要追究刑事责任的人，采取伪造、隐匿、毁灭证据或者其他隐瞒事实、违反法律的手段，故意包庇使其不受立案、侦查、起诉、审判的；（3）采取伪造、隐匿、毁灭证据或其他隐瞒事实、违反法律的手段，故意使罪重的人受较轻追诉或者使罪轻的人受较重的追诉；（4）在立案后，采取伪造、隐匿、毁灭证据或其他隐瞒事实违反法律的手段，应当采取强制措施不采取强制措施，或者虽然采取强制措施，但中断侦查或者超过法定期限不采取任何措施，实际放任不管，以及违法撤销、变更强制措施，致使犯罪嫌疑人、被告人实际脱离司法机关侦控的。

可见，现行法律明确的枉法行为有三类，包括对无罪的人进行刑事责任追究、对有罪的人不进行刑事责任追究、故轻故重处理。采取的手段包括伪造、隐匿、毁灭证据或者其他隐瞒事实、违反法律的手段。故意包庇使有罪的人不受追诉，这类情形司法实务中较多，特别是全国扫黑除恶专项斗争及政法队伍教育整顿活动开展以来，查处大量司法工作人员徇私枉法犯罪，即徇私利私情，对犯罪的人予以包庇，体现为有案不立、压案不查、有罪不究。这类行为的客观方面，一般体现为积极作为，但不可忽视的是，枉法同样也存在不作为的情形。徇私枉法罪是司法工作人员利用职务职权作出的违法行为，当行为人具有刑事追诉职责，故意不履行查禁和指挥查禁职责，对明知是有罪的人放弃追诉，体现为不依法收集证据，不依法采取强制措施，对犯罪嫌疑人放任不管，使其脱离控制等。例如，某市专门负责扫黑除恶专项工作的司法工作人员，负有一定区域同类型案件的办理和指导职责，当犯罪嫌疑人明确告知因涉嫌暴力拆迁案件找其帮忙，其也通过对下指导工作信息了解到该犯罪嫌疑人有涉黑涉恶可能，仍然收受对方财物，故意在指导该案中不做明确具体要求，其就是以不作为的方式使有罪的人不受刑事追诉。

对故意使有罪的人不受刑事立案、侦查、起诉、审判，一般能够从具体行为中推断出行为人意图使有罪的人不受追诉，但对于应当采取强制措施不采取、违法撤销、变更强制措施等情形，因强制措施只是诉讼保障措施，不具有实体处理功能，不能单凭采取强制措施状况就简单认定其犯罪意图，而应结合强制措施对诉讼保障效果、有无阻碍刑事追诉多方面综合评判。

一是评判原案强制措施的适当性。办案中采取、不采取以及采取何种强制措施是根据犯罪社会危险性和为诉讼提供必要保障而裁量决定，特别是当前实行少捕慎诉慎押刑事司法政策，对于依法采取或变更为非羁押性强制措施、降低诉前羁押率有明显导向作用，故不能简单把采取取保候审、监视居住等强制措施等同于故意不追诉犯罪。

二是评判有无中断侦查行为。刑事诉讼法、《人民检察院刑事诉讼规则》均规定：在取保候审期间，不得中断对案件的侦查、审查起诉。实务中出现压案不查，大多是立案后不采取强制措施或采取保候审等非羁押性强制措施，利用该环节程序性监督较少的实际，怠于侦查取证，放任不管，致重要证据灭失或超过追诉时效。对于采取非羁押性强制措施或未采取强制措施的，重点评价有无应当继续侦查而故意中断侦查行为。

三是评判有无使犯罪嫌疑人脱离侦控行为。"实际脱离司法机关侦控，是指司法机关在依法对犯罪嫌疑人、被告人采取进一步侦查措施时，无法找到犯罪嫌疑人、被告人，或者依法无法对犯罪嫌疑人、被告人采取进一步措施，以追究其刑事责任。需要指出的是，在此项立案标准情形下，致使犯罪嫌疑人、被告人实际脱离司法机关侦控是结果要件。"[1]有的案件虽未采取强制措施，但要求犯罪嫌疑人定期报告，犯罪嫌疑人在当地正常生活、上班，随时配合侦查工作，没有发生影响侦查的结果，则不宜认定为脱离侦控。

（二）对在刑事审判中故意违背事实和法律进行裁判的认定

近几年，随着反腐败斗争不断深入，查处刑事审判环节法官徇私枉法犯罪增多。在涉及司法裁量权的徇私枉法案件办理中，涉案人员多以没有枉法结果进行辩解，认为司法行为在法律规定的裁量幅度内，没有违背事实和法律，甚至因此产生自由心证、自由裁量、法官权力的深层次争议。如何准确认定、区分违法犯罪行为与正常行使司法裁量权的界限，逐步成为实务中的重点难点。

审判中的枉法结果有两种：一种是定罪；另一种是量刑。定罪枉法突出表现为故意不采信已有证据证明的事实，故意采信欠缺证据资格和条件的证据，故意不采纳影响定罪的关键证据，故意歪曲证据证明的事实，故意不适用法律明文规定进行裁判，导致事实认定、法律适用上出现错误。这种情况比较少见，因为故意把有罪判无罪，把无罪判有罪过于明显，很难做到。审判环节的枉法裁判多体现在量刑上违法从重或从轻。刑法对刑罚都规定一定幅度，即使在法定幅度内，法官裁量空间也很大，虽然最高人民法院和各省法院制定了量刑规范及实施细则，但大多也只是规定不同情节可以裁量的量刑幅度，且纳入规范量刑的罪名毕竟有限。故实务中认定故重故轻型徇私枉法犯罪具有较大难度。例如，某徇私枉法案两名法官分别利用承办、审批一起故意伤害致人死亡案的职务便利，收受被告人亲属财物，承办法官在审判活动中故意偏袒从轻量刑、错误认定重大量刑情节，分管负责人怠于内部监督把关，使被告人获得较轻判决。该案定性上存在较大困难，一是枉法行为隐蔽专业。两被告人都是资深法官，均辩解系依照最高人民法院《关于常见犯罪的量刑规范指导意见》，通过严格计算后在法定幅度内量刑，且与原公诉所提量刑建议一致，即使量刑偏轻也属于法官量刑裁量范围。二是枉法行为非典型。担任分管负责人的犯罪嫌疑人辩解，其并未向承办法官打招呼，甚至当案件报其审批时，其感觉量刑偏轻，主动让承办法官汇报量刑依据，得知均依据量刑情节计算得出，又考虑到合议庭意见一致，才审批

① 参见陈国庆主编：《2018 年刑事诉讼法适用指导丛书——司法工作人员职务犯罪侦查与认定》，中国检察出版社 2019 年版。

同意，自称已尽到注意义务。三是原案是否错误尚未确定。原案故意伤害罪起诉、审判均认定自首情节，故量刑上减轻处罚，原故意伤害案判决早已生效且执行完毕。即使现在认为自首不成立，是否考虑对自首与否这类历来有争议问题允许一定容错度。该案通过审查起诉阶段补充侦查，围绕故意不全面汇报影响自首成立的具体情节、对法定刑以下判处刑罚案件未提交审委会讨论决定等枉法点补充取证，并对类似案件处理情况进行综合比对，反映出犯罪嫌疑人专业水准明显异常，综合认定其实施了枉法行为，后以徇私枉法罪提起公诉得到生效裁判采纳。

准确认定以司法裁量名义掩盖枉法行为，既要以证据证明为主，也要以常识常情常理评判为辅，可从以下几方面具体把握。

其一，以充分的主观徇私证据强化对枉法行为认定的内心确信。人民法院量刑规范指导意见之外的罪名在法定量刑幅度内的轻重把握主要靠法官的司法经验进行裁量，一旦存在枉法行为，外部难以发现。即使被发现有枉法裁判可能，有很多犯罪嫌疑人也辩解是业务能力不高或处于法定裁量范围，最终会出现貌似只徇私不枉法的情形。对于刑事审判中的枉法裁判，特别是量刑上故重故轻的枉法一般具有直接或未必的故意，直接承办的司法工作人员徇私后，一般明示或暗示在案件中帮忙，负有领导或监督职责的司法工作人员徇私后，可能不明确表态是否帮忙，也未向承办人员打招呼，实际却放松监督"一路绿灯"，这至少也是一种未必的故意。可见，办案中应当全面收集用于证明徇私方面的直接证据和间接证据、言词证据和书证，主观构成要件证据数量上的充分对于准确认定枉法具有基础性作用。

其二，全面收集违法违规办案的客观证据。对行为人违背法律或司法工作程序的情况要高度关注，这里的法律可作适当扩大解释，即法律、法规、司法解释，"两高"颁布的规范性文件等。要善于分析行为人办理案件是否存在实质性错误，如违反回避制度；采信明显违反证据规则的证据；不采信要件齐备的证据而不能合理说明理由；应当或一般应当提交审委会讨论而不提交讨论；办案人向合议庭或审委会汇报案件时，故意遗漏相关证据事实、对重大问题及争议点不如实全面汇报或错误性陈述误导他人；等等。尤其在认定自首、立功等重大量刑情节时，更容易出现此类问题，要依照"两高"关于自首立功的司法解释、司法判例加以判断。

其三，横向纵向比较量刑上有无明显不当。横向就是参考全国全省或当地类似案件判例，纵向就是参考行为人以往办理类似案件的态度和做法。在法律法规无明显变化情况下，对类似案件量刑上出现重大偏差，没有合理理由或理由明显不成立的，可以认定可能存在枉法行为。所以，对于量刑上故重故轻的枉法裁判，不能以在法定量刑幅度内而一概否认存在枉法行为。有的案件，被告人有数个从轻量刑情节，行为人对每个量刑情节均采取有利于被告人原则，顶格从轻或减轻量刑，可以认定存在故意从轻处罚的情形。

四、徇私与枉法关系的理解

徇私与枉法分属主客观构成要件，在认定上要求同时具备，缺一不可，但需要注意的是，两者在时间上有位序关系，这与受贿罪认定权钱交易有明显的差别，受贿罪只要证明存在权与钱的对价关系，即把权力作为交易的筹码即可，至于是先收钱后办事，还是先办事后收钱，对定罪并无影响，因为无论哪种方式，受贿罪所保护的职务行为不可收买性已受到侵害。徇私枉法罪则不同，徇私是犯罪动机，徇私必须形成于枉法之前或实施枉法过程中，枉法行为实施完毕后再徇私，并不构成徇私枉法罪，因为犯罪时主客观不一致，也可以说枉法行为并非在徇私动机支配下完成，从构成要件符合性看，这类事实只能考虑以滥用职权罪、受贿罪处理。认定徇私枉法犯罪正确路径为：徇私情私利——形成使无罪的人受刑事追诉、有罪的人不受刑事追诉或违背事实故重故轻的主观故意——在犯罪故意支配、推动下实施枉法行为。因徇私枉法罪并非结果犯，只要在犯意支配下实施相关枉法行为即可构成本罪，是否出现实际结果并不是犯罪成立的构成要件，而是反映证明程度是否全面充分的证明要素。

五、徇私枉法罪与帮助犯罪分子逃避处罚罪的区分

《刑法》第 417 条帮助犯罪分子逃避处罚罪，是指有查禁犯罪活动职责的国家机关人员，向犯罪分子通风报信、提供便利，帮助犯罪分子逃避处罚。从犯罪目的看，帮助犯罪分子逃避处罚罪与徇私枉法罪都要求行为人主观上知道对方是可能涉嫌犯罪的人，而故意包庇使对方不受追诉或帮助逃避刑事处罚。两罪也有不同之处：一是犯罪主体不同。徇私枉法罪的主体是具有追诉犯罪职责的司法工作人员，而帮助犯罪分子逃避处罚罪的主体是具有概括性查禁犯罪活动职责的国家机关工作人员，后者的外延要大于前者。二是对犯罪动机要求不同。徇私枉法罪要求徇私情私利，而帮助犯罪分子逃避处罚罪则没有犯罪动机的要求。三是客观行为不同。徇私枉法罪的枉法追诉或不追诉发生在刑事诉讼程序中，而帮助犯罪分子逃避处罚罪则多在刑事诉讼程序之外向犯罪分子通风报信、提供便利以帮助其逃避处罚。四是行为方式不同。徇私枉法犯罪行为表现为直接性、决定性，而帮助犯罪分子逃避处罚犯罪目的行为表现为间接性、帮助性。

六、徇私枉法型涉黑"保护伞"罪名转换

在涉黑涉恶犯罪案件中，徇私枉法罪具有"保护伞"的典型特征，社会危害性大。在具体罪名认定上，徇私枉法罪与另一最直接体现"保护伞"特征的包庇、纵容黑社会性质组织罪存在一定的竞合关系。如果徇私枉法罪的包庇对象为一般犯罪对象，仅需对徇私枉法罪本身进行评价。如果徇私枉法罪包庇对象是涉恶犯罪组织或成员，则可以认定为涉恶犯罪"保护伞"，并根据系包庇恶势力团伙还是犯罪集团，是包庇首要分子、积极参加者还是一般参加者决定徇私枉法罪的情节轻重。这两种情形一般仍以徇私枉法罪进行定罪处罚，并不存在罪名竞合问题。当徇私枉法罪所包庇的对象为黑社会性质组织及其成员时，则可能存在徇私枉法罪与包庇、纵容黑社会性质组织罪的想象竞合，两罪在故意包庇犯罪、重罪轻罚等行为上具有高度的罪质重合，也就是前面所提到的，徇私枉法罪中的故意包庇犯罪是包庇黑社会性质组织犯罪中最为直接、典型的行为表征，但两者并非简单的包容与被包容关系。在司法实务中，对想象竞合犯的处理原则一般考虑从一重处断。当然，当徇私枉法罪与包庇纵容黑社会性质罪出现竞合时，何为重罪，何为轻罪，也不能一概而论，需要结合案情具体分析。

七、追诉时效计算

《刑法》第89条规定，追诉期限的起算时间是犯罪之日或犯罪行为终了之日。犯罪之日是指犯罪成立之日，即行为符合犯罪构成之日。如果犯罪有连续或者继续状态的，则从最后一次犯罪实施完毕之日计算。徇私枉法罪是行为犯，一般不以发生行为人所追求的犯罪后果为成立犯罪条件，只要行为人在刑事活动中实施了一种或几种徇私枉法或徇情枉法行为，便符合全部构成要件，无论上述行为是否达到目的、产生结果，徇私枉法犯罪已经成立，只要不属于犯罪情节显著轻微、危害不大的情形，都应当认定犯罪。有观点认为，因行为人徇私枉法压案不查，导致其他犯罪人长达数年，甚至十余年未被追诉，其间属于徇私枉法行为的持续状态，应当从持续状态结束之日（即原罪犯罪嫌疑人被抓获之日）开始计算追诉期限。笔者认为，一般情况下，徇私枉法犯罪行为并没有长时间持续过程，虽然因徇私枉法造成有的犯罪嫌疑人处于长年逃避处罚的状态，但这不属于徇私枉法行为的持续，而是徇私枉法行为实施后，造成不法状态的持续，也可以看作徇私枉法行为造成的危害后果扩大及情节加重，不能将不法状态的持续等同于犯罪行为的持续。所以，徇私枉法罪追诉期限应当从徇私枉法犯罪之日即犯罪成立之日起计算。当然，特殊情况下也可能存在徇私枉法犯罪行为的持续。例如，在实施徇私枉法行为后，又承担案件清理和办理的追诉职责时，以不作为方式继续实施枉法行为，可视为行为的持续，追诉时效起算点可以延后至有特定追诉职责而不依法追诉的最后行为时。同时，徇私枉法罪与滥用职权罪存在特别和一般的关系，在想象竞合或法条竞合情况下，一般考虑特别优先及从一重处断的原则，但当徇私枉法犯罪行为造成其他严重后果，符合滥用职权罪犯罪构成的认定条件时，为追诉需要可以依法认定为滥用职权罪，充分利用滥用职权罪隔时犯的特点，从滥用职权行为造成的最后一个危害结果发生时计算追诉时效。

总之，追诉时效是一个社会价值判断，既要把握预防犯罪和追诉必要的动态平衡，也要体现刑罚适用与犯罪所造成最严重社会危害性相匹配的法治精神。

为亲友非法牟利罪疑难问题探析

王昕宇　吴　鹏　吕黛婷*

本文以《刑法》第 166 条为亲友非法牟利罪为主要研究对象，以司法实务中的实际案例和争议问题为导入，对该罪名适用的关键构成要素、共犯关系认定、与其他职务犯罪的区分等疑难问题作初步探究，以期为实践应用提供一定的参考。

一、案例引入

[**案例 1**] 甲是 A 国有钢铁公司销售部门的负责人，代表该国有公司对外洽谈业务，销售 A 公司生产的钢材。甲得知 A 公司已经与 B 建筑公司签订了货值金额为 1200 万元的钢材购销合同，就以 A 公司的名义打电话通知 B 公司，谎称因故合同须由 A 公司的关联公司 C 贸易公司履行，并要求 B 公司与 A 公司解除合约，与 C 公司重新订立钢材购销合同。该行为给 A 国有公司造成重大经济损失。经查明，C 公司与 A 公司不具有关联关系，其经营者乙为甲的表弟，而 B 公司与 C 公司签订合同后，因国家去产能政策实施，国内市场钢材价格上涨，C 公司进货成本提高，没有实际获取利润。

[**案例 2**] 丙是 D 国有公司的职业经理人，负责公司的运营、管理工作。2016 年至 2018 年，丙作为公司经理，负责自广州、深圳等地购入汽车配件，用于赠予客户。其间，丙为谋取利益，以其弟弟丁的名义成立 E 股份有限公司，随后通过 E 公司购进汽车配件，以高于市场价 50% 的价格卖给丙就职的 D 公司。为此，丙利用担任上述职务的便利，编造自 E 公司进货可提供发票等事由，D 公司遂同意从 E 公司进货，所得巨额差价归其与丁所有，D 公司财产利益遭受巨额损失。

两个案例都是国有公司工作人员在市场经济活动中实施的违背职务要求，损公肥私，将本应属于单位的经济利益据为己有或者为亲友所有，致使国家利益遭受重大损失的行为，与《刑法》第 166 条第 1 项、第 2 项规定的行为方式基本相符。但是在具体适用第 166 条定罪处罚时，又有若干争议问题须进一步明确：

（1）第 166 条第 1 项"盈利业务"的范围如何认定，是否仅限于本单位经营范围内具有盈利性质的业务，如何理解第 166 条第 1 项与第 2、3 项规定行为方式的联系与区别？

（2）如何理解本罪的结果要件"致使国家利益遭受重大损失"，"亲友"的实际获利

* 王昕宇，北京师范大学法学院 2020 级硕士研究生；吴鹏，山东省人民检察院第三检察部三级高级检察官；吕黛婷，山东省泰安市泰山区人民检察院检委会委员、第二检察部部门负责人。

情况是否影响本罪的成立？

（3）为亲友非法牟利罪与贪污罪都是造成国有财产（预期利益或者应得利益）损失的行为，案例1与案例2中甲、丙两人的行为应以贪污罪还是为亲友非法牟利罪论处？

（4）本罪的牟利主体是亲友，在亲友知情且存在与行为人共同实施非法牟利行为的故意时，对亲友能否以本罪的共犯处罚？

二、为亲友非法牟利罪的两类三种行为方式

1997年刑法对为亲友非法牟利罪规定了三种具体的行为方式：（1）将本单位的盈利业务交由自己的亲友进行经营的；（2）以明显高于市场的价格向自己的亲友经营管理的单位采购商品或者以明显低于市场的价格向自己的亲友经营管理的单位销售商品的；（3）向自己的亲友经营管理的单位采购不合格商品的。其中，后两种行为方式较为相近，以高于市场价格购买商品、以低于市场价格售出商品或者采购不合格商品都是致使国有公司、企业、事业单位付出的金钱或者交付的物品无法获得等价回报，进而产生利益损失的行为。而本罪第1项规定的行为方式"将本单位盈利业务交由自己的亲友进行经营"则明显不同，盈利业务不能直接等同于财产或者财产性利益，只是获得经济利益的一种可能，也可称之为交易机会，需要通过亲友的实际经营活动将交易机会转化为收益方能实现牟利，国有公司、企业、事业单位不是直接损失既得经济利益，而是丧失交易机会带来的预期可得利益。由此也可以看出，第2、3项行为方式与直接侵犯公有财产的贪污罪更相类似，在前述案例2中，丙利用职务便利，伙同丁以增加中间销售环节、低买高卖的方式增加了D国有公司的采购支出，并将该部分款项据为己有，也可能符合利用职务便利非法占有公共财物的贪污罪的成立条件。

事实上，《刑法》第166条第1、3项并非贪污罪的特殊行为方式，对三种行为方式的理解都应置于本罪为破坏社会主义市场经济秩序犯罪，妨害对公司、企业的管理秩序犯罪的体系下进行思考。考虑市场经济活动的竞争特性，本罪应为扰乱国有公司、企业、事业单位正常参与市场竞争的秩序，损害其市场竞争力、获利能力的犯罪。本罪的行为结构表现为"利用职务便利获取商业机会—经营—获利"，与贪污罪"利用职务便利—获取公共财物"相比，需要实质具备中间的经营环节，对国家经济利益的侵犯具有间接性。

美国学者迈克尔·波特的五力模型提出了纵向竞争的概念，改变了以往关于竞争仅限于同行业之间争夺市场份额、交易机会的认识，企业与其上游的供应商、下游的购买者之间的纵向竞争关系对其获利能力也有重要影响。波特认为潜在进入者的威胁、替代品的威胁、供应商的讨价还价能力、购买者的讨价还价能力以及现有同行业公司间的竞争是五种基本的竞争力量，共同决定了行业竞争的激烈程度和获利能力。因此，横向竞争即处于横向位置的潜在进入者的威胁、替代品的威胁、现有同行业公司间的竞争，纵向竞争（又称垂直竞争）即处于垂直位置的供应商与业内企业、购买者与业内企业之间的竞争。[①]（见图1）借用波特的五力分析模型以及横向竞争、纵向竞争的概念，《刑法》第166条为亲友非法牟利罪所规定的三种行为方式可以分为横向竞争与纵向竞争两类，均为严重损害

---

① 参见赵涛主编：《管理学常用方法》，天津大学出版社2006年版，第124页。

国有公司、企业、事业单位竞争获利能力的犯罪行为方式：（1）"将本单位盈利业务交由自己的亲友经营"是同行业之间以非法手段争夺交易机会的行为，是横向的非法竞争；（2）"以明显高于市场价格向自己的亲友经营管理的单位采购商品或者采购不合格商品"是供应商与企业之间纵向的非法竞争；（3）"以明显低于市场价格向自己的亲友经营管理的单位销售商品"是购买者与企业之间纵向的非法竞争。

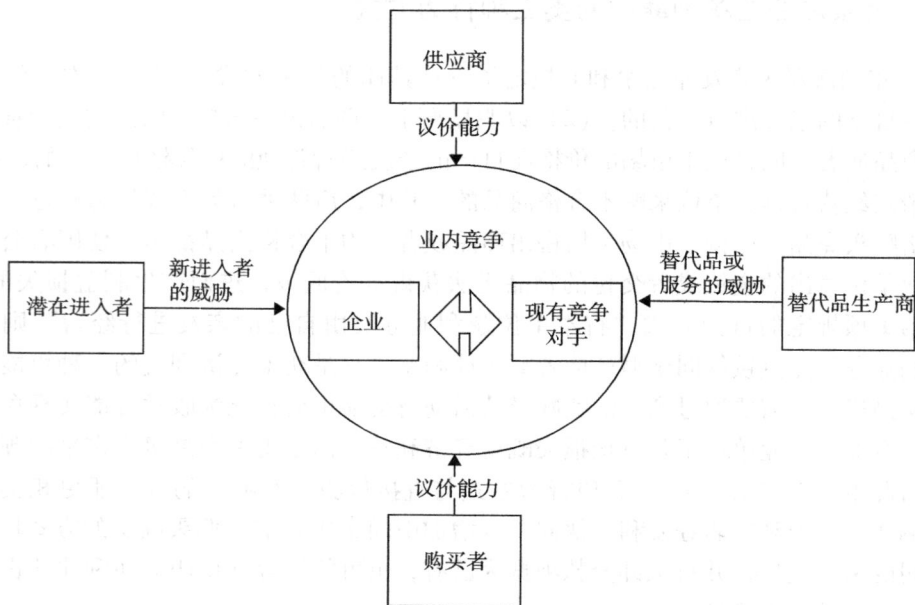

图1　波特五力模型

以横向竞争为视角，《刑法》第166条第1项"本单位的盈利业务"具有相对性。首先是盈利主体的相对性，应限于本单位经营范围之内、与本单位生产经营活动构成横向竞争关系的业务，而不包括具有纵向竞争关系的业务。案例1中，钢材销售是A国有钢铁公司主要的经营业务、获利来源，本属于A国有钢铁公司与B建筑公司之间的钢材买卖业务应当认定为"本单位的盈利业务"。案例2中，将汽车零部件销售给D公司对E公司而言是具有获利性质的经营活动，但D公司为需求方、购买方，不可能从这一交易环节中获利。因此，国有单位的原材料采购业务、办公用品采购业务、需外包的建设工程施工项目、宣传推广业务等一般不属于第166条第1项规定的"盈利业务"，但可能属于第2、3项规定的"商品"（或者服务）范畴。其次是盈利本身的相对性，由于市场活动固有的风险性、不确定性，任何市场行为的盈利性都只能是相对的而不是绝对的①。因此，是否具有"盈利"性质应以行为时本国有单位的经营能力为准，只要明显有获取经济效益、利润可能的，就属于"盈利业务"。

---

　　①　参见孙力：《妨害对公司、企业的管理秩序罪》，中国人民公安大学出版社2003年版，第243页；孙国祥：《为亲友非法牟利罪若干问题研究》，载《河南司法警官职业学院学报》2003年第4期。

三、国家利益遭受重大损失的认定

"致使国家利益遭受重大损失"是职务犯罪常见的构成要件结果和定罪门槛要求，在具体罪名之中，"国家利益"与行为"致使国家利益遭受重大损失"的因果关系又各有所指。

（一）交易机会丧失致使国家利益遭受重大损失

交易机会即市场主体在商业活动中与相对方完成交易、获取经济利益的可能性，获取交易机会是市场主体通过自己的实际经营活动，将获利可能转化为获利现实，顺利实现营利目的的前提。市场是有限的，交易机会的获取具有竞争性，交易机会、顾客、市场份额往往是市场竞争的直接目标。因此，交易机会象征着预期可得利益，行为人利用职务便利将本单位盈利业务交由亲友经营，实质是违背单位意愿将本属于国有单位的交易机会让与他人，使国有单位遭受预期可得利益的损失。

国有单位的预期利益损失与亲友实际谋取的利益通常不能直接画等号，"盈利业务"最终是否产生利润、利润数额大小还取决于市场行情和经营者的经营能力、经营条件。如前所述，业务活动的营利性应以国有单位的有关情况为准，"国家利益遭受重大损失"应主要以行为时国有单位的经营能力、市场行情为依据，判断预期可得利润的大小。但同时，预期利润只是一种假定、推测，尚不具有现实性，因此，在国有单位预期利益难以计算或证明时，亲友非法获利的数额达到 20 万元以上的（2010 年标准），也可推定国家利益遭受重大损失。案例 1 中，C 公司本身并不具有钢材生产能力，其履行与 B 公司之间钢材买卖合同并从中获利，需以较低价格买进钢材为前提，因国家政策调整导致进货成本提高属于正常的市场风险，C 公司因此没有获利甚至亏损不能作为国家利益没有损失的依据。在同等情况下，A 国有公司作为钢材生产企业，其合同履行和获利能力明显高于 C 公司，是否具有预期利益应以 A 公司的有关情况为准。

（二）应得利益减少致使国家利益遭受重大损失

应得利益，是指市场主体通过交易活动销售一定商品或提供一定服务后应该获取的经济利益，或者支付对价后应该得到的商品或服务，是国家利益的重要表现形式之一。以高于市场价格购买商品、以低于市场价格售出商品或者采购不合格商品的情形下，国有单位支付的价格或者提供的商品没有获得相应的回报，是应得利益减损的行为，具有"致使国家利益遭受重大损失"的性质。其中，不合格商品的认定应依据国家或者行业有关特定产品的质量管理标准为依据，无须考虑不合格产品的价格与合格产品市场价格的高低关系，但亲友单位以假充真、以次充好、以不合格产品冒充合格产品的目的在于牟取非法利益，定价通常会明显高于所提供商品的实际价值。《刑法》第 166 条第 2 项规定的行为方式对采购商品或者销售商品的价格有明确要求，即"明显高于"或者"明显低于"市场价格。

一般认为，市场价格，是指行为时市场上同类商品的平均价格，同时还应参考一般社会观念，① 属于国家定价或者有国家指导价格的商品，则以国家定价或者国家指导价的均价计算。② 但对于价格偏离市场价格的程度——"明显高于"或者"明显低于"市场价格，则存在较大争议。第一种意见认为价格异常不应仅以商品单价为准，还要考虑交易数量，判断商品总价是否明显高于或低于同样数量商品的市场定价。如果单品价格偏离市场价格的比例不大，但交易量巨大，给国有单位利益造成巨大损失的，也应当认定为"明显高于市场价格"。③ 第二种意见认为应当对"明显"作量化界定，即高于或低于市场价的10%以上④或者达到1/3至1/2⑤的情形。第三种意见则认为设置一定的数值比重虽有利于实践操作但未免过于僵硬，"明显"偏离市场价格作为一种事实判断，应以行业习惯或者一般人的消费观念为准。⑥

笔者认为，第一种观点混淆了作为行为要素的"明显偏离市场价格"与作为结果要素的"致使国家利益遭受重大损失"，采购商品或者销售商品价格异常是造成国家利益受损的前提，将国家利益损失作为商品价格异常的判断依据颠倒了行为与结果的先后逻辑关系，也产生重复评价的问题。第二种观点看似更具有可操作性，但为不同商品设置相同的价格比例难以适应市场经济的复杂多变，极易导致应受处罚的严重危害行为被疏漏，不具有实质合理性。而第三种观点相对合理，判断价格是否明显异常需考虑不同商品、不同地区、不同行业的交易特点和惯性，只能作具体判断，难以制定一以贯之而又通行合理的标准。

四、与其他职务犯罪的区分

本罪第一类行为方式为横向竞争型为亲友非法牟利罪，利用职务便利将本属于国有单位的商业机会交由自己的亲友经营，扰乱公平竞争的市场经济秩序和国有单位管理秩序的特点更为突出，与其他章节职务犯罪间的区分较为明显，但与本节第165条非法经营同类营业罪相近。第二类行为方式为纵向竞争型为亲友非法牟利罪，是利用职务便利在交易活动中损害国有单位的应得利益，因而不仅与赚取购销差价的非法经营同类营业行为相似，也容易与增设中间环节侵吞国有财产的贪污罪混淆。

---

① 参见张亚平：《为亲友非法牟利罪适用中的争议问题》，载《河南警察学院学报》2019年第2期；鲜铁可、谭庆之：《为亲友非法牟利罪中的两个疑难问题》，载《中国检察官》2011年第16期。

② 参见孙国祥：《为亲友非法牟利罪若干问题研究》，载《河南司法警官职业学院学报》2003年第4期。

③ 参见张亚平：《为亲友非法牟利罪适用中的争议问题》，载《河南警察学院学报》2019年第2期；孙力：《妨害对公司、企业的管理秩序罪》，中国人民公安大学出版社2003年版，第246页。

④ 参见夏思扬：《对交易型受贿有必要规定价格比》，载《检察日报》2007年8月10日，第3版；孙国祥：《以交易形式收受贿赂的方式与界限解读》，载《人民检察》2007年第16期。

⑤ 刘生荣、但伟：《破坏社会主义市场经济秩序罪的理论与实践》，中国方正出版社2001年版，第184页。

⑥ 参见孙国祥：《为亲友非法牟利罪若干问题研究》，载《河南司法警官职业学院学报》2003年第4期；鲜铁可、谭庆之：《为亲友非法牟利罪中的两个疑难问题》，载《中国检察官》2011年第16期。

（一）为亲友非法牟利罪与非法经营同类营业罪的区别

《刑法》第 165 条与第 166 条的立法目的相近，都是保障国有公司、企业的竞争利益，防止国家经济利益在不正当竞争活动中受到损害。仅从构成要件来看，非法经营同类营业罪与为亲友非法牟利罪有诸多不同之处：（1）主体方面，前者主体为国有公司、企业的董事、经理，即高级管理人员，后者主体为国有公司、企业、事业单位的工作人员；（2）主观方面，前罪行为人具有为自己牟利的目的，后罪则具有为亲友牟利的目的；（3）两罪都要求利用职务便利，但董事、高管与一般工作人员的职权地位有差异，"职务便利"是服务于非法经营同类营业还是为亲友非法牟利存在不同，需结合两罪的主体、行为在具体案件对职务便利的内涵加以理解；（4）行为对象与获利主体不同，非法经营同类营业罪是为自己经营同类营业提供便利，非法获利主体是行为人本人，犯罪成立标准是行为人从中获取非法利益数额巨大，为亲友非法牟利罪是为亲友或亲友经营管理的单位提供商业机会，且不要求亲友的经营业务与行为人所在单位的经营业务属同类，获利主体为亲友，犯罪成立标准是国家利益遭受重大损失。

实践中，国有公司、企业的董事、经理为掩人耳目，通常会以亲友的名义从事经营活动，应认定为亲友非法经营还是行为人本人非法经营同类营业容易产生争议。例如，案例 2 中，丙以其弟弟丁的名义成立 E 公司，再利用职务便利，将本单位购销业务交由 E 公司经营，赚取巨额差价。丙作为 E 公司的实际经营者、获利主体，属于为自己经营管理的公司非法提供商业机会，而非为亲友非法牟利。有观点认为，如果经营同类营业的亲友是行为人的家庭共同成员，具有共同财产关系的，应当视同自己经营①。但这一观点显然为国有公司、企业董事、经理的父母子女等家庭共同成员不当增加了职业限制。如某国有造纸企业经理戊的妻子在戊升任经理以前，就长期担任某印刷公司的采购主管，戊担任经理以后利用职业便利以低于市场均价 20% 的价格将造纸企业的一批印刷用纸出售给印刷公司。如采取前述观点，认定该印刷公司视同戊经营管理的公司明显不合理。笔者认为，应当以行为人是否实际从事或者参与经营管理活动为标准判断获取商业机会的公司、企业是否行为人经营或为他人经营，而不能仅由行为人与其近亲属同居共财就推定公司、企业为行为人经营，或仅因二者分居别财就推定公司、企业不是行为人经营。

（二）纵向竞争型为亲友非法牟利罪与贪污罪的区别

以提高或降低商品价格、以不合格商品冒充合格商品赚取购销差价是为亲友非法牟利罪中纵向非法竞争的行为方式，损害国有单位的经营利润或经济利益，与虚设中间环节骗取国有单位财产的贪污罪相似。如前所述，为亲友非法牟利罪的客体属性与行为结构决定其属于非法竞争性的市场经济犯罪，行为对象是国有单位的交易机会，需要具备实质的经营活动将非法获取的商业机会转化为非法获利，牟利的"非法性"，指获取交易机会的手段非法，而牟取的利益本身是亲友经营活动所得。而贪污罪直接指向既有的公共财物，利

① 参见罗开卷：《论非法经营同类营业罪的认定及其与近似犯罪的界限》，载《政治与法律》2009 年第 5 期。

用职务便利通过亲友经营管理的单位截留公共财物的贪污犯罪中，中间的经营环节不过是行为人将公共财物非法占为己有的工具，不具有实际的经营性质，亲友获取的利益是国有单位的公共财产而不是经营利润。因此，两罪的区分主要考虑两方面：

一是否存在实际的经营活动。实际的经营活动是满足为亲友非法牟利罪中"利用职务便利获取商业机会—经营—获利"行为结构的关键环节，是行为人获取经济利益的直接来源。实际经营活动中的劳动付出、市场风险负担是本罪主要客体为市场秩序而非公共财产所有权，且社会危害性程度整体评价轻于贪污罪的主要原因。国有单位工作人员利用职务便利设置不存在、不必要、不合理的经营环节，假借经营为名获取国有单位财物的，不符合《刑法》第166条为亲友非法牟利罪的行为构成，应以贪污罪论处。第166条"亲友经营管理的单位"一般是购销事项产生以前就存在并从事生产经营活动的单位，为采购事项专门成立公司、企业的，需要进一步考察其生产经营活动的实在性，从亲友经营管理的单位是否客观存在、是否具备生产经营能力、是否实际从事经营活动并承担经营责任风险等①方面加以认定。

二是非法获利是否为经营所得利润。有的贪污犯罪中，虽然客观存在亲友经营管理的单位，且该单位具备经营能力和日常的生产经营活动，但在亲友经营管理单位与行为人所在国有单位的交易往来中，其获取的"收益"不仅明显异于市场价格，而且显著超出市场规律作用下可能的定价范围，难以视为亲友经营管理单位提供商品服务或者出资的对价之物。此时亲友获利并非行为人利用职务便利将本国有单位商业机会转让给亲友后，实际经营所得利润，而是直接占有了国有单位现实的公共财产，属于贪污而非为亲友非法牟利行为。

此外，笔者认为，利益的归属主体难以作为界分两罪的有效标准。贪污罪中"非法占有公共财物"既包括非法占为行为人本人所有，也包括将公共财物非法占为其他个人、单位等私主体所有。在为亲友非法牟利犯罪中，也不乏亲友以给予好处费或者事后分成的方式要求、诱使国有公司、企业、事业单位的工作人员利用职务便利向自己经营、管理的单位提供商业机会的情况。为亲友非法牟利罪与贪污罪的区分重点在于行为人利用职务便利获取商业机会与最终牟利之间有没有实际的中间经营环节，谋取的利润是经营所得还是国有单位的公共财产。行为人暗中收取回扣的行为不能一律评价为以迂回手段贪污公共财产②，只要亲友牟取的利益为经营利润，且行为人没有参与亲友单位经营管理活动的，行为人收受好处费或者分成原则上不影响为亲友非法牟利行为的定性，但可能被单独评价为受贿，与为亲友非法牟利罪数罪并罚或者按照牵连犯的处断原则择一重罪处罚。

综上，案例1中，甲利用职务便利为其亲友乙及所在C公司谋取的是商业机会，且甲并未参与C公司的经营管理活动，是横向竞争型的为亲友非法牟利犯罪。案例2中，丙、丁二人成立E公司的目的是利用丙的职务便利，在D国有公司收购汽车配件的市场活动中

---

① 参见罗开卷：《获取购销差价的非法经营同类营业行为的司法认定》，载《人民法院报》2009年2月18日，第6版。

② 参见孙力主编：《妨害对公司、企业的管理秩序罪》，中国人民公安大学出版社2003年版，第252页。

增加交易环节，谋取不法利益，虽然客观存在经营单位，具备一定的经营能力和购入、卖出汽车配件的经营活动，但该单位成立的目的即具有非法性，且销售价格显著超出了可能的市场溢价范围，所获取的巨额差价应认定为 D 国有公司的公共财产，而非经营性收入。丙、丁二人应成立贪污罪的共同犯罪。

五、共犯问题

亲友及亲友经营管理的单位是本罪行为人非法提供商业机会的行为对象，是为亲友非法牟利罪不可缺少的客观要素。因此，亲友是否犯罪主体、本罪是否为必要的共同犯罪是划定《刑法》第 166 条责任追究范围必须解决的问题。一种观点认为，第 166 条是从国有公司、企业、事业单位工作人员的角度，规定禁止其利用职业便利损害国有单位的竞争利益，为亲友提供交易机会，客观上亲友可能知情，也可能不知情。在亲友知情，两人共同勾结损公肥私的情况下，亲友也具备实施本罪的主观故意和客观方面的共犯行为，应成立共同犯罪。① 另一种观点则认为，第 166 条主体仅限于国有公司、企业、事业单位的工作人员，受益单位和个人不能成为本罪主体。②

必要的共同犯罪是《刑法》分则规定的，须由两人以上共同实行的犯罪。除聚众共同犯罪、集团共同犯罪外，以存在两人以上相互对向行为为构成要件的对向犯也是必要共同犯罪的一种。③ 例如，重婚罪中重婚者与相婚者，贿赂犯罪中行贿人与受贿人，代替考试罪中替考者与被替代者。从条文规定来看，为亲友非法牟利罪也属于对向犯，需要同时具备国有单位工作人员利用职务便利截取本单位的交易机会和亲友接收并利用该交易机会经营牟利的对向行为，才能产生"国家利益遭受重大损失"的构成要件结果。同时，第 166 条仅规定国有公司、企业、事业单位的工作人员为犯罪主体，因而本罪又是只处罚一方的片面对向犯。

笔者认为，国有单位工作人员的亲友不具备本罪的正犯身份，一般也不宜作为本罪的帮助犯或教唆犯论处。在片面对向犯的规定中，立法者仅认定其中一方行为构成犯罪，而对必然存在的另一方行为不加以明确，即表明立法者认为这种行为不值得刑罚处罚的立法意旨。④ 如果在司法中通过总则有关处罚共犯的规定对《刑法》第 166 条的处罚范围加以扩张，明显违背立法原意，不当扩大了刑事打击面。仅就亲友利用行为人非法提供的商业机会牟取经营利益的行为而言，不宜作犯罪处理，但如果亲友以利益分成、给予好处费等方式劝说、诱使行为人利用职务便利为其提供本单位商业机会的，则完全符合权钱交易的贿赂犯罪特征，可以行贿罪论处。

---

① 参见孙力主编：《妨害对公司、企业的管理秩序罪》，中国人民公安大学出版社 2003 年版，第 253 页。

② 参见黄京平：《破坏社会主义市场经济秩序罪研究》，中国人民公安大学出版社 1999 年版，第 288 页。

③ 参见张明楷：《刑法学（上）》（第六版），法律出版社 2021 年版，第 501 页。

④ 参见［日］团藤重光：《刑法纲要总论》，创文社 1990 年第 3 版，第 431—432 页。转引自张明楷：《刑法学（上）》（第六版），法律出版社 2021 年版，第 577 页。

国企管理人员滥用职权犯罪难点问题研究

周　磊　李　彦*

国有公司、企业人员滥用职权罪，是指国有公司、企业工作人员滥用职权，造成国有公司、企业破产或者国有公司、企业严重损失，致使国家利益遭受重大损失的行为。本罪是 1999 年 12 月 25 日通过的《刑法修正案》增加的罪名。2018 年中央纪委国家监委发布《国家监察委员会管辖规定（试行）》（国监发〔2018〕1 号），将之前由公安机关管辖的该罪名改变由监察机关管辖。在国企领域反腐败持续深化的背景下，涉及该罪名的案件不断增多。2022 年 1 月国家监委印发《关于办理国有企业管理人员渎职犯罪案件适用法律若干问题的意见》（国监发〔2022〕1 号，以下简称《意见》），对相关问题进行明确。但是，由于法律规定的较为概括，对一些问题留下了较大的解释空间，有些问题的争论随着该《意见》的出台也并未停止。在新时代背景和新工作机制下，对一些难点问题再进行研讨，通过不断的观点碰撞，为弥合观念的冲突，抑或问题的解决寻找出明晰路径，是每一个研究者的追求。

一、国企管理人员的范围

国有公司、企业人员滥用职权犯罪，是《刑法》分则第三章"破坏社会主义市场经济秩序罪"第三节"妨害对公司、企业的管理秩序罪"中的罪名，其侵犯的是国有公司、企业财产权益和社会主义市场经济秩序，与《刑法》分则第九章"渎职罪"中的罪名所侵犯国家机关的正常管理秩序不同。我们可以看到，针对犯罪客体的不同，犯罪主体必然有所区别。刑法对"国家机关工作人员"与"国有公司、企业人员"作出了明确的身份区分。要准确把握国有公司、企业人员滥用职权犯罪，首先应明确国有公司、企业的范围和国有公司、企业人员的界定。

（一）国有公司、企业的范围

2003 年，公安部就刑事案件中如何认定国有公司企业的问题，向财政部和国家统计局分别发送《关于征求对国有公司企业认定问题意见的函》（公经〔2003〕368 号）。财政部在《关于国有企业认定问题有关意见的函》（财企函〔2003〕9 号）中认为，财政工作涉及的企业分类不宜作为刑法"国有公司、企业"的具体解释依据，对"国有公司、企

---

* 周磊，河南省焦作市纪委监委案件审理室副主任；李彦，河南省焦作市人民检察院第二检察部主任。

业"的认定，应从以下角度加以分析：

一是从企业资本构成的角度看，"国有公司、企业"应包括企业的所有者权益全部归国家所有、属企业法调整的各类全民所有制企业、公司以及公司法颁布后注册登记的国有独资公司，由多个国有单位出资组建的有限责任公司和股份有限公司。

二是从企业控制力的角度看，"国有公司、企业"还应涵盖国有控股企业，其中，对国有股权超过 50% 的绝对控股企业，因国有股权处于绝对控制地位，应属"国有公司、企业"范畴；对国有股权处于相对控股的企业，因股权结构、控制力的组合情况相对复杂，须认真研究提出具体的判断标准。

由上述意见可以看出，国有公司、企业包括三类，一是全民所有企业、国有独资公司和由多个国有单位出资组建的有限责任公司和股份有限公司；二是国有股权超过 50% 的绝对控股企业；三是国有股权处于相对控股的企业，一般来说国有资本出资额或者持有股份的比例虽然没有达到公司资本总额的 50%，但其通过持有股份所享有的权利，已足以对公司决议产生重大影响，即国有资本具有实质控制权的公司、企业。

国家统计局在《关于对国有公司企业认定意见的函》（国统函〔2003〕44 号）中认为，国有企业有广义、狭义之分。狭义的国有企业，仅指纯国有企业。广义的国有企业是指具有国家资本金的企业，可分为三个层次：

一是纯国有企业。包括国有独资企业、国有独资公司和国有联营企业三种形式，企业的资本金全部为国家所有。

二是国有控股企业。根据国家统计局《关于统计上国有经济控股情况的分类办法》的规定，国有控股包括国有绝对控股和国有相对控股两种形式。国有绝对控股企业是指在企业的全部资本中，国家资本（股本）所占比例大于 50% 的企业。国有相对控股企业（含协议控制）是指在企业的全部资本中，国家资本（股本）所占的比例虽未大于 50%，但相对大于企业中的其他经济成分所占比例的企业（相对控股）；或者虽不大于其他经济成分，但根据协议规定，由国家拥有实际控制权的企业（协议控制）。

三是国有参股企业。是指具有部分国家资本金，但国家不控股的企业。

从以上函中可以看到，财政部与国家统计局对于国有公司、企业的认定标准表述虽略有差异，实质是一致的。

笔者认为，国有公司、企业人员滥用职权犯罪中的"国有公司、企业"既包括国有独资、全资公司、企业，也包括国有控股、参股公司、企业。这是该罪名与私分国有资产罪、单位受贿罪中的"国有公司、企业"仅指国有独资公司、企业的根本区别之处。[1]

（二）国有公司、企业人员的界定

国有独资公司、全资企业中的工作人员认定为国有公司、企业人员已经没有争议。对国有控股、参股企业中工作人员，能否认定为国有公司、企业人员，有不同的观点。第一种观点认为，在国有控股公司中，由于国有资产占有优势，具有决定性影响，如果没有相

___
[1] 参见《刑事审判参考》第 112 集指导案例 1234 号《工商银行神木支行、童某等国有公司企业人员滥用职权案》。

反的证明，除非有其他非国有投资主体的委派文件或者证明，从事组织、领导、监督、管理等工作的人员应认定为国家工作人员。在国有参股公司中，由于非国有资产是公司资产的主体，因此，除非具有国有单位的委派文件或者证明，一般不宜将从事管理工作的人员认定为国家工作人员。① 第二种观点认为，国有独资公司改制为国有控股公司的，除了非国有公司委派的工作人员之外，其他从事公务的人员一律视为国家工作人员；改制为国有参股公司的，除国有公司专门委派的人员之外，其他人员一律视为非国家工作人员。② 第三种观点认为，以行为人在国有控股公司中所担任职务的来源为依据。如果来源是与新成立公司具有诸如股东与公司、母公司与子公司等关系的国有单位的委派，则具有国家工作人员的身份，否则不具有此种身份。改制前在原国有单位具有国家工作人员身份，但改制后又经新设混合所有制公司重新聘任的，不具有国家工作人员身份。③

《监察法实施条例》第 40 条对"国有企业管理人员"范围进一步明确，"监察法第十五条第三项所称国有企业管理人员，是指国家出资企业中的下列人员：（一）在国有独资、全资公司、企业中履行组织、领导、管理、监督等职责的人员；（二）经党组织或者国家机关，国有独资、全资公司、企业，事业单位提名、推荐、任命、批准等，在国有控股、参股公司及其分支机构中履行组织、领导、管理、监督等职责的人员；（三）经国家出资企业中负有管理、监督国有资产职责的组织批准或者研究决定，代表其在国有控股、参股公司及其分支机构中从事组织、领导、管理、监督等工作的人员。"

该条第 1 项和第 2 项规定的人员范围与刑法规定的"国家工作人员"范围一致，第 3 项规定与 2010 年最高人民法院、最高人民检察院《关于办理国家出资企业中职务犯罪案件具体应用法律若干问题的意见》所规定的"经国家出资企业中负有管理、监督国有资产职责的组织批准或者研究决定，代表其在国有控股、参股公司及其分支机构中从事组织、领导、监督、经营、管理工作的人员，应当认定为国家工作人员"完全一致。按照中央纪委国家监委案件审理室对"负有管理、监督国有资产职责的组织"的解释，上级或者本级国家出资企业内部的党委（党组）、党政联席会将其部分干部委托给其组织人事部门管理的，经该组织人事部门提名、推荐、任命、批准等，代表党委（党组）在国有控股、参股公司及其分支机构中履行组织、领导、管理、监督等职责的人员，属于监察法规定的"国有企业管理人员"和刑法规定的"国家工作人员"。

由此可知，监察法及《监察法实施条例》以是否"对国有资产负有经营管理责任"作为"国有企业管理人员"的实质判断，只要是对国有资产负有经营管理责任的人员，就是国有公司、企业人员。因此，在公职人员职务犯罪的语境下，将国有公司、企业人员表述为国企管理人员其内涵和外延均一致，使用哪一个表述是没有差别的。

（三）具有双重身份的国有公司、企业人员滥用职权犯罪的身份认定

在我国，少数大型国有企业还负有行政管理职责，典型代表有中国烟草总公司、中国

---

① 严庚申：《非国有全资企业中国家工作人员的认定》，载《中国检察官》2010 年第 11 期。
② 杨新京、黄福涛、席晓昕：《国家出资企业国家工作人员的再认识》，载《人民检察》2012 年第 6 期。
③ 安玉清：《非国有企业中国家工作人员身份界定的几种情形》，载《法制博览》2012 年第 12 期。

国家铁路集团有限公司等。在一些地方的党政机关，领导干部兼任国企领导的现象是不少的，这种兼职是公务员法和党的政策所允许的，对此，2013 年 10 月中央组织部发布《关于进一步规范党政领导干部在企业兼职（任职）问题的意见》对该种任职情况进行规范。

具有双重身份的国企管理人员滥用职权犯罪，是以滥用职权罪还是以国有公司、企业人员滥用职权罪定罪量刑，刑法没有明确的规定。有观点认为①，判断的依据主要是看国有公司、企业领导的渎职行为违反的职权种类，如果违反的是行政管理职权，以滥用职权罪追究刑事责任；违反的是经营管理职权，则以国有公司、企业人员滥用职权罪追究刑事责任。这种观点适用于领导人员的行政管理权与公司管理权没有任何交集的情况。例如，某县委组织部副部长兼任县投资集团董事长，其组织部副部长的职权与投资集团的经营管理权可以作出明确的区分。但是如果是县卫健委主任兼任县人民医院院长，医院需采购医疗器械，医院和卫健委均具有审批和监督管理的职责，对于其中发生的滥用职权行为，在司法实践中是难以区分一人承担两项职权中哪项权力被滥用，或者两项权力都被滥用。

笔者认为，如果具有双重身份的国企管理人员滥用职权犯罪，在不能区分滥用哪种职权的情况下，应当按照"法条竞合重法优于轻法"的原则处理。按照最高人民检察院、公安部《关于公安机关管辖的刑事案件立案追诉标准的规定（二）》（公通字〔2010〕23号，该规定于 2022 年 5 月 15 日废止），国有公司企业人员滥用职权造成国家直接经济损失数额在 30 万元以上的，应予立案追诉。根据 2013 年最高人民法院、最高人民检察院《关于办理渎职刑事案件适用法律若干问题的解释（一）》造成经济损失 30 万元以上的，属于刑法规定的立案标准。这里的经济损失包括为挽回渎职犯罪所造成损失而支付的各种开支、费用等。虽然两个规定的数额标准都是 30 万元，但是，可以看出滥用职权罪的入罪标准实质是低于国有公司、企业人员滥用职权罪的。立法本意对国家机关工作人员的要求相对于国企管理人员更为严苛，同一危害结果的情况下，适用滥用职权罪的处罚应当重于国有公司、企业人员滥用职权罪。

二、主观方面的罪过形式

国有公司、企业人员滥用职权罪的罪过形式，长期以来存在很大争议。有"故意说"②，"过失说"③，"间接故意与过失并存说"④。目前，在司法实务界，持"故意说"的人数比例较大，认为国有公司、企业人员滥用职权罪的主观方面只能是故意，并且有"明知行为违规是滥用职权，不明知行为违规是玩忽职守"的说法，更有司法机关认为如果被告人主观上对造成的损失是过失，则不构成国有公司、企业人员滥用职权罪⑤。持这

---

①　吴祺：《国有公司、企业人员渎职犯罪身份研究》，载中国律师网，http：//www. acla. org. cn/article/page/detailById/31296。

②　赵秉志主编：《刑法新教程》，中国人民大学出版社 2001 年版，第 853—854 页；黄京平、石磊：《论〈刑法修正案（四）〉新增犯罪罪名的确定》，载《人民法院报》2003 年 2 月 10 日，第 3 版。

③　何秉松主编：《刑法教科书》（下卷），中国法制出版社 2000 年版，第 1142—1143 页。

④　高西江主编：《中华人民共和国刑法的修正与适用》，中国方正出版社 1997 年版，第 875 页。

⑤　参见（2002）绍刑初字第 227 号高某犯国有公司、企业、事业单位人员滥用职权罪一审刑事判决书。

种观点的理由是，国有单位工作人员滥用职权造成的危害结果就是对国有公司、企业的正常活动及国家工作人员职务行为的正当性的侵害，属于非物质性危害结果。国有单位人员实施滥用职权行为时，明知自己的行为违反有关行政法规，会发生侵犯国有公司、企业的正常活动和国家工作人员职务行为的正当性的危害结果，仍然去实施，其主观上的故意是十分明显的。由此认为本罪在主观上只能是故意，既可是直接故意，也可是间接故意。

笔者认为，这种观点存在两个缺陷：

一是对该犯罪侵犯的客体理解片面。该罪名保护的客体的实质内容是国有公司、企业财产权益和社会主义市场经济秩序。而非表象的国企正常活动和职务正当性。国企作为市场经济的主体，与民营企业具有平等的法律地位，刑法之所以没有规定非国企人员滥用职权罪，根本原因在于国企的权属为全民所有，是中国特色社会主义的重要物质基础、政治基础和党执政兴国的重要支柱，实现国有资产的保值增值是国企管理人员的首要和根本职责。在经济与社会的发展中，国企发挥着"稳定器"和"压舱石"的作用。我们可以看到，2020 年至今各地新冠肺炎疫情暴发后，国企都发挥出了大国重器的顶梁柱作用，在应急处理、医疗援助、复工复产、稳定产业链供应链等方面发挥极为重要的作用，其对维护市场经济秩序的作用是其他市场主体无法替代和相比的。将该犯罪危害结果认定是对国有公司、企业的正常活动及国家工作人员职务行为的正当性的侵害，没有正确区分现象与本质的关系。

二是对"结果犯"理解片面。如果认为该犯罪侵犯客体属于非物质性危害结果。则与《刑法》第 168 条的规定明显不符，"造成国有公司、企业破产或者严重损失，致使国家利益遭受重大损失"其损失显然是以物质损失为主体的，既包括直接的经济损失，也包括企业破产停产、解散等与资产直接关联的损失。诚然，国家利益损失虽然也包括恶劣社会影响等非财产性的损失，但是这种损失毕竟是认定犯罪情形中的较少部分，即使这部分损失中，一些降低国企品牌价值、影响企业信誉的损失也是可以用财产衡量的。

由此，笔者认为国有公司、企业人员滥用职权罪在主观方面的罪过形式一般是过失，但特殊情况下不排除故意的存在，理由主要有三点：

其一，根据《刑法》第 14 条和第 15 条的规定，判断主观方面是故意还是过失，应当以行为人对其所实施行为的危害结果所持的心理态度为标准，而不是以行为人对行为本身的心理态度为标准。行为人对滥用职权的行为本身，如同疲劳驾驶是故意的，但是对发生事故是过失。有观点认为包括疲劳驾驶的行为人对可能发生的事故持放任态度，应当是间接故意的心理态度。这样的认识过于牵强，正常的驾驶人员，对于出现疲劳驾驶的违章行为，其心理状态应当是对事故的发生轻信能够避免更为合情合理。

其二，在刑法中，过失犯罪都是结果犯，无论是本罪还是滥用职权罪，都以造成重大损失为犯罪的构成要件。

其三，立法部门的专家对该问题曾强调指出，滥用职权与玩忽职守是渎职犯罪中最典型的两种行为。"两种行为的构成要件，除客观方面不一样外，其他均相同"[1]。

国企管理人员如果徇私舞弊犯本罪的，也不能排除其故意的存在，但是，一般情况

---

[1]　胡康生、李福成主编：《中华人民共和国刑法释义》，法律出版社 1997 年版，第 562 页。

下，该罪名的主观罪过形式认定为过失更符合逻辑和常识常理。

三、行为表现中犯罪与工作失误的区分

构成国有公司、企业人员滥用职权罪，在客观方面应当同时具备三个条件：

一是行为人实施了滥用职权行为，其滥用职权行为有两种基本类型：一种是滥用本人职权范围内的权力，即行为人拥有某项职权，但故意不正当行使职权，作出违背法律规范、规章制度的处理或决定；另一种是滥用本人职权范围外的权力，超越职责权限行使职权，擅自决定或者处理本人无权决定、处理的事项。

二是行为人的行为必须造成了实际损害，表现为造成国有公司、企业破产或者严重损失，致使国家利益遭受重大损失的情形。如果没有造成重大损害的危害后果，则不能以犯罪论处，可以由纪检监察机关给予党纪政务处分。

三是行为人滥用职权的行为与国家利益遭受重大损失之间有刑法意义上的因果关系。这种因果关系是滥用职权行为与危害结果之间的一种决定与被决定或者引起与被引起的关系，逻辑上称为充分条件，即具有决定作用，或者是必要条件，即是产生的原因之一。

需要注意的是，这种因果关系既可以是直接因果关系又可以是间接因果关系。直接因果关系常会出现多因一果的情况，也就是两个以上原因共同对结果的产生起直接作用，多个原因的作用差别较大，但是无论有怎样的差别，不会影响行为与结果之间存在刑法意义上的因果关系的认定。间接因果关系，是指行为并不直接作用于客体或者对象，而是通过一定的媒介间接地发挥作用，这种中介因素可能是人的行为，也可能是自然因素或者其他因素。但是如果是中介因素对损害后果起主导作用，则可能影响行为与结果之间存在刑法意义上的因果关系的认定。例如，某国有车辆生产企业负责车辆出厂检测的总质量师，徇私舞弊违规将一辆检测有刹车安全隐患的车辆投放市场。数月后，驾驶该车的张某在外出途中因会车时驾驶不慎坠入河中溺亡，经检测，张某坠河与该刹车安全隐患有无关系无法判断。那么该负责人的渎职行为与张某的死亡是否存在刑法上的因果关系？笔者认为是不能认定的。虽然该车辆是张某坠河的必要条件，但是其溺亡是其他介入因素所造成的，这种介入因素有可能是张某的驾驶不慎、自身不会游泳的原因，也可能是对方驾驶人员的操作不当等因素，与该总质量师的违规行为形不成引起和被引起的关系。再进一步假设，如果张某驾车在路上发生事故，因刹车故障造成他人死亡1人以上，则该总质量师的违规行为是张某违法驾驶造成他人死亡的必要条件，这种刑法上的因果关系的判断是显而易见的。

滥用职权与工作失误是两种性质不同的行为。工作失误，是指国企管理人员在工作过程中因失误而造成企业严重损的行为。由于工作失误行为同滥用职权行为主观上都存在过错，客观上都有失职行为，并造成了重大损失，二者的界限易于混淆。有学者认为二者的区别主要在于[①]：

二者主观上态度和性质不同。从造成的危害结果来说，工作失误与滥用职权主观上都

---

① 参见胡驰：《国家工作人员滥用职权犯罪界限与定罪量刑研究》，中国方正出版社2000年版，第33页。

有过错。但是，工作失误的主观过失属于一般错误或严重错误的性质，而不是犯罪过失，而滥用职权行为人主观过失具有罪过的性质。二者主观过失性质不同是与其对待职务的态度相联系的。工作失误是积极工作中发生的失误，而滥用职权则是超越职权或者违反规定处理事务，并造成重大损失，主观上具有犯罪的过失。在故意滥用职权的情况下，行为人往往具有徇私、牟利的动机。

二者导致危害结果的原因不同。工作失误的原因在于制度不完善，一些具体政策不明确，管理上存在弊端，以及由于国家工作人员文化水平不高，业务素质较差，缺乏工作经验，因而计划不周，措施不当，方法不对，以致在积极工作中发生失误。而滥用职权的原因，则是有章不循，有法不依，有令不行，有禁不止，或严重的官僚主义，极端不负责任，或不当为而为。

笔者认为，上述关于工作失误与滥用职权的区别的分析，有助于理解二者的界限，但不足之处也是明显的。

行为人主观上对工作积极还是消极，并不能决定行为性质。不少国企管理人员是在实现企业利益最大化的动机下实施的违规行为。例如，2019 年，某国企董事长擅自决定成立从事房地产开发的全资子公司，因突发疫情，本预计可以获利的项目全部停止，造成企业数百万元的损失。如果以态度消极或不负责任来来判断是工作失误还是滥用职权，该董事长积极开拓市场，主动作为的行为是不能定性为滥用职权的。行为人主观上是否具有罪过以及罪过形式如何，只能取决于其对行为所引发危害结果的态度。对市场风险疏忽大意，轻信投资的项目只会获利，主观上对发生危害后果的过失是判定其构成滥用职权犯罪的要件之一。如果行为人违反的不是法律法规、规章制度等明确的具体职责要求，违反的是原则性、倡导性、概括性的要求，即使造成重大损失，该行为也只能是工作失误而不是滥用职权。我们不能要求国企管理人员在没有明确规定或要求的情况下，面对纷繁复杂、灵活多变的市场活动，每一个决策或经营管理行为都是完全正确的，都能够实现保值增值，这有违"法律不强人所难"。假设想前述案例中，该国企某中层管理人员在董事长的安排下，具体办理成立公司和投资事项，如果在该企业没有明确规定中层管理人员不得为的事项，该中层管理人员对造成的损失承担的是工作失误责任，而不能认为是滥用职权犯罪。

四、追诉期限的起算与中断

国企管理人员的滥用职权犯罪和国家机关工作人员的滥用职权犯罪，都是典型的以危害结果为条件的渎职犯罪，其追诉期限有共性的问题，也有不同之处。

（一）追诉期限的起算

《刑法》第 89 条第 1 款规定，追诉期限从犯罪之日起计算；犯罪行为有连续或者继续状态的，从犯罪行为终了之日起计算。最高人民法院、最高人民检察院《关于办理渎职刑事案件适用法律若干问题的解释（一）》第 6 条规定，以危害结果为条件的渎职犯罪的追诉期限，从危害结果发生之日起计算；数个危害结果的，从最后一个危害结果发生之日起计算。国企管理人员滥用职权犯罪的追诉期限起算日的确定对于追诉时效的适用意义重大。

1. 如何确定"犯罪之日"。这里的"犯罪之日"应当认定是犯罪成立之日，即行为符合犯罪构成之日。对不以危害结果为要件的犯罪而言，实施行为之日即是犯罪之日。国企管理人员滥用职权行为发生当日，危害结果一般不会即时出现，通常是滞后甚至相当长的时间之后才会出现，其违规的行为能够构成犯罪，要待严重损害后果的出现才能确定。无此重大损失发生，仅有滥用职权行为，不能以犯罪论处，如果将滥用职权"行为发生之日"简单等同于"犯罪发生之日"，就违反了罪刑法定原则。

2. 如何认识"犯罪行为终了之日"。犯罪行为的连续，又称连续犯，是指基于同一或者概括的犯罪故意，连续实施性质相同的独立成罪的数个行为，触犯同一罪名的犯罪形态，其要件包括：（1）连续犯必须是实施性质相同的独立成罪的数个行为。未实施数个行为，只实施一个行为的，不构成连续犯。如果行为人以数个动作完成犯罪，而数个动作形成的是一个犯罪行为，不构成连续犯，构成接续犯。数个行为必须是独立成罪的，即各个行为都独立具备犯罪构成要件，才能构成连续犯。（2）连续犯数个行为必须具有连续性。如果不具有连续性，只能构成独立的数罪，不构成连续犯。（3）连续犯数个行为必须触犯同一罪名。

由上可知，国企管理人员的滥用职权多个行为造成同一个危害后果或多个行为造成不同的危害后果，均不能认为是连续犯。

该犯罪是否是继续犯呢？继续犯，是指作用于同一对象的一个犯罪行为从着手实行到行为终了，犯罪行为与不法状态在一定时间内同时处于不间断的持续状态的犯罪，也被称为持续犯，如非法拘禁罪、窝藏罪等。其特征有：第一，行为人出于一个故意，实施一个犯罪行为；第二，犯罪行为必须持续一定的时间；第三，犯罪行为与犯罪造成的不法状态同时继续，这是继续犯重要的特征。犯罪行为的继续，也就意味着犯罪不法状态的继续。

国企管理人员滥用职权的行为早于危害结果出现前已经完成，待危害结果出现后，其滥用职权的行为才有可能构成犯罪，因此，该犯罪不属于继续犯。笔者认为，本罪应当属于结果持续型的状态犯。状态犯的典型特征是属于构成要件的犯罪行为先行结束、不法状态单独存在。危害结果虽然一直存在，但滥用职权行为本身已经实行终了，没有持续，因此，追诉期限仍应从滥用职权行为造成的危害结果发生之日起算，而不能以危害结果终了之日起算。这个危害结果发生之日应当是达到立案追诉的标准之时，并以此时间点作为该案追诉时效的起算点。

3. 如何认识数个危害结果中的最后一个危害结果发生之日。从上述分析中，我们可知国企管理人员的滥用职权犯罪既不是连续犯，也不是继续犯，是一种结果持续型的状态犯。我们该怎样认识多个危害结果中的最后一个结果之日呢？我们看一个案例，某国企董事长在一段时期内违规签订十余份数额在 10 万元至 20 万元的借款合同，出借金额总计 180 万元，当其滥用职权的行为造成的直接损失达到 30 万元时，已经符合滥用职权犯罪构成要件，之后不断出现借款人破产、跑路等情况，最终 180 万元均无法追回。那么，最后出现的一笔无法追究的借款，就是多个危害结果中的最后一个，此时开始计算追诉期限。

（二）追诉期限的中断

《刑法》第 89 条第 2 款规定，"在追诉期限内又犯罪的，前罪追诉的期限从犯后罪之日起计算"，即追诉期限的中断。在司法实践中，处理国企管理人员滥用职权犯罪时，有两个特殊的情况需要注意。

1. 司法解释修改对追诉时效的影响。对于在追诉期限以内又犯罪的，前罪和后罪可以是触犯不同种类的罪名，也可以是同种类罪名，也包括触犯同一罪名的情况。如果是司法解释的修改对追诉时效产生影响，我们该如何把握呢？以例说明，2015 年 1 月，某国企总会计师滥用职权违规批准为老赵的公司担保贷款 50 万元，同年 5 月老赵的公司破产，该国企被法院执行 50 万元，因该事情较为隐秘，未被及时发现。2015 年底，老赵送给该总会计师 10 万元，该总会计师利用职权帮助老赵在与该国企的合作中谋取巨额利益。2021 年 1 月，老赵向监察机关控告了该总会计的受贿和滥用职权的问题。

对于该总会计师的犯罪是否超过追诉期限存在争议。有观点认为没有超过追诉期限，认为总会计师滥用职权犯罪的追诉时效是 5 年，从 2015 年 5 月开始起算，在 2015 年底其犯受贿罪，滥用职权犯罪的诉讼期限中断，按照受贿犯罪的追诉时效计算期间，按照当时的法律规定，受贿 10 万元的追诉时效是 20 年。笔者认为，该总会计师的两个犯罪都超过追诉期限，在最高人民法院《关于被告人林少钦受贿请示一案的答复》："对于法院正在审理的贪污贿赂案件，应当依据司法机关立案侦查时的法律规定认定追诉时效。依据立案侦查时的法律规定未过时效，且已经进入诉讼程序的案件，在新的法律规定生效后应当继续审理。"2016 年 "两高"《关于办理贪污贿赂刑事案件适用法律若干问题的解释》规定了受贿 10 万元的量刑在 3 年以下，其追诉时效为 5 年，在此之前司法机关并没有对该总会计师立案侦查，在 2021 年 1 月被告发时，虽然受贿犯罪中断了滥用职权犯罪的追诉期限，但是二者的追诉期限均已超过，不能再追究该总会计师的刑事责任，只能追究其党纪政务责任。这里就存在一个问题，监察体制改革后，监察机关是否要依照之前司法机关的工作意见来处理相关事项。笔者认为，监察体制改革后，监察机关承接了部分检察机关的原部分侦查权，具有了调查职务犯罪的职能。虽然监察机关不属于司法机关，但是在办理职务犯罪的过程中应当遵照之前最高司法机关的解释和要求来处理案件。

2. 单位犯罪是否有追诉时效。存在 "肯定说" 与 "否定说"。否定说，即认为我国追诉时效制度是以自由刑、生命刑为依据构建的，因此仅适用于自然人犯罪，单位犯罪一律不受追诉期限限制。持肯定说的更普遍，认为追究单位犯罪如自然人犯罪一样，应受追诉时效限制。那么，单位犯罪的追诉时效如何确定？由于刑法对单位犯罪没有单独处罚单位而不处罚责任人的情形，因此，单位犯罪的追诉时效相当于是对责任人的追诉时效；在双罚单位和相关责任人的情况下，通常认为，应以相关责任人的最长追诉期限为准，作为追究单位刑事责任的时效期限。

对于单位犯罪追诉时效的中断问题，笔者认为，对于犯罪主体是单位，责任人承担的单位犯罪刑事责任的，对该责任人的其他犯罪，追诉期限不应重新计算。因为，《刑法》第 89 条第 2 款中 "又犯罪" 应指同一主体再次犯罪。单位犯罪的主体是该单位，相关责任人是法律拟制的刑罚主体，不能以此简单地与自然人犯罪主体等同。

（三）追诉期限的 "无限延长"

我国刑法没有设定不失效的犯罪类型（如德国《刑法》第 78 条第 2 款 "刑法第 211

条的谋杀罪不失效"），而是设定了条件，即当（1）人民检察院、公安机关、国家安全机关立案侦查或者人民法院受理案件之后，行为人逃避侦查或者审判；（2）被害人（及其近亲属）提出控告，经事后审查人民法院、人民检察院、公安机关应当立案而不予立案的。只要具备二者之一，就"不受追诉期限的限制"，追诉时效无限延长。监察体制改革后，有两个问题存在争议。

1. 监察机关能否适用该规定的问题。之前，有观点认为监察机关不属于司法机关范围，不适用该规定。在2021年1月，国家监委与最高人民法院、最高人民检察院、公安部联合印发《关于加强和完善监察执法与刑事司法衔接机制的意见（试行）》对该问题作出了说明，监察机关办理职务犯罪适用《刑法》第88条的规定。

2. 国企员工举报国企管理人员滥用职权犯罪，员工是否属于"被害人"范围。我国刑法理论通说认为，渎职犯罪没有具体被害人。这一结论的根据是：其一，犯罪客体方面。渎职犯罪的客体被认为是单一客体，就是国家机关的正常活动，公共职责的公正性、勤勉性，公众对国家机关客观公正性的信赖。其二，犯罪客观方面。法律规定只有给国家和人民利益造成重大损失时，才成立犯罪。但是，重大损失却被认为是"对国家机关正常活动的破坏，对公众对职务活动客观公正性的信赖的侵犯，往往表现为无形结果"。这些观点都否认了渎职犯罪存在具体被害人的余地。[①] 我们认为监察机关处理渎职犯罪时，涉及《刑法》第88条第2款中"被害人"的，应当是引发渎职的关联案件中的被害人。那么正如前文分析，国企管理人员滥用职权犯罪所侵犯的客体与国家机关工作人员渎职侵犯的客体是不同，其侵犯的是国企的财产权益和社会主义市场经济秩序。如果狭义地理解，国企管理人员滥用职权犯罪可以认为没有具体的被害人。但是，广义地理解该犯罪的"被害人"将更为合理，即所在企业的员工应当视为国企管理人员滥用职权犯罪的被害人。理由主要有三个：

一是国有独资企业的财产所有权属于全民所有，其中当然包括本企业员工，企业员工的利益较之企业外的人员关联更为直接和密切，国企管理人员严重的滥用职权行为甚至造成企业关停、破产，将直接影响员工的切身利益。国有控股、参股企业也同样不同程度地存在这种情况，否定员工的受害人地位，与现实情况相违背。

二是国企员工不仅自身的经济利益与企业密切相关，而且其民主权利也是不可忽视的，选举权、被选举权、申诉、控告民主监督权也应当被尊重和保护。否定其被害人地位，将导致其刑事控告权的丧失，这与《企业国有资产管理法》第66条第2款规定的"任何单位和个人有权对造成国有资产损失的行为进行检举和控告"相矛盾。

三是如果本国企员工不被视为"被害人"，将导致国企管理人员的渎职犯罪问题，因其行为的隐秘，危害后果的滞后，法定的追诉时效内，监察机关如果没能及时立案调查，一些渎职犯罪将不可避免被放纵，这与我们健全监督机制、不断织密反腐败法网的初衷相悖。

① 陈子光：《被害人谅解无法纳入渎职罪量刑情节》，载《检察日报》2018年2月26日。

民事枉法裁判罪的司法认定

彭　聪*

《刑法》第 399 条第 2 款规定的民事、行政枉法裁判罪是渎职罪中的一个特殊罪名，与徇私枉法罪、滥用职权罪都具有特殊与一般的关系。司法实践中，民事枉法裁判罪常与受贿罪同时出现，在具体认定过程中存在一些问题。本文以民事枉法裁判罪为研究对象，主要从主体、客观方面，以及本罪与受贿罪同时存在量刑时的若干考量因素进行分析。

一、民事枉法裁判罪的主体范围

《刑法》第 399 条第 2 款规定的民事枉法裁判罪中，并没有对主体进行明确的说明。但该条第 1 款规定的徇私枉法罪明确规定主体为司法工作人员，从体系解释的角度来看，民事枉法裁判罪的主体应当也是司法工作人员。根据《刑法》第 94 条的规定，本法所称司法工作人员，是指有侦查、检察、审判、监管职责的工作人员，可见，刑法中的司法工作人员属于涵盖整个刑事司法流程的大概念。具体到民事枉法裁判罪中，有必要结合罪状对司法工作人员进行一定的限缩，即具有民事审判权的司法工作人员。自党的十八大以来陆续试点、施行的司法责任制改革已经全面铺开，员额制旨在"让审理者裁判、让裁判者负责"，取消了过去的三级审批制度。员额制之后，对民事审判活动中各参与人的权力和义务发生了巨大的变化，这种变化直接导致具有民事案件审判决定权的人员范围发生了变化，这种变化需要司法实践中对于主体的认定要与时俱进地予以精确化。那么，如何准确划定民事枉法裁判罪的主体范围成为实践中面临的首要问题。

（一）民事审判活动中各参与主体的职权

在整个民事审判活动中，参与的主体不仅有合议庭成员，往往还有法官助理、书记员、人民陪审员，有时在疑难、复杂、敏感案件中，还会经法官专业会议讨论，向部门负责人或者主管领导进行请示、汇报。在全面深化司法体制改革的大背景下，上述人员虽都会参与到民事审判活动之中，但细分之下，上述人员在民事审判活动中的职权以及所发挥的作用有所区别。有的直接决定案件的最终处理结果，有的对案件办理有起到辅助作用，有的则是对案件处理提供相应的意见、建议。权力与责任是相对应的，只有具有民事审判决定权的人员才应当是民事枉法裁判罪中的主体。因此，根据《人民法院组织法》第 29

---

*　北京市西城区人民检察院第二检察部二级检察官。

条、第 39 条①的规定，独任审判的法官、合议庭成员以及审判委员会委员均对案件负有决定权，因而当然具有民事审判权。其余参与到民事诉讼活动中的人员，对审判结果所起的作用往往各不相同，即便角色相同，在个案中实际发挥的作用亦有所不同，不可一概而论。接下来，将对几种特殊人员是否能够认定为本罪的正犯进行分析。

（二）几种特殊人员的认定

1. 具有行政管理权的人员是否属于本罪的正犯。2018 年修订的人民法院组织法中并没有对部门负责人或者主管院领导在案件办理中所发挥的作用。2013 年最高人民法院在《关于切实践行司法为民大力加强公正司法 不断提高司法公信力的若干意见》中指出：深化院长、庭长审判管理职责改革，院长、庭长的审判管理职责，应集中在对相关程序事项的审核批准、对综合性审判工作的宏观指导、对审判质效进行全面监督管理以及排除不良因素对审判活动的干扰等方面。可见，从应然层面来看，司法责任制后院长、庭长对审判活动的义务管理权并不包括对个案的决定权。但从实践层面来看，由于院长、庭长普遍具有更多的审判经验，而且基于行政管理权的影响，很多情形下，对于特定的疑难、重大、复杂案件，院长、庭长仍可以听取案件汇报，并对案件的事实认定、法律适用问题提出自己的意见。比如，有法院规定对于涉案金额特别巨大，具有政治敏感性，在社会上有重大影响，或者涉及国家利益、重大社会公众利益的案件等，合议庭（主审法官）应听取院长、庭长的咨询意见。②

因此，从实践层面而言，院长、庭长虽然在行政职务方面对法官存在着领导与被领导的关系，但在具体案件中，院长、庭长对案件裁判更多的是像参与法官专业会议的其他法官那样，提供一种建议权，即便主审法官的意见与院长、庭长的意见不同，在实行员额制后，主审法官依然应该在兼听各种意见、分析利弊之后，作出自己独立的判断和裁量，并在案件审理过程中全面留痕，院长、庭长的意见不再像过去那样具有决定性。因此，笔者认为，院长、庭长并不能成为民事枉法裁判罪的当然正犯。但如果院长、庭长同时具有审判委员会委员的身份并以此参与到案件决定之中，或者院长、庭长就特定案件的审理与合议庭成员构成共犯，则不排除依然能够认定构成民事枉法裁判罪。

2. 法官助理是否属于本罪的正犯。根据《人民法院组织法》第 48 条的规定，人民法院的法官助理在法官指导下负责审查案件材料、草拟法律文书等审判辅助事务。对于法官助理辅助行为的性质，学界有三种观点：一是职务代理行为，二是独立职务行为，三是"限权"法官角色。③ 实践中的情况更为复杂。由于民事案件的基数大，加之法官助理作为员额法官的预备人员，有必要独立从事一些实质性的审判活动，如有些资深助理在很多

---

① 《人民法院组织法》第 29 条第 1 款：人民法院审理案件，由合议庭或者法官一人独任审理。第 39 条第 2 款：审判委员会讨论案件，合议庭对其汇报的事实负责，审判委员会委员对本人发表的意见和表决负责。审判委员会的决定，合议庭应当执行。

② 北京知识产权法院课题组《关于审判权运行机制改革的思考与探索——以北京知识产权法院为分析样本》，载《法律适用》2015 年第 10 期。

③ 王其见、冯振亚：《法官助理的职责"三性"——以基层人民法院为视角》，载《人民司法（应用）》2017 年第 25 期。

在案件办理过程中参与到调解、组织质证等部分审判核心事务，甚至在一些小额、速裁等案件中起到"准法官"的职责；如有些助理则只是在法官的安排下参与一些纯事务性工作。因此，应当根据具体案件中法官助理所发挥的实际作用予以区分对待。当法官助理依授权独立参与其职责范围内的工作，并在其中违背事实和法律故意误导法官，导致案件发生枉法裁判的，因该法官助理实际履行法律、法官授权范围内的职责，能够单独构成民事枉法裁判罪的正犯；当法官助理依授权与合议庭法官共同参与某项审判工作存在枉法裁判时，后果应当由具有决定权的法官承担，不宜追究法官助理的刑事责任，但当该法官助理对法官的枉法裁判行为存在教唆、帮助行为时，则可以共犯追究其刑事责任。

二、民事枉法裁判罪中"枉法裁判"的认定

民事枉法裁判罪要求在民事审判活动中故意违背事实和法律作枉法裁判，情节严重。在民事案件的审判过程中，法官往往有一定的自由裁量权，由于民商事领域重视意思自治、契约自由，相较于刑事法律、行政法领域，可能民商事领域法官的自由裁量权更大。很多犯罪嫌疑人在到案后都会辩称其审理的案件符合法律规定，只是对特定法条的理解不同或者对理论争议所持观点不同，导致审判结果有所区别。自由裁量权能够确保法官在法律规定的范围内，根据案件事实情况、当事人情况以及案发后的实际情况，秉持司法公平公正原则和法律精神，在法律规定的范围内，实现案件办理效果的最大化。尊重民事法官的自由裁量权是当代司法活动中所公认的法官的权力。但自由裁量权的行使必须有限制，不能被滥用。如何在保护民事法官的自由裁量权与限制民事法官过度以自由裁量为名实施民事枉法裁判行为之间划出一道界限，是本罪适用过程中所面临的的重要价值冲突，司法实践中解决这一问题的关键就要明确该罪的构成要件，并在如何证明客观构成要件上下工夫。

（一）"枉法裁判"的含义

准确理解民事枉法裁判罪的客观构成要件是认定是否构罪的基础，界定罪状中的"枉法裁判"需明晰以下两个问题。

1. 故意违背事实和法律与枉法裁判的关系。从民事枉法裁判罪的罪状表述来看，"故意违背事实和法律"和"作枉法裁判"的关系有两种理解：

观点一：枉法裁判包含但又不限于故意违背事实和法律。该观点认为，除了故意违背事实和法律这种严重情形之外，对于在法官自由裁量范围内故意违背正常幅度对一方当事人给予额外倾斜的，属于枉法裁判，是本罪规制的情形。

观点二：枉法裁判就是故意违背事实和法律做出裁判，两者含义相同。该观点认为，枉法裁判就是指故意不顾依据、证据认定的事实、违反法律规定作出不公正的裁判。

区分两者之间的关系有助于更好地划定枉法裁判的范围。笔者赞同第二种理解方式，原因如下：

首先，从文义解释来看，故意违背事实和法律与枉法裁判是同义重复。法律裁判应当以事实为依据、以法律为准绳。枉法裁判或是在事实认定层面出现了隐匿、夸大或者虚构等不如实认定的情况，或是对法律进行了曲解、误读，在法律适用层面滥用裁判权。因

此，故意违背事实和法律是枉法裁判全面列举的两种典型情形，二者含义别无二致。

其次，从体系解释来看，第399条第1款徇私枉法罪的构成要件，对于枉法裁判行为进行了三种列举式规定：对明知是无罪的人而使他受追诉、对明知是有罪的人而故意包庇不使他受追诉，在刑事审判活动中故意违背事实和法律作枉法裁判。其中，根据司法工作人员从事刑事司法活动的流程不同，"在刑事审判活动中故意违背事实和法律作枉法裁判"应当是规定的刑事法官的枉法裁判行为。徇私枉法罪的条文就是全面式列举，因此民事枉法裁判罪中应当采取的也是完全性列举的方式，即故意违背事实和法律就是民事法官枉法裁判的全部表现类型。

其实，之所以要区分"故意违背事实和法律"与"枉法裁判"之间的关系，还是为了正确地判断何为故意违背事实和法律。违背事实在司法实践中比较容易判断与证明，但如何认定故意违背法律，才是本罪的难点所在。从表面来看，观点一与观点二的差异之处主要在于，对于本罪所规制的枉法裁判的范围大小不同，观点一对枉法裁判认定的范围更大，将一些存在枉法裁判动机之下作出的符合法律，但不符合审判惯例或者相关规定的情形纳入定罪范围，有主观归罪之嫌。但从实质来看，关键在于如何理解"违背法律"中"法律"的范围。

2. 违背法律的认定。

（1）法律的含义。在非法经营罪中，经常面临如何理解其中"违反国家规定"的问题，同样，在民事枉法裁判罪中，一些问题归根结底也要归入对"违反法律"的认定上。从文意来看，"国家规定"限制了规定制定的层级，而"法律"是指广义上法律规范的总称，还是特指由全国人民代表大会或者全国人大常委会所制定的法律？笔者赞同广义上法律规范的概念，原因有以下几点：一是从本罪的法理来看，该罪是为了限制法官滥用审判权，而法官作为职业的法律人，其所应当遵守的显然不仅是非法经营罪中的"国家规定"，其所应当遵守的不只是狭义的法律，应当是一名合格法官所必须遵守的相关法律规定，包括司法解释、司法解释性文件以及各种规定和司法政策。二是从实践层面来看，民事审判活动中，法律规定远远不足以满足审判活动的需要，一本民法典所对应的已经有而且还将继续有更多的司法解释、地方性司法规定等。因此，此处的法律应当是包括法律规定、司法解释、司法解释性文件以及地方性司法规定等在内的所有相关规定。

（2）违反法律认定的难点问题。实践中，仅停留在对"违背法律"范围的认定上，可能还无法解决这样的问题：对有一定争议的问题如何判断是否违背法律，具体而言，当对某一法律条文的理解存在一定争议，并且没有具体司法解释可以直接引用认定违法的情况下，如何判断其中一种观点是否违背法律？换言之，在没有直接条文予以明示，需要民法理论或者法律原则予以补充、判断的场合，这部分裁量权是完全属于民事法官自由裁量的范围，还是同样受民事枉法裁判罪的规制？

笔者认为该问题需要借助专业知识分情况进行判断，对于纯属理论争议问题，没有定论且没有更为优势的法律原则进行指导的情况下，该部分内容确属法官自由裁量的范围；但对于虽有一定的理论争议，但已存在通说或者多数观点的，结合民事案件整体情况和民事法律原则，多数法官能够得出相同结论的，而犯罪嫌疑人以少数观点裁判的，可借鉴巨额财产来源不明的定罪逻辑予以认定：

第一步，正面证明，即由公诉机关证明犯罪嫌疑人判决认定的观点为少数观点，可以通过书证、证人证言等直接证据或者通过对法律适用的论证予以证明，既然存在多数观点，就能够证明结合法律条文和相关司法解释、法律原则或者司法政策综合考虑下，有一个多数法律职业人员共同认可的最优解。

第二步，允许反证，即公诉机关应当要求犯罪嫌疑人说明采纳少数观点的理由，犯罪嫌疑人有义务予以说明，如果却因理论争议所持立场不同，或者从所涉民事案件办理的整体效果等法律专业角度予以考量，且理由成立的，则可以认为犯罪嫌疑人自证无违背法律的主观故意，系因自由裁量权行使过程中所持理论立场不同，可以排除其构成本罪；但如果因案外因素介入导致其故意选择了少数观点，则自证失败，能够推定犯罪嫌疑人故意采取少数观点是在滥用自由裁量，故意作出违法裁判。

综上，笔者认为违反法律中的法律除了包括微观层面明文的法律规定外，还包括民事法律领域较为宏观法律原则、司法惯例、司法政策等内容。只是对违背后者需要达到更高的证明标准，证明难度更大。

（二）"枉法裁判"的证明路径

民事枉法裁判罪在实践中认定难的另一个主要问题在于证明难，民事审判是专业性很强的领域，犯罪嫌疑人作为民事审判从业人员经验丰富，而相反刑事司法工作人员却并不熟悉民法的规定，尤其是当所涉民事案件涉及当时人多、法律关系复杂时，更是加大了认定的难度。在案件审判时，如果犯罪嫌疑人所作出的判决已经被更高层级的裁判予以更正或者通过再审程序予以纠正的，相对而言证明难度较小。但如果案件尚未被纠正，或者再审后以和解等方式结案的，还是会面临着如何证明枉法裁判的问题。实践中除了收集所涉民事案件历次审理的结果、询问参与案件审判人员的证言之外，对于违背事实和法律可以有以下两种证明路径：

路径一：钻研涉案民事案件所涉的法律条文，通过专业知识证明涉案裁判有误。这种方式要求控方迅速掌握所涉民事案件的争议点，争取成为专家，以对抗犯罪嫌疑人的辩解。当然，这种学习的过程可以通过组织专家论证会、请教专业人士等方式来完成。该证明方式能够直接证明违法法律，但对控方的专业知识的学习、领悟能力要求较高。

路径二：借助专门性证据的方式，由专家证人出具专门性问题报告。目前，刑事诉讼领域针对专门性问题允许通过专门性问题报告[①]的方式予以直接证明。专门性问题报告通常会出现在盗窃、诈骗等侵犯财产权案件的诉讼程序之中，并表现为"价格认定书"等证据形式。[②] 因此，对于民事审判领域专业性很强的问题，采纳此种证明方式，无疑对报告的出具人员提出了较高的专业要求，相较于单个专家出具报告，如果能够由实务界以及理论界的多名专业人员以专家组的形式出具报告能取得更高的证明力。该方式能够更加直接

---

① 2021 年最高人民法院制定的《关于适用〈中华人民共和国刑事诉讼法〉的解释》第 100 条规定，因无鉴定机构，或者根据法律、司法解释的规定，指派、聘请有专门知识的人就案件的专门性问题出具的报告，可以作为证据适用。对前款规定的报告的审查与认定，参照适用本节（"鉴定意见的审查与认定"）的有关规定。

② 陈瑞华：《刑事证据法》（第四版），北京大学出版社 2021 年版，第 346 页。

地证明待证对象，大大降低刑事证明的难度。但缺点在于因该证据形式与鉴定意见相似，对于所涉法律问题复杂、争议大的情况下，可能会出现不同的专业人员的意见不同，因此陷入"重复鉴定、多头鉴定"的局面。

上述两种路径各有利弊，实践中需要根据案件情况有针对性地选取适当的证明方法，必要时，可同时采取上述两种证明方式。

三、民事枉法裁判罪与受贿罪竞合时的量刑考量

认罪认罚制度全面推开后，如何在认罪认罚具结书中提出恰当的量刑建议成为检察机关面临的另一个重要问题。实践中，民事枉法裁判罪常常与受贿罪同时出现，根据《刑法》第399条第4款的规定①，民事枉法裁判罪与受贿罪竞合时，择一重罪论处。那么，在两个罪名竞合时，为了提出精准的量刑建议，需要考虑以下两个问题。

（一）与受贿罪和民事枉法裁判罪单独量刑的刑期进行横向比较

从受贿罪与民事枉法裁判罪的量刑来看，受贿罪的刑期共三档，主刑分别是3年以下有期徒刑或者拘役，3年以上10年以下有期徒刑，10年以上有期徒刑或者无期徒刑甚至死刑；民事枉法裁判罪的刑期有两档，主刑分别是5年以下有期徒刑或者拘役，5年以上10年以下有期徒刑。可见，在受贿罪和民事枉法裁判罪均适用第一档刑期时，民事枉法裁判罪较重，以该罪论处；当受贿罪适用第二档，民事枉法裁判罪适用第一档时，受贿罪法定刑较重，以受贿论处；当受贿罪与民事枉法裁判罪均适用第二档时，民事枉法裁判罪较重，以该罪论处；当受贿罪适用第三档刑时，无论民事枉法裁判罪适用哪档量刑，均以受贿罪论处。

在两罪择一重论处时，从刑法理论上来看，涉案行为在同时触犯两个罪名时，虽法律规定择一重罪论处，但因具有两个相对独立的犯罪行为和主观故意，其违法性和有责性均大于仅构成一个犯罪的情形，因此，有必要对受贿罪和民事枉法裁判罪在择一重罪论处的情况下，对其中所涉各罪在不考虑另一罪名的情况下也进行单独量刑，以确定择一重论处的下限标准和上限标准，其中下限标准为重罪一罪的量刑，上限标准为数罪并罚后两罪最高刑。比如，不考虑其他量刑情节的情况下，犯罪嫌疑人受贿60万元，民事枉法裁判适用第一档量刑标准，则犯罪嫌疑人应当以受贿罪论处，对受贿罪单独确定基准刑有期徒刑4年，对民事枉法裁判罪确定基准刑有期徒刑2年，那么，择一重论处后，最低刑期为有期徒刑4年，最高刑期为有期徒刑6年，最终要在4年至6年之间确定合并后的刑期A。

（二）与受贿罪与滥用职权罪并罚时的量刑进行纵向比较

民事枉法裁判罪是滥用职权行为中的一个特殊罪名。2016年"两高"《关于办理贪污贿赂刑事案件适用法律若干问题的解释》第17条规定，除法律另有规定外，受贿后渎职又构成犯罪的，应当数罪并罚。刑法中对滥用职权罪规定了两档刑，主刑分别为3年以下

---

① 《刑法》第399条第4款的规定，"司法工作人员收受贿赂，有前三款行为的，同时又构成本法第三百八十五条规定之罪的，依照处罚较重的规定定罪处罚"。

有期徒刑或者拘役，3 年以上 7 年以下有期徒刑。可见，滥用职权罪的刑档比民事枉法裁判罪要低，说明立法认为发生在民事审判活动中的枉法裁判行为的违法性和有责性大于滥用职权。因此，从体系解释的角度来看，在确定受贿数额、渎职行为的危害后果等变量均相同的情况下，受贿同时滥用职权的刑事处罚应当小于受贿同时民事枉法裁判的刑事处罚。

当然，这只是定性层面的考量，由于滥用职权罪与民事枉法裁判罪在量刑时考量的因素不尽相同，很难像定量的对两个罪名之间的量刑差异进行精确考量，但实践中，需要考虑上述因素，以确保实质的量刑公平。仍以前述为例，犯罪嫌疑人受贿 60 万元，单独确定基准刑为有期徒刑 4 年，民事枉法裁判罪确定基准刑 2 年，大概情形下如果以滥用职权罪确定基准刑为 1 年 3 个月。那么，受贿罪与滥用职权罪并罚之下，量刑需在有期徒刑 4 年至 5 年 3 个月之间确定合并后的刑期 B，并且 A 应当大于 B。

上述量刑只是对量刑进行简单定性分析，实际量刑中还需考虑更多的法定、酌定量刑情节对基准刑进行调节，以确定最终的量刑建议。

因果关系论证逻辑下渎职犯罪
危害后果认定路径

秦永春　钟娇莹[*]

一、问题的提出

渎职犯罪是司法实践中的常发犯罪，一直处于高发态势，《刑法修正案（十一）》也强化了对渎职犯罪的打击力度。根据最近几年最高人民检察院工作报告数据，2011 年立案侦查渎职侵权犯罪案件 7349 件 10227 人，同比分别增加 4.5% 和 9.3%；2012 年立案侦查渎职侵权犯罪案件 37054 件 50796 人，重特大案件 17745 件；2013 年为 11948 人；2014 年为 13864 人；2015 年度为 13040 人；2016 年度为 11916 人；2017 年度为 62066 人。因为转隶，2018 年至 2021 年最高人民检察院工作报告没有提到渎职侵权犯罪案件的数量。渎职犯罪的因果关系是困扰司法实践的难题，据 2006 年最高人民检察院渎职厅统计的全年被判处无罪的 54 件渎职案件中，由于因果关系把握不准和认识分歧导致的错案就有 16 件，占全部无罪案件的 30%。

就因果关系而言，如果是一因一果，并不存在难题。但渎职犯罪的因果关系往往是多因一果，结果是多种原因合力作用的产物，作为原因的行为与其他因素之间相互交织在一起，导致行为与结果之间的关系错综复杂。纵观因果关系理论发展史，最大的争议在于存在"多因一果"的情况下，将哪种行为规则为造成结果发生的原因，抑或将所有行为都归责为造成结果发生的原因。大多数渎职犯罪的认定都面临这一争议。

尽管我国刑法通说采取必然因果关系说，但在司法解释上往往采取多因一果立场，即当渎职犯罪的结果与行为人的行为之间具有部分因果关系时，就可以将这一结果归责于行为人。我国刑法在渎职犯罪因果关系上往往采取事实主义立场，忽视对其所能发挥的作用或所具有的意义的考察，在多因一果的情况下不再继续判断原因力的大小，一概认定为具有刑法上的因果关系，从而带来刑事政策意义上的处罚扩大化效果。就原因来说，其一，依法行政、法治政府建设等对惩罚渎职犯罪提出了新要求，惩处渎职犯罪成为实施依法行政、法治政府建设的强大后盾。其二，渎职犯罪惩罚数量成为考核的重要指标，为完成指标，不断对渎职犯罪采取扩大化解释，而民众也往往为渎职犯罪的惩治叫好。

---

* 秦永春，四川省成都市人民检察院第三检察部主任、三级高级检察官；钟娇莹，四川省崇州市人民检察院检察官助理。

二、争议产生的原因：渎职犯罪因果流程的特殊性

为何会造成上述案件中的争议，与刑法理论对因果关系的定位有关。不同的犯罪具有不同的因果关系判断法则，并无"放之四海而皆准"的普遍法则，比如，必然因果关系说对自然犯是适用的，但面对法定犯时往往解答不力。渎职犯罪以造成严重损失为不法构成要素，但渎职犯罪复杂多样，往往是"一个巴掌拍不响"，我国《刑法》分则部分渎职犯罪共有 35 个罪名，有故意犯罪与过失犯罪之分，容易发生因果流程偏离，且因果关系往往是多因一果。

（一）直接与间接：渎职犯罪之后果在不法要素判断上的二分

渎职犯罪有故意犯罪与过失犯罪之分，前者如滥用职权罪，行为人对滥用职权是故意的，但对造成的严重后果，则可能是过失，存在一个混合罪过问题；后者如玩忽职守罪，行为人违反客观的注意义务而造成不法结果，行为与结果之间具有因果关系，且行为人对不法结果应具有客观的预见可能性。该客观的预见可能性是通过事后的因果关系审查来判断的。两种渎职犯罪相同的地方是：对严重结果均要求行为人具有最起码的客观的预见可能性，而不是结果归责。这种客观的可预见性体现为行为与结果之间的对应性，如违规发放营业执照和年检，会出现企业的不合规经营，是主客观相统一原则对因果关系判断的要求。

客观的可预见性是以结果发生为主轴的，发生在结果犯当中，且表现形态不同。在《刑法》分则第九章规定的渎职犯罪中，除徇私枉法罪、徇私舞弊减刑、假释、暂予监外执行罪、动植物检疫徇私舞弊罪、办理偷越国境人员出入证件罪、放行偷越国境人员罪、阻碍解救被拐卖、绑架妇女、儿童罪、帮助犯罪分子逃避处罚罪是行为犯外，其他犯罪都是结果犯，只是对结果的要求不同：（1）滥用职权罪、玩忽职守罪、滥用管理公司、证券职权罪属于结果犯，要求造成致使公共财产、国家和人民利益遭受重大损失；（2）执行判决、裁定失职罪、执行判决、裁定滥用职权罪属于结果犯，要求致使当事人或其他人的利益遭受重大损失；（3）民事、行政枉法裁判罪、枉法仲裁罪、私放在押人员罪、徇私舞弊不移交刑事案件罪、非法批准、征用、占用土地罪、非法低价出让国有土地使用权罪、放纵走私罪、放纵制售伪劣商品犯罪行为罪、招收公务员、学生徇私舞弊罪属于结果犯，要求情节严重；（4）失职致使在押人员脱逃罪、商检徇私舞弊罪、不解救被拐卖、绑架妇女、儿童罪属于结果犯，要求造成严重后果；（5）徇私舞弊不征、少征税款罪属于结果犯，要求致使国家税收遭受重大损失；（6）徇私舞弊发售发票、抵扣税款、出口退税罪、违法提供出口退税凭证罪、国家机关工作人员签订、履行合同实职被骗罪、商检实职罪、动植物检疫失职罪属于结果犯，要求致使国家利益遭受重大损失；（7）违法发放林木采伐许可证罪属于结果犯，要求情节严重，致使森林遭受严重破坏的；（8）环境污染事故罪属于结果犯，要求导致环境污染事故，致使公私财产遭受重大损失或造成人身伤亡的严重后果的；（9）食品监管渎职罪属于结果犯，要求导致发生重大食品安全事故或者造成其他严重后果；（10）传染病防治失职罪属于结果犯，要求导致传染病传播或流行，情节严重；（11）失职造成珍贵文物损毁、流失罪属于结果犯，要求造成珍贵文物损毁

或流失，后果严重的。

在上述渎职犯罪当中，主要存在两种因果流程形态：一是直接实现型，即行为人的渎职行为与不法结果之间是一种必然因果关系，严重损害就是渎职行为所造成的，并不存在其他因素介入问题。比如，失职造成珍贵文物损毁、流失罪所要求造成珍贵文物损毁或流失，后果严重；违法发放林木采伐许可证罪要求情节严重，致使森林遭受严重破坏；徇私舞弊不征、少征税款罪要求致使国家税收遭受重大损失；环境污染事故罪要求导致环境污染事故，致使公私财产遭受重大损失或造成人身伤亡的严重后果。这种因果关系判断属于事物发展的自然流程，采用必然因果关系说、相当因果关系说或客观归责并无结果上的差异，也不会有认定上的难题。二是间接实现型，即行为人的渎职行为、行政相对人的行为与第三人的行为交织在一起，共同造成严重损害结果的发生，这是渎职犯罪之因果关系研究的难点。比如，作为普通渎职犯罪的滥用职权罪、玩忽职守罪，要求造成"致使公共财产、国家和人民利益遭受重大损失"，国家机关工作人员签订、履行合同失职被骗罪，要求"致使国家利益遭受重大损失"，这种渎职犯罪要求的严重损害都是比较抽象的"情节严重""重大损失"等不明确结果，容易造成因果关系认定上的偏差，行为与结果之间的因果关系，往往成为控辩双方在法庭上争辩的焦点。因为行为与结果之间的因果关系就像"雾里看花"，往往是"多因一果"、错综复杂，司法实践则省去判断的麻烦，多采取偶然因果关系说，不区分各方责任的大小。如果把所有行为都判断为结果发生的原因，无论怎样的因果流程都是必然，这正是偶然因果关系被司法实践采纳的理由，也是它的问题所在。

问题的关键在于，因果关系判断往往是主观罪过判断的核心，如果行为人对结果的发生连客观的可预见性都没有的话，则难以认定其具有过失，对其定罪就是客观归罪，违背责任原则。以玩忽职守为例，行为人固然具有玩忽职守的行为，但不仅存在上下级之间的职责交叉，如分管局长、主管科长与直接责任人员等角色区分与职责交叉，而且在造成严重损害的因素方面就存在多种因素，如某城管执法人员发现某公司在马路边上树立一个大型广告牌，在经过向分管科长、分管局长汇报后下达了限期强制拆除、罚款的决定书，但到了限定期限，该公司仍然不拆除，但执法人员并没有采取强制拆除措施，后因突降暴雨、狂风大作，广告牌被风吹倒把一位行人当场砸死。就这一死亡结果来说，就有自然力的因素、被害人的行为、第三人的行为与执法不力的渎职行为等多种因素，执法人员的渎职行为与死亡结果之间只具有偶然因果关系，但执法人员对死亡结果应当具有客观的预见可能性，即应当预见到在发生恶劣天气的情况下会出现致人死亡的结果。但是就本案来说，执法人员已经执法并下达了限期拆除决定书，主要是因为某公司抵抗执法、拒不拆除而发生死亡结果，就要分析造成事故发生的主要原因力是什么，分清责任主次，判断突发恶劣天气这一介入因素是不是异常情况，是否属于不能预见的情况，是不是不法结果发生的主要原因力，而不是单一因为具有偶然因果关系就认定为渎职犯罪。笔者认为，有无客观的可预见性是一个与原因力大小相关的概念，并不是一种观点的存在，当这种原因力大小能够像交通肇事罪中肇事人的责任有主次区分的话，则行为人是否具有客观的可预见性则得以清晰呈现。

（二）因果流程偏离：渎职犯罪之结果在因果流程上的变异性

因果流程偏离是客观上导致结果发生的实际流程与行为人行为时预想或能够预见的流程有偏离的情况。一般认为，因果流程偏离是主观构成要件该当性以外的要素，并不是犯罪故意判断中的要素。不同的因果流程在自然面向上都是泾渭分明的，只有当前提正确时，才能通过自然、实证的观察来分析、判断行为人有没有认识到客观上的某个因果流程，客观上的因果流程是以结果回溯行为的过程，而主观上的因果流程是以行为回溯结果的过程。这就会带来因果关系判断上的差异，从主观归责来看，故意的认识对象仅包含行为的法益侵害危险，而不包括行为结束后的具体因果发展进程；故意的成立要件已涵盖了故意犯主观归责的全部内容。就客观归责而言，因果流程涉及的是危险实现问题；对此应当从事后的客观立场出发、结合评价规范的目的来加以判断。正是这种差异，导致渎职犯罪因果关系的判断往往如"雾里看花"。

现代刑法理论往往在客观的因果流程与主观的因果流程之间纠缠不清，又因为从自然实证的角度看，客观上的因果流程往往是相互交错、多因一果，当我们在评判多个因果流程及其各自的作用力大小时，必然会涉及对主观上因果流程的评价问题。渎职犯罪的不法结果除少部分犯罪系行为人的渎职行为直接造成的以外，绝大部分属于因介入因素共同造成某种不法结果的情况，这种介入因素在司法实践中主要是渎职不法行为人与行政相对人或第三人的行为共同造成某种不法结果。

从争议形成的原因来说，除少数情况外，作为渎职犯罪之不法要素的结果，并不是渎职行为人自己的行为直接造成的，而是由于对该结果的发生负有监督过失，由于没有及时制止第三人或阻断其他因素的介入而最终发生了该结果。此时，刑法理论就要思考把这种结果归责于行为人之渎职行为的根据是什么，也要回答监督过失的存在范围是什么。笔者认为，作为通说的必然因果关系说存在解释上的不足：一方面，在渎职行为为故意，造成的结果为过失的情况下，渎职犯罪的成立取决于一个过失犯的要素（预见的可能性），这等于是拿过失认定的标准去判断故意既遂犯的成立标准，是存在理论上的悖论的；另一方面，在涉及高度专业领域或职权交叉、重叠的情况下，用一般的预见可能性标准，难以对专业程度高或职责存在交叉、重合的领域作出客观解释。这种矛盾是以往因果关系理论所无法化解的。

之所以会造成因果流程偏离，主要是第三方因素的介入，第三方因素介入意味着行为并不必然会造成某种不法结果，而是由于第三方因素的介入，并与第三方因素一道共同造成了某种不法结果，这在渎职犯罪中比较常见。

比较有争议的问题是，对于这种行为人虽然存在渎职，但却无法确定合法履行职务义务能否回避法益侵害的结果发生的情形，是否仍要对渎职行为归责。

三、渎职犯罪因果关系的坚守仍有必要

面对渎职犯罪因果关系判断的难题，目前有两种较为有力的替代解决方案：一是把渎职犯罪中的严重损害等解释为客观处罚条件，以排除因果关系判断；二是用客观归责论取代因果关系判断，把渎职犯罪中的预见可能性纳入归责判断范畴。

（一）不能把渎职犯罪中的不法结果解释为客观处罚条件

如前所述，部分渎职犯罪要求造成不法结果，比如，滥用职权罪和玩忽职守罪中的"致使公共财产、国家和人民利益遭受重大损失"；徇私舞弊不征、少征税款案中的"致使国家税收遭受重大损失"；国家机关工作人员签订、履行合同失职被骗罪中的"致使国家利益遭受重大损失"；违法发放林木采伐许可证罪中的"致使森林遭受严重破坏"；环境监管失职罪中的"导致发生重大环境污染事故"；食品监管渎职罪中的"导致发生重大食品安全事故或其他严重后果"；不解救被拐卖、绑架妇女、儿童罪中的"造成严重后果"；失职造成珍贵文物损毁、流失罪中的"造成珍贵文物毁损或流失，后果严重的"，这种不法结果在于提高渎职犯罪的入罪门槛，以准确区分犯罪意义上的渎职与违纪意义上的渎职。

以滥用职权罪为例，《刑法》第 397 条第 1 款规定："国家机关工作人员滥用职权或者玩忽职守，致使公共财产、国家和人民利益遭受重大损失的，处三年以下有期徒刑或者拘役；情节特别严重的，处三年以上七年以下有期徒刑。本法另有规定的，依照规定。"据此，滥用职权的客观方面的要件有两个要素：一是滥用职权；二是致使公共财产、国家和人民利益遭受重大损失。显然，行为人主观上必须认识到滥用职权。那么，对致使公共财产、国家和人民利益遭受重大损失的，行为是否需要有认识呢？对致使公共财产、国家和人民利益遭受重大损失，行为人是否必须具有预见的可能性呢？客观的处罚条件是属于客观的超过要素，它超出了行为人的主观故意内容，而不需要行为人对之具有认识与放任（包括希望）态度。换句话说，它是构成要件，能够表征行为的不法性与有责性，但却与犯罪故意无关。原初意义上的客观处罚条件与行为本身没有直接关系，通常是第三者行为的结果，后来客观处罚条件被扩大适用，把故意犯罪中因行为人过失引起的结果，也视为客观处罚条件，比如，抢劫致人死亡、聚众斗殴过程中过失致人死亡等。虽然客观的超过要素不是故意的认识与意志内容，但当其内容是法益侵害结果以及影响行为的法益侵害性的其他客观因素时，行为人至少对之具有预见的可能性。运用客观处罚条件这一理论概念，十分有助于解决部分故意难以证明的难题，也免去证明行为人的行为与不法结果之间因果关系证明的困难，但是，难免有扩大犯罪适用的嫌疑，即"本来作为刑罚限制事由的客观处罚条件，在功能上发生根本转向，即由刑罚限制事由蜕变为刑罚扩张事由"。笔者认为，这一理论方案固然可以降低控方的证明责任，但并不可取。

其一，有悖客观处罚条件理论的初衷，立法者增设客观处罚条件条款的目的在于限缩犯罪成立范围，在不法与罪责之外，那些影响犯罪成立的可罚性实体要素，被学界称之为客观的处罚条件。这被西方学者称之为"刑法体系化、精致化的产物"。一般而言，一旦行为满足构成要件符合性、违法性和有责性，即构成犯罪。而客观处罚条件意味着，行为满足构成要件符合性、违法性和有责性，还必须以附加的客观处罚条件是否成就，作为确定其应罚性的最终根据。为何立法者以客观处罚条件限制刑罚权？这主要是基于需罚性的考虑，正如意大利学者杜里奥·帕多瓦尼所指出的："行为可罚性的实现需要客观条件，意味着行为本身就'应该受到刑罚处罚'，只是出于适当性的考虑，法律才将某种特定结果作为行为'必须受到惩罚'的条件。这当然是一种有利于犯罪人的立法规定，因为他只要能避免那种'必须受到惩罚'的条件出现,他就可以实施犯罪而不受惩罚。"比如,《刑法修正案(七)》第 3 条对《刑法》第 201 条的修改之一为:"有第一款行为,经税务机关依法下达追缴通知后,补缴应纳税款,缴纳滞纳金,已受行政处罚的,不予追究刑事责任;但是,五年内因逃避缴纳税款受过刑事处罚或者被税务机关给予二次以上行政处罚的除外。"

其二,把渎职犯罪的严重损害等解释为客观处罚条件,这种解释存在滥用或过度解释的嫌疑,它把违法要素意义上的"造成严重后果"解释为客观处罚条件并不具有合理性,这固然降低了司法机关的证明难度,也与因果关系无关,但会扩大犯罪的处罚范围,并不符合立法者的原意。换言之,就渎职犯罪而言,把"情节严重""造成严重后果""后果严重的"这些本属于犯罪结果范畴的内容理解为客观处罚条件,虽然省去因果关系判断的麻烦,但却会导致刑罚处罚范围的扩张,因为司法机关只需要查明行为人有渎职行为与造成严重后果的客观事实即可,至于两者之间是否具有因果关系就在所不问,这就会把一些与职务行为无关的结果,也纳入到处罚范围,会带来刑法处罚不当现象,并不可取。毕竟,如果错误理解客观处罚条件的话,则客观处罚条件的功能是双重的:一方面,有利于正确处理因果关系、认识错误等之间的"悖论",客观处罚条件排除在故意或过失的认识对象之外,以用于解决故意难以证明的难题,即如果行为人在行为时存在客观处罚条件,即使行为人没有认识或者预见到这一客观处罚条件,其行为亦具有可罚性,并不能适用刑法中的认识错误理论。另一方面,客观处罚条件在应罚性的判断之后,往往还须进行需罚性的判断,以限制刑罚权的发动,这意味着在应罚性的判断之外,附加了其他的构成要求。如果我们为了降低渎职犯罪的证明难度,而将情节严重、造成严重损失等视为客观处罚条件,这虽然降低了司法机关的证明难度,也与因果关系无关,但会扩大犯罪的处罚范围,反而意味着对渎职犯罪处罚范围的扩大化处理,背离了客观处罚条件设置的初衷,并不符合立法者的原意。

其三,把渎职犯罪造成的严重损害解释为客观处罚条件,问题的真正争点完全被忽视:以刑罚手段处罚渎职行为的内在根据是什么?是渎职的行为,抑或渎职行为及其所造成的结果?行为无价值与结果无价值之间不同的理论建构,完全会带来不同的刑法适用效果。如前所述,把渎职行为带来的严重损失视为客观处罚条件,这是一种行为无价值的立场,尽管省去了因果关系判断的麻烦,但却会造成处罚范围的扩大化,这虽然符合从严惩治渎职犯罪的刑事政策要求,但却与刑罚目的背道而驰,把完全没有客观的预见可能性的结果或刑事政策上预防的必要性的行为,也解释为行为的"作品",并不是一种可取的刑法解答方案。相反,把渎职行为造成的严重损失等客观内容解释为犯罪故意,是一种结果无价值的立场,它会最大限度地限缩犯罪成立范围,恐难实现刑法保护法益的任务,也面临着证明上的难度。而折中的方案是,把渎职行为带来的严重损失视为不法构成要素,则必然要判断行为与结果之间的因果关系,会限缩犯罪成立范围,但又不至于限制得过死。就此而言,研究与讨论渎职犯罪的因果关系仍然十分必要。

(二)渎职犯罪认定不能以客观归责论取代因果关系论

为了改变渎职犯罪因果关系认定的难题,客观归责论也被运用到渎职犯罪认定之中。

以客观归责论取代传统的因果关系理论，是目前学界比较有力的观点，在国内较早介绍客观归责理论的学者是台湾地区的苏俊雄教授，其指出"归因是一个事实问题，通过因果关系理论解决；归责是一个评价问题，通过客观归责理论解决。客观归责理论所确立的有关规则，对犯罪构成的客观要素进行实质审查，从而使犯罪构成论更加合理化"。客观归责是在三阶层论的体系下展开的，也是三阶层论最新的研究成果。依据客观归责论，"如果依据因果关系理论考察，引起结果的第三人行为或后续行为更像是介入的足以阻断先前实行行为与后果之间因果关系的异常因素，而阻却客观归责"。忽略本属于不法层面需要判断的因果关系，而仅从归责角度分析是否具有预见的可能性，自然省去了因果关系判断中的难题，但也存在重大疑问。

1. 客观归责论与我国刑法规范不容。众所周知，自然主义与规范主义是德日刑法有关因果关系理论的基本争议。古典犯罪论体系通过原因来决定构成要件之该当性，因果关系是以实证的观点来判断结果原因；新古典犯罪论体系以归因和归责合一的相当因果关系来决定构成要件之该当性，这种因果关系判断以条件说为前提，但已经加入一般的社会生活经验的判断，有利于提供现象与刑法制裁无关的理由；新古典与目的论综合体系则主张客观归责论，强调归因与归责的分离，在确立某种行为是造成某种结果的原因后，再次进行规范的、价值的观点来判断结果归责，以确定结果是否是行为人的作品，应否把这笔账算到行为人头上。客观归责论是事实判断与价值判断的有机统一，是以价值判断把具有事实上因果关系但不可归责的情况排除，正如有学者所指出："客观归责是在条件说所确立的因果关系范围内，对构成要件的实质判断。客观归责引入构成要件，使构成要件分为事实与价值两个层面：在事实层面以归因为中心进行构成要件的形式判断，即是否属于构成要件的行为→是否属于构成要件的结果→行为与结果之间是否存在因果关系。在此基础上，再进行价值层面的判断，即是否制造不被容许的风险，以检验构成要件的行为→是否实现不被容许的风险，以检验构成要件的结果→是否属于构成要件的效力范围，以检验整体的构成要件。"然而，作为发端于德国的客观归责论与我国刑法规范结构并不具有相容性，并无替代因果关系理论的必要。

2. 客观归责论并不适用于故意犯罪。理论分工过于精细的后果是理论自身难以具有更高的涵摄力，当出现理论没有办法解决的问题后，则需要创新的理论来解决问题，客观归责论无疑是基于对传统因果关系理论反思的产物。客观归责更加重视个别化判断、规范化判断，如学者在论证客观归责与过失不法时指出："传统过失论有可取之处也有明显缺陷，有待扬弃。客观归责理论站在新过失论的立场上，在实质化、规范化、精细化的方向上改造、发展了传统过失犯理论。但客观归责理论对过失不法的改造是有限的，传统过失论中的诸概念不应一概抛弃。对于客观归责理论框架下的过失不法，在制造危险的判断上，应站在事前的立场，参考行政规则、交往规范等因素，以'一般人＋特别人'的能力为标准进行考察；在危险实现的判断上，应站在事后的立场，考察结果回避可能性、规范保护目的以及介入其他因素时对于归责的影响。"也就是说，客观归责论主要是为解决过失犯而形成的理论，渎职犯罪的不法结构比较复杂，渎职往往是故意的，造成的严重后果等是过失，并不能套用客观归责论。

3. 客观归责存在难以克服的混淆与难题。于改之教授指出："客观归责理论是一个正处于发展之中的理论，其所开创的新的诠释方法对犯罪理论具有积极意义，但其本身也存在着一些难以克服的问题。"庄劲教授也指出："客观归责论的两大核心原理均有缺陷：风险的创设与实现原理不可能在客观要件中展开，因为禁止的风险须以行为人的主观能力为判断根据；风险的降低与变形原理以假想的结果为参照，本质是假设因果关系的运用。要合理地确定结果责任，不应遵循客观归责的路径，而应重拾主观归责的思路。据此，必须坚持'规范的主观归责'的方向：通过检验结果与行为人的主观之间是否存在——以禁止风险为纽带的规范关联，判断结果能否归责于行为人的主观。"同时，坚持客观归责论，也会造成刑罚处罚范围的扩张。

4. 客观归责论会导致主观判断优先于客观判断。在德日三阶层犯罪论体系中，主观与客观的分离是基本，违法是客观的，责任是主观的，换句话说，客观表征违法性，主观表明有责性，从而使犯罪认定能够实现从客观到主观的递进，也使违法与有责的区分更为明确，判断也更为谨慎，但如果以客观归责替代因果关系，则会使客观判断与主观判断混淆，事实判断与价值判断有机融合在一起，甚至主观判断优先于客观判断、价值判断优先于事实判断。也因此，批判者指出："作为一种外来理论，客观归责理论自身有诸多值得质疑之处。客观归责理论实际是因果关系理论而非其自身定位的构成要件理论；它早已超越对归责问题的探讨，而渐至成为与可罚性概念相当的犯罪成立理论；它在'客观归责'的同时其实也一直在进行着'主观归责'；它以模糊三阶层犯罪论体系为代价进行归责判断，从而极大地削弱了阶层犯罪论体系所具有的人权保障机能；它不是一个自洽的理论，而是统合了各种不同内容的混合体。"

5. 客观归责混淆不法与有责判断的边界，带来刑法之行为规制机能无法发挥。不法与有责是犯罪论体系的支柱，不法判断在前，主要是依据构成要件的符合性进行判断（包括因果关系判断），有责判断是在不法判断的基础上进一步讨论有无归责的基础。不法判断是立足于刑法的行为规范属性，以罪刑法定原则的明确性区分哪些是法律激励的行为，哪些是刑法禁止的行为，以告诉行为人哪些可以为，哪些必须为，哪些不可为。有责判断是立足于刑法的裁判规范属性，以罪刑法定原则的价值性区分哪些是法律宽恕的行为，哪些是刑法需要追责的行为。如果采用客观归责理论，则会把本属于法律激励的行为解释为法律宽恕的行为，比如，甲在暴风雨就要来的时候，把乙派到森林里去，希望他会被雷劈死。结果，乙真的被雷所劈死。提出客观归责的学者洛克辛指出，这是客观归责的问题，而不是故意的问题。这样，通过客观归责对行为进行是否制造了法所不容许的风险的实质审查，使阻却犯罪的事由提早到客观上不具有可归责性而非主观上不具有可归责性。如此认定，显然把刑法的行为规范与裁判规范属性混为一谈，把法律不鼓励的行为与法律宽恕的行为混为一谈。就这种行为而言，其自然具有不法性，即使认定这一行为与被害人的死亡之间具有因果关系，也并不具有刑事政策意义上的预防的必要性，因为被害人死亡的概率很小，惩罚此类行为人显然无助于实现刑罚目的，因而具有可宽恕的理由。但是，如果采取客观归责论，则不会有不法与有责判断上的区分，反而带来刑法之行为规制机能的丧失。

就此而言，如果以客观归责论取代因果关系判断，固然可以满足从严治理渎职犯罪的策略性需要，但却不是一种司法理性，毕竟，从严治理渎职犯罪的策略性，并不必然会转换为司法意义上的实践性，司法资源十分有限，并不能把所有渎职犯罪纳入司法程序，且在今天强调党内法规与刑事法律衔接的时代背景下，立足于零容忍的刑事政策，主张以客观归责论取代因果关系判断并不可取。国家对腐败犯罪采取零容忍策略，但司法上对腐败犯罪仍坚持"抓大放小"，这在《刑法修正案（九）》有关贪污贿赂犯罪的入罪标准上得以集中体现。同理，即使国家对渎职犯罪坚持从严治理策略，也不意味着解释者不顾因果关系判断，而以客观归责论扩大本罪的处罚范围。

四、结语

尽管渎职犯罪因果关系是一个理论与实践难题，也存在重大争议，但并不意味着要把属于渎职犯罪之客观要件（不法结果）的部分，从构成要件中剥离出来，将其解释为客观构成要件，这会实质上造成刑法处罚范围的不当扩张，违背现代责任主义原则。同时，也不意味着要抛弃因果关系理论，而主张客观归责理论。按照客观归责论的三个要件进行教义学思考，同样会导致处罚范围的不当扩张，且也无法解释多因一果。

没有任何一个法学理论是以不变应万变并保证成功的，即使相同的理论，由不同的人去操作，也会产生不同的效果，就像两个人同样拿一把刀去削苹果，完全会弄出不同的模样。没有最好，只有更好，以因果关系为例，它是一种逻辑的方法，有了这种方法，就比较容易接近真理，但"究竟的道理"是难以把握的，往往是一个政策宽严的拿捏问题。就此而言，以因果关系上的归因判断为基础，兼吸收客观归责论的规范判断，主张并发展因果关系主要原因力说，可以合理解决渎职犯罪因果关系判断的难题。当然，因果关系主要原因力说最终也不得不让位于某种终极性的价值去化解，甚至以标准之外的标准去化解，而这种标准之后又往往成为被批判的对象。法学就如此反复地向前发展，但却永远没有终点。

第四部分

贪污贿赂洗钱犯罪研究

涉职务犯罪洗钱案件追诉机制研究

赵　赤[*]

一、问题提出：完善职务犯罪反洗钱机制的现实背景

从传统的窝赃、销赃犯罪到现代意义的洗钱犯罪，我国社会对于洗钱危害性的认识经历了一个持续深化的过程。近年来，随着内外环境的深刻变化，反洗钱的意义已经逐渐超越其本身而在完善国家治理、推进反腐败国际追逃追赃、维护经济金融安全等宏观层面发挥日益重要的作用。2017 年 4 月，中央审议通过《关于完善反洗钱、反恐怖融资、反逃税监管体制机制的意见》，强调完善反洗钱机制是建设中国特色社会主义法治体系和现代金融体系的重要内容。从维护国家安全和经济社会高质量发展的高度充分认识反洗钱工作重要性，强化和提升打击洗钱犯罪合力，已成为包括立法、行政、监察、司法等各方在内的集体共识。

我国从 1990 年起逐步建立起洗钱犯罪的罪名体系，此后，为融入国际社会反洗钱合作框架，先后于 2001 年、2006 年分别通过《刑法修正案（三）》和《刑法修正案（六）》，两次对洗钱罪的上游犯罪范围进行了扩张。2019 年 4 月，国际组织"反洗钱金融行动特别工作组"（Financial Action Task Force，FATF）在对我国开展第四轮评估的基础上公布了《中国反洗钱和反恐怖融资互评估报告》，其中针对核心指标之一的"洗钱的调查和起诉"一项，FATF 评估团认为我国洗钱罪起诉率较低，与大量的上游犯罪数量相比存在失衡，评级仅为次低等级的"中等"。为履行互评估后的整改义务，我国围绕降低洗钱罪入刑门槛、增加和顺畅洗钱罪刑法适用，着手开展了新一轮法律和司法解释修订，2020 年 12 月《刑法修正案（十一）》对洗钱罪行为方式和构成要件作出重要调整，增加了"自洗钱"犯罪形态；"两高"就洗钱罪和掩饰、隐瞒犯罪所得、犯罪所得收益罪的司法解释工作也紧锣密鼓进行。刑事实体法的修订完善为下一步"激活"洗钱罪刑法适用奠定了基础，有论者乐观地指出："立法的'解套'有望从根本上改善我国反洗钱司法效果薄弱的局面，也可以彻底解脱 FATF 长期质疑和纠缠我们关于自洗钱在互评估时的问题。"[①] 但是，从犯罪治理效能的实现来看，刑法规范的完善只是一个方面，立法设计要真实转化为司法效能，则还依赖于顺畅的法律实施，特别是办案程序机制的同步完善。正如我国刑事一体化

---

　　[*] 重庆市人民检察院第三检察部副主任。
　　[①] 王新：《〈刑法修正案（十一）〉对洗钱罪的立法发展和辐射影响》，载《中国刑事法杂志》2021 年第 2 期。

理论的创立者储槐植教授所言：刑法和刑法运行内外协调才能发挥最佳功能，这就需要刑法内部结构合理以及外部运作机制顺畅。①

从实践来看，腐败与洗钱往往深度勾连，贪污贿赂犯罪也因而被视为挖掘洗钱犯罪的"富矿"、重要的"案源增长点"。但是，洗钱犯罪的查办率低却是长期不争的事实，② 这其中，固然有一直以来刑法犯罪构成要件设置较严、入罪门槛偏高、法律理解适用分歧大等立法层面原因，但不可否认也存在刑法运行层面的制约因素。为了改变长期以来实践中存在的"重上游犯罪，轻洗钱犯罪"倾向，最高人民检察院等部门针对性地提出了"一案双查"工作要求，即在办理上游犯罪时要同步审查是否涉嫌洗钱犯罪。③ "一案双查"具有丰富的内涵，"审查"本身显然不是目的，其本质在于进一步顺畅洗钱犯罪案件内部职能运行和外部职能配合，实现对上下游犯罪的同步查办和及时起诉。一个重要的背景是：监察体制改革以后，在原有"侦—诉—审"刑法运行结构的基础上增加了"调—诉—审"的新型结构，④ 一体化打击贪污贿赂犯罪和涉腐洗钱犯罪，就必然牵涉到监察执法和刑事司法的衔接以及公安、监察、检察等各方职能的协同问题。"法律适用过程依赖于实体法和程序法的共同作用，司法者总是要顾盼于实体法与程序法之间，为公平正义的实现寻求平衡点和出路。"⑤ 在通过刑法修订解决刑法内部的协调性问题之后，如何构建与一体化打击上下游犯罪相适应的程序规则和办案机制，尤其是跨部门、跨职能的衔接配合机制，则成为一个紧迫而重要的现实性问题。

二、障碍分析：当前追诉机制主要面临的制度困境

在刑法运行层面，制约洗钱犯罪治理效果的因素可归结为主、客观两个方面。主观方面主要是思想认识上的"重上游犯罪，轻洗钱犯罪"，如忽视对是否存在洗钱犯罪的研判、对调查取证存在畏难或懈怠心理、从成本因素考虑不愿投入办案资源等⑥；客观方面主要

---

① "刑法和刑法运行处于内外协调状态才能发挥最佳刑法功能。所谓内部协调主要指刑法结构合理，外部协调实质为刑法运作机制顺畅。"参见储槐植：《再说刑事一体化》，载《法学》2004年第3期。

② 根据中国人民银行公布的历年《中国反洗钱报告》以及FATF第四轮互评估报告，我国2020年以前每年以洗钱罪定罪的人数一直徘徊在两位数，最高人民检察院工作报告显示2020年全国检察机关通过各项举措将洗钱犯罪起诉数量提升至707人，虽然取得一定成效，但查办案件数量少、上下游犯罪比率失衡的基本态势仍未得到根本性改变。

③ 2020年7月最高人民检察院出台《关于充分发挥检察职能服务保障"六稳""六保"的意见》，要求办理上游犯罪时要同步审查是否涉嫌洗钱犯罪；2021年5月最高人民检察院和央行联合发布"惩治洗钱犯罪典型案例"，推广"一案双查"经验做法；针对职务犯罪案件，最高人民检察院第三检察厅于2021年2月专门下发工作提示，明确要求在办理贪污贿赂犯罪案件中落实"一案双查"工作要求；重庆等地也通过会签文件等方式将"一案双查"列入反洗钱具体工作举措。

④ 有论者将这种变化归纳为"刑事司法关系构造的二元化"，即非职务犯罪的"侦查—检察—审判"和职务犯罪的"调查—检察—审判"，二者刑事司法职权配置和诉讼流程不同，适用法律和强制措施也有所差别。参见叶正国、王景通：《国家监察体制改革与刑事司法关系的调适》，载《江西社会科学》2021年第2期。

⑤ 陈京春：《刑事一体化视野下的刑法修正》，载《刑法论丛》2019年第1卷。

⑥ 参见罗金娅、罗洵：《洗钱入罪困境分析及相关对策建议》，载《时代金融》2020年第19期。

是机制上不够高效和顺畅，存在影响职能运行的"卡点"。相较而言，后者在涉腐洗钱犯罪中的表现更为明显且特殊，需要加以特别关注。

（一）上下游犯罪职能管辖分离增加"侦—调"协作成本，迟滞案件同步查办

在洗钱罪的七类上游犯罪中，毒品犯罪、黑社会性质组织犯罪、恐怖活动犯罪、破坏金融管理秩序犯罪、金融诈骗犯罪等均由公安机关立案侦查，走私犯罪虽然一般由海关缉私部门负责侦查，但同样适用刑事诉讼法的规定，属于刑事诉讼内部程序，只有贪污贿赂犯罪系由监察机关依照监察法进行立案调查。① 因此，上下游犯罪职能管辖分离，侦查、调查主体之间存在非一致性，是涉腐洗钱犯罪案件查办的一个重要特点。

对于行为人同时涉嫌不同机关职能管辖罪名的案件，实践中一般称为"互涉案件"，"贪污贿赂＋自洗钱"即属典型。对于此类案件的管辖，《监察法》第 34 条规定了"监察优位"原则，即一般应由监察机关为主调查，其他机关予以协助。② 但值得注意的是，"'为主'并不是指一个机关去办理另一个机关管辖的案件，而是由'为主'的机关负责沟通、协调。"③ "监察机关为主调查"，主要指监察机关承担组织协调职责，包括协调调查和侦查工作进度、协商重要的调查和侦查措施使用等，并非越俎代庖，超越管辖规定直接代侦代办，正如学者所指出："我们仍然要强调监察权之于职务犯罪调查的核心范畴，不能因为主体同一而以监察权替代刑事司法侦查权。"④ 除了互涉案件中的"主从管辖"模式外，监察机关对符合特定情形的关联案件"可以在职责范围内并案调查"。实践中，一些地方监察机关通过并案制度查办不属于其职能管辖范围内案件的情况客观存在，⑤ 但是，从法律条文对"职责范围内"这一要素的强调来看，并案调查不能突破法律关于职能管辖的分工，超越法定管辖行使并案管辖实为对规则误读基础上的权力僭越。总之，为遵循法定管辖原则，在涉腐洗钱犯罪中监察机关不宜对上下游犯罪一并立案调查，而原则上应由公安机关另行立案侦查；同理，在对贪污贿赂犯罪调查终结后，监察机关也不宜将不属自己管辖的洗钱罪一并移送审查起诉。

上下游犯罪职能管辖权分离带来以下两个明显的影响：一是加剧了"重上轻下"的既有倾向：对于监察机关而言，只能倡导性地要求其在聚焦贪污贿赂犯罪的同时，对是否存在洗钱犯罪尽到必要审查义务，此种"审查"更倾向于一种注意义务而并非法定和强制性的查办职责，鉴于"发现犯罪"和"调查犯罪"的职权内涵差异巨大，当监

---

① 洗钱罪中的"贪污贿赂犯罪"在具体范围上是否包括《刑法》第八章以外的其他犯罪（如非国家工作人员受贿罪等），理论上存在争议。为研究方便，本文中所称的贪污贿赂犯罪或涉腐犯罪，均指由监察机关立案调查的案件。

② 《监察法》第 34 条规定："被调查人既涉嫌严重职务违法或者职务犯罪，又涉嫌其他违法犯罪的，一般应当由监察机关为主调查，其他机关予以协助。"

③ 童建明、万春主编：《〈人民检察院刑事诉讼规则〉理解与适用》，中国检察出版社 2020 年版，第 24 页。

④ 陈伟：《监察法与刑法的关系梳理及其症结应对》，载《当代法学》2020 年第 1 期。

⑤ 参见艾明：《互涉案件监察机关为主调查的实践模式及其改进》，载《地方立法研究》2020 年第 1 期。

察机关忽视对洗钱罪的关注时，并不宜以"怠于行使监察调查权"的理由给予过多责难，也不存在所谓监督立案的问题。第二个更大的影响则在于协作成本的增加和办案效率的减损：作为相互区别又紧密联系的互涉案件，监察机关和公安机关需在办案强制措施、证据收集、进度安排等方面保持高度协调，充分考虑如何避免重复取证、如何避免程序拖延、如何确保安全保密等一系列问题。需要特别指出的是，由于调查和侦查活动系分别依照监察法和刑事诉讼法进行，调查程序"有犯罪侦查之实，而无犯罪侦查之名，避开刑事诉讼法的侦查程序规范而需要单独创建机制"①，因此两机关的"相互配合"已脱离刑事程序内部关系，而上升到监察与司法"法法衔接"层面，其中也隐藏了相对更多的衔接运行成本。

（二）证据互认规则不能完全解决取证主体难题，越权取证面临合法性质疑

"证据是刑事诉讼的核心，也是监察调查的核心。只有证据制度相一致，监察调查程序与刑事诉讼程序才能无缝衔接。"② 证据作为连接监察调查和刑事司法两大程序的纽带，为对接"以审判为中心"的基本要求，就需要赋予监察证据在刑事诉讼中的合法地位，基于此，《监察法》第 33 条规定：监察机关依照法定程序搜集的证据，在刑事诉讼中可以作为证据使用。以"证据一体"理念为基础③，国家监委、最高人民检察院、最高人民法院、公安部出台的《关于加强和完善监察执法与刑事司法衔接机制的意见（试行）》（以下简称《衔接意见》）进一步确立了在互涉案件以及"错误管辖"案件中的证据互认规则。互涉案件中的证据互认规则，指监察机关、公安机关、人民检察院在对各自管辖的案件进行调查、侦查过程中，可以互相为互涉案件的其他管辖机关收集、调取证据；互涉案件的其他管辖机关收集、调取的证据材料，经审查符合法定要求的，可以在刑事诉讼中作为证据使用。例如，某公职人员同时涉嫌贪污犯罪和洗钱犯罪，分别由监察机关、公安机关立案调查和侦查，监察机关在必要时可以帮助公安机关搜集洗钱犯罪的证据材料，相关证据材料可以作为刑事诉讼证据使用，反之亦然。"错误管辖"案件中的证据互认规则，指监察机关、公安机关、人民检察院在调查、侦查过程中发现相关罪名不属于自己职能管辖的范围，应当将案件移送有管辖权的机关，而对于前期已经收集、调取的证据材料，经审查符合法定要求的，可以在刑事诉讼中作为证据使用。例如，监察机关以贪污罪共犯对某甲立案调查，调查过程中发现甲不构成贪污罪共犯而单独构成洗钱犯罪，此时可以将前期已经搜集的证据随案移送公安机关，相关证据材料可以在刑事诉讼中作为证据使用。

证据互认规则虽然未被刑事诉讼法所直接规定，但在相关法律和司法解释条文中有间接体现，对解决实践问题具有重要意义。首先，《监察法》第 33 条第 2 款规定："监察机

---

① 龙宗智：《监察体制改革中的职务犯罪调查制度完善》，载《政治与法律》2018 年第 1 期。

② 朱孝清：《刑事诉讼法与监察法衔接中的若干争议问题》，载《中国刑事法杂志》2021 年第 1 期。

③ "在证据问题上，监察机关调查行为所搜集的证据，都要符合《刑事诉讼法》的要求，在这个意义上，证据是一体的，《监察法》规定不够全面的，实行'未尽事宜参照《刑事诉讼法》'；《监察法》规定的比《刑事诉讼法》更严格的，实行'就高不就低'。"参见李勇：《〈监察法〉与〈刑事诉讼法〉衔接问题研究——"程序二元、证据一体"理论模型之提出》，载《证据科学》2018 年第 5 期。

关在收集、固定、审查、运用证据时，应当与刑事审判关于证据的要求和标准相一致。"刑事诉讼法与监察法证据的"一体性"为证据互认提供了基础和前提。其次，《人民检察院刑事诉讼规则》（以下简称《刑诉规则》）第357条规定对于职能管辖错误的案件，在满足事实清楚、证据确实、充分等条件下"可以直接起诉"；最高人民法院《关于适用〈中华人民共和国刑事诉讼法〉的解释》第295条规定审判后发现罪名错误的"应当依据法律和审理认定的事实作出有罪判决"，上述规定均未否定管辖错误案件的证据资格。最后，证据互认规则也是效率目标导向下的务实选择，因为如果仅因职能管辖问题而一概否定已获证据的效力，无疑将为案件及时查办造成极大负面影响，可以说，效率问题正是立法围绕证据衔接进行相应制度设计的优先关注点。①

但同时需要指出的是，证据互认规则并非可以不加限制地适用，必须排除"恶意越权管辖"的情形。② 其理由在于：首先，正如上文所言，之所以允许"互认"，主要考虑在于避免重复投入办案资源、提高法法衔接效率，故对于管辖错误等情况下证据效力的"追认"，应当是一种价值选择的结果，即在效率和正义价值出现冲突的情况下，经过权衡做出的一种被动的补救方案，也因此，"管辖错误"应当是一种基于非恶意的动机而形成的客观状态，如果办案机关故意将不属于自己侦查、调查的案件纳入管辖，则所取得证据的合法性不能被认可，否则就极可能造成职能管辖原则被虚化和架空的风险。其次，监察证据可以不经转化，直接作为刑事诉讼证据使用，"只是表明其可以进入刑事诉讼程序，但并不意味着直接可以作为定案根据使用"③。取证主体合法是证据合法性原则的内在必然要求，而主体合法不仅需要侦查人员或调查人员本身具有身份资格，而且要求办案主体对具体案件能够行使合法的管辖。最后，虽然在证据要求层面具有一致性，但调查取证与侦查取证在某些具体要求——特别是权力制约与人权保障力度上实则存在区别，④ 监察机关的强职权配置主要为了应对职务犯罪治理的特殊现实需求，故也只有放置在"从严惩治腐败"的大前提下才具有正当性以及符合比例原则，如果将其任意推而广之，则客观上易造成对普通公民权利的侵犯，由此所获得的证据难免面临合法性的诘难。对此，有论者直接指出："如果监察委员会查办了侦查机关管辖的案件，对于恶意违法的应当否定该职能管辖错位行为的法律效力……我国应当完善制裁职能管辖错位的程序，对于恶意的职能管辖错位应当退回办案机关，否定阶段性终结决定的效力，之前取得的实物证据作为瑕疵证据

---

① "赋予监察机关收集的证据材料在刑事诉讼中的法律效力，是监察机关实现'法法衔接'的重要方面……减少了工作环节，提高了反腐败效率。"参见中共中央纪律检查委员会、中华人民共和国国家监察委员会法规室：《〈中华人民共和国监察法〉释义》，中国方正出版社2018年出版，第168页。

② 有学者对"善意"和"恶意"概念进行界定指出：恶意管辖即"明知不属于本机关管辖，而因某些原因，如获取办案业绩、获得重要犯罪线索、以及外部干预等，进行立案"。参见龙宗智：《取证主体合法性若干问题》，载《法学研究》2007年第3期。

③ 李勇：《〈监察法〉与〈刑事诉讼法〉衔接问题研究——"程序二元、证据一体"理论模型之提出》，载《证据科学》2018年第5期。

④ 例如，如果将公安机关管辖的案件归于监察机关管辖，则犯罪嫌疑人可能无法获得律师辩护、无法申请检察监督和司法救济、被剥夺限制人身自由的时间也将更长。

处理，否定言词证据的证据能力。"①

（三）法律授权不足与程序控制过度并存，检察追诉能动性有待进一步提升

检察院在刑事诉讼中依法履行追诉犯罪和监督制约职能，对事实清楚、证据确实充分的案件依法追诉，对事实不清、证据不足的案件依法退回补充侦查或自行补充侦查，是其作为刑事诉讼全程亲历者发挥职能作用的两个重要方面，但是，在监察机关移送案件中，检察院的追诉职能——包括直接追诉漏罪、自行补充侦查、退回补充调查等，均面临更多规则限制和程序要求，为追诉涉腐洗钱犯罪带来一些掣肘。

一是直接追诉"漏罪"设置有更多程序要求。《刑事诉讼法》第 171 条规定，人民检察院审查案件的时候"必须查明有无遗漏罪行和其他应当追究刑事责任的人"，但对于查明和发现漏罪漏犯后如何处理，法律未作规定。对此，《刑诉规则》第 356 条明确规定："人民检察院在办理公安机关移送起诉的案件中，发现遗漏罪行或者有依法应当移送起诉的同案犯罪嫌疑人未移送起诉的，应当要求公安机关补充侦查或者补充移送起诉。对于犯罪事实清楚，证据确实、充分的，也可以直接提起公诉。"值得关注的是，无论是"要求补充侦查或者补充移送起诉"，还是"直接提起公诉"，针对的都是"公安机关移送的案件"，对于监察机关移送的案件，司法解释则回避了该问题。根据《衔接意见》，检察机关在监委移送的案件中发现漏罪且该遗漏的罪行属于公安机关管辖的（涉腐洗钱犯罪的追诉漏罪问题即属于此情形），人民检察院应分别征求监察机关、公安机关意见，犯罪事实清楚、证据确实、充分且监察机关、公安机关均没有不同意见的，可一并提起公诉，否则应将线索移送公安机关。可见，对比公安机关移送的案件，一是在事实证据清楚、充分的情况下，不能径行追诉而是多了"征求意见"的程序；二是在事实证据不清楚、不补充的情况下，一般不退回补充侦查而是以移送线索的方式处理。

二是不能直接要求监察机关补充移送"漏犯"。对于在公安机关移送案件中发现有遗漏犯罪嫌疑人的，根据《刑诉规则》第 356 条的规定，人民检察院可以要求公安机关"补充移送起诉"。但是，在监察机关移送的案件中，如果审查起诉发现了应当移送而未移送起诉的其他涉案人员，由于没有类似于公安案件中的授权性规定，在职权法定原则的要求下，检察机关并不能直接要求移送并追诉；同时，检—监之间并不存在像检—公之间一样的诉讼监督关系，因此也不能采取立案监督措施。② 因此，实践中如果人民检察院在审查

① 谢小剑：《刑事职能管辖错位的程序规制》，载《中国法学》2021 年第 1 期。

② 对于检察机关能否对监察机关进行法律监督的问题，虽然学界从理论研究的角度多持赞成和肯定性的态度，但不可否认在当前法律制度下，监检关系更多是从"制约"而非"监督"的角度去展开，所谓检察对监委的监督缺乏实质依据。有以下事实可以佐证：第一，刑事诉讼法规定"人民检察院对刑事诉讼实行法律监督"，但监察调查并不属于刑事诉讼程序，诉讼监督并不包括监察调查；第二，刑法规定"司法工作人员"是行使侦查、检察、审判、监管的职能的人员，监察人员及其监察权并未涵盖在内，因此调查人员刑讯逼供、暴力取证、徇私枉法罪等都不构成检察机关侦查的案件；第三，《人民检察院刑事诉讼规则》中设置"法律监督"专章，包括立案监督、撤案监督、侦查活动监督等，但全篇不涉及监委调查；第四，从最高人民检察院职务犯罪检察厅的部门职责表述来看也没有规定调查活动监督职责。

起诉某公职人员贪污贿赂案过程中，发现其亲属或其他密切关系人有帮助其洗钱的行为的，即使事实证据清楚，也不能要求监察机关补充移送，而只能要求监察机关就相关人员的处置情况作出说明或者采取线索移送的方式处理。

三是退回补充取证面临主体选择两难。根据法律和司法解释的规定，人民检察院在提前介入、审查起诉以及法院审理等阶段，都可以通过提出补证建议、退回补充侦查（调查）等方式，要求侦查（调查）机关进一步的补充完善证据。① 在监察机关和公安机关分别立案查办贪污贿赂犯罪和洗钱犯罪的情况下，如果人民检察院审查认为证据不足需要补查，一般按照职能管辖分工处理，即上游犯罪证据不足的由监察机关负责补充证据，下游犯罪证据不足的由公安机关负责补充证据。但是，如果公安机关并未对下游犯罪立案侦查，监察机关将贪污贿赂犯罪移送起诉后检察院发现存在洗钱犯罪，如何补查就存在主体选择的两难：一方面，如果退回监察机关补充调查或者要求其补充提供证据，则可能存在管辖权方面的障碍；另一方面，如果要求公安机关补充证据，则公安机关因为此前并未接触过原案件而缺乏合理和可行性；此外，如果作为新的犯罪线索移送公安机关立案侦查，则在基本证据已经具备的情况下显得缺乏必要，也易产生诉讼拖延和司法资源浪费的问题。②

四是检察机关自行补充侦查法律授权不足。如上所述，在退回补充取证面临不同障碍特别是主体选择两难的情况下，检察机关是否可以行使自行补充侦查权，围绕缺失的洗钱罪证据开展自行补充侦查？对此，虽然在法理层面的正当性和实践层面的可行性上貌似不存在疑议，但却面临来自法律规则的障碍：《刑诉规则》第 342 条、第 343 条、第 345 条分别规定了对于公安机关、监察机关、检察机关侦查部门移送起诉的案件，可以自行（补充）侦查，但第 344 条又专门针对监察机关移送的案件明确了 3 种可以自行补充侦查的具体情形：（1）证人证言、犯罪嫌疑人供述和辩解、被害人陈述的内容主要情节一致，个别情节不一致的；（2）物证、书证等证据材料需要补充鉴定的；（3）其他由人民检察院查证更为便利、更有效率、更有利于查清案件事实的情形。不难发现，对于监察机关移送的案件，奉行的是"以退回补充调查为原则，检察机关补充侦查为例外"的处理原则，检察机关的补充侦查权受到更多的约束。此外，值得注意的是，在公安案件和自侦案件中，《刑诉规则》都明确了"存在遗漏罪行、遗漏同案犯罪嫌疑人等情形需要补充侦查的……

---

① 如《监察法》第 47 条规定："人民检察院经审查，认为需要补充核实的，应当退回监察机关补充调查，必要时可以自行补充侦查。"《人民检察院刑事诉讼规则》第 340 条规定："人民检察院对监察机关或者公安机关移送的案件进行审查后，在人民法院作出生效判决之前，认为需要补充提供证据材料的，可以书面要求监察机关或者公安机关提供。"第 422 条规定："在审判过程中，对于需要补充提供法庭审判所必需的证据或者补充侦查的，人民检察院应当自行收集证据和进行侦查，必要时可以要求监察机关或者公安机关提供协助；也可以书面要求监察机关或者公安机关补充提供证据。"

② 上述问题不仅存在于审查起诉阶段，在提前介入调查等环节也可能面临类似的处置难题。根据《人民检察院刑事诉讼规则》第 256 条第 2 款规定："经监察机关商请，人民检察院可以派员介入监察机关办理的职务犯罪案件。"检察机关在依法介入监委调查的贪污贿赂案件中，如果发现被调查人还涉嫌洗钱犯罪，需要进一步固定涉洗钱罪的证据，对此是直接向监委提出补充证据的意见，还是建议将洗钱犯罪线索移送公安机关立案侦查，也不无疑问。

可以自行侦查"，唯独监委案件中无此类似规定。可见，以自行补充侦查的方式补充完善涉腐洗钱犯罪的相关证据，至少从法律和司法解释的规定来看存在授权不足或者授权不明的问题。

综上，无论是追诉漏罪漏犯还是行使补充侦查，在监察机关移送的案件中，检察追诉权的行使都受到更多的限制，其中固然有对监察调查案件中某些特殊需求的照顾，特别是对一体实现纪法效果最大化的考量。但是，相关制度设计也产生以下问题：首先，检察机关是否追诉犯罪以侦查和调查机关的意旨为要，造成对独立行使检察权原则的损害，因为检察机关的案件审查应当是依照刑事诉讼法进行独立且全面的审查，其内容不仅包括事实证据是否达到起诉标准，也包括审查是否存在遗漏的犯罪事实和犯罪嫌疑人，这也是《刑事诉讼法》第 171 条对检察机关提出的明确职责要求。其次，相应程序安排更侧重于强化监察职能对司法职能的制约从而导致"相互制约"原则的片面化倾向，事实上，"由于监察机关的特殊地位，强调检察机关有效承担审查起诉职能和责任尤为重要"①，无论是从权力制衡还是司法规律的角度来看，正是监察调查的强职权性需要作为后置环节的司法程序发挥更大制约作用，而不是相反。再次，检察职权受限与其监督定位之间产生紧张关系，"检察机关审查起诉还包括审查'有无遗漏罪行和其他应当追究刑事责任的人'，这一内容具有立案监督的性质"。"查明"后既不能直接追诉又无权监督立案，导致宪法法律预设的追诉者和监督者角色定位均无法充分实现。最后，对检察机关补充侦查权的限制也不利于追诉效率的提高以及案件处理的便宜化，其使得主动追诉涉腐洗钱犯罪的便利性和能动性受到较大挑战，而过高的程序成本必然带来追诉权运行迟滞和检察人员履职主动性的减损。

三、路径选择：健全涉腐洗钱犯罪一体追诉机制的实践方案

职务犯罪反洗钱治理效能最大化需要平衡追诉程序的公正价值与效率价值的关系，但是，由于上下游犯罪职能管辖分离的现实，使二者关系的紧张程度被显著放大：一方面，监察机关和公安机关分别依职权对上下游犯罪调查、侦查固然符合法治原则，可以维系程序正义，但显然将增加办案衔接成本，不利于案件及时高效查办；另一方面，如果由监察机关对上下游犯罪一并调查和移送起诉，虽然效率得以保障，但又将面临来自管辖法定原则和取证合法性原则等诸多质疑。故此，健全涉腐洗钱犯罪一体追诉机制，其目标应当是在遵循法治原则的基础上，以效率为导向，着力破除制约职能发挥的案件管辖、证据收集、补充侦查、追诉漏罪等障碍，整合监察执法和刑事司法资源，实现上下游犯罪的高效协同办理。为实现上述目标，应注意遵循以下原则：一是坚持职权法定。基于职权法定原则的要求，"一体追诉"不能混淆不同职能、不同环节的边界，由某一主体统揽包办行使职权，而必然要以法律规则为基础，坚持分工负责、互相配合，尤其是在职能管辖、证据收集、强制措施等方面遵循法律的强制性规定。二是坚持个案区分。洗钱犯罪作为市场经济高度发达的衍生品，在犯罪主体、行为方式、危害后果等方面均具有丰富的表现形式，自洗钱与传统洗钱、本土洗钱与跨境洗钱、现实空间与网络空间洗钱等，不同个案之间证

---

① 龙宗智：《监察体制改革中的职务犯罪调查制度完善》，载《政治与法律》2018 年第 1 期。

据情况以及对侦查活动的要求存在较大差别，鉴于洗钱犯罪的复杂多样性，"一体追诉"不可能要求对所有涉腐洗钱犯罪在办理模式和程序操作上都采取完全同一的一套方案，而势必要立足个案特点，综合考虑案件证据情况、洗钱行为类型、查办难易程度等因素，采取区别化的应对举措。三是坚持效率导向。毋庸讳言，在打击洗钱犯罪问题上，无论是刑事实体法的调整还是协作配合机制的建立，都蕴含着明显的功利导向，要实现立法意图，快速提升洗钱犯罪的查处力度和起诉数量，就需要最大程度破除各方职权壁垒和履职衔接障碍，有效整合侦、调、诉各方优势，增强取证、补证、起诉等工作的便利化程度。以上述目标原则为指引，本文认为可根据案件不同情况，分别构建和适用"监委同步取证＋检察直接追诉"以及"线索证据移送＋公安另案侦查"两种涉腐洗钱犯罪追诉模式：

（一）主体模式：监委同步取证＋检察直接追诉

即对于上下游犯罪证据相互交织，一并调取不违反职能管辖原则的，可以由监察机关在调查贪污贿赂犯罪时对洗钱犯罪证据同步加以收集固定并移送；检察机关能动行使追诉犯罪职能，对证据充分的依职权直接追诉，对需要补充证据的启动自行补充侦查完善证据后追诉洗钱犯罪。

1. 关于"监委同步取证"。监察机关在调查贪污贿赂案件中对洗钱犯罪证据进行同步收集固定，可以极大提高办案效率，增加取证便利性和及时性。但是，基于前述职能管辖分工以及取证合法性方面的考量，对此种方式应当予以必要限制，即主要适用于上下游犯罪证据交织重合，一并调取不违反管辖原则的情形。

如何界定"上下游犯罪证据交织重合"以及"一并调取不违反管辖原则"，是值得研究的问题。本文认为，如果下游犯罪证据可以为上游犯罪证据所覆盖，即洗钱罪证据同时也构成证明上游犯罪定罪或量刑情节的证据时，就可以认为符合该限定。例如，公职人员在贪污贿赂之外为隐匿、转移赃款而实施了自洗钱行为，其供述就可能同时构成证明赃款去向的证据以及实施洗钱犯罪的证据。之所以此情形下可以由监察机关一并收集、固定，主要在于：其一，在案件事实层面，上下游犯罪往往属于相互之间深度交织的关联案件，贪污贿赂行为之后必然伴随赃款赃物的转移、隐匿、使用等行为，故赃款处置行为作为贪污贿赂犯罪的事后行为，又完全可能同时构成洗钱犯罪的实行行为。其二，在调查要求层面，赃款去向虽然不是贪污贿赂犯罪的构成要件，在无法查实的情况下也一般也不影响调查终结和犯罪成立，但在司法实践中，赃款去向一般属于行为人应当如实供述的内容，也属于调查机关应当查明的案件事实，根据监察法等规定，对赃款赃物的查明和处置也是监察调查的和程序衔接的重要内容。其三，在刑罚影响层面，赃款去向通常能够反映贪污贿赂行为人的主观恶性并进而影响量刑，如根据相关司法解释，赃款如果用于公务开支等用途的，可以作为量刑情节考虑，此外在及时退还、上交等一些特殊情况下，赃款去向也不排除影响犯罪成立的情况。其四，在证据规则层面，监委依法搜集的证据具有刑事诉讼证据资格，在移送审查起诉后，检察机关无论是用于指控贪污贿赂犯罪还是用作指控洗钱犯罪，都并不违背法律规定，符合证据互认规则。

基于上下游犯罪之间普遍存在较为紧密的关联，监察机关一并收集固定证据具有较大的操作空间，甚至可以成为涉腐洗钱犯罪办理的常态模式。但需要注意的是，也不排除部分案件中上下游犯罪之间仅存在弱关联性，如果洗钱犯罪证据并非查明贪污贿赂犯罪所必须，此时就不宜由监察机关一并调取。例如，公职人员甲将贪污受贿赃款交给妻子乙保管和使用，乙在对赃款部分使用的基础上，又独立实施洗钱行为（甲没有确定的明知），此时对于甲的贪污贿赂犯罪而言，查明赃款系去向乙处即已完结，至于证明乙如何洗钱的证据则不宜归入监察机关调查范围之内，而属于对乙个人犯罪单独进行查办的问题。

2. 关于"检察直接追诉"。检察机关作为刑事诉讼的全程参与者和重要的程序推动者，在追诉犯罪方面具有无可替代的作用，有必要发挥主动性和能动性，推进"监委同步取证"基础上的"检察直接追诉"，具体包括两个方面：一是在事实清楚，证据确实、充分情况下的直接追诉，即监察机关对上下游犯罪同步收集固定证据后，应当将证据进行全面移送，检察机关在监察机关移送的贪污贿赂罪名基础上追加洗钱罪罪名一并提起公诉；二是在事实证据存疑的情况下，检察机关通过自行补充侦查完善证据之后再追诉洗钱犯罪，此种情形下由于还涉及自行补充侦查权的履行，故有必要进一步说明和厘清。

从普遍性的案件证据情况看，由于监察机关调查重心在于贪污贿赂犯罪，因此即使对一些洗钱罪证据进行同步收集固定，但也可能与直接起诉的标准存在差距，部分证据缺失、需要补充侦查的情况在实践中实则更为普遍。由于立法上规定了"以退回监察机关补充调查为原则，检察机关补充侦查为例外"的规则，职务犯罪案件自行补充侦查以"必要时"为前提，因此客观上造成了检察机关对行使自行补充侦查权底气不足或把握不准的问题。但正如有论者指出，"'必要时'不代表不适用或者排斥适用自行补充侦查，更不代表自行补充侦查只能像'聋子的耳朵'一样几乎处于废而不用的状态"[①]，从检察机关自行补充侦查的职权基础和现实需要考量，也"应当全面建立检察院补充侦查权对于监察委刑事调查权力的程序优位"[②]。在涉腐洗钱犯罪中，检察机关能动行使自行补充侦查权应当说具有充分的法理和事实基础：首先，自行补充侦查可以有效纾解监委面对洗钱犯罪的管辖权困境，根据刑事诉讼法的规定，检察机关的侦查权可以分为自行侦查权、补充侦查权、机动侦查权三个部分，其中自行侦查权、机动管辖权均以职能管辖分工为基础，而补充侦查权基于审查起诉职能而产生，并不受职能管辖的限制。例如，对监委罪名、公安罪名都可进行补充侦查，这是检察职能的特殊性所决定的。其次，自行补充侦查具有便利性和高效性，相比退回补充调查，补充侦查要求在一个半月审查起诉期限内完成，避免了程序倒流所导致的案件流转成本，符合涉腐洗钱犯罪一体追诉的效率导向要求；再次，自行补充侦查以指控为导向，目标针对性更强，"监察机关针对职务犯罪的调查行为实际上是服务于司法诉讼推进的"[③]，检察官对于证据体系往往有更加清晰的认知，对于需要补充取证的内容更加明确。最后，尤其需要澄清的是，立法上系以移送审查起诉的机关作为区别依据，对"监察机关移送的案件"以退回调查为原则、自行补充侦查为例外，对"公安机关移送的案件"退回调查或者自行补充侦查均可，但这种"标准"显然有问题，因

---

① 陈小炜、吴高飞：《监察体制改革背景下自行补充侦查和退回补充调查关系论纲》，载《西南政法大学学报》2019 年第 21 期。

② 倪铁：《监察刑事调查权的程序重塑》，载《法学》2019 年第 8 期。

③ 井晓龙：《监察调查权与检察侦查权衔接研究》，载《法学杂志》2020 年第 12 期。

为实践中管辖错位以及案件互涉的情况并不鲜见。例如，监察机关移送贪污贿赂案件后，检察机关审查认为还构成洗钱犯罪但需要补充侦查，此时补充侦查针对的罪名是洗钱罪而非职务犯罪，在实质上与监察调查无涉，此时若仅仅因案件是由监察机关移送审查起诉就要"以退回调查为原则"，显然在合理性、必要性、正当性上均不无疑问，对此，本文认为不宜机械地理解适用有关规定，而有必要通过法律解释的方法进行合理化的解读和界定。总之，检察侦查权不是新生事物，对检察侦查权的"建构"也不必完全否定传统检察侦查权运行机制，而是需要在传统基础上对制度变化及其背后的立法审议进行解读、领会，通过创新式的构建将有限的资源进行合理配置。[①]

（二）补充模式：线索证据移送＋公安另案侦查

《监察法》第 35 条规定："监察机关对于报案或者举报，应当接受并按照有关规定处理。对于不属于本机关管辖的，应当移送主管机关处理。"《监察法实施条例》第 32 条第 1 款进一步明确："监察机关发现依法由其他机关管辖的违法犯罪线索，应当及时移送有管辖权的机关。"由于涉腐洗钱犯罪实践形态的多样性，客观上存在一些案件不宜由监察机关同步收集固定洗钱罪证据，或由检察机关采取自行补充侦查方式补证后起诉的情况，此时就有公安机关单独立案侦查洗钱犯罪的客观必要。

从比较的角度看，公安机关对洗钱犯罪单独立案具有以下方面的程序优势：一是有利于充分发挥侦查专业性优势，当前洗钱犯罪呈现日益多样化、复杂化的趋势，网络洗钱、跨境洗钱等多发，相关犯罪与贪污贿赂犯罪以及传统洗钱犯罪在证据形式、取证要求等方面都存在区别，涉及的大量电子证据、境外证据等需要公安机关采取技术手段、投入专门侦查资源。二是有利于规避职能管辖方面的障碍："管辖法定要求不允许司法机关自行确定其管辖范围，程序法定作为刑事诉讼的帝王条款，与刑法中的罪刑法定一样，发挥着防范公权力滥用的重要作用。"[②] 如前所述，互涉案件中的监察机关"优位管辖"以及关联案件的"并案管辖"都并不能突破管辖法定原则的限度，因此也就必然需要公安机关的专门立案侦查。三是有利于为证据互认创造条件，互涉案件中调查机关、侦查机关虽然可以互相为对方机关管辖的罪名协助收集、调取证据，但前提是"互涉案件"客观存在，即需要监察机关、公安机关分别对各自管辖罪名进行立案，如果公安机关没有对洗钱罪立案，就不存在互涉案件以及协助取证、证据互认的空间。四是有利于补证工作的及时开展，如检察机关认为证据不足时，可以分别将贪污贿赂犯罪或者洗钱犯罪分别退回监察机关或者公安机关，补充侦查责任主体更加明确、便于操作。

但是，正如前文所反复指出，如果过多采取线索移送模式，容易降低执法司法效能、增加办案衔接成本，不利于一体追诉效率目标的实现，因此，线索移送宜作为一种补充性的处理方式。同时，在适用本方式时仍然应当充分考虑职能配合问题，避免简单"一移了之"以及调查侦查"各自为政"，特别是要高度重视"分案"可能带来的重复性调查取

---

① 参见上海市松江区人民检察院课题组：《监察体制改革背景下检察侦查权运行机制研究》，载《犯罪研究》2019 年第 6 期。

② 谢小剑：《刑事职能管辖错位的程序规制》，载《中国法学》2021 年第 1 期。

证、办案安全保密隐患、上下游犯罪的证据事实矛盾、调查侦查活动互相干扰、移送起诉进度不协调等一系列问题。本文认为，可针对符合条件的案件探索采取"取证转化"的处理模式，即监察机关将能够先行收集的证据进行收集固定，再将线索和证据一并移送公安机关，由公安机关在已有证据基础上进行证据转化和补强。在先行取证程度以及移送时间节点的把握上，可以综合考虑案件具体情况：一是如果上下游犯罪紧密关联，公安机关需要继续侦查取证的事项相对不多，则可以在上游犯罪证据基本固定完毕的情况下，把洗钱罪线索和相关证据材料移送公安机关，由公安机关进行组证、补证，"在移送时机把握上通常是待职务犯罪事实已经查清并拟移送起诉前，也即此时再分案办理"①。二是如果上下游犯罪之间关联较弱，调查和侦查同时开展不会产生明显的相互干扰或者安全风险，或者洗钱罪证据量较大、事实较为复杂的，可以将线索证据移送的时间提前，以确保公安机关及时充分开展侦查。三是需要指出，监察机关先行调取的证据仍然需要符合善意原则，即不能是故意违反职能管辖而针对洗钱罪越权取证，只能是其正常调查职务犯罪过程中所"顺带"获得的洗钱罪证据，因为正如学者所言："不区分善意违法与恶意违法，不仅使程序违法缺乏程序处罚后果，也使程序违法缺乏独立评断价值，因此违反了程序法制原则。"②

四、结语

完善涉职务犯罪洗钱案件追诉机制，技术层面在于落实"一案双查"要求，在侦查、调查和起诉各环节强化对贪污贿赂犯罪和洗钱犯罪的协同办理，实现上下游犯罪的一体化打击；在更加宏观的层面，则体现为贯彻"刑事一体化"理念，强调法律制定与法律实施、实体立法与程序规则、监察执法与刑事司法朝着一体化方向相互融合迈进。在国家监察体制改革带来调查程序与侦查程序二元并立、监察职能与检察职能深度调整的背景下，尤其需要立足此类犯罪的特殊性和追诉过程中的职权交叉性，处理好公正与效率、配合与制约、原则与变通的关系，发挥监察机关调查前置性优势，在合乎职能管辖原则的前提下强化对上下游犯罪证据的同步收集固定；发挥检察机关追诉的能动性，用足自行补充侦查权，以及在证据充分基础上的直接追诉；发挥公安机关的侦查专业化优势，对于洗钱犯罪事实证据复杂的案件加强线索移送和侦查介入，实现执法司法效能的最大化。

---

① 周岩：《监察管辖与侦查管辖如何衔接》，载《中国纪检监察报》2021 年 2 月 24 日，第 8 版。
② 龙宗智：《新〈人民检察院刑事诉讼规则〉若干问题评析》，载《法学杂志》2020 年第 5 期。

溯源与解构：职务犯罪领域自洗钱
入罪难题与困境消解

苏 云 项宗友*

《刑法修正案（十一）》对洗钱罪进行修改后，学界对洗钱犯罪的主观罪过、犯罪构成、法益侵害等进行了深入的研究，这些研究大大丰富了洗钱罪的理论成果。但目前，对自洗钱研究还很薄弱，特别是自洗钱犯罪管辖、主观罪过、共同犯罪的研究总体较少，将自洗钱行为置于职务犯罪背景下探讨更是付之阙如。研究职务犯罪领域自洗钱行为，首先需要对自洗钱入罪的正当性研究径路进行梳理，结合职务犯罪案件办理中涉及自洗钱实践问题并提出设想，以求教于专家学者和实务同仁。

一、理论溯源：自洗钱入罪的理论考察与反思

运用期待可能性和法益侵害理论说明自洗钱独立于上游犯罪的处罚正当来区分洗钱与赃物犯罪，是两种最为典型论证范式。因此，需要检讨期待可能性以及法益侵害学说解释自洗钱犯罪的论证思路，为准确把握洗钱罪犯罪构成、提升打击效果提供指导。

（一）期待可能性解释论之证否

所谓期待可能性，是指根据行为当时的具体情况，有可能期待行为人实施适法行为而不实施违法行为。[1] 有人基于期待可能性理论，认为对于"自洗钱"行为，行为人在实施上游犯罪后也并非一定要实施洗钱行为，而是存在选择性，其当然具有期待可能性。但否定论者则指出，"古今中外，犯罪人为避免刑罚处罚所实施的掩饰、隐瞒所犯罪行（包括犯罪所得及其收益）的妨害司法行为，都被认为缺乏期待可能性，而不被追究刑事责任"，基于期待可能性理论也可推断自洗钱行为责任阻却事由。

在有关期待可能性的争议中，最为激烈是有无期待可能性的判断标准，即以谁的标准来判断能够期待行为人实施合法行为。[2] 从自洗钱行为人的角度看，其贪污或者收受他人贿赂之后，将非法所得耗用或者进行转化以实现"洗白"之目的乃是常态，收而不藏、贪而不用却属例外，电视剧《人民的名义》中"一分钱也不敢花"的赵德汉式人物应属少

---

* 苏云，四川省成都市人民检察院副检察长；项宗友，四川省成都市人民检察院第三检察部副主任。

[1] 张明楷：《刑法学》（第五版），法律出版社 2016 年版，第 326 页。

[2] 黎宏：《刑法学》，法律出版社 2012 年版。

数。但从维护或者稳固国家财产秩序之视角，则会认为任何对财产进行掩饰、隐瞒的行为包括自行转换成合法财产、切断财产来源的行为都损害了国有财产的追索权，自洗钱应当予以惩治。无论基于何种立场，以泛化的标准来论证自洗钱行为欠缺期待可能性而阻却责任，或认为自洗钱行为具有期待可能性而肯定刑罚的正当性，都因失之偏颇而招致批评。因此，就自洗钱行为的当罚性而言，期待可能性理论在法秩序规范层面并无适用空间。①

（二）法益保护说之质疑

从目的上看，自洗钱行为与《刑法》第 312 条掩饰、隐瞒犯罪所得、犯罪所得收益罪（有学者称为赃物犯罪）都是为了掩饰、隐瞒本犯的违法所得及其收益，自洗钱行为方式也完全可能成为赃物犯罪本犯掩饰、隐瞒犯罪所得之手段，但传统观点认为上游犯罪本犯实施掩饰、隐瞒行为是上游犯罪的自然延伸，属于刑法理论中的"不可罚事后行为"，同时由于上游犯罪的行为人已经基于上游犯罪受到了刑事处罚，就不能对掩饰、隐瞒进行并罚，否则违反了"禁止双重惩罚"的原则，不作为犯罪处理，但自洗钱在刑法上却独立于上游本犯而独立构成犯罪，刑法处遇差异背后的原因究竟为何，可能有人会认为这种区分是由于自洗钱的上游犯罪与赃物犯罪的上游犯罪不同导致，但这种形式解释很难有说服力。一个行为需要运用刑罚进行处置，一定是侵害了刑法所保护的法益。在期待可能性理论无法解释自洗钱入罪合理性的场合，"唯有通过构成要件所要保护的法益，才能妥适而明确地解释不法构成要件，正确无误地把握不法构成要件本所要把握的犯罪行为，精确地界定出各个不相同的单一构成要件彼此间的界限"②。因此，有必要对自洗钱行为侵害的法益进行单独的讨论。先要明确的是，自洗钱与为他人洗钱犯罪在保护的法益上并没有差别。原因在于，"虽然刑法修正案将自洗钱行为做了入罪处理，但自洗钱与为他人洗钱只有犯罪主体上的不同，具体的洗钱行为对保护法益是一致的，所以不会影响到洗钱罪保护法益的确定"③。

对洗钱罪侵害的法益众说纷纭，主要有单一法益说和双重法益说。单一法益说认为，洗钱罪侵害的法益主要是国家金融管理秩序，原因在于洗钱犯罪主要发生在金融领域内，主要通过金融机构的业务活动实现转移财产或者使财产合法化的目的，同时，洗钱行为常常依靠有关专业人员（如会计师、金融专家、审计师等）参与其中，对金融秩序危害极大，使金融机构的正常业务活动和管理秩序陷入混乱，"所以，刑法将本罪规定破坏金融秩序罪中"。④双重法益说认为，洗钱罪侵犯的是复杂客体，包括国家金融管理秩序和司法机关正常活动。⑤ 也有学者承认洗钱罪保护的是双重法益，但在具体法益类型上有所区分，认为"洗钱罪的保护法益首先是金融管理秩序（主要客体），其次还包括上游犯罪的保护法益"⑥。

---

① 安汇玉、汪明亮：《自我洗钱行为当罚性分析》，载《苏州大学学报》2020 年第 7 期。

② 林山田：《刑法各罪论（上册）》，北京大学出版社 2012 年版，第 10 页。

③ 敦宁、白昆冬：《自洗钱行为入罪的理论诠释与问题分析》，载《公安学研究》2021 年第 6 期。

④ 周光权：《刑法各论》，清华大学出版社 2011 年版，第 347 页。

⑤ 王作富：《刑法分则实务研究》，中国方正出版社 2013 年版，第 488 页。

⑥ 张明楷：《洗钱罪的保护法益》，载《法学》2022 年第 5 期。

　　按照体系解释的观点，毫无疑问，洗钱罪保护法益首先是金融管理秩序。[①] 至于是否为复杂法益，以及是否包括司法机关正常活动，或者上游犯罪所保护的法益，面临的同样问题是，无论是金融管理秩序抑或司法机关正常活动，其法益本身过于宽泛和抽象，对于司法实践的指导作用十分有限，即便如张明楷教授那样将金融管理秩序进一步细化，即"阻挡层的保护法益是金融系统不服务于犯罪所得及其收益的隐匿、转移的管理秩序"以及"背后层的保护法益是国民对金融系统的信赖及金融安全"，这种区分作用对于具体案件的指导作用也十分有限。特别是，依据基于法益侵害的区分来确定犯罪构成，始终无法说明基于金融方式实施的掩饰、隐瞒赃物的行为不构成犯罪与基于金融方式的自洗钱构成犯罪之间的区别。因此，法益侵害说在自洗钱与相关犯罪的区别上也存在很大的局限性。

（三）　法律拟制说之提倡

　　法律拟制是立法者基于某种政策或意图将原本并不符合某一规定的行为强行赋予该规定的法律效果。[②] 本文认为，将自洗钱规定看成法律拟制，能够解决理论上纷扰从而将眼光投向更加复杂的自洗钱实践难题。

　　从形式特征来看，法律拟制一般包括拟制事实的相异性与引证性两个特点。拟制事实的相异性，意味着刑法将基本事实不同的行为赋予同样的法律效果。例如，《刑法》第204条第2款规定，"纳税人缴纳税款后，采取前款规定的欺骗方法，骗取所缴纳的税款的，依照本法第二百零一条的规定定罪处罚；骗取税款超过所缴纳的税款部分，依照前款的规定处罚。"就骗取税款这一基本同一事实，对骗取税款超过部分以出口退税罪定罪处罚，就是法律拟制中的事实相异性。具体到自洗钱行为，将自己上游犯罪非法所得予以掩饰、隐瞒，其基本事实具有同一性，但洗钱罪上游犯罪以外的犯罪类型本犯实施财产"洗白"行为不构成犯罪，而自行"漂白"的行为以洗钱罪处罚，符合法律拟制的事实相异性特征。

　　就引证性而言，在刑法条文表述上大多以"依照""以……论""视为"等用语来体现，如《刑法》第67条第2款规定，"被采取强制措施的犯罪嫌疑人、被告人和正在服刑的罪犯，如实供述司法机关还未掌握的本人其他罪行的，以自首论"，这种表述生动地将不符合自首自动性特征的羁押人如实供述行为视为自首典型行为，赋予了该行为自首的同样效果。但有时，缺乏引证性用语的条文表述，同样属于法律拟制，换言之，并非所有未使用这些形式的条款均不是法律拟制，如拐卖妇女罪中，将拐卖妇女、儿童又奸淫妇女的数罪并罚情形拟制为从一重罪处罚即是适例。《刑法修正案（十一）》通过删除"明知"和"协助"，将他洗钱情形适用于上游犯罪本犯自行洗钱，自洗钱行为顺利实现了犯罪化，这种立法体例充分表明自洗钱的规定应属于法律拟制。

---

①　敦宁、白昆冬：《自洗钱行为入罪的理论诠释与问题分析》，载《公安学研究》2021年第6期。
②　彭辅顺：《论刑法分则中指示规定与法律拟制的区分》，载《苏州大学学报》2017年第2期。

二、实践解构：职务犯罪自洗钱行为司法处置难题

腐败催生洗钱，洗钱保护腐败，二者具有极强的共生性。近年来，中央对领导干部监督和管理力度进一步增强，通过制度化措施来约束监督领导干部行为，特别是促使领导干部廉洁自律方面，持续完善了各项管理制度，其中，《关于党员领导干部报告个人有关事项的规定》不仅对领导干部个人财产、投资情况进行登记申报，同时也涉及配偶、子女的财产申报情况。贪污受贿犯罪行为人在领导干部个人事项申报的压力下，对贪腐所得进行掩饰、隐瞒实现"洗白"。但现实办案情况却并不乐观，中国人民银行反洗钱报告显示，2020 年银行向侦查、监察机关移送线索 5987 条，侦查、监察机关立案 633 起，立案比例总体较低。在因应国家反洗钱形势下，虽然立法进行了重大改革，但洗钱犯罪特别是自洗钱案件仍处于低位，凸显出职务犯罪自洗钱查处仍面临许多实践难题。

（一）管辖分离造成的自洗钱查处困境

监察体制改革后，职务犯罪由监察机关办理，洗钱罪由公安机关办理。在洗钱罪 7 类上游犯罪中，毒品犯罪、黑社会性质的组织犯罪、恐怖活动犯罪、走私犯罪、破坏金融管理秩序犯罪、金融诈骗犯罪案件均由公安机关管辖，唯有贪污贿赂案件由监察机关管辖，是唯一上游犯罪与自洗钱行为管辖分离的案件类型。由于职务犯罪的调查模式的特殊性，监察机关在案件办理中，注重要件事实的调查以及追赃挽损效果，通常会通过涉案财产查封、扣押、冻结等方式实现涉案财物追缴，对于行为自行对财物进行转化或者"洗白"的，就追赃挽损成效而言，只要有等值财物可供追缴，洗钱过程并不是监察办案的重点。实践中，由于缺乏线索移送激励和监督机制，监察机关主动向公安机关移送洗钱线索较为罕见，与自洗钱案件查处关注非法所得转化过程不同，只要行为人积极配合追缴，财产形式不影响监察机关办案效果。客观而言，即使监察机关移送案件线索，洗钱犯罪主要依赖于上游职务犯罪的查处结果，而职务犯罪嫌疑人处于留置状态，公安机关对职务犯罪中的自洗钱行为侦查多有不便，特别是笔数多、时间跨度长的案件，犯罪嫌疑人早已将违法所得及收益与其他合法财产完全融合，公安机关很难再留置期间完成侦查工作。综上可见，在管辖分离模式下，通过监察机关发现自洗钱线索较为困难，也在一定程度上影响自洗钱行为的查处。

（二）自洗钱主观故意的证明困难

尽管《刑法修正案（十一）》删除了洗钱犯罪有关"明知"的表述，"明知"是一个贯穿《刑法》总则和分则的概念，《刑法》第 14 条关于故意犯罪"明知自己的行为会发生危害社会的结果"的规定，强调的是故意犯罪中的认识因素。而在《刑法》分则中有44 个条文中规定了"明知"的要件则是在具备《刑法》总则罪过基础上，由特殊条文所要求的额外的主观因素，因此，就体系地位而言，分则中的"明知"是《刑法》总则部分明知也就是故意之外的主观超过因素。因此，有学者正确地指出，"明知"的删除，"没有改变洗钱罪主观方面仍为故意的事实"。① 这意味着，在案件案例中，作为主观超过

---

① 张斌：《洗钱罪主观要素司法证明的形塑》，载《江汉论坛》2021 年第 5 期。

因素的"明知"不再需要证据证明，但主观故意的认识因素层面的"明知"，也就是行为人认识到会发生危害结果仍然需要提供证据予以证明。

自洗钱行为的特殊性在于，除非行为人明确表明其"为了掩饰、隐瞒"犯罪所得，在只有行为人自己进行洗钱的场合，证明其主观心态只能依赖于口供。而洗钱罪法定刑明显高于掩饰、隐瞒犯罪所得罪，绝大部分涉嫌洗钱罪的行为人均否认其主观明知，导致洗钱罪的认定难度明显高于掩饰、隐瞒犯罪所得、犯罪所得收益罪，大部分洗钱罪案件的主观明知都需要通过推定的方式予以认定。而自洗钱与他洗钱相比，其他主体极少参与其中。因此除口供外，很难取得其他客观证据来引证主观明知。难以回避的事实是，供述所得的证据常常陷入孤证定案的窘境，而口供具有不稳定性，只要行为人提出辩解，就需要控方提供更多的证据予以证明。因此，在司法实践中，办案部门常常因为自洗钱行为人的辩解，而难以固定证据，这也是导致自洗钱案件成案数量极低的重要因素。

（三）纪法互涉案件部分自洗钱数额难以认定

监察工作实务中，行为人贪污贿赂同时触犯党内法规和刑法规定的情况较为常见，这类案件有时被称为纪法互涉案件。由此引起的问题，在违纪所得与违法所得（犯罪所得）产生混同后，特别是持续时间长、职务犯罪案件多的情况下，行为人将其中部分财物进行清洗、漂白，对洗钱犯罪数额的认定造成困难。例如，行为人在担任国有公司领导干部期间，多次收受他人贿赂20万元，并非法为亲友牟利19万元，为了掩饰现金来源，将其中15万元用于购买黄金、股票等资产。由于洗钱罪应当以上游犯罪事实的成立为前提，因此，洗钱犯罪数额和情节，也应当以上游犯罪的违法所得为限，对于未达到立案标准可作为违纪处理的部分，不宜算入洗钱的金额。因此，在认定自洗钱案件数额时，需要将被洗白的违纪数额从自洗钱数额中进行剥离，但也造成纪法互涉案件中的自洗钱行为数额认定的困难。

三、困境消解：职务犯罪中自洗钱行为的治理路径

（一）职务犯罪与自洗钱犯罪并案管辖模式之确立

司法实践中，对于同一主体涉及的多个罪名由不同机关管辖时，对于这类主体互涉案件，通常有并案管辖和分案管辖两种模式。

本文认为，在监察法实施背景下，监察机关并案调查上游职务犯罪和自洗钱行为是打击自洗钱犯罪最为经济高效的处理方式。行为人为公职人员时，如果公职人员涉及由公安机关管辖的犯罪，一般由监察机关并案管辖。国家监委在官方网站对如何把握自洗钱行为的管辖问题进行了解答，认为，"自洗钱行为与职务犯罪事实紧密相连、前后相承，监察机关又负有调查赃款赃物去向的责任和义务，通过调查自洗钱行为才能全面履行其调查、处置职能。如果将自洗钱行为交由公安机关单独侦查，就会割裂上下游犯罪的紧密联系，造成办案资源的浪费，影响办案效率。为此，应当根据《监察法》第34条的规定，以监

察机关为主调查，由公安机关予以协助"①。本文认为这种观点是正确的。

具体而言，监察机关办理职务犯罪自洗钱案件有天然职权优势。监察机关在查处赃款赃物的同时，必然会对行为人赃款赃物处置行为展开调查，换言之，唯有查清行为人如何处置财物，才能完成追赃挽损工作。因此，自洗钱犯罪调查是职务犯罪调查的必经环节，对职务犯罪和自洗钱并案处理，能有效避免重复取证。另外，并案管辖有利于节约司法资源。监察机关与公安机关按照职权原则在各自管辖范围内分别办理职务犯罪和自洗钱案件，亦即采取分案管辖，如果行为人被留置情形下，公安机关可能陷入案件无法侦查的窘境，而自洗钱犯罪行为人作为洗钱的唯一知情人，最重要的直接证据——被告人供述也面临着无法调取的风险。而监察机关管辖自洗钱犯罪则不存在上述障碍。

需要指出的是，上游职务犯罪与自洗钱由监察机关并案管辖，在客观上会违反刑事诉讼法关于洗钱罪管辖规定。司法实践中，对于被调查人涉嫌职务犯罪和洗钱犯罪，按照规定，一般也应由监察机关和其他机关分别依职权立案。因此，并案管辖可作为权宜之计，需要在积累一定的司法经验之后，通过修改管辖规定将贪污受贿自洗钱案件调整为监察机关统一管辖。

（二）免证事实：自洗钱主观明知证明标准之优化

古罗马法谚有云，"显著之事实，无需证明"。此即谓刑事诉讼中免证事实之表达。免证事实，是指案件审理中，对于某些特殊事实，无须当事人举证即可确认其真实性而予以采信，并作为认定案情、据以裁判的依据。② 在民事诉讼中，法律明文规定了诉讼中免证事实的类型。例如，最高人民法院《关于民事诉讼证据的若干规定》第 10 条规定，下列事实，当事人无须举证证明：（1）自然规律以及定理、定律；（2）众所周知的事实；（3）根据法律规定推定的事实；（4）根据已知的事实和日常生活经验法则推定出的另一事实；（5）已为仲裁机构的生效裁决所确认的事实；（6）已为人民法院发生法律效力的裁判所确认的基本事实；（7）已为有效公证文书所证明的事实。同时规定了第 2 项至第 5 项事实，当事人有相反证据足以反驳的除外；第 6 项、第 7 项事实，当事人有相反证据足以推翻的除外。类似的免证事实，在行政诉讼和仲裁法律法规中也有规定。

尽管在我国刑事证据制度中，没有确立免证事实的相关原则，但在司法实践中曾有相关的规定。例如，1998 年《人民检察院刑事诉讼规则》第 334 条规定，"在法庭审理中，下列事实不必提出证据进行证明：（一）为一般人共同知晓的常识性事实；（二）人民法院生效裁判所确认的并且未依审判监督程序重新审理的事实；（三）法律、法规的内容以及适用等属于审判人员履行职务所应当知晓的事实；（四）在法庭审理中不存在异议的程序事实；（五）法律规定的推定事实。"在相当长时间内刑事诉讼是存在免证事实的。

本文认为，将职务犯罪中自洗钱行为的主观明知作为诉讼中的免证事实是有充分理由

---

① 《如何把握认定职务犯罪自洗钱行为》，载国家监委网站，https：//www.ccdi.gov.cn/hdjln/nwwd/202203/t20220331_183345.html，2022 年 5 月 19 日访问。

② 全亮、钟凯：《论刑事诉讼免证事实》，载《理论界》2007 年第 2 期。

的。第一，自洗钱主观明知认定缺乏规范指引。2009 年最高人民法院《关于审理洗钱等刑事案件具体应用法律若干问题的解释》，对"明知"的认定进行了规定，提出"应当结合被告人的认知能力，接触他人犯罪所得及其收益的情况，犯罪所得及其收益的种类、数额，犯罪所得及其收益的转换、转移方式以及被告人的供述等主、客观因素进行认定"，尽管该司法解释在《刑法修正案（十一）》出台后，在认定他洗钱场时可以继续使用，但在自洗钱场合，已无适用的空间。第二，自洗钱主观要件无证明之必要。无论行为人将财产转换为现金、金融票据、有价证券，还是通过转账或者其他支付结算方式转移资金的，或者跨境转移资产，"认为人自己洗自己的犯罪所得赃款，自然是只要实施了洗钱的行为就可以符合'为……'的规定"[①]，也就是自洗钱不需要"明知"，换言之，在职务犯罪自洗钱场合下，（本犯）在主观上对于自己清洗的黑钱之性质和来源是必然"明知的"，从表面上看应无须规定或者属于"画蛇添足"。因此，在自洗钱情形下，不存在对主观要件的证明问题，也就无须强化控方的证明责任。对于这种主观要素属于"不证自明"的事实，将其作为免证事实是可行的。

（三）提前介入机制之优化

2018 年 4 月，《国家监察委员会与最高人民检察院办理职务犯罪案件工作衔接办法》出台，对检察机关提前介入职务犯罪案件进行了规定。随着监察体制办案机制的不断完善，检察机关提前介入监察机关办理的案件数量和范围不断提升，正如学者所言，"由于监察机关和检察机关职责的牵连性以及两者人员的天然亲密性，使得在司法实践中，检察机关提前介入的适用率极高"。在此背景下，检察机关通过提前介入职务犯罪发现其中的洗钱行为成为可能。

相对而言，检察机关对于职务犯罪中洗钱行为具专业性，也更容易发现洗钱线索。其一，检察机关通过办理洗钱犯罪积累了丰富的经验，更容易发现对潜在或隐藏的洗钱犯罪线索。其二，就职能而言，监察机关办理案件的中心在于对职务犯罪的查处，尽管追踪赃款去向过程中可能涉及洗钱犯罪问题，但查处洗钱罪不是其工作的中心，因此对案件发现的主动性相对不足。与此形成鲜明对比的是，检察机关作为反洗钱工作部际联席会议机制成员单位，担负着打击洗钱犯罪的重要职责，近年来始终将打击洗钱犯罪作为工作重点，通过部署专项行动、联合发布惩治洗钱犯罪典型案例，逐步形成一体化打击洗钱犯罪模式。因此，在洗钱犯罪查处方面也会更加积极主动。

本文认为，检察机关在职务犯罪与洗钱犯罪互涉案件中要持续完善提前介入模式，在职务犯罪提前介入过程中着力发现案件线索并重点做好引导调查。具体而言，在对上游职务犯罪介入过程中，应当在为监察机关调查职务犯罪证据提供法律意见同时，提出有关涉及洗钱犯罪线索的收集建议，并明确证据收集标准，重点围绕洗钱罪洗钱方式、赃款去向等重点证据收集完善，为案件起诉、审判打下基础。

---

① 刘艳红：《洗钱罪删除"明知"要件后的理解与适用》，载《当代法学》2021 年第 4 期。

（四）完善打击职务犯罪自洗钱行为配套制度

一是法律解释明确自洗钱处罚标准，在职务犯罪中可规定洗钱罪的从轻处罚条款。从判例情况可以看出，洗钱罪的处理呈现出轻刑化趋势，对方系公职人员的管理服务对象，可对初犯、偶犯行为予以减轻或免除处罚或建议判处缓刑；对于多次洗钱、洗钱数额巨大的，可认定为《刑法》第191条规定的"情节严重"情形。二是完善跨境洗钱协作机制。跨境洗钱手段隐蔽，涉及地域众多，查处这类案件，地区间协助配合十分必要。从近年来查办的腐败案件来看，呈现出政治问题和经济问题交织，境内交易和境外套现交织等"六个交织"特点。为了防止贪腐案件中资金跨境交易，需要加强与国家外汇管理局、反洗钱行政主管部门的合作，全面梳理和确定双方合作框架、合作领域、合作机制和合作措施。

当前贪污贿赂类洗钱犯罪案件办理的
程序性难点与对策建议
——以 B 市检察机关 2021 年相关数据为样本的实证分析

吴春妹　叶　萍*

自 2020 年 12 月 26 日《刑法修正案（十一）》对洗钱罪修订以来，洗钱犯罪案件的办案量明显增加，反洗钱工作呈现整体向好态势，贪污贿赂类洗钱犯罪案件也取得突破性进展。当前的理论研究主要围绕洗钱罪中的"明知"的认定、共同犯罪与洗钱罪的界分、洗钱罪与掩饰、隐瞒犯罪所得罪的界分、自洗钱的认定等共性问题展开，对贪污贿赂类洗钱犯罪案件的程序性难点关注较少。随着司法实践的深入，"两高"针对洗钱罪的相关司法解释、典型案例的发布，共性问题的争议点和处理思路逐步形成司法共识。从实践看，贪污贿赂类案件的特殊性带来的程序性难点已经成为制约贪污贿赂领域反洗钱工作纵深推进的重要因素，应当引起足够重视。

一、当前贪污贿赂类洗钱犯罪案件的基本情况及特点

本文主要以 B 市检察机关 2021 年的洗钱犯罪案件相关数据为样本进行分析。当前，贪污贿赂类洗钱犯罪案件除在洗钱犯罪案件办理的一般性特点之外，还呈现出如下个性化特点：

（一）贪污贿赂类洗钱犯罪案件有所突破，但总量仍然偏低

2021 年，B 市检察机关以洗钱罪批准逮捕（含改变定性）案件同比增长 11.5 倍；以洗钱罪提起公诉（含改变定性）同比增长 9.3 倍；下游犯罪起诉比率从 2020 年的 0.14%增长至 1.36%。其中，查办的贪污贿赂类洗钱犯罪案件实现了零的突破，占全部洗钱犯罪案件的 12.90%，居七类上游犯罪的第三。

（二）贪污贿赂类洗钱线索发现易，成案难

从线索发现情况看，贪污贿赂类案件中发现洗钱犯罪线索相对较多，特别是在案件体

---

* 吴春妹，北京市人民检察院第三分院副检察长、二级高级检察官；叶萍，北京市人民检察院第三分院第二检察部副主任、三级高级检察官。

量整体较小的基层院和分院较为突出。以 B 市人民检察院第三分院为例，仅 2021 年在审查中自行发现洗钱犯罪线索均系贪污贿赂类洗钱犯罪线索。但从 2020 年至今，发现的贪污贿赂类洗钱犯罪线索占一审受理贪污贿赂案件数的 28.46%；移转线索占全院全年移转线索数 50%；但贪污贿赂类洗钱犯罪线索移转后成案的，仅占该类移转线索数的 10%。与其他上游犯罪的洗钱线索移转成案率相比，贪污贿赂类洗钱犯罪线索成案率不高，仅占移转后成案的全部洗钱犯罪线索数的 33.33%。

（三）贪贿类洗钱线索来源渠道较为单一

从线索来源来看，B 市 2021 年的贪污贿赂类洗钱犯罪案件均系检察机关审查阶段自行发现或移送追加后认定。金融监管机构在反洗钱监督管理和监测调查工作中移送线索数和监察机关直接调查和认定洗钱犯罪事实的案件均未有突破。由此可见，现阶段洗钱犯罪线索来源不够丰富，打击合力尚未实现最大化。

二、当前贪污贿赂类洗钱犯罪案件办理的程序性难点及成因分析

当前贪污贿赂类洗钱犯罪的程序性难点已经成为制约贪污贿赂领域反洗钱工作进一步深入推进的重要因素。具体而言，主要体现在以下几个方面：

（一）对部分程序问题的思想认识仍有分歧

如前所述，当前直接由监察机关在查办贪污贿赂类犯罪中主动发现、查办洗钱犯罪的情形仍然较少。究其原因，一方面，固然有案件办理具有周期性，法律规定修订后，在司法实务中适用于案件查办具有一定滞后性的原因。另一方面，在一定程度上也是此前相当长一段时期"重上游犯罪，轻洗钱犯罪"的共性问题在贪污贿赂类洗钱犯罪案件办理中的个性化体现，对上下游犯罪同步打击的认识仍未到位。此外，对部分程序问题的认识分歧，如洗钱犯罪是否应当由监察机关管辖等问题的认识分歧、对洗钱罪的自首、立功等量刑情节的认定及认罪认罚从宽工作机制等刑事司法政策的理解和运用仍不够全面、彻底，在一定程度上也制约了洗钱犯罪的打击力度。

（二）上下游犯罪同步打击的统筹协调机制仍不完善

根据相关"法法衔接"的规定，互涉案件一般情况下由监察机关和其他机关分别依职权立案，并由监察机关为主调查，其他机关予以协助。上游的贪污贿赂类案件与下游的洗钱犯罪案件办理属于典型的互涉案件，实践中具体到贪污贿赂类洗钱犯罪案件的管辖问题、办案模式选择问题、如何在主案行为人和洗钱行为人分别由不同机关管辖的情形下侦查措施采取及案件同步推进的协作配合等问题，均涉及均涉及监察机关与公安机关、检察机关的沟通协调。而目前，实践中仍然存在沟通衔接不畅等问题。

（三）检察机关内部衔接机制仍有待强化

一方面，一般洗钱犯罪线索直接由侦查监督部门对接公安机关即可，但贪污贿赂类洗钱犯罪案件具有特殊性，其线索移转涉及监察机关、检察机关和公安机关三家，而侦查监

督部门不对接监察机关，则需要职务犯罪检察部门的配合，内部衔接机制更为复杂，导致实践中部分案件在线索移转、跟进、监督机制的落实不到位。另一方面，在贪污贿赂犯罪和洗钱犯罪分别由上下级审理的情况下，特别是不同步审理的时候，上下级院之间信息反馈、跟踪机制落实不到位，下级院提前介入侦（调）查等工作的开展受到一定程度的限制，影响了相关线索的跟进和监督质效。例如，赵某某洗钱罪线索一案，系分院的职务犯罪检察部门在办理刘某贪污案中发现其妻赵某某涉嫌洗钱犯罪事实，将线索移转负有侦查监督职能的部门，并由侦查监督职能部门正式移转有管辖权的区县一级公安机关。但公安机关在后续工作中对相关证据标准存在不同意见，而检察机关相关职能部门因沟通、反馈和跟进机制未能落实到位，对公安机关相关未立案理由和情况未能及时掌握，导致后续工作被动。

三、破解当前贪污贿赂类洗钱案件办理的程序性难点的对策建议

（一）统一认识，加大贪污贿赂类洗钱犯罪打击力度

赃款追缴历来是贪贿类案件打击重点，故而贪污贿赂类案件与洗钱犯罪的同步打击在国际社会形成共识由来已久。当前的国际国内形势下，如何加大贪污贿赂领域反洗钱工作是各职能部门共同面临的考验。

1. 贪污贿赂犯罪和洗钱犯罪同步打击是国内国际反腐败工作的应有之义。贪污贿赂类案件早在 2006 年《刑法修正案（六）》就被纳入洗钱罪的上游犯罪。当时主要基于两方面考虑：一方面，自 1997 年刑法单独设立洗钱罪以来，经过较长时间的司法实践，有关部门提出，许多贪污贿赂犯罪、金融犯罪的违法所得巨大，为其洗钱将严重破坏金融管理秩序，危害金融安全，应当将为这两类犯罪洗钱的行为，依照洗钱犯罪追究刑事责任。经过研究，立法机关拟在《刑法》第 191 条规定的洗钱罪的上游犯罪中，增加贪污贿赂犯罪和金融犯罪。① 另一方面，在国际社会方面，2003 年 10 月 31 日，第 58 届联合国大会审议通过《联合国反腐败公约》。该公约在特别认识到腐败与洗钱的联系之基础上，强调反洗钱是反腐败工作不可或缺的组成部分，在预防、刑事定罪与执法、资产追回等机制中，均对防范和打击洗钱提出了相当周密的规范性要求。根据《联合国反腐败公约》第 23 条第 2 款（b）项，各缔约国应当至少将该公约确立的各类腐败犯罪列为上游犯罪。我国在 2003 年 12 月 10 日签署该公约，全国人大常委会于 2005 年 10 月 27 日予以批准。在上述国内司法实践和国际公约的内外要求下，2006 年 6 月，为了适应打击洗钱犯罪的新形势需要，同时在国内法中履行我国所承担的国际公约义务，《刑法修正案（六）》第 16 条对洗钱罪进行第二次修订将贪污贿赂类案件纳入洗钱罪的上游犯罪。②

2. 加大贪污贿赂类洗钱犯罪打击力度是当前保障国家安全的需要。我国自 2014 年确立总体国家安全观，开始从国家战略高度重视反洗钱工作。2017 年 4 月 18 日，中央全面

---

① 参见胡康生：《关于〈中华人民共和国刑法修正案（三）（草案）〉的说明》，载中国人大网，http：//www. npc. gov. cn/wxzl/gongbao/2002 – 01/28/content_5284092. htm。

② 参见王新：《〈刑法修正案（十一）〉对洗钱罪的立法发展和辐射影响》，载《中国刑事法杂志》2021 年第 3 期。

深化改革委员会第 34 次会议将"完善反洗钱、反恐怖融资、反逃税监管体制机制"列为深化改革的重点任务。2017 年，国务院办公厅发布《关于完善反洗钱、反恐怖融资和反逃税监管体制机制的意见》（国办函〔2017〕84 号），全新界定反洗钱的重要性："反洗钱、反恐怖融资和反逃税（以下简称"三反"）监管体制机制是建设中国特色社会主义法治体系和现代金融监管体系的重要内容，是推进国家治理体系和治理能力现代化、维护经济社会安全稳定的重要保障，是参与全球治理、扩大金融业双向开放的重要手段。"[①]

3. 加大贪污贿赂类洗钱犯罪打击力度是当前国际形势的迫切要求。我国在 2007 年 6 月成为全球反洗钱和恐怖融资的最具权威性的政府间国际组织——"金融行动特别工作组"（Financial Action Task Force，FATA）的正式成员国。2019 年 4 月，FATF 对我国反洗钱和反恐怖融资进行第四轮互评估之后，公布了技术合规性的"打分成绩单"，我国在 40 项评估项目中 6 项"不合规"、12 项"部分合规"。故我国面临艰巨的后续整改任务，如何在后续再评价报告中将评级上调至达标水平，不仅是遵守 FATF 评估程序规则的义务要求，且直接关系到我国作为负责任国际大国的形象问题。

综上所述，贪污贿赂领域反洗钱工作的深入推进是当前国家战略层面的重点工作，相关单位均应当全面贯彻落实。

（二）完善贪污贿赂犯罪和洗钱犯罪同步打击的统筹协调机制

1. 进一步明确案件管辖机制。贪污贿赂类洗钱犯罪案件的管辖，由于涉及监察机关和公安机关，应当根据不同情形不同处理。实践中，一般存在以下三种情形：

（1）行为人同时涉嫌贪污贿赂类犯罪和洗钱犯罪的情形。该情形又分为两类。第一类是自洗钱案件。实践中对于自洗钱案件，特别是贪污贿赂事实与洗钱事实同步调查的情形下，由于相关犯罪事实在上游犯罪案件的调查过程中均已取证完毕，不需要另行查证的案件，笔者认为，此时全案由监察机关管辖为宜。但自洗钱的相关犯罪事实系后续追加或者另行调查，其上游犯罪贪污贿赂的犯罪事实已经调查终结，且自洗钱的犯罪事实仍需开展大量调查取证工作的，则由公安机关管辖为宜。

第二类是他洗钱案件，即行为人的贪污贿赂犯罪事实和洗钱事实不构成直接的上下游犯罪，系为他人实施洗钱犯罪的，则一般情况下由监察机关和公安机关分别依职权立案管辖。但是否该类案件就不能由监察机关管辖，实践中存在分歧。一种意见认为，根据监察法及《监察法实施条例》的相关规定，监察机关的管辖范围主要基于监察对象行使公权力过程中的职务犯罪行为，如其洗钱行为未利用公权力实施，则应当由公安机关管辖，而不应由监察机关管辖；另一种意见认为，在行为人同时涉贪污贿赂犯罪和他洗钱犯罪的情形下由监察机关一并管辖更为适宜。笔者同意第二种意见。首先，行为人本身系监察对象，属于监察机关管辖的对象范畴。其次，合并管辖有利于保障嫌疑人权益。由于贪污贿赂犯罪作为主案开展调查，监察机关是主要调查机关，则行为人必将处于监察机关控制之下。如将洗钱犯罪事实由公安机关另行立案侦查，则将导致同一人同一时间内重复立案、同时

[①] 参见王新：《〈刑法修正案（十一）〉对洗钱罪的立法发展和辐射影响》，载《中国刑事法杂志》2021 年第 3 期。

采取留置、刑事拘留和逮捕等羁押措施，程序混乱的同时极易损害犯罪嫌疑人合法权益。最后，合并管辖有利于节约诉讼资源。由监察机关全案管辖，则可以避免重复讯问犯罪嫌疑人、询问证人、调取相关洗钱书证等工作，提升诉讼效率，节约诉讼资源，客观上也避免了诉讼程序的延宕，保障犯罪嫌疑人合法权益。故笔者认为，从保障犯罪嫌疑人权益和节约诉讼资源的双重价值考量，该类情形全案由监察机关管辖更为适宜。

　　需要说明的是，关于监察机关调查洗钱犯罪是否存在取证主体违法问题，笔者认为，不存在取证主体违法导致证据能力问题。实践中，关于互涉案件的取证主体合法性问题一直存在争议。有观点认为，监察机关吸收刑事侦查的法律依据不足，取证主体合法性存在问题。① 具体到洗钱犯罪，由监察机关调查洗钱犯罪事实，就属于取证主体违法，所取证据系非法证据应当排除。对此，笔者不同意该种意见。监察机关和公安机关都是法定适格的具有取证权的专门机关，其取证主体资格和取证权的性质在本质上是没有区别的。两者唯一不同的在于管辖罪名的不同。所谓的取证主体违法指的应当是上述法定机关之外的不具有取证权的个人或单位违法调查取证或者超越权限调查取证的问题。对此，2006 年最高人民检察院《关于人民检察院立案侦查的案件改变定性后可否直接提起公诉问题的批复》（以下简称《批复》）进行了明确。《批复》明确指出："人民检察院立案侦查时认为属于自己管辖的案件，到审查起诉阶段发现不属于人民检察院管辖的，如果证据确实、充分，符合起诉条件的，可以直接起诉。"虽然该《批复》针对的是监察体制改革之前的争议问题，但其所针对的管辖主体适格与证据效力问题的意见仍然有效。实践中，监察机关立案调查案件在审查起诉、法院审理过程中被改变定性为非职务犯罪的罪名的情形屡见不鲜，如贪污罪改为诈骗罪、受贿罪改为非国家工作人员受贿罪等。此类案件均不存在侦查主体不适格导致需要非法证据排除问题，证据效力不存异议。此观点系司法实务界通说观点。由此可见，管辖争议带来的取证主体不适格不是非法证据排除意义上的取证主体违法，不影响所取证据的证据能力。

　　（2）行为人系监察对象且仅涉及洗钱犯罪的情形。根据"法法衔接"的相关规定，如行为人系在行使公权力过程中实施洗钱犯罪，应当由监察机关管辖；如行为人的洗钱行为与其职务行为无关，则由公安机关管辖。后一种情形与前述行为人同时涉及贪污贿赂犯罪和他洗钱犯罪情形的不同之处在于，行为仅涉及洗钱犯罪的情形不存在诉讼资源重复和犯罪嫌疑人、被告人权益保障等问题，故直接由公安机关管辖即可。

　　（3）行为人系非监察对象且仅涉及洗钱犯罪的情形。该类情形，应当由公安机关管辖。实践中一般也无争议。

　　2. 进一步丰富办案模式。根据"法法衔接"相关规定，同时涉及职务犯罪和其他犯罪的情形下，一般以监察机关为主调查，其他机关予以协助。为主调查的监察机关承担组织协调职责，包括协调调查和侦查工作进度、协商重要调查和侦查措施使用等重要事项。监察机关与其他机关沟通后，对不适宜由监察机关为主调查的互涉案件，由监察机关和其他机关分别依照法定职责开展工作并加强沟通协作。

---

① 参见艾明：《互涉案件监察机关为主调查的实践模式及其改进》，载《地方立法研究》2020 年第 1 期。

实践中，涉及监察机关和公安机关分别管辖的情形下，上游贪污贿赂犯罪案件和下游洗钱犯罪案件如何协同推进问题，则需要考虑办案模式问题。笔者认为，可以分为一般案件和重大、疑难、复杂案件的不同案件类型选择不同办案模式。（1）一般案件。在监察机关和公安机关分别管辖贪污贿赂犯罪和洗钱犯罪的情形下，各自负责办理即可，并由监察机关为主做好沟通协调，必要时也可以依托反腐败协调小组等机制进行有效统筹。（2）重大案件。建议成立联合办案组、专案组等形式，便于及时沟通、共享证据信息、同步推进案件进展。例如，在扫黑除恶专项斗争中，重大涉黑恶案件一般成立由监察机关、公安机关、检察机关等在内的专案组，统筹推进扫黑除恶和"破网打伞"工作同步开展，取得良好的法律效果、社会效果和政治效果。无论采用何种模式，关键在于加强沟通协作，保障案件办理质效。

3. 综合运用刑事司法政策和量刑情节实现案件效果最大化。如何实现贪污贿赂犯罪和洗钱犯罪同步打击效果最大化，笔者认为，需要关注如下问题：

（1）重新审视洗钱罪的自首认定问题。行为人主动交待、如实供述自洗钱犯罪事实是否成立自首的问题，需要重新考量。此前，因贪污贿赂所得赃款赃物的处置被认为是不可罚的事后行为，故对该部分事实的供述视为对贪污贿赂犯罪事实的如实供述、认罪悔罪的应有之意。但自洗钱独立入刑与贪污贿赂犯罪并罚，目前通说的理论基础是行为人对贪污贿赂所得赃款赃物的处置侵犯了新的法益，不能被此前的贪污贿赂犯罪所涵盖。故笔者认为，基于同样的逻辑和理论，则行为人在监察机关对其贪污贿赂犯罪事实的调查过程中，在监察机关不掌握自洗钱犯罪线索的情况下，主动交待对后续赃款赃物的洗钱犯罪事实的，不再仅仅是对贪污贿赂事实的如实供述，而是独立地交待未被调查机关掌握的其他犯罪事实的特殊自首。

（2）充分运用刑事司法政策，全面考量案件效果。实践中，对于犯罪嫌疑人、被告人而言，其对触犯的各个罪名的刑罚关注度远没有对最终决定执行的刑罚关注度高。故为了平衡部分案件中严厉打击洗钱犯罪和宽缓处理的反腐败政策考量，笔者认为，较为稳妥的方式是，在严厉打击洗钱犯罪的同时，进一步深化在贪污贿赂及洗钱犯罪案件中适用认罪认罚从宽工作机制，依法灵活运用自首、立功、从犯以及《刑法》第 383 条第 3 款等法定从轻、减轻情节，在法定幅度内尽量延展量刑的弹性空间，实现案件办理的法律效果、社会效果和政治效果最大化。

（三）强化贪污贿赂类洗钱犯罪案件办理的协作配合机制

1. 强化检察能动履职，完善监检衔接机制。依托现有提前介入调查、自行补充侦查、配合监察机关协同调查等机制，充分发挥检察机关在办理贪污贿赂类洗钱犯罪案件中的引导作用，配合监察机关在上游犯罪案件的查办过程中同步固定、搜集洗钱犯罪的证据，切实提升上下游犯罪同步打击的质量和效果。

2. 完善重点案件联合研判机制。对重点案件和线索，积极与监察机关、公安机关、法院、人民银行等沟通，开展联合研判，听取各方意见，积极消除认识分歧，促成侦查思路、取证方向、证据运用、证明标准的统一。必要时，可邀请理论界和实务界相关专家召开专家论证会，针对洗钱罪司法适用中的难点问题提供外脑助力。

3. 完善检察一体化机制。加强检察机关各职能部门间统筹。依托各级院反洗钱工作领导小组等专项工作机制，对反洗钱工作实行专项管理，并优化反洗钱案件全流程管理监控机制。例如，B市人民检察院第三分院将反洗钱专项工作纳入该院业务专项工作管理，由经济犯罪检察部门牵头，案管、诉讼、监督等各部门联动；设立总台账和部门台账，从案管部门受案开始，对七类上游犯罪案件附《案件提示单》实现"一案一提示"，检察官在案件审查报告、补查提纲等文书中落实"一案双查"，专项列明反洗钱线索查证分析情况实现"一案一研判"，并以口头或回函等方式实现"一案一反馈"；线索移转侦（调）查机关后切实发挥立案监督职能，及时制发《追诉监督线索移送函》《线索移送函》，定期跟踪反馈，并同步通报同级有管辖权的基层院，实现"一案一跟进"，确保反洗钱工作的相关数据"底数清，情况明"。坚持跨院跨条线案件线索"双备案"机制，强化上级院对下级院的监督指导，促成三级院在打击洗钱犯罪上的合力，切实促成贪污贿赂类洗钱犯罪案件定罪起诉并获法院判决支持。

修法易，落实难。反洗钱工作的深入推进，非一家之力、一时之功，需要金融机构、金融行政监管部门、立法机关、监察机关、公安机关、检察机关、人民法院等各职能单位的通力协作，不断织密反洗钱的金融风险防控网，切实推动我国反洗钱工作水平的不断提升，服务保障国家金融安全。

贪污贿赂犯罪自洗钱行为与事后不可罚行为界定

樊华中　周少鹏*

我国《刑法修正案（六）》将贪污贿赂犯罪作为洗钱罪的上游犯罪。随着《刑法修正案（十一）》对我国《刑法》第 191 条洗钱罪客观行为方式中"协助"等术语的删除，犯罪主体身份被扩大，"自洗钱"与"他洗钱"均可构成洗钱罪。贪污贿赂犯罪中国家工作人员的"自洗钱"行为既是新兴的热点问题，也是司法实践中的认定难点。理论与实践中认为，贪污贿赂犯罪人（称为本犯）的洗钱活动是上游犯罪活动的延伸和后续行为，属于事后不可罚的行为（不可罚的事后行为）。但是，在司法机关不断加大对自洗钱惩治力度的宏观背景下，法条已修改的情形下，在理论上如何认识贪污贿赂本犯自洗钱与事后不可罚的关系，如何详细区分本犯对违法所得的获取、使用等自然延伸行为与自洗钱行为之间界限，就显得尤为迫切。本文从事后不可罚的理论源起、核心要义来界定与区分贪污贿赂本犯对违法所得获取、使用，分析在何种情况下属于本犯的自然延伸，在何种情况下属于本犯侵害了新法益构成洗钱罪。

一、事后不可罚的理论争诉、核心要义

在世界范围内，英美法系国家和地区通常并不排斥将自洗钱行为确定为犯罪，大陆法系传统理论则相反。以欧盟为例，许多国家传统上对自洗钱的可惩罚性持较消极态度，但在国际压力下，成员国近年来也同意将全部或部分的自洗钱行为确定为犯罪，并作了相应的调整。[①] 大陆法系国家之所以在传统理论中将自洗钱排除在洗钱罪之外，是因为受到了事后不可罚理论的影响。

（一）大陆法系刑法理论中事后不可罚理论争诉

事后不可罚或事后不可罚行为，在大陆法系刑法理论中，是放置在罪数理论中进行讨论的。不过具体放置在罪数中的法条竞合犯、吸收犯，还是放置在包括的一罪中进行讨

---

　　* 樊华中，上海市奉贤区人民检察院第三检察部四级高级检察官；周少鹏，上海市奉贤区人民检察院第三检察部四级高级检察官，第三检察部主任。

　　① 时延安、敖博：《〈将自洗钱纳入洗钱罪的法理如何演变〉——刘宪权、王新、时延安论自洗钱犯罪的立法考量与司法适用》，载《检察日报》2021 年 5 月 12 日，第 3 版。

论，也是有争议的。在法条竞合关系中①，德国刑法理论认为，不可罚的事后行为，是一种吸收关系，并且得到了德国联邦法院的支持②。例如，德国学者耶赛克认为："事后不可罚行为属于法条竞合的吸收关系。"③ 对事后行为之所以不罚，是因为立法者在确立重罪或轻罪的法定刑时，已经一并考虑到该事后行为，出于补充或吸收，对重罪进行处罚，对轻罪将不再处罚。根据耶赛克和魏根特教授的界定，事后不可罚行为是指"紧接着第一次犯罪行为实施的确保、使用和利用其违法所得利益的构成要件的该当行为，如果没有侵害新的法益，而且损失在数量上没有超出已经产生的程度，因成立法条竞合的吸收关系而不受处罚"④。总体而言，根据德国的刑法理论，行为人为了维持、得到、获取前行为犯罪所产生的利益，必须实施犯罪后的行为。犯罪行为属于主行为，犯罪后的行为属事后行为，主行为将事后的行为吸收，主行为的犯罪处罚已经很重，因故，事后的行为不再被独立处罚。

日本学者对于不可罚的事后行为性质的问题，有四种见解：第一，法条竞合中的吸收关系；第二，本来就不可罚，在外形上也不符合其他规定；第三，行为的违法性被先前的行为所吸收；第四，事后行为成立犯罪，但为重罪的行为所吸收。大谷实认为，共罚的事后行为自身也是可罚的，应当适用刑罚，但在违法状态下实施的行为通常包含在违法状态之中，应当说它已被状态犯的构成要件评价殆尽，所以第四种观点是妥当的。⑤ 据此而言，犯罪之后的违法状态需要一定程度的保持，这种保持有可能是基于各种理由的保持，在法条上有可能是状态犯、继续犯的保持。对此，大塚仁教授就认为："在状态犯中，预想着在犯罪完成后伴随其犯罪的违法状态继续，只要其违法状态中所包含的行为已经由状态犯的构成要件完全评价，即使在形式上可以认为相当于其他的构成要件，也不构成其他的犯罪"⑥。在大谷实解释中，不可罚的事后行为是在犯罪完成以后，与该犯罪相随而继续存在的违法状态中所通常包含的行为，所以，是被该犯罪的构成要件所评价完毕的行为。⑦ 在川端博的观点中，事后行为不是不可罚，是根据该构成要件共同被处罚⑧，故，在刑事责任的承担上，不可罚的事后行为本身并非不可罚，而是包括在主行为中一起受罚，所以很多日本学者又将不可罚的事后行为改称为共罚的事后行为。

---

① 德国的法条竞合理论与我国刑法中的法条竞合界定不一样。德国将法条竞合理论作为事后不可罚行为的罪数本质。在德国，犯罪竞合论是指行为符合数个犯罪构成的情况下，对该复数犯罪行为如何处以刑罚的问题。法条竞合指在有多个犯罪行为的情况下，多个犯罪行为分别符合多个犯罪构成要件，但是仅对其适用一个犯罪构成要件就足以进行全部评价的情况。[德] 克劳斯·罗克辛：《德国刑法学总论》，王世州译，法律出版社 2005 年版，第 236 页。而我国的法条竞合则是法条之间的包容、交叉等关系。

② 马克昌：《外国刑法总论（大陆法系）》，中国人民大学出版社 2011 年版，第 374 页。

③ [德] 克劳斯·罗克辛：《德国刑法学总论》，王世州译，法律出版社 2005 年版，第 236 页。

④ [德] 汉斯·海因里希·耶赛克、托马斯·魏根特：《德国刑法教科书》，徐久生译，中国法制出版社 2001 年版，第 897—898 页。

⑤ 马克昌：《外国刑法总论（大陆法系）》，中国人民大学出版社 2011 年版，第 385—386 页。

⑥ [日] 大塚仁：《刑法概说（总论）》（第三版），中国人民大学出版社 2003 年版，第 484—485 页。

⑦ [日] 大谷实：《刑法总论》，黎宏译，法律出版社 2003 年版，第 359 页。

⑧ [日] 川端博：《刑法总论讲义》，成文堂 1997 年版，第 613 页，转引自马克昌：《比较刑法原理——外国刑法学总论》，武昌：武汉大学出版社 2006 年版，第 713 页。

在韩国学者的思维中，不可罚的事后行为是处理先行行为之间的关系而产生的。"不可罚的事后行为，不仅符合维持、使用、废除具有可罚性的先行行为已经确保的状态，而且也不能完全评价为侵害了新的法益。因此，能够认为包含主导的先行行为与不可罚的事后行为的所有事件通过基于先行行为的处罚进行了完全评价，而且此评价的一体性将吸收对事后行为的评价，从而排除了双重评价。"①

我国刑法学者张明楷教授认为："事后不可罚行为是指在状态犯的场合，利用该犯罪行为的结果的行为，如果孤立地看，符合其他犯罪的犯罪构成，具有可罚性，但由于被综合在该状态犯中，故没有必要另认定为其他犯罪。"② 其界定与日本刑法学者大塚仁教授观点相似。陈兴良教授所持观点基本类似，其认为："事后不可罚行为（后行为）实际上是对状态犯的犯罪行为（前行为）完成之后产生状态的利用处分行为，是对同一对象同一法益的二次侵害。而状态犯的违法状态……已被包括评价，由此对后行为无需再重复评价。"③ 周光权教授认为："实施某些犯罪，在犯罪既遂之后，又实施依一般社会经验通常会伴随的危害行为的，后行为视为不可罚的事后行为。"④ 根据周光权教授的界定，事后不可罚的行为首先要存在于既遂犯罪领域，在犯罪既遂之后，是根据一般的社会经验认识，必然会伴随的危害行为。换言之，伴随的危害行为与既遂犯罪行为之间具有密不可分的联系。

（二）大陆法系中事后不可罚理论核心要义

综观国外刑法理论中，对于事后不可罚行为的介绍，我们至少可以明确以下几个核心内容。

1. 事后不可罚理论本来就是为了解决一罪与数罪之罪刑处罚关系而产生的理论。适用了事后不可罚理论，就无须对先行行为之后的后续行为再定罪处罚。

2. 在罪数理论方面，事后不可罚行为与刑法理论中的吸收犯、牵连犯有重要关系。在有些学者的界定中，不可罚的事后行为本身就属于牵连或吸收的情况。

3. 在可罚与不可罚的关联性方面，其与刑罚涵摄、法益侵害理论有密切关联。在德国刑法研学者眼中，先前行为属于单独构罪的行为，而刑法对于先前行为的评价之罪在设置刑罚时，已经涵盖了后续可能伴随的违法状态所给予的刑罚评价。因此，对于后续的维持违法状态行为，不需要再给予处罚，否则，属于刑罚过量。行为人因先行行为受到的处罚，在罪责刑相当的原则指导下，先行行为之罪与罚能够涵盖事后行为所应受到的惩罚。换言之，先行行为对应的罪名是重罪名，重罪名对应的刑罚根据罪责刑相适应已能包括对行为的全面评价，也能包括对行为不法程度的全面评价。所谓全面评价原则是指对犯罪行为进行评价时，要将违法犯罪的各方面全部纳入规范的评价过程中，不能有所遗漏。

4. 在可罚与不可罚的价值根基方面，其与期待可能性理论密不可分。我国学者总结

---

　　① ［韩］金日秀、徐畏鹤：《韩国刑法总论》（11版），郑军男译，武汉大学出版社2008年版，第659页。转引自马克昌：《外国刑法总论（大陆法系）》，中国人民大学出版社2011年版，第374页。

　　② 张明楷：《刑法学（上）》（第五版），法律出版社2016年版，第480页。

　　③ 陈兴良：《刑法总论精释》（第二版），人民法院出版社2011年版，第708页。

　　④ 周光权：《刑法总论》（第二版），法律出版社2016年版，第260页。

不可罚的事后行为（共罚的事后行为）之所以并不另成立其他犯罪，主要是因为事后行为没有侵犯新的法益，也可能是因为事后行为缺乏期待可能性，也即在犯罪构成体系的评价方面，没有侵犯法益属于缺乏违法性；没有期待可能性，属于缺乏有责性。① 详言之，对于赃物处理的后续犯罪而言是否具有期待可能性，可以理解为，行为人在实施了获取赃物的犯罪行为后，是否有可能期待行为人去实施适法的行为而不实施其他不法的行为。很显然，行为人实施获取赃物的犯罪行为，就是为了实现对赃物犯罪的价值占有，无法期待行为人后续的行为有适法性，无法期待其不实施其他不法行为。因此，对于侵犯财产犯罪中的盗窃、诈骗、抢劫、抢夺等意图非法占有他人的财产犯罪而言，盗窃、诈骗、抢劫、抢夺等他人财产的，事后再实施掩饰隐瞒犯罪所得、犯罪所得收益的，对后续掩饰隐瞒赃物行为不具有期待可能性，只对盗窃、诈骗、抢劫、抢夺等主行为定罪处罚。

二、贪污贿赂犯罪中财物属性转变与自洗钱"行为性"的分析

贪污贿赂犯罪既是一种常见犯罪，也是随时代变迁而不断发展的罪名。尤其是随着人类社会财产表现形式的变化，时至今日，贪污贿赂类各罪的所涉的"财物"在表现形式上差异明显。《刑法修正案（六）》将"贪污贿赂犯罪"作为洗钱罪的上游犯罪之一后，理论上认为"贪污贿赂犯罪"是指《刑法》第 8 章的所有罪名以及《刑法》中其他条文对一些犯罪主体以贪污受贿罪论处的犯罪。学者甚至认为《刑法》第 163 条非国家工作人员受贿罪中的犯罪所得及其产生的收益，同样也应扩大解释为洗钱罪的犯罪对象。②

（一）贪污贿赂类犯罪所得——财物属性转变梳理

1. 非法占有目的体现的"贪利性"是贪污贿赂犯罪的共性。贪污，一般被认为是自体式、掠夺式的腐败，刑法中的贪污罪、挪用公款罪、私分国有资产等犯罪与公共财产被侵吞、占用直接相关；贿赂，是交易型的腐败，是各种直接间接的行贿、受贿行为，公权力蜕变成谋取私利的交易筹码。③ 贪污类犯罪、受贿类犯罪是以非法占有公共、私人财产为目的，具有明显的贪利性，属于刑法理论中的目的犯。这就意味着为了实现非法占有目的，行为人实施的行为可能在刑法上被评价为一个犯罪构成行为，但是实际表现形式上可能有多个行为。这些多个行为都是服务于非法占有目的，这些行为也就有可能涉及到禁止重复评价或者全面评价等理论问题，这也是自洗钱与事后不可罚的争议由来。

2. 贪利所得"财物"的多样化需要进行属性变换。现代社会中"财物"表现样各异，但财物按照流通功能与物理表现为标准进行划分，基本上可以区分为货币资产、物质资产与财产性利益。在我国的相关司法解释中，财产性利益是指可以折算为货币的物质利益。

3. "财物"在属性变换过程中必然存在着合法转换与非法转换之别。在贪污受贿犯罪当中，有很多以财产性利益（如旅游、装修款、性贿赂）为表现形式的财物，以无形财产（如知识产权）为表现形式的财物，以有形但不可移动（不动产）为表现形式的财物，

---

① 张明楷：《刑法学（上）》（第五版），法律出版社 2016 年版，第 480 页。
② 张明楷：《刑法学（上）》（第五版），法律出版社 2016 年版，第 794 页。
③ 孙国祥：《贪污贿赂犯罪研究（上册）》，中国人民大学出版社 2018 年版，前言第 1 页。

以有形但需要法律登记转移（如不动产、股权、特殊票据等）为表现形式的财物。无论这些"财物"是有形的，还是无形的，"只要某物是因为得到惯例或法律保障而被公认为可以用来报偿经过同意或强加的义务，那就可以称为支付手段"①。任何形式的物品，都会因为其具有一定的效应而成为支付手段。作为一种支付手段，"接受者可以认为在相应时期内，可以用它在另外的交换中按照可以接受的交换比率获得其他货物，不管它是可以交换的所有其他货物还是单单某种特定的货物"②。

现实是，由于贪污贿赂犯罪人往往需要在更大范围内实现支付手段的效用价值，就必须将其转换为"一般等价物"。但是有些财物作为支付手段，因其本身性质的不合法（如大麻、枪支）或者其来源过程的不合法（违法所得、犯罪所得），法律禁止其转换，这也就成为了现代法律中洗钱罪的来源。"对于交换过程使之转化为货币的那个商品，交换过程给予他的不是它的价值，而是它的特殊的价值形式。"③ 在现代法治社会，价值形式受到法律评价。如果价值形式的本源是非法的话，那么后续的价值转变、转变过程亦为非法。正如法谚所云，"任何人不得从违法犯罪中受益"。

（二）自洗钱的"行为性"分析

洗钱罪的核心是在于实现对上游犯罪所得——"财物"进行性质改变。"财物"获得与犯罪手法（具体行为样态）密不可分。如现金可以直接获取，非现金的物质财产则需要进行转换；而既不同于现金，也不同于物质财产的其他财产性利益，则需要更进一步的、较为复杂的样态转换。在这一过程中，转换行为的"行为性"是否足以形成新的法律评价，会有不同的结论。

《刑法修正案（十一）》以列举加概括的方式明确了洗钱的五种行为。但单纯从前四种行为本身的特征看，其均属于中性且无涉犯罪的正常金融活动行为，无法体现洗钱的本质和内涵，简单适用可能会扩大洗钱罪的打击范围。反而是第五项的兜底条款既是对洗钱行为的兜底设置，更是对洗钱行为客观特征的诠释和限定。④

本文认为，贪污贿赂本犯的自洗钱行为是否具有洗钱罪的"行为性"，要受到法益评价的指引。通常观点认为洗钱罪保护的法益系司法机关正常的活动、金融管理秩序。"传统的赃物犯罪往往采取较为原始的手段，如藏匿、销售以及物理性地转移犯罪所得等，而洗钱犯罪所涉及的赃款往往金额巨大，通常是通过金融领域的相关活动进行的。之所以侵犯了金融管理秩序，在于行为人为隐匿资金流转关系，或将巨额赃款在多个账户间频繁划

---

① ［德］马克思·韦伯：《经济与社会》（第一卷），阎克文译，上海世纪出版集团2019年版，第171页。

② ［德］马克思·韦伯：《经济与社会》（第一卷），阎克文译，上海世纪出版集团2019年版，第171页。

③ ［德］马克思：《资本论》，转引自刘瑞复：《马克思主义法学原理读书笔记第2卷法制度原理》，中国政法大学出版社2018年版，第665—666页。

④ 陈宏：《"自洗钱"犯罪的司法认定》，载《人民检察》2021年第16期。

转，或直接投入证券、期货市场并在短期内快速转出。"① 随着自洗钱纳入洗钱罪之后，学者认为，"洗钱罪……发展出与反恐怖融资和国家安全的新型关系，升级为非传统性安全问题，其危害性已经上升到危害国家安全的高度"②。"这些侵害法益的新型特征，并不能为上游犯罪所包含和评价完毕，而且与对上游犯罪的评价内容截然不同，因而不存在违反'禁止重复评价'和'禁止双重惩罚'的问题。"③ 显然其认为，洗钱罪保护的法益有可能是国家安全，行为要能够达到危害国家安全的程度，方能够构成洗钱行为。这显然限缩了法益保护范围，拔高了行为标准。另外，有持扩大法益解释的观点认为，目前金融业并不是犯罪分子参与洗钱的唯一行业，犯罪分子越来越多通过具有现金流通性的商业领域洗钱，如房屋买卖、钻石珠宝、贵重金属、古玩字画艺术品或者将犯罪所得混入企业经营合法收入等，因此要对洗钱罪的法益范围进行扩大解释，其保护的不光是金融管理秩序，还有社会管理秩序。④

本文认为这些观点虽然各有差异，但总体而言，在我国刑法体例没有发生大的变革情况下，要坚守罪刑法定原则，洗钱罪所侵害的法益主要还是在金融管理秩序、司法机关的正常活动。要在这些法益的指引性，结合贪污贿赂人员的事后行为进行洗钱的"行为性"认定。

1. 提供资金账户的中的"行为性"认定。贪污贿赂人员向自己"提供"资金账户的，显然，没有破坏金融管理秩序。贪污人员利用自己的资金账户收受国家财产的、贿赂人员向行贿人提供自己的资金账户等，只是物理上对犯罪所得的转移，不具有洗钱的行为性。

贪污贿赂人员在收受到资金之后，继续运用自己的多个资金账户进行频繁转移的，有观点将这认定为属于"拆分交易，构造交易等方式，构成自洗钱"⑤。但是，本文认为，这种频繁转移资金的行为，貌似有可能妨碍司法机关的追查，但实际上仍然是对自己犯罪所得在自己名义下的转移，即便犯罪所得本身是非法的，在金融管理的名义上仍然是属于贪污贿赂人员的，显然也不具有洗钱的行为性。而且，目前司法实践中对非法财产的占有保护，一直是予以肯定的（也即行为人不得盗窃、诈骗、抢劫他人盗窃、诈骗、抢劫的财产），更说明了这种频繁转移资金，不具有洗钱的行为性。

受贿人员向行贿人首次提供的接收财产的资金账户并非自己，而是属于自己的亲属、朋友的，因这一行为方式本身就被纳入了受贿罪的行为方式中，已经在受贿罪被评价了，无须再另做掩饰、隐瞒的性质评价。

但是，贪污贿赂人员在收到资金后，用亲属、朋友的资金账户再次进行资金转移的，

---

① 刘宪权、陆一敏：《〈自洗钱入罪司法适用的疑难解析〉——刘宪权、王新、时延安论自洗钱犯罪的立法考量与司法适用》，载《检察日报》2021年5月12日，第3版。

② 王新：《〈自洗钱犯罪：传统赃物罪理论有新解〉——刘宪权、王新、时延安论自洗钱犯罪的立法考量与司法适用》，载《检察日报》2021年5月12日，第3版。

③ 王新：《〈自洗钱犯罪：传统赃物罪理论有新解〉——刘宪权、王新、时延安论自洗钱犯罪的立法考量与司法适用》，载《检察日报》2021年5月12日，第3版。

④ 王婕妤、黄江南：《自洗钱行为入刑后的定罪与处罚》，载《人民司法》2021年第32期。

⑤ 何萍、殷海峰：《〈刑法修正案（十一）〉视域下自洗钱入罪的理解与适用》，载《青少年犯罪问题》2022年第1期。

显然就超出了自己转移的范畴，侵害了金融管理秩序中名下财产的合法性。

2. 将财产转换为现金、金融票据、有价证券的"行为性"认定。贪污贿赂人员的贪污受贿对象本身就是现金、金融票据、有价证券的，就不存在转换关系，不具有洗钱的行为性。贪污贿赂人员贪污受贿的对象是不动产、土地使用权、违禁品、银行卡、金融票据、有价证券等财产性利益、物质资产的，根据常情常理，这些资产也必然要转化成为"一般等价物"，即现金。因此，这一转化的行为，无法也无须评价为洗钱行为，不具有洗钱的行为性。如贪污受贿人员把收取的 10 千克黄金转化为现金的，属于将这些实物财产转化为一般等价物的必然过程，无须再次评价（因为，司法机关也是依据其将黄金转化一般等价物数额，来对其以贪污受贿罪定罪处罚的）。

但是，如果将初次的犯罪所得转化为金融票据、有价证券之后再次转换其他金融票据、有价证券的，则要根据票据及有价证券的法律类别、归属主体确定是否构成洗钱。比如，将获得的股权在市场上进行质押，或者再融资等，显然就具有妨害司法追赃秩序、破坏金融管理秩序，具有自洗钱的行为性。

3. 通过转账或者其他支付结算方式转移资金的"行为性"认定。贪污贿赂人员使用多个自己的账户在自己的名下多次转账、转移资金的，如前所述，貌似有可能妨害司法机关的追查，但实际上仍然是非法所得之自我转移，根据非法财产占有予以保护的精神，不具有洗钱的非法性。但是，贪污贿赂人员利用非自己的支付结算账户进行资金之间的相互划转，显然破坏了金融管理秩序当中的账户实名制度，也妨害了司法机关的追查，具有自洗钱的行为性。

4. 跨境转移资产的"行为性"认定。如果受贿人员与行贿人所达成的约定本就是将资产汇至境外的，由于将资金转移至境外，本身就包括在行贿罪、受贿罪的犯罪构成评价中，不具有洗钱的行为性。如果资产本身就在境外的，在境外之间相互划转的，本身也不存在跨境问题，也不具有洗钱的行为性。

5. 以其他方法掩饰、隐瞒犯罪所得及其收益的来源和性质的。现实中的情况较为复杂，无法一一列举，但是应当注意到，一定要依据贪污贿赂犯罪的行为方式来评价其是否是其财物的自然转化，避免重复评价。

三、贪污贿赂犯罪自洗钱行为事后不可罚的成立条件、判断标准

上述贪污贿赂犯罪自洗钱的行为性分析，只是简单地列举哪些情形属于自洗钱，哪些情形不属于自洗钱。但是，面对现实中复杂的行为样态，哪些贪污贿赂犯罪事后行为属于事后不可罚，仍然需要抽象出成立条件、一般标准，供司法者进行演绎推理，本文做如下尝试。

（一）贪污贿赂犯罪自洗钱行为事后不可罚的成立条件

1. 贪污贿赂犯罪人员事后行为本身是符合构成要件的行为。事后行为符合的构成要件，并不是贪污贿赂罪构成要件，而是本犯之外的其他罪名构成要件。如果符合贪污贿赂犯罪的构成要件，则没有必要讨论事后行为可罚与否。

2. 贪污贿赂犯罪人员事后行为与先前行为的保护法益相同，至少在同一类法益范围

之内。《刑法》第8章规定的贪污贿赂犯等罪侵害的法益虽各有不同，总体而言是指国家公职行为的廉洁性、公正性、不可交易性等。但是，罪名的法益并不能当然代表行为所侵害的法益。现实中贪污贿赂行为的多样态使得评价者基于不同立场给予的评价也会有多样态。所以，应当将法益相同扩大到同一类范围上。比如，在租赁形式、增设交易环节获取财产性利益的交易型贪污贿赂犯罪中，以交易形式收受贿赂本身就具有掩饰、隐瞒犯罪所得的成分。再如，在交易型事后受贿案件中，行为人利用职务之便，在退休之后以投资办厂入股的形式收受贿赂，显然侵害了国家工作人员职务行为的不可收买性，但整体来看的话，其行为时间之长、形式之隐蔽，显然也是在掩饰、隐瞒犯罪所得及犯罪过程。

3. 贪污贿赂犯罪人员因先行行为受到的处罚，在罪责刑相当的原则指导下，先行行为之罪与罚能够涵盖事后行为所应受到的惩罚。在我国贪污贿赂的各罪立法中，罪名对应的量刑幅度较多，而且每个量刑幅度较宽，基本上能够涵盖相应的事后行为，做到罪责刑相当。

4. 贪污贿赂犯罪人员为取到先行行为之财物，即使与第三人的共谋的，仍可成立事后不可罚的行为。比如，受贿人员收受他人房屋，因自身名下有房，受房屋限购政策，只能与亲属或朋友商议，将不动产登记到亲属或朋友名下。其借用亲属或朋友的名义实现不动产的价值变现行为，本身就属于受贿的权钱交易过程，由受贿罪予以评价。再比如，受贿人员获得股票后，为了将股票对应的财产性利益变现，与他人商议将股票转让到他人名下，本身也是受贿罪钱权交易变现过程，不宜再做评价。

（二）贪污贿赂犯罪自洗钱行为事后不可罚的判断标准

自2021年《刑法修正案（十一）》实施以来，如何区分上游犯罪本犯自洗钱行为与事后不可罚行为、有哪些标准，尚无共识。有学者提出了物理反应与化学反应的区别标准，即认为上游犯罪的本犯所实施的后续行为，倘若是上游犯罪的自然延伸，即自然的占有、窝藏、获取等行为的，属于上游犯罪实施后的"物理反应"之自然延伸，并没有对其实施动态的"漂白"行为，倘若进行了动态的"漂白"，致使犯罪所得及收益呈现出"化学反应"，切断了其来源和性质，则应当定为洗钱。① 有观点坚持传统洗钱犯罪的核心，即财产混同致使司法机关无法查证，以"切断"为标准，即行为人使用犯罪所得及其产生的收益时只有在切断与上游犯罪的关系时，才可考虑构成自洗钱犯罪，单纯地持有、占有、藏匿、一般生活所需而使用犯罪所得均不构成自洗钱行为，因为行为人并未另外实施转换行为，犯罪所得的状态、性质也未发生变化。② 再如"自洗钱行为应当达到使犯罪所得及其产生的收益足以切断与上游犯罪的关联时才能单独入罪，不能机械地将本犯实施的《刑法》第191条列举的行为均认定为自洗钱。"③

本文认为物理反应、化学反应或切断标准，对于判断上游犯罪之后的掩饰、隐瞒财产行为是否侵犯新的法益有积极意义。不过，物理反应、化学反应、切断原则，在面对现实

---

① 王新：《自洗钱入罪的意义与司法适用》，载《检察日报》2021年3月25日，第3版。
② 陈宏：《"自洗钱"犯罪的司法认定》，载《人民检察》2021年第16期。
③ 徐弘艳、逄政：《自洗钱行为的认定及刑事规制》，载《人民检察》2021年第20期。

中表现不一的具体行为方式时仍然不够明细，尤其是何种程度的掩饰、隐瞒属于自然延伸，事后行为融入了何种要素之后会导致行为的性质发生改变，还需要更细的判断标准。本文根据实践中一些案例及零星观点，抽象出大三个原则作为事后行为性质改变的判断标准，供司法实践者作为演绎的大前提。

1. 紧密联系原则。根据贪污贿赂犯罪中违法所得的财物表现形式进行紧密联系使用、紧密联系方式转化的，则属于事后不可罚行为。货币财产的可以直接使用该财产；非货币财产不能直接使用的，需要将该财物转化为货币财产时，依该财物性质特征紧密联系的财产转化方式，将其转化为货币财产。比如，行为人违法所得的财产为现金的，可以直接使用该现金。依据一般人的观念，行为人收受的是黄金的，必须将黄金出售折现之后才能在市场上自由运用；行为人收受的是股票的，需要将股票出售后才能在市场上自由运用；行为人收受的是票据的，需要将票据兑现方可以自由使用；行为人收受的是土地使用权或者是房屋不动产的，则必须在土地市场或者房屋买卖市场进行变现才能够自由使用；行为人收受的是技术成果、商业秘密等知识产权的，则必须将技术成果或者商业秘密等知识产权予以转让变现。

2. 必要性原则。所谓的必要性原则是指行为人在实施上游犯罪之后，将财产转换为货币财产时，必须经历特定的环节，而且在实现特定环节的过程中，没有多余的环节。与必要性原则相对应的就是非必要原则，即行为人不需要另外行事就能直接实现对财物的价值变现。如行为人违法所得的财产为现金的，可以直接使用该现金，不需要将现金交他人代为保管或者代为持有再借贷或归还自己使用。行为人收受的是黄金的，不需要去黄金市场多次兑换，化整为零或者化零为整。行为人收受的是股权的，可以将股权出售直接变现，而没有必要再通过股权再投资、再融资或者设定质押实现变现。行为人可以用自己身份直接实施掩饰隐瞒犯罪行为的，就没有必要通过虚构身份、冒用身份、借用身份等多此一举的方式实施掩饰隐瞒犯罪行为。比如，行为人用妹妹的身份证和银行卡注册微信号用，来联系贩卖毒品和收取毒资，收款后再把钱转到自己的微信账户和银行卡上用于消费，其中，用妹妹的身份证就是非必要环节或者说非必要行为。①

3. 同一主体身份继续事后行为原则。所谓同一主体身份继续事后行为是指行为人在实施了上游犯罪之后，仍然以自己的名义实施后续掩饰、隐瞒犯罪所得，不存在不合常理的借用、冒用他人身份实施掩饰隐瞒犯罪所得的行为。比如，犯罪嫌疑人贩卖毒品后，利用自己外祖母的身份信息办理银行卡、手机卡，用手机号绑定的支付宝账户支付结算毒资，并将收取的毒资一部分转移至外祖母的名下银行卡中，一部分转移至自己另外一部手机号绑定的支付宝账户中。显然，在自己的手机号银行卡可以收取毒资的情况下，借用外祖母的身份信息办理银行卡收取毒资，具有明显的躲避查处"洗白"资金的表现。② 再如，公职人员纪某，利用负责劳务外包人员薪酬核算的职务便利套取单位资金，刚开始由

---

① 《依法严惩"自洗钱"犯罪!》，载微信公众号"最高人民检察院"2021年11月30日，https://mp.weixin.qq.com/s/FEXfDj1KdPRJYE26PdYquA。

② 林中明、汪百顺：《打击"自洗钱"犯罪 | 上海金山区：通报一起贩毒后用亲属账户"自洗钱"案件》，https://www.spp.gov.cn/zdgz/202111/t20211130_537127.shtml，2022年5月19日访问。

外包公司直接将纪某套取的钱转账到纪某的个人银行卡，后纪某要求将套取的钱通过某平台转移到其个人银行卡。但是，由于某平台每月每个账户发放数额有限制，纪某遂安排同事、朋友等多人在某平台注册个人账号、关联银行账户，并对其同事、朋友声称钱款是其理财的钱，从而将其贪污犯罪所得通过该平台转至其个人账户。① 如果说，外包公司直接将钱款打入纪某个人银行卡属于事后不可罚，那纪某安排朋友某平台上虚假注册，通过平台代发工资的方式，就属于非同一主体非同一行为，明显带有"漂白"的性质，不能被贪污犯罪完全评价，应当认定为"自洗钱"式的洗钱罪。

之所以将紧密联系原则、必要性原则，同一主体身份继续事后行为的原则作为判断自洗钱事后不可罚的判断原则，在于贪污贿赂犯罪行为人根据其犯罪所得的财产表现形式，进行价值转换的必然结果。以毒资转移为例，2021 年 4 月初，费某伙同王某某、杨某某贩卖毒品过程中，均是通过微信收取毒资。费某要求被告人程某某帮其代为保管毒资，并采取"小额多笔"的方式予以转回。2021 年 5 月 8 日开始，费某先后四次在收取毒资后，通过微信转给程某某，共计 6800 元，并删除相关收款、转账记录。很显然，费某贩卖毒品后收取毒资，上游犯罪取财行为即已完毕。但费某通过微信收取毒资后，立即就转给程某某；在短时间内又要求程某某分成小额多次转回，有时转款与回款仅间隔几小时。费某这些行为既属非紧密联系，也属于非必要，更非同一主体实施，显然具有明显的掩饰、隐瞒贩毒所得资金的来源和性质的目的，将贩毒所得资金转换为朋友间往来资金的"合法化"目的。② 再如，公职人员吕某收受行贿人好处费人民币 3.5 万元后，得知行贿人被监察机关查处，随即与某公司经理串通将行贿人送的好处费掩饰成水样检测费，并开据水样检测费收据。③ 吕某将行贿款转化成水样检测费，既不符合事实，也不属于原"财物"紧密联系式方式的运用。

综上所述，在贪污贿赂犯罪中，利用职务之便，直接以货币财产为犯罪对象的，之后掩饰隐瞒犯罪所得的，实施了《刑法》第 191 条五类行为的，可能构成自洗钱。但是，追求实物财产、财产性利益的贪污贿赂犯罪，很多实现犯罪行为之行为方式就是掩饰隐瞒犯罪所得的过程，要注意运用事后不可罚，避免重复评价。可依据紧密联系原则、必要性原则、同一主体身份继续事后行为原则，判断行为人的事后行为是否属于事后不可罚。

---

① 邓玲、陈旭霞：《首例案件｜江苏省首例"自洗钱"入罪案》，载《民主与法制》2022 年第 3 期。

② 《安徽发布 6 起洗钱罪典型案例，案例一：费某、程某某洗钱案 》，载安徽省人民检察院网，http://www.ah.jcy.gov.cn/jwgk/xwfbh/202201/t20220112_3527258.shtml，2022 年 5 月 19 日访问。

③ 罗海妹、张建兵：《案·理探析"自洗钱"行为入刑的理解和司法认定》，载《中国检察官》2021 年第 24 期。

论贪污贿赂类洗钱行为的司法认定

明广超　闻梓安　李亚飞*

一、问题的提出

　　贪污贿赂犯罪是洗钱罪的上游犯罪，洗钱罪与掩饰、隐瞒犯罪所得及其收益罪在罪状表述上都强调"掩饰、隐瞒"的行为方式特征，导致为贪贿行为人转移、转换犯罪收益的，可能同时涉及两罪。司法实践中，基于"赃物处置说"①和"收益转化说"②的不同立场，对提供代收账户③、借名代持资产④、协助销赃⑤等贪贿类洗钱行为，出现了"同案不同判"的认定分歧。分歧的产生与洗钱罪保护法益定位的模糊存在根本联系⑥，随着"自洗钱"的入罪突破了洗钱罪既有的认定模式，这一分歧不仅会延续罪名适用的困境，还让"自洗钱"与上游贪贿犯罪的不可罚事后行为、"他洗钱"与贪贿犯罪共犯的界分不明，带来"自洗钱"认定及"他洗钱"罪数处理的疑难问题。有鉴于此，本文力图以厘清洗钱罪的保护法益为切入点，聚焦贪贿类洗钱行为的司法认定及罪数处理展开探讨，以期进一步深化检察机关反洗钱工作的理论基础，并为优化洗钱罪的司法适用提供有益参考。

---

　　* 明广超，江苏省徐州市铜山区人民检察院检察长；闻梓安，东南大学反腐败法治研究中心研究人员；李亚飞，江苏省徐州市铜山区人民检察院第二检察部员额检察官。

　　① "赃物处置说"主张，洗钱罪的客观行为涵盖所有掩饰、隐瞒犯罪收益，维持其违法状态的行为。参见刘为波：《〈审理洗钱等刑事案件具体应用法律若干问题的解释〉的理解与适用》，载《人民司法》2009 年第 23 期。

　　② "收益转化说"主张，洗钱罪的客观行为须是以汇转、交易、兑换等形式把犯罪所得转化的行为，无关资产形式转化的行为不能构成该罪。参见曹东方：《姜某掩饰、隐瞒犯罪所得案——如何区分掩饰、隐瞒犯罪所得罪与洗钱罪》，载最高人民法院刑事审判第一、二、三、四、五庭主办：《刑事审判参考》（总第 104 辑），法律出版社 2016 年版，第 69—73 页。

　　③ 参见葛某某行贿、洗钱案，湖北省恩施土家族苗族自治州中级人民法院（2020）鄂 28 刑终 91 号刑事判决书；黎某掩饰、隐瞒犯罪所得案，湖南省屈原管理区人民法院（2020）湘 0691 刑初 80 号刑事判决书。

　　④ 参见李某 1、李某 2 洗钱案，甘肃省武威市凉州区人民法院（2021）甘 0602 刑初 187 号刑事判决书；周某某掩饰、隐瞒犯罪所得案，湖南省常德市中级人民法院（2021）湘 07 刑终 108 号刑事裁定书。

　　⑤ 参见吴某洗钱案，浙江省永嘉县人民法院（2020）浙 0324 刑初 592 号刑事判决书；李某某掩饰、隐瞒犯罪所得及其收益案，辽宁省鞍山市立山区人民法院（2019）辽 0304 刑初 79 号刑事判决书。

　　⑥ 参见时方：《我国洗钱罪名体系的适用困局与法益认定》，载《环球法律评论》2022 年第 2 期。

二、洗钱罪保护法益的定位选择

"刑法上的举止规范乃是服务于法益的保护。"① 如不探求刑法条文的法益保护目的与精神，甚或采取与法律目的相背离的解释方向，则无法达到法律意欲实现的规范秩序。② 洗钱罪的规范解释，必须着眼于该罪的保护法益，以法益作为基本指导。

（一）洗钱罪保护法益的学理争议

关于洗钱罪的保护法益，理论上主要有"单一法益说"和"复合法益说"两大立场，"单一法益说"又可分为"司法活动说"和"金融秩序说"两种观点。

1. "司法活动说"及其审视。"司法活动说"认为，洗钱罪本质上仍属于赃物犯罪的范畴，应从妨害司法活动的角度理解法益定位。③ 该说反对将金融管理秩序作为洗钱罪的保护法益，认为主张实施该罪破坏了金融管理秩序的逻辑起点是承认洗钱行为危害了金融安全，但具体洗钱行为对金融安全的影响具有抽象性和不确定性，不能证成刑法规制具体洗钱行为的正当性。④ 相对而言洗钱行为对国家司法活动的妨害是现实且直观的，所以该罪保护的法益只能是司法机关的正常活动。实务中洗钱行为认定的"赃物处置说"实质上体现了"司法活动说"的立场。

然而，根据罪名在刑法中的体系位置确定其保护法益，是体系性解释的基本要求，洗钱罪规定于"破坏金融管理秩序罪"一节，表明金融管理秩序应当是该罪保护的法益，"司法活动说"对此难以给予有效回应。同时，金融安全的危害是由洗钱行为积累实现的，即使个别行为的影响难以具象和量化，这种影响仍是现实存在的。"司法活动说"暗含着将"诱发现实的金融危机"作为危害金融安全的结果预设，以之证否洗钱行为的法益侵害性，混淆了社会整体评价与个别评价的不同维度。

2. "金融秩序说"及其审视。"金融秩序说"认为，洗钱罪的保护法益限于金融管理秩序。一方面，洗钱行为一般是通过金融机构或金融业务活动进行的，破坏了金融活动的有序性，影响了金融机构的形象与声誉。从前置法的角度看，反洗钱法明确了其立法目的是"预防洗钱活动，维护金融秩序，遏制洗钱犯罪及相关犯罪"，提示了该罪规制范围限于金融领域。⑤ 另一方面，若认为该罪同时保护司法机关的职能活动，会使该罪与掩饰、隐瞒犯罪所得及其收益罪发生不必要的重叠，不利于发挥想象竞合的明示机能。将该罪保护法益限于金融管理秩序并不会放纵犯罪，不构成该罪的洗钱行为，也能以掩饰、隐瞒犯罪所得及其收益罪论处。⑥

---

① 参见［德］乌尔斯·金德霍伊泽尔：《刑法总论教科书》（第六版），蔡桂生译，北京大学出版社 2015 年版，第 23 页。

② 参见王皇玉：《刑法总则》，新学林 2020 年版，第 92—93 页。

③ 参见刘飞：《反洗钱金融立法与洗钱犯罪研究》，社会科学文献出版社 2005 年版，第 86—88 页。

④ 参见李云飞：《宏观与微观视角下洗钱罪侵害法益的解答——评金融管理秩序说的方法论错误》，载《政治与法律》2013 年第 12 期。

⑤ 参见刘宪权：《金融犯罪刑法学原理》（第二版），上海人民出版社 2020 年版，第 435—4437 页。

⑥ 参见张明楷：《刑法学（下）》（第六版），法律出版社 2021 年版，第 1020 页。

"金融秩序说"强调法益解释的体系性，避免了"司法活动说"的问题，但在自洽性证成上仍存在欠缺。其一，该说认为洗钱罪保护的金融管理秩序就是金融机构、金融业务的秩序，但该罪法条列示的行为方式包括非金融领域的交易、兑付、转移行为，仅将金融管理秩序归于金融机构或金融业务的层面显然失于片面。其二，金融管理秩序的内容过于抽象化，"利益的要素是与法益存在本身相关的中心要素"①，金融管理秩序作为一种集体法益，必须是与个体利益相联系的真实的社会生活利益②，该说未能充分揭示这一法益内在蕴含的实在利益。其三，法益内容的抽象化更可能导致"破坏金融管理秩序"的判断标准变得宽泛，从而无法发挥法益指导该罪构成要件解释、明晰该罪处罚范围的机能。

3. "复合法益说"及其审视。"复合法益说"认为，洗钱罪保护的法益涵盖国家金融管理秩序和司法机关的正常活动。该罪在刑法分则中的体系定位表明，金融管理秩序是该罪的主要保护法益；同时，洗钱行为掩饰、隐瞒了犯罪收益的来源和性质，妨害了司法机关的追诉、追缴等职能，故该罪的保护法益也包含司法机关的正常活动。

"复合法益说"得到许多论者的支持③，司法实务中关于洗钱行为认定的"收益转化说"也体现了"复合法益说"的立场。遗憾的是，该说与"金融秩序说"一样，均是从金融机构和金融业务层面定义金融管理秩序法益，对这一法益的理解也一样具有抽象性，难以为解释该罪构成要件发挥指导的作用。

在此基础上，有论者进一步提出了"分类保护说"，即根据法益侵害的类型，洗钱行为应区分为转移类行为和转换类行为，转移类洗钱没有使上游犯罪收益流入金融市场，只是妨害了司法机关的正常活动；转换类洗钱通过交易的形式"漂白"了上游犯罪收益的属性，或是扰乱了资产价格，或是使犯罪收益取得了合法的外观，侵犯了经济流通的有序性和安全性，破坏了金融管理秩序。④ "分类保护说"有其积极意义，其从经济流通层面阐明金融管理秩序的内容，超越了从金融机构和金融业务层面定义这一法益的局限性，但该说也存在难以解决的问题：一方面，此说认为转换类洗钱对金融管理秩序的破坏体现在消除犯罪收益外观上的违法性，而如提供代收账户、借名代持资产等转移类行为同样也能实现消除违法外观的效果，故该说"转移类洗钱只是妨害了司法活动"的论断不能成立。另一方面，经济流通的概念广泛涵盖了与货币资金流通有关的各类经济要素，如经济制度、交易主体、流通工具等，因而法益侵害的判断标准依然抽象和模糊，有待就法益内容作进一步的明确。

（二）"流通安全说"之倡导

上述各说均存在一些难以自圆其说的地方，其所提出的相关法益过于抽象且缺乏实质

---

① 参见［日］关哲夫、王充：《法益概念与多元的保护法益论》，载《吉林大学社会科学学报》2006 年第 3 期。

② 参见李志恒：《集体法益的刑法保护原理及其实践展开》，载《法制与社会发展》2021 年第 6 期。

③ 支持此说的观点可参见高铭暄、马克昌主编：《刑法学》（第九版），北京大学出版社、高等教育出版社 2019 年版，第 413 页；阮齐林：《中国刑法各罪论》，中国政法大学 2016 年版，第 139 页。

④ 参见赵桐：《自洗钱与上游犯罪的处断原则及教义学检视》，载《西南政法大学学报》2021 年第 5 期。

性的判断标准，难以发挥对洗钱罪的规范解释机能。对此，应当回归到经济体系之下，从"流通安全"角度，重新定位洗钱罪的法益。

一般认为，贪贿类洗钱行为的目的是将贪贿犯罪收益经掩饰、隐瞒后消除其外观上的赃款赃物属性，从而可以逃避被追查的法律后果，自由进入经济体系的公开流通中。① 已有的研究表明，洗钱行为的危害在于为犯罪收益进入公开流通创造条件，给经济体系的流动性造成影响，不仅会使价格信号失真，削弱市场对经济资源的配置作用，还破坏市场经济的公平公正原则，引起交易的行为扭曲②，更存在诱发金融危机的可能，威胁经济安全与稳定。③ 在这一意义上，洗钱罪保护的主要法益应定位于金融管理秩序下的流通安全。

一方面，该罪保护的流通安全，是指经济领域市场要素公开流通的安全状态。所谓公开流通，即一般公众可以自由参与的、有关市场要素流通的各类经济关系与交易行为的总和，从而区别于对经济制度、流通工具等其他要素的侵害。公开流通具有形式上的多样性，既包含金融领域的流通，如存款、债券、股票等金融业务的交易行为，也包含非金融领域的流通，如商品买卖、生产投资、财产租借等经济活动。

另一方面，该罪保护的流通安全，是指公开流通不接受犯罪收益进入的有序状态。犯罪收益进入公开流通后，一旦由司法机关依法采取冻结、追缴、没收等强制措施，不仅会引起损害第三人权益的危险，还会破坏市场交易秩序安全，侵害经济运行中的信用利益。公开流通不接受犯罪收益进入的有序状态，与个体的经济利益紧密相关，具有集体法益的性质。因此，流通安全法益是否受到侵害的判断标准，不是手段层面是否利用特定的行为方式，而是结果层面能否让犯罪收益公开流通。

相较于前述各说，"流通安全说"克服了洗钱罪法益内容定义抽象、模糊的不足，有助于激活法益的规范解释机能，可为洗钱罪的行为认定、"自洗钱"与上游贪贿犯罪的不可罚事后行为以及"他洗钱"与掩饰、隐瞒犯罪所得及其收益罪的分界提供指导。

三、贪贿类洗钱罪的客观行为认定

法益保护定位的明晰，为"从刑法的合目的性出发，对现有刑法条文作出实质性、合理性的解释"④ 提供了基本指引。如前述，使贪贿犯罪收益进入公开流通的行为，即危害了流通安全法益，但构成要件不是对"被类型化的法益"的侵害，而是"被类型化的法益侵害"⑤，不能据此当然得出所有使贪贿犯罪收益进入流通的行为都能构成洗钱罪的结论，仍须以实质的当罚性为考量确立一定的认定标准，将该罪的客观行为限缩于确有必要动用刑罚的行为。⑥

① 参见储峥、魏玮主编：《反洗钱监管概论》，中国财政经济出版社 2021 年版，第 3—5 页。

② 参见欧阳卫民：《我国反洗钱若干重大问题（上）》，载《财经理论与实践》2006 年第 4 期。

③ 参见李成、钱华：《开放条件下的洗钱犯罪：成因、危害与防治》，载《经济体制改革》2006 年第 5 期。

④ 参见〔日〕中山研一：《刑法的基本思想》，姜伟、毕英达译，国际文化出版公司 1988 年版，第 137 页。

⑤ 参见〔日〕平野龙一：《刑法的基础》，黎宏译，中国政法大学出版社 2016 年版，第 164 页。

⑥ 参见刘艳红：《实质刑法观》，中国人民大学出版社 2019 年版，第 235 页。

（一）洗钱行为认定的基本立场

所谓行为认定的基本立场，是指在行为认定时所要遵守的基本观念或一般性标准。围绕洗钱罪客观行为的认定标准，司法实务中存在"赃物处置说"和"收益转化说"两种立场争议，罪名适用的分歧由此引起。

"赃物处置说"认为，随着司法解释将非金融形式的掩饰、隐瞒行为纳入洗钱罪的行为方式，该罪与掩饰、隐瞒犯罪所得及其收益罪在客观行为方面是一致的，即维持上游犯罪所形成的犯罪收益违法状态的行为。[①]"收益转化说"站在批评前说的立场，提出两罪法条表述的区别就已然表明两罪的行为方式有所差异，洗钱罪需要行为人借助类似汇转、交易、兑换等的过程来实现对犯罪收益的漂白转化，无关资产形式转化的行为不能构成洗钱罪。

然而，上述两种立场观点都凸显出一定的短板。"赃物处置说"导致洗钱罪的客观行为范围过于宽泛，未危害流通安全的行为也可能被认定为该罪客观行为，造成洗钱行为人"无罪变有罪，轻罚升重罚"的风险。"收益转化说"为限缩客观行为范围进行了有益尝试，但不能说明为何在境内物理性运输、邮寄犯罪收益不构成洗钱罪，而跨境转移资产的此类行为是该罪的客观行为。

从"流通安全"法益角度，应当以犯罪收益违法性外观的消除作为洗钱罪行为认定的一般标准。根据刑法的谦抑主义的要求，只有在其他法律难以充分保护法益时，刑法才具有介入的必要性。在以反洗钱法为核心的反洗钱制度框架下，基于身份识别、尽职调查、交易报告等反洗钱识别技术的发展完善，上游犯罪收益未经消除违法性外观就进入公开流通的，通过特定机构识别并对其交易采取过程监控、交易限制和信息调查等措施，即可防止其继续发生交易活动，造成或加剧对流通安全的危害。但若上游犯罪收益消除了其违法性外观，即切断了犯罪收益与上游犯罪的关联，特定机构无法识别出进入流通的犯罪收益，导致相应的反洗钱措施不能发挥防止交易行为继续发生的作用，此时仅靠反洗钱法等前置法规范未能有效保护公开流通安全，就需要刑法的及时介入。因此，犯罪收益违法性外观的消除应当是洗钱行为认定的一般性标准。具体而言，"违法性外观消除"可分为消除犯罪收益持有人的主体外观和消除犯罪收益的客体外观两种情形，前者指向将犯罪收益伪装成他人的财产，掩饰、隐瞒犯罪收益持有人真实身份的行为，后者指向伪装犯罪收益的流通过程，掩饰、隐瞒犯罪收益真实来源的行为。

（二）贪贿类洗钱行为认定的类型化展开

洗钱行为消除了犯罪收益的违法性外观，使得反洗钱机制无法发挥作用，使犯罪收益进入了公开流通领域，破坏了流通安全，由此使得行为具有了可罚性。流通安全法益下犯罪收益"违法性外观消除"的判断标准，可以通过以下类型化的洗钱行为来校验其合理性。

[①]　参见刘为波：《〈审理洗钱等刑事案件具体应用法律若干问题的解释〉的理解与适用》，载《人民司法》2009 年第 23 期；罗海妹、张建兵：《"自洗钱"行为入刑的理解和司法认定》，载《中国检察官》2021 年第 24 期。

1. 提供资金账户行为的认定。资金账户的法律外观表现的是账户持有人对账内资金的所有权关系，账户的资金本身无法反映犯罪收益的流通过程，故提供资金账户的行为主要是消除犯罪收益持有人的主体外观。从主体外观看，提供资金账户可分为提供贪贿犯罪本犯名义的资金账户和提供非本犯名义的资金账户。利用贪贿犯罪本犯名义的账户收存赃款的，没有掩饰、隐瞒犯罪收益的真实持有人，故为贪贿犯罪本犯提供其本人名义账户的，以及贪贿行为人取得本人名义账户用于收取赃款的，不是洗钱罪的客观行为，而是掩饰、隐瞒犯罪所得及其收益罪的窝藏行为。

实践中争议较大的是利用非本犯名义的资金账户代收犯罪收益的行为应当如何认定。一种意见认为，此类行为只是保持对贪贿犯罪收益的控制、占有状态，未让其进入市场流通，没有对市场有序状态的危害，不构成洗钱罪而是掩饰、隐瞒犯罪所得罪，如：

［**案例 1**］ 黎某提供代收账户案①——某市教育局原局长刘某某与黎某商议，由黎某将自己名下的银行账户提供给刘某某，先后多次代刘某收取并保管受贿款和贪污所得公款。经审理，黎某被判决犯掩饰、隐瞒犯罪所得及其收益罪。

另一种意见认为，此类行为已经符合"提供资金账户"和"掩饰、隐瞒犯罪收益的来源和性质"的语义内涵，应当认定为洗钱罪，如：

［**案例 2**］ 葛某某提供代收账户案②——葛某某明知时任某省监狱管理局副局长的吴某准备使用他人名义账户收受贿赂，先后以自己的名义开设的两张交通银行储蓄卡供吴某受贿使用。经审理，葛某某上述行为被判决犯洗钱罪。

基于"违法性外观消除"的法益侵害判断标准，后一意见更为合理，但理由需要进一步明确。利用他人名义账户收存贪贿犯罪收益，将贪贿犯罪收益伪装成他人名下的财产，消除了犯罪收益持有人的主体外观，且资金账户的支付结算功能使犯罪收益具有直接进入公开流通的现实可能性。因此，为贪贿犯罪提供非其本犯名义账户的以及贪贿犯罪本犯收集非本人名义的账户收取赃款的，属于洗钱罪"提供资金账户"的行为。

2. 财产形态转换行为的认定。财产形态转换的行为涵盖使用犯罪收益购置实体商品、不动产及非上市交易股权等资产和将犯罪收益以买卖、租赁、质押等方式转换为现金或金融票据、有价证券等现金等价物两种情形。对于前者，若贪贿行为人使用本人名义购置和持有资产，也未虚构合法交易事项作伪装的，既没有消除犯罪收益上的主体外观，也没有消除犯罪收益流通过程的客体外观，不能成立洗钱罪。司法实践中，争议比较大的是以下两种情形：

（1）对借用他人的名义购置、持有实体商品、不动产及非上市交易股权的认定。一种意见认为借名代持行为只是代为保管、藏匿犯罪收益，是对犯罪收益本身而非其来源和性质的掩饰、隐瞒，不是洗钱罪的客观行为，如：

［**案例 3**］ 周某某代持案③——周某某明知省委组织部干部周某收受他人贿赂，仍以本

---

① 参见黎某掩饰、隐瞒犯罪所得案，湖南省屈原管理区人民法院（2020）湘 0691 刑初 80 号刑事判决书。

② 参见葛某某行贿、洗钱案，湖北省恩施土家族苗族自治州中级人民法院（2020）鄂 28 刑终 91 号刑事判决书。

③ 参见周某某掩饰、隐瞒犯罪所得案，湖南省常德市中级人民法院（2021）湘 07 刑终 108 号刑事裁定书。

人或第三人名义为周某代持房产、车辆等财物。经审理，周某某上述行为被判决犯掩饰、隐瞒犯罪所得及其收益罪。

另一种意见认为，借名代持行为属于"以其他方法掩饰、隐瞒犯罪所得的来源和性质"，构成洗钱罪，如：

[**案例4**] 李某1、李某2代持案①——受贿人牛某将受贿款经由李某1转交给李某2后，李某2以自己的名义向某公司办理入股手续，为牛某代持该公司股权。经审理，李某1、李某2被判决犯洗钱罪。

从"违法性消除说"角度看，后一意见的结论是正确的。贪贿行为人以他人的名义购置资产，既是对犯罪收益持有人真实身份的伪装，消除了犯罪收益的主体外观，又借由支付使犯罪收益进入了公开流通，应认定为洗钱罪的客观行为。

（2）对于将犯罪收益转换为现金或现金等价物的认定。一种意见认为，销赃作为掩饰、隐瞒犯罪所得及其收益罪列示的行为方式可以表明，其只是对赃物的物理性处置而非掩饰、隐匿其来源和性质，不是洗钱罪的客观行为，如：

[**案例5**] 李某某协助销赃案②——李某某与某区环卫处干部芦某结识。芦某利用职务便利，先后多次将其负责管理的公用物资从单位私自运出，交由李某某变卖处理，李某某变卖后将赃款交给芦某。经审理，李某某被判决犯掩饰、隐瞒犯罪所得及其收益罪。

另一种意见则认为，销赃行为并未超出"将财产转换为现金"的语义射程，也是该罪的客观行为，如：

[**案例6**] 吴某协助销赃案③——吴某系县公安局干部叶某的驾驶员。叶某利用其职务便利收受他人金条、香烟（券）等财物，并多次要求吴某将财物变卖转化为现金。吴某明知上述财物系叶某受贿所得，仍协助将财物予以变卖，并将所得钱款通过银行账户转给叶某。经审理，吴某被判决犯洗钱罪。

现金的通货属性决定了，其不仅在市场交易中具有普遍的可接受性和高度的流动性，还会随流通过程而不断改变外观上的权益主体，切断与贪贿犯罪的关联。将贪贿犯罪收益销售变现的行为，既通过改变其形态来消除其主体外观，又引起了犯罪收益进入公开流通的现实可能性，因而无论是贪贿行为人自行转换变现，还是通过他人的行为转换变现，都应认定是洗钱罪的客观行为。

3. 利用支付结算方式转移资金行为的认定。利用银行转账、第三方支付、非法"地下兑付"等方式汇转资金的行为，从贪贿犯罪收益的流向看，大体可分为两种类型：一类是转出型行为，即把犯罪收益转移至非贪贿行为人名义的账户，使犯罪收益伪装为他人持有的资产；另一类是转入类行为，即把犯罪收益借第三人名义的账户转移至贪贿行为人的账户中，掩饰犯罪收益的真实流动过程。两类行为在资金流向上虽有区别，但前一类行为消除了犯罪收益持有人的主体外观，后一类行为消除了犯罪收益流通过程的客体外观，

① 参见李某1、李某2洗钱案，甘肃省武威市凉州区人民法院（2021）甘0602刑初187号刑事判决书。

② 参见李某某掩饰、隐瞒犯罪所得及其收益案，辽宁省鞍山市立山区人民法院（2019）辽0304刑初79号刑事判决书；芦某贪污案，辽宁省鞍山市立山区人民法院（2019）辽0304刑初69号刑事判决书。

③ 参见吴某洗钱案，浙江省永嘉县人民法院（2020）浙0324刑初592号刑事判决书。

二者都实现了消除犯罪收益违法性外观的效果，且犯罪收益在支付结算的过程中具备了直接进入公开流通的现实可能，故都应认定为洗钱罪的客观行为。

除此两类以外的转移资金行为，如行贿人将贿款转入受贿人名下账户的，或从受害单位账户将贪污所得公款转入贪污人名下账户的，以及贪污贿赂所得在行为人本人名下的账户间流转的，尽管利用了资金支付结算的形式，却没有伪造其主体外观或客体外观，没有消除犯罪收益外观上的违法性，不属于洗钱行为，不能构成洗钱罪。

4. 物理性转移资产行为的认定。运输、邮寄、藏匿等物理性转移贪贿犯罪收益的行为，包括在境内转移和跨境转移两种情形。司法认定上的争议焦点是，在境内物理性转移资产，是否属于"以其他方法掩饰、隐瞒犯罪所得及其收益的来源和性质"的洗钱行为。一种意见认为，随着司法解释将物理性跨境转移资产纳入洗钱罪的行为方式，在境内的转移行为也具有法益侵害上的相当性，也是洗钱罪的客观行为，如：

[案例7] 郭某甲、郭某乙藏匿赃物案①——郭某甲、郭某乙在他人指使下，明知受贿人郭天某在某住宅中藏有受贿所得的赃款、赃物，仍到该住宅中将赃款、赃物搬运转移至其租赁的另一处住宅中藏匿。经审理，二人被判决犯洗钱罪。

另一种意见认为，境内的物理性转移行为显然不具有转化犯罪收益的属性、"漂白"其来源和性质的作用，不能认定为洗钱罪，如：

[案例8] 赵某某藏匿赃物案②——史某因害怕纪检监察部门发现其受贿行为，找到赵某某帮忙把家中收受的字画、人参、香烟、白酒等贿物，先后三次运到不同住宅中藏匿。经审理，赵某某被判决犯掩饰、隐瞒犯罪所得及其收益罪。

应当认为，仅在境内物理性转移资产的，既没有消除贪贿犯罪收益的违法性外观为其绕过反洗钱措施创造有利条件，也没有为犯罪收益进入公开流通提供渠道，造成或加剧对流通安全的现实危险，不存在洗钱罪要求的法益侵害特征，所以该行为不属于洗钱罪的行为类型。

与之相对的，虽然国际反洗钱多边合作已取得积极成效，但各国家、地区之间的反洗钱制度仍有较大差异③，仍然存在信息不对称和协作滞后的现实局限，贪贿犯罪收益一经流向境外，赃款赃物与境内贪贿行为的联系便无法及时显现，境外的反洗钱措施也无法有效防止其进入公开流通，因而使用物理性方式跨境转移资产的，属于该罪的客观行为。

四、贪贿类洗钱罪的罪数认定

罪数判断的实质是检视行为事实与犯罪构成要件是否相符的过程，当然应以犯罪构成要件为基准，且重在行为要素的判断。④ "违法性外观消除"标准下洗钱罪客观行为认定

① 参见郭某甲、郭某乙洗钱案，山东省淄博市临淄区人民法院（2021）鲁0305刑初465号刑事判决书。

② 参见赵某某掩饰、隐瞒犯罪所得及其收益案，安徽省临泉县人民法院（2020）皖1221刑初461号刑事判决书。

③ 参见杨正鸣、倪铁主编：《经济犯罪侦查新论》，法律出版社2017年版，第259—260页。

④ 参见叶良芳：《罪数论的体系性反思与建构》，载《浙江大学学报（人文社会科学版）》2007年第4期。

的具体展开，为罪数问题的辨析与解决构建了理论依据。

（一）"自洗钱"的罪数认定

"自洗钱"入罪后，最高人民检察院的权威意见认为，贪贿犯罪本犯在实施贪污贿赂后又自行洗钱的，洗钱行为不再被吸收评价为贪贿犯罪的不可罚事后行为，应就贪污贿赂犯罪和洗钱罪数罪并罚。[1] 当贪污贿赂犯罪与"自洗钱"表现出一定的时空先后顺序时，罪数处理问题不存在疑问。但也有学者提出，不排除出现贪贿犯罪与洗钱罪在时空上同步发生，构成想象竞合的情形[2]，如行贿人向国家工作人员行贿，按照其要求直接将贿款汇往他人名义的账户或境外账户的，此时该国家工作人员构成受贿罪与洗钱罪的想象竞合。国家工作人员在贪污的过程中，直接将公款汇转到自己控制的他人名义账户或境外账户的，此时该国家工作人员构成贪污罪与洗钱罪的想象竞合。

成立想象竞合的关系，须是行为人以同一行为实现了数罪名的构成要件。[3] 因此，判断上游贪贿犯罪与"自洗钱"是否成立想象竞合，核心在于考察贪贿犯罪与洗钱罪在构成要件层面评价的行为要素内容是否有同一性，具言之，"自洗钱"是否存在贪贿犯罪构成要件以外的行为要素。

在受贿犯罪中，构成要件层面包含了对收受贿赂行为的评价，收受贿赂不局限于受贿人自己占有贿赂，受贿人要求行贿人将贿赂交付第三人的，也是收受贿赂行为。[4] 于是，如前引案例1黎某案、案例2葛某某案，使用非受贿人本人名义账户收取贿款的同一行为要素，既是"自洗钱"犯罪，又是受贿罪的收受贿赂行为，属于想象竞合犯，应择一重处。但行贿人按照受贿人的要求，将贿款转移至其名下的境外账户的，犯罪收益的跨境转移事实并未纳入受贿罪构成要件层面评价，仍应认定为独立的"自洗钱"犯罪，与受贿罪并罚。

在贪污犯罪中，构成要件层面要求贪污行为人采取了侵吞、骗取等特定手段非法占有公共财物。若行为人将公款汇转到他人名义账户或境外账户，是为取得公款采取的侵吞、骗取手段的，则这一行为要素既是"自洗钱"犯罪，又是贪污罪中的构成要件要素，属于想象竞合犯，应择一重处。反之，若汇转公款到他人名义账户、境外账户的行为不是侵吞、骗取手段的组成部分，则使用他人账户、跨境转移资产行为仍应独立构成"自洗钱"犯罪，与贪污罪并罚。

（二）"他洗钱"的罪数认定

在贪贿类"他洗钱"中，对贪贿犯罪收益来源和性质的主观明知要素表明，"他洗钱"行为人与贪贿行为人之间存在特定的意思互动关系，而意思互动又在形态上符合帮助犯的基本特征，所以"他洗钱"的罪数认定，关键在于如何界分独立的洗钱罪与贪贿犯罪的共犯。

---

① 参见孙谦：《〈刑法修正案（十一）〉的理解与适用》，载《人民检察》2021年第8期。

② 参见张明楷：《刑法学（下）》（第六版），法律出版社2021年版，第1023页。

③ 参见王皇玉：《刑法总则》，新学林2020年版，第562—563页。

④ 参见《全国法院审理经济犯罪案件工作座谈会纪要》，法发〔2003〕167号。

1. "他洗钱"罪数认定的困境。在洗钱罪立法修正前，通说认为，"他洗钱"的实质是贪贿犯罪的事后帮助犯①，故"他洗钱"的定性，关键是意思互动与贪贿实行行为的时间顺序。若"他洗钱"的意思互动在贪污贿赂犯罪的实行行为前，则认为"他洗钱"通谋为实行行为提供了心理帮助作用，是贪贿犯罪的共犯；相反，若意思互动发生于贪贿实行行为后，"他洗钱"没有鼓励和促进实行行为，只是在贪贿犯罪既遂后维持其违法财产状态，应认定为独立的洗钱罪。

如此逻辑在洗钱罪的修正后遭遇了困境。修正后的该罪不再是原有的帮助型结构，"自洗钱"入罪意味着"他洗钱"是否构成该罪不再从属于贪贿犯罪判断，应进行独立评价。而事前意思联络又被认为发挥着强化贪贿行为人犯意的作用，成立无形的帮助犯。于是，上述逻辑无法界分事前通谋的"他洗钱"是独立构成洗钱罪还是成立贪贿共犯，更无法回答"他洗钱"行为是以竞合处理还是数罪并罚的问题。

以上困境产生的根源是，上述逻辑既未正确把握洗钱罪的本质，又错误理解了帮助犯的规范内涵。将"他洗钱"按意思互动时间界分罪名，忽视了洗钱行为对流通安全的危害；同时，仅关注意思互动的时间而不评价其内容，也让心理帮助作用片面归于有或无的判断，缺少质的考量。产生心理帮助作用不能直接等同于成立帮助犯，帮助者的故意必须包含正犯行为不法内容的基本要素。② 若"他洗钱"的意思互动内容只涉及洗钱行为，就贪贿行为的具体内容没有认识，认定其构成贪贿犯罪的共犯无疑会过度扩大刑罚的打击面。

2. "他洗钱"罪数认定的展开。洗钱行为区别于贪贿行为的法益侵害内容决定了，不论"他洗钱"的意思互动时间是事前还是事后，都应独立认定为构成洗钱罪。因此，"他洗钱"的罪数认定问题，就回归为是否在洗钱罪的构成要件要素之外，存在能认定为贪贿犯罪共犯的其他行为要素内容的问题。基于"他洗钱"的意思互动内容，罪数认定可具体分为以下几种情形：

其一，"他洗钱"只就洗钱行为进行意思互动的情形，如前引案例2 葛某某案、案例6 吴某案，贪贿行为人找到不参与贪贿犯罪的第三人，让其以提供代收账户、代为销赃等形式洗钱的。即使意思互动发生于贪贿行为前，洗钱行为人也并没有关于贪贿行为基本内容的认识，没有帮助贪贿正犯的故意，不能认为成立贪贿犯罪的共犯，只能成立"他洗钱"犯罪一罪。贪贿行为人实施贪贿犯罪，又利用第三人行为洗钱，应认定为洗钱的共同犯罪与贪贿犯罪两罪并罚。

其二，"他洗钱"同时就贪贿行为和洗钱行为进行意思互动的情形，如贪贿行为人找到第三人以合作骗取、代为收贿等形式共同实施贪贿犯罪，或受贿人与行贿人通谋，让其帮助洗钱的。洗钱行为人基于意思互动形成了帮助贪贿正犯的主观故意，也为贪贿行为提供了心理帮助，应成立贪贿犯罪共犯。此时，第三人成立贪贿共犯的心理帮助作用与帮助

---

① 参见黎宏：《刑法学各论》，法律出版社2016年版，第154页；刘艳红主编：《刑法学（下）》北京大学出版社2016年版，第140页。

② 参见［德］乌尔斯·金德霍伊泽尔：《刑法总论教科书》（第6版），蔡桂生译，北京大学出版社2015年版，第458页。

故意没有在洗钱罪的构成要件中得到评价，不存在竞合关系，与贪贿行为正犯都构成贪贿犯罪与"自洗钱"两罪的共同犯罪。为受贿人洗钱的行贿人，其心理帮助作用与帮助故意已经容纳在行贿—受贿的对向犯关系中评价，不再成立受贿罪的共犯，而应认定行贿犯罪与"他洗钱"犯罪两罪并罚。

其三，"他洗钱"只就贪贿行为进行意思互动的情形，如受贿人与第三人共同实施受贿犯罪，第三人自行通过代收账户、借名代持等形式洗钱的，或行贿人未与受贿人通谋，自行为受贿人洗钱的。此时，第三人构成贪贿犯罪与"自洗钱"两罪，应数罪并罚，只是贪贿行为的正犯缺乏关于洗钱行为的具体认识和主观故意，不成立洗钱罪的共同犯罪，只认定为贪贿犯罪一罪。行贿人自行洗钱，应根据贿赂财物是否交付受贿人区分处理，将贿赂交付受贿人后再通过虚构权利主体、虚构合法交易事项等方式帮助洗钱的，应认定为"他洗钱"犯罪，与行贿罪并罚。在贿赂交付前就已"漂白"贿赂财物的违法性质的，此时受贿人尚未收受贿赂，受贿罪没有事实成立，不能构成洗钱罪，只能按行贿罪一罪处理。

五、结语

本文将洗钱罪法益定位于"流通安全"，在此基础上提出了"违法性外观消除"的违法性判断标准，进而对洗钱罪具体行为认定及罪数关系等问题进行了研究。洗钱罪的立法修正有力回应了反洗钱工作的新形势，开创了治理洗钱犯罪的新局面，也衍生出理论层面和实践层面的新问题、新挑战。为充分发挥该罪打击洗钱活动的积极作用，应全面把握遏制洗钱犯罪的政策导向、实践效果和理论发展，提升刑事手段打击洗钱的司法力度和治理水平。

贪贿"自洗钱"犯罪认定研究

楼　丽　方　悦*

一、问题的提出

　　长期以来，我国洗钱犯罪的处理都较为边缘化。据统计，2003 年至 2019 年间，每年因涉嫌洗钱罪被提起公诉的人数仅不到百人。① 2021 年《刑法修正案（十一）》将"自洗钱"行为纳入刑法规制范围，同时删去"明知"表述，将单位犯罪中的主管人员和直接责任人员按照自然人犯本罪处罚，充分显示了加大对洗钱罪打击力度的立法取向。同时由于近年来反腐败、打击地下钱庄等领域的打击效果显现，实践中洗钱罪的适用有所上升，但总体上仍处于低位，"自洗钱"的适用也未取得预期效果。② 以 Z 省为例，《刑法修正案（十一）》正式实施以来（2021 年 3 月至 2022 年 4 月），767 人因涉嫌贪贿类犯罪被提起公诉，但被提起公诉的相关洗钱犯罪仅 4 人，其中"自洗钱"2 人。与上游贪贿犯罪数量相比，"自洗钱"案件数显得过于微小。这其中固然有刑法刚修改、"自洗钱"刚入罪、实务需要磨合适应的因素，但更深层的原因是将"自洗钱"行为认定犯罪存在理论争议和实践困境，导致司法工作人员对"自洗钱"不愿用、不敢用、不会用。在保障国家经济社会高质量发展的大背景下，破解这些难题，对铲除腐败滋生土壤、维护国家重大利益和金融安全具有重要意义。鉴于此，笔者从办理"自洗钱"案件中遇到的理论争议问题和实践问题出发，尝试提出相应的解决路径，以期对实务有所助益。

二、理论争议及解决

　　"自洗钱"入罪，既有国际社会的影响，也有国内确立总体国家安全观背景下严厉打击洗钱犯罪的实际需求，不仅对刑事司法实践有重大影响，也对传统刑法理论带来挑战。办案实践中，将"自洗钱"行为认定为犯罪，碰到的主要理论问题是对洗钱罪侵犯的法益和"事后不可罚"传统理论的认识分歧。笔者认为，应该在新形势、新背景下理解洗钱罪

---

　　* 楼丽，浙江省人民检察院第三检察部主任，三级高级检察官；方悦，浙江省人民检察院第三检察部一级主任科员，助理检察员。

　　① 参见《2004 年至 2019 年中国反洗钱工作报告》，载中国人民银行网，http：//camlmac.pbc.gov.cn/fanxiqianju/135153/index.html，2022 年 4 月 27 日访问。

　　② 2020 年，全国检察机关以洗钱罪提起公诉 707 人；2021 年，提起公诉 1262 人。参见《2020 年中国反洗钱年报》及《2021 年最高人民检察院工作报告》。

的理论依据和现实意义，以正确解决法律适用问题。

（一）关于对洗钱罪侵犯法益的再认识

罪名在法律体系中的地位体现了立法者意图保护的法益内容。[①] 洗钱罪源于传统的赃物犯罪，但在我国的刑法分则体例中却属于破坏金融管理秩序类犯罪，由此引发了理论界和实务界对洗钱罪侵犯客体的争论，也因此带来贪贿本犯后续处理犯罪所得及其收益的行为能否认定洗钱罪的争议。

有观点认为，洗钱罪的法益只是金融管理秩序，只有当行为人是金融机构及其工作人员，或者行为人利用金融机构、利用金融领域的相关活动（手段）时，才能成立洗钱罪。[②] 亦有观点认为，洗钱罪本质上是为掩饰、隐瞒先前犯罪行为所得及收益，属于赃物犯罪范畴，侵害法益只包括司法机关追究犯罪行为的正常活动。[③] 通说则认为，洗钱罪侵犯的客体是复杂客体，包括国家金融管理秩序和司法机关的正常活动。[④] 其根据是，刑法将洗钱罪规定在"破坏金融管理秩序罪"中，洗钱罪的法益首先是国家的金融管理秩序，同时，洗钱罪的对象是上游犯罪的所得及其产生的收益，而犯罪所得及其产生的收益应由司法机关依法追缴、没收，因此洗钱罪的客体也包括司法机关的正常活动。

分析上述观点，争议主要集中在两点：一是破坏金融管理秩序是否仅限于对金融安全的侵犯？二是司法活动秩序是否是本罪的保护法益？

1. 关于"金融管理秩序"。现有单一客体说与复杂客体说均将金融管理秩序作为洗钱罪的客体，但金融管理秩序仅限于金融安全吗？传统观点认为"相当多的洗钱犯罪是通过金融系统完成的，洗钱的主要危害是对金融安全的侵犯，立法上规定洗钱罪所要保护的重点法益乃是金融安全，这也是我国刑法为什么将洗钱罪规定在分则第三章第四节'破坏金融管理秩序罪'中的原因。"[⑤] 但实然不等于应然，对事实的提炼可以作为对结论的解释说明，却绝非结论本身。笔者认为，金融管控的秩序法益观在维护国家经济安全层面具有不可或缺的功能，刑法规制洗钱活动维护货币流通安全属于典型情形，但从法律规定精神和时代发展看，不应将金融管理秩序局限于金融安全，而应当扩大至经济活动安全，从社会主义市场经济秩序这一大法益观来理解洗钱罪客体。

第一，从法律规定看。《刑法》第 191 条明确列举的第 1 项至第 4 项的行为主要通过金融机构或者金融工具来改变上游犯罪所得及其收益的来源与性质，但 2009 年《关于审理洗钱等形式案件具体应用法律若干问题的解释》第二条对《刑法》第 191 条第五项兜底条款所作的七项扩展解释，如通过典当、租赁、与经营资金混同、虚构交易、虚设债权债务、赌博等方式洗钱，已然打破了洗钱犯罪侵害金融管理秩序的壁垒，而上述七项洗钱活动均没有脱离经济活动这一大概念，均破坏了社会主义市场经济秩序。

① 时方：《我国洗钱罪名体系的适用困局与法益认定》，载《环球法律评论》2022 年第 21 期。
② 张明楷：《刑法学（下）》（第五版），法律出版社 2016 年版，第 793 页。
③ 刘飞：《反洗钱金融立法与洗钱犯罪研究》，社会科学文献出版社 2005 年版，第 86—87 页。
④ 赵秉志主编：《刑法修正案（十一）理解与适用》，中国人民大学出版社 2021 年版，第 156 页；王作富主编：《刑法分则实务研究（上）》，中国方正出版社 2013 年版，第 488 页。
⑤ 赵永红、钱业弘：《论洗钱罪的修改与适用》，载《中国检察官》2006 年第 11 期。

第二，从司法实践看。办案中发现，很多洗钱行为都没有通过金融机构或金融活动进行，而是通过如拍卖珠宝、收藏品交易、买卖车辆房产，或通过贵金属行业、律师、会计师、汽车经销商等服务行业和商业领域进行①，由于其绕开了金融机构，并未侵犯金融管理秩序。由于洗钱渠道的扩张，此类通过非金融手段实施的洗钱活动并未直接对国家金融管理秩序产生侵害，但客观上的确实现了改变上游犯罪"黑钱"属性的洗钱效果，如果按照传统的金融管理秩序说，此类行为将无法用洗钱罪来规制。

第三，从社会发展看。随着信息网络技术对社会生活的全面覆盖，新的技术手段使得瞬间、远程和匿名的大规模洗钱交易成为可能，而且会在传统金融机构未介入的情形下成功地完成交易。如实践中发现有通过比特币、狗狗币等虚拟货币交易洗钱，在我国不承认虚拟货币的情况下，无法认定上述行为违反了金融管理秩序。可见，传统观点过于限缩解释了"金融管理秩序"的内涵，会使洗钱罪的成立范围不当缩小，结果必然导致放纵犯罪。

第四，从国际趋势看。《联合国反腐败公约》《维也纳公约》《联合国制止向恐怖主义提供资助的国际公约》等公约均规定，基于掩饰、隐瞒财产的非法来源或者帮助上游犯罪人逃避刑事追究之目的而转换或者转移犯罪所得的行为，以及掩饰、隐瞒上游犯罪的真实性质、来源等行为，均属于洗钱行为，具体行为方式上的差异不影响行为性质的认定。②从国外洗钱犯罪的立法例看，重行为性质轻行为方式，是一个普遍趋势。我国已经加入"金融行动特别工作组"③，作为其成员国和负责任的大国，为进一步建立与国际标准接轨的洗钱体系，也需顺应这一趋势，开放认定金融管理秩序的边界。

综上所述，笔者认为，从适应社会发展和国际立法趋势的角度出发，应结合当前交易行为、金融手段、市场产品的多样化，从市场主体经济交往运行中资金、财产流转的合法性着眼，将洗钱罪保护的金融安全理解为经济活动安全，将金融管理秩序法益扩展为社会主义市场经济秩序法益，这样认定，既有利于打击犯罪，亦不违反本罪在刑法中的体系位置。

2. 关于司法活动秩序是否属于洗钱罪的保护法益。笔者认为，从法益侵害必然性的角度来讲，理应将司法活动秩序作为该罪的保护法益之一。洗钱罪的核心就是对上游犯罪所得及收益的来源和性质予以掩饰和隐瞒，从而实现"洗白"。根据我国《刑法》第64条的规定，司法机关应当对犯罪分子违法所得的一切财物予以追缴或责令退赔。洗钱行为不仅在一定程度上造成上游犯罪无法被有效查处，且势必阻碍追缴违法所得这一司法活动的正常行使。所以，将司法活动秩序作为洗钱罪的保护法益之一并无不当。事实上，最高人民法院2009年司法解释、"两高一部"《关于办理洗钱刑事案件若干问题的意见》已经明确，洗钱罪与掩饰、隐瞒犯罪所得罪是刑法特别规定与一般规定的关系，两者上游犯罪不同，但行为性质相同，显然，两个罪名侵犯的客体具有包容性，洗钱罪作为特别规定，必然侵犯了一般规定的客体，但掩饰、隐瞒犯罪所得罪作为一般规定，并不一定侵犯洗钱罪特别规定的客体。因此，实践中贪贿本犯在完成上游犯罪后，为了对抗调查，采取虚构

---

① 时方：《我国洗钱罪名体系的适用困局与法益认定》，载《环球法律评论》2022 年第 21 期。

② 刘为波：《〈关于审理洗钱等刑事案件具体应用法律若干问题的解释〉的理解与适用》，载《刑事审判参考》总第 104 集，法律出版社 2016 年版，第 179 页。

③ 全球反洗钱和恐怖融资的最具权威性的政府间国际组织（Financial Action Task Force，FATF）。

交易、虚设债权等司法解释列举的的方式掩饰、隐瞒犯罪所得及其收益来源的，应当认定为洗钱罪。如 Z 省办理的吕某见受贿、洗钱案。吕某见为掩饰、隐瞒其受贿事实，请求行贿人与其指定的第三人作伪证，企图将其收受的 3 万余元贿赂款"洗白"为行贿人通过吕某见向第三人缴纳的检测费，并让第三人出具虚假收据。本案中，吕某见为掩饰受贿款性质，串通行贿人与第三人虚构交易作伪证，逃避刑事追责的行为，已经妨碍司法活动秩序，构成洗钱罪。该案经检察机关自行补充侦查后直接追加起诉洗钱罪，法院对吕某见以受贿罪与洗钱罪数罪并罚。

综上所述，笔者认为，洗钱罪侵犯了金融管理秩序与司法活动秩序这一复杂客体，但金融管理秩序应当结合时代背景做适当扩大理解，即社会主义市场经济秩序。

（二）是否突破"事后不可罚"理论——一罪或数罪

关于洗钱行为是否上游犯罪本犯的事后不可罚行为，理论界也存在不同观点。否定观点认为，行为人如果事先参与实施了上游犯罪，事后又自己进行洗钱行为的，属于事后不可罚行为，不应对洗钱行为再单独定罪。[①] 实践中，部分办案人员受此观点影响，认为上游犯罪的本犯对犯罪的赃物或违法所得继续进行处置的行为，不能再另行处罚。支持观点则主张，"自洗钱"行为侵犯了金融管理秩序，造成了上游犯罪之外新的法益侵害，不构成事后不可罚行为，有必要进行独立评价。[②] 笔者认为，"自洗钱"行为不属于"不可罚的事后行为"，应与贪贿犯罪进行数罪并罚。

第一，所谓"事后不可罚行为"，是指行为人在犯罪行为完成后，对前行为所得不法利益及主行为所造成的不法状态加以利用，未侵害新法益的行为。在学界，尽管理解概念不尽相同，但核心都认为，事后行为应是对与上游犯罪同一法益的侵犯，才具有"不可罚性"。[③] 贪贿犯罪中，上游犯罪侵犯的是国家工作人员职务的廉洁性，下游犯罪洗钱行为侵犯的法益则是金融管理秩序，与上游犯罪侵犯的法益不具有同一性，故与"事后不可罚行为"存在本质区别。

第二，上游犯罪的本犯实施洗钱活动与原生罪之外的他犯实施洗钱行为相比较，在社会危害性上并没有本质上的差异。洗钱行为早已超越了早期附属于上游犯罪的单一属性，影响经济、社会等多个领域，自身是具备可罚性和独立性的。如果不单独评价洗钱行为，事实上是放任对金融管理秩序法益的破坏。

第三，从实践角度看，把上游犯罪本犯排除于洗钱罪主体之外有违罪责刑相适应原则，容易导致轻纵犯罪分子。如甲既实施了受贿犯罪，而后又通过非法手段"洗白"犯罪所得及收益，大大增加了查处的难度，而乙只实施了受贿犯罪，没有进一步实施洗钱行为，将二者都只按受贿罪一罪处罚，也降低了犯罪成本，显然是不公平的，与罪责刑相一致的原则相背离。

---

① 高铭暄、马克昌主编：《刑法学》（第 8 版），北京大学出版社、高等教育出版社 2017 年版，第 562 页。

② 贾宇：《论洗钱罪的主体》，载《国家检察官学院学报》2005 年第 12 期。

③ 贾学胜：《事后不可罚行为研究》，载《现代法学》2011 年第 5 期。

因此，上游行为人在实施上游贪贿犯罪后，又掩饰、隐瞒其犯罪所得及其收益行为构成洗钱罪的，应当与上游贪贿犯罪依法数罪并罚。但实践中应注意区分上游的结果行为与下游的洗钱行为，避免对同一个犯罪构成要件进行重复评价。例如，行为人利用职务便利为行贿人谋取利益后，利用他人提供的账户收取行贿人通过转账贿送的财物，利用他人提供的账户收取贿金这一行为是接收犯罪所得的行为，是受贿实现的结果行为，应当在受贿犯罪中进行评价，不宜另行评价为洗钱行为。但是，如果在接受贿金后继续通过他人账户进一步转账掩饰犯罪所得及其收益来源、性质的，则应另行评价为洗钱行为，符合立案标准的，以受贿罪和洗钱罪数罪并罚。

三、实务困境及路径

除了上述理论争议，"自洗钱"认定在实务适用中还存在主观明知的认定、洗钱客观行为的界定、量刑情节的均衡与管辖衔接等问题。

（一）主观故意的认定

《刑法修正案（十一）》删除了洗钱罪"明知"的构成要件，有学者认为，"通过对语义结构和术语进行解读，可以看出，由于上游犯罪的实施人（本犯）不存在所谓自己'帮助'本人的问题，其在主观上对于自己清洗的'黑钱'之性质和来源也是必然'明知'的，在'自洗钱'的情形下，不存在对主观要件的证明问题"。"自洗钱，既然为自己的犯罪所得及其收益洗钱，其洗钱行为本身就是建立在'明知'的基础之上的，无需再证明。"[1]

笔者认为，上游犯罪本犯对其犯罪所得及其收益不法性质的确是"不证自明"的，问题在于对其洗钱行为主观故意的认定。实践中行为人对其"清洗"行为往往辩解为使用、消费，或者辩解系正常交易行为，或者强调为了少交税款等客观原因，不愿意承认是为了掩饰犯罪来源和性质，这种情况下，需要检察机关承担证明其具有"洗白黑钱"主观故意的举证责任。笔者认为，对于"自洗钱"行为人，应从其客观行为出发，客观证据可以证实行为人实施了掩饰、隐瞒不法所得及其收益的性质、来源的行为，且其知道或应当知道行为客观上会掩盖上游犯罪所得及其收益的不法性质，使不法所得的来源和性质不易被人发现、给司法查处制造障碍，即可推定其具有洗钱的主观故意。具体可以从两个方面判断：一是有无违背正常市场交易和伦理规则[2]，此点在掩饰、隐瞒犯罪所得、犯罪所得收益罪的司法解释中均有相关立法规定，如出具造假的买卖合同或通过虚假交易外观掩饰资金去向等；二是有无违反反洗钱有关规定，如行为人窃取、收买或以其他非法方式获取资金账户以及收取不信赖之人的银行卡等金融账户后取款，违背反洗钱法中的大额资金交易申报义务转移资金的，均可成为证明行为人主观犯罪目的的推定事项。如 Z 省办理的陈某受贿、内幕交易案，陈某利用其下属身份办理银行卡，要求行贿人将钱款汇入该指定账户，后又将账户中一部分款项转移至其外甥名下的银行卡，另一部分作为购房款转入开发

---

[1]　杨志国：《刑事司法中生活事实向法律事实的转化》，载《国家检察官学院学报》2014 年第 5 期。
[2]　陈宏：《"自洗钱"犯罪的司法认定》，载《人民检察》2021 年第 16 期。

商账户，其将受贿款转入其外甥及开发商账户的行为，说明其有掩盖钱款来源、性质的故意，应当认定为洗钱罪。

（二）客观构成要件行为的认定

当前，我国已形成以《刑法》第312条掩饰、隐瞒犯罪所得、犯罪所得收益罪为一般条款，以洗钱罪以及窝藏、转移、隐瞒毒赃罪为特别规定的赃物犯罪规制体系。实践中，对不法所得进行性质转换、混同混合，即"漂白"行为应认定为洗钱没有异议，关键在于洗钱罪法条中"以其他方法掩饰、隐瞒"中的掩饰、隐瞒行为是否包括《刑法》第312条所列举的"窝藏、转移、收购、代为销售"行为？仅仅对上游犯罪的不法所得进行物理上的空间转换，如窝藏现金、转移财物藏匿地点等行为，能否认定为洗钱罪？

一种观点认为，洗钱行为应当包括物理上的窝藏、转移行为。其论据在于，2009年最高人民法院司法解释已经明确洗钱罪与掩饰、隐瞒犯罪所得、犯罪所得收益罪的区分仅在于上游犯罪的不同。[①] 另一种观点则认为，洗钱行为不应当包括单纯的持有、窝藏、转移等行为，此时犯罪所得及其收益性质和来源并没发生实质性变化，仅是一种自然延伸状态的"物理转移"，符合传统赃物罪的特征。[②] 例如，Z省吕某晋掩饰、隐瞒犯罪所得、犯罪所得收益案中，吕某晋明知舅舅陈某交给其的行李箱内是陈某受贿所得的美金、港币等赃物，仍将行李箱从陈某住处转移到自己家中藏匿。如果认为包括洗钱罪的"洗"包括物理上的空间转换，那么吕某晋应当构成洗钱罪。如果不包括，那么其构成掩饰、隐瞒犯罪所得、犯罪所得收益罪。对其转移赃物行为的性质认定，直接影响到案件定性。

笔者同意第二种观点，洗钱行为不应包括"窝藏、转移"等仅空间转换性质的行为。首先，从法益侵害性来看，此类行为并未侵犯洗钱罪的保护法益。贪贿犯罪的本犯在实施贪贿犯罪后自然地占有、窝藏、获取犯罪所得等行为，并未实施动态的"漂白""清洗"行为，并未侵犯金融管理秩序，只能构成上游犯罪，不另外构成掩饰、隐瞒犯罪所得、犯罪所得收益罪。其次，从期待可能性考察，一般认为，物理空间的转移仅仅是对赃物的物理处置，并未改变赃物的性质和来源，对该类行为应评价为上游犯罪的事后帮助行为。最后，该司法解释颁布于《刑法修正案（十一）》以前，"自洗钱"尚未入罪，对于此类行为用《刑法》第312条规制，并不存在障碍，且可以实现严密法网的需求，但"自洗钱"入罪后，涉及主犯窝藏、转移赃物的处理，此时由于行为主体的不同，就应当对行为性质作不同理解，不能机械地适用规制本犯外他人窝藏、转移赃物行为的规定。

笔者建议，应根据本犯与他犯的主体不同，对"掩饰、隐瞒"行为分别作出理解。对于自己的犯罪所得及其产生的收益，如果采用"漂白""混同"等掩饰、隐瞒方法的，上游犯罪与下游犯罪应当数罪并罚，即贪贿犯罪本犯在完成贪贿犯罪后又实施改变犯罪所得及其收益性质等掩饰、隐瞒行为的，应当以贪贿犯罪和洗钱罪数罪并罚；如果采用窝藏、转移等物理方法的，则只构成上游犯罪，但是应当从重处罚。对于未参与贪贿犯罪的其他人，在不与上游犯罪构成共同犯罪情况下，只要明知是七类犯罪的犯罪所得、犯罪所得收

① 详见2009年最高人民法院《关于审理洗钱等刑事案件具体应用法律若干问题的解释》第3条。
② 罗海妹、张建兵：《"自洗钱"行为入刑的理解和司法认定》，载《中国检察官》2021年第24期。

益，实施窝藏、转移、获取、占有等不具有转换财物性质和形态的行为，应当构成掩饰、隐瞒犯罪所得、犯罪所得收益罪；如果对财物性质进行"洗白"、性质改变等，就应当构成洗钱罪。

（三）量刑均衡的实现

定罪量刑是刑事司法的重要环节，定罪是前提，量刑是归宿。[1] 通常认为，在上下游犯罪量刑问题、下游犯罪入罪标准以及法定刑升格条件的设定方面，会考虑对上游犯罪的依附性，量刑普遍较上游犯罪轻。[2] 但"自洗钱"独立构罪，可能出现"量刑倒挂"的现象。例如，受贿 15 万元，应处 3 年以下有期徒刑，并处罚金。若受贿本犯对全部违法所得进行"自洗钱"，根据"两高一部"《关于办理洗钱刑事案件若干问题的意见》，洗钱 10 万元以上就属于情节严重，可处 5 年以上 10 年以下有期徒刑，并处罚金。洗钱罪与上游犯罪量刑间的逆差，可能对贪贿犯罪分子的量刑产生影响，导致实践中办案机关和办案人员对适用洗钱罪顾虑重重。

笔者认为，在上下游关联犯罪中，上游犯罪的来源多样，是法益侵害的直接制造者，洗钱罪由于其赃物犯罪属性，其法益侵害性在性质上显然无法与上游犯罪相提并论。因此，不管是理论上的立场还是实践中的具体做法，对于上下游关联犯罪的量刑问题，"下游犯罪量刑应轻于上游犯罪"已成为基本共识。基于同一个犯罪事实，对下游犯罪的处罚不应高于上游犯罪本身，如对下游犯罪的处罚高于对上游犯罪的处罚，有违罪责刑相适应原则，将会面临裁判合理性的质疑。那么，如何在现有法律框架内实现"下游犯罪量刑不高于上游犯罪"，以促进"自洗钱"的适用？笔者认为，贪贿犯罪"自洗钱"的量刑均衡可以从以下几方面入手。

1. 有效发挥自首、坦白情节从轻、减轻处罚的价值。根据《刑法》第 67 条的规定，对于自首的犯罪分子，可以从轻或者减轻处罚。犯罪较轻的，可以免除处罚。坦白可以从轻处罚，因坦白避免特别严重后果发生的，可以减轻处罚。实践中检察机关要依法认定自首、坦白，对洗钱犯罪从轻、减轻处罚，以实现量刑均衡。就自首情节认定，要有效发挥异罪自首（特别自首）的价值。贪贿本犯被留置后，在监察机关掌握的贪贿犯罪事实之外，如实供述自己其他贪贿罪行以及犯罪所得及其收益去向、收受财物后的掩饰、隐瞒犯罪所得及收益的罪行，因监察机关事先并不掌握全部的贪贿行为，对其主动交代其他贪贿行为的，可认定为坦白，对该部分对应的掩饰、隐瞒犯罪所得的洗钱行为，监察机关更不可能掌握，本犯主动交代的，自然应认定为异罪自首。如监察机关已经掌握全部贪贿事实但不掌握洗钱犯罪的，因洗钱犯罪与上游犯罪属于不同的犯罪，本犯主动供述监察机关未掌握的洗钱犯罪的，也应认定成立异罪自首。如 Z 省办理的顾某龙受贿、洗钱案，检察机关审查发现，监察机关在对顾某龙留置前并不掌握其收受价值 123 万余元"干股"的事

---

① 何萍、殷海峰：《〈刑法修正案（十一）〉视域下自洗钱入罪的理解与适用》，载《青少年犯罪问题》2022 年第 1 期。

② 陆建红、杨华、曹东方：《〈关于审理掩饰、隐瞒犯罪所得、犯罪所得收益刑事案件适用法律若干问题的解释〉的理解与适用》，载《人民司法》2015 年第 17 期。

实，顾某龙被留置后，主动交代了收受"干股"并通过他人账户转移、处分"干股"变现款的行为，遂对洗钱罪依法认定自首，得到判决支持，实现了罪责刑相适应，取得了较好的办案效果。就坦白情节而言，要有效发挥"避免特别严重后果发生"的价值。监察机关已经掌握行为人的洗钱犯罪事实，行为人如实供述，并积极协助办案机关及时成功追回全部赃款赃物的，挽回特别严重损失的，可以视为"避免特别严重后果的发生"。

2. 充分利用认罪认罚从宽制度实现从宽处罚。要加强对犯罪嫌疑人的刑事司法政策教育，加强释法说理，促进犯罪嫌疑人认罪认罚，具结悔过，从而在对洗钱罪"认罪认罚"基础上，充分发挥"从宽"的量刑效用，可从下游犯罪洗钱数额、种类、犯罪次数、上游犯罪的性质及对司法机关追查上游犯罪的妨害程度等因素综合裁量从宽幅度。

3. 充分运用罚金刑平衡量刑。《刑法修正案（十一）》将原"处洗钱数额百分之五以上百分之二十以下罚金"改为处"罚金"，取消了罚金刑中的百分比限额，由比例罚金制改为无限额罚金制，体现了洗钱罪对破坏金融管理秩序罚当其罪的内在要求。① 对于第一档法定刑"并处或单处罚金"的适用，要综合考虑行为人的犯罪事实是否符合最高人民法院《关于适用财产刑若干问题的规定》第 4 条规定的犯罪情节较轻、适用单处罚金不致危害社会的七种情形。如果符合，可以单处罚金，并根据犯罪嫌疑人的犯罪情节，综合考虑其财产状况以及认罪认罚等量刑情节，确定罚金刑具体数额；如不符合，则应当在确定主刑的从宽幅度基础上，确定罚金刑的具体数额或幅度范围。对于升格法定刑"并处罚金"的，应当充分考虑犯罪数额、违法所得、手段情节、行为人经济状况等因素，确定罚金数额或范围，实现罪刑相适应。

（四）建立上下游统一管辖制度

根据现有法律规定，贪贿上游犯罪由监察机关调查，洗钱犯罪则是公安机关管辖。监察机关目前的立案事项，一般只针对领导干部职务违法犯罪问题，洗钱罪并不在其管辖范畴内，故其在调查案件过程中较少关注公职人员涉及洗钱罪的问题，对调取、固定涉嫌洗钱资金的来源、路径流向、去向用途等客观证据以及相关人员涉嫌洗钱主观证据的缺少主动性与积极性，即使发现证明公职人员或其亲属涉嫌洗钱的线索或事实，也缺少将洗钱罪事实或线索及时移送公安机关管辖的意识，或者基于办案效果等方面的考虑，不将洗钱犯罪线索进行移送。而公安机关虽有洗钱犯罪管辖权，但因为对职务犯罪案件没有办案取证权限，若监察机关不移送洗钱犯罪线索，侦查机关就难以发现和启动侦查程序。即使展开侦查，也难以全面掌握涉洗钱罪的事实及证据，导致在侦查过程中，要么重复取证造成司法资源的浪费，要么取证不全面，影响案件侦办效果。

笔者建议，可以建立上下游犯罪统一管辖制度，由查处贪贿犯罪的监察机关行使对相关洗钱犯罪的管辖，避免分头管辖带来的各种问题，更好地发挥反腐败、反洗钱全链条打击作用。建立反洗钱联席会议制度，由反腐败协调小组协调反洗钱职能单位，通过定期召开联席会议，协调案件线索移送、通报案件侦查（调查）情况等。完善案件会商机制，明

---

① 朱瑾、黄云波：《论罚金刑的立法修正：动因、风险与走向》，载《水利水电大学学报（社会科学版）》2021 年第 5 期。

确刑事打击的策略、界限，实现政治效果、纪法效果、社会效果相统一。

四、结论

解决"自洗钱"在司法实践中的困境，首先应当明确洗钱罪的保护法益，应结合社会发展和国际立法趋势，将洗钱罪保护的法益理解为市场经济秩序和司法活动秩序复杂客体。实施贪贿犯罪后实施洗钱犯罪的，应当依法数罪并罚。实践中，应当坚持从客观出发，避免重复评价，准确推定主观故意、界定客观行为性质，同时，应当发挥自首、坦白情节认定、认罪认罚从宽制度以及罚金刑适用的价值作用，实现上下游犯罪的量刑均衡。要建立上下游犯罪统一管辖制度，更好地实现对犯罪的全链条打击。

第五部分

诉讼程序及证据审查研究

职务犯罪案件监检衔接中的若干问题探析

徐正立　何抒然　杨雪花[*]

随着国家监察体制改革全面推开，我国刑事诉讼中的公诉案件办理模式发生了改变，从公检法三机关"分工负责、互相配合、互相制约"的"侦查启动"模式，变更为"调查启动"与"侦查启动"双轨并存模式。[①] 在"调查启动"模式下，检察机关在办理职务犯罪案件过程中所扮演的角色主要是引导调查、全面审查和依法指控犯罪，检察权重在发现诉讼过程中的职务行为的不正当性。监察权是不同于立法权、行政权与司法权的一种国家权力形态[②]，与刑事司法并不属于同一范畴。而职务犯罪案件办理又无法仅仅通过监察权内部运行得以全部完成，其最终结果要通过检察机关来进行追诉，并呈现于刑事审判，这就在司法实践中造成职务犯罪案件在不同环节均存在监察程序与刑事诉讼程序的衔接问题。从国家监察体制改革至今的司法实践来看，监检两机关在案件提前介入、职能管辖、互涉案件办理、留置与刑事强制措施的转化等方面的衔接中仍然存在一系列问题亟待理顺解决。

一、监检衔接中的提前介入问题

（一）提前介入的性质变迁

提前介入原本是我国刑事诉讼法和《人民检察院刑事诉讼规则》（以下简称《刑事诉讼规则》）确立的一项重要监督制度，指的是检察机关介入案件侦查活动、引导侦查机关取证，其对司法实践中重大、疑难、复杂案件的顺利办理起到了巨大作用。《刑事诉讼规则》规定了对于重大、疑难、复杂案件，人民检察院认为确有必要时，可以派员适时介入侦查活动，对收集证据、适用法律提出意见，监督侦查活动是否合法。在此过程中，检察机关发现的违法行为，视情节轻重，可予以口头纠正，或报经检察长批准后向公安机关发出纠正违法通知书。

监察体制改革以后，检察机关提前介入机制被运用到监察机关办理的职务犯罪案件领

---

　　* 徐正立，安徽省合肥市人民检察院第二检察部主任；何抒然，安徽省合肥市人民检察院第四检察部检察官助理；杨雪花，安徽省当涂县人民检察院第一检察部检察官助理。

　　① 王玄玮：《监检衔接中检察职责的尺度——刑事诉讼中"制约"与"监督"辨析》，载《云南师范大学学报（哲学社会科学版）》2021 年第 1 期。

　　② 封利强：《检察机关提前介入监察调查之检讨——兼论完善监检衔接机制的另一种思路》，载《浙江社会科学》2020 年第 9 期。

域，其内涵和外延较之以往的法律监督属性有了很大不同。职务犯罪案件的提前介入，是指检察机关针对监察机关立案调查的刑事案件，应监察机关的邀请，派员提前介入调查，对案件定性、证据收集、事实认定、法律适用、案件管辖等提出意见和建议，以保证案件顺利进入起诉阶段。①《刑事诉讼规则》对监察机关商请检察机关提前介入制度进行了原则性规定。与过去的法律监督属性不同，其目的主要是畅通监检衔接渠道，确保案件顺利进入审查起诉阶段。

（二）关于提前介入存在的问题

《关于加强和完善监察执法与刑事司法衔接机制的意见》（以下简称《意见》）就提前介入的案件范围、介入主体及方式、介入时间、主要任务、意见反馈、提前介入与审查起诉工作的关系等方面问题进行了细化。但学界对提前介入制度的性质、功能等仍存在争议，有学者指出该制度存在"越俎代庖""联合办案""超越权限""书面审查"和"先入为主"之嫌②。

1. 从介入方式看，在传统"侦查启动"模式下，检察机关对公安机关侦查的重大、疑难、复杂案件的提前介入，既可以因公安机关商请而介入，也可以在"认为确有必要时"主动介入，且检察机关能够在提前介入时监督侦查活动是否合法。而在"调查启动"模式下，检察机关仅可因监察机关商请而介入，无权主动介入，且法律并未赋予检察机关对监察机关调查活动是否合法的监督权。也就是说，检察机关对公安机关侦查活动的提前介入是法律监督职能的延伸，具有制度约束力；而对监察机关调查活动的提前介入更多是一种论证、咨询性质，不具有制度约束力。

2. 从介入时间来看，《意见》第 25 条明确检察机关提前介入的时间一般应当在案件进入正式审理阶段、拟移送人民检察院审查起诉 15 日以前，特殊情况下，因留置期限即将届满，监察机关审理部门认为确有必要时，报经监察机关主要负责人审批同意，可以在提前介入审理时书面商请人民检察院提前介入。司法实践中，监察机关商请检察机关提前介入的时间节点一般均临近留置期限届满，《意见》规定的拟移送审查起诉 15 日前赋予了监察机关较大的自由裁量空间，实践中，检察机关提前介入的时间往往被压缩在一周以内甚至更短。

3. 从意见反馈及其效力来看，《意见》第 27 条、第 28 条明确，检察机关应在提前介入后 10 日内对证据收集、事实认定、案件定性、法律适用等提出书面意见。但该书面意见对监察机关并无制度约束力，按照规定，监察机关审理部门应对检察机关的提前介入意见进行审核，认为需要补证的，按程序报批后方交调查部门补证。审理部门对调查部门补充的证据材料及补证情况说明进行审核报批后再向检察机关反馈。对于审理部门经审核认为检察机关反馈意见无须补证的情况应如何处理则出现留白，这实际上弱化了检察机关反馈意见的法律效力，当反馈意见不被审理部门认可时，该意见将有可能沦为"一纸空文"。

---

① 陈国庆：《职务犯罪监察调查与审查起诉衔接工作指引》，中国检察出版社 2019 年版，第 41 页。

② 封利强：《检察机关提前介入监察调查之检讨——兼论完善监检衔接机制的另一种思路》，载《浙江社会科学》2020 年第 9 期。

（三）提前介入机制的两种路径选择

一是重构监检衔接机制，增设刑事诉讼特别立案程序。针对提前介入制度在实践中存在的重重困境，部分学者呼吁通过设置刑事诉讼特别立案程序取代提前介入机制，认为立案是刑事诉讼开始的标志，是每一个刑事案件都必须经过的法定阶段①，只有刑事诉讼程序被开启后，监察机关的移送行为才具备刑事诉讼上的意义，而程序开启的关键则是"立案"行为。② 据此，建议通过立法方式，明确检察机关在收到监察机关移送的案件材料后，"应当依法审查判断其是否达到审查起诉的标准，在十日内作出是否立案的决定并书面通知监察机关"③。学者们试图通过重构监检衔接机制，增设特别立案程序，以实质审查方式对监察机关移送的案件进行过滤，从而"充分发挥对监察调查的制约功能"。④

二是完善传统法律监督格局，赋予检察机关对职务犯罪调查案件提前介入意见以刚性约束力。《意见》专门规定了监察机关调查部门、审理部门可以就办案中遇到的疑难复杂问题向人民检察院、人民法院相关部门咨询。审理部门还可以邀请法检等单位有关部门召开案件论证会，就案件中的疑难复杂问题进行论证，相关咨询论证意见供监察机关、司法机关在办案中参考。这就造成检察机关提前介入机制与重大疑难案件听取意见机制在职能上存在交叉和混同。为厘清二者的职能分工，提高检察机关在提前介入机制中的话语权，建议从立法层面赋予检察机关全面的法律监督权，将职务犯罪调查纳入检察机关法律监督范畴，在此基础上，赋予检察机关提前介入职务犯罪调查案件的主动权，即参照检察机关对公安机关侦查重大、疑难、复杂案件的提前介入之规定，规定检察机关"认为确有必要时"可以主动介入职务犯罪调查⑤，允许检察机关监督监察机关调查活动是否合法，并赋予反馈意见以制度约束力。

笔者认为第一种路径对于探索检察机关对刑事诉讼案件法律监督全覆盖具有一定积极意义，但其实质上增加了监检双方的程序负担，在当下捕诉一体的司法大环境下，实施此种方案，检察机关另设部门来完成刑事特别立案程序无疑造成机构臃肿和司法资源的浪费，若由职务犯罪公诉部门来承担特别立案审查，则与第二种路径下经过完善后的提前介入制度并无本质区别。第二种路径与现行法律监督体系相契合，在具体操作层面参照对公安机关侦查活动的提前介入制度来执行，不仅有成熟经验可借鉴，也使整个法律监督逻辑架构更加圆满。

---

① 《刑事诉讼法学》编写组：《刑事诉讼法学》，高等教育出版社2017年版，第258页。
② 陈卫东：《职务犯罪监察调查程序若干问题研究》，载《政治与法律》2018年第1期。
③ 封利强：《检察机关提前介入监察调查之检讨——兼论完善监检衔接机制的另一种思路》，载《浙江社会科学》2020年第9期。
④ 封利强：《检察机关提前介入监察调查之检讨——兼论完善监检衔接机制的另一种思路》，载《浙江社会科学》2020年第9期。
⑤ 张建军、赵宇昕：《检察机关提前介入职务犯罪机制的完善》，载《天水行政学院学报》2022年第1期。

二、监检衔接中的职能管辖问题

职能管辖，是指公安机关、检察机关、监察机关、审判机关等国家专门机关在刑事案件管辖上的分工。① 由于监察调查程序与刑事侦查程序在适用法律、办案方式、强制措施适用等方面存在巨大差异，因此，健全相关机关的职能管辖机制是当前监检衔接领域面临的一项紧迫任务。

（一）双重管辖存在的冲突及解决对策

监察体制改革以后，检察机关的职务犯罪管辖权被转移到监察机关，检察机关仅保留对司法工作人员 14 种相关职务犯罪的管辖权。但监察机关对职务犯罪案件管辖"全覆盖"，其对检察机关管辖的部分职务犯罪也具有管辖权的"双重管辖"模式，使得监检两机关职能管辖范围存在交叉，造成司法实践中二者的管辖权冲突时有发生。

1. "双重管辖"模式下存在的问题。对于司法工作人员相关职务犯罪与涉法涉诉信访纠纷相互交织或者其他重大疑难复杂案件，监检两机关相互推诿管辖权时管辖权归属应如何确定的问题。《意见》规定监察机关认为"必要时"即可对司法工作人员相关职务犯罪行使管辖权，但并没有对"必要"之范围作出明确规定。当监检两机关对特定司法工作人员相关职务犯罪管辖权发生争议的时候，监察机关对有无立案之"必要"具有完全解释权，检察机关因缺乏强有力的话语权，可能将本就有限的自侦力量浪费在成案可能性很低的信访纠纷化解中。

2. 管辖冲突的解决对策。针对此种情况，有学者呼吁实施"分别管辖为主"的管辖模式②，即明确司法工作人员相关职务犯罪以检察机关立案侦查为主，并将监察机关"必要时"可以立案调查的范围限制在以下三种情形：一是检察机关须整体回避的案件；二是涉及司法领域窝案串案等的重大疑难复杂案件③；三是监察机关在调查司法工作人员贪污贿赂犯罪中发现其同时涉嫌检察机关管辖的犯罪时，认为合并调查更有利于节约司法资源、提高诉讼效率的案件。

笔者赞同这一主张，明确司法工作人员相关职务犯罪以检察机关管辖为主，特定情形下监察机关管辖为辅的"分别管辖"规则，取代监检两机关均有管辖权的"双重管辖"规则，不仅有利于提高检察机关行使部分职务犯罪侦查权的积极性，充分发挥检察机关的专业优势，提高此类案件的侦办效能；也有利于减轻监察机关办案负担，从而集中力量打击贪污贿赂等类型的腐败犯罪。④

---

① 谢小剑：《刑事职能管辖错位的程序规制》，载《中国法学》2021 年第 1 期。

② 上海市青浦区人民检察院第二检察部课题组：《司法工作人员利用职权实施犯罪的侦查机制探究》，载《犯罪研究》2019 年第 4 期。

③ 张飞燕：《监察机关与检察机关牵连案件的职能管辖：冲突及其破解对策》，上海交通大学 2020 年硕士学位论文。

④ 张飞燕：《监察机关与检察机关牵连案件的职能管辖：冲突及其破解对策》，上海交通大学 2020 年硕士学位论文。

（二）职能管辖错位及其规制

1. 侦查/调查阶段职能管辖错位及其规制。在监察体制改革以前，公安机关、检察机关在侦查阶段发现自己对案件无管辖权的，按照相关规定①，采取直接移送规则，移送有管辖权的机关办理即可。但是，监察调查与其他刑事案件的侦查属于两套完全不同的办案程序②，监察机关同检察机关或公安机关在立案调查、侦查期间发生职能管辖错位应如何规制？根据《刑事诉讼规则》及《意见》相关规定，监察机关、检察机关或公安机关在调查、侦查期间发现自己对案件无管辖权，应及时移送有管辖权的机关依法办理。也就是说，在本阶段发生职能管辖错位同样采取直接移送规则。须注意的是，本阶段监察机关、检察机关、公安机关向有管辖权的办案机关移送案件时移交的证据材料，经审查若符合法律法规关于证据能力的规定，应当可在刑事诉讼中作为证据使用，避免因重复取证造成司法资源的浪费。

2. 审查起诉阶段职能管辖错位及其规制。《刑事诉讼规则》第 357 条对检察机关在审查起诉阶段发现监检、检公、监公之间职能管辖错位问题进行了规制，其蕴含的内容十分丰富：

第一，由于监察机关对职务犯罪案件管辖全覆盖，故不存在监察机关对检察机关管辖的案件管辖越位问题。对于检察机关直接立案侦查的司法工作人员职务犯罪案件，审查起诉时发现案件属于监察机关管辖的，《刑事诉讼规则》规定"应当及时商监察机关办理"。这就赋予了监察机关极大的主动权与灵活性，检察机关"商"监察机关后越位管辖案件是继续由检察机关审查起诉，还是退回监察机关重新调查，完全由监察机关决定。③

第二，对于检察机关立案侦查的属于公安机关管辖的案件，基于诉讼效率的考量④，《刑事诉讼规则》采取了"实体审查兼及时移送"规制模式。即检察机关经实体审查后认为符合起诉条件的，可直接起诉；经实体审查认为事实不清、证据不足的，则应当及时移送有管辖权的公安机关办理。

第三，对于监察机关与公安机关发生的职能管辖错位问题，《刑事诉讼规则》采取了"实体审查、听取意见兼及时退回"的规制模式，即不论是公安机关移送的应属于监察机关管辖的案件还是监察机关移送的应属于公安机关管辖的案件，检察机关经实体审查后认为符合起诉条件的，应先征求监察、公安意见，若无不同意见，可直接起诉；若存在不同意见或经实体审查认为事实不清、证据不足的，则应当将案件退回移送机关并说明理由，建议其移送有管辖权的机关办理。

3. 审判阶段职能管辖错位及其规制。在审判阶段，对于因定性变化导致监察机关、

---

① 1979 年最高人民法院、最高人民检察院、公安部《关于执行刑事诉讼法规定的案件管辖范围的通知》规定"对于不属于自己管辖的，应当移送主管机关处理"；2006 年最高人民检察院《关于人民检察院立案侦查的案件改变定性后可否直接提起公诉问题的批复》规定，人民检察院立案侦查的案件在侦查阶段发现不属于自己管辖的，"应当及时移送有管辖权的机关办理"。

② 谢小剑：《刑事职能管辖错位的程序规制》，载《中国法学》2021 年第 1 期。

③ 谢小剑：《刑事职能管辖错位的程序规制》，载《中国法学》2021 年第 1 期。

④ 童建明、万春主编：《〈人民检察院刑事诉讼规则〉理解与适用》，中国检察出版社 2020 年版。

检察机关、公安机关无权管辖的案件，法律法规并没有作出明确规制。现行立法在审判阶段仅对地域管辖进行了规制，而对于审判后发现罪名定性错误导致的职能管辖错位问题，立法有意或无意采取了回避态度。实践中，审判机关一般按照最高人民法院《关于适用〈中华人民共和国刑事诉讼法〉的解释》等规定精神，对因为指控罪名不当导致的职能管辖错位案件，认为事实清楚，证据确实、充分的，则依据法律和审理认定的事实作出有罪判决；认为事实不清、证据不足，人民检察院可依法自行补充侦查，也可要求监察机关、公安机关等办案机关提供协助或补充提供证据。

有学者指出，审判阶段"完全无视职能管辖错位"[1]，不采取任何规制措施，一律根据实体来决定案件走向，有可能造成恶意职能管辖错位无法得到有效规制。不过，在审判阶段对职能管辖错位规制得过于严格，也将降低诉讼效率、浪费司法资源。基于此，笔者建议设置审判阶段恶意职能管辖错位案件规制规则。须注意，对职能管辖错位的"善意""恶意"的区分，不宜对办案机关苛以过高的法律责任，对于不是故意违反管辖规定立案，在调查、侦查后因事实证据变化或法律适用分歧造成的罪名变更，法院可依据案件实体状况直接判决。只有当办案机关明知不属于自己管辖，但为了获取办案业绩、外部干预等情况越位管辖的，才应当认定系"恶意职能管辖错位"，法院应当将案件退回检察机关并说明理由。

三、监检衔接中的互涉案件办理问题

互涉案件指的是有关人员既涉监察机关管辖罪名，又涉检察、公安等机关管辖罪名的案件。对于此类案件中出现的管辖、措施衔接等问题应如何处理，实务中做法不一，理论界也存在分歧与质疑。

（一）互涉案件的管辖

1. 互涉案件的管辖规则。监察体制改革以前，为解决检察机关与公安机关互涉案件的管辖问题，"六部委"[2] 于 1998 年联合印发《关于刑事诉讼法实施中若干问题的规定》，确定了检公互涉案件的"主罪优先"管辖原则，即对于既涉嫌检察机关管辖罪名、又涉嫌公安机关管辖罪名的案件，若主罪属于公安机关管辖，则由公安机关侦查为主，检察机关予以配合；反之则检察机关侦查为主，公安机关予以配合。监察体制改革后，监察机关同检察机关、公安机关等的互涉案件应如何处理？本文第二部分对监察机关与检察机关互涉案件的管辖问题已进行了讨论，此处仅探讨监察机关与公安机关互涉案件的管辖问题。

监察法确立了监察机关调查为主、其他机关予以协助的规则，即对于涉及监察机关的互涉案件，无须对主罪、从罪进行区分，一律以监察机关为主调查，其他机关予以协助。同时还确立了线索单项移送机制，即其他机关在工作中发现职务犯罪线索的，应移送监察

---

① 张曙：《刑事诉讼中的管辖错误及其处理》，载《法学家》2020 年第 3 期。
② 即最高人民法院、最高人民检察院、公安部、国家安全部、司法部、全国人大常委会法制工作委员会。

机关。该条款设置的单项线索移送及监察机关强势主导互涉案件调查的模式，一度被学界解读为"调查权优于侦查权"。

2. 调查优先与主罪优先规则之反思。对于监察法确立的互涉案件监察调查优先规则，学界认为存在诸多不合理之处，不利于互涉案件的处理。[①] 有学者指出，监察机关与公安机关的互涉案件，即相关人员既涉嫌职务犯罪，又涉嫌侵害公民人身财产权、危害国家安全、公共安全等重大暴力犯罪案件而言，如果按照"调查优先规则"，以监察机关为主调查，不利于发挥公安机关的侦查优势，甚至可能导致破案、取证等方面的困难。[②]

笔者认为互涉案件的管辖不宜"一刀切"地一律实行监察调查优先规则，而应在充分考虑国家反腐败大局的前提下，兼顾案件实际情况及调查侦查效率等因素，合理设置互涉案件管辖规则。具体而言，对"调查优先规则"设置例外情形，即监察机关与公安机关的互涉案件，当相关人员涉嫌的多个犯罪中，主罪为公安机关管辖的其他刑事重罪且公安机关侦查为主更有利于案件侦破时，可以由公安机关侦查为主，监察机关予以配合。

（二）互涉案件的措施衔接

互涉案件办理过程中，存在监察机关与其他机关均需采取强制措施情形。此时不同机关采取的强制措施之间应如何衔接的问题不仅涉及调查权与侦查权、检察权的兼容协调，也涉及具体程序制度的设计。

1. 监察调查措施与刑事强制措施衔接中存在的问题。实践中，互涉案件的措施衔接存在以下三个方面的问题：其一，监察调查措施与刑事强制措施的使用优先级应如何确定？其二，监察机关能否不适用留置措施，而由其他配合机关采取刑事强制措施？或者侦查机关能否不适用刑事强制措施，而由配合调查的监察机关采取留置措施？其三，不同措施能否叠加适用？

2. 不同措施衔接的路径设计。不论是留置还是其他刑事强制措施，都应严格依照法律规定的条件适用。在此前提下，对上述问题可通过程序设计予以规范。首先，应明确对于监察机关调查为主、其他机关予以配合的案件，一般应当优先适用留置措施；对于公安机关侦查为主、监察机关予以配合的案件，一般应当优先适用刑事强制措施。其次，监察机关调查为主时，应当负责统筹措施适用，其与其他机关协商一致，认为适用刑事强制措施更为适宜且符合法定条件的，可以适用刑事强制措施。反之，公安机关为主侦查时，不应允许适用留置措施。从有利于当事人角度出发，公安机关侦查为主时，不应采取监察调查措施。再次，考虑到留置与拘留、逮捕措施性质相近，都对被调查、侦查对象人身自由加以限制，具有互斥性，因此对同一被调查、侦查对象，不得同时采取留置和拘留、逮捕措施。当犯罪嫌疑人已被拘留、逮捕时，监察机关确因调查需要须采取留置措施的，应与检察机关、公安机关协商一致，待后者依法解除拘留、逮捕后，方可采取留置措施。当监察机关解除留置后，检察机关、公安机关继续侦查，符合法定条件的，可依法采取拘留、逮捕措施，此前已采取的刑事强制措施时间应当计入本次同类强制措施羁押期间。对于已

---

① 卞建林：《职务犯罪监检管辖之分工与衔接》，载《法学评论（双月刊）》2021 年第 5 期。

② 王秀梅、黄玲林：《监察法与刑事诉讼法衔接若干问题研究》，载《法学论坛》2019 年第 2 期。

被采取取保候审、监视居住的犯罪嫌疑人，监察机关可依法采取留置措施，无须办案机关办理解除手续。

四、监检衔接中的措施转化问题

监察体制改革后，监察机关与检察机关对职务犯罪案件以监察调查终结、移送审查起诉为线，各管一段①，二者之间泾渭分明又各自封闭的权力运行状态造成案件进入刑事诉讼程序后，监察调查措施与刑事强制措施之间转化问题成为司法实践的一大难点。

（一）留置与刑事强制措施的转化

1. 先行拘留模式的确立。为解决监察机关对被调查人已采取留置措施的案件，移送审查起诉后留置与刑事强制措施的衔接问题，《刑事诉讼法》第 170 条确立了先行拘留模式。②从理论层面来说，"先行拘留"的设立意味着在职务犯罪案件监察调查和审查起诉环节之间增设了一项强制措施审查环节③，作为监察权与检察权衔接过程中的一个缓冲地带，使得检察机关能够对完全由监察机关内部决定与批准的留置措施进行审查，从而依法决定应当对犯罪嫌疑人适用何种刑事强制措施。

2. 先行拘留模式存在的问题及规制。先行拘留期间对强制措施的审查是属于审查起诉阶段的一个环节，还是独立于审查起诉的诉讼阶段？厘清这一问题是解决先行拘留期间能否委托辩护人、能否退回补充调查等问题的基础。

在检察机关"捕诉一体"工作机制下，同一案件的审查逮捕、延期审查、审查起诉等都由同一部门同一员额检察官办理。④先行拘留期间对强制措施的审查实际上由职务犯罪公诉部门审查起诉的检察官承担，这一期间对强制措施的审查与下一期间的审查起诉在时间上是前后相继关系，如果强行要求办案检察官在这期间仅审查强制措施适用，而后再审查起诉，既不合理也不现实。⑤事实上，办案检察官在审查强制措施适用时，会一并就案件事实及证据是否达到起诉标准进行审查，强制措施审查程序实际上与审查起诉程序发生了混同。故笔者认为先行拘留期间对强制措施的审查并非独立的诉讼阶段，而是从属于审查起诉阶段的一个环节。

综上所述，在先行拘留期间，犯罪嫌疑人理所应当具有委托辩护人的权利。在此期间，检察机关认为案件需要补充核实的，理论上可以将案件退回监察机关补充调查。但与传统的刑事案件退回补充侦查不同，职务犯罪案件退回补充调查采取的是"退案不退人"模式。监察机关在退回补充调查期间，对犯罪嫌疑人沿用检察机关的刑事强制措施。然而，法律规定的先行拘留期间仅为 10 日，特殊情况下也只能延长 1 日至 4 日。若检察机

---

① 高童非：《监检衔接中先行拘留措施的法教义学反思》，载《地方立法研究》2020 年第 2 期。
② 即对于监察机关移送起诉的已采取留置措施的案件，人民检察院应当对犯罪嫌疑人先行拘留，留置措施自动解除。
③ 高童非：《监检衔接中先行拘留措施的法教义学反思》，载《地方立法研究》2020 年第 2 期。
④ 参见《上海市检察机关捕诉合一办案规程（试行）》。
⑤ 高童非：《监检衔接中先行拘留措施的法教义学反思》，载《地方立法研究》2020 年第 2 期。

关在此期间将案件退回监察机关补充调查，监察机关将只能沿用检察机关的先行拘留措施，一旦期间届满，犯罪嫌疑人将处于一种不确定状态。为避免此种情形的发生，应以检察机关在依法作出是否逮捕、取保候审或监视居住的决定后再行退回补充调查为宜。

（二）未被采取留置措施与刑事强制措施的衔接

监察机关对被调查人未采取留置措施的案件，移送审查起诉时，监察机关可以根据案件情况对被调查人身体状况、心理状态、人身危险性等情况作出说明，并向检察机关提出采取何种强制措施的建议。检察机关在受理监察机关移送审查起诉的未采取留置措施的案件后，在审查起诉过程中可根据案件实际情况对强制措施适用进行审查，并依法作出是否逮捕、取保候审或监视居住的决定。

五、结语

职务犯罪的监检衔接是连接着监察调查程序与刑事诉讼程序的关键之所在。监察权与检察权在运行上各自独立造成监检衔接环节存在诸多问题。本文从监检两机关在案件提前介入、职能管辖、互涉案件办理、留置与刑事强制措施的转化等方面存在的问题着手探寻解决路径，以期能够对推动监检顺畅衔接、职务犯罪案件高质量办理有所助力。当然，本文所列的问题并非监检衔接困境的全部，监检两机关仍需进一步明晰各自职能定位，对实践中暴露出的新问题中大胆探索，同时在理论上进行讨论、分析，最终形成逻辑严密的完整理论体系。

浅析检察机关提前介入职务犯罪案件
工作完善路径

秦瑞东*

一、实践依据：探索制定检察机关提前介入职务犯罪案件的规范性文件

2018 年监察法的出台实施，我国建立起以党的纪律检查委员会与监察委员会合署办公为组织基础的反腐败治理体系。作为推进国家治理体系与治理能力现代化的重要举措，监察体制改革整合了过去党内纪律检查、行政监察与职务犯罪侦查领域各自分散的反腐败资源，实行执纪审查与执法调查双轨并行的集中统一、权威高效的反腐败体制机制。①

自监察体制改革以来，各级检察机关切实提高政治站位，全力支持配合纪检监察机关改革，积极顺应改革后党对反腐败工作集中统一领导的新形势，以及职务犯罪案件处理纪在法前的程序特点，会同监察机关探索形成检察机关提前介入职务犯罪案件调查活动的办案工作机制，从源头上强化案件审查，提高办案质效。2019 年年初，最高人民检察院制定《人民检察院提前介入监察委员会办理职务犯罪案件工作规定》，为提前介入工作提供规范指引。2019 年 12 月底，最高人民检察院发布的《人民检察院刑事诉讼规则》，对检察机关办理职务犯罪案件的程序和机制进行了专门的规定。2020 年年底，国家监察委员会、最高人民法院、最高人民检察院、公安部联合下发了《关于加强和完善监察执法与刑事司法衔接机制的意见（试行）》（以下简称《意见》）。《意见》聚焦新情况新问题，涉及管辖、提前介入、证据、留置与刑事强制措施、移送起诉等多个方面，进一步完善了衔接的制度机制。实践中，监察机关商请人民检察院提前介入案件，一般应当在案件进入正式审理阶段、拟移送人民检察院审查起诉十五日以前。人民检察院一般应当在提前介入十日内审核案件材料，并对证据收集、事实认定、案件定性、法律适用等提出书面意见。监察机关收到人民检察院提前介入意见后，应当及时审核，认为需要补正的，应及时补正，并将补正材料及时反馈给人民检察院。

---

①　参见马怀德：《构建集中统一权威高效的反腐败体制》，载《光明日报》2018 年 3 月 17 日，第 8 版。

二、实践情况：2021 年职务犯罪案件提前介入基本情况

（一）提前介入比例相对较高

2021 年，全国检察机关受理职务犯罪案件 20737 件 24313 人，其中提前介入 10752 件，占受理案件数的 51.85%，同比增加 9.33 个百分点。各级监察机关移送案件 18089 件 20754 人，其中提前介入 10015 件，提前介入所占比例为 55.37%，同比增加 10.99 个百分点。根据相关文件规定，提前介入案件主要集中在重大、疑难、复杂及在当地有重大影响的案件，一半以上的案件有提前介入，可见提前介入比例相对较高。

（二）提前介入工作各地开展不平衡

如图 1 所示，2021 年 G 省、Y 省、H 省、Z 省、J 省提前介入比例较高，D 省、B 市、T 省、N 省提前介入比例相对较低，各地工作开展不平衡。

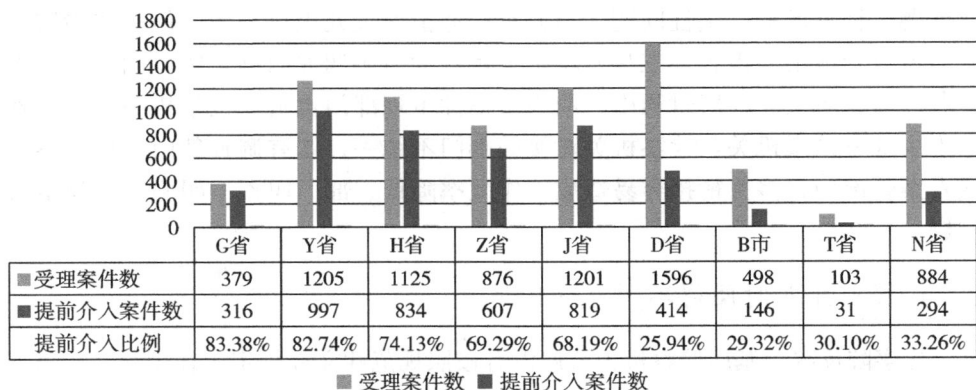

	G省	Y省	H省	Z省	J省	D省	B市	T省	N省
受理案件数	379	1205	1125	876	1201	1596	498	103	884
提前介入案件数	316	997	834	607	819	414	146	31	294
提前介入比例	83.38%	82.74%	74.13%	69.29%	68.19%	25.94%	29.32%	30.10%	33.26%

■ 受理案件数　■ 提前介入案件数

图 1　2021 年部分省级检察机关提前介入比例分布情况

（三）提前介入案件罪名主要集中在贪污贿赂罪

从罪名分布来看，2021 年，全国检察机关提前介入的 10752 件案件中，受贿案占比 46%、贪污案占比 25%、行贿案占比 10%、挪用公款案占比 5%、玩忽职守案占比 4%、单位行贿案占比 3%、滥用职权案占比 3%，其他诸如对单位行贿案、帮助犯罪分子逃避处罚案、徇私枉法案、私分国有资产案共计占比 4%。

（四）有效降低了"案－件比"

调研中发现，各地检察机关对于职务犯罪案件提前介入比例高的，案件移送检察机关后退查的比例就低；反之，提前介入比例低的，案件移送检察机关后退查的比例就高。从现阶段来看，指定异地管辖案件退查比例较高，主要原因在于受时限及异地办案衔接机制影响，异地管辖案件基本没有由被指定的检察机关提前介入，因此导致退查比例较高。总的来看，检察机关的有效提前介入，对于落实检察机关主导责任、提升案件质效、减少案

件退查、降低"案－件比"均具有积极意义。

三、实践样本：六省份职务犯罪案件提前介入工作情况分析

笔者选取六个省份①的职务犯罪案件提前介入实践作为研究样本，六地检察机关强化办理职务犯罪案件中的互相配合、互相制约，注重协商沟通，及时总结归纳实践经验，推动建立权威高效、衔接顺畅的工作机制，提前介入工作总体顺畅、高效，同时实践中也存在一定的问题。

（一）提前介入程序不够规范

一是商请不规范。一些检察院在提前介入前未收到书面商请函，监察机关多以电话通知提前介入，形式上的不规范影响监检两机关对提前介入工作的重视程度，同时，没有书面留痕在后期出现争议时可能发生两家"扯皮"的问题。二是报告不规范。按照规范要求，检察人员提前介入后应将提前介入工作情况形成报告，内容包括介入中发现的事实问题、证据问题、定性问题、与监委沟通情况及处理意见等，但一些检察人员提前介入后没有形成书面报告。三是监察机关对外沟通协调部门仍未统一归口。根据相关规定，各级监察机关在办案过程中，应当由案件审理部门负责与检察机关对接工作。但实践中不少地方监察机关与检察机关对接的部门不统一，既有调查部门，也有案件审理部门或者案管部门，多头衔接容易造成工作效率降低、部门职责不明确、工作落实不到位等问题。

（二）提前介入时间得不到充分保证

基层检察院反映，基层监察机关普遍没有按照规范性文件规定，在拟移送审查起诉前15日通知检察机关提前介入。部分案件甚至临近移送起诉时才通知提前介入，预留给检察机关介入的时间不充分，导致提前介入工作压力增大，难以保障提前介入工作质量。由于提前介入时间保障不足，检察机关提前介入提出的完善证据建议，调查人员也难以在移送起诉前补证到位。

（三）提前介入的范围把握不一

提前介入的案件一般为"重大、疑难、复杂案件"，这一表述明确了并非所有的案件都需要提前介入，但是对于具体介入范围的限定又并不十分明确，缺乏进行定量判断的客观标准。由于介入职务犯罪案件只能受商请进行，因此各地提前介入案件比例的高低，根本上取决于当地监察机关的提前介入理念和对提前介入案件范围的把握。有的地方采取案案覆盖式的介入，不利于将有限办案资源集中于重大疑难复杂案件，影响介入实效。与此相反的是，有的监察机关则对提前介入工作重视程度严重不足，从未商请检

---

① 六省数据为蓝本进行分析，其中有提前介入比例比较高的三个省份，也有比例较低的三个省份，具有一定代表性。

察机关提前介入案件。

（四）提前介入质效有待进一步提高

一些地方检察院同志反映，个别监察机关对疑难复杂案件进行调查时，案件尚未进入监察机关内部审理环节，调查材料不全、未形成卷宗。调查人员甚至未能对案件事实、性质形成初步意见，就通知检察机关提前介入。检察机关提前介入后，出现让检察人员帮忙"拿意见"、定罪名、"指导"调查的现象。由于案件尚未调查完毕，证据材料欠缺较多，导致检察机关在提前介入期间，一边审查阅卷一边"等"证据，提前介入效率低、周期长，无法在规定的时间内完成介入工作。另外，监检两家的沟通协调工作还需要进一步精细化，有的监察机关办案人员对检察机关补证意见不够重视，对检察人员提出的完善证据的意见，不能进行有效补查，影响提前介入工作成效。

（五）异地管辖案件提前介入工作虚化

调研中发现异地管辖案件普遍没有提前介入，即使小部分由原受案检察机关提前介入也可能因后续沟通问题导致监检衔接不顺。如 S 省 H 市监察委移送审查起诉的张某某涉嫌贪污、国有公司人员滥用职权案，经 S 省检察院指定管辖，由 S 省 D 市检察院审查起诉。D 市检察院经审查，认为其中涉嫌贪污罪部分，应以国有公司人员滥用职权罪来评价。但 D 市检察院在与 H 市监察委沟通时，H 市监察委表示 H 市检察检已对该案进行了提前介入，表示对该部分定性为贪污无异议。可见，异地管辖案件提前介入机制的优势没有充分发挥出来。

（六）提前介入的专门性、专业化能力需改进

部分检察机关职务犯罪案件提前介入未能做到专人专办、繁简分流，办案能力、办案质效有待提升，尤其是基层院案多人少的矛盾较突出，检察官基本上在承办职务犯罪案件的同时都还在受理和审查其他类型的案件，手上有多个案件或者积压了多个案件，包括承担其他工作任务的情形比较普遍。有的检察官因为对职务犯罪案件提前介入机制不熟悉、沟通不畅、法律法规熟悉程度和司法实践经验欠缺，提出的完善证据意见不科学、不专业、不可行，部分案件未能发挥好提前介入的功能，案件到了审查起诉环节又进一步延长审查起诉期限和退回补充调查，影响到"案－件比"和办案质效。

（七）极个别地方监察机关以借调办案的方式要求检察人员参与案件调查活动

提前介入工作应严格依法、强化制约、适度介入，既要讲究配合，又要注意相互独立，各司其职，不能将提前介入等同于联合办案。但极个别地方还存在监察机关以借调办案等方式要求检察人员参与调查活动。

四、职务犯罪案件提前介入工作的完善路径

(一) 进一步健全机制，持续推进监检衔接规范化建设

一是各级检察机关抓实制度执行，切实将"配合是政治要求，制约是法定责任"落到实处。重点要认真贯彻落实《国家监察委员会与最高人民检察院办理职务犯罪案件工作衔接办法》《人民检察院提前介入监察委员会办理职务犯罪案件工作规定》以及《关于加强和完善监察与刑事司法衔接机制的意见》等规定，切实把提前介入相关制度规定落细、落实。二是注重沟通协商，确保反腐败斗争形成合力。在提前介入工作全过程，都要及时与监察机关多沟通协商，多交换看法，多统一认识。具体工作中多一些"人来人往"，少一点"文来文往"。三是探索建立联合督导、培训机制。通过联合调研、督导，有利于推动各级监察机关自上而下规范提前介入工作；通过联合培训、同堂培训等方式，构建共同知识背景，有利于统一对包括提前介入工作在内的各方面监检衔接工作的认识和执法标准。

(二) 进一步提高站位，切实增强职务犯罪提前介入工作重要性的认识

提前介入工作是检察机关积极配合监察体制改革深入推进的充分体现，也是保证案件质量的内在需要，更是检察机关讲政治、顾大局的纪律要求。做好职务犯罪提前介入工作，是职务犯罪检察部门的重大政治责任，各级检察机关要进一步提高站位，强化认识，摆正态度，克服困难，积极主动开展好这项工作，切实为推进监察体制改革和反腐败斗争做出积极贡献。

(三) 进一步强化履职，着力提升职务犯罪提前介入工作专业化水平

一是突出重点。正确把握提前介入工作的定位和任务，把握好介入的案件范围、时机和介入程度，要将重点放在主要证据补强、重大事实认定、疑难法律适用以及非法证据排除等方面。二是依法制约。坚持法治原则，严把事实关、证据关、法律关，依法提出意见建议。不能混淆职责，确保提前介入质量效果。三是培养人才。积极推进专业化人才建设，着力提高职务犯罪检察人员适应新形势、新任务的综合业务素能，切实加强专业人才和专业技能储备。四是优化力量。结合检察机关内设机构改革的实际，科学设置职务犯罪检察机构或职务犯罪办案组，进一步优化办案力量，确保职务犯罪提前介入工作有人做，能做好。

(四) 进一步科学管理，推动职务犯罪提前介入工作健康发展

一是加强对下指导、督查。最高人民检察院加强业务指导，适时发布指导性或典型案例；上级检察机关定期对职务犯罪提前介入案件开展专项评查，分析研判，适时向同级监察委通报提前介入工作中存在的问题。二是健全职务犯罪提前介入案件管理和检察人员业绩考核机制。案管部门定期对职务犯罪提前介入案件及时、准确填录统一业务应用系统进行检查和逐案核查，及时通报系统填录问题。科学设计检察人员绩效考核管理指标，将提

前介入案件作为检察人员业绩考核的办案类型，并根据案件难易程度，确定合理的权重分，更好地发挥指挥棒作用，引领、促进检察人员自觉主动办理好提前介入工作。将审查起诉标准有效外化为具有可操作性的引导取证建议，通过提前介入增进监检相互认同、凝聚反腐合力。三是加强检察理论研究。及时总结提炼监检衔接、提前介入等程序方面的实践经验，发现办案中存在的问题，从理论上深加阐释、为实践提供指引。融合法学界和其他政法、纪检监察系统的研究力量，广泛吸取专家学者、实务界理论研究成果和经验，进一步形成共识，增强理论认同，健全职务犯罪检察理论研究体系。

职务犯罪案件刑事强制措施问题研究

张翠松*

职务犯罪案件来源特殊、办案对象特别，适用法律和程序也有独特之处，在强制措施审查和适用方面具有特殊性和复杂性。从理论上分析，职务犯罪案件作为非暴力犯罪案件，在羁押强制措施查证保障功能弱化、犯罪嫌疑人人身危险低、再犯职务犯罪可能性小、轻缓刑率高①等情况下，其诉前羁押率应远低于普通犯罪案件，但是从实践的数据来看，职务犯罪案件的诉前羁押率高于刑事检察平均值。职务犯罪案件强制措施适用理论与实践之间的张力和背离现象的原因是什么？职务犯罪强制措施制度存在哪些特殊之处，这些特殊问题背后的原因和深层逻辑是什么？本文从法律规范文本和制度运行的双重视角来考察职务犯罪刑事强制措施的特殊性，全面分析和检视职务犯罪强制措施适用中存在的问题及原因，并针对职务犯罪特点提出解决问题的路径和对策。

一、职务犯罪案件刑事强制措施的规范特征

监察体制改革后，职务犯罪案件办理呈现出监察调查程序和刑事诉讼程序的二元性②特征，这种二元性特征在强制措施方面体现为职务犯罪案件的强制措施既包括监察调查阶段监察机关采取的留置措施也包括刑事诉讼阶段采取的拘留、逮捕等刑事强制措施。职务犯罪刑事强制措施与留置措施有本质的不同，同普通刑事案件的刑事强制措施相比，在诉讼阶段、适用条件、功能定位等方面也有所不同，职务犯罪刑事强制措施具有独立性和衔接性双重特征，这一特征决定了职务犯罪案件强制措施的适用和考量因素更复杂。

（一）职务犯罪与普通犯罪刑事强制措施的区别

根据刑事诉讼法和监察法的规定，职务犯罪案件检察机关可以采取拘留、逮捕等强制措施，虽然二者都属于刑事强制措施范畴，但与普遍刑事犯罪案件采取的刑事强制措施相比，在诉讼阶段、强制措施种类、适用条件、功能定位等方面均有所不同，主要表现如下：

---

* 北京市人民检察院第二分院第三检察部副主任、三级高级检察官。

① 据统计，党的十八大以来人民法院审查的职务犯罪案件中，被判处 3 年有期徒刑以下刑罚（包括缓刑）或者免于刑事处罚的犯罪分子均占到了总案件数和判刑人数的 80% 以上。参见郭慧、牛克乾：《职务犯罪审判与国家监察工作如何有机衔接的若干建议》，载《法律适用》2018 年第 19 期。

② 李勇：《〈监察法〉与〈刑事诉讼法〉衔接问题研究——"程序二元证据一体"理论模型之提出》，载《证据科学》2018 年第 5 期。

1. 从诉讼阶段上看，普通刑事案件检察机关的审查逮捕决定是在公安机关的侦查阶段，此时公安机关的侦查活动尚未终结，因此，实践中逮捕措施被赋予获取犯罪嫌疑人口供等查证保障功能。职务犯罪案件的刑事强制措施是监察机关调查终结移送检察机关后采取的，根据《监察法实施条例》第35条的规定，该阶段的强制措施是在调查机关认为犯罪事实清楚，证据确实、充分，需要追究刑事责任的情况下，依法移送人民检察院审查起诉后采取的措施，强制措施审查所处诉讼阶段的不同也决定了职务犯罪案件证据情况以及羁押措施的功能定位不同。

2. 从强制措施种类上看，普通刑事案件可以适用拘传、取保候审、监视居住、拘留、逮捕五种措施，但是职务犯罪案件刑事诉讼法只规定了拘留、逮捕、取保候审、监视居住四种措施，而没有规定强制到案的拘传措施。根据公法"法无授权不可为"的原则，刑事诉讼法未赋予司法机关的权力，就不能认为具有该项权力，因此，在职务犯罪案件中不可以适用拘传措施，同样的道理对于未留置的案件也不能适用拘留的措施。

3. 从适用对象及条件上看，普通刑事案件拘留措施是一种临时性、紧急性的措施，其适用对象是现行犯或者是重大嫌疑分子，适用条件需要满足《刑事诉讼法》第82条规定的七个条件①之一，职务犯罪案件拘留对象是采取留置措施的人，对于在监察调查阶段没有采取留置措施的，是不能适用拘留的。职务犯罪的拘留条件也与普通刑事案件的拘留条件大不相同，其是作为与监察机关留置案件相衔接的一种措施，是为了监检办案衔接工作的需要。从逮捕的条件看，根据《刑事诉讼法》第81条的规定，逮捕有三种情形，我们一般称之为：一般逮捕、径行逮捕和转为逮捕。其中对于一般逮捕的三个条件（证据条件②、刑罚条件③和社会危险性条件④），在实践中职务犯罪案件执行和把握的证据条件有所不同，由于职务犯罪是在案件调查终结后采用的强制措施，此时大部分职务犯罪案件已经达到了事实清楚，证据确实、充分的程度，而不仅仅是有证据证明有犯罪事实，因此，职务犯罪案件逮捕的证据条件一般都高于普通刑事案件。

4. 从功能定位上看，普通刑事案件的逮捕制度实践中具有查证保障、程序保障等多种功能，甚至有的还被赋予惩罚的职能，而职务犯罪案件移送检察机关前已经过3—6个月的留置，监察机关移送起诉时已认为案件事实清楚，证据确实、充分，此时采取的强制措施，其查证保障功能已大大弱化。

---

① 包括（1）正在预备犯罪、实行犯罪或者在犯罪后即时被发觉的；（2）被害人或者在场亲眼看见的人指认他犯罪的；（3）在身边或者住处发现有犯罪证据的；（4）犯罪后企图自杀、逃跑或者在逃的；（5）有毁灭、伪造证据或者串供可能的；（6）不讲真实姓名、住址，身份不明的；（7）有流窜作案、多次作案、结伙作案重大嫌疑的。

② 有证据证明有犯罪事实。

③ 可能判处徒刑以上刑罚。

④ （1）可能实施新的犯罪的；（2）有危害国家安全、公共安全或者社会秩序的现实危险的；（3）可能毁灭、伪造证据，干扰证人作证或者串供的；（4）可能对被害人、举报人、控告人实施打击报复的；（5）企图自杀或者逃跑的。

（二） 职务犯罪刑事强制措施与留置的区别

我国刑事诉讼法意义上的刑事强制措施包括拘传、取保候审、监视居住、拘留以及逮捕五种措施，该五种措施因对人身自由剥夺时间和剥夺强度的不同，呈现出梯度性的体系化结构特征，实践中，司法机关可以依据不同案情区别适用。而监察法并未规定强制措施的概念，与刑事强制措施衔接的唯一措施就是留置，留置虽然与讯问、询问、查封、扣押等调查手段统一规定于第4章"监察权限"，但从本质上看留置措施即是对被调查人的审前羁押，是调查阶段实际发挥强制候审功能的措施。① 留置与逮捕作为限制人身自由的羁押措施，二者具有很多相似性，比如都具有程序保障的功能、都可以折抵刑期，适用的条件也类似，都是"企图或可能逃跑、自杀的"或者"可能串供或者伪造、隐匿、毁灭证据的"等，但不可否认二者在适用程序性质②、适用对象范围③、羁押期限④、主要功能定位⑤、是否允许律师会见等方面又具有本质的不同。留置与逮捕的区别和联系既是监检强制措施衔接的基础也是职务犯罪刑事强制措施保持独立性的关键所在，在留置阶段主要调查取证工作结束后，进入审查起诉阶段的逮捕措施需要以必要性为原则实现保障诉讼顺利进行的核心功能。

（三） 职务犯罪刑事强制措施具有独立性和衔接性的双重特征

通过上述对职务犯罪刑事强制措施的对比分析，我们发现职务犯罪刑事强制措施的适用是与监察调查阶段留置措施适用密切相关的问题，现行刑事诉讼法、《人民检察院刑事诉讼规则》（以下简称《刑诉规则》）、《关于加强和完善监察执法与刑事司法衔接机制的意见（试行）》（以下简称《衔接意见》）等制度规范区分了留置案件与非留置案件两种不同的衔接程序，对于留置案件，人民检察院以先行拘留对接，执行拘留后检察机关在10—14日内作出是否逮捕、取保候审或者监视居住的决定；对于非留置案件，检察机关如何采取强制措施刑事诉讼法没有明确的规定，《刑诉规则》第146条进行了专门的规定，检察院受理案件后根据案件情况可以采取逮捕、取保候审或者监视居住措施。从上述法律规定来看，职务犯罪案件的刑事强制措施具有独立性和衔接性的双重特征。所谓独立性是指案件移送检察机关后，检察机关对进入刑事诉讼阶段的强制措施的适用具有独立的审查权和决定权，是否采取强制措施、采取何种强制措施由检察机关根据案件情况审查决定。所谓衔接性是指检察机关强制措施的种类及适用与监察调查阶段是否留置以及监察机关的意见密切相关，对于留置的案件，刑事诉讼法规定一律以"先行拘留"对接，这里的先行拘

---

① 参见魏昌东：《〈监察法〉监察强制措施体系性缺失与重构》，载《南京师范大学学报（社会科学版）》2020年第1期。

② 留置适用于监察调查程序，逮捕适用于刑事司法程序。

③ 留置的对象既包括涉嫌职务违法行为也包括职务犯罪行为，而逮捕对象只能是涉嫌犯罪的人。

④ 留置时间一般不超过3个月，在特殊情况下可以再延长3个月。逮捕的羁押时间一般是2个月，因案情复杂等原因经批准可以延长1个月，经省级人民检察院批准最长期限可以达到7个月。

⑤ 留置具有调查取证和保障调查程序顺利进行两大核心功能，而进入审查起诉阶段后的逮捕核心功能就是保障程序顺利进行，并以必要性为原则。

留措施与《刑事诉讼法》第82条规定的公安机关对现行犯或者重大嫌疑分子的"先行拘留"的适用条件有所不同，实际上更多的带有监检过渡的色彩，是强制措施机制中的"衔接"所在。同时《衔接意见》规定，对于未留置案件作出逮捕、取保候审或者监视居住的决定前可以征求监察机关意见。监察机关可以根据案件情况提出对被调查人采取刑事强制措施的建议。也就是说对于未留置案件，监察机关可以对采取强制措施提出建议，检察机关在作出决定前也可以征求监察机关的意见。虽然《衔接意见》中用的是倡导性的"可以"，但是由于监察机关在反腐败工作中的地位和政治机关的特殊性，实践中检察机关一般都会征求监察机关的意见，这也是监检强制措施衔接的内容。职务犯罪刑事强制措施制度的特殊性以及其具有的独立性和衔接性的双重特征是理解职务犯罪案件强制适用中存在问题以及提出完善路径的关键所在。

二、职务犯罪刑事强制措施的运行情况及分析

（一）样本来源及说明

为了解职务犯罪刑事强制措施在实践中的运行样态，全面分析职务犯罪刑事强制措施审查中存在的问题及原因，笔者通过中国裁判文书网，以监察委员会①为关键词全文搜索了2021年全国职务犯罪刑事判决书，共检索到案例1685件，案件量最多的是四川省136件，最少的是海南省只有1件，每省平均的案件数是52.66件。为了使样本能够全面客观反映全国职务犯罪案件强制措施的适用情况，笔者选取了B直辖市、J省、Q省三个省（直辖市）共计201件案例为样本，之所以以这三地为样本主要考虑如下：一是从地域和经济发展水平上看，既有东部沿海省份也有西部地区又有直辖市；二是从诉前羁押率看②，既有排名第一的J省也有排名靠后的B市又有排名居中接近于全国诉前羁押率平均水平的Q省③；三是从案件数量来看，J省数量（共93件）排名靠前、B市（共75件）在全国中位数水平，Q省（共34件）低于全国平均数。

（二）三省市刑事强制措施的适用情况

从总体情况来看，三省（市）共检索到有效案例201件，其中监察机关移送时系采取留置措施的案件131人，未采取留置措施70人（其中19人系留置后监察机关主动解除留置案件），审查决定采取逮捕措施122人，采取取保候审措施79人，诉前羁押率达到60.70%。在强制措施审查阶段，经审查认为，对原留置人员未予逮捕16件，占比12.21%，对未留置人员依法做出逮捕决定8人，占比11.43%，在审查起诉阶段，经开展羁押必要性审查，

---

① 监察体制改革后职务犯罪案件呈现二元双轨制模式，即监察机关调查和检察机关自行侦查模式，其中监察委调查模式是主流模式，占案件量的绝大多数。

② 这个数据以2021年下半年最高人民检察院开展羁押必要性审查专项活动以来，最高人民检察院公布的2021年下半年全国诉前羁押率。

③ 据最高人民检察院第一检察厅负责人介绍，2021年下半年，诉前羁押率降至40.47%，比上半年下降近5个百分点，比2020年同期下降3个百分点；第四季度诉前羁押率降至36.31%。参见《最高检决定将羁押必要性审查专项活动延长一年》，载微信公众号"最高人民检察院"2022年2月18日。

认为无继续羁押必要，将逮捕变更为非羁押强制措施 1 人，占比 0.82%。

从三省（市）的情况分别来看，B 市共检索到有效案例 74 件，其中监察机关移送时采取留置措施的 38 人，未采取留置措施 36 人（其中 3 人系留置后监察机关主动解除留置案件），审查决定采取逮捕措施 43 人，采取取保候审措施 31 人，诉前羁押率 58.11%。在强制措施审查阶段，经审查认为，对原留置人员未予逮捕 2 件，占比 5.30%，对未留置人员依法做出逮捕决定 7 人，占比 19.44%，在审查起诉阶段，经开展羁押必要性审查，认为无继续羁押必要，将逮捕变更为非羁押强制措施 1 人，占比 2.33%。

J 省共检索到有效案例 93 件，其中监察机关移送时系采取留置措施的案 73 人，未采取留置措施 20 人（其中 9 人系留置后监察机关主动解除留置案件），审查决定采取逮捕措施 59 人，采取取保候审措施 34 人，诉前羁押率 63.44%。在强制措施审查阶段，经审查认为，对原留置人员未予逮捕 13 件，占比 17.81%，对未留置人员依法做出逮捕决定 0 人，在审查起诉阶段，经开展羁押必要性审查，认为无继续羁押必要，将逮捕变更为非羁押强制措施 0 人。

Q 省共检索到有效案例 34 件，其中监察机关移送时系采取留置措施的案 20 人，未采取留置措施 14 人（其中 7 人系留置后监察机关主动解除留置案件），审查决定采取逮捕措施 20 人，采取取保候审措施 14 人，诉前羁押率 58.82%。在强制措施审查阶段，经审查认为，对原留置人员未予逮捕 1 件，占比 5%，对未留置人员依法做出逮捕决定 1 人，占比 7.14%。在审查起诉阶段，经开展羁押必要性审查，认为无继续羁押必要，将逮捕变更为非羁押强制措施 0 人。

（三）职务犯罪刑事强制措施适用呈现的特点及问题

1. 强制措施审查是一项实质性审查，检察机关依法独立行使了审查职能。监察法和刑事诉讼法赋予了检察机关依法独立行使强制措施审查的职能，从实践数据来看，上述三省（市）都有对留置不予逮捕以及未留置案件进行逮捕的案件，特别是 J 省对原留置人员未予逮捕 13 件，占比 17.81%，B 市对未留置人员依法做出逮捕决定 7 人，占比 19.44%，上述数据表明留置不一定逮捕，未留置也不一定取保，强制措施审查是一项实质性审查，而不是走过场的衔接程序，检察机关在实践中较好地独立履行了该项职责，具体应适用何种强制措施需要检察机关结合案件事实、证据情况，按照逮捕、取保候审等强制措施的适用条件独立决定。

2. 职务犯罪案件诉前羁押率和羁押后轻型率双高。从三地数据来看，三省（市）诉前采取逮捕措施的案件达到 121 件（共逮捕 122 人，其中 1 人开展羁押必要性审查后变更为取保），诉前羁押率达到 60.2%，羁押候审仍是职务犯罪案件的常态。职务犯罪的诉前羁押率不仅比 2021 年下半年全国刑事检察诉前羁押率（40.47%）高出大约 20 个百分点，与常见的十个罪名诉前羁押率相比，仅低于走私、贩卖、运输、制造毒品罪，高于危险驾驶、盗窃、诈骗、交通肇事、寻衅滋事等罪名。此外，三省市逮捕后判处 3 年以下有期徒刑的案件达到了 43 件，羁押后轻刑①案件比例较高，达到了 35.25%，其中 Q 省的轻刑率

---

① 3 年以下有期徒刑案件。

高达 65%。在 43 件判处轻刑的案件中除了有 3 件被告人不认罪或者没有如实供述不符合取保候审的条件外，其余 40 件案件均系适用认罪认罚的案件，对可能判处较轻刑罚、没有社会危险性的犯罪嫌疑人适用羁押强制措施，背离了强制措施制度初衷，也不符合宽严相济刑事政策的要求。

3. 逮捕措施适用与监察机关是否适用留置密切相关，"留置即捕"现象较为突出。由于现行法律规范对职务犯罪强制措施的适用采用的是留置与非留置案件二元区分的衔接制度设计、留置和逮捕措施适用条件具有的相似性以及监察机关在职务犯罪案件查办过程中的主导地位等多重因素，实践中对于留置案件大部分都由拘留转为了逮捕，从三地的数据看，131 件逮捕的案件中有 114 件是监察机关留置的案件，留置后逮捕率达到了 87.02%，Q 省留置后逮捕率甚至达到了 95%，可以说司法实践中"留置即逮捕"的现象十分明显。① 职务犯罪案件强制措施适用出现的"留置即捕"现象是"构罪即捕"在职务犯罪领域的新表现，这种现象向后传导到法院容易产生留置绑架起诉、定罪、量刑，影响司法公正，形成"留置中心主义"的风险。

4. 行贿类②犯罪非羁押措施适用比例高，羁押强制措施适用呈现"重受贿轻行贿"现象。"重受贿轻行贿"一直以来都是职务犯罪案件查办中存在的现象，这种"重受贿轻行贿"思维在强制措施适用领域的表现就是强制措施适用中行贿类案件非羁押措施适用比例高，从三地的数据来看，检察机关对行贿类犯罪适用取保候审比例较高，40 件涉嫌行贿类案件中，采取取保候审措施的案件达到 32 件，占比 80%，同时行贿类案件也是所有案件类型中适用取保候审比例最高的，80 件取保候审案件中，32 件是行贿类犯罪案件，占比达到了 40%。行贿类犯罪取保候审比例高的原因有很多，除了前述提到的办案中存在的"重受贿轻行贿"的思维外，行贿罪特别是单位行贿罪法定刑较低，符合取保候审的适用条件，也是一大原因。另外实践中对那些认罪态度好、积极配合调查的行贿人在调查阶段留置场所紧张、"资源有限"的情况下，采取"走读式谈话"的方式非常普遍，案件移送检察机关后，在行贿人态度没有变化的情况下，除非是可能判处 10 年以上有期徒刑属于径行逮捕的情形外，一般优先适用取保候审措施，特别是在疫情防控常态化的情况下，各地看守所对非留置收监案件审查严格、手续烦琐，使得对行贿人采取非羁押措施更为常见。

5. 强制措施审查职能履行不够充分，审查中重证据、刑罚条件，轻社会危险性条件。按照监察法、刑事诉讼法的规定检察机关在先行拘留后，应针对刑事强制措施履行司法审查判断职责，即从证据条件、刑罚条件、社会危险性案件来判断是否适用逮捕措施，这三个条件是有逻辑层次的，其中证据和刑罚条件是前提、基础条件，社会危险性条件是核心条件，但是从实践来看，检察机关对强制措施审查职能履行不充分，审查中普遍存在的重视证据条件、刑罚条件、忽视社会危险性条件的现象，对社会危险性条件说理和审查不够充分，只要是可能判处 3 年以上有期徒刑，即使没有社会危险性的 5 个条件一般也予以逮捕。甚至有的地区检察官对案件的强制措施审查中出现"跟着监察委走"的现象，即留置

---

① 参见史卫忠：《监察机关与检察机关办案衔接难点问题解析》，载《人民检察》2021 年第 21 期。
② 主要是指行贿罪、单位行贿罪、介绍贿赂罪等。

案件一般逮捕、未留置案件一般都取保。比如 Q 省 20 件留置案件中未逮捕的只有 1 件，14 件未留置案件中未取保的也只有 1 件，逮捕的 19 件案件中轻刑率达到 65%。也正是因为强制措施审查职能实质性发挥得不够，有学者提出从诉讼经济的角度来看，设置独立的强制措施审查决定程序有浪费司法资源之嫌。主要的理由就是基于既往经验，检察机关审查起诉时对于侦查机关（调查机关）采取的强制措施往往持认可态度，即使设立专门程序对强制措施再进行审查，一般也是同意批准逮捕。①

6. 羁押必要性审查职能弱化，审查起诉阶段变更强制措施数量较少。羁押必要性制度确立的前提是逮捕与羁押分离，转变"一押到底"的传统观念，其立法要旨是加强对犯罪嫌疑人、被告人捕后羁押必要性的动态考察，对不需要继续羁押的予以释放或变更强制措施，最大限度地维护犯罪嫌疑人、被告人的合法权益。因此开展羁押必要性审查，应着眼于时间的纵向变化，重点考察原逮捕决定是否正确，捕后案件证据、案件事实是否发生变化，包括罪与非罪、罪轻与罪重、从轻与从重、悔罪态度等。但是职务犯罪案件的逮捕是在调查终结后作出的，检察机关决定逮捕后案件就进入审查起诉阶段，此时职务犯罪案件事实、证据情况变化不大，再加上审查起诉阶段只有 1 个月的时间，在检察机关内部"案－件比"考核的背景下，大多数职务犯罪案件在一次审查起诉期限内提起公诉，此时审查起诉阶段的羁押必要性审查职能往往被弱化，除非是犯罪嫌疑人、被告人在审查起诉阶段身体出现不适合羁押的特殊情况而采取变更羁押强制措施。三省的实证数据也印证了上述的分析，在三省共 122 件逮捕的案件中，审查起诉阶段变更强制措施的案件只有 1 件，仅占逮捕案件数量的 0.82%。

三、完善职务犯罪刑事强制措施的路径

完善职务犯罪刑事强制措施是一项系统工程，涉及监检衔接以及刑事诉讼的各环节，需要职务犯罪案件办理的各机关强化协作，形成工作合力，对职务犯罪检察来说，更是一个从理念到制度再到能力的系统工程。

（一）转变"留置即捕"的惯性思维、落实逮捕实质化审查要求

在职务犯罪案件中，加强对犯罪嫌疑人的人权保障、推进非羁押强制措施适用，首先要转变执法司法理念，破除"留置即捕"和"羁押惩罚"意识，建立羁押的必要性观念，严格落实逮捕实质化审查要求，重点审查案件社会危险性要件，回归逮捕制度保障刑事诉讼顺利进行的功能定位，捕与不捕、押与不押应当全面审查坚持法定条件，并以保障诉讼的必要性为标准，贯彻比例原则。

（二）加强监检衔接，落实互相配合、互相制约的宪法原则

监检衔接是高质量办好职务犯罪案件，共筑反腐防线的重要内容，加强监检衔接，落实好互相配合、互相制约的宪法原则要求，在强制措施审查领域，就是要求在保障案件顺

---

① 参见左卫民：《一种新程序：审思检监衔接中的强制措施决定机制》，载《当代法学》2019 年第 3 期。

利衔接、保障诉讼程序、保障反腐败工作效率、效果的同时依法履行好强制措施审查的独立职能，加强与监察机关的沟通，转变"以押代罚""一押到底"的执法理念，注重沟通智慧和沟通技巧，创新工作机制，确保非羁押状态案件办理的效果、最大程度凝聚监检在强制措施适用方面的共识。

（三）健全完善逮捕、羁押必要性审查工作制度

一是坚持证据裁判原则，构建"以社会危险性条件为核心"的逮捕、羁押一体化审查模式。社会危险性条件不仅是逮捕的核心条件，也羁押必要性审查的核心条件，鉴于职务犯罪案件逮捕决定和审查起诉阶段羁押必要性审查间隔期限较短、案件事实证据变化不大的特点，构建逮捕审查、羁押审查条件、方式一体化机制。"社会危险性的判断"不能凭借主观判断，要坚持以证据为核心，对于刑事诉讼中事实的认定，也应依据有关的证据作出，无证据，不得认定事实。①

二是针对职务犯罪特点，细化社会危险性条件，探索建立职务犯罪案件被羁押人社会危险性评估机制。结合职务犯罪特点，制定《职务犯罪案件逮捕、羁押必要性操作指引》，细化社会危险性条件，明确应当不予羁押和可以不予羁押的情形。对于涉嫌重大贪污、贿赂犯罪，利用职权实施的严重侵犯公民人身权利的犯罪，社会关注高的重大敏感案件或者可能引发群体性事件等情形的职务犯罪案件，在作出不捕决定前应当进行风险评估并做好处置预案。细化社会危险性条件、探索建立社会危险性的科学评估方法，推进社会危险性量化评估机制在职务犯罪案件中的适用。

三是强化能动履职，建立非羁押案件听证机制以及科技手段保障非羁押措施的适用。对于拟采取取保候审、监视居住等非羁押案件，特别是留置后不予逮捕的案件，在作出决定前举行公开听证，听取人大代表、人民监督员以及监察机关的意见。在推进非羁押措施适用中，充分利用现代科技手段，依托大数据平台，运用电子定位手环、非羁押码等非羁押信息化核查方式等技术保障，确保被监管人能够在必要的管控下回归日常生活。

---

① 孙谦：《司法改革背景下逮捕的若干问题》，载《中国法学》2017年第3期。

运用检察机关机动侦查权
查处"保护伞"犯罪的研究进路

周凯东*

《刑事诉讼法》第 19 条第 2 款规定："对于公安机关管辖的国家机关工作人员利用职权实施的重大犯罪案件，需要由人民检察院直接受理的时候，经省级以上人民检察院决定，可以由人民检察院立案侦查。"理论通说称为检察机关的"机动侦查权"。新时代"机动侦查权"是检察机关对国家工作人员利用职权实施的重大犯罪实施的法律监督，与 14 个罪名的保留侦查权一样，同属于检察机关重要法律监督职权。在《中共中央关于加强新时代检察机关法律监督工作的意见》（以下简称中共中央《意见》）出台背景下，依法启动机动侦查权查处包庇、纵容黑社会性质组织罪等"保护伞"犯罪，或可开辟重要途径与战略新域，体现检察监督重大威慑。

一、新时代检察机关机动侦查权的总体概述

修订后的《人民检察院组织法》第 20 条规定，"依照法律规定对有关刑事案件行使侦查权"。在我国检察机关的法律监督职权体系中，侦查权是其中不可或缺的重要组成部分，而检察侦查权同样有着多样性。1979 年刑事诉讼法就对检察机关"机动侦查权"作了概括性的规定，1996 年和 2012 年两次修改的刑事诉讼法在明确检察机关直接立案侦查的贪污贿赂等职务犯罪案件外，进一步规定"对于国家机关工作人员利用职权实施的其他重大犯罪案件，需要由人民检察院直接受理的时候，经省级以上人民检察院决定，可以由人民检察院立案侦查"。监察法出台之后，2018 年 10 月修订的《刑事诉讼法》第 19 条第 2 款在明确检察机关对司法工作人员利用职权实施的侵害公民民主权利、损害司法公正的 14 类罪名可以立案侦查的同时，将"机动侦查权"的适用案件范围进一步严格限定在"公安机关管辖的国家机关工作人员利用职权实施的重大犯罪案件"。

通常认为，法律专门赋予检察机关的机动侦查权，是依据履行法律职责的需要，对常态下不具有法定侦查权的刑事案件进行立案、调查及采取强制措施的权力。刑事诉讼法规定的此类侦查管辖案件范围与监察法规定的调查案件范围作了严格的划分，只有对公安机关管辖的国家机关工作人员利用职权实施的重大犯罪案件，认为需要由检察院直接受理时

---

* 吉林省人民检察院第十一检察部主任，三级高级检察官，全国检察机关首届调研骨干人才，法学博士。

才可以由检察机关立案侦查。这样的制度设计，总体上是在监察调查和公安侦查基础上实现侦查职能优势互补，增强侦查工作合力。只有出现需要由检察机关直接受理的特殊情形或理由时，经省级以上检察院决定，才可以依法转化为由检察机关启动立案侦查程序。根据《人民检察院刑事诉讼规则》，这类依法由检察机关直接受理的重大犯罪案件，原则上应当由设区的市级检察院立案侦查。这充分体现了检察机关此项法律监督职权的严肃性和谦抑性。

正是出于以上原因，相关文章指出，"2008 至 2012 年，全国检察机关包括适用机动侦查的案件在内的其他检察机关直接办理的案件数量每年仅为 500 至 700 件左右，相当于检察机关每年查办案件总数的零头……如果再刨去另外的这些职务犯罪案件，机动侦查权适用的案件数量其实是非常低的，每年每个省级行政区划单位内检察机关采用机动侦查权侦办案件的数量大体可能在两位数，甚至个位数"[1]。从近年来的情况看，各地检察机关积极探索机动检察权的行使，个别地区已经取得了良好的办案效果。另有文章提出，"两年多来，浙江省检察院已经对 5 起国家机关工作人员利用职权实施的重大犯罪案件，决定由相关检察机关依法进行立案侦查，并都深挖出重大刑事犯罪背后的徇私枉法、滥用职权等属于依法可以由检察机关立案侦查的司法工作人员相关职务犯罪案件。这些案件都以数罪并罚作出生效判决，有的已经成为最高人民检察院公布的首批典型检察侦查案例"[2]。

二、深化新时代能动司法检察，运用机动侦查权查处"包庇、纵容黑社会性质组织罪"的整体考虑

在全国检察机关贯彻中共中央《意见》之际，能否适时运用机动侦查权进一步强化检察监督职能，进一步展现检察监督力量，贡献检察监督成果呢？其问题的关键是，能否在司法实践中抓住契机，发现机动侦查的突破口和主攻方向。笔者认为重大契机已经出现，依法查处"国家机关工作人员包庇、纵容黑社会性质组织罪"可以作为检察机关机动侦查权的突破方向。

（一）该罪名查办情况

经过 3 年的"扫黑除恶"专项斗争，根据 2018 年监察法和刑事诉讼法的立法司法形势，对黑社会性质组织保护伞犯罪的打击出现了监察法与刑事诉讼法"两法跨法衔接"和监察机关、检察机关、公安机关"三机关共同管辖"的新格局。

1997 年刑法充分考虑了国家机关工作人员充当黑社会性质组织"保护伞"犯罪的危害性，在《刑法》第 294 条中专设了第 3 款——国家机关工作人员包庇、纵容黑社会性质组织罪。此后，经过多次立法司法调整，该罪名已经成为"破网打伞"过程中最精准、最直接、打击震慑力度最大的标志性罪名，可以称之为打击保护伞的"大杀器"。但在司法实践中，由于相关部门对该罪的理解分歧和管辖障碍，导致这个"大杀器"未能在专项斗争中有效地发挥精准惩治作用。2021 年全国扫黑除恶专项斗争总结表彰大会指出，全国共

① 董坤：《检察机关机动侦查权研究》，载《暨南学报（哲学社会科学版）》2019 年第 1 期。
② 王祺国：《"机动侦查权"具有重大监督潜力价值》，载《检察日报》2021 年 4 月 30 日，第 3 版。

打掉涉黑组织 3644 个，全国纪检监察机关共立案查处涉黑涉恶腐败和"保护伞"案件 89742 件，移送司法机关 10342 人。而截至 2021 年 7 月，中国裁判文书网显示：2020 年全国审判机关审理包庇、纵容黑社会性质组织罪案件为 124 件，2019 年全国审判机关审理为 62 件，2018 年为 8 件；平均估算每 20 个涉黑组织查处 1 件包庇、纵容黑社会性质组织罪案件。

以黑龙江省为例。2019 年 7 月当地召开新闻发布会通报称："共立案查处涉黑涉恶腐败和'保护伞'问题 2037 件，涉及 2911 人，移送司法机关 216 人。"令人震惊的当属哈尔滨呼兰区。统计显示，哈尔滨市呼兰区在 9 天内有多达 12 名官员因充当黑社会性质组织"保护伞"而落马，直到区委书记朱某被查，哈尔滨市呼兰区因充当涉黑组织"保护伞"而落马的干部已达 13 人（这仅仅是 2019 年的公开数字）。但 3 年专项斗争后，无论是从中国裁判文书网、人民检察院信息公开网，还是该省公开发布的消息来分析，该省均无包庇、纵容黑社会性质组织罪案件（截至 2021 年 7 月）。

从以上的情况来看，该罪名的查处与当前扫黑形势明显不符，笔者认为当前存在一定程度的漏罪漏诉之情况。这对"破网打伞"的整体政治效果与法律效果是有损害的。

从刑事法律逻辑而言，一个罪名出现了这样的适用困境只能从两个方面去尝试理解：在实体方面罪名设置门槛过高导致入罪困难，抑或是在程序方面罪名管辖出现问题。

（二）包庇、纵容黑社会性质组织罪概述

《刑法》第 294 条第 3 款规定："国家机关工作人员包庇黑社会性质的组织，或者纵容黑社会性质的组织进行违法犯罪活动的，处五年以下有期徒刑；情节严重的，处五年以上有期徒刑。"本罪是 1997 年刑法增设的罪名，属行为犯。"包庇"，是指国家机关工作人员为使黑社会性质组织及其成员逃避查禁，而通风报信，隐匿、毁灭、伪造证据，阻止他人作证、检举揭发，指使他人作伪证，帮助逃匿，或者阻挠其他国家机关工作人员依法查禁等行为。[1]"纵容"，是指国家机关工作人员不依法履行职责，放纵黑社会性质组织及其成员进行违法犯罪活动的行为。本罪是身份犯，犯罪主体是特殊主体，必须是国家机关工作人员，即在国家各级党政机关、权力机关、司法机关和军事机关中依法从事公务的人员。

为了进一步加大惩治和震慑力度，2011 年《刑法修正案（八）》提高了本罪名的法定刑。原来第一档的"三年以下有期徒刑、拘役或者剥夺政治权利"被提至"五年以下徒刑"，原来第二档的"情节严重的"由"三年以上十年以下有期徒刑"被提至"五年以上有期徒刑"[2]。

扫黑除恶专项斗争以来，为了进一步依法严惩"保护伞"，2018 年 1 月"两高两部"出台的《关于办理黑恶势力犯罪案件若干问题的指导意见》（以下简称《指导意见》）第 22 条作出了扩张解释："本罪不要求相关国家机关工作人员利用职务便利。利用职务便利包庇黑社会性质组织的，酌情从重处罚。"

这样，经过三次立法司法调整，与其他滥用职权、玩忽职守等"结果犯"严苛的入罪

---

① 最高人民法院《关于审理黑社会性质组织犯罪的案件具体应用法律若干问题的解释》。

② 司法实践中一般掌握 5 年至 15 年。

条件相比较，包庇、纵容黑社会性质组织罪强调了其作为"行为犯"的突出属性，是非常容易辨识且入罪门槛较低的犯罪，凸显了其在扫黑除恶斗争中"严刑峻罚"的专属罪名作用，成为"破网打伞"最精准、最直接、打击震慑力度最大的标志性罪名。

值得一提的是，根据最高人民法院、最高人民检察院《关于办理渎职刑事案件适用法律若干问题的解释（一）》第 3 条"国家机关工作人员实施渎职犯罪并收受贿赂，同时构成受贿罪的，除刑法另有规定外，以渎职犯罪和受贿罪并罚"和《刑法》第 294 条第 4 款"犯前三款罪又有其他犯罪行为的，依照数罪并罚的规定处罚"之规定，国家机关工作人员既有受贿行为又有包庇、纵容黑社会性质组织行为的，应当实行数罪并罚。

（三）扫黑除恶专项斗争相关刑事政策

2019 年 10 月，按照全国扫黑除恶专项斗争领导小组的部署，中央纪委国家监委和"两高两部"针对执法办案过程中法律规定不明确、法律适用不统一、依法严惩不精准等问题，出台了《关于在扫黑除恶专项斗争中分工负责、互相配合、互相制约严惩公职人员涉黑涉恶违法犯罪问题的通知》（以下简称 2019 年《通知》），进一步明确了相关定罪原则。但是，从实际效果看，对包庇、纵容黑社会性质组织罪的查处仍不理想。

从案件诉讼过程来看，根据中央政法委扫黑除恶的整体要求，公安机关在发现涉黑案件保护伞线索之后，一般应当直接移送监察机关。而监察机关没有包庇、纵容黑社会性质组织罪的管辖权，通常是按照受贿罪、滥用职权罪和玩忽职守罪的调查思路开展调查。实践中已经出现了两种困境。第一种困境是罪名选择困境。如前文提出的，滥用职权罪和玩忽职守罪是"结果犯"，入罪条件较为严苛。同样的犯罪事实不构成滥用职权、玩忽职守，却有可能构成包庇、纵容黑社会性质组织罪，但调查机关无此罪名管辖权，因此通常不予考虑。公安机关则由于客观原因不能首要查办包庇、纵容黑社会性质组织罪，待监察机关调查终结后证据已发生变化，很难再从头拾起。第二种困境是数罪并罚判断困境。调查机关查明涉黑"保护伞"官员受贿等犯罪、调查终结后移送检察机关审查起诉，检察机关是否注意跟踪受贿罪与包庇、纵容黑社会性质组织罪的数罪并罚情形？从前面引用的中国裁判文书网公布情况看，办案机关出于客观原因并未重点关注此问题。① 因此，在当前司法实践中对该罪呈现了监察机关不该查，公安机关不愿查，检察机关没法查的尴尬局面。

最高人民检察院明确提出要求，"各级检察机关要把'破网打伞'作为专项斗争的主攻方向。要与其他政法机关和纪检监察机关加强协调联动，完善机制，发挥检察机关在诉前的主导作用，确保'扫黑'与'打伞'同频共振。最高人民检察院"百日攻坚行动"方案也明确提出，重点查办五类案件之一的全国扫黑办及各省级扫黑办移交的政法干警充当黑恶势力"保护伞"的案件。笔者认为，在当前包庇、纵容黑社会性质组织罪存在有碍

---

① 检察机关内设机构改革深入推进以来，监察机关办理的职务犯罪案件通常由专门的刑事检察部门（省级院以上为第三检察部、厅）或专门办案组指导或办理。监察机关办理涉嫌职务犯罪案件的办案流程较为复杂，往往会经过案件管理室、监督检查室、审查调查室、案件审理室等诸多部门。最后移送检察机关审查起诉时往往无标注该案是哪起黑恶势力"保护伞"案件。而承接案件的公诉人如不了解原案涉黑的情况，就很难将包庇、纵容黑社会性质组织罪考虑进来，整体判断罪与非罪、此罪与彼罪的界限。

侦查的情况下，应当抓住这个重大契机，适时行使刑事诉讼法赋予的机动侦查权，依法查处一批包庇、纵容黑社会性质组织罪案件，这既是检察官客观公正义务的应有之义，更是新时代能动司法检察工作的充分体现。

三、运用机动侦查权查办"保护伞"犯罪的注意原则

首先，对于监察机关正在办理的"保护伞"犯罪，应按照管辖原则保持与监察机关、公安机关的沟通协调。检察日报正义网文章《涉黑大案背后一个伞没打掉？督导组：这不正常》披露，"5月13日，山东省政法委副书记惠从冰向山东省纪委监委投案，主动交代了收受李绍彬贿赂等问题，山东省纪委监委随即对他采取留置措施，展开审查调查。在一个多月时间里，山东枣庄省市两级纪检监察机关已经对36人立案审查调查，仅枣庄就有11名政法干警主动投案，向组织交代了和李绍彬有关的打探案情、违规经商办企业等问题"。中央政法委会议提出，"对扫黑除恶专项斗争期间四大行业领域有黑无伞的案件，要加强回溯倒查。对正在侦查的案件，要严格落实'一案三查'，查清组织者，经营者，获利者和幕后保护伞。"由此可见，在扫黑除恶常态化后，中央对保护伞犯罪打击力度不减，仍有一大批涉黑保护伞案件陆续进入调查程序。

中共中央《意见》指出，要"加强检察机关立案侦查司法工作人员相关职务犯罪与监察机关管辖案件的衔接协调、线索移送和办案协作，不断增强依法反腐合力"。检察机关应当依据中共中央《意见》要求，根据"百日攻坚行动"办案的需要，结合监察机关正在办理的涉黑"保护伞"案件具体情况，在与监察机关、公安机关充分协调沟通基础上，在监察机关调查为主的前提下，适时由省级以上人民检察院决定侦查包庇、纵容黑社会性质组织罪。在具体过程中应当注意三点：一是发挥检察机关提前介入调查作用，在调查环节提出对包庇、纵容黑社会性质组织罪侦查方向的意见建议；二是仍然坚持机动侦查的必要性和补充性，在公安机关不宜立案侦查或不愿立案侦查的情况下，由检察机关开展机动侦查；三是牢牢把握"主观明知"这个定罪要件，做好有方向性的突破准备。在监察机关固定了涉黑"保护伞"犯罪权钱交易等犯罪事实后，只需查明行为人知道或者应当知道是从事违法犯罪活动的组织，仍对该组织尤其成员予以包庇，或者纵容其实施违法犯罪，即可认定本罪。同时，一定要注意把握包庇、纵容黑社会性质组织罪与徇私枉法罪之间的区别界限，准确认定犯罪。

其次，对于已经移送检察机关的"保护伞"犯罪，侦查部门应当与审查起诉部门形成合力，发现具备条件的犯罪线索后果断立案侦查。对于监察机关已经调查终结移送检察机关审查起诉的涉黑"保护伞"案件，侦查部门应当会同审查起诉部门，在审查起诉环节或审判环节组织精干力量，逐案细化审查。深挖包庇、纵容黑社会性质组织罪的漏罪漏诉，具备条件的，果断运用机动侦查权立案侦查或开展补充侦查，进一步补充完善证据体系，依法追加、补充、变更起诉，在"破网打伞"行动中坚决做到不偏不倚、不枉不纵。如2020年长春市检察院在办理刘立军黑社会性质组织罪系列案过程中，就是在审查起诉环节发现的包庇黑社会性质组织罪线索，进而开展补充侦查，从而发现了金某某、闫某某等多人包庇黑社会性质组织罪的犯罪事实。这里需要注意的是《人民检察院刑事诉讼规则》和国家监委、"两高一部"《关于加强和完善监察执法与刑事司法衔接机制的意见（试行）》

中都规定了罪名管辖异议情形，在侦查、起诉环节应当予以遵循。

最后，对待已有生效判决的涉黑"保护伞"案件，要考虑定罪量刑的精准适用与刑事政策的稳定均衡。从中国裁判文书网了解到，四川、湖南检察机关对包庇、纵容黑社会性质组织罪非常重视，在专项斗争中分别查处了 33 件和 25 件并付诸审判。其比较成熟的机制与经验可以考察借鉴。同时，对专项斗争中已有生效判决却有可能漏诉包庇、纵容黑社会性质组织罪的"保护伞"案件，检察机关应当从专项斗争整体格局的高度，本着对历史负责，对人民负责的态度，组织力量严格清查，集中分析研判，审查其定罪量刑是否准确，是否符合审判监督程序抗诉条件，及时报请上级检察机关立案查处包庇、纵容黑社会性质组织罪，彰显新时代检察监督制度的重大威慑。

职务犯罪缺席审判程序完善路径研究

——以检察机关为视角

陈超然　施誉求　孟庆华*

2018 年，新修订的刑事诉讼法在特别程序中增设"缺席审判程序"章节，其中职务犯罪缺席审判程序的确立是我国为了巩固反腐败工作成果、丰富国际追逃追赃手段、实现国内法和国际公约有效对接而采取的重要立法举措。[1] 然而，制度创设至今已 3 年有余，全国仅对 1 名被告人适用缺席审判程序审理[2]，这与我国每年新增外逃人员数量相比，存在较大反差，也不符合人民群众对该程序的期待。因此，有必要从制度层面对程序的设置予以剖析，发现其适用难的症结所在，并进一步规范完善。

刑事诉讼法修订出台后，《监察法实施条例》（以下简称《监察条例》）、《人民检察院刑事诉讼规则》（以下简称《刑诉规则》）以及最高人民法院《关于适用〈中华人民共和国刑事诉讼法〉的解释》（以下简称《刑诉解释》）都分别针对缺席审判程序设置了相应条款，构建了缺席审判程序的基本架构。但各个文件规定存在设计空白、衔接不畅等问题，影响程序的实践应用。笔者通过对现有规定的梳理分析，结合检察机关职能定位，从制度层面探究目前规范存在的问题和不足，并提出制度适用的完善建议，以期赋予"纸面上法律"更多"生命力"。

一、职务犯罪缺席审判程序的基本架构

刑事诉讼法作为基本法，奠定了缺席审判程序[3]的原则性规定，并适用于刑事诉讼司法各机关和各环节。监、检、法三机关发布的相应适用细则是结合各自阶段工作情况，对刑事诉讼法规定的进一步细化和明确。笔者通过对刑事诉讼法及三机关规定的梳理归纳，厘清基本架构，为发现存在问题和提出完善建议奠定基础。

---

* 陈超然，上海市人民检察院法律政策研究室副主任，三级高级检察官；施誉求，上海市杨浦区人民检察院第三检察部检察官；孟庆华，上海市宝山区人民检察院第三检察部检察官助理。

[1] 《最高检详解我国"刑事缺席审判第一案"程三昌案的检察经验》，载 https：//www. spp. gov. cn/zdgz/202202/t20220214_544476. shtml，2022 年 5 月 3 日访问。

[2] 《首次！贪官逃匿境外逾 20 年被缺席审判，"纸面上的法律"被激活》，载 https：//export. shob-server. com/baijiahao/html/450095. html，2022 年 5 月 2 日访问。

[3] 本文如无特别说明，缺席审判程序的表述均仅指针对境外人员职务犯罪案件的缺席审判程序。

（一）刑事诉讼法关于缺席审判程序的架构

2018 年修订的刑事诉讼法用 7 个条文规定缺席审判程序，其中适用于职务犯罪情形的共 5 条，主要规定了程序的适用条件及对当事人的权利保障，充分体现刑事诉讼打击犯罪与保障人权的有机统一。

适用条件方面，分别对程序的适用范围、管辖要求、文书送达要求等作出规定。与普通程序相比，主要有以下特点：一是严格限制程序适用范围，对罪名要求限定于贪污贿赂犯罪；对犯罪嫌疑人、被告人要求限于在境外。① 二是扩大管辖范围并提高管辖级别，除一般地域管辖的犯罪地及被告人（离境前）居住地外，增加最高人民法院指定地管辖，并将管辖级别上提至中级人民法院。② 三是规范文书送达方式，要求通过国际条约规定或者外交途径或者被告人所在地法律允许的方式送达传票及法律文书。③

保障人权方面，一是赋予近亲属代为委托辩护权及独立上诉权④；二是规定被告人强制辩护权及获得法律援助的权利⑤；三是创设罪犯到案后无条件异议权，并必然引起法院重审⑥。通过扩大行权主体、强化辩护权、创设异议权等方式，弥补被告人缺席审判造成的权利保障缺位，构建了独特的权利保障体系。

（二）《监察条例》对缺席审判程序的细化设计

《监察条例》将缺席审判程序条文设置在第五章"监察程序"第七节"移送审查起诉"第 233 条，共设 4 款，规定了监察委启动程序、移送检察机关审理要求以及行为人到案后监察委通知义务等。需要注意的是其对启动程序的细化规定，监察机关拟启动缺席审

---

① 《刑事诉讼法》第 291 条第 1 款规定：对于贪污贿赂犯罪案件，以及需要及时进行审判，经最高人民检察院核准的严重危害国家安全犯罪、恐怖活动犯罪案件，犯罪嫌疑人、被告人在境外，监察机关、公安机关移送起诉，人民检察院认为犯罪事实已经查清，证据确实、充分，依法应当追究刑事责任的，可以向人民法院提起公诉。

② 《刑事诉讼法》第 291 条第 2 款规定：前款案件，由犯罪地、被告人离境前居住地或者最高人民法院指定的中级人民法院组成合议庭进行审理。

③ 《刑事诉讼法》第 292 条规定：人民法院应当通过有关国际条约规定的或者外交途径提出的司法协助方式，或者被告人所在地法律允许的其他方式，将传票和人民检察院的起诉书副本送达被告人。传票和起诉书副本送达后，被告人未按要求到案的，人民法院应当开庭审理，依法作出判决，并对违法所得及其他涉案财产作出处理。

④ 《刑事诉讼法》第 293 条规定：人民法院缺席审判案件，被告人有权委托辩护人，被告人的近亲属可以代为委托辩护人。被告人及其近亲属没有委托辩护人的，人民法院应当通知法律援助机构指派律师为其提供辩护。《刑事诉讼法》第 294 条第 1 款规定：人民法院应当将判决书送达被告人及其近亲属、辩护人。被告人或者其近亲属不服判决的，有权向上一级人民法院上诉。辩护人经被告人或者其近亲属同意，可以提出上诉。

⑤ 《刑事诉讼法》第 293 条。

⑥ 《刑事诉讼法》第 295 条第 2 款规定：罪犯在判决、裁定发生法律效力后到案的，人民法院应当将罪犯交付执行刑罚。交付执行刑罚前，人民法院应当告知罪犯有权对判决、裁定提出异议。罪犯对判决、裁定提出异议的，人民法院应当重新审理。

判程序在立案调查时须逐级报送国家监察委员会同意。① 与《公安机关办理刑事案件程序规定》对严重危害国家安全犯罪、恐怖活动犯罪适用缺席审判程序的规定②相比，审批机关层级相当，但在上报时间相比于公安机关要求的"侦查终结后"，监察委要求提前至"立案调查时"，说明对程序启动的审核更为严格谨慎。

（三）《刑诉规则》对缺席审判程序的细化设计

《刑诉规则》第十二章"特别程序"第三节"缺席审判程序"，共7条，其中有3条系针对职务犯罪案件，内容主要是对刑事诉讼法已有条文的强调和重申，并未针对检察环节诉讼活动作进一步细化规定。其中，第505条③系将刑事诉讼法规定的案件范围作进一步细分，将职务犯罪案件和危害国家安全、恐怖活动犯罪案件分设两款规定，并强调提起公诉检察院的审级需由与法院对应。第509条、第510条④分别对审查起诉期间、提起公诉后犯罪嫌疑人、被告人到案重新审理规定进行细化。值得注意的是，第505条第4款⑤特别强调了检察院提起公诉时向法院提交的证据中，应当包含被告人已出境的证据。

（四）《刑诉解释》对缺席审判程序的细化设计

《刑诉解释》设置第二十四章"缺席审判程序"，共11条，其中有8条适用于职务犯罪案件。相对而言，是三机关规范中内容最全面且最具实务指导意义的。具体内容可分为对刑事诉讼法已有条文的细化以及对审判阶段适用规则的明确。

对刑事诉讼法已有条文的细化主要针对文书送达和辩护权保障方面。在文书送达上，一是细化文书送达时间，即法院立案后；二是明确传票载明内容，包括被告人到案期限以及不按要求到案的法律后果等事项；三是扩大文书送达范围，在刑事诉讼法规定传票和起

---

① 《监察法实施条例》第233条规定：监察机关立案调查拟适用缺席审判程序的贪污贿赂犯罪案件，应当逐级报送国家监察委员会同意。

② 《公安机关办理刑事案件程序规定》第290条规定：对于犯罪嫌疑人在境外，需要及时进行审判的严重危害国家安全犯罪、恐怖活动犯罪案件，应当在侦查终结后层报公安部批准，移送同级人民检察院审查起诉。

③ 《人民检察院刑事诉讼规则》第505条第1款规定：对于监察机关移送起诉的贪污贿赂犯罪案件，犯罪嫌疑人、被告人在境外，人民检察院认为犯罪事实已经查清，证据确实、充分，依法应当追究刑事责任的，可以向人民法院提起公诉。对于公安机关移送起诉的需要及时进行审判的严重危害国家安全犯罪、恐怖活动犯罪案件，犯罪嫌疑人、被告人在境外，人民检察院认为犯罪事实已经查清，证据确实、充分，依法应当追究刑事责任的，经最高人民检察院核准，可以向人民法院提起公诉。

④ 《人民检察院刑事诉讼规则》第509条规定：审查起诉期间，犯罪嫌疑人自动投案或者被抓获的，人民检察院应当重新审查。第510条规定：提起公诉后被告人到案，人民法院拟重新审理的，人民检察院应当商人民法院将案件撤回并重新审查。

⑤ 《人民检察院刑事诉讼规则》第505条第4款规定：人民检察院提起公诉的，应当向人民法院提交被告人已出境的证据。

诉书送达被告人本人的基础上，将起诉书的送达范围扩大至包括被告人及其近亲属。① 在辩护权保障上，明确了辩护人数要求、辩护律师国籍限制、境外委托辩护流程以及家属拒绝指派律师的处理方式等，内容与普通程序辩护权规定一致，未针对缺席审判程序作特别调整。②

　　对于审判阶段的适用规则可分为受理阶段、审查阶段以及审判阶段。在受理阶段，一是增加受理审查内容。③ 与普通程序审查内容相比，增加被告人境外居住地、联系方式以及违法所得及其他涉案财产的清单、相关法律手续的审查内容。二是明确受理审查结论。④ 在审查案件材料后，法院可以作出受理、退回检察院以及通知检察院补送材料3种处理结果。其中，通知检察院补送材料的期限从普通程序的3日延长至30日。在审查阶段，主要强调近亲属申请参加诉讼的流程以及近亲属享有的诉讼权利内容。⑤ 与普通程序中非法定代理人身份的近亲属仅在形式上参与诉讼活动不同，缺席审判程序中被告人近亲属享有发表意见、出示证据、申请法庭通知证人、鉴定人等出庭、参与辩论等实质诉讼参

---

　　① 最高人民法院《关于适用〈中华人民共和国刑事诉讼法〉的解释》第600条规定："对人民检察院依照刑事诉讼法第二百九十一条第一款的规定提起公诉的案件，人民法院立案后，应当将传票和起诉书副本送达被告人，传票应当载明被告人到案期限以及不按要求到案的法律后果等事项；应当将起诉书副本送达被告人近亲属，告知其有权代为委托辩护人，并通知其敦促被告人归案。"

　　② 最高人民法院《关于适用〈中华人民共和国刑事诉讼法〉的解释》第601条规定："人民法院审理人民检察院依照刑事诉讼法第二百九十一条第一款的规定提起公诉的案件，被告人有权委托或者由近亲属代为委托一至二名辩护人。委托律师担任辩护人的，应当委托具有中华人民共和国律师资格并依法取得执业证书的律师；在境外委托的，应当依照本解释第四百八十六条的规定对授权委托进行公证、认证。被告人及其近亲属没有委托辩护人的，人民法院应当通知法律援助机构指派律师为被告人提供辩护。被告人及其近亲属拒绝法律援助机构指派的律师辩护的，依照本解释第五十条第二款的规定处理。"

　　③ 最高人民法院《关于适用〈中华人民共和国刑事诉讼法〉的解释》第598条规定："对人民检察院依照刑事诉讼法第二百九十一条第一款的规定提起公诉的案件，人民法院应当重点审查以下内容：……（三）是否写明被告人的基本情况，包括明确的境外居住地、联系方式等；……（六）是否列明违法所得及其他涉案财产的种类、数量、价值、所在地等，并附证据材料；（七）是否附有查封、扣押、冻结违法所得及其他涉案财产的清单和相关法律手续。前款规定的材料需要翻译件的，人民法院应当要求人民检察院一并移送。"

　　④ 最高人民法院《关于适用〈中华人民共和国刑事诉讼法〉的解释》第599条规定："对人民检察院依照刑事诉讼法第二百九十一条第一款的规定提起公诉的案件，人民法院审查后，应当按照下列情形分别处理：（一）符合缺席审判程序适用条件，属于本院管辖，且材料齐全的，应当受理；（二）不属于可以适用缺席审判程序的案件范围、不属于本院管辖或者不符合缺席审判程序的其他适用条件的，应当退回人民检察院；（三）材料不全的，应当通知人民检察院在三十日以内补送；三十日以内不能补送的，应当退回人民检察院。"

　　⑤ 最高人民法院《关于适用〈中华人民共和国刑事诉讼法〉的解释》第602条规定："人民法院审理人民检察院依照刑事诉讼法第二百九十一条第一款的规定提起公诉的案件，被告人的近亲属申请参加诉讼的，应当在收到起诉书副本后、第一审开庭前提出，并提供与被告人关系的证明材料。有多名近亲属的，应当推选一至二人参加诉讼。对被告人的近亲属提出申请的，人民法院应当及时审查决定。第603条规定：人民法院审理人民检察院依照刑事诉讼法第二百九十一条第一款的规定提起公诉的案件，参照适用公诉案件第一审普通程序的有关规定。被告人的近亲属参加诉讼的，可以发表意见，出示证据，申请法庭通知证人、鉴定人等出庭，进行辩论。"

与权。在审判阶段，明确裁判结果参照普通程序，即包括有罪、无罪、无责判决、裁定，另外，如审查发现罪名不符合程序适用条件的，法院应当终止审理。①

二、职务犯罪缺席审判程序规定存在的问题和不足

各机关细化设计的规定体现了其对自身职权适用的理解和规范，但从检察机关角度看，目前的职务犯罪缺席审判程序存在衔接不畅、内容不严谨等问题，特别是无法体现检察机关在缺席审判程序中的配合制约和监督作用，导致实务操作中适用程序困难、陷入空转的境地。笔者拟参照上述已有规定，结合检察机关职能，厘清目前检察机关缺席审判程序规定中存在的问题和不足。

（一）证据要求尚需细化

缺席审判程序案件对"证据确实、充分"的起诉标准要求与普通程序一致，但在证据内容要求上有其特殊性，而对特殊证据的规定有必要细化、统一。

1. 对"在境外"的证据要求。刑事诉讼法和《监察条例》均没有对证据提出具体要求，但根据缺席审判程序的适用前提，犯罪嫌疑人、被告人在境外理应体现在证据里。《刑诉规则》中强调检察院应当向法院提交被告人"已出境"的证据；《刑诉解释》将"是否写明被告人的基本情况，包括明确的境外居住地、联系方式等"作为法院受理审查的内容之一，体现了法院对"在境外"证据的理解。上述规定中"在境外""已出境"和"明确的境外居住地、联系方式"的表述不同，对应的证明标准亦不尽相同。"已出境"代表犯罪嫌疑人、被告人在适用程序前已经离开中国境内，但对其出境后身处何处，甚至是否可能通过偷渡等方式重新回到境内则不属于证据证明部分。"在境外"与"明确的境外居住地、联系方式等"均要求在适用缺席审判程序时犯罪嫌疑人、被告人不在境内，但后者更强调具体位置。可见，目前文件中对在境外的证据要求尚未形成统一，易导致案件移送不畅。

2. 对财产证据的要求。刑事诉讼法规定，在法院对被告人作出判决后可以一并处理违法所得及其他涉案财产。相较于普通程序案件，《刑诉解释》在缺席审判程序受理审查内容中，将"是否列明违法所得及其他涉案财产相关情况"增加至审查内容中，同时规定，法院可以以材料不全为由通知检察机关补送，如超过补送期限，可以将案件退回。相比之下，《刑诉规则》及《监察条例》中均未提及关于财产证据的调查、收集规定。可见，对财产证据的调查和移送是否必须存在分歧，法院能否以案件未查清或检察机关未移送涉案财产证据作为要求补充材料甚至全案退回的依据，有待研究明确。

---

① 最高人民法院《关于适用〈中华人民共和国刑事诉讼法〉的解释》第604条规定："对人民检察院依照刑事诉讼法第二百九十一条第一款的规定提起公诉的案件，人民法院审理后应当参照本解释第二百九十五条的规定作出判决、裁定。……经审理认定的罪名不属于刑事诉讼法第二百九十一条第一款规定的罪名的，应当终止审理。"

（二）检察履职存在空白

缺席审判程序虽然名义上强调"审判"二字，其实质应当是完整的诉讼程序，但现有规范均侧重于法院审判阶段的职能运行，对监察委、检察机关职能鲜有规范涉及。尤其对同样具有司法属性并在诉讼中承担承上启下职责的检察机关而言，相关运行规范的缺乏易导致实务人员履职困惑和不充分。

1. 配合制约职能的履行。根据监察法和刑事诉讼法明确的工作原则，监察委与检察院、法院之间，检察院与法院之间应当"互相配合，互相制约"，然而如何将该原则外践于行，需要具体规范细化落实。尤其对于"全新"的缺席审判程序适用而言，三机关既要确保程序的有序运行，又要防止因当事人缺位导致的国家权力失衡，配合制约更显重要。就检察机关而言，如何深化能动司法，延展检察职能，尽可能参与案件办理全过程，确保办案质量，同时在缺席审判程序中是否合适通过适用起诉裁量权终结案件，体现对监察委工作的制约，尚需规范明确。

2. 诉讼监督职能的履行。法律监督权是宪法赋予检察机关的专属权能，检察机关应当对于诉讼全过程开展有效监督。在目前缺席审判程序的架构中，仅刑事诉讼法对检察机关法律监督权之一的抗诉权作了提示性规定，对其他监督职权均未涉及。有观点指出，在没有相关细则规范的前提下，检察机关在缺席审判程序中监督职责的履行可参照《刑诉规则》第十三章的相关规定执行。① 笔者认为，对于特殊程序未规定的部分参照普通程序相应规则适用无可厚非，但鉴于缺席审判程序在参与人员、程序运行方面的特殊性，一是《刑诉规则》第十三章中第二节、第三节、第五节②涉及内容无法适用，二是现有规定主要针对包括当事人和其他诉讼参与人等主体③，而对于缺席审判程序中享有特殊地位的被告人近亲属的诉讼权利等无法有效保障。

（三）人权保障有待充实

惩罚犯罪与保障人权并重是刑事诉讼的基本理念。由于缺席审判程序中被告人不在案，部分诉讼权利无法行使，导致人权保障机能缺失，缺席审判程序也因此被一些学者称为有"天然缺陷"的程序。④ 为最大限度弥补这一"缺陷"，刑事诉讼法尤其强调程序中的人权保障规定，初步建立起一套以知情权、辩护权、异议权以及上诉权为基础的权利保障体系。⑤ 但相关规定主要适用于法院审理阶段。例如，刑事诉讼法修改只规定了法院审

---

① 参见周颖：《缺席审判制度的程序适用于检察监督》，载《检察日报》2020 年 2 月 24 日。

② 《刑事诉讼规则》第十三章第二节"刑事立案监督"、第三节"侦查活动监督"、第五节"羁押必要性审查"，在缺席审判程序中均不涉及。

③ 如《《刑事诉讼规则》第 570 条第 5 项明确，人民检察院对审判活动中是否存在"侵犯当事人、其他诉讼参与人的诉讼权利和其他合法权利的"违法行为进行监督。按此规定就无法对参与缺席审判程序的当事人近亲属的诉讼权利和其他合法权利进行有效保障，而近亲属在缺席审判程序中享有部分实质诉权，应当获得相应保障。

④ 参见王敏远：《刑事缺席审判制度探讨》，载《法学杂志》2018 年第 8 期。

⑤ 董坤：《职务犯罪案件缺席审判在监察与司法中的衔接》，载《江海学刊》2022 年第 1 期。

理缺席审判案件时，应当把传票、起诉书副本送达被告人，这还不足以达到保障被告人得到公正审判的基本要求。① 对检察机关审查起诉阶段的权利保障规定尚存空白。

1. 对知情权的保障。知情权既是异议权、上诉权以及辩护权的基础，也是弥补被告人未能亲历审判的关键。② 刑事诉讼法对送达文书的详细规定正是出于保障被告方知情权的考量。普通程序中，犯罪嫌疑人、被告人对本人被采取强制措施、案件移送审查起诉、提起公诉等各个阶段均享有相应的知情权，缺席审判程序被告人也不应例外。鉴于程序的特殊性，对知情权的保障并不能完全参照普通程序适用，有必要对审查起诉阶段的送达要求、送达内容、送达范围以及送达方式等予以明确。

2. 对辩护权的保障。有观点指出，普通的刑事诉讼中，辩护人在审查起诉阶段就可以阅卷，而在缺席审判的程序下，在审判阶段才指定辩护人，可以看作对不在席的被追诉人权利的克减，是对其在辩护人协助下辩护权的"阉割"。③ 笔者认为这种权利的"阉割"并不合理也无必要。在审查起诉阶段保障辩护权有助于检察机关了解辩护意见，使诉、辩对抗更具针对性；反之，辩护人基于辩护职责提出无罪、罪轻的辩护理由，有利于检察机关在审查证据时更全面，确保审判结果的客观公正。

3. 对异议权的保障。多数国家与中国签署的引渡条款均明确，根据缺席判决提出的引渡请求应当拒绝，但请求国承诺在引渡后对被请求引渡人给予在其出庭情况下重新审判机会的除外。④ 基于引渡许可考量，刑事诉讼法赋予适用缺席审判程序审理的罪犯以无条件异议权。一旦罪犯到案后提出异议，当然引起案件重审。重审程序中，由于被告人的就位，不再符合缺席审判程序适用条件，此时程序如何转换、检察机关如何参与程序并依法行使控诉职能，尚未有明确规范，一旦在司法实践中触及重审程序，相应机关或将陷入被动。

三、职务犯罪缺席审判程序制度的完善建议

缺席审判程序作为一项全新制度，在设置之初适当留白，给予司法实践更多探索空间自然无可厚非，但随着时间的推移和研究的深入，形成完善制度解决法律适用困惑、满足办案实际需要已成当务之急。笔者拟从检察机关角度，结合审查起诉、提起公诉和法律监督职责，从规范制度运行、突出检察履职、强化人权保障三个角度提出完善建议。

（一）规范证据要求，明晰案件起诉标准

证据标准的前后一致有利于案件顺利流转，形成共识。结合缺席审判程序的特殊性，应当尤其重视对以下两方面证据标准的细化、统一。

---

① 樊崇义：《2018 年〈刑事诉讼法〉最新修改解读》，载《中国法律评论》2018 年第 6 期。

② 董坤：《职务犯罪案件缺席审判在监察与司法中的衔接》，载《江海学刊》2022 年第 1 期。

③ 黄风：《对外逃人员缺席审判需注意的法律问题》，载《法制研究》2018 年第 4 期。

④ 我国与西班牙、葡萄牙、法国、波黑、印尼、澳大利亚、伊朗、阿富汗、柬埔寨、塔吉克斯坦、突尼斯、老挝、阿联酋、阿塞拜疆、安哥拉等国的双边引渡条约中都有上述规定。参见黄风：《对外逃人员缺席审判需注意的法律问题》，载《法制研究》2018 年第 4 期。

1. "在境外"证据要求应当明确。首先，从送达要求看，公告送达方式未被刑事诉讼普通程序所认可，仅在犯罪嫌疑人、被告人逃匿、死亡案件违法所得的没收程序中被允许例外适用。基于此，在法律没有明确规定情况下，缺席审判程序亦无法适用公告送达。而除公告之外的送达方式都必须有明确地址及联系方式方可完成。其次，从执行要求看，缺席审判程序除了宣示性地展示我国反腐败的坚定决心，达到威慑效果外，要真正实现对个案的效力，仍有赖于他国司法协助下"以审促返"。明确的地址和联系方式是寻求刑事司法协助的前提和基础，有助于提高劝返成功率。最后，从司法实践看，《刑诉规则》规定的"已出境"证据标准不能排除犯罪嫌疑人出境后通过偷渡等方式重新入境的情况，或导致对在我国境内藏匿人员误用缺席审判程序，既有违法律规定也浪费司法资源。综上所述，对"在境外"的证据标准应当设置为"有犯罪嫌疑人、被告人明确的境外居住地、联系方式"。另外，基于证据要求的同一性，该项证据应当在监察委调查阶段即予查明。

2. 财产证据不宜作为必然证据要求。《刑诉解释》将违法所得及其他涉案财产情况列为受理审判时审查的内容之一，如未包含该项证据，法院或可将案件退回检察院。笔者认为，财产证据不宜作为适用缺席审判程序案件证据标准的组成部分。一方面，缺席审判程序重点是对人的处理。在已有同样可适用于职务犯罪案件的犯罪嫌疑人、被告人逃匿、死亡案件违法所得的没收程序的基础上，立法机关增设缺席审判程序，足见二者适用标准和追求效果的差异，前者强调对财产的处置，后者强调对人的惩处。如果仅因为财产证据未查实或无法查明而将全案作退回处理，有本末倒置之嫌。另一方面，缺席审判程序的完结不代表对财产处置的终结。对适用缺席审判程序审理时未发现或未查实的违法所得及涉案财产，在案件审结后的任何时候发现，均可通过民事诉讼等方式予以追偿和继续处置，而不应成为阻碍缺席审判程序适用的理由。因此，对于财产证据的审查要求可以作为提示项予以规定，但不应作为必要证据要求之一。同时，法院也不宜因受理案件中缺乏财产证据将案件作退回处置。

（二）强化自身职能，体现检察机关担当

为了确保适用缺席审判程序的质量与效率，三机关不能各行其是、互不通气，而应积极沟通、通力合作。检察机关作为程序中的重要一环，应当在以下方面履行检察职能，助力三机关良性互动。

1. 规范提前介入权。一方面，明确介入原则。《刑诉规则》[①] 明确，检察机关介入监察委查办案件的方式仅限被动式"商请"介入，同时规定检察院"可以"派员提前介入，或可以理解为检察机关被"商请"后，享有介入与否的选择权。且不论检察机关对其他职务犯罪案件是否有权拒绝介入，仅针对缺席审判程序而言，鉴于程序实践适用经验缺乏，且案件在办理中及终结后均可能需向境外部门寻求支持，对案件实体和程序的要求更应谨慎、规范，因此，检察机关对缺席审判案件应坚持"应介入尽介入""凡商请必介入"原

[①] 《刑事诉讼规则》第 256 条第 2 款规定：经监察机关商请，人民检察院可以派员介入监察机关办理的职务犯罪案件。

则，不宜有选择性介入。另一方面，强调上报要求。法院①和监察委②对适用缺席审判程序案件均有明确层报要求，基于检察机关之间的上下级领导关系，更应规范上报制度，笔者认为，上报时间应当在被监察委商请提前介入之时为宜，以便上级院第一时间了解案件并予以有效指导。

2. 审慎适用不起诉权。检察机关对不起诉权的合理适用既有利于对前道程序形成有效制约，又有利于宽严相济刑事司法政策的贯彻落实。但在缺席审判程序中应当合理看待、审慎适用不起诉权。从理论层面，一是鉴于程序适用案件范围涵盖所有贪污贿赂犯罪，未设置"严重""重大"等附加条件，因此存在对情节轻微案件适用酌定不起诉的空间；二是鉴于当事人供述等关键证据的天然缺失，存在穷尽调查手段仍无法排除合理怀疑而作存疑不诉的可能；三是鉴于法院明确可以对缺席审判程序案件作无罪、无责的判决、裁定，检察机关也应当不排斥对被告人作绝对不诉情况的存在。因此，三种不诉均存在理论上的适用可能。③但从实践角度，一方面，缺席审判程序在文书送达、证据收集等部分均有涉外可能，需耗费大量人力物力财力；另一方面，缺席审判程序设置的目的是堵住贪腐漏洞，从严惩治贪腐分子。笔者认为，鉴于诉讼效益和社会效果的综合考量，实践中检察机关对职务犯罪缺席审判程序作不起诉决定并无必要性和可行性。当然，为避免出现不起诉的情形，检察机关更应重视前期与监察委的沟通配合，准确把握事实，完善证据，确保案件达到起诉标准。

3. 落实诉讼监督权。缺席审判程序中的法庭审理在一定意义上不具有控辩对抗的特点，甚至成为了一边倒的纠问程序。④为了制约和监督国家权力的运行，确保法律适用的公平公正，检察机关诉讼监督权的履行显得尤为重要，可以从以下方面予以规范。一是明确对被告人近亲属权利行使的监督。根据刑事诉讼法的规定⑤，被告人近亲属不属于"诉讼参与人"之一，但缺席审判程序中的被告人近亲属行使多项实体诉权，享有部分"当事人或法定代理人"的地位和作用，其权利的行使对案件实体走向等都有实质影响，鉴于此，近亲属诉权是否得到保障并有效行使应当受到检察机关监督，如发现存在权利被侵犯或不当削减，应当在庭审后及时提出。二是更加关注罪轻抗诉权的行使。一方面，检察机关对于畸轻畸重的错误判决均应当依法抗诉；另一方面，考虑到缺席审判程序对当事人人权保障的天然缺陷，检察机关应当更注重于有利于当事人的法定、酌定从轻、减轻情节是

---

①　《关于认真学习贯彻〈全国人民代表大会常务委员会关于修改〈中华人民共和国刑事诉讼法〉的决定〉的通知》（法〔2018〕294号）第2条规定："（二）审慎办理刑事缺席审判案件。……对辖区内第一起刑事缺席审判案件，要及时逐级向最高人民法院报告。"

②　《监察法实施条例》第233条规定：监察机关立案调查拟适用缺席审判程序的贪污贿赂犯罪案件，应当逐级报送国家监察委员会同意。

③　实务界、学界也认可，检察机关可以在缺席审判程序中适用不起诉权。参见陈国庆：《刑事速裁法修改与刑事检察工作的新发展》，载《国家检察官学院学报》2019年第1期；陈卫东、刘婉婷：《检察机关适用刑事缺席审判的几个问题》，载《国家检察官学院学报》2019年第1期。

④　黄风：《对外逃人员缺席审判需注意的法律问题》，载《法制研究》2018年第4期。

⑤　《刑事诉讼法》第108条第4项规定，"诉讼参与人"是指当事人、法定代理人、诉讼代理人、辩护人、证人、鉴定人和翻译人员。

否依法被采纳并体现在裁判中，以彰显检察机关客观公正立场。

（三）细化权利规范，落实保障人权职能

现有对当事人权利保障的规定集中在审判阶段，且内容较为原则，笔者将着重针对完善检察环节人权保障体系提出如下建议。

1. 知情权。首先，告知节点上，建议参照普通诉讼程序，在案件被移送检察机关、检察机关延长审查期限、审查终结决定提起公诉等各个由检察机关主导的、会影响被告方实体权利的节点上，将相关文书以适当方式送达当事人。这一方面有利于保障其及时掌握诉讼进程，便于行使权利，另一方面通过多次文书送达也体现司法机关查办犯罪的坚定决心，增强督促劝返效果。其次，告知内容上，应当着重注明犯罪嫌疑人、被告人所享有的权利、权利行使的期限以及逾期不行使权利的后果等。另外，可以考虑以适当方式告知当事人案件具体承办人员情况，以保障其行使申请回避权。最后，告知范围上，鉴于近亲属需要履行多项实体诉权，对于诉讼阶段告知等程序性文书也应当同时送达近亲属，便于行使权利。另外，依据《刑诉规则》的规定①，案件移送起诉、退回补充调查、改变管辖、提起公诉的，还需及时告知辩护律师。

2. 委托辩护权。首先，关于辩护权介入时间。目前监察阶段仍未提供辩护人介入的制度空间，监察与司法衔接的审查起诉阶段则成为辩护人介入案件的起点。② 普通程序中，检察院需在收到案卷材料后 3 日内告知犯罪嫌疑人有权委托辩护人。鉴于境外送达的复杂性，可以适当延长告知期限，同时为保障当事人及时行权，期限不宜过长。参考《刑诉解释》相关规定③，建议告知时间不超过 30 日。其次，关于辩护人权利。缺席审判当事人应当享有充分的辩护权，这既体现在当事人享有强制辩护权，也体现在辩护人享有完整辩护权。因此，缺席审判程序辩护权利内容应当与普通程序辩护权内容一致，包括阅卷权、会见通信、调查取证权、申请调查取证权等，检察机关应当为辩护人合法行使职权提供便利，同时，辩护人在行权过程中也应享有相应的人身保障权。最后，关于委托法律援助。缺席审判程序当事人在不委托辩护情况下，检察机关应当依职权通知法律援助机构指派律师提供辩护。需要注意的是，当事人出于逃避等消极心理，可能存在明知权利而故意不行使的情况，此时基于保障人权及提高效率的考量，对当事人在一定期限内不提供明确委托辩护人资料的，应当视为放弃自行委托。换言之，当事人本人不委托辩护的表示可以明示或默示，但其近亲属的不委托的表示必须明示。

3. 异议权。对于当事人到案后异议权的保障有助于实现程序公正与诉讼效率的平衡，充分保障被告人诉讼权利。④ 关于异议权的行使程序，尚无司法实务经验，笔者认为应结合刑事诉讼原则对其予以规范。首先，管辖级别的选择。缺席审判程序管辖级别在中级人

---

① 《刑诉规则》第 47 条第 2 款：人民检察院直接受理侦查案件移送起诉，审查起诉案件退回补充侦查、改变管辖、提起公诉的，应当及时告知辩护律师。

② 董坤：《职务犯罪案件缺席审判在监察与司法中的衔接》，载《江海学刊》2022 年第 1 期。

③ 《刑诉解释》第 599 条第 3 项规定，法院受理时发现材料不全的通知检察机关补送材料的时间由普通程序的 3 日内修改为 30 日内。

④ 肖沛权：《价值平衡下刑事缺席审判制度的适用》，载《法学杂志》2018 年第 8 期。

民法院，但当事人归案提出异议引发重审时，由于本人已在席，应当转用普通程序审理。如果其刑期达不到可能判处无期徒刑以上的，案件应由基层人民法院管辖，但下调管辖级别后，一旦上诉引起二审，案件很可能又回到已审理过该缺席审判案件的司法机关，易导致二审审理流于形式，不利于保障当事人诉讼权利。因此，建议仍由原审司法机关审理当事人异议后的普通程序案件。至于承办人员选择上，可以根据案件具体情况由司法机关决定是否更换承办人员审理。其次，案件材料的流转。当事人提出异议，法院重新审理，在性质上应当属于一个"新案"，基于"不诉不理"原则，法院对新案件的审理有赖于检察机关重新提起公诉。因此，法院应当先将案件材料退回检察院，再由检察院审查决定是否提起公诉。最后，重审期间原判效力的认定。对缺席审判结果的异议权是程序获得他国引渡认可的妥协，但基于裁判的终局性特点，原生效判决在没有经法定程序推翻情况下仍属有效，即使当事人提出异议引起案件重新审理，也不能导致原判当然失效。因此，引起重审案件原则上不应停止原生效判决、裁定的执行，除非发现可能改判无罪等特殊情形，才可以决定中止原判决、裁定的执行。

四、结语

一项制度从初创到落地往往需要经历"框架构建—实践研究—确立规则"的完善过程。正如同样承担反腐使命的"违法所得没收程序"从2012年制度初创到2017年设立专门规范文件经历了五年的摸索实践，缺席审判程序目前亦处在规范确立、实践探究的关键时期。检察机关应当正视自身肩负的职责与使命，发挥检察能动履职，为制度框架的构建贡献检察力量。在此基础上，应更强调与监察委、法院的办案协作，以实践经验进一步反哺制度规范，在制度完善和实践探索的良性循环中真正构建起中国特色缺席审判程序。

检察视野下违法所得没收程序之检视

陈双玲　吴杰雄*

一、引言：粉碎"避罪天堂梦"——违法所得没收程序

针对外逃贪官数量不断攀升，境外涉案财产规模不可估量而我国法律却无法进行刑事追诉的窘境，2012 年刑事诉讼法在特别程序一章增设"违法所得没收程序"，开辟了我国"未经定罪的没收"先河，开启了不以追究犯罪嫌疑人、被告人刑事责任为前提的"对物"模式，更是我国履行《联合国反腐败公约》的具体体现，弥补了与国际法律、法规接轨这一法律空白。现以"百名红通 33 号"黄某某贪污违法所得没收申请案为例①，探索我国违法所得没收程序实践中遇到的困境及出路。1993 年至 1998 年，桂林地区物资总公司总经理黄某某利用职务之便，先后控制和使用方正公司等六账户经营期货业务，开设并使用多个期货交易账户，累计转入期货账户 40004.96 万元，其中 33617.66 万元未纳入该公司财务管理。其间，黄某某从方正公司等六账户转出 3000.35 万元至仲盛房产公司等 3 公司按揭贷款购买 52 套房产，分别登记在李某某（黄某某丈夫）、施某某（黄某某朋友）等人名下。随后将其中 29 套房产虚假转给施某某、高某某，并安排邓某某（黄某某母亲）与施某某、高某某签订委托合同，管理上述房产。涉案房产中司法机关已处置 20 套，黄某某等人出售 15 套，并用售房款、剩余房屋租赁款购买 6 套房产，部分款项存入以他人名义开设的银行账户。2002 年黄某某逃匿境外，被发布红色通缉令后 11 年不能到案。该案是广西办理的首例"百名红通人员"违法所得没收申请案，因缺乏办理经验，亦无先例可循，给司法实务带来诸多困扰。该程序是否具有溯及力？违法所得及其他涉案财产是否适用善意取得制度？"高度可能性"应达到何种证明程度？涉及本案犯罪事实的李某某贪污案已作无罪判决，能否启动该程序等一系列问题值得探究。

二、违法所得没收程序适用的溯及力认定问题

对于追诉时效能否溯及既往，不论是理论界还是司法实务界均未达成一致意见，众说纷纭。针对溯及力问题无论理论探讨还是司法实践绝大多数着眼于实体法领域，而从程序

---

* 陈双玲，广西壮族自治区人民检察院第三检察部一级检察官助理；吴杰雄，广西壮族自治区人民检察院第三检察部三级高级检察官。

① （2016）桂 03 刑没 1 号裁定书、（2019）桂刑终 18 号裁定书。

法入手对其加以研究却寥寥无几。程序从新原则是世界各国（地区）对刑事诉讼法在时间效力上的一般遵循。有原则就有例外，在确立程序从新原则的前提下，若不考虑刑事诉讼活动的复杂性与动态性（即诉讼程序经过立案、侦查、起诉、审判等过程），在任何情况下都要求遵守该原则可能会让人们失去对原有法律的信赖，破坏其原有的信赖利益。所以，在特殊情况下须顾及人们根据原有法律规定而获得的信赖利益等特殊情况，进而规定程序从新的例外情形。

（一）程序从新在违法所得没收程序中的理解与适用

违法所得没收程序是 2012 年刑事诉讼法新增特别程序。行为人在 2012 年刑事诉讼法生效以前犯《刑事诉讼法》第 281 条第 1 款规定的"犯罪案件"是否适用该程序在学界至今仍未达成一致，观点各异。有学者认为，"法律无溯及力一般是针对实体法而言，对于程序法来说，则不受一般无溯及力原则的影响"。[①] 也有学者认为，"程序法从新"是法不溯及既往在程序法中的体现。[②] 对此，《立法法》第 93 条明确了"从旧兼有利"原则[③]。根据该法律规定，违法所得没收程序理应遵照执行，即原则上不溯及既往。司法实践中"程序法从新"主要有以下条件：一是新程序法实施以后适用于正在处理的未决案件及新案件；二是新程序生效之前，根据旧程序法处理的案件依旧有效，不因新程序法的生效而有所改变。可见，其实质是诉讼行为受行为时的法律制约，并不影响其生效前诉讼行为的法律后果。这表明"程序从新"恰是彰显了法不溯及既往原则。

就该程序而言，按照"程序法从新"的法律适用原则，2013 年 1 月 1 日之后行为人实施该程序所规定的"犯罪案件"，如犯罪嫌疑人、被告人逃匿、死亡的，则当然可以适用该程序。然而对在该程序生效之前发生的"犯罪案件"，可否适用该程序进行追赃挽损？综观我国现行法律体系，与该程序基本相对应的实体法规定为《刑法》第 64 条[④]，是对违法所得及其他涉案财物的专门规定。从立法角度分析，刑事诉讼法增设该程序并非增设实体法的规定，而是新增与之相对应的程序法。换言之，针对犯罪嫌疑人、被告人逃匿、死亡案件，在刑事诉讼法增设该程序以前，不能通过诉讼程序来实现《刑法》第 64 条所规定的实体法内容，刑事诉讼法增设该程序后，便可适用该程序实现刑法对应的实体规定的内容。该程序生效之前行为人实施的"犯罪案件"，虽然犯罪行为已实行终了且犯罪嫌疑人、被告人逃匿、死亡，但是其违法所得及其他涉案财产的不法状态却一直持续（如行为人实施贪污贿赂后，贪污贿赂犯罪所得的赃款赃物仍处于不法状态），从法理层面视之，该程序具有恢复性司法属性，通过该程序将行为人犯罪所得的财物归还原主，并不存在程序性障碍。再者，根据犯罪结果的发生与犯罪终了的关系，刑法学界普遍将犯罪分为继续

---

① 卓泽渊：《法学导论》，法律出版社 2014 年版，第 66 页。

② 马晓红：《法的溯及力问题研究》，中国法制出版社 2008 年版，第 88 页。

③ 《立法法》第 93 条规定，"法律、行政法规、地方性法规、自治条例和单行条例、规章不溯及既往，但为了更好地保护公民、法人或者其他组织的权利和利益而作的特别规定除外"。该条被置于"适用于备案"一章，即法不溯及既往原则属于法律适用原则，而非立法原则。

④ 《刑法》第 64 条规定：对犯罪分子违法所得的一切财物，应当予以追缴或者责令退赔；对被害人的合法财产，应当及时返还；违禁品和供犯罪所用的本人财物，应当予以没收。

犯和状态犯。继续犯，也称持续犯，是指行为从着手实行到终止以前，一直处于持续状态的犯罪。① 例如，非法拘禁罪，犯罪嫌疑人从着手实施剥夺他人人身自由始至恢复他人人身自由止，其非法剥夺他人人身自由的行为一直处于持续状态。状态犯，是指犯罪行为既遂后，犯罪行为即终了了，但该犯罪行为所产生的不法状态继续存在。如贪污罪，犯罪嫌疑人实施贪污行为后，犯罪既遂，该行为终了，而其非法占有公共财物的不法状态仍继续存在。如犯罪嫌疑人、被告人在 2013 年 1 月 1 日之前已经逃匿、死亡，但其实施贪污犯罪的违法所得及其他涉案财产仍处于不法状态。该程序并非针对行为人刑事责任（即定罪、量刑）的追究程序，而是就行为人因犯罪行为所获的财物予以处置，实质上是对财产所有权的确认之诉，即对物程序，只要违法所得及其他涉案财产一直处于不法状态，且延续至该程序实施以后，就可以适用该程序。因此，在确定该程序是适用于实现《刑法》第 64 条的实体规定的前提下，对犯罪嫌疑人、被告人在 2013 年 1 月 1 日之前逃匿、死亡的案件适用该程序，是贯彻执行程序从新原则的具体表现。

（二）违法所得没收程序中诉讼时效之原理与实践差异

启动违法所得没收程序的前提条件是有犯罪行为发生，若在该程序正式实施之前发生，便引申出关于适用该程序的时间效力问题。如前所述，该程序是一种恢复性司法程序，体现了"任何人不得从犯罪中获益"的法律原则，理论上不受诉讼时效限制。犯罪嫌疑人、被告人因犯罪行为获得的违法所得及其他涉案财产，特别是贪污、贿赂犯罪、网络诈骗犯罪等，通过贪污、贿赂、诈骗等方式获取的财产所有权并不因犯罪行为而改变（即财物所有权仍属于被害人或者国家），更不会随时间推移而发生改变。这与追究犯罪嫌疑人、被告人刑事责任存在着本质区别，故无诉讼时效一说。由此从法学原理可知，该程序在适用时没有时效期限的限制。从司法实践操作层面观之，《刑法》第 87 条②规定了追诉时效期限，属于这种情形的犯罪嫌疑人、被告人逃匿后，适用该程序时可以其实施犯罪行为的追诉时效期限为限。《刑法》第 88 条规定追诉期限的延长，对于此种情形，犯罪嫌疑人、被告人不论逃匿、死亡时间长短，只要在该规定范围内就应当追缴其违法所得及其他涉案财产，启动违法所得没收程序。现行立法对犯罪嫌疑人的犯罪行为超过诉讼时效的情形能否适用该程序处于空白状态。2017 年 1 月 5 日"两高"颁布的《关于适用犯罪嫌疑人、被告人逃匿、死亡案件违法所得没收程序若干问题的规定》（以下简称《规定》）亦未对超过追诉时效的犯罪嫌疑人逃匿情形纳入该程序适用范围（《刑法》第 88 条规定的情形除外）。由此可见，就该程序适用范围之所以出现法理分歧与司法实践不平衡现象皆因立法技术所致，亟需出台相应的法律或司法解释加以解决。

---

① 张明楷：《刑法学》（第三版），法律出版社 2009 年版，第 367 页。

② 《刑法》第 87 条规定，犯罪经过下列期限不再追诉：（1）法定最高刑为不满 5 年有期徒刑的，经过 5 年；（2）法定最高刑为 5 年以上不满 10 年有期徒刑的，经过 10 年；（3）法定最高刑为 10 年以上有期徒刑的，经过 15 年；（4）法定最高刑为无期徒刑、死刑的，经过 20 年。如果 20 年以后认为必须追诉的，需报请最高人民检察院核准。

三、善意取得制度的适用及证明责任分配

根据《规定》，该程序中的"利害关系人"包括犯罪嫌疑人、被告人的近亲属和其他对申请没收的财产主张权利的自然人和单位。而刑事诉讼法对"当事人""诉讼参与人"的范围以完全列举的方式进行了界定。在逻辑层面上，利害关系人既不能置于"当事人"角色之中，也不属于"其他诉讼参与人"之列，其在该程序中处于何种地位法律没有明确规定。如此一来，若有利害关系人参与到该诉讼程序，其在该程序中享有何种诉讼权利，是否适用善意取得制度？如适用，证明责任该如何分配？

（一）利害关系人适用善意取得制度

《规定》第7条第2款规定，《刑事诉讼法》第281条第2款、第282条第2款规定的"其他利害关系人"是指，前款规定的"其他对申请没收的财产主张权利的自然人和单位"。在违法所得没收程序语境下探讨善意取得制度，首先是要确定善意第三人是否为该程序中的"其他利害关系人"并据此参与到诉讼中。目前理论界对此莫衷一是、各抒己见，而现行法律处于"缺位"状态，并没有以列举的方式界定其范围。从其他国家和地区的经验做法看，对善意第三人的保护乃是国际惯例抑或各国通例。《联合国反腐败公约》第31条第9款明确规定："不得对本条的规定作损害善意第三人权利的解释。"美国法典明确规定财产所有权人为善意第三人的，可以对没收财产提出抗辩。我国《民法典》虽然规定了善意取得制度，但未对违法所得及其涉案财产可否适用善意取得加以明确规定；最高人民法院于2014年颁布的《关于刑事裁判涉财产部分执行的若干规定》（以下简称《执行规定》）第11条第2款规定，第三人善意取得涉案财物的，执行程序中不予追缴。作为原所有人的被害人对该涉案财物主张权利的，人民法院应当告知其通过诉讼程序处理。由该《执行规定》可见，能够对涉案财物主张权利仅仅是被害人，并没有提及利害关系人可以享有该项权利。由此可知，我国法律、法规对违法所得及其他涉案财产能否适用善意取得制度并未言明，但从我国批准加入的国际公约（如《联合国反腐败公约》）及《执行规定》来看，均规定在追缴没收违法所得及其他涉案财产时注意对案外善意第三人合法权益的保护。根据上述规定笔者认为善意取得制度可适用于该程序中的"其他利害关系人"，即尽管违法所得及其他涉案财产来源于犯罪嫌疑人、被告人，但确属第三人善意取得的，应当予以返还。在《规定》中已明确"利害关系人"对申请没收的财产可以主张权利，此"权利"是否仅仅如《刑诉法解释》中将"利害关系人"限定为对申请没收的财产主张所有权人，笔者认为该解释不宜运用于违法所得没收程序中，《规定》中对"利害关系人"概念已扩大到对财物主张权利的人和单位，即除对涉案财物可以主张所有权之外的人，还应当包括主张部分物权的人，如主张留置权、质押权、抵押权等担保物权，但不应当包括债权（因为没收的财物具有违法性，根据法律规定不属于被追诉人合法所有，因而不能用于偿还其所负债务）。

(二) 善意取得的证明责任分配

证明责任的分配, 实际是一种承担诉讼不利后果风险的分配。[①] 该程序中的利害关系人参加到刑事诉讼中, 就必须证明其对违法所得及其他财产享有合法权益。从《规定》第15条第3款的内容可以看出, 人民法院在开庭审理违法所得没收案件过程中, 法庭调查、法庭辩论环节利害关系人及其诉讼代理人应当出示其对申请没收的财产享有权利的相关证据材料, 即公诉机关和利害关系人对此项事实适用"谁主张谁举证"原则。公诉机关应当承担涉案财物属于违法所得及其他涉案财产的证明责任, 利害关系人则必须承担被没收的财产属于自己合法财产的证明责任。在理论界, 就利害关系人主张财产合法权益时应当由谁来承担证明责任观点不一。有学者认为, 利害关系人承担的也只能是主观证明责任, 或者是提供证据的责任, 而绝非客观证明责任或说服责任。在刑事诉讼中, 客观证明责任或说服责任始终应当由控方承担。[②] 也有学者认为, 利害关系人应当承担其在接受资产转让时不知晓或者根据具体情形不能认为其知晓有关资产来源于违法犯罪活动, 并且在接受资产转让时付出了合理对价的证明责任; 或者有关权利是在犯罪嫌疑人、被告人指控的犯罪发生之前获得或设定的证明责任。[③] 该程序增设在刑事诉讼特别程序中, 一般情况下证明责任应由公诉机关承担, 但在特殊情形下, 利害关系人及其诉讼代理人可能承担某些事实的证明责任, 如利害关系人及其诉讼代理人提出积极抗辩事由时 (即主张财产权利), 则需要就自己所主张的权利承担相应的证明义务。此时, 利害关系人为了维护自身的财产利益, 就要承担该财产并非违法所得或已就该财产取得合法权益加以证明。同时利害关系人也应当承担举证不利而导致该财产被没收的风险。违法所得没收程序本质上是以"物"为中心, 而传统的刑事诉讼则是以"人"为中心, 用刑事裁判证明标准和证据规则来审查以"人"为中心的传统刑事诉讼与用高度可能性证明标准和证据规则来审查违法所得没收程序既密切关联, 又有相对独立性。若仅因为该特别程序置于刑事诉讼中就遵守刑事诉讼的证明责任分配标准, 一方面会纵容犯罪, 另一方面则会致使遭受损失的国家财产无法挽回, 最终这一先进的追逃追赃制度只能成为摆设, 束之高阁, 对其适用时可望而不可及, 不能厚植于司法实务中, 与立法初衷背道而驰。

不难看出, 利害关系人及其诉讼代理人主张没收申请财产虽属违法所得及其他涉案财产, 但属其善意取得, 或虽属犯罪工具, 但系其合法财物的积极抗辩事由时, 应由利害关系人承担证明责任。

四、违法所得没收程序的证明标准

为确保在案证据对犯罪事实的证明作用, 同时也为保障诉讼活动高质效运行, 法律规定了刑事诉讼的证明标准。证明标准, 又称证明要求、法定的证明程度等, 是指按照法律

[①] 吴光升、南漪:《违法所得没收程序证明问题研究》, 载《中国刑事法杂志》2018 年第 2 期。
[②] 邵劢:《特别没收程序的理论和适用问题探析》, 载《法商研究》2014 年 4 期。
[③] 黄风:《特别刑事没收证明规则比较研究》, 载《比较法研究》2014 年第 3 期。

规定认定案件事实所要求达到的程度或标准。① 依照相关诉讼理论及我国刑事诉讼法的规定，我刑事诉讼的证明标准是"案件事实清楚，证据确实充分"，即采用"排除合理怀疑"证明标准。违法所得没收程序置于刑事诉讼法中，一些学者认为该程序理应遵循这一证明标准，也有学者从该程序的性质出发，认为该程序仅仅针对涉案财产处置，不涉及对行为人定罪量刑，据此可以采用优势证据证明标准。笔者认为就该程序的证明标准而言是二元化的，应针对所需证明对象（犯罪事实和申请没收的财产属于违法所得及其他涉案财产）加以具体分析。

（一）违法所得没收程序的证明标准具有多层次性

《规定》第 17 条第 1 款对"申请没收的财产高度可能属于违法所得及其他涉案财产"的表述与《刑诉解释》第 516 条"案件事实清楚，证据确实、充分"、《刑诉规则》第 528 条"证据确实充分"所采用的措辞有所出入。从证据法维度审视，证明标准的设定与诉讼的争议对象、错误评价的损害后果密不可分。诉讼程序性质不同，证明对象亦有所不同，证明标准也不相同。② 具体而言，在该特别程序中不但涉及对被告人指控犯罪事实的认定，而且事关对犯罪嫌疑人、被告人涉案财产或者作案工具的没收，以及犯罪嫌疑人、被告人是否为被发布通缉令后 1 年不能到案等，检察机关既要证明犯罪嫌疑人、被告人被发布通缉令 1 年未能到案这一程序性事实，还要证明犯罪事实与被没收的财产存在因果关系，且这一证明并不等同于对犯罪嫌疑人、被告人的有罪证明。换言之，在特定情形下可以直接证明"犯罪事实与涉案财物之间的因果关系"，而不需要先证明犯罪嫌疑人定罪量刑等。例如，证明犯罪嫌疑人、被告人控制的期货账户资金来源于其所任职的国有企业所控制的账户，证明其用上述钱款炒作期货获利后不入公司账户而是用于购买房产并登记在其亲戚名下等等。该程序的特殊性决定了证明内容、证明责任的多层次性，与此相对应的，证明标准亦不宜整齐划一，应分层次构建。

（二）违法所得没收程序中犯罪事实的证明标准

启动违法所得没收程序的一个蕴含条件是刑事案件的发生，涉案财物是因刑事案件而衍生，且因为行为人的缺席而先行对涉案财物加以处置。虽然犯罪嫌疑人、被告人逃匿、死亡，但检察机关并不能避开对其犯罪事实的证明责任，《规定》第 9 条第 3 项规定了法院在受理适用该程序审理的案件时，对于不符合"有证据证明"有犯罪事实的没收违法所得申请，应当通知检察机关撤回。从该规定可看出，"有证据证明"是认定违法所得没收程序中犯罪事实的证明标准，不能将该标准与"事实清楚，证据确实充分"的普通刑事诉讼程序对犯罪事实的证明标准混为一谈。在司法实务中，对于贪污贿赂等重大犯罪案件，犯罪嫌疑人、被告人逃匿，在通缉一年后不能到案，如果有证据证明犯罪嫌疑人、被告人有犯罪事实，依照刑法规定应当追缴其违法所得及其他涉案财产的，人民检察院可以向人民法院提出没收违法所得申请。

---

① 陈光中：《刑事诉讼法》，北京大学出版社 2016 年版，第 182 页。
② 卞建林：《美国联邦刑事诉讼规则和证据规则》，中国政法大学出版社 1996 年版，第 22 页。

（三）"高度可能"证明标准应达到的证明程度

关于对"属于违法所得及其他涉案财产"应采取何种证明标准，理论界素有刑事证明标准[1]、民事证明标准[2]及高度盖然性证明标准[3]之争。若将该事实直接适用刑事证明标准，无疑会加重公诉机关的证明责任，可能导致公平、公正在没收违法所得及其他涉案财产问题上遭受病诟，也往往会因"水土不服"导致南辕北辙，有违立法初衷。应从立法原意及我国的国情、社情从发，设计该事实的证明标准，使之更具操作性。

其一，从检察视角审视，该项事实采用高度盖然性证明标准更合乎我国刑事诉讼构筑多层次证明标准的需求。从已出台的相关法律、司法解释、会议纪要的规定[4]可见，刑事诉讼证明标准以"事实清楚，证据确实、充分"为原则，但也有例外情形，如对部分事实难以证明的，可以进行推定。刑事司法是集实体、程序及证据问题于一体的活动，三者难免出现交替、重叠，而在程序事实和实体事实的证明标准上，前者可以适当低于后者。就违法所得没收程序条款而言，其程序正当性体现在不让任何人从犯罪中获益，从实体角度而言其不具有惩罚性，而是将行为人造成的不法状态加以恢复，因而采取低于刑事证明标准更符合立法意图。另外，在高压反腐态势下特别是境外追逃追赃工作需要，特定条件下应当允许推定犯罪嫌疑人、被告人的财产是否系违法所得及其他涉案财产。而推定的前提必须是建立在现有证据材料与待证事实之间存在某种关联性的基础上（涉案财物与犯罪事实存在因果关系），如有证据证实且符合法律规定及经验法则、逻辑法则等。

其二，高度盖然性证明标准，契合我国司法实践的需要。为顺应追逃追赃的现实需求，增强违法所得没收程序的可操作性及适用频率，《规定》在此背景下应运而生。《规定》第17条规定对"属于违法所得及其他涉案财产"采用了"高度可能性"证明标准，从该程序设立意旨的角度考察该程序需查明的关键事实——申请没收的财产是否属于违法犯罪所得及其他涉案财产。首先，犯罪嫌疑人、被告人逃匿、死亡无法到案，增加了检察机关证据收集的难度，若坚守刑事证明标准大部分没收违法所得申请案件将被法院拒之门外，这无疑会降低该程序的适用率，同时检察机关申请没收的积极性亦会大打折扣，背离立法初衷。其次，高度盖然性证明标准不但适用于检察机关违法所得没收申请，同样也适用于利害关系人，因此采取该标准并未损害犯罪嫌疑人、被告人、利害关系人的合法权益。最后，"高度可能性"是司法解释为认定"违法所得及其他涉案财产"设置的最低门槛，在大部分违法所得没收申请案件中，检察机关就犯罪事实与违法所得及其他涉案财产的关联性所收集的证据已经达到排除合理怀疑的证明标准。

其三，高度盖然性证明标准与优势证据证明标准不可相提并论。虽然该程序既不涉及对行为人定罪量刑，也不具惩罚性质（没收犯罪工具除外），更确切地说是一种救济措施，

---

① 参见陈卫东：《构建中国特色形式特别程序》，载《中国法学》2011年第6期。

② 参见朱纪彤：《违法所得没收特别程序的证明标准研究》，载《太原城市职业技术学院学报》2019年第1期。

③ 参见时延安：《违法所得没收条款的刑事法解释》，载《法学》2015年第11期。

④ 如《刑事诉讼法》第53条、《刑法》第282条第2款、《刑诉法解释》第64条、《全国部分法院审理毒品犯罪案件工作座谈会纪要》第10条等。

是将被犯罪所侵犯的财产物归原主，但毕竟该程序置于刑事诉讼特别程序当中，不能单纯将其等同于民事诉讼程序，为确保刑事案件涉案财产处理过程及结果的公平、公正、正当性，采用比民事证明标准更高的标准是该程序的必然选择。再者，从保障公民财产权益（权利保护原则）、刑罚谦抑性（权力谦抑原则）角度分析，要求检察机关证明对涉案财产属于违法所得及其他涉案财产事项的标准高于优势证据证明标准更具合理性。

五、启动违法所得没收程序不以构罪为前提

在适用违法所得没收程序审理的案件中，绝大多数案例现有证据足以证明犯罪嫌疑人、被告人构罪，在此种情形下适用该程序进行追逃、追赃并无障碍。但在个别违法所得没收申请案件中，与行为人涉嫌同一犯罪事实的关联案件被告人已作无罪判决，这意味着现有证据对犯罪事实的认定没有达到"事实清楚，证据确实、充分"的证明标准，启动该程序是否以构罪为前提成为争议焦点。

（一）违法所得没收程序设置的目的在于对物的追缴

该特别程序启动要件之一就是涉案的犯罪嫌疑人、被告人逃匿、死亡，不能通过普通刑事诉讼程序对其追究刑事责任，与之相对应的违法所得及其他涉案财产亦不能一并追缴。设置该程序是为了弥补普通程序无法妥善处理上述情况而采取的救济措施，其关注的重点并非对"人"的"责与罚"，而是聚焦对"物"的"追与保"。因此，检察机关应当围绕犯罪事实与违法所得及其他涉案财产之间的关联性及物的权属问题进行审查案件，尤为关键的是"物"的来源与归属，其证明对象包括行为人已涉嫌犯罪的事实以及涉案财产是否为犯罪所得、作案工具或犯罪产生的收益。该特别程序将对"物"的处置先于对"人"的处罚，其只对涉案财物作出实体性处置，而不是对"人"定罪量刑，据此涉及人身权益的犯罪事实无须严格对遵守刑事证明标准。

（二）启动违法所得没收程序需有证据证明有犯罪事实

从比较法视角观之，域外民事没收或未定罪没收基本上需要证明犯罪事实的存在，如《欧盟指令》第4条第2款规定的其没收条件之一是犯罪嫌疑人、被告人到庭就会作出有罪判决。这一规定要求未定罪没收程序在犯罪构成要件上达到刑事违法性和有责性。犯罪事实作为违法所得没收的证明对象，并不等同于要求检察机关提供的证据必须达到刑事违法性、有责性犯罪构成要件，在该程序中由于犯罪嫌疑人、被告人逃匿、死亡，取证难度增加，很难对犯罪关联行为是否具备有责性要件做出客观、合理评价。着眼于《规定》第10条对犯罪事实的证明要求可知，其证明标准低于一般刑事诉讼的证明标准，并不要求相关犯罪行为在刑事违法性、有责性均达到犯罪构成要件的证明标准，仅要求证明关联犯罪行为具有刑事违法性。《刑事诉讼法》第298条第3款明确规定检察机关在提起没收违法所得申请时应当提供与犯罪事实、违法所得相关的证据材料。从上述条文规定可以推出我国违法所得没收需要证明有犯罪事实，犯罪事实的存在与申请没收的涉案财物具有关联性，且在客观上具有刑事违法性。

《规定》第10条规定同时符合下列情形的，应当认定为"有证据证明有犯罪事实"：

（1）有证据证明发生了犯罪事实；（2）有证据证明该犯罪事实是犯罪嫌疑人、被告人实施的；（3）证明犯罪嫌疑人、被告人实施犯罪行为的证据真实、合法。不难看出"有证据证明有犯罪事实"已然是参照了刑事诉讼法逮捕的证明标准，而刑事诉讼中逮捕的证明标准仅要求行为人有重大犯罪嫌疑即可，与排除合理怀疑标准相比该标准不管在证明力度还是证明要求上均有所降低，但也不代表对该项事实的认定可以含糊不清、模棱两可。该项事实是没收违法所得申请进入审判程序的前提条件，同时也是认定违法所得及其他涉案财产的基础，若含混不清极可能导致对申请没收的财产处置不当，事关该特别程序能否依法适用。一方面，法院在受理阶段严格审查该项事实并对其加以准确定性（适用该程序审理的罪名有限制），把好案件质量关、证据关，严防"带病"起诉。另一方面，对犯罪事实进行实体性审查端口前移，在客观上提高了该类案件立案的受理标准，若定性错误可以尽快发现被查封、扣押、冻结的财物是否有误，一定程度上能够避免对犯罪嫌疑人、被告人、利害关系人的合法财产遭受必要的损害。

六、结语

长期以来，刑事案件涉案财物处置长于刑事法律体系规范的边缘状态，在诉讼活动中不具备独立的价值。如何规范处置刑事案件特别是职务犯罪案件涉案财物已成为司法实践的难点和痛点，亦是我国反腐败斗争不断往纵深方向推进必须解决的问题。为减少存量，遏制增量，对流入海外的赃款赃物予以追缴，敦促外逃人员归案，刑事诉讼法修改时增设了违法所得没收程序即是涉案财物处置程序的重要内容。该程序是未定罪没收程序在我国刑事诉讼法律制度中的缩影，兼具刑事诉讼与民事诉讼程序特质，也有实体法与程序法交叠有待理论界及实务界探索。通过审视其立法仍有缺陷、配套措施尚显不足，加之违法所得证明标准不明确等，严重影响检察机关启动该程序的成效，使其陷入尴尬境地，难以实现立法者设置该程序的初衷。如此看来，在我国现行司法体制下，要使该程序发挥其应有的效用，仍任重而道远。

境外追逃追赃贪贿案件缺席审判
若干问题之探讨

吴菁菁　赵　源[*]

2018 年修改的刑事诉讼法力排争议设立了缺席审判特别程序。2021 年，检察机关对潜逃境外的贪污犯罪嫌疑人程某某提起公诉。2022 年 1 月 17 日，法院判决被告人程某某犯贪污罪，判处有期徒刑 12 年，并处罚金 50 万元，追缴程某某贪污犯罪所得依法予以返还。[①] 这是我国首起适用刑事缺席审判程序审理的外逃被告人贪贿案件，是党的十九大以来境外追逃追赃的标志性案件，释放出强烈的反腐信号。然而作为新生制度，境外追逃追赃贪贿案件的办理面临诸多难点困境，还需进一步研究和完善。

一、实践困境：境外追逃贪贿案件缺席审判面临的问题

1. 陈年旧案多。党的十八大以来，中央反腐败协调小组部署开展"天网行动""百名红通"等系列境外追逃追赃工作，取得相对丰硕的成果。截至 2022 年 5 月 20 日，百名红通人员已有 61 人回国归案。从百名红通人员名单中不难发现，这些人最早外逃时间可以追溯到 1996 年，出逃时间数十余年，涉及案件属于遗留下来的陈年旧案。我国先后经历了刑事诉讼法的三次修正、国家监察体制改革、以审判为中心的刑事诉讼制度改革等，对证据裁判和诉讼程序均提出了新的标准和要求。

2. 证据不完备。影响境外追逃追赃贪贿案件办理的主要因素集中在证据体系的构建。由于涉案贪贿人员出逃境外，导致证据种类中缺失"犯罪嫌疑人供述和辩解"这组关键证据。贪贿案件，尤其是行受贿案件，多为一对一的证据关系，仅有行贿一方的口供恐难以形成完善的证据链条。而对于陈年旧案而言，也存在取证不及时导致证据灭失，或者虽有取证但程序、内容不符合现行刑事诉讼的证据规格要求，如鉴定意见由单人出具、物证保管有问题等，无法得到域外司法协助，进而影响缺席审判的权威性和有效性。

3. 监检配合弱。国家监察体制改革后，贪贿案件先由监察机关调查，移送审查起诉时才进入刑事诉讼环节。涉案人员在案的贪贿案件，监察机关与检察机关经过数年的磨合

---

　　* 吴菁菁，福州铁路运输检察院第一检察部三级检察官助理；赵源，福建省纪委监察委追逃追赃和申诉复查室二级主任科员。

　　① 赵红旗：《贪官逃匿境外逾 20 年何以被缺席审判——解密我国首起适用刑事缺席审判程序审理外逃被告人贪污案》，载《法治日报》2022 年 2 月 9 日，第 6 版。

探索，已初步建立操作性强、衔接顺畅的工作机制①，但由于办案部门不同，追赃追逃案件与检察机关的沟通配合相对较弱，案件仍处于调查阶段未进入审理阶段而没有商请检察机关提前介入，检察机关没有介入案件导致案情不熟，刑事诉讼程序不能启动、强制措施难以决定。

4. 文书送达难。法律文书送达是启动缺席审判程序的第一道关口。即便监察机关、公安机关掌握了贪贿人员出逃的所在国，也难以锁定到涉案人员具体所在的区域。而法律文书的送达，一般根据国际条约的约定或者外交途径提出司法协作予以完成。

二、探本溯源：缺席审判制度设立的目标与价值博弈

1. 立法原意：反腐败和国际追逃追赃的需要。根据全国人大常委会法工委的解读，探索建立刑事缺席审判制度主要针对的是外逃贪官，是中央高度重视反腐败斗争的要求和国际反腐败追逃追赃的需要。②《联合国反腐败公约》规定了"或引渡或执行刑罚"规则。缺席审判制度的建立，使法院对外逃贪贿人员的审判有了法律支撑，依法作出的刑事判决成为我国请求缔约国履行"或引渡或执行刑罚"义务、请求刑事司法协助的有力依据。对外逃贪贿人员的缺席审判，不仅对境外在逃贪贿人员产生极大的震慑，同时也对在职国家工作人员起到一般预防的目的，推动形成不敢腐、不能腐、不想腐的政治环境。

2. 价值博弈：惩罚犯罪与保障人权、公正与效率的权衡。有学者认为缺席审判是一项具有"天然缺陷"的刑事审判制度③，涉案贪贿人员因外逃而不能到案接受调查、出庭应诉，导致知情权、辩护权、质证权等权利遭受减损，程序正义与保障人权的法律价值受到一定程度的挑战。但案件久拖不决可能导致证据的灭失、被犯罪行为破坏的社会关系难以及时修复，严重影响了诉讼效率价值的实现。不可否认的是，刑事诉讼权利的减损实际上是涉案贪贿人员单方在逃行为所造成的，贪贿人员在明知案件进入刑事诉讼程序后仍不回国接受调查、审判，则应对缺席审判承担不利益的后果。对于监察机关、司法机关而言，为了保障案件的公正审理和司法权威，需要进一步完善缺席审判案件办理的具体程序和把握标准，通过严格的程序保障犯罪嫌疑人权益，如确保文书送达涉案在逃贪贿人员、强制辩护、给予近亲属上诉权和被告人归案后的救济权等。④

3. 终极目标：完善涉外法治、提升国际影响力。党的十九届四中全会明确提出加快我国法域外适用的法律体系建设，我国法律域外适用问题已经提上国家法治建设的重要议事日程。⑤ 缺席审判制度的完善，直接影响我国刑事法律的域外适用效力和执行力，有助于提高国际社会对我国刑事法治能力的综合评价，推动我国反腐败工作国际合作的良性发

---

① 段相宇：《完善监检衔接提升办案质效》，载《中国纪检监察报》2022年2月16日，第1版。

② 全国人大常委会法制工作委员会沈春耀主任在第十三届人大常委会第二次会议上对《草案》所作的说明指出，增设刑事缺席审判制度主要针对的是外逃贪官。转引自王敏远：《刑事缺席审判制度探讨》，载《法学杂志》2018年第8期。

③ 陈卫东：《刑事诉讼法修改若干问题研究》，载《内蒙古社会科学》2020年第3期。

④ 卞建林：《刑事诉讼法再修改面面观》，载《法治研究》2019年第1期。

⑤ 黄惠康：《准确把握"涉外法治"概念内涵 统筹推进国内法治和涉外法治》，载《武大国际法评论》2022年第1期。

展，提升国家的国际社会地位和影响力。

三、他山攻玉：域外缺席审判制度的启示

1. 英美刑事缺席审判制度考察。美国缺席审判主要分为依法无须出庭和首次出庭后放弃继续出庭两种类型。依法无须出庭集中在法人犯罪、轻罪、只涉及定罪量刑的法律问题、或者纠正原判决等，首次出庭后放弃继续出庭的情形中，被告人已到过庭，只是放弃继续出庭，也因此需要承担不利的后果。美国在建立缺席审判的同时，通过一系列的保障措施确保司法公正，而最为特殊的就是刑事辩护的全覆盖。[①] 在英国，可以缺席审判的一般是由治安法院适用简易程序审理的一些案件，部分严重刑事案件也可以适用。在 1998 年女王诉琼斯一案中，法院进一步确立了缺席审判的考量因素和权威规则，明确只有在被告人放弃出庭权的情况下才可以进行缺席审判，也需考虑缺席审判会否直接影响结果公正和程序公正。[②]

2. 国际刑事法庭、黎巴嫩特别法庭缺席审判制度考察。国际刑事法庭主要针对 18 岁以上犯有灭绝种族罪、危害人类罪、战争罪以及侵略罪的个人进行缺席审判。黎巴嫩特别法庭是联合国基于黎巴嫩政府的请求，经联合国与各缔约国协商，在爱尔兰设立一个独立审判组织，该法庭旨在审理违反黎巴嫩刑法典的个人，位阶高于黎巴嫩国内法庭，但与后者管辖权相同。上述两个法庭都以"程序阶段为主，被告人状态为辅"作为适用缺席审判程序的基本标准，其中国际刑事法庭规定了可以进行缺席审判的四种例外情形，包括被告人明确放弃庭审、缺席有正当理由、扰乱法庭秩序被带离以及除缺席审判外无其他措施可选择。黎巴嫩特别法庭设立时，联合国安理会参酌欧洲人权法院判例，也规定了四种可以缺席审判的情形，被告人自愿放弃、在逃、无法找到或者尚未被移交的。在缺席审判中除了可以获得律师帮助外，还需为保障被告人的知悉权而穷尽措施，如规定起诉书或者相关通知应当以报纸、广告等形式在被告人居住地或所在国进行公示，被告人自公示起 30 日后仍未到案的，可以申请缺席审判。[③]

3. 域外缺席审判制度带来的启示。英美等国缺席审判制度主要针对的是轻罪以及对被告人有利的庭审，如改判轻罪或者宣布无罪等，其适用范围与我国外逃贪贿案件缺席审判的适用范围明显不同，没有直接的借鉴作用。但英美国家、国际刑事法庭、黎巴嫩特别法庭缺席审判制度中所考量的基于确保被告人诉讼权利的各项因素，对于中国特色社会主义法治体系内外逃官员贪贿案件缺席审判制度的构建，具有一定的启示意义。一是通过法律文书有效送达保障被告人的知悉权。通过穷尽措施确保被告人知晓自己置身刑事诉讼之中，基于个人自愿且明确放弃出庭应诉。二是通过律师辩护保障被告人的辩护权。

---

①　张全涛：《美国刑事缺席审判制度特点》，载《人民法院报》2019 年 1 月 11 日，第 8 版。

②　商浩文、陈统：《刑事缺席审判制度的比较考察——以英国和美国为例》，载《南都学坛（人文社会科学学报）》2020 年第 4 期。

③　赵飞龙：《国际刑事审判组织中的缺席审判程序》，载《人民法院报》2019 年 7 月 19 日，第 8 版。

四、规制思路：境外追逃追赃贪贿案件缺席审判制度的完善建议

1. 审慎适用缺席审判制度。缺席审判是被告人不参与刑事庭审的制度，在刑事诉讼控辩审"三角构造"中存在一定缺陷，证据体系亦不尽如人意，强行审判容易被人所诟病。尽管缺席审判是犯罪嫌疑人、被告人逃避审判所造成的，需由其自身承担因此带来的不利后果，但司法机关却不能懈怠或造成误判。① 缺席审判并不只是一纸判决，更为重要的是其背后的司法权威和判决执行力，以及国家的国际地位和影响力。因此，缺席审判程序须审慎适用，不应盲目扩大适用范围。

2. 坚持证据标准。有学者认为，刑事缺席审判程序是一种具有补充性和功能导向性的特殊程序，若坚持普通刑事案件的证据标准，将会导致立法目的的无法实现，建议适用比一般的刑事诉讼程序宽松、但比民事诉讼程序严格的盖然性证明标准和证明规则。② 如前所述，境外追逃贪腐案件的缺席审判最终涉及的是国家利益，启动缺席审判的必备证据条件应是"有明确指控的犯罪事实"，缺席审判也应在"以审判为中心"诉讼制度改革框架的约束下，确保在案证据依法取得，有证据证明是在逃贪贿人员实施，且已排除合理怀疑。对于证据合法性、关联性存在问题和排除犯罪嫌疑人、被告人供述后证据链条明显有缺陷等贪贿案件，不宜贸然启动缺席审判程序。故，境外追逃贪腐的缺席审判案件也应达到犯罪事实已经查清、证据确实充分的证明标准。

3. 完善跨境追逃贪贿案件的监检衔接。与检察机关介入公安机关侦查案件不同，监察机关调查的贪贿案件提前介入启动权不在检察机关，而在监察机关手中，且通常在案件已调查终结，进入监察机关的审理阶段。境外追逃贪贿案件的调查办理难度大于普通贪贿案件，且对外逃贪贿官员决定逮捕有赖于检察机关的配合，故有必要建立检察机关提前介入境外追逃追赃贪贿案件调查的机制。检察机关提前介入是实现监检衔接最直接的路径，而监检衔接的最终目的是进一步强化证据体系，推动缺席审判的启动和有效判决，实现境外追逃追赃的根本目的。检察机关的提前介入，需进一步明确介入的时机和方式，可将介入时间提前至调查阶段，采取办案组或者个人阅卷、联席会议方式了解案情和证据情况，检察机关就案件性质和证据提出相应的补证意见。同时，要适度强化提前介入检察意见的刚性。目前检察机关介入意见相对是柔性的，监察机关可以采纳也可以不采纳。有必要通过制定相应规则来规制监察机关对提前介入意见的懈怠，如建立强制性反馈制度，对不采纳检察意见的情况进行逐一反馈，以此遏制监察人员消极应对检察意见的情况，以提升提前介入检察意见的刚性。③

4. 优化缺席审判程序的规制建议。一是穷尽措施确保诉讼文书的送达。刑事诉讼法律文书送达是缺席审判程序启动的难点。《联合国刑事互助示范条约》以及我国缔结的双边条约，大多数没有对刑事诉讼文书的送达作出限制，但也有部分条约排除了送达犯罪指

---

① 张建伟：《作为一种特别程序的缺席审判》，载《中国检察官》2018 年第 23 期。

② 胡志风：《刑事缺席审判中的证明标准》，载《国家检察官学院学报》2018 年第 3 期。

③ 左卫民、刘帅：《监察案件提前介入：基于 356 份调查问卷的实证研究》，载《法学评论》2021 年第 5 期。

控有关文书的义务①，美国明确"对于要求某人作为被告人出庭的文书，被请求方不负有执行送达的义务"。对于诉讼文书的送达，应区分不同情况：针对双边缔结条约且未作相应限制的，应按照条约规定，在庭审之日前多少天通过司法协助方式送达；针对没有缔结条约或者条约作出一定限制的，可以采取向近亲属送达＋依托官方主流媒体公告送达的方式完成告知。

二是强化刑事辩护在缺席审判中的作用。原则上，境外追逃追赃贪贿案件的辩护人应由其近亲属委托，可与出逃贪贿人员及其近亲属进行充分沟通、交换意见。但在近亲属不愿代其委托辩护、或者国内没有近亲属的情况下，可通过法律援助机构指派律师提供辩护。只有确保辩护人有能力、依法、尽职履行辩护权，才能够在一定程度上弥补缺席审判控辩审三方关系中辩方的短板和不足，充分保障被告人的合法权益。

三是通过完善上诉与再审程序提供救济途径。规范上诉机制需要细化被告人及其近亲属的上诉权。境外追逃追贪贿案件的缺席审判首先应当尊重被告人的自主意愿，在被告人明确放弃上诉时，不再赋予近亲属独立的上诉权。只有在被告人无法正常表达上诉意愿的情况下，允许其近亲属为保障被告人权利而独立提出上诉。② 同时，判决书的域外送达需要花费较长时间，应适当延长被告人的上诉期间，最大限度保障被告人的上诉权。

① 方思吟：《境外追逃追赃视角下我国刑事缺席审判制度研究》，昆明理工大学 2021 年硕士学位论文，第 36—37 页。
② 曹璨：《刑事缺席审判程序救济制度的完善》，载《人民法院报》2019 年 11 月 28 日，第 5 版。

职务犯罪案件闭合性证据环的审查标准

——以受贿案件闭合性证据环的审查为视角

刘宏东　高新峰*

2021 年 11 月 29 日，王某某受贿一案经某省某市中级人民法院依法宣告改判无罪。该案是一起监察委成立后无罪判决的职务犯罪案例，集中体现了职务犯罪案件闭合性证据环在审查中存在的若干问题。

一、典型案例的启示：职务犯罪案件证据环应当闭合而不闭合的若干表现

分析王某某受贿改判无罪案件，该案集中表现出证据环应当闭合而不闭合的几种常见情形，譬如证据的客观性问题、证据之间的排他性问题、证据环的完整性问题等。

（一）受贿案例样本简介

被告人王某某原系某省某市区建筑工程管理局局长。区检察院指控王某某利用职务便利，以拖延办理施工手续、责令暂停施工等方式多次刁难建设施工单位并索贿人民币。王某某本人坚决否认。本案一审法院判决王某某构成受贿罪，量刑 2 年。市中级人民法院以事实不清、证据不足发回重审。重新发回一审法院依然认定构成受贿，量刑 2 年。王某某不服再次提出上诉，二审法院开庭审理，认为现有证据无法证明王某某受贿，依法改判无罪。

（二）职务犯罪案件证据环应当闭合而不闭合主要表现

1. 证据环中因不符合证据本身的属性而不闭合。职务犯罪的闭合性证据环中的证据必须符合真实性、客观性、关联性等证据属性要求，否则无法形成闭合性的证据。（1）被告人供述方面。王某某涉嫌受贿案，但是在案件办理的全过程并没有王某某本人承认收受他人 10 万元钱财的供述。根据刑事诉讼法规定，虽然没有本人有罪供述，在其他证据能够形成完整证据链的情况下仍然可以认定犯罪事实，但是本案既没有本人有罪供述又未形成完整的闭合性证据环。（2）证人证言方面。本案中，4 个主要证人封某、李某、杨某、张某的证言虽然表明王某某收受杨某 10 万元，但是这 4 名证人因工作中与王某某存在一

---

* 刘宏东，河南省焦作市人民检察院党组书记、检察长；高新峰，河南省开封市中级人民法院减刑假释庭副庭长。

定的利害关系或发生过矛盾，因此证人证言也存在瑕疵，该证据的客观性存疑。（3）传来证据方面。证人钱某、杜某虽然表明听杨某说过曾经给王某某行贿10万元的事情，但事实上是杨某主动要求两名证人出庭作证，而钱某、杜某并不真正知晓杨某是否确实给王某某行贿10万元。钱某、杜某的证言不仅是传来的间接证据，证明力相对较弱，而且综合本案其他案情来看难以排除做伪证的嫌疑。因此，在上述证据存在瑕疵，不符合证据本身属性的情况下，就无法形成可以认定王某某受贿罪成立的闭合性证据环。

2. 证据环中证据因不具备排他性而不闭合。职务犯罪案件闭合性证据环中的证据在时间、地点、内容等方面必须具有排他性，不存在任何合理性的怀疑，否则该类证据就无法形成闭合性的证据环。本案认定王某某犯受贿罪的重要因素是受贿时间和受贿10万元资金。（1）关于受贿时间问题。虽然杨某出庭证明行贿时间是2013年7月，但是涉案整改通知单、责令停止违法行为通知书等书证却表明，杨某指证王某某故意以责令停工为由索贿10万元时间在行贿之后的逻辑不能够成立，因为涉案书证载明的责令停工时间、通知时间比受贿10万元的时间晚得多。从常理上讲，王某某于2013年7月收了10万元，通常就不会再于2013年11月、2014年4月、2014年7月相继多次发出责令停工索取钱财。本案杨某关于王某某受贿时间的证人证言存在合理性怀疑，不具有证据的排他性，故不能据此认定王某某受贿的时间。（2）关于10万元来龙去脉的问题。据杨某所在公司账目记载，虽然杨某于2013年7月27日从公司借款10万元用于"外联（行贿）"，但杨某又于同年8月2日将10万元现金存入另一账户，对这笔8月2日的10万元存款，杨某并没有解释清楚该笔款项的来龙去脉。涉案王某某受贿的10万元与这笔10万元究竟什么关系，存在无法排他的合理性怀疑，故亦不能据此认定这笔10万元就是涉案赃款。况且本案中公司记账是单方行为，虽然公司将7月27日的一笔10万元记载用于"外联"，但是公司与王某某所在单位存在业务与利害关系，在缺乏其他证据相互印证的情况下，对10万元资金的来龙去脉存在合理性怀疑，无法认定这笔10万元就是王某某受贿款项。①

3. 证据环中证据因缺失完整性而不闭合。职务犯罪案件必须形成闭合性证据环才能定罪量刑，而闭合性证据环的证据应包含四种以上的证据类型：被告人供述（包括被告人无罪或有罪供述）、证人证言、书证、物证、录音录像等系列证据。（1）关于被告人供述。主要是关于被告人如何利用职务便利、怎样收取他人钱财、为他人谋取哪些不法利益等情况的本人供述，即使被告人否认犯罪事实或作无罪供述，被告人供述仍是案件必不可少的证据之一，因为越是证据之间存在对抗性就越需要其他证据补强。（2）关于证人证言。主要是行贿人、斡旋行贿人以及了解案情的证人关于被告人如何接收当事人请托，收取钱财的时间、地点以及请托人是否谋取不法利益等重要涉案的直接或间接言词证据。（3）关于物证。主要是关于被告人受贿行为发生过程中收取现金、财物等以及与犯罪数额、财物类型、种类等相关的物证。（4）关于书证等。主要是关于被告人身份是否为国家工作人员的干部任免表，资金来龙去脉的转账凭证、公司账目或涉案财物评估价、交易价以及案发时市场价等相关书证。本案中，一是始终没有王某某承认受贿10万元的被告人供述；二是杨某等四名证人的证言的客观性存疑；三是并不能直接证明10万元系向王某某行贿的款项，无法排除其他可能性；四

① 张明楷：《刑法学》，法律出版社2016年版，第1016—1018页。

是整改通知单、责令停止违法行为通知书等书证所反映的时间与证人所证明行贿时间存在矛盾，不符合常理。综上，上述证据无法形成完整的证明体系，未达到证据确实充分的闭合性证据环的审查标准，不能以受贿罪定罪量刑。

二、结合大数据暨案例分析：职务犯罪案件闭合性证据环应具备的特征

本案之所以在监察阶段、公诉阶段、一审阶段没有及时发现证据环存在不闭合的问题，其中最为重要的是实务界对闭合性证据环及其审查标准缺乏统一认识。

（一）闭合性证据环符合"四点共圆"表面特征

概括而言，闭合性证据环应当符合"四点共圆"的表面特征，主要包括四个方面特征：

1. 闭合性证据环中任何一个证据的证明能力不因证据类型的不同而存在显著区别。原审有罪判决的主要证据包括证人证言、书证等，但其中4名证人因与被告人存在利害关系，证人证言与其他书证相比证明能力较弱。因此，本案就出现了证明受贿罪的相关证据因种类不同而证明能力显著不同的奇怪现象。从法理上讲，闭合性证据环中任何一个证据的证明能力不因证据类型的不同而存在显著的区别。也就是说，闭合性证据环中的任何一个证据必须具有相当强度的证明力，如果该证据证明力相对较弱的话，其作为闭合性证据环的证据就存在疑问，因为该证据无法独立证明案件事实，必须其他证据的补强才能证明案件事实，而恰恰在这个证据在补强过程中会存在纰漏，从而无法形成严丝合缝的闭合性证据环。如果证据采集、固定等程序合法，无论直接证据或间接证据，无论书证或物证，相对于证明案件事实来讲，闭合性证据环中的证据地位一定是平等的，其证据证明能力亦大致相当。

2. 闭合性证据环中的证据类型应当四种以上且从不同维度证明案件事实。原审判决认定被告人王某某索贿10万元的事实，主要包含杨某、封某等4名证人的证言和公司账册中关于10万元"外联"的书证等证据，并得出证人证言与书证能够相互印证，受贿犯罪事实成立的结论。但对被告人王某某的无罪供述及辩解证据，未予采信。结合中国裁判文书网2020年以来职务犯罪案件1865件案件大数据分析，93%以上案件的定罪量刑均包含4种以上证据类型，从不同维度证明案件事实。其他大约7%的职务犯罪案件，是以2种证据类型认定案件事实并定罪量刑的，其中被改判无罪比例竟高达87.5%。从以上分析来看，闭合性证据环中的证据应当需要4种以上证据类型且从不同维度证明案件事实，才能全方位、多角度地证明案件事实，避免证明陷入盲区或片面认定犯罪事实。刑事诉法规定的7种证据类型，因为其本身的证据特点不同，4种以上的证据类型可以有效避免证据的单调重复或孤立平面地证明案件事实，证据从不同侧面证明被告人主体身份、受贿时间、地点、数额、利用职务便利等事实，证据类型越多越能够多角度、多维度、立体式地反映案件事实及其案情全貌。[①]

3. 闭合性证据环中的证据之间不能相互矛盾而且必须相互印证。原审判决认定受贿

---

① 栗峥：《证据链与结构主义》，载《中国法学杂志社》2017年5期。

事实的证据之间存在矛盾，根据案涉 2013 年 7 月的书证记载，杨某向所在公司借款共计 33 万元，包含其中注明"外联"的 10 万元。但是杨某（2013 年 8 月）又将一笔 10 万元的款项存入其他人账户，两笔钱款是否为杨某所谓的一笔行贿款 10 万元，并没有明确。另外，行贿时间与王某某提供的"无罪证据"录音证据反映的时间亦存在一定矛盾，王某某认识杨某的时间与行贿时间不符合常理。法院应当调取相关通话记录而未调取就直接排除该录音证据，显然不符合"无罪推定"的办案程序要求。闭合性证据环中的证据之间不能相互矛盾而且必须相互印证，犯罪行为往往涉及受贿时间、行贿地点、在场人或知情人、行贿数额等重要要素，证据之间必然存在符合常理的逻辑关系，因为行为人受贿必然发生在一定的时空，即使受贿人反侦查能力再强也必然会留下蛛丝马迹的线索或证据，也就是说，职务犯罪案件证据之间必然存在或并列或递进或补强的逻辑关系。①

4. 闭合性证据环中所有证据必须围绕同一个案件事实且得出唯一结论。原判认定王某某以责令暂停施工、拖延办理施工手续等为由进行索贿。但是，根据辽宁省政府的规定，建设工程施工许可证核发已经于 2013 年 8 月 17 日放权至下级政府。王某某所在的监测站并没有办理建设工程施工许可证的权力，也就不能顺理成章地得出王某某以责令暂停施工、拖延办理施工手续等为由进行索贿的逻辑结论。该案认定受贿的时间是杨某等人指证行贿的时间之后，并且一份涉案录音证据从反面表明杨某存在诬告陷害的动机，该证据不仅没有围绕受贿的同一案件事实，而且无法排除合理性怀疑，甚至可能得出无罪的结论。闭合性证据环中所有证据必须围绕同一个案件事实且得出唯一结论，任何反证必须被其他证据排除合理性怀疑，否则就不能定罪。例如，杨某主动让杜某出庭作证行贿给王某某 10 万元的事实，但杜某非亲历性证人，不仅传来证据的真实性值得怀疑，而且王某某提供的一份录音证据恰恰无法排除杨某诬告陷害的可能性，因此杜某的证人证言证据就不能成为闭合性证据环中的证据，该证据闭环不能围绕同一个案件事实得出唯一结论。

（二）闭合性证据环中证据的内在特征

根据闭合性证据环"四点共圆"的表面特征，进一步分析就能够发现闭合性证据环中证据同时具有以下内在特征。

1. 闭合证据环中的证据符合"四性"特征。一是证据的连续性特征。侦查、公诉、审判程序合法是认定证据环闭合性的重要前提之一，监察机关、公诉机关、审判机关对案件如果没有相应办案权限，侦查、起诉、审判程序中有违反程序且无法补正的，就不具有连续性，导致证据环无法闭合。二是证据的封闭性特征。证据不能具有发散性，对于有多种可能的证据，一般应予以排除，除非该证据是定案的关键证据。在此情况下，必须通过其他证据佐证或法律鉴定予以补强，否则无法作为证据嵌入闭合性证据环。三是证据的普适性特征。证据解释出的结论应符合普通人的认知标准与理解能力，对于超出普通人合理性怀疑的证据，必须充分说明其正当理由。四是证据的程序性特征。证据的采集、固定、勘验、提取、鉴定等过程必须符合程序规定，如果在证据样本提取、勘验现场、鉴定等过

---

① 樊崇义：《证据法学》，法律出版社 2017 年版，第 308—309 页。

程出现缺陷或重大失误，则该证据必须作为非法证据予以排除。①

2. 闭合性证据环中证据完全排斥任何不利证据或反证。案件待证事实作为闭合性证据环"四点共圆"的圆心，当然是侦查机关、公诉机关、辩护人、审判机关等诉讼活动所遵循的唯一指向，所有证据审查必须围绕圆心开展以认定证据环是否闭合、待证事实是否能够被充分证明。闭合性证据环中的证据不能独立证明案件事实的，简单来说，就是不符合证据的审查标准。职务犯罪案件中，闭合性证据环所围绕的待证事实主要指定罪和量刑两方面的事实。定罪事实主要围绕职务犯罪的罪与非罪，此罪与彼罪等方面证据；量刑主要围绕被告人受贿次数、数额、种类以及犯罪情节等方面证据。闭合性证据环中的证据之间存在互相证明、互为补强的关系，其中任何三个证据必然可以推导出与第四个证据之间存在相应的逻辑关系，且完全排斥其他任何不利证据或反证。

3. 闭合性证据环中证据达到"四点共圆"即可以满足审判人员定罪量刑的内心确信。对闭合性证据环的审查，其实就是办案人员对证据是否符合证据本身属性、是否已经排除合理性怀疑的瑕疵证据、定案证据是否达到"四点共圆"并充分证明案件事实的过程，即对证据进行"审查—质疑—审查—确认"的审查过程。例如，身为国家工作人员的被告人利用职务便利，为他人在工程发包中谋取相关利益，事后被告人以明显低于市场价格购买关联人的房屋。从表面上来看，被告人与行贿人之间存在房屋买卖合同的法律关系，且支付房屋价款，不存在受贿情形，该案缺少"收受财物"的关键定罪证据。但事实上，本案闭合性证据环中的证据包括被告人国家工作人员身份信息的干部任免表（书证）、被告人在工程发包中曾向主管打招呼的证人证言、查封登记在被告人名下的房屋（物证）、房屋的价格评估（鉴定结论）等证据，上述证据能够证明被告人故意利用职务便利，为他人谋取利益扰乱国家正常管理活动及职务行为的廉洁性，并且本案不存在排除犯罪的事由，这就表明本案证据已经形成"四点共圆"即可以满足审判人员定罪量刑的内心确信。②

三、多维度构建：职务犯罪案件闭合性证据环审查标准

根据前文推理、归纳出的职务犯罪案件闭合性证据环"四点共圆"特征，在此基础上进一步多维度、多角度、立体式提出闭合性证据环应适用的具体审查标准。

（一）无罪认定：职务犯罪案件无罪的审查标准

职务犯罪案件的闭合性证据环审查，基于被告人认罪认罚、罪名罪行等类型不同而稍有差异，但都必须严格遵守刑事诉讼的最基本原则。审查中发现事实不清，证据不足的案件，应依照《刑事诉讼法》第 162 条第 2 项"依据法律认定被告人无罪的，应当作出无罪判决"和第 3 项"证据不足，不能认定被告人有罪的，应当作出证据不足、指控的犯罪不能成立的无罪判决"，宣判无罪。被告人庭审前后供述存在一定的反复，如庭审时不承认受贿，部分在案证据存在未排除的疑点，涉案赃款的来龙去脉无法查清且无补强证据的，应认为被告人

---

① 张录芳：《没有完美的证据，只有绝对的怀疑》，载《检察日报》2017 年 8 月 25 日，第 6 版。
② 范京川：《间接证据形成证据链足以认定案件事实》，载《人民法院报》2015 年 10 月 15 日，第 6 版。

构成受贿罪的证据未能形成闭合性证据环，应依照疑罪从无的原则认定被告人无罪。指控被告人受贿罪的证据之间有矛盾的，或对辩护人提出的质疑无法合理排除的，就属于无法得出唯一结论的案件，根据"疑罪从无"的原则，亦应认定被告人无罪。例如，被告人的供述涉及受贿数额，但不包含受贿的地点、贿赂的具体过程以及其他涉案情节的，受贿的事实就不能认为符合事实清楚、证据确实充分的审查标准。

（二）证据采信：职务犯罪案件定案证据的审查标准

职务犯罪案件的闭合性证据环审查，必须规范庭前证据审查，严格证据"四性"的递进式审查，充分考虑庭审过程中证据可能出现的变化，对于被告人或辩护人正当要求侦查人员、专家证人出庭的，应当安排证人出庭接受质证，确保证据认证的程序合法性。侦查机关、公诉机关、审判机关应当依照法律程序收集、固定证据，不仅应包括能够证明被告人有罪的证据，而且还应当包括证明被告人无罪或罪轻的各类证据。办案人员必须高度重视收集、固定证据的客观性，只有全面准确地收集、固定涉案证据，才能确保查明案件事实真相，准确处理案件。若言词证据是通过违反法定程序通过拘留、监视居住等强制手段获取的，亦不得采信。例如，通过合法程序获取的证据既包含有罪的书证又包含无罪的书证，并且书证反映的乃同一案件事实，如果无法合理排除上述书证之间矛盾，就不得采信为定案证据。再如，职务犯罪案件的办理中，侦查机关需要多次对犯罪嫌疑人讯问，必然存在多次讯问笔录，但部分侦查人员为方便起见而直接复制、粘贴上次讯问笔录的内容，此时虽然犯罪嫌疑人在笔录上签字，但是仍然不能将该讯问笔录作为定案证据，否则办案过程不仅不规范严谨，而且容易出现各种问题。

（三）证据排除：职务犯罪案件瑕疵证据的审查标准

职务犯罪案件的闭合性证据环审查，一方面要明确被告人或辩护人有提出瑕疵证据排除的请求权利，另一方面还要规范提出排除瑕疵证据的合理期限以及举证责任与证明标准，能够证明涉案证据属于可以排除的证据类型、范围、程度或标准的，就应当直接排除。通过刑讯逼供等非法手段获取的犯罪嫌疑人、被告人的供述或者采取暴力、胁迫手段搜集、固定被害人陈述、证人言词证据等，必须依照法律规定进行排除。侦查机关、公诉机关、审判机关发现上述瑕疵证据的，应当及时排除，并不得依据上述证据移送起诉、提起公诉或作出判决。在庭审过程中，被告人提出受到刑讯逼供而翻供的，审判人员应当对此调查，调查确认存在刑讯逼供的，必须排除相关证据；不存在刑讯逼供的，依法继续审理并认定相关证据。例如，侦查机关在办理职务案件时侦查行为确有瑕疵，未按照规定对审讯过程进行录音或录像的，在被告人、辩护人要求办案人员出庭进行质证而拒不出庭的，侦查或公诉机关又无法提供证据证明审讯程序合法的，侦查机关涉嫌非法取证，就应依法排除该证据。再如，行贿人与受贿人之间"点对点"的证据与其他证据存在矛盾，又不能排除合理性怀疑的，对于该"点对点"证据亦应当排除。

（四）主观认定：职务犯罪案件受贿故意的审查标准

职务犯罪案件的闭合性证据环审查，尤其是侦查机关、公诉机关收集、固定关于被告人主观故意方面的证据，既要符合程序法，又要确保经得起合理性质疑，只有层层把好证据审查关，形成严密的证据体系，才能从源头上杜绝冤假错案。① 被告人或其亲属接受请托人的财物后，又及时将财物退还或者及时上交有关部门人员的，表明被告人没有主观受贿的故意。需要特别注意的是，被告人或其亲属接收财物后将财物及时退回或上交必须在一定合理期限内，如上述王某某受贿案中，被告人王某某多次将涉案钱款退还杨某未果，就直接交给办公室主任保管处理，该行为即表明王某某不具备受贿的主观故意。此外，如果被告人不是在合理期限退还或上交，而是在行贿人举报或有关部门介入调查时才退还或上交，仍应认定存在受贿故意。再如，国家工作人员赵某收受行贿人装有现金的糕点，过几个月才发现并立即打电话要求请托人取回，但请托人数次拒绝直至案发，赵某以为收取糕点未明显超过风俗习惯就收下，自己并没有利用国家工作人员身份为他人谋取利益并收取财物的故意，两者之间有显著区别，被因此可以认定赵某主观上不具有受贿故意。

（五）财物认定：职务犯罪案件涉案赃款的审查标准

职务犯罪案件的闭合性证据环审查，最为关键的是对涉案财物的认定与审查，而更多隐晦行贿就离不开证人的证明，否则案件事实难以查清。职务犯罪案件办理中，审判机关认为证人确有出庭必要的基本上依赖对案情的综合判断，但是综合判断缺乏具体而明确的判断标准，这也导致证人应当出庭而不出庭的情况时有发生，对案件事实的查明必然造成影响。互联网法庭普遍适用的当下，证人、鉴定人、侦查人员不便出庭的，可以通过信息化技术手段解决，这样不仅能提高证人、鉴定人、侦查人员出庭的便利、保护隐私，而且有利于实现从被动查明案件事实到主动查明案件事实，从依赖言词证据到人证与物证的有机结合的转变。例如，国家工作人员通过交易的形式收受他人贿赂，而受贿财物的数额应当按照市场交易价格减去实际支付价格来认定，但是如果缺少明确的交易价格或市场价格，就必须委托有鉴定资格的机构进行价格评估来认定受贿财物的价格。再如，受贿人主动交待收受财物的种类、数额，但行贿人担心追究自己的刑事责任而拒不承认行贿事实。在这种情况下，就必须综合全案的办案线索，结合行贿人请托事项以及财物来龙去脉的大数据分析，查清涉案财物购物时间、地点、交易记录、出资账户以及账户的关联账户等，在行贿人零口供的情况下，仍然可以通过其他证据形成闭合性证据环。

在监察法全面实施的背景下，必须在整个刑事诉讼体系下多维度构建，建立明确、规范的职务犯罪案件闭合性证据环审查标准，使侦、控、辩、审四种功能相互监督、相互制约、有效支持，依法完成侦查终结、提起公诉、依法辩护和审判定罪等诉讼活动，使司法人员排除合理性怀疑，形成证据确凿、事实清楚的内心确信，从而为作出正确的裁判结论提供有效保障。

---

① 李昌盛：《"直接证据"存在吗》，载《人民法院报》2014 年 2 月 28 日，第 7 版。

浅论职务犯罪案件主客观证据
相互印证审查模式

杨永祥*

　　司法实务中，大部分职务犯罪案件的在案证据呈现出"主观证据多、客观证据少"的鲜明特点，并且此类案件据以定罪量刑的证据基础主要依赖于不同主观证据之间的相互关联、相互印证。然而，以口供为代表的主观证据，受强制措施变更、羁押场所变换、办案人员更替、辩护律师介入以及犯罪嫌疑人、被告人思想波动等主客观因素影响，口供内容的合法性、真实性、连贯性、稳定性存在诸多不确定性和不可控性。因此，为切实发挥检察机关"诉前把关"、"审前过滤"功能，有效防止冤假错案发生，对于职务犯罪案件证据的审查总体上应坚持"重调查研究，不轻信口供"的基本原则，细节上应探索构建主客观证据相互印证的审查模式，即充分挖掘与主观证据相伴而生、留痕存迹的客观证据，通过主观证据与客观证据相互印证的方式，进一步强化证据"三性"，切实形成证据链条闭环。本文立足基层职务犯罪案件办理实际，结合典型案例，坚持问题导向，进行有针对性地研究探索和分析论证，努力总结梳理适用于基层职务犯罪案件办理的综合证据审查实务经验。

一、职务犯罪案件证据审查常见问题

（一）申请非法证据排除的问题

　　此类问题常见于审查起诉阶段突然"翻供"的职务犯罪案件，犯罪嫌疑人以在留置阶段遭受变相刑讯逼供、变相肉刑等为由，对其在留置阶段的全部有罪供述予以全盘否定，向办案人员申请非法证据排除（以下简称申请"排非"），其"翻供"的理由成为启动证据收集合法性调查核实程序的"线索"，比如，在检察办案人员提讯过程中，犯罪嫌疑人反映其在留置阶段遭到变相肉刑，办案人员让其久坐不动，致使其臀部流血，其在遭受难以忍受痛苦的情况下被迫作出有罪供述。

（二）"零口供"案件认定的问题

　　此类问题常见于证据相对单一的案件，犯罪嫌疑人始终作无罪辩解，然而案发时在场

---

　　*　云南省云县人民检察院检察委员会专职委员。

人员较少，有时甚至只有犯罪嫌疑人、被告人一人在场，比如，受贿犯罪在案发时，一般仅有受贿人和行贿人在场，且通常为无痕交易，如现金交付、股权代持等，由于案件的特殊性极大压缩了调查取证空间，进一步凸显"零口供"案件的认定难度。

（三）认罪案件证据补强的问题

认罪案件证据补强主要涉及现有在案证据对指向罪名的某个关键构罪要素的证明目的模糊不明、证明逻辑不够连贯、证明效果存在差距，有待围绕犯罪构成要件，结合办案实际进一步查缺补漏、固强补弱。比如，受贿犯罪案件中常见的"为他人谋取利益"要件的证据收集问题，很容易出现"重犯罪嫌疑人口供、轻客观证据收集"，即关于谋利事项的证明过度依赖于受贿人与行贿人之间的口供印证，较少关注与口供相关联的书证、电子数据等客观证据地收集固定。此外，证据补强问题还涉及证据瑕疵问题，即对照刑事诉讼法及相关司法解释关于八类证据取证范式和证据要素的相关要求，在案证据存在瑕疵亟待完善。

二、常见问题主要原因剖析

（一）心理预期不切合实际是突然翻供、申请"排非"的主因

从当地司法实践来看，在留置阶段均作有罪供述的犯罪嫌疑人，当案件进入审查起诉阶段后突然"翻供"，并同时申请"排非"的，其"翻供""排非"的真实原因，一般情况下并非是其在留置阶段所作的有罪供述确系刑讯逼供或变相肉刑逼迫所致，而是与犯罪嫌疑人心理预期与案件现实落差较大有关。究其原因是犯罪嫌疑人在留置阶段对办案人员的政策说教在认识和理解上存在偏差，进而对案件走向产生过高不切合实际的心理预期，当其发现案件进展与心理预期完全背道而驰后，就会产生严重的心理失衡，在趋利避害动机驱使下，便出现犯罪嫌疑人突然"翻供"和申请"排非"。以留置阶段监察办案人员时常向被调查对象宣讲的"坦白从宽"政策为例，毫无疑问坦白是可以从宽，但"从宽"到底能"宽"到什么程度？这就与当事人的认知能力和法律素养有关，当犯罪嫌疑人产生了"说了就没事"的错误认识之后，就容易在审查起诉阶段以突然翻供和申请"排非"宣泄不满情绪，给审查起诉工作造成障碍。

（二）心存侥幸对抗审查是"零口供"案件时有发生的主因

职务犯罪"零口供"案件主要呈现两个方面的特点：一方面，犯罪嫌疑人心理素质过硬、价值观扭曲错位，无论是思想教育，还是政策攻心都不能突破其心理防线、劝其回心转意，其将所有的希望都寄托于"疑罪从无"① 司法裁判原则；另一方面，犯罪嫌疑人在案发前早已着手准备应对组织调查，与特定关系人、行贿人形成"攻守同盟"，且钱权交易和利益输送手段较为隐秘，与受贿人无直接关联，导致其对组织调查心存侥幸。上述案件特点支撑起犯罪嫌疑人始终坚持"零口供"的信心和决心，认为"只要不开口"案件

---

① 参见李学刚：《论疑罪从无原则法律内涵及其司法运用》，载《法制与社会》2008 年第 12 期。

调查就会迎来转机，给案件调查和证据审查造成极大被动。

（三）知行不合是职务犯罪案件证据补强问题突出的主因

"证据需要补强"是检察机关提前介入职务犯罪案件后向监察机关反馈最多的问题，导致问题的主因是部分调查人员未能树牢以审判为中心的证据意识，对法条和司法解释的理解与适用未能真正做到知行合一、学用结合，在深学透悟做实方面存在差距，致使证据调取方向未能真正做到犯罪构成要件与案件实际相结合，缺少应有的针对性和实用性；部分办案人员未能树牢取证细节意识，在调查取证过程中将取证范式和证据要素落实做细，缺少应有的规范性和严谨性，造成证据质量瑕疵、遗留补证空间。

三、主客观证据相互印证审查模式

（一）主客观证据相互印证审查模式的意义

语言是人类相互交流的"工具"，是对人类内心世界的有声"投影"，但"投影"是否心口如一、纯粹真实，就存在很大的或然性和随机性，与表达者的身份、立场、利益、情感等主客观因素相互关联、相互影响。特别是在刑事诉讼程序语境下，不同诉讼身份的诉讼参与人有天然形成的对抗立场和利益冲突，导致他们在对同一事物存在、同一事件发生地供述、陈述、证实上会存在南辕北辙、迥然不同的差异，而导致差异的底层逻辑就是趋利避害。在言词证据主观性、反复性、复杂性、矛盾性多重叠加之下，单凭言词证据之间的相互印证不再足以形成毋庸置疑、准确无误的自由心证。因此，在多以言词证据为主要定案依据的职务犯罪案件审查起诉过程中，探索构建主客观相互印证的证据审查模式，通过与主观证据相互印证的客观证据与生俱来稳定性、客观性，来弥补言词证据不稳定性和不可控性带来的缺憾，进一步增强检察官内心确信，丰富拓展证据体系架构，切实发挥公诉机关"审前滤过""诉前引导"作用。

（二）主客观证据相互印证审查模式的特点

1. 主观证据的真实性决定了客观证据是否能与之印证。在主客观证据相互印证审查模式下，客观证据是否能与主观证据相互印证是以主观证据的真实性为基本提前，如主观证据不实，客观证据要么不存在，要么不能印证。比如，行受贿犯罪案件中，行贿人交代其在某日完成的行贿是事先通过电话与受贿人预约了交易时间和地点，那么两人在案发当日的通话记录就是考量行贿人口供真实性的重要"参照物"，如行贿人口供有假，必然会通过调取到通话记录清单让其"原形毕露"。

2. 主观证据的真实性可以通过客观证据指向细节反证。在主客观证据相互印证审查模式下，主观证据的真实性通常能通过客观证据指向的案件细节辨明真假、鉴别真伪。比如，挪用公款案件中，犯罪嫌疑人对其多次挪用公款行为中的一次挪用行为提出辩解称："此次转账是操作失误，事后已及时追回公款，不应当将本次挪用金额计入犯罪数额"，对于是否要采信犯罪嫌疑人的辩解、扣减涉案金额，只需调取当时的银行交易流水，重点审查相关人员在收到公款后是否使用，就能直观判明本次挪用公款是"操作失误"，还是

"有意为之"，是否计入犯罪数额完全取决于相关银行交易流水的客观反映与犯罪嫌疑人辩解能否相互印证。

3. 主客观证据的合法性是相互印证审查模式的基础。在以审判为中心的诉讼体制下，"程序正义与实体正义并重"① 是司法公正的基本要求。这就决定了据以定罪量刑的证据除了具备真实性和关联性外，证据收集的合法性同等重要。因此，通过不法手段获取的非法言词证据，即便其证明内容属实，但由于证据收集手段的不合法，导致其证据资格要件的缺失，不能成为定案证据。

（三）主客观证据相互印证审查模式的具体适用

1. 针对留置阶段有罪供述申请"排非"问题的具体适用。犯罪嫌疑人在审查起诉阶段申请"排非"，意味着检察机关将对其在留置阶段所作的有罪供述、相关证人证言等证据材料的收集合法性开展相关调查核实，并结合调查结果进行非法证据排除审查。在审查过程中，对主客观证据相互印证审查模式的具体适用应把握以下要点：

（1）应重点审查犯罪嫌疑人在留置期间的身体健康状况与有罪供述之间的关联性。目前，多数犯罪嫌疑人申请"排非"都会以在留置期间遭到刑讯逼供或变相肉刑为理由，因此应对犯罪嫌疑人在留置阶段的身体健康状况展开重点审查。通过调取留置期间驻点医生对犯罪嫌疑人每日进行体检形成的体检日志、体检记录等材料，重点审查犯罪嫌疑人在留置期间身体健康状况是否异常；如有异常确有伤情病症，还应根据体检日志、体检记录进一步确定伤情病症的具体情况、伤病程度以及导致伤情病症的原因。在总体把握犯罪嫌疑人在留置阶段的身体健康情况后，再对其每次有罪供述前后的体检情况进行关联比对，重点审查体检结果异常指向的有罪供述，并根据异常结果的成因、强度等要素，综合判定体检异常指向的有罪供述是否属于非法证据，通过体检档案的客观性进一步印证有罪供述的真实性。比如，犯罪嫌疑人提出在留置期间办案人员曾经在一段时间内不让其睡觉，使其精神崩溃被迫在审讯时作有罪供述。针对犯罪嫌疑人提出其在讯问之前遭受变相肉刑的问题，可以通过重点审查犯罪嫌疑人提出"被剥夺睡眠"时间段内的每日体检记录来综合判定，如体检记录反映其在该时间段内的生理特征和精神状况均为正常，那么就可以直接判定犯罪嫌疑人申请"排非"的理由不实；反之亦然。

（2）应重点审查犯罪嫌疑人作有罪供述的同步录音录像是否存在非法取证。对于申请"排非"的案件，还应重点审查其每次作有罪供述时的同步录音录像，以每次有罪供述是否有同步录音录像、同步讯问录音录像是否完整连贯、是否同步制作、是否与讯问笔录内容有差异为"切入点"，通过视频图像和审讯录音客观反映的审讯过程，可以很直观地判定审讯人员是否存在刑讯逼供或变相肉刑的非法取证行为，犯罪嫌疑人是否因为遭受难以忍受的痛苦而被迫自证其罪，有罪供述笔录内容是否与犯罪嫌疑人在同步录音录像中所作的有罪供述保持一致，通过视频资料的客观性进一步印证有罪供述的真实性。比如，犯罪嫌疑人对其在留置期间身体出现非人为因素导致的伤情病症后所作的有罪供述提出"排非"申请时，可以有针对性地审查其在出现伤情病症后所作有罪供述的同步录音录像，通

① 参见陈学权：《论刑事诉讼实体公正与程序公正并重》，载《法学评论》2013年第4期。

过视频画面和审讯录音反映出犯罪嫌疑人在接受讯问时的神情语气和供述过程，直观判定犯罪嫌疑人的有罪供述是否存在遭受难以忍受的痛苦，如犯罪嫌疑人在供述时神情自若、语态自然，就可以完全排除非法取证可能，反之亦然。

（3）应重点审查证明证据收集合法性的主观证据与客观证据是否具备同一性。针对办案人员、驻点医生、看护人员围绕证据收集合法性分别出具的言词证据，应重点审查与上述言词证据相关联的讯问同步录音录像、体检日志等客观证据是否相互印证，是否存在矛盾，通过主观证据与客观证据同一性，进一步印证主观证据的真实性。比如，犯罪嫌疑人提出其在留置阶段遭刑讯逼供致使其身体受伤，并且有相应的体检记录能与之相互印证，那么针对犯罪嫌疑人提出的"排非"申请，就应该重点审查制作体检日志的驻点医生在其证词中是否对犯罪嫌疑人在留置期间出现伤情的原因进行说明，是否明确导致伤情的原因是犯罪嫌疑人自身体质问题，还是外力作用形成，通过第三方证人的证言进一步为判定留置阶段的有罪口供是否属于非法证据提供重要的证据参考。

2. 针对"零口供"案件认定的具体适用。"零口供"案件意味着案件的证明体系无法构建以犯罪嫌疑人有罪供述为"主线"，其他关联证据与之相互印证的传统证明模式，需要结合办案实际，重新探索构建能够排除合理怀疑的新型证明模式。因此，对于"零口供"案件适用主客观证据相互印证审查模式应着重把握以下要点：

（1）应着重审查有无其他证据佐证犯罪嫌疑人无罪辩解的真实性。要针对犯罪嫌疑人无罪辩解的真实性展开审查，重点核实其无罪辩解内容是否有其他证据佐证，特别是有无客观证据佐证，如没有其他证据佐证，或者其他证据证明的内容与其无罪辩解相悖，就可以反向证明其无罪辩解的不实，反之亦然。比如，在行受贿案件中，行贿人供述其在受贿人到外省出差期间，在受贿人入驻的某酒店房间内送给受贿人数万元现金，而受贿人对此始终予以否认。为了核实受贿人辩解的真实性，可以向受贿人所在单位核实案发期间受贿人是否在外省出差，以及向公安部门调取受贿人是否在案发时间内入驻行贿人所说的酒店及房间的开房记录，通过主客观证据相互印证的审查模式，进一步鉴别犯罪嫌疑人无罪辩解的真实性、可能性。

（2）应着重审查指向无罪辩解犯罪嫌疑人的有罪证据的真实性、合理性、排他性。对于指向"零口供"犯罪嫌疑人的有罪证据要重点审查其真实性、是否为孤证、有无其他关联的主客观证据相互印证，特别是当有罪证据是言词证据时，更应当着重审查指证犯罪嫌疑人的同案犯、证人是否与犯罪嫌疑人有利害关系、利益冲突，其有罪指证是否合理，同时还要着重审查目前在案的有罪证据在形成证据链条后是否存在不能排除的合理怀疑，确保指控"零口供"犯罪嫌疑人的证据体系达到"事实清楚，证据确实、充分"的起诉证明标准。比如，受贿人在收受行贿人所送房产后，为规避组织调查，找亲友为其代持房产，并以亲友的名义办理产权证明。受贿人到案后，对亲友代持的房产均否认与其有关联。要构建此类案件的有罪证明体系，一方面，既要锁定涉案房产的产权人均是替受贿人代持，且都与行贿人无经济往来和无偿赠与的特殊情节，确定涉案房产不是受贿人亲友购买的客观事实；另一方面，要锁定行贿人是否为受贿人的管服对象、是否有请托事项，以及受贿人是否利用职务之便为行贿人谋利，确定受贿人与行贿人存在"钱权交易"动机的合理性、排他性，总之围绕上述思路的证据审查既要重视行贿人、受贿人亲友的证词的同一性和指向性，还要重点审查证明谋利事项的相关合同书证、审批文件等客观证据是否与关联言词证据相互印证，最终形成主客观相互印证的证据链条，进一步增强公诉人的内心确信。

3. 认罪案件证据补强问题的具体适用。在司法实务中，认罪案件证据补强问题主要涉及犯罪构成要件地补强和证据瑕疵地完善。所以，在认罪案件证据补强问题适用主客观证据相互印证审查模式应把握以下要点：

（1）要通过主客观证据相互印证的审查模式及时查找需要补强的构罪证据。要树牢主客观证据相互印证的审查意识，紧密围绕职务犯罪的构成要件，按照主观证据与客观证据相互印证的标准展开关联性审查，如存在主客观证据不能相互对应的情况，除了证据灭失情形之外，还应对缺失的主观证据或客观证据及时补充完善，形成主客观证据相互印证、共同指向的证明体系。

（2）要通过主客观证据相互印证审查模式及时查找证据瑕疵提升证据质量。要树牢证据收集合法性是主客观证据相互印证审查模式成立基本前提的审查意识，严格对照刑事诉讼法关于八类证据收集证明的标准进行全面审查，发现取证方式失当或取证要素缺失，就应及时引导办案单位补证完善，不断提升个体证据质量，进而通过单个证据质量过硬，达到整体证据质量稳固，努力夯实强化主客观证据相互印证审查模式的证据之基。

浅析职务犯罪案件中的同步录音录像审查

安　伟[*]

一、同步录音录像在职务犯罪案件[①]中具有特殊价值

随着认罪认罚从宽制度的推广适用，职务犯罪案件审查和开庭中的控辩对抗激烈程度区分显著。80%—90%的认罪案件，基本都开庭平稳；但剩下10%—20%的不认罪案件，都遇到较以往更加激烈的庭审对抗。不适用认罪认罚从宽制度的案件中，罪轻辩护在减少，无罪辩护在增加。无罪辩护案件依据被告人的供述情况又可分为：自始至终不认罪案件、时供时翻案件、先供后翻案件。此类案件的庭审，通常会围绕曾经的有罪供述或证明被告人有罪的证言展开激烈交锋，原因有二。一是因为调查环节的相对封闭性。现行职务犯罪案件多由监察机关调查，调查阶段辩护人不得介入。辩护人在检察环节启动辩护后，通常会以监委调查相对封闭来质疑言词证据的真实性、合法性。二是因为职务犯罪案件较之普通刑事案件对于言词证据的更强依赖性。以受贿犯罪为例，其多发生于行受贿双方一对一的情境之下、多采用财物现场交付等方式，这些特点决定了证据体系中（尤其是收受财物部分）言词证据较多、客观证据较少，最终犯罪事实能否认定取决于言词证据是否被采信，进而争议焦点也就集中于言词证据的合法性（或者说非法言词证据的判断和排除）。

根据刑事诉讼法（以下简称刑诉法）之规定，证明证据合法性的责任在于检察机关。实践中，检察机关能够证明证据合法性的手段比较有限。以被告人供述与辩解为例，常用的证明方法主要包括：（1）出示讯问笔录。检察机关认为多份供述稳定一致，有其亲笔签名和按印，证明上述系其真实自愿的供述；有其修改和确认，证明其详细阅读后予以了确认。（2）出示亲笔供词、自书材料。检察机关认为这是其以第一人口吻对犯罪经过和犯罪事实进行了回忆和阐述，并配合有认罪悔罪等主观认识，亲历者的自白具有极强证明力。（3）播放讯问阶段的同步录音录像（以下简称同录）。检察机关认为这是对讯问过程的还原，用以佐证讯问笔录的真实性和合法性。（4）提供监委情况说明，证明调查取证之合法性。（5）调查人员出庭说明取证合法性。

我们来比较一下上述证明方法。首先，从适用可行性角度来看。根据2020年12月18

　＊　江苏省常州市人民检察院第三检察部主任。

　①　本文的职务犯罪案件，仅以监察机关调查案件为例。其他机关和部门侦查、调查的案件，可以参考适用。

日，国家监察委员会、"两高一部"《关于加强和完善检察执法与刑事司法衔接机制的意见（试行）》（以下简称《衔接机制意见》）第 14 条之规定，"现有证据材料不能证明证据收集的合法性的，如确有必要，经沟通后人民法院可以通知监察机关调查人员出庭说明情况；人民检察院可以提请人民法院通知有关调查人员出庭说明情况。监察机关应当根据工作需要予以配合，由案件审理部门进行研究并报本机关主要负责人审批后，由调查部门派员出庭说明情况；认为调查人员不宜出庭说明情况的，应当向人民法院出具书面说明"。这意味着，想要调查人员出庭须经历如下步骤：第一步，对现有证据全部审查完毕，并内心对证据合法性存疑；第二步，人民法院依申请或依职权，认为调查人员确有必要出庭；第三步，人民法院与监察机关沟通；第四步，监察机关案件审理部门研究认为确有必要；第五步，审理部门报机关主要负责人审批并同意；第六步，调查部门派员；第七步，调查人员出庭。但凡上述任何一步出了问题，可能最后就只能换来一纸"书面说明"。由此可见，上述几种证明方法适用难度由低到高，调查人员出庭难度最大。

其次，从适用效果角度来看。通常，对于第一、第二种证明方法，辩方会认为这是刑讯逼供的结果，所以无效，而且通常同步会要求提供讯问同录，乃至进入监委后的其他非讯问同录。对于第四种、第五种证明方法，辩方会认为这属于自证清白，无证明力。所以，职务犯罪中言词证据合法性的证明，最实际可用的好像就是同录的调取、阅看、出示。

实际适用时，同录播放到底效果何如呢？笔者的体会是，随着"以庭审为中心"司法体制改革的推进，庭审牵涉的不再单纯是公诉人和被告人、辩护人之间的对抗，检察人员不仅要在庭上面向审判机关和辩方证明证据合法性，在庭下还要和调查人员、审判人员就是否调取同录、调取哪些同录、如何使用这些同录等进行多次沟通。因此，需要各方对同录均有正确认知，并努力形成共识。

二、同录概念之厘清

（一）侦查、调查中同录的比较

2018 年十三届全国人大通过了《中华人民共和国监察法》（以下简称监察法）。其中，第 41 条第 2 款规定："调查人员进行讯问以及搜查、查封、扣押等重要取证工作，应当对全过程进行录音录像，留存备查。"

这一规定，与刑诉法中对侦查同录的规定有相似之处，也有明显不同。《刑诉法》第 123 条规定，"侦查人员在讯问犯罪嫌疑人的时候，可以对讯问过程进行录音或者录像；对于可能判处无期徒刑、死刑的案件或者其他重大犯罪案件，应当对讯问过程进行录音或者录像"。

两相比较，监察法的规定更加严格，主要表现在三个方面：（1）对象更宽。刑诉法只规定了侦查期间讯问犯罪嫌疑人进行录音录像；监察法除了对讯问被调查人外还要求对搜查等重要取证工作都进行录音录像。（2）范围更广。刑诉法只要求在办理可能判处无期徒刑、死刑的案件或者其他重大犯罪案件时才必须对讯问录音录像，其他案件是否录音录像法律并无强制性要求；监察法要求对所有职务犯罪案件都必须录音录像。（3）要求更高。

《刑诉法》第 123 条规定的是"录音或录像",从字面上看办案机关可以选择只录音不录像,也可以选择同录;《监察法》第 41 条的表述是"录音录像",应当将其理解为既录音也录像,如果只录音不录像就不符合监察法的要求。

（二）应高度重视的几个问题

1. 同录仅针对取证工作。（1）部分调查措施非取证行为无须同录。这些非取证行为主要是对人身进行控制,然后通过讯问等方式进一步获取证据,如留置、通缉、限制出境等。（2）鉴定等对证据的固定、鉴别和判断也不属于取证工作范畴,亦无须同录。

2. 同录并非仅针对言词证据取证。监察法要求进行同录的范围包括讯问以及搜查、查封、扣押等重要取证工作。

3. 同录的制作应符合规范。同录涉及技术规程,对硬件和操作技术均有要求,亟须规范。以笔者所在的江苏省为例,对此已有清晰、明确的规定,如《江苏省监察委员会关于办理涉嫌职务犯罪案件全程同录实施细则（试行）》《江苏省监察委员会留置场所讯问（询问）全程同录技术人员工作规范（试行）》。

4. 同录的作用是留存备查。留存备查,即意味着被动接受审查,不主动移送。综合监察法、《衔接机制意见》等相关规定,可知同录主要是备监委内部的审理室审查和检察院、法院、被告人或者其辩护人的审查。监察机关内部,调查室的责任在于必须把同录给审理室,但审理室并非必须审查,只有遇到相应情况时才需要审查。监察机关并不需要主动向检察机关等移送。只有确经一定程序,检察机关、审判机关才可依法调取。辩方无权直接从监察机关调取同录。

三、关于非讯问活动是否需要同录

职务犯罪案件中不认罪案件、上诉案件的庭审对抗性越发激烈,尤其集中于非法证据排除程序的启动和适用。以笔者所在市级检察机关为例,2020 年至今,全部无罪辩护的处级干部职务犯罪案件,都历经了被告人、辩护人一审提出排非的线索或材料——检察机关调取、审查、出示讯问同录——审判机关确认证据合法性——被告人、辩护人要求调取并出示非讯问阶段的同录。有一些共同的理由:非讯问阶段被侮辱谩骂、威逼利诱、长期罚站、长期坐着不给活动等,直到被告人表示屈服愿意根据调查人员所说进行回答,才进行讯问。所以,虽然讯问同录中看起来被告人主动如实供述,但其言词证据仍然是非法证据,应该予以排除。

对此,非讯问阶段是否需要同录、非讯问阶段的同录是不是证据、非讯问阶段的同录如何进行审查?三个问题相互关联,亟须明晰。

一种观点认为,非讯问阶段应该同录,并经过审查、质证。首先,从情理角度看,被告人所说曾在非讯问场所被刑讯逼供具有发生的现实可能性。其次,从人权保护角度看,监察调查环节过于封闭,在讯问时,无旁人在场,整个留置期间律师也不能接触被调查人。在这种"真空"环境下,调查讯问工作的公正性就显得尤为关键。最后,从"排非"的角度看,类似于侦查环节的"重复供述",如果讯问前有刑讯逼供,则讯问笔录与此前刑讯逼供有直接因果关系,非法取证手段的影响、持续性效果仍然存在,则此讯问应该作为"毒树之果"依法被排除。

另一种观点认为，非讯问阶段的同录能否作为证据应区别对待。首先，没有录制方面的法律等硬性规定。即使监察调查环节的同录要求更高，但是关于被告人言词证据部分也仅及于讯问。非讯问阶段的思想工作等并非取证行为，因此，是否对其同录并无强制规定。其次，被调查人权利可以得到保障。在留置环节，明确要求①调查、录制、看护三分离。公安机关承担看护职责，详细记录实施看护情况，保护被留置人员安全。监控人员应当全面监看留置区域的监控视频。② 因此，讯问环节有全程同录，其价值既在于保证被调查人权益，也在于证明讯问笔录的合法性。非讯问环节也有第三方监管，被调查人权利可以得到依法保障。最后，对于非讯问同录，监察机关没有提交的强制要求，检察机关、审判机关没有必须审查的强制要求。监察法规定了监察机关对取证工作录音录像的保管责任是"留存备查"，监察机关有义务在调查结束后妥善保管录音录像，以备查看。举重以明轻，非讯问阶段即使有对犯罪内容的谈及，但并没有形成证明犯罪的证据，更不需要进行随案移送。

笔者更倾向于第二种观点。讯问阶段应该要同录这是法律规定，必须严格执行。而非讯问阶段的同录必须录制的要求于法无据。更何况"打时不录、录时不打"的怀疑如果构成要求同录的原因，那么同录的范围就应该涵盖被调查人从进入留置点直至离开，包含犯罪嫌疑人洗漱等全部范围。显然这不是一个合情合理的要求，可能涉及对犯罪嫌疑人的人权侵害，司法实践也很难做到。

笔者建议：第一，谈话应视情进行同录。谈话是监察法赋予监察机关对涉嫌职务违法的监察对象采取的措施之一。谈话是做被调查人思想工作的一种重要手段，也是监察机关查明有关违纪违法事实、收集材料的一种措施。司法实践中，有两种情况。第一种是一开始只是发现监察对象涉嫌职务违法行为，谈话中监察对象主动交代或监察机关发现存在职务犯罪的行为，先前的谈话的内容就可以作为证据使用。这种谈话实际上与讯问没有差别。第二种是讯问与谈话交叉进行，虽然前者定位于犯罪事实的讯问，后者定位于违纪事实的查明或者思想工作，但实际内容有交叉，故一并作为证据提供。监察体制改革之前，纪委谈话作为行政机关收集的言词证据必须转化，才能在刑事诉讼程序中适用。监察体制改革之后，监察机关是政治机关而非行政机关，其言词证据根据监察法的规定，可以直接进入刑事诉讼程序。既然谈话内容可以作为证据，那就有可能存在非法取证的情况，所以监察机关或监察机关委托有关机关和人员进行的谈话，拟用于证明案件事实，就应当对全程进行同录。

第二，用好监察机关的内部审查。《监察法》第 33 条第 3 款规定："以非法方法收集

① 《江苏省监察委员会关于办理涉嫌职务犯罪案件全程同录实施细则（试行）》第 4 条规定：讯问被调查人应试行"调查、录制、看护三分离"原则。在留置场所内的留置讯问室、全程同录控制室和安全监控室应单独设置。

② 《江苏省监察机关使用留置措施暂行规定》第 18 条规定：公安机关看护专班应当加强对留置安全的管理。带班民警应当全天 24 小时轮流值班，详细记录看护实施情况。看护人员负责对被留置人员的贴身看护，确保被留置人员安全。监控人员应当全面监看留置区域的监控视频，实时记录看到的情况和发现的问题。

的证据应当依法予以排除，不得作为案件处置的依据。"与《刑诉法》第56条以及《关于办理刑事案件严格排除非法证据若干问题的规定》的有关规定相比，监察法确立的非法证据排除规则具有以下两个鲜明特征：一是排除范围没有任何限制；二是排除非法证据没有设立任何附加条件。基于此，如果有非讯问阶段的同录，审理室可以在内部审理时采取抽查、调阅等方式进行审查。审查起诉阶段，如果犯罪嫌疑人、被调查人、审判机关坚持要求调取的，建议审判机关、检察机关转达诉求，由审理室调阅进行审查，并以书面方式将审查意见进行反馈。

第三，努力形成共识。建议通过监检法司会签文件、会议纪要等方式，促使法律共同体对于非讯问阶段的同录等形成一致意见。避免不同个案中均就此问题争辩，节约司法资源，提高司法效率。

四、同录的调取

同录审查的前提是我们能够获得同录。关于调取问题，相关规定有一定的变化。

《监察法》第41条规定，调查人员采取讯问、询问、留置、搜查、调取、查封、扣押、勘验检查等调查措施，均应当依照规定出示证件，出具书面通知，由二人以上进行，形成笔录、报告等书面材料，并由相关人员签名、盖章。调查人员进行讯问以及搜查、查封、扣押等重要取证工作，应当对全过程进行录音录像，留存备查。据此，监察机关无须随案主动提供同录，其他机关、人员只有经过"调取"环节才能获得同录、进行审查。

根据中纪委国家监察委法规室在《〈中华人民共和国监察法〉释义》一书中的解释，监察机关对调查过程的录音录像不随案移送检察机关。检察机关认为需要调取与指控犯罪有关并且需要对证据合法性进行审查的录音录像，可以同监察机关沟通协商后予以调取。所有因案件需要接触录音录像的人员，应当对录音录像的内容严格保密。据此，三个问题值得关注。一是同录本身并不当然就是证据，其价值定位在于证明证据合法性。当讯问笔录记载与同录内容存在实质性差异时，被调查人供述应以同录为准。这意味着，同录作为证据有两种情况：一种是证明证据合法性的证据；另一种是等同于被调查人供述的证据。二是检察机关可以调取的同录必须"与指控犯罪有关"，同时案件涉及证据合法性审查。三是最终能否调取到该同录，取决于监察机关是否同意。

《衔接机制意见》第12条规定，对于监察机关立案调查的职务犯罪案件，存在下列情形之一，人民检察院、人民法院经审查认为有必要的，可以商请监察机关调取讯问被调查人的同录，对证据收集的合法性以及被调查人供述的真实性进行审查，监察机关应当支持配合，在监察机关案件审理部门报本机关主要负责人审批后，由承办的调查部门提供：（1）犯罪嫌疑人、被告人或者辩护人提出犯罪嫌疑人、被告人供述系非法取得，并提供相关线索或者材料的。（2）犯罪嫌疑人、被告人或者辩护人提出讯问活动违反法定程序，并提供相关线索或者材料的。（3）犯罪嫌疑人、被告人或者辩护人提出讯问笔录不真实，并提供相关线索或者材料的。（4）人民检察院、人民法院认为讯问活动可能存在暴力、威胁等非法取证行为的。

由此可见，首先，启动有条件，需要辩护人、原审被告人提供相关线索或者材料。其次，需要先审查。检察院、法院经审查认为有必要。再次，仍是可商请。虽然这一内部规定新增了"监察机关应当支持配合"的表述，但是否可以理解为监察委就应当提供同录有争议。从体系解释和文义解释的角度看，更应该理解为人民法院、人民检察院仅仅享有调取同录的商请权，决定权仍然属于监委。而且，对于给与不给没有标准规定。最后，程序很严格，满足上述条件的，监察机关应当经机关主要负责人审批后，予以支持配合。

除此之外，有四点还需要特别说明：一是支持配合的方式不明确。并没有强制规定一定要原件送检察院、法院审查，在监察机关处审查也是一种审查方式。如果送，原则上只能是原件不能是复印件。二是监察机关提供的同录之用途是供法院、检察院审查，并没有说一定要提供给辩护人和被告人。个人理解，此问题应当由法院、检察院视情况决定。三是需要严格保密。检察院、法院对于调取的同录应当采取严格的保密措施，并要求辩护人签署保密承诺书。四是注意案后处理。案件审结后，调取单位应当及时将调取的同录退回监察机关。

笔者认为，根据刑诉法的相关规定，检察机关调取讯问录音录像审查既可以是根据审查证据合法性的需要，也可以是根据被告人或者辩护人的依法申请。但是，都必须与监察机关协商一致后才能调取。当然，如果监察机关为证明自己调查行为的合法性，自行决定将讯问或讯问阶段的同录提交，根据刑诉法规定，能够证明案件事实的材料都是证据，检察机关对此当然应该进行审查判断，具备证据能力和证明力的应该依法作为证据。

五、不同阶段同录的审查方法

（一）提前介入：挑选性审查

1. 审查范围。检察机关派员提前介入，对证据收集、法律适用以及是否符合强制措施条件等进行审查，通过查阅案卷材料、听取案件调查人意见、查看讯问同录等方式进行，并就案件的调查方向、调查重点、证据的收集、固定、完善等方面提出意见。监察委员会应当提供全部证据材料。笔者认为，在此过程中，检察人员可以查看同录，但是限制于"讯问"的同录，不包括"询问"的同录，不包括谈话的同录，也不包括实物取证的同录。

2. 审查价值。提前介入阶段同录审查有其独特价值。一是程序价值。应该在同录审查时对一些疑似指供、威胁等不当方式及时指出，就取证是否规范等提出补证意见，确保证据能力，夯实全案基础。二是增强检察人员对被调查人的了解。调查阶段持续时间远超公诉审查，讯问时对犯罪事实谈的更细，通过审查同录，可以让检察人员对被调查人以及犯罪事实快速形成整体印象，为后续审查起诉阶段的提审讯问、是否逮捕、认罪认罚工作开展以及出庭公诉打好基础。

3. 审查模式。因提前介入时间有限，通常限定为审理室启动审查之后，案件移送起诉 15 天之前。短时间内，要将监察机关 2 个多月甚至 5 个多月形成的卷宗材料全部看完，并提出高质量的提前介入审查意见，还要走完检察机关内部的审批程序，并有针对性地提出补充调查意见，确实是对提前介入人员的考验。当然，有条件的地方可以派出检察官、检察官助理组成提前介入团队，但部门分设后，除了大要案，普通职务犯罪案件恐怕更多时候所派人员有限。

因此，对于提前介入阶段如何进行同录审查工作，建议做如下区分：省部级以上大要案，派公诉团队提前介入，专人审查同录并形成专门同录审查意见；供述不稳定、翻供、翻证、案情复杂案件，至少派一名检察官和一名检察官助理提前介入，对于第一份讯问、第一份供述、第一次翻供等关键节点的讯问同录进行审查；一般性职务犯罪案件，建议第一份全面供述的同录进行审查。如有条件，还可随机抽取部分同录进行审查。

（二）一审阶段：区分情况

1. 审查启动。根据《衔接机制意见》第 12 条之规定，一审阶段是否进行同录审查，应该紧紧围绕证据合法性判断。如下情况可以启动此程序：（1）人民检察院经审查认为有必要的，通常应该是在案件移送起诉之后，提起公诉之前。（2）人民法院经审查认为有必要的，通常发生于案件提起公诉之后，一审裁判之前。（3）犯罪嫌疑人、被告人、辩护人，提供相关线索或者材料，认为供述系非法取得、讯问活动违反法定程序，提出调取同录申请。申请经人民检察院或人民法院审查同意。

所提线索或者材料根据《最高人民法院关于适用〈中华人民共和国刑事诉讼法〉的解释》第 96 条之规定，应该包括：涉嫌非法取证的人员、时间、地点、方式、内容等。

可见，同录调取的启动，既有可能是法院、检察院依职权启动，也有可能是依申请启动。

2. 审查模式。启动之后的审查，也可以视情采取不同模式。模式一，重点审查。主要适用于"依申请"启动的模式，重点针对犯罪嫌疑人、辩护人所提供线索或者材料所对应的同录进行审查。模式二，全面审查。因承办人（检察官、法官）对证据能力的怀疑，对全部同录进行审查。在司法实践中，考虑可行性，建议以重点审查为主，但在无罪辩护、涉舆情、案情复杂等重大、敏感案件中建议采用全面审查模式。

3. 意见反馈。审查意见的反馈，建议采用下列模式：（1）依申请调取的，应该提交法院，同时交辩护人阅看。交辩护人阅看的方式包括检察机关将同录作为证据，提供辩护人阅看，类似阅卷；庭前会议播放、当庭播放等，个人认为也应该包括法院、检察院、辩护人共同到某个地方（比如监察机关），进行阅看，类似核证。（2）检察院依职权调取同录审查的，目的是增强自身对证据能力的确信，案件也不涉及排非，则无须将相关同录提交法院或交犯罪嫌疑人、辩护人。（3）法院依职权调取同录审查的，应该由检察院出面调取，并负责向法院反馈结果。

《衔接机制意见》第 50 条规定：在审理过程中，人民法院可以根据被告人、辩护人的申请向人民检察院调取未提交的证明被告人无罪或者罪轻的证据材料，也可以依职权向人民检察院调取需要调查核实的证据材料。人民检察院应当及时移交；对于需要监察机关提供的证据材料，人民检察院应当向监察机关出具调取证据材料函，监察机关应当及时移交。不能提供上述证据材料的，监察机关、人民检察院应当书面说明情况。

人民法院认为证据需要进行补正或者解释的，应当向人民检察院书面提出。需要监察机关进行补正或者解释的，人民检察院应当向监察机关书面提出。证据经补正或者作出合理解释的，可以采用；不能补正或者作出合理解释的，不得作为定案的根据。

此条确立了一个"盯人"规则，就是在职务犯罪案件中，涉及证据的调取、补正和解释，法院"盯"着检察院，法院不直接与监察机关发生联系。此规则与本文件第48条规定的法院应检察院书面邀请开展提前介入工作保持一致。

4. 审查结果。同录审查之后，如果检察官认为需要据此进行非法证据排除的，也应经历一定审批程序。笔者所在的江苏省，2020年制定了《检察官职权清单（试行）》，区分不同办案部门，规定了从检察官、部门负责人、副检察长到检察长的不同职权。对于职务犯罪中非法证据排除、证据调取之规定，三级检察官职权相同。主要包括：（1）对辩护人、诉讼代理人提出收集、调取证据的申请作出处理决定。（2）决定对取证合法性进行调查核实；提出排除非法证据的意见。（3）决定通知监察机关、本院侦查部门提供法庭审判所需证据材料。在副检察长职权中明确规定，"决定排除非法证据"。

据此，承办检察官有权提出调取同录的申请，审查后可提出是否排非的意见，排非的决定权仅属于分管副检察长。

可见，一审阶段检察机关并非必须审查同录。启动模式包括依申请和依职权。向监察机关调取同录的主体只能是检察机关。检察官可以自行向监委调取同录，但排非必须经过分管副检察长同意。

（三）二审阶段：并非必须

我们应该正确理解二审审查的价值。二审并非一审公诉的强化，而是原审判决的监督。所以，对于排非这个问题，二审和一审的态度以及所做的工作也应该是有所区分的。

2010年最高人民法院《关于办理刑事案件排除非法证据若干问题的规定》第12条规定，"对于被告人及其辩护人提出的被告人审判前供述是非法取得的意见，第一审人民法院没有审查，并以被告人审判前供述作为定案根据的，第二审人民法院应当对被告人审判前供述取得的合法性进行审查。检察人员不提供证据加以证明，或者已提供的证据不够确实、充分的，被告人该供述不能作为定案的根据"。

笔者认为，对于排非申请，如果一审已经就供述合法性启动了庭前会议、非法证据调查等程序，后经确认后依法采信。二审不是必须对审前供述的合法性进行审查。

具体到同录问题，如果一审在庭前会议或者当庭全部或重点播放，甚至检察官、法官已到监察机关进行了审查，法官形成内心确信并在审判中就此问题进行了充分回应和释法说理，到了二审环节，如果没有新的理由、新的线索，则不应再启动同录调取和审查工作。

第六部分

认罪认罚从宽制度
与企业合规研究

职务犯罪案件适用认罪认罚从宽制度的
理论反思、制度厘清与实践应对[*]

刘家卿　刘文钊　孙晓博^{**}

一、现状反思：监察法中"认罪认罚"的"平面化"误读

（一）理论争议与实践困惑

2018 年是我国社会主义法治建设的关键一年，随着监察法的颁布施行，宪法、刑事诉讼法的修改，监察体制改革、认罪认罚从宽制度改革经过部分地区试点向全国推广。随着试点工作、全国立法的推进，改革中的相关问题迅速成为理论与实践层面的热点议题。职务犯罪案件如何适用认罪认罚从宽制度是两项改革的交叉点，同样引发了较大关注，相关研究成果层出不穷，主要集中于《监察法》第 31 条规定的从宽处罚建议制度①与刑事诉讼法中认罪认罚从宽制度的衔接问题。

理论学界的主流观点认为，监察法中的从宽处罚建议制度是认罪认罚从宽制度的具体体现②，即认为《监察法》第 31 条规定的从宽处罚建议权与刑事诉讼法中的认罪认罚从宽制度内涵是统一的，均指认罪认罚从宽制度。但是两法对于认罪认罚案件从宽处罚的条件存在差异。根据监察法的规定，监察机关提出从宽处罚建议的条件为"主动认罪认罚 +

　＊　本文系 2021 年度最高人民检察院检察理论研究一般课题"职务犯罪案件适用认罪认罚从宽制度研究"（编号：GJ2021C19）的阶段性研究成果，天津市人民检察院重点课题"认罪认罚从宽制度研究"（编号：21TJJY0802）的阶段性研究成果。

　＊＊　刘家卿，天津市河北区人民检察院党组副书记、副检察长；刘文钊，天津市人民检察院第一分院第三检察部一级检察官；孙晓博，天津市人民检察院第一分院第三检察部四级检察官助理。

　①　《监察法》第 31 条、第 32 条均是关于监察机关从宽处罚建议权的规定，鉴于本文主要研究认罪认罚从宽的理解与适用问题，故不再对第 32 条展开论述。

　②　参见董坤：《认罪认罚从宽制度在监察与司法中的衔接》，载《内蒙古社会科学》2022 年第 1 期；詹建红：《认罪认罚从宽制度在职务犯罪案件中的适用困境及其化解》，载《四川大学学报》2019 年第 2 期；王弘宁：《职务犯罪调查阶段认罪认罚从宽适用问题制度研究》，载《兰州学刊》2021 年第 8 期；桂梦美：《职务犯罪调查阶段认罪认罚从宽的制度逻辑与展开》，载《苏州大学学报》2020 年第 5 期；卢志军、杨宗辉：《我国〈监察法〉实施中的"法法衔接"问题及其应对》，载《中州学刊》2022 年第 3 期；翟巍：《论我国监察调查制度与刑事诉讼制度的衔接与一致性》，载《人民司法》2020 年第 31 期；谢超：《〈监察法〉对中国特色反腐败工作的法治影响》，载《法学杂志》2018 年第 5 期；《准确把握监察法和刑事诉讼法规定的认罪认罚从宽制度》，载《中国纪检监察报》2018 年 11 月 23 日，第 2 版。

特定情形 + 两级监察机关批准"，而刑事诉讼法认罪认罚从宽制度中犯罪嫌疑人、被告人认罪认罚适用该制度没有诉讼程序、罪名和刑罚的特殊限定。为了解决两法中从宽条件的差异，理论学界产生了"特定情形"取消论与保留论的争议。取消论认为特定情形的要求应当从宽掌握甚至予以取消。监察机关提出从宽处罚建议也应受到刑事诉讼法的约束。① 修法并非一朝一夕之功，"远水难解近渴"，而实践难题亟待妥善处理，单从现有规范本身出发，取消论无法指导实践。保留论认为"特定情形"应当继续保留，因为其提供了赋予监察机关从宽处罚建议权的理由，否则同样都是认罪认罚案件，监察机关调查时具有从宽处罚建议权，公安机关和检察机关侦查则无这一权力，将影响法律的统一适用。② 保留论的缺陷在于没有从根本上厘清两个制度的关系，无法解释在保留从宽处罚建议权的同时如何协调认罪认罚从宽制度的适用，对于司法实践的指导作用有限。

上述理论观点的缺陷引发了实践的困惑。根据理论学界的主流观点，从宽处罚建议是认罪认罚从宽制度在监察法中的具体体现，一些司法人员认为对职务犯罪的嫌疑人、被告人适用认罪认罚从宽制度需要以监察机关提出从宽处罚建议为前提。如果监察机关没有提出从宽处罚建议，移送的职务犯罪案件要么不能适用认罪认罚从宽制度，要么即便适用该制度，从宽处罚的幅度也要严格限制，甚至是不能从宽处罚。由于实践中监察机关提出从宽处罚建议的案件数量少、比例低，上述观点对于职务犯罪案件认罪认罚依法适用、应用尽用产生了一定影响。

（二）争议反思——监察法中认罪案件从宽处理机制的"平面化"误读

产生上述理论争议和实践困惑的根本原因在于平面化地理解监察法及其实施条例中认罪案件从宽处理机制，基于监察机关从宽处罚建议权的适用条件中包含"认罪认罚"的要求，就当然的认为从宽处罚建议权与认罪认罚从宽制度具有对应关系，引发了是否统一适用标准的争论，进而导致部分司法办案人员将从宽处罚建议作为认罪认罚从宽制度适用的前提。然而，监察法颁布施行早于刑事诉讼法修改，直接将适用于刑事司法活动的制度拿来解释、分析监察活动中的职务犯罪案件办理机制，而忽视监察法规范自身的特殊性与复杂性，本身就是不妥当的。我们认为，监察机关的从宽处罚建议权是监察法中对认罪案件阶梯化、立体化处理的组成部分，并不直接对应认罪认罚从宽制度，两者具有明显的差别。

一是立法目的不同。从宽处罚建议权是监察法"惩戒与教育相结合，宽严相济"原则的具体体现，立法目的在于鼓励被调查人犯罪后改过自新、将功折罪、积极配合调查③；而认罪认罚从宽制度是以审判为中心诉讼制度改革的深化，诞生于简单轻微刑事案件数量

---

① 参见詹建红：《认罪认罚从宽制度在职务犯罪案件中的适用困境及其化解》，载《四川大学学报》2019 年第 2 期。

② 参见潘金贵、王霈：《职务犯罪监察调查中的从宽处罚建议制度研究》，载《重庆社会科学》2021 年第 1 期。

③ 参见中共中央纪律检查委员会、中华人民共和国国家监察委员会法规室编写：《〈中华人民共和国监察法〉释义》，中国方正出版社 2018 年版，第 160 页。

剧增、案多人少办案压力繁重的现实背景①，立法目的是繁简分流，对控辩双方无争议的案件简化程序处理。尽管两者都有提高办案效率的考量，但也存在明显不同之处，即前者更加注重实体层面的"惩前毖后，治病救人"，通过对改过自新、将功折罪的典型示例提出明确的从宽处罚建议，敦促被调查人员积极配合调查工作，同时对其他党员干部产生深刻的警示作用，预防腐败行为；而后者侧重繁简分流，兼具实体上从宽与程序上的从简。从立法目的上看，从宽处罚建议权与刑法中的自首、立功、积极退赃等量刑情节相似，解决的是刑罚轻重的问题，而非刑事诉讼法中认罪认罚从宽制度的组成部分。

二是构成要件不同。立法目的的区别导致了构成要件的差异。《监察法》第 31 条规定，监察机关提出从宽处罚建议的条件，除了"认罪认罚"外，还包括自动投案、积极退赃、重大立功、案件涉及国家重大利益等实体条件，以及两级监察机关批准的程序要件。而刑事诉讼法中的认罪认罚从宽制度没有其他条件的限制，只要犯罪嫌疑人、被告人自愿如实供述自己的罪行，真诚悔罪、自愿接受处罚，就可以适用。从构成要件角度看，从宽处罚建议的提出条件已经超出了认罪认罚从宽制度的涵摄范围。即便可以将自动投案、积极退赃解读为认罪认罚的客观表现，但却无法解释为什么将重大立功与维护国家重大利益作为实体条件，重大立功以促进其他案件的解决为指向，无涉本案中的"罪"与"罚"，维护的国家重大利益亦不要求与本案相关，以其作为从宽的适用条件实则已经突破了本案认罪认罚内涵的边界。②

三是法律效果不同。立法目的、构成要件的不同也引发了不同的法律效果。前者一般是监察机关在将案件移送起诉时在《起诉意见书》中或者单独出具说明明确提出从宽处罚建议，只有实体上予以从宽的效果③，可能导致从轻、减轻甚至免除处罚的法律效果，本质上属于量刑情节，不具有程序从简的法律效果；后者则是兼具实体从宽与程序从简的双重"优惠"，既是实体制度，又是程序制度，是集实体规范与程序规则于一体的综合性法律制度。另外，两者实体从宽体现的阶段也有所不同，在认罪认罚从宽制度中，侦查阶段只体现程序从快，一般不体现实体上从宽，也没有赋予侦查机关提出从宽处罚建议的权力。监察机关职务犯罪案件调查权本质上与侦查权具有相似性，监察法赋予其从宽处罚建议权，也是与认罪认罚从宽制度在法律效果上的差异。

综上所述，《监察法》第 31 条规定的从宽处罚建议权与刑事诉讼法中的认罪认罚从宽制度不存在对应关系，现有统一两者适用标准的讨论，根据两者构成要件均包含"认罪认罚"、法律效果都可能"从宽处罚"，就当然地认定具有适用的对应关系，系对认罪案件从宽处罚情节设置模式的"平面化"理解。实际上，监察法关于认罪案件从宽处罚情节的规定是立体的、有层次的，从宽处罚建议权与认罪认罚分属不同层次，在法法衔接过程中需要分别对待。

---

①　参见陈卫东：《认罪认罚从宽制度研究》，载《中国法学》2016 年第 2 期。

②　参见汪海燕：《职务犯罪案件认罪认罚从宽制度研究》，载《环球法律评论》2020 年第 2 期。

③　参见董坤：《认罪认罚从宽制度在监察与司法中的衔接》，载《内蒙古社会科学》2022 年第 1 期。

二、制度厘清：监察法中认罪案件从宽处罚情节"阶梯化"处理模式

（一）监察法中认罪案件从宽处理的三个层次

当前，我国反腐败形势依然严峻，既要从严治党，对腐败问题"零容忍"，同时也要兼顾"宽严相济""惩前毖后，治病救人"的方针。监察法及实施条例对认罪案件的从宽处罚情形进行了系统规定，我们将其总结为三种类型：第一种是被调查人在调查期间仅有认罪认罚情节的案件；第二种是同时具有自首、立功、退赃等量刑情节的认罪认罚案件；第三种是符合监察机关提出从宽处罚建议条件的案件，也就是同时具有认罪认罚和自首、重大立功、退赃等从轻、减轻处罚情节，并经两级监察机关批准同意提出从宽处罚建议的案件。

关于调查期间仅有认罪认罚情节的案件。此类案件与认罪认罚从宽制度中认罪认罚的条件一致，也就是自愿如实供述自己的罪行，对认定的事实没有异议，愿意接受处罚。根据刑事诉讼法的相关规定，侦查机关办理认罪认罚案件具有权利告知、起诉意见、认罪教育三大义务。《监察法实施条例》明确规定，调查阶段监察机关具有前两种义务。其中，第 83 条讯问被调查人时应当告知其如实供述自己的罪行可以依法从宽处理以及认罪认罚的法律规定，明确了认罪认罚从宽制度的告知义务；第 219 条第 2 款规定，对于被调查人在调查阶段认罪认罚，但不符合提出从宽处罚建议条件的，应当在《起诉意见书》中写明其自愿认罪认罚的情况，明确了认罪认罚案件的起诉意见义务。另外，虽然没有具体规定，实践中监察人员也会对被调查人进行思想教育，敦促其认罪悔罪。根据上述规定和实践做法，我们认为与刑事诉讼的侦查阶段相类似，《监察法实施条例》已经构建了调查期间普通认罪认罚案件的处理规则。

关于同时具有自首、退赃、重大立功等量刑情节的认罪认罚案件。此类案件在认罪认罚的基础上，增加了自首、重大立功、退赃等情节，主要涉及监察法与刑法关于被调查人所具有的法定或酌定从宽处罚情节的衔接，对此，应当以刑法中的含义理解上述情节的具体内涵与认定标准。在刑事诉讼中，认罪认罚本身是独立的从宽量刑情节，自首、立功以及贪污受贿案件中的退赃也是法定的从宽情节。当多种量刑情节叠加在一起时，从宽幅度要在单一量刑从宽情节的基础上再次减轻。[1] 因此，应根据"两高三部"《关于适用认罪认罚从宽制度的指导意见》第 9 条[2]的规定，给予被调查人相对更大从宽幅度的量刑建议。

关于符合监察机关提出从宽处罚建议的案件，此类案件在前一类的基础上，增加了程序上经过了两级监察机关审批的条件。监察法之所以规定两级审批程序，其目的在于保障从宽处罚建议提出做到审慎、准确，防止随意性。要从政治和全局出发，结合当地的政治

---

① 董坤：《认罪认罚从宽制度在监察与司法中的衔接》，载《内蒙古社会科学》2022 年第 1 期。

② 最高人民法院、最高人民检察院、公安部、国家安全部、司法部《关于适用认罪认罚从宽制度的指导意见》第 9 条规定：认罪认罚的从宽幅度一般应当大于仅有坦白，或者虽认罪但不认罚的从宽幅度。对犯罪嫌疑人、被告人具有自首、坦白情节，同时认罪认罚的，应当在法定刑幅度内给予相对更大的从宽幅度。认罪认罚与自首、坦白不作重复评价。

生态，个案的社会影响等因素综合考虑，注重政治、社会、法律三个效果的统一。① 也就是说，审查的内容不仅包括自首、重大立功、退赃等量刑情节及证据，还包括政治影响、社会影响等其他情节。我们认为，监察机关在被调查人已经具备了刑法、刑事诉讼法法定或酌定从宽处罚情节的基础上，又经过了两级监察机关的批准而提出的从宽处罚建议，理应成为一种法定的从宽处罚事由②，在案件进入审查起诉阶段后，检察机关需要对相关证据材料进行全面审查并在提出量刑建议时予以充分重视。

（二）三种类型的"阶梯化"关系

监察法及实施条例确立的认罪案件从宽处罚的三种类型之间并非各自独立，而是存在"阶梯化"的递进关系。

一是三类案件在认定要件上具有阶梯递进关系。如上所述，这三类案件的认定条件分别为"认罪认罚""认罪认罚＋自首、重大立功、退赃等法定或酌定从宽处罚情节""认罪认罚＋自首、重大立功、退赃等法定或酌定从宽处罚情节＋两级监察机关审批"。"认罪认罚"是从宽处罚的前提条件，对应衔接的是刑事诉讼中的认罪认罚从宽制度。只要被调查人（犯罪嫌疑人、被告人）如实供述、承认犯罪事实，愿意接受处罚就可以在审查起诉阶段适用认罪认罚从宽制度，不以监察机关提出从宽处罚建议为前提。在其之上，是"自首、重大立功、退赃等情节"，对应衔接的是刑法中的法定、酌定从宽处罚情节，从宽的依据是刑法规范，司法机关可以根据案件证据情况分别认定，决定是否从轻、减轻处罚以及从轻、减轻处罚的程度。最上层是"上下两级监察机关审批提出从宽处罚建议"，其从宽的依据是《监察法》第31条的规定。由于监察法属于程序法与实体法相结合的宪法性法律，其规定的从宽处罚建议应当作为特殊的量刑情节予以考虑。

二是三类案件在从宽幅度上具有阶梯递进关系。由于量刑情节的多寡不同，三种类型在刑事诉讼中的从宽幅度依次递增，具体适用时应当在参照相关量刑规范的基础上，符合"比例原则"，并注意在个案与类案中实现平衡与协调。

梳理监察法对认罪案件从宽处罚情形规定的三种类型，一方面可以缓和法法衔接不畅的问题，根据案件类型不同对应衔接刑法与刑事诉讼法的不同制度，以达到准确适用法律的目的；另一方面，也有利于避免被调查人因达不到从宽处罚建议制度适用条件而"自暴自弃"，在监察调查阶段不积极配合，而到审查起诉阶段甚至审判阶段才认罪认罚。由于阶梯化的三种类型分别对应了不同的从宽处罚幅度，以此来激励被调查人越早认罪认罚越能得到更多的量刑优惠，从而实现监察法关于认罪案件从宽处罚情形设置的立法目的。

三、实践应对：认罪认罚从宽制度在监检之间的有效衔接

如前所述，《监察法》第31条的规定并不等同于刑事诉讼法所确立的认罪认罚从宽制度，而是监察法特有的从宽处罚建议制度。《监察法实施条例》构建的认罪认罚权利告知、

---

① 参见朱孝清：《刑事诉讼法与监察法衔接中的若干争议问题》，载《中国刑事法杂志》2021年第1期。

② 参见张明正：《监察机关调查职务犯罪从宽处罚问题研究》，载《南海法学》2019年第1期。

起诉意见等规则才是刑事诉讼法中认罪认罚从宽制度的对应规范。职务犯罪案件要在适用认罪认罚从宽制度上实现监检之间的有效衔接，应当注意以下几点：

（一）准确把握"认罪认罚"之内涵

关于监察法中"认罪""认罚"的含义，我们认为，监察机关对被调查人认罪认罚的认定毕竟要与刑事诉讼程序进行衔接，应当保持规范内涵上的基本一致，即"认罪"是指被调查人自愿如实供述自己的罪行，承认监察机关认定的其涉嫌职务犯罪的事实。"认罚"应指被调查人真诚悔罪，愿意接受处罚，主要是指因其涉嫌职务犯罪行为而接受相应的刑事处罚。此处不宜过分追求其对刑罚种类、刑期、执行方式等的接受，因为量刑建议是检察机关求刑权的范畴，是案件进入司法程序后，检察机关全面审查并经双方协商才能确定的，此时被调查人只需对后续刑事处罚作整体性、概括性认可即可。最后，"从宽"是认罪认罚的结果，待案件进入刑事诉讼程序后，检察机关将会依据证据材料认定认罪认罚情况并据此提出更为宽缓的量刑建议，法院裁判时也会予以关注。[①]

（二）加强被追诉人权利保障

保证认罪认罚的自愿性是认罪认罚从宽制度的"生命线"，也是该制度立足的根本。[②]在此基础上的真实性与合法性亦是司法机关审查的重点，关乎认罪认罚是否成立与从宽处罚能否兑现，因此确保调查阶段被调查人认罪认罚的"三性"是监检有效衔接的重要基础。我们认为，充分合理利用现有的制度安排，便可达到有效衔接目的。

保障被调查人的知悉权是其认罪认罚的前提，对此，《监察法实施条例》在讯问一节中明确了，监察机关在讯问时要告知被讯问人如实供述自己罪行可以依法从宽处理和认罪认罚的法律规定。就告知的具体内容，我们认为应当包括以下三点：一是应当告知被调查人对其涉嫌的犯罪事实和罪名的认定以及进入诉讼阶段后可能承担的刑事责任。因为在监察调查阶段，被调查人可能既涉嫌职务违法也涉嫌职务犯罪，如果其不知道自己何种行为被认定为犯罪及触犯的罪名，就可能导致其将违纪违法行为错误认为是犯罪行为[③]，难以保证认罪认罚的真实性。二是结合监察法与刑事诉讼法的相关规定，告知被调查人认罪认罚的具体含义以及法律后果，如可以在诉讼阶段获得实体上的从宽以及程序上的从简等权利。同时，也要明示调查人认罪认罚后可以反悔，但反悔后其将不再享受认罪认罚的量刑优惠，而可能判处更重的刑罚。三是针对《监察法》第31条规定的从宽处罚建议制度，也应当告知被调查人除了认罪认罚以外，具有其他四种情形之一的，可能获得监察机关的从宽处罚建议，在诉讼阶段将可能获得更加优惠的量刑减让，从而促使其主动认罪认罚并

[①] 职务犯罪调查阶段，对被调查人适用从宽处理主要表现在"四种形态"的内部转化方面，即"高形态"向"低形态"转化。参见桂梦美：《职务犯罪调查阶段认罪认罚从宽的制度逻辑与展开》，载《苏州大学学报》2020年第5期。但鉴于本文研究的重点在于监检衔接，因此对于作为监察机关内部从宽处理的情形不再展开论述。

[②] 魏晓娜：《职务犯罪调查与刑事诉讼法的适用》，载《中国人民大学学报》2018年第4期。

[③] 参见胡之芳、刘敏：《监察调查中的认罪认罚从宽审查制度反思》，载《湘潭大学学报（哲学社会科学版）》2021年第3期。

争取获得从宽处罚建议。

监察法中已有的同步录音录像制度同样是保障被调查人权益的一项重要制度，要充分合理发挥其作用。《监察法》第 41 条第 2 款规定了调查人员进行讯问，应当对全过程进行录音录像，留存备查。《监察法实施条例》第 56 条进一步明确要保持录音录像资料的完整性并妥善保管，司法机关需要调取的，监察机关应当予以配合并依法提供。第 83 条第 5 款规定，讯问时，应当告知被讯问人将全程同步录音录像。告知情况应当在录音录像中予以反映，并在笔录中记明。对此，官方也曾强调要保证全程录音录像，且录音录像制作人员与办案人员相分离，以保证录音录像能够发挥证明取证工作合法性的作用①，比刑事诉讼法的相关规定更加严格和全面。同理，我们认为，对于告知被调查人认罪认罚规定及相关权利义务、被调查人认罪认罚过程等情况，均应体现在录音录像中，作为核实被调查人自愿性的客观依据。② 司法机关在审查认罪认罚自愿性、真实性、合法性时如有需要，或者犯罪嫌疑人、被告人及其辩护人提出申请时，可以调取查看，监察机关应当配合。

（三）客观完整展示认罪态度

监察调查阶段的主要任务是全面收集调取证明被调查人涉嫌罪与非罪、此罪与彼罪、罪轻与罪重等各方面的证据材料，包括证明被调查人认罪认罚自愿性、真实性、合法性的相关证据，如讯问笔录、自述材料、录音录像等。其中，最为常见的就是讯问笔录，不仅是认定犯罪的重要证据，也是体现认罪态度的核心依据。监察人员应当在保证讯问笔录客观、规范的同时，高度重视笔录的全面性、完整性，客观、及时、全面地固定被调查人员的真实认罪状态、认罪程度以及认罪原因和动机。对于态度转变、反复的过程也应当予以体现。

检察机关在认罪认罚从宽制度的适用中承担主导责任，因此，职务犯罪案件经监察机关调查终结移送审查起诉后，检察机关要对所有案卷材料，包括认罪认罚情况，按照刑事诉讼法等规定进行实质审查和独立适用。一是被追诉人在调查阶段没有认罪认罚，而在审查起诉阶段自愿认罪认罚的，检察机关经审查后认为符合条件，且控辩双方协商一致的，可以适用认罪认罚从宽制度；二是对于被追诉人在调查阶段认罪认罚或者监察机关提出从宽处罚建议的，检察机关经审查认为不符合认罪认罚从宽制度适用条件的，可以决定不予适用。

（四）加强配合与制约

配合制约原则是宪法规定的监察机关与司法机关之间的工作原则，在认罪认罚从宽的监检衔接中也应当予以贯彻。一方面，双方要加强配合。主要体现为办案过程中的沟通与协调，一是检察机关可以通过提前介入审查被调查人认罪认罚情况，或对监察机关拟提出

---

① 参见中共中央纪律检查委员会、中华人民共和国国家监察委员会法规室编写：《〈中华人民共和国监察法〉释义》，中国方正出版社 2018 年版，第 193 页。

② 参见孔令勇：《新监察制度与认罪认罚从宽制度的错位及衔接》，载《安徽大学学报（哲学社会科学版）》2020 年第 4 期。

的从宽处罚建议发表意见，以确保调查对象认罪认罚的自愿性和真实性以及建议的可采纳度。二是检察机关对监察机关认定的被调查人认罪认罚情况，或者提出的从宽处罚建议是否采纳应当及时予以反馈，意见不统一的，应当及时沟通并听取监察机关意见，不予采纳的应说明理由。

另一方面，双方也须加强制约。一是监察机关应当对认定的被调查人认罪认罚情况，或者提出的从宽处罚建议进行适度说理，既可以避免认定或提出建议的随意性，也有利于提高认定或提出建议的质量。① 二是检察机关对调查阶段认罪认罚的提前介入，也有利于避免监察机关为换取口供而给予被调查人具体的从宽承诺，防止干预检察机关量刑建议权等情况的发生。另外，如上所述，虽然监察机关具有从宽处罚建议权，但检察机关在适用认罪认罚从宽制度中的主导性作用没有改变，无论监察机关是否认定被追诉人认罪认罚或者是否提出从宽处罚建议，检察机关在审查起诉阶段都应当进行独立审查和判断，如果证据不足以支撑认定认罪认罚或者提出从宽处罚建议的，可通过退回补充调查或者自行补充侦查等予以完善，也可以不予采纳。

---

① 参见石莹:《职务犯罪被调查人从宽处罚建议的纠葛与厘定》，载《警学研究》2019 年第 4 期。

职务犯罪案件适用认罪认罚从宽制度
若干问题研究

董桂文　李　彪*

认罪认罚从宽制度是一项重大司法体制创新，在提高司法效率、化解社会矛盾、减少社会对抗、改造犯罪嫌疑人等方面起到了积极作用，自 2018 年被写入刑事诉讼法以来，展现出蓬勃生机。在职务犯罪案件领域的适用同样也应如此，但是实践中相较于同期总体刑事案件的适用率，明显偏低。职务犯罪案件案件影响较大，各地检察机关往往选派业务骨干办理，倾注大量精力，认罪认罚从宽制度适用率偏低，体现出职务犯罪案件的特殊性。当前理论界虽然有少量专门研究职务犯罪适用认罪认罚的文章，但是对办案过程中出现的问题关注不够，回应不多。本文拟从五个方面阐述职务犯罪案件适用认罪认罚从宽制度的特殊性，以期找到些许路径，进一步提高适用质效。

一、对从宽动力的强劲规范

职务犯罪行为危害性是隐性的，人身危险性低，几乎没有再犯的可能性，因而一些人会提出"过去有贡献""认罪态度好""积极退赃退赔"等种种理由，希望给予从宽处理。犯罪嫌疑人要求从宽处理的愿望强烈，办案中要求从宽处理的声音往往"一边倒"，而要求从严处理的声音很难听到。犯罪嫌疑人往往对给予从轻处罚存有很大预期，检察机关如不提出较低的量刑建议，认罪认罚具结书难以签下来。[①] 而认罪认罚从宽制度实施之初，少数地方片面追求适用率，从制度的"主导者"变成"推销者"，导致部分案件质效不高。有些地方则踌躇不前，对高压反腐与认罪认罚从宽之间的关系把握不准，对为什么从宽以及如何从宽认识不清，导致不敢用、不会用，使认罪认罚从宽制度价值难以发挥。如何引导从宽动力，推动认罪认罚从宽制度依法运行，落地生根，值得研究。

检察机关可以从疏和堵两个方面对从宽动力进行引导规范。一是有效疏。把从宽动力纳入法治轨道中，推动案件办理。职务犯罪案件尤其是受贿案件，隐蔽性较高，书证等客观证据较少，对于言词证据高度依赖。言词证据虽然能直接证明犯罪事实，但稳定性较

---

　* 董桂文，安徽省人民检察院党组副书记、常务副检察长；李彪，安徽省人民检察院第三检察部检察官助理。

[①]　如某中院郭某某受贿案，涉案金额达 178 万元，具有自首情节。监察机关建议减轻处罚，检察机关提出有期徒刑 2 年 10 个月，郭某某仍觉得量刑过高，拒签认罪认罚具结书。

差。认罪认罚从宽制度不仅可以保障职务犯罪案件质量，完善证据体系，而且能促使犯罪嫌疑人主动认罪悔罪，降低翻供风险，保障起诉、庭审效果。① 认罪认罚从宽制度对打击职务犯罪具有独特优势，而从宽动力是推动犯罪嫌疑人认罪认罚的内生动力。检察机关要发挥主导作用，把从宽动力变成固定证据、追赃挽损、防范风险的有力支撑。二是依法堵。把从宽动力兜在法律底线内。认罪认罚从宽不是"你好我好大家好"，简单地越宽大越好，不能把"认罪认罚从宽"认定为"认罪认罚必须从宽"，否则就会出现以认罪认罚从宽之名超越法律界限的宽大。这不仅会影响办案的法律效果、社会效果，还会消解反腐败的积极效应，与高压反腐、从严治党向背离。为保障职务犯罪认罪认罚从宽严格依法进行，必须对从宽幅度和情节进行必要的限制，防止宽大无边、司法不公。刑法以数额较大、数额巨大、数额特别巨大，为贪污罪、受贿罪划出了 3 个量刑幅度，即 3 年以下有期徒刑或拘役、3 年以上 10 年以下有期徒刑、10 年以上有期徒刑与无期徒刑或者死刑，存在量刑幅度的裁量空间过大的问题。尤其是犯罪数额达到特别巨大的犯罪嫌疑人，一旦具备减轻处罚情节，则可以跨越 3 个量刑幅度（死刑、无期徒刑、10 年以上有期徒刑），减轻处罚到 3 年以上 10 年以下有期徒刑，减轻处罚幅度实在太大，背离罪责刑相适应原则。检察机关在提出量刑建议时，应当根据罪责刑相适应原则，结合个案情况，对减轻处罚的情节严格把关，从而使量刑建议符合民众的常识判断和正义的要求。

二、对监察机关提出从宽处罚建议的审查

职务犯罪案件适用认罪认罚从从宽制度除了要适用刑事诉讼法，还要对接监察法。《刑事诉讼法》第 15 条规定，犯罪嫌疑人、被告人自愿如实供述自己罪行，承认指控的犯罪事实，愿意接受处罚的，可以依法从宽处理。从规定上看，人民检察院办理刑事案件适用认罪认罚原则上没有限制，适用于所有刑事案件，贯穿刑事诉讼全过程，对适用认罪认罚的案件，均可以根据案件情况提出从宽处罚建议。《监察法》第 31 条规定，监察机关经领导人员集体研究，并报上一级监察机关批准，在移送人民检察院时可以对具有四种情形②之一且认罪认罚的被调查人，提出从宽处罚的建议。监察法和刑事诉讼法对适用认罪认罚的要求存在不同，要注意区分，作好衔接。

从程序上看，监察机关提出从宽处罚建议，必须经监察机关领导人员集体研究，并报上一级监察机关批准，而检察机关适用认罪认罚从宽制度的，虽多数案件会向部门负责人或院领导汇报，但由于没有硬性规定，理论上案件承办人即可决定。适用标准和程序上的差异，监察机关严格的报批程序，导致调查阶段提出从宽处罚建议远少于检察机关审查起诉阶段提出。就从宽结果而言，被调查人在调查阶段认罪认罚、监察机关提出从宽处罚建议的，对其从宽量刑的幅度一般应当大于在刑事诉讼阶段才认罪认罚的情形；监察机关对被调查人或者涉案人提出从宽处罚建议的，对其从宽量刑的幅度一般应当大于监察机关仅

---

① 孙谦主编：《认罪认罚从宽制度实务指南》，中国检察出版社 2019 年版，第 39 页。
② （1）自动投案，真诚悔罪悔过的；（2）积极配合调查工作，如实供述监察机关还未掌握的违法犯罪行为的；（3）积极退赃，减少损失的；（4）具有重大立功表现或者案件涉及国家重大利益等情形的。这四种情形，基本上是认罪认罚的具体表现形式。

客观表述量刑情节的情形。早认罪优于晚认罪，主动认罪优于被动认罪，从宽量刑幅度应当有所区别，这已成为法律人的共识。

从严格的程序、优惠的结果上看，监察机关提出从宽处罚的条件应与检察机关不同。《监察法》第 31 条考虑到了监察机关所调查案件不同于普通刑事犯罪案件的特点，通过更为严格的程序限制，实质上赋予了调查人员对被调查人开展认罪教育、政策宣讲等方面的权力，并根据具体情况可以建议司法机关对其从轻处罚。① 对案件"具体情况"的理解，不应该仅仅局限于职务犯罪本身。首先，监察机关职责的要求。监察机关不仅具有调查职务违法和职务犯罪职能，还承担廉政建设和反腐败等工作，具有天然优势，可以从政治和全局出发，综合分析研判违法犯罪行为发生时间节点和情节、社会影响等情形，提出从宽处罚建议。其次，与检察机关职责相互配合的要求。职务犯罪案件本身敏感性强、涉密多，检察机关对案件审查具有局限性，如果监察机关不对案件背景、社会背景等进行介绍，那么检察人员很难了解到案外情况，审查会有所缺失。监察机关意见能很好弥补检察机关审查的局限，而检察机关的审查又能对监察机关的意见予以补充。最后，检察机关职责的要求。检察机关作为公诉机关，对监察机关从宽处罚建议这一重要量刑情节的审查应该是实质性的，而非充当工具人的角色，不能仅仅依据从宽处罚建议就给予更轻的量刑建议。一要审查了解监察机关为什么要出具从宽处罚建议，理由合不合理；二要对从宽处罚的理由予以明示，在从宽处罚建议书中予以载明；三要分析与类似没有出具从宽处罚建议案件有何区别等。只有综合研判，检察机关释法说理才能更充分，量刑建议才能让人更信服。

三、关于精准刑量刑建议的提出

"着眼于控辩量刑协商的角度，精准的量刑建议可以提高协商条件的明确性和协商结果的可预测性，有助于被告人协商地位的改善，整体上对被告人有利。"② 精准的量刑建议包含确定刑量刑建议和较窄幅度刑的量刑建议。《关于适用认罪认罚从宽制度的指导意见》第 33 条规定，办理认罪认罚案件，人民检察院一般应当提出确定刑量刑建议。《人民检察院办理认罪认罚案件开展量刑建议工作的指导意见》（以下简称《工作指导意见》）第 13 条要求，一般应当提出相对明确的量刑幅度，并对幅度刑量刑建议进行了限制，如建议判处 10 年以上有期徒刑的，幅度一般不超过 2 年。

实践中，精准的量刑建议可以增强认罪认罚量刑协商过程及结果的稳定性、权威性，给被告人更强的"安全感"，更容易促进被告人认罪认罚。但职务犯罪案件精准量刑建议的提出存在不少挑战。一是量刑差距难以拉开。根据法律和司法解释的规定：贪污、受贿 20 万元以上不满 300 万元的为"数额巨大"，判处 3 年以上 10 年以下有期徒刑；贪污、受贿 300 万元以上的为"数额特别巨大"，判处 10 年以上有期徒刑、无期徒刑或者死刑。司法实践中，300 万元以上至数千万元乃至上亿元之间的案件，刑期都在 10 年至 15 年，难以拉开差距。犯罪嫌疑人认罪态度对量刑的影响较大，而认罪态度作为主观因素，在刑罚

---

① 孙谦、万春、黎宏主编：《职务犯罪检察业务》，中国检察出版社 2021 年版，第 411 页。

② 魏晓娜：《冲突与融合：认罪认罚从宽制度的本土化》，载《中外法学》2020 年第 5 期。

上如何量化比较棘手。同一地区、同一案件的主客观因素相互交织，还要注重类案量刑均衡，提出确定刑量刑建议的难度较大。二是退赃退赔存在较大变数。尤其是涉案金额高达千万甚至过亿元巨大的案件。不仅存在资产变现周期较长等客观因素，也存在犯罪嫌疑人不断试探退赔退赃对量刑的影响，对赃款去向交代不彻底。如某市人大常委会原副主任熊某某受贿金额达 2230 余万元，退缴 240 余万元，近 2000 万元不知去向，熊某某虽愿意认罪认罚，但由于尚有较大比例赃款没有退缴，很难准确判断其是否属于真心认罪认罚。在较短的审查期间内，在量刑情节"先天不足"的情况下，检察机关提出量刑建议特别是精准刑量刑建议，存在挑战。三是精准刑量刑建议依赖沟通。以审判为中心原则主要以司法公正为价值目标，而认罪认罚从宽制度主要追求刑事司法的效率价值，两者之间存在一定程度的形式冲突。① 这种冲突在职务犯罪案件中体现更为明显。一些法官认为检察机关提出精准刑量刑建议有"未审先定"的嫌疑，违背了"以审判为中心"的原则，消弱了法院的作用。检察机关提出精准刑量刑建议和量刑建议最终能否被采纳往往依赖与法院反复沟通协调，自主程度不高。而检察机关在法定幅度内提出量刑建议，量刑建议是否属于"明显不当"，法律无明确规定，职务犯罪量刑建议难以拉开差距更加剧了这种冲突。如某镇原党委书记赵某某贪污 26 万余元、受贿 210 万余元，法院以量刑明显不当为由将检察机关 6 年 6 个月的确定刑量刑建议，改判为 6 年 9 个月。

针对上述挑战，检察机关需加强应对。首先，加大对赃款追缴的力度。实践中，部分犯罪嫌疑人抱有"出狱后有钱养老""为了家庭更好生活"拒不交代赃款去向的侥幸心理，加之职务犯罪量刑幅度难以拉开，存在口头认罪认罚，实则隐匿资产，逃避打击的现象。少数调查人员重证据收集，轻资产调查，导致案件移送审查后，赃款去向不清楚，或不加区分，随意扣押。检察机关应围绕赃款追缴的目的，坚持适度原则和有效原则配合督促调查机关收集确定财产状况的证据。适度就是要区分合法财产与非法财产、个人财产与家庭财产；有效就是扣押的资产是可以执行变现的财产，如股权虽然书面价值百万，但没有实际交易价值，就难以认定为有效。而对拒不交代赃款去向的，在提高主刑、罚金刑的同时，应加大对洗钱犯罪线索的审查，让守着赃款的人坐立不安，让"出狱后过好日子"的投机行为没有市场。其次，积极探索提出附条件确定刑量刑建议。量刑建议的确定性，不等同于量刑建议结论的唯一性。《工作指导意见》第 19 条，人民检察院可以根据案件实际情况，充分考虑提起公诉后可能出现的退赃退赔、刑事和解、修复损害等量刑情节变化，提出满足相应条件情况下的量刑建议。针对在审查起诉期间内犯罪嫌疑人实物难以变现或立功情节无法核实的，可以根据案件实际情况，充分考虑提起公诉后可能出现的退赃退赔、立功等量刑情节变化，积极探索提出满足相应条件情况下的精准刑量刑建议。当然，这种情节变化必须要有现实的支撑。例如，附全额退赃退赔情节的，扣押在案的财产必须能够覆盖，且被告人书面承诺愿意处置财产退赃退赔，或被告人家属提供足额担保，书面承诺愿意退赃退赔。最后，规范确定刑量刑建议的提出。司法实践中，认罪认罚从宽

---

① 李建明、许克军：《"以审判为中心"与"认罪认罚从宽"的冲突与协调》，载《江苏社会科学》2021 年第 1 期。

制定运行中检察机关存在前端与被追诉方"沟通不足"、后端与法院"沟通过剩"的问题①，这在一定程度上制约检察机关量刑建议的提出。检察人员不应过度依赖"与法院个案沟通"，应尽快摸清量刑建议提出规律，增强量刑建议的释法说理，避免"同案不同提"；要保障辩护律师或值班律师的阅卷权，通过完善制度激励律师参与到量刑建议提出，把律师的意见作为一面镜子，检视不足；要依靠科技，利用大数据，开发符合职务犯罪规律的量刑辅助系统，为量刑的科学化、规范化提供指引。

四、关于从宽形式比较单一的问题

职务犯罪案件本身政治敏感性强，社会关注度高，犯罪嫌疑人一般都是当地领导干部或者公务人员，如果不捕、不诉的案件多了，可能会引起群众猜测，影响办案效果。职务犯罪案件往往把"从宽"体现在减让量刑上，而在羁押措施、相对不起诉、诉讼程序等方面与普通刑事案件相比一般体现出"从严"，这一定程度上制约了职务犯罪案件认罪认罚从宽制度适用。

从宽形式比较单一，主要有以下几个因素：一是不捕上有障碍。职务犯罪作为一种特殊类型的犯罪，对口供有着很深的依赖性，不捕容易造成串供，不利于案件后期处理。职务犯罪案件交办异地较多，为保证嫌疑人在案和保证诉讼顺利进行，往往会使犯罪嫌疑人处于被逮捕的羁押状态。《刑事诉讼法》第170条规定，对于监察机关移送起诉的已采取留置措施的案件，人民检察院应当对犯罪嫌疑人先行拘留，基层办案压力导致检察人员不愿启动羁押必要性审查。二是不诉上有压力。在办理职务犯罪中，存在不起诉权不会用、不敢用、不愿用的情况。以贿赂犯罪为例，"溢价"转让股权、高利放贷等新类型受贿形式层出不穷，罪与非罪边界把握不准，不会适用；害怕被戴上"办人情案、关系案、金钱案"的帽子，往往全盘起诉、一诉了之，不敢使用；多数地方为监督检察官用权，对不起诉案件要求上检察委员会，设置更为苛刻的评查要求，往往也是上级评查的重点，"多一事不如少一事"，不愿使用。三是从简上有制约。除厅局级以上干部②外的职务犯罪案件，司法机关往往出于案件质量、社会效果、审理时间等原因，不愿适用简易程序、速裁程序审理，使得文书制作、出庭公诉等工作无法简化，加之需要与调查机关、审判机关多次协调，工作量不降反升，影响承办人适用认罪认罚的积极性。

为了把"从宽"运用到位，需要多管齐下。一要更新司法理念。"少捕慎押慎诉"体现了"法治昌明、良法善治"的核心内涵，是"建设更高水平的平安中国、法治中国"的深刻实践。③ 要把"少捕慎诉慎押"的刑事司法政策贯彻到职务犯罪认罪认罚案件办理中，把羁押必要性审查放在与办案同等重要的位置，作为一项必须审查的工作，而非可有可无。二要完善考核制度。只有压力而没有收获，办案人员是不愿意使用的。可以把羁押必要性审查计入轮案基数，提高不起诉案件办理分值，用好检察长奖励基金，激发检察官

---

① 叶青：《程序正义视角下认罪认罚从宽制定中的检察机关沟通之维》，载《政治与法律》2021年第12期。

② 对此类案件，往往由中级人民法院审理，适用普通程序。

③ 何德辉：《系统推进"少捕慎诉慎押"司法理念落实》，载《检察日报》2021年8月25日，第11版。

适用热情。三要用好科技手段。对非羁押的犯罪嫌疑人根据逮捕必要性，分"红码""黄码""绿码"进行不同管理，将信息推送给执行的公安机关，最大限度开发数字资源；协助公安机关探索研发非羁押人员数字化监管系统，打通检警之间信息壁垒；用好电子手环、脚环等穿戴装备，解决检察人员害怕犯罪嫌疑人潜逃的后顾之忧。四要做好监督管理。规范量刑协商程序，过程要有提取意见、沟通交流、说理论证，要予以记录，随案移送；落实量刑协商同步录音录像制度，做到律师实质参与量刑协商，同录画质清楚、声音可辨；要严格落实司法责任制，避免降低证据标准强迫他人认罪、权钱交易提出较低量刑建议等。五要加大专业化建设。检察机关内设机构改革后，基层院和多数市院没有建立专门的职务犯罪检察部门，存在"职务犯罪案件人人都办，人人又不精"的现象。要加大队伍专业化建设，提升干警单兵能力；要敢于简化办案流程，把司法文书格式化规范化，要完善容错机制，包容创新中出现的错误，从而把简单的案件简单办，把复杂的案件办成精品。

五、关于职务犯罪认罪认罚案件上诉率高的问题

职务犯罪案件社会影响较大，当事人受教育程度高，辩护律师广泛参与，检察官在办理职务犯罪认罪认罚案件往往投入较大精力，控辩双方对案件定性、量刑建议一般协商充分。除此之外，监察机关对讯问犯罪嫌疑人和询问重要证人进行同步录音录像，很大程度规范了取证过程，减少了非法取证。因而，职务犯罪职务犯罪案件上诉率应该比普通刑事犯罪低，但是实践却呈现出了相反的表现。实践中，职务犯罪案件适用认罪认罚从宽后的上诉率往往远高于同期总体刑事案件。

司法办案中，职务犯罪认罪认罚案件上诉原因主要集中在：单纯因量刑过重而上诉，较常见的是检察机关提出幅度刑量刑建议，法院采纳"中偏上"刑罚的，被告人提出上诉，或法院要求检察机关调高量刑建议，检察机关未调整，法院直接判处较重刑罚，被告人上诉；因面临量刑情节的变化而上诉，较常见的是检察机关提出确定刑量刑建议后，被告人在法院审理期间又退赃，法院采纳量刑建议的，被告人认为法院未充分考量退赃情节而上诉，或上诉人因立功情节尚未查实而上诉；因不想到监狱服刑，提出"技术性上诉"。

首先，要理性看待。上诉权是一项宪法性、法定的基本权利，价值在于"对裁判权的制约"①，本质是一项救济权利，"不仅是个人权利，还具有公共属性"②。从理论到实践，从法律规定到制度设计，被告人认罪认罚之后有权提出上诉，是一个不争的客观事实。③但当被告人缺乏契约精神，滥用上诉权，而受限于"上诉不加刑"的刑法基本原则，司法机关又无其他手段予以制约，必会导致被告人为私利"投机取巧"，挤兑有限的司法资源，背离了认罪认罚从宽制度的价值追求。职务犯罪认罪认罚案件上诉率整体较高，更突显出

① 周淑婉：《认罪认罚从宽案件被告人的上诉权探析》，载《福建警察学院学报》2019 年第 2 期。
② 牟绿叶：《认罪认罚案件的二审程序——从上诉许可至展开的分析》，载《中国刑诉法杂志》2019 年第 3 期。
③ 刘远清、杨颖颖：《回应型司法视野下认罪认罚案件被告人上诉权研究》，载《云南民族大学学报》2021 年第 6 期。

制度矛盾。

其次，要积极应对。"任何制度转型的过程，都不可避免地存在一定的制度漏洞。"①而如何弥补漏洞，是社会最现实的需求，不能让钻漏洞的获得"收益"，形成"破窗效应"，影响认罪认罚从宽制度的成效。《工作指导意见》要求对"被告人仅以量刑过重为由提出上诉，因被告人反悔不再认罪认罚致从宽量刑明显不当的"，应当提出抗诉。实践中执行存在困难，如被告人往往在上诉理由中"勾兑"事实不清等其它理由；被告人撤回上诉，检察机关是否要撤回抗诉；被告人最后时刻突击上诉，检察机关措手不及。针对被告人利用检察机关抗诉期与上诉期重合，突击上诉的难题，可以规定检察机关在收到上诉书 5 日内，对上诉理由进行审查，决定是否抗诉。建立上诉理由审查制度，由被告人承担上诉理由的说明义务，检察机关针对上诉理由进行实质审查。如果被告人有正当理由如有立功情节等，检察机关应依职权审查；如果上诉人仅仅以量刑过重上诉，检察机关可以协商法院，书面审理，直接驳回，不宜抗诉；而对被告人无"正当理由"反悔，否定犯罪事实的，由于职务犯罪案件具有较高的隐蔽性，言词证据稳定性不足，被告人的翻供很大程度会影响案件审理，严重浪费司法资源，应予以抗诉。

最后，要源头治理。加大事前、事中工作力度，从源头实现司法对个案正义的维护，从根本上降低职务犯罪认罪认罚案件上诉率，实现认罪认罚从宽制度在提高效率和保障人权价值的统一。一是构建事前保障程序，确立诉讼参与人在刑事诉讼中的主体地位。一方面赋予被告人诉讼主体地位。传统理论中，被告人是刑事诉讼的必要组成部分，被作为刑事诉讼的对象。认罪认罚从宽制度中的量刑协商，实际赋予被告人在辩护律师的帮助下，与检察机关充分沟通、理性对话、协商一致、达成共识的平等地位。要充分保障被告人诉讼权利，让被告人真正理解适用认罪认罚将面临的法律后果。二是完善事中协商制度，充分发挥检察人员在量刑协商中的主导地位，保障参与主体的多元化、协商过程与结果的合法化。提出量刑建议，是否需要提前征求监察机构同意并无明确规定，实践中可主动征求监察机关对案件的处理意见。完善证据开示制度，做到案件信息对称；促进量刑协商过程合法化、实质化，全面落实提取意见同步录音录像，主动接受监督；对量刑建议的提出要充分论证，加强与律师沟通，做好释法说理，促进被告人真心认罪认罚。

---

① 王宁：《制度漏洞与"改变悖论"》，载《领导科学》2012 年第 1 期。

从比较法视野刍议职务犯罪
认罪认罚从宽的体系化构建

高劲松   杨金玲*

一、现阶段从宽的制度配合与不足

认罪认罚从宽制度在职务犯罪领域的具体适用，对于提高反腐败斗争法治化水平、实现案件办理的法律效果、政治效果和社会效果的统一具有十分重要的作用。从宽处理与反腐败政策平衡过程中出现的一些问题，需要进一步研究。

（一）各阶段区分化适用标准不明确

认罪认罚的阶段性认定情况能够体现从宽可行性、必要性的递进式变化。2012 年党的十八大正式拉开监察体制改革序幕，2018 年监察法、刑事诉讼法（以下简称刑诉法）相继通过与修改，正式与宪法接轨，确定了监察机关针对所有行使公权力的公职人员涉嫌职务违法和职务犯罪进行调查、独立行使监督、调查、处置等监察职责，具有宪法赋予的独立行使监察权的反腐败机构的地位，与检察机关、审判机关和其他执法机关互相配合。认罪认罚的运行效果，具体而言存在以下几个问题：

1. 调查阶段从宽认定难度较大。《监察法》第 31 条对从宽处罚建议权提出情形的规定，可以总结为"从宽处罚建议权"和"从轻、减轻处罚建议权"两个层面。"建议从宽"适用于被调查人具有刑法总则确定的法定从宽情节，即自首、坦白、立功，或者具有刑法分则确定的酌定情节，即真诚悔罪悔过、积极配合调查、积极退赃、减少损失。"建议从轻、减轻"适用于被调查人员有积极检举、揭发有关被调查人员职务违法犯罪或者提供重要线索、重要证言时。但在司法实践中，无论是从宽还是从轻、减轻处罚的建议权提出率都很低，一方面，是由于监察机关依据《监察法》第 31 条的规定需要经历较为繁琐的报批程序；另一方面，也与监察机关作为职务犯罪查办主力的地位有关。

2. 审查起诉环节运作存在困惑。检察机关通过行使检察权和法律监督权来启动对职务犯罪的公诉权，对认罪认罚案件如何实现实体从宽和程序从简，存在诸多细节上的困惑。首先，启动时间不确定。《刑诉法》第 81 条规定了认罪认罚是审查批捕阶段判定社会

* 高劲松，北京市顺义区人民检察院副检察长、三级高级检察官；杨金玲，北京市顺义区人民检察院第二检察部三级检察官助理。

危险性的考虑因素之一，而刑法总则规定的自首、坦白、立功的法定从宽情节则适用于犯罪后，刑法分则中对贪污罪、受贿罪具有坦白、认罪悔罪和退赃情节可以从宽的规定要求在提起公诉前，亦即刑事实体法与程序法在适用从宽的启动程序上存在不统一的地方。其次，从宽的法律属性不确定。在目前法律框架下，认罪认罚从宽究竟是法定情节还是酌定情节，以及是从轻情节还是减轻情节，均实质影响着犯罪嫌疑人是否需羁押、轻型案件是否能撤案、不起诉。考虑实践中的情况，从强制措施上看，认罪认罚案件中行贿人被取保候审的比例较高，而大部分贪污贿赂嫌疑人则直接适用逮捕，几乎不存在捕后变更取保的情况。从审查期限上看，认罪认罚案件的审限并不比不认罪案件缩短多少。从量刑建议上看，无论是否适用认罪认罚程序，公诉人提出的都是幅度建议而极少提出精准刑期，并无实质化区别。从起诉裁量标准上看，《刑诉法》第 177 条第 2 款对检察机关的相对不起诉权并无具体解释，致使检察机关在实体方面对不起诉标准的把握过于保守，基于职务犯罪案件的特殊性对轻微案件多不敢主动适用不起诉，在程序上容易纠结于不起诉程序的复杂程度，长远考虑可能会陷入法定不起诉权难以实现、酌定不起诉权又条件严苛的两难境地。

3. 法院审理阶段适用质效并不明显。能够适用认罪认罚程序审理的案件，基本是事实和证据无争议的简单案件。而我国法律对轻重罪的界定一直留有空白，只是在司法实践中基本形成了以 3 年或 5 年有期徒刑、拘役或单处罚金的案件为轻罪案件的认定习惯。案件轻重不仅影响审判程序的选择，还会影响案件实体从轻处理的可能。从现阶段司法实践看，即使是认罪认罚案件，法院也多适用普通程序审理，极少适用简易程序。这是因为简易程序要求法院需在 20 日或一个半月内审结案件，而基层审判任务繁重，适用普通程序更能缓解案件积压审查的压力，甚至会利用补充调查和延审的方式借审限，确保谨慎认定事实。

（二）各罪名区分化适用标准不明确

《刑诉法》第 15 条确定了认罪认罚作为从宽情形的基本原则：自愿如实供述、承认犯罪事实、愿意接受处罚；随即通过相关法条从权利告知、强制措施适用、量刑建议、审判程序等方面作出具体的适用规定。也就是说，所有符合《刑诉法》第 15 条基本情形的罪名都可以无差别获得从宽。

但是，针对具体的职务犯罪罪名，需要注意的是：一是刑法分则只列举了部分罪名具有可以从宽处理的情形，如贪污罪、行贿罪、受贿罪、介绍贿赂罪，而未列举的职务犯罪，如私分国有资产罪、挪用公款罪、单位受贿罪、渎职罪等该如何把握从宽标准和幅度存在空白。[①] 二是回看已被刑法分则固定的个别罪名可以从宽的规定，如第 383 条、第 386 条规定贪污、受贿行为人在被提起公诉前有坦白、悔罪、退赃、减损情节的可以从轻、减轻处罚，也就是说，不同时具备"认罪认罚、退赃、减损"和"提起公诉前"这

---

① 参见《刑法》第 383 条、第 386 条、第 389 条的规定。在贪污罪或受贿罪中，嫌疑人在被提起公诉前如实供述自己的罪行、真诚悔罪、积极退赃、避免、减少损害结果的发生，可以从轻、减轻或者免除处罚；在行贿罪中，行贿人在被追诉前主动交代行贿行为，以及罪行较轻，对侦破重大案件起关键作用的或者有立功表现的，可以从轻、减轻、免除处罚。在介绍贿赂罪中，介绍贿赂人在被追诉前主动交代介绍贿赂行为的，可以减轻或者免除处罚。

两项要求的，贪污罪就无法获得在刑法层面的从宽许可。在开庭审理前才决定认罪认罚但拒绝退赃的贪污犯，只能由法官依据刑法总则中的法定从宽情节作出一般性量刑，与认罪认罚从宽在刑诉法层面的价值取向不统一；而对比第390条第2款对行贿人设定的能够从宽处理的情节，可以预见在具备相同从宽处罚情形时，对受贿罪的处罚完全有可能轻于行贿罪，无法完全查清受贿犯罪事实。①

对比非职务犯罪案件在认罪认罚的从宽处理上：一是在涉黑恶犯罪中，《关于办理恶势力刑事案件若干问题的意见》规定严重犯即使认罪认罚也可以不予从轻；认罪认罚或者仅参与实施少量犯罪活动且只起次要、辅助作用，符合缓刑条件的，可以适用缓刑。在《关于敦促涉黑涉恶在逃人员投案自首的通告》中，对在逃涉黑恶人员设置了更为宽容的自首认定标准，目的是让在逃人员认清形势，珍惜宽大处理的机会。② 二是在"套路贷"案件中，严重犯应被从严惩处的同时如果具备认罪认罚、退赃等法定或酌定从轻情节的可以依法从宽。③ 可见，在社会危害性同样较大的上述两类犯罪中，认罪认罚可以从宽的适用条件比职务犯罪更清晰，更接近认罪认罚从宽程序的设计初衷。

二、职务犯罪认罪从宽处罚的域外实践

（一）公约义务的价值取向

2003年10月31日，第58届联大审议通过《联合国反腐败公约》（以下简称《公约》），同年12月10日，中国外交部副部长张业遂代表中国政府在《公约》上签字。2005年10月27日，第十届全国人大常委会第十八次会议全票通过批准加入《公约》的决定，公约于2006年2月12日对我国生效，我国成为全球第34个签署国，标志着我国的预防和惩治腐败工作有了正式的国际法律基础和行动指南；同时，完善预防、定罪、执法和资产追回机制等公约义务也成为我国必须承担的责任。

"条约必须遵守"（Pacta sunt serwanda）是一项古老的国际习惯法规则，它约束所有缔约国要时刻对自己的行为负起公约责任。《公约》是各国反腐法治有效经验的汇总凝练，是国际社会打击腐败犯罪的共同行为准则。面对反腐难度加大的世界难题，作为全球首批缔约国，我国重点从定罪机制和执法机制层面落实公约责任：一是通过系列反腐立法，以配合完善公约第三章首创的11个国际腐败犯罪罪名和制裁方式。④ 如2006年《刑法修正案（六）》扩大了构成非国家工作人员行受贿罪的主体范围，以履行《公约》对经济、金

---

① 张明楷：《行贿罪的量刑》，载《现代法学》2018年第3期。
② 参见2019年11月4日最高人民法院、最高人民检察院、公安部、司法部《关于敦促涉黑涉恶在逃人员投案自首的通告》。
③ 以老年人、未成年人、在校学生、丧失劳动能力的人为对象实施"套路贷"，或者因实施"套路贷"造成被害人或其特定关系人自杀、死亡、精神失常、为偿还"债务"而实施犯罪活动的，除刑法、司法解释另有规定的外，应当酌情从重处罚。在坚持依法从严惩处的同时，对于认罪认罚、积极退赃、真诚悔罪或者具有其他法定、酌定从轻处罚情节的被告人，可以依法从宽处罚。
④ The Unit Nations Convention against Corruption, Chapter 3, criminalization and law enforcement, Article 15–25.

融或者商业活动中故意实施的不廉洁行为的打击要求①；《刑法修正案（七）》增设了利用影响力受贿罪，将惩治贪腐犯罪的范围扩大至与国家工作人员关系密切的群体，及时回应了《公约》对滥用职权影响力的犯罪认定。② 二是成立反腐责任机构。如现阶段国家全力整合反腐职能开启监察体制纪年，实现监检有序衔接配合的一体化工作机制，完善《公约》鼓励反腐多元合作的要求。③

而法律的生命在于实施。《公约》虽未明确认罪认罚应当从宽一类的刚性规定，但在具体条文中能够看出《公约》对执法应有变通性的价值取向：第 3 章 "定罪和执法" 是对罪责刑相适应和刑事制裁原则的贯彻，其中第 30 条第 2 款提及 "各缔约国应当依据本国法律制度和宪法原则采取必要措施建立或保持适当的平衡……照顾到本公约确立犯罪进行有效的侦查、起诉和审判的可能"，第 4 款规定 "应当根据本国法律并在适当尊重被告人权利的情况下采取适当措施"。而对于刑罚裁量的考虑，第 37 条规定 "在侦查或起诉中提供实质性配合的被告人应当被考虑在适当情况下被予以减轻处罚和不予起诉"，笔者认为《公约》依然将人道主义和刑罚预防、矫正的价值观贯彻始终，报应型惩罚应当仅适用在极少数重大贪污贿赂犯罪中。

（二）域外特色司法窥探

对比域外立法司法实践对认罪认罚从宽的处理，主要有 3 项制度值得借鉴：一是污点证人刑事责任豁免。《公约》第 37 条确立了在职务犯罪侦查或起诉中提供实质性配合的被告人可以被减轻处罚或者不予起诉。许多英美法系国家确立为 "污点证人作证豁免"，并广泛适用于行贿人，是指在审判前，罪行较轻的共同犯罪人可以选择与国家合作，通过提供关键证据帮助国家取得更重大案件的重要证据或侦破首要分子的严重罪行，而国家给予罪行较轻的犯罪人以刑事责任豁免。④ 在美国，该项制度是《宪法第五修正案》中 "拒绝自证其罪" 在打击贿赂犯罪中的变通；英国和加拿大更是将该制度写入单行法或宪法。二是轻型罪书面审。最典型的当属奉行职权主义的德国的刑事处罚令，是被运用于轻微案件中的简易程序，德国《刑事诉讼统一规则》规定，当检察官掌握了被告人的犯罪证据并且被告人不反对时，检察官可以向法官申请刑事处罚令；甚至当检察官 "只要认为适当" 也可以申请。德国、美国司法实践多以有期徒刑 1 年的标准划分轻重罪，一切轻型犯罪不需经历庭审，由法官书面阅卷判定被告人的罪刑，只要被告人同意，刑事处罚令就发生判决效力，反之刑事处罚令则变为起诉书，恢复正常开庭审理。⑤ 三是认罪协商，即辩诉交

---

① 现行《刑法》第 163 条、第 164 条规定。非国家工作人员受贿罪、非国家工作人员行贿罪在 1997 年刑法条文中规定犯罪主体仅限于 "公司、企业的工作人员"，2006 年《刑法修正案（六）》分别扩大至 "其他单位的工作人员"。

② Ibid Article 18.

③ Ibid Article 6，36.

④ 岳向阳：《〈联合国反腐败公约〉视域下中国反腐败职权研究》，中国言实出版社 2019 年版，第 130—133 页。

⑤ ［美］弗洛伊德·菲尼、［德］约阿希姆·赫尔曼、岳礼玲：《一个案例 两种制度——美德刑事司法比较》，郭志媛译，中国法制出版社 2006 年版，第 231—239 页。

易，包括罪名协商与量刑协商。《布莱克法律词典》对辩诉交易的定义被认为是较为权威的解释：检察官和刑事被告人之间协商达成协议，协议被告人对较轻的指控或多项指控中的一项作有罪答辩，换取检察官的一定让步，让步通常包括更宽大的量刑或对部分指控的撤销。① 美国《宪法第六修正案》和多数州法赋予了被告人辩护帮助权，作为对抗制诉讼的典型国家，被告人在被警方控制自由起至检方提起公诉前可以同意认罪，而检察官同意在起诉罪名和量刑上进行轻缓调整。国家的刑事诉讼制度为实现与被告人的认罪协商甚至可以对抗事实真相，以实现在特殊犯罪中的公正与司法效率的平衡。

三、我国职务犯罪认罪认罚从宽的体系化构建

（一）扩展从宽的理论解释

我国反腐机制体现为多元化而非一元化，监察法无法仅通过刑诉法实现职务犯罪认罪认罚程序的衔接和一体化配合，一切腐败犯罪的惩处必须契合刑法规定。鉴于刑法自身、刑法与刑诉法、监察法有关职务犯罪认罪认罚从宽的规定尚不能配套衔接的现状，要想发挥该制度在司法反腐治理中的特殊作用，甚至接轨公约责任，需要在现有法律框架下扩展解释或规定具体适用规则，形成职务犯罪更特别的制度设计。

1. 实现刑事司法与监察法的衔接，完善职务犯罪案件的特别从宽解释。我国刑法对行受贿犯罪的主体、对象、行为方式等内容的规定，以及职务犯罪认罪认罚从宽的启动时间、适用人员、适用罪名和适用条件的规定，都有与《公约》、监察法不一致之处，并且刑诉法也原则性地规定了一切犯罪适用认罪认罚的基本情形，而刑法分则对贪污、受贿、行贿个罪规定的悔罪、退赃等情节是所有职务犯罪被调查人常见的量刑情节，因此应当将这些常见酌定量刑情节进行系统性规范而非个罪规范，确定为职务犯罪案件的整体特别从宽规定，包括明确适用的时间节点、适用罪名、量刑情节和程度的具体解释：截至提起公诉前，对具有"自动投案、真诚悔过悔罪、积极退赃、减轻损失"等可以在被调查阶段认定为从宽的情节，进行比照总则式或分则直接规定式的从宽处罚司法解释。② 以增强从宽的可预测性，进而促使涉案人员自愿认罪认罚。

2. 重视国内司法与域外法治的比较完善，实现反腐更高层次的价值追求。全球无论是奉行职权主义还是当事人主义的国家，都重视对认罪协商进行多元化设计，其内生动力正是制度本身的高效性优势，这种制度为追求程序真实甚至可以牺牲实质真实，在刑诉程序上更多体现为一审终审。在我国，完善职务犯罪认罪认罚从宽规定的目的是鼓励涉案人员将功折罪，实现惩前毖后、"治病救人"，通过借鉴辩诉交易制度的部分价值取向，要求检察机关必须提升事实基础开展罪名、罪数、刑罚等方面的协商，甚至允许有上诉权做保障，因此该制度设计的政治方向、运行基调必须符合我国国情，是基于中国特色刑事诉讼模式下的对实质正义的追求，在案件查办的政治站位上与辩诉交易制度应有本质区分。

---

① Black's law dictionary, 9th, Ed. West Group, 2009.

② 李阳阳：《〈刑法〉与〈监察法〉在职务犯罪从宽规定上的衔接》，载《重庆理工大学学报（社会科学）》2019 年第 12 期。

（二）规范从宽的具体运作

1. 突出调查阶段从宽的启动和引导。监察机关具有查办职务犯罪案件的天然优势，嫌疑人具有从宽的实质表现，最早可体现于调查阶段。调查阶段实现从宽的初步预判，更能促进案件查办的后续开展，减小公诉阶段的干扰。监察法明确了有关机关和单位应当根据其要求依法予以协助的义务性规定，为此检察机关应当于提前介入调查阶段时即主动协助监察机关研判被调查人认罪认罚的事实，为调查机关从宽处罚建议权的提出提供实质性引导，而不应单纯关注案件的事实证据标准。

2. 对涉企贿赂犯罪予以从宽倾斜以配合社会治理。犯罪治理是社会治理的一部分，犯罪治理介入社会治理的范围和程度影响社会治理水平。职务犯罪侵犯的法益，要求对贪腐公职人员一方应当"慎重从宽"，但对符合条件的涉企行贿案可以相对给予应当从宽的倾斜，除慎用羁押外，对已经进入刑事诉讼程序的应当依法从简从快办理。由于行贿犯罪本身并不是严格意义上的职务犯罪，并且行贿方多为更为被动、相对弱势的民营企业家，对其给予更大范围的认罪认罚从宽，目的是帮助国家追诉社会危险性更大、造成公共损失更多的滥用职权行为，有利于缓和刑诉程序对民营企业带来的实体伤害，实现与"拍蝇打虎"严打政策的动态平衡。故可以借鉴域外做法，在检察机关提起公诉前应当对认罪认罚的"污点证人"采取更宽容的处理。

3. 增强职务犯罪从宽幅度和限度的规范指引，增强可预测性。从宽不能无底线，否则无法体现国家从严打击贪腐犯罪的决心，降低公权力的威信。结合现有量刑指导意见，检察机关受理案件后首先要对案件的重大疑难复杂程度做足整体预判，综合考虑社会危害性后确定罪行的轻重基调，如属于轻罪，可提前考量实体和程序的从宽；如属于重罪，则考虑先实体后程序。对犯罪行为的实质审查难以把握的地方要加强向上级检察机关的汇报请示，与审判机关建立良性协商制约机制，解决民刑交叉疑难，准确界定罪与非罪，严格强制措施审查和撤案、不诉的标准；并设定行之有效的监督，依托检察官联席会和公开听证制度，依职权行使对职务犯罪的不起诉权。

四、总结

制度在实践中完善，实践让制度更加生动。政治生态与法治设计都是随着经济、政治、环境的改变而不断发展的动态过程，引起对认罪认罚从宽制度新老问题的不断关注，并促进对它们的深入研究。刑罚的目的在于阻止犯罪再重新侵害公民，并规诫其他人不要重蹈覆辙。[①] 中国是全球反腐治理的重要力量，对职务犯罪被追诉方认罪和量刑的态度认定，有可能成为推动全球法治的一个重要契机，需要确保顶层设计紧跟司法实践进步。通过监检法不断的沟通、协调与磨合，多方合力解决适用过程中出现的疑难，让认罪认罚从宽制度自身的价值体现在惩防贪腐的重点环节，形成有中国特色的职务犯罪案件认罪认罚从宽制度，在国家监察体制下实现职务犯罪案件办理的公平与正义的价值追求。

---

① ［意］切萨雷·贝卡里亚：《论犯罪与刑罚》，黄风译，北京大学出版社 2008 年版，第 29—30 页。

监察机关从宽处罚建议的制度化建构

——以认罪认罚从宽原则在监察调查程序中的适用为视角

俎 航[*]

一、问题缘起

为构建集中统一、权威高效的中国特色国家监察体制，2018 年全国人大召开会议正式通过了监察法。监察法的颁布标志着为期两年的监察体制改革试点工作取得圆满成功，国家以立法方式对反腐败改革成果进行确认，实现了对行使公权力的公职人员监察全覆盖，做到了依规治党与依法治国、党内监督与国家监察的有机统一，使国家治理体系进一步完善、治理能力进一步提升。[①] 与此同时，另一场改革也在刑事诉讼领域稳步进行，2016 年最高人民法院与最高人民检察院联合印发《关于在部分地区开展刑事案件认罪认罚从宽制度试点工作的办法》。经过两年多的经验积累，认罪认罚从宽的新刑事诉讼理念被修订后的刑事诉讼法所吸收，成为刑事诉讼流程中的基本规则。自监察机关组建以来，大部分职务犯罪转由监察机关管辖，因此新确立的认罪认罚从宽原则必然会对监察机关办理职务犯罪案件产生一系列影响，这些在监察法立法之初便已作出了明确的回应。《监察法》第 31 条规定："涉嫌职务犯罪的被调查人主动认罪认罚，有下列情形之一的，监察机关经领导人员集体研究，并报上一级监察机关批准，可以在移送人民检察院时提起从宽处罚的建议……"，可见认罪认罚从宽同样延伸到监察机关监察调查阶段。但是，由于制度外部诸要素与制度内部运作机制存在较大差异，因此从宽处罚建议与认罪认罚从宽并不能完全等同，反而在以下几个方面呈现出明显的差异：

第一，适用范围不同。根据刑事诉讼法及《认罪认罚从宽指导意见》的规定，认罪认罚从宽已经从单一制度设计上升成为覆盖刑事诉讼全流程的核心原则。传统的诉讼理论将刑事诉讼阶段分为侦查、审查起诉、审判三阶段，由此产生的侦查权、公诉权、审判权又分别归属于公检法三机关。从职能定位上来说，监察机关是实现党和国家自我监督的政治机关，在监察调查程序中行使的是调查权而非侦查权，所以与之对应的应是监察调查阶段而非刑事侦查阶段。[②] 那么监察程序中直接适用认罪认罚原则便会与监察机关的自身定位

---

*　江苏省无锡市纪委监委第九审查调查室一级科员。

①　秦前红：《监察法学教程》，法律出版社 2019 年版。

②　陈瑞华：《论监察委员会的调查权》，载《中国人民大学学报》2018 年第 4 期。

产生抵牾。

第二，适用条件不同。依照《刑事诉讼法》第15条的规定，刑事诉讼领域认罪认罚从宽的启动条件可以简单表述为"认罪＋认罚＝从宽处罚。"而根据《监察法》第31条的规定，监察机关对被调查人适用从宽处罚建议除原本认罪认罚的基础外，仍需满足特定情形即"主动性＋认罪＋认罚＋特定情形＝适用从宽处罚建议。"《监察法》第32条虽未指明认罪认罚的条件，但列举了特定情形。因此在适用条件上监察调查程序中适用从宽处罚建议的条件更为复杂、多样。

第三，适用对象不同。刑事诉讼程序中认罪认罚从宽制度的作用对象包括犯罪嫌疑人、被告人。《监察法》第31条、第32条规定，监察机关从宽处罚建议的作用对象是"涉嫌职务犯罪的被调查人"与"职务违法犯罪的涉案人员"。从法条解释的角度分析，"涉嫌职务犯罪的被调查人"的概念当然可以被犯罪嫌疑人与被告人所吸收，但"职务违法犯罪的涉案人员"包含"职务犯罪涉案人员"与"职务违法涉案人员"这两类主体，前者自然也可以在刑事诉讼阶段转化为犯罪嫌疑人、被告人，但对于"职务违法涉案人员"的处置并不涉及刑事诉讼程序，只需纪检监察机关依据党内法规与相应的政务处分类法律法规，给予相应的党纪、政务处分。因此，刑事诉讼语境中的认罪认罚从宽制度并不能完全适用于监察法所要调整和规制的对象。

第四，适用程序不同。刑事诉讼语境下的认罪认罚从宽适用在刑事诉讼各阶段的标准不尽相同，在侦查、审查起诉环节作出程序性从宽的决定由各环节主导机关负责，在审判环节的认罪认罚从宽则由法官进行裁量。根据《监察法》第31条、第32条的规定，监察调查程序中启动从宽处罚建议，在满足适用条件的基础上，还需要经过"监察机关领导人员集体研究＋上报批准"。相较之下，监察调查程序中从宽处罚建议的启动较为审慎，启动标准要求也更高。[①]

故本文认为，认罪认罚从宽的刑事司法理念原则上已经贯穿监察调查与刑事诉讼两个阶段，这一点已在《监察法》第31条和《刑事诉讼法》第15条中明确。但在具体的制度构造上，刑事诉讼语境中的认罪认罚从宽制度尚不能完全囊括监察机关工作中面临的全部情形，也较难充分满足监察机关实际工作需要。因此，遵循刑事诉讼程序中的认罪认罚从宽原则，依照监察法、刑事诉讼法的立法精神与已有的制度设计安排，具体围绕《监察法》第31条、第32条尝试构建具有监察调查程序特色的认罪认罚从宽制度——监察机关从宽处罚建议制度，对于推动监察、司法程序转换，破解"法法衔接"不畅具有十分重要的价值。

二、构建监察机关从宽处罚建议制度的必要性

构建监察机关从宽处罚建议制度不仅是现行国家监察体制对刑事诉讼法最新修订成果的积极回应与能动适用，将制度势能转化为工作效能的积极探索，同时也是监察机关基于理论与现实的实际需求所必须要进行的制度建构。具体表现为以下几个方面：

---

① 张明正：《监察机关调查职务犯罪从宽处罚问题研究》，载《南海法学》2019年第1期。

（一）符合党在新时期领导反腐败工作的战略部署

深化国家监察体制改革是党中央在改革开放新时期就反腐败工作作出的重大战略部署，通过对已有反腐败资源力量的整合，打破体制机制障碍，创建国家监察机关履行监督、调查、处置职责。同时将监察机关与党的纪律检查机关合署办公，有利于全面加强党对反腐败工作的集中统一领导，实现对国家公职人员监察全覆盖，强化已经形成的反腐败斗争压倒性态势。① 监察机关职务犯罪调查工作属于反腐败斗争中的重要环节。在职务犯罪调查过程中，监察机关通过对被调查人依法提出从宽处罚建议，主动告知其有利与不利后果，促使被调查人主动悔罪悔过，进而使被调查人主动检举揭发，提供重要线索，从而扩大腐败线索的来源与渠道，对腐败分子进行精准打击。同时此举也将"惩前毖后，治病救人"这项党内政策的基本精神引入到职务犯罪调查工作当中，实现政治效果、纪法效果、社会效果的有机统一。

（二）有助于消弭程序断裂，实现"纪法贯通""法法衔接"

当前，我国监察机关采取"纪法合一"的工作机制，即监察机关与党的纪律检查机关合署办公，一套人马同时履行党内执纪与国家监察双重职能。这种机制既符合了我国政治体制与政党制度的现实情况，又做到了纪严于法，纪在法前的要求。一般来说，职务犯罪行为必然包含了违纪行为，《中国共产党纪律处分条例》第 17 条明确规定了对违反党纪后从宽处分的情形，基于"纪法贯通"的需要，在职务犯罪调查程序中，被调查人在符合从宽处分的情况下，监察机关也应当依据监察法对被调查人作出从宽处罚的建议。② 另一方面，随着检察机关的职务犯罪侦查权被监察机关的调查权所吸收，传统的刑事诉讼三阶段被调查、审查起诉、审判所构成的全新职务犯罪办理程序所替代，因而做好调查程序与审查起诉程序的衔接就成为保证监察法与刑法、刑事诉讼法相衔接的重要工作。目前我国刑法规范当中已经存在自首、坦白以及贪污贿赂犯罪特别宽宥等较为成熟的从宽处罚制度规则，因此在监察法中也应当有相应的制度安排作出回应。同时，监察调查程序作为职务犯罪案件办理中审查起诉阶段的前置程序，监察机关需要对被调查人的到案前后心理状态、认罪态度、悔罪行为作出调查和客观判断，为检察机关在审查起诉阶段对被调查人作出精准有效的量刑建议提供参考，进而保证审判机关能够公正裁决，使从宽处罚在监察调查与刑事诉讼中保持一定的连续性与稳定性。

（三）是基于职务犯罪案件办理的实战需要

与一般刑事案件相比，职务犯罪案件是典型的由人到事的办案流程，所以调查过程中调查人员受到的干扰因素较多，阻力也较大。从犯罪行为上分析，职务犯罪中的犯罪人往往以自身职权行为为媒介进行犯罪，这种犯罪方式往往没有直接受害人，危害结果也较为隐蔽不易被察觉，因此职务犯罪的调查方式与一般刑事案件的侦查方式存在明显的不同。

① 中央纪委国家监委法规室：《〈中华人民共和国监察法〉释义》，中国方正出版社 2018 年版。
② 刘艳红：《〈监察法〉与其他规范衔接的基本问题研究》，载《法学论坛》2019 年第 1 期。

监察机关通过留置措施的使用，隔绝被调查人与外界直接接触的机会，在短时间内对其同时采取思想教育、外围取证等多种手段，争取快速突破被调查人心理防线获得口供，再辅之以必要的物证、书证对证言内容加以固定，从而构成完整缜密的证据链。由于监察机关以政治机关为自身定位，所以在监察调查程序中，监察机关不仅要注重惩治犯罪的法律效果，同时要以政治效果为导向，重点把握被调查人认罪认罚、悔罪悔过的态度，实现"处理一小撮，教育大多数"的效果。尽管监察法出台以后监察机关职务犯罪调查的手段和途径较之过去有了极大的提升，但调查程序中二元对抗的这一基本模式没有发生改变，在短时间内突破被调查人心理防线仍非易事。所谓"攻心为上，攻城为下；心胜为上，兵胜为下"，准确把握被调查人心理才是快速取得调查突破的关键。在监察调查中，被调查人希望得到从宽处理的结果，而调查人员则希望案件顺利突破、结案，因此适当使用从宽处罚建议，既是对认罪认罚从宽原则的体现，也是出于案件调查实际需要的考量。当然，前文已经分析过，由于职务犯罪调查的特殊性以及刑事诉讼领域中的认罪认罚从宽制度无法直接适用于监察调查程序当中，因此通过对监察机关已有的从宽处罚相关规定进行制度化构建，才是满足职务犯罪案件办理的实战需要的最佳路径选择。

三、构建监察机关从宽处罚建议制度面临的问题

（一）缺乏实施细则，制度效力不彰

监察法中对于从宽处罚的相关规定主要集中在第 31 条、第 32 条，条文规定较为粗浅，难以直接适用于监察调查工作实践，相较之下，刑事诉讼程序中的认罪认罚从宽制度则具备较为完备的立法规定。仅刑事诉讼法中便有 11 款条文对认罪认罚制度予以直接规定，内容涉及原则确立、考察因素、检察机关应承担的义务、具体文书的签订流转以及审判机关对认罪认罚结果的审查确认，涵盖刑事诉讼各个阶段，足见刑事诉讼法对认罪认罚从宽制度规定全面细致，可操作性较高。[①] 而监察调查程序中对于从宽处罚建议的规定集中体现在《监察法》第 31 条、第 32 条，考虑到监察法有着顺应改革需要的立法背景，所以立法思路上采用的是粗线条式的原则性规定，不便对具体的制度操作作出详细规定。这样的制度设定使得监察机关在面对如何从宽、从宽的适用对象及后续移送检察机关衔接等问题上缺乏明确的、可操作性强的规则指引，导致实践中对从宽处罚建议的适用较为保守，制度作用难以完全展现。[②]

（二）法律定位模糊，制度衔接不畅

认罪认罚从宽原则的运用集中体现在刑事诉讼流程中的审查起诉阶段，《刑事诉讼法》第 176 条第 2 款规定，检察机关针对认罪认罚的犯罪嫌疑人可以依法提出从宽处理的量刑建议。相较之下，监察机关的从宽处罚建议，不仅没有被刑事诉讼法明确其在审查起诉环

---

① 王啸洋：《认罪认罚从宽制度在职务犯罪案件中的运用——以〈刑诉法〉与〈监察法〉的衔接为视角》，载《天津法学》2019 年第 3 期。

② 郑自飞、李美福：《监察机关行使认罪认罚"从宽建议权"的风险及控制》，载《警学研究》2018 年第 4 期。

节的适用情形，而且监察法中也并未对从宽处罚建议的法律性质、定位以及文书的形式与实质要件作出规定，故而在实践中存在诸多情形，导致制度在执行与衔接过程中出现不必要的混乱。从宽处罚涉及到定罪量刑问题，从宽处罚的建议权属于求刑权，从宽处罚的决定权属于量刑权，在刑事诉讼的权力逻辑中，求刑权应当归于检察机关，而量刑权属于人民法院。[①] 一旦监察机关提出从宽处罚建议带有些许"从宽建议权"的意味时，将会给我国职务犯罪刑事诉讼的稳定结构造成一定影响。当前监察机关往往以公函的形式向检察机关提出从宽处罚建议，检察机关对于此类建议也多持审慎态度，有学者将其称为"软拘束效力"。加之刑事诉讼法与监察法并未对监察机关从宽处罚建议流转到检察机关后如何具体适用的情形进行详细规定，所以从宽处罚建议在实践中的可操作性也随之降低。

四、构建监察机关从宽处罚建议制度的实施路径

当前构建监察机关从宽处罚建议制度所面临的问题，究其根本，仍是监察法与刑事诉讼法在惩治腐败和保障权利的法律价值选择上存在分歧。所以在制度构建的路径选择上，我们不能完全弃用或只用任何一方的立法设计思路，而是应当以满足办理职务违法犯罪的实际需求为出发点，以实现程序衔接的完整性为目标，对已有问题进行具体分析，进而提出建议。

（一）厘清监察机关从宽处罚建议制度的基本框架

在目前已有的关于监察程序适用认罪认罚从宽原则的学术研究成果中，学者多以刑事诉讼领域中的认罪认罚制度为切入点。但实际上，监察机关从宽处罚建议的覆盖范围更为广泛，实施路径更为多元。上文提到，监察法在启动从宽处罚建议的立法设计上采用的是"双轮驱动"模式，即以第31条（主动性＋认罪＋认罚＋特定情形）和第32条（检举揭发与提供重要线索）平行适用共同发力，这与刑事诉讼领域中的认罪认罚制度的启动有着明显差异。[②] 国家监察体制改革后的监察机关兼具侦办职务犯罪与处置职务违法的双重职能，因此，从宽处罚建议的适用对象既有职务犯罪被调查对象，又有职务违法的涉案人员。所以，从现有立法设计思路来看，广义的监察机关从宽处罚建议制度天然包含职务犯罪从宽处罚建议制度与职务违法从宽处理建议制度，二者在启动路径上有着交叉之处（从条文依据上看，职务犯罪从宽处罚建议可以适用第31条、第32条，而职务违法从宽处理建议则单独适用第32条），但各自又有其独特的制度运行特点，如职务犯罪从宽处罚建议需要流转到刑事诉讼程序当中，因此存在程序衔接方面的问题，反观职务违法从宽处罚建议则无此类问题困扰。而狭义的监察机关从宽处罚建议制度仅指职务犯罪从宽处罚建议制度，因其涉及与刑事诉讼程序的衔接问题，所以该制度直接体现了认罪认罚从宽这一原则在监察程序中的适用情况，故应作为当前研究的重点内容予以把握。笔者认为，厘清监察机关从宽处罚建议制度基本框架，便于我们正确理解监察法关于从宽处罚建议的立法精神

---

① 石莹：《职务犯罪被调查人从宽处罚建议的纠葛与厘定》，载《警学研究》2019年第4期。

② 林艺芳、张云霄：《监察法与刑事诉讼法衔接视角下认罪认罚从宽的制度整合》，载《甘肃社会科学》2020年第2期。

与制度设计思路，掌握其内在的运行逻辑。对制度框架范围进行广义与狭义的界定，使制度更具延展性，既能对认罪认罚从宽原则给予回应，又能符合当前纪委监委合署办公的工作实际，也为今后的研究奠定基础，指明方向。

（二）明确从宽处罚建议的法律地位与生成模式

从宽处罚建议作为监察机关从宽处罚建议制度的核心内容，也是认罪认罚原则精神顺利贯彻职务犯罪办理全流程的重要保证。但检视目前已有的法律规定，均未直接对监察机关从宽处罚建议进行明确界定，这也导致从宽处罚建议的实际执行效果大打折扣。本文认为，从宽处罚建议既然作为衔接监察调查程序与审查起诉程序的重要环节，就不能仅仅停留在监察法的框架之内，同时应当在刑事诉讼法中予以直接体现。具体来说，参照法检机关之间流转认罪认罚建议的处理规定，可在刑事诉讼法中对监察机关移送从宽处罚建议的法律效力予以直接确认。① 在建议的适用流程上，目前监察程序要求适用从宽处罚建议需要满足"监察机关领导人员集体研究＋报上一级监察机关批准"的条件，考虑到纪委监委合署办公的情况，实践中往往由纪委常委会审议从宽处罚的建议。而上一级监察机关批准的情形，实践中往往是由上一级纪检监察机关中分管本地区的监督检查部门负责，具体的流程并未明确，这在无形之中也会给从宽处罚建议的适用增加制度成本。② 所以，本文主张应适当调整集体研究的人员范围，由主要负责人、分管领导、分管常委或委员、专案组负责人和审理部门负责人召开专题会议，时间、议程随实际情况调整，同时规范简化上一级监察机关的内部审批环节，最大限度地节省审批时间。而在建议的内容表述上，本文认为监察机关从宽处罚建议应当以模糊化方式处理为主。定罪量刑属于审判机关的职责，相对模糊的从宽处罚建议更加符合监察机关是政治机关的属性定位，过于精细化的从宽处罚建议只会给案件的审查起诉带来更多阻碍。在建议的从宽幅度设置上，本文建议参照"晚交代不如早交代"的原则，按照各阶段的前后顺序对从宽幅度进行阶梯型缩紧设置，体现出从宽的阶段性特征，真正起到提高监察效率的作用。此外，本文建议应明确从宽处罚建议书的法律文书属性，同时借鉴认罪认罚具结书的概念，在从宽处罚建议书的生成过程中引入第三方主体参与其中，起到被调查人的"律师"的作用。众所周知，自监察体制改革启动以来，在监察调查程序中律师不能介入的规定就一直饱受争议，而在刑事诉讼认罪认罚具结书的生成过程中要求必须有律师这个第三方主体在场。当认罪认罚具结书的概念引入从宽处罚建议书时，二元对抗的监察调查程序便有了第三方出现的可能，但第三方由谁承担则值得我们思考。目前学术界主要有建议赋予律师有限介入权和公职律师负责两种观点，这两种观点都有其合理因素，但不能完全适用当前的实际情况。所以本文主张可在案件监督管理部门中专门设置一支公职律师队伍，为被调查人提供帮助，在从宽处罚建议书生成的过程中全程参与，保证从宽处罚建议能够真实的体现出被调查人认罪悔罪的态度。案件监督管理部门本身就承担问题线索管理、监察措施报批、留置场所管理的职能，与案

① 赵恒：《职务犯罪案件认罪认罚从宽制度研究》，载《比较法研究》2022 年第 2 期。
② 孟松：《〈监察法〉从宽处罚建议制度的适用困境及出路》，载《法大研究生》2020 年第 2 期。

件审查调查有密切的联系和制约关系。① 依托这种已有的内部监督机制，可以在不突破现有制度框架的情况下，最大限度地实现认罪认罚原则精神在监察程序中的适用，同时客观上也能起到保护被调查人权利的作用。

（三）明确检察机关从宽处罚建议的适用规则

从应然层面来讲，监察机关从宽处罚建议制度是一种建议权，这种建议并不影响检察院、法院相关职能的行使，即检察院在提起公诉时可以独立的提出从宽处罚的量刑意见，而法院亦可不受从宽处罚建议的约束进行定罪量刑。笔者建议可从正反两方面进行规定。在从宽处罚建议能够顺利适用的场景中，检察机关仍必须坚持对认罪认罚的自愿性标准进行审核，从而保证后续处理的客观性。此外，检察机关还应当综合全案对量刑情节的完整性进行审查，保证案件达到"事实清楚，证据确实、充分"的标准。即便检察机关全盘接受监察机关的从宽处罚建议，检察机关仍保有在这个范围内自由裁量的选择，至于最后是精确的"点"还是概括的"幅"，由承办案件的员额检察官自主确定。② 在从宽处罚建议不予采纳的情况下，应当由检察机关分别从实体与程序的角度进行考虑，对从宽处罚建议的内容是否合法、生成程序是否合规进行审查，不符合条件的，检察机关应不予采纳，并将结果进行反馈。此外，本文建议依托已有的检察提前介入机制，适用从宽处罚建议的案件以提前介入为常态，不提前介入为例外。与检察引导侦查的思路不同，检察机关在职务犯罪案件的提前介入中，应严守职责职权边界，主要就证据效力和认罪认罚适用方面的问题，同监察机关审查调查部门和审理部门及时沟通，保持案件在不同阶段的稳定性和一致性，使监察程序中的从宽处罚建议在后续各阶段真正发挥出应有的作用。

五、结语

随着监察体制改革的完成，监察机关替代了检察机关原反贪反渎部门在职务犯罪办理流程中的角色，虽然目前监察机关中办理职务犯罪案件的主要力量大多是由原反贪反渎部门成建制转隶而来，但两者职权的法定来源已经不同，进而导致职务犯罪办案流程在前端后中后端分别受监察法和刑事诉讼法规制调整，两者之间如何衔接也成为当下的一个重点关注的问题。新修订的刑事诉讼法吸纳了认罪认罚从宽制度并将其贯彻于刑事诉讼的全流程各阶段，这一制度性原则前伸至监察调查程序中便转化为从宽处罚建议。从宽处罚建议有着区别于认罪认罚从宽制度的特点，同时出于多方面的现实需要，我们应当对其进行专门探讨并将其进行制度化建构。本文从从宽处罚建议当前面临的现实困境出发，立足于纪检监察机关的办案实际情况，尝试对从宽处罚建议进行制度化构建的具体路径选择进行探讨，期望引起大家对这一问题的关注和讨论，使认罪认罚从宽制度的精神能够更好地在监察调查程序中生根发芽，畅通"法法衔接"，切实提高反腐败工作法治化水平。

---

① 参见《监察法实施条例》第 172 条、第 173 条、第 258 条、第 272 条之规定。
② 袁庆立：《监察调查程序中认罪认罚从宽的潜在风险及其应对》，载《淮北职业技术学院学报》2020 年第 2 期。

论监察法中从宽处罚建议的刑罚效果

何显兵[*]

一、问题的提出

国家工作人员甲利用职务之便收受价值 50 万元的干股，并获利 300 余万元。经通知到案后如实供述大部分未掌握的罪行，主动上缴其违法所得。某市监察委员会考虑到甲如实供述，主动认罪认罚，经市纪委常委会议讨论并报经上级监委批准，在移送检察机关审查起诉时书面提出从宽处罚建议。检察机关认为，甲没有法定减轻情节，因此依据从宽处罚建议只能从轻处罚。辩护人提出，从宽处罚包括从轻、减轻或者免除，即便没有其他法定减轻情节，依据从宽处罚建议也可以减轻处罚。学术界对监察法与刑事诉讼法的衔接，已经有丰富的研究文献，但很少关注刑法与监察法的衔接问题。刑法规定的量刑情节包括从轻、减轻和免除处罚，但监察法规定的从宽处罚建议使用的是"从宽"。那么，"从宽"到底是何含义，其法律效果是否还需要以刑法规定的量刑情节为前提综合评判，对此均存在分歧。本文拟从刑法与监察法的衔接出发，并以习近平法治思想为指导，讨论"从宽处罚建议"的刑罚效果。

二、从宽处罚建议具有实体法上量刑情节的属性

有学者认为，刑法应从立法上回应监察法，应注意协调监察法与刑法之间的刑罚规定，《监察法》第 31 条、第 32 条规定的五种从宽处罚的情形必须在刑法上具有依据。[①]该文并没有明确界定监察法是否具有实体法的属性，但从其引用的"仅有程序法的规定，缺乏实体法的支撑，认罪认罚从宽的幅度也始终是极其有限的"相关论述来看，该文似乎认为监察法没有实体法的属性。如果认为监察法没有实体法的属性，则显然"从宽处罚建议"仅有程序法上的效果，其刑罚效果尚需依据刑法作出判断。但是，这种解读将导致难以解释的困境：如果监察机关作出的从宽处罚建议必须依据刑法来判断，则从宽处罚建议没有任何实际意义——刑法已经规定了自首、立功、坦白等法定从轻、减轻情节，即使没有从宽处罚建议，被告人也可以依据刑法中的量刑情节得到从轻或者减轻处罚。

---

[*]　西南科技大学法学院教授、法学博士、硕士研究生导师、院长。

[①]　参见刘俊杰：《论监察法实施的刑事实体法保障》，载《法学论坛》2021 年第 6 期。

还有学者认为，监察法既包含程序法又包含实体法。① 该文并未指出哪些规定属于实体法，但本文认为，监察法规定的从宽处罚建议由于将发挥一定的量刑效果，因而应当认为具有实体法的属性。部分学者之所以认为监察法缺乏实体法属性，本质上是因为将认罪认罚从宽完全理解为程序规定。但是，认罪认罚从宽制度并不仅仅是程序规定，还包含实体法属性。有学者即认为，"认罪认罚原本就有实体和程序两方面的内容"②。本文赞同这种观点，认罪认罚从宽制度虽然规定在刑事诉讼法中而尚未规定在刑法中，但认罪认罚"从宽"的效果超越了刑法规定的量刑情节的刑罚效果，并通过司法解释予以确认。从"两高三部"《关于适用认罪认罚从宽制度的指导意见》第 8 条、第 9 条的规定和"两高"《关于常见犯罪的量刑指导意见（试行）》第 3 条第 14 款的规定来看，认罪认罚从宽尽管没有完全独立于刑法规定的量刑情节，但显然具有超越刑法规定的量刑情节的效果。本文认为，从宽处罚建议既有程序性，又是一种独立的实体法上的量刑情节。当从宽处罚建议所依据的情节与刑法规定的量刑情节交叉时，其应当作为多个情节综合评判。

需要进一步研究的是，如果将从宽处罚建议作为独立的量刑情节，则监察法与刑法是什么关系？对此，学术界几乎没有讨论。有学者认为，监察调查程序与刑事诉讼程序是二元并立的关系。③ 本文赞成这种认识。如果认为监察法仅为监察组织法、监察程序法，则监察法与刑法的关系仅为程序法与实体法的关系。如果认为监察法包含实体性规定，则监察法与刑法是否存在特殊法与一般法的关系？本文持肯定回答。理由在于，监察法包含部分实体性规定。例如，监察法中的"公职人员"与刑法中的国家工作人员含义不同。④ 既然有实体性规定，则必然涉及监察法与刑法的关系问题。本文认为，监察法与刑法存在特殊法与一般法的关系：监察法的实体性规定与刑法不一致的，则应当适用监察法。司法实践中，人民法院的裁判文书援引的法条往往仅有刑法和刑事诉讼法，而甚少援引监察法。本文认为，如果涉及定罪、量刑实体判断的依据，则应当同时援引刑法和监察法的相关条款。

三、从宽处罚建议作为独立量刑情节符合立法意图

主张从宽处罚建议不能作为独立量刑情节的本质，是将监察法仅仅视为监察组织法、监察程序法而否认具有实体性规定。但本文认为，从宽处罚建议应当作为职务犯罪的独立量刑情节，不仅是因为从宽处罚建议是实体量刑情节，而且因为这符合立法意图。

（一）提出从宽处罚建议需要遵循严格的审批程序

根据《监察法》第 31 条、第 32 条的规定，监察机关提出从宽处罚建议的，需要经集体研究并报上一级监察机关批准。在实践中，所谓集体研究，即经纪委常委会议讨论通过，并报上级纪委监委批准。此外，还规定了报经上级监察机关批准的程序限制。如此严

---

① 参见莫纪宏：《准确把握监察法的属性》，载《中国纪检监察》2018 年第 7 期。
② 王敏远：《认罪认罚从宽制度疑难问题研究》，载《中国法学》2017 年第 1 期。
③ 李勇：《〈监察法〉与〈刑事诉讼法〉衔接问题研究》，载《证据科学》2018 年第 5 期。
④ 孙国祥：《监察对象的刑法主体身份辨析》，载《法学》2019 年第 9 期。

格的讨论、报批程序，"是为了确保决策程序公开公正，防止随意性，有利于给予被调查人罪责轻重相适应的法律制裁，也有利于体现对悔过自新的被调查人宽大处理的政策意图"①。

刑法规定了一般坦白等法定从轻情节，"两高"《量刑指导意见》规定了认罪认罚、积极退赃、认罪悔罪等酌定量刑情节。即便监察机关没有提出从宽处罚建议，司法机关仍然可以给予被告人从轻处罚。如此，依据《监察法》第 31 条、第 32 条规定的如此严格的讨论审批程序提出的从宽处罚建议将成为一纸空文，立法意图显然将会落空。反对者认为，《监察法》第 31 条、第 32 条规定的仅仅是职务犯罪的认罪认罚程序，与普通认罪认罚程序的区别仅仅是侦查机关无权提出从宽处罚建议而监察机关有权提出从宽处罚建议。但这种观点存在疑问：首先，刑事诉讼法规定的认罪认罚程序没有罪名限制，任何罪名均可适用认罪认罚程序。即便监察机关不依据认罪认罚程序提出从宽处罚建议，职务犯罪在审查起诉和审判阶段仍然可以适用认罪认罚程序。如此，监察机关提出从宽处罚建议的政策和法律效果将无处体现。其次，监察机关提出从宽处罚建议有情节限制，而认罪认罚程序没有情节限制。根据《监察法》第 31 条、第 32 条的规定，提出从宽处罚的建议除主动认罪认罚外，还需要具有法定的六种情形之一；而一般的认罪认罚则不需要具备上述情节限制。可见，监察法规定的从宽处罚建议不仅仅是职务犯罪的认罪认罚程序，而是包含了实体量刑情节的规定。根据调研，监察机关提出从宽处罚建议是特殊的例外情形，实践中很少使用。提出从宽处罚建议的严格的审批程序，决定了从宽处罚建议应当属于量刑情节，否则无法实现其政策效果。

（二）从宽包括从轻、减轻和免除三种处罚后果

监察机关认为，从宽处罚的建议包括从轻处罚、减轻处罚和免除处罚。② 对此，存在不同认识。主流观点认为，从宽处罚建议的"从宽"与认罪认罚从宽制度中的"从宽"是同一含义，其刑罚效果依附于刑法规定的法定从轻、减轻、免除处罚情节，即如果没有法定减轻、免除处罚情节的，从宽处罚建议中的"从宽"只能是"从轻处罚"。另一种观点认为，从宽处罚建议中的"从宽"，包括从轻、减轻和免除，司法机关根据案件的具体情节综合考量从轻、减轻还是免除处罚，且刑罚裁量不以刑法规定的法定减轻、免除处罚情节为前提。

本文认为，监察法规定的从宽处罚建议中的"从宽"与认罪认罚从宽制度中的"从宽"不具有同一性。首先，监察法具有更强的政治性。除"监察委员会是政治机关"③ 的宣示性陈述外，监察法的立法目的与刑法、刑事诉讼法存在显著差异：《刑法》与《刑事诉讼法》第 1 条均有"为了惩罚犯罪，保护人民"的表述，而监察法则没有类似表述，主要强调"深入开展反腐败工作"。从监察法规定的立法目的、基本原则来看，监察法本身

---

① 中共中央纪律检查委员会、中华人民共和国国家监察委员会法规室编写：《〈中华人民共和国监察法〉释义》，中国方正出版社 2018 年版，第 163 页。

② 中共中央纪律检查委员会、中华人民共和国国家监察委员会法规室编写：《〈中华人民共和国监察法〉释义》，中国方正出版社 2018 年版，第 163 页。

③ 周斌：《从变与不变看监察体制改革内在要求》，载《中国纪检监察报》2018 年 2 月 1 日，第 6 版。

具有极强的政治性、政策性，无论是"严惩职务犯罪"还是"宽大处理"，均服务于反腐败这一根本目标。其次，监察法具有独立性。监察法与刑法、刑事诉讼法均由全国人民代表大会通过，在法律位阶上完全相同。主张监察法的实体性规定要依附于刑法、主张监察法规定的从宽处罚建议要依附于刑事诉讼法规定的认罪认罚从宽制度，均忽略了监察法的独立性。"监察法学学科理论的参与者与建设者常常囿于自身学科知识背景、观点立场的局限性，容易在有意或无意中将既往学科立场和价值印记杂糅或夹带进监察法学研究论域中来。"① 客观的现实是，研究监察法的学者通常具有行政法学、刑事诉讼法学、刑法学的学科背景，这是监察法学研究处于初期的必然现象。囿于原有学科背景，对监察法的研究往往会有意无意地从原有学科视阈来解释监察法，从而呈现出将监察法中的某些条款理解为应当依附于刑法、刑事诉讼法的规定。

当然，监察法没有创设新罪名，因此人民法院定罪仍然必须依据刑法，但这并不代表人民法院在定罪量刑时不考虑监察法。既然监察法具有独立性，监察法中不同于刑法的实体性规定就应当被适用。监察法规定的从宽处罚建议，没有表述为"从轻"而是"从宽"，则不宜将"从宽"解释为"从轻"，而应当将"从宽"解释为包括从轻处罚、减轻处罚和免除处罚。检察机关提出量刑建议，人民法院裁量刑罚到底是从轻、减轻还是免除处罚，不应当仅仅依据是否具有刑法规定的法定减轻、免除处罚情节，而应依据提出从宽处罚建议的前提性事实，再综合其他案件事实具体裁量最终的刑罚。

四、从宽处罚建议作为独立量刑情节符合监察法治导向

监察权是把双刃剑，也要关进制度的笼子，自觉接受党和人民监督。监察法具有鲜明的法治导向，标志着反腐败工作全面纳入法治轨道。法治，意味着监察权的运行不仅应当遵循严格的程序，而且作出的决定应当有实体依据。

（一）从宽处罚建议作为独立量刑情节有利于监察权在法治轨道上运行

反腐败工作的重要原则之一是"坚持惩前毖后，治病救人"②，监察机关在办理案件的过程中，不仅要依法调查，全面搜集被调查人违纪违法的证据，也要通过教育、谈话促使被调查人深刻认识到自己的错误。提出从宽处罚建议的前提，是"被调查人主动认罪认罚"，但人的本性决定被调查人即便主动认罪认罚，也渴望获得最轻的处理。监察机关在案件调查过程中，也会运用认罪认罚来促使被调查人主动供述、深刻悔罪，这就不可避免地涉及从宽处罚建议这一措施的运用。

如果从宽处罚建议不能作为独立量刑情节，将导致监察调查人员在办理案件过程中取得被调查人全面配合、主动认罪认罚的刑事政策效果大打折扣。在实践中，人民检察院在提出量刑建议的过程中，被告人偶有"纪委干部给我谈话时充分肯定我的配合态度，给我出具了从宽处罚建议，会降档处理"的表述。根据《监察法释义》，从宽处罚建议的确包括从轻处罚、减轻处罚和免除处罚，但由于目前主流观点认为从宽处罚建议不能作为独立

---

① 张红哲：《论监察法学的研究论域》，载《行政法学研究》2002 年第 1 期。
② 习近平：《在新的起点上深化国家监察体制改革》，载《求是》2019 年第 5 期。

量刑情节，导致检察机关在与被告人达成认罪认罚协议时陷入僵局，或者即便达成认罪认罚协议被告人也会在内心感到在调查阶段受到了误导或欺骗。因此，只有将从宽处罚建议作为独立的量刑情节，才能在监察调查阶段避免监察调查人员"说了不算数"的弊端，从而在根本上防止出现"诱供"的可能性。从宽处罚建议作为独立量刑情节，有利于维护监察机关的政治权威和法律权威，确保监察权在法治轨道上运行。

（二）法治原则要求明确从宽处罚的幅度

法治要求法律之治、良法善治，良法善治蕴含着"以人民为中心"的法治理念，蕴含着"以公正为生命线"的法治精神。① 法治是规则之治，这就要求法律应当尽可能追求明确性，以为人民的行为提供稳定的预期，避免因为行为的后果存在偶然性、不可预测性而破坏预期。本文认为，应当将监察法规定的从宽处罚建议纳入量刑规范化的范畴，通过《量刑指导意见》或者其他司法解释明确从宽处罚的幅度。监察法规定的从宽处罚建议包括五种情形，联系刑法规定的量刑情节，可以分为如下三种类型：第一种是与刑法规定的包含减轻、免除处罚情节有交叉的，这包括自首，即自动投案，真诚悔罪悔过的，以及积极配合调查工作，如实供述检察机关还未掌握的其他不同种的犯罪事实；重大立功、一般立功，即具有重大立功表现、揭发有关被调查人职务犯罪行为和提供重要线索有助于调查其他案件等一般立功表现。第二种是与《量刑指导意见》规定的酌定从轻情节有交叉的，这包括同种数罪的自首，即如实供述与监察机关还未掌握的其他同种犯罪事实；积极退赃，减少损失的；揭发有关被调查人职务违法（但尚不构成犯罪）行为，提供重要线索有助于调查其他（尚不构成犯罪）案件。第三种是与刑法规定的量刑情节无关的情节，即案件涉及国家重大利益等情形。明确从宽处罚建议的幅度，可以根据上述分类做如下规定：

首先，从宽处罚建议与刑法规定的包含减轻、免除处罚情节有交叉的，其从宽的幅度应当大于《量刑指导意见》规定的幅度，一般应当减轻或者免除处罚。依据《刑法》第67条、第68条的规定，自首、立功包含了减轻、免除处罚情节，但并不必然导致减轻或者免除处罚的后果。鉴于职务犯罪的特殊性和监察机关提出从宽处罚建议程序的严格性，当监察机关依据自首、立功的情节并在综合考量案件事实的基础上提出从宽处罚建议的，其从宽的幅度应当大于《量刑指导意见》规定的幅度，一般应当减轻或者免除处罚，以充分贯彻"惩前毖后，治病救人"的监察目的，并尊重监察法特殊的刑事政策，确保党的意志在刑事司法中得到充分全面的贯彻。

其次，从宽处罚建议与《量刑指导意见》规定的酌定从轻情节有交叉的，可以从轻或者减轻处罚，其从宽的幅度应当大于《量刑指导意见》规定的幅度。如果仅有从宽处罚建议而无刑法规定的减轻、免除处罚情节，则不宜考虑免除处罚，但也不能严格限定仅能从轻处罚。按照目前的主流观点，如果没有刑法规定的减轻处罚情节就认为依据从宽处罚建议不能减轻处罚的，则不仅将导致从宽处罚建议的立法意图落空，也不利于"重点查处党的十八大以来的违纪违法行为"等职务犯罪的特殊刑事政策，同时可能导致存在监察机关"诱供"。当然，到底是从轻处罚还是减轻处罚，应当由人民检察院根据案件事实综合考量

---

① 张文显：《习近平法治思想的理论体系》，载《法制与社会发展》2021 年第 1 期。

提出妥当的量刑建议，最终由人民法院综合裁判。本文认为，如果既有从宽处罚建议又有
《量刑指导意见》规定的两个或者两个以上的其他酌定从轻情节，则可考虑多个量刑情节
效果叠加的影响予以减轻处罚。

最后，仅依据与刑法规定的量刑情节以外的监察法规定的特殊情形提出从宽处罚建议
的，一般应当减轻处罚。《监察法》第 31 条规定，如果"案件涉及国家重大利益等情
形"，被调查人主动认罪认罚的，可以提出从宽处罚建议。例如，境外追逃的量刑承诺虽
有引渡法的依据，但仍然存在程序不完善、裁判依据不明确等缺陷。[①] 此外，由于引渡程
序十分复杂，多数职务犯罪人都是通过"劝返回国自首"的方式实现追逃。从已经被劝返
的"百名红通人员"后续处理情况来看，大部分都被判处缓刑。劝返回国，一般都认定为
自首。但从普通职务犯罪的自首认定标准来看，由于司法实践一般认为经通知到案不认定
为自首。这说明，从境外劝返职务犯罪人回归并认定为自首，是基于特殊刑事政策的考
量。从规范办案的角度讲，将此类案件纳入"案件涉及国家重大利益等情形"出具从宽处
罚建议，更符合刑事法治理念。本文认为，鉴于检察机关独特的政治性、监察法强烈的政
治属性，监察机关通过严格的审批程序就特殊类型的案件提出从宽处罚建议时，原则上应
当减轻处罚。

五、结语

职务犯罪的定罪量刑，涉及到监察法与刑法关系和衔接问题的探讨，学术界对此尚未
充分研究。从宽处罚建议作为监察法规定的重要制度，在刑罚裁量时存在较大的分歧，仅
依据从宽处罚建议是否能够减轻处罚以及从宽的幅度均不明确。对此，本文主张监察法与
刑法具有位阶上的同一性，不宜直接以刑法来解释监察法中的特殊条款，监察法中的实体
性规定与刑法具有特殊法与一般法的关系。以此为基础，从宽处罚建议宜作为独立的量刑
情节，得出"监察机关提出从宽处罚建议的，可以从轻、减轻或者免除处罚"的结论。

[①] 张磊：《境外追逃中的量刑承诺制度研究》，载《中国法学》2017 年第 1 期。

受贿犯罪案件量刑建议精准化的困境与出路

张鹏飞*

一、问题的提出

2018 年刑事诉讼法修改后，人民检察院对提起公诉案件开展量刑建议工作大体分两种：第一种是办理认罪认罚案件，人民检察院应当提出量刑建议，而且一般应当提出确定刑量刑建议①；第二种是除认罪认罚案件外的其他公诉案件，符合相应条件的，人民检察院可以提出量刑建议②。当前司法实践中，在最高人民检察院持续有力督导下，各级人民检察院不断深化认罪认罚从宽制度的适用③，人民检察院开展量刑建议工作主要是上述第一种情况。根据最高人民检察院公布的数据④，85% 以上的公诉案件均提出量刑建议（基于认罪认罚从宽制度的适用），且多为确定刑量刑建议；另有不足 15% 的案件未适用认罪

---

* 天津市第二中级人民法院刑事审判第二庭一级法官。

① 最高人民法院、最高人民检察院、公安部、国家安全部、司法部《关于适用认罪认罚从宽制度的指导意见》第 32 条规定："人民检察院向人民法院提起公诉的，应当在起诉书中写明被告人认罪认罚情况，提出量刑建议，并移送认罪认罚具结书等材料。"第 33 条规定："办理认罪认罚案件，人民检察院一般应当提出确定刑量刑建议。"

② 最高人民法院、最高人民检察院、公安部、国家安全部、司法部《关于规范量刑程序若干问题的意见》第 5 条规定："符合下列条件的案件，人民检察院提起公诉时可以提出量刑建议；被告人认罪认罚的，人民检察院应当提出量刑建议：（一）犯罪事实清楚，证据确实、充分；（二）提出量刑建议所依据的法定从重、从轻、减轻或者免除处罚等量刑情节已查清；（三）提出量刑建议所依据的酌定从重、从轻处罚等量刑情节已查清。"

③ 最高人民检察院《关于人民检察院适用认罪认罚从宽制度情况的报告》，载《检察日报》2020 年 10 月 17 日，第 2 版。

④ 2019 年 1 月至 2020 年 8 月，认罪认罚从宽制度适用率从 20.9% 上升至 85.9%，提出确定刑量刑建议率从 27.3% 上升至 76%，庭审对确定刑量刑建议采纳率为 89.9%。《最高人民检察院关于人民检察院适用认罪认罚从宽制度情况的报告》，载《检察日报》2020 年 10 月 17 日，第 2 版、第 4 版。2021 年全年，认罪认罚从宽制度适用率超过 85%，量刑建议采纳率超过 97%。参见《最高人民检察院工作报告》，2022 年 3 月 8 日在第十三届全国人民代表大会第五次会议上。截至 2021 年 11 月底，认罪认罚从宽制度适用率始终稳定保持在 85% 以上，检察机关确定刑量刑建议提出率达 90%，量刑建议采纳率近 95%。参见《顾大局尽精微，打好普通刑事检察"组合拳"——专访最高人民检察院第一检察厅厅长苗生明》，载《检察日报》2022 年 2 月 11 日，第 2 版。

认罚从宽制度,属于"可以提出"量刑建议的范畴①。从已公布的数据看,人民检察院开展量刑建议工作成效显著,尤其是量刑建议的精准化水平显著提高。但在受贿犯罪案件中,量刑建议工作、尤其是精准化量刑建议工作开展情况还不够理想。

1. 2020 年之前,受贿犯罪案件中认罪认罚从宽制度适用率②较低。据相关学者对 2019 年 1 月至 8 月间公开的 768 件职务犯罪案件(其中受贿犯罪 327 件)裁判文书进行实证研究,职务犯罪案件中认罪认罚从宽制度总体适用率不足 6%。③ 2020 年 7 月,最高人民检察院第三检察厅相关领导表示,在适用认罪认罚从宽制度提出量刑建议的案件中,职务犯罪案件的比例还比较低。④ 据检察机关办理职务犯罪案件情况来看,贪污、贿赂犯罪仍然是职务犯罪的主要类型,占比超过 80%⑤,其中受贿犯罪占比较高。因此,受贿犯罪案件认罪认罚从宽制度适用率也较低。

2. 2020 年之后,受贿犯罪案件中认罪认罚从宽制度适用率有明显提高,但部分量刑建议质量不高。2020 年之后,最高人民检察院多次部署推动提升职务犯罪检察品质,多措并举深化认罪认罚从宽制度在职务犯罪案件中的适用,各级人民检察院在职务犯罪案件中提出量刑建议的比例明显上升,有的检察机关在职务犯罪案件中提出确定刑量刑建议的比例达到 100%。⑥ 尽管统计数据反映出量刑建议工作成效显著,但据笔者调研⑦,受贿犯罪案件量刑建议工作的总体质量仍有待提高,存在"为了追求量刑建议提出率而提量刑建议"的问题,主要体现在四个方面:一是人民检察院提起公诉时随案移送的量刑建议精准化水平不高,在审理期间,检察院会根据法院的意见对量刑建议进行修正,法院采纳修正后的量刑建议,此种情况下,尽管统计数据显示量刑建议采纳率高,但实际上该量刑建议的真正意义已大打折扣;二是确定刑量刑建议不规范,有的量刑建议仅追求主刑的精准化,忽视附加刑,对依法应判处的罚金或没收财产不提出具体数额,只是建议"判处罚金"⑧

---

① 最高人民检察院没有公布该部分案件在实践中提出量刑建议的比例。

② 《刑事诉讼法》第 176 条第 2 款规定,适用认罪认罚从宽制度的案件,人民检察院应当提出量刑建议。因此,认罪认罚从宽制度适用率低意味着基于该制度提出量刑建议的比例也较低。

③ 韩旭:《监察委员会办理职务犯罪案件程序问题研究——以 768 份裁判文书为例》,载《浙江工商大学学报》2020 年 7 月第 4 期。

④ 最高人民检察院第三检察厅副厅长韩晓峰在最高人民检察院召开的"提升职务犯罪检察品质,为反腐败斗争贡献检察力量"主题新闻发布会答问环节的发言,2020 年 7 月 21 日。

⑤ 《强化监检衔接提升办案质效——专访最高人民检察院第三检察厅副厅长韩晓峰》,载《检察日报》2021 年 2 月 5 日,第 2 版。

⑥ 《职务犯罪案件"精准化"量刑是如何实现的?》,载大众网,http://hb.dzwww.com/p/p8wFGeMdC8.html,2022 年 5 月 25 日访问。

⑦ 调研方式主要以电话访谈为主,同时辅以职务犯罪生效裁判文书情况进行判断。笔者先后询问了北京、天津、湖南、广东、新疆等地中级法院、基层法院刑庭员额法官经办职务犯罪案件情况,尤其是适用认罪认罚从宽制度情况。需要说明的是,在调研中发现受贿犯罪裁判文书上网率低,部分裁判文书存在未载明检察机关提出量刑建议的具体内容、未载明是否采纳量刑建议、记载被告人认罪认罚但未说明是否适用认罪认罚从宽制度等情况,对调研结果的准确性有一定影响。

⑧ 天津市第三中级人民法院(2020)津 03 刑初 63 号刑事判决书,天津市蓟州区人民法院(2021)津 0119 刑初 518 号刑事判决书等。

等，或者按照相关司法解释规定提出一个笼统的区间①，比如建议"判处二十万元以上犯罪数额二倍以下罚金"，致使量刑建议中的附加刑建议形同虚设；三是基于认罪认罚从宽制度提出的量刑建议从宽处理的程度不明显，对比同一检察机关对案情类似的受贿犯罪案件处理情况，适用认罪认罚从宽制度提出的量刑建议与未适用该制度的案件法院最终判决结果相比，并未体现出从宽处理的幅度②；四是基层法院审理的可能判处 10 年以上有期徒刑的受贿犯罪案件，检察院提出的量刑建议中幅度刑量刑建议所占比例较高，此类案件，法律规定的刑期幅度本就有限，集中在 10 年至 15 年之间，检察院对该类案件再提出幅度不超过二年的幅度刑量刑建议实际效果不够理想③，调研中还发现中级法院审理的涉案数额 5000 万元以下的受贿犯罪案件也存在该种情况。

3. 未适用认罪认罚从宽制度的受贿犯罪案件中提出量刑建议、尤其是确定刑量刑建议的比例较低。在公开的媒体上，没有检索到该种情形的相关统计数据。据笔者对 T 市（直辖市）中级法院、基层法院于 2017 年至 2021 年作出的受贿犯罪案件一审裁判文书抽样调研④，在未适用认罪认罚从宽制度的受贿犯罪案件中，2017 年至 2019 年提出量刑建议率总体不足 15%，提出确定刑量刑建议数量为 0 件；2020 年至 2021 年提出量刑建议率明显提升，但总体尚不足 40%，提出确定刑量刑建议率仅为 8%。详见表 1⑤。

表 1　2017 年至 2021 年 T 市法院审理受贿犯罪案件抽样统计

年份	法院等级	样本数量	认罪认罚从宽数量		提出量刑建议数量		确定刑量刑建议数量	
			适用	未适用	适用	未适用	适用	未适用
2017	中级法院	5	0	5	0	0	0	0
	基层法院	15	1	14	1	2	0	0
2018	中级法院	5	0	5	0	0	0	0
	基层法院	15	3	12	3	2	0	0

---

①　最高人民法院、最高人民检察院《关于办理贪污贿赂刑事案件适用法律若干问题的解释》规定：判处 3 年以上 10 年以下有期徒刑的，应当并处 20 万元以上犯罪数额 2 倍以下罚金或没收财产；判处 10 年以上有期徒刑或者无期徒刑的，应当并处 50 万元以上犯罪数额 2 倍以下的罚金或者没收财产。在天津市和平区人民法院（2020）津 0101 刑初 387 号刑事判决记载检察机关提出"建议以受贿罪判处有期徒刑五年，并处二十万元以上犯罪数额二倍以下罚金"。在天津市和平区人民法院（2020）津 0101 刑初 392 号刑事判决中记载检察机关提出"建议以受贿罪判处有期徒刑十年至十三年，并处 50 万元以上犯罪数额 2 倍以下罚金"。

②　比如，天津市滨海新区人民法院（2019）津 0116 刑初 101 号刑事判决书中，被告人受贿犯罪数额 300 余万元，全部退赃，自愿认罪认罚，检察机关建议"判处有期徒刑十年至十一年，并处罚金"。与案情类似，但未适用认罪认罚从宽制度的案件相比，最终判决结果无差别。

③　比如，被告人受贿犯罪数额 400 余万元，自愿认罪认罚，检察机关建议判处有期徒刑 10 年至 11 年 6 个月，并处罚金。检察机关所提该种量刑建议由于幅度过大，实际效果有限。

④　笔者随机抽取 T 市（直辖市）中级法院、基层法院 2016 年至 2021 年作出的 100 份职务犯罪生效裁判文书进行分析。为确保统计具有代表性，参考中级法院、基层法院关于职务犯罪一审案件收案比例，每个年度随机选择 5 件中级法院一审案件、15 件基层法院一审案件。

⑤　需要说明的是，该统计表格中的相关数据同样能够反映出适用认罪认罚从宽制度审理的受贿犯罪案件中存在的相关问题，如适用认罪认罚案件审理的受贿犯罪案件中确定刑量刑建议提出率。

续表

年份	法院等级	样本数量	认罪认罚从宽数量		提出量刑建议数量		确定刑量刑建议数量	
			适用	未适用	适用	未适用	适用	未适用
2019	中级法院	5	0	5	0	1	0	0
	基层法院	15	6	9	6	2	0	0
2020	中级法院	5	1	4	1	1	0	0
	基层法院	15	11	4	11	1	5	0
2021	中级法院	5	3	2	3	2	1	1
	基层法院	15	13	2	13	0	7	0

有观点认为，我国法院量刑过程不够公开，"法院的量刑过程其实是通过一种'办公室作业'的行政决策方式来完成的……与量刑结局有着密切关联的公诉人、被害人、被告人则被排除在量刑的决策过程之外"①。还有的观点认为，一些受贿犯罪判决对量刑情节的评价语焉不详，随意性很大。② 量刑建议是检察机关公诉权的一项重要内容，开展量刑建议工作有利于提高量刑的公开性、公正性和公信力，有利于保障当事人的诉讼权利，有利于强化对量刑裁判的制约监督。③ 尤其是对于社会关注度较高的受贿犯罪案件，提高量刑建议的精准化水平既有利于保障被告人的权利，又有利于提高量刑的公信力，回应社会公众对于此类案件量刑裁判"暗箱操作"的质疑。随着各级人民检察院持续深入开展量刑建议工作，哪些因素会对受贿犯罪案件量刑起到关键性作用，如何提高受贿犯罪案件量刑建议的精准化水平，是目前亟须研究的问题。在受贿犯罪案件中，中管干部受贿犯罪案件的裁判情况参考意义较大④，本文以 70 名中管干部受贿犯罪生效刑事裁判为实证分析样本，研究影响受贿犯罪案件量刑建议精准化的困境和出路。

二、受贿犯罪案件量刑样本的选择与分析

（一）关于样本选择的说明

本文选择 2016 年 4 月 18 日之后中共中央纪律检查委员会、国家监察委员会（以下简称中央纪委国家监委）网站公布的接受执纪审查的 70 份受贿犯罪生效刑事裁判为样本，理由如下：

1. 样本的时间范围。《刑法修正案（九）》取消受贿罪定罪量刑的具体数额标准，突出数额之外其他情节在定罪量刑中的作用，对受贿罪增设罚金刑。2016 年 4 月 18 日，最高人民法院、最高人民检察院《关于办理贪污贿赂刑事案件适用法律若干问题的解释》

---

① 陈瑞华：《论量刑程序的独立性——一种以量刑控制为中心的程序理论》，载《中国法学》2009 年第 1 期。
② 参见孙国祥：《受贿罪量刑中的宽严失据问题》，载《法学》2011 年第 8 期。
③ 朱孝清：《论量刑建议》，载《人民检察》2010 年 16 期。
④ 下文详述具体理由。

（以下简称贪污贿赂司法解释）施行，明确了受贿罪定罪量刑标准，明确罚金刑的判罚标准，强化赃款赃物的追缴。因此，在时间上，选取 2016 年 4 月 18 日之后的案件更具有参考性。①

2. 样本的数量。2016 年 4 月 18 日至 2022 年 4 月，中央纪委国家监委网站共公布接受执纪审查的中管干部 133 名，截至 2022 年 4 月，受到党纪政务处分但未移送司法机关处理的 5 名，尚未公布最终处理结果的 57 名，移送司法机关处理并作出判决的 71 名。在已判刑的 71 人中有 70 人犯受贿罪。

3. 选择中管干部职务犯罪的理由。据检察机关办理职务犯罪案件情况来看，基层公职人员职务犯罪占绝大多数，乡科级以下公职人员占比超过 80%。② 仅从统计数据分析，中管干部职务犯罪案件数量占比低，似乎不具有代表性。但从裁判情况看，不同地区关于乡科级以下公职人员职务犯罪掌握的量刑标准存在较大差异，规范化程度不高。中管干部职务犯罪案件虽然整体占比低，但办案标准高，对量刑情节的考量较为全面，其量刑结果的参考性较强。第一，办案程序上，最高人民检察院对每起中管干部职务犯罪案件均提前介入，严把案件质量关，对各地办案部门进行业务指导③；最高人民法院指定管辖法院，对审判工作进行指导④，负责审判的法院严格审查案卷材料，全面把握定罪量刑的事实和证据⑤。第二，该类案件通常具有较大的社会影响力，控方、辩方与法官都会尽可能地在法律文本的限制内，并在可为社会接受的范围内，寻求对情节的最大化解读。⑥ 相关判决实际上代表了司法机关对受贿犯罪刑罚裁量的趋势，对同类案件的处理具有指导意义。⑦

（二）关于样本的分析

通过分析，70 份样本案件主要存在以下特点：

1. 受贿犯罪数额特别巨大。70 名犯罪人受贿数额均达到贪污贿赂司法解释规定的受贿数额特别巨大标准（300 万元以上）。其中受贿数额在 300 万元到 1000 万元的有 3 人，1000 万元到 2000 万元的有 9 人，2000 万元到 3000 万元的有 5 人，3000 万元到 4000 万元的有 8 人，4000 万元到 5000 万元的有 6 人，5000 万元到 1 亿元的有 23 人，1 亿元到 10 亿元的有 15 人，10 亿元以上的有 1 人。数额最大的是中国华融资产管理股份有限公司原党

---

① 为严格确保样本所对应的案件在侦查或监察调查、审查起诉阶段均参考贪污贿赂司法解释精神，故选择 2016 年 4 月 18 日之后中央纪委国家监委网站"执纪审查"栏目公布的接受调查人员所涉案件。

② 《强化监检衔接提升办案质效——专访最高人民检察院第三检察厅副厅长韩晓峰》，载《检察日报》2021 年 2 月 5 日，第 2 版。

③ 最高人民检察院第三检察厅厅长王守安做客"纵论'四大检察'新格局 畅叙'十大业务'新愿景"网络访谈时的发言，2020 年 5 月 6 日。

④ 参见《最高人民法院：法官埋首案头无暇顾及雪景》，载《法制日报》2014 年 2 月 8 日。

⑤ 参见《身边的榜样张帅：党员法官要攻坚克难》，载微信公众号"重庆市高级人民法院"2019 年 8 月 18 日。

⑥ 孙超然：《论贪污罪、受贿罪中的"情节"》，载《政治与法律》2015 年第 10 期。

⑦ 孙国祥：《受贿罪量刑中的宽严失据问题》，载《法学》2011 年第 8 期。

委书记、董事长赖小民，受贿 17.88 亿余元；数额最少的是江苏省原副省长缪瑞林，受贿 720 万余元。

2. 受贿犯罪持续时间长。70 件受贿案件中，持续受贿时间 10 年以上的有 65 人。其中持续时间最长的达 27 年；持续时间最短的是 8 年。

3. 认罪态度好。认罪态度主要体现在两个方面，[1] 一是能否如实供述自己的罪行，二是是否具有悔罪表现。70 件受贿案件中，除未检索到杨某某受贿案中法院评判的具体内容，其余 69 人均被法院认定为 "如实供述自己罪行" "认罪悔罪"（其中有 2 人被认定为 "真诚认罪悔罪"）。如实供述自己罪行按照悔罪程度又分三种：一是具有自首情节的，有 11 人；二是虽不具有自首情节，但到案后如实供述且主动交代办案机关尚未掌握的部分受贿犯罪事实，有 53 人，其中主动交代部分受贿事实的有 29 人，主动交代大部分受贿事实的 18 人，主动交代绝大部分受贿事实的 6 人；三是除上述两种情形外，仅是如实供述了办案机关已掌握的全部受贿事实，有 5 人。

4. 收缴赃款赃物比例高。除杨某某案外，69 个受贿案件中有 60 个案件的赃款赃物全部追缴到案，其中 50 人被认定为 "积极退赃"；2 个案件已追缴绝大部分赃款赃物，其中 1 人被认定为 "积极退赃"；4 个案件已追缴大部分赃款赃物，均被认定为 "积极退赃"；3 个案件已追缴部分赃款赃物，无 "积极退赃"。从统计数据看，赃款赃物是否全部追缴到案与认定 "积极退赃" 无必然关联。

5. 判决刑期跨度较大。70 件受贿案件中，除白某某受贿案未检索到所判处的刑罚，其余 69 件案件中主刑既有被判处有期徒刑 10 年以下，又有被判处死刑立即执行；附加财产刑从罚金 70 万元到没收个人全部财产不等。其中判处有期徒刑 10 年以下的 3 人，判处有期徒刑 10 年（含 10 年）至 15 年的 46 人，判处无期徒刑的 15 人，判处死刑缓期二年执行的 2 人，判处死刑缓期二年执行并终身监禁的 2 人，判处死刑立即执行的 1 人。

6. 样本可能存在的不足。第一，70 件受贿犯罪生效裁判，被告人均认罪悔罪，缺少拒不认罪的样本，在分析被告人认罪态度对量刑产生的影响时可能不够精准，但另一方面也反映出受贿犯罪案件查办质量越来越高，规范的查办案件程序事实上能够起到促使犯罪人认罪悔罪的作用。[2] 第二，70 件样本中的有大多数均未能获取完整的裁判文书，影响量刑的部分细节因素可能不够全面。对此，笔者将结合审理受贿案件的经验予以弥补。

三、影响受贿犯罪案件量刑建议精准化的因素评析

（一）犯罪数额仍是影响受贿犯罪量刑的主要因素

有观点认为，"我国一直以来对犯罪数额有着相当的迷信，认为定罪量刑的决定性因素在于犯罪数额。立法上处处可见以犯罪数额来确定法定刑幅度，司法中也以犯罪数

---

① 实际上，是否积极退赃广义上也属于认罪态度的组成部分，鉴于样本中的裁判理由部分均将退赃表现单独评价，故本文也单独分析退赃情况。

② 孙国祥：《受贿罪量刑中的宽严失据问题》，载《法学》2011 年第 8 期。

额决定罪与刑"①。尽管《刑法修正案（九）》取消受贿罪量刑的具体数额标准，确立了数额与情节并重的立法精神，贪污贿赂司法解释据此立法精神突出了数额之外其他情节在定罪量刑中的作用，但通过分析本文 69 份样本②发现，犯罪数额仍是影响受贿犯罪量刑的主要因素。

随着犯罪数额的增大，所判处的刑期也越重。需要说明的是，是受自首、立功等法定量刑因素影响，对受贿数额相近、从宽情节相似的犯罪分子所判处的刑期会有不同。如秦光荣受贿数额特别巨大，因主动到中央纪委国家监委投案，减轻处罚判处有期徒刑 7 年；受贿数额相近（2571 万余元）、从宽处罚情节相似③的山东省副省长季缃绮被判处有期徒刑 12 年。除此之外，量刑时主要参考犯罪既遂数额。如江西省原副省长李贻煌受贿 5119 万余元（3546 万余元未遂），判处有期徒刑 12 年；受贿数额相近（5072 万元）、从宽处罚情节相似，但犯罪未遂数额少（800 万元未遂）的吉林省政协原副主席王尔智被判处有期徒刑 14 年。

（二）犯罪情节在受贿犯罪中的评价不充分

1. 犯罪情节高度依赖犯罪数额。《刑法修正案（九）》突出数额之外其他犯罪情节在定罪量刑中的作用。贪污贿赂司法解释相应增加了"多次索贿""为他人谋取职务提拔、调整""造成恶劣影响"等受贿犯罪从重处罚的情节。上述情节辅以不同的犯罪数额限制，作为确定量刑档次的依据；此外，还应当作为独立的从重处罚量刑情节在办案时予以考量。但实践中，法院对上述犯罪情节的运用并非以犯罪数额为辅助，而是高度依赖犯罪数额，当犯罪数额达到某一量刑档次时，法院在评价时容易忽略被告人可能存在的从重处罚情节。70 件受贿案件样本中，多件样本④都存在"为他人谋取职务提拔、调整"等从重处罚情节，由于个案均达到"数额特别巨大"的标准，法院在量刑评价时重点表述犯罪数额和诸多从宽处罚情节，对上述从重处罚情节着墨较少，看不出该情节对全案量刑的影响。如河南省政协原党组副书记、副主席靳绥东受贿案，中央纪委党纪政务处分通报中记载"靳绥东长期利用职务便利为他人职务晋升、工作调动和录用提供帮助并收受财物，破坏党的选人用人制度"⑤，判决书中也记载靳绥东为相关个人在职务晋升上提供帮助，但在法院量刑评价时仅着重说明了靳绥东的从轻处罚情节。

造成上述情形的原因一方面是办案人员习惯仅将受贿犯罪数额作为主要评价标准，另一方面是公诉机关在审查起诉时不注意收集监察机关在调查过程中形成的能够证明被调查人犯罪情节严重程度的相关证据材料，在庭审举证过程中对有关被告人量刑的证据举证不足。

2. 关于"使国家和人民利益遭受特别重大损失"情节的评价过于模糊。刑法规定受

---

① 李炜：《贪污贿赂犯罪死刑制度争议问题研究》，载《河北法学》2012 年第 6 期。
② 不包括白向群受贿罪量刑结果。
③ 从宽处罚情节相似主要指如实供述、认罪悔罪、全部退赃。
④ 如黄兴国案、孟宏伟案、努尔·白克力案、李士祥案等。
⑤ 《河南省政协原党组副书记、副主席靳绥东严重违纪违法被开除党籍》，载中央纪委国家监委网，https：//www.ccdi.gov.cn/scdcn/zggb/djcf/201902/t20190203_40203.html，2022 年 5 月 30 日访问。

贿犯罪同时符合数额特别巨大、使国家和人民利益遭受特别重大损失两个要件，可以判处无期徒刑或者死刑。两个要件相对独立，受贿数额巨大并不必然使国家和人民利益遭受特别重大损失。70 件受贿案件中，判处死刑（含死缓）共 5 件，均提到"给国家和人民利益造成特别重大损失"，但赵正永案、董宏案、王富玉案并未详述造成了哪些损失。邢云案判决书中，法院评价"邢云多次为多人谋取职务提拔、调整，依法应从严惩处"。赖小民案由于判处死刑立即执行，对该情节评价最为详细，认为"赖小民在犯罪活动中，利用国有金融企业负责人的职权，违规决定公司重大项目，越级插手具体项目，为他人谋取不正当利益，危害国家金融安全和金融稳定，社会影响极其恶劣"。

（三）自首、立功是调节受贿犯罪量刑的重要情节

受贿犯罪依法应处 10 年以上有期徒刑、无期徒刑、死刑尽管均属同一量刑档次，但通过分析样本数据发现，在该量刑档次内会继续区分层次，即根据不同的犯罪数额大体区分为五个量刑层次，分别是：10—15 年有期徒刑、无期徒刑、死刑缓期 2 年执行（以下简称死缓）、死缓终身监禁、死刑立即执行。而自首、立功除法定减档处罚作用外，在同一量刑档次内对不同量刑层次的选择起主要作用，其他从宽处罚情节均起辅助作用。

70 件受贿案件中，既有自首情节，又有重大立功表现的有 3 人，尽管均未减轻处罚，但与受贿数额相近、从宽处罚情节相似的其他人相比，都获得了较大幅度从宽处罚，其中陈刚受贿 1.28 亿余元，判处有期徒刑 15 年；李士祥受贿 8819.284 万元，判处有期徒刑 10 年；王三运受贿 6685.66109 万元，判处有期徒刑 12 年。

为了更加准确判断自首、立功对受贿犯罪量刑的作用，下面主要分析仅具有自首或立功单一情节的样本：

1. 自首。根据刑法规定，自首可以分为一般自首与准自首。[①] 70 件受贿案件中，具有自首情节（不含立功表现）的有 8 人，其中一般自首 5 人，准自首 3 人。[②] 一般自首的 5 人中有 2 人被减轻处罚[③]，3 人被从轻处罚，其中王富玉、董宏与邢云相比，三人犯罪数额相近（均 4 亿余元），董宏、王富玉具有自首情节，判处死缓，邢云具有重大立功表现，判处死缓终身监禁。由此可知，在刑罚减让的法律评价上，自首情节一般要优于重大立功表现。自首通常既能体现犯罪人悔过自新的态度，又对案件侦办与审判起到积极作用，而立功的表现情形更为多样，下文详述。准自首的 3 人均能够获得约 1 年的量刑减让。同样是从轻处罚，一般自首从轻的幅度大于准自首。

需要重点说明的是，同样是一般自首，法院在评价时仍存在细微差别，多数一般自首情节，法院均认定为"自动投案，如实供述全部罪行"，但陈刚案、王富玉案、文国栋案，法院审理后的表述存在差别，如法院认定陈刚"在尚未受到调查谈话、讯问时向办案机关投案，如实供述自己罪行"；认定王富玉"自动投案，如实供述办案机关已掌握的部分受

---

① 参见张明楷：《刑法学（上）》（第六版），法律出版社 2021 年版，第 734 页。
② 全国人大教育科学文化卫生委员会原副主任委员王三运受贿案中，法院认定"鉴于王三运主动交代办案机关不掌握的受贿犯罪事实，系自首"。法院未提及是否系自动投案，故在统计时计入准自首。
③ 艾文礼、秦光荣因监察机关出具从宽处罚建议，另行分析。

贿犯罪事实，主动交代办案机关尚未掌握的绝大部分受贿犯罪事实"；认定文国栋"在未被宣布采取强制措施时向监察机关投案，如实交代受贿犯罪事实"。故，同样是自动投案，在自动投案前办案单位是否已经掌握相关犯罪事实、是否已经准备采取强制措施等都是法院评价被告人是否真心悔过、其自动投案行为对案件侦破作用大小的重要参考。

2. 立功。根据刑法规定，立功可以分为一般立功和重大立功。70 件受贿案件中，具有立功表现（不含自首情节）的有 12 人，其中一般立功 3 人，重大立功 9 人。一般立功的 3 人获从宽处罚的幅度不明显。① 具有重大立功表现的 9 人均获得不同程度的量刑减让，有的因重大立功获减轻处罚，如北京市政协原副主席李伟；有的因重大立功获约 1 年量刑减让，如李谦；有的具有重大立功表现但不足以从宽处罚，如赖小民。需要说明的是，司法实践中，同样是立功表现或重大立功表现，对预防、查获、制裁犯罪的价值大不相同，应当客观评价被告人立功表现的实际价值，并结合全案情节，确定是否从宽处罚以及从宽处罚的幅度。② 如赖小民案，尽管赖小民到案后向纪检监察机关检举揭发了华融公司下属公司高管人员涉嫌重大职务犯罪的案件线索并经查证属实，应当认定其有重大立功表现，但考虑到赖小民受贿数额特别巨大、犯罪情节特别严重、社会影响特别恶劣、给国家和人民利益造成特别重大损失的整体情况，其具有的"重大立功表现"情节不足以从宽处罚。并且，其立功表现与一般的立功情形有所不同。赖小民身为华融股份公司党委书记、董事长，对下属员工负有监督管理职责。其在察觉下属可能利用职务便利收受贿赂的情况下，不仅不予以制止，反而与下属分别利用各自职权，为同一行贿人请托的同一事项提供帮助，并分别收受贿赂，直至自己被调查才检举揭发，其立功的性质、特点与一般的立功情形具有明显区别。因赖小民检举揭发的人员属于下属公司的高管人员，其负有监管职责，且检举的犯罪线索与赖小民本人受贿行为系为同一行贿人的同一项目谋取利益，所以对其重大立功表现不予以从宽处罚。

（四）认罪态度、退赃表现是调节受贿犯罪量刑幅度的重要砝码

通过分析 70 件受贿案件样本，法院判决中将认罪态度分为两类：一是"认罪悔罪"；二是"真诚认罪悔罪"。退赃表现按照被告人的主动程度分为两类：一是"积极退赃"；二是不评价退赃态度，仅评价退赃数额比例；退赃表现按照比例可以分为三类③，一是全部退赃，二是大部分退赃，三是部分退赃。

通过分析，认罪态度、退赃表现正在成为受贿犯罪调整量刑幅度的重要砝码。相似情况下，"真诚认罪悔罪"获得从宽处罚的幅度要大于"认罪悔罪"，退赃比例越高、获得从宽处罚的幅度越理想。如中国船舶重工集团有限公司总经理孙波受贿 864 万余元，法院认为孙波真诚认罪悔罪，获刑 10 年 6 个月，罚金 80 万元；与其案情相似（受贿 870 万余

---

① 因未检索到该 3 人的裁判文书，故无法分析从宽幅度不明显的原因。

② 最高人民法院《关于处理自首和立功若干具体问题的意见》第 8 条规定，对具有立功情节的被告人是否从宽处罚、从宽处罚的幅度，应当考虑其犯罪事实、犯罪性质、犯罪情节、危害后果、社会影响和被告人的主观恶性等。虽有立功情节，但犯罪情节特别恶劣、犯罪后果特别严重、被告人主观恶性深的，可以不从宽处罚。

③ 理论上，应该还存在第四类，即拒不退赃。

元）的中国人民保险集团原党委副书记、总裁王银成"认罪悔罪"，获刑 11 年，罚金 100 万元。又如，江苏省原省委常委、常务副省长李云峰全额退赃，与公安部原党委委员、副部长、中国海警局原局长孟宏伟相比，二人受贿数额相近、情节相似，李云峰刑期少了 1 年 6 个月。

（五）认罪认罚从宽制度适用效果明显

70 件受贿案件中，明确记载适用认罪认罚从宽制度的有 1 件，即河北省政协原副主席艾文礼受贿案。艾文礼案系监察法实施以来，首例携带赃款赃物主动到中央纪委国家监委投案的案件，国家监委在将案件移送检察机关审查起诉时，依照监察法规定，提出了减轻处罚的建议。艾文礼自愿如实供述自己的罪行，承认公诉机关指控的犯罪事实，愿意接受检察机关提出的减轻处罚量刑建议，并在律师见证下签署了认罪认罚具结书，法院最终采纳检察机关量刑建议，判处艾文礼有期徒刑 8 年。艾文礼受贿 6478 万余元，与未适用认罪认罚从宽制度的王三运（受贿 6685 万余元、准自首、重大立功）被判处有期徒刑 12 年相比，从宽处罚效果非常明显。

另有秦光荣案，国家监委也提出从宽处罚建议，虽然尚未确认检察机关是否对该案适用认罪认罚从宽制度，但检察机关、审判机关均采纳了监察机关的意见，对秦光荣予以减轻处罚。由此可知，办理受贿犯罪案件，应当注意听取监察部门的处理意见。

四、受贿犯罪案件量刑建议精准化的规范路径

（一）犯罪数额是确定量刑起点和基准刑的主要依据

司法实践中，检察机关对受贿犯罪案件提出确定刑量刑建议的难度较大，尤其是受贿"数额特别巨大"的案件，量刑难以拉开差距。鉴于犯罪数额仍是影响受贿犯罪量刑的主要因素，为确保量刑建议尽可能精准，应当在查明受贿犯罪事实的基础上，首先根据犯罪数额确定相应法定刑幅度，并在该幅度内确定量刑建议的起点区间。

根据贪污贿赂司法解释确定的法定刑数额标准，结合样本数据分析，本文确定受贿犯罪数额与量刑建议量刑起点区间对比关系详见图，需要说明的是，为便于操作，具有贪污贿赂司法解释规定的从重处罚情节的，可先将相应受贿犯罪数额乘以 2，之后再参照图 1 执行。

刑期	0.5	1	2	3	4	5	6	7	8	9	10	11	12	13	14	15	无期	死刑
金额(万)	3	9	15	20	60	100	140	180	220	260	300	800	1300	1800	3000	5000	20000	

图 1　受贿犯罪数额与量刑建议起点区间对比图

确定量刑建议起点后，还应在此基础上以月为单位，通过增加刑罚量确定量刑建议的基准刑。增加刑罚量应当依据具体犯罪事实，主要有以下几点：一是犯罪的具体数额，确定起点区间后，再根据个案犯罪数额确定在该区间内的准确定位，如受贿 200 万元，则应在 180 万元至 220 万元的区间内确定 7 年 6 个月作为量刑建议的起点。二是犯罪时间和次

数，受贿犯罪的持续时间和次数多少能够反映出行为人对刑法所保护利益的对立态度，进而反映出行为人的主观恶性程度。① 特别是在党的十八大之后仍不收敛、不收手的，说明其主观恶性程度较高。三是单笔犯罪数额，单笔犯罪金额同样能够反映行为人的主观恶性程度，赖小民受贿案中，法院重点对"赖小民有三起受贿数额分别在 2 亿元、4 亿元、6 亿元以上"进行评价。需要说明的是，由于犯罪时间、次数和单笔犯罪数额均非法定量刑情节，在增加有期徒刑的刑罚量时应控制在 6 个月的幅度之内。

（二）充分评价从重处罚情节

此处所提"充分评价从重处罚情节"专指犯罪数额达到法定刑幅度后仅用于量刑评价的情节。受贿犯罪案件中常见的从重处罚情节，如多次索贿、为他人谋取职务变动、赃款用于非法活动等，大都是罪中情节，能够直接反映行为人的主观恶性和社会危害程度，在提出量刑建议时应当给予足够重视。实践中，充分评价从重处罚情节存在一定难度，主要表现在以下两个方面。

1. 从重处罚情节在量刑时的适用标准较难把握。相较于自首、坦白、立功、退赃、认罪悔罪等可以适用于全案量刑、整体评价的犯罪后从宽处罚情节，从重处罚情节大多产生于犯罪过程中，情况复杂、多样，如何在提出量刑建议时给予客观、公正的评价，存在争议、难以量化、不易操作。

以"为他人谋取职务提拔"为例，被告人受贿 1000 万元，有 50 万元系为同一人谋取职务提拔后收取，在提出量刑建议时应如何评价？若该 50 万元系为 10 人谋取职务提拔后收受的钱款之和，又该如何评价？实践中，对类似从重处罚情节的量刑考量，应当根据"数额比例 + 情节轻重程度"的评价标准予以把握。首先，判断该从重处罚情节对应的受贿数额占全部受贿数额的比例，有多个从重处罚情节的可以累计计算，如果占比较高（超过 50%），则应当在提出量刑建议时重点评价，并根据占比大小，增加基准刑的 10%—20%，一般不超过 2 年。其次，如果占比较低，则着重分析该从重处罚情节的严重程度，主要是次数和人数的多少，以及是否造成重大不良影响或是否能够体现行为人的主观恶性，情节严重的，仍可增加基准刑。如赖小民受贿案，赖小民在干部选拔任用过程中任人唯权、任人唯利、任人唯圈，严重污染企业政治生态，尽管其为他人谋取职务调整、提拔收受的财物数额在其全部受贿数额中占比较低，法院仍将该行为作为从重处罚情节予以评价。② 最后，数额占比低、情节不严重的，可以不作为重点评价因素，在最终确定量刑建议结论时予以综合把握。

2. 部分从重处罚情节缺少司法确定性。主要体现在没有辅以数量、行为方式限制的从重处罚情节③，如"造成恶劣影响或者其他严重后果"，再如"为他人谋取不正当利益，

---

① 孙国祥：《受贿罪量刑中的宽严失据问题》，载《法学》2011 年第 8 期。

② 类似案例还有内蒙古自治区人大常委会原副主任邢云受贿案，中央纪委通报称"邢云严重破坏党的选人用人制度及所任职地区的政治生态"，判决中记载邢云为相关个人在职务调整晋升等事项上提供帮助，法院在量刑评价时认为"邢云多次为多人谋取职务提拔、调整，依法应从严惩处"。

③ 数量限制，如多次索贿、多次为多人谋取职务调整；行为方式限制，如赃款赃物用于非法活动、曾因受贿受过党纪处分等。

致使公共财产、国家和人民利益遭受损失"。首先，我国法律和司法解释均没有关于因受贿行为遭受恶劣影响、物质损失或其他严重后果的量化规定，因而在实践中无法对该种行为的否定性评价进行定级，即使在提出量刑建议时重点考虑，也难以进行准确评价。其次，如何评判因受贿行为导致的恶劣影响或不良后果缺少规范性指引，实践中，更多地是依赖司法工作人员的审判经验和社会阅历，"顺水人情"式的受贿行为（如为加快工程款结算提供帮助）与"胡作非为"式的受贿行为（如为不具备相关资质的单位承揽核酸检测项目）相对容易区分，但更多可能造成或已经造成恶劣影响、物质损失或其他严重后果的从重处罚情节被大量忽视，导致罪责刑不相适应。

为避免上述情况，一种较为可能的解决路径是检察机关在审查起诉时对每一起受贿事实严格把关，认真审查卷宗材料并归纳整理出案件所涉谋利事项的种类、是否存在谋取不正当利益的情节、受贿行为是否导致其他犯罪等相关事实，通过与监察部门沟通进一步了解行为人的具体表现并重点补充收集与此相关的证据材料，在提出量刑建议时可不区分造成恶劣影响、物质损失或其他严重后果的程度，均按照增加基准刑的10%进行计算。

（三）精细运用从宽处罚情节

样本分析数据表明，受贿犯罪中对从宽处罚情节的评价非常充分。为提高量刑建议的精准化程度，在不同量刑档有限的数额级差间提出更为公允的量刑建议，应当精细运用从宽处罚情节。具体操作上，应当详细阐明提出量刑建议的理由，不宜笼统提出因具有自首、立功、坦白情节而从宽处罚的意见，应当结合相关证据材料，对从宽处罚情节进行全面论证。

1. 注重审查案件来源和到案经过材料，准确认定被告人如何到案；自动投案的要区分是基于自身悔过还是迫于外界压力[1]；到案后是否如实供述，供述的稳定程度，供述的内容与监察机关已经掌握的线索之间的比例；被动到案的要审查到案后是否如实、稳定供述，供述的效率[2]及真实程度；是否主动交代办案机关尚未掌握的事实、比例大小[3]。

2. 调查是否具有立功表现，通过补充完善相关立功证据材料判断属于一般立功还是重大立功，并研判立功的价值。如不属于立功表现，但存在检举揭发他人违纪、违法行为或起到其他作用的，也应如实记录、客观评价。

3. 认真梳理赃款赃物追缴情况。首先，审查随案移送的扣押清单是否规范、具体，对于赃款赃物之外影响财产刑判罚和执行的其他已扣押物品，也应当提请办案机关依法移送或者作出说明[4]；其次，按照少部分、部分、大部分、绝大部分、全部的分类标准认定赃款赃物追缴比例；最后，确认行为人是否具有积极退赃表现，如主动交代不易察觉的财

---

[1]　如得知自己的受贿犯罪行为被他人举报，或已经得知纪检监察部门对其进行调查。得知自己被调查的还分为，得知消息尚未被采取措施时投案，和已经被采取相关措施后先潜逃再投案。

[2]　如"到案后三日之内如实供述全部受贿犯罪事实"和"到案后避重就轻，拒不供述，后经说理释法，供认办案机关已经掌握的全部受贿犯罪事实"在评价悔罪态度时应予以区别。

[3]　关于比例大小，应当注意审查办案单位是否存在用程度代替具体数额的问题，应当载明具体数额，不宜笼统记载"供述了尚不掌握的大部分/部分犯罪事实"。

[4]　郭慧、牛克乾：《职务犯罪审判与国家监察工作有机衔接的若干建议》，载《法律适用》2018年第19期。

产线索，通过信函方式督促特定关系人退缴违法所得等。

4. 客观评价行为人认罪悔罪态度，除行为人本人表达认罪悔罪意愿外，还要结合自首、坦白、立功、退赃等情节及监察部门意见综合判断是否认罪悔罪，是否属于真诚认罪悔罪。

在提出量刑建议时，应当结合犯罪事实确定建议从宽处罚的比例。多个从宽处罚情节可以累加使用。根据样本数据分析，应处法定刑属于有期徒刑 10 年以上的受贿犯罪，自首、立功是降低量刑层次的主要依据，具有准自首和一般立功表现的一般不予以减轻处罚，同时具有自首情节（含准自首）和重大立功表现的可以减轻处罚或在应处有期徒刑 10 年以上刑档内降低量刑层次，仅具有自首或立功单一情节的，从轻处罚幅度一般不超过 2 年，具有自首或重大立功表现的应视具体情节选择量刑减让。

（四）合理选择附加财产刑

根据法律规定，判处无期徒刑以上刑罚的，应当并处没收个人全部财产，别无选择。

判处有期徒刑的，可以并处罚金或者没收个人财产。对此，在提出量刑建议时主要有两个问题。一是罚金或没收个人财产的数额标准如何确定。根据样本分析情况，在赃款赃物部分或大部分以上追缴的前提下，财产刑的数额基本按照受贿犯罪数额的 10% 予以确定，具有法定从轻、减轻处罚情节的可以适当减让。二是罚金和没收个人财产两种财产刑种类如何选择，根据样本分析情况，除没收个人全部财产外，仅有 3 件案件选择适用没收个人财产。根据两种财产刑的性质不同，提出量刑建议时，二者之间选择的关键在于行为人被追缴赃款赃物后是否还有足够缴纳财产刑判项的财产，如果有证据证明行为人具备该经济实力，可以选择判处没收个人财产，如果不具备，则应选择判处罚金。

（五）适用认罪认罚从宽制度建议听取监察机关意见

人民检察院决定对受贿犯罪被告人适用认罪认罚从宽制度，为确保提出的从宽处罚幅度精准，建议在确定从宽幅度时听取监察机关的意见。主要有两点理由，一是被告人在监察机关调查期间认罪认罚的时间、认罚的程度以及对查清案件的作用等均为人民检察院对其适用认罪认罚从宽制度确定从宽幅度的重要依据。[①] 但监察法并未规定监察机关应当将上述情况记录在案并随案移送。[②] 二是在人民检察院的审查起诉期限相比调查期限较短，在法定期限内查明被告人认罪认罚的自愿性、主动性以及对案件侦办的价值存在现实困难。

监察机关明确提出从宽处罚建议的，人民检察院一般应当采纳该建议，对被告人适用认罪认罚从宽制度。第一，监察机关提出"从宽建议"的实体条件更严格。《刑事诉讼法》第 15 条规定，被告人自愿如实供述自己的罪行，承认指控的犯罪事实，愿意接受处罚的，可以从宽处理。但是根据《监察法》第 31 条的规定，监察机关对受贿犯罪被调查

[①]　汪海燕：《职务犯罪案件认罪认罚从宽制度研究》，载《环球法律评论》2020 年第 2 期。

[②]　《刑事诉讼法》第 162 条第 2 款规定，公安机关侦查终结的案件，犯罪嫌疑人自愿认罪的，应当记录在案，随案移送，并在起诉意见书中写明有关情况。

人提出从宽处罚建议除满足上述条件外，还应当具备自动投案，真诚悔罪悔过；积极配合调查工作，如实供述监察机关未掌握的违法犯罪行为；积极退赃，减少损失；具有重大立功表现或者案件涉及国家重大利益等情形。也就是说，符合《监察法》第31条规定的从宽建议条件的，也符合刑事诉讼法中对认罪认罚从宽制度适用的基本要求，还同时具备更多从宽处罚情节。第二，监察机关提出"从宽建议"的程序更严格。根据《监察法》第31条的规定，监察机关经领导人员集体研究，并报上一级监察机关批准，方可在移送人民检察院时提出从宽处罚的建议。有观点认为，暗含于上述条文的基本逻辑是，通过设置"严格"条件审慎使用"从宽"处罚。① 从另一角度理解，审慎作出的从宽处罚建议决定通常更加严谨。

需要说明的是，根据《监察法》第32条的规定②，被调查人揭发他人职务违法犯罪行为或对于调查其他案件提供重要线索的，也可以提出从宽处罚的建议。人民检察院对检察机关根据该条款提出从宽处罚建议的，应当重点审查被告人对于指控的受贿犯罪事实认罪认罚的真实性和自愿性。

监察机关没有提出从宽处罚建议，但人民检察院决定适用认罪认罚从宽制度的，建议应当听取监察机关的意见，充分了解被告人在调查阶段的表现，如是否积极配合调查工作。在征得监察机关明确意见后可以给予较大幅度从宽处罚，充分体现认罪认罚从宽制度的价值。

---

① 汪海燕：《职务犯罪案件认罪认罚从宽制度研究》，载《环球法律评论》2020年第2期。
② 《监察法》第32条规定："职务违法犯罪的涉案人员揭发有关被调查人职务违法犯罪行为，查证属实的，或者提供重要线索，有助于调查其他案件的，监察机关经领导人员集体研究，并报上一级监察机关批准，可以在移送人民检察院时提出从宽处罚的建议。"

滥用职权罪免予刑事处罚的
量刑影响因素实证研究

谢沂廷[*]

一、研究样本及样本特征分析

（一）样本选取

本文通过中国裁判文书网以"滥用职权"为关键词，统计了2019年至2021年公布的滥用职权罪一审、二审及再审刑事判决书，再通过叠加"免予刑事处罚"这一关键词对含有"免予刑事处罚"这一词条的裁判文书进行检索，得到259份文书中的检察量刑、辩护人意见或裁判结果涉及"免予刑事处罚"的内容，为保证样本数据的效度及信度，本文对样本案例进行逐个筛查，在去除重复样本及无效样本后，最终得到156份判决结果为"免予刑事处罚"的判决文书（检索日期截至2022年4月25日）。

（二）样本特征分析

表1 样本情况

法院级别	2019年宣告免罚的案件数量：样本总量	2020年宣告免罚的案件数量：样本总量	2021年宣告免罚的案件数量：样本总量	合计
高级人民法院	0/7（0%）	0/4（0%）	0（0%）	0/11（0%）
中级人民法院	13/116（11.20%）	6/74（8.10%）	0/16（0%）	19/190（13.9%）
基层人民法院	82/667（12.29%）	48/433（11.08%）	7/112（6.25%）	137/1212（9.87%）
合计	95/783（12.13%）	54/511（10.56%）	7/128（6.25%）	156/1413（11.04%）

三年间，滥用职权犯罪的案件数量不断减少，同时，近三年的免予刑事处罚率亦呈现出逐年递减的趋势。一方面，这可以体现出法官对滥用职权罪情节、数额及量刑的认知统

---

* 作者单位：华南师范大学。

一性，另一方面则可以反映出国家对滥用职权犯罪司法打击力度逐年增强的态势。

从样本数据来看，滥用职权罪免予刑事处罚率较低。对样本内容进行分析后，笔者发现，目前司法实践对滥用职权罪的免予刑事处罚量刑因素的认定仍存在某些问题，以下将对样本中各法院对滥用职权罪判决免予刑事处罚影响最大的几个量刑因素入手，对这些因素本身及其衍生问题进行分析。

二、滥用职权罪免予刑事处罚的量刑因素及其问题分析

（一）滥用职权的私利性

1. 私利性因素的考量。在 156 份样本案例中，超过 76% 的裁判文书在判决理由中均对行为人是否存在"私利性目的"进行了翔实的说理，由此可见行为人滥用职权时的私心存在与否将会为量刑结果带来较大的影响。

以廖某某案[①]为例，廖某某属于依法行使行政管理职权的工作人员，其在申报林业成品油价格补助专项资金过程中滥用职权，骗取国家专项补助资金 400 多万元用于单位开支，致使国家利益遭受重大损失。法院认为，廖某某虽构成滥用职权罪，但其滥用职权所得的补贴并非为了一己私利，可对其免予刑事处罚。

在本案中，私利性的考量体现出法官对行为人犯罪动机的关注，而刑法对犯罪动机的关注主要表现为定罪与量刑两个部分，法官将私利性目的作为从轻减轻或免除处罚的量刑依据并无不妥。但值得关注的是，在滥用职权罪的司法实践领域中，"私利性目的"对量刑的作用存在被过度放大的不良趋势。

2. 问题分析：关注重点偏离。从我国刑法的篇章设计来看，《刑法》第八章规定的贪污贿赂罪所保护的法益为国家工作人员的职务廉洁性[②]，这种廉洁性在很大程度上与"利益交易"[③] 相挂钩，而《刑法》第九章所规定的渎职罪所要保护的法益则是公务的合法有效执行以及国民对此的信赖，滥用职权罪并不属于第八章所规定的贪污贿赂类犯罪，而属于第九章所规定的渎职类犯罪，因此滥用职权罪的主观构成要件并不包含"以非法占有为目的"。

同时，《刑法》第 397 条第 2 款将"徇私舞弊"规定为滥用职权罪的法定刑升格条件，由此可知，"徇私舞弊"实际上是加重处罚的条件，而非从轻或减轻处罚的前提。因此，在行为人不存在徇私舞弊情节的情况下，过度放大该因素的量刑比重，则会在一定程度上违背刑法制度的设计初衷。

不仅如此，滥用职权罪的重点考察对象是公共财产及国家人民利益的损失程度，《最高人民法院、最高人民检察院关于办理渎职刑事案件适用法律若干问题的解释（一）》（以下简称《解释（一）》）第 1 条专门规定了"情节特别严重"的四种情形，因此法官在量刑时应当重点考察滥用职权行为所带来的后果严重性，而非过度关注滥用职权行为是否存在私利性目的。

根据《解释（一）》第 1 条第 2 款可知：造成经济损失 150 万元以上的，应当认定为

---

① 参见广西壮族自治区河池市中级人民法院（2019）桂 12 刑终 114 号二审刑事判决书。

② 参见劳东燕：《受贿犯罪的保护法益：公职的不可谋私性》，载《法学研究》2019 年第 5 期。

③ 参见黎宏：《受贿犯罪保护法益与刑法第 388 条的解释》，载《法学研究》2017 年第 1 期。

"情节特别严重"，在上述案件中，廖某某滥用职权骗取国家专项补助资金高达 400 多万，从数额及影响后果来看，均符合"情节特别严重"的情形，理应根据《刑法》第 397 条的规定对其判处 5 年至 10 年有期徒刑。但该案件的审判者却认为，廖某某所得补贴并未用于个人支出，因此作出了免予刑事处罚的判决，由此可见是法官对该罪名关注重点的偏离导致了量刑畸轻的结果。

那么，为什么超过 76% 的样本文书都如此关注行为人的私利性目的呢？这种现象的主要原因是法官对贪污贿赂犯罪和渎职犯罪之间的认知界限仍十分模糊。在《刑法修正案（九）》出台前，刑法对贪污贿赂犯罪的量刑主要以犯罪数额为准，而《刑法修正案（九）》出台后，犯罪情节成为受贿罪量刑的重要依据，在此情况下，受贿罪和渎职犯罪之间的关系变得愈趋复杂①，法官在潜意识中会认为一切涉及"职务"的犯罪，都要考虑相应的"利益因素"，由此便会对法官的自由心证会造成一定影响，使法官潜移默化地将私利性因素的量刑比例过度放大，最终导致法官在滥用职权罪的量刑过程中过于关注行为人的主观私利性，并将其作为免予刑事处罚的重要考察因素。

（二）滥用职权的被动性

1. 被动性因素的考量。在判决结果为免予刑事处罚的样本案例中，超过 60% 的文书说理部分均提及被告人的"被动犯罪"情节，即大部分滥用职权的犯罪都在一定程度上体现了上级领导的指示、批准或是默许，在此情况下的滥用职权犯罪，能够明显地体现出被告人滥用职权行为的"被动性特征"，而该情节在免予刑事处罚的判决结果中也体现出较大的影响力。

例如，在周某某案②、杨某某案③和赵某某案④中，其滥用职权的行为均为国家或集体利益造成了百万元以上的损失，但法院考虑其系经上级领导同意或是主管人员安排而作出的滥用职权行为，因此对其判决免予刑事处罚。

以杨某某案为例，杨某某在负责经营补偿事项过程中，对申报人的经营场所未进行实地考察，受现场负责人的指示，对申报人的虚假材料故意通过审核，使申报人成功骗取国家拆迁补偿款 100 万余元。法官在裁判文书中表明：杨某某的行为给国家财产造成了严重损害，但考虑其渎职行为系听从领导工作安排，因此可认为其犯罪情节轻微，可以对其免予刑事处罚。

在实践中，上级领导的命令或授权往往会对执行公务的国家工作人员产生较为强势的压力，在特定的环境之下，国家工作人员一般都不敢抵抗领导的指示。法官将该情节作为免予刑事处罚的重要量刑因素并无不当，但问题在于绝大多数的判决文书都未提及被告人是否存在对领导提出改正建议的行为，这便是遗漏评价了公务员的抵抗权。

2. 问题分析：忽视了国家工作人员抵抗违法命令的权利与义务。从国家工作人员的

① 参见周光权：《论受贿罪的情节——基于最新司法解释的分析》，载《政治与法律》2016 年第 8 期。
② 湖南省平江县人民法院（2019）湘 0626 刑初 317 号一审刑事判决书。
③ 辽宁省沈阳市和平区人民法院（2020）辽 0102 刑初 143 号一审刑事判决书。
④ 河南省虞城县人民法院（2018）豫 1425 刑初 118 号一审刑事判决书。

行为规范来看，《公务员法》第 60 条规定，公务员执行明显违法的决定或者命令的，应当依法承担相应的责任，此即国家工作人员的"抵抗权条款"①。对于"明显违法"的命令，公务员应当停止执行，并向上级提出修改的建议，从权责统一的视角来看，此规定不仅赋予了国家工作人员抵抗的权利，更是为其设定了主动守法的义务。

在杨某某案中，领导指示杨某某对申报人提交的虚假材料通过审核，作为经营补偿事项的负责人，杨某某理应知道该行为会导致申报人成功骗取国家赔偿款，因此杨某某在判断该命令属于"明显违法"后，应当立即停止执行，但杨某某却并未对此表示任何异议。法院没有考察杨某某收到违法命令后的反应，仅是单纯地解释了杨某某的"违法被动性"，并以此作为主要的免罚理由，这显然是没有考虑到杨某某作为国家工作人员用于抵抗违法命令的权利与义务。

同时，从共犯理论的视角来看，《解释（一）》第 5 条规定：国家机关负责人员违法决定，或者指使、授意、强令其他国家机关工作人员违法履行职务或者不履行职务，构成渎职犯罪的，应当依法追究刑事责任。由此可见，若领导的命令对国家工作人员的滥用职权行为起支配作用，那么该领导即为滥用职权罪的间接正犯，若领导仅是批准或默许，也可视为一种帮助行为，在该情形下，国家工作人员与领导构成滥用职权罪的共犯。② 由此可见，单纯的被动性因素不仅不能成为免予刑事处罚的唯一因素，甚至还可能是上级领导成立滥用职权罪的定罪依据。

"法律规范的更为复杂的有效性向度不允许人们把法律判决的合法性等同于道德判断的有效性"③，法官对"被动性因素"的考量，一定程度上可以体现出新时代审判者对具体问题的情景化分析能力，这表明我国司法正朝着"深入社会、换位思考、人文关怀"的方向发展。④ 但从法律分析的结果来看，单纯的上级"命令、授权"并不能作为唯一的免予刑事处罚理由，法官若要使判决文书中的被动性因素更具正当性，则需要在文书说理中进一步说明行为人曾向上级提出改正的建议，或者履行过"抵抗的义务"，由此才能展现出立法与司法间的逻辑自洽性。⑤

（三）行为人的认罪态度

1. 认罪态度的考量。在判决结果为免予刑事处罚的 156 份样本案例中，12.82% 的文书提及了被告人的立功情节，69.23% 的文书提及了被告人的自首情节，73.07% 的文书提及了被告人的认罪认罚情节，88.46% 的文书提及了被告人的坦白情节，甚至有 31.41% 的文书直接将被告人的认罪认罚情节作为免予刑事处罚的定案根据，由此可见被告人在刑事

---

① 参见张艳：《我国〈公务员法〉抵抗权条款之研究》，载《西北大学学报（哲学社会科学版）》2013 年第 6 期。

② 参见李智良：《身份犯与共同犯罪问题研究》，载《求索》2010 年第 8 期。

③ 参见［德］哈贝马斯：《在事实与规范之间——关于法律和民主法治国的商谈理论》，童世骏译，三联书店 2011 年版，第 285 页。

④ 参见张骐：《论裁判文书的对话性》，载《中国应用法学》2022 年第 1 期。

⑤ 参见王云清、陈林林：《依法裁判的法理意义及其方法论展开》，载《中国法律评论》2020 年第 2 期。

诉讼中的悔罪态度将对免予刑事处罚的判决结果产生极大的影响。

从实践来看，认罪悔罪的态度对审判者的感官影响日趋增强，认罪认罚对于量刑幅度的缓和有着显著的影响。[①] 在庭审中，良好的认罪态度能够显著提升辩护的效果，这种效果有时候甚至超出了某些逻辑与规则的功能。[②]

在张某某案[③]中，张某某等 4 名辅警与协警在在无正式民警带领的情况下自行开展酒后驾驶查处工作，张某某等 4 人发现李某涉嫌醉驾便立即驾车追缉，车速高达 120km/h，李某在张某某等 4 人的追缉之下发生侧翻事故当场死亡。法院认为，张某某等 4 人涉嫌滥用职权致人死亡，其行为已构成滥用职权罪且系共同犯罪，应当依法应予惩处，但 4 名被告人案发后与被害人家属达成民事和解，且如实供述自己的罪行，愿意接受处罚，因此依法可以免除刑事处罚。

认罪认罚从宽对量刑的影响日趋增强，但是，该原则对定罪量刑所发挥的影响力不应超越案件情节的作用。在本案中，法官的量刑活动应当以事实为基础，对滥用职权罪的量刑应当以犯罪过程中的客观损害结果为前提，在此基础上再考虑后续的影响因素，而不应在审判之初便先入为主地考虑认罪认罚的情节，否则将会导致"审"与"判"的倒置。

2. 问题分析：认罪认罚从宽制度运用失当。为规范认罪认罚从宽制度的适用，"两高三部"发布了《关于适用认罪认罚从宽制度的指导意见》（以下简称《意见》），《意见》规定：认罪认罚从宽并不是对所有认罪认罚的被告人一律从宽，审判者应当依照刑法、刑事诉讼法的基本原则，根据犯罪的事实、性质、情节和对社会的危害程度，结合法定、酌定的量刑情节，综合考虑认罪认罚的具体情况，依法作出是否从宽的决定。对犯罪情节轻微不需要判处刑罚的，可以依法作出不起诉决定或者判决免予刑事处罚。

由此可见，"两高三部"对认罪认罚从宽的情形作出了严格的限制，对于"犯罪情节轻微不需要判处刑罚"的认罪认罚被告人，可以判决免予刑事处罚。认罪认罚只是免予刑事处罚的充分条件，而情节的轻微程度，才是决定免予刑事处罚的必要条件。因此，对于情节严重的案件，即使被告人认罪认罚，原则上也不得免于刑事处罚，只能在一定限度内予以从轻或减轻处罚。

仍以上述案件为例，张某某等人超速驾车追缉李某的行为直接导致李某的死亡，《解释（一）》规定，造成死亡 1 人以上的，应当认定为"重大损失"，据此可知张某某等人的滥用职权行为不应被评价为"情节轻微"，所以不能适用免予刑事处罚的规定。但法院最终还是认为，当事人认罪态度良好且认罪认罚，因此对其作出免予刑事处罚决定。

由此可见，认罪认罚从宽制度对法官的量刑心理存在较大的暗示作用，法官甚至会因为被告人的认罪认罚而无意地忽略其行为及结果的恶性。为克服这种消极的心理暗示作用，法官应当遵循一定的顺序对案件各种要素进行审理。例如，法官在审理滥用职权罪时，应当以滥用职权罪的客观事实为基础，以客观损害结果为前提，由此确定基准刑，并

---

① 参见贺小军：《认罪态度对量刑的影响实证研究——以 A 省 B 市为例》，载《政治与法律》2015 年第 12 期。

② 参见胡铭、冯姣：《认罪态度对法官判决影响的实证分析》，载《江苏行政学院学报》2014 年第 2 期。

③ 河南省杞县人民法院（2020）豫 0221 刑初 646 号一审刑事判决书。

在心中预设从轻减轻的大概幅度，在此基础上再考虑后续的从轻减轻影响因素，而不应在审判之初便先入为主地考虑认罪认罚的情节，否则将会在法官心中搭建起"先判后审"的错误逻辑链接。

三、滥用职权罪免予刑事处罚量刑因素的优化建议

（一）恪守罪责刑相适应原则

"罪"之判断归属于犯罪论的体系范畴，定罪的作用是预设基准刑，从而为后续的准确量刑提供基础性的标准；而"责"的认定过程实质上是为"宣告刑"寻求依据的过程；最终的"刑"之宣告，则体现了审判者对"罪"与"责"两道标准综合判断从而得出最终结果的表现方式。[①]

因此，"罪"之判断，起到的是定性作用，而"责"之认定，在很大程度上是对行为人的情节严重性的考察，所以作出合理宣告刑的关键，在于对"责"的准确把握。笔者认为，"责"包含两层意思，首先是行为人的行为所引发的"天然责任"，其次则是立法者所拟定的"法律责任"。

在样本案例中，"刑责偏离"的现象并不少见。以黄某滥用职权案[②]为例，黄某擅自超越职权范围处理公务，破坏了国家房屋规划验收制度、竣工验收备案制度及房屋初始登记制度。案发前已有相关媒体对大厦未通过规划部门验收、房屋不能办理"两证"、开发商"一房两卖"等情况进行多篇报道，同时群众亦多次投诉反映无法办证的事实。法院综合全案情节，认定黄某"造成了恶劣的社会影响"，但因其具有自首情节，便对其免予刑事处罚。

根据《关于办理职务犯罪案件严格适用缓刑、免予刑事处罚若干问题的意见》的规定，对于情节恶劣、社会反映强烈的职务犯罪案件，不得适用缓刑、免予刑事处罚。"同时，由于本案发生在湖北省，依据《湖北省刑事案件立案与量刑标准》[③]，造成恶劣社会影响的滥用职权行为，属于"致使公共财产、国家和人民利益遭受重大损失"，处3年以下有期徒刑或者拘役。

在该案中，无论是从"天然责任"的原理入手，还是从"法律责任"的标准出发，对社会影响如此严重的滥用职权行为，都不应对其免予刑事处罚，若仅根据其自首情节便作出免予刑事处罚的决定，则无法对黄某的行为作出准确的评价，可见该判决在一定程度上有违罪责刑相适应原则。

罪责刑相适应原则是比例原则在刑法领域的具体化，该原则不仅是公正司法的要求，

---

① 参见庄绪龙：《"法益恢复"刑法评价的模式比较》，载《环球法律评论》2021年第5期。
② 湖北省武汉市江汉区人民法院（2019）鄂0103刑初757号一审刑事判决书。
③ 《湖北省刑事案件立案与量刑标准》第32条规定，滥用职权罪、玩忽职守罪（刑法第397条）具有下列情形之一的，属于"致使公共财产、国家和人民利益遭受重大损失"，处三年以下有期徒刑或者拘役。（1）造成死亡1人以上，或者重伤3人以上，或者轻伤9人以上，或者重伤2人、轻伤3人以上，或者重伤1人、轻伤6人以上的；（2）造成经济损失30万元以上的；（3）造成恶劣社会影响的；（4）其他致使公共财产、国家和人民利益遭受重大损失的情形。

更体现最后一道救济防线对受损法益的保护。对滥用职权犯罪的量刑，无论是畸轻还是畸重，都会使公众对司法公正的信赖感产生质疑，因此，法官在处理滥用职权案件时，应当恪守罪责刑相适应原则，在法律框架下对被告人的行为作出正确的定性，让最终的宣告刑能够准确地体现出行为人的罪与责。

（二）进一步完善认罪认罚从宽制度

2018 年刑事诉讼法以及 2019 年"两高三部"《意见》并未对"从宽幅度"作出具体的规定，从实践来看，各省份的实际操作方案存在较大的差异[①]，例如，山东省建议的从宽幅度是 30%[②]，浙江省则规定了最高从宽幅度可达 60% 以上[③]。从宽幅度的差异，可能会使法官对认罪认罚从宽形成一定的误解，从而作出与法律规定存在一定出入的判决。

因此，在制度设计层面，首先，应当对"从宽幅度"作出纲领性的统一规定。认罪认罚从宽制度的设计初衷是繁简分流、提高效率，使司法资源能够更为集中地用于疑难案件。如果从宽量刑幅度过大，在实质上也是对审判者自由裁量权的一种变相剥夺，甚至会使以审判为中心的司法改革效果弱化。[④] 在滥用职权罪领域，对于致使公共财产、国家和人民利益遭受重大损失或情节严重的滥用职权行为，应当严格限制从宽的幅度，例如通过提前预设从宽后的刑罚下限等方式进一步规范该制度的应用。

其次，对特定罪名及其严重情节的从宽应当予以更加详细的限制。目前，"两高三部"《意见》仅对"犯罪性质和危害后果特别严重、犯罪手段特别残忍、社会影响特别恶劣"的犯罪分子作出了限制从宽的原则性规定，但此原则不足以涵盖所有罪名的严重情形。因此，在未来的制度完善过程中，可以对特定罪名及其严重情节的从宽作出更为详细的限制。例如，结合各地方对滥用职权罪的量刑标准及司法量刑情节，在情节及数额等方面设定滥用职权罪禁止从宽的具体情形，如"导致一人以上死亡；致使国有财产损失 150 万以上的"应当严格适用或不得适用从宽的量刑标准。

而在制度的应用层面上，则需要法官在量刑中同时考虑报应刑和预防刑两个面向。[⑤]所谓报应刑，是指行为人的犯罪行为所带来的"责任报应"，这是一种天然的责任，因此无论行为人是否认罪认罚，都应当受到谴责，这是一种自然的逻辑延伸[⑥]，主要意义在于提醒审判者不要将事后的补救行为评价成案发时的罪轻行为。而预防刑的作用则主要体现

---

① 参见王东明：《"认罪认罚从宽制度"量刑建议精准化的困境与完善路径》，载《云南社会科学》2021 年第 4 期。

② 参见山东省高级人民法院、山东省人民检察院、山东省公安厅、山东省安全厅、山东省司法厅《关于适用认罪认罚从宽制度办理刑事案件的实施细则（试行）》，鲁检会〔2019〕10 号，2019 年 11 月 13 日发布。

③ 参见《浙江省刑事案件适用认罪认罚从宽制度实施细则》，浙检发〔2020〕8 号，2020 年 12 月 23 日发布。

④ 参见徐歌旋：《认罪认罚独立从宽的正当化依据及其限度》，载《中州学刊》2020 年第 9 期。

⑤ 参见张峰铭：《论认罪认罚从宽的报应刑根据——化解从宽与罪责刑相适应原则的张力》，载《法制与社会发展》2022 年第 1 期。

⑥ 参见马卫军、彭雅楠：《认罪认罚从宽制度的理论根基》，载《宁夏社会科学》2022 年第 3 期。

为对行为人再犯可能性的抑制，同时还能发挥一定的社会效益，对同类犯罪的预备行为起到警示作用。

综上分析可知，审判者在量刑时应当准确把握行为人滥用职权行为的情节严重性、损害可逆性等客观因素，同时考察行为人是否真诚悔罪，尤其要注意考察行为人是否存在官僚主义、特权主义思想，综合分析行为人的再犯可能性，避免国家公共利益受到二次伤害。

（三）深化检察院的量刑监督作用

量刑监督是指检察院对人民法院的量刑活动进行监督和制约，并纠正其在量刑过程中可能出现的错误或不当行为的活动①，依据宪法及人民检察院组织法对人民检察院法律监督职能的肯定，强化检察院的量刑监督作用便有了更为深刻的宪法和法律基础。②

滥用职权犯罪的主体是国家工作人员，这种身份的存在时常会使滥用职权罪的查处比其他犯罪面临更多的阻力③，在此背景下，强化检察院的量刑监督职能实际上是一种司法制衡策略，不仅不会侵犯审判机关的独立审判权，反而更有利于审判机关摒弃无关因素，作出更为合法公正的判决。

检察院通过量刑建议对刑事审判进行法律监督是一种有效的新型监督途径④，在启动审判程序前，检察院对全案进行综合考察与分析后，通过量刑建议的方式为法官的自由裁量权设定参照标准，一方面利于减轻法官公正裁判的心理压力，另一方面法官会对案件产生特定的量刑印象，由此便不至于在后续量刑活动中过度地放大无关因素对量刑的影响。

在审判结束后，检察院发现滥用职权犯罪的判决存在量刑不当问题时，可以查找量刑不当的原因并提出建议对策，同时向审理法院提出量刑检察建议；对宣告刑与量刑建议存在明显出入的生效判决，检察院要敢于主动纠错，积极行使抗诉权，将量刑监督进行到底。

深化检察院的量刑监督作用，在滥用职权犯罪领域，不仅有利于规制法官的自由裁量权，减少非法律因素对法官的影响，还能够及时纠正自由裁量权滥用而导致的量刑不公。

司法审判是保护国家公务正当性的最后一道防线，对滥用职权的行为，要及时通过司法手段进行纠正。因此，法官要秉持中立公正的态度，对滥用职权犯罪的量刑要尤为慎重，不仅要考虑滥用职权行为造成的有形损失，还要关注该行为带来的潜在危害，在判决中体现出新时代的社会主义廉洁标准。同时，准确的量刑还需要各方的共同努力，立法者可以通过进一步完善认罪认罚从宽制度的方式确定滥用职权犯罪免予刑事处罚的限定条件，检察院应当持续发挥法律监督机关在滥用职权犯罪领域的量刑监督职能，使法官避免受无关因素左右而作出免予刑事处罚的决定，为滥用职权犯罪的准确量刑营造良好的司法环境。

---

① 参见郑州市二七区人民检察院课题组：《量刑监督与审判独立关系研究》，载《河南社会科学》2014年第10期。

② 参见王海军：《"法律监督机关"的立法内涵、演进逻辑及内在机理》，载《现代法学》2022年第1期。

③ 参见李希慧、徐光华：《滥用职权罪量刑畸轻及其改进对策》，载《人民检察》2010年第5期。

④ 参见钱云灿：《检察机关量刑监督面对的困境及出路》，载《河北法学》2010年第9期。

职务犯罪涉案企业合规工作研究

——以 J 省职务犯罪涉案企业合规改革试点工作为视角

余枫霜　王洪男　马　路*

一、涉案企业合规工作的意义

企业合规对规范企业经营行为、化解各类刑事风险，实现企业健康长远发展具有重要价值。2018 年被称为中国企业的"合规元年"，国务院国资委印发《中央企业合规管理指引（试行）》，发改委、国资委、商务部等七部委联合发布《企业境外经营合规管理指引》，《合规管理体系指南》实施官方标准，企业合规被上升为实现国家治理体系与治理能力现代化的重要组成部分。

2020 年 3 月，最高人民检察院启动涉案企业合规改革试点，以改进司法办案为切入点，对承诺建立或者完善合规制度的涉案企业依法予以从宽处理，推动企业依法守规经营、预防再犯。2022 年 4 月，在全国范围内全面推开涉案企业合规改革试点工作。2022年 4 月，最高人民检察院、司法部、财政部等九部委联合印发《涉案企业合规建设、评估和审查办法（试行）》，在总则中对"涉案企业合规建设"作出了明确定义，"涉案企业合规建设，是指涉案企业针对与涉嫌犯罪有密切联系的合规风险，制定专项合规整改计划，完善企业治理结构，健全内部规章制度，形成有效合规管理体系的活动"。

根据陈瑞华教授对合规建设的两种模式的界定：一种系"日常性合规管理模式"，又称之为"面向市场的合规计划"，系企业在尚未遭遇刑事犯罪等合规风险时，未雨绸缪所进行的合规体系建设；另一种系"合规整改模式"，又被称为"应对危机的合规计划"，是指"企业在面临行政执法调查、刑事追诉或者国际组织制裁的情况下，针对自身在经营模式、管理方式、决策机制等方面存在的漏洞和隐患，进行有针对性的制度修复和错误纠正"。① 涉案企业合规建设显然属于后者，即是对已经涉及刑事犯罪的企业所进行的"量身定制"的合规整改。企业合规整改，兼顾了"预防"和"纠错"两重价值：一是为了"治已病"，通过帮助企业完善管理制度，对涉罪行为及危害后果进行弥补，在此基础上给予适当的刑法激励，给予企业一个"纠错"的机会；二是为了

---

* 余枫霜，江苏省南京市人民检察院第三检察部主任；王洪男，江苏省人民检察院第三检察部四级高级检察官；马路，江苏省南京市人民检察院第三检察部二级检察官助理。

① 参见陈瑞华：《有效合规管理的两种模式》，载《法制与社会发展》2022 年第 1 期。

"治未病"，以此为契机全面关注企业内部治理，为企业的经营活动"划下红线"，在企业运行的各个环节构筑全覆盖的合规体系，建立廉洁、诚信、守法经营的企业文化，避免其再次陷入刑事风险。

二、职务犯罪涉案企业合规工作的特点

（一）从试点情况看，职务犯罪涉案企业合规工作起步晚、体量小

职务犯罪涉案企业合规工作，主要针对以下两类企业开展：一是涉嫌单位行贿罪、单位受贿罪、对单位行贿罪等单位犯罪的涉罪企业；二是企业的经营管理人员、实际控制人、关键技术人员等涉嫌实施贪污、贿赂、国有公司、企业人员滥用职权、失职罪等职务犯罪的企业。试点以来，截至 2022 年 5 月，J 省检察机关已办理合规案件 267 件，涉及企业 310 家，涵盖破坏社会主义市场经济秩序、贪污贿赂等六大类犯罪，但是，涉职务犯罪企业合规案件仅有 23 件，仅占案件总量的 8.6%。从试点工作的推进情况看，2020 年上半年，企业合规改革试点工作初期，试点案件的罪名主要集中在虚开增值税专用发票罪、重大责任事故罪、污染环境罪等罪名，直至 2020 年 12 月，才启动 J 省第一例涉职务犯罪企业合规案件。综上所述，职务犯罪涉案企业合规改革试点工作存在体量小、起步晚的特点。

（二）从案件类型看，行贿类案件占绝大多数

刑法分则第三章破坏社会主义市场经济秩序罪中，规定了不少单位犯罪，而第八章贪污贿赂罪中，仅有 4 个单位犯罪罪名，即单位行贿罪、单位受贿罪、对单位行贿罪、对有影响力的人行贿罪。实践中，单位行贿罪是常见罪名，而单位受贿罪、对单位行贿罪、对有影响力的人行贿罪的案件数量很少。有学者对 2014 年至 2019 年间的涉企单位犯罪数据进行统计，"五年中，涉企单位犯罪共计 16861 件，其中，商业贿赂犯罪案件数数量最多，共计 2465 件，其中单位行贿罪 2062 件"。① 可见，单位行贿罪是企业涉职务犯罪的主要罪名，也自然成为职务犯罪涉企合规工作的主要案件类型。从试点情况看，J 省已办结和正在办理的 23 件案件中，1 件为贪污罪、1 件为受贿罪、1 件为对有影响力的人行贿罪、1 件为私分国有资产罪、3 件为行贿罪，剩余均为单位行贿罪，行贿类犯罪占总数 80% 以上，单位行贿罪占总数 70%。

（三）从工作程序看，征求监察机关意见成为前置环节

不同于诉侦之间的监督与被监督关系，宪法和监察法对监检关系界定为相互"配合"和"制约"的双向互动关系。监检关系的这一特征，也决定了职务犯罪案件办理程序的特殊性。根据国家监委、最高人民法院、最高人民检察院、公安部联合颁布的《关于加强和完善监察执法与刑事司法衔接机制的意见（试行）》的相关规定，人民检察院拟改变强制措施、改变犯罪事实罪名、作不起诉决定等，应当及时与监察机关沟通。涉案企业合规改

---

① 李勇：《企业附条件不起诉的立法建议》，载《中国刑事法杂志》2021 年第 2 期。

革试点工作，需要司法机关通过不起诉、缓刑、从宽处罚等不同刑法激励手段，确认前期合规整改的成果。对于职务犯罪案件，兑现合规从宽的刑事政策，须依照规定征询监察机关对案件实体处理的意见。换言之，合规激励的兑现需要检察机关、监察机关共同确认。从试点情况看，检察机关在监察调查阶段，不再如刑事侦查阶段，可独立启动企业合规程序，即便在审查起诉阶段，检察机关认为需要启动涉案企业合规工作的，依然将征询监察机关意见作为合规工作开展的重要方面。

（四）从企业类型看，以民营企业和中小微企业为主体

前两轮涉案企业合规建设试点工作坚持稳慎推进的主基调，探索初期以涉嫌轻罪案件的中小微民营企业为主。试点以来，J省检察机关办理合规案件涉及企业310家，包括大中小微型企业，国企、民企，但国企合规案件仅占案件总量的1.6%。从全省已办理的23件职务犯罪企业合规案件看，21件系对民营企业开展合规，仅有2件涉及国有企业。实际上，国有企业层级多、员工多、风险领域多，亟须进行风险识别和合规建设。2020年以来，J省检察机关共起诉国企涉职务犯罪人员327人，这些案件多表现为国企经营管理人员、关键岗位人员等涉嫌贪污、贿赂、渎职等职务犯罪，反映了国企在人事管理、财务报销、重点岗位监管、关联交易规范等方面存在不少薄弱环节，为犯罪分子提供可乘之机。从域外企业合规的实践看，也以巨头企业、跨国企业、上市公司为重点。但实践中，国有企业作为案发单位，对企业人员涉嫌犯罪往往抱有一种"家丑不外扬"的心态，部分国企负责人担心因企业涉刑事案件被追究领导责任，或是对后续正常经营造成负面影响，对检察机关工作人员实地调查取证、制发检察建议等常态化的履职活动尚且持审慎态度，更兼对涉案企业合规管理缺乏了解，所以主动参与涉案合规的积极性并不高。实践中少有国有企业在案发后，主动申请检察机关启动涉案企业合规整改的案例。

三、职务犯罪涉案企业合规工作推进中的主要问题

（一）企业合规文化与传统经营理念之间的冲突

企业合规作为一件舶来品，仍需依据我国现阶段的基本国情进行法理重塑。在欧美，检方适用企业合规的涉案对象多为"大而不能倒"的大型企业，甚至包括西门子、波音、雪铁龙等位列全球500强的跨国集团。[①] 这些企业拥有足够强大的人财物力来承担高昂的合规成本。为避免被起诉造成的更严重后果，也有足够的意愿接受合规监管。在我国，现代企业治理体系与合规经营理念尚未普及，企业普遍认可并积极参与的合规环境仍处于构建阶段。许多中小微民营企业，特别是绝大部分的乡镇企业仍未脱离"野蛮生长"状态：在组织形式上，没有成熟的现代公司治理结构，企业、员工、高管的责任没有分离，企业意志和高管意志高度重合，公司的大事小情由董事长、总经理一人拍板决定，董事会和监事会往往形同虚设；在经营理念上，企业重民商事风险轻刑事风险，重效益轻合规的心态

① 参见［美］布兰登·L.加特勒：《美国检察官办理涉企案件的启示》，刘俊杰等译，法律出版社2021年版，第2页。

普遍存在，部分企业家"信权力不信市场"的理念根深蒂固，导致贿赂犯罪在我国企业犯罪总量中居高不下。"家天下"的企业文化横行，助长了贪污、侵占、挪用企业财物的犯罪行为。也有部分经营者投机心理严重，注重眼前利益，诚信经营和守法意识不足。以上种种情形，导致合规文化匮乏，日常经营活动中的合规受到忽视。

（二）合规投入高昂与刑事激励不足之间的矛盾

企业进行合规整改，需要聘请专业团队识别风险领域、制订合规计划、重塑治理结构、组织员工培训、支付第三方监管费用等，需要投入大量的人力财力物力。实践中，有部分基层检察院积极探索适合于小微企业的"简式合规"①"点穴式合规"，或通过联系地方财政给予适当帮扶等手段，减少了企业合规整改的经济负担。但对长期依赖的经营模式作出结构性调整本身就需要投入高昂的成本、是一笔不菲的"学费"。另外，基于稳慎试点的需要，前期合规案件的适用范围主要限于可能判处 3 年以下有期徒刑的轻罪案件，合规不起诉只是相对不起诉的一种特殊情形，二者并无明显区分。面对相对高昂的成本，企业势必要考量"投入"与"产出"的比例。不少企业家提出质疑，"既然企业本身犯罪情节轻微，符合相对不起诉的条件，又何必大费周章、耗时耗力搞合规呢"。刑法激励的不足，造成了不少企业合规热情不高、合规动力不足的局面。近年来，我国企业合规改革试点中开始积极探索"二元化处理"，通过"放过企业，严惩责任人"来克服刑事激励不足的缺陷。但从我国企业的现实情况看，家族企业大量存在，企业股东、高级管理人员、实际控制人等责任人和企业人格存在高度重合，企业难以通过合规整改实现"管理层大换血"。在责任人和实际控制人合二为一的情况下，严惩责任人也会给企业经营带来严重影响。

（三）严惩行贿犯罪和合规从宽处理之间较难平衡

开展涉案企业合规工作，是为了避免"刑罚的水波效应"，防止因企业被追究刑事责任而损害员工、债权人、客户等无辜第三人的利益，千方百计地保护好市场主体，"实现企业的可持续发展，获得整体的利益保障，从而有望成为真正的百年老店"。② 从严惩处作为腐败源头的行贿犯罪，也是为了营造公平竞争的法治化营商环境，促进企业的长远健康发展，因此，两者在价值取向上可谓殊途同归。但是，具体到个案处理上，司法机关有时也会面临"两难"选择。2021 年 9 月，国家监委与最高人民检察院、最高人民法院等单位联合印发《关于进一步推进受贿行贿一起查的意见》，明确提出从严惩处行贿犯罪，建立行贿人"黑名单"制度和联合惩戒机制，将有行贿记录的单位和个人拒之门外，让围猎者寸步难行。由此可见，涉嫌行贿犯罪的企业，将面临商誉严重受损、市场准入受限和经营资质被褫夺等经营风险，企业相关人员也将面临更加严峻的执法环境。相反，涉案企业合规整改，是为了给企业一个治病的机会，对完成合规整改的企业予以宽缓处理，避免"办了案子、垮了厂子"，避免企业因入罪而遭受无法上市、被取消特许经营资格、被吊销营业执照等灾难性后果以及出现税收流失、职工失业、新兴产业受挫等连锁不良反应。个案的实体处理上，在

---

① 参见孙国祥：《企业合规改革的 6 个实操建议》，载《中国刑事法杂志》2021 年第 5 期。
② 陈瑞华：《论企业合规的基本价值》，载《法学论坛》2021 年第 6 期。

"从严惩治"和"从宽处理"之间，司法机关有时会面临艰难的选择，需要在贯彻从严惩治行贿犯罪和"千方百计保护好市场主体"之间进行考验司法智慧的平衡。

（四）企业合规需求的明确性和检察机关角色定位的模糊性

企业经营中，面临着行政监管、刑事责任追究以及国际制裁的风险，合规的需求是全方位的、明确的，并不限于刑事领域。在涉案企业合规工作中，检察机关的主导作用是"及时捕捉案件中存在的风险点，提出防控对策，避免引发和加剧企业的经营风险"。① 但在宏观层面，检察机关该如何定位？在微观层面，检察机关该如何作为？从已开展的试点情况看，检察机关的角色定位还比较模糊：有的检察机关既监管实施合规计划，又负责评估是否达标，既当运动员又当裁判员；有的检察机关发一纸建议要求企业合规，自己则超然于具体工作之外，俨然"甩手掌柜"；有的检察机关超越职能、事无巨细，深度介入甚至替代行政机关开展行政合规。这些现象形成的原因在于，改革探索阶段尚未对企业合规中检察机关的职责进行配套的制度设计，检察机关无论对于企业落实合规计划、还是对于督促第三方监管人开展实质化监督，都缺乏相应的法律和政策工具。另外，检察机关的工作长期以来聚焦刑事司法办案，缺少能够参与企业治理的专业化力量，只有与相关部门配合、形成合力，才能做好这一专业化极强的系统性工作。

（五）监察机关参与企业合规的现实需求和相关参与机制的缺失

职务犯罪涉案企业合规工作，离不开监察机关的共同参与，具体表现为：在程序启动阶段，检察机关启动个案的企业合规工作，需要征询监察机关的意见；在合规整改阶段，涉案企业建设廉洁文化、堵塞管理漏洞，也需要监察机关的支持和监督；在合规成果确认阶段，检察机关对评估验收合格的企业进行从宽处理，也需要与监察机关积极沟通。另一方面，监察机关如何参与到企业合规改革工作中，尚缺乏明确有效的机制。2021 年 6 月，最高人民检察院等九部委联合发布《关于建立涉案企业合规第三方监督评估机制的指导意见（试行）》（以下简称《指导意见（试行）》），对依法推进企业合规改革试点工作具有重要意义，但联合发文单位不包括监察机关。从各地推进的情况看，有的地区将监察机关纳入了当地的合规改革工作领导小组和企业合规第三方监督评估机制管理委员会，如湖北省武汉市。有的监察机关积极启动了企业合规工作，如湖北省纪委监委出台意见规定，"对企业涉嫌违法犯罪，情节轻微，不移送司法机关的，应交由有关行政主管部门处理，并加强对企业合规治理的过程监督和效果评估，确保治理到位"。② 但不少地区，还缺乏监察机关参与企业合规工作的机制办法。从全省办理的 13 件职务犯罪企业合规案看，监察机关对检察机关启动对涉案企业的合规工作均支持或无异议，但普遍更加关注对企业轻缓处理、乃至相对不起诉的可能结果，对于涉案企业合规工作参与不多。这反映了护航经济发展、保障企业合法权益是监检双方的共识，是职务犯罪案件开展企业合规工作的基础，但由于缺乏顶层设计和相关工作机制，制约了职务犯罪涉案企业合规工作的纵深

---

① 陈莉：《企业合规管理的检察监督机制探析》，载《天津法学》2021 年第 3 期。
② 湖北省纪委监委《关于规范监督执纪执法工作保障企业及企业家合法权益的意见》。

推进。

（六）真合规真监管的要求与验收评估机制的不完善

企业合规是从组织结构、规章制度、公司文化等方面，对企业进行的一种结构性重塑，需要持久的改造和持续的监管，绝非朝夕之功，在短期内完成"脱胎换骨"的合规改造不现实，也不应成为试点追求的目标，否则，势必陷入"纸面合规"的困境。然而，在当前的试点中，一是企业合规的长期性与案件办理的期限性之间的矛盾。我国的刑事办案有明确的期限限制，不因合规工作而中断或重新起算，基层检察官还面临"案－件比"等考核压力，导致企业合规建设的期限非常有限。从试点情况看，合规建设期限少则1至3个月，最长不超过1年。二是相对粗糙的合规管理体系与系统全面的合规建设要求存在矛盾。在部分试点案例中，企业的合规计划是"放之四海而皆准"的纲领性、宣示性要求，没有针对案件特点、企业特点来识别风险，也没有提出具体有效的整改举措，合规建设体现在学习法律法规、印发宣传图册、规章制度上墙等活动，合规整改流于形式，对实际经营活动的影响极其有限。三是第三方监管机制不完善。部分案例中，第三方专家库容量不足、缺乏审计、财会等专业化人才，或者第三方监管组织由于自身无人监管，履职的质量和效果存疑。

四、进一步完善职务犯罪涉案企业合规工作的建议

破解职务犯罪涉案企业合规工作面临的重重难题，让"舶来品"真正实现"本土化"，就需要在进一步加强理论研究，完善顶层设计的基础上，以"解剖麻雀"式的工作方法，在每一个个案中，充分调动各方助力，形成工作合力，完善合规计划、细化考察标准、更加善于帮助企业解决痛点、难点问题，强化企业对合规建设的知晓度，提高企业参与合规建设的积极性，实现"真整改，真合规"的目的，在以下方面予以强化探索：

（一）积极探索推进涉案国有企业开展合规整改

检察机关应积极探寻对涉案国有企业开展合规管理的有效路径，让企业合规工作更多覆盖至国有企业。一是细化与国资委在国有企业涉案合规建设中的衔接机制。国资委作为行业主管机构，在管理监督国有企业经营国有资产、推进制度建设、完善治理结构等方面具备专业化优势，且承担积极推进企业日常合规建设工作的职责。2022年国务院国资委出台的《中央企业合规管理办法》第4条指出，国资委负责指导中央企业合规管理工作，并对合规管理体系建设情况进行考核评价，各省市国资委纷纷顺应合规趋势出台的指引性政策文件，对国资委在对国有企业合规建设情况进行管理、监督等方面也都作出了共性要求。但是，在涉案企业合规建设中，国资委的职能作用在相应的政策文件未能阐明。检察机关应与国资委加强磋商协作，在充分发挥各自优势上破题，结合九部委《指导意见（试行）》制定具体实施办法，在对涉案国企的第三方监管中，可由国资委委派其政策法规部门开展企业合规建设的专业人员参与对企业合规管理情况的评估、考察，将结果作为是否起诉和量刑适用的参考。二是提高国有企业参与涉案企业合规试点的积极性。部分央企、国企在"走出去"的过程中，因不熟悉域外法律法规而遭受世界银行等国际组织制裁、或

是某些国家别有用心的"长臂管辖"，由此对涉案企业合规已有接触。① 但大部分国企对合规的认识停留在日常性的合规管理，对涉案合规比较陌生，实践中也有部分国企领导因担心被追究企业涉案的领导责任，对开展涉案合规建设心存顾虑。因此，检察机关应进一步加强针对国有企业的法律服务力度，通过积极搭建共建平台，制订具体协作计划，开展宣传讲座，建立合规基地，通过新媒体进行案例宣传和风险预警等方式，让国有企业负责人和员工加强对涉案企业合规的了解，消除陌生感，提升参与热情。

（二）完善各项机制保障企业合规建设的有效性

对合规有效性的评估，确系实践中的难题。在职务犯罪涉案企业合规中，企业经过合规建设是否实现消除腐败风险、甚至最终建立自上而下的廉洁文化等抽象的目标，如何予以量化、具体化，需要通过有效的机制建设予以保障，从而杜绝"纸面合规"后果发生。其一，加强对合规计划的分解执行力度。结合域外经验，美国于 2020 年发布的最新版本的《企业合规计划评估指南》将合规是否有效归结为三个基本问题：一是公司的合规计划设计是否合理；二是该计划是否有足够的资源和权限使其有效运作；三是合规计划在实践中是否起作用，围绕三个问题拆分为 12 个一级指标、49 个二级指标、160 多个具体问题。② 这启示我们在制定合规计划时，通过对任务目标和执行步骤的细分，可将无形的制度和文化落实为可监控、可评估、更可被执行的具体工作规程，最终将企业各业务条线、各环节纳入合规框架，让每一名基层员工都能找到其所能对照的日常行为准则。其二，提升合规考察的精准性和全面性。检察机关应充分发挥履职能动性，在合规监管推进过程中，对第三方组织提交的合规考察报告，应坚持书面审查、实地调查与当面沟通相结合，切实抓住突出问题、关键环节，从企业负责人、高级管理人员、关键岗位人员的权力监督制约机制是否健全、基层普通员工合规经营意识是否养成、客户、生意伙伴、社会公众视角下的企业形象、地方公权力机关在管理活动中对企业的评价等多重维度，全面调查评判企业经整改后是否清除"犯罪基因"。其三，加强行刑衔接保证合规结果得以贯彻。推进涉案企业合规与经济、行政执法的紧密衔接，对涉案企业依法可不予刑事追诉但在经济上、行政上需要追责的，检察机关应结合企业整改情况及时向主管部门提出意见，形成社会综合治理合力，确保刑事处理和行政处理措施相互协作配合，实现合规监管成效在行政执法环节的有效延续。充分利用好第三方机制，从有利于产业发展、恢复受损法益、警醒教育涉案企业等角度，共同制定合规结果在行政处罚中的应用标准，建立企业合规行刑衔接长效机制。

（三）构建有利于开展企业合规工作的监检沟通模式

纪检监察机关是打造市场化、法治化营商环境，构建"亲清"政商关系和公平正义市场秩序的重要参与人。因此，检察机关在推进职务犯罪涉案企业合规改革试点工作中，需

---

① 参见黄岩、王瑶：《黑名单机制：世界银行制裁与中国企业的合规管理》，载《中国投资》2021 年第 21—22 期。

② 参见李勇：《美国检察官对企业合规有效性的评估与考量》，载《人民检察》2022 年第 5 期。

要取得监察机关的支持配合，形成工作合力。具体表现在：一是建立企业合规工作意见征询机制。在启动合规程序前，围绕企业情况、案件背景、主案辅案的调查情况等，围绕涉罪企业是否适宜开展合规试点工作，检察机关应主动听取监察机关的意见；在作出处理决定前，在研究是否对涉罪企业作出不起诉决定、提出从宽处罚建议时，充分听取监察机关的意见，就刑法激励的适当性、可行性充分研究达成一致，以保证合规建设的严肃性。二是邀请监察人员参与企业合规监管。在合规建设与验收阶段，可以邀请监察机关委派人员担任合规监管人，共同监管合规计划的完成、共同评估合规建设的成效，有条件的地区可以邀请监察人员进入第三方监管人员库。三是将企业合规工作向前延伸至调查阶段。提前介入过程中，不仅仅着眼于审查事实和证据是否达到起诉条件，遇到企业涉案的情形，也应当就企业的基本情况、下一步的处理措施、是否移送审查起诉等问题与监委积极沟通，科学评估是否需要对涉案企业启动合规整改。通过"向前延伸"，可将调查期间打造成企业合规整改的考察期，解决考察的长期性与办案的期限性之间的矛盾，还可以会同监察机关及时依法妥善处理，避免案件久拖不决影响企业正常经营。

（四）通过顶层设计加强企业合规工作的制度保障

随着涉案企业合规改革试点走向深化，检察机关对企业涉罪从宽处理，监督企业合规整改，也势必需要法律层面的进一步赋权，真正实现"将企业合规建设的制度创新和成功做法加以固定，从而于法有据地提升企业合规建设的司法推动力"。[①] 一是加强检察机关自身合规履职能力。在欧美，检察官在涉案企业合规中有权决定与企业达成暂缓起诉协议、认罪和解协议、科处高额行政罚款，具有很大的自由裁量空间，但过大的自由裁量权和履职透明度的缺失也遭到诟病。我国应当立足具体国情，吸取域外正反两方面的经验教训，确立切实可行的合规监督考察制度，以有效预防犯罪为目标，树立平等保护的理念，提升专业化水平，提高诊断犯罪原因、进行制度纠错的能力，加强企业内部自我监管，消除再次发生类似犯罪的制度原因。二是构建独立的合规不起诉制度。将针对经合规考察后达到要求的涉案企业作不起诉决定的工作机制，与相对不起诉制度相分离。"激励企业承诺建立有效的合规计划，以此作为不起诉的附加条件，经过一定的考验期且经评估有效后，对涉罪企业正式作出不起诉决定。"[②] 完善利用审查起诉期限作为合规承诺考验期的工作模式，并参考域外合规中适用的"暂缓起诉"制度。检察机关可结合案件的特点、企业的合规整改意愿等因素，与企业签署附条件不起诉协议，明确其应履行的合规整改义务，适当延长合规考察期限至1年至3年，[③] 从而确保合规建设效果，强化对涉案企业参加合规的制度性激励。三是完善第三方监管机制的人财物力保障。深入研究第三方机制各成员单位间的分工职责、程序衔接等问题，实现企业合规有关数据的信息互联、实时共享，开展必要的跨区域协作，对涉案合规管理中的重大疑难复杂问题，及时开展联合调

---

① 李奋飞：《"单位刑事案件诉讼程序"立法建议条文设计与论证》，载《中国刑事法杂志》2022年第2期。

② 李勇：《企业附条件不起诉的立法建议》，载《中国刑事法杂志》2021年第2期。

③ 门植渊：《构建企业犯罪附条件不起诉制度探析》，载《中国检察官》2022年7期。

研，共同研究解决方案；丰富第三方机制专业人员名录库的人才类型，定期开展理论和实务培训，提高合规履职能力；确保第三方机制运行经费专款专用，目前，浙江、湖南等地已由省财政划拨专项经费保障第三方机制运行经费，从缓解市场主体压力、维护合规公信力而言，这种财政保障模式也更为适宜，建议由各级政府财政部门编制统计第三方机制运行经费预算，设立专用账户，由第三方机制监管委员会在合规建设推进过程中专款专用，财政部门、检察机关予以审计、监督。

企业合规视角下单位行贿案件
附条件不起诉路径探索

陈昕卉　刘　琛[*]

当前，我国经济正处于转型升级的新时期，国有、民营等各类企业的高质量发展对经济社会发展起到至关重要的作用，然而企业在进步发展中，企业家的犯罪率也在逐年上升，而单位行贿也是企业家犯罪中一种典型的腐败现象[①]。单位行贿指的是企业为谋取不正当利益而行贿，在司法实践中检察机关一般采取起诉的方式惩治犯罪。但是，我国大部分中小微企业由于缺乏现代化管理体系，存在法人治理结构不完善、带有家族化经营特征等问题，企业家、技术骨干一旦受处罚，就会出现"水波效应"。以 F 省为例，2017 年以来，全省刑事案件单位行贿的不起诉率呈逐年下降趋势（见图1），F 省单位行贿不起诉均为 0 人，对保护企业发展有一定的阻碍。如何避免"办好一件案子，垮掉一个企业，失业一批职工"现象，强化对企业经营发展的司法保护，已经成为检察机关服务保障经济社会高质量发展，推进国家治理体系和治理能力现代化的一项重要任务。

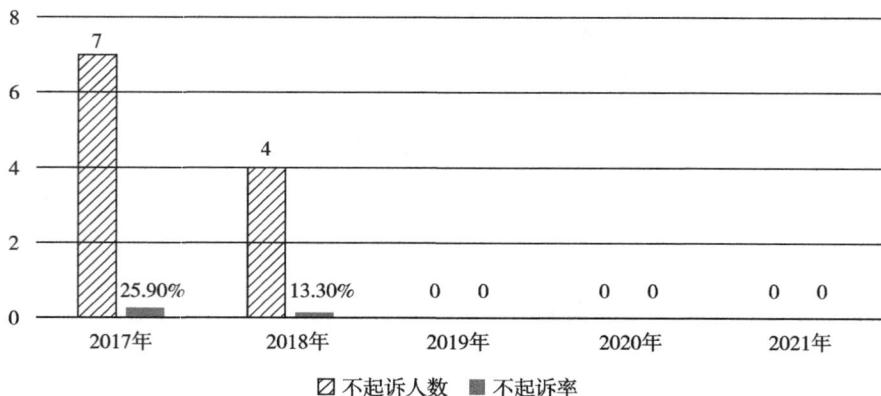

图1　5 年间 F 省检察机关单位行贿案件不起诉人数和不起诉率情况

---

* 陈昕卉，福建省人民检察院第三检察部，二级检察官助理；刘琛，福建省人民检察院第三检察部，四级高级检察官。

① 参见张宝才、赵航、周维：《参见民营企业单位行贿犯罪合规不起诉问题探讨》，载《人民检察》2021 年第 20 期。

2020 年，最高人民检察院对检察机关办案正式提出鲜明的"少捕慎诉慎押"刑事司法政策，然而囿于立法缺失和当前不起诉制度的局限性，检察机关一般仅能针对犯罪情节轻微、涉案金额、社会影响较小的行贿案件作出不起诉决定，同时要求涉案企业及企业家需满足系初犯、偶犯、自愿认罪认罚等条件。对于可能处 3 年及以上有期徒刑的案件则必须依法提起公诉，检察机关只能做到建议法院作出从宽处罚，这种情况导致涉案企业缺乏推动合规整改的动力，无从实现对单位行贿案件的源头治理。

2020 年 3 月以来，最高人民检察院部署启动了企业合规不起诉制度改革试点工作，为检察机关办理单位行贿案件更新了司法理念，取得了阶段性成效，同时也面临一些争议。笔者认为我国可以借鉴国外暂缓起诉协议制度，因地制宜建立"本土化"单位行贿的附条件不起诉制度，针对于此，本文就企业合规视角下单位行贿案件附条件不起诉制度的必要性、可行性、困境和"治理"路径开展分析研究。

一、合规不起诉立法可行性分析

合规是指一个公司的经营行为必须遵守和履行法律法规、监管政策、行业准则标准、公司内部准则等所规定的各项义务和要求，本质上是要求企业从规章制度上建立合规政策与流程，进而推动和监督合规制度的实施和落实，从而保证企业的经营行为符合外部规范要求①。企业合规不起诉是指针对可能被提起公诉、具有建立合规体系意愿的涉罪企业，检察机关经审查同意，责令企业在一定考验期内完成合规管理体系的构建与执行，并根据验收情况作出不起诉决定的制度。

（一）认罪认罚从宽制度构建法理基础

《刑事诉讼法》第 15 条指出，对于自愿认罪认罚的犯罪嫌疑人、被告人可以依法从宽处理。认罪认罚从宽制度的主体包括自然人和单位，即允许企业通过认罪认罚的方式获得从宽处罚的刑事激励，这为企业合规不起诉的立法在程序法中找到制度支撑。在根据单位行贿案件特点建立企业合规不起诉制度时，要依托认罪认罚从宽制度，系统地建立对涉案企业从宽处理的法律规范。在实践中扩大涉案企业不起诉的范围和刑事制裁的门槛，对适用认罪认罚从宽制度的企业不再进行起诉；在办案程序上，通过少用、慎用查封、扣押等侦查手段减少对企业正常经营的影响；而相对应的是，企业需要在相对宽松的期限内，接受监督并建立完善的合规管理体系。目前，我国已经开展的合规改革试点也是源于认罪认罚从宽制度②，即合规从轻处罚与认罪认罚从宽的内涵在本质上具有一致性，依托认罪认罚从宽制度探索建立中国式企业合规路径被大部分专家学者和司法人员所接受。

（二）国外暂缓起诉制度提供路径参考

学界一般认为，企业合规管理起源于美国暂缓起诉协议制度，由检察机关与涉案企业

① 参见陈瑞华：《企业合规不起诉制度研究》，载《中国刑事法杂志》2021 年第 1 期。

② 参见曾磊、刘雪婵：《企业刑事合规不起诉的立法检视与路径考量》，载《证法学刊》2022 年第 2 期。

签订暂缓起诉协议，企业依照协议规定履行相应义务并推行合规整改，在考察期满结束后经验收通过则会宣告无罪不被起诉。美国的暂缓起诉协议制度赋予办案检察官一定的自由裁量权，也促使了企业、企业家主动参与刑事风险管理，虽然在实践中由于缺乏成文法依托，在出罪正当性上存在争议，但不可否认其在优化营商环境，促进经济法发展等方面取得了优秀成果，已逐渐被英国、法国、加拿大等国所接受，如英国的《反贿赂法》便将企业合规出罪进行明文立法①。因此，借鉴国外暂缓起诉制度，通过总结最高人民检察院合规不起诉两轮改革试点经验做法，提出建立涉企业犯罪附条件不起诉制度的立法建议，最终推推动相关立法修改是可行的。立法能够从源头上给予企业建立现代化合规管理体系的刑事激励，当然学者也要广泛研究国外制度存在的问题，清晰界定检察官的自由裁量权边界和企业合规管理义务，让企业合规不起诉制度发挥最大作用，转化为促进国家经济发展的强大治理效能。

（三）我国合规不起诉制度已有实践成果

2020 年 3 月，最高人民检察院在浦东等 6 家基层检察院部署开展了企业合规改革第一轮试点工作，次年 3 月二期改革又拓展了试点范围至北京、辽宁等 10 个省和直辖市，涉及 27 个市级检察院和 165 个基层检察院。改革试点工作受到社会各界高度关注，提高涉案企业的抗刑事风险能力，取得了明显成效。最高人民检察院《关于开展企业合规改革试点工作方案》中提出，我国要探索的企业合规制度是企业合规与依法适用认罪认罚从宽制度、不起诉制度以及检察建议的有效结合，同时，二期改革也明确提出要建立第三方监管机制。目前，各试点单位在坚定不移贯彻最高人民检察院司法政策精神的同时，也大胆探索了多样化的企业合规不起诉制度实施方案。例如，辽宁省人民检察院牵头十部门发布《关于建立涉罪企业合规考察制度的意见》，详细规定了合规不起诉制度的适用主体及适用条件，成为全国第一个由省级检察院发起，行政参与面最广的成果文件；深圳市宝安区人民检察院探索建立的独立合规监控人监管模式②，从律师事务所等中介组织选任第三方合规监控人，由企业支付合规监管费用，具有较高的实践指导意义。这些单位在企业合规不起诉改革工作中的探索和实践，为推动刑事合规不起诉立法提供了丰富的实践样本和宝贵经验。当然，先期的实践成果依然存在有适用企业规模较小、适用罪名较为保守、合规出罪正当性不足等困境，亟须通过刑事合规不起诉立法来解决和完善。

二、企业合规在单位行贿不起诉案件中的适用意义和困境

（一）企业合规在单位行贿不起诉案件中的适用意义

企业合规管理自诞生之初就与反商业贿赂存在密切联系，在我国，企业合规建设在各类型单位行贿案件中具有适用空间。

1. 推动构建预防企业贿赂犯罪的制度屏障。在企业贿赂犯罪中行贿与受贿行为往往

---

① 参见陈瑞华：《论企业合规的中国化问题》，载《法律科学》2020 年第 3 期。
② 参见陈瑞华：《企业合规不起诉改革的八大争议问题》，载《中国法律评论》2021 年第 4 期。

是一对一相对隐秘的，其特殊性常常导致办案机关取证困难，难以形成闭合的证据链条，即使在"坚定不移推进反腐败斗争"背景下，政商勾结、权钱交易等企业行贿犯罪现象仍长期存在。同时，企业及其管理人员在行贿犯罪被相对不起诉后，再次实施行贿犯罪时有发生。究其原因，一是在传统诉讼制度下，相对不起诉具备终局性法律效力，案件办结即代表诉讼流程的终结，一般情况下检察机关很难再对涉案企业进一步的监督与管控，以致于企业家认为犯罪成本低，继而铤而走险，造成再次犯罪的可能；二是即便检察机关在不起诉决定后制发合规建设检察建议，也缺乏刚性约束力，企业合规激励不足，企业家依然可能铤而走险再次通过行贿谋取经营优势。如果检察机关能够将企业是否推进合规建设作为附条件不起诉的关键因素，督促引导涉案企业主动建立反腐败管理制度，就能够对降低企业再次实施行贿犯罪的风险。

2. 积极促成各类企业反腐败治理的长效机制。数据表明，2016—2021 年期间，F 省检察机关受理的单位犯罪案件罪名分布比较集中，位列前五的包括虚开增值税专用发票罪，非法占用农用地罪，走私普通货物、物品罪，污染环境犯罪和单位行贿罪。前文分析，单位行贿罪具有隐蔽性强、再犯率高特点，企业及其管理者一旦通过行贿手段谋取到不正当利益和经营优势，便会难以摆脱权钱交易的依赖，从而对公职人员进行习惯性行贿和广泛性"围猎"。企业合规建设要求企业建立现代化管理结构、反腐败预防机制和企业文化，企业方被要求有计划对全体职工特别是企业经营管理者开展反腐败培训，主动监控、识别和降低商业贿赂风险。检察机关将涉案企业合规建设成果与是否撤销指控挂钩，与再次实施犯罪时能否从宽处理挂钩，企业便有了进行合规整改的刑事激励和动力，有利于筑牢各类企业反腐败治理的长效机制。

3. 深度融合"严管"与"厚爱"司法理念。最高人民检察院指出，检察机关办理涉企案件，既要抓末端处理，也要抓前端治理。抓前端治理就是帮助、监督、促使企业改过自新，推动企业合规管理，有效建立企业与企业员工间的"防火墙"，防止员工的个人犯罪行为演变为企业的单位犯罪行为。但在司法实践中，单纯的"严管"可能会使中小微企业因刑事追诉而陷入经营困境，粗暴的对涉案企业应用资产查封、扣押等侦查手段容易导致企业濒临破产边缘。然而单纯的"厚爱"则会因为对企业监管约束力不足，难以阻断企业从偶犯转为累犯，使单位行贿问题无法实现源头治理。"依法从宽"绝不是"一宽了之"，企业合规不起诉制度能够有效解决"打击还是保护"问题，实现"严管"和"厚爱"的深度融合，既为涉案企业提供了正当"出罪"路径，又能够有力监督企业回归合法经营道路，为检察机关参与社会治理，优化营商环境提供了有效的治理手段。

（二）企业合规在单位行贿不起诉案件中存在的困境

1. 如何准确界定企业家个人行贿和单位行贿。数据表明，在保护民营企业的大环境下，对于企业家单位行贿的处理明显宽松于其他犯罪分子①。司法实践中如何界定企业家个人行贿和单位行贿的问题一直存在争议，有的学者认为，只要是企业家从事的经济活动

———————
① 参见杨恩军、孙浩男：《我国企业家贿赂犯罪不起诉制度研究》，载《黑龙江省政法管理干部学院学报》2022 年第 1 期。

都代表单位意志，那么企业家的行贿行为都可认定为单位行贿；有的学者则持有否定态度，很多企业家是借公司空壳行贿，实际为谋取个人私利的活动，那么应当认定为个人行贿。在实践中，如何合理把握个人行贿和单位行贿的执法尺度是对检察官的一次考验。

2. 如何有效提高检察人员推动企业合规管理的动力。我国的检察官承担的是"法律守护人"的角色，首要职责是对犯罪的有效指控，而制发检察建议，推动企业合规管理，提高企业抗刑事风险能力就目前来看还是普遍被当做检察官工作的加分项。同时，检察官基本都缺乏企业管理经验，如何在繁重的办案工作现状下，提高检察人员推动企业合规管理的动力和能力是亟待解决的问题。

3. 如何正确把握合规案件及第三方机制适用条件。涉案企业合规承诺和合规计划是否可行，能否收到实效，建立有效的第三方监管制度是关键环节，也是本次合规不起诉改革中的一项创举。然而，部分单位依然存在对第三方机制"不会用""不敢用"的现象，检察官担心办案风险和司法责任，尤其是在一些较为复杂案件中不愿适用。同时，有的地方与行政机关、工商联沟通协调不够，相关部门对改革试点有不同的认识和顾虑，导致合规改革推进存在阻力。目前，F省单位行贿案件数量较少，第三方组织人员选任存在无"老兵"可用的尴尬局面，如何建优建强第三方监管机制是检察机关未来工作的一道难题。

三、单位行贿案件企业合规管理的"治理"路径探索

当前，最高人民检察院会同部分国家机关发布了很多企业合规指导性文件，但作为成文法国家，我国还没有对涉企业犯罪附条件不起诉制度专门的立法，合规管理工作没有明确的法律地位，合规出罪正当性受到部分学者的质疑。笔者认为，妥善处理单位行贿企业合规案件，需致力于以个案合规为突破口探索行业合规，联合相关部门打造"企业合规考察—系统排查漏洞—行业风险治理"模式，努力实现"办理一起案件、扶持一批企业、规范一个行业"的治理效果。我国仍有必要借鉴国外暂缓起诉制度，建立符合我国国情的单位行贿犯罪合规不起诉制度，并推动相关立法修改，在制度构建上需要重点关注适用对象，启动程序、考察期限和监督机制等。

（一）明确单位行贿案件附条件不起诉适用条件

对于单位行贿案件是否适用附条件不起诉，应该综合考虑企业家的认罪态度、企业犯罪"征信报告"以及案件应受刑罚等要素。第一，涉案企业应主动配合办案机关调查取证、积极认罪认罚，同时根据企业自身问题制订并推行合规整改计划，定期向检察机关汇报。第二，涉案企业在日常的生产经营中应表现良好，没有既往违法记录，未涉及严重行政处罚和民事纠纷。第三，加强对"专精特新"企业的保护，对于雇员多、社会贡献度高，破产后可能造成严重社会影响的企业，应优先适用合规不起诉。第四，合规不起诉一般适用于可能被判处3年以下有期徒刑、拘役、管制或单处罚金的涉案主管人员和其他直接责任人员；同时可参考辽宁省人民检察院实践做法，适当拓展现有的附条件不起诉适用范围，对于应当被判处3年以上10年以下有期徒刑，具有自首情节或者在共同犯罪中系从犯等情节的，也可以考虑适用合规考察制度；但对于犯罪情节严重，社会危害性极大的案件仍应依法提起公诉。

（二）明确单位行贿案件附条件不起诉的程序

在确定涉案企业适用附条件不起诉条件后，便应启动和实施合规不起诉程序。检察机关可以依职权启动或依申请启动对涉案企业启动附条件不起诉适用审查，应包括三种情况。第一，由企业家和辩护人依法主动向检察机关提出申请。办案机关将单位行贿案件移送检察机关起诉时，应明确告知涉案企业具有申请适用附条件不起诉制度的权利，有意向申请的企业应及时向检察机关提交申请书，详细说明案件情况、申请理由、补救措施以及合规整改计划。检察机关在收到企业适用合规不起诉申请后，对涉案企业开展全面审查，充分吸收办案机关、被害人和相关人员的意见建议，决定是否适用合规附条件不起诉。第二，由办案机关建议检察机关适用附条件不起诉。办案机关若认为涉案企业符合附条件不起诉并建议适用的，应在移送审查起诉过程中向检察机关提交建议书，建议书应详细说明在调查过程中了解的案件情况、涉案企业配合调查的积极性等内容，最后由检察机关决定是否适用合规附条件不起诉。第三，由检察机关依职权决定适用附条件不起诉制度。当单位行贿案件移交检察机关起诉，但涉案企业、办案机关均未提出申请或建议的，检察机关可以主动开展对涉案企业进行适用附条件不起诉审查。

当然，无论是以依职权启动或依申请启动适用附条件不起诉审查，检察机关在作出不起诉决定时，均应当邀请办案机关、被害人、涉案企业的其他员工等召开听证会，同时也要听取一些专家学者在经济、经营管理等方面的专业意见，为检察人员全面分析案件情况提供参考。需要明确，涉案企业申请理由、办案机关的建议内容以及听证会的结果不应约束检察机关最终是否适用附条件不起诉。同时，检察机关经审查认为单位行贿案件可以适用合规监管，应当商请第三方机制管委会启动并确定合规计划，要求涉案企业推进合规整改，明确整改要求、考察期限和考察内容。检察机关应制作附条件不起诉协议书，由企业、被害人（若存在）双方自愿签署，并在检察院公开网站上进行公示，再根据涉案企业在考察期内的合规整改情况、义务履行情况，检察机关最终决定是否作出附条件不起诉处理决定。

（三）明确单位行贿案件附条件不起诉的考验期限及内容

根据现行法规，未成年人犯罪附条件不起诉的考验期限为6个月以上1年以下，但由于涉案企业合规整改涉及建立反腐败制度、规范财务流程、加强人员管理、形成企业文化等多个方面，只有经过长时间的考察才能排除企业再犯罪的风险。为了兼顾合规成果和司法效率，笔者认为对于单位行贿犯罪的附条件不起诉考验期限可以参考某些地区规定刑事合规考察期，原则上为6个月至2年。

对于考察的内容，笔者认为应包括以下三个部分：一是企业的合规整改计划，由涉案企业提交，第三方组织对其可行性、有效性与全面性进行审查；二是企业合规与必要的经济、行政处罚相衔接，因其犯罪行为给国家或个人造成损失的，需进行赔偿，赔偿数额应由检察机关、企业家以及被害人协商确定；三是涉案企业应定期书面报告合规计划的执行情况。在考察过程中，若发现涉案企业或相关人员新的犯罪事实或正在实施新的犯罪，应提前中止合规审查工作，依据犯罪事实提起公诉。

（四）　明确单位行贿犯罪附条件不起诉的第三方监督评估机制

　　在单位行贿案件适用合规不起诉制度时，为了防止检察官权力滥用，避免"既当运动员又当裁判员"的情形，应当建立第三方监督评估机制①，这也是国家九部门联合发布的《关于建立涉案企业合规第三方监督评估机制的指导意见（试行）》核心精神。根据文件精神，关于第三方监督评估机制的商请启动、人员选任、监督评估工作程序和监督管理在相关政策文件中已有说明，本文不再赘述。需要明确的是，附条件不起诉是一种诉前程序，应始终坚持检察机关作为合规考察决策主体，但应将第三方组织考察结果作为检察机关依法处理案件的重要参考。F 省 J 市检察机关牵头构建以促进公司合规治理、探索行政监管激励和刑法正向激励为核心，相关司法机关、行政机关、律师协会共同参与的联盟模式，推动成立全国首家企业合规事务所，将分散的律师、会计师、税务师等人才进行整合，形成第三方监督人才库，就是一个很好的范本。

---

　　①　第三方监督评估机制是指检察机关在办理涉企犯罪案件时，对符合企业合规改革试点适用条件的，交由第三方机制管理委员会选任组成的第三方监督评估组织，对涉案企业的合规承诺进行调查、评估、监督和考察。

金融领域职务犯罪案件企业合规问题研究

陈　莉*

金融是国家经济的血脉，金融安全是国家发展经济的必要前提，党的十八大报告将金融业列为关系国家安全和国民经济命脉的重要行业和关键领域之一。为保障金融系统安全，维护社会主义市场经济体制的正常运行，我国出台了一系列政策、法律，从制度层面防范金融领域职务犯罪的发生。① 尽管如此，近年来金融领域的职务犯罪仍呈现高发态势，成为诱发区域金融风险、破坏国民经济健康发展的重要因素。笔者通过对金融领域职务犯罪案件的分析、研判，梳理出该类犯罪的特点和规律，进而探索在现有法律框架内如何搭建金融领域整治职务犯罪合规体系。

一、我国金融领域职务犯罪基本情况分析

金融领域职务犯罪是指银行或者其他金融机构中的工作人员，利用其从事金融相关业务的便利，或者滥用职权、玩忽职守，侵犯公共财产、破坏金融管理秩序或国家对职务活动的管理职能，依法应受到刑法处罚的行为。② 准确把握该类犯罪的特征、规律，是整治和预防的前提。

（一）金融领域职务犯罪的现状及趋势

中国司法大数据研究院、21 世纪经济报道和北京市京师律师事务所金融犯罪研究中心于 2021 年 2 月 1 日发布了《中国金融机构从业人员犯罪问题研究白皮书（2018—2020）》（以下简称《白皮书》）。白皮书以中国裁判文书网 2018 年 1 月 1 日至 2020 年 12 月 31 日期间公开的相关裁判文书为分析对象，进行深入挖掘和研究，展现了我国近年来金融领域从业人员的犯罪现状，其中就包括了部分职务犯罪的情况。另外，北京市于 2014 年发布了《北京市金融领域职务犯罪预防调查报告》③（以下简称《调查报告》），专门针对北京市 2009 年至 2013 年北京市金融领域职务犯罪案件进行分析，尽管距离现在时间较长，但仍有一定的参考意义。现结合两个调查报告进行分析，可以发现我国金融领域职务

＊ 天津市人民检察院第三分院第三检察部一级检察官。

① 慕平：《金融罪案深度调查——来自惩治和预防职务犯罪第一线的报告》，中国检察出版社 2008 年版，第 1 页。

② 刘赛英：《强机制建设防范金融职务犯罪》，载《金融经济》2011 年第 10 期。

③ 池强：《金融领域职务犯罪预防与警示》，法律出版社 2014 年版，第 1 页。

犯罪呈现出如下现状和发展趋势：

1. 职务犯罪高发，且以贿赂犯罪为主。《白皮书》根据中国裁判文书网已公开判决书显示，2018 年至 2020 年全国各级人民法院审结金融机构从业人员犯罪案件中，受贿罪 101 件，占比 6.42%，贪污罪 67 件，占比 4.26%。《白皮书》中涉及金融领域职务犯罪的数据应当是不完整的①，但已反映出该领域职务犯罪中以贪贿为主的特征。根据最高人民检察院在"强化金融检察，保障金融市场安全"新闻发布会上提供的数据，仅 2014 年 1 月至 2015 年 6 月，全国检察机关就立案查办金融领域职务犯罪案件 701 件 877 人，其中贿赂犯罪 453 人，占比 51.8%。②

根据《调查报告》显示，北京市检察机关自 2009 年至 2013 年共办理金融领域受贿案件 24 件，占比同期职务犯罪总数的 68.6%，呈现出与《白皮书》同样的特征。因此，打击金融领域的商业贿赂犯罪问题，降低腐败风险，是当前乃至今后很长一段时间的工作重点。

2. 渎职类犯罪突出，与贪贿犯罪伴生。除贪贿类犯罪外，金融领域从业人员伴生违法发放贷款、国有公司人员失职罪、国有公司人员滥用职权罪等渎职类犯罪问题突出。2020 年 8 月 7 日，枣庄市台儿庄区人民法院经审理认定某银行原董事长吕某伟构成贪污罪、国有公司人员滥用职权罪，判处有期徒刑 7 年；海东市中级人民法院于 2022 年 2 月 17 日一审认定青海省某管理局原巡视员、副局长王某构成贪污罪、受贿罪、挪用公款罪、国有企业人员滥用职权罪、巨额财产来源不明罪，数罪并罚，决定执行有期徒刑 18 年。尽管渎职类犯罪的量刑较之贪贿类犯罪轻，但造成的经济损失和社会影响并不小。譬如某银行曲靖分行高管违规放贷致使 1.5 亿元贷款无法收回，某银行延安宝塔区支行行长高某滥用职权帮助企业转移资金致银行损失 2000 万元。

金融领域职务犯罪呈现涉罪人员涉嫌罪名多、事实多的特征，反映了其所在金融机构甚至是行业领域存在多层次、复合型问题，治理工程庞大复杂。

3. 银行发案频繁，高管犯罪问题突出。根据《白皮书》统计数据，金融机构犯罪中银行占比 31.90%；《调查报告》显示，北京市 2009 年至 2013 年金融领域职务犯罪案件中51.43% 发生在银行。而根据最高人民检察院披露的数据，2014 年 1 月至 2015 年 6 月，检察机关立案侦查的金融领域贪贿案件中，涉及银行领域的高达 645 人，占立案总人数的73.8%。可以说，有效治理银行系统的贪贿渎职犯罪是金融领域犯罪预防的重中之重。

金融领域职务犯罪主要集中在单位或部门负责人。《调查报告》显示，涉案的 48 人中，行长、副行长 7 人，经理、司长、主任等部门负责人 23 人，项目负责人 5 人，以上人员占比高达 72.91%。

---

① 根据最高人民法院发布的《关于人民法院在互联网公布裁判文书的规定》（法释〔2016〕19 号）第 4 条第 5 项规定"人民法院认为不宜在互联网公布的其他情形"的，人民法院作出的裁判文书不在互联网公布。因此，《白皮书》以中国裁判文书网中的已公开判决书作为研究对象，存在数据收集不齐的情形，本文仅作参考。

② 《最高检：一年半查办金融领域职务犯罪 877 人 银行领域超七成》，载央广网，https：// finance. huanqiu. com/article/9CaKrnJPGYT，最后访问时间：2015 年 9 月 23 日。

因此，对金融领域的治理工作不能仅停留在针对中层和基层的法律风险防控，而是应该从制度层面自上而下加强对金融机构、特别是企业高层的监管防控。

4. 犯罪数额特别巨大，危害后果严重。金融机构的高管身居高位，权力大、影响广、犯罪破坏力强。2014 年至 2015 年 6 月，检察机关立案侦查的金融领域贪贿犯罪中，涉案金额在 1000 万以上的有 30 人，仅占立案人数的 3.2%，犯罪数额却达到了 20.1 亿余元。随着经济的发展，犯罪数额还在不断攀升。某公司原董事长赖某民受贿、贪污、重婚案中，涉案金额高达 17.88 亿余元；某银行原党委副书记、行长孙某顺受贿金额高达 9.795 亿元；某银行上海分院原党委书记、行长顾某明受贿达 1.36 亿余元；天津市本地查获的银行高管职务犯罪中，也存在受贿数额过亿的案例。

金融机构高管收受的巨额贿赂，对应的是数额更加庞大的谋利事项。行贿人往往由于融资困难而不惜花费巨额贿金，向金融机构高管行贿，企业最后无法按期还款，极易导致银行出现呆账、坏账。比如宁夏某石化集团自 2003 年开始向银行贷款融资解决企业发展资金问题，2018 年成立财务公司并获得《金融许可证》，通过同行拆借融资，在很短时间内获得同业银行数百亿授信。因某石化集团涉嫌票据诈骗罪，公司将进入破产清算程序，负债高达数百亿元，为其融资的银行损失惨重。

5. 关键环节易发案，授信审批、财务管理成焦点。《调查报告》显示，北京市检察机关查处的 35 起案件中，有 10 件发生在授信审批环节，9 件发生在财务管理环节，6 件发生在投资理财环节，占比达 71.4%。授信是银行贷款的前提，银行信贷审批部门首先对企业资质进行审核，通过各部门审批后对企业授信完成，并规定授信额度，企业可以在额度内申请贷款。在审批结束后、授信有效期内，企业可以办理相关信贷业务。同样的，财务管理、投资理财也都是金融机构的核心业务领域，直接关系到大额资金的使用和配置。权力的对面隐藏着巨大诱惑，这些环节是金融领域职务犯罪的高发地带，相关部门和从业人员应当接受更加严密、科学的监督管控。

（二）金融领域职务犯罪案件的重难点

通过大数据报告，可以初步了解我国金融领域职务犯罪的案发情况，包括行业、罪名、环节等。金融领域职务犯罪的预防惩治问题还是需要通过合规整改来解决。刑事合规整改是放在案件中来处理的，因此我们还需要进一步了解金融领域职务犯罪案件办理中的各类问题，为合规整改厘清思路、扫清道路、指明方向。笔者认为，该类案件的办理存在以下重难点问题：

1. 作案手段隐蔽，以业务为"名"行犯罪之"实"。金融领域的职务犯罪较之其他领域而言，具有更加隐蔽的特征，行受贿手段非典型化，渎职类犯罪专业度高，给监察机关、司法机关办案带来障碍。

特别是在行受贿案件中，金融领域的贿赂犯罪无论是谋利事项还是收受贿赂，都存在隐蔽性的特点。笔者办理过一起银行高管受贿案中，被告人系某银行副行长，他利用职务便利帮助多个用款企业从本行及其他银行融资。在谋利事项方面，包括了银行的各类核心业务，比如帮助这些企业获得或提高授信额度、融资、展期等，谋利事项与银行核心业务紧密结合；在收受贿赂的方式上，被告人私自设立由其实际控制的中介咨询服务公司，以该公司名义与用款企业签订服务协议，通过为贷款企业和银行之间搭建融资"通道"或提供所谓"财务顾问服务"的方式，以"通道费""财务顾问服务费"或"降低利率费"等名义收受用款企业巨额好处费，收受贿赂行为与融资服务合二为一。这样的贿赂犯罪手段，由于具有高度的专业性、隐蔽性和常态性，办案机关难以把握和辨别，甚至实施犯罪的金融机构从业人员都会"掩耳盗铃"地认为自己的行为是业务操作，并非犯罪行为。另外，金融领域的行贿犯罪中，因为"中介机构"和资金"掮客"的存在，往往行贿的用资企业和收受贿赂的金融机构高管之间互不相识，甚至用资企业将行贿行为归结为"融资成本"，这类犯罪中行受贿对合性不明显，办案机关需要下功夫分析论证行贿方和受贿方的对合性问题。对该类行为的整改，也需要破除行为的表象，准确认定并铲除该利益链存在的土壤。

因此，监察机关、司法机关在办理金融领域职务犯罪的过程中，要格外注意在深刻掌握相关领域业务运行规则的基础上，突破所谓"业务行为"的表象，精准把握该行为职务犯罪的本质。对涉案企业启动合规，检察官首先就需要准确把握案件的事实和证据，在此基础上才能考虑是否启动合规和如何开展合规的问题。

2. 刑民交叉突出，刑事案件的处理牵涉民事问题。金融领域的职务犯罪往往涉及刑民交叉问题，刑民之间既紧密关联又相对独立，刑事案件的处理要充分考虑后续民事问题的解决。金融机构涉刑民交叉要解决两个核心问题：一是合同的效力问题，即合同是否有效直接关系到刑事案件的罪与非罪；二是合同效力的归属问题，即当金融机构员工涉嫌犯罪时，其为从事犯罪活动而以金融机构名义签署的协议效力是否归属于金融机构，金融机构是否需要为经济损失担责。[①] 在资产业务比如贷款业务中，争议焦点在于银行自身的过错能否成为债务人特别是担保人免责或减责的事由；在负债业务、中间业务和表外业务中，争议的焦点在于银行员工的个人犯罪行为是否被认定为银行的表见代理，银行是否承担相关责任等。

笔者在办案中发现，金融机构在印章管理、文件管理、场所管理、交易惯例、尽职调查、实地面签、贷后检查等环节易发生法律风险。这类刑民交叉问题中，行为人身份会直接影响金融机构的民事责任问题。实施犯罪的人员系银行行长、银行副行长、部门经理或一般普通职员，其犯罪行为衍生的民事法律后果能否及于所在银行，关键是看其职权的范围及相对人是否已尽到合理注意义务。办理该类案件，监察机关、司法机关要注意把握刑案衍生出来的民事问题，办理刑事案件的同时，要充分考虑民事问题的妥善解决。

3. 案件管辖争议，牵扯多区域地方金融安全。金融机构的业务具有受众面广、业务范围宽、跨区域作业的特点。截至2020年末，全国银行业金融机构不良贷款余额高达3.5万亿元，不良贷款率为1.92%。[②] 笔者在办案中发现，一些地方农信社因资质问题，某些

---

① 王真、郑杰、于胜：《调研刑民交叉案件中金融机构常见过错类型及其法律风险》，载天同诉讼网，https://mp.weixin.qq.com/s/smxb1nCwcbtaGn51Ek4rdg，最后访问时间：2019年5月10日。

② 肖世清：《央行发布区域金融运行报告：进一步健全金融风险预防、预警、处置、问责制度体系》，载每日经济新闻网，最后访问时间：2021年6月8日。

业务无法跨区域展开，为谋取利益，甚至会采取"变通"手段，通过同业业务实现扩张。2017年，银监会发布53号文《关于开展银行业"不当创新、不当交易、不当激励、不当收费"专项治理工作的通知》，进一步加强对银行同业业务的管理监控。在这些银行开展"不当创新"的同时，各地金融机构特别是中小银行犯罪迭发，造成区域金融风险。

金融机构的业务对象来自全国各地，同时犯罪行为人可能涉嫌多个罪名、案件涉及多起事实、存在多个被害单位或被害人，这样就导致一旦发生刑案，往往多地方法院都具有案件管辖权。为了推进民事问题的解决，往往会发展成案件管辖权的多地争议，非常容易就出现跨省管辖权异议，需要由国家监察委员会、最高人民检察院和最高人民法院这一层面去协调、指定。

金融领域职务犯罪及衍生的普通刑事犯罪极易引发区域金融风险，完善金融机构特别是中小银行的公司治理、内控管理和反腐机制仍是未来的工作重点和难点。

通过分析金融领域职务犯罪的现状、特点，以及研究该类案件办理的重难点问题，我们发现金融领域的合规整改已经到了"箭在弦上不得不发"的地步。我国目前存在对金融领域进行合规整改的迫切需求。

二、我国金融领域企业合规的必要性与困境

随着我国经济的蓬勃发展，经济体制和金融体制的改革也在逐步深化。合规改革是我国近年来的热点，它不仅是传统意义上的企业守法，更体现了现代社会发展的方向和趋势。近年来，金融领域职务犯罪频发，涉案数额记录不断刷新，其危害后果、涉及层面、社会影响远高于一般国有企业的职务犯罪，对金融机构进行合规整改，符合我国经济长远发展的价值需求。尽管碍于我国企业合规实践刚刚起步，在制度层面、规定层面和实践层面仍然存在矛盾冲突，但瑕不掩瑜，我国存在金融领域合规整改的肥沃土壤和充足准备。

（一）我国金融领域企业合规的必要性分析

金融行业具有撬动一国经济"伟力"的同时，也容易因为力量的监管不足而产生巨大的破坏力。鉴于金融领域职务犯罪容易诱发"多米诺"骨牌式金融风险，对金融机构甚至是金融行业中存在的贪贿风险、渎职风险进行合规整改势在必行。

1. 多层次监管疏而有漏，合规整改可"亡羊补牢"。我国的金融监管体系从改革开放以来就在不断的完善中，现已形成四个层面的防控系统：一是国家层面的专门立法，如商业银行法、证券法等；二是国家设立专门的监管机构，比如，2018年国家机构改革前的"一行三会"，即中国人民银行、银监会、证监会和保监会，2018年国务院机构改革后，将银监会和保监会合并为中国银行保险监督管理委员会，即"一行二会"，2023年国务院在中国银行保险监督管理委员会基础上组建国家金融监督管理总局；三是金融监管机构授权的行业自律组织，例如证监会授权中国证券投资基金业协会作为证券投资基金行业的自律组织；四是金融机构自行制定的企业管理制度，实现内部的监督管理。除专门立法和专业机构监管外，中央还发布了系列重要文件，对金融业务进行进一步规范（见表1）。

表1　我国对金融业务进行规范的部分文件

时间	发文单位	文件	内容
2010 年	国务院	《关于加强地方政府融资平台公司管理有关问题的通知》（国发〔2010〕19 号）	对融资平台进行清理与规范
2012 年	财政部等	《关于制止地方政府违法违规融资行为的通知》（财预〔2012〕463 号）	对融资平台的行为予以约束
2014 年	国务院	《关于加强地方政府性债务管理的意见》（国发〔2014〕43 号）	要求加强地方政府性债务的管理
2018 年	财政部	《关于规范金融企业对地方政府和国有企业投融资行为有关问题的通知》（财金〔2018〕23 号）	从规范国有金融企业行为的角度要求加强地方政府性债务管理

　　尽管如此，金融领域的犯罪还是时有发生。笔者认为，原因主要有三个方面：一是法律规定具有滞后性，而金融业的发展速度及相关人员涉金融犯罪手段的不断更新；二是行业管理存在漏洞，金融业工作内容丰富、专业度高，行业管理并不能兼顾方方面面；三是违法利益巨大导致金融从业人员铤而走险，金融领域的贪贿犯罪数额较之国家机关工作人员犯罪或其他行业的国企工作人员犯罪，犯罪数额更大、犯罪手段更隐蔽。

　　对于金融机构的风险防控，特别是反腐败反渎职风险体系的建立，不能仅仅依靠外部监控，而需要建立起自内而外的风险监控体系，不仅要有公司自己制定的内部制度，对于被牵涉进涉企犯罪的金融机构，在处置犯罪人员的同时，还需要启动合规计划，完善、改进金融机构的公司治理结构，特别是建立刑事风险防控的"吹哨人"制度①。另外，合规工作是一个不断持续的过程，检察机关通过启动第三方机制对金融机构进行监督整改，还可以联合第三方机制管委会通过合规结束后的回访制度不断动态观察金融机构的合规落实情况，并适时建议其进行可持续的合规调整。

　　2. 专业监管机构腐败问题频发，行业合规刻不容缓。金融领域的职务犯罪问题，不仅仅发生在具体的金融机构，其上级专业监管机构工作人员同样也存在腐败风险。原银监会某监管局党委书记、局长薛某宁在行政许可、办理贷款、业务承揽、设立和入股村镇银行等方面为他人谋取利益，收受 37 家单位和个人财物折合人民币 4 亿余元②；原中国银监会党委委员、主席助理杨某才受贿折合人民币 2308 万余元，巨额财产来源不明 3159 万余元③；中国证监会某监管局原党委书记、局长毛某华为有关单位在申请发行股票审核、

---

　　① "吹哨人制度"，也叫"吹哨人"法案，即知情人士的爆料制度。作为知情的内部人员能够尽早发现问题、吹响哨声，大幅度降低监管成本，对不遵纪守法的企业可起到堡垒从内部攻破的作用。"吹哨人法案"源自美国，它允许个人或者某团体对于接受过美国联邦政府和地方政府资助的企业或者是相关的受益人进行查处，如果品质不合可提起诉讼，如果是自己调查后由司法部提起诉讼，个人可得到赔偿金额的 15%—25%。（来源：搜狗百科）

　　② 王梦萦：《原银监会某监管局党委书记、局长薛某宁犯受贿罪案一审开庭》，载《中国银行保险报》2021 年 5 月 12 日。

　　③ 孙璐璐：《判了！原银监会主席助理杨某才被判 16 年！受贿 2308 万与 3159 万巨额财产来源不明，两罪并罚》，载券商中国，最后访问时间：2018 年 7 月 26 日。

案件调查等方面谋取便利，受贿折合人民币 4734 万余元①。

随着我国金融行业的发展，专业监管机构的职能也愈发重要。他们集制定规章制度、行政审批和行政执法三项职能于一身，既是规定的制定者，又是规定的监督者和评价者，权力非常大。专业监督机构对金融机构的监管内容丰富，从设立到终止、从业务范围到违规处罚，面面俱到。可以说，监管机构把握着金融机构的"命脉"。在缺乏外部监督的情况下，金融监管机构的内部监督能力不强，金融监管部门的专业化、精细化特点，使得其内部的纪检部门难以进行有针对性的监督和查处。对监管机构进行合规整改，对"监督者"施加强有力监督，是金融领域实现有效合规的大前提。因此，金融领域的职务犯罪合规问题，应当上升到行业合规的高度。

3. 金融企业涉外合规风险突出，涉外合规亟待解决。近年来，我国金融企业逐渐走出国门开展涉外业务。截至 2017 年年末，我国金融机构对外直接投资金额高达 2344.49 亿美元②。金融企业走出国门的同时，涉外合规成为重点课题，甚至可以说，金融企业合规管理已成为境外市场准入的门槛。

反腐败合规是涉外合规中非常重要的组成部分。1977 年，美国国会通过《反海外腐败法》，将贿赂外国政府公职人员以获取回报或业务的行为视为违法行为。金融企业工作人员在涉外业务中存在行受贿行为，所在企业有可能被该国列入黑名单，处以巨额罚款并勒令合规。为防范潜在的涉外金融风险，中央发布了系列文件。2017 年，中国银监会发布《关于规范银行业服务企业走出去加强风险防控的指导意见》（银监发〔2017〕1 号），旨在规范银行业服务企业涉外业务，强化涉外金融服务中的风险防控能力；2018 年，国资委印发《中央企业合规管理指引（试行）》（以下简称《合规管理指引》），并陆续编发反垄断、出口管制、反商业贿赂等系列合规指南。尽管如此，我国企业合规起步晚，专业人才缺乏，涉外合规仍面临巨大压力。金融领域职务犯罪案件合规与涉外合规紧密关联：职务犯罪案件合规就包括了对企业涉外过程中发生的贿赂渎职案件的合规；职务犯罪案件合规也为涉外合规提供经验和人才储备。

（二）当前我国开展金融领域企业合规的困境

我国企业合规的实践已经有一段时间，国资委于 2018 年 11 月 2 日推出《合规管理指引》，同年 12 月 26 日中央七部委联合发布《企业境外经营合规管理指引》，2019 年 12 月 4 日中共中央、国务院发布《关于营造更好发展环境支持民营企业改革发展的意见》。自 2020 年 3 月开始，最高人民检察院分两期启动为期两年的企业合规试点，并于 2022 年在全国铺开企业合规改革。根据现有机制文件、改革试点情况，笔者认为，目前在我国开展金融领域企业合规还存在一些难点和堵点，需变通解决。

1. 金融领域职务犯罪案值高、社会影响大，启动合规难度大。根据最高人民检察院会同司法部等八家单位联合出台的《关于建立涉案企业合规第三方监督评估机制的指导意

---

① 石慧、孙佳：《被控受贿 4700 余万，中国证监会某监管局原局长毛某华今受审》，载微信公众号"山东高法"。

② 应兆祥：《加强金融企业涉外业务合规管理》，载《中国金融》2018 年第 16 期。

见（试行）》（以下简称《指导意见》）第 4 条规定，对于同时符合认罪认罚从宽制度、企业正常生产经营具备启动第三方机制基本条件并承诺建立或完善企业合规制度、涉案企业自愿适用第三方机制这三个条件的，可以适用合规。《指导意见》第 5 条规定了 5 种例外情形，其中第 5 项是"其他不宜适用的情形"。根据《指导意见》的规定，并不排除金融企业对合规的适用，但实践中，有的地区直接援引了"其他不宜适用的情形"，对金融领域的职务犯罪暂时不适用合规。

2. 刑事激励机制的局限性，导致职务犯罪案件合规无从下手。企业和企业家之所以自愿参与合规工作，检察机关之所以成为企业刑事合规的牵头部门，恰是因为合规达标后对应的刑事激励机制对参与合规的涉案企业、企业家的吸引力。根据《指导意见》第 14 条的规定，第三方组织合规考察结论、合规计划、书面报告等，均是检察机关作出是否逮捕、起诉、改变强制措施、提出量刑建议或检察建议、检察意见的重要参考。

我国金融领域职务犯罪案件适用合规的刑事激励不宜落实，原因包括三个方面：一是金融领域职务犯罪案值高、社会影响大、重刑比率高，即使启动合规，检察机关也无法对涉嫌犯罪的金融机构工作人员采取非羁押强制措施、不起诉、适用缓刑等；二是我国针对国企案件采取放过企业、重惩自然人犯罪的双轨政策，国企管理模式有别于民营企业，企业家入刑并不动摇国企根本，国企人员犯罪难以获取从宽处理；三是金融企业涉职务犯罪后极少作为单位犯罪被监察机关立案调查，往往以自然人犯罪立案后移送检察机关，检察机关发现金融企业存在合规风险后，难以启动合规、即使启动后也无法实现刑事激励机制。

3. 金融领域专业性极强，合规整改难度相当大。金融行业是专业度非常高的行业，专业术语多、行业操作规范多、内部管理制度纷繁复杂、各时期政策变动大，非金融从业人员难以发现、把握涉案金融企业的实质问题，对其启动合规监督评估更是无从提起。

检察机关办理该类案件就面临以上问题。笔者办理的一起农商行副行长涉嫌受贿的案件中，犯罪嫌疑人利用单位的合同章和自己的人名章为其他银行签订远期回购协议，其中就涉及银行的印章管理、使用权限、同业业务与非标业务、面签规程、审批流程等专业问题，犯罪嫌疑人和其他银行利用银行漏洞实施违法行为，如对该银行启动合规，就势必要对这些工作流程存在的问题进行反思和整改。对金融企业启动合规，无论对于检察机关，还是承接监督评估任务的第三方组织，都是非常大的挑战。

三、我国金融领域职务犯罪案件合规路径的探索

尽管金融领域的职务犯罪案件合规在实践中还很少见，但鉴于金融行业的特殊地位、金融企业合规的迫切需求，金融领域职务犯罪案件的合规整改势在必行。笔者认为可从以下几个层次探索如何对涉案金融企业进行合规整改（见图 1）。

（一）合规前置：涉案金融企业附条件不移送审查起诉

笔者在文中已经提到，金融领域职务犯罪案件难以适用合规的一个重要原因就是监察机关对单位很少立案处理，往往简单按照自然人犯罪处理。特别是单位行贿案件中，监察机关经常仅处理受贿人，而将行贿人放在证人的诉讼地位。如果行贿受贿不能做到"一起

```
                              ┌─ 合规前置：涉案金融企业附条件不移送审查起诉
              ┌─ 合规程序设置 ─┤
              │               └─ 案后合规：涉案金融企业案外合规的程序选择
              │
              │               ┌─ 检察队伍：打造既懂金融又会办案的专业团队
              │               │
              ├─ 合规队伍建设 ─┼─ 第三方组织：建立洞悉金融机构漏洞的人才库
              │               │
              │               └─ 中介机构：鼓励涉案金融企业外聘合规专业团队
              │
              │               ┌─ 监管核心：加强对领导干部的权力监督和风控
金融领域职务犯 │               │
罪案件合规体系 ─┼─ 关键节点整改 ─┼─ 流程监控：强化对关键环节的监督审核和评查
              │               │
              │               └─ 培育文化：形成健康的企业文化提升自我认同
              │
              │               ┌─ 由点及面：通过个案合规摸索普遍性问题规律
              │               │
              ├─ 监管机构合规 ─┼─ 风控报告：根据阶段性成果形成刑事风控白皮书
              │               │
              │               └─ 行业合规：发现普遍性问题适时启动全行业合规
              │
              │               ┌─ 评价体系：建立包含合规指标的企业评价体系
              └─ 社会治理体系 ─┤
                              └─ 无罪抗辩：包含企业评价指标的无罪抗辩事由
```

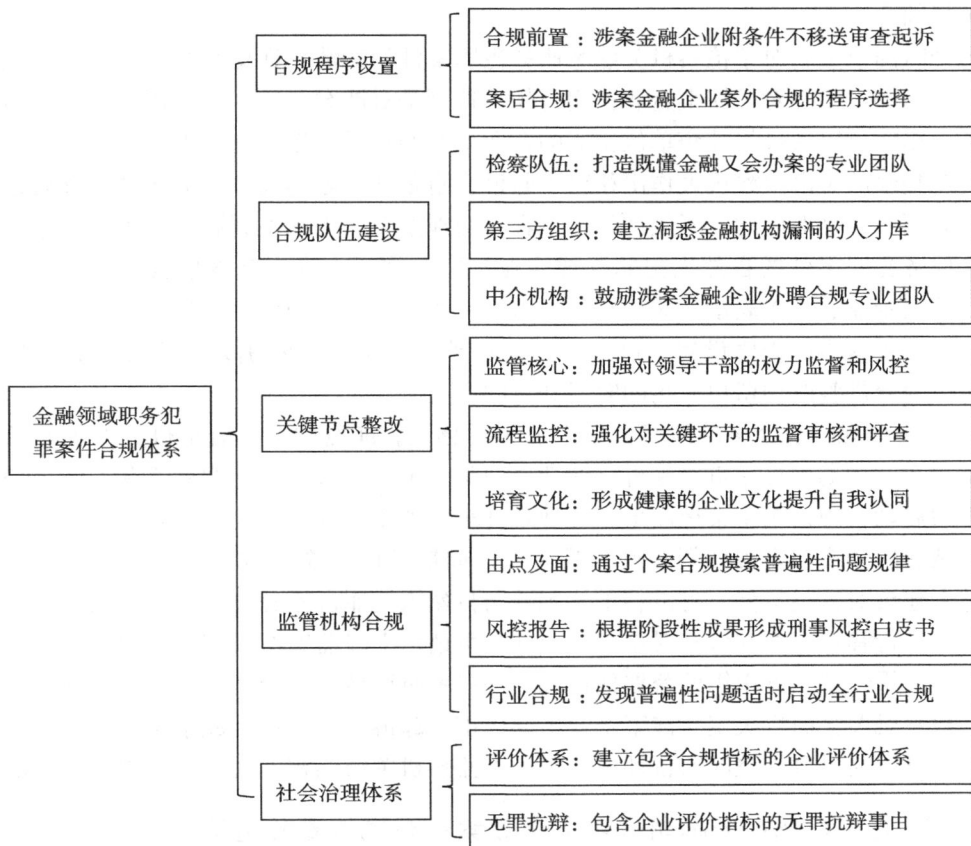

图 1 金融领域职务犯罪案件合规体系

抓"，涉案金融企业被置身事外，合规整改将无从提起。因此，笔者认为欲抓好金融领域职务犯罪案件的合规整改，首先就必须做好监检衔接，鼓励监察机关也投身到合规改革中来。笔者认为可以从以下几方面入手：

1. 精准把握合规中"涉案企业"的内涵、外延，能用尽用。针对何为"涉案企业"，存在两种不同观点：一种观点认为，只有涉嫌单位犯罪的企业才是"涉案企业"，才有参与合规整改的必要；另一种观点认为，除了涉嫌单位犯罪的企业外，企业工作人员实施的犯罪与该企业生产经营活动密切相关的，也应当认定为"涉案企业"。《指导意见》第 3 条采纳了第二种观点。

明确了"涉案企业"的内涵和外延后，检察机关应当加强与监察机关的沟通，在强调行受贿一起抓的同时，商请监察机关关注金融领域职务犯罪中的单位犯罪问题，对于涉案金融企业，由检察机关与检察机关会商后听取涉案企业意见，决定是否对其启动合规。

2. 设置涉企职务犯罪案件的提前介入环节，能用早用。最高人民检察院于 2019 年初印发了《人民检察院提前介入监察委员会办理职务犯罪案件工作规定》。根据规定，需由监察机关审理部门在案件进入审理阶段后、调查终结移送审查起诉 15 日前，书面商情检察机关提前介入。

这个时间节点，对于检察机关熟悉职务犯罪案件的案情、证据并初步提出补证建议等是基本够用的，但是对于涉案企业适用合规，特别是对涉案金融企业适用合规，时间就不够用了。尽管可以通过将涉嫌单位犯罪的企业立案调查后移送审查起诉，在审查起诉阶段完成合规整改后再由检察机关作出相对不起诉或附条件不起诉处理，但无疑从诉讼经济及合规初衷而言，是滞后的、不经济的，也容易给涉案企业带来不利影响。因此，笔者建议在涉企职务犯罪案件的自然人犯罪（或企业）被立案后，查实基本事实并固定相关证据后，如涉案企业、个人表示认罪认罚的，监察机关即可就是否启动合规的问题商请检察机关介入。通过这样的程序设置，可以尽可能早地对涉案企业特别是涉案金融企业启动合规，可以为合规整改预留出充足的时间和空间。

3. 针对合规整改合格的涉案金融企业不予移送，能宽则宽。监察机关办理职务犯罪案件从立案、延期到移送审查起诉，周期一般是 6 个月。如果在立案后不久即商请检察机关介入后启动合规，对于案情简单、合规难度小的涉企案件，时间应该是充裕的。但对于案情复杂、启动多项合规计划、整改难度大、周期长的涉企案件，时间就有可能不够充足。笔者建议对这类案件，可以将单位犯罪与自然人犯罪诉讼分离：将自然人涉嫌职务犯罪的部分先行移送审查起诉；对单位犯罪部分可请示上级监察机关同意，继续完成合规整改任务，如果经第三方组织监督评估达标，并参考听证情况、合规整改相关资料，由监察机关与检察机关会商后决定对涉案企业不移送审查起诉。对于不构成单位犯罪的其他涉案企业，也可以通过合规整改监督评估达标，由监察机关协调相关主管部门减免行政处罚。

（二）案后合规：金融领域职务犯罪案件合规后置的选择

传统意义上的企业刑事合规，是指在案件进入诉讼流程后，由检察机关主导的、由第三方机制管委会指派第三方组织进行合规监督评估，最后由检察机关根据评估结果、参考合规整改资料等决定对涉案企业、个人是否作出从宽处理的制度，即企业刑事合规是发生在诉讼过程中的。笔者认为，针对金融企业的合规监管，也可以另辟蹊径，在案件办结之后另行启动合规，变短期合规整改为长期可持续合规改进。

1. 部分金融领域职务犯罪案件结案后合规的必要性。笔者之所以提出在诉讼完结后启动金融企业合规工作，是源于以下几点考虑：一是金融领域职务犯罪案件办理难度大，监察机关和检察机关办理案件需要耗费大量精力，刑民交叉问题凸出，难以留出时间和精力用于企业合规工作；二是该类案件案值高、社会影响大，监察机关和检察机关对于该类案件是否适用合规、是否会造成不良的社会影响甚至引发舆情存在顾虑，在诉讼过程的风头浪尖时刻启动合规，存在时机障碍；三是快审快结的诉讼要求，该类案件往往还牵扯民事纠纷，民事问题的解决还留待刑事案件的判决，对案件办理有快审快结的需求，与企业合规的长周期存在冲突。基于以上三方面考虑，对于部分金融领域职务犯罪案件，检察机关留待案结事了、舆论风波平息后再行启动合规，应该更加适宜。

2. 案后合规需要注意的事项及检监（第三方监管）衔接问题。检察机关在案件处理完毕后，对涉案金融企业启动合规也是有法律依据的，行使的职权是检察机关参与社会治理的法律监督职能。笔者认为，需要从以下方面打通案后合规的通道：一是选择适合的涉案金融企业适用案后合规，对于已经构成单位犯罪并被移送审查起诉的金融企业当然应当在诉讼程序中启动合规，以换取相对不起诉或附条件不起诉的刑事激励，案后合规仅适用于未构成单位犯罪或即使构成单位犯罪但监察机关未立案处理的金融企业；二是注意在诉讼过程中就与涉案企业沟通案后合规问题，检察机关案后启动合规不能是即兴而为，而应该是通过慎重长远规划后的决定，检察机关如果确定在结案后适时启动合规，需要事先在诉讼过程中就与金融企业负责人充分沟通、协商确定启动的时间、监督方式等；三是注重与第三方监管委员会的衔接，现有机制文件仅规定了办案过程中检察机关与第三方机制管委会的工作衔接机制，需要另外签署文件对案后合规的职责分配、衔接办法进行规定。

3. 以长期合规理念取代短期合规目标，以协作代整改。案后合规与诉讼中合规的明显区别，就在于刑事激励机制的缺位，检察机关需要转变合规办案中监督者、处置者的角色，转变为协助企业完成内部合规的帮助者角色。笔者认为有以下几点需要强调：一是变短期合规整改为长期合规合作，检察机关和金融企业之间可以通过第三方合规管委会搭建合规平台，通过长期的考察、跟踪、回访等方式，随时动态监控企业的合规落实情况，排除新发生的法律风险；二是刑事合规与企业内部治理合规相结合，在预防职务犯罪风险的同时，注重提升企业治理结构和治理能力，帮助企业实现可持续发展。

通过以上工作，检察机关可以解决对涉案金融企业案后合规的难点和堵点问题，顺利实现案后合规，尽可能帮扶涉案金融企业，达到合规目标。

（三）队伍建设：办案队伍与合规监管队伍双"专业"

金融领域合规较之普通行业合规，对检察官、第三方组织成员提出了更高要求，其要求办理刑事案件的检察队伍和完成监督评估的第三方组织队伍具有极高的专业性，对能力和经验要求很高。因此，笔者建议各地打造办理该类刑事案件和合规案件的专门化队伍。

1. 挑选及培养一支既懂金融又精办案的专业检察队伍。金融领域的职务犯罪案件合规，需要检察官既熟悉职务犯罪案件的办理工作，又擅长金融犯罪案件的处理，还得具有比较深厚的金融专业知识。检察官只有深刻掌握犯罪嫌疑人在金融过程中的职务犯罪手法，才能穿透该行为的表象，透析该行为的犯罪实质。打造这样一支复合型的专业检察官队伍，需要从选人、用人、养人三方面入手。

检察机关除了从成熟的公诉人中挑选具有复合办案背景、学历背景的检察官加入这支队伍外，还可以通过定点培养的方式，将优秀的检察官苗子送到知名高校进行委托培养，即针对金融犯罪、职务犯罪、金融专业知识、合规理论实务等进行系统授课、实践训练。学习期间，学员可安排至金融机构实习，熟悉并掌握金融机构的运作规律，为今后的案件办理打好基础。

2. 搭建及组建一个深谙金融企业经营漏洞的专业人才库。根据《涉案企业合规第三方监督评估机制专业人员选任管理办法（试行）》（以下简称《选任管理办法》）规定，第三方机制管委会根据合规需求，从律师、注册会计师、税务师、企业合规师、相关领域专家学者等人员中根据报名情况挑选进入名录库，针对具体企业合规的需求，随机抽取组成第三方组织完成合规监督评估等工作。

笔者认为，金融领域的合规工作具有高度专业性，且需要丰富的金融合规经验，可在名录库中再细化组建一个"金融合规专家名录库"。如果金融企业与其他企业同时启动合规，该名录库中的专家优先办理金融领域合规案件。

另外，为提升该名录库中专家办理金融合规案件的水平，可由第三方机制管委会组织培训，开展业务交流，汇总监督心得，就税务、反垄断、商业贿赂与职务犯罪、商业秘密与信息安全、资质获取与政府审批等相关领域专业知识和技能进行充分储备①。此外，因金融领域职务犯罪合规工作难度大、周期长，可适当增加第三方组织成员的报酬。

3. 鼓励涉案金融企业聘用高水平专业中介机构帮助合规。根据《指导意见》，涉案金融企业需要向第三方组织提交专项或多项合规计划，第三方组织和检察机关审核并提出修改意见后，涉案金融企业根据合规计划进行整改。一般来说，金融企业都有自己的法务部门甚至合规团队，具有制订合规计划的能力。但考虑到"只缘身在此山中"的局限性，检察机关应同意并鼓励涉案金融企业聘请具有丰富的金融合规经验的专业中介机构协助完成高质量的合规计划。

根据《选任管理办法》，第三方机制管委会的名录库具有鲜明的地方属性，非特殊情况下，第三方组织成员都是就地取材。一线城市可能不存在金融合规人才匮乏的问题，但一些偏远省市，就会面临金融领域职务犯罪案件合规无从下手的困局。这种情况下，涉案金融企业可聘请全国范围内的知名合规中介团队协助合规，尽可能保证有效合规的实现。

（四）合规重点：梳理金融职务犯罪关键环节并排除风险点

金融领域职务犯罪具有隐蔽性，摸清金融企业中涉案流程节点和权责分配，抓住核心关键，才能在金融企业纷繁复杂的治理架构中找到整治对象。

1. 加强对金融企业领导干部的工作监督和廉政风控。根据金融领域职务犯罪特点分析，金融企业领导干部职务犯罪问题凸出，所占比例高、所犯案值大，这源于金融企业内部权力过于集中、内外部监督不到位所致。近几年来各地农商行贪贿渎职犯罪高发，多名行长、副行长和部门领导涉罪，这些领导干部拥有对数以亿计资金使用的审批权，在担任银行领导的同时，还担任银行内部专业委员会的重要职务，对重点项目拥有投票权和否决权，可谓把握住了用资企业的"命脉"。缺乏监督的权力犹如出笼的"猛兽"，在大肆敛财的同时，他们中的一部分人还产生了"借"单位的钱"发展"自己"事业版图"的想法。天津某银行的副行长方某，利用资金拆借等方式为自己伙同他人收购异地商业银行股份提供便利；某银行广东省开平支行行长许某凡伙同副行长余某东、业务经理徐某俊挪用银行资金 4.83 亿美元进行外汇交易，并将资金转移到三人在香港设立的公司。

对金融企业进行合规，建立反腐败风控机制，必须将建立对金融企业领导层和中层的廉政风控机制作为合规重点。笔者认为应当从三个方面建立、完善：一是强化对领导审批权的监督和制约，要求审批环节中的各个节点必须实质审查、责任到人，金融机构内部专业委员会发挥实质作用，建立并落实违法违纪问题"吹哨人"制度，要求领导层主管部门定期轮换、业务主管定期轮岗；二是加强对领导干部的资产汇报和调查，注重对领导干部及其亲属经营公司或找他人挂名经营公司的情况调查，预防出现损公肥私、"借"钱经营

---

① 赵小侗：《浅析金融企业合规管理》，载 https：//mp. weixin. qq. com/s/UXFvDy5RHj33f2t6ZI4aAQ。

的情况发生；三是强化领导层的廉政教育，加强对领导干部和中层干部的法律意识培养，明确正常履职与违法违纪的界限。

2. 注重对工作流程中重要节点的监督审核和评查。金融领域职务犯罪中的谋利事项，多发生在授信审批、融资担保、投资理财、外汇管理、外勤管理、财务管理的金融业务流程中，其中又涉及印章管理、尽职调查、面签、业务审批等关键节点。例如在银行授信审批业务中，普遍存在支行行长权力过大、授信审批复议权集中、贷款催收和展期管理制度落实不到位、银行与贷款人串通提供虚假资料等问题①。在其他业务环节，也存在类似问题，共同导致了金融企业成为职务犯罪的重灾区。

笔者认为，对涉案金融企业启动合规，应当以涉案谋利事项或渎职内容为主线，加之以调研过程中发现的其他环节问题，开启反腐败合规为核心，企业管理、人员管理等为重点的多项合规整改系统工作。对于专业流程节点的漏洞，由承办案件的专业检察官团队和负责合规监督评估的第三方组织团队一起深入研究分析，同时还可将涉案金融企业的法务/合规团队一并纳入，并吸收涉案企业外聘的专业中介机构一起会商合规计划的制订和落实问题。专业人员经过充分研究，锁定涉案金融企业已经发生刑事风险、潜在违法犯罪风险的各个节点，制定合规措施一一解决。

3. 将建立风清气正、健康的合规文化作为工作目标。单纯的监督措施和风控手段只是外部制约力量，实现金融企业的合规管理，还需要企业自上而下、自内而外地对企业合规的认同和支持，否则合规整改结束后，建立的合规体系很可能名存实亡，终将停留在"纸面合规"层面，而无法实现有效合规。笔者认为，在对金融企业合规整改的同时，还要注意培养企业的合规文化，形成良好的政治生态，展现健康的企业风貌。

打造良好的企业合规文化，笔者认为可以从三点入手：一是加强金融企业员工廉政教育，由检察官或第三方组织组织针对性强的廉政讲座、廉政考试、问卷调查等，提升企业员工的法律意识；二是建立企业文化基地，在注重经济发展的同时，要求企业关注人文精神的培育，通过建立企业文化基地，形成企业拼搏向上、关爱员工的文化特质，增强员工的企业归属感和认同感；三是建立赏罚分明的选拔奖惩机制，通过公开、透明、公正的选拔机制和奖惩机制，形成人人干事创业的好风气。

（五）行业合规：金融领域反腐败思路由点及面的渗透

笔者在文中已经提到，金融企业发生职务犯罪的同时，行业监管部门也屡屡发生贪腐渎职问题。金融领域的反腐败问题，不仅仅是具体金融企业的反腐，而应该与行业反腐结合起来，从根源上改善工作作风和转换工作思路。

1. 注意在个案合规中摸索普遍性问题和规律。不同的金融企业虽然存在差异，但由于行业监管和政策漏洞，致使行业内部往往存在共性问题。金融企业从业人员职务犯罪的作案手段、作案节点常具有相似性，另外犯罪模仿的问题也导致同一问题普遍存在。对此，笔者有几点想法：一是通过个性问题找共性规律，检察机关在办理金融企业合规案件过程中，要提示办案检察官和第三方组织注意，在合规中必须注意通过个案研究共性问

① 池强：《金融各领域职务犯罪预防与警示》，法律出版社 2014 年版，第 23 页。

题；二是通过合规办案研究金融合规工作规律，同行业金融机构合规的难点和堵点基本相似，检察机关和第三方管委会要通过办理典型案件，摸索办理该类合规案件的规律并推而广之，引导其他金融企业的合规工作；三是加强区际之间经验交流，通过学习其他省市办理该类案件的合规经验，少走弯路。

2. 根据阶段性合规成果整理制作金融企业风控白皮书。笔者认为，企业合规成果的整理与发布也是合规工作中的重要组成部分，特别是金融企业职务犯罪案件的合规，颇具专业性、代表性和可借鉴性，可通过风控白皮书等方式提示金融行业注意金融监管中存在的漏洞，也提示其他企业加强合规监管。针对这项工作，笔者有几点建议：一是检察机关会同第三方组织发布个案风控白皮书，在办理有典型代表意义、合规内容具有普适性的案例时，可直接根据个案形成风控报告，向国资委、工商联以及相关监管部门发送提示；二是检察机关会同第三方机制管委会定期发布年度风控白皮书，根据每年金融领域职务犯罪案件和其他案件的办案情况、合规情况，总结案件特点、规律和解决思路等，向相关部门发送整改。此外，刑事风控白皮书还可提交当地政府作为决策依据。

3. 针对普遍性问题启动金融行业整体合规并改进监督体系。金融企业的合规风险，对应的是行业监管的疏漏。千里之堤毁于蚁穴，只有找到行业监管的"蚁穴"，才能筑牢金融合规监管的防线。目前，我国的合规整改还停留在针对具体企业的合规监督评估，对于区域内全行业的整体合规整改尚未实践。笔者认为，可以通过以下工作尝试区域内金融行业的整体合规：一是针对共性问题启动专门的全行业合规整改，发现普遍性问题后，检察机关可以会同第三方机制管委会，就该问题启动"整改行动"，通过行业合规计划的推行，自上而下改善甚至杜绝该共性问题；二是针对监管机构进行机构合规整改，"一行两会"的监督模式保证了金融领域的有序运转，但监管机构不能脱离在监督之外，通过在金融企业合规工作中发现的监管机构合规风险，检察机关也可建议监管机构自身启动合规，建立更科学、合理的监督体系。

（六）社会治理：合规达标后企业收获的社会认同与机遇

基于职务犯罪案件中，金融企业立案少、移送审查起诉更少的现状，同时职务犯罪中单位犯罪和自然人双轨处置的办案思路，导致刑事激励机制在金融企业合规中无法施展。笔者认为，从社会治理层面去设置激励机制，可以有效解决该问题。

1. 建立社会层面的企业综合评价体系，将合规作为重要指标。为激励金融企业自愿参与合规，需要用其他方面的激励机制来替代。笔者认为可以通过以下工作实现目标：一是建立全社会范围内的企业合规信用体系，由行政主管部门牵头建立企业综合信用体系，其中就包含企业合规情况，作为企业参与招投标、工程承揽、税收优惠等的重要参考；二是评选不同层级的合规信用单位，增强企业的信誉度和社会认同感，比如深圳市检察机关办理的 X 公司走私普通货物案中，X 公司合规达标后，通过建立有效的合规管理体系，被评为深圳市宝安区"3A"信用企业[①]和诚信合规示范企业；三是启动企业合规信用评价系统，针对企业经营过程中出现的违法犯罪、合规成果等设置正负分值的考评系统，

---

① "3A"信用企业：海关认证、纳税信用、公共信用。

对于高分企业给予行业认证，对于低分企业，达到临界值后强制启动合规整改。

2. 将金融企业合规达标作为今后无罪抗辩的重要依据。将金融企业合规达标列入社会评价体系的同时，还可以启动刑事激励预后机制，即将金融企业整改达标作为今后企业工作人员再次涉嫌同类犯罪时，单位免责和企业负责人渎职免责的重要参考，即将合规作为无罪抗辩模式的激励机制。笔者认为，无罪抗辩模式并非绝对，需进行个案分析：一是考察合规的有效性，是否贯彻合规计划，合规体系在合规达标后是否持续性有效执行等；二是考察工作人员犯罪是否系擅自规避企业合规体系所为，即个人犯罪非基于企业经营管理问题所致，合规体系的有效性不因个人实施犯罪而必然无效；三是考察企业在社会评价体系中的表现，金融企业在评价体系中获取高分值，说明合规整改已经提升了企业的治理能力，也说明了企业负责人已责任到位，不能仅因个别人员的犯罪行为就否定合规成果。

四、结语

党的十八大以来，检察机关立足检察职能，积极研究和落实对金融系统的职务犯罪预防工作，开展反腐败讲座、建立廉政教育基地，为中央及地方政府献计献策，为预防金融领域职务犯罪作出了不懈努力。随着企业合规改革的试点和推广，检察机关金融领域职务犯罪预防，已经从过去的刑事风控 1.0 模式，升级到刑事合规 2.0 模式，检察机关会同各职能部门，针对金融领域职务犯罪合规有了更全面、系统、有力的监控整改手段，这也是检察机关参与社会治理、体现检察职责担当的重要途径和体现。笔者通过办理金融领域职务犯罪案件，深刻地认识到我国金融领域职务犯罪合规改革的紧迫性和必要性，限于专业和知识的局限性，本文仅能触及皮毛，冀望抛砖引玉，检察机关自上而下加大源头治理力度，推出金融企业职务犯罪合规整改典型案例，有效减少和防范金融领域职务犯罪的发生。

单位犯罪合规路径探索与构想

——以单位行贿罪为切入点

王婵媛　王昊天*

一、问题的提出

（一）案例引入

2021 年 6 月 3 日最高人民检察院发布首批企业合规改革试点典型案例，在完成企业合规验收后，2 件实现了不起诉处理；1 件进行部分不起诉；1 件提出轻缓量刑建议（见表 1）。

表 1　最高人民检察院第一批企业合规典型案例

案例序号	案例名称	处理结果
案例一	张家港市 L 公司、张某甲等人污染环境案	不起诉
案例二	上海市 A 公司、B 公司、关某某虚开增值税专用发票案	提出轻缓量刑建议①
案例三	王某某、林某某、刘某乙对非国家工作人员行贿案	部分不起诉②
案例四	新泰市 J 公司等建筑企业串通投标系列案件	不起诉

2021 年 12 月 8 日最高人民检察院发布第二批企业合规改革试点典型案例，4 件实现了不起诉处理；1 件提出轻缓量刑建议；1 件公安机关进行撤案处理（见表 2）。

---

*　王婵媛，北京市海淀区人民检察院第二检察部副主任；王昊天，北京市海淀区人民检察院第一检察部行政见习。

①　以虚开增值税专用发票罪分别判处被告单位 A 公司罚金 15 万元，B 公司罚金 6 万元，被告人关某某有期徒刑 3 年，缓刑 5 年。

②　2020 年 4 月，检察机关对王某某依据《刑事诉讼法》第 177 条第 2 款作出不起诉决定，对林某某、刘某乙依据《刑事诉讼法》第 177 条第 1 款作出不起诉决定，以陈某、刘某甲涉嫌非国家工作人员受贿罪向深圳市南山区法院提起公诉。同月，深圳市南山区法院以非国家工作人员受贿罪判处被告人刘某甲有期徒刑 6 个月，判处被告人陈某拘役 5 个月。

表2　最高人民检察院第二批企业合规典型案例

案例序号	案例名称	处理结果
案例一	上海J公司、朱某某假冒注册商标案	不起诉
案例二	张家港S公司、睢某某销售假冒注册商标的商品案（提前介入案件）	公安机关作出撤案处理
案例三	山东沂南县Y公司、姚某明等人串通投标案	相对不起诉
案例四	随州市Z公司康某某等人重大责任事故案	不起诉
案例五	深圳X公司走私普通货物案	相对不起诉
案例六	海南文昌市S公司、翁某某掩饰、隐瞒犯罪所得案	提出轻缓量刑建议[①]

最高人民检察院发布的企业合规试点典型案例是试点检察机关在法律的框架下积极探索、主动实践的有益成果，通过企业合规改革，对具备合规条件并通过合规考察的企业作出不起诉决定或者提出轻缓量刑建议，为全国范围开展企业合规改革提供了合规指引与参考。

（二）案例思考

最高人民检察院公布的两批典型案例体现出最高人民检察院推进企业合规的决心和方向，各试点单位根据实际情况，进行了诸多探索，体现出两大特点：一是依法依规性，即当前企业合规必须在法律框架下进行。二是探索完善性，在司法实践中推进企业合规作为改革试点工作，是一个不断完善的过程，需要在实践中探索，并立足实践进行相应调整。

就企业合规的适用对象而言，其适用对象较为广泛，推进企业合规的目的就是让涉案企业活下来，在合规经营的基础上继续发挥作用，促进市场经济健康发展。目前最高人民检察院发布的两批典型案例是比较有指导意义的案例，但是对于单位行贿罪这类涉腐单位犯罪还缺少具体指引。另外，单位行贿罪是纯单位犯罪，从典型案例来看，当前司法实践对于此类犯罪当前主要是从犯罪情节轻微、行为人认罪态度、企业合规经营情况等情形进行考量，通过相对不起诉实现宽宥处理。现行法背景下如果按照"放过单位处罚人"的模式进行操作，将会出现与双罚制的处罚模式相抵牾的结果。

在以检察机关为主导的企业合规探索中，检察机关必须主动担当作为，加强同相关机关的协调配合，在现行法律的框架内积极探索，通过合规考察，给予程序性激励，对企业提出宽宥处理的方案，提高以现行法解决现实问题的能力，同时积极总结司法实践中的问题，形成立法建议，推进制度完善。

二、单位行贿罪企业合规之必要性

（一）促进企业合规制度效能最大化实现

在企业家高频犯罪中，单位行贿罪是腐败类单位犯罪中占比较重的犯罪，而且该犯罪

---

①　以掩饰、隐瞒犯罪所得罪分别判处被告单位S公司罚金3万元；被告人翁某某有期徒刑1年，缓刑1年6个月，并处罚金人民币1万元；退缴的赃款125万余元予以没收，上缴国库。

具有民营企业较国营企业更为多发的特点，作为高发单位犯罪，解决其企业合规问题就显得尤为重要。解决该类犯罪的企业合规问题，一是可以挽救更多企业，在合规的前提下继续合法经营。作为大多数民营企业日常经营中的高频罪名，遏制单位行贿罪的高发趋势迫在眉睫，近年来随着企业合规改革的推进，单位行贿罪在民营企业高频犯罪中的占比已经逐渐下降，但是依然是高频犯罪，因此继续深化企业合规制度改革，就显得非常必要。二是针对该犯罪建立合规体系并完善可能涉及相关罪名的组织结构漏洞，从根源上解决问题，为民营企业营造更加公平、更加有序的经营环境，激发市场活力。伴随近年的高压反腐态势，单位行贿罪的打击力度也不断加大，但是打击犯罪是治理的末端，如何在前端发力，从企业经营模式的法律漏洞填补着力是检察机关参与社会治理的重要路径，从根本解决该类问题，实现从"治罪"到"治理"的转变。

（二）应对腐败犯罪的海外企业合规制度

自 20 世纪 90 年代以来，美国联邦检察机关逐步将"审前转处协议"制度适用到公司涉嫌犯罪的案件之中。尤其是在公司涉嫌商业贿赂、洗钱、违反出口管制法律、个人数据信息保护、金融欺诈、环境污染、违反医疗监管等犯罪的案件中。[1] 涉及腐败类企业犯罪是海外企业合规治理的重要内容。1977 年通过了美国《反海外腐败法》（Foreign Corrupt Practices Act，以下简称 FCPA），FCPA 包括反贿赂和会计条款。美国有关部门还通过修订和解释 FCPA，将该法的效力扩大到美国之外的企业，形成"长臂管辖"。在 FCPA 的框架下，美国司法部和美国证交会权力巨大，可以决定对企业起诉、不起诉或者处以巨额罚款，企业如果有充分的合规计划，司法部可以采用不起诉等方式对企业从轻处理。[2] 2003 年 10 月联合国大会通过了《联合国反腐败公约》（以下简称《公约》），该公约指出了腐败对社会发展的危害，并进行了详细规定。[3] 一方面公约将企业列为贪腐犯罪的犯罪主体，另一方面强调了执法单位与企业的合作，为企业合规提供了前提和空间。推进企业合规避免腐败类犯罪也成为企业进入海外市场的必然应对。通过合规体系建设，为我国企业更好适应国际市场环境提供规范指引。我国民营企业在走出国门参与国际市场竞争的过程中，缺乏有效合规体系是常年来被外国诟病的问题，一些别有用心的国家甚至以此为借口，对我国大型民营企业进行打压，企图毁灭我国发展较好的民营企业。我国企业在参与全球市场竞争的过程中，必须提高合规意识，应对海外市场的风险与挑战。

（三）遭受刑罚处罚给企业带来负面影响

单位犯罪对企业的影响绝非只是罚金刑的处罚后果，因为对企业进行刑事处罚，将会造成一连串的其他问题，比如企业遭到刑事处罚后，会进一步引发合作伙伴拒绝合作，正

---

① 参见陈瑞华：《企业合规视野下的暂缓起诉协议制度》，载《比较法研究》2020 年第 1 期。

② 参见杨宇冠：《企业合规案件不起诉比较研究——以腐败案件为视角》，载《法学杂志》2021 年第 1 期。

③ 该公约于 2003 年 10 月 31 日由第 58 届联合国大会审议通过；2005 年我国全国人大常委会批准了该公约。

常生产也会遭受影响。再比如招标投标法规定：投标人以向招标人或者评标委员会成员行贿的手段谋取中标的，中标无效。惩罚措施有没收违法所得、招标资格禁止，吊销营业执照。① 上述仅为企业本身遭受的影响，企业经营出现问题进而引发员工失业、养老金领取、大学生就业等随附性问题，因此有学者称为"水波效应"。② 当前国内经济受到疫情影响，全球经济地方保护主义抬头，经济形势晦暗不明，为应对国际和国内挑战，我国努力构建"以国内经济大循环为主体，国际国内双循环相互促进"的新发展格局。检察机关应当主动作为，积极参与社会治理，保护民营经济，为市场经济健康运转提供优良的法治环境，推进企业合规改革，一方面通过制度性改革，积极应对国际社会的风险与挑战。另一方面，通过企业合规制度，为企业纾困解难，促进企业在法治的轨道上运转，推动中国特色社会主义市场经济的良性运转。

三、单位行贿罪企业合规的当下探索

（一）实体处理之困境

1. 责任分离之肯定说。肯定说认为单位行贿罪可以分割单位责任与个人责任，其原因在于从刑法教义学的层面对单位犯罪的责任基础进行梳理。其代表观点如组织体（刑事）责任论将单位的政策、制度等组织特征作为推定单位犯罪故意的依据。③新组织体责任论将单位责任还原为"领导集体责任"。④ 单位承担刑事责任的根据原本就不是故意或过失借成员之手为某种具体犯罪行为，而是单位（不合规的）治理方式或运营结构导致其中的自然人实施了刑法规定的危害行为。单位履行结果回避义务的及格线其实就是刑事合规，具体而言，是单位制定并落实适当的合规计划。合规计划的制订和落实是单位内部组织管理体制的外在表现。⑤ 如果某单位制订了适当的合规计划并切实贯彻，那么，应当认为该单位本身的组织管理是完善的，没有法所不容许的缺陷，即使单位成员为了单位利益违反单位制度进行犯罪活动，由于没有组织过失，单位也不受归责。⑥ 也就是说，对单位的刑事责任追究，就要从组织体内部的内部治理和经营方式来判断。只有认为一个刑法规范所规定的法律后果能够归责于单位的内部治理结构和经营方式，才应对该单位进行刑事责任的追究。对单位适用附条件不起诉，同样也是基于特殊预防的考虑加以理解，就是犯罪嫌疑单位所实施罪行已达到起诉标准，但考虑到单位管理层能够代表公司认罪悔罪，能

---

① 《招标投标法》第 53 条："投标人相互串通投标或者与招标人串通投标的，投标人以向招标人或者评标委员会成员行贿的手段谋取中标的，中标无效，处中标项目金额千分之五以上千分之十以下的罚款，对单位直接负责的主管人员和其他直接责任人员处单位罚款数额百分之五以上百分之十以下的罚款；有违法所得的，并处没收违法所得；情节严重的，取消其一年至二年内参加依法必须进行招标的项目的投标资格并予以公告，直至由工商行政管理机关吊销营业执照；构成犯罪的，依法追究刑事责任。给他人造成损失的，依法承担赔偿责任。"

② 刘艳红：《企业合规不起诉改革的刑法教义学根基》，载《中国刑事法杂志》2022 年第 1 期。

③ 黎宏：《组织体刑事责任论及其应用》，载《法学研究》2020 年第 2 期。

④ 参见李本灿：《单位刑事责任论的反思与重构》，载《环球法律评论》2020 年第 4 期。

⑤ 参见时延安：《合规计划实施与单位的刑事归责》，载《法学杂志》2019 年第 9 期。

⑥ 耿佳宁：《单位固有刑事责任的提倡及其教义学形塑》，载《中外法学》2020 年第 6 期。

够主动挽回犯罪损失，那么，就可以考虑对其适用附条件不起诉。[1]

2. 责任分离之否定说。否定说认为单位行贿罪不能分割单位责任与个人责任，其理由在于这种情况下如果"放过企业，严惩责任人"将有违罪刑法定原则、罪刑相适应原则。传统观点（单位主体组成部分说、复合主体说、人格化社会系统责任说，还是单位责任与个人责任一体化说、双层犯罪机制说、刑事连带责任说，甚至是两个犯罪主体说）认为单位犯罪中单位犯罪是追究自然人责任之前提。之所以处罚单位成员，是因为他们对于单位犯罪有心理上或物理上的贡献。因此结合当前企业合规制度改革我们就不得不思考：如果单位犯罪因为外部的原因不成立，是否会影响对单位成员的定罪处罚？即如果不处罚单位的话能否处罚自然人。但传统理论认为此时单位犯罪已经不复存在，所谓"皮之不存，毛将焉附"，如何处置责任人成为新的教义学难题。[2] 即通说认为，单位犯罪是一个不可分割的整体。"法人成员是否负刑事责任，并不是追究法人刑事责任的必要条件，恰恰相反，法人构成犯罪，才是追究法人内部成员（自然人）刑事责任的依据和必要前提。"[3] 换言之，"单位犯罪以双罚制为主，个人的刑事责任是以单位构成犯罪并且追究刑事责任为前提，单位不构成犯罪，不承担刑事责任，当然不存在单位中的主管人员和直接责任人员作为个人承担刑事责任的问题"。[4]一旦对企业适用合规不起诉，意味着单位犯罪刑事责任的消灭，单位不构成犯罪则无法追究责任人单位犯罪的刑事责任。转而对其以自然人犯罪定罪处罚也不可取，毕竟单位犯罪中责任人的处罚应当相较于自然人犯罪更为轻缓，而且并不是所有单位犯罪都可以还原为责任人的自然人犯罪。

3. 结论。肯定说从单位犯罪的责任来源到企业合规不起诉的作出，通过教义学分析，为单位责任与企业责任的剥离提供了法理基础和理论依据，尝试解决单位行贿罪进行企业合规的实体法困扰。企业与自然人的责任划分为合规不起诉奠定了理论基础，即使单位成员为了单位利益实施犯罪行为，但是企业具有合规基础，履行了结果回避义务（没有发生法不容许的风险）就可以对单位本身以企业合规进行出罪处理，对自然人进行处罚。否定说从企业责任与自然人责任不可分割的角度进行探讨，从罪刑法定原则等角度对剥离单位责任与个人责任进行质疑。坚持单位犯罪中企业责任与个人责任不可分割，如果对该类犯罪进行企业合规不起诉处理，即"放过企业，严惩责任人"，将会导致最终结果违反罪刑法定原则。这样的观点将企业合规限制在相对不起诉的轻微犯罪范围，不利于企业合规制度的发展。

现行法律框架是企业合规的前提与基础，按照现行法，单位行贿罪无法实现个人责任和企业责任的剥离，否则将出现只追究个人不追究单位的情况，有违双罚制的刑罚规范，现行法框架下通过实体层面进行责任分割有待进一步研究。

---

①   时延安：《单位刑事案件的附条件不起诉与企业治理理论探讨》，载《中国刑事法杂志》2020 年第 3 期。

②   参见刘艳红：《企业合规不起诉改革的刑法教义学根基》，载《中国刑事法杂志》2022 年第 1 期。

③   参见何秉松：《法人犯罪与刑事责任》，中国法制出版社 2000 年版，第 486 页。

④   参见张军等：《刑法纵横谈（总则部分）》（增订版），北京大学出版社 2008 年版，第 311—312 页。

（二）程序处理之探索

1. 相对不起诉的处理模式。当前司法实践中主要是根据企业的合规基础和先前表现对企业是否适合进行企业合规进行综合考察，再结合犯罪嫌疑人的认罪认罚态度、自首、立功等情节作出企业合规考察决定，对于具备合规基础并进行有效合规的企业作出不起诉决定（当前作出不起诉决定主要依据是《刑事诉讼法》第 177 条第 2 款，即相对不起诉）。但是企业合规不是一个企业责任人员逃避刑事责任的"避风港"，对于单位是否符合企业合规条件、犯罪情节是否轻微必须从严进行考察。不仅要衡量事前企业的一贯表现，还要审查犯罪行为的社会危害性，最后还要考察是否及时弥补损失以及是否能够在未来通过完善的合规体系避免再次陷入刑法责难。

2. 相对不起诉的问题。（1）企业合规的适应范围有限。在相对不起诉的范畴下进行企业合规制度就必须受到相对不起诉的范围限定。我国检察机关的改革探索中，合规不起诉制度主要适用于那些犯罪嫌疑人可能被判处 3 年有期徒刑以下刑罚的轻微刑事案件，而那些较为严重的企业犯罪案件，则难以适用这一制度。[①] 但是单位犯罪当中，犯罪情节轻微只是其中一部分案件的特征，对于大部分案件而言，无法完美契合相对不起诉制度的适用条件，从法益修复理论的视角出发，虽然能够解答事后的合规体系建设减轻行为时的罪责的合理性问题，但是对于那些法益无法修复的情形，就显得捉襟见肘。

（2）合规的有效性无法最大化实现。根据最高人民检察院、司法部、财政部等九部委联合发布的《涉案企业合规建设、评估和审查办法（试行）》第 2 条，检察机关根据企业合规有效性的审查结果作出处理决定[②]。但是相对不起诉制度依然受制于当前办案期限的限制，对于企业合规体系建设的考察期限较短，无法实现合规有效性的最大程度。在相对不起诉制度下，合规考验期限一般最长为 6 个半月，即使对犯罪嫌疑人作出取保候审决定，合规有效性的考验期也不得超过 1 年，这一期限限制对于企业合规的合规体系建设显得有些仓促，合规体系建设不仅是对涉及的罪名进行合规建设，也要从企业的刑事法律风险出发，对于其他风险点进行预判，并构建起完善的法律风险堤坝，促进企业合规经营。

四、单位行贿罪企业合规的立法构想

单位行贿罪是典型的单位犯罪，单位责任源于个人责任，但是理论界普遍认可"放过企业，严惩责任人"是合规不起诉的基本要求。[③] 即合规不起诉的初衷，放过单位处罚人，促进企业进行合规体系的建立与完善，因此首先要从责任层面进行剥离。第一层面要区分单位责任和个人责任，对单位责任进行单独判断，对于无责任的单位，直接对单位进

---

① 参见陈瑞华：《企业合规不起诉制度研究》，载《中国刑事法杂志》2021 年第 1 期。

② 《涉案企业合规建设、评估和审查办法（试行）》第 2 条规定：对于涉案企业合规建设经评估符合有效性标准的，人民检察院可以参考评估结论依法作出不批准逮捕、变更强制措施、不起诉的决定，提出从宽处罚的量刑建议，或者向有关主管机关提出从宽处罚、处分的检察意见。对于涉案企业合规建设经评估未达到有效性标准或者采用弄虚作假手段骗取评估结论的，人民检察院可以依法作出批准逮捕、起诉的决定，提出从严处罚的量刑建议，或者向有关主管机关提出从严处罚、处分的检察意见。

③ 刘艳红：《企业合规不起诉改革的刑法教义学根基》，载《中国刑事法杂志》2022 年第 1 期。

行出罪处理，对于应当承担责任的单位，再考虑下一步的程序性激励，即通过企业合规获得程序性激励。

（一）第一个层面

当前我国刑事法律规范以及司法实践主要是从自然人规则的方式对单位进行归责，从主客观相一致的角度审视单位犯罪。单位是一个虚拟的主体，单位意志的体现要从单位成员意志中进行提炼，或者说单位成员意志经过决议程序上升为单位意志。单位行为也通过单位成员的行为加以体现，单位成员在单位意志下为了单位的利益从事违法犯罪活动，其后果也必然归属于单位。这样的刑事归责模式带来的是单位责任与个人责任的捆绑，单位因个人而归责，个人成为单位的化身，将单位从拟制主体变为社会活动的参与者。然而面对当前的公司的庞大组织结构、决策程序缜密、执行层级多样的情形，单位责任来源于个人责任的简单规则模式已经无法处理全部问题，将会造成单位责任与个人责任的不当勾连，有学者指出如果某单位在运营过程中业已制定并落实对于预防犯罪而言适当的合规计划，那么，即使单位集体决定或负责人决定实施犯罪，也不宜要求单位承担责任，否则就相当于让单位为其成员的意思和行为负责，与刑法个人责任原则相悖。① 也难以适应当下推进的企业合规改革。

1. 归责基础——单位监管不当。要实现个人责任与单位责任的分割就必须从规则路径上进行区分，对自然人依然依照自然人的归责模式进行，但是对于单位，则应当坚守客观归责理念，以单位监管不当来区分单位是否需要承担刑事责任。自然人承担刑事责任，是因为其在自由意志之下选择实施了负价的行为、造成了负价的结果；要约束单位，也须从客观实际出发，依凭于单位的组织性特征，以组织管理缺陷为归责的基础。② 例如在单位犯罪当中，单位责任的来源应当是企业没有建立完善的合规体系，对单位行贿的行为未能进行结果回避。如果单位有规避动作，从主观上表明单位不愿意这样的行为发生，缺乏主观故意，则应当进行出罪处理，对于单位有罪的，再进行下一步的程序性考察。

2. 归责模式——放过单位处罚人。先前有学者批评这样的责任分离，认为对单位进行出罪处理，对单位成员继续按照单位犯罪进行追诉的合理性有待商榷，可能打破单位成员刑事责任来源于单位犯罪的成立的归责模式。③ 但是将单位责任的归责模式进行客观化处理，就能看到，单位在客观上有对犯罪行为的规避动作，制定了合规体系，没有造成风险的升高，而是通过最大的努力降低刑事犯罪风险，就不能再苛责单位。为了避免犯罪嫌疑人利用这一归责，通过制定伪合规体系规避刑事责任，对自然人犯罪应当继续处理，做到"放过单位处罚人"。但是也应当坚持主客观相一致的原则、罪刑相适应原则，在该种情况下，行为人为了单位利益从事犯罪活动，虽然不值得鼓励，但是必须从其违法和责任层面严格把握，客观方面，单位是利益获得者，同时行为人的主观方面是为了单位利益，

---

① 耿佳宁：《单位固有刑事责任的提倡及其教义学形塑》，载《中外法学》2020 年第 6 期。
② 姜悦：《单位犯罪刑事归责模式的应然转向》，载《湖北社会科学》2022 年第 2 期。
③ 参见黄祥青：《浅谈刑法有无明文规定的判断标准——兼论刑法没有规定为单位犯罪的单位危害行为的处理》，载《法律科学》2003 年第 1 期。

理应按照单位犯罪进行处罚，但是对于单位是否进行处罚，就要在责任分离的前提下，核查单位是否进到应尽义务，区分单位的故意与过失。

（二）第二个层面

经过第一个层面的判断，在经过单位责任与个人责任的剥离后，仍然认定单位应当承担刑事责任的，再对单位进行程序性考察，前文所述当前刑事诉讼法规定的不起诉模式难以适应企业合规制度，从适用范围以及适用效果两个层面都提出了更高的要求，因此需要通过制度创新推进企业合规走向纵深，即企业合规附条件不起诉制度的建构。

1. 附条件不起诉的合理性。对未成年犯罪嫌疑人附条件不起诉的原因在于，未成年犯罪嫌疑人罪行较轻且有悔罪表现（《刑事诉讼法》第 282 条），而更为深层次的原因还在于特殊预防的考虑，即基于未成年人刑事责任能力的特殊性，更多发挥特殊预防中改善和教育的目的。[1] 企业合规更是如此，通过对企业进行合规体系建设，完善企业的合规经营模式，从组织管理结构、公司治理能力等方面建立合规体系，实现公司的"结果回避义务"，提高风险防范意识。而且，进行企业合规制度改革，不仅是对企业的挽救，更是对社会进步的贡献。通过对企业进行合规的程序性激励，在更好实现特殊预防目的的同时，引导更多企业进行合规制度的建立与完善，实现最佳的预防效果。

2. 附条件不起诉的未来构想。首先，依照附条件不起诉制度，为企业设定合规建设考验期限，在期限内进行合规有效性验收，符合条件方可落实不起诉的程序性激励。其中合规有效性的验收需要谨慎对待，对于第三方机构的评估，检察机关也必须主动作为，加强监督能力，履行好法律监督权，可以尝试建立以检察机关为主导，多方共同参与的第三方评估机制。其次，评估内容限于合规内容的考察，检察机关主导企业合规评估，但是不能干预企业经营内部事务，要坚守评估角色和监督立场，而非企业合规制度的构建者，这也是市场经济的必然要求。最后，要落实企业合规考察的公平性，坚决抵制腐败行为，要通过公开听证等方式强化企业合规考察过程的公开透明，以此保证企业合规制度在阳光下运行。

（三）第三个层面

根据《刑事诉讼法》第 177 条第 3 款的规定，对被不起诉人需要给予行政处罚、处分或者需要没收其违法所得的，人民检察院应当提出检察意见，移送有关主管机关处理。有关主管机关应当将处理结果及时通知人民检察院。因此，对于合规不起诉的企业，不进行刑事处罚并不代表不能行政处罚，落实好刑行衔接也是企业合规制度改革的重点内容。但是也应当协调行政执法的尺度。当检察机关作出不起诉决定时，刑事司法当然不会再对涉罪企业施以任何刑罚，但如果行政执法机关的处罚裁量权不受限制，可以任意地决定对企业施以罚款、责令停业整顿、吊销营业执照等，这显然存在刑行执法效果相左的风险。[2]

---

① 参见时延安：《单位刑事案件的附条件不起诉与企业治理理论探讨》，载《中国刑事法杂志》2020 年第 3 期。

② 参见李奋飞：《涉案企业合规刑行衔接的初步研究》，载《政法论坛》2022 年第 1 期。

因此应当完善刑行衔接制度，加强刑事司法机关与行政执法机关的配合与沟通，在企业合规的事前、事中、事后建立配合机制，共同推进企业合规制度的改革与落实，为民营经济保驾护航。

五、结语

当前我国认定单位犯罪，追究单位责任以个人责任为前提。放过企业追究企业内部人员责任，在司法实践中存在一定问题。主要是相对不起诉适用条件的限制将企业合规的空间限制在"轻微犯罪"的范畴，解决当前问题首先要在法律框架内利用好企业合规制度，其次要坚持以司法实践经验推进企业合规制度改革。一方面，通过实体法的创新，对单位责任的认定进行客观化处理，剥离单位责任与个人责任后，单独认定个人责任。其次，构建企业合规附条件不起诉制度，设置考验期，督促企业进行合规改造，并对有效性进行检验，符合验收条件的，作出不起诉决定。

推进企业合规不意味着盲目追求合规不起诉的结果，还必须坚持企业合规的自愿性和企业合规的底线原则。进行企业合规不起诉应当遵从企业意愿，在企业自愿进行合规的前提下进行，坚守企业合规的自愿性。最终实现通过企业合规制度的落地实施，为企业发展营造良好市场环境，为经济社会健康发展保驾护航。同时，必须要严格企业合规的适用范围，明确企业合规的最终目的是努力挽救具备合规基础的企业，让符合合规不起诉条件的企业留下来、活下来。对于犯罪情节严重，又缺乏合规基础的企业要依法予以打击，即坚守企业合规的底线性。同时也最后明确企业合规可以适用所有类型的犯罪，但是并非必须对所有涉刑企业进行企业合规，必须坚持企业合规的自愿性和企业合规的底线原则，以实现企业合规的最佳效果。

第七部分

职务犯罪案例解读

最高人民检察院第二十批指导性案例

浙江省某县图书馆及赵某、徐某某
单位受贿、私分国有资产、贪污案

（检例第 73 号）

【关键词】

单位犯罪　追加起诉　移送线索

【要旨】

人民检察院在对职务犯罪案件审查起诉时，如果认为相关单位亦涉嫌犯罪，且单位犯罪事实清楚、证据确实充分，经与监察机关沟通，可以依法对犯罪单位提起公诉。检察机关在审查起诉中发现遗漏同案犯或犯罪事实的，应当及时与监察机关沟通，依法处理。

【基本案情】

被告单位浙江省某县图书馆，全额拨款的国有事业单位。

被告人赵某，男，某县图书馆原馆长。

被告人徐某某，男，某县图书馆原副馆长。

（一）单位受贿罪

2012 年至 2016 年，为提高福利待遇，经赵某、徐某某等人集体讨论决定，某县图书馆通过在书籍采购过程中账外暗中收受回扣的方式，收受 A 书社梁某某、B 公司、C 图书经营部潘某某所送人民币共计 36 万余元，用于发放工作人员福利及支付本单位其他开支。

（二）私分国有资产罪

2012 年至 2016 年，某县图书馆通过从 A 书社、B 公司、C 图书经营部虚开购书发票、虚列劳务支出、采购价格虚高的借书卡等手段套取财政资金 63 万余元，经赵某、徐某某等人集体讨论决定，将其中的 56 万余元以单位名义集体私分给本单位工作人员。

（三）贪污罪

2015 年，被告人徐某某利用担任某县图书馆副馆长，分管采购业务的职务之便，通过从 C 图书经营部采购价格虚高的借书卡的方式，套取财政资金 3.8 万元归个人所有。

【检察工作情况】

（一）提前介入提出完善证据体系意见，为案件准确定性奠定基础。某县监察委员会以涉嫌贪污罪、受贿罪对赵某立案调查,县人民检察院提前介入后,通过梳理分析相关证据材料,提出完善证据的意见。根据检察机关意见,监察机关进一步收集证据,完善了证据体系。2018年9月28日,县监察委员会调查终结,以赵某涉嫌单位受贿罪、私分国有资产罪移送县人民检察院起诉。

(二)对监察机关未移送起诉的某县图书馆,直接以单位受贿罪提起公诉。某县监察委员会对赵某移送起诉后,检察机关审查认为,某县图书馆作为全额拨款的国有事业单位,在经济往来中,账外暗中收受各种名义的回扣,情节严重,根据《刑法》第三百八十七条之规定,应当以单位受贿罪追究其刑事责任,且单位犯罪事实清楚,证据确实充分。经与监察机关充分沟通,2018年11月12日,县人民检察院对某县图书馆以单位受贿罪,对赵某以单位受贿罪、私分国有资产罪提起公诉。

(三)审查起诉阶段及时移送徐某某涉嫌贪污犯罪问题线索,依法追诉漏犯漏罪。检察机关对赵某案审查起诉时,认为徐某某作为参与集体研究并具体负责采购业务的副馆长,属于其他直接责任人员,也应以单位受贿罪、私分国有资产罪追究其刑事责任。同时在审查供书商账目时发现,其共有两次帮助某县图书馆以虚增借书卡制作价格方式套取财政资金,但赵某供述只套取一次财政资金用于私分,检察人员分析另一次套取的3.8万元财政资金很有可能被经手该笔资金的徐某某贪污,检察机关遂将徐某某涉嫌贪污犯罪线索移交监察机关。监察机关立案调查后,通过进一步补充证据,查明了徐某某参与单位受贿、私分国有资产以及个人贪污的犯罪事实。2018年11月16日,县监察委员会调查终结,以徐某某涉嫌单位受贿罪、私分国有资产罪、贪污罪移送县人民检察院起诉。2018年12月27日,县人民检察院对徐某某以单位受贿罪、私分国有资产罪、贪污罪提起公诉。

2018年12月20日,某县人民法院以单位受贿罪判处某县图书馆罚金人民币二十万元;以单位受贿罪、私分国有资产罪判处赵某有期徒刑一年二个月,并处罚金人民币十万元。2019年1月10日,某县人民法院以单位受贿罪、私分国有资产罪、贪污罪判处徐某某有期徒刑一年,并处罚金人民币二十万元。

【指导意义】

(一)检察机关对单位犯罪可依法直接追加起诉。人民检察院审查监察机关移送起诉的案件,应当查明有无遗漏罪行和其他应当追究刑事责任的人。对于单位犯罪案件,监察机关只对直接负责的主管人员和其他直接责任人员移送起诉,未移送起诉涉嫌犯罪单位的,如果犯罪事实清楚,证据确实充分,经与监察机关沟通,检察机关对犯罪单位可以依法直接提起公诉。

(二)检察机关在审查起诉中发现遗漏同案犯或犯罪事实的,应当及时与监察机关沟通,依法处理。检察机关在审查起诉中,如果发现监察机关移送起诉的案件遗漏同案职务犯罪人或犯罪事实的,应当及时与监察机关沟通,依法处理。如果监察机关在本案审查起诉期限内调查终结移送起诉,且犯罪事实清楚,证据确实充分的,可以并案起诉;如果监察机关不能在本案审查起诉期限内调查终结移送起诉,或者虽然移送起诉,但因案情重大复杂等原因不能及时审结的,也可分案起诉。

【相关规定】

《中华人民共和国刑法》第三十条，第三十一条，第三百八十二条第一款，第三百八十三条第一款第一项、第三款，第三百八十七条，第三百九十六条第一款

《中华人民共和国刑事诉讼法》第一百七十六条

《中华人民共和国监察法》第三十四条

李华波贪污案

（检例第 74 号）

【关键词】

违法所得没收程序　犯罪嫌疑人到案　程序衔接

【要旨】

对于贪污贿赂等重大职务犯罪案件，犯罪嫌疑人、被告人逃匿，在通缉一年后不能到案，如果有证据证明有犯罪事实，依照刑法规定应当追缴其违法所得及其他涉案财产的，应当依法适用违法所得没收程序办理。违法所得没收裁定生效后，在逃的职务犯罪嫌疑人自动投案或者被抓获，监察机关调查终结移送起诉的，检察机关应当依照普通刑事诉讼程序办理，并与原没收裁定程序做好衔接。

【基本案情】

被告人李华波，男，江西省上饶市鄱阳县财政局经济建设股原股长。

2006 年 10 月至 2010 年 12 月，李华波利用担任鄱阳县财政局经济建设股股长管理该县基本建设专项资金的职务便利，伙同该股副股长张庆华（已判刑）、鄱阳县农村信用联社城区信用社主任徐德堂（已判刑）等人，采取套用以往审批手续、私自开具转账支票并加盖假印鉴、制作假银行对账单等手段，骗取鄱阳县财政局基建专项资金共计人民币 9400 万元。除李华波与徐德堂赌博挥霍及同案犯分得部分赃款外，其余赃款被李华波占有。李华波用上述赃款中的人民币 240 余万元为其本人及家人办理了移民新加坡的手续及在新加坡购置房产；将上述赃款中的人民币 2700 余万元通过新加坡中央人民币汇款服务私人有限公司兑换成新加坡元，转入本人及妻子在新加坡大华银行的个人账户内。后李华波夫妇使用转入个人账户内的新加坡元用于购买房产及投资，除用于项目投资的 150 万新加坡元外，其余均被新加坡警方查封扣押，合计 540 余万新加坡元（折合人民币约 2600 余万元）。

【检察工作情况】

（一）国际合作追逃，异地刑事追诉。2011 年 1 月 29 日，李华波逃往新加坡。2011 年 2 月 13 日，鄱阳县人民检察院以涉嫌贪污罪对李华波立案侦查，同月 16 日，上饶市人民检察院以涉嫌贪污罪对李华波决定逮捕。中新两国未签订双边引渡和刑事司法协助条

约，经有关部门充分沟通协商，决定依据两国共同批准加入的《联合国反腐败公约》和司法协助互惠原则，务实开展该案的国际司法合作。为有效开展工作，中央追逃办先后多次组织召开案件协调会，由监察、检察、外交、公安、审判和司法行政以及地方执法部门组成联合工作组先后8次赴新加坡开展工作。因中新两国最高检察机关均被本国指定为实施《联合国反腐败公约》司法协助的中央机关，其中6次由最高人民检察院牵头组团与新方进行工作磋商，拟定李华波案国际司法合作方案，相互配合，分步骤组织实施。

2011年2月23日，公安部向国际刑警组织请求对李华波发布红色通报，并向新加坡国际刑警发出协查函。2011年3月初，新加坡警方拘捕李华波。随后新加坡法院发出冻结令，冻结李华波夫妇转移到新加坡的涉案财产。2012年9月，新加坡总检察署以三项"不诚实盗取赃物罪"指控李华波。2013年8月15日，新加坡法院一审判决认定对李华波的所有指控罪名成立，判处其15个月监禁。

（二）适用特别程序，没收违法所得。李华波贪污公款9400万元人民币的犯罪事实，有相关书证、证人证言及同案犯供述等予以证明。根据帮助李华波办理转账、移民事宜的相关证人证言、银行转账凭证复印件、新加坡警方提供的《事实概述》、新加坡法院签发的扣押财产报告等证据，能够证明被新加坡警方查封、扣押、冻结的李华波夫妇名下财产，属于李华波贪污犯罪违法所得。

李华波在红色通报发布一年后不能到案，2013年3月6日，上饶市人民检察院向上饶市中级人民法院提出没收李华波违法所得申请。2015年3月3日，上饶市中级人民法院作出一审裁定，认定李华波涉嫌重大贪污犯罪，其逃匿新加坡后被通缉，一年后未能到案。现有证据能够证明，被新加坡警方扣押的李华波夫妇名下财产共计540余万新加坡元，均系李华波的违法所得，依法予以没收。相关人员均未在法定期限内提出上诉，没收裁定生效。2016年6月29日，新加坡高等法院作出判决，将扣押的李华波夫妇名下共计540余万新加坡元涉案财产全部返还中方。

（三）迫使回国投案，依法接受审判。为迫使李华波回国投案，中方依法吊销李华波全家四人中国护照并通知新方。2015年1月，新加坡移民局作出取消李华波全家四人新加坡永久居留权的决定。2015年2月2日，李华波主动写信要求回国投案自首。2015年5月9日，李华波被遣返回国，同日被执行逮捕。2015年12月30日，上饶市人民检察院以李华波犯贪污罪，向上饶市中级人民法院提起公诉。2017年1月23日，上饶市中级人民法院以贪污罪判处李华波无期徒刑，剥夺政治权利终身，并处没收个人全部财产。扣除同案犯徐德堂等人已被追缴的赃款以及依照违法所得没收程序裁定没收的赃款，剩余赃款继续予以追缴。

【指导意义】

（一）对于犯罪嫌疑人、被告人逃匿的贪污贿赂等重大职务犯罪案件，符合法定条件的，人民检察院应当依法适用违法所得没收程序办理。对于贪污贿赂等重大职务犯罪案件，犯罪嫌疑人、被告人逃匿，在通缉一年后不能到案，如果有证据证明有犯罪事实，依照刑法规定应当追缴其违法所得及其他涉案财产的，人民检察院应当依法向人民法院提出没收违法所得的申请，促进追赃追逃工作开展。

（二）违法所得没收裁定生效后，犯罪嫌疑人、被告人到案的，人民检察院应当依照普通刑事诉讼程序审查起诉。人民检察院依照特别程序提出没收违法所得申请，人民法院作出没收裁定生效后，犯罪嫌疑人、被告人自动投案或者被抓获的，检察机关应当依照普通刑事诉讼程序进行审查。人民检察院审查后，认为犯罪事实清楚，证据确实充分的，应当向原作出裁定的人民法院提起公诉。

（三）在依照普通刑事诉讼程序办理案件过程中，要与原违法所得没收程序做好衔接。对扣除已裁定没收财产后需要继续追缴违法所得的，检察机关应当依法审查提出意见，由人民法院判决后追缴。

【相关规定】

《中华人民共和国刑法》第五十七条第一款，第五十九条，第六十四条，第六十七条第一款，第三百八十二条第一款，第三百八十三条第一款第三项

《中华人民共和国刑事诉讼法》（2012 年 3 月 14 日修正）第十七条，第二百八十条，第二百八十一条，第二百八十二条，第二百八十三条

《中华人民共和国监察法》第四十八条

《最高人民法院、最高人民检察院关于办理贪污贿赂刑事案件适用法律若干问题的解释》第三条第一款，第十九条第一款

《最高人民法院、最高人民检察院关于适用犯罪嫌疑人、被告人逃匿、死亡案件违法所得没收程序若干问题的规定》

金某某受贿案

（检例第 75 号）

【关键词】

职务犯罪　认罪认罚　确定刑量刑建议

【要旨】

对于犯罪嫌疑人自愿认罪认罚的职务犯罪案件，应当依法适用认罪认罚从宽制度办理。在适用认罪认罚从宽制度办理职务犯罪案件过程中，检察机关应切实履行主导责任，与监察机关、审判机关互相配合，互相制约，充分保障犯罪嫌疑人、被告人的程序选择权。要坚持罪刑法定和罪责刑相适应原则，对符合有关规定条件的，一般应当就主刑、附加刑、是否适用缓刑等提出确定刑量刑建议。

【基本案情】

被告人金某某，女，安徽省某医院原党委书记、院长。

2007 年至 2018 年，被告人金某某在担任安徽省某医院党委书记、院长期间，利用职

务上的便利，为请托人在承建工程项目、销售医疗设备、销售药品、支付货款、结算工程款、职务晋升等事项上提供帮助，非法收受他人财物共计人民币1161.1万元、4000欧元。

【检察工作情况】

（一）提前介入全面掌握案情，充分了解被调查人的认罪悔罪情况。安徽省检察机关在提前介入金某某案件过程中，通过对安徽省监察委员会调查的证据材料进行初步审查，认为金某某涉嫌受贿犯罪的基本事实清楚，基本证据确实充分。同时注意到，金某某到案后，不但如实交待了监察机关已经掌握的受贿170余万元的犯罪事实，还主动交待了监察机关尚未掌握的受贿980余万元的犯罪事实，真诚认罪悔罪，表示愿意接受处罚，并已积极退缴全部赃款。初步判定本案具备适用认罪认罚从宽制度条件。

（二）检察长直接承办，积极推动认罪认罚从宽制度适用。安徽省监察委员会调查终结后，于2019年1月16日以金某某涉嫌受贿罪移送安徽省人民检察院起诉，安徽省人民检察院于同月29日将案件交由淮北市人民检察院审查起诉，淮北市人民检察院检察长作为承办人办案。经全面审查认定金某某受贿案数额特别巨大，在安徽省医疗卫生系统有重大影响，但其自愿如实供述自己的罪行，真诚悔罪，愿意接受处罚，全部退赃，符合刑事诉讼法规定的认罪认罚从宽制度适用条件，检察机关经慎重研究，依法决定适用认罪认罚从宽制度办理。

（三）严格依法确保认罪认罚的真实性、自愿性、合法性。一是及时告知权利。案件移送起诉后，淮北市人民检察院在第一次讯问时，告知金某某享有的诉讼权利和认罪认罚相关法律规定，加强释法说理，充分保障其程序选择权和认罪认罚的真实性、自愿性。二是充分听取意见。切实保障金某某辩护律师的阅卷权、会见权，就金某某涉嫌的犯罪事实、罪名及适用的法律规定，从轻处罚建议，认罪认罚后案件审理适用的程序等，充分听取金某某及其辩护律师的意见，记录在案并附卷。三是提出确定刑量刑建议。金某某虽然犯罪持续时间长、犯罪数额特别巨大，但其自监委调查阶段即自愿如实供述自己的罪行，尤其是主动交代了监察机关尚未掌握的大部分犯罪事实，具有法定从轻处罚的坦白情节；且真诚悔罪，认罪彻底稳定，全部退赃，自愿表示认罪认罚，应当在法定刑幅度内相应从宽，检察机关综合上述情况，提出确定刑量刑建议。四是签署具结书。金某某及其辩护律师同意检察机关量刑建议，并同意适用普通程序简化审理，在辩护律师见证下，金某某自愿签署了《认罪认罚具结书》。

2019年3月13日，淮北市人民检察院以被告人金某某犯受贿罪，向淮北市中级人民法院提起公诉，建议判处金某某有期徒刑十年，并处罚金人民币五十万元，并建议适用普通程序简化审理。2019年4月10日，淮北市中级人民法院公开开庭，适用普通程序简化审理本案。经过庭审，认定起诉书指控被告人金某某犯受贿罪事实清楚、证据确实充分，采纳淮北市人民检察院提出的量刑建议并当庭宣判，金某某当庭表示服判不上诉。

【指导意义】

（一）对于犯罪嫌疑人自愿认罪认罚的职务犯罪案件，检察机关应当依法适用认罪认罚从宽制度办理。依据《刑事诉讼法》第十五条的规定，认罪认罚从宽制度贯穿刑事诉讼全过程，没有适用罪名和可能判处刑罚的限定，所有刑事案件都可以适用。职务犯罪案件适用认罪认罚从宽制度，符合宽严相济刑事政策，有利于最大限度实现办理职务犯罪案件效果，有利于推进反腐败工作。职务犯罪案件的犯罪嫌疑人自愿如实供述自己的罪行，真诚悔罪，愿意接受处罚，检察机关应当依法适用认罪认罚从宽制度办理。

（二）适用认罪认罚从宽制度办理职务犯罪案件，检察机关应切实履行主导责任。检察机关通过提前介入监察机关办理职务犯罪案件工作，即可根据案件事实、证据、性质、情节、被调查人态度等基本情况，初步判定能否适用认罪认罚从宽制度。案件移送起诉后，人民检察院应当及时告知犯罪嫌疑人享有的诉讼权利和认罪认罚从宽制度相关法律规定，保障犯罪嫌疑人的程序选择权。犯罪嫌疑人自愿认罪认罚的，人民检察院应当就涉嫌的犯罪事实、罪名及适用的法律规定，从轻、减轻或者免除处罚等从宽处罚的建议，认罪认罚后案件审理适用的程序及其他需要听取意见的情形，听取犯罪嫌疑人、辩护人或者值班律师的意见并记录在案，同时加强与监察机关、审判机关的沟通，听取意见。

（三）依法提出量刑建议，提升职务犯罪案件适用认罪认罚从宽制度效果。检察机关办理认罪认罚职务犯罪案件，应当根据犯罪的事实、性质、情节和对社会的危害程度，结合法定、酌定的量刑情节，综合考虑认罪认罚的具体情况，依法决定是否从宽、如何从宽。对符合有关规定条件的，一般应当就主刑、附加刑、是否适用缓刑等提出确定刑量刑建议。对于减轻、免除处罚，应当于法有据；不具备减轻处罚情节的，应当在法定幅度以内提出从轻处罚的量刑建议。

【相关规定】

《中华人民共和国刑法》第六十七条第三款，第三百八十三条第一款第三项、第二款、第三款，第三百八十五条第一款，第三百八十六条

《中华人民共和国刑事诉讼法》第十五条，第一百七十三条，第一百七十四条第一款，第一百七十六条，第二百零一条

《最高人民法院、最高人民检察院关于办理职务犯罪案件认定自首、立功等量刑情节若干问题的意见》第三部分

张某受贿、郭某行贿、职务侵占、诈骗案

（检例第 76 号）

【关键词】

受贿罪　改变提前介入意见　案件管辖　追诉漏罪

【要旨】

检察机关提前介入应认真审查案件事实和证据，准确把握案件定性，依法提出提前介入意见。检察机关在审查起诉阶段仍应严格审查，提出审查起诉意见。审查起诉意见改变提前介入意见的，应及时与监察机关沟通。对于在审查起诉阶段发现漏罪，如该罪属于公

安机关管辖，但犯罪事实清楚，证据确实充分，符合起诉条件的，检察机关在征得相关机关同意后，可以直接追加起诉。

【基本案情】

被告人张某，男，北京市东城区某街道办事处环卫所原副所长。

被告人郭某，女，北京某物业公司原客服部经理。

2014 年 11 月，甲小区和乙小区被北京市东城区某街道办事处确定为环卫项目示范推广单位. 按照规定，两小区应选聘 19 名指导员从事宣传、指导、监督、服务等工作，政府部门按每名指导员每月 600 元标准予以补贴。上述两小区由北京某物业公司负责物业管理，两小区 19 名指导员补贴款由该物业公司负责领取发放。2014 年 11 月至 2017 年 3 月，郭某在担任该物业公司客服部经理期间，将代表物业公司领取的指导员补贴款共计人民币 33. 06 万元据为己有。郭某从物业公司离职后，仍以物业公司客服部经理名义，于 2017 年 6 月、9 月，冒领指导员补贴款共计人民币 6.84 万元据为己有。2014 年 11 月至 2017 年 9 月期间，张某接受郭某请托，利用担任某街道办事处环卫所职员、副所长的职务便利，不严格监督检查上述补贴款发放，非法收受郭某给予的人民币 8.85 万元。2018 年 1 月，张某担心事情败露，与郭某共同筹集人民币 35 万元退还给物业公司。2018 年 2 月 28 日，张某、郭某自行到北京市东城区监察委员会接受调查，并如实供述全部犯罪事实。

【检察工作情况】

（一）提前介入准确分析案件定性，就法律适用及证据完善提出意见。调查阶段，东城区监委对张某、郭某构成贪污罪共犯还是行受贿犯罪存在意见分歧，书面商请东城区人民检察院提前介入。主张认定二人构成贪污罪共犯的主要理由：一是犯罪对象上，郭某侵占并送给张某的资金性质为国家财政拨款，系公款；二是主观认识上，二人对截留的补贴款系公款的性质明知，并对截留补贴款达成一定共识；三是客观行为上，二人系共同截留补贴款进行分配。

检察机关分析在案证据后认为，应认定二人构成行受贿犯罪，主要理由：一是主观上没有共同贪污故意。二人从未就补贴款的处理使用有过明确沟通，郭某给张某送钱，就是为了让张某放松监管，张某怠于履行监管职责，就是因为收受了郭某所送贿赂，而非自己要占有补贴款。二是客观上没有共同贪污行为。张某收受郭某给予的钱款后怠于履行监管职责，正是利用职务之便为郭某谋取利益的行为，但对于郭某侵占补贴款，在案证据不能证实张某主观上有明确认识，郭某也从未想过与张某共同瓜分补贴款。三是款项性质对受贿罪认定没有影响。由于二人缺乏共同贪占补贴款的故意和行为，不应构成贪污罪共犯，而应分别构成行贿罪和受贿罪，并应针对主客观方面再补强相关证据。检察机关将法律适用和补充完善证据的意见书面反馈给东城区监委。东城区监委采纳了检察机关的提前介入意见，补充证据后，以张某涉嫌受贿罪、郭某涉嫌行贿罪，于 2018 年 11 月 12 日将两案移送起诉。

（二）审查起诉阶段不囿于提前介入意见，依法全面审查证据，及时发现漏罪。案件移送起诉后，检察机关全面严格审查在案证据，认为郭某领取和侵吞补贴款的行为分为两个阶段：第一阶段，郭某作为上述物业公司客服部经理，利用领取补贴款的职务便利，领取并将补贴款非法占为己有，其行为构成职务侵占罪；第二阶段，郭某从物业公司客服部经理岗位离职后，仍冒用客服部经理的身份领取补贴款并非法占为己有，其行为构成诈骗罪。

（三）提起公诉直接追加指控罪名，法院判决予以确认。检察机关在对郭某行贿案审查起诉时发现，郭某侵吞补贴款的行为构成职务侵占罪和诈骗罪，且犯罪事实清楚，证据确实充分，已符合起诉条件。经与相关机关沟通后，检察机关在起诉时追加认定郭某构成职务侵占罪、诈骗罪。

2018 年 12 月 28 日，北京市东城区人民检察院对张某以受贿罪提起公诉；对郭某以行贿罪、职务侵占罪、诈骗罪提起公诉。2019 年 1 月 17 日，北京市东城区人民法院作出一审判决，以受贿罪判处张某有期徒刑八个月，缓刑一年，并处罚金人民币十万元；以行贿罪、职务侵占罪、诈骗罪判处郭某有期徒刑二年，缓刑三年，并处罚金人民币十万一千元。

【指导意义】

（一）检察机关依法全面审查监察机关移送起诉案件，审查起诉意见与提前介入意见不一致的，应当及时与监察机关沟通。检察机关提前介入监察机关办理的职务犯罪案件时，已对证据收集、事实认定、案件定性、法律适用等提出意见。案件进入审查起诉阶段后，检察机关仍应依法全面审查，可以改变提前介入意见。审查起诉意见改变提前介入意见的，检察机关应当及时与监察机关沟通。

（二）对于监察机关在调查其管辖犯罪时已经查明，但属于公安机关管辖的犯罪，检察机关可以依法追加起诉。对于监察机关移送起诉的案件，检察机关在审查起诉阶段发现漏罪，如该罪属于公安机关管辖，但犯罪事实清楚，证据确实充分，符合起诉条件的，经征求监察机关、公安机关意见后，没有不同意见的，可以直接追加起诉；提出不同意见，或者事实不清、证据不足的，应当将案件退回监察机关并说明理由，建议其移送有管辖权的机关办理，必要时可以自行补充侦查。

（三）根据主客观相统一原则，准确区分受贿罪和贪污罪。对于国家工作人员收受贿赂后故意不履行监管职责，使非国家工作人员非法占有财物的，如该财物又涉及公款，应根据主客观相统一原则，准确认定案件性质。一要看主观上是否对侵吞公款进行过共谋，二要看客观上是否共同实施侵吞公款行为。如果具有共同侵占公款故意，且共同实施了侵占公款行为，应认定为贪污罪共犯；如果国家工作人员主观上没有侵占公款故意，只是收受贿赂后放弃职守，客观上使非国家工作人员任意处理其经手的钱款成为可能，应认定为为他人谋取利益，国家工作人员构成受贿罪，非国家工作人员构成行贿罪。如果国家工作人员行为同时构成玩忽职守罪的，以受贿罪和玩忽职守罪数罪并罚。

【相关规定】

《中华人民共和国刑法》第六十七条第一款，第二百六十六条，第二百七十一条第一款，第三百八十三条第一款第一项，第三百八十五条第一款，第三百八十六条，第三百八十九条第一款，第三百九十条

《最高人民法院、最高人民检察院关于办理贪污贿赂刑事案件适用法律若干问题的解释》第一条第一款，第七条第一款，第十一条第一款，第十九条

《最高人民法院、最高人民检察院关于办理诈骗刑事案件具体应用法律若干问题的解释》第一条，第三条

发挥职能作用　提升职务犯罪案件办理质效[*]

——最高人民检察院第二十批指导性案例解读

韩晓峰　高锋志　尚垚弘[**]

2020 年 7 月 21 日，最高人民检察院发布了第二十批指导性案例，包括浙江省某县图书馆及赵某、徐某某单位受贿、私分国有资产、贪污案，李华波贪污案，金某某受贿案，张某受贿及郭某行贿、职务侵占、诈骗案共四件指导性案例（检例第 73—76 号）。这是检察机关第一次发布以职务犯罪检察为主题的指导性案例。为准确理解和适用指导性案例，现就发布案例的背景、意义和其中涉及的主要问题进行解读。

一、发布第二十批指导性案例的背景和意义

最高人民检察院围绕职务犯罪检察主题发布第二十批指导性案例，主要意义在于：

一是指导全国检察机关进一步充分发挥在反腐败斗争中的职能作用。在全面推进监察体制改革背景下，检察机关作为党领导下的司法机关，在党和国家反腐败总体格局中，肩负着重要政治责任和重大法律责任。在惩治腐败犯罪的司法环节中，检察机关承担着确认、巩固和拓展监察调查成果，追诉职务犯罪行为，进而实现刑罚对腐败犯罪分子的惩罚、警戒、教育功能等重要职责。发布以职务犯罪检察为主题的指导性案例，有助于指导全国检察机关以高度的政治自觉、法治自觉和检察自觉，在反腐败斗争中履职尽责、积极作为、勇于担当，进一步做优做强做实职务犯罪检察各项工作，更好服务党和国家反腐败大局。二是指导全国检察机关进一步依法规范办理职务犯罪案件。面对监察体制改革与司法体制改革、诉讼制度改革、检察机关内设机构改革相叠加的新形势新任务，全国检察机关积极与监察机关、审判机关等有关部门加强沟通协作，注重衔接配合与制约，成功办理了一批案件，也积累了一些好的经验做法。由于目前仍处于监察体制改革初期，新的办案机制运行时间还不长，在这种情况下，发布相关指导性案例，可以为全国检察机关依法办理类似案件提供参考和借鉴，进而推动相关配套制度机制不断健全。三是指导全国检察机关积极适用法律规定的新程序新制度。2012 年刑事诉讼法增设了犯罪嫌疑人、被告人逃匿、死亡案件违法所得的没收程序，2018 年刑事诉讼法又新规定了缺席审判程序和认罪认

---

* 原载《人民检察》2020 年第 16 期。

** 韩晓峰，最高人民检察院第三检察厅副厅长、二级高级检察官；高锋志，最高人民检察院第三检察厅三级高级检察官；尚垚弘，最高人民检察院第三检察厅三级高级检察官。

罚从宽制度，也有相关司法解释陆续出台。这些新程序新制度有利于提升职务犯罪案件办理效果。此次发布的适用违法所得没收程序和认罪认罚从宽制度两个案例，目的在于指导全国检察机关进一步加大适用这些新程序新制度的力度，更好发挥这些新程序新制度的积极作用。

二、浙江省某县图书馆及赵某、徐某某单位受贿、私分国有资产、贪污案

（一）基本案情、要旨和指导意义

2012 年至 2016 年，被告人赵某、徐某某作为浙江省某县图书馆的原馆长和副馆长，经集体讨论决定，通过在书籍采购过程中账外暗中收受回扣的方式，收受有关业务单位所送人民币共计 36 万余元，用于发放工作人员福利及支付本单位其他开支。同时，通过从上述业务单位虚开购书发票、虚列劳务支出、采购价格虚高的借书卡等手段套取财政资金，经集体讨论决定后，将其中的 56 万余元以单位名义集体私分给本单位工作人员。在套取财政资金过程中，被告人徐某某利用职务之便，套取 3.8 万元据为己有。

2018 年 9 月 28 日，县监察委员会调查终结，以赵某涉嫌单位受贿罪、私分国有资产罪移送县检察院起诉。检察院审查认为，某县图书馆作为全额拨款的国有事业单位，在经济往来中，账外暗中收受各种名义的回扣，情节严重，根据《刑法》第 387 条之规定，应当以单位受贿罪追究其刑事责任，且单位犯罪事实清楚，证据确实充分。经与监察委员会充分沟通，2018 年 11 月 12 日，县检察院对某县图书馆以单位受贿罪，对赵某以单位受贿罪、私分国有资产罪提起公诉。检察机关对赵某案审查起诉时，认为徐某某作为参与集体研究并具体负责采购业务的副馆长，属于其他直接责任人员，也应以单位受贿罪、私分国有资产罪追究其刑事责任，同时还发现徐某某涉嫌贪污犯罪问题线索，遂将线索移交监察机关。2018 年 11 月 16 日，县监察委员会调查终结，将徐某某移送县检察院起诉。2018 年 12 月 27 日，县检察院对徐某某以单位受贿罪、私分国有资产罪、贪污罪提起公诉。2018 年 12 月 20 日，某县法院以单位受贿罪判处某县图书馆罚金人民币 20 万元；以单位受贿罪、私分国有资产罪判处赵某有期徒刑 1 年 2 个月，并处罚金人民币 10 万元。2019 年 1 月 10 日，某县法院以单位受贿罪、私分国有资产罪、贪污罪判处徐某某有期徒刑 1 年，并处罚金人民币 20 万元。

该案的要旨及指导意义：一是检察机关在对职务犯罪案件审查起诉时，如果认为相关单位亦涉嫌犯罪，且单位犯罪事实清楚、证据确实充分，经与监察机关沟通，可以依法对犯罪单位提起公诉。二是检察机关在审查起诉中发现遗漏同案犯或犯罪事实的，应当及时与监察机关沟通，依法处理。

（二）理解和适用中的重点问题

1. 检察机关对事实清楚、证据确实充分的单位犯罪，经与监察机关沟通，可直接追加起诉。检察机关审查监察机关移送起诉的案件，应当查明有无遗漏罪行和其他应当追究刑事责任的人。对于单位犯罪案件，监察机关只对直接负责的主管人员和其他直接责任人员移送起诉，未移送起诉涉嫌犯罪单位的，如果犯罪事实清楚，证据确实充分，经与监察

机关沟通，检察机关可以对犯罪单位依法直接提起公诉。

2. 检察机关在审查起诉中，如果发现监察机关移送起诉的案件遗漏同案职务犯罪人或犯罪事实的，应当及时与监察机关沟通，依法处理。如果监察机关在该案审查起诉期限内调查终结移送起诉，且犯罪事实清楚，证据确实充分的，可以并案起诉；如果监察机关不能在该案审查起诉期限内调查终结移送起诉，或者虽然移送起诉，但因案情重大复杂等原因不能及时审结的，也可分案起诉。该案检察机关在审查时认为，徐某某也应作为其他直接责任人员追究其刑事责任，同时还发现其涉嫌贪污犯罪线索，遂将线索及时移送监察机关。在监察机关对徐某某立案调查期间，赵某案审查起诉期限届满，所以检察机关先对图书馆和赵某提起公诉。后监察机关调查终结将徐某某案移送起诉后，检察机关另行对其提起公诉。

三、李华波贪污案

（一）基本案情、要旨和指导意义

2006 年 10 月至 2010 年 12 月，李华波利用担任江西省鄱阳县财政局经济建设股股长管理该县基本建设专项资金的职务便利，伙同该股副股长张庆华（已被判刑）、鄱阳县农村信用联社城区信用社主任徐德堂（已被判刑）等人，采取套用以往审批手续、私自开具转账支票并加盖假印鉴、制作假银行对账单等手段，骗取鄱阳县财政局基建专项资金共计人民币 9400 万元。除李华波与徐德堂赌博挥霍及同案犯分得部分赃款外，其余赃款被李华波占有。李华波将其中的 240 余万元，用于为本人及家人办理移民新加坡的手续及在新加坡购置房产；将其中的 2700 余万元兑换成新加坡元，转入本人及妻子在新加坡大华银行的个人账户内，用于购买房产及投资。后新加坡警方查封扣押李华波涉案财产合计 540 余万新加坡元（折合人民币约 2600 余万元）。

2011 年 1 月 29 日，李华波逃往新加坡。2011 年 2 月 13 日，鄱阳县检察院以涉嫌贪污罪对李华波立案侦查，同月 16 日，上饶市检察院以涉嫌贪污罪对李华波决定逮捕。2011 年 2 月 23 日，公安部向国际刑警组织请求对李华波发布红色通报，并向新加坡国际刑警发出协查函。2011 年 3 月初，新加坡警方拘捕李华波。随后新加坡法院发出冻结令，冻结李华波夫妇转移到新加坡的涉案财产。2012 年 9 月，新加坡总检察署以三项"不诚实盗取赃物罪"指控李华波。2013 年 8 月 15 日，新加坡法院一审判决认定对李华波的所有指控罪名成立，判处其 15 个月监禁。李华波在红色通报发布一年后不能到案，2013 年 3 月 6 日，上饶市检察院向上饶市中级法院提出没收李华波违法所得申请。2015 年 3 月 3 日，上饶市中级法院作出一审裁定，认定李华波涉嫌重大贪污犯罪，其逃匿新加坡后被通缉，一年后未能到案。现有证据能够证明，被新加坡警方扣押的李华波夫妇名下财产共计 540 余万新加坡元，均系李华波的违法所得，依法予以没收。相关人员均未在法定期限内提出上诉，没收裁定生效。2016 年 6 月 29 日，新加坡高等法院作出判决，将扣押的李华波夫妇名下共计 540 余万新加坡元涉案财产全部返还中方。2015 年 1 月，新加坡移民局作出取消李华波全家四人新加坡永久居留权的决定。2015 年 2 月 2 日，李华波主动写信要求回国投案自首。2015 年 5 月 9 日，李华波被遣返回国，同日被执行逮捕。2015 年 12 月 30 日，

上饶市检察院以李华波犯贪污罪，向上饶市中级法院提起公诉。2017 年 1 月 23 日，上饶市中级法院以贪污罪判处李华波无期徒刑，剥夺政治权利终身，并处没收个人全部财产。扣除同案犯徐德堂等人已被追缴的赃款以及依照违法所得没收程序裁定没收的赃款，剩余赃款继续予以追缴。

该案的要旨及指导意义：一是对于贪污贿赂等重大职务犯罪案件，犯罪嫌疑人、被告人逃匿，在通缉一年后不能到案，如果有证据证明有犯罪事实，依照刑法规定应当追缴其违法所得及其他涉案财产的，应当适用违法所得没收程序办理。二是违法所得没收裁定生效后，在逃的职务犯罪嫌疑人自动投案或者被抓获，监察机关调查终结移送起诉的，检察机关应当依照普通刑事诉讼程序办理，并与原没收裁定程序做好衔接。

（二）理解和适用中的重点问题

1. 深刻认识违法所得没收程序对国际追赃追逃工作的重要意义。近些年来，腐败犯罪分子携款外逃已成为其逃避法律制裁的一种惯用伎俩。之前我国司法机关要求境外相关机构协助追缴涉案财产时，境外机构一般都会要求我国出具相应的生效裁判文书，由于我国没有建立相应程序，导致提交追赃没收申请时难有成效。2005 年全国人大常委会批准加入《联合国反腐败公约》，根据该公约第 57 条所确立的精神，请求缔约国向被请求缔约国要求返还涉案财产时，后者可以要求前者提供生效的司法裁判文书。我国 2012 年刑事诉讼法修改时创设了一个不需对犯罪行为进行实质性定罪处罚的特别没收程序，既履行了我国的国际公约承诺，又为国际追赃合作铺平了道路，有利于切断潜逃境外的犯罪分子的经济来源，促使其尽早回国投案自首，同时对潜在的腐败分子形成强大的内心震慑。

2. 检察机关要积极推进适用违法所得没收程序。根据相关法律规定，没收违法所得必须由检察机关向法院提出申请。2018 年以来，全国检察机关适用该程序办理案件 30 件，依法没收违法所得 5.56 亿元，既为国家挽回了经济损失，也为国际追赃追逃工作贡献了检察智慧和检察力量。但总体上看，检察机关适用违法所得没收程序办理的案件还不多。为进一步加大对腐败犯罪的打击力度，检察机关应切实发挥职能作用，对于贪污贿赂等重大职务犯罪案件犯罪嫌疑人、被告人逃匿，在通缉一年后不能到案，如果有证据证明有犯罪事实，依照刑法规定应当追缴其违法所得及其他涉案财产的，应当向法院提出没收违法所得的申请，以法院作出的没收裁定为法律依据，向相关国家提出刑事司法合作请求，积极推动国际追赃追逃工作开展。

3. 做好违法所得没收程序与普通刑事诉讼程序的衔接。检察机关依照特别程序提出没收违法所得申请，法院作出的没收裁定生效后，犯罪嫌疑人、被告人自动投案或者被抓获的，检察机关应当依照普通刑事诉讼程序进行审查。审查后，认为犯罪事实清楚，证据确实充分的，应当向作出裁定的法院提起公诉。对于扣除已裁定没收财产后需要继续追缴违法所得的，应当依法审查并提出意见，由法院判决后追缴。

四、金某某受贿案

（一）基本案情、要旨和指导意义

2007 年至 2018 年，被告人金某某在担任安徽省某医院党委书记、院长期间，利用职务上的便利，为请托人在承建工程项目、销售医疗设备、销售药品、支付货款、结算工程款、职务晋升等事项上提供帮助，非法收受他人财物共计人民币1161.1万元、4000欧元。

2019年1月16日，安徽省监察委员会调查终结，以金某某涉嫌受贿罪移送安徽省检察院审查起诉，安徽省检察院于同月29日将案件交由淮北市检察院审查起诉。淮北市检察院经全面审查认定，金某某到案后，不仅如实交代了监察机关已经掌握的其受贿170余万元的犯罪事实，还主动交待了监察机关尚未掌握的其受贿980余万元的犯罪事实，真诚认罪悔罪，表示愿意接受处罚，并已积极退缴全部赃款，符合刑事诉讼法规定的认罪认罚从宽制度适用条件。金某某及其辩护律师同意检察机关提出的量刑建议，并同意适用普通程序简化审理，在辩护律师见证下，金某某自愿签署了《认罪认罚具结书》。2019年3月13日，淮北市检察院以被告人金某某犯受贿罪，向淮北市中级法院提起公诉，建议判处金某某有期徒刑十年，并处罚金人民币50万元，并建议适用普通程序简化审理。2019年4月10日，淮北市中级法院公开开庭，适用普通程序简化审理该案，采纳淮北市检察院提出的量刑建议并当庭宣判，金某某当庭表示服判不上诉。

该案的要旨及指导意义：一是对于犯罪嫌疑人自愿认罪认罚的职务犯罪案件，应当依法适用认罪认罚从宽制度办理。二是在适用认罪认罚从宽制度办理职务犯罪案件过程中，检察机关应切实履行主导责任，与监察机关、审判机关互相配合，互相制约，充分保障犯罪嫌疑人、被告人的程序选择权。三是对符合有关规定条件的，检察机关一般应当就主刑、附加刑、是否适用缓刑等提出确定刑量刑建议。

（二）理解和适用中的重点问题

1. 充分认识职务犯罪案件适用认罪认罚从宽制度的重要意义。法律规定犯罪嫌疑人、被告人有自愿认罪认罚获得从宽处理的权利，职务犯罪案件适用认罪认罚从宽制度，能够更好地促使犯罪嫌疑人、被告人认罪悔罪、减少对抗，主动交待问题，积极退缴赃款赃物，既有利于拓展反腐败的深度与广度，又可以节约司法资源，最大限度实现职务犯罪案件办理效果。

2. 对符合条件的职务犯罪案件，检察机关应积极推动适用认罪认罚从宽制度。依据《刑事诉讼法》第15条的规定，认罪认罚从宽制度贯穿刑事诉讼全过程，没有适用罪名和可能判处刑罚的限定，所有刑事案件都可以适用。据统计，2019年检察机关对职务犯罪案件适用认罪认罚从宽制度办理的比例不到40%，2020年上半年适用比例已超过2/3。虽然纵向看适用比例提升较大，但与总体刑事案件适用情况相比，比例仍然较低。检察机关在办案中应加强与监察机关、审判机关的沟通，积极推动该项制度的适用。

3. 适用认罪认罚从宽制度办理职务犯罪案件，检察机关应切实履行主导责任，努力提升办案效果。检察机关提前介入监察机关办理的案件，可根据案件事实、证据、性质、情节、被调查人态度等基本情况，初步判定案件能否适用认罪认罚从宽制度。案件移送审查起诉后，检察机关应当及时告知犯罪嫌疑人享有的诉讼权利和认罪认罚从宽制度相关规定，保障犯罪嫌疑人的程序选择权。犯罪嫌疑人自愿认罪认罚的，检察机关应当就犯罪嫌疑人涉嫌的犯罪事实、罪名及适用的法律规定，从轻、减轻或者免除处罚等的建议，认罪认罚后案件审理适用的程序及其他需要听取意见的情形，听取犯罪嫌疑人、辩护人或者值班律师的意见并记录在案，同时加强与监察机关、审判机关的沟通，听取意见。综合考虑犯罪嫌疑人认罪认罚的具体情况，依法决定是否从宽、如何从宽。对于符合有关规定条件的，一般应当就主刑、附加刑、是否适用缓刑等提出确定刑量刑建议。对于减轻、免除处罚的，应当于法有据；对于不具备减轻处罚情节的，应当在法定幅度以内提出从轻处罚的量刑建议。

五、张某受贿，郭某行贿、职务侵占、诈骗案

（一）基本案情、要旨和指导意义

2014 年 11 月，北京市东城区两住宅小区被某街道办事处确定为环卫项目示范推广单位。政府部门按规定给小区选出的项目指导员发放补贴款，由负责小区物业管理的北京某物业公司负责领取发放。2014 年 11 月至 2017 年 3 月，郭某利用担任该物业公司客服部经理的职务之便，将代表物业公司领取的指导员补贴款共计人民币 33.06 万元据为己有。郭某从物业公司离职后，仍以物业公司客服部经理名义，冒领指导员补贴款 6.84 万元据为己有。2014 年 11 月至 2017 年 9 月，张某接受郭某请托，利用担任某街道办事处环卫所职员、副所长的职务便利，不严格监督检查上述补贴款发放情况，非法收受郭某给予的人民币 8.85 万元。

该案在调查阶段，东城区监察委员会对张某、郭某构成贪污罪共犯还是行受贿犯罪存在意见分歧，检察机关提前介入分析在案证据后认为，应认定二人构成行受贿犯罪。东城区监察委员会采纳了检察机关提前介入的意见，于 2018 年 11 月 12 日以张某涉嫌受贿罪、郭某涉嫌行贿罪将两案移送审查起诉。案件移送审查起诉后，检察机关全面严格审查在案证据，认为郭某侵吞补贴款的行为还构成职务侵占罪和诈骗罪，此二罪属于公安机关管辖，但系监察机关在调查郭某行贿罪过程中已经查明的犯罪，且事实清楚，证据确实充分，已符合起诉条件。经与相关机关沟通后，2018 年 12 月 28 日，东城区检察院对张某以受贿罪提起公诉；对郭某以行贿罪、职务侵占罪、诈骗罪提起公诉。2019 年 1 月 17 日，东城区法院作出一审判决，以受贿罪判处张某有期徒刑 8 个月，缓刑 1 年，并处罚金人民币 10 万元；以行贿罪、职务侵占罪、诈骗罪判处郭某有期徒刑 2 年，缓刑 3 年，并处罚金人民币 10.1 万元。

该案的要旨及指导意义：一是检察机关提前介入应认真审查案件事实和证据，准确把握案件定性，依法提出提前介入意见。检察机关在审查起诉阶段仍应严格审查，提出审查起诉意见。审查起诉意见改变提前介入意见的，应及时与监察机关沟通。二是对于在审查起诉阶段发现漏罪的，如该罪属于公安机关管辖，但犯罪事实清楚，证据确实充分，符合起诉条件的，检察机关在征得相关机关同意后，可以直接追加起诉。三是根据主客观相统一原则，准确区分受贿罪和贪污罪。

（二）理解和适用中的重点问题

1. 提前介入意见不能代替审查起诉意见，审查起诉阶段仍应全面审查，依法提出准确意见。检察机关提前介入监察机关办理的案件时，已对证据收集、事实认定、案件定性、法律适用等提出意见，案件进入审查起诉阶段后，检察机关仍应依法严格审查，不得

以提前介入意见代替审查起诉意见。因案件已正式进入刑事诉讼程序，审查起诉意见可以改变提前介入意见，改变提前介入意见的，应当及时与监察机关沟通。

2. 对于监察机关在调查其管辖犯罪时已经查明，但属于公安机关管辖的犯罪，检察机关应根据审查情况及时沟通处理。对于监察机关移送审查起诉的案件，检察机关在审查起诉阶段发现漏罪，如该罪属于公安机关管辖，但犯罪事实清楚，证据确实充分，符合起诉条件的，经征求监察机关、公安机关意见后，没有不同意见的，可以直接追加起诉；提出不同意见，或者事实不清、证据不足的，应当将案件退回监察机关并说明理由，建议其移送有管辖权的机关办理，必要时可以自行补充侦查。

3. 对于国家工作人员收受贿赂后故意不履行监管职责，使非国家工作人员非法占有财物的，如该财物又涉及公款，应根据主客观相统一原则，准确认定案件性质。一要看行为人主观上是否对侵吞公款进行过共谋，二要看行为人客观上是否共同实施侵吞公款行为。如果行为人具有共同侵占公款故意，且共同实施了侵占公款行为，应认定为贪污罪共犯；如果国家工作人员主观上没有侵占公款故意，只是收受贿赂后放弃职守，客观上使非国家工作人员任意处理其经手的钱款成为可能，应认定为为他人谋取利益，国家工作人员构成受贿罪，非国家工作人员构成行贿罪。如果国家工作人员的行为同时构成玩忽职守罪的，以受贿罪和玩忽职守罪数罪并罚。

该案在调查阶段，对张某、郭某构成贪污罪共犯还是行受贿犯罪存在意见分歧，主张认定二人构成贪污罪共犯的主要理由如下：一是犯罪对象上，郭某侵占并送给张某的资金性质为国家财政拨款，系公款；二是主观认识上，二人对截留的补贴款系公款的性质明知，并对截留补贴款达成一定共识；三是客观行为上，二人系共同截留补贴款进行分配。检察机关分析在案证据后认为，应认定二人构成行受贿犯罪，主要理由如下：一是主观上二人没有共同贪污故意。二人从未就补贴款的处理使用有过明确沟通，郭某给张某送钱，就是为了让张某放松监管，张某怠于履行监管职责，就是因为收受了郭某所送贿赂，而非自己要占有补贴款。二是客观上二人没有共同贪污行为。张某收受郭某给予的钱款后怠于履行监管职责，正是利用职务之便为郭某谋取利益的行为，但对于郭某侵占补贴款，在案证据不能证实张某主观上有明确认识，郭某也从未想过与张某共同瓜分补贴款。三是款项性质对受贿罪的认定没有影响。由于二人缺乏共同贪占补贴款的故意和行为，不应构成贪污罪共犯，而应分别构成行贿罪和受贿罪。另外，因为二人在案发前已主动筹集 35 万元退还给物业公司，根据最高人民法院、最高人民检察院《关于办理渎职刑事案件适用法律若干问题的解释（一）》相关规定，张某的行为达不到玩忽职守罪的立案标准，所以没有追究张某玩忽职守罪责任。

最高人民检察院第三十二批指导性案例

白静贪污违法所得没收案

（检例第 127 号）

【关键词】

违法所得没收　证明标准　鉴定人出庭　举证重点

【要旨】

检察机关提出没收违法所得申请，应有证据证明申请没收的财产直接或者间接来源于犯罪所得，或者能够排除财产合法来源的可能性。人民检察院出席申请没收违法所得案件庭审，应当重点对于申请没收的财产属于违法所得进行举证。对于专业性较强的案件，可以申请鉴定人出庭。

【基本案情】

犯罪嫌疑人白静，男，A 国有银行金融市场部投资中心本币投资处原处长。

利害关系人邢某某，白静亲属。

诉讼代理人牛某，邢某某儿子。

2008 年至 2010 年，白静伙同樊某某（曾任某国有控股的 B 证券公司投资银行事业部固定收益证券总部总经理助理、固定收益证券总部销售交易部总经理等职务，另案处理）等人先后成立了甲公司及乙公司，并在 C 银行股份有限公司为上述两公司开设了资金一般账户和进行银行间债券交易的丙类账户。白静、樊某某利用各自在 A 银行、B 证券公司负责债券买卖业务的职务便利，在 A 银行购入或卖出债券，或者利用 B 证券公司的资质、信用委托其他银行代为购入、经营银行债券过程中，增加交易环节，将白静实际控制的甲公司和乙公司引入交易流程，使上述两公司与 A 银行、B 证券公司进行关联交易，套取 A 银行、B 证券公司的应得利益。通过上述方式对 73 支债券交易进行操纵，甲公司和乙公司在未投入任何资金的情况下，套取国有资金共计人民币 2.06 亿余元。其中，400 余万元由樊某某占有使用，其他大部分资金由白静占有使用，白静使用 1.45 亿余元以全额付款方式购买 9 套房产，登记在自己妻子及其他亲属名下。该 9 套房产被办案机关依法查封。

【诉讼过程】

2013 年 9 月 9 日，内蒙古自治区公安厅以涉嫌职务侵占罪对白静立案侦查，查明白静已于 2013 年 7 月 31 日逃匿境外。2013 年 12 月 7 日，内蒙古自治区人民检察院对白静批准逮捕，同年 12 月 17 日国际刑警组织对白静发布红色通报。2019 年 2 月 2 日，内蒙古自治区公安厅将白静涉嫌贪污罪线索移送内蒙古自治区监察委员会，同年 2 月 28 日，内蒙古自治区监察委员会对白静立案调查。同年 5 月 20 日，内蒙古自治区监察委员会向内蒙古自治区人民检察院移送没收违法所得意见书。同年 5 月 24 日，内蒙古自治区人民检察院将案件交由呼和浩特市人民检察院办理。同年 6 月 6 日，呼和浩特市人民检察院向呼和浩特市中级人民法院提出没收违法所得申请。利害关系人及其诉讼代理人在法院公告期间申请参加诉讼，对检察机关没收违法所得申请没有提出异议。2020 年 11 月 13 日，呼和浩特市中级人民法院作出违法所得没收裁定，依法没收白静使用贪污违法所得购买的 9 套房产。

【检察履职情况】

（一）提前介入完善主体身份证据，依法妥善处理共同犯罪案件。内蒙古自治区检察机关提前介入白静案时，审查发现证明白静构成贪污罪主体身份的证据不足，而共同犯罪人樊某某已经被呼和浩特市赛罕区人民检察院以职务侵占罪提起公诉。检察机关依法将白静案和樊某某案一并审查，建议内蒙古自治区监察委员会针对二人主体身份进一步补充调取证据。监察机关根据检察机关列出的补充完善证据清单，补充调取了 A 银行党委会议纪要、B 证券公司党政联席会议纪要、任命文件等证据，证明白静与樊某某均系国家工作人员，二人利用职务上的便利侵吞国有资产的共同犯罪行为应当定性为贪污罪。检察机关在与监察机关、公安机关、人民法院就案件新证据和适用程序等问题充分沟通后，依法适用违法所得没收程序申请没收白静贪污犯罪所得，依法对樊某某案变更起诉指控罪名。

（二）严格审查监察机关没收违法所得意见，准确界定申请没收的财产范围。监察机关调查期间依法查封、扣押、冻结了白静亲属名下 11 套房产及部分资金，没收违法所得意见书认定上述财产均来源于白静贪污犯罪所得，建议检察机关依法申请没收。检察机关审查认为，监察机关查封的 9 套房产系以全额付款方式购买，均登记在白静亲属名下，但登记购买人均未出资且对该 9 套房产不知情；9 套房产的购买资金均来源于白静实际控制的甲公司和乙公司银行账户；白静伙同樊某某利用职务便利套取 A 银行和 B 证券公司资金后转入甲公司和乙公司银行账户。根据现有证据，可以认定该 9 套房产来源于白静贪污犯罪所得。

其余 2 套房产，现有证据证明其中 1 套系白静妻兄向白静借钱购买，且事后已将购房款项归还，检察机关认为无法认定该套房产属于白静贪污犯罪所得，不应列入申请没收的财产范围；另 1 套房产由樊某某购买并登记在樊名下，现有证据能够证明购房资金来源于二人贪污犯罪所得，但在樊某某案中处理更为妥当。监察机关冻结、扣押的资金，检察机关审查认为来源不清，且白静夫妇案发前一直在金融单位工作，收入较高，同时使用家庭收入进行了股票等金融类投资，现有证据尚达不到认定高度可能属于白静贪污违法所得的证明标准，不宜列入申请没收范围。监察机关认可上述意见。

（三）申请鉴定人出庭作证，增强庭审举证效果。本案证据繁杂、专业性强，白静贪污犯罪手段隐秘、过程复杂，在看似正常的银行间债券买卖过程中将其所控制公司引入交易流程，通过增加交易环节、控制交易价格，以低买高卖的方式套取 A 银行、B 证券公司应得利益。犯罪行为涉及银行间债券买卖的交易流程、交易策略、交易要素等专业知识，不为普通大众所熟知。2020年10月14日，呼和浩特市中级人民法院公开开庭审理白静贪污违法所得没收案时，检察机关申请鉴定人出庭，就会计鉴定意见内容进行解释说明，对白静操纵债券交易过程和违法资金流向等进行全面分析，有力证明了白静贪污犯罪事实及贪污所得流向，增强了庭审举证效果。

（四）突出庭审举证重点，着重证明申请没收的财产属于违法所得。庭审中，检察机关针对白静有贪污犯罪事实出示相关证据。通过出示任职文件、会议纪要等证据，证明白静符合贪污罪主体要件；运用多媒体分类示证方式，分步骤展示白静对债券交易的操纵过程，证明其利用职务便利实施了贪污犯罪。对申请没收的9套房产属于白静贪污违法所得进行重点举证。出示购房合同、房产登记信息等书证及登记购买人证言，证明申请没收的9套房产系以全额付款方式购买，但登记购买人对房产不知情且未出资；出示委托付款书、付款凭证等书证，证明申请没收的9套房产的购买资金全部来源于白静控制的甲公司和乙公司银行账户；出示银行开户资料、银行流水等书证，相关证人证言，另案被告人樊某某供述及鉴定意见，并申请鉴定人出庭对鉴定意见进行说明，证明甲公司和乙公司银行账户的资金高度可能属于白静套取的A银行和B证券公司的国有资金，且部分用于购买房产等消费；出示查封、扣押通知书、接收协助执行法律文书登记表等书证，证明申请没收的9套房产已全部被监察机关依法查封。利害关系人及其诉讼代理人对检察机关出示的证据未提出异议。人民法院采信上述证据，依法裁定没收白静使用贪污违法所得购买的9套房产。

【指导意义】

（一）准确把握认定违法所得的证明标准，依法提出没收申请。检察机关提出没收违法所得申请，应当有证据证明有犯罪事实。除因犯罪嫌疑人、被告人逃匿无法收集的证据外，其他能够证明犯罪事实的证据都应当收集在案。在案证据应能够证明申请没收的财产具有高度可能系直接或者间接来源于违法所得或者系犯罪嫌疑人、被告人非法持有的违禁品、供犯罪所用的本人财物。对于在案证据无法证明部分财产系犯罪嫌疑人、被告人违法所得及其他涉案财产的，则不应列入申请没收的财产范围。

（二）证明申请没收的财产属于违法所得，是检察机关庭审举证的重点。人民法院开庭审理申请没收违法所得案件，人民检察院应当派员出席法庭承担举证责任。针对犯罪嫌疑人、被告人实施了法律规定的重大犯罪出示相关证据后，应当着重针对申请没收的财产属于违法所得进行举证。对于涉及金融证券类等重大复杂、专业性强的案件，检察机关可以申请人民法院通知鉴定人出庭作证，以增强证明效果。

【相关规定】

《中华人民共和国监察法》第四十八条

《中华人民共和国刑法》第三百八十二条第一款

《中华人民共和国刑事诉讼法》第二百九十八条、第二百九十九条、第三百条

《人民检察院刑事诉讼规则》第十二章第四节

《最高人民法院、最高人民检察院关于适用犯罪嫌疑人、被告人逃匿、死亡案件违法所得没收程序若干问题的规定》第一条至第三条，第五条至第十条，第十三条至第十七条

彭旭峰受贿，贾斯语受贿、洗钱违法所得没收案

（检例第 128 号）

【关键词】

违法所得没收　　主犯　　洗钱罪境外财产　　国际刑事司法协助

【要旨】

对于跨境转移贪污贿赂所得的洗钱犯罪案件，检察机关应当依法适用特别程序追缴贪污贿赂违法所得。对于犯罪嫌疑人、被告人转移至境外的财产，如果有证据证明具有高度可能属于违法所得及其他涉案财产的，可以依法申请予以没收。对于共同犯罪的主犯逃匿境外，其他共同犯罪人已经在境内依照普通刑事诉讼程序处理的案件，应当充分考虑主犯应对全案事实负责以及国际刑事司法协助等因素，依法审慎适用特别程序追缴违法所得。

【基本案情】

犯罪嫌疑人彭旭峰，男，某市基础建设投资集团有限公司原党委书记，曾任某市住房和城乡建设委员会副主任，轨道交通集团有限公司党委书记、董事长。

犯罪嫌疑人贾斯语，女，自由职业，彭旭峰妻子。

利害关系人贾某，贾斯语亲属。

利害关系人蔡某，贾斯语亲属。

利害关系人邱某某，北京某国际投资咨询有限公司实际经营者。

另案被告人彭某一，彭旭峰弟弟，已被判刑。

（一）涉嫌受贿犯罪事实

2010 年至 2017 年，彭旭峰利用担任某市住房和城乡建设委员会副主任，轨道交通集团有限公司党委书记、董事长等职务上的便利，为有关单位或个人在承揽工程、承租土地及设备采购等事项上谋取利益，单独或者伙同贾斯语及彭某一等人非法收受上述单位或个人给予的财物共计折合人民币 2.3 亿余元和美元 12 万元。其中，彭旭峰伙同贾斯语非法收受他人给予的财物共计折合人民币 31 万余元、美元 2 万元。

2015 年至 2017 年，彭旭峰安排彭某一使用两人共同受贿所得人民币 2085 万余元，在长沙市购买 7 套房产。案发后，彭某一出售该 7 套房产，并向办案机关退缴房款人民币 2574 万余元。

2015 年 9 月至 2016 年 11 月，彭旭峰安排彭某一将两人共同受贿所得人民币 4500 万元借给邱某某；2016 年 11 月，彭旭峰和彭某一收受他人所送对邱某某人民币 3000 万元的债权，并收取了 315 万元利息。上述 7500 万元债权，邱某某以北京某国际投资咨询有限公司在某商业有限公司的 40% 股权设定抵押担保。案发后，办案机关冻结了上述股份，并将上述 315 万元利息予以扣押。

2010 年至 2015 年，彭旭峰、贾斯语将收受有关单位或个人所送黄金制品，分别存放于彭旭峰家中和贾某、蔡某家中。办案机关提取并扣押上述黄金制品。

（二）涉嫌洗钱犯罪事实

2012 年至 2017 年，贾斯语将彭旭峰受贿犯罪所得人民币 4299 万余元通过地下钱庄或者借用他人账户转移至境外。

2014 年至 2017 年，彭旭峰、贾斯语先后安排彭某一等人将彭旭峰受贿款兑换成外币后，转至贾斯语在其他国家开设的银行账户，先后用于在 4 个国家购买房产、国债及办理移民事宜等。应中华人民共和国刑事司法协助请求，相关国家对涉案房产、国债、资金等依法予以监管和控制。

【诉讼过程】

2017 年 4 月 1 日，湖南省岳阳市人民检察院以涉嫌受贿罪对彭旭峰立案侦查，查明彭旭峰已于同年 3 月 24 日逃匿境外。同年 4 月 25 日，湖南省人民检察院对彭旭峰决定逮捕，同年 5 月 10 日，国际刑警组织对彭旭峰发布红色通报。

2017 年 4 月 21 日，岳阳市人民检察院以涉嫌受贿罪、洗钱罪对贾斯语立案侦查，查明贾斯语已于同年 3 月 10 日逃匿境外。同年 4 月 25 日，湖南省人民检察院对贾斯语决定逮捕，同年 5 月 10 日，国际刑警组织对贾斯语发布红色通报。

2018 年 9 月 5 日，岳阳市人民检察院将本案移交岳阳市监察委员会办理。岳阳市监察委员会对彭旭峰、贾斯语涉嫌职务犯罪案件立案调查，并向岳阳市人民检察院移送没收违法所得意见书。2019 年 6 月 22 日，岳阳市人民检察院向岳阳市中级人民法院提出没收违法所得申请。利害关系人贾某、蔡某、邱某某在法院公告期间申请参加诉讼。其中贾某、蔡某对在案扣押的 38 万元提出异议，认为在案证据不能证明该 38 万元属于违法所得，同时提出彭旭峰、贾斯语未成年儿子在国内由其夫妇抚养，请求法庭从没收财产中为其预留生活、教育费用；邱某某对检察机关没收违法所得申请无异议，建议司法机关在执行时将冻结的某商业有限公司 40% 股份变卖后，扣除 7500 万元违法所得，剩余部分返还给其公司。2020 年 1 月 3 日，岳阳市中级人民法院作出违法所得没收裁定，依法没收彭旭峰实施受贿犯罪、贾斯语实施受贿、洗钱犯罪境内违法所得共计人民币 1 亿余元、黄金制品以及境外违法所得共计 5 处房产、250 万欧元国债及孳息、50 余万美元及孳息。同时对贾某、蔡某提出异议的 38 万元解除扣押，予以返还；对邱某某所提意见予以支持，在执行程序中依法处置。

【检察履职情况】

（一）提前介入完善证据体系。本案涉嫌受贿、洗钱犯罪数额特别巨大，涉案境外财产分布在 4 个国家，涉及大量通过刑事司法协助获取的境外证据。检察机关发挥提前介入作用，对监察机关提供的案卷材料进行全面审查，详尽梳理案件涉及的上下游犯罪、关联犯罪关系以及电子证据、境外证据、再生证据等，以受贿罪为主线，列明监察机关应予补充调查的问题，并对每一项补证内容进行分解细化，分析论证补证目的和方向。经过监察机关补充调查，进一步完善了有关受贿犯罪所得去向和涉嫌洗钱犯罪的证据。

（二）证明境外财产属于违法所得。在案证据显示彭旭峰、贾斯语将受贿所得转移至4个国家，用于购买房产、国债等。其中对在某国购买的房产，欠缺该国资金流向和购买过程的证据。检察机关认为，在案证据证明，贾斯语通过其外国银行账户向境外某公司转账59.2万美元，委托该境外公司购买上述某国房产，该公司将其中49.4万美元汇往某国，购房合同价款为43.5万美元。同一时期内彭旭峰多次安排他人，将共计人民币390余万元（折合60余万美元）受贿所得汇至贾斯语外国银行账户，汇款数额大于购房款。因此，可以认定彭旭峰、贾斯语在该国的房产高度可能来源于彭旭峰受贿所得，应当认定该房产为违法所得予以申请没收。检察机关对彭旭峰、贾斯语在上述4个国家的境外财产均提出没收申请，利害关系人及其诉讼代理人均未提出异议，法院裁定均予以支持。

（三）依法审慎适用特别程序追缴违法所得。本案彭旭峰涉嫌受贿犯罪事实，大部分系伙同彭某一共同实施，彭某一并未逃匿，其受贿案在国内依照普通刑事诉讼程序办理，二人共同受贿犯罪涉及的部分境内财产已在彭某一案中予以查封、扣押或冻结。检察机关审查认为，本案系利用彭旭峰的职权实施，彭旭峰系本案主犯，对受贿行为起到了决定作用，宜将彭某一案中与彭旭峰有关联的境内财产，如兄弟二人在长沙市购买的房产、共同借款给他人的资金等，均纳入违法所得没收程序申请没收。利害关系人及其诉讼代理人和彭某一对此均未提出异议。人民法院作出的违法所得没收裁定生效后，通过国际刑事司法协助申请境外执行，目前已得到部分国家承认。

【指导意义】

（一）依法加大对跨境转移贪污贿赂所得的洗钱犯罪打击力度。犯罪嫌疑人、被告人逃匿境外的贪污贿赂犯罪案件，一般均已先期将巨额资产转移至境外，我国《刑法》第一百九十一条明确规定此类跨境转移资产行为属于洗钱犯罪。《最高人民法院、最高人民检察院关于适用犯罪嫌疑人、被告人逃匿、死亡案件违法所得没收程序若干问题的规定》明确规定对于洗钱犯罪案件，可以适用特别程序追缴违法所得及其他涉案财产。检察机关在办理贪污贿赂犯罪案件中，应当加大对涉嫌洗钱犯罪线索的审查力度，对于符合法定条件的，应积极适用违法所得没收程序追缴违法所得。

（二）准确认定需要没收违法所得的境外财产。《最高人民法院、最高人民检察院关于适用犯罪嫌疑人、被告人逃匿、死亡案件违法所得没收程序若干问题的规定》明确规定对于适用违法所得没收程序案件，适用"具有高度可能"的证明标准。经审查，有证据证明犯罪嫌疑人、被告人将违法所得转移至境外，在境外购置财产的支出小于所转移的违法所得，且犯罪嫌疑人、被告人没有足以支付其在境外购置财产的其他收入来源的，可以认定其在境外购置的财产具有高度可能属于需要申请没收的违法所得。

（三）对于主犯逃匿境外的共同犯罪案件，依法审慎适用特别程序追缴违法所得。共同犯罪中，主犯对全部案件事实负责，犯罪后部分犯罪嫌疑人、被告人逃匿境外，部分犯罪嫌疑人、被告人在境内被司法机关依法查办的，如果境内境外均有涉案财产，且逃匿的犯罪嫌疑人、被告人是共同犯罪的主犯，依法适用特别程序追缴共同犯罪违法所得，有利于全面把握涉案事实，取得较好办案效果。

【相关规定】

《中华人民共和国监察法》第四十八条

《中华人民共和国刑法》第一百九十一条第一款、第三百八十五条第一款

《中华人民共和国刑事诉讼法》第二百九十八条、第二百九十九条、第三百条

《人民检察院刑事诉讼规则》第十二章第四节

《最高人民法院、最高人民检察院关于适用犯罪嫌疑人、被告人逃匿、死亡案件违法所得没收程序若干问题的规定》第一条至第三条，第五条至第十条，第十三条至第十七条

黄艳兰贪污违法所得没收案

（检例第 129 号）

【关键词】

违法所得没收　利害关系人异议善意第三方

【要旨】

检察机关在适用违法所得没收程序中，应当承担证明有犯罪事实以及申请没收的财产属于违法所得及其他涉案财产的举证责任。利害关系人及其诉讼代理人参加诉讼并主张权利，但不能提供合法证据或者其主张明显与事实不符的，应当依法予以辩驳。善意第三方对申请没收财产享有合法权利的，应当依法予以保护。

【基本案情】

犯罪嫌疑人黄艳兰，女，原某市物资总公司（简称物资总公司）总经理、法定代表人。

利害关系人施某某，黄艳兰朋友。

利害关系人邓某某，黄艳兰亲属。

利害关系人 A 银行股份有限公司上海分行（简称 A 银行上海分行）。

利害关系人 B 银行股份有限公司上海市南支行（简称 B 银行市南支行）。

利害关系人 C 银行股份有限公司上海市虹桥开发区支行（简称 C 银行虹桥支行）。

1993 年 5 月至 1998 年 8 月，物资总公司用自有资金、银行贷款及融资借款经营期货等业务，由黄艳兰等人具体操作执行。其间，黄艳兰利用职务上的便利，先后控制和使用包括 D 商贸有限公司（简称 D 公司）等多个银行账户和证券账户进行期货交易，累计盈利人民币 1.8 亿余元，其中 1.1 亿余元未纳入物资总公司管理，由黄艳兰实际控制。

1997 年 7 月至 1999 年 4 月，黄艳兰直接或指使他人先后从 D 公司等六个账户转出人民币 3000.35 万元，以全额付款方式在上海购买 2 套房产，又向 A 银行上海分行、B 银行市南支行、C 银行虹桥支行按揭贷款在上海购买 50 套房产，分别登记在李某某（黄艳兰亲属）、施某某等人名下。在公司改制过程中，黄艳兰隐匿并占有上述房产。

2000 年 12 月，涉案 20 套房产因涉及民事纠纷被法院查封。为逃避债务，黄艳兰指使其亲属李某某将另外 32 套房产的合同权益虚假转让给施某某和高某某（施某某朋友），后又安排邓某某与施某某、高某某签订委托合同，继续由邓某某全权管理该房产。之后，黄艳兰指使邓某某出售 15 套，用部分售房款和剩余的 17 套房产（登记在施某某、高某某名下）出租所得款项又购买 6 套房产，其中 4 套登记在施某某名下，2 套登记在蒋某（邓某某亲属）名下，另将部分售房款和出租款存入以施某某等人名义开设的银行账户。经查，上述 23 套房产均以按揭贷款方式购买。2002 年 12 月至 2003 年 5 月，广西壮族自治区桂林市人民检察院依法查封了涉案 23 套房产，依法冻结施某某等人银行账户内存款人民币 90 余万元、美元 2.7 万余元。

【诉讼过程】

2002 年 8 月 14 日，桂林市人民检察院以涉嫌贪污罪对黄艳兰立案侦查，查明黄艳兰已于 2001 年 12 月 8 日逃匿境外。2002 年 8 月 16 日，桂林市人民检察院决定对黄艳兰刑事拘留，同年 12 月 30 日决定逮捕。2005 年 5 月 23 日，国际刑警组织对黄艳兰发布红色通报。2016 年 12 月 23 日，桂林市人民检察院向桂林市中级人民法院提出没收违法所得申请。利害关系人施某某、邓某某、A 银行上海分行、B 银行市南支行、C 银行虹桥支行申请参加诉讼，对涉案财产主张权利。2018 年 11 月 15 日，桂林市中级人民法院作出裁定，依法没收黄艳兰实施贪污犯罪所得 23 套房产、银行账户内存款人民币 90 余万元、美元 2.7 万余元及利息，依法向 A 银行上海分行、B 银行市南支行、C 银行虹桥支行支付贷款欠款本金、利息及实现债权的费用。利害关系人施某某、邓某某不服提出上诉。2019 年 6 月 29 日，广西壮族自治区高级人民法院驳回上诉，维持一审裁定。

【检察履职情况】

（一）详细梳理贪污资金流向，依法认定涉案财产属于贪污违法所得。检察机关经审查在案资金流向相关证据，结合对黄艳兰实施贪污犯罪行为的分析，证实黄艳兰贪污公款后购买 52 套房产，其中 2 套以全额付款方式购买，50 套以抵押贷款方式购买。司法机关已在相关民事诉讼中依法强制执行 20 套，黄艳兰指使邓某某出售 15 套，后用售房款和出租剩余 17 套房产所得款项又购买 6 套房产，另将部分售房款和出租房屋所得款项存入施某某等人名下银行账户。因此，在案 23 套房产以及存入施某某等人名下银行账户中的款项，均系黄艳兰贪污犯罪所得，依法应予以没收。

（二）针对性开展举证、质证、答辩，依法驳斥利害关系人不当异议。在开庭审理过程中，利害关系人邓某某及其诉讼代理人提出，以李某某名义开设的 E 期货账户曾转出 3077 万元至黄艳兰控制的 D 公司账户，购房资金来源于李某某从事期货交易的收益，并向法庭提交了开户资料等证据。出庭检察员对此从证据的合法性、真实性和关联性等方面，发表质证意见，提出邓某某及其诉讼代理人提交的开户资料等证据均为复印件，均未加盖出具单位公章，并有明显涂改痕迹，不具备证据的真实性。同时，根据证监会对涉案部分期货合约交易中有关单位和个人违规行为的处罚决定、期货公司出具的说明等书证、司法会计鉴定意见、检验鉴定意见以及相关证人证言，足以证实 E 期货账户系由黄艳兰指挥物资总公司工作人员开设和操作，账户内的保证金和资金高度可能属于物资总公司的公款。邓某某及其诉讼代理人所提意见与本案证据证明的事实不符，建议法庭不予采纳。另一利害关系人施某某及其诉讼代理人提出，施某某、高某某名下房产系施某某合法财产。对此，出庭检察员答辩指出，上述房产是相关民事纠纷过程中，黄艳兰为逃避债务，与李某某、黄某一（黄艳兰亲属）串通，将涉案房产登记到二人名下。且在变更登记后，施某某即将涉案房产委托给邓某某全权管理，涉案房产仍由邓某某实际控制，售房款、出租款等也均由邓某某控制和使用。施某某无法提交购房资金来源的证据，以证明其实际支付了购房款。因此，施某某及其诉讼代理人所提意见，与本案证据证明的事实不符，不应支持。法院对检察机关上述意见均予采纳。

（三）依法认定其他利害关系人身份，切实保护善意第三方合法权益。涉案 23 套房产均系黄艳兰利用贪污所得资金支付首付款后，向 A 银行上海分行、B 银行市南支行、C 银行虹桥支行以按揭贷款方式购买，三家银行对按揭贷款房产依法进行抵押，约定了担保债权的范围。诉讼期间，三家银行及其诉讼代理人提出，涉案房产的借款合同均合法有效，并享有抵押权，依法应当优先受偿。检察机关经审查认为，三家银行既未与黄艳兰串通，亦不明知黄艳兰购房首付款系贪污赃款，依法应当认定为善意第三方，其合法权益应当予以保护。根据《最高人民法院、最高人民检察院关于适用犯罪嫌疑人、被告人逃匿、死亡案件违法所得没收程序若干问题的规定》第七条第一款、第二款规定，检察机关依法认定上述三家银行系本案的"其他利害关系人"，对三家银行主张的优先受偿权，依法予以支持。

【指导意义】

（一）利害关系人对申请没收财产提出异议或主张权利的，检察人员出庭时应当作为质证重点。根据《最高人民法院、最高人民检察院关于适用犯罪嫌疑人、被告人逃匿、死亡案件违法所得没收程序若干问题的规定》第十五条的规定，利害关系人在诉讼中对检察机关申请没收的财产属于违法所得及其他涉案财产等相关事实及证据有异议的，可以提出意见；对申请没收财产主张权利的，应当出示相关证据。对于其提供的证据不合法，或其异议明显与客观事实不符的，出庭检察人员应当围绕财产状态、财产来源、与违法犯罪的关系等内容，有针对性地予以驳斥，建议人民法院依法不予支持。

（二）善意第三方对申请没收财产享有合法权益的，应当依法保护。对申请没收财产因抵押而享有优先受偿权的债权人，或者享有其他合法权利的利害关系人，如果在案证据能够证明其在抵押权设定时对该财产系违法所得不知情，或者有理由相信该财产为合法财产，依法应当认定为善意第三方，对其享有的担保物权或其他合法权利，依法应当予以保护。

【相关规定】

《中华人民共和国刑法》第三百八十二条第一款

《中华人民共和国合同法》第一百零七条、第二百零五条

《中华人民共和国担保法》第三十三条、第四十六条

《中华人民共和国刑事诉讼法》第二百九十八条、第二百九十九条、第三百条

《人民检察院刑事诉讼规则》第十二章第四节

《最高人民法院、最高人民检察院关于适用犯罪嫌疑人、被告人逃匿、死亡案件违法所得没收程序若干问题的规定》第一条至第三条，第五条至第十条，第十三条至十七条

任润厚受贿、巨额财产来源不明违法所得没收案

（检例第 130 号）

【关键词】

违法所得没收　巨额财产来源不明　财产混同　孳息

【要旨】

涉嫌巨额财产来源不明犯罪的人在立案前死亡，依照刑法规定应当追缴其违法所得及其他涉案财产的，可以依法适用违法所得没收程序。对涉案的巨额财产，可以由其近亲属或其他利害关系人说明来源。没有近亲属或其他利害关系人主张权利或者说明来源，或者近亲属或其他利害关系人主张权利所提供的证据达不到相应证明标准，或说明的来源经查证不属实的，依法认定为违法所得予以申请没收。违法所得与合法财产混同并产生孳息的，可以按照违法所得占比计算孳息予以申请没收。

【基本案情】

犯罪嫌疑人任润厚，男，某省人民政府原副省长，曾任 A 矿业（集团）有限责任公司（简称 A 集团）董事长、总经理，B 环保能源开发股份有限公司（简称 B 环能公司）董事长。

利害关系人任某一，任润厚亲属。

利害关系人任某二，任润厚亲属。

利害关系人袁某，任润厚亲属。

（一）涉嫌受贿犯罪事实

2001 年至 2013 年，犯罪嫌疑人任润厚利用担任 A 集团董事长、总经理，B 环能公司董事长，某省人民政府副省长等职务上的便利，为相关请托人在职务晋升、调整等事项上提供帮助，向下属单位有关人员索要人民币共计 70 万元用于贿选；要求具有行政管理关系的被管理单位为其支付旅游、疗养费用，共计人民币 123 万余元；收受他人所送人民币共计 30 万元，被办案机关依法扣押、冻结。

（二）涉嫌巨额财产来源不明犯罪事实

2000 年 9 月至 2014 年 8 月，犯罪嫌疑人任润厚及其亲属名下的财产和支出共计人民币 3100 余万元，港币 43 万余元，美元 104 万余元，欧元 21 万余元，加元 1 万元，英镑 100 镑；珠宝、玉石、黄金制品、字画、手表等物品 155 件。

任润厚的合法收入以及其亲属能够说明来源的财产为人民币 1835 万余元，港币 800 元，美元 1489 元，欧元 875 元，英镑 132 镑；物品 20 件。任润厚亲属对扣押、冻结在案的人民币 1265 万余元，港币 42 万余元，美元 104 万余元，欧元 21 万余元，加元 1 万元及物品 135 件不能说明来源。

【诉讼过程】

2014 年 9 月 20 日，任润厚因严重违纪被免职，同年 9 月 30 日因病死亡。经最高人民检察院指定管辖，江苏省人民检察院于 2016 年 7 月 11 日启动违法所得没收程序。同年 10 月 19 日，江苏省人民检察院将案件交由扬州市人民检察院办理。同年 12 月 2 日，扬州市人民检察院向扬州市中级人民法院提出没收违法所得申请。利害关系人任某一、任某二、袁某申请参加诉讼。2017 年 6 月 21 日，扬州市中级人民法院公开开庭审理。同年 7 月 25 日，扬州市中级人民法院作出违法所得没收裁定，依法没收任润厚受贿犯罪所得人民币 30 万元及孳息；巨额财产来源不明犯罪所得人民币 1265 万余元、港元 42 万余元、美元 104 万余元、欧元 21 万余元、加元 1 万元及孳息，以及珠宝、玉石、黄金制品、字画、手表等物品 135 件。

【检察履职情况】

（一）准确把握立法精神，依法对立案前死亡的涉嫌贪污贿赂犯罪行为人适用违法所得没收程序。任润厚在纪检监察机关对其涉嫌严重违纪违法问题线索调查期间因病死亡。检察机关认为，与普通刑事诉讼程序旨在解决涉嫌犯罪人的定罪与量刑问题不同，违法所得没收作为特别程序主要解决涉嫌犯罪人的违法所得及其他涉案财产的追缴问题，不涉及对其刑事责任的追究。因此，涉嫌贪污贿赂犯罪行为人在立案前死亡的，虽然依法不再追究其刑事责任，但也应当通过违法所得没收程序追缴其违法所得。本案中，任润厚涉嫌受贿、巨额财产来源不明等重大犯罪，虽然未被刑事立案即死亡，但其犯罪所得及其他涉案财产依法仍应予以追缴，应当通过违法所得没收程序进行处理。

（二）认真核查财产来源证据，依法认定巨额财产来源不明的涉嫌犯罪事实及违法所得数额。办案中，检察机关对任润厚本人及其转移至亲属名下的财产情况、任润厚家庭支出及合法收入情况，进行了重点审查，通过对涉案 270 余个银行账户存款、现金、155 件物品的查封、扣押、冻结，对 160 余名证人复核取证等工作，查明了任润厚家庭财产的支出和收入情况。根据核查情况，将任润厚家庭的购房费用、购车费用、女儿留学费用、结婚赠与及债权共 929 万元纳入重大支出范围，计入财产总额。鉴于任润厚已经死亡，且死亡前未对本人及转移至亲属名下的财产和支出来源作出说明，检察机关依法向任润厚的亲属调查询问，由任润厚亲属说明财产和支出来源，并根据其说明情况向相关单位、人员核实，调取相关证据。对于相关证据证实及任润厚亲属能够说明合法来源的工资奖金、房租收入、卖房所得、投资盈利等共计 1806 万余元，以及手表、玉石、黄金制品等物品，依法在涉案财产总额中予以扣减。将犯罪嫌疑人及其亲属名下财产和家庭重大支出数额，减去家庭合法收入及其近亲属等利害关系人能说明合法来源的收入，作为任润厚涉嫌巨额财产来源不明罪的违法所得，据此提出没收违法所得申请。利害关系人任某一和袁某对检察机关没收申请没有提出异议。任某二对于检察机关将任润厚夫妇赠与的 50 万元购车款作为重大支出计入财产总额，提出异议，并提供购车发票证明其购买汽车裸车价格为 30 万元，提出余款 20 万元不能作为重大支出，应从没收金额中扣减。检察机关根据在案证据认为不应扣减，并在出庭时指出：该 50 万元系由任润厚夫妇赠与任某二，支出去向明确，且任润厚家庭财产与任某二家庭财产并无混同；

购车费用除裸车价格外，还包括车辆购置税、保险费等其他费用；任某二没有提供证据，证明购车款结余部分返还给任润厚夫妇。因此，其主张在没收金额中扣减 20 万元的依据不足，不应支持。该意见被法院裁定采纳。

（三）依法审查合法财产与违法所得混同的财产，按违法所得所占比例认定和申请没收违法所得孳息。经审查认定，依法应当申请没收的巨额财产来源不明犯罪所得为人民币 1265 万余元、部分外币以及其他物品。冻结在案的任润厚及其亲属名下财产为人民币 1800 余万元存款、部分外币以及其他物品。其中本金 1800 余万元存款产生了 169 万余元孳息。关于如何确定应当没收的孳息，检察机关认为，可以按该笔存款总额中违法所得所占比例（约 $1265/1800 = 70.2\%$），计算出违法所得相应的孳息，依法予以申请没收，剩余部分为合法财产及孳息，返还给其近亲属。法院经审理予以采纳。

【指导意义】

（一）涉嫌贪污贿赂等重大犯罪的人立案前死亡的，依法可以适用违法所得没收程序。违法所得没收程序的目的在于解决违法所得及其他涉案财产的追缴问题，不是追究被申请人的刑事责任。涉嫌实施贪污贿赂等重大犯罪行为的人，依照刑法规定应当追缴其犯罪所得及其他涉案财产的，无论立案之前死亡或立案后作为犯罪嫌疑人、被告人在诉讼中死亡，都可以适用违法所得没收程序。

（二）巨额财产来源不明犯罪案件中，本人因死亡不能对财产来源作出说明的，应当结合其近亲属说明的来源，或者其他利害关系人主张权利以及提供的证据情况，依法认定是否属于违法所得。已死亡人员的近亲属或其他利害关系人主张权利或说明来源的，应要求其提供相关证据或线索，并进行调查核实。没有近亲属或其他利害关系人主张权利或说明来源，或者近亲属或其他利害关系人虽然主张权利但提供的证据没有达到相应证明标准，或者说明的来源经查证不属实的，应当依法认定为违法所得，予以申请没收。

（三）违法所得与合法财产混同并产生孳息的，可以按照比例计算违法所得孳息。在依法查封、扣押、冻结的犯罪嫌疑人财产中，对违法所得与合法财产混同后产生的孳息，可以按照全案中合法财产与违法所得的比例，计算违法所得的孳息数额，依法申请没收。对合法财产及其产生的孳息，及时予以返还。

【相关规定】

《中华人民共和国刑法》第三百八十二条第一款、第三百八十五条第一款、第三百九十五条第一款

《中华人民共和国刑事诉讼法》第二百八十条第一款、第二百八十二条第一款

《人民检察院刑事诉讼规则》第十二章第四节

《最高人民法院、最高人民检察院关于适用犯罪嫌疑人、被告人逃匿、死亡案件违法所得没收程序若干问题的规定》第一条至第三条，第五条至第十条，第十三条至十七条

最高人民检察院第三十二批指导性案例解读*

韩晓峰 高锋志 尚垚弘**

2021 年 12 月 9 日，最高人民检察院发布了第三十二批指导性案例，包括白静贪污违法所得没收案；彭旭峰受贿，贾斯语受贿、洗钱违法所得没收案；黄艳兰贪污违法所得没收案；任润厚受贿、巨额财产来源不明违法所得没收案共四件指导性案例（检例第 127—130 号）。这是检察机关第一次发布以职务犯罪适用违法所得没收程序为主题的指导性案例。现就发布该批指导性案例的背景、意义和其中涉及的主要问题进行解读。

一、发布第三十二批指导性案例的背景和意义

2012 年刑事诉讼法修改增设了违法所得没收特别程序，2018 年刑事诉讼法修改沿用了 2012 年修改时规定。这一程序为解决贪污贿赂等重大犯罪案件的犯罪嫌疑人、被告人逃匿或者死亡，普通刑事诉讼程序无法继续进行，从而致使大量违法所得财产流失、无法被追缴这一困境提供了解决方案。2012 年以来，在中央反腐败协调小组国际追逃追赃工作办公室统一领导下，检察机关与相关部门密切配合，积极推动适用这一程序，依法没收贪污贿赂犯罪嫌疑人、被告人违法所得，既为国家挽回经济损失，也切断外逃腐败分子资金链，大大挤压其在境外的生存空间，形成强大震慑效应，促进国际追逃追赃工作取得显著成效。随着反腐败斗争形势日益严峻复杂，追逃追赃工作已经进入攻坚期和深水区，为推动检察机关积极适用违法所得没收程序办理符合条件的职务犯罪案件，提高案件办理质效，进一步充分发挥检察机关在反腐败追逃追赃工作中的职能作用，最高人民检察院围绕职务犯罪适用违法所得没收程序主题发布该批指导性案例，主要意义在于：

一是指导全国检察机关充分发挥特别程序功能，着力促进反腐败国际追逃追赃。党的十八大以来，以习近平同志为核心的党中央以零容忍态度惩治腐败，一体推进不敢腐、不能腐、不想腐，有力遏制腐败滋生蔓延势头，反腐败斗争取得压倒性胜利并全面巩固。在全力推进反腐败斗争中，党中央高度重视国际追逃追赃工作，将其纳入反腐败工作总体部署，加强集中统一领导。对反腐败国际追逃追赃工作来说，违法所得没收程序是一项法律利器。发布以职务犯罪适用违法所得没收程序为主题的指导性案例，有助于指导全国检察

* 原载《人民检察》2022 年第 2 期。
** 韩晓峰，最高人民检察院第三检察厅副厅长、二级高级检察官；高锋志，最高人民检察院第三检察厅二级高级检察官；尚垚弘，最高人民检察院第三检察厅三级高级检察官。

机关以高度的政治自觉、法治自觉和检察自觉，在反腐败国际追逃追赃斗争中履职尽责、积极作为、勇于担当，更好服务党和国家反腐败大局。

二是指导全国检察机关依法规范办理职务犯罪适用违法所得没收程序案件，着力提升案件办理质效。违法所得没收程序属于刑事公诉程序，由检察机关对"涉嫌犯罪事实"和"违法所得及其他涉案财产"负举证责任。但由于该程序主要解决违法犯罪资产的追缴问题，不解决被告人的刑事责任，实质上是对物的诉讼。基于案件的特殊性，从有利于反腐败斗争大局出发，结合《联合国反腐败公约》规定，刑事诉讼法和相关司法解释对违法所得没收程序中"犯罪事实"和"违法所得"的证明标准，作了与普通刑事诉讼程序不同的规定。因为实践中适用这一特别程序办理的职务犯罪案件总体数量较少，通过发布指导性案例，可以为全国检察机关依法办理类似案件提供参考和借鉴，推动该程序积极适用，不断积累实践样本，进而推动相关配套制度机制不断完善。

三是指导全国检察机关在工作中加强沟通协调，着力保障职务犯罪适用违法所得没收程序顺利推进。对于犯罪嫌疑人、被告人逃匿境外、在境外死亡或将财产转移至境外的案件，涉及大量境外取证工作，需要通过国际刑事司法协助途径解决。还有一些共同犯罪人已在国内通过普通刑事诉讼程序追究刑事责任的案件，对于如何启动违法所得没收程序、如何把握相关证明标准等，都需要与监察机关和法院等加强沟通协调。通过发布指导性案例，可以为全国检察机关办理该类案件明确方向，促进检察机关认真履行配合制约职责，做好涉案财物扣押、证据收集、标准把握、移送交接等工作，形成有效工作合力，充分发挥违法所得没收程序功能作用。

二、白静贪污违法所得没收案

（一）基本案情

白静伙同樊某某（另案处理）共同实施贪污犯罪，白静逃匿境外，监察机关以贪污罪对其立案调查。检察机关在主动介入白静案时，发现樊某某已经以职务侵占罪被提起公诉，遂同步对樊某某案进行全面审查，及时针对主体身份证据提出补证意见，并根据补证情况依法对樊某某变更起诉罪名，依法推动违法所得没收程序适用。该案监察机关针对11套房产和部分银行资金提出没收违法所得意见，检察机关审查认为，其中2套房产和银行资金没有达到高度可能的证明标准，未提出没收违法所得申请，监察机关亦同意检察机关的意见。在案件开庭审理过程中，检察机关除将证明申请没收财产属于违法所得作为举证重点外，对涉嫌犯罪事实的证据也进行简要出示，取得了良好的庭审效果。

（二）理解适用中的重点问题

1. 检察机关提出没收违法所得申请，应准确把握认定违法所得的证明标准。检察机关提出没收违法所得申请，应有证据证明有犯罪事实，除因犯罪嫌疑人、被告人逃匿无法收集的证据外，其他能够证明犯罪事实的证据都应收集在案。在案证据应能够证明申请没收的财产具有高度可能系直接或者间接来源于违法所得或者系犯罪嫌疑人、被告人非法持有的违禁品、供犯罪所用的本人财物。对于在案证据无法证明部分财产系犯罪嫌疑人、被告人违法所得及其他涉案财产的，则不应列入申请没收的财产范围。该案中监察机关调查期间依法查封、扣押、冻结了白静亲属名下 11 套房产及部分资金，没收违法所得意见书认定上述财产均来源于白静贪污犯罪所得，建议检察机关依法申请没收。检察机关审查认为，根据现有证据，可以认定其中 9 套房产来源于白静贪污犯罪所得，其余 2 套房产和监察机关冻结、扣押的资金，尚达不到认定高度可能属于白静贪污违法所得的证明标准，未提出没收违法所得申请。

2. 检察机关出席申请没收违法所得案件庭审，对于犯罪事实进行必要举证后，应重点对申请没收的财产属于违法所得进行举证。对于涉及金融证券类等重大复杂、专业性强的案件，检察机关可以申请法院通知鉴定人出庭作证，以增强证明效果。该案庭审中，检察机关首先通过出示任职文件、会议纪要等证据，证明白静符合贪污罪主体要件；运用多媒体分类示证方式，分步骤展示白静对债券交易的操纵过程，证明其利用职务便利实施了贪污犯罪，然后对申请没收的 9 套房产属于白静贪污违法所得进行重点举证。因白静等人贪污犯罪行为涉及银行间债券买卖的交易流程、交易策略、交易要素等专业知识，不为普通大众所熟知，检察机关申请鉴定人出庭，就会计鉴定意见内容进行解释说明，对白静操纵债券交易过程和违法资金流向等进行全面分析，有力证明了白静贪污犯罪事实及贪污所得流向，增强了庭审举证效果。

三、彭旭峰受贿，贾斯语受贿、洗钱违法所得没收案

（一）基本案情

彭旭峰单独或者伙同妻子贾斯语及彭某一等人受贿共计折合人民币 2.3 亿余元和美元 12 万元。除安排彭某一在国内购买房产、借给他人使用外，彭旭峰和贾斯语还安排彭某一通过地下钱庄把大量赃款转移至境外，用于在 4 个国家购买房产、基金和办理移民事宜等。该案办理中检察机关主动介入，认真审查并列出详细补证清单，监察机关及时补充完善相关证据；对分布在境外的涉案房产，根据在案证据分析论证属于违法所得，依法提出没收申请；将彭某一案中与彭旭峰有关联的境内财产纳入违法所得没收程序申请没收，保证国际追逃追赃整体效果。

（二）理解适用中的重点问题

1. 对于跨境转移贪污贿赂违法所得的洗钱犯罪案件，检察机关应加大打击力度，依法推动适用特别程序追缴贪污贿赂违法所得。犯罪嫌疑人、被告人逃匿境外的贪污贿赂犯罪案件，一般均已先期将巨额资产转移至境外，《刑法》第 191 条明确规定此类跨境转移资产行为属于洗钱犯罪。2017 年最高人民法院、最高人民检察院《关于适用犯罪嫌疑人、被告人逃匿、死亡案件违法所得没收程序若干问题的规定》明确对于洗钱犯罪案件，可以适用特别程序追缴违法所得及其他涉案财产。检察机关在办理贪污贿赂犯罪案件中，应当加大对涉嫌洗钱犯罪线索的审查力度，对于符合法定条件的，积极适用违法所得没收程序追缴违法所得。

2. 准确适用"具有高度可能"的证明标准，依法认定需要提出没收违法所得申请的

境外财产。《关于适用犯罪嫌疑人、被告人逃匿、死亡案件违法所得没收程序若干问题的规定》明确对于适用违法所得没收程序案件，适用"具有高度可能"的证明标准。经审查，有证据证明犯罪嫌疑人、被告人将违法所得转移至境外，在境外购置财产的支出小于所转移的违法所得，且犯罪嫌疑人、被告人没有足以支付其在境外购置财产的其他收入来源的，可以认定其在境外购置的财产具有高度可能属于需要申请没收的违法所得。该案中，在案证据可证实彭旭峰、贾斯语通过境外公司购买某国房产，但欠缺在该国资金流向和购买过程的证据。检察机关认为，在案证据证明，在贾斯语于境外转账汇款购房同一时期内，彭旭峰多次安排他人将受贿款汇入贾斯语外国银行账户，汇款数额大于购房款。因此，应当认定彭旭峰、贾斯语在该国的房产高度可能来源于彭旭峰受贿所得，遂针对该房产提出没收违法所得申请，法院裁定予以支持。

3. 对于主犯逃匿境外的共同犯罪案件，依法审慎适用特别程序追缴违法所得。共同犯罪中，主犯对全部案件事实负责，犯罪后部分犯罪嫌疑人、被告人逃匿境外，部分犯罪嫌疑人、被告人在境内被司法机关依法查办的，如果境内境外均有涉案财产，且逃匿的犯罪嫌疑人、被告人是共同犯罪的主犯，依法适用特别程序追缴共同犯罪违法所得，有利于全面把握涉案事实，取得较好办案效果。该案中彭旭峰涉嫌受贿犯罪事实，大部分系伙同彭某一共同实施，彭某一并未逃匿，其受贿案在国内依照普通刑事诉讼程序办理，二人共同受贿犯罪涉及的部分境内财产已在彭某一案中予以查封、扣押或冻结。检察机关审查认为，该案系利用彭旭峰的职权实施犯罪行为，彭旭峰系该案主犯，对受贿行为起到了决定作用，宜将彭某一案中与彭旭峰有关联的境内财产，如二人在湖南省长沙市购买的房产、共同借款给他人的资金等，均纳入违法所得没收程序申请没收。利害关系人及其诉讼代理人和彭某一对此均未提出异议。法院作出的违法所得没收裁定生效后，通过国际刑事司法协助申请境外执行，目前已得到部分国家承认。

四、黄艳兰贪污违法所得没收案

（一）基本案情

黄艳兰利用职务之便实施贪污犯罪后，使用犯罪所得赃款，以全额付款或向银行按揭贷款方式购买房产，且为隐匿房产及避免因债务纠纷被法院查封处置，将涉案房产分别登记在自己亲属和朋友名下。法院审理过程中，黄艳兰亲属和朋友对检察机关没收申请提出异议，对自己名下财产主张权利，检察机关在庭审中针对异议重点举证、质证和答辩，有效反驳其无理要求，法院对检察机关意见予以采纳，依法支持没收申请。三家办理抵押按揭贷款的银行提出对涉案房产享有抵押担保债权，申请优先受偿，检察机关审查认为其对担保财产系违法所得不知情，依法应当认定为善意第三方，对其主张的合法权益应当予以保护。

（二）理解适用中的重点问题

1. 利害关系人对检察机关申请没收财产提出异议或主张权利的，出庭检察人员应当重点质证。根据《关于适用犯罪嫌疑人、被告人逃匿、死亡案件违法所得没收程序若干问题的规定》第15条，利害关系人在诉讼中对检察机关申请没收的财产属于违法所得及其他涉案财产等相关事实及证据有异议的，可以提出意见；对申请没收财产主张权利的，应出示相关证据。对于其提供的证据不合法，或其异议明显与客观事实不符的，出庭检察人员应当围绕财产状态、财产来源、与违法犯罪的关系等内容，有针对性地予以驳斥，建议法院依法不予支持。该案开庭审理过程中，利害关系人邓某某及其诉讼代理人提出，购房资金来源于李某某从事期货交易的收益，并向法庭提交了开户资料等证据。另一利害关系人施某某及其诉讼代理人提出，施某某、高某某名下房产系施某某合法财产。出庭检察人员针对利害关系人所提异议，从证据的合法性、真实性和关联性等方面，发表质证意见，证明邓某某、施某某及其诉讼代理人所提意见与该案证据证明的事实不符，不应支持。法院对检察机关上述意见均予采纳。

2. 善意第三方对申请没收财产享有合法权益的，应当依法保护。对申请没收财产因抵押而享有优先受偿权的债权人，或者享有其他合法权利的利害关系人，如果在案证据能够证明其在抵押权设定时对该财产系违法所得不知情，或者有理由相信该财产为合法财产，依法应当认定为善意第三方，对其享有的担保物权或其他合法权利，依法应当予以保护。该案中涉案23套房产均系黄艳兰利用贪污犯罪所得资金支付首付款后，向三家银行以按揭贷款方式购买，三家银行对房产依法享有抵押权，并约定了担保债权的范围。诉讼期间，三家银行及其诉讼代理人提出，涉案房产的借款合同均合法有效，并享有抵押权，依法应当优先受偿。检察机关经审查认为，三家银行既未与黄艳兰串通，亦不明知黄艳兰购房首付款系贪污赃款，依法应当认定为善意第三方，其合法权益应当予以保护。根据《关于适用犯罪嫌疑人、被告人逃匿、死亡案件违法所得没收程序若干问题的规定》第7条第1款、第2款，检察机关依法认定上述三家银行系该案的"其他利害关系人"，对三家银行主张的优先受偿权予以支持。

五、任润厚受贿、巨额财产来源不明违法所得没收案

（一）基本案情

任润厚在立案前死亡，检察机关经研究论证认为，可以适用不定罪的特别程序申请没收其违法所得。任润厚已经死亡，无法对家庭巨额财产来源作出说明，检察机关认为特别程序对巨额财产来源不明罪违法所得的认定，本质系对明显超过合法收入的财产权属的确认，可以由相关利害关系人对财产来源予以说明，不能说明来源或经查证说明的来源不属实的，应当认定为违法所得，申请没收。该案依法冻结的账户中，原有本金产生的160余万元孳息，因涉及百余笔存款，且期限、利率各不相同，难以确定具体违法所得孳息。检察机关研究认为，可以按违法所得与合法财产的比例对违法所得孳息予以没收。法院经审理采纳检察机关意见。

（二）理解适用中的重点问题

1. 涉嫌贪污贿赂等重大犯罪的人立案前死亡的，依法可以适用违法所得没收程序。违法所得没收程序的目的在于解决违法所得及其他涉案财产的追缴问题，不是追究被申请

人的刑事责任。涉嫌实施贪污贿赂等重大犯罪行为的人,依照刑法规定应当追缴其犯罪所得及其他涉案财产的,无论立案之前死亡或立案后作为犯罪嫌疑人、被告人在诉讼中死亡,都可以适用违法所得没收程序。

2. 巨额财产来源不明犯罪案件中,本人因死亡不能对财产来源作出说明的,应当结合其近亲属说明的来源,或者其他利害关系人主张权利以及提供的证据情况,依法认定是否属于违法所得。已死亡人员的近亲属或其他利害关系人主张权利或说明来源的,应要求其提供相关证据或线索,并进行调查核实。没有近亲属或其他利害关系人主张权利或说明来源,或者近亲属或其他利害关系人虽然主张权利但提供的证据没有达到相应证明标准,或者说明的来源经查证不属实的,应当依法认定为违法所得,予以申请没收。该案任润厚在立案前已经死亡,且死亡前未对本人及转移至亲属名下的财产和支出来源作出说明,检察机关依法向任润厚的亲属调查询问,由其说明财产和支出来源,并根据其说明情况向相关单位、人员核实,调取相关证据。对于相关证据证实及任润厚亲属能够说明合法来源的收入和物品,依法在涉案财产总额中予以扣减。将任润厚及其亲属名下财产和家庭重大支出数额,减去家庭合法收入及任润厚亲属等利害关系人能说明合法来源的收入,作为任润厚巨额财产来源不明罪的违法所得,据此提出没收违法所得申请。

3. 违法所得与合法财产混同并产生孳息的,可按照比例计算违法所得孳息,依法申请没收。对合法财产及其产生的孳息,及时予以返还。该案检察机关经审查认定,依法应当申请没收的巨额财产来源不明犯罪所得为人民币 1265 万余元、部分外币及其他物品。冻结在案的任润厚及其亲属名下财产为人民币 1800 余万元存款、部分外币及其他物品。其中本金 1800 余万元存款产生了 169 万余元孳息。如何确定应当没收的孳息,检察机关认为,可按该笔存款总额中违法所得所占比例($1265/1800 \approx 70.2\%$),计算出违法所得相应的孳息,依法予以申请没收,剩余部分为合法财产及其孳息,应返还给其近亲属。法院经审理予以采纳。

行贿犯罪典型案例

山东薛某某行贿、串通投标案

【关键词】

行贿　串通投标　数罪并罚　监检配合　社会治理

【要旨】

推进受贿行贿一起查，监察机关、检察机关应当切实履行职责，加强协作配合，加大对招标投标等重点领域行贿犯罪查处力度，服务保障优化营商环境。要准确适用法律，对以行贿犯罪手段开路进行串通投标犯罪的，应实行数罪并罚。对案件暴露出的普遍性、典型性问题，检察机关可以依法提出检察建议，促进专项整治，提高社会治理能力。

【基本案情】

被告人薛某某，男，1974 年 12 月 20 日出生，汉族，住山东省青岛市市南区某某路××号。

2014 年 8 月，山东省沂水县财政局对沂水县中小学信息化设备采购项目进行招标，被告人薛某某与四川虹某软件股份有限公司投标负责人刘某某（已判决），伙同沂水县财政局原副局长丁某某（已判决），通过协调评审专家修改分数、与其他投标公司围标等方式串通投标，后四川虹某软件股份有限公司中标该项目，中标金额 9000 余万元，严重损害国家及其他投标人利益。同年年底，被告人薛某某为感谢丁某某在该项目招标投标中提供的帮助，给予丁某某人民币 15 万元。

（其他犯罪事实略）

2020 年 5 月 13 日、18 日，山东省沂水县公安局、县监察委员会分别将薛某某等人串通投标案、薛某某行贿案移送沂水县人民检察院审查起诉。沂水县人民检察院受理后并案审查，于 6 月 12 日向沂水县人民法院提起公诉。9 月 24 日，沂水县人民法院以薛某某犯串通投标罪，判处有期徒刑二年，并处罚金人民币二十万元；以犯行贿罪，判处有期徒刑六个月，并处罚金人民币十万元，决定执行有期徒刑二年三个月，并处罚金人民币三十万元。后薛某某上诉，12 月 24 日，临沂市中级人民法院裁定驳回上诉，维持原判。

【监察、检察履职情况】

（一）积极推进受贿行贿一起查，严厉打击招标投标领域行贿犯罪，维护公平公正的市场秩序。在项目招标投标环节弄虚作假甚至搞权钱交易，会给项目质量和安全带来重大隐患。沂水县监察委员会在就薛某某涉嫌行贿犯罪立案调查，征求沂水县人民检察院意见时，检察机关认为薛某某通过行贿方式谋取竞争优势，且其犯罪行为不仅严重影响项目建设质量，还破坏了招标投标领域的公平竞争环境；该案虽行贿数额不大，但涉及的教育系统信息化建设属于重点民生领域项目，是重点打击的行贿行为，应从严惩处。此后，沂水县监察委员会与县人民检察院就调查取证方向、证据标准进行了充分沟通。鉴于薛某某还存在串通投标行为，沂水县监察委员会在对其涉嫌行贿犯罪立案调查的同时，将其串通投标问题线索移送公安机关同步立案侦查。

（二）厘清法律适用关系，准确把握罪数认定，做到罚当其罪。串通投标行为往往与行贿行为相伴而生、密不可分。沂水县人民检察院认为，虽然薛某某实施的串通投标与行贿之间存在关联，但系两种行为，侵犯了两类不同性质的法益。根据最高人民法院、最高人民检察院《关于办理行贿刑事案件具体应用法律若干问题的解释》第六条关于"行贿人谋取不正当利益的行为构成犯罪的，应当与行贿犯罪实行数罪并罚"的规定，薛某某实施的行贿犯罪应与串通投标犯罪数罪并罚。审判机关对上述意见予以采纳。

（三）积极能动履职，加强诉源治理，提升社会治理效果。针对该案暴露出招标投标监督管理涉及部门多，职责定位不清，一定程度存在"都管、都不管"的问题，沂水县人民检察院积极延伸检察职能，认真研究部门"三定"规定，厘清职责权限，从严格投标单位资格审查、规范招标代理机构、加大从业人员违规惩戒力度等方面，分别向县财政局、市场监管局、教育体育局制发检察建议。上述单位对检察建议全部予以采纳并进行了全面整改。同时，根据沂水县人民检察院建议，沂水县有关部门联合开展了招标投标领域突出问题专项整治行动，对近年来招标投标工程项目进行全面梳理排查。截至2022年2月，发现并整改各类不规范问题26个，并对3名串通投标犯罪嫌疑人立案查处，有力净化了招标投标领域公平竞争环境。

【典型意义】

（一）严厉打击重点领域行贿犯罪，服务保障优化营商环境。坚持受贿行贿一起查，对发生在涉及教育等重大民生项目招标投标领域，严重破坏营商环境和市场公平竞争规则的行贿犯罪，应予以严惩。监察机关、检察机关应加强协作配合，注重对重点领域行贿线索的分析研判，加强会商，凝聚共识。在打击行贿犯罪时，既要考虑行贿金额、次数及犯罪情节，又要充分考虑案件发生的领域和危害后果，依法准确对行贿人作出处理，推动构建公平竞争的市场秩序和亲清政商环境。

（二）加强对行贿犯罪法律适用问题研究，提高打击精准度。行贿犯罪往往与其他犯罪关联并存，监察调查、检察审查过程中，应当加强对行贿犯罪、关联犯罪的研究，结合刑法理论与法律规定，参考司法案例，围绕事实认定、法律适用和案件处理等进行充分论证，厘清罪与非罪、一罪与数罪的界限，调查收集证据，准确适用法律，依法提起公诉，确保对行贿犯罪及关联犯罪的精准打击。

（三）充分履行监检职能，积极参与社会治理。监察机关、检察机关应当对办案中发现的普遍性、典型性问题进行深入剖析，依法提出堵塞漏洞、健全制度、防控风险的建议，促使有关部门履行监管职责、完善监管机制、开展专项整治，全面加强整改，从源头上推进招标投标领域问题解决，达到"办理一案、治理一片"的良好效果，促进社会治理能力的提高，服务经济社会高质量发展大局。

【相关规定】

《中华人民共和国刑法》第二百二十三条、第三百八十九条第一款、第三百九十条

《中华人民共和国监察法》第四十五条

《关于办理行贿刑事案件具体应用法律若干问题的解释》第六条、第八条、第十二条、第十三条

《人民检察院检察建议工作规定》第三条、第四条、第五条、第十条、第十一条

浙江贵某贵金属有限公司、李某某单位行贿案

【关键词】

单位行贿　监检衔接　准确定性　一体化监督　生态修复

【要旨】

办理行贿案件要落实中央受贿行贿一起查的精神，准确把握单位犯罪和自然人犯罪的区别和联系，精准打击犯罪。要充分发挥监检职能，加强配合制约，深化融合监督，一体推进不敢腐、不能腐、不想腐，在案件办理、追赃挽损、生态修复等方面打好反腐败"组合拳"，实现办理行贿犯罪案件"三个效果"有机统一。

【基本案情】

被告单位浙江贵某贵金属有限公司（以下简称贵某公司），民营企业，单位所在地浙江省仙居县某某街道某某工业园区。

被告人李某某，男，1972年9月21日出生，汉族，贵某公司法定代表人。

2015年至2018年，时任浙江省台州市环保局工作人员林某某（另案处理）、仙居县环保局工作人员王某某（已判决）等有关国家工作人员接受贵某公司法定代表人李某某的请托，为贵某公司在办理《危险废物经营许可证》、生产经营、逃避环保执法检查等方面提供帮助。2015年底，李某某送给林某某一件黄金制品，价值人民币37940元，林某某收受。2018年，李某某以人民币40万元的价格购买一辆二手大众辉腾牌汽车送给王某某，王某某收受；贵某公司将非法提炼金属铑所得的一半利润送给王某某，王某某先后收受人民币635万元，后将其中545万元出借给李某某用于资金周转。

（污染环境犯罪事实略）

2020年10月30日，浙江省仙居县人民检察院以被告单位贵某公司、被告人李某某等人犯污染环境罪向仙居县人民法院提起公诉。2021年3月26日，仙居县监察委员会以李某某涉嫌行贿犯罪立案调查，9月8日以贵某公司涉嫌单位行贿犯罪立案调查。9月14日，仙居县监察委员会以贵某公司、李某某涉嫌单位行贿罪向检察机关移送审

查起诉，检察机关于 10 月 19 日补充起诉。10 月 30 日，仙居县人民法院作出一审判决，以被告单位贵某公司犯污染环境罪，判处罚金人民币十五万元，犯单位行贿罪，判处罚金人民币八十万元，数罪并罚决定执行罚金人民币九十五万元；以被告人李某某犯污染环境罪，判处有期徒刑一年二个月，并处罚金人民币十万元，犯单位行贿罪，判处有期徒刑二年，并处罚金人民币三十万元，数罪并罚决定执行有期徒刑二年十个月，并处罚金人民币四十万元；对被告单位贵某公司的违法所得人民币一千八百五十万元，向被告单位贵某公司、被告人李某某予以追缴，上缴国库。一审判决后，贵某公司、李某某未上诉，判决已生效。

【监察、检察履职情况】

（一）深挖腐败线索，有效打击受贿行贿犯罪。被告单位贵某公司、被告人李某某等人涉嫌污染环境一案案发后，仙居县监察委员会坚决贯彻落实习近平生态文明思想，聚焦案件背后的责任链条，及时启动问责追责程序，围绕监管失职、利益输送开展调查，对 12 名有关责任人员予以严肃问责。其间，发现李某某行贿线索，依法对其开展立案调查，采取留置措施，并同步冻结、扣押涉案财物 250 万元，协调公安、环保部门查封扣押贵某公司库存产品，确保后续追赃挽损工作顺利进行，同时对发现存在受贿嫌疑的 4 名公职人员予以立案调查。仙居县监察委员会认为，本案发生在环保领域，被告单位贵某公司、被告人李某某以多种方式对数名国家工作人员渗透腐蚀，严重破坏职务廉洁性，危害群众利益，造成严重负面影响，应依法移送司法机关追究其刑事责任。

（二）充分运用监检会商机制，准确把握案件定性。2021 年 9 月 1 日，仙居县监察委员会就李某某涉嫌行贿罪、王某某涉嫌受贿罪同时书面商请检察机关提前介入。对本案系个人行贿还是单位行贿存在不同认识。监察机关和检察机关共同会商案件后，认为本案构成单位行贿罪。一是从案件事实看，李某某作为公司法定代表人，行贿出发点是为单位谋取不正当利益，使公司在办理危废许可证、经营生产、逃避环保执法检查等方面得到照顾，其行贿资金绝大多数来源于公司经营所得，应当认定其行贿体现的是单位意志，且最终受益对象系单位，对该行为认定为单位行贿更符合案件事实，更能体现罪责刑相适应原则。二是从办案效果看，以单位行贿罪认定，既有利于对贵某公司进行刑事惩处，保护各类市场主体公平竞争，优化法治化营商环境，又有利于促进涉案企业规范经营活动，保护民营经济持续健康发展，激发市场活力。监检达成共识后，检察机关向监察机关书面反馈提前介入审查意见，仙居县监察委员会依法对贵某公司进行补充立案调查，确保程序合法，保障被调查单位的权利义务。调查终结后，仙居县监察委员会以贵某公司、李某某涉嫌单位行贿罪移送审查起诉。

（三）一体化能动履职，推动生态修复。针对本案存在的履职不力、腐败问题，仙居县监察委员会发送监察建议书，要求环保部门履行全面从严治党主体责任，排查廉政风险点，倒查制度漏洞，加强系统内部监督，同步开展党风廉政警示教育活动，以案促廉，做实"后半篇文章"，助力政治生态修复。针对行贿犯罪关联的环境污染损害，仙居县人民检察院充分发挥刑事检察、公益诉讼检察合力，就贵某公司污染环境导致的生态损害及时跟进公益诉讼工作。经制发行政公益诉讼诉前检察建议，推动环保部门与贵某公司开展磋商并签订《浙江贵某贵金属有限公司环境污染案生态环境损害赔偿鉴定评估框架协议》。仙居县人民检察院积极督促贵某公司承担损害赔偿责任，促成该公司预缴生态修复金200万元，并持续跟进监督，推动开展生态损害修复。

（四）开展认罪认罚工作，贯彻宽严相济政策。鉴于贵某公司和李某某归案后自愿如实供述罪行，承认指控的犯罪事实，愿意接受处罚，并积极履行生态修复责任，确有悔罪表现，仙居县人民检察院在办理污染环境案和行贿案中均充分听取贵某公司、李某某及其辩护人的意见，并对案件定罪量刑及认罪认罚从宽制度进行释法说理。同时，通过讯问、走访等形式，理清贵金属、原料等扣押物品情况，积极推动退赃工作，促使贵某公司自愿以被扣押物品抵扣违法所得。最终，贵某公司和李某某自愿认罪认罚，在辩护律师见证下签署《认罪认罚具结书》，检察机关经征求监察机关意见，对贵某公司和李某某从轻提出确定刑量刑建议，被法院判决采纳。

【典型意义】

（一）坚决贯彻受贿行贿一起查，推动腐败问题标本兼治。监察机关和检察机关要深刻认识行贿违法犯罪的政治危害，转变工作理念，加强工作协作，打出反腐败"组合拳"，加强查办贿赂犯罪，一体推进受贿行贿的查处。要加大环保等重点领域行贿受贿犯罪打击力度，斩断腐败问题利益链，破除权钱交易网，彰显对行贿零容忍的坚定决心，在全社会倡导廉洁守法理念，构建亲清政商关系。

（二）准确区分犯罪主体，贯彻宽严相济刑事政策，依法惩治单位行贿。办理涉及公司企业的行贿犯罪案件，监察机关、检察机关应加强配合制约，注意全面调查审查案件事实，充分收集运用证据，甄别判断涉案公司企业与行贿犯罪的联系，准确认定是单位行贿犯罪还是个人行贿犯罪。被告单位和被告人认罪认罚的，要依法贯彻宽严相济刑事政策，增强行贿犯罪案件办理的示范性，助力营造健康经济生态，提高行贿犯罪案件办理质效。

（三）强化一体化监督，积极推进挽损工作，增强办理行贿犯罪案件效果。监察机关、检察机关在办理贿赂案件过程中，应积极落实受贿行贿一起查部署，加大追赃挽损力度。对行贿人因行贿获得的不正当利益，最大限度追缴，不让行贿人因行贿获利，遏制犯罪利益驱动。同时，加大行贿犯罪损害修复，尽可能降低、减少行贿犯罪的危害后果。对于生态环保等重要领域的行贿犯罪，检察机关应坚持零容忍态度，严格依法办案，整合刑事检察、公益诉讼检察等力量，在办理行贿犯罪案件的同时，配套公益诉讼检察措施，有效跟进生态环境修复和保护工作，达到政治生态治理和生态环境修复"双推动"办案效果，实现办理行贿罪案件"三个效果"的有机统一。

【相关规定】

《中华人民共和国刑法》第三百三十八条、第三百四十六条、第三百九十三条

《中华人民共和国刑事诉讼法》第十五条、第一百七十六条

《中华人民共和国监察法》第四十五条、第四十六条

江西王某某行贿案

【关键词】

监检协作配合　零口供　证据体系　追赃挽损

【要旨】

监察机关与检察机关要加强协作配合，统筹推进行贿受贿犯罪案件查处。准确认定行贿人谋取的不正当利益数额，发挥能动检察职能，与监察机关协作配合开展追赃挽损工作。对于"零口供"行贿犯罪嫌疑人，监察机关调查时要注重收集证人证言、书证、物证、视听资料和电子证据等，夯实证据基础，检察机关要充分运用各种证据，形成完善的指控证据体系，依法追究刑事责任。

【基本案情】

被告人王某某，男，1962年10月出生，汉族，河北丰宁金某钼业有限公司（下称金某钼业）法定代表人、股东。

2007年8月，为金某钼业能被江西稀有金属某某集团公司（以下简称江某公司）高价收购，王某某向江某公司总经理钟某某（已判决）请托，并承诺给予好处费。后钟某某违规决定江某公司以人民币2.6亿元的高价收购金某钼业50%的股份。王某某为感谢钟某某，9月6日，王某某安排妻子闫某某向钟某某指定的妻弟罗某的银行账户转账500万元。经鉴定，王某某通过行贿非法获利共计2.15亿元。

2021年2月4日，江西省金溪县监察委员会将案件移送金溪县人民检察院起诉。3月19日，金溪县人民检察院以王某某涉嫌行贿罪向金溪县人民法院提起公诉。11月16日，金溪县人民法院以王某某犯行贿罪，判处有期徒刑十年六个月，追缴王某某违法所得2.15亿元，返还被害单位江某公司。王某某不服，提出上诉，同年12月14日，抚州市中级人民法院裁定驳回上诉，维持原判。

【监察、检察履职情况】

（一）加强协作配合，统筹推进行贿受贿犯罪案件查处。江西省监察委员会在查办江某公司原总经理钟某某受贿案过程中，发现王某某涉嫌行贿犯罪数额巨大、性质恶劣、后果严重，必须严肃查处。2020年10月，应江西省监察委员会商请，江西省人民检察院派员提前介入钟某某受贿一案，经监检研商，一致认为王某某为谋取不正当利益，向钟某某行贿500万元，情节特别严重，给国家利益造成特别重大损失，其行为涉嫌行贿犯罪，应当依法追究其刑事责任。鉴于王某某一直未交代其涉嫌行贿犯罪事实，监察机关与检察机关加强配合，进一步分析钟某某受贿案案情，对钟某某收受王某某500万元犯罪事实提出了补充完善证据的意见。在此基础上，江西省监察委员会召集案件论证会，统筹王某某行贿、钟某某受贿案办理进度，协调证据收集、调取工作，形成了依法处理的共识。同年

12 月 31 日，经江西省、抚州市监察机关逐级指定管辖，金溪县监察委员会对王某某涉嫌行贿一案立案调查。

（二）注重调查、运用书证和证人证言，严密证据体系，依法惩治"零口供"行贿犯罪。王某某不供认行贿犯罪，监察机关注重收集、调取构建王某某涉嫌行贿犯罪链条的各种证据。行贿证据有：王某某的妻子闫某某的证言，证明了行贿款来源以及根据王某某指使通过银行汇款转账过程，企业账目、闫某某汇款转账的银行流水等书证能佐证。钟某某妻弟罗某证言，证明他按照钟某某指使通过自己银行账户接受闫某某汇款并告诉姐夫钟某某、姐姐罗某的事实，罗某银行账户流水等书证能佐证。罗某证言还证明按照钟某某指使动用一部分贿金帮助钟某某和罗某夫妇购买股票理财的事实，股票投资过程的有关书证也进一步印证。罗某证言都能印证事实。谋取不正当利益证据有：江某公司收购金某钼业股权转让协议、会议记录，江某公司参与决策、收购的有关证人证言等证据。钟某某受贿案的一审生效判决书等证据与钟某某的有罪供述，与上述两方面证据均相互印证。检察机关经审查并充分运用证据，认为本案虽为"零口供"，但在案证人证言、企业账目、银行流水、股票、生效判决书等书证，足以形成完整的证据链条，证实王某某为谋取不正当利益，向钟某某行贿 500 万元的事实，证据达到确实、充分的证明标准，可以依法提起公诉。

（三）监察机关与检察机关加强协作，依法追赃挽损。监察机关经与检察机关沟通协商，一致认为应当依法追缴王某某通过行贿犯罪获取的不正当利益。在金溪县监察委员会的协调下，金溪县人民检察院配合成立追赃小组，先后奔赴河北、北京、辽宁等地，依法扣押查封涉案汽车 7 辆、不动产 13 间（栋）、现金 420 万余元、股权 3000 万余元，合计价值 7000 万余元，最大程度地挽回国有资产的损失。监察机关、检察机关会商认为，应对王某某转让给江某公司的股份实际价值进行司法鉴定。经依法鉴定，根据江某公司收购金某钼业价格 2.6 亿元减去收购时金某钼业总资产价值、涉案钼矿采矿权评估价值，计算认定王某某通过行贿违法所得 2.15 亿元。检察机关建议审判机关依法裁判该违法所得返还江某公司，法院予以采纳。

【典型意义】

（一）贯彻落实受贿行贿一起查，对侵吞巨额国有资产的行贿犯罪零容忍。监察机关、检察机关在办理国企领域贿赂或者关联案件过程中，应当密切协作配合，在监察机关统筹下推进行贿受贿案件的查处。通过依法惩治发生在国企领域的行贿受贿犯罪，斩断内外勾结侵吞国有资产的"黑手"，切实维护国有企业合法权益，维护国有资产安全。

（二）对"零口供"的行贿犯罪案件，应多层次调取收集各类证据，综合运用证据规则，构建完整证据体系，严厉惩治行贿犯罪。实践中，为逃避法律追究，行贿受贿双方拒不供认犯罪事实的情况时有发生。对于"零口供"的行贿案件，应根据证据标准，注重运用受贿人有罪供述、特定关系人或者经手贿赂款的证人证言，特别是转账的书证等证据，证明行贿受贿犯罪事实，形成完整的证据链条。案件经审查达到事实清楚，证据确实、充分的程度，依法提起公诉，追究行贿人刑事责任。

（三）准确认定行贿犯罪违法所得，主动协作配合追赃挽损。检察机关在办理行贿案件过程中应积极履行追赃挽损职责，准确认定行贿犯罪违法所得数额，与监察机关加强协作，依法查封、扣押、冻结行贿人涉案资产，配合监察机关查明行贿人违法所得相关证据，为人民法院准确认定行贿犯罪违法所得，判决追缴行贿人违法所得、返还被害单位提供重要支撑。

【相关规定】

《中华人民共和国刑法》第六十四条、第三百八十九条、第三百九十条

《中华人民共和国刑事诉讼法》第一百七十六条

《中华人民共和国监察法》第四十五条

河南高某某行贿案

【关键词】

医药领域　多次行贿　巨额行贿　认罪认罚　财产刑

【要旨】

监察机关与检察机关要加强衔接配合，对医疗药品等重点领域多次行贿、巨额行贿违法犯罪行为，依法惩处，形成联合惩戒行贿犯罪的工作合力。要贯彻宽严相济刑事政策，准确认定从宽情节，积极适用认罪认罚从宽制度办理。要注重综合运用多种措施及适用刑罚，从提高违法犯罪经济成本上进一步遏制行贿犯罪，提高打击行贿的精准性、有效性。

【基本案情】

被告人高某某，男，1974 年 10 月 24 日出生，汉族，河南双某药业有限公司业务员，负责河南南阳、平顶山地区"大输液"销售业务。

2013 年 10 月至 2019 年 4 月，被告人高某某通过南阳市济某医药有限公司（以下简称济某公司）向南阳市方城县某某医院配送其任职公司生产的"大输液"产品。为长期在该医院销售"大输液"产品并增加销量，谋取不正当竞争优势，根据时任该医院院长化某（已判决）的要求，以交付"大输液"利润的方式向化某行贿，先后 43 次给予化某共计 615.9 万元；为得到时任该医院药品科科长张某某（已判决）的帮助，先后 13 次给予张某某人民币共计 6 万元。

2019 年 7 月 15 日，河南省南召县监察委员会对高某某涉嫌严重违法问题立案调查，8 月 22 日对高某某以涉嫌行贿罪移送南召县人民检察院审查起诉，10 月 8 日南召县人民检察院对高某某以涉嫌行贿罪向南召县人民法院提起公诉，12 月 16 日南召县人民法院以行贿罪判处高某某有期徒刑五年，并处罚金人民币二十万元。一审判决后，被告人高某某未上诉，判决已生效。

【监察、检察履职情况】

（一）强化衔接配合，依法依规严肃查处医疗药品领域行贿犯罪。监察机关调查中发

现，高某某为在行业竞争中获取优势，采用不正当竞争手段排挤其他医药企业，56 次向医疗药品领域国家工作人员行贿。南召县监察委员会商请检察机关提前介入，双方就该案的事实、证据等进行了面对面沟通交流，一致认为本案行贿数额特别巨大、情节特别严重，对当地政治生态、法治环境、营商环境等均造成严重破坏，应依法予以严惩。监检双方就案件补充查证，特别是针对本案时间跨度长、行贿次数多的特点，应继续调取有关书证予以佐证形成了共识。南召县监察委员会及时安排专人负责，补充调取了高某某通过济某公司向方城县某某医院配送"大输液"的具体品种、数量清单、双方的结算凭证，以及高某某 56 次在济某公司领款共计 2929.8 万元的有关证据，充分印证了高某某在每次医院结算输液款后向化某行贿的时间、金额等，为案件的准确定性奠定了坚实的基础。

（二）坚持同向发力，严格落实宽严相济刑事政策。本案行贿数额达 621.9 万元，属于行贿罪"情节特别严重"的情形，在办案过程中，高某某存在思想顾虑，甚至一度态度消极。南召县监察委员会一方面阐明监察机关查办医疗行业腐败案件的决心，另一方面讲清法律政策，充分告知如实说明情况可以从轻处理的有关规定。最终，高某某放下包袱，敞开心扉，对自己行贿犯罪的具体手段、数额等始终稳定供述。在审查起诉过程中，南召县人民检察院发现，高某某于 2019 年 4 月因涉嫌其他犯罪被公安机关指定居所监视居住，在此期间主动交代了向化某、张某某行贿的犯罪事实，应依法认定为自首，可以从轻或者减轻处罚。经与监察机关沟通后，检察机关综合考虑高某某行贿的数额、次数、主观恶性、后果等因素，建议依法对其减轻处罚。同时，检察机关积极开展认罪认罚工作，多次对高某某进行释法说理，充分说明本案的事实、情节及量刑依据，高某某表示认罪认罚，在律师的见证下签署了《认罪认罚具结书》。在庭审中，高某某当庭认罪悔罪，表示服判不上诉。

（三）注重综合治理，通过加大财产刑运用等措施增强办案效果。南召县监察委员会与县人民检察院在从严查处重点领域行贿犯罪基础上，就综合运用刑罚措施、做好案件综合治理交换了意见、凝聚了共识。案件移送审查起诉后，检察机关经充分考虑本案行贿数额、本人获利情况及认罪认罚等情节，依法对被告人提出判处五年至六年有期徒刑、并处罚金二十万元至三十万元的量刑建议，南召县人民法院采纳。南召县人民检察院积极督促被告人高某某主动缴纳罚金，有力推动了财产刑的执行，增强了法律权威和刑罚执行力度。

【典型意义】

（一）从严查办涉及民生的重点领域行贿犯罪，切实增强人民群众的获得感幸福感安全感。办理行贿案件时要突出重点，对医疗药品等民生领域的巨额行贿、多次行贿，进一步加大打击力度。特别是针对行贿人为谋取不正当利益，对重点领域国家工作人员竭力腐蚀，严重扰乱市场经济秩序，严重影响人民群众的获得感幸福感安全感的行贿犯罪，要依法从严予以打击，切实推动有关行业顽瘴痼疾的整改，全面落实以人民为中心的发展理念。

（二）全面考虑行贿犯罪事实、情节，严格落实宽严相济刑事政策。在依法追究行贿犯罪时，检察机关要在全面审查案件事实的基础上，主动及时与监察机关做好衔接，对证据的收集达成一致意见，完善证据体系，切实提高依法打击行贿犯罪的精准性、有效性。既应突出依法从严打击的工作导向，也要注意结合案件事实、证据情况，依法准确认定各种从轻、减轻处罚情节，积极适用认罪认罚从宽制度，实现贿赂犯罪查处的惩治与预防效果。

（三）要注重对行贿犯罪的综合治理，切实增强办案效果。行贿人不择手段"围猎"党员干部的根本原因在于谋取不正当利益。在行贿犯罪案件办理中必须注重综合治理，在依法维护被告人合法权益的基础上，高度重视依法适用财产刑，有针对性地提高行贿人的违法犯罪成本，遏制行贿利益驱动，从根本上预防行贿，最大化实现办案政治效果、社会效果和法律效果的有机统一。

【相关规定】

《中华人民共和国刑法》第五十二条、第五十三条、第六十七条、第三百八十九条、第三百九十条

《中华人民共和国刑事诉讼法》第十五条

《中华人民共和国监察法》第四十五条

《最高人民法院、最高人民检察院关于办理贪污贿赂刑事案件适用法律若干问题的解释》第九条

四川刘某富行贿、非法采矿案

【关键词】

移送问题线索　　重点领域行贿　　同步查处　　并案审查起诉　　追赃挽损

【要旨】

检察机关在办理公安机关移送案件的过程中，发现行为人可能涉嫌监察机关管辖的职务犯罪的，应当依照规定将线索移送监察机关。监察机关为主调查互涉案件时，应当统筹协调调查、侦查、审查起诉进度，并就事实认定、法律适用等重要事项进行充分论证，确保关联的受贿行贿案件均衡适用法律。检察机关对监察机关、公安机关分别移送起诉的互涉案件，可以依职权并案处理。在办案中应当注重追赃挽损，依法处理行贿犯罪违法所得及有关不正当利益，不让行贿人从中获利。

【基本案情】

被告人刘某富，男，1968年2月4日出生，汉族，四川省某某市市政建设工程有限公司施工班组长。

（一）行贿罪。2010年至2018年，刘某东历任某某市市政建设工程有限公司（以下简称市政公司）副经理、经理、董事长兼总经理。2012年，刘某富经刘某东安排，进入市政公司担任施工班组长。2013年至2018年，刘某东帮助刘某富承接了某某市某某新区

健康路、南外环路一期等多个道路建设重大项目。其间，刘某富多次直接或者通过他人给予刘某东（已判决）人民币共计265万元。

（二）非法采矿罪。2017年4月至5月，刘某富在对某某市某某区南外环路一期道路工程施工过程中，在没有采矿许可证的情况下，超越限定范围，在某某区某某镇前进村康泰路非法采挖连砂石共计25340方。四川省国土资源厅依法认定刘某富非法采矿造成矿产资源破坏价值共计96.292万元。

2018年4月11日，刘某富因涉嫌非法采矿罪，被四川省雅安市公安局采取监视居住强制措施。雅安市雨城区人民检察院在提前介入侦查过程中，发现刘某富涉嫌行贿、刘某东涉嫌受贿犯罪问题线索，经与雅安市公安局沟通，将问题线索移送雅安市监察委员会。7月16日，雅安市监察委员会以涉嫌行贿罪对刘某富采取留置措施，10月11日向雅安市人民检察院移送起诉。次日，雅安市人民检察院决定将案件交由雅安市雨城区人民检察院办理。10月17日，雅安市公安局雨城分局以刘某富涉嫌非法采矿罪向雅安市雨城区人民检察院移送起诉。2019年2月11日，雅安市雨城区人民检察院以刘某富涉嫌行贿罪、非法采矿罪提起公诉。4月23日，雅安市雨城区人民法院作出一审判决，以行贿罪判处刘某富有期徒刑四年，并处罚金三十万元，以非法采矿罪判处刘某富有期徒刑一年六个月，并处罚金五万元，数罪并罚决定执行有期徒刑五年，并处罚金三十五万元。一审判决后，被告人刘某富未上诉，判决已生效。

【监察、检察履职情况】

（一）检察机关提前介入侦查，发现行贿问题线索，建议公安机关依法移交监察机关处理。雅安市公安机关在对刘某富非法采矿犯罪侦查过程中，检察机关应商请提前介入，通过审查证据材料、会同侦查人员赴现场勘查、联席会议讨论等方式，发现刘某富在没有建设工程资质的情况下，违规担任市政公司施工班组长，借用他人资质承接大量市政公司建设项目。同时刘某富工程建设账目支出情况不清楚，其中可能存在职务违法犯罪问题，检察机关向公安机关提出及时将问题线索移交监察机关处理的建议，推动公安侦查和监察调查有机衔接。

（二）监察机关充分履行组织协调职责，有效提升互涉案件办理质效。2018年7月6日，雅安市公安局将刘某富涉嫌行贿、刘某东涉嫌受贿问题线索移交雅安市监察委员会。雅安市监察委员会立即分别成立行贿、受贿案件专案组并开展初步核实，组织检察、公安等相关单位召开案件会商联席会，梳理互涉案件交织点、取证共通点、办理难点，精准确定调查、侦查方向，统筹推进互涉案件证据收集、调取工作。监察机关在对刘某东受贿案立案后，于7月16日对正被公安机关监视居住的刘某富采取留置措施。监察机关在对行贿、受贿一起查办的同时，也积极为公安机关办理的非法采矿犯罪固定有关证据，做到程序衔接流畅、实体配合高效。

（三）监察机关统筹做好互涉案件移送审查起诉工作，检察机关依法并案审查起诉。鉴于刘某富涉嫌行贿罪、非法采矿罪由监察机关、公安机关分别查办，检察机关在提前介入过程中，及时了解掌握互涉案件办理情况，沟通协商移送起诉工作进度，确保互涉案件同步移送，程序衔接畅通。监察机关在移送审查起诉前，再次邀请检察机关、公安机关进行诉前会商，强化行贿、受贿犯罪的证据材料梳理，为做好职务犯罪调查管辖和其他关联犯罪属地管辖衔接配合，明确以非法采矿案属地管辖为主确定案件管辖，将职务犯罪商请指定管辖并案处理。2018 年 10 月 11 日、17 日，监察机关、公安机关先后向检察机关移送审查起诉，检察机关在分别受理后，为确保互涉案件统一处理，决定并案审查起诉，依法以行贿罪、非法采矿罪向法院提起公诉。

（四）监察机关、检察机关联动配合，及时查明行为人违法所得及获取的不正当利益情况，依法追赃挽损。检察机关审查发现，刘某富通过行贿承接了雅安市 19 个重要交通道路工程，涉及该市重点打造的川西综合交通枢纽，获取了巨额利益，又在工程建设中通过非法采矿获取更大的非法收益，应依法严惩。为依法追赃挽损，监检配合做好以下工作：一是检察机关要求公安机关补充鉴定，查明刘某富非法开采矿产资源价值共计 96.292 万元。二是监察机关在受贿行贿一起调查的过程中，查明刘某富通过虚增连砂石用量等方式，在刘某东的帮助下，从市政公司处非法获利 1256 万余元。三是监察机关、检察机关、公安机关加大协作力度，促使刘某富主动退缴 859 万元。四是协调公安机关依法处理案件涉及的其他非法所得。在法院判决追缴非法采矿违法所得 96.292 万元以后，监察机关、检察机关及时与公安机关沟通，对于案件中涉及的其他非法所得，书面建议公安机关依法予以处理。公安机关协调有关部门依法予以收缴。

【典型意义】

（一）检察机关在办案中发现行贿受贿等职务犯罪问题线索，应当依照规定移送监察机关。检察机关在案件办理和履行法律监督职能过程中，发现行为人可能涉嫌监察机关管辖的职务犯罪的，应当依法严格落实线索移送、职能管辖等规定，向监察机关移送问题线索，或建议有关部门向监察机关移送线索，形成惩治腐败工作合力。对于在提前介入侦查工作中发现行贿犯罪线索的，引导公安机关及时固定证据线索，共同做好线索移送工作。特别是针对在国家重要工作、重点工程、重大项目中的行贿犯罪，应当建议依法严肃查处，精准推进受贿行贿一起查。

（二）监察机关办理互涉案件承担为主调查职责的，要统筹组织协调调查、侦查工作，形成反腐败合力。为主调查的监察机关承担组织协调职责，统筹调查和侦查工作进度、协调调查留置措施和刑事强制措施的衔接适用、协商重要调查和侦查措施使用等重要事项。办理互涉案件的公安机关、检察机关，要主动及时向监察机关通报相关案件的办理情况，以便监察机关能够及时全面掌握互涉案件办理情况。相关办案单位应注重形成合力，全面准确认定犯罪事实和涉嫌罪名，确保互涉案件在办案程序、事实认定和法律适用等各方面做到统一均衡。

（三）检察机关对监察机关、公安机关分别移送起诉的互涉案件，可以依职权并案处理，注意做好补查的衔接工作。检察机关应当加强与监察机关、公安机关沟通，协调互涉案件的移送起诉进度，符合并案条件的，在分别受理审查起诉后及时并案处理。需要退回补充调查、退回补充侦查的，检察机关应同时将案件分别退回监察机关、公安机关，并统筹做好程序衔接。符合自行补查条件的，经与监察机关沟通一致，检察机关可以开展自行补充侦查，完善证据体系。

（四）多措并举，依法处理行贿违法所得及有关不正当利益，不让犯罪分子从中获利。加大追赃挽损力度，对行贿犯罪违法所得以及与行贿犯罪有关的不正当利益，应当通过监察执法、刑事处罚、行政处罚等多种方式依法综合运用予以处理，确保任何人不能从行贿等违法犯罪活动中获取非法利益，最大程度为国家挽回损失。

【相关规定】

《中华人民共和国刑法》第六十四条、第六十七条第一款、第六十九条第一款、第三百四十三条第一款、第三百八十九条第一款、第三百九十条

《中华人民共和国刑事诉讼法》第二百四十五条

《中华人民共和国监察法》第四十五条

受贿行贿一起查　摘除民生领域"毒瘤"*
——以山东薛某某行贿、串通投标案为切入点

孙祎晨　陈静源**

一、基本案情及诉讼过程

2014 年 8 月，山东省沂水县财政局对沂水县中小学信息化设备采购项目进行招标，被告人薛某某与四川虹某软件股份有限公司（以下简称"虹某公司"）投标负责人刘某某，伙同沂水县财政局原副局长丁某某，通过协调评审专家修改分数、与其他投标公司围标等方式串通投标，后虹某公司中标该项目，中标金额 9000 余万元，严重损害国家及其他投标人利益。同年年底，被告人薛某某为感谢丁某某在该项目招投标过程中提供的帮助，给予丁某某人民币 15 万元。2020 年 5 月，沂水县公安局、县监察委员会分别将薛某某等人串通投标案、薛某某行贿案移送沂水县检察院审查起诉。同年 9 月，沂水县法院以薛某某犯串通投标罪，判处有期徒刑 2 年，并处罚金人民币 20 万元；以犯行贿罪，判处有期徒刑 6 个月，并处罚金人民币 10 万元，决定执行有期徒刑 2 年 3 个月，并处罚金人民币 30 万元。

二、该案审查要点

该案的审查重点在于，如何厘清一罪与数罪，准确把握行贿罪与其他犯罪之间的关系。该案中，检察机关本着受贿行贿一起查的原则，精准推进审查工作。

（一）行贿与受贿：对向同源，查证困难

行贿与受贿属于典型的对向犯，即由二行为人的相互行为构成的一类犯罪。该类犯罪具有行为双方互为对象、行为目标相互对立的特点。根据中央精神，受贿行贿一起查是指在两种行为都构成犯罪、形成"彼此俱罪的对合关系"的前提下，从两头同时进行彻底查处，避免出现受贿者入狱、行贿者放纵在外的情况。目前，贿赂犯罪的办理中还存在诸多难题。

---

* 原载《人民检察》2022 年第 16 期。

** 孙祎晨，山东省沂水县人民检察院第二检察部检察官助理；陈静源，山东省临沂市人民检察院法律政策研究室检察官助理。

一是手段较隐蔽，调查取证难。随着社会生活水平的提高，行贿犯罪手段层出不穷，不断翻新。以庆祝、捐赠、抽奖、婚丧节日等名目给予大额财物；以投资、收益性活动拉长行贿时间线；以借用、免费使用、曲线行贿增加贿赂行为迷惑度，均使得打击贿赂犯罪难度增加。二是口供依赖强，证据固定难。贿赂犯罪当事人的对合性和隐蔽性决定了大部分证据为双方供述，且行为人具有较强的警惕性和反调查能力，加上经济往来凭证、交易过程信息等客观证据常被销毁，导致调查取证的难度加大。三是案源渠道窄，线索获取难。实践中，贿赂犯罪主要依靠举报这一渠道获取线索，但一般情形下，群众即使知悉犯罪情况，基于传统思维束缚及担心被报复，能直面反腐败斗争的少之又少，尤其在县城、农村等地区，受区域保护、社会关系掣肘等情形制约，贿赂犯罪线索的获取存在很大困难。四是行贿者"免罚"思想转变难。行贿行为是利益输送的源头，一个行贿人往往会广撒网地腐蚀多个干部。在党中央关于受贿行贿一起查的重要部署作出前，很多地方存在重受贿轻行贿问题，行贿犯罪较少被关注，行贿人的犯罪成本低且获利大，留下了再犯隐患。

（二）行贿与串通投标：精准把握，认定数罪

首先，关于行贿罪相关事实的认定。根据 2012 年最高人民法院、最高人民检察院《关于办理行贿刑事案件具体应用法律若干问题的解释》第 12 条，行贿行为获取的不正当利益可以分为三类：一是谋取的利益违反法律、法规、规章、政策规定；二是要求国家工作人员违反法律、法规、规章、政策、行业规范的规定，为自己提供帮助或者方便条件；三是违背公平、公正原则，在经济、组织人事管理等活动中，谋取竞争优势。该案薛某某行贿获取的不正当利益属于第三类，即薛某某为使虹某公司顺利中标，以向受贿对象丁某某支付 15 万元现金的方式进行串通，让丁某某事前知会专家评委，并在评审已经结束的情况下强令专家更改分数，整个过程违背了招投标活动公平竞争原则。关于成立单位行贿罪还是行贿罪，该案中薛某某行贿后获得了虹某公司支付的报酬，即本人获得了不正当利益，属于"因行贿取得的违法所得归个人所有的"情形，且并无证据证明虹某公司指使或知悉薛某某行贿，因此薛某某的行为构成行贿罪。

其次，关于串通投标罪中投标人的认定。刑法未对投标人范围作出规定，但根据刑法一般理论，应包括单位犯罪和自然人犯罪。根据招标投标法规定，投标人是响应招标、参加投标竞争的法人或其他组织。办案人员在对投标人的认定中纳入"参与性"这一实质标准，即投标人应解释为主管、负责、参与招投标事项的人，如招标单位、招标项目负责人、招标人的代理机构、评审委员会成员、招投标活动中的工作人员、投标单位及其代理人、参加投标的有关人员等。该案中，薛某某为达到中标目的，通过协调评审专家修改分数、与其他投标公司围标等方式串通投标，严重损害国家及其他投标人利益，因而可以认定其行为构成串通投标罪。

最后，数罪之认定。案发时丁某某任县财政局党组成员、副局长、国有资产管理中心主任，系本次招投标活动负责人。根据 2012 年最高人民法院、最高人民检察院《关于办理渎职刑事案件适用法律若干问题的解释（一）》第 3 条，国家机关工作人员实施渎职犯罪并收受贿赂，同时构成受贿罪的，除刑法另有规定外，以渎职犯罪和受贿罪数罪并罚。

丁某某系国家工作人员，在负责招标项目期间与薛某某串通，刻意提高虹某公司分数，成功帮助该公司中标后又收受了财物，符合受贿罪和滥用职权罪的构成要件。薛某某为谋取中标利益，先后实施了串通投标、行贿两个行为，分别侵害不同法益，且行贿和串通投标行为在构成要件上没有包含性，根据《关于办理行贿刑事案件具体应用法律若干问题的解释》第6条，行贿人谋取不正当利益的行为构成犯罪的，应当与行贿罪实行数罪并罚。因此，薛某某构成串通投标罪、行贿罪，应数罪并罚。

三、典型意义：全力推进受贿行贿一起查

办案中，检察机关应准确把握案件处理方式，规范办案程序，注重从源头遏制贿赂犯罪。

（一）监检协作，形成"倍加"效应

监察机关办理的重大、疑难、复杂职务犯罪案件，可以商请检察机关提前介入。该案中，监察机关就薛某某涉嫌行贿罪立案调查征求检察机关意见时，检察机关提出，薛某某行贿数额虽然不大，但涉及教育系统信息化建设这一重点民生项目，破坏了招投标领域公平竞争环境，属于行贿犯罪打击重点。监察机关和检察机关加强协作，在取证方向、证据标准上充分沟通，对行贿犯罪立案调查的同时，将串通投标线索移送公安机关同步立案侦查。监检协作，对全面调查职务犯罪，延伸挖掘其他犯罪行为，顺利开展审查起诉等工作起到重要作用。

（二）创新联动，压缩行贿空间

受贿行贿一起查，侧重点在于需加大对行贿犯罪惩治力度，追缴非法获利，最大程度为国家挽回损失。创新建立常态化制度机制，促进对贿赂犯罪共同治理，如试点探索行贿人黑名单制度。对查办案件中涉及的行贿人，若行为尚未达到犯罪程度或虽达犯罪程度但无需追究刑事责任的，可按照相关规定作出行政处罚和资格资质限制等处理，并根据行贿人的主体身份和行贿行为所涉领域等，及时向相关单位通报；行贿人系市场主体的，应向市场监督管理、发展和改革委员会、住房和城乡建设、金融监管等部门通报，依法依规惩治行贿行为。也可借鉴有些地方探索实行的廉政合同制度，即要求政府项目中的中标企业在签订经济合同时，同时签署廉政合同，根据项目标的数额，缴纳一定数额的廉洁保证金，并约定一旦发现行贿行为，行贿方需承担违约责任，进而提高行贿成本，加固社会防线。

（三）重点整治，优化营商环境

打击行贿行为需要突出重点领域、紧盯重点对象，具体分析、宽严相济，注重综合效果。民生、安全等领域的行贿行为危害性更大，应属打击重点领域；综合考虑行贿金额、次数及犯罪情节，长期行贿、多次行贿、巨额行贿、给国家和人民利益造成重大损失的行贿犯罪也应列入打击重点。对于涉嫌犯罪的民营企业，尤其是中小微企业，检察机关既应依法惩治行贿行为，又要注重开展涉案企业合规整改，充分保障涉案人员和企业合法权益，为企业发展创造条件，达到办好一案、治理一片的效果。

单位犯罪与自然人犯罪的界分[*]

——以浙江贵某贵金属有限公司、李某某单位行贿案为切入点

金耀华 胡 强^{**}

2021 年 9 月，中央纪委国家监委与中央组织部、中央统战部、中央政法委、最高人民法院、最高人民检察院等联合印发《关于进一步推进受贿行贿一起查的意见》，持续加大对行贿行为的查处力度。为贯彻落实党中央决策部署，指导监察机关、检察机关在办理行贿案件中准确适用法律、把握政策，推动实现对腐败问题的标本兼治，2022 年 4 月，国家监察委员会、最高人民检察院首次联合发布 5 起行贿犯罪典型案例。

一、基本案情及诉讼过程

2015 年至 2018 年，时任浙江省台州市环保局工作人员林某某、仙居县环保局工作人员王某某等有关国家工作人员接受浙江贵某贵金属有限公司（以下简称"贵某公司"）法定代表人李某某请托，为贵某公司在办理《危险废物经营许可证》、生产经营、逃避环保执法检查等方面提供帮助。2015 年底，李某某给予林某某一件黄金制品，价值 37940 元。2018 年，李某某以人民币 40 万元价格购买一辆汽车送给王某某；贵某公司将非法提炼金属铑所得的一半利润送给王某某，王某某先后收受人民币 635 万元，后将其中 545 万元出借给李某某用于资金周转。至案发，该 545 万元仍在李某某处。

2020 年 10 月，浙江省仙居县检察院以被告单位贵某公司、被告人李某某等人犯污染环境罪向浙江省仙居县法院提起公诉。2021 年 3 月，仙居县监察委员会以李某某涉嫌行贿犯罪立案调查，同年 9 月，以贵某公司涉嫌单位行贿犯罪立案调查。之后，仙居县监察委员会以贵某公司、李某某涉嫌单位行贿罪向检察机关移送审查起诉。同年 10 月，仙居县法院作出一审判决，被告单位贵某公司犯污染环境罪，判处罚金人民币 15 万元，犯单位行贿罪，判处罚金人民币 80 万元，数罪并罚决定执行罚金人民币 95 万元；被告人李某某犯污染环境罪，判处有期徒刑 1 年 2 个月，并处罚金人民币 10 万元，犯单位行贿罪，判处有期徒刑 2 年，并处罚金人民币 30 万元，数罪并罚决定执行有期徒刑 2 年 10 个月，并处罚金人民币 40 万元；对被告单位贵某公司的违法所得 1850 万元，向被告单位贵某公司、被告人李某某予以追缴，上缴国库。一审判决后，贵某公司、李某某未上诉，判决已生效。

---

* 原载《人民检察》2022 年第 16 期。

** 金耀华，浙江省仙居县人民检察院检察长；胡强，浙江省仙居县人民检察院第二检察部副主任。

二、该案审查要点

该案的争议焦点是：在具体行贿行为未经股东会讨论同意，且公司并未因行贿行为直接赚取资金的情况下，可否认定李某某以单位名义行贿的行为体现了公司集体意志，构成单位行贿罪？实践中主要有两种意见：

第一种意见认为：李某某虽系公司法定代表人，但涉案企业贵某公司并非李某某个人所有，该公司存在其他股东，在具体行贿前，各股东没有商议，公司也没有获取到非法资金，李某某私自行贿的行为并不能体现公司集体意志，其行为应构成行贿罪而非单位行贿罪。第二种意见认为：李某某作为公司法定代表人，行贿出发点是为公司谋取不正当利益，使公司在办理危险废物经营许可证、生产经营、逃避环保执法检查等方面得到非法帮助。且李某某的行贿资金绝大多数来源于公司经营所得，最终受益对象系单位，该行为认定为单位行贿罪更符合案件事实，更能体现罪责刑相适应原则。

检察机关认同第二种意见。单位和自然人是我国刑法中规定的两种不同性质的犯罪主体，与自然人犯罪不同，单位犯罪的认定一直存在较大争议。《刑法》第 30 条规定："公司、企业、事业单位、机关、团体实施的危害社会的行为，法律规定为单位犯罪的，应当负刑事责任。"1999 年 6 月，最高人民法院《关于审理单位犯罪案件具体应用法律有关问题的解释》中明确规定了刑法第 30 条提到的"公司、企业、事业单位"的范围，并以列举的方式，说明三类不属于单位犯罪的行为。2001 年 1 月，最高人民法院《全国法院审理金融犯罪案件工作座谈会纪要》规定，以单位名义实施犯罪，违法所得归单位所有的，是单位犯罪。

据此，司法实践中一般以是否以单位名义实施、能否体现单位意志、非法利益是否归属单位作为认定单位犯罪的标准，并以之与自然人犯罪相区别。该案对于厘清单位犯罪和自然人犯罪的界限具有重要意义。

（一）单位意志的综合认定

单位意志并非凭空形成，而是通过一定形式（如会议、投票等程序）将自然人意志汇集而形成。李某某虽然作为贵某公司法定代表人、董事长，但领导职位并不等同于单位本身。法定代表人或董事长的意志并不天然代表单位意志，否则容易导致主体混同，从而形成仅以职务、职位判断单位意志的错误认识。办案人员需要从单位的业务范围、议事程序、文化氛围、习惯做法等特征进行综合认定。具体到该案：

1. 李某某在公司成立过程中的作用。贵某公司由李某某于 2013 年创办成立，创立之初由李某某与其妻子徐某某各出资 1000 万元，各占 50% 的股份，但实际由李某某掌控。2016 年左右，李某某为扩大融资并追求上市，选择增加股东，但李某某家庭仍占 81.5% 的股份。因此，贵某公司实质上受到李某某控制，李某某能够决定公司的经营内容及方向。

2. 李某某在公司运营中的作用。李某某是法定代表人，任董事长、总经理，负责贵某公司所有工作。化验室由其儿子负责，会计、出纳、文书等均由李某某安排决定。经李某某个人供述及询问相关股东，公司其他股东不参与公司日常管理和重大决策，仅享受分红。在对外经营时，客户也将李某某作为公司的代表，李某某个人与其公司几乎划等号。

3. 公司议事程序及氛围。贵某公司并无现代企业管理制度，也没有规范议事程序，各事项均由李某某个人决定。各股东投资入股仅是为了能在公司上市后可以分到原始股，长期以来，其他股东均认为只要能够赚取经济利益，便认可李某某所作的一切决定，并没有提出任何一项异议，公司内部也以能否盈利作为决策的唯一标准。

因此，从李某某在公司的作用以及公司议事程序看，李某某作为决策者，其行为能够代表公司意志，符合该公司运营的实际和一般人的正常认知。这种情况下，自然不能以"盗用单位名义实施犯罪"否认单位犯罪的成立。

（二）对不正当利益归属的实质审查

为单位谋取不正当利益是单位意志的具体体现，是甄别自然人犯罪与单位犯罪的重要标准，行为人的犯罪行为如果是为了个人利益，就排除了单位意志和单位行为的可能性。而"不正当利益"表现形式和"为单位"的主观目的是案件审查中的重点。

1. 准确界定不正当利益。1988 年全国人民代表大会常务委员会《关于惩治贪污罪贿赂罪的补充规定》（已失效）第一次通过立法形式明确了"谋取不正当利益"为行贿罪的犯罪构成要件，随后"不正当利益"内涵发生多次变化。直至 2012 年最高人民法院、最高人民检察院《关于办理行贿刑事案件具体应用法律若干问题的解释》第 12 条对"不正当利益"作了较为全面的规定，即行贿人谋取的利益违反法律、法规、规章、政策规定，或者要求国家工作人员违反法律、法规、规章、政策、行业规范的规定，为自己提供帮助或者方便条件，或者违背公平、公正原则，在经济、组织人事管理等活动中，谋取竞争优势。当前，行贿犯罪手段复杂多变，谋取的不正当利益不只有经济利益。在审查认定不正当利益时，既应立足利益本身的不正当，也应放眼谋取利益程序的不正当，不能限缩地将利益等同于金钱本身。具体到该案，李某某为使贵某公司在办理《危险废物经营许可证》、生产经营、逃避环保执法检查等方面得到照顾，向公职人员行贿。贵某公司得到公职人员违反规定给予的帮助，也应当认定为不正当利益。

2. 着眼主观目的的客观体现。单位犯罪在量刑上往往轻于自然人犯罪，因此在讯问中，常见被告人辩称自己的行为是为单位。对主观目的的认定并非只能依据被告人供述，还需要结合客观行为进行判断。如涉案企业追求的利益能否与行贿人谋取的不正当利益匹配，谋取的帮助是否为自然人从事其他行业提供便利等。在提前介入阶段，检察机关引导调查，通过进一步询问涉案公司相关工作人员，证实了贵某公司系经营重金属提炼等业务，确需以上帮助行为；行贿对象所在的相关职能部门负有对该公司的监管职责；涉案公司利润较好，李某某未从事其他行业；涉案行贿资金虽未通过公司账户，但由财务人员转交李某某，符合公司资金支取习惯，印证了李某某供述的合理性、真实性。因此，李某某谋取的办理危险废物经营许可证、逃避环保执法检查等事项确为公司所需，个人并未获取不正当利益，依法可以认定李某某是为涉案公司谋取不正当利益而行贿。

（三）基于办案效果的审视

该案中李某某行贿数额为 600 余万元，若认定为行贿罪，则应判处 10 年以上有期徒刑或者无期徒刑，并处罚金或者没收财产。而受贿的公职人员均被判处 10 年以下有期徒刑，导致对合犯罪之间量刑不均衡，给认罪认罚工作带来阻力。同时，由于扣押款项均为涉案公司所有，李某某名下个人资金较少，也将导致罚金刑执行落空，不利于涉案公司后续规范经营，更遑论公益修复工作的有效开展。检察机关综合全案证据及考虑办案效果，在提前介入阶段，坚持配合与制约的良性监检关系，将联合会商、出具书面意见等多种反馈方式相结合，通过充分沟通，与监察机关达成一致意见，有效将认识分歧解决在前，为社会综合治理打好基础。最终，经检察机关释法说理，使得涉案公司和李某某自愿认罪认罚，并自愿以被扣押物品抵扣违法所得。

三、典型意义：做好案件"后半篇文章"

第一，深化配合制约，推进受贿行贿一起查。该案办理过程中，监察机关、检察机关深刻把握行贿问题的政治危害，贯彻落实 2021 年中央纪委国家监委与中央组织部、中央统战部、中央政法委、最高人民法院、最高人民检察院联合印发的《关于进一步推进受贿行贿一起查的意见》，充分运用会商机制，就案件定性及处置达成共识，检察机关向监察机关书面反馈提前介入审查意见，监察机关依法对贵某公司进行补充立案调查，确保程序合法，保障被调查单位的权利义务。调查终结后，监察机关以贵某公司、李某某涉嫌单位行贿罪移送审查起诉。通过监检合作，充分会商，加大重点领域行贿受贿犯罪打击力度，斩断腐败问题利益链，破除权钱交易网，彰显对行贿犯罪零容忍的坚定决心，在全社会倡导廉洁守法理念，构建亲清政商关系。

第二，强化融合监督，持续推动生态修复。对行贿人因行贿获得的不正当利益，最大限度追缴，遏制行贿犯罪的利益驱动。针对与行贿犯罪有关联的环境污染损害行为，浙江省各级检察机关应充分贯彻 2021 年 6 月党中央印发的《中共中央关于加强新时代检察机关法律监督工作的意见》、2019 年浙江省委办公厅印发的《进一步加强检察机关法律监督工作的若干意见》，充分发挥职务犯罪检察、公益诉讼检察合力，积极开展融合监督，就贵某公司污染环境导致的生态损害及时跟进公益诉讼工作。经制发行政公益诉讼诉前检察建议，推动环保部门与贵某公司开展磋商并签订《浙江贵某贵金属有限公司环境污染案生态环境损害赔偿鉴定评估框架协议》。检察机关积极督促贵某公司承担损害赔偿责任，促成该公司预缴生态修复金 200 万元，并持续跟进监督，推动开展生态损害修复，达到本地环保部门规范管理和生态环境修复"双推动"的办案效果，实现办理行贿犯罪案件政治效果、社会效果和法律效果的有机统一。

第三，深入调查研究，做好案件"后半篇文章"。该案办结后，检察机关以近 3 年县域企业及企业经营者犯罪案件为样本，通过数据分析以及实地走访，了解涉环保领域企业运行模式，挖掘企业及企业经营者犯罪动机、特点等，多方面分析原因，并从检察履职角度出发，形成"企业刑事犯罪预防"课件及"仙检匠"企业版法律宣传手册等材料，将该案作为警示教育案例纳入法治宣讲课，作为片区检察官下沉基层服务企业的重要内容之一，助推企业依法合规经营，高质量发展。

强化监检协作 突破"零口供"案*

——以江西王某某行贿案为切入点

刘建平 敖国辉**

一、基本案情及诉讼过程

2007 年 8 月,为使河北丰宁金某钼业有限公司(以下简称"金某公司")能被江西稀有金属某某集团公司(以下简称"江某公司")高价收购,被告人王某某(金某公司法定代表人)向江某公司总经理钟某某请托,并承诺给予好处费。后钟某某违规决定江某公司以 2.6 亿元的高价收购金某公司 50% 的股份。王某某为感谢钟某某,安排妻子闫某某向钟某某指定的妻弟罗某的银行账户转账 500 万元。经鉴定,王某某通过行贿非法获利共计 2.15 亿元。2021 年 2 月,江西省金溪县监察委员会将案件移送金溪县检察院审查起诉。同年 3 月,金溪县检察院以王某某涉嫌行贿罪向金溪县法院提起公诉。法院以王某某犯行贿罪,判处有期徒刑 10 年 6 个月,追缴王某某违法所得 2.15 亿元,返还被害单位江某公司。

二、该案审查要点

实践中,为逃避法律追究,行贿受贿双方拒不供认犯罪事实的情况多有发生,一旦行贿人拒不供认或者作无罪辩解,案件可能陷入证据不足的困境。对于"零口供"行贿案件,如何全面调查收集证据、审查运用证据,将案件办成经得起历史检验的"铁案",是办案机关必须面对和解决的现实问题。

在办理王某某行贿案过程中,监察机关、检察机关始终坚持严把证据标准,综合运用证据规则,紧扣行贿犯罪权钱交易的本质特征,多角度构建完整严密的证据证明体系,确保王某某涉嫌行贿钟某某 500 万元的犯罪事实达到"事实清楚,证据确实充分"的证明标准。重点围绕以下几方面来收集、审查判断证据。

(一)受贿人利用职务便利为行贿人谋取不正当利益

该案办理过程中,监察机关收集、固定了江某公司收购金某公司股权转让协议、会议

---

* 原载《人民检察》2022 年第 16 期。

** 刘建平,江西省人民检察院第三检察部主任;敖国辉,江西省人民检察院第三检察部检察官。

记录、与决策收购有关的证人证言等证据，证实钟某某违规决策，致使江某公司以 2.6 亿元的高价收购金某公司 50% 的股份的事实。检察机关经审查认为，监察机关收集、固定上述证据的程序合法，内容客观真实，证据之间能够相互印证，足以证明钟某某利用职务上的便利为行贿人王某某谋取了不正当利益。

（二）行贿人为谋取不正当利益给予受贿人财物

由于王某某拒不供认行贿犯罪事实，证明王某某行贿钟某某 500 万元事实的直接证据只有钟某某的有罪供述因此，钟某某的有罪供述能否与该案其他证据相互印证形成完整的证据链，成为证据审查的焦点。检察机关以监察机关收集、固定的书证、鉴定意见等客观证据为审查支撑点，围绕钟某某的有罪供述深入开展证据审查工作：

第一，审查确认钟某某的有罪供述具有客观真实性。经审查，钟某某收受王某某 500 万元贿赂的有罪供述属于"先供后证"，钟某某的有罪供述系其主动向监察机关供述，之后还自行书写了交待材料。监察机关根据钟某某的有罪供述，收集、固定了其妻弟罗某、妻子罗某某的证言，提取了罗某代收代管 500 万元贿赂款的书证。之后，根据罗某的证言及其银行账户流水，收集、固定王某某妻子闫某某的证言，以及王某某指使其向罗某银行账户转账的书证。上述证据链条清晰完整、内容环环相扣，在监察调查、审查起诉和审判阶段，钟某某的有罪供述稳定，钟某某受贿案生效判决书对该有罪供述予以采信，证明钟某某收受王某某 500 万元行贿款的有罪供述客观真实。

第二，审查确认钟某某的有罪供述能够与其他在案证据相互印证。监察机关依法全面收集、固定了该案关键证人的证言，经审查，罗某的证言证明其依钟某某指使，用自己的银行账户接受闫某某汇款 500 万元的事实，该事实与罗某的银行账户流水等书证相互印证。罗某的证言还证明其依钟某某指使，用 98 万元受贿款帮助钟某某购买股票的事实，该事实与股票投资相关书证、钟某某妻子罗某某的证言相互印证。闫某某的证言证明了 500 万元行贿款的来源以及根据王某某指使向罗某银行账户转账的过程，该事实与企业账目、闫某某转账的银行流水等书证相互印证。上述关键证人的证言证明了 500 万元行贿款的来源、去向，均与其他在案书证等客观证据相互印证，且能够与钟某某的有罪供述相互印证，足以说明行贿受贿双方已实际发生贿赂犯罪行为。

（三）行贿人王某某的无罪辩解不成立

该案中，王某某辩解称其打给罗某账户的 500 万元系与罗某共同经营钼铁项目的出资款，并向监察机关提供了合作协议、收条等书证。在调查阶段，监察机关通过讯问罗某来核实上述书证的真实性，罗某证实上述书证均为王某某事后为掩盖行贿事实而伪造的。经笔迹鉴定，证实合作协议、收条上的罗某签名均不是其真实笔迹，印证了罗某证言的客观真实性。经审查，监察机关收集上述证据的程序合法，内容客观真实，能够相互印证，王某某的无罪辩解不能成立。

综上所述，王某某行贿案虽然是"零口供"案件，但在案证人证言及企业账目、银行流水、股票、生效判决等书证，足以形成完整证据链条，达到证据确实充分的证明标准，证实了王某某为谋取不正当利益向钟某某行贿 500 万元的事实。

三、典型意义：最大限度挽回国家损失

监察机关、检察机关办理行贿受贿案件时应积极履行追赃挽损职责，依法惩治发生在国企领域的贿赂犯罪，斩断内外勾结侵吞国有资产的"黑手"，切实维护国有企业合法权益。在办理王某某行贿案过程中，监察机关、检察机关主要从以下几个方面开展追赃挽损工作。

（一）加强沟通协调，凝聚依法查处共识

王某某行贿案是江西省监察委员会在查办钟某某受贿案过程中发现的，监察机关认为王某某涉嫌行贿的犯罪数额巨大、性质恶劣、后果严重，必须严肃查处。2020年10月，应江西省监察委员会商请，江西省检察院派员提前介入钟某某受贿一案，经监检研商，一致认为王某某为谋取不正当利益向钟某某行贿500万元，情节特别严重，给国家利益造成特别重大损失，其行为涉嫌行贿犯罪，应依法追究其刑事责任。

办案过程，监察机关与检察机关加强案情研判，合力解决案件中的重点难点问题。鉴于王某某归案后一直未交待其行贿犯罪事实，监察机关、检察机关协商后认为，应重点从钟某某受贿案入手突破。在提前介入阶段，监检协作，进一步分析钟某某受贿案案情，从谋取不正当利益、证人证言和客观证据能否相互印证等方面明确了补充完善证据的意见。监察机关全面收集、调取完善证据，把须补充的证据全部取证到位，为办理王某某行贿案创造了有利条件。

为确保该案实现最佳办理效果，监察机关与检察机关相互配合，注重工作统筹，以系统思维稳步推进案件办理。一方面，江西省监察委员会召集案件统筹会，明确按照先易后难、先主案后关联案件的方式，协调案件证据收集、调取工作。另一方面，省监察委员会与省检察院共同做好对下指导，全程跟踪该案办理进度，及时衔接沟通案件重要情况，做好预案，增强工作指导的针对性和实效性。

（二）依法认定行贿犯罪所得的不正当利益数额

准确认定行贿犯罪所得的不正当利益数额，是精准适用相关法律，依法开展追赃挽损工作的前提。该案中，监察机关、检察机关围绕金某公司被收购时的实际价值，全面收集、固定和审查客观性证据，根据江某公司收购金某公司的价格减去收购时金某公司总资产价值、涉案钼矿采矿权评估价值，计算出王某某通过行贿获取的违法所得数额为2.15亿元，从而依法准确认定行贿犯罪所得的不正当利益数额。

（三）依法查封、扣押、冻结行贿人涉案资产，实现应追尽追

该案中，王某某通过行贿获取巨额违法所得后，大部分资金已经被使用及购买汽车、房产等动产、不动产。在监察机关主导协调下，检察机关配合成立追赃小组，先后奔赴河北、北京、辽宁等地，依法扣押查封涉案汽车、房产、股权、现金等合计价值7000万余元，最大程度挽回涉案国有企业江某公司的经济损失。

坚持能动履职　着力提升行贿犯罪查办效果*

——以河南高某某行贿案为切入点

籍慧敏　王　猛**

一、基本案情及诉讼过程

被告人高某某为河南双某药业有限公司业务员，负责河南南阳、平顶山地区"大输液"销售业务。2013 年 10 月至 2019 年 4 月，高某某通过河南省南阳市济某医药有限公司（以下简称"济某公司"）向南阳市方城县某某医院配送其任职公司生产的"大输液"产品。高某某为长期在该医院销售该产品并增加销量，谋取不正当竞争优势，按时任该医院院长化某要求，以交付利润的方式向化某行贿，先后 43 次给予化某共计 615.9 万元；为得到时任该医院药品科科长张某某的帮助，先后 13 次给予张某某人民币共计 6 万元。2019 年 7 月，河南省南召县监察委员会对高某某涉嫌严重违法问题立案调查，同年 8 月，以高某某涉嫌行贿罪移送南召县检察院审查起诉，同年 10 月，南召县检察院以高某某涉嫌行贿罪向南召县法院提起公诉。法院以行贿罪判处高某某有期徒刑 5 年，并处罚金人民币 20 万元。

二、该案办理要点

在该案办理过程中，监察机关与检察机关始终坚持效果导向，立足调查及审查起诉职能，在统一办案理念、严格把握证据标准，准确适用宽严相济刑事政策等方面形成工作合力，以实现办案政治效果、社会效果及法律效果有机统一。

（一）强化会商研究，统一办案共识

监察机关和检察机关注重加强会商研究，建立健全协作机制，准确把握行贿犯罪的查处重点。在全面分析研判的基础上形成以下意见：一是该案系医疗药品这一民生领域的巨额行贿、多次行贿案件，侵害群众切身利益，严重影响人民群众的获得感幸福感安全感，必须予以重点查处。二是行贿人高某某对国家工作人员竭力腐蚀、精准"围猎"，垄断药

---

*　原载《人民检察》2022 年第 16 期。

**　籍慧敏，河南省人民检察院三级高级检察官；王猛，河南省唐河县人民检察院检察长。

品供应，严重破坏公平竞争的市场秩序，败坏社会风气，必须体现从严打击导向。三是在办理行贿犯罪案件时，应注重查明行贿人获取的不正当利益情况，尽力追缴非法获利，在此基础上，综合运用财产刑手段，推动实现腐败问题标本兼治，最大化提升办案效果。

（二）做好提前介入，严把证明标准

审查调查和审查起诉工作均要达到"事实清楚，证据确实充分"的证明标准。在提前介入阶段，检察官认真阅卷后认为，该案行贿人多次行贿，时间跨度长，行贿受贿双方供述较为模糊，建议继续补强证据，得到监察机关采纳。在监检有力配合下，该案从以下四个方面完善了证据体系：一是补充调取了高某某通过济某公司向医院配送"大输液"产品的品种、数量清单、结算凭证，以及高某某在济某公司 56 次领款共计 2929.8 万元的有关证据，充分证明高某某在每次医院结算产品款后向化某行贿的时间、金额等。二是就行贿事实继续讯问被调查人，获取了稳定供述。三是通过补强证人证言、调取客观证据，进一步印证行贿受贿双方言词证据真实性。四是查明关键量刑情节。检察机关引导监察机关不仅注重收集对行贿人不利的证据，还注重收集对行贿人有利的证据。检察机关审查发现，该案最初由公安机关以涉嫌对非国家工作人员行贿罪立案侦查，随着侦查进一步深入，发现该罪名不能成立，其间高某某又供述了其向化某、张某某行贿的事实，之后公安机关将该案移送监察机关管辖。经过监检沟通，检察机关认定高某某的行为构成自首，依法保障被告人合法权益。

（三）准确适用宽严相济刑事政策

在办理行贿犯罪案件中，应注重宽与严的有机统一。检察机关应严格把握宽严两个维度，依法准确提出量刑建议，切实做到罚当其罪。经审查，该案行贿数额达 621.9 万元，属于行贿罪"情节特别严重"情形，依法应当判处 10 年以上有期徒刑或无期徒刑。同时，该案也存在以下从宽情节，应予以充分考虑：一是高某某系自首，依法可以从轻或减轻处罚。二是高某某在被监察机关立案前主动交待行贿事实，且其主动交待的行贿事实，对化某受贿案的证据收集有重要作用，化某被依法判处有期徒刑 10 年 6 个月，并处罚金 80 万元。依据《刑法》第 390 条第 2 款以及 2016 年最高人民法院、最高人民检察院《关于办理贪污贿赂刑事案件适用法律若干问题的解释》第 14 条，对高某某依法可以从轻、减轻或免除处罚。三是高某某在审查调查及审查起诉阶段均认罪认罚，依法可以从宽处理。

在审查起诉期间，检察机关根据高某某的行贿数额、次数、犯罪后果等，初步确定基准刑为 122 个月，综合该案法定及酌定量刑情节，在原法定刑以下提出判处 5 年至 6 年有期徒刑、并处罚金 20 万元至 30 万元的量刑建议。在充分开展量刑协商的基础上，高某某明确表示认罪认罚，在律师见证下签署了认罪认罚具结书。在审判环节，高某某依然选择适用认罪认罚从宽制度，取得了良好的办案效果。

三、典型意义：能动履职促进提升行贿犯罪案件查办效果

高某某行贿案的成功办理，是监察机关与检察机关提高政治站位、能动履职、凝聚共识，在加强配合制约、深化融合监督的基础上形成的结果。

（一）提高政治站位，依法严惩重点领域行贿犯罪

坚持受贿行贿一起查，是党的十九大作出的重要决策部署，检察机关应紧紧围绕党中央决策部署，坚持一切检察工作从政治上看，积极协同监察机关在保持惩治受贿犯罪高压态势的同时，依法严惩重点领域行贿犯罪，具体到该案，考虑到行贿人多次行贿、巨额行贿，对当地政治生态、营商环境和市场规则等造成严重破坏，如果不予严肃查处，将会形成"劣币驱逐良币"的负面效应。此外，该案系医疗药品等民生领域行贿犯罪，加大查办力度有利于推动解决相关行业顽瘴痼疾，为查办相关领域行贿犯罪提供法治样本。

（二）坚持司法为民，全面落实以人民为中心的发展思想

检察机关必须把维护好人民群众的利益贯穿于司法办案全过程，通过司法办案促进发展、保障民生，努力让人民群众在每一个司法案件中感受到公平正义。高某某长期、多次围猎医疗药品领域国家工作人员，通过行贿方式获取行业竞争优势，排挤其他合法经营的医药企业，加重患者就医负担，损害群众切身利益，影响恶劣，危害严重。检察机关全面落实以人民为中心的发展思想，推动高某某行贿案及化某受贿案查办，有力地回应了人民群众的法治期待，实现了重遏制、强高压、长震慑的良好效果。

（三）强化监检衔接，提升职务犯罪办案质效

在行贿犯罪案件查处过程中，规范、高效的监检衔接尤为重要。具体到该案，监检之间坚持互相配合、互相制约，重点在以下三个方面形成共识：一是办案理念。在提前介入阶段，双方就案件的具体情节、查办背景、社会舆论关注焦点等进行充分协商和全面预判，一致达成应当重点予以查处的办案共识。二是证据标准。检察机关立足于指控犯罪需要，提出了近20条补证建议，并逐项向监察机关反馈，沟通清楚补证目的和具体要求，得到监察机关的充分采纳，有力确保办案质量。三是客观公正。司法公正包括实体公正与程序公正，是实体公正与程序公正的辩证统一，在办理职务犯罪案件中，必须秉承客观公正立场，严格贯彻宽严相济刑事政策，充分保障案件当事人行使认罪认罚等权利，保证办案质量和效果。

（四）注重综合治理，切实加大财产刑运用和执行力度

在查办行贿犯罪案件时，应结合行贿犯罪逐利性特点，综合运用包括财产刑在内的刑罚手段，释放坚决查处行贿犯罪的强烈信号，充分彰显对贿赂犯罪零容忍的坚定决心，推动腐败问题标本兼治。案件移送审查起诉后，检察机关重点考虑以下三方面因素：一是该案行贿金额巨大，必须充分运用财产刑手段提高行贿犯罪成本，实现刑罚一般预防与特殊预防的有机统一。二是该案行贿人将相关"经营利润"交给受贿人化某，个人收入主要来源于销售提成奖金，这是该案应充分考虑的特殊情况。三是受贿人化某已全额退赃，相关非法获利已追缴到案。综合以上三个方面的考虑，检察机关依法提出并处20万元至30万元罚金的建议，并积极督促高某某主动缴纳罚金，有力推动财产刑执行。

办理职务犯罪案件应秉持系统观念*

——以四川刘某富行贿、非法采矿案为切入点

赖权宏　朱　明**

一、基本案情及诉讼过程

(一) 关于行贿罪

2010 年至 2018 年，刘某东历任某某市市政建设工程有限公司（以下简称"市政公司"，系国有独资公司）副经理、经理、董事长兼总经理。2012 年，被告人刘某富经刘某东安排，进入市政公司担任施工班组长。2013 年至 2018 年，刘某东帮助刘某富承接了某某市多个道路建设重大项目。其间，刘某富多次直接或者通过他人给予刘某东人民币共计 265 万元。

(二) 关于非法采矿罪

2017 年 4 月至 5 月，被告人刘某富承揽某一期道路工程施工过程中，在没有采矿许可证的情况下，超越限定范围，非法采挖连砂石共计 25340 方。四川省国土资源厅依法认定刘某富非法采矿造成矿产资源破坏价值共计 96.292 万元。2018 年 4 月，被告人刘某富因涉嫌非法采矿罪，被四川省雅安市公安局采取监视居住强制措施。雅安市雨城区检察院在提前介入侦查过程中，发现刘某富涉嫌行贿、刘某东涉嫌受贿犯罪问题线索，经与公安机关沟通，将问题线索移送雅安市监察机关。同年 7 月，雅安市监察委员会以刘某富涉嫌行贿罪对其采取留置措施，之后向雅安市检察院移送起诉，雅安市检察院决定将案件交由雨城区检察院办理。同年 10 月，雅安市公安局雨城区分局以刘某富涉嫌非法采矿罪向雨城区检察院移送起诉。2019 年 2 月，雨城区检察院以刘某富涉嫌行贿罪、非法采矿罪提起公诉。同年 4 月，雨城区法院作出一审判决，以行贿罪判处刘某富有期徒刑 4 年，并处罚金 30 万元，以非法采矿罪判处有期徒刑 1 年 6 个月，并处罚金 5 万元，数罪并罚决定执行有期徒刑 5 年，并处罚金 35 万元。

二、该案办理要点

结合该案具体案情，检察机关与监察机关、公安机关系统统筹，强化协作，围绕以下要点有针对性地开展相关工作。

---

* 原载《人民检察》2022 年第 16 期。

** 赖权宏，四川省人民检察院第三检察部主任；朱明，四川省雅安市雨城区人民检察院第一检察部副主任。

（一）检察机关将在办案中发现的行贿受贿等职务犯罪问题线索，按照规定移送监察机关

检察机关在案件办理和履行法律监督职能过程中，发现行为人可能涉嫌监察机关管辖的职务犯罪罪名时，应依法严格落实线索移送、职能管辖等规定，依法向监察机关移送问题线索，或建议有关部门向监察机关移送线索，形成惩治腐败工作合力。对于在提前介入侦查工作中发现的行贿犯罪线索，应引导公安机关及时固定证据线索，共同做好线索移送工作。特别是在国家重要工作、重点工程、重大项目中的行贿犯罪，应建议依法严肃查处、精准推进受贿行贿一起查。雅安市检察机关在提前介入刘某富涉嫌非法采矿案过程中，通过审查证据材料、会商案件难点等方式，发现刘某富在没有建设工程资质的情况下，违规担任市政公司施工班组长，借用他人资质承接大量市政公司建设项目。同时，刘某富工程建设账目存在支出情况不清楚的问题，可能涉嫌职务违法犯罪行为，检察机关向公安机关提出及时将问题线索移交监察机关处理的建议，推动公安侦查和监察调查有效衔接。

（二）监察机关办理互涉案件承担主要调查职责的，统筹组织协调调查、侦查工作，形成反腐败合力

监察机关承担组织协调职责，统筹调查和侦查工作进度、协调调查留置措施和刑事强制措施的衔接适用、协商重要调查和侦查措施使用等重要事项。办理互涉案件的公安机关、检察机关，应主动及时向监察机关通报相关案件的办理情况，以便监察机关全面掌握互涉案件办理情况。相关办案单位注重形成合力，全面准确认定犯罪事实和涉嫌罪名，确保互涉案件在办案程序、事实认定和法律适用等方面统一均衡。在办理该案过程中，雅安市公安局于2018年7月将刘某富涉嫌行贿、刘某东涉嫌受贿问题线索移交雅安市监察委员会。市监察委员会立即分别成立行贿、受贿案件专案组并开展初步核实，组织检察、公安等相关单位召开案件会商联席会，梳理互涉案件交织点、取证共通点、办理难点，精准确定调查、侦查方向，统筹推进互涉案件证据收集、调取工作。在对刘某东受贿案立案后，雅安市监察委员会对公安机关已适用监视居住强制措施的刘某富采取留置措施，依法进行刑事强制措施和留置措施的有效衔接。监察机关在查办行贿、受贿案件的同时，也及时固定公安机关侦查的非法采矿犯罪相关证据线索，做到程序衔接流畅、配合高效。

（三）检察机关对监察机关、公安机关分别移送起诉的互涉案件，依职权并案处理

检察机关应加强与监察机关、公安机关的沟通，协调互涉案件的移送起诉进度，对于符合并案条件的，在分别受理审查起诉后及时并案处理，并统筹做好程序衔接。办理该案时，鉴于刘某富涉嫌行贿罪、非法采矿罪，由监察机关、公安机关分别查办，检察机关在提前介入过程中，及时了解掌握互涉案件办理情况，沟通协商移送起诉工作进度，确保互涉案件同步移送，程序衔接畅通。监察机关在移送审查起诉前，再次邀请检察机关、公安机关进行诉前会商，强化行贿、受贿犯罪的证据材料梳理，为做好职务犯罪案件调查管辖和其他关联案件属地管辖衔接配合，确定以非法采矿案属地管辖为主，将职务犯罪案件商请指定管辖并案处理。2018年10月，监察机关、公安机关先后向检察机关移送审查起诉，

检察机关在分别受理后，为确保互涉案件统一处理，决定并案审查起诉。案件审查过程中，为夯实证据基础，检察机关将案件同时退回补充调查、补充侦查各一次，统筹做好与监察机关、公安机关相关程序的衔接，并在重新受理移送起诉后，及时以行贿罪、非法采矿罪向法院提起公诉。

（四）多种方式查明行贿犯罪违法所得及有关不正当利益，依法追赃挽损

实践中可通过监察执法、刑事处罚、行政处罚等多种方式，最大程度追赃挽损。检察机关审查发现，刘某富通过行贿承接了该市 19 个重要交通道路工程，涉及该市重点打造的川西综合交通枢纽，获取了巨额利益，又在工程建设中通过非法采矿获取了更大的非法收益，应依法严惩。为依法追赃挽损，监察、检察机关开展了以下工作：一是检察机关要求公安机关补充鉴定，查明刘某富非法开采矿资源价值共计 96.292 万元。二是监察机关在受贿行贿一起调查中，查明刘某富通过虚增砂石用量等方式，在刘某东的帮助下，从市政公司处非法获利 1256 万余元。三是监察机关、检察机关、公安机关加大协作力度，促使刘某富主动退缴 859 万元。四是协调公安机关依法处理涉案的不正当利益，在法院判决追缴非法采矿违法所得 96.292 万元后，监察机关及时与公安机关沟通，提出刘某富退缴的 859 万元中除法院判决追缴的部分外均系不正当利益，书面建议公安机关依法予以处理。五是监察机关、检察机关在依法处理违法所得过程中发现，刘某富尚有部分不正当利益未退还。监察机关督促市政公司启动民事诉讼程序，经终审判决，责令刘某富退还市政公司超额支付的剩余款项 509.51 万元。

（五）坚持系统观念深挖犯罪线索，依法全面评价涉案行为

办案人员应全面评价关联案件事实证据，不可孤立、割裂看待事实、认定罪名，必须坚持系统观念，对案件统筹考虑综合分析。在该案办理过程中，对刘某富是否涉嫌诈骗罪、刘某东是否涉嫌国家工作人员渎职罪的问题，检察人员综合分析后认为，刘某富的行为应作为民事欺诈处理，不宜认定为诈骗犯罪：一是刘某富承揽多个工程项目并组织人力投入物力开展施工，在按进度申报工程价款过程中，通过虚增砂石用量、以自采砂石冒充购买砂石等方式超额获取工程款，该行为违反诚实信用原则，但尚不足以认定为"以非法占有为目的"的诈骗犯罪。此类不真实申报工程量情况在工程项目实践中有一定普遍性，一般作为民事欺诈处理。相应地，刘某富的非法获利属于违反民事法律的非法获利，而不是具有犯罪性质的非法获利。实际上，该案市政公司正是通过民事诉讼向刘某富索赔应退未退的 509 万余元以及相应利息，其民事诉讼请求得到了雅安市两级法院的裁判支持。二是刘某富承建的市政工程尚未完成竣工结算。通常而言，如果在前期施工结算中有超额支付工程款的情况，会在竣工结算时依法扣减。换言之，刘某富能够获得的工程款总额是一定的，其只是提前获取了部分工程款。因此，刘某富行为不宜认定为诈骗罪。另外，针对刘某东是否涉嫌国家工作人员渎职罪，检察机关经审查认为，刘某东的行为不符合国家工作人员渎职罪的构成要件，理由有二：一是无证据证明刘某东具有渎职故意和渎职行为。从工作流程看，拨付进度款是经多人、多部门审批，刘某东系审批的最高层级，也是最后层级。在案证据表明，刘某东在刘某富申报工程进度款的过程中不存在向下属打招呼等故意不正确行使职权的渎职行为。二是刘某富超额获取工程款的行为是否造成国家利益

遭受重大损失具有不确定性。除了涉案工程外，刘某富在市政公司另有多项承揽工程未进行总结算。因此，市政公司可以从刘某富缴纳的涉案工程质保金、尚未结清的工程款以及其他工程应向刘某富支付的工程款中予以扣除。同时，市政公司已另通过民事判决责令刘某富退还尚未退还的 509 万余元及相应利息，不宜认定为国有资产损害结果。因此，该案也不能认定刘某东涉嫌渎职犯罪。

三、典型意义：秉持系统观念做好职务犯罪检察工作

习近平总书记深刻指出，"系统观念是具有基础性的思想和工作方法"。[①] 科学认识检察工作在新发展阶段的全新定位和职责，必须充分认识到检察工作是党和国家工作的重要组成部分，是中国特色社会主义事业这个"大系统"中的"小系统"，是政法工作这个"分系统"中的"子系统"。[②] 针对新发展时期提出的新问题，应秉持系统观念做好职务犯罪检察工作。只有以正确的观念引领为基石，强化新时期办理职务犯罪案件的能动履职、系统协作，才能实现反腐败斗争政治效果、社会效果和法律效果有机统一。

（一）秉持系统观念是办理贿赂犯罪案件的必然遵循

系统观念是基础性的思想和工作方法。检察机关应充分认识到，职务犯罪检察工作是反腐败斗争工作的重要组成部分，是检察机关的重要职能，只有秉持系统观念依法办案，才能有效协调案件管辖，规范措施衔接，确保程序合法。检察机关应突出重点，用系统观念分析、解决问题，进一步拓展获取行贿犯罪线索渠道，开展集约办案、规模办案，加大办案力度；充分发挥制度机制功能，讲究办案策略，做到统筹查办行贿受贿犯罪，既要防止"只查受贿、不查行贿"，也要防止"查了行贿、查不实受贿"等问题发生，真正营造政治风清气正、市场公平竞争的社会生态。

（二）秉持系统观念是推进反腐败工作形成合力的必然选择

贿赂犯罪呈现出向多领域、多行业渗透，犯罪手段多样化，隐蔽性较强的趋势，坚持系统观念，能够推进反腐败工作形成合力，切实推动反腐败工作取得实效。一方面，应加强协作配合。监察机关、检察机关和公安机关可通过在协调职责、调侦进度、措施执行、证据审查等方面做好协作配合，统筹提升职务犯罪案件办理质量和效果。另一方面，应凝聚合力追赃挽损。监察机关、检察机关和公安机关应在各自职责领域内加大追赃挽损力度，准确认定行贿受贿犯罪违法所得，综合运用多种方式追赃挽损，绝不能让不法分子从违法犯罪活动中获取非法利益，最大程度为国家挽回损失。该案中，监察机关、检察机关、公安机关在系统性思维指引下，有效统筹解决线索移送、监检衔接、追赃挽损等重大问题，在推进受贿行贿一起查和促进监察与司法衔接顺畅，案件高效调查、侦查和诉讼，实现反腐败工作规范化、法治化、正规化等方面，做出有价值的经验探索。

---

① 习近平：《关于〈中共中央关于制定国民经济和社会发展第十四个五年规划和二〇三五年远景目标的建议〉的说明》，载《人民日报》2020 年 11 月 4 日，第 2 版。

② 参见本报评论员：《更加注重系统观念更好服务保障大局》，载《检察日报》2021 年 3 月 17 日，第 2 版。

行贿犯罪典型案例
（第二批）

陈某某行贿、对有影响力的人行贿、
对非国家工作人员行贿案

【关键词】

行贿 对有影响力的人行贿 对非国家工作人员行贿 指定管辖 扫黑除恶

【要旨】

对行贿犯罪与涉黑犯罪相交织，通过行贿帮助黑社会性质组织形成"保护伞"的，要坚决予以严惩。对于一人犯数罪等关联犯罪案件，分别由不同地方的监察机关、公安机关调查、侦查后移送审查起诉的，应当统筹起诉、审判管辖。经审查起诉，拟改变罪名的，检察机关应当及时与监察机关沟通，依法处理。

【基本案情】

被告人陈某某，男，1968年9月出生，汉族，东某实业有限公司实际控制人。

（一）行贿罪。2008年至2018年，陈某某多次给予时任某市某镇镇长陈某军（已判决）、某市某镇党委书记陈某阵（已判决）、某市公安局某分局刑警大队大队长黎某某（已判决）财物折合共计458.35万余元人民币（币种下同），以帮助其在承揽工程项目、违规流转土地及其领导的黑社会性质组织成员逃避刑事处罚等方面谋取不正当利益。

（二）对有影响力的人行贿罪。2008年至2019年，陈某某多次给予时任某市党委主要领导的司机麦某（已判决）财物折合共计458.57万余元。陈某某在麦某的帮助下，利用某市党委主要领导的职权和地位形成的便利条件，并通过某县发展改革委主任许某等人职务上的行为，在承揽工程项目等方面谋取不正当利益。

（三）对非国家工作人员行贿罪。2010年至2011年，陈某某多次给予时任某市某镇某村党支部书记熊某某（已判决）钱款共计200万元，以帮助其实际控制的东某实业有限公司在办理土地经营权流转方面谋取不正当利益。

陈某某涉嫌组织、领导黑社会性质组织、故意伤害等犯罪（具体事实略），经海口市公安局侦查终结移送审查起诉，海口市人民检察院于2020年9月27日向海口市中级人民法院提起公诉。2020年12月21日，海口市中级人民法院一审判处陈某某死刑，缓期二年执行，剥夺政治权利终身，并处没收个人全部财产。

陈某某涉嫌行贿罪、对非国家工作人员行贿罪，由海南省三亚市监察委员会调查终结，于 2020 年 10 月 19 日向三亚市人民检察院移送审查起诉。三亚市人民检察院于 10 月 22 日将本案移送海口市人民检察院审查起诉。同年 11 月 17 日，海口市人民检察院以陈某某涉嫌行贿罪、对有影响力的人行贿罪、对非国家工作人员行贿罪提起公诉。2021 年 7 月 26 日，海口市中级人民法院作出一审判决，以行贿罪判处陈某某有期徒刑十一年，并处罚金九十万元；以对有影响力的人行贿罪判处其有期徒刑六年，并处罚金八十万元；以对非国家工作人员行贿罪判处其有期徒刑四年，并处罚金六十万元；数罪并罚决定执行有期徒刑十七年，并处罚金二百三十万元。与前犯组织、领导黑社会性质组织罪、故意伤害罪等数罪并罚，决定执行死刑，缓期二年执行，剥夺政治权利终身，并处没收个人全部财产。一审判决后，被告人陈某某未上诉，判决已生效。

【监察、检察履职情况】

（一）依法办理互涉案件司法管辖，统筹做好主案和关联案件审查起诉工作。本案中，陈某某犯罪性质恶劣、影响重大，且一人犯数罪，分别由不同地方的监察机关、公安机关调查、侦查，且办案时间、阶段存在不同。为保证案件衔接顺畅，监察机关加强与公安机关的协调工作，强化对全案的统筹指导，就案件调查、侦查工作进度及司法管辖等事项及时与检察机关沟通。在陈某某涉黑、故意伤害等犯罪案件已由海口市人民检察院提起公诉后，检察机关及时商请审判机关将陈某某涉嫌行贿犯罪一并指定海口市司法机关管辖，以利于查明全案事实及此罪与彼罪的关联问题，确保总体把握案情和正确适用法律。

（二）审查起诉过程中强化监检配合，补充完善证据，准确认定罪名。监察机关以陈某某涉嫌行贿罪、对非国家工作人员行贿罪移送起诉，检察机关经审查发现，行贿罪中，陈某某向麦某行贿的犯罪事实定性可能不准确，向监察机关提出意见。监察机关经补证，查明麦某是时任某市主要领导的专职司机，系与国家机关签订劳务合同的聘用人员，不具有国家工作人员身份，工作职责也不属于从事公务；其主要利用与领导的密切关系以及领导司机的特殊身份，直接或通过该领导向其他国家工作人员打招呼，帮助陈某某在承揽工程项目等方面获取不正当利益。检察机关经与监察机关沟通，认定为对有影响力的人行贿罪，起诉后得到审判机关判决的确认。

（三）综合全案犯罪情节，依法提出从严惩处的量刑建议。检察机关综合考虑陈某某行贿类犯罪与涉黑犯罪之间的关系，认为其行贿行为谋取的利益，既有为其领导的黑社会性质组织谋取经济来源，也有帮助该黑社会性质组织的成员逃避法律追究，具有"向三人以上行贿""将违法所得用于行贿""向司法工作人员行贿，影响司法公正"等情形，犯罪性质恶劣、社会危害性大，应当予以严惩，依法向审判机关精准提出量刑建议，并获审判机关判决支持，取得良好办案效果。

【典型意义】

（一）办理行贿案件和关联案件过程中，应当统筹确定司法管辖。对于一人犯数罪等关联犯罪案件，由不同地方的监察机关、侦查机关分别调查、侦查的，监察机关、检察机关应当加强沟通，从保证整体办案效果出发，统筹提出司法管辖的意见，由检察机关及时商请人民法院办理。一般应当坚持随主案确定管辖的原则，由受理主案的司法机关一并管辖关联案件，确保案件统一认定、妥善处理。

（二）应当注重审查不同类型行贿犯罪的区别，检察机关拟改变定性的，应当及时与监察机关沟通，依法处理。对涉嫌行贿犯罪的，检察机关应当注意审查受贿人主体身份、职责范围、涉案人关系等方面证据，依法准确认定罪名。对于受贿人不属于国家工作人员的，不能认定为刑法第三百八十九条规定的行贿罪，应根据其实际身份及与国家工作人员的关系，符合第一百六十四条、第三百九十条之一规定的，分别认定为对非国家工作人员行贿罪、对有影响力的人行贿罪。在审查起诉中，检察机关发现监察机关移送审查起诉时认定的罪名可能定性不准的，应当及时与监察机关沟通，根据查明的事实依法准确认定罪名。

（三）办理行贿犯罪案件，检察机关应当根据犯罪事实、性质、情节和社会危害程度，依法提出量刑建议。对行贿犯罪与涉黑犯罪相交织，通过行贿帮助黑社会性质组织形成"保护伞"的，要坚决予以严惩。检察机关应综合考量谋取不正当利益的性质、所涉领域、国家和人民利益遭受损失等情况，依法提出从重处罚的量刑建议。

【相关规定】

《中华人民共和国刑法》第三百八十九条、第三百九十条、第三百九十条之一、第一百六十四条第一款

《中华人民共和国监察法》第四十五条

郭某某行贿案

【关键词】

行贿　矿产资源领域　"家族式"腐败　宽严相济

【要旨】

矿产资源领域资金密集、利润巨大，行政审批环节多、权力集中，是行贿受贿易发多发重点领域，监察机关、检察机关要加强对矿产资源领域行贿受贿犯罪的查办。对于严重破坏政治生态、经济生态的"家族式"腐败，必须坚决予以惩处。

【基本案情】

被告人郭某某，男，1969年2月出生，汉族，某市某矿业有限公司法定代表人。

2007年至2013年，郭某某为在矿山工程承揽、收购公司股份、矿山经营等过程中获取不正当利益，给予时任某省地质矿产勘查开发局副局长、某地矿资源股份有限公司（以下简称地矿公司）董事长、某省有色地质局局长等职务的郭某生（郭某某哥哥，已判决）房产、车辆及现金等财物折合共计2832.74万元人民币（币种下同）。

2012年，郭某某为感谢担任地矿公司财务总监的邓某某（已判决）利用其职务便利，在公司注册、收购地矿公司股份、入股并经营某矿业公司等事项上提供帮助，多次给予邓某某财物折合共计1721.8万元。

2007年1月至4月、2011年至2013年，郭某某为感谢担任某云矿金业公司总经理的和某某（已判决）在收购矿山和矿山经营开发中获取不正当利益提供帮助，先后多次给予和某某现金共计973万元。

综上，郭某某为谋取不正当利益，给予国家工作人员财物折合共计5527.54万元。

本案由云南省玉溪市江川区监察委员会调查终结，于2018年12月26日移送江川区人民检察院审查起诉。2019年2月22日，江川区人民检察院以郭某某涉嫌行贿罪向江川区人民法院提起公诉。同年9月5日，江川区人民法院以行贿罪判处郭某某有期徒刑五年，并处罚金五十万元。判决宣告后，郭某某提出上诉。玉溪市中级人民法院于2020年12月17日裁定撤销原判，发回重审。2021年12月24日，江川区人民法院判决认定郭某某构成行贿罪，因其具有自首、立功等情节，判处郭某某有期徒刑四年六个月。郭某某未再提出上诉，判决生效。

【监察、检察履职情况】

（一）仔细研判犯罪主体，准确把握案件定性。本案中，郭某某是在经营某矿业公司时向其兄郭某生及邓某某等人行贿，案件性质认定上存在个人行贿还是单位行贿的分歧。检察机关经认真审查案件证据，并与监察机关充分沟通后，认为郭某某实施行贿的主观故意系其本人产生，没有通过集体讨论等方式形成单位意见，是郭某某个人意志的体现。同时，用于行贿的资金全部来自公司所得利润分配给郭某某个人所有的钱款，并未使用公司款项，也未经过公司财务管理系统，且行贿所得利益归属其个人。综合全案证据，检察机关依法以郭某某涉嫌行贿罪提起公诉，法院判决确认。

（二）全面审查认定事实，依法严惩行贿行为。监察机关、检察机关相互配合、全面梳理、核实犯罪事实，依法认定行贿受贿双方内外勾结造成国有资产流失的情况。经过逐项梳理郭某某行贿犯罪事实，发现其利用郭某生的职务便利及职务影响力，获取郭某生及其他公职人员的帮助并进行利益输送，在收购和经营国有矿产资源过程中获取高额利润，导致4800余万元国有资产流失，严重影响矿产资源勘探开发秩序。由于行贿对象涉及多个国家机关和国有矿产企业的公职人员，行贿次数多、时间跨度长，行贿财物除了货币外，还有房产、商铺、车辆等巨额财物，加之行贿受贿双方利用亲情关系，采用代为持有等较为隐蔽的手段收受财物，给事实的认定带来较大困难。监察机关、检察机关充分运用工作会商机制，加强协商研判，认定他人代持的房产、车辆等涉案财物应当计入行贿数额。如郭某某的妻子代为持有的价值220万余元的别墅和商铺、落户在郭某生女婿名下的价值100余万元的车辆均被依法认定为贿赂所得，并最终被法院判决所确认。

（三）适用认罪认罚从宽制度，落实宽严相济刑事司法政策。本案行贿数额高达5527.54万元，且具有向三人以上行贿、造成国有资产流失等情况，应当认定为"情节特别严重"。但郭某某在调查期间认罪态度较好且有积极悔罪表现，主动交代了监察机关尚未掌握的其向郭某生行贿2152.49万元的事实，供述始终稳定，积极协助监察机关追缴涉案款物，对与本案相关的其他系列案件顺利查办起到关键性作用。其还在调查期间主动揭发他人犯罪行为且经查证属实，构成立功。审查起诉阶段，检察机关在准确认定案件性质、事实及量刑情节的基础上，多次向郭某某详细说明认定罪名和量刑建议的法律规定，充分释法说理，郭某某愿意认罪认罚，并在辩护人的见证下自愿签署了认罪认罚具结书。检察机关提起公诉时，依法建议对其从轻或者减轻处罚。法院作出重审一审判决后，被告人郭某某认罪服法。

【典型意义】

（一）坚持受贿行贿一起查，加大对重点领域行贿犯罪查办力度。国有企业尤其是矿产企业经营过程中，涉及资金量大，专业性强，监管难度较大。监察机关、检察机关要紧盯重点领域，加大办案力度。办理矿产资源领域行贿受贿案件时，要积极争取自然资源、审计等相关职能部门的支持，进一步强化协作配合。监察机关在办案中遇到证据收集、事实认定、案件定性、法律适用等问题，可以向行政机关进行咨询，听取检察机关意见或者邀请检察机关提前介入，也可以组织进行研究论证，共同形成打击行贿犯罪的合力。

（二）准确把握单位行贿罪与行贿罪的区分，从意志体现及利益归属两方面依法予以认定。对于公司、企业主管人员或实际控制人行贿的，应当结合单位性质、组织管理机制、资金来源、犯罪收益归属等进行综合判断，准确区分认定行贿罪及单位行贿罪。行贿罪的犯罪故意产生于行贿人自身，而非来源于单位意志，行贿所得利益亦归属于行贿人个人；单位行贿罪是出于单位意志，获取的不正当利益归属于单位。对于以单位名义行贿，而利益归个人所有的，应当认定为自然人犯罪。

（三）斩断腐败问题利益链，依法惩治"家族式"腐败。"家族式"腐败作案手段较为隐蔽，依仗领导干部的权力和影响力，以亲情为链条，通过经商办企业谋取私利，严重破坏政治生态和经济生态，危害极大。针对"家族式"腐败的特点，监察机关、检察机关要加大调查、审查力度，重点关注亲属间的资金流向、财产状况、关联企业等情况，全面分析腐败问题背后的利益链，深挖建立在亲情关系基础上权钱交易行为或者问题线索，营造和弘扬崇尚廉洁、抵制腐败的良好风尚。

【相关规定】

《中华人民共和国刑法》第三百八十九条、第三百九十条

《中华人民共和国刑事诉讼法》第十五条、第一百七十六条

《中华人民共和国监察法》第四十五条

马某某、徐某某等九人系列行贿案

【关键词】

行贿　交通执法　洗钱　立案监督　监检配合　溯源治理

【要旨】

检察机关在提前介入受贿案件时，发现行贿犯罪人线索，应当向监察机关提出意见建议。对监察机关依法移送公安机关的洗钱等刑事犯罪线索，检察机关应履行立案监督职

责，促使公安机关及时依法立案侦查。对案件暴露出的相关单位廉政、履职中的普遍性、倾向性问题，监察机关、检察机关可以督促相关单位进行整改。

【基本案情】

被告人马某某、徐某某等9人，系从事汽车维修、高速公路停车场运营、车辆年审服务等业务的社会人员。

2017年1月至2018年10月，马某某、徐某某等9人分别多次请托某市公安局高速交警支队某大队交通民警刘某（已判决），由刘某利用负责查处车辆违法的职务便利，对其大队查处的违法车辆予以放行，帮助违法人员逃避处罚。为感谢刘某的帮助，马某某、徐某某等9人分别向刘某行贿3.58万元人民币（币种下同）至15.34万元不等。

2019年4月17日至2020年3月30日，山东省济南市历下区监察委员会陆续将马某某、徐某某等9人以涉嫌行贿罪移送济南市历下区人民检察院审查起诉。历下区人民检察院经审查，均适用认罪认罚从宽制度。案件提起公诉之后，济南市历下区人民法院全部采纳量刑建议，于2019年7月15日至2020年8月28日，分别以行贿罪判处马某某、徐某某等9人有期徒刑六个月、缓刑一年至有期徒刑十个月不等，分别并处罚金十万元。判决均已生效。

【监察、检察履职情况】

（一）准确把握案件定性，严厉打击交通执法领域行贿犯罪。监察机关对刘某受贿案立案调查时，就案件定性、取证方向等听取检察机关意见。检察机关认为，刘某涉嫌受贿罪，同时基于案件存在的每笔行贿数额仅有几千元，而对应的货车司机及车主数量众多，与受贿人刘某无直接接触，范围遍布全国，放行后不再与相关人员进行联系等具体情况，分析提出可以将马某某、徐某某等人确定为行贿人的调查方向。监察机关根据马某某、徐某某等人以谋取不正当利益为目的直接给付刘某钱款，累计数额较高的具体事实，考虑到此类交通执法领域"黑中介""车虫"的行为具有严重的社会危害性，应当予以打击，采纳检察机关意见，对本案9名涉案"黑中介"全部以行贿罪立案调查。监察机关、检察机关加强沟通配合，明确将转账记录、交易凭证及微信聊天记录等电子数据及行贿人供述与辩解、相关货车司机的证言等作为重点取证内容，为深入调查指明方向。

（二）移送洗钱犯罪线索，监督公安机关立案侦查。本案中，证人陈某雷应刘某要求，曾办理一张银行卡供刘某用于收取贿赂款。刘某在被调查期间，为掩饰收受贿赂行为，安排陈某雷将卡内赃款46万元取现转移，并将账户销户。经审查，陈某雷明知刘某为规避组织调查，银行卡内款项可能系受贿所得，仍实施上述行为，涉嫌洗钱犯罪。监察机关履行互涉案件组织协调职责，将该线索移送公安机关，检察机关监督公安机关对该案立案侦查。陈某雷最终被法院以洗钱罪判处有期徒刑一年，缓刑一年，并处罚金二万五千元。

（三）强化溯源治理，有针对性地制发检察建议。为积极服务保障中心大局，从源头上减少该类犯罪，检察机关向某市高速交警部门制发检察建议书，建议高速交警部门强化廉政教育、完善执法权监督制约机制。该市高速交警部门立即开展警示教育和自查自纠工作，专门邀请办案检察官在全市交警系统中层培训班开展专题授课，并对漠视群众利益、乱作为的交警进行调离，对发现的曾有乱收费行为的交警给予党纪政务处分，取得良好效果。

【典型意义】

（一）加大行贿案件查处力度，对危害严重的行贿犯罪零容忍。监察机关、检察机关在打击受贿犯罪的同时，要积极能动履职，重视依法查办行贿犯罪。对多次行贿、向执法司法人员行贿的，依法加大惩处力度，斩断各种形式的行贿受贿链条，净化执法司法环境。

（二）强化"双查"意识，同步审查洗钱犯罪线索。监察机关、检察机关在调查、审查贿赂案件时，要注重调取审查犯罪所得及其收益的来源、性质及去向的相关证据，如资金的转账、交易记录等，注意分析发现洗钱犯罪线索，并做好线索的移送和跟踪监督工作，更加有力地惩治犯罪。

（三）注重发挥源头治理作用，努力做到"办理一案、治理一片"。监察机关、检察机关根据案件反映出的问题，从多发、频发案件中发现深层次原因，可以通过制发监察建议书、检察建议书的方式，督促相关单位积极整改，加强廉政教育和建章立制工作，并有针对性地开展法治宣传、廉政宣讲，有效推进执法环境改善。

【相关规定】

《中华人民共和国刑法》第三百八十九条、第三百九十条、第一百九十一条

《中华人民共和国监察法》第四十五条

张某、陆某行贿案

【关键词】

行贿　追赃挽损　财产刑运用　纠正不正当非财产性利益　能动履职

【要旨】

监察机关、检察机关要落实受贿行贿一起查的精神，强化协作配合，提高线索处置效率。加大对行贿犯罪所获不正当利益的追缴力度及财产刑的运用，纠正不正当非财产性利益。针对办案中发现的突出问题，积极能动履职、延伸职能，共同做好督促涉案单位整改落实工作。

【基本案情】

被告人张某，女，1962年2月出生，汉族，退休职工。

被告人陆某，男，1961年11月出生，汉族，某职业技术培训中心员工。

2015年至2016年，被告人张某、陆某分别向担任某市城乡建设和管理委员会人才服务考核评价中心（以下简称考评中心）信息网络管理员的江某（已判决）请托，由江某利用其负责整理、报送本市建筑施工企业主要负责人、项目负责人和专职安全生产管理人员安全生产知识考试（以下简称三类人员考试）成绩数据的职务便利，私自将张某提供的278名、陆某提供的236名人员信息添加至其报送的数据中，并虚构考试合格成绩，帮助

上述共計514人在未參加考試的情況下，獲得三類人員考試合格成績及《安全生產考核合格證書》。後張某先後52次給予江某共計32.89萬元人民幣（幣種下同），陸某先後57次給予江某共計29.75萬元，張某從中獲利18.48萬元，陸某從中獲利4.12萬元。

張某、陸某行賄案分別由上海市黃浦區監察委員會調查終結，上海市黃浦區人民檢察院於2019年9月29日以行賄罪分別對張某、陸某提起公訴。同年10月25日，黃浦區人民法院作出一審判決，以行賄罪判處張某有期徒刑一年四個月，緩刑一年四個月，並處罰金十萬元；以行賄罪判處陸某有期徒刑一年三個月，緩刑一年三個月，並處罰金十萬元。一審判決後，被告人張某、陸某均未上訴，判決已生效。

【監察、檢察履職情況】

（一）全面履行職責，從嚴查處行賄人員。本案系監察機關在辦理江某受賄案時，發現張某、陸某存在重大行賄犯罪嫌疑並立案調查。經監察機關查明，張某、陸某的行賄對象系國家工作人員，行賄次數多、時間跨度較長且請托內容涉及建設施工安全生產管理領域，行賄行為危害性大，屬於受賄行賄一起查的重點對象。行賄人的行為不僅侵犯了國家工作人員職務的廉潔性，也損害了相關資格考試的權威性、公平性，加之涉案人數眾多、涉及建設工地數量眾多，給建築工程安全帶來潛在危害。

（二）加強監檢配合，充分發揮銜接機制對案件處置的作用。監察機關依托監檢聯席會議機制，加強與檢察機關協調聯動，通過商請檢察機關提前介入、重大問題會商，加強工作銜接配合。同時，監察機關、檢察機關積極履行追贓挽損職責，追繳本案行賄人因行賄犯罪獲取的不正當利益。對於財產性利益，監察機關綜合運用訊問、查詢、調取、凍結、搜查等措施，對行賄人獲利情況進行準確認定。檢察機關審查起訴期間，行賄人主動退繳行賄所得財產性利益；對於非財產性利益，針對本案中考生未參加考試即獲取《安全生產考核合格證書》這一情況，監察機關、檢察機關督促考評中心及時糾正。鑒於對行賄人立案調查期間，大部分人員的合格證書已近失效期，經與相關部門溝通協商，督促相關人員必須盡快重新參加繼續教育並考試，如未重新參加繼續教育或考試成績不合格，先前發放的證書予以作廢。

（三）積極做好釋法說理，全面提升執法工作效果。行賄人張某在監察機關調查江某受賄犯罪問題時，能夠主動配合工作，但在對其本人的問題進行調查時，存有抵觸情緒。辦案人員貫通紀法情理，加強對行賄人普法宣傳和教育，細緻做好釋法說理與心理疏導工作，促使行賄人轉化認識。同時未對其採取留置措施，一步步為其"解心結"，最終張某認罪悔罪並表示願意退繳非法所得。

（四）強化警示教育，以案促改，提升反腐敗綜治效能。監察機關和檢察機關組織市住建委、駐市建設交通工作黨委紀檢監察組的30餘名工作人員參加張某、陸某行賄案庭審旁聽，開展廉政主題庭審教育活動。檢察機關辦案人員還赴涉案單位考評中心走訪調研，向考評中心制發檢察建議並公開宣告，明確指出考試數據管理、考風考紀要求、考務人員監督等方面存在的問題，並有針對性地提出升級技術系統、建立失信懲戒黑名單、建設廉政風險防控機制等建議。考評中心積極整改，重新建立了一套更為完善透明的考務工作制度、啟用改進後的新機考軟件和管理系統、採用非對稱加密數據校驗法報送數據，構建全市建筑施工安全生产领域考务工作的廉政制度防火墙与信息技术安全网。

【典型意义】

（一）强化对重点领域行贿犯罪的审查意识，提高查办行贿案件的能力。监察机关、检察机关要在办理受贿案件中注重梳理行贿犯罪线索，提高对行贿犯罪事实的认定和证据审查判断运用能力，加大对行贿犯罪惩处力度。同时持续强化监检协作配合，畅通移送线索渠道，形成惩治行贿犯罪工作合力。特别是针对关键领域行贿受贿犯罪案件查办过程中发现的线索，监察机关、检察机关要及时予以会商研判、加快线索移送、提高立案效率，形成对重点领域犯罪的严查快打态势。

（二）加大追赃挽损及财产刑的运用，最大程度消除行贿造成的不良后果。监察机关、检察机关在办理行贿案件过程中，要认真履行追赃挽损职责，尽力追缴非法获利，敦促行贿人退缴通过行贿行为获取的财产性利益，最大程度挽回损失。检察机关要依托认罪认罚从宽制度，促使行贿人自愿认罪认罚，结合行贿事实、情节、金额、获取不正当利益情况及认罪悔罪态度、退缴赃款赃物等情况，提出精准量刑建议并注重财产刑的运用。对于行贿所得的不正当非财产性利益，督促相关单位依照规定及时采取措施予以纠正，消除行贿行为产生的负面影响。

（三）强化能动履职，增强社会治理效能。在案件办理过程中发现腐败行为背后存在制度漏洞与管理隐患的，可以通过制发监察建议书、检察建议书等方式，积极督促相关单位或有关部门以案促改、建章立制，从制度层面查缺补漏，铲除行贿受贿等腐败行为滋生的土壤，实现对重点领域腐败问题的源头治理。注重开展多样化的警示教育，以案释法，加强宣传，以身边事教育身边人，以一案警示一方。

【相关规定】

《中华人民共和国刑法》第三百八十九条、第三百九十条

《中华人民共和国刑事诉讼法》第一百七十六条

《中华人民共和国监察法》第四十五条

《最高人民法院、最高人民检察院关于办理行贿刑事案件具体应用法律若干问题的解释》第十一条

陆某某受贿、行贿案

【关键词】

受贿行贿一起查　监检协作　审判监督程序抗诉　认罪认罚

【要旨】

监察机关、检察机关要加强协作配合，在查办、提前介入受贿等案件过程中深挖行贿线索并补强相关证据，依法追诉。对以行贿手段获取立功线索导致原生效裁判错误的，要

按照审判监督程序提出抗诉。强化释法说理，促使犯罪嫌疑人、被告人认罪悔罪，依法适用认罪认罚从宽制度，做到罚当其罪。

【基本案情】

被告人陆某某，男，1968 年 5 月出生，汉族，原系某省某县国有资产管理办公室副主任兼县中小企业贷款担保有限公司董事长。

2012 年 1 月至 2013 年 5 月，陆某某在担任某县中小企业贷款担保有限公司董事长期间，利用职务便利，为他人谋取利益，非法收受财物折合共计 4.82 万元人民币（币种下同）。2013 年 6 月 14 日，陆某某到浙江省缙云县人民检察院投案，并如实供述受贿犯罪事实。10 月 8 日，陆某某告知公安机关另案逃犯张某某行踪，后张某某被抓获。10 月 17 日，缙云县人民检察院以陆某某涉嫌受贿罪提起公诉。2014 年 10 月 20 日，缙云县人民法院判决陆某某犯受贿罪，但系自首且具有立功表现，免予刑事处罚；追缴陆某某违法所得 4.82 万元，上缴国库。判决作出后，陆某某未上诉，判决生效。

2019 年 8 月，缙云县监察委员会、缙云县人民检察院在办理某县公安局巡特警大队辅警王某某案件时，发现陆某某有行贿行为。经查，2013 年 8 月，陆某某请托王某某（已判决）帮忙找立功线索，并许诺事后感谢王某某。同年 10 月 8 日，陆某某从王某某处得知另案逃犯张某某行踪，遂向公安机关"报案"。事后，陆某某通过第三人送给王某某 20 万元，王某某予以收受。鉴于此前法院判决认定陆某某具有的立功表现系其通过行贿手段获取，导致原生效裁判错误，2019 年 8 月 29 日，浙江省缙云县人民检察院就陆某某受贿案提请浙江省丽水市人民检察院抗诉。9 月 5 日，丽水市人民检察院向丽水市中级人民法院提出抗诉；9 月 24 日，丽水市中级人民法院指令缙云县人民法院再审。

2020 年 8 月 17 日，浙江省缙云县监察委员会以陆某某涉嫌行贿罪移送审查起诉。9 月 29 日，缙云县人民检察院以陆某某涉嫌行贿罪提起公诉。12 月 25 日，缙云县人民法院以陆某某犯受贿罪作出再审判决，判处有期徒刑一年，追缴陆某某违法所得 4.82 万元。12 月 30 日，缙云县人民法院以行贿罪判处陆某某拘役六个月；与受贿罪数罪并罚，决定执行有期徒刑一年。判决作出后，陆某某未上诉，判决已生效。

【监察、检察履职情况】

（一）对关联案件提前介入，联合补证后提出抗诉。监察机关在查办王某某受贿、滥用职权、帮助犯罪分子逃避处罚一案过程中，发现陆某某曾为找立功线索向王某某行贿 20 万元。经监察机关商请，检察机关提前介入王某某一案。监察机关、检察机关共同商讨后认为，陆某某涉嫌行贿罪，陆某某原受贿案的免刑判决可能存在事实认定错误。检察机关经向原案承办人了解详情、调取原案卷宗材料，发现原案关于陆某某如何得知逃犯张某某位置信息等证据比较单薄。监察机关深入调查取证，补充郑某某等人的证言、相关人员的通话记录等书证，印证了王某某的供述，也证实了陆某某贿买立功线索的事实经过，查明陆某某系"假立功"。检察机关遂向上级检察机关提请抗诉，上级检察机关据此向其同级审判机关提出抗诉。

（二）加强监检协作，明确调查取证方向。陆某某涉嫌行贿罪，系原案的漏罪，在检察机关对陆某某受贿案抗诉的同时，监察机关对陆某某行贿一案全面深入调查。监察机关商请检察机关提前介入，商讨后共同认为，陆某某身为国家工作人员，向司法工作人员行贿以达到减轻罪责的目的，情节恶劣，应当依法追究刑事责任。调查终结后，监察机关将陆某某行贿案移送检察机关审查起诉。检察机关审查认定陆某某以 20 万元向王某某赇买立功线索构成行贿罪，依法提起公诉。

（三）监检协同补强证据，庭前消除控辩争议。行贿案审查起诉期间，陆某某辩称 20 万元系被王某某胁迫交付，拒绝认罪。辩护律师提出陆某某系被勒索，不属于行贿，且陆某某对抓获张某某起到了重要作用。针对陆某某的辩解及辩护律师的辩护意见，监察机关依法补充施某某等证人的证言、通话记录、抓获张某某经过的说明等证据材料。庭前，检察机关依据相关证据，就事实认定、量刑建议与辩护律师进行沟通，充分听取意见，得到辩护律师的认同，为进一步做好认罪认罚工作夯实基础。

（四）加强释法说理，促使态度转变。案件移送审查起诉后，陆某某仍存在强烈抵触心理。为促使陆某某认罪认罚，办案人员主动对接其所在单位，与其单位领导共同做陆某某的教育转化工作；通过辩护律师向陆某某讲明认罪认罚的意义，促使陆某某转化认识。经过多次释法说理，陆某某态度发生转变，愿意认罪认罚，并在辩护律师的见证下自愿签署了认罪认罚具结书。检察机关综合考量案情和陆某某认罪认罚情况，经与监察机关协商一致，建议对其适用认罪认罚从宽处理，一审判决后陆某某未上诉。

【典型意义】

（一）破除重打击受贿、轻打击行贿旧有观念，做到受贿行贿一起查。监察机关、检察机关要切实贯彻《关于进一步推进受贿行贿一起查的意见》，破除打击行贿不利于行贿人配合取证、影响查办受贿案件的片面观念，对向司法工作人员行贿、扰乱案件正常办理、妨害司法公正的，予以重点查处，从严惩治。对因行贿行为获得的"假立功"等生效裁判，依法履行审判监督职责，决不能让行贿人因行贿行为而获益。

（二）加强监检协作，增强打击行贿犯罪合力。监察机关、检察机关要始终坚持正确的政治方向，积极担当作为，善于抓住细节，加强关联案件比对，及时发现、深入挖掘行贿受贿案件背后的问题，依法立案查处、补充起诉、提出抗诉。在提前介入及后续处理阶段，监察机关与检察机关要主动加强工作衔接。就行贿事实认定、法律适用等重大问题，要加强会商沟通，夯实案件事实、证据基础，确保办案质量。

（三）坚持宽严相济，促使犯罪嫌疑人、被告人认罪悔罪。检察机关要认真听取犯罪嫌疑人及辩护人意见，充分释法说理，做好说服教育工作。积极向监察机关反馈案件办理过程中的情况，认真落实认罪认罚从宽制度，把宽严相济刑事政策落实到每一个刑事案件办理中，促进实现"三个效果"有机统一。

【相关规定】

《中华人民共和国刑法》第六十七条第一款、第六十八条、第七十条、第三百八十五条第一款、第三百八十九条第一款、第三百九十条

《中华人民共和国刑事诉讼法》第十五条、第一百七十六条、第二百五十四条

《中华人民共和国监察法》第四十五条

行贿犯罪典型案例（第二批）特点解读

为深入贯彻党的二十大关于"坚持受贿行贿一起查"决策部署和二十届中央纪委二次全会关于"坚持受贿行贿一起查，加大对行贿行为惩治力度"的部署要求，持续落实《关于进一步推进受贿行贿一起查的意见》（以下简称《意见》），中共中央纪委办公厅、国家监察委员会办公厅、最高人民检察院办公厅 2023 年 3 月 12 日联合下发通知，发布了 5 起行贿犯罪典型案例。

据了解，此次发布的 5 起案例，有的系多次行贿、巨额行贿、向多人行贿；有的系党员和国家工作人员行贿；有的系在执法司法、安全生产等重点领域行贿；有的系为获取国家矿产资源实施重大商业贿赂；有的系妄图通过行贿逃避法律追究，充分体现了二十届中央纪委二次全会和《意见》明确的查处行贿犯罪的工作重点。

该批典型案例充分彰显了纪检监察机关、检察机关严肃惩处行贿犯罪的鲜明态度和坚定决心。纪检监察机关在查办受贿案件过程中，对相关行贿行为依法加大查处力度，该立案的坚决予以立案，该移送检察机关的坚决予以移送；检察机关在提前介入审查等工作中与纪检监察机关协调联动、紧密配合，并通过制发建议书等方式加强源头治理。在依法严肃惩处行贿人的同时，纪检监察机关、检察机关还依法加大对行贿所获不正当利益的追缴和纠正力度，对不正当财产性利益最大程度予以追缴，对不正当非财产性利益，建议相关单位予以纠正，绝不允许行贿人通过行贿犯罪获得不正当利益或者损害国家利益、社会公共利益和他人合法权益。

中央纪委国家监委、最高人民检察院有关部门负责人强调，各级纪检监察机关、检察机关要进一步提高政治站位，深化党对反腐败工作的集中统一领导，充分认识受贿行贿一起查的重大政治意义；始终坚持严的基调、严的措施、严的氛围，在保持惩治受贿犯罪高压态势的同时，加大对行贿犯罪的惩治力度；坚持不敢腐、不能腐、不想腐一体推进，标本兼治、系统治理，提高惩治行贿的综合效能；坚持统筹协调，加强协作配合，形成惩治行贿的工作合力；坚持分类施策、突出重点，实事求是、宽严相济，不断提升打击行贿的精准性、有效性，坚决打赢反腐败斗争攻坚战持久战。

第八部分

职务犯罪常见罪名释义
及证据指引

第一章　职务犯罪主体及量刑情节证据指引

一、证明自然人身份的证据

1. 自然人身份证据，用以证明犯罪嫌疑人属于具有刑事责任能力的自然人以及其基本情况，包括但不限于（下同）：

（1）公安机关出具的户籍证明、常住人口基本信息、居民户口簿、身份证等；

（2）出生证明、入党、组织关系等相关证明材料；

（3）犯罪嫌疑人、其他知情人关于犯罪嫌疑人自然状况的供述、辩解和证言等；

（4）终止、撤销相关职务、身份的证据，如开除党籍、开除公职、终止人大代表、撤销政协委员的证据材料等。

2. 前科劣迹证据。职务犯罪中犯罪嫌疑人有前科劣迹的情况比较少见，但是最高人民法院、最高人民检察院《关于办理贪污贿赂刑事案件适用法律若干问题的解释》（以下简称《贪贿解释》）采用情节与数额相结合的方法对此类犯罪定罪量刑，前科劣迹成为重要情节，要更加重视对相关证据的调取，包括：

（1）刑事判决书、裁定书；

（2）不起诉决定书；

（3）证明释放、假释的相关材料；

（4）行政处罚决定书；

（5）党纪政务处分决定；

（6）其他证明材料。

二、证明职务、职责的证据

1. 国家机关工作人员

（1）证明犯罪嫌疑人所在单位性质的证据，包括：

①所在机关的组织机构代码证、统一社会信用代码证、事业单位法人证书或工商营业执照等书证；

②赋予该单位职权的法律、法规规定；

③国家机关授权文件、国家机关出具的证明文件、会议纪要等用于证实国家机关对该单位的授权；

④权力机关、行政机关、司法机关、军事机关等单位性质的证据材料；

⑤单位、组织的职能配置、内设机构和人员编制方案以及上级主管单位对职能配置、

内设机构和人员编制方案的批复、批示等书证；

⑥单位负责人、部门负责人对所在单位、所在部门的性质、职能的证言；

⑦犯罪嫌疑人关于单位性质、职能的供述和辩解。

（2）证明犯罪嫌疑人从事公务的证据，包括：

①犯罪嫌疑人的干部履历表、干部任免审批表、任免职文件、职责分工文件、岗位职责等书证；

②犯罪嫌疑人所在单位出具的关于其具体任职、职务和职责的证明文件；

③犯罪嫌疑人所在单位负责人、部门负责人、主管领导和其他知情人员关于其职务、职责的证言；

④犯罪嫌疑人关于本人任职、职务和职责的供述和辩解；

⑤其他证明犯罪嫌疑人从事公务的证据。

2. 国有公司、企业、事业单位、人民团体中从事公务的人员

（1）证明犯罪嫌疑人所在单位性质的证据，包括：

①国有公司、企业的工商营业执照、工商登记材料，事业单位、人民团体的法人证书、组织机构代码证等；

②国有公司、企业的股东，以及事业单位、人民团体的举办单位的主体证明材料；

③批准设立国有公司、企业、事业单位、人民团体的会议记录、决定、批复、批示等书证。

（2）证明犯罪嫌疑人从事公务的证据，包括：

①犯罪嫌疑人的干部履历表、干部任免审批表、任免职文件、劳动合同书、聘任书、职责分工文件、岗位职责等书证；

②犯罪嫌疑人所在单位出具的关于其具体任职、职务和职责的证明文件；

③犯罪嫌疑人所在单位负责人、部门负责人、主管领导和其他知情人员关于其职务、职责的证言；

④犯罪嫌疑人关于本人任职、职务和职责的供述和辩解；

⑤其他证明犯罪嫌疑人从事公务的证据。

3. 国家机关、国有公司、企业、事业单位委派到非国有公司、企业、事业单位、社会团体中从事公务的人员

（1）证明委派关系的证据，包括：

①证明委派单位性质的证据，具体参见前述关于国家机关、国有公司、企业、事业单位的相关证据标准；

②犯罪嫌疑人所在单位的组织机构代码证、统一社会信用代码证、工商营业执照、工商登记材料、法人证书等；

③证明委派关系的任命、指派、提名、批准、决定等文件，会议纪要，公司、企业的党委、党政联系会、股东会、董事会决定、决议等书证；

④委派单位负责人、人事管理部门主管人员及其他知情人员的证言；

⑤犯罪嫌疑人关于接受委派情况的供述和辩解；

⑥其他证明委派关系的证据。

（2）证明犯罪嫌疑人从事公务的证据，包括：

①犯罪嫌疑人的干部履历表、干部任免审批表、任免职文件、劳动合同书、聘任书、职责分工文件、岗位职责等书证；

②犯罪嫌疑人所在单位出具的关于其具体任职、职务和职责的证明文件；

③委派单位负责人、人事管理部门主管人员及相关知情人员证言；

④犯罪嫌疑人所在单位负责人、部门负责人、主管领导及其他知情人员关于其职务、职责的证言；

⑤犯罪嫌疑人关于本人任职、职务和职责的供述和辩解；

⑥其他证明犯罪嫌疑人从事公务的证据。

4. 其他依照法律从事公务的人员

这类人员依照相关法律规定而在特定条件下行使国家管理职能，证据包括：

（1）证明犯罪嫌疑人系依照法律从事公务的相关法律规定；

（2）人大常委会关于犯罪嫌疑人担任人大代表、人民陪审员的任免决定、任命文件等；

（3）任免职文件、会议纪要、劳动合同书等证明犯罪嫌疑人系协助乡镇人民政府、街道办事处从事行政管理工作的村民委员会、居民委员会等基层组织人员以及具体职责的书证等；

（4）证明犯罪嫌疑人所承担的职责属于法律法规所规定的行政管理职责的相关书证；

（5）人大常委会、乡镇人民政府、街道办事处等相关单位的负责人及其他知情人员的证言；

（6）犯罪嫌疑人关于其依法从事公务的供述和辩解。

5. 与上述国家工作人员共同犯罪的人员

（1）自然人身份证据，内容同上；

（2）与国家工作人员存在特殊关系的证据，包括：

①犯罪嫌疑人的供述和辩解，包括与国家工作人员的关系，共同犯罪的动机、时间、地点、具体作用等；

②涉案国家工作人员的供述及其他知情人员的证言，包括国家工作人员与共同犯罪人员的关系，共同犯罪的动机、时间、地点、涉案人员的具体作用等；

③能够证明与国家工作人员关系的相关书证，如结婚证、户口簿等证明材料。

三、证明单位犯罪主体的证据

1. 证明单位主体的证据

包括机关、团体法人代码、组织机构代码证、统一社会信用代码证、事业单位法人、工商营业执照和工商登记材料，以及办公地、主要营业地证明等；单位设置分支机构、内设机构、部门的相关证明材料；银行账号证明、注册资料、年检和年度报告公示情况、审计或清理证明等，证明单位管理情况及资产收益、流向、处分等情况的证据；单位合并、分立的，应有相关单位出具的证明材料，证明单位合并、分立的情况以及在原单位的财产、收益情况；单位已经被撤销的，应有其主管单位出具的证明；其他证明单位的相关材料。

2．证明直接负责的主管人员和其他直接责任人员身份的证据

（1）犯罪嫌疑人的干部履历表、干部任免审批表、任免职文件、聘书、劳动合同书等；

（2）涉案单位的章程、职责分工、岗位说明，以及领导分工、分管职责证明等；

（3）犯罪嫌疑人供述和辩解，包括其任职情况、职责情况，本人及其他相关人员在单位犯罪过程中的具体作用等；

（4）单位负责人、财务人员、资产管理人员及其他知情人员的证言，证实犯罪嫌疑人的任职、职责情况，以及在单位犯罪过程中的具体作用；

（5）单位犯罪相关决策形成的会议记录、会议决定等；

（6）犯罪嫌疑人的自然情况，包括户籍证明材料、前科证明材料等。

四、证明主体自首、立功、认罪认罚、退赃退赔等量刑情节的证据

1．证明主体自首的证据，主要包括：

（1）犯罪嫌疑人的到案经过，一般应当包括犯罪嫌疑人投案的时间、地点、方式等，证据材料应当加盖办案单位的印章，并有出证人员签名；对于犯罪嫌疑人向公安机关、人民检察院、人民法院、其所在单位、城乡基层组织投案，由上述单位派员陪同前往监察机关的，上述单位出具到案的具体经过，加盖印章，有出证人员的签名；

（2）单位犯罪案件中，办案机关出具的单位直接负责的主管人员、其他直接责任人投案的时间、地点、方式等，以及归案后认罪情况、认罪态度等；

（3）调查/侦查单位出具的犯罪嫌疑人到案前已经掌握的被调查人、犯罪嫌疑人的职务犯罪情况、线索、初步核实情况、立案调查/审查时间，以及犯罪嫌疑人主动交待办案机关尚未掌握的其他罪行的情况等工作说明；

（4）犯罪嫌疑人归案后的认罪态度，注意审查被调查人、犯罪嫌疑人到案后的第一份笔录，以及第一份笔录时间与关联人员（行贿人、其他知情人）证言时间的先后次序。

2．证明主体立功的证据，主要包括：

（1）犯罪嫌疑人揭发检举的材料及证明其来源的材料；

（2）办案机关调查核实的材料。被检举揭发案件已立案、侦破，被检举揭发人被采取强制措施、公诉或者审判的，还应调取相关的法律文书，证明犯罪嫌疑人揭发检举情况与被检举揭发人涉嫌的犯罪事实是否一致。

3．证明主体认罪认罚的证据，主要包括：

（1）犯罪嫌疑人自愿签署的认罪认罚具结书；

（2）犯罪嫌疑人的有罪供述等；

（3）办案机关出具的建议对犯罪嫌疑人从宽处理的意见、建议书等；

（4）与被害人是否达成和解协议、调解协议或者赔偿被害人损失、取得被害人谅解的证明材料。

4．证明主体退赃、退赔的证据，主要包括：

（1）退缴的赃款或转账、汇款凭证等；

（2）办案机关出具的扣押物品清单、扣押笔录等；

（3）犯罪嫌疑人要求退赃、退赔的供述以及家属主动代为退赃、退赔的证言笔录等。

第二章　贪污罪

一、刑法规定

第三百八十二条　国家工作人员利用职务上的便利，侵吞、窃取、骗取或者以其他手段非法占有公共财物的，是贪污罪。

受国家机关、国有公司、企业、事业单位、人民团体委托管理、经营国有财产的人员，利用职务上的便利，侵吞、窃取、骗取或者以其他手段非法占有国有财物的，以贪污论。

与前两款所列人员勾结，伙同贪污的，以共犯论处。

第三百八十三条　对犯贪污罪的，根据情节轻重，分别依照下列规定处罚：

（一）贪污数额较大或者有其他较重情节的，处三年以下有期徒刑或者拘役，并处罚金。

（二）贪污数额巨大或者有其他严重情节的，处三年以上十年以下有期徒刑，并处罚金或者没收财产。

（三）贪污数额特别巨大或者有其他特别严重情节的，处十年以上有期徒刑或者无期徒刑，并处罚金或者没收财产；数额特别巨大，并使国家和人民利益遭受特别重大损失的，处无期徒刑或者死刑，并处没收财产。

对多次贪污未经处理的，按照累计贪污数额处罚。

犯第一款罪，在提起公诉前如实供述自己罪行、真诚悔罪、积极退赃，避免、减少损害结果的发生，有第一项规定情形的，可以从轻、减轻或者免除处罚；有第二项、第三项规定情形的，可以从轻处罚。

犯第一款罪，有第三项规定情形被判处死刑缓期执行的，人民法院根据犯罪情节等情况可以同时决定在其死刑缓期执行二年期满依法减为无期徒刑后，终身监禁，不得减刑、假释。

第三百九十四条　国家工作人员在国内公务活动或者对外交往中接受礼物，依照国家规定应当交公而不交公，数额较大的，依照本法第三百八十二条、第三百八十三条的规定定罪处罚。

第一百八十三条　（第二款）国有保险公司工作人员和国有保险公司委派到非国有保险公司从事公务的人员有前款行为的，依照本法第三百八十二条、第三百八十三条的规定定罪处罚。

第二百七十一条　（第二款）国有公司、企业或者其他国有单位中从事公务的人员和国有公司、企业或者其他国有单位委派到非国有公司、企业以及其他单位从事公务的人员有前款行为的，依照本法第三百八十二条、第三百八十三条的规定定罪处罚。

二、罪名释义

贪污罪，是指国家工作人员利用职务上的便利，以非法占有为目的，侵吞、窃取、骗取或者以其他手段非法占有公共财物的行为。根据刑法第 382 条、第 394 条、第 183 条、第 271 条的规定，可分为以下几种情况：（1）国家工作人员利用职务上的便利，侵吞、窃取、骗取或者以其他手段非法占有公共财物的行为；（2）受国家机关、国有公司、企业、事业单位、人民团体委托管理、经营国有财产的人员，利用职务上的便利，侵吞、窃取、骗取或者以其他手段非法占有国有财物的行为；（3）国家工作人员在国内公务活动或者对外交往中接受礼物，依照国家规定应当交公而不交公，数额较大的行为；（4）国有保险公司的工作人员和国有保险公司委派到非国有保险公司从事公务的人员利用职务上的便利，故意编造未曾发生的保险事故进行虚假理赔，骗取保险金归自己所有的行为；（5）国有公司、企业或者其他国有单位中从事公务的人员和国有公司、企业或者其他国有单位委派到非国有公司、企业以及其他非国有单位从事公务的人员，利用职务上的便利，将本单位财物非法占为己有的行为。

1. 主体要件

从犯罪构成的角度来看，根据刑法及相关立法、司法解释的规定，贪污罪的主体是国家工作人员和受委托管理、经营国有资产的人员，具体包括：国家机关工作人员，国有公司、企业、事业单位、人民团体中从事公务的人员，国家机关、国有公司、企业、事业单位委派到非国有公司、企业、事业单位、社会团体中从事公务的人员，其他依照法律从事公务的人员，受国家机关、国有公司、企业、事业单位、人民团体委托管理、经营国有资产的人员。

2. 主观方面

本罪的主观方面由故意构成，并且具有非法占有公共财物的目的。故意内容为，明知自己的行为侵犯了职务行为的廉洁性，会发生侵害公共财产的结果，并且希望或者放任这种结果的发生。

3. 客观方面

贪污罪的客观行为表现是国家工作人员利用职务上的便利，侵吞、窃取、骗取或者以其他手段，非法占有公共财物。

（1）利用职务上的便利

利用职务上的便利是贪污行为成立的前提条件。贪污罪的利用职务上的便利指利用本人职务范围内主管、管理、经手公共财物的权力及方便条件。"主管"，一般是指国家工作人员不具体管理、经手公共财物，但具有调拨、支配、转移、使用或者以其他方式支配公共财物的职权。既指一般意义上的部门负责人主管，又包括上级领导依职责分工的分管，也包括一把手抓全面工作的统管，还包括领导层中非主管领导由于工作协作分工而对公共财物职能部门的协管。"管理"，是指具有监守或者保管公共财物的职权。既包括国家工作人员依职务对公共财产的管理，还包括受国家机关、国有公司、企业、事业单位、人民团体委托对国有财物的管理和经营。"经手",是指具有领取、支出等经办公共财物流转事务的权限,经手人虽然不负责公共财物的管理和处置,但对公共财物具有临时的控制权。

利用职务上的便利,理解中需要把握:

一是职务上的便利不是工作便利或身份便利。利用职务上的便利,既包括利用本人职务上主管、管理公共财物的职务便利,也包括利用职务上有隶属、制约关系的其他国家工作人员的职务便利。不论哪种情况,行为人利用的必须是与职务相关的便利,实践中,对于利用与职务无关,仅因工作关系熟悉作案环境或易于接近作案目标、凭工作人员身份容易进入某些单位等方便条件非法占有公共财物的,不能认为是利用职务上的便利。

二是国家工作人员的职务行为必须在形式上合法或取得授权。国家工作人员利用职务便利贪污公共财物,其职务行为应当是形式上合法或者取得授权的。需要指出的是,国家工作人员采用欺骗手段取得国家工作人员职务,并利用该职务实施侵占公共财物犯罪的,可以视为利用职务上的便利。根据 2004 年 3 月 30 日最高人民法院研究室《关于对行为人通过伪造国家机关公文、证件担任国家工作人员职务并利用职务上的便利侵占本单位财物、收受贿赂、挪用本单位资金等行为如何适用法律问题的答复》的规定,行为人通过伪造国家机关公文、证件担任国家工作人员职务以后,又利用职务上的便利实施侵占本单位财物的行为,构成犯罪的,应当分别以伪造国家机关公文、证件罪和贪污罪追究刑事责任,实行数罪并罚。

(2)侵吞、窃取、骗取或者以其他手段非法占有公共财物

刑法明文列举了贪污行为的以下四种手段:①侵吞。侵吞是指利用职务上便利,采取涂改账目、收入不记账等手段,将自己依照职权管理、经手的公共财物非法占为己有。②窃取。窃取是指利用职务上的便利,采取监守自盗的方法,将自己依职务保管占有或与他人共同保管的公共财物非法占为己有。③骗取。骗取是指利用职务上的便利,采用虚构事实或者隐瞒真相的方法,将公共财物非法占为己有。采取欺骗手段的情况下,行为人本人往往不具有处分财物的权限,必须欺骗具有财物处分权的人使其处分财物,最终财物被行为人非法占有。④其他手段。其他手段是指采取侵吞、窃取、骗取以外的其他利用职务之便的手段,非法占有公共财物。例如,先"挪用"或"借用"公共财物,后携财物逃跑,将公共财物非法占为己有。根据最高人民法院《关于审理挪用公款案件具体应用法律若干问题的解释》第 6 条的规定,携带挪用的公款潜逃的,以贪污罪定罪处罚。此外,根据刑法第 394 条的规定,国家工作人员在国内公务活动或者在对外交往中接受礼物,依照规定应当交公而不交公的,也是一种贪污的特殊手段。

总之,贪污行为既可能表现为将基于职务占有的公共财物转变为自己不法所有的财物,也可能表现为利用职务上的便利将自己没有占有的公共财物转变为自己不法占有。需要指出的是,秘密性并非贪污行为的构成特征,不论秘密还是公开,采取上述手段贪污公共财物的行为均可以构成贪污罪。

2010 年 11 月 26 日,最高人民法院、最高人民检察院《关于办理国家出资企业中职务犯罪案件具体应用法律若干问题的意见》(以下简称《国家出资企业意见》)中,对于国家出资企业中的贪污行为进行了专门规定。①国家工作人员或者受国家机关、国有公司、

企业、事业单位、人民团体委托管理、经营国有财产的人员利用职务上的便利，在国家出资企业改制过程中故意通过低估资产、隐瞒债权、虚设债务、虚构产权交易等方式隐匿公司、企业财产，转为本人持有股份的改制后公司、企业所有，应当依法追究刑事责任的，以贪污罪定罪处罚。贪污数额一般应当以所隐匿财产全额计算；改制后公司、企业仍有国有股份的，按股份比例扣除归于国有的部分。②关于国有公司、企业在改制过程中隐匿公司、企业财产归职工集体持股的改制后公司、企业所有的行为的处理。国有公司、企业违反国家规定，在改制过程中隐匿公司、企业财产，转为职工集体持股的改制后公司、企业所有的，对其直接负责的主管人员和其他直接责任人员，依照刑法第396条第1款的规定，以私分国有资产罪定罪处罚。改制后的公司、企业中只有改制前公司、企业的管理人员或者少数职工持股，改制前公司、企业的多数职工未持股的，以贪污罪定罪处罚。③国家出资企业中的国家工作人员在公司、企业改制或者国有资产处置过程中徇私舞弊，将国有资产低价折股或者低价出售给特定关系人持有股份或者本人实际控制的公司、企业，致使国家利益遭受重大损失的，以贪污罪定罪处罚。贪污数额以国有资产的损失数额计算。④国家工作人员利用职务上的便利，在国家出资企业改制过程中隐匿公司、企业财产，在其不再具有国家工作人员身份后将所隐匿财产据为己有的，以贪污罪定罪处罚。

（3）非法占有公共财物

非法占有公共财物，一般是本人非法占有，也包括让特定关系人等人非法占有；不仅包括对公共财物进行事实上的占有，如将公共财物转移到自己控制的场所，也包括对公共财物进行法律上的处分，如将公共财物变卖。

4. 本罪的客体

本罪侵犯的客体是国家工作人员职务行为的廉洁性和公共财产的所有权。

本罪的犯罪对象一般情况下是公共财物。根据刑法第91条的规定，公共财产的范围包括：（1）国有财产；（2）劳动群众集体所有的财产；（3）用于扶贫和其他公益事业的社会捐助或者专项基金的财产。在国家机关、国有公司、企业、集体企业和人民团体管理、使用或者运输中的私人财产，以公共财产论。

实践中要注意，根据刑法第183条第2款的规定，国有保险公司委派到非国有保险公司从事公务的人员，利用职务上的便利，故意编造未曾发生的保险事故进行虚假理赔，骗取保险金归自己所有的，以贪污罪追究刑事责任。刑法第271条第2款规定，国有公司、企业或者其他国有单位委派到非国有公司、企业以及其他单位从事公务的人员，利用职务上的便利，将本单位财物非法占为己有，数额较大的，依照贪污罪定罪处罚。上述情况下，贪污罪的对象实际为非国有保险公司、非国有公司、企业以及其他单位的财物，不一定属于公共财产。但受国家机关、国有公司、企业、事业单位、人民团体委托管理、经营国有财产的人员实施贪污行为的，犯罪对象必须为国有财产。刑法第394条规定，国家工作人员在国内公务活动或者对外交往中接受礼物，依照国家规定应当交公而不交公，数额较大的，按照贪污处罚，此种情况下，礼物就是贪污罪的对象。

《国家出资企业意见》规定，国家工作人员或者受国家机关、国有公司、企业、事业单位、人民团体委托管理、经营国有财产的人员利用职务上的便利，在国家出资企业改制过程中故意通过低估资产、隐瞒债权、虚设债务、虚构产权交易等方式隐匿公司、企业财产，转为本人持有股份的改制后公司、企业所有，应当依法追究刑事责任的，依照刑法第 382 条、第 383 条的规定，以贪污罪定罪处罚。按照该规定，债权、债务等可以成为贪污罪的对象。

根据 2003 年 5 月 14 日最高人民法院、最高人民检察院《关于办理妨害预防、控制突发传染病疫情等灾害的刑事案件具体应用法律若干问题的解释》的规定，贪污用于预防、控制突发传染病疫情等灾害的款物，构成犯罪的，以贪污罪定罪，从重处罚。此种情况下，用于预防、控制突发传染病疫情等灾害的款物就是贪污罪的犯罪对象。2020 年最高人民法院、最高人民检察院、公安部、司法部《关于依法惩治妨害新型冠状病毒感染肺炎疫情防控违法犯罪的意见》规定，国家工作人员，受委托管理国有财产的人员，公司、企业或者其他单位的人员，利用职务便利，侵吞、截留或者以其他手段非法占有用于防控新型冠状病毒感染肺炎的款物，符合刑法第 382 条、第 383 条规定的，以贪污罪定罪处罚。

三、贪污罪的具体证据指引

1. 关于本罪主体的证据

贪污罪的主体包括国家工作人员和受委托管理、经营国有财产的人员。其中，国家工作人员的证据标准参见第一章相关内容。关于受委托管理、经营国有财产的人员，证据应当包括：

（1）证明委托关系的证据，包括：

①证明委托单位性质的证据，具体参见上述关于国家机关、国有公司、企业、事业单位、人民团体的证据标准；

②证明委托标的系国有财产的国有财产登记表等书证；

③犯罪嫌疑人所在单位的组织机构代码证、统一社会信用代码证、工商营业执照、工商登记材料、法人证书等；

④证明委托关系的承包合同、租赁合同、聘用合同、会议纪要等书证；

⑤委托单位负责人、国有资产管理部门负责人及其他知情人员的证言；

⑥犯罪嫌疑人关于委托关系的供述和辩解；

⑦其他证明委托关系的证据。

（2）证明犯罪嫌疑人负有相应管理、经营职责的证据，包括：

①犯罪嫌疑人的劳动合同书、聘任书、任免职决定、岗位职责等书证；

②关于犯罪嫌疑人具体职务、职责的章程、会议纪要以及所在单位出具的证明文件；

③犯罪嫌疑人所在单位负责人、部门负责人、主管领导及其他知情人员的证言；

④犯罪嫌疑人关于其职责的供述和辩解。

2. 关于本罪主观方面的证据

（1）犯罪嫌疑人供述和辩解，具体包括以下内容：

①贪污的动机、目的；

②贪污犯意形成的过程，有无策划、策划的具体内容；

③共同贪污的策划、分工，共谋的时间、地点、内容。为准确认定是否为共同贪污以及共同贪污中每名犯罪嫌疑人是否具有共同贪污的犯罪故意，应当查明：

a. 是否存在事先的共谋，事先或事中是否达成默契；曾经多次共同作案的犯罪分子，每次作案前是否都通过他们之间特定语言、表情等联络方式达成默契，形成内容明确的共同贪污故意。

b. 是否存在持不同意见或反对意见者，以及未表明态度者，重点讯问其在案发前、作案过程中、案发后的语言、行为以及主观态度。

c. 共同贪污后分赃的情况以及赃款、赃物的去向，以此判断各共犯成员的主观故意。

④在公务活动或者对外交往中接受礼物应交公而未交公的，要核实犯罪嫌疑人是否明知应当交公、是否打算交公、为何未交公；

⑤犯罪嫌疑人携带挪用的公款潜逃的原因；挪用公款后平账的原因及未归还的原因；截取单位应收账款的原因及未归还的原因；是否有意拒不归还，且隐瞒挪用的公款去向；

⑥对于编造未曾发生的保险事故进行虚假理赔的情形，查明是否具有骗取保险金的故意；

⑦在国家出资企业改制过程中，是否故意通过低估资产、隐瞒债权、虚设债务、虚构产权交易等方式隐匿公司、企业财产，意图转为个人持股的改制后公司、企业所有；

⑧在公司、企业或者国有资产处置过程中，是否有徇私舞弊，将国有资产低价折股或者低价出售给特定关系人持股或者本人实际控制的公司、企业，放任国家利益遭受重大损失的主观故意。

（2）证人证言

①未同案处理的犯罪嫌疑人关于贪污动机、目的，犯意形成过程，共同犯罪的策划、分工，共谋的时间、地点、内容等的供述，及其他犯罪嫌疑人在共谋及犯罪过程中的具体行为等的供述，以证明犯罪嫌疑人具有贪污的主观故意；

②犯罪嫌疑人所在单位的财务人员、主管人员、经手人员的证言，证实发现犯罪的经过、犯罪的手段，以及犯罪嫌疑人对贪污行为隐瞒、欺骗情况，以证明其贪污的主观故意；

③赃款、赃物的受让人、受赠人、借入人及其他知情人员的证言，证明犯罪嫌疑人具有贪污的主观故意；

④犯罪嫌疑人的近亲属等特定关系人的证言，证明犯罪嫌疑人具有贪污的主观故意。

（3）书证

①犯罪嫌疑人实施贪污活动过程中形成的能够证明其主观故意的书证，如虚假发票、伪造的账目、虚构的合同等；

②犯罪嫌疑人以自己的名义将赃物出让、出借、典当等处分行为的书证，如借条、当票等；

③能够反映犯罪嫌疑人主观故意的其他书证，如日记、书信、工作笔记等。

（4）其他能够证明犯罪嫌疑人主观故意的证据

①犯罪嫌疑人非法占有的赃款、赃物及相关物品的照片等；

②犯罪嫌疑人用于转移赃款、赃物的包装物；

③犯罪嫌疑人侵吞、窃取、骗取公共财物的电子数据、视听资料等。

3. 关于本罪客观方面的证据

第一，利用职务便利。

（1）书证：

①犯罪嫌疑人的干部履历表、干部任免审批表、任免职文件、劳动合同书、聘任书、

职责分工文件、岗位职责等书证；

②犯罪嫌疑人所在单位或者委派单位、委托单位出具的关于其具体任职、职务和职责的证明文件；

③犯罪嫌疑人所在单位关于某一事项或某项业务的工作流程、工作方法、审批制度、会议纪要等规范性文件；

④犯罪嫌疑人签字的票据、字据，签批的相关文件，公司、企业改制的相关账目、文件、工商登记材料等。

（2）单位领导、职能部门主管人员、组织人事部门主管人员、财务人员、经手人员等的证言，以证实犯罪嫌疑人的任职情况、职责范围，以及在犯罪过程中利用职务便利的具体情况；

（3）犯罪嫌疑人关于其职务、职责以及利用职务便利实施贪污行为的供述和辩解。

第二，犯罪手段。

（1）犯罪嫌疑人的供述和辩解，具体包括以下内容：

①实施贪污行为的时间、地点、次数、数额等；

②实施贪污行为的参与人、经手人；

③实施贪污行为的方法、手段，如侵吞、窃取、骗取、截留、私分、赠予、隐瞒，涂改账目、收入不入账、用假发票平账、大头小尾发票等；

④作案工具的来源、数量、特征、下落；

⑤是否将公务活动或者对外交往中接受的礼物交公，何时、何地交公，未交公的原因等；

⑥是否在挪用公款后携带挪用的公款潜逃，是否在挪用公款后平账且未归还，是否截取单位应收账款且未归还，是否隐瞒挪用公款的去向且有意拒不归还；

⑦是否编造未曾发生的保险事故进行虚假理赔；

⑧在国家出资企业改制过程中是否通过低估资产、隐瞒债权、虚设债务、虚构产权交易等方式隐匿公司、企业财产，并转为本人持有股份的改制后公司企业所有；此外，要查明改制后公司、企业是集体持股还是少数人持股；

⑨在公司、企业或者国有资产处置过程中，是否徇私舞弊，将国有资产低价折股或者低价出售给特定关系人持股或者本人实际控制的公司、企业，致使国家利益遭受重大损失。

（2）单位领导、部门主管人员、财务人员、经手人员等证人的证言，具体包括以下内容：

①款物支出的手段、名义，特别是编造未曾发生的保险事故，骗取保险金的具体手段，以及公务活动中获得礼物的名义；

②款物被贪污的时间、特征、数量；

③单位对被贪污财物的财务记账、平账情况；

④犯罪嫌疑人如何对其贪污行为进行隐瞒、欺骗、辩解。

（3）物证、书证：

①单位的现金细目账、分类账、库保账、备品账、材料账目及财物的出入库登记材料、交接手续等，特别是相应款物属于单位支出或应收账款的财务记账、银行账单、用于

平账的假发票等；

②通过窃取、侵吞等方式贪污单位财物的犯罪现场的指纹、脚印等；

③犯罪嫌疑人签字或欺骗他人签字批准、冒领单位财物的票据、字据等；

④合同、收据、借条、欠条等，证实犯罪嫌疑人与贪污行为有关的经济往来及收入、支出等情况；

⑤书信、日记、工作笔记以及其他证实贪污行为时间、地点及经过等情况的物证、书证；

⑥保险单、保险理赔协议等证实犯罪嫌疑人通过虚假理赔骗取保险金的书证；

⑦公司、企业改制的相关账目、文件、工商登记材料等书证。

（4）鉴定意见：

①司法会计鉴定意见、审计鉴定意见，证实贪污款物次数、手段、价值等；

②笔迹鉴定意见，证实犯罪嫌疑人贪污的签字笔迹、印鉴等；

③价格认定结论书，证实被贪污物品价值；

④指纹、脚印等的痕迹鉴定意见，证实是否为犯罪嫌疑人遗留。

（需要说明的是，价格认定结论书可视为"准鉴定意见"，可以根据最高人民法院《关于适用〈中华人民共和国刑事诉讼法〉的解释》第100条的规定"因无鉴定机构，或者根据法律、司法解释的规定，指派、聘请有专门知识的人就案件的专门性问题出具的报告，可以作为证据使用""对前款规定的报告的审查与认定，参照适用本节的有关规定"予以审查。）

（5）现场勘查笔录及照片：

包括窃取、侵吞公共财物等现场，犯罪工具准备、丢弃的现场，提取物证现场等。

（6）视听资料、电子数据：

包括犯罪现场的监控录像，其他录音录像材料、各类存储数据等。

第三，非法占有公共财物。

（1）犯罪嫌疑人供述和辩解，具体应当包括以下内容：

①被贪污财物的来源，包括本单位账内财物，或者小金库财物，或者截留单位应收款及何种应收款，或者救灾、抢险、防汛、优抚、扶贫、移民、救济、防疫、社会捐助等特定款物、赃款赃物、罚没款物、暂扣款物等，或者在国内公务活动或对外交往中收受的礼物；

②被贪污财物的形式，如现金、支票、有价证券、实物等，以及现金是人民币还是外币，或者实物的特征，包括外部形态、种类、颜色、数量、包装方式、包装材质等；

③贪污行为是否被发现及何时、如何被发现，犯罪嫌疑人如何排除单位领导、同事的怀疑；

④赃款赃物的去向、用途，如用于储蓄、奢侈消费、经营活动，或者赌博、走私等非法活动；

⑤被贪污财物的归还情况，案发前是否归还，何时、如何归还，是否有见证人、知情人，是否有归还入账凭证，是全部归还还是部分归还，是归还财物原物、本金还是包括孳息，是归还原物还是折抵成人民币，是主动归还还是被追缴；

⑥是否挪用公款后携款潜逃，是携全部款项潜逃还是携部分款项潜逃；是否在挪用公

款后平账且未归还，是否截取单位应收账款且未归还，是否隐瞒挪用公款的去向且有意拒不归还；

⑦犯罪后的表现情况，如是否存在毁灭证据、转移赃物，或者积极返赃、赔偿单位损失等行为。

（2）单位领导、主管人员、财务人员、经手人员等证人证言，具体包括以下内容：

①款物来源、归属等，特别是在国内公务活动或对外交往中获得的礼物等；

②单位对被贪污财物记账、平账情况；

③企业改制过程中，公共财物的移交、管理等情况；

④案发后，向犯罪嫌疑人核实、了解贪污财物去向的情况及犯罪嫌疑人隐瞒不报、编造借口的情况；

⑤犯罪嫌疑人的贪污行为造成的社会影响及其他后果；

⑥犯罪嫌疑人是否配合赃款、赃物追缴工作，以及追缴工作开展情况。

（3）物证、书证

①查获的赃款、赃物及犯罪嫌疑人用贪污的款项购买的物品及消费记录、消费凭证、购物票据；

②股票、债券、汇票、支票、存折等有价证券，银行存取款记录、消费记录等，以及其他证实被贪污公共财物的数额、种类及去向等的物证、书证；

③被贪污的单位无形财物，如设计图纸、计算机软件等科研成果，专利、商标等知识产权证书、申请书等；

④单位的现金细目账、分类账、库保账、备品账及财物的出入库登记材料、交接手续等，特别是相应款物属于单位支出的财务记账、银行账单、用于平账的假发票等；

⑤不动产权证书、合同书、付款方的支出凭单、银行票据以及其他证明被贪污的款物属于单位所有或管理、使用的物证、书证；

⑥有关单位出具的关于被贪污的公款是否系救灾、抢险、防汛、优抚、扶贫、移民、救济、防疫、社会捐助等特定款物的说明等；

⑦证明犯罪嫌疑人与贪污行为有关的经济往来及收入、支出等情况的合同、收据、借条、欠条等；

⑧证明犯罪嫌疑人侵吞公共财物去向的银行存取款记录、消费记录、转账记录等；

⑨查获的赃款、赃物及犯罪嫌疑人用贪污的款项购买的物品、股票、债券、汇票、支票、存折等有价证券等；

⑩犯罪嫌疑人所在单位及其他有关单位出具的贪污行为的社会影响及其他后果等。

（4）鉴定意见：

包括司法会计鉴定意见、审计鉴定意见、价格认定结论书等，用于证实被贪污财物的数额、价值等。

（5）其他证明材料：

①立案决定书、到案经过等，证实案件立案调查及犯罪嫌疑人是否具有主动投案等情节；

②退赃笔录、起赃笔录、收缴笔录等，证实起获赃款、赃物的地点、数量等；

③目击证人辨认犯罪嫌疑人或物证的笔录；

④犯罪嫌疑人和证人指认现场的笔录。

4. 关于本罪客体的证据

贪污罪侵犯的客体是国家工作人员职务行为的廉洁性和公共财产的所有权。

5. 本罪证据收集需要注意的问题

（1）对于犯罪嫌疑人所在单位系国有公司、企业、事业单位、人民团体所设立的下级单位的，还应当收集所在单位的股东、开办单位的主体证据。

（2）对于犯罪嫌疑人犯罪事实涉及多个职务的，应当将所有职务的任免职文件等调取齐全。

（3）要注意收集、调取犯罪嫌疑人所任职务的职责权限、履职程序等证据材料。

第三章　挪用公款罪

一、刑法规定

第三百八十四条　国家工作人员利用职务上的便利，挪用公款归个人使用，进行非法活动的，或者挪用公款数额较大、进行营利活动的，或者挪用公款数额较大、超过三个月未还的，是挪用公款罪，处五年以下有期徒刑或者拘役；情节严重的，处五年以上有期徒刑。挪用公款数额巨大不退还的，处十年以上有期徒刑或者无期徒刑。

挪用用于救灾、抢险、防汛、优抚、扶贫、移民、救济款物归个人使用的，从重处罚。

第一百八十五条　商业银行、证券交易所、期货交易所、证券公司、期货经纪公司、保险公司或者其他金融机构的工作人员利用职务上的便利，挪用本单位或者客户资金的，依照本法第二百七十二条的规定定罪处罚。

国有商业银行、证券交易所、期货交易所、证券公司、期货经纪公司、保险公司或者其他国有金融机构的工作人员和国有商业银行、证券交易所、期货交易所、证券公司、期货经纪公司、保险公司或者其他国有金融机构委派到前款规定中的非国有机构从事公务的人员有前款行为的，依照本法第三百八十四条的规定定罪处罚。

第二百七十二条　公司、企业或者其他单位的工作人员，利用职务上的便利，挪用本单位资金归个人使用或者借贷给他人，数额较大、超过三个月未还的，或者虽未超过三个月，但数额较大、进行营利活动的，或者进行非法活动的，处三年以下有期徒刑或者拘役；挪用本单位资金数额巨大的，处三年以上七年以下有期徒刑；数额特别巨大的，处七年以上有期徒刑。

国有公司、企业或者其他国有单位中从事公务的人员和国有公司、企业或者其他国有单位委派到非国有公司、企业以及其他单位从事公务的人员有前款行为的，依照本法第三百八十四条的规定定罪处罚。

有第一款行为，在提起公诉前将挪用的资金退还的，可以从轻或者减轻处罚。其中，犯罪较轻的，可以减轻或者免除处罚。

二、罪名释义

挪用公款罪，是指国家工作人员利用职务上的便利，挪用公款归个人使用，进行非法活动，或者挪用公款数额较大，进行营利活动，或者挪用公款数额较大，超过3个月未还的行为。

1. 本罪的主体要件

挪用公款罪的主体是特殊主体，即国家工作人员。与贪污罪的主体相比，本罪主体不包括"受国家机关、国有公司、企业、事业单位、人民团体委托管理、经营国有财物的人员"。

2. 本罪的主观方面

本罪的主观方面为故意，即明知自己的行为侵犯了公款的占有权、使用权与收益权以及职务行为的廉洁性，并希望或者放任这种结果的发生。挪用的目的包括三种情况，即挪用公款归个人使用、挪用公款进行非法活动、挪用公款进行营利活动。挪用公款罪在主观方面是挪用的故意，即准备以后归还，不打算永久占有，如果有非法占有目的，则以贪污罪论处。这是挪用公款罪与贪污罪的根本区别。

实践中，存在行为人开始为使用公款，后转化为非法占有的情况，即由挪用公款罪向贪污罪转化的情况。根据 2003 年 11 月 13 日《全国法院审理经济犯罪案件工作座谈会纪要》（以下简称《纪要》）的规定，挪用公款罪与贪污罪的主要区别在于行为人主观上是否具有非法占有公款的目的。挪用公款是否转化为贪污，应当按照主客观相一致的原则，具体判断和认定行为人主观上是否具有非法占有公款的目的。在办案实践中，具有以下情形之一的可以认定行为人具有非法占有公款的目的：

（1）根据 1998 年 5 月 9 日实施的最高人民法院《关于审理挪用公款案件具体应用法律若干问题的解释》（以下简称《挪用解释》）第 6 条的规定，行为人"携带挪用的公款潜逃的"，对其携带挪用的公款部分，以贪污罪定罪处罚。

（2）行为人挪用公款后采取虚假发票平账、销毁有关账目等手段，使所挪用的公款已难以在单位财务账目上反映出来，且没有归还行为的，应当以贪污罪定罪处罚。

（3）行为人截取单位收入不入账，非法占有，使所占有的公款难以在单位财务账目上反映出来，且没有归还行为的，应当以贪污罪定罪处罚。

（4）有证据证明行为人有能力归还所挪用的公款而拒不归还，并隐瞒挪用的公款去向的，应当以贪污罪定罪处罚。

3. 本罪的客观方面

本罪的客观方面表现为，行为人利用职务上的便利，挪用公款归个人使用，进行非法活动，或者挪用公款数额较大，进行营利活动，或者挪用公款数额较大，超过 3 个月未还的行为。

（1）利用职务上的便利

行为人利用职务上的便利挪用，是指未经合法批准或者违反财经纪律，擅自使公款脱离单位控制。如果行为人没有利用职务上的便利，以伪造手续、编造理由等手段骗取合法批准手续的，其行为不能构成挪用公款罪。根据《纪要》的规定，国有单位领导利用职务上的便利指令具有法人资格的下级单位将公款供个人使用的，属于挪用公款行为，构成犯罪的，应以挪用公款罪定罪处罚。但是，经单位领导集体研究决定将公款给个人使用，或者单位负责人为了单位的利益，决定将公款给个人使用的，不以挪用公款罪定罪处罚，上述行为致使单位遭受重大损失，构成其他犯罪的，依照刑法的有关规定对责任人员定罪处罚。

（2）挪用公款归个人使用

根据 2002 年 4 月 28 日全国人大常委会《关于〈中华人民共和国刑法〉第三百八十四条第一款的解释》（以下简称《挪用公款罪立法解释》），下列情形，属于挪用公款"归个人使用"：①将公款供本人、亲友或者其他自然人使用的；②以个人名义将公款供其他单位使用的；③个人决定以单位名义将公款供其他单位使用，谋取个人利益的。根据该立法解释，挪用公款"归个人使用"包括三种情形。

①将公款挪用给自然人使用。将公款挪用给本人、亲友或者其他自然人使用，是挪用公款归个人使用常见的形式。

②以个人名义将公款挪用给其他单位使用。关于"以个人名义"，根据《纪要》的解释，在办案实践中，对于将公款供其他单位使用的，认定是否属于"以个人名义"，不能只看形式，要从实质上把握。对于行为人逃避财务监管，或者与使用人约定以个人名义进行，或者借款、还款都以个人名义进行，将公款给其他单位使用的，应认定为"以个人名义"。关于"其他单位"的性质，2002年5月13日最高人民检察院《关于认真贯彻执行全国人大常委会〈关于刑法第二百九十四条第一款的解释〉和〈关于刑法第三百八十四条第一款的解释〉的通知》中规定，对于国家工作人员利用职务上的便利，实施全国人大常委会解释规定的挪用公款"归个人使用"的三种情形之一的，无论使用公款的是个人还是单位以及单位的性质如何，均应认定为挪用公款归个人使用，构成犯罪的，应依法严肃查处。因此，不论是挪用给国有单位还是非国有单位，均不影响挪用公款罪的成立。

③个人决定以单位名义将公款挪用给其他单位使用，谋取个人利益。根据《纪要》的解释，"个人决定"既包括行为人在职权范围内决定，也包括超越职权范围决定。"谋取个人利益"，既包括行为人与使用人事先约定谋取个人利益实际尚未获取的情况，也包括虽未事先约定但实际已获取了个人利益的情况。其中的"个人利益"，既包括不正当利益，也包括正当利益；既包括财产性利益，也包括非财产性利益，但这种非财产性利益应当是具体的实际利益，如升学、就业等。

此外，2010年11月26日最高人民法院、最高人民检察院《关于办理国家出资企业中职务犯罪案件具体应用法律若干问题的意见》中规定，国家出资企业的工作人员在公司、企业改制过程中为购买公司、企业股份，利用职务上的便利，将公司、企业的资金或者金融凭证、有价证券等用于个人贷款担保的，依照刑法第272条或者第384条的规定，以挪用资金罪或者挪用公款罪定罪处罚。行为人在改制前的国家出资企业持有股份的，不影响挪用数额的认定，但量刑时应当酌情考虑。经有关主管部门批准或者按照有关政策规定，国家出资企业的工作人员为购买改制公司、企业股份实施上述行为的，可以视具体情况不作为犯罪处理。

（3）三种挪用用途的具体构成

根据刑法第384条的规定，以及《挪用解释》和《贪贿解释》，挪用公款行为有三种用途，各自构成要件不同。

①挪用公款进行非法活动

根据《挪用解释》规定，挪用公款归个人使用，进行赌博、走私等非法活动的，构成挪用公款罪，不受"数额较大"和挪用时间的限制。挪用公款给他人使用，不知道使用人用公款用于非法活动，数额较大、超过3个月未还的，构成挪用公款罪；明知使用人用于非法活动的，应当认定为挪用人挪用公款进行非法活动。挪用公款归还个人欠款的，应当根据产生欠款的原因分别认定属于挪用公款的何种情形。归还个人进行非法活动或者进行

700 营利活动产生的欠款，应当认定为挪用公款进行非法活动或者进行营利活动。

营利活动产生的欠款，应当认定为挪用公款进行非法活动或者进行营利活动。

关于"非法活动"，根据 1999 年 9 月 16 日最高人民检察院《关于人民检察院直接受理立案侦查案件立案标准的规定（试行）》的规定，既包括犯罪活动，也包括其他违法活动。

挪用公款进行非法活动危害性大，所以立法没有规定数额和挪用时间的限制，但为了避免打击面过宽，《贪贿解释》中还是对挪用公款用于非法活动规定了数额标准，即达到 3 万元以上的，追究刑事责任。

②挪用公款数额较大，进行营利活动

根据《挪用解释》的规定，挪用公款数额较大，归个人进行营利活动的，构成挪用公款罪，不受挪用时间和是否归还的限制。在案发前部分或者全部归还本息的，可以从轻处罚；情节轻微的，可以免除处罚。挪用公款存入银行、用于集资、购买股票、国债等，属于挪用公款进行营利活动。所获取的利息、收益等违法所得，应当追缴，但不计入挪用公款的数额。挪用公款归还个人欠款的，应当根据产生欠款的原因分别认定属于挪用公款的何种情形。归还个人进行非法活动或者进行营利活动产生的欠款，应当认定为挪用公款进行非法活动或者进行营利活动。申报注册资本是为进行生产经营活动作准备，属于成立公司、企业进行营利活动的组成部分。因此，挪用公款归个人用于公司、企业注册资本验资证明的，应当认定为挪用公款进行营利活动。挪用公款给他人使用，不知道使用人用公款进行营利活动，数额较大、超过 3 个月未还的，构成挪用公款罪；明知使用人用于营利活动，应当认定为挪用人挪用公款进行营利活动。需要说明的是，此处"营利活动"，应是合法营利活动，如果非法营利活动，则应适用挪用公款进行非法活动的规定。根据《贪贿解释》的规定，挪用公款数额较大，进行营利活动，以 5 万元作为数额较大的起点。

③挪用公款数额较大，超过 3 个月未还

根据《挪用解释》的规定，挪用公款归个人使用，数额较大、超过 3 个月未还的，构成挪用公款罪。挪用正在生息或者需要支付利息的公款归个人使用，数额较大，超过 3 个月但在案发前全部归还本金的，可以从轻处罚或者免除处罚。给国家、集体造成的利息损失应予追缴。挪用公款数额巨大，超过 3 个月，案发前全部归还的，可以酌情从轻处罚。

根据《贪贿解释》的规定，挪用公款数额较大，超过 3 个月未还的，以 5 万元作为数额较大的起点。所谓"超过 3 个月未还"，是指至案发前，行为人挪用公款的时间超过了 3 个月。即使行为人在案发前归还了公款，但是挪用公款的时间超过 3 个月的，也不影响构成挪用公款罪，案发前归还的情形，可以作为量刑情节，从轻或减轻处罚，但是不影响构成犯罪。需要指出的是，如果行为人挪用公款后没有超过 3 个月即归还，又没有挪用公款进行非法活动或营利活动，则不论数额多少，也不能认定构成挪用公款罪。

总之，三种用途的挪用公款行为，之所以构成要件不同，是因为用途不同，使被挪用的公款面临的危险程度不同，从而挪用行为的危害性不同。挪用公款进行非法活动的危害程度最高，所以构成要件最为严格，立法没有规定挪用时间限制，用于营利活动危害性次之，也没有挪用时间限制，而用于其他一般活动，则要求数额较大和挪用时间超过 3 个月。

4. 本罪的客体

挪用公款罪的客体是公款的占有权、使用权、收益权以及职务行为的廉洁性。

一般情况下，挪用公款罪的犯罪对象是公款，就是刑法第 91 条规定的公共财产的中的公共款项部分。但是依据刑法第 185 条第 2 款和第 272 条第 2 款的规定，非国有保险公司、非国有公司、企业等非国有单位的资金也可以成为挪用公款罪的对象。如根据刑法第 272 条第 2 款的规定，国有公司、企业或者其他国有单位委派到非国有公司、企业以及其他单位从事公务的人员，利用职务上的便利，挪用本单位资金归个人使用的行为，以挪用公款罪论处。这种情况下，"本单位资金"实际为"非国有公司、企业以及其他单位"的资金，而非公款。立法作出该种规定，主要是基于挪用公款犯罪除了侵犯了公款的有关权益，也是国家工作人员侵犯自身职务行为廉洁性的犯罪行为，一些情况下，虽然行为对象并非严格意义的公款，但是行为人是利用职务上的便利，在从事公务过程中挪用管理、经手的财产，同样侵犯了职务行为的廉洁性，也应以挪用公款罪论处。

根据 2003 年 1 月 28 日最高人民检察院公布的《关于挪用失业保险基金和下岗职工基本生活保障资金的行为适用法律问题的批复》的规定，国家工作人员利用职务上的便利，挪用失业保险基金和下岗职工基本生活保障资金归个人使用，构成犯罪的，以挪用公款罪论处。根据《纪要》的规定，挪用金融凭证、有价证券用于质押，使公款处于风险之中，与挪用公款为他人提供担保没有实质的区别，应以挪用公款罪论处，挪用公款数额以实际或者可能承担的风险数额认定。

根据刑法第 384 条第 2 款的规定，挪用用于救灾、抢险、防汛、优抚、扶贫、移民、救济款物归个人使用的，也可以构成挪用公款罪，且要从重处罚。对于上述特定公物作为挪用公款罪的对象没有争议。对特定公物以外的其他一般非特定公物能否成为挪用公款的犯罪对象，2000 年 3 月 6 日最高人民检察院《关于国家工作人员挪用非特定公物能否定罪的请示的批复》中也指出："刑法第 384 条规定的挪用公款罪中未包括挪用非特定公物归个人使用的行为，对该行为不以挪用公款罪论处。如构成其他犯罪的，依照刑法的相关规定定罪处罚。"

三、挪用公款罪的具体证据指引

1. 关于本罪主体的证据

挪用公款罪的主体是特殊主体，即国家工作人员，具体证据标准见本指引第一章。

2. 关于本罪主观方面的证据

（1）犯罪嫌疑人的供述和辩解

①挪用公款的动机、目的；

②挪用公款犯意的形成过程，事先有无预谋、策划，以及策划的具体内容；

③挪用的公款是否想要归还、有无占为己有的故意，案发前有无归还，何时、何种方式归还及归还的数额；

④携带钱款潜逃的，查明携带的钱款是挪用的公款还是私人财物，潜逃的原因等；

⑤挪用公款后，采取虚假发票平帐、销毁有关账目等手段，以及截留单位收入不入账的，查明实施上述行为的原因和主观心态；

⑥有能力归还而拒不归还的，查明不归还的原因和主观心态；

⑦共同犯罪的策划、分工的时间、地点、内容以及策划下各个行为人所要实施的犯罪

行为，应查明：

a. 事先有无预谋策划，有无事先或事中达成默契，或者曾多次结伙作案的犯罪分子之间，每次作案前都通过他们之间特定语言、表情、手势等达成默契，形成内容明确的共同挪用故意；

b. 有无持不同意见或反对意见者，以及未表示反对或同意意见者，要重点审查其在案发前、案发时、案发后的语言、行为以及主观态度；

c. 挪用款的使用情况和去向，以此判断犯罪嫌疑人挪用公款的目的；

d. 挪用公款谋取并实际获得个人利益的，要查明分赃情况及赃物去向。

（2）证人证言

①犯罪嫌疑人所在单位的财务人员、主管人员、经手人员的证言，证明犯罪的过程、发现犯罪的经过、犯罪的手段，以及行为人对挪用行为的隐瞒、欺骗情况，从而反映其主观故意；

②公款使用人的证言，证明行为人与使用人在事先协商、事中挪用及挪用后，有无意图通过挪用单位公款而从使用人处获得个人利益；

③其他知情人如行为人家属、中间人等的证言，证明犯罪嫌疑人主观上存在非法挪用公款使用的目的。

（3）书证

①行为人职权、职责、单位规章制度、财务管理规程等，以反映行为人主观对其所实施的挪用行为性质的认识；

②行为人将公款借出的合同、借据，或者将公款挪出的付款申请单、转账凭证、记账凭证等，显示公款流向、用途、归还情况等书证，以反映行为人挪用的目的、对挪用后果的认识；

③行为人谋取个人利益的银行对账单、产权凭证；

④证明挪用人是否属于有归还能力的书证，如银行存款、股票账户、基金账户、资产情况等。

（4）其他证据材料

①行为人的日记、工作记录等记录挪用事实和目的、动机的材料；

②收集行为人的犯罪前科，尤其是同类犯罪前科的证据、社会生活经验、履历方面的材料，此类证据对证明其犯罪后果认知程度和控制能力起到一定的证明作用；

③行为人或使用人自愿达成的承诺还款的协议、欠条等。

3. 关于本罪客观方面的证据

（1）利用职务上的便利

①犯罪嫌疑人的供述和辩解中有关其个人职务、职责和如何利用职务之便的内容；

②证人证言。行为人所在单位负责人、主管人员、部门负责人、财务人员以及其他知情人员关于行为人职权、职责内容以及行为人在犯罪过程中利用职务便利的情况。

③书证

a. 涉案单位、所在部门的职责规章；

b. 行为人的干部履历表、干部任免审批表、任免职文件、任命书、会议记录、劳动合同书等；

　　c. 行为人的职责、权限、业务分工的材料，岗位职责说明书等；

　　d. 行为人所在单位的财务审批制度、收入支出管理规定、审批流程等文件；

　　e. 行为人行使职权挪用资金时形成的合同、资金转移的审批单、收据、借条、欠条等有行为人签字的凭证。

　　④单位出具的关于行为人职务、职责内容的证明等其他证据材料。

　　（2）挪用对象为公款

　　①犯罪嫌疑人的供述和辩解中有关挪用资金的来源、性质的内容。

　　②证人证言。行为人所在单位负责人、主管人员、财务人员，以及其他相关人员对该公款、特定公物的性质、来源的证言。

　　③书证

　　a. 涉案资金、股票、债券、汇票、本票、支票等有价证券由案发单位所有或者管理、使用的书证，包括付款方的付款凭证、银行流水，公款存储所在的账户信息、性质、银行对账单，收据、记账凭证、往来记录等；

　　b. 挪用对象为救灾、抢险、防汛、优抚、扶贫、移民、救济款物时，要调取证明上述涉案款物用途的文件、决定、会议记录等。

　　（3）归个人使用

　　①犯罪嫌疑人的供述和辩解

　　a. 归个人使用的动机、原因；

　　b. 挪用的公款有无经单位或部门审批，挪用的方法、形式、去向；

　　c. 将公款供本人、亲友或者其他自然人使用的，查明使用人与行为人的关系，以何种形式提供给使用人；

　　d. 以个人名义将公款供其他单位使用的，查明与使用单位经办人的商议过程、以个人名义还是单位名义挪出；

　　e. 个人决定以单位名义将公款供其他单位使用并谋取个人利益的，查明挪用公款是否符合单位的议事制度和程序，有无通过单位的财务审批制度，挪用人与使用单位经办人的商议过程，有无据此谋取个人利益，谋取了何种利益等；

　　f. 挪用行为是否被发现及何时、如何被发现，行为人如何排除单位领导、同事的怀疑；

　　g. 共同犯罪的，说明每一个行为人在共同犯罪中的行为、分工情况，以判断每个人的地位和作用。

　　②证人证言

　　a. 挪用人所在部门的负责人、主管领导、上级领导、单位财务人员及其他知情人员关于涉案公款的来源，公款被挪出的过程，包括公款被挪用的时间、金额、有无经单位决策、是否符合行为人权限，单位对被挪用款项的记账情况、行为人对被挪用款项的解释等；

　　b. 公款使用人、使用单位其他知情人员关于与行为人的关系、涉案公款挪出的原因、与行为人协商的过程、款项流转过程、有无给予或与行为人约定给予利益等。

③物证、书证

a. 行为人与公款使用人签订的借款合同、借款协议、借条、收据等，判断是以个人名义出借还是以单位名义出借；

b. 涉案公款、股票、债券、汇票、本票、支票等有价证券及其支出的审批报告、会议记录等，判断资金挪出是行为人个人决定还是单位集体决定；

c. 案发单位的记账凭证、会计账簿、银行对账单、交易流水、支票、本票、汇票的存根等；

d. 公款使用人的情况，公款使用单位的工商登记材料、单位性质；

e. 公款使用单位或使用人的银行对账单、会计账簿、交易流水等显示钱款流入使用单位的会计凭证；

f. 查获的赃款、行为人使用挪用的公款购买的物品、房产以及行为人所获取个人利益等；

g. 案发前已归还的，要调取归还的银行凭证、会计记账凭证等。

④鉴定意见

a. 司法会计鉴定意见、审计鉴定意见，证实挪用公款次数、手段、价值等；

b. 笔迹鉴定意见，证明犯罪嫌疑人挪用的签字笔迹、印鉴等。

⑤现场勘查笔录、照片，包括提取物证现场等。

⑥视听资料及电子数据，包括微信聊天记录、短信、邮件记录、录音、监控录像等。

（4）挪用公款的三种用途

①犯罪嫌疑人的供述和辩解中有关公款的具体用途或所知晓的公款用途，有无向使用人就公款用途提前商议或事后进行核实。

②证人证言

a. 挪用人所在部门的负责人、主管领导、上级领导、单位财务人员及其他知情人员关于涉案公款被挪出后用途的证言；

b. 公款使用单位、使用人其他知情人员关于告知挪用人公款用途的证言。

③书证

a. 公款使用单位、企业的营业执照、有关企业情况的材料；

b. 公款使用人的银行流水，使用单位的会计账簿、银行对账单、交易流水等显示资金流入后钱款去向的会计凭证；

c. 显示公款使用人、使用单位将公款挪出并使用的后续流向和具体用途的银行账户、银行流水、相关合同、股票或基金账户等；

d. 行政机关、司法机关出具的有关非法活动的证明等。

④司法会计鉴定意见、审计鉴定意见等。

（5）其他证明材料

①行为人辨认物证或相关书证的笔录；

②搜查笔录、扣押物品清单及照片，证实查获的作案工具及调取的相关物证；

③退赃笔录、起赃笔录、收缴笔录，案发单位出具的还款说明、银行转账凭证，以证明案发后赃款退缴、追缴的情况；

④报案登记、立案决定书、破案经过、到案经过等证据材料，以证明案件来源、案发

过程、查破经过以及行为人是否有自首、立功等情节；

⑤如果挪用公款对涉案单位造成重大损失的，调取相应损失结果的证据材料。

4. 关于本罪客体方面的证据

通过上述主客观方面证据，证明行为人的行为侵犯了国家工作人员职务行为廉洁性和公款的占有权、使用权、收益权。

5. 本罪证据收集需要注意的问题

（1）挪用公款罪向贪污罪的转化

在某些挪用公款类案件中，行为人在将公款挪出后，主观故意可能发生变化，出现非法占有目的，进而在此目的支配下实施了携款潜逃、使用虚假发票平账、截留单位收入不入账、有能力归还但拒不归还等类似行为的，要重视行为人的辩解，同时要补充收集相应的证据材料，要分辨行为人是主观"不想还"，还是客观"不能还"，是否可能另构成贪污罪。

（2）关于挪用人与使用人共谋的问题

最高人民法院《关于审理挪用公款案件具体应用法律若干问题的解释》第 8 条规定，挪用公款给他人使用，使用人与挪用人共谋，指使或者参与策划取得挪用款的，以挪用公款罪的共犯定罪处罚。因此，要注意收集行为人与使用人协商的过程、内容的证据材料。如果使用人没有主动指使、共同策划行为，只是明知是公款而使用的，不能认定为挪用公款罪的共犯。

（3）关于挪用公款的真实用途

审查过程中要对于行为人所称钱款用途与使用人实际钱款用途不一致的，要充分调取挪用人和使用人的言词证据，反复比对，并寻找其他知情人或结合物证、书证进行辨别。在言词证据出现矛盾，且无其他证据予以证明时，应当按照存疑有利于嫌疑人的原则，以客观危害性较低的用途认定。

第四章　受贿罪

一、刑法规定

第三百八十五条　国家工作人员利用职务上的便利，索取他人财物的，或者非法收受他人财物，为他人谋取利益的，是受贿罪。

国家工作人员在经济往来中，违反国家规定，收受各种名义的回扣、手续费，归个人所有的，以受贿论处。

第三百八十六条　对犯受贿罪的，根据受贿所得数额及情节，依照本法第三百八十三条的规定处罚。索贿的从重处罚。

第三百八十八条　国家工作人员利用本人职权或者地位形成的便利条件，通过其他国家工作人员职务上的行为，为请托人谋取不正当利益，索取请托人财物或者收受请托人财物的，以受贿论处。

第一百六十三条　（第三款）国有公司、企业或者其他国有单位中从事公务的人员和国有公司、企业或者其他国有单位委派到非国有公司、企业以及其他单位从事公务的人员有前两款行为的，依照本法第三百八十五条、第三百八十六条的规定定罪处罚。

第一百八十四条　（第二款）国有金融机构工作人员和国有金融机构委派到非国有金融机构从事公务的人员有前款行为的，依照本法第三百八十五条、第三百八十六条的规定定罪处罚。

二、罪名释义

受贿罪是指国家工作人员利用职务上的便利，索取或者非法收受他人财物，为他人谋取利益，以及利用本人职权或者地位形成的便利条件，通过其他国家工作人员职务上的行为，为他人谋取不正当利益，索取或者收受他人财物的行为。

1. 本罪的主体要件

本罪的主体是特殊主体，即国家工作人员。与贪污罪的主体相比，本罪主体不包括"受国家机关、国有公司、企业、事业单位、人民团体委托管理、经营国有财物的人员"。

2. 本罪的主观方面

受贿罪的主观罪责形式是故意，即行为人明知是利用职务上的便利索取他人财物或者收受他人财物为他人谋取利益的行为而有意为之的心理态度。故意的认识内容应当包括权钱交易中"权"和"钱"两个方面的内容以及两者的交换关系，即国家工作人员应明知自己是利用职务上的便利索取他人财物，或者明知自己利用职务上的便利为他人谋取利益，或者明知利用本人职权或者地位形成的便利条件，通过其他国家工作人员职务上的行为，为请托人谋取不正当利益，也明知自己收受或者索取的请托人的财物，是其职权和谋利行为的对价。故意的意志内容为，行为人为了获得贿赂，不惜出卖国家公权力，希望或者放任这种权钱交易的发生。受贿故意产生的时间，可以是在谋利之前，也可以是在谋利之后，但必须有此故意。受贿故意，不仅影响受贿罪的成立，也影响受贿金额的认定，实践中，要重点把握。

3. 本罪的客观方面

受贿罪客观方面的内容为，国家工作人员利用职务上的便利，索取或者非法收受他人财物，为他人谋取利益；或者利用本人职权或者地位形成的便利条件，通过其他国家工作人员职务上的行为，为请托人谋取不正当利益，索取或者收受请托人财物（一般称为斡旋受贿）。

（1）受贿客观方面

①利用职务上的便利

根据2003年11月13日最高人民法院《纪要》的规定，"利用职务上的便利"既包括利用本人职务上主管、负责、承办某项公共事务的职权，也包括利用职务上有隶属、制约关系的其他国家工作人员的职权。担任单位领导职务的国家工作人员通过不属自己主管的下级部门的国家工作人员的职务为他人谋取利益的，应当认定为"利用职务上的便利"为他人谋取利益。受贿罪中的职务指的是从国家工作人员个人角度讲其所处的位置，及其所拥有的职权。"职权"一般是指职务范围内的权限，是国家机关及其公职人员依法作出一定行为的资格，职务和职权类似硬币的一体两面，紧密相关，密不可分，一定的职务必定对应某种职权。按照上述司法解释的规定，受贿罪利用"职务"上的便利就是指国家工作人员利用其本人或者具有隶属、制约关系的其他国家工作人员的"职权"。

关于职权，需要澄清：一是职权是法定职权还是实际职权。受贿罪中的"职权"应界定为法定职权加实际职权，即只要国家工作人员的法定或实际职权可以对请托人的请托事项具有拘束力，帮助该事项的实现，就可以认定为其具有职务上的便利。二是"职务便利"和"工作便利"之分。"两高"于1985年颁布的《关于当前办理经济犯罪案件中具体应用法律的若干问题解答（试行）》中指出"利用职务上的便利"是指"利用职权或者工作便利"。因"工作便利"理解上分歧较大，外延缺乏明确性，在办案实践中容易引起混乱，后来的刑法规定和解释中都不再采用。我们认为，判断受贿罪"利用职务上的便利"要素，还是要对职务便利和工作便利做出区分。利用工作便利，应是指利用工作所涉范围内的一切便利，范围比职务便利广的多。受贿罪中的利用职务上的便利，还是应当紧扣"职权"二字，是一种国家公权力。

"利用职务上的便利"既包括利用本人职务上主管、负责、承办某项公共事务的职权，也包括利用职务上有隶属、制约关系的其他国家工作人员的职权。实践中，利用本人职权和具有隶属关系的其他国家工作人员的职权，一般比较容易把握，而如何理解制约关系则是实践中的难点。与隶属关系相比，制约关系在职权关系上要弱很多，但国家工作人员之间制约关系的判定要更为复杂，这部分区分还关系到是构成直接受贿还是斡旋受贿的问题。制约关系，一般是指一个国家工作人员的职权对另一国家工作人员的职权行使具有相当程度的制约力，所以该国家工作人员才会按照其要求，利用本人职权为请托人谋取相应的利益。

②为他人谋取利益

关于受贿罪的"为他人谋取利益"要素，首先，要明确"利益"的有关内容：一是利益如何谋取，即"利益"必须是国家工作人员利用职权谋取的，而非利用自身知识、体能、声望、亲情关系等为请托人谋取；二是谁的利益，即这里为"他人"谋取利益不限于行贿人（请托人）的利益，可以是任何第三人或者单位的利益，只要接受行贿人请托，为其请托的谋利事项实现提供帮助即可，不问具体是谁的利益，因为不影响受贿犯罪权钱交易的性质；三是利益是否正当，即利益本身正当与否均可以构成刑法第385条规定的受贿罪，但刑法第388条规定的斡旋受贿，要求谋取的必须是不正当利益。

其次，要把握受贿罪的"为他人谋取利益"要素，必须深入解析相关司法解释规定。

《纪要》第3条第2项规定："为他人谋取利益包括承诺、实施和实现三个阶段的行为。只要具有其中一个阶段的行为，如国家工作人员收受他人财物时，根据他人提出的具体请托事项，承诺为他人谋取利益的，就具备了为他人谋取利益的要件。明知他人有具体请托事项而收受其财物的，视为承诺为他人谋取利益。"

《贪贿解释》第13条规定："具有下列情形之一的，应当认定为'为他人谋取利益'，构成犯罪的，应当依照刑法关于受贿犯罪的规定定罪处罚：（一）实际或者承诺为他人谋取利益的；（二）明知他人有具体请托事项的；（三）履职时未被请托，但事后基于该履职事由收受他人财物的。国家工作人员索取、收受具有上下级关系的下属或者具有行政管理关系的被管理人员的财物价值三万元以上，可能影响职权行使的，视为承诺为他人谋取利益。"

关于《贪贿解释》第13条第1款第1项、第2项情形，与《纪要》中关于受贿罪谋利要素的规定精神一致，也是目前理论和实践中形成比较一致认识的，即受贿罪中的"为他人谋取利益"包括承诺、实施和实现三个阶段的行为，达到承诺谋利或明知谋利事项即可，不要求一定实施或实现谋利事项。关于第3项，则是将实践中常见的"事后受贿"行为，即履职时没有请托，国家工作人员正常履职，事后基于该履职事由收受对方财物的行为，规定为符合谋利要素，这也与办案实践中一贯的认识和做法相符。之所以将该类行为规定为受贿，是因为尽管履职行为是正常行使，但是在事后收受财物时行为人知道该财物系为了感谢其履职行为，主观上便建立了履职行为和收受财物行为之间的联系，具有了受贿的犯意。只是该类事后受贿行为在行为方式上与先收钱后办事的典型受贿有所区别，行为人的犯意产生在履职事后，时间更晚，但不论受贿犯意产生在事前还是事后，应当都不影响受贿犯罪的构成。

关于该条第2款的规定，国家工作人员上下级间以及具有行政管理关系的人之间，视为承诺为他人谋取利益的情况，是以不具备具体谋利事项为前提的，如果具有具体谋利事项而收受他人财物，可以直接认定受贿，不需要按照该款规定处理。该款规定实质是将实践中常见的一些感情投资行为规定为犯罪，但由于感情投资的面太广，该规定进行了一定的限定，即国家工作人员上下级间和具有行政管理关系的人之间。需要注意的是，对该类行为还是要从收受的总金额和每次金额大小、人数多少、时间跨度等多方面考量和把握，将危害性较严重、具备权钱交易本质特征的行为纳入刑法视野，将可能影响职权行使的收受财物行为，作为受贿犯罪处理。

③不正当利益

直接受贿中谋取的利益，既可以是正当利益也可以是不正当利益，斡旋受贿中，须为不正当利益。关于谋取不正当利益的内涵，最高人民法院、最高人民检察院先后出台多个司法解释文件进行解释。1999 年颁布的《关于在办理受贿犯罪大案要案的同时要严肃查处严重行贿犯罪分子的通知》和《关于人民检察院直接受理立案侦查案件立案标准的规定（试行）》中关于谋取不正当利益的规定是一致的，是指谋取违反法律、法规、国务院各部门规章及国家政策规定的利益，以及要求国家工作人员或者有关单位提供违反法律、法规、国务院各部门规章及国家政策规定的帮助或者方便条件。该规定在实践中被认为范围太窄，且许多案件因为找不到当事人违反的法律、法规、规章等文件，而无法认定，很大程度上影响到贿赂犯罪的认定。2008 年 11 月 20 日，最高人民法院和最高人民检察院联合发布了《关于办理商业贿赂刑事案件适用法律若干问题的意见》（以下简称《商业贿赂意见》），"谋取不正当利益"是指行贿人谋取违反法律、法规、规章或者政策规定的利益，或者要求对方违反法律、法规、规章、政策、行业规范的规定提供帮助或者方便条件。在招标投标、政府采购等商业活动中，违背公平原则，给予相关人员财物以谋取竞争优势的，属于"谋取不正当利益"。该规定，扩大了不正当利益的范围，将招标投标、政府采购等商业活动中，违背公平原则、谋取竞争优势的行为，规定为谋取不正当利益。2013 年 1 月 1 日起施行的"两高"《关于办理行贿刑事案件具体应用法律若干问题的解释》（以下简称《行贿解释》）第 12 条规定，"谋取不正当利益"是指行贿人谋取的利益违反法律、法规、规章、政策规定，或者要求国家工作人员违反法律、法规、规章、政策、行业规范的规定，为自己提供帮助或者方便条件。违背公平、公正原则，在经济、组织人事管理等活动中，谋取竞争优势的，应当认定为"谋取不正当利益"。

④索取或者收受他人财物

所谓索取他人财物，是指行为人利用职务上的便利，主动向他人索要或勒索财物。索取型受贿罪的成立不以国家工作人员为他人谋取利益为要素，只要求国家工作人员利用职务上的便利向他人索要贿赂即可。所谓收受他人财物，是指行为人利用职务上的便利，为他人谋取利益，被动地接受对方给予自己的财物。收受型的受贿，要求行为人利用职务上的便利为他人谋取利益。

受贿罪的犯罪对象是贿赂，按照刑法的规定，就是"财物"。《商业贿赂意见》中对财物的范围及其数额认定作了明确解释，即：商业贿赂中的财物，既包括金钱和实物，也包括可以用金钱计算数额的财产性利益。如提供房屋装修、含有金额的会员卡、代币卡（券）、旅游费用等。具体数额以实际支付的资费为准。直接、明确地将刑法贿赂罪中的"财物"扩大解释到包括"财产性利益"。《贪贿解释》第 12 条规定：贿赂犯罪中的"财物"，包括货币、物品和财产性利益。财产性利益包括可以折算为货币的物质利益如房屋装修、债务免除等，以及需要支付货币的其他利益如会员服务、旅游等。后者的犯罪数额，以实际支付或者应当支付的数额计算。根据上述解释的规定，贿赂包括"财物"和"财产性利益"。实践中，"财物"就是财和物，也就是货币和物品，货币包括人民币以及美元、英镑等外币，物品包括动产和不动产，动产如汽车、珠宝首饰、文玩字画等，不动产如房屋等。市场经济条件下，"财产性利益"范围很广、形式多样，包括投资分红、股票债券、旅游费用、债务免除等各种可以用金钱计算的利益。由于我国刑法对于受贿罪总体是计赃论罪的模式，因此，不论财物还是财产性利益，作为贿赂认定时，均要计算或折算成具体的人民币金额。

此外，按照上述解释的规定，贿赂可以分为"积极"贿赂和"消极"贿赂两类。"积极"贿赂是国家工作人员财产的正向、积极增加，即国家工作人员收受请托人给予的货币、物品、代金卡、股票债券等可以用金钱计算的财产或财产性利益；"消极"贿赂是国家工作人员财产的反向、消极增加，即请托人为国家工作人员免除（代偿）债务、代为支付旅游费用或房屋装修费用等情况，这种情况下，本应由国家工作人员支出的费用或偿还的债务，由请托人代为支出或偿还，属于国家工作人员的财产应减少而不减少。不论积极增加还是消极增加，都是国家工作人员得到或变相得到了请托人的财物或财产性利益。

（2）斡旋受贿的客观方面

斡旋受贿罪行为人不是直接利用本人职务上的行为，而是利用其职权、地位形成的便利条件，通过其他国家工作人员的职务行为，为他人谋取利益，索取或者收受他人财物。按照《纪要》的规定，刑法第388条规定的"利用本人职权或者地位形成的便利条件"，是指行为人与被其利用的国家工作人员之间在职务上虽然没有隶属、制约关系，但是行为人利用了本人职权或者地位产生的影响和一定的工作联系，如单位内不同部门的国家工作人员之间、上下级单位没有职务上隶属、制约关系的国家工作人员之间、有工作联系的不同单位的国家工作人员之间等。

4. 本罪的客体

受贿罪客体是国家工作人员职务行为的廉洁性。

三、受贿罪的具体证据指引

1. 关于本罪主体的证据

本罪的主体是特殊主体，即必须是国家工作人员，其证据标准参见第一章中有关主体的规定。

需要特别指出的是与上述国家工作人员共同犯罪的人员，除需上述证明特殊主体身份的证据以外，还需调取证明双方共谋的证据，包括：犯罪嫌疑人共谋双方的供述；行贿人等相关知情人的证言；双方之间互相通谋的录音录像等视听资料及电子邮件、手机通信、通信软件聊天记录等电子数据等。

2. 关于本罪主观方面的证据

受贿罪的主观方面为故意，具体表现为行为人具有索取或者收受他人财物并将对方提供的财物以占有的意思，且认识到自己索取、收受的财物是对其职务行为的不正当报酬。客观方面的证据能够用于推断行为人主观方面，还应注重审查下列证据：

（1）犯罪嫌疑人的供述和辩解及亲笔供词，并着重在以下几个方面：

①犯意形成的过程、受贿的动机、目的及预谋的时间、地点、参与人及分工、方式、原因、经过、结果；

②对行为性质的认识，即对自己利用职务上的便利或者利用自己职权地位形成的便利条件为他人谋取利益或者谋取不正当利益的明知；

③对财物性质的明知，即明知索取或者收受的财物与自己的职务行为具有对价关系，是属于贿赂，仍有占为己有的故意；

④对危害结果的认知，即行为人明知自己的行为与违反了国家工作人员职务行为的廉洁性；

⑤对于隐蔽性的新型贿赂犯罪，应注重审查行为人对名为交易或借款但实为权钱交易的认知。

（2）其他能够证明犯罪嫌疑人主观故意的证据

①行贿人证言，证实犯罪嫌疑人是否有索取他人财物或者收受他人财物为他人谋取利益的故意；

②其他相关知情人的证言，证实是否通过他人索要或者接受财物，事前受行为人指使或者事后代为收受财物；

③特定关系人及其他共犯的证言，证实行为人是否有受贿的主观故意；

④其他能够证明主观故意的证据，如行为人的日记、书信、聊天记录、以借为名的借据等；

⑤其他能够证明主观故意视听资料、电子数据等。

（3）证明犯罪主观方面的特殊证据

①经济型受贿中，需重点审查行为人是否了解经济往来的有关规定，收受的回扣、手续费是否符合规定，是否有个人技术、智力、劳力的投入等；

②斡旋型受贿中，应重点审查行为人对利用职权或者地位形成的便利条件，通过其他国家工作人员职务行为谋取不正当利益的行为的认知；

③对于收受财物后退还或者上交的，应注重审查行为人收受财物的时间、金额，退还或上交的原因、时间、金额，其目的是否为掩饰犯罪。

3. 关于本罪客观方面的证据

（1）直接收受型受贿客观方面的证据

①利用职务上的便利，包括两种情形：

a. 利用自己主管、负责、承办某项公共事务的职权的，需主要审查下列证据：

ⅰ. 犯罪嫌疑人的供述。证实自己的任职情况、职责范围、与行贿方工作关系及是否利用了自己职务上主管、负责、承办某项公共事务的职权；

ⅱ. 书证。所在单位或者上级主管单位等有关国家工作人员任职单位、部门的职务职权及职责范围的书证材料，如干部履历表、分工情况说明、岗位说明书、所在单位或者上级单位出具的说明、单位内部的文件、记录、批文等；

ⅲ. 其他相关证人对于犯罪嫌疑人职务及工作职责的证言，注意核实实际履职情况与任职文件是否有差异；

ⅳ. 行贿人关于双方的个人关系、工作或者业务关系的证言。

b. 利用自己职务上具有隶属、制约关系的其他国家工作人员的职权的，需主要审查下列证据：

ⅰ. 同上述四类证据；

ⅱ. 受请托的国家工作人员的证言，证实其本人职责范围及行为人与其之间的职务上的关系；

ⅲ. 证实受请托的其他国家工作人员的职务、职责范围的书证、证人证言等证据材料；

ⅳ. 单位或者上级主管单位出具的行为人与受请托的其他国家工作人员之间具有隶属、制约工作关系的证明材料以及能够证明这一关系的供述和证言等。

c. 对医疗机构中的工作人员，学校及其他教育机构中的工作人员，依法组建的评标委员会、竞争性谈判采购中谈判小组、询价采购中询价小组成员中的工作人员，在查明是否是国家工作人员的同时，要注意审查行为人是利用的是职务便利还是工作便利。

②收受他人财物

收受他人财物的证据，应当能够证实行为人收受贿赂的具体经过，包括：

a. 犯罪嫌疑人的供述和辩解，证实以下内容：收受财物的时间、地点、次数、原因，是否有他人在场，是本人接受还是他人代为接受，事前接受还是事后接受，钱款的币种、面值、数额、包装及物品的名称、品牌、价值、包装、存放形式及地点，财物的去向等。

b. 行贿人证言，证实以下内容：给予犯罪嫌疑人财物的时间、地点、次数、原因，是否有在场人员，接受财物的是何人，行贿款物的具体情况、来源等行贿的具体经过。

c. 相关知情人、经手人、关系人、亲友等的证言，证实其给予、接受财物的时间、地点、次数、原因，是否有在场人员，何人给予财物，行贿款物的具体情况、来源等。

d. 物证，包括起获、追缴在案的赃款、赃物等；未随案移送的原物的照片、清单。

e. 书证，包括行贿款来源的银行存折、对账单、赃物购买发票；行贿单位的财务记账凭证、银行账单等，证实涉案款物情况。

f. 鉴定意见，包括对赃物的价格认定结论书、笔迹鉴定、审计鉴定、会计鉴定等。

g. 勘验检查笔录、搜查笔录、辨认笔录，包括对物证、现场（赃物起获现场、不动产现场等）的勘验检查笔录及照片；搜查笔录；行受贿双方辨认赃物的笔录；扣押物品清单；起赃经过、收缴、封存证明。

h. 视听资料及电子数据，证实受贿过程的录音、录像、电子数据等。多次受贿的，应逐笔查清、一一对应。

i. 如果收受他人财物的金额在 1 万元以上 3 万元以下、10 万元以上 20 万元以下、150 万元以上 300 万元以下，还应注重收集以下证据：

ⅰ. 犯罪嫌疑人是否曾因贪污、受贿、挪用公款受到过党纪、政纪处分；

ⅱ. 是否曾因故意犯罪被追究过刑事责任；

ⅲ. 赃款赃物是否用于非法活动；

ⅳ. 是否有拒不交待赃款去向或者拒不配合追缴工作的行为；

ⅴ. 是否造成了恶劣影响或者其他严重后果。

③为他人谋取利益

a. 犯罪嫌疑人的供述和辩解，证实行贿人请托时的反应、态度，是否明知请托事项，是否承诺为他人谋取利益，是否意图为他人谋取利益，是否正在为他人谋利益，谋取了什么利益，是正当利益还是不正当利益，谋取利益的详细经过。

b. 行贿人的证言，证实是否要求犯罪嫌疑人谋取利益，是否获得了利益，获得了什么利益，是正当利益还是不正当利益。

c. 其他证人证言，如指派具体承办的人员等，证实行贿人是否要求犯罪嫌疑人为其谋取利益，犯罪嫌疑人是否意图或者已经为行贿人谋取利益，是否谋取到了利益，谋取了什么利益，是正当利益还是不正当利益。

d. 相关书证，如项目文件、批示、会议纪要等，证实犯罪嫌疑人利用职务便利如何为他人谋取利益、谋取了何种利益。

e. 如果受贿金额在 1 万元以上 3 万元以下、10 万元以上 20 万元以下、150 万元以上300 万元以下，还应注重调取以下证据：

ⅰ. 是否为他人谋取了不正当利益，致使公共财产、国家和人民利益遭受损失；

ⅱ. 请托事项是否是为他人谋取职务提拔和调整。

（2）索贿型受贿客观方面的证据

①利用职务上的便利

基本同于上述直接收受型受贿罪的证据要求。

②索要他人财物

这一方面的证据基本同于上述直接收受型受贿罪的证据要求，但除上述证据之外，还应特别注意收集以下证据：

a. 犯罪嫌疑人的供述，内容主要包括：是直接索要还是故意拖延施压甚至要挟索要，是明示还是暗示索要；

b. 行贿人证言，内容主要包括：其为何给予对方财物，是否自愿，是其主动提出还是对方主动索要，是明示还是暗示，双方是否就此达成一致；

c. 有共同犯罪人或者行受贿中间人的，调取相关人员关于直接索要还是暗示索要等情节的证言。

（3）斡旋型受贿客观方面的证据

①证明行为人利用职权或者地位形成的便利条件，通过其他国家工作人员职务上的行为的证据：

a. 犯罪嫌疑人的供述和辩解，内容包括：

ⅰ. 与受其请托的其他国家工作人员的个人关系及工作关系，本人的职权或者地位对受其请托的其他国家工作人员是否有一定影响力及具体表现；

ⅱ. 向其他国家工作人员请托何种事项、是否提出请托、是否实现。

b. 受行为人请托的国家工作人员证言，内容包括：

ⅰ. 是否接受犯罪嫌疑人的请托，因何接受请托，请托的具体内容；

ⅱ. 与犯罪嫌疑人的个人关系及工作关系，任职单位、部门、职务、职权、级别，及获得上述职务、行使相应职权的时间。

c. 行贿人及相关知情人的证人证言，内容包括：

ⅰ. 行为人与受行为人请托的国家工作人员个人关系、工作关系；

ⅱ. 犯罪嫌疑人的职权或者地位对受请托的国家工作人员是否有一定影响及具体表现；

ⅲ. 受请托的国家工作人员是否接受了犯罪嫌疑人的请托，因何接受请托。

d. 书证，包括：证明犯罪嫌疑人职责范围及其所在单位与其所请托的其他国家工作人员所在单位的关系，以及其他国家工作人员的任职单位、部门、职务、职权、级别及获得上述职务、行使相应职权的时间的书证，如任职文件、会议记录、干部履历表等。

②证明行为人为他人谋取不正当利益的证据：

a. 犯罪嫌疑人的供述，证实其要求其他国家工作人员为行贿人谋取何种利益及是否正当。

b. 受行为人请托的国家工作人员证言，证实其是否接受请托为行贿人谋取利益，谋取何种利益及是否正当。

c. 行贿人及其他相关知情人证言，证实犯罪嫌疑人是否要求其他国家工作人员为其谋取利益，是否谋取到了利益，谋取何种利益及是否正当。

d. 书证，包括：

ⅰ. 犯罪嫌疑人利用职务的地位、影响实施斡旋贿赂的记录、批示等；

ⅱ. 证明受行为人请托的国家工作人员接受请托为行贿人谋取利益的文件、记录、批示等；

ⅲ. 围绕不正当性，还应着重调取包括法律法规、部门规章、单位内部规范性文件、政策文件、项目招投标规定、会议纪要、批示等书证，证实该利益的实体或者程序不正当性。

③证明索取或者收受财物的证据

犯罪嫌疑人索取或收受他人财物方面的证据，基本同索取型或收受型受贿罪的证据要求。

通过上述证据，证明犯罪嫌疑人利用本人职权或者地位形成的便利条件，通过其他国家工作人员职务行为，为请托人谋取了不正当利益。

实践中，应着重查明犯罪嫌疑人收受他人财物后，是否仅利用了职权或者地位形成的便利条件，通过他人为请托人谋取不正当利益。如果行为人以利用亲情、友情关系，通过他人为请托人谋取不正当利益作辩解时，就应当重点查找斡旋受贿中国家工作人员之间关系的证据，包括工作联系方面的书证、证人证言等。

（4）通过新型贿赂形式受贿的证据

国家工作人员利用职务便利，为他人谋取利益，通过以交易形式、以开办公司等合作投资名义、以收受干股、以委托请托人投资证券、期货或者其他委托理财的名义、以赌博形式、以特定关系人"挂名"领取薪酬、由特定关系人收受、不办理权属变更、在职时为请托人谋利、离职后收受财物等新型贿赂形式收受请托人财物的，由于行为人获取贿赂的形式多数通过表面合法的民商事行为，具有相当的隐蔽性，因此，应注重收集行受贿双方权钱交易性质方面的证据。

利用职务便利方面的证据，及为他人谋取利益方面的证据，基本同于上述收受型受贿罪的证据要求；而收受财物方面的证据，表现为多种形式，重点列举以下几类情况：

①交易型受贿

需要收集的证据主要包括：

a. 证明该差价交易的真实情况、行为人曾（或许诺）利用职务上的便利为请托人谋取利益以及该差价交易实为权钱交易的相关证据，包括犯罪嫌疑人供述和辩解、请托人及其他证人证言、房屋、汽车买卖合同、支付价款的银行凭证等书证、房屋、汽车等物证；

b. 证明贿赂物的客观状况及权属情况的证据，包括房屋、车辆等物品的照片、权属登记证明等书证；

c. 证明该商品当地市场价格及与实际支付价格的差额的证据，包括犯罪嫌疑人供述和辩解、证人证言、交易物品的市场零售价格、属于国家定价的交易物品的国家定价或国家指导价等相关书证、价格认定结论书等；

d. 证明商品经营者事先设置最低优惠价格，即优惠的条件是否在交易行为发生之前已经设定、优惠的幅度是否在销售人员和其他主管人员的权限范围内以及优惠价格与实际交易价格差额的证据，包括行贿人、商品经营者、中间人、销售人员、其他同类型商品交易人及相关知情人员的证言以及会计账簿、银行交易明细、优惠宣传单、广告等要约邀请、经营者公司内部通知、文件、价目表、商品销售记录等书证。

②干股型受贿

需要收集的证据主要包括：

a. 证明犯罪嫌疑人收受请托人提供的干股与其曾（或许诺）利用职务上的便利为请托人谋取利益具有关联的证据，包括犯罪嫌疑人的供述和辩解、请托人、中间人、经办人等人的证言及物证、书证等相关证据；

b. 证明干股转让时间、转让价值、未出资而获得股权及股权分红情况的相关证据，包括出资证明书或股权凭证、公司内部股东登记材料、股东会决议、公司会计凭证、银行账单等书证；

c. 干股未实际转让的，审查双方关于达成干股转让合意以及股份分红方面的书证、犯罪嫌疑人供述和辩解、证人证言等相关证据；

d. 干股实际转让的，审查干股转让的书证、物证、犯罪嫌疑人供述和辩解、证人证言等相关证据，并调取转让登记或实际转让时的股份价值方面的证据，如证券交易所的当日交易价格等；

e. 行为人让他人代持干股的，注重审查让他人代持的原因、方式、行为人能否随时兑现干股对应的权益等方面证据。

③合作投资型受贿

需要收集的证据主要包括：

a. 证明犯罪嫌疑人是否实际出资"合作"、是否实际参与公司经营管理、所得利润与其劳务行为是否存在对价关系、投资合作行为与职务是否关联密切的证据，包括犯罪嫌疑人的供述和辩解、请托人等证人证言、"合作"开办公司或者进行其他"合作"投资的工商登记资料、会计凭证、字据、银行交易记录等书证、物证等相关证据；

b. 证明受贿数额的相关证据，即收受的是出资额还是利润，包括犯罪嫌疑人供述和辩解、请托人等证人证言、"合作"开办公司或者进行其他"合作"投资的工商登记资料、分红记录、字据、银行转账凭证等书证、物证等相关证据；

c. 以借款投资开办公司等合作投资形式受贿的，调取借款是否有正当理由、是否及时归还、归还是否为逃避法律追究等方面的证据。

④委托理财型受贿

需要收集的证据主要包括：

a. 证明犯罪嫌疑人以委托请托人投资证券、期货、高息借贷或者其他委托理财的方式收受贿赂与其曾（或许诺）利用职务上的便利为请托人谋取利益具有关联的证据，包括犯

罪嫌疑人的供述和辩解、请托人等证人证言、委托请托人投资证券、期货或者其他委托理财的书证、物证等相关证据;

b. 证明受贿数额的相关证据,即属于未出资而获取收益还是获得收益明显高于应得收益,包括犯罪嫌疑人的供述和辩解、请托人等证人证言、委托请托人投资证券、期货或者其他委托理财的证券、期货、股票、债券、银行账户资产状况等书证、证券等物证等相关证据。

⑤赌博型受贿

需要收集的证据主要包括:

a. 证明犯罪嫌疑人以赌博形式收受请托人财物与其曾(或许诺)利用职务上的便利为请托人谋取利益具有关联的证据,包括犯罪嫌疑人的供述和辩解,请托人、赌博参与人等证人证言等;

b. 证明受贿数额的相关证据,包括犯罪嫌疑人的供述和辩解、请托人、赌博参与人等证人证言、现金、筹码等物证;

c. 实践中应注意结合赌博的背景、场合、时间、次数、赌资来源、有无事先通谋、输赢金额大小等证据,区分贿赂与赌博活动、娱乐活动的界限。

⑥挂名领薪型受贿

需要收集的证据主要包括:

a. 证明犯罪嫌疑人以让特定关系人挂名领薪方式收受请托人财物与其曾(或许诺)利用职务上的便利为请托人谋取利益具有关联的证据,包括犯罪嫌疑人的供述和辩解、请托人、特定关系人等证人证言;

b. 证明犯罪嫌疑人与近亲属等特定关系人的关系情况的证据,包括结婚证、户籍证明、户口登记卡等书证,及相关知情人的证言;

c. 证明特定关系人只是挂名领薪,并不实际工作的相关证据,包括特定关系人、单位相关领导、同事等证人证言、任职证明、工作记录等书证;

d. 证明受贿数额的相关证据,即特定关系人挂名领薪的数额,包括犯罪嫌疑人对此数额明知或概括知道的供述或辩解、特定关系人、单位相关领导、同事等证人证言、工作记录、单位工资发放记录、银行转账凭证、银行卡等物证、书证。

⑦收受物品未办理权属变更型受贿

需要收集的证据主要包括:

a. 证明犯罪嫌疑人虽未办理权属,但已与请托人达成合意确定收受其房屋、汽车等物品的时间、地点、场合等相关证据,包括犯罪嫌疑人的供述,行贿人及其他知情人的证言,字据、合同等书证,房屋、汽车等物证;

b. 证明收受请托人物品与其曾(或许诺)利用职务上的便利为请托人谋取利益具有关联的证据,包括犯罪嫌疑人的供述和辩解,请托人等证人证言;

c. 证明物品价值的证据,包括犯罪嫌疑人的供述和辩解、请托人等证人证言、合同、字据等书证,物品的价格认定结论书等;

d. 证明行为人实际使用物品有无合理事由、时间长短、有无归还条件及归还意思表示和行为的证据,包括犯罪嫌疑人的供述,行贿人、其他知情人的证言,协议、物品权属证明、维修或者保养记录、物业维修及缴费记录、银行账户明细等书证。

⑧离职型受贿

需要收集的证据主要包括：

a. 证实犯罪嫌疑人与请托人达成在其在职时谋利、离职后收受请托人财物合意的相关证据，需要查清达成合意的时间、地点、场合等具体细节，包括犯罪嫌疑人的供述和辩解、请托人等证人证言、合同、字据等书证；

b. 证实受贿数额的相关证据，即犯罪嫌疑人离职后收受的财物或离职前后连续收受的财物数额，包括犯罪嫌疑人的供述和辩解、请托人等证人证言、合同、字据、银行转账凭证等书证、现金、物品等物证。

⑨以借为名型受贿

需要调取的证据主要包括：

a. 证明犯罪嫌疑人与请托人之间有无正当借用事由、有无归还条件及归还的意思表示和行为、有无约定利息、有无事后补写借条伪造借款关系的证据：包括犯罪嫌疑人的供述、行贿人及其他知情人的证言、银行交易明细等书证；

b. 证明借款时犯罪嫌疑人的经济水平、借款用途、有能力归还时是否归还等证据，包括收入证明、银行及证券类账户明细、家庭名下房产车辆拥有状况等证据材料。

⑩收受下属及被管理人员财物型受贿

需要调取的证据主要包括：

a. 证明犯罪嫌疑人与行贿人之间是否存在上下级关系或行政管理关系的证据，包括犯罪嫌疑人、行贿人的干部履历表、任职证明、领导干部职责及分工要求，行贿人个人或者所在单位、公司的职能职责、业务范围等与犯罪嫌疑人职务职责具有管理与被管理关系的相关书证，单位负责人及其他相关知情人的证言；

b. 犯罪嫌疑人的供述，行贿人、其他知情人员的证言，证实犯罪嫌疑人收受财物的时间、地点、金额、次数、手段、后果及危害程度，并结合相关事实判断影响职权行使的情况。

⑪特定关系人收受贿赂共犯型受贿

需要调取的证据主要包括：

a. 证明犯罪嫌疑人与近亲属等特定关系人的关系情况，包括犯罪嫌疑人的供述，行贿人、近亲属等特定关系人、其他知情人的证言，结婚证、户籍证明、户口登记卡等书证；

b. 证明共同犯罪的过程的证据，包括犯罪嫌疑人供述、特定关系人的证言及行贿人证言，内容包括犯罪嫌疑人与特定关系人是否通谋、特定关系人收受贿赂后是否告知犯罪嫌疑人、是否将请托事项转告犯罪嫌疑人，犯罪嫌疑人事前、事中、事后态度等；

c. 对于事后知情型受贿，调取犯罪嫌疑人的供述，特定关系人、行贿人、其他知情人员的证言，证实犯罪嫌疑人利用职务上的便利为行贿人谋取利益之前，无收受财物的明示或默示的约定或意思表示；特定关系人索取、收受他人财物的情况；犯罪嫌疑人知道其特定关系人索取、收受他人财物的时间、地点、场合；犯罪嫌疑人是否知道贿赂物的情况以及其是否有明示或默示的对贿赂物处理的意思表示；犯罪嫌疑人收受财物后有无及时上交或退还，有无上交或退还的条件。

4. 关于本罪客体的证据

通过上述主、客观方面的证据，证明行为人的行为侵害了国家工作人员职务行为的廉洁性。

第五章   单位受贿罪

一、刑法规定

第三百八十七条   国家机关、国有公司、企业、事业单位、人民团体，索取、非法收受他人财物，为他人谋取利益，情节严重的，对单位判处罚金，并对其直接负责的主管人员和其他直接责任人员，处五年以下有期徒刑或者拘役。

前款所列单位，在经济往来中，在帐外暗中收受各种名义的回扣、手续费的，以受贿论，依照前款的规定处罚。

二、罪名释义

单位受贿罪是指国家机关、国有公司、企业、事业单位、人民团体，索取、非法收受他人财物，为他人谋取利益，情节严重的行为，或在经济往来中，在帐外暗中收受各种名义的回扣、手续费的行为。

1. 本罪的主体要件

本罪为单位犯罪，且主体为特殊主体，即国家机关、国有公司、企业、事业单位、人民团体（本章简称国有单位），才能成为本罪主体。此外，国有单位的内设机构利用其行使职权的便利，索取、非法收受他人财物并归该内设机构所有或者支配，为他人谋取利益，或在经济往来中，在账外暗中收受各种名义的回扣、手续费归其所有，情节严重的，也应以单位受贿罪追究刑事责任。

2. 本罪的主观方面

本罪的主观方面为故意，而且必须体现的是单位意志，即形式上看必须是以单位名义，实质上看，必须经过单位集体决策机构的决策或授权。如果个人以单位名义索取或收受他人财物归自己所有，为他人谋取利益的，应认定为个人受贿。

3. 本罪的客观方面

本罪客观方面表现为，国家机关、国有公司、企业、事业单位、人民团体，索取、非法收受他人财物，为他人谋取利益，情节严重的行为。

一是索取或非法收受他人财物。这与受贿罪的行为方式类似。单位受贿中，索取或收受的财物，应归单位所有，由单位支配。

二是为他人谋取利益。在单位受贿中，无论是索取他人财物还是收受他人财物，都必须同时具备为他人谋取利益的条件，也就是国有单位要利用其职权为他人谋取利益。

三是构成单位受贿还必须"情节严重"。对于国有单位索取、收受财物没有为他人谋取利益，或者涉案金额不大、情节轻微的，应按一般违法行为处理，而不宜按犯罪论处。

此外，国家机关、国有公司、企业、事业单位、人民团体，在经济往来中，在帐外暗中收受各种名义的回扣、手续费的，以单位受贿罪追究刑事责任。

4. 本罪的客体

本罪的客体为国有单位公务活动的廉洁性。

三、单位受贿罪的具体证据指引

1. 关于本罪主体的证据

本罪主体是单位，即国家机关、国有公司、企业、事业单位、人民团体。证明的具体证据标准参见第一章的有关内容。

2. 关于本罪主观方面的证据

（1）犯罪嫌疑人（直接负责的主管人员和其他直接责任人员）的供述与辩解。证实单位受贿意志的产生和决策过程、单位受贿行为的时间、地点、参与人等内容。

（2）行贿人、受贿单位知情人等证人证言，证实内容同上。

（3）书证等证据。如单位集体讨论记录、有关负责人签署的文件、单位的财务账目等书证，证实单位决策的过程，证实单位如何利用职权为他人谋取利益，并索取或收受他人财物等内容。

通过上述证据，证明国家机关、国有公司、企业、事业单位、人民团体经单位决策机制决策，利用单位职权为他人谋取利益，索取或收受他人财物。

3. 关于本罪客观方面的证据

（1）犯罪嫌疑人（直接负责的主管人员和其他直接责任人员）供述和辩解。证实：

①单位如何利用职权，为他人谋取利益，谋取何种利益，是否实现等内容；

②单位索取或收受他人财物的金额、特征、时间、地点、参与人等情况；

③共同犯罪的起意、策划、分工、实施等情况，查明每一个犯罪嫌疑人在共同犯罪中的地位和作用；

④贿赂物的归属、使用、去向等情况。

（2）行贿人或行贿单位的知情人、受贿单位知情人等证人证言，证实内容同上。

（3）物证。包括起获的贿赂赃款、赃物等。

（4）书证。包括：

①证明行贿前支取钱款的银行存折、支取凭单，汇款的汇款凭证、开具的发票等或者其他财务凭证；

②单位利用职务便利为行贿人谋取利益的批示、文件以及证实已经实际取得利益的合同、中标通知书等书证；

③单位收取贿赂的银行存款的存折、银行转账记录、支票存根等；

④单位集体讨论记录、有关负责人签署的文件、单位的财务账目等。

（5）价格认定结论书、鉴定意见等。

（6）勘验、检查笔录。包括现场、物证的勘验、检查笔录及照片。

（7）视听资料及电子数据。包括录音、录像带等证据。

（8）搜查、扣押、起赃、收缴、封存笔录。

通过以上客观证据，证明国家机关、国有公司、企业、事业单位、人民团体经单位决策机制决策，利用单位职权为他人谋取利益，索取或收受他人财物。

4. 关于本罪客体的证据

通过上述主、客观方面证据，证明单位的行为侵犯了国有单位公务活动的廉洁性。

第六章　利用影响力受贿罪

一、刑法规定

第三百八十八条之一　国家工作人员的近亲属或者其他与该国家工作人员关系密切的人，通过该国家工作人员职务上的行为，或者利用该国家工作人员职权或者地位形成的便利条件，通过其他国家工作人员职务上的行为，为请托人谋取不正当利益，索取请托人财物或者收受请托人财物，数额较大或者有其他较重情节的，处三年以下有期徒刑或者拘役，并处罚金；数额巨大或者有其他严重情节的，处三年以上七年以下有期徒刑，并处罚金；数额特别巨大或者有其他特别严重情节的，处七年以上有期徒刑，并处罚金或者没收财产。

离职的国家工作人员或者其近亲属以及其他与其关系密切的人，利用该离职的国家工作人员原职权或者地位形成的便利条件实施前款行为的，依照前款的规定定罪处罚。

二、罪名释义

利用影响力受贿罪，是指国家工作人员的近亲属或者其他与该国家工作人员关系密切的人，通过该国家工作人员职务上的行为，或者利用该国家工作人员职权或者地位形成的便利条件，通过其他国家工作人员职务上的行为，为请托人谋取不正当利益，索取请托人财物或者收受请托人财物，数额较大或者有其他较重情节的行为，或者离职的国家工作人员或者其近亲属以及其他与其关系密切的人，利用该离职的国家工作人员原职权或者地位形成的便利条件实施的上述行为。该罪是 2009 年 2 月 28 日通过的《刑法修正案（七）》增设的。

1. 本罪的主体要件

按照刑法第 388 条之一的规定，本罪主体包括 5 类：（1）国家工作人员的近亲属；（2）其他与国家工作人员关系密切的人；（3）离职的国家工作人员；（4）离职的国家工作人员的近亲属；（5）其他与离职的国家工作人员关系密切的人。

近亲属的范围比较容易确定，按照刑事诉讼法第 108 条第 6 项规定，近亲属"是指夫、妻、父、母、子、女、同胞兄弟姐妹"。而"关系密切的人"的范围则不易确定，我们认为，不明确规定本罪的具体主体范围，而用"关系密切的人"这种概括性的文字表述是恰当的，能够通过国家工作人员为他人谋利办事的人，范围本身就不确定，可以是情人、同学、老乡、朋友或者其他不确定的任何人，只要其与国家工作人员关系密切，能够利用这种密切关系影响国家工作人员，促使国家工作人员利用其职权或地位形成的影响力为他人谋利办事即可，不应当将主体范围限定的过于狭窄或具体。

关于离职国家工作人员的范围，应依照公务员法及其他有关规定来确定。根据公务员法第 85 条、第 87 条、第 91 条的规定，公务员辞职包括辞去公职和辞去领导职务两种情况，后者虽然不再担任领导职务，但仍属在职公务员，不属于离职的国家工作人员；公务员法第 14 章规定了退休制度；公务员法第 88 条、第 90 条、第 91 条规定，公务员被辞退也属于离职；公务员法第 100 条、第 102 条、第 103 条、第 104 条规定，聘任制公务员因与机关签订聘任合同而具有公务员资格，自然因聘任合同解除而丧失公务员资格。因此，离职国家工作人员范围应当包括：因辞去公职、退休、被辞退、开除以及解除聘任合同而不再履行国家工作人员职务的人员。但是根据 2002 年原监察部《关于对〈关于对在机构改革中提前离岗税务人员追究行政纪律责任问题的请示〉的答复》的规定，"在机构改革中提前离岗的国家公务员，如果没有办理退休手续，则仍具有国家公务员身份，不属于退休国家公务员，应作为在职国家公务员对待"。此外，根据国务院 1993 年《国有企业富余职工安置规定》，"退出工作岗位休养"的企业人员也不属于离职国家工作人员。

2. 本罪的主观方面

本罪的主观方面表现为故意。故意内容是行为人明知自己与国家工作人员关系密切，对其能够产生影响力，通过国家工作人员的职务行为或者利用国家工作人员的职权或地位形成的便利条件，通过其他国家工作人员的职务行为，为请托人谋取不正当利益，索取或收受请托人财物的行为，会发生影响国家工作人员职务行为公正性的危害结果，并且希望或放任这种结果发生。需要注意的是，构成本罪，前提是行为人与国家工作人员没有共同的受贿故意，如果二者有共同受贿故意，则其可能构成受贿罪的共犯，而非本罪。

3. 本罪的客观方面

利用影响力受贿罪的行为方式，包括四种情况：

第一种：国家工作人员近亲属或其他与其关系密切的人，在与国家工作人员没有通谋的情况下，转达请托事项，通过国家工作人员的职务行为为请托人谋取不正当利益，背着国家工作人员索取或收受请托人财物的。

第二种：国家工作人员近亲属或其他与其关系密切的人，利用该国家工作人员职权或者地位形成的便利条件，通过其他国家工作人员职务上的行为，为请托人谋取不正当利益，索取请托人财物或者收受请托人财物。

第三种：离职的国家工作人员利用其原职权或者地位形成的便利条件，通过其他国家工作人员职务上的行为，为请托人谋取不正当利益，索取请托人财物或者收受请托人财物的。

第四种：离职国家工作人员的近亲属或其他与其关系密切的人，利用该离职的国家工作人员原职权或者地位形成的便利条件，通过其他国家工作人员职务上的行为，为请托人谋取不正当利益，索取请托人财物或者收受请托人财物的。

此外，关于"国家工作人员职务上的行为""利用国家工作人员职权或者地位形成的便利条件，通过其他国家工作人员职务上的行为""为请托人谋取不正当利益"等要素的具体理解，可参照本指引第四章"罪名释义"中的第 3 项受贿罪部分有关内容。

三、利用影响力受贿罪的具体证据指引

1. 关于本罪主体的证据

本罪共五类主体：（1）国家工作人员的近亲属；（2）其他与国家工作人员关系密切

的人；（3）离职的国家工作人员；（4）离职的国家工作人员的近亲属；（5）其他与离职的国家工作人员关系密切的人。需要收集的具体证据除了第一章中证明国家工作人员身份的证据之外，还要调取下列证据：

（1）与国家工作人员具有亲属身份关系或者"关系密切"的犯罪嫌疑人的供述和辩解及相关证人证言、物证、书证等证据，证明双方之间的特殊关系。

（2）对于离职国家工作人员的证明，还需调取犯罪嫌疑人离职的相关手续、单位证明、工资发放记录等书证，犯罪嫌疑人的供述和辩解，单位有关人员及家属等相关人员的证言。

2. 关于本罪主观方面的证据

（1）行为人有关利用影响力受贿的动机、目的及预谋时间、地点、参与人及分工、方式、原因、经过、结果的供述和辩解及亲笔供词。

（2）有关行为人对财物性质的明知，即明知所索取的财物或者所收受的财物属于贿赂，以及是否有将财物占为己有的故意的供述和辩解及亲笔供词。

（3）行为人对于通过国家工作人员的职务行为为他人谋利的明知。即行为人意图利用自身对国家工作人员的基于亲情、感情等非权力性的影响力，为请托人谋取不正当利益的供述及亲笔供词。

通过上述证据证明，行为人明知自己与国家工作人员的特殊密切关系可以影响到其职务行为，为了收受他人财物，从而故意请托国家工作人员为他人谋取利益。

3. 关于本罪客观方面的证据

（1）犯罪嫌疑人的供述和辩解。证实：

①与国家工作人员的交往情况和个人关系；

②向国家工作人员请托何种事项、是否正当及是否实现；

③是否收受请托人财物，以及收受财物的具体情况。

（2）国家工作人员的证言。内容包括：

①与犯罪嫌疑人的交往情况及个人关系；

②是否接受犯罪嫌疑人的请托要求，因何接受其要求、其要求谋利的具体内容及谋取的利益是否正当；

③是否按照犯罪嫌疑人的要求，利用职务上的便利或影响力为请托人谋取利益及谋取的利益是否正当，是否认识或接触过请托人；

④是否知悉犯罪嫌疑人收受请托人财物，是否参与收受。

（3）请托人等证人证言。内容包括：

①犯罪嫌疑人与国家工作人员的交往情况和个人关系；

②请托人是否向犯罪嫌疑人转达请国家工作人员为自己谋利的请托事项；

③国家工作人员是否按照犯罪嫌疑人的要求，利用职务上的便利或影响力为请托人谋取利益及谋取利益是否正当；

④犯罪嫌疑人是否收受请托人财物，以及收受财物的具体情况；

⑤国家工作人员是否知悉犯罪嫌疑人收受请托人财物，是否参与收受。

（4）书证。内容包括：

①证明国家工作人员的任职单位、部门、职务、职权、级别及获得上述职务、行使相应职权的时间等书证，如任职文件、会议记录、干部履历表等；

②国家工作人员利用职务上的便利或影响力，为请托人谋取不正当利益的批示、记录、文件等；

③收受财物的有关书证，包括银行转账凭证、借据、收据、房屋、汽车等财物的购买手续、证书等。

（5）物证。内容包括：行为人收受的现金、物品、房屋、汽车等。

（6）鉴定意见。内容包括：行为人收受物品的价格认定结论书。

（7）视听资料及电子数据。内容包括：行为人收受财物及为他人谋取不正当利益的过程等方面的证据。

（8）搜查、扣押、起赃、收缴、封存笔录。

通过上述证据，证明犯罪嫌疑人利用自己对国家工作人员的特殊影响力，通过该国家工作人员的职务行为，为请托人谋取了不正当利益。

第七章　行贿罪

一、刑法规定

第三百八十九条　为谋取不正当利益，给予国家工作人员以财物的，是行贿罪。

在经济往来中，违反国家规定，给予国家工作人员以财物，数额较大的，或者违反国家规定，给予国家工作人员以各种名义的回扣、手续费的，以行贿论处。

因被勒索给予国家工作人员以财物，没有获得不正当利益的，不是行贿。

第三百九十条　对犯行贿罪的，处五年以下有期徒刑或者拘役，并处罚金；因行贿谋取不正当利益，情节严重的，或者使国家利益遭受重大损失的，处五年以上十年以下有期徒刑，并处罚金；情节特别严重的，或者使国家利益遭受特别重大损失的，处十年以上有期徒刑或者无期徒刑，并处罚金或者没收财产。

行贿人在被追诉前主动交待行贿行为的，可以从轻或者减轻处罚。其中，犯罪较轻的，对侦破重大案件起关键作用的，或者有重大立功表现的，可以减轻或者免除处罚。

二、罪名释义

行贿罪，是指为谋取不正当利益，给予国家工作人员以财物的行为。

1. 本罪的主体要件

本罪的主体为自然人。

2. 本罪的主观方面

本罪的主观方面为故意，行为人明知自己给予国家工作人员以财物的行为侵害了国家工作人员职务行为的廉洁性，并且希望或者放任这种结果的发生。同时，行为人主观上要有"为谋取不正当利益"的目的。关于"谋取不正当利益"的含义，2013 年 1 月 1 日起实施的"两高"《行贿解释》第 12 条规定，"谋取不正当利益"是指行贿人谋取的利益违反法律、法规、规章、政策规定，或者要求国家工作人员违反法律、法规、规章、政策、行业规范的规定，为自己提供帮助或者方便条件。违背公平、公正原则，在经济、组织人事管理等活动中，谋取竞争优势的，应当认定为"谋取不正当利益"。

3. 本罪的客观方面

根据刑法第 389 条的规定，行贿罪的客观方面有两类行为方式：

（1）为谋取不正当利益，给予国家工作人员以财物，这是最通常的行贿形式，可称为"一般行贿"。其中谋取不正当利益是主观要素，实现与否不影响行贿罪的构成。实践中，一般行贿又可以分为几种情况：①为谋取不正当利益，事先主动给予国家工作人员财物；

②国家工作人员利用职务上的便利为行为人谋取不正当利益之后，为了表示感谢给予国家工作人员财物；③因国家工作人员索要，为谋取不正当利益，而被动地给予国家工作人员财物。但行为人因被勒索给予国家工作人员以财物，没有获得不正当利益的，不是行贿。

（2）在经济往来中，违反国家规定，给予国家工作人员以财物，数额较大的，或者违反国家规定，给予国家工作人员以各种名义的回扣、手续费的，这种形式，可称为"经济行贿"。"国家规定"，包括全国人大及其常委会制定的法律和决定，国务院制定的行政法规、规章、发布的决定、命令等的规定。

4. 本罪的客体

本罪侵犯的客体为国家工作人员职务行为的廉洁性。行贿罪中的"财物"，与受贿罪中的"财物"内涵相同。

三、行贿罪的具体证据指引

1. 关于本罪主体的证据

本罪主体是一般主体，即年满十六周岁、具有刑事责任能力的自然人。

2. 关于本罪主观方面的证据

（1）犯罪嫌疑人的供述和辩解。证实行贿的动机、目的、时间、地点、金额、受贿人、参与人、经过、结果，谋取的不正当利益内容及是否实现，以及共同犯罪的预谋策划时间、地点、参与人、分工及经过等。

（2）相关证人证言。证实内容同上。

通过上述证据，证明行为人为谋取不正当利益，向国家工作人员行贿，明知自己的行为，会发生侵害国家工作人员职务行为不可收买性的结果，并且希望或放任这一结果的发生。

3. 关于本罪客观方面的证据

（1）犯罪嫌疑人的供述和辩解。证实：

①实施行贿行为的时间、地点、原因；

②行贿的方式，包括主动给予受贿人财物或因对方的要求而被动地给予财物，或者违反国家规定，给予国家工作人员以各种名义的回扣、手续费等；

③行贿人谋取不正当利益的内容及是否获得；谋取的利益是否是非法利益；因行贿谋取不正当利益，是否造成直接经济损失，使国家利益遭受重大损失；

④行贿的金钱数额、物品名称、特征、价值，行贿款的来源，是否来源于违法所得；

⑤行贿的对象，是否为谋求职务提拔、调整；是否为实施违法犯罪活动，向负有食品、药品、安全生产、环境保护等监督管理职责的国家工作人员行贿，严重危害民生、侵犯公众生命财产安全；是否是向行政执法机关、司法机关的国家工作人员行贿，影响行政执法和司法公正；

⑥行贿的详细经过；

⑦共同犯罪的起意、策划、分工、实施等情况，查明每一个犯罪嫌疑人在共同犯罪中的地位和作用。

（2）受贿人的证言。证实内容同上，并要求与行贿人供述相吻合。具体包括：

①受贿人的自然情况及国家工作人员身份、职务、职权情况，与行贿人的关系；

②收受财物的时间、地点、经过、结果；

③受贿的金钱数额、物品名称、特征、价值及存放、使用、消费等对财物的处理情况；

④为行贿人谋取不正当利益的事实经过以及是否因谋利行为严重危害民生、侵犯公众生命财产安全、影响行政执法和司法公正、给国家利益造成损失等。

（3）相关知情人证言。证实：

①知情人与行贿人、受贿人的关系；

②行贿的时间、地点、人物、经过、金钱、财物的数量；

③行贿人行贿的原因，即谋取不正当利益的情况。

（4）物证。包括起获的贿赂赃款、赃物及受贿人用行贿钱款购买的物品。

（5）书证。包括：

①证明犯罪嫌疑人行贿前支取钱款的银行存折、支取凭单；

②犯罪嫌疑人行贿前后所作的笔记、日记等记录；

③犯罪嫌疑人购买贿赂物品的发票、购买证明；

④受贿人具有国家工作人员的主体身份、单位职务、职权证明材料；

⑤行贿人谋取的不正当利益或者国家工作人员提供的帮助或者方便条件，或者经济往来中给予的回扣、手续费等，违反了哪些规定；

⑥受贿人利用职务便利为行贿人谋取不正当利益的批示、文件；

⑦受贿人收取贿赂的笔记、日记记录，银行存款的存折、银行交易明细等；

⑧证明造成经济损失金额的书证材料。

（6）鉴定意见

①笔迹鉴定，证明行贿人、受贿人行受贿行为的签字笔迹、印鉴等；

②价格认定结论书；

③因谋取不正当利益造成的损失的鉴定意见。

（7）勘验、检查笔录。

（8）视听资料及电子数据。包括录音、录像带、电子数据等。

（9）搜查、扣押、起赃、收缴、封存笔录。

通过上述证据，证明行为人为了谋取"不正当利益"，实施了给予国家工作人员或者其他依照法律从事公务的人员以财物的行为，即行为人实施了"以钱购权"的行为。行贿罪是"为谋取不正当利益"和"给予财物"的有机结合，两者缺一不可。

第八章　对有影响力的人行贿罪

一、刑法规定

第三百九十条之一　为谋取不正当利益，向国家工作人员的近亲属或者其他与该国家工作人员关系密切的人，或者向离职的国家工作人员或者其近亲属以及其他与其关系密切的人行贿的，处三年以下有期徒刑或者拘役，并处罚金；情节严重的，或者使国家利益遭受重大损失的，处三年以上七年以下有期徒刑，并处罚金；情节特别严重的，或者使国家利益遭受特别重大损失的，处七年以上十年以下有期徒刑，并处罚金。

单位犯前款罪的，对单位判处罚金，并对其直接负责的主管人员和其他直接责任人员，处三年以下有期徒刑或者拘役，并处罚金。

二、罪名释义

对有影响力的人行贿罪，是指为谋取不正当利益，向国家工作人员的近亲属或者其他与该国家工作人员关系密切的人，或者向离职的国家工作人员或者其近亲属以及其他与其关系密切的人行贿的行为。

1. 本罪的主体要件

按照刑法第 390 条之一的规定，本罪主体包括自然人和单位。

2. 本罪的主观方面

主观方面为故意，且具有谋取不正当利益的目的。

3. 本罪的客观方面

本罪客观方面表现为，个人或者单位为谋取不正当利益，向国家工作人员的近亲属或者其他与该国家工作人员关系密切的人，或者向离职的国家工作人员或者其近亲属以及其他与其关系密切的人行贿。个人或者单位看重的正是国家工作人员（包括离职的国家工作人员）近亲属或其他关系密切人对国家工作人员的影响力，从而意图通过近亲属或关系密切人影响国家工作人员行使职权谋取不正当利益，其行贿的对象是近亲属和关系密切人，而非国家工作人员本人，如果意图行贿的对象是国家工作人员本人的，应认定行贿罪而非本罪。但是实践中行为人可能无法知悉近亲属等关系密切人是否把财物给予国家工作人员，如果行为人意图给近亲属等关系密切人行贿，但事实上近亲属转交了财物，但行为人不知道的，也应认定本罪。当然，如果行为人具有概括性故意，即对于财物最终给予国家工作人员还是其近亲属或关系密切的人都具有放任的间接故意，都能够接受，那么其最终罪名应以实际收受财物的人员、收受人员所构成的罪名等因素作为判断依据。

三、对有影响力的人行贿罪的具体证据指引

1. 关于本罪主体的证据

本罪的主体包括自然人和单位。

（1）证明自然人主体需要收集的具体证据标准参见第一章有关内容。

（2）证明单位犯罪主体需要调取工商营业执照、工商登记材料、组织机构代码复印件等相关材料，证明单位性质；同时要调取单位直接负责的主管人员和其他直接责任人员主体自然身份、职务身份、职权方面的有关书证、证人证言等证据材料。

（3）由于本罪行为对象是国家工作人员（包括离职的国家工作人员）近亲属或其他关系密切人，还需要调取证明行为对象身份及其与国家工作人员关系的有关证据材料，可以参考利用影响力受贿罪部分证明双方关系的有关内容。

2. 关于本罪主观方面的证据

（1）犯罪嫌疑人的供述和辩解。证实对国家工作人员（包括离职）近亲属或其他关系密切人行贿的动机、目的、时间、地点、参与人、经过、结果，对二者之间关系的明知，谋取的不正当利益内容及是否实现，以及共同犯罪的预谋策划时间、地点、参与人、分工及经过等。

（2）单位行贿的，调取直接负责的主管人员和其他直接责任人员的供述和辩解，证实单位决定对国家工作人员（包括离职）近亲属或其他关系密切人行贿的决议形成过程、参与人员、目的是为单位谋取不正当利益等内容。

（3）国家工作人员（包括离职）近亲属或其他关系密切人等相关证人证言。证实内容同上。

通过上述证据，证明行为人（或单位）为谋取不正当利益，决意向国家工作人员（包括离职）近亲属或其他关系密切人行贿。

3. 关于本罪客观方面的证据

（1）犯罪嫌疑人的供述和辩解。证实：

①实施对国家工作人员（包括离职）近亲属或其他关系密切人行贿行为的时间、地点、原因等；

②行贿的具体方式，包括主动给予财物或因对方的要求而被动地给予财物，或者违反国家规定，给予各种名义的回扣、手续费等；

③行贿人（单位）谋取不正当利益的具体内容及是否获得；谋取的利益是否是非法利益；因行贿谋取不正当利益，是否造成直接经济损失，使国家利益遭受重大损失；

④行贿的金钱数额、物品名称、特征、价值，行贿款的来源、去向等内容；

⑤共同犯罪的起意、策划、分工、实施等情况，查明每一个犯罪嫌疑人在共同犯罪中的地位和作用。

（2）国家工作人员（包括离职）近亲属或其他关系密切人的证言。证实内容除其与国家工作人员之间的关系外，其余内容同上，并要求与行贿人（单位）供述相吻合。

（3）国家工作人员及其他的相关知情人证言。国家工作人员的证言除证明本人任职情况、与犯罪嫌疑人之间的关系外，其他证实内容同上。

（4）物证。包括起获的贿赂赃款、赃物及用行贿钱款购买的物品。

（5）书证。内容包括：

①证明贿赂款来源、去向、汇款过程的银行存折、支取凭单、购买贿赂物品的发票、收据等凭证；

②国家工作人员利用职权为行贿人（单位）谋取不正当利益的批示、文件等。

（6）鉴定意见。包括价格认定结论书、造成损失鉴定等，证明行贿财物价值或者造成的损失金额。

（7）勘验、检查笔录。包括现场、物证的勘验、检查笔录及照片。

（8）视听资料及电子数据。包括录音、录像带、电子数据等。

（9）搜查、扣押、起赃、收缴、封存笔录。

通过上述证据，证明行贿人（单位）为了谋取"不正当利益"，实施了给予国家工作人员（包括离职）近亲属或其他关系密切人财物的行为。

第九章　对单位行贿罪

一、刑法规定

第三百九十一条　为谋取不正当利益，给予国家机关、国有公司、企业、事业单位、人民团体以财物的，或者在经济往来中，违反国家规定，给予各种名义的回扣、手续费的，处三年以下有期徒刑或者拘役，并处罚金。

单位犯前款罪的，对单位判处罚金，并对其直接负责的主管人员和其他直接责任人员，依照前款的规定处罚。

二、罪名释义

对单位行贿罪，是指为谋取不正当利益，给予国家机关、国有公司、企业、事业单位、人民团体以财物，或者在经济往来中，违反国家规定，给予各种名义的回扣、手续费的行为。

1. 本罪的主体要件

本罪的主体除了自然人之外，还包括单位。

2. 本罪的主观方面

本罪的主观方面为故意，且具有谋取不正当利益的目的。

3. 本罪的客观方面

本罪的客观方面表现为，个人或者单位为谋取不正当利益，给予国家机关、国有公司、企业、事业单位、人民团体以财物，或者在经济往来中，违反国家规定，给予各种名义的回扣、手续费的行为。如果认定单位为犯罪主体的，必须是为单位谋取不正当利益，如果为个人谋取不正当利益以单位名义行贿的，应认定个人的对单位行贿罪。

4. 本罪的客体

本罪的客体为国家机关、国有公司、企业、事业单位、人民团体职务行为的廉洁性。

三、对单位行贿罪的具体证据指引

1. 关于本罪主体的证据

（1）本罪主体是自然人和单位，证明自然人身份的具体证据标准参见第一章的有关内容。

如果单位是犯罪主体，则要调取以下证据材料：

①工商营业执照、工商登记材料、组织机构代码复印件等相关材料证明单位性质；

②调取单位直接负责的主管人员和其他直接责任人员主体自然身份、职务身份、职权方面的有关书证、证人证言等材料。

（2）由于本罪行为对象是国家机关、国有公司、企业、事业单位、人民团体，因此，需要调取该单位的组织机构代码证、事业单位法人证书等用于证明单位属于国家机关、国有公司、企业、事业单位、人民团体的有关书证材料。

2. 关于本罪主观方面的证据

（1）犯罪嫌疑人的供述和辩解。证实对国家机关、国有公司、企业、事业单位、人民团体行贿的动机、目的、时间、地点、参与人、经过、结果，谋取的不正当利益内容及是否实现，以及共同犯罪的预谋策划时间、地点、参与人、分工及经过等。

（2）单位行贿的，调取直接负责的主管人员和其他直接责任人员的供述和辩解，证实单位决定对国家机关、国有公司、企业、事业单位、人民团体行贿决议形成过程、参与人员、目的是为单位谋取不正当利益等内容。

（3）受贿单位工作人员等相关证人证言。证实内容同上。

通过上述证据，证明行为人（单位）为谋取不正当利益，向国家机关、国有公司、企业、事业单位、人民团体行贿，明知自己的行为，会发生侵害上述单位职务行为廉洁性的结果，并且希望或放任这一结果的发生。

3. 关于本罪客观方面的证据

（1）犯罪嫌疑人的供述和辩解。证实：

①实施对单位行贿行为的时间、地点、原因、方式等；

②行贿的具体方式，包括主动给予受贿单位财物或因对方的要求而被动地给予财物，或者违反国家规定，给予各种名义的回扣、手续费等；

③行贿人（单位）谋取不正当利益的具体内容及是否获得；谋取的利益是否是非法利益；因行贿谋取不正当利益，是否造成直接经济损失，使国家利益遭受重大损失；

④行贿的金钱数额、物品名称、特征、价值，行贿款的来源、去向等内容；

⑤共同犯罪的起意、策划、分工、实施等情况，查明每一个犯罪嫌疑人在共同犯罪中的地位和作用。

（2）受贿单位工作人员的证言。证实内容同上，并要求与行贿人（单位）供述相吻合。

（3）相关知情人证言。证实内容同上。

（4）物证。包括起获的贿赂赃款、赃物及受贿单位用行贿钱款购买的物品。

（5）书证。包括：

①证明贿赂款来源、去向、汇款过程的银行存折、支取凭单、购买贿赂物品的发票、收据等凭证；

②受贿单位利用职权为行贿人（单位）谋取不正当利益的批示、文件等。

（6）价格认定结论书、造成损失鉴定等鉴定意见。

（7）勘验、检查笔录。包括现场、物证的勘验、检查笔录及照片。

（8）视听资料及电子数据。包括录音、录像带、数据资料等。

（9）搜查、扣押、起赃、收缴、封存笔录。

通过上述证据，证明行贿人（单位）为了谋取"不正当利益"，实施了给予国家机关、国有公司、企业、事业单位、人民团体财物的行为。

4. 关于本罪客体的证据

通过上述主客观方面的证据，证明行贿人（单位）的行贿行为侵害了国家机关、国有公司、企业、事业单位、人民团体职务行为的廉洁性。

第十章　介绍贿赂罪

一、刑法规定

第三百九十二条　向国家工作人员介绍贿赂，情节严重的，处三年以下有期徒刑或者拘役，并处罚金。

介绍贿赂人在被追诉前主动交待介绍贿赂行为的，可以减轻处罚或者免除处罚。

二、罪名释义

介绍贿赂罪，是指向国家工作人员介绍贿赂，情节严重的行为。

1. 本罪的主体要件

本罪的主体为一般主体，即自然人。

2. 本罪的主观方面

本罪的主观方面为故意，行为人明知自己撮合的是行贿、受贿行为而有意为之。实践中，介绍贿赂的动机一般包括：（1）"情义型"，主要发生于同学、亲戚、同事或朋友等情况下；（2）"联络感情型"，即行为人意欲建立关系网；（3）"巴结权势型"，主要为讨好上司而介绍贿赂；（4）"贪利型"，即为从中谋取自己的非法利益。动机不影响本罪的成立。

3. 本罪的客观方面

本罪的客观方面表现为，行为人在行贿人和受贿人之间联络沟通、撮合介绍，促成行受贿的实现。本罪要求情节严重才能够构成犯罪。

介绍贿赂行为本身具有一定的独立性，本罪的成立并不以相对应的行贿罪和受贿罪的成立或其中一罪成立为前提条件。实践中，只要行为人介绍贿赂情节严重，达到立案标准的，即应定罪处罚。

4. 本罪的客体

本罪的客体为国家机关的正常活动和国家工作人员职务行为的廉洁性。

三、介绍贿赂罪的具体证据指引

1. 关于本罪主体的证据

本罪主体是是自然人，证明自然人身份的具体证据标准参见第一章的有关内容。

介绍贿赂行为人向国家工作人员介绍贿赂，还需调取证明国家工作人员身份和职责的证据，具体证据标准可以参考第一章内容。

2. 关于本罪主观方面的证据

（1）犯罪嫌疑人的供述和辩解。证实介绍贿赂的动机、目的、时间、地点、行贿人、受贿人、参与人、经过、结果，谋取的利益内容及是否实现，以及共同犯罪的预谋策划时间、地点、参与人、分工及经过等。

（2）证人证言。证实内容同上。

（3）物证、书证。证实贿赂的种类、数量、去向、谋取的利益等。

通过上述证据，证明行为人明知自己向国家工作人员介绍贿赂的行为，会发生行贿、受贿的结果，并且希望或放任这一结果的发生。

3. 关于本罪客观方面的证据

（1）犯罪嫌疑人的供述和辩解。证实：

①实施介绍贿赂行为的时间、地点、参加人员；

②采取何种方法、手段，包括勾通、牵线搭桥、撮合、引见等；

③介绍贿赂的人数、次数；

④介绍贿赂的详细经过；

⑤是否谋取非法利益及非法利益的数额、价值、物品名称等；

⑥行贿的行为过程、受贿的行为过程；

⑦介绍人是否与行贿人、受贿人通谋，是否从中收取好处费，是否构成行贿罪、受贿罪共犯或者其他犯罪；

⑧共同犯罪的起意、策划、分工、实施、分赃等情况，查明每一犯罪嫌疑人在共同犯罪中的地位和作用。

（2）证人证言

①受贿人的证言，包括其身份、职责，受贿人与介绍贿赂人的关系，收受财物的时间、地点、经过、结果，受贿的金钱数额、物品名称、特征、价值，为行贿人谋取不正当利益的经过等；

②行贿人的证言，包括行贿人与介绍贿赂人的关系，行贿的时间、地点和次数，行贿是现金还是物品，谋取的利益等；

③其他知情人、关系人、亲友的证言，证实介绍贿赂的经过。

（3）物证、书证

①证明受贿人身份和职责的书证材料；

②如受贿人已经接受请托为行贿人谋取利益，调取证明上述事实的相关的批示、文件、档案等书证材料；

③行、受贿的金钱、物品等原物或照片；

④便条、电话记录、信件、存折等书证。

（4）鉴定意见

①文检、指纹鉴定等鉴定意见；

②价格认定结论书。

（5）视听资料及电子数据。包括录音、录像带、照片、电子数据等。

（6）其他证明材料

①行贿人、受贿人前科材料的证据，包括判决书等；

②搜查、扣押、起赃、收缴、封存笔录。

通过上述证据，证明行为人实施了介绍贿赂的行为。

4. 关于本罪客体的证据

通过上述主、客观方面的证据，证明行为人的行为侵害了国家机关的正常活动和国家工作人员职务行为的廉洁性。

第十一章　单位行贿罪

一、刑法规定

第三百九十三条　单位为谋取不正当利益而行贿，或者违反国家规定，给予国家工作人员以回扣、手续费，情节严重的，对单位判处罚金，并对其直接负责的主管人员和其他直接责任人员，处五年以下有期徒刑或者拘役，并处罚金。因行贿取得的违法所得归个人所有的，依照本法第三百八十九条、第三百九十条的规定定罪处罚。

二、罪名释义

单位行贿罪，是指单位为谋取不正当利益而行贿，或者违反国家规定，给予国家工作人员以回扣、手续费，情节严重的行为。

1. 本罪的主体要件

本罪是单位犯罪，犯罪主体只能是单位，包括公司、企业、事业单位、机关、团体等，国有单位和非国有单位均可构成本罪。

2. 本罪的主观方面

本罪的主观方面是故意，且具有谋取不正当利益的目的，且行贿的意志必须是单位意志，而非个人意志。

3. 本罪的客观方面

本罪客观方面表现为，单位为谋取不正当利益而给国家工作人员行贿，或者违反国家规定，给予国家工作人员以回扣、手续费。

4. 本罪的客体

本罪客体为国家工作人员职务行为的廉洁性。

三、单位行贿罪的具体证据指引

1. 关于本罪主体的证据

本罪的主体为单位，证明单位犯罪主体需要调取工商营业执照、工商登记材料、组织机构代码复印件等相关材料，证明单位性质；同时要调取单位直接负责的主管人员和其他直接责任人员主体自然身份、职务身份、职权方面的有关书证、证人证言等证据材料。具体参见第一章有关内容。

2. 关于本罪主观方面的证据

（1）直接负责的主管人员和其他直接责任人员的供述和辩解。证实单位决定行贿的决议形成过程、参与人员、行贿的动机、目的、时间、地点、金额、受贿人、经过、结果，谋取的不正当利益内容及是否实现，以及共同犯罪的预谋策划时间、地点、参与人、分工及经过等。

（2）受贿人、行贿单位或者受贿人单位知情人相关证人证言。证实内容同上。

（3）物证、书证。如单位集体讨论、有关负责人签署的文件、单位的财务账目等书证，证实贿赂的种类、数量、去向，谋取的利益等，证明行贿的行为系由单位集体研究决定，或者由单位的负责人或被授权的其他人员决定、同意的，谋取的不正当利益归单位所有。

通过上述证据，证明行贿行为系单位意志，单位明知其为谋取不正当利益，给予国家工作人员以贿赂或回扣、手续费的行为，会侵害国家工作人员职务行为的廉洁性而故意实施。

3. 关于本罪客观方面的证据

（1）直接负责的主管人员和其他直接责任人员的供述和辩解。证实：

①实施行贿的时间、地点、原因，行贿款来源等；

②行贿的具体方式，包括主动给予受贿人财物或因对方的要求而被动地给予财物，或者违反国家规定，给予各种名义的回扣、手续费等；

③单位谋取不正当利益的具体内容及是否获得；谋取的利益是否是非法利益；因行贿谋取不正当利益，是否造成直接经济损失，使国家利益遭受重大损失；

④行贿的钱款数额、物品名称、特征、价值，行贿款的来源、去向等内容；

⑤如果单位为一人公司或者家族企业等，个人财产与单位财产是否混同；

⑥行贿的详细经过；

⑦共同犯罪的起意、策划、分工、实施等情况，查明每一个犯罪嫌疑人在共同犯罪中的地位和作用；

⑧行贿谋取的利益归个人所有还是单位所有。

（2）受贿人的证言。证实内容同上。

（3）相关知情人证言。证实内容同上。

（4）物证。包括起获的贿赂赃款、赃物及受贿人用行贿钱款购买的物品等。

（5）书证

①证明贿赂款来源、去向、汇款过程的银行存折、支取凭单、购买贿赂物品的发票、收据等凭证；

②受贿人利用职权为行贿单位谋取不正当利益的批示、文件等。

（6）价格认定结论书、造成损失鉴定等鉴定意见。

（7）勘验、检查笔录。包括现场、物证的勘验、检查笔录及照片。

（8）视听资料。包括录音、录像带、数据资料等。

（9）搜查、扣押、起赃、收缴、封存笔录。

通过上述证据，证明单位为了谋取不正当利益，实施了给予国家工作人员财物的行为。

4. 关于本罪客体的证据

通过上述主客观方面的证据，证明单位的行贿行为侵害了国家工作人员职务行为的廉洁性。

第十二章　巨额财产来源不明罪

一、刑法规定

第三百九十五条　（第一款）国家工作人员的财产、支出明显超过合法收入，差额巨大的，可以责令该国家工作人员说明来源，不能说明来源的，差额部分以非法所得论，处五年以下有期徒刑或者拘役；差额特别巨大的，处五年以上十年以下有期徒刑。财产的差额部分予以追缴。

二、罪名释义

巨额财产来源不明罪，是指国家工作人员的财产、支出明显超过合法收入，差额巨大的，经责令说明来源，不能说明其来源的行为。

1979 年刑法并未对巨额财产来源不明罪作出规定。全国人大常委会 1988 年颁布的《关于惩治贪污贿赂罪的补充规定》第 11 条规定：国家工作人员的财产或者支出明显超过合法收入，差额巨大的，可以责令说明来源。本人不能说明其来源是合法的，差额部分以非法所得论。1997 年修订刑法吸收沿用了该罪名。2009 年《刑法修正案（七）》修改了该罪的罪状，将 1997 年刑法中"不能说明其来源是合法的"改为"不能说明其来源的"；同时，增加了一档法定刑，将该罪的法定刑提高到 10 年。

1. 本罪的主体

本罪的主体是特殊主体，即国家工作人员。

2. 本罪的主观方面

主观方面是故意，即行为人应当对超过其合法收入的财产、支出，明知有说明义务，但不能说明或拒不说明。

3. 本罪的客观方面

本罪是真正的不作为犯。财产、支出明显超过合法收入只是成立本罪的前提条件，国家工作人员未履行如实说明义务才是本罪的实行行为。如果行为人说明了巨额财产系贪污、受贿等犯罪所得且查证属实，则成立相应的犯罪；如果行为人说明了巨额财产来源合法且查证属实，则不成立犯罪；只有行为人不能说明来源时才成立本罪。

具体而言，本罪客观方面包括两个特征：

（1）行为人拥有的财产或者支出明显超过合法收入且差额巨大

①财产、支出明显超过合法收入。根据 2003 年 11 月 13 日最高人民法院《纪要》的规定，财产、支出超过合法收入的部分，是指行为人的全部财产与能够认定的所有支出的

总和减去能够证实的有真实来源的所得。在具体计算时，应注意：一是应把国家工作人员个人财产和与其共同生活的家庭成员的财产、支出等一并计算，而且一并减去他们所有的合法收入以及确属与其共同生活的家庭成员个人的非法收入；二是行为人所有的财产包括房产、家具、生活用品、学习用品及股票、债券、存款等动产和不动产；行为人的支出包括合法支出和不合法的支出，包括日常生活、工作、学习费用、罚款及向他人行贿的财物等；行为人的合法收入包括工资、奖金、稿酬、继承等法律和政策允许的各种收入；三是为了便于计算犯罪数额，对于行为人的财产和合法收入，一般可以从行为人有比较确定的收入和财产时开始计算。

②差额巨大。财产、支出和合法收入之间必须差额巨大才能构成本罪，根据相关司法解释规定，涉嫌巨额财产来源不明，数额在30万元以上的，为差额巨大。

（2）行为人经调查机关责令说明来源时不能说明

根据《纪要》的解释，"不能说明"，包括以下情况：①行为人拒不说明财产来源；②行为人无法说明财产的具体来源；③行为人所说的财产来源经司法机关查证并不属实；④行为人所说的财产来源因线索不具体等原因，司法机关无法查实，但能排除存在来源合法的可能性和合理性的。

4. 本罪的客体

客体是国家工作人员职务行为的廉洁性。

三、巨额财产来源不明罪的具体证据指引

1. 关于本罪主体的证据

巨额财产来源不明罪的主体是国家工作人员，相关证据标准参见第一章相关内容。

2. 关于本罪主观方面的证据

（1）犯罪嫌疑人供述和辩解，应当包括：

①犯罪嫌疑人参加工作的时间、工作年限、职务及职级情况等工作履行情况；

②犯罪嫌疑人及其家庭成员的工资、奖金、稿酬、继承等法律和政策允许的各种收入的情况；

③犯罪嫌疑人及其家庭成员的日常生活、工作、学习费用、罚款等合法和不合法的支出情况；

④犯罪嫌疑人及其家庭成员所有的房产、家具、生活用品及股票、债券、存款等动产和不动产情况；

⑤超过合法收入的财产、支出的来源，或者拒不说明、不能说明来源、所交待来源不属实的原因等。

（2）证人证言

①犯罪嫌疑人家庭成员关于家庭收入、支出及财产的证言，以及超出合法收入的财产、支出的来源的说明等；

②相关知情人员对犯罪嫌疑人拒不说明来源、不能说明来源等情况的反映。

3. 关于本罪客观方面的证据

（1）犯罪嫌疑人拥有的资产、支出明显超过合法收入，差额巨大的证据

除了犯罪嫌疑人供述和辩解，以及家庭成员的相关证言外，还应当包括以下证据：

①犯罪嫌疑人及共同生活的家庭成员财产情况的证据，应当包括：

a. 物证，包括犯罪嫌疑人及其家庭成员所拥有的房屋、汽车、现金、存款单、贵重物品等动产和不动产；

b. 书证，包括犯罪嫌疑人及其家庭成员财产的证明文件，如房屋产权证明，汽车所有权证明，股权证明，投资证明，借据，银行及有关单位账簿、会计资料等，接受赠予财产的证明，继承财产的证明等；

c. 勘验、检查、扣押等笔录，用于证实扣押涉案物品、文件的情况；

d. 鉴定意见，如涉案财产、物品的价格认定结论书等。

②犯罪嫌疑人及家庭成员合法收入的证据，包括犯罪嫌疑人及其家庭成员的工资、奖金等收入的证明，单位出具的收入证明材料，其他劳务所得的证明材料，投资行为的收益证明材料，接受赠予的证明材料，继承财产的证明材料。

③犯罪嫌疑人家庭成员非法收入的证据，包括非法经营所得、赌博所得、犯罪所得等相关证据，如工商管理部门的处罚决定书、公安机关处罚决定、法院的判决书等。

④犯罪嫌疑人及家庭成员支出情况的证据，包括购房、购车、日常开支等工作和生活消费支出凭证，赠予支出凭证及其他支出凭证。

⑤犯罪嫌疑人及其家庭成员资产、支出和收入等相关司法会计鉴定意见等。

（2）犯罪嫌疑人不能说明其拥有的财产、支出与合法收入之间巨大差额的来源及其合法性的证据

①犯罪嫌疑人供述和辩解，包括犯罪嫌疑人关于超出合法收入部分资产、支出来源的说明，拒不说明财产来源、无法说明财产来源等态度，以及所说资产来源查证不属实的原因等。

②证人证言。应当包括：

a. 办案人员对于犯罪嫌疑人供述的资产来源线索进行查证的情况，查证与供述不一致的情况等；

b. 与犯罪嫌疑人供述线索相关人员的证言，包括与犯罪嫌疑人的关系、经济往来情况、涉案资产归属情况、资金交易情况等方面的证言。

③物证、书证等，用于证实犯罪嫌疑人供述的资金来源不属实的情况。

（3）司法机关对巨额资产来源进行查证的证据

①证人证言，包括办案人员对于犯罪嫌疑人供述的资产来源线索进行查证的情况，无法查证的原因，以及相关人员对于资产来源情况的证言等；

②物证、书证等，用于证实犯罪嫌疑人交待的线索不属实，犯罪嫌疑人辩解不成立的证据。

4. 关于本罪客体的证据

巨额财产来源不明罪侵犯的客体是国家工作人员职务行为的廉洁性，通过对犯罪嫌疑人拥有的资产、支出及合法收入等证据进行审查，结合犯罪嫌疑人关于超出合法收入部分资产、支出来源情况的说明，认定犯罪嫌疑人不能说明该部分资产、支出来源情况，虽不能确认犯罪嫌疑人实施贪污贿赂犯罪活动，但足以证明其行为对国家工作人员职务行为廉

洁性的侵害。

5. 本罪证据收集需要注意的问题

（1）在查证犯罪嫌疑人的资产时，要调取其名下所有的财产的证据材料，包括房产、汽车、家具、生活用品、学习用品及股票、债券、存款、债权债务等动产和不动产。

（2）在计算犯罪嫌疑人的支出时，既要包括日常生活、工作、学习费用等合法支出，也要包括用于赌博、行贿等不合法的支出；

（3）在查证犯罪嫌疑人的收入、支出的同时，也要查证与其共同生活的家庭成员的收入、支出情况。

（4）在查证犯罪嫌疑人股票、债券、期货等账户情况时，要注意对其立案及留置时的价值进行取证。

（5）注意对犯罪嫌疑人全部财产及支出、收入等情况进行司法会计审计，客观、全面计算差额。

第十三章　私分国有资产罪

一、刑法规定

第三百九十六条 （第一款）国家机关、国有公司、企业、事业单位、人民团体，违反国家规定，以单位名义将国有资产集体私分给个人，数额较大的，对其直接负责的主管人员和其他直接责任人员，处三年以下有期徒刑或者拘役，并处或者单处罚金；数额巨大的，处三年以上七年以下有期徒刑，并处罚金。

二、罪名释义

私分国有资产罪，是指国家机关、国有公司、企业、事业单位、人民团体，违反国家规定，以单位名义将国有资产私分给个人，数额较大的行为。根据1999年9月16日最高人民检察院《关于人民检察院直接受理立案侦查案件立案标准的规定（试行）》，私分国有资产罪案中的"国有资产"，是指国家依法取得和认定的，或者国家以各种形式对企业投资和投资收益、国家向行政事业单位拨款等形成的资产。

1. 本罪的主体

本罪主体是单位，即国家机关、国有公司、企业、事业单位、人民团体。本罪是单位犯罪，但根据法律规定只处罚私分国有资产的直接负责的主管人员和其他直接责任人员，也就是刑法对本罪采取的是单罚制。

2. 本罪的主观方面

本罪在主观方面是直接故意，单位直接负责的主管人员和其他直接责任人员通过单位决策机制决定，形成单位意志，即明知是国有资产而故意违反国家规定，决定将其集体私分给个人，过失不构成本罪。

3. 本罪的客观方面

本罪客观方面表现为，违反国家规定，以单位名义将国有资产集体私分给个人，数额较大的行为。违反国家规定，是指违反了国家对此类单位的国有资产分配管理的规定。以单位名义，是指由单位领导班子集体决策或者由单位负责人决定并由直接责任人员经手实施，公开或半公开地以"奖金""分红""慰问费"等名义进行。集体私分给个人，是指行为人以单位的名义，将国有资产按人头分配给本单位全部或大部分职工，私分范围具有普遍性。按照相关司法解释的规定，数额较大为10万元。

4. 本罪的客体

本罪客体为国家对国有资产的所有权和国家工作人员职务行为的廉洁性。犯罪对象为

"国有资产"，是指依法经由上述国家机关、国有公司、企业、事业单位、人民团体管理、使用或者运输中的国有资产。"国有资产"范围比刑法第91条规定的"公共财产"的范围要小，不包括劳动群众集体所有的财产以及用于扶贫和其他公益事业的社会捐助或者专项基金的财产等。

三、私分国有资产罪的具体证据指引

1. 关于本罪主体的证据

私分国有资产罪的主体证据要有涉案单位属于国家机关、国有公司、企业、事业单位、人民团体的证据，以及犯罪嫌疑人系单位直接负责的主管人员或其他直接责任人员的证据，具体证据标准参见第一章有关内容。

2. 关于本罪主观方面的证据

（1）犯罪嫌疑人供述和辩解，证实涉案单位私分国有资产的动机、目的、时间、地点、名义、参与人、经过、结果，被私分的资产性质、种类、数量、去向等。

（2）证人证言。应当包括：

①涉案国有资产管理人员、单位财务人员等人针对犯罪嫌疑人对涉案国有资产性质认识及私分国有资产的动机、目的、时间、地点、名义、参与人、经过、结果等所作证言；

②未一并移送的同案犯及其他知情人员关于证明前述内容的证言。

（3）物证、书证。如单位的财务账目、固定资产登记表、单位集体讨论记录、相关负责人员签署的文件等，证明私分国有资产的行为由单位集体研究决定，或者由单位负责人、被授权的其他人决定、同意的。

3. 关于本罪客观方面的证据

（1）以单位名义私分的证据，应当包括：

①私分国有资产决策形成的会议记录、相关负责人员签署的文件、有关分配决定的方案等书证；

②决策参与人、国有资产管理人员、财务人员、本单位员工等人的证言；

③相关的会计资料、分配表、领取手续等书证；

④犯罪嫌疑人供述和辩解。

（2）集体私分给个人的证据，应当包括：

①私分国有资产决策形成的会议记录、相关负责人员签署的文件、有关分配决定的方案等书证；

②财务人员、本单位员工等人的证言；

③相关的会计资料、分配表、领取手续等书证；

④犯罪嫌疑人供述和辩解。

（3）涉案资产属于国有资产的证据，应当包括：

①资产来源的书证，如国家出资、国家财政拨款的有关会计凭证等有关书证；

②涉案国有资产证明材料、单位相关财务报表等物证、书证；

③国有资产管理人员、财务人员及其他知情人员的证言；

④涉案国有资产的价格认定结论书、司法会计鉴定等；

⑤私分现场勘查笔录、扣押涉案物品的笔录等；

⑥犯罪嫌疑人供述和辩解。

4. 关于本罪客体的证据

通过上述主体、主观方面、客观方面的证据的审查，证实涉案单位违反国家规定以单位名义将国有资产集体私分给个人，侵犯了国有资产的所有权和国家工作人员职务行为的廉洁性。

5. 本罪证据收集需要注意的问题

（1）私分国有资产罪为单位犯罪，根据 2001 年 1 月 21 日最高人民法院《全国法院审理金融犯罪案件工作座谈会纪要》（法〔2001〕8 号）的规定，单位的分支机构或者内设机构、部门也可以认定为单位犯罪的主体。

（2）私分国有资产罪的犯罪对象为国有资产，在证据审查中要注意核实涉案财产的性质。

（3）私分国有资产罪依法追究直接负责的主管人员和其他直接责任人员的刑事责任，要注重核实单位实施私分国有资产犯罪活动中相关人员的职务、具体作用。

第十四章　滥用职权罪

一、刑法规定

第三百九十七条　国家机关工作人员滥用职权或者玩忽职守，致使公共财产、国家和人民利益遭受重大损失的，处三年以下有期徒刑或者拘役；情节特别严重的，处三年以上七年以下有期徒刑。本法另有规定的，依照规定。

国家机关工作人员徇私舞弊，犯前款罪的，处五年以下有期徒刑或者拘役；情节特别严重的，处五年以上十年以下有期徒刑。本法另有规定的，依照规定。

[全国人民代表大会常务委员会《关于〈中华人民共和国刑法〉第九章渎职罪主体适用问题的解释》（2002 年 12 月 28 日），在依照法律、法规规定行使国家行政管理职权的组织中从事公务的人员，或者在受国家机关委托代表国家机关行使职权的组织中从事公务的人员，或者虽未列入国家机关人员编制但在国家机关中从事公务的人员，在代表国家机关行使职权时，有渎职行为，构成犯罪的，依照刑法关于渎职罪的规定追究刑事责任。]

二、罪名释义

滥用职权罪，是指国家机关工作人员滥用职权，致使公共财产、国家和人民利益遭受重大损失的行为。

1. 本罪的主体

本罪主体是国家机关工作人员。

根据相关司法解释及相关规定，滥用职权罪还包括以下主体：

（1）根据最高人民检察院 2000 年 5 月 4 日《关于镇财政所所长是否适用国家机关工作人员的批复》，对于属行政执法事业单位的镇财政所中按国家机关在编干部管理的工作人员，在履行政府行政公务活动中，滥用职权或玩忽职守构成犯罪的，应当追究刑事责任。

（2）根据最高人民检察院 2002 年 5 月 16 日施行的《关于企业事业单位的公安机构在机构改革过程中其工作人员能否构成渎职侵权犯罪主体问题的批复》，企业事业单位的公安机构在机构改革过程中虽尚未列入公安机关建制，其工作人员在行使侦查职责时，实施渎职行为的，应当按渎职罪追究刑事责任。

（3）根据最高人民检察院法律政策研究室 2003 年 1 月 13 日《关于对海事局工作人员如何使用法律问题的答复》，海事局及其分支机构工作人员在从事上述公务活动中，滥用职权或者玩忽职守，致使公共财产、国家和人民利益遭受重大损失的，应当以滥用职权罪或者玩忽职守罪追究刑事责任。

（4）根据最高人民检察院 2007 年 5 月 16 日《关于对林业主管部门工作人员在发放林木采伐许可证之外滥用职权玩忽职守致使森林遭受严重破坏的行为适用法律问题的批复》，林业主管部门工作人员违法发放林木采伐许可证，致使森林遭受严重破坏的，依照刑法第 407 条的规定，以违法发放林木采伐许可证罪追究刑事责任；以其他方式滥用职权或者玩忽职守，致使森林遭受严重破坏的，依照刑法第 397 条的规定，以滥用职权罪或者玩忽职守罪追究刑事责任，立案标准依照最高人民检察院《关于渎职侵权犯罪案件立案标准的规定》第一部分渎职犯罪案件第 18 条第 3 款的规定执行。

（5）根据 1998 年 12 月 29 日全国人大常委会《关于惩治骗购外汇、逃汇和非法买卖外汇犯罪的决定》第 6 条，海关、外汇管理部门的工作人员严重不负责任，造成大量外汇被骗购或者逃汇，致使国家利益遭受重大损失的，依照刑法第 397 条的规定定罪处罚。

2. 本罪的主观方面

关于滥用职权罪的主观方面，滥用职权罪的主观罪过形式是故意，行为人对于危害结果需要具备预见可能性。

3. 本罪的客观方面

滥用职权罪的客观方面表现为国家机关工作人员滥用职权，致使公共财产、国家和人民利益遭受重大损失。具体包括几个方面：

（1）行为人实施了滥用职权的行为

滥用职权行为包括两种基本类型：一是滥用职权范围内的权力，即行为人拥有某项职权，但背离自己职务行为的宗旨不正当行使自己的职权，或者违反法定规则和程序处理公务。二是滥用职权范围外的权力，即违反规定，超越职权，擅自决定或处理无权决定、处理的事项。

（2）行为人滥用职权的行为致使公共财产、国家和人民利益遭受重大损失

滥用职权罪是结果犯，行为人滥用职权的行为需要造成"公共财产、国家和人民利益遭受重大损失"的危害结果，单纯的滥用职权行为，如果没有造成该危害结果，可以给予党政纪处分，但不能以滥用职权犯罪论处。按照最高人民法院、最高人民检察院《关于办理渎职刑事案件适用法律若干问题的解释（一）》（以下简称《渎职解释》）的规定，重大损失的标准为：造成死亡 1 人以上，或者重伤 3 人以上，或者轻伤 9 人以上，或者重伤 2 人、轻伤 3 人以上，或者重伤 1 人、轻伤 6 人以上的；造成经济损失 30 万元以上的；造成恶劣社会影响的；其他致使公共财产、国家和人民利益遭受重大损失的情形。

（3）滥用职权行为和危害结果之间具有因果关系。

4. 本罪的客体

本罪的客体是国家机关的正常管理活动。虽然滥用职权从引起的后果看可能侵犯了公民的人身权利、财产权利，或者使公共财产、国家和人民财产遭受重大损失，但这些都属于社会危害性的具体表现，其本质仍然属于侵犯了国家机关的正常管理活动。

三、滥用职权罪的具体证据指引

1. 关于本罪主体的证据

滥用职权罪的主体是国家机关工作人员，可参见第一章中国家机关工作人员的证据标

准，具体分为以下五类人员。

（1）证明犯罪嫌疑人属于国家机关工作人员的证据

①在各级国家权力机关、行政机关、司法机关和军事机关等国家机关中从事公务的人员，证据应当包括：

a. 所在机关的组织机构代码证、统一社会信用代码证等；

b. 组织人事部门出具的人事档案、干部履历表、任命书、聘任书、任职证明及相关的会议记录等。

②在依照法律、法规规定行使国家行政管理职权的组织中从事公务的人员，证据应当包括：

a. 赋予犯罪嫌疑人所在组织职权的法律、法规规定；

b. 该组织的组织机构代码证、统一社会信用代码证或者工商营业执照等；

c. 犯罪嫌疑人的人事档案、劳动合同、任命书或者该组织出具的任职证明材料等；

d. 该组织的负责人针对组织的性质、工作职责及犯罪嫌疑人的任职情况所做的证言；

e. 犯罪嫌疑人供述和辩解中关于组织的性质及个人任职情况的供述。

③在受国家机关委托代表国家行使职权的组织中从事公务的人员，证据应当包括：

a. 国家机关授权文件、国家机关出具的证明文件、会议纪要等证明材料；

b. 该组织的单位法人证书、组织机构代码证、统一社会信用代码证或者工商营业执照等；

c. 犯罪嫌疑人的人事档案、劳动合同、任命书或者该组织出具的任职证明材料等；

d. 该组织的负责人针对组织的性质、工作职责及犯罪嫌疑人的任职情况所做的证言；

e. 犯罪嫌疑人供述和辩解中关于组织的性质及个人任职情况的供述。

④虽未列入国家机关人员编制但在国家机关中从事公务的人员，证据应当包括：

a. 所在国家机关的组织机构代码证等；

b. 犯罪嫌疑人的劳动合同书、聘用证书、国家机关出具的证明等；

c. 犯罪嫌疑人所在单位、部门负责人对其工作职责、任职情况的所做的证言；

d. 犯罪嫌疑人供述和辩解中关于其个人任职情况的供述。

⑤在乡（镇）以上中国共产党机关、人民政协中从事公务的人员，证据应当包括：

a. 党的机关、人民政协的单位性质的证明材料；

b. 组织人事部门出具的人事档案、干部履历表、任命书、聘任书、任职证明及相关的会议记录等。

（2）证明犯罪嫌疑人代表国家行使职权的证据

证明犯罪嫌疑人代表国家行使职权，主要从犯罪嫌疑人具体的职务、工作职责、主管事项等方面来予以证明，证据应当包括：

①犯罪嫌疑人的人事档案、干部履历表、任命书、聘任书、劳动合同种关于其工作岗位、工作职责的相关内容；

②犯罪嫌疑人所在单位出具的关于其具体职务、工作职责的证明文件；

③犯罪嫌疑人所在单位或者部门负责人、同事关于其具体职务、工作职责等情况的证言；

④犯罪嫌疑人供述和辩解中关于其在所在单位的工作岗位、工作职责和工作内容等情况的供述；

⑤其他相关证据，如犯罪嫌疑人的职责要求具备一定的专业技术资格和条件的，还应收集其相关专业技术资格、等级证书、认证文件等材料。

2. 关于本罪主观方面的证据

（1）证明犯罪嫌疑人明知应依法、依规履职相关规定的证据

要证明犯罪嫌疑人故意实施滥用职权的行为，首先要证明犯罪嫌疑人明知依照法律、法规或单位工作规定等应当如何履行职责，证据应当包括：

①犯罪嫌疑人所在组织办理相关事宜所依据的法律、法规、工作制度、职业规范等；

②犯罪嫌疑人所在组织传达、学习与正确履职相关的法律、法规、工作制度、职业规范等工作开展情况的学习记录、会议记录等，以及犯罪嫌疑人参加前述学习活动的记录；

③所在组织出具的犯罪嫌疑人在处理相关事宜上的具体工作职责、权限及工作中一贯表现等证明材料；

④犯罪嫌疑人的上级领导、同事、下属关于办理相关事宜的法律、法规、工作制度、职业规范等的掌握情况，单位传达、组织学习前述规定的情况，以及犯罪嫌疑人对相关规定的掌握情况等证据材料；

⑤犯罪嫌疑人供述和辩解中，对办理相关事宜的法律、法规、工作制度、职业规范等规定的掌握情况，在以往工作中处理同类事宜的情况等证据材料；

⑥其他能够证实犯罪嫌疑人明知应当如何履职的证据。

（2）证明犯罪嫌疑人故意实施滥用职权行为的证据

滥用职权罪是在明知正常履职规定的情况下，故意违反正常履职的规定，故意违反规定履职、故意不履行应当履行的职责，或者超越职权履职的情况，证据应当包括：

①行政相对人的证言，用于证实其与犯罪嫌疑人的关系、是否存在行受贿问题，以及犯罪嫌疑人的犯罪动机等；

②同案犯及其他知情人的证言，用于证实犯罪嫌疑人明知办理涉案事项的相关规定，故意违反相关规定的情况；

③犯罪嫌疑人供述和辩解，证实犯罪嫌疑人与行政相对人的关系，是否存在行受贿问题，违规行使职权的动机、目的等问题；

④其他能够证实犯罪嫌疑人故意实施滥用职权行为的证据。

（3）证明犯罪嫌疑人"徇私舞弊"的证据

要证明犯罪嫌疑人具有"徇私舞弊"情节，需要收集其具有徇个人私情、私利的证据，应当包括：

①行政相对人的证言，用于证实其与犯罪嫌疑人是否存在亲属、利益关系或者其他密切联系；

②其他知情人员的证言，用于证实犯罪嫌疑人与行政相对人的关系，以及犯罪嫌疑人基于前述关系而滥用职权的情况；

③犯罪嫌疑人供述和辩解中关于滥用职权的动机、目的的供述，其与行政相对人关系的供述，以及实际获得利益的供述等；

④犯罪嫌疑人因滥用职权而取得的赃款、赃物，以及赃款赃物的去向等；

⑤其他能够证明犯罪嫌疑人"徇私舞弊"的证据。

3. 关于本罪客观方面的证据

（1）证明犯罪嫌疑人应当如何依法履职的证据

国家机关工作人员职权方面的证据应当以国家机关出具、提供的书面材料为主，并结合犯罪嫌疑人供述和辩解、证人证言等予以认定，证据应当包括：

①关于犯罪嫌疑人职责分工的规定、文件、会议记录以及履职程序的法律法规等；

②犯罪嫌疑人具体履行职责的操作规定和流程等单位内部的规章制度，以证明汇报、审批或者决定程序和权限；

③犯罪嫌疑人对于其职务、权限、工作规程的供述和辩解；

④有关犯罪嫌疑人职务、职权的证人证言；

⑤其他有关犯罪嫌疑人职权的证据。

（2）证明犯罪嫌疑人实施滥用职权行为的证据

该部分的证据主要是结合国家工作人员的具体职权从客观上证实犯罪嫌疑人实施了超越职权，违法决定、处理其无权决定、处理的事项，或者违反规定处理公务的行为，证据应当包括：

①犯罪嫌疑人供述和辩解，具体包括以下内容：

a. 犯罪嫌疑人违反规定从事公务活动的时间、地点、审批过程、处理依据和后果等；

b. 公务活动的参与人、审批人、执行人的分工情况以及各自的具体行为和意见，对于采取集体研究决策形式的，应当查明犯罪嫌疑人的作用；

c. 犯罪嫌疑人正常履行职权应当如何处理，包括从事公务的职责、程序和自身从事相关公务活动的年限、接受培训的情况等；

d. 是否受到权力的干预，包括干预的具体事实经过、人员、授意的内容等；

e. 其他与滥用职权行为相关的内容。

②证明犯罪嫌疑人滥用职权的物证、书证，包括犯罪嫌疑人签署的意见、批示、请示、指示等，证明履职过程的会议记录、处理决定、笔记等；

③证人证言，包括犯罪嫌疑人单位领导、具体经办人、同事、知情人员等能够证实滥用职权事实的相关证人证言；

④鉴定意见，包括对笔迹、印章等的鉴定意见，以及对人身伤害、财产损失等损害后果的鉴定意见；

⑤其他能够证明实施滥用职权行为的证据。

（3）证明公共财产、国家和人民利益遭受重大损失的证据

对于该部分证据，除需要犯罪嫌疑人供述和辩解、相关证人证言、勘验检查笔录、视听资料、电子数据等共性证据之外，还应当针对不同形式的损害后果调取相应的证据。

①造成人员伤亡的证据，应当包括：

a. 被害人及相关证人对于损害经过及后果的陈述、证言等；

b. 医疗诊断证明、死亡证明等书证；

c. 现场勘验、检查笔录；

d. 鉴定意见，如有关伤亡情况的法医鉴定意见、伤残等级鉴定意见等；

e. 医疗、丧葬、抚恤等费用支出的凭证；

f. 其他证据材料。

②造成经济损失的证据，应当包括：

a. 涉案财产的照片、产权证明、价格认定结论书等；

b. 财务报表、财务账簿、会计鉴定意见、司法审计意见等；

c. 证明经济损失情况的证人证言；

d. 现场勘验、检查笔录；

e. 专门机构出具的经济损失报告、价格认定结论书、修缮费用凭证等相关证据；

f. 如果是债权类经济损失，应当调取能够证明因犯罪嫌疑人的行为致使债权已经无法实现的证据，包括债务人宣布破产，债务人已经潜逃、下落不明以及因为犯罪嫌疑人的责任超过诉讼时效的书证、证人证言及犯罪嫌疑人供述和辩解等；

g. 其他证据材料。

③造成恶劣社会影响的证据，应当包括：

a. 对于引发新闻媒体广泛关注，引起强烈社会反响的，应当调取网站、微博、微信、报纸、期刊等国内外媒体的相关报道、截图或者外交照会等能够证明造成恶劣社会影响的书证，以及证人证言等，同时调取微博、微信等自媒体发布相关信息的点击量、转发量等电子数据；

b. 对于造成大规模上访、暴力冲突等事件，影响国家机关正常职能活动的，应当调取能够证明上访、暴力冲突经过、规模、影响、后果以及因果关系的物证、书证、证人证言等证据；

c. 对于诱发民族矛盾纠纷，严重影响民族团结、社会稳定的，应当调取能够证明诱发民族矛盾、影响社会稳定的具体事件、经过、后果以及因果关系的物证、书证、证人证言等证据；

d. 其他能够证明造成恶劣社会影响的证据。

④其他致使公共财产、国家和人民利益遭受损失的情况

a. 造成人员严重中毒的，应当调取能够证明中毒的人数、原因、程度的书证、证人证言、犯罪嫌疑人供述和辩解等，以及医疗诊断证明、死亡证明、鉴定意见、国家机关出具的事故调查报告等证据；

b. 造成有关公司、企业等单位停业、停产的，应当调取能够证明单位经营状况、停业停产原因、停业停产持续时间以及损失的物证、书证、证人证言、犯罪嫌疑人供述和辩解等，以及公司、企业的工商登记材料，公司、企业的有关文件和会议纪要等书证；

c. 造成有关公司、企业等单位破产或者被注销的，应当调取能够证明单位之前经营状况、破产时间、破产原因以及损失的书证、证人证言、犯罪嫌疑人供述和辩解，以及公司、企业的工商登记材料，公司、企业的有关文件和会议纪要，人民法院关于公司、企业破产有关的裁定等；

d. 造成国家声誉严重损害的，应当调取引发外交纠纷、涉外诉讼或者境外相关媒体广泛批评的相关书证，以及有关证人的证言；

e. 弄虚作假，不报、缓报、谎报或者授意、指使、强令他人不报、缓报、谎报情况，导致特大事故危害结果继续、扩大，或者致使抢救、调查、处理工作延误的，应当调取能够证明犯罪嫌疑人明知重特大事故并且有上报义务而弄虚作假故意不报，导致危害结果扩大或者抢救工作延误的书证、证人证言、犯罪嫌疑人供述和辩解，以及调查机构出具的事件调查报告，抢救组织出具的相关工作被延误的证明材料等书证。

⑤滥用职权所造成的公共财产等损失是否及时追回，违法所得或者应当追缴的其他涉案财产是否采取扣押、冻结等措施。

（4）证明滥用职权行为与损害后果之间存在刑法上因果关系的证据

因果关系的审查要结合犯罪主体、主观方面、客观方面的证据进行逻辑和客观法则的分析，应当结合犯罪嫌疑人实施滥用职权行为和造成的后果等相关证据进行审查、判断，重点审查能够证明二者之间具有联系的相关证人证言、专家意见、鉴定意见等证据。对于集体讨论的滥用职权案件，还要分清领导责任与执行人员的责任，或双方的责任。

4. 关于本罪客体的证据

滥用职权罪侵犯的客体主要是国家机关公务行为合法、公正、有效地执行以及由此产生的可依赖性，以及对公共财产、国家和人民的其他利益造成的侵害。通过对前述国家机关工作人员的规章制度、工作职责、操作流程、滥用职权的行为、造成的后果等主客观方面的证据审查，通过一系列科学的逻辑分析来论证犯罪嫌疑人的行为是否侵犯了相关法益。

5. 本罪证据收集需要注意的问题

（1）滥用职权罪的主体是国家机关工作人员。

（2）在犯罪嫌疑人行为方式表现为不作为的情况下，要注意收集犯罪嫌疑人主观方面是故意还是过失的证据，以区分滥用职权罪与玩忽职守罪。

（3）在主观方面证据收集的过程中，要注意收集、调取犯罪嫌疑人是否具有"徇私舞弊"情节的证据。

（4）滥用职权行为与危害后果之间是否存在刑法上的因果关系是本罪审查认定的难点之一，在证据收集、调取过程中要注意收集相关证据。

（5）在审查滥用职权造成的危害后果时，要注意审查因滥用职权造成公共财产、国家和人民利益损失等方面的证据，同时注意收集和审查追赃挽损的证据，及时与法院会商关于追赃挽损的落实措施和实现路径。

第十五章　玩忽职守罪

一、刑法规定

第三百九十七条　国家机关工作人员滥用职权或者玩忽职守，致使公共财产、国家和人民利益遭受重大损失的，处三年以下有期徒刑或者拘役；情节特别严重的，处三年以上七年以下有期徒刑。本法另有规定的，依照规定。

国家机关工作人员徇私舞弊，犯前款罪的，处五年以下有期徒刑或者拘役；情节特别严重的，处五年以上十年以下有期徒刑。本法另有规定的，依照规定。

［全国人民代表大会常务委员会《关于〈中华人民共和国刑法〉第九章渎职罪主体适用问题的解释》（2002 年 12 月 28 日），在依照法律、法规规定行使国家行政管理职权的组织中从事公务的人员，或者在受国家机关委托代表国家机关行使职权的组织中从事公务的人员，或者虽未列入国家机关人员编制但在国家机关中从事公务的人员，在代表国家机关行使职权时，有渎职行为，构成犯罪的，依照刑法关于渎职罪的规定追究刑事责任。］

二、罪名释义

玩忽职守罪，是指国家机关工作人员基于过失没有依法履行职责，致使公共财产、国家和人民利益遭受重大损失的行为。

1. 本罪的主体

本罪主体是国家机关工作人员。

2. 本罪的主观方面

关于玩忽职守罪的主观方面为过失。

3. 本罪的客观方面

玩忽职守罪的客观方面表现为国家机关工作人员玩忽职守，致使公共财产、国家和人民利益遭受重大损失。

（1）行为人实施了玩忽职守的行为

玩忽职守，是指行为人严重不负责任，不履行或者不正确履行职责。不履行是指行为人应该履行且有条件、有能力履行职责，但违背职责没有履行，如擅离职守的行为；不正确履行，是指在履行职责的过程中，马虎草率、粗心大意，违反有关规定履行职责。玩忽职守行为，包括作为和不作为两种行为方式。

（2）玩忽职守行为致使公共财产、国家和人民利益遭受重大损失

玩忽职守罪是结果犯，行为人玩忽职守的行为需要造成"公共财产、国家和人民利益

遭受重大损失"的危害结果，单纯的玩忽职守行为，如果没有造成该危害结果，可以给予党政纪处分，但不能以玩忽职守犯罪论处。"重大损失"的标准，按照相关司法解释认定。

（3）玩忽职守行为和危害结果之间具有因果关系。

4. 本罪的客体

本罪的客体与滥用职权罪相同，一方面是国家法益，即职务行为的正当性和公众对国家行政、司法权力行使公正性的信赖感；另一方面是个人法益，即公民个人人身或财产权利。

三、玩忽职守罪的具体证据指引

1. 关于本罪主体的证据

玩忽职守罪的主体为国家机关工作人员，该罪主体的证据标准可参见滥用职权罪的主体证据要求。

2. 关于本罪主观方面的证据

（1）证明犯罪嫌疑人明知应当如何履行职责且不履行或者不正确履行职责的行为可能发生危害后果的证据

①犯罪嫌疑人供述和辩解，包括犯罪嫌疑人对其不履行职责或者不正确履行职责及违法违规违纪的认知程度，对其不履行职责或不正确履行职责可能造成的危害后果的认知程度。

②证人证言，包括犯罪嫌疑人所在组织的上级领导、同事、下属关于单位或者部门传达、学习与正确履职相关的法律、法规、工作制度、职业规范等工作开展情况的学习记录、会议记录等，以及犯罪嫌疑人参加前述学习活动的记录。

③书证，包括所在组织出具的相关事项上处理的工作规程、工作中形成的工作惯例等。

（2）证明犯罪嫌疑人对玩忽职守行为可能造成的后果是过失罪过的证据

①犯罪嫌疑人供述和辩解，包括犯罪嫌疑人不履行职责或者不正确履行职责的时间、地点、手段、参与人员、经过、处理结果和造成的后果等。

②被害人陈述、相关证人证言等，用于证明犯罪嫌疑人履职过程中是否曾就应如何履职进行咨询或者建议，以及犯罪嫌疑人对上述建议的态度等。

（3）证明犯罪嫌疑人"徇私舞弊"的证据

①犯罪嫌疑人供述和辩解，包括犯罪嫌疑人严重不负责任，不履行职责或者不正确履行职责的动机、目的，与相关人员的关系，是否为本人、他人谋私情、私利。

②相关证人证言，用于证实犯罪嫌疑人是否曾向相关人员表明为谋私情、私利而不正当履职的情况。

③物证、书证、鉴定意见等，如犯罪嫌疑人接受他人的物品、礼金、服务的情况，相关费用支出的凭证，及违法违规处理公务活动的结果等。

3. 关于本罪客观方面的证据

（1）证明犯罪嫌疑人应当如何履职的证据

①犯罪嫌疑人供述和辩解，用于证实犯罪嫌疑人依法行使职权情况下应如何处理公务，包括犯罪嫌疑人的职权范围、行使职权的程序、接受监督的方式及自身的知识层次、

从事公务的年限、接受培训的情况等。

②证人证言，用于证实犯罪嫌疑人的职权范围、履职程序等，包括犯罪嫌疑人上级领导、同事、下属、行政相对人等证人的证言。

③书证，包括犯罪嫌疑人的人事档案、干部履历表、干部任免审批表、岗位职责说明、单位职业规范、工作制度、管理规定、班子成员分工材料等。

④其他证明材料。

（2）证明犯罪嫌疑人不履行职责或者不认真履行职责的证据

①犯罪嫌疑人供述和辩解，用于证实犯罪嫌疑人不履行职责或者不认真履行职责的情况，包括事件发生经过、事态发展、审批程序、处理结果、处理依据、行政相对人的反应，公务活动的负责人、参与人员、执行人员的情况及各自意见，犯罪嫌疑人在公务活动中的具体表现和态度等。

②证人证言，包括犯罪嫌疑人上级领导、同事、下属、行政相对人、关系人等证人的证言，用于证实犯罪嫌疑人不履行职责或者不认真履行职责的时间、地点、手段、参与人员、经过等。

③物证、书证，包括会议记录、处理决定、批件、便条、工作日记、电话记录、传真、电报、情况说明等，用于证实犯罪嫌疑人不履行职责或者不认真履行职责的情况。

④鉴定意见。包括笔迹、印章、文件等鉴定意见，用于证实相关证据与犯罪嫌疑人的关系。

（3）证明公共财产、国家和人民利益遭受重大损失的证据

①犯罪嫌疑人供述和辩解，包括两方面内容：一方面是玩忽职守的后果及危害，包括物质的、非物质的，有形的影响、无形的影响，直接的损失、间接的损失等；另一方面是损失发生后，犯罪嫌疑人是及时报告、积极挽回损失，还是不报、迟报、谎报或者授意、指使、强令他人不报、迟报、谎报事故情况，掩饰危害后果，致使危害后果持续、扩大或者抢救工作延误。

②被害人陈述，包括其遭受重大人身、财产损害的加害人、手段、经过、结果及诉讼请求等。

③证人证言，包括犯罪嫌疑人的上级领导、同事、下属、行政相对人、目击证人等证人证言，证实犯罪嫌疑人玩忽职守造成的后果、报告、营救及挽回损失的情况。

④物证，包括涉案物品及清单、照片等，证实行为造成公共财产遭受重大损失的情况。

⑤书证，包括医疗手册、诊断证明、情况说明等，证实行为造成人身伤害情况。

⑥鉴定意见，包括对造成死亡、人身伤害结果的法医鉴定意见；对笔迹、印章、文件的文检鉴定意见；对公共财产遭受重大损失的物品鉴定意见、价格认定结论书、会计鉴定意见、审计鉴定意见等。

⑦勘验、检查笔录，包括对受到损害的工厂、企业、公司等现场，人员伤亡现场，事故发生现场，引发骚乱、群体性上访现场的勘验、检查笔录及勘查图、照片、录像资料；对物证的勘验检查笔录及勘查图、照片、录像资料；对人身、尸体的检查笔录及照片、录像资料等。

⑧国内外媒体报道、公民信访举报材料、有关部门内部通报、法律文书、外交照会等

材料。

（4）证明犯罪嫌疑人玩忽职守行为与危害结果存在因果关系的证据

①犯罪嫌疑人供述和辩解，包括犯罪嫌疑人没有履行职务的原因，是否受到他人职权因素等外界干预，以及危害结果是否因不履行职责产生，有无其他介入因素等。

②鉴定意见，包括对造成死亡、人身伤害结果的法医鉴定意见；对笔迹、印章、文件的文检鉴定意见；对公共财产遭受重大损失的物品鉴定意见、价格认定结论书、会计鉴定意见、审计鉴定意见等。

③勘验、检查笔录，包括对遭到破坏的工厂、企业、公司等现场，人员伤亡现场，事故发生现场，引发骚乱、群体性上访现场的勘验、检查笔录及勘查图、照片、录像资料；对物证的勘验、检查笔录及勘查图、照片、录像资料；对人身、尸体的检查笔录及照片、录像资料等。

（5）证明犯罪嫌疑人存在"徇私舞弊"等情节的证据

①犯罪嫌疑人供述和辩解，包括与行政相对人的关系，有无收受贿赂，收受的物品、礼金的种类、特征、数量、时间、地点、经过、在场人员、赃款物去向等。有无为本单位、部门谋取好处，好处的物质形式、种类、特征、数量及时间、地点、经过、在场人员、经手人、知情人等。

②证人证言。包括犯罪嫌疑人上级领导、同事、下属、行政相对人等的证言，证实犯罪嫌疑人玩忽职守的手段、方式、方法等。

③物证、书证，包括与犯罪嫌疑人不履行职责或不正确履职相关的物品、文件、批示等。

4. 关于本罪客体的证据

玩忽职守罪对于法益的侵犯，主要通过对主体、主观方面、客观方面等证据的审查，判断犯罪嫌疑人玩忽职守的行为，侵害了国家机关的正常管理活动，以及造成公共财产、国家和人民利益遭受损失的情况。

5. 本罪证据收集需要注意的问题

（1）在玩忽职守罪证据收集过程中，要注意收集损害结果与犯罪嫌疑人行为之间存在刑法上因果关系的证据；

（2）在收集犯罪嫌疑人主观方面证据过程中，要注意收集犯罪嫌疑人是否具有"徇私舞弊"情节的证据。

第十六章　徇私枉法罪

一、刑法规定

第三百九十九条　司法工作人员徇私枉法、徇情枉法，对明知是无罪的人而使他受追诉、对明知是有罪的人而故意包庇不使他受追诉，或者在刑事审判活动中故意违背事实和法律作枉法裁判的，处五年以下有期徒刑或者拘役；情节严重的，处五年以上十年以下有期徒刑；情节特别严重的，处十年以上有期徒刑。

在民事、行政审判活动中故意违背事实和法律作枉法裁判，情节严重的，处五年以下有期徒刑或者拘役；情节特别严重的，处五年以上十年以下有期徒刑。

在执行判决、裁定活动中，严重不负责任或者滥用职权，不依法采取诉讼保全措施、不履行法定执行职责，或者违法采取诉讼保全措施、强制执行措施，致使当事人或者其他人的利益遭受重大损失的，处五年以下有期徒刑或者拘役；致使当事人或者其他人的利益遭受特别重大损失的，处五年以上十年以下有期徒刑。

司法工作人员收受贿赂，有前三款行为的，同时又构成本法第三百八十五条规定之罪的，依照处罚较重的规定定罪处罚。

二、罪名释义

徇私枉法罪，是指司法工作人员徇私枉法、徇情枉法，对明知是无罪的人而使他受追诉，对明知是有罪的人而故意包庇不使他受追诉，或者在刑事审判活动中故意违背事实和法律作枉法裁判的行为。

1. 本罪的主体要件

本罪的主体为特殊主体，限于司法工作人员。根据刑法第 94 条，司法工作人员，是指有侦查、检察、审判、监管职责的工作人员。

2. 本罪的主观方面

本罪的主观方面是故意，包括直接故意与间接故意，并要求有徇私情或徇私利动机。过失导致追诉无罪的人、包庇有罪的人或者错误判决、裁定的，不成立本罪。同时，犯罪目的不影响本罪的认定。

3. 本罪的客观方面

本罪客观方面表现为司法工作人员徇私枉法、徇情枉法，对明知是无罪的人而使他受追诉，对明知是有罪的人而故意包庇不使他受追诉，或者在刑事审判活动中故意违背事实和法律作枉法裁判。主要有以下几种情形：

（1）对明知是没有犯罪事实或者其他依法不应当追究刑事责任的人，采取伪造、隐匿、毁灭证据或者其他隐瞒事实、违反法律的手段，以追究刑事责任为目的立案、侦查、起诉、审判的；

（2）对明知是有犯罪事实需要追究刑事责任的人，采取伪造、隐匿、毁灭证据或者其他隐瞒事实、违反法律的手段，故意包庇使其不受立案、侦查、起诉、审判的；

（3）采取伪造、隐匿、毁灭证据或者其他隐瞒事实、违反法律的手段，故意使罪重的人受较轻的追诉，或者使罪轻的人受较重的追诉的；

（4）在立案后，采取伪造、隐匿、毁灭证据或者其他隐瞒事实、违反法律的手段，应当采取强制措施而不采取强制措施，或者虽然采取强制措施，但中断侦查或者超过法定期限不采取任何措施，实际放任不管，以及违法撤销、变更强制措施，致使犯罪嫌疑人、被告人实际脱离司法机关侦控的；

（5）在刑事审判活动中故意违背事实和法律，作出枉法判决、裁定，即有罪判无罪、无罪判有罪，或者重罪轻判、轻罪重判的；

（6）其他徇私枉法应予追究刑事责任的情形。

4. 本罪的客体

本罪侵犯客体是国家司法机关的正常活动秩序和国家的司法公正。

三、徇私枉法罪的具体证据指引

1. 关于本罪主体的证据

徇私枉法罪的主体是特殊主体，即司法工作人员，具体是指在国家机关工作人员中从事刑事立案、侦查、起诉、审判的司法工作人员。具体证据标准在参见本指引第一章的基础上，要注意审查证明行为人的所在单位、行为人在案件中是否具有相应的司法职权的证据材料。

2. 关于本罪主观方面的证据

（1）犯罪嫌疑人供述和辩解

①行为人实施枉法行为的原因、动机与目的，行为人与被包庇或者陷害对象的关系，是否收受财物或其他好处等情形，以证明行为人徇个人私情、私利等；

②行为人对案件事实、包庇对象或者陷害对象应当依照法律如何处理的认识程度；

③行为人实施枉法行为前做了哪些准备，实施枉法行为有无其他参与人，包庇他人或者陷害他人的手段、方法、结果；

④行为人的专业水平、司法能力，对其他同类案件的处理结果，以判断是否故意枉顾事实、证据实施了枉法行为；

⑤共同犯罪的，核实犯意的提起、意思联络、分工情况，及在共同犯意支配下每个行为人实施的具体行为。

（2）被害人陈述，证明行为人对案件了解的程度，实施枉法行为的手段、方式、结果，行为人如何向其答复，徇私枉法的动机与目的等。

（3）证人证言

①受包庇人、被陷害人、请托人的证言，以证明行为人徇私枉法的原因、动机、目

的，行为人是否提及案件本应如何处理、对拟采取何种方法实施枉法行为等；

②行为人上级领导、同事或下属的证言，以证明行为人的专业能力和水平，就案件情况、如何处理是否进行汇报、沟通和指示，关于案件的相关举动有何异常之处等；

③其他知情人所知晓的关于行为人徇私枉法的原因、动机、目的等方面证言。

（4）物证、书证

①行为人接受的实物、现金、有价证券以及其他物质性利益等，以证明行为人徇私枉法的动机、目的；

②行为人为实施枉法行为而隐匿、毁灭的证据原件，伪造、变造证据材料，使用的作案工具等；

③刑事诉讼中立案决定书、不予立案通知书、起诉书、刑事裁判文书等，以证明行为人对枉法行为及其后果具有认识；

④行为人伪造材料、弄虚作假所形成的物证、书证，以证明行为人故意隐瞒案件真实情况或者编造虚假情况，意图包庇或陷害他人。

（5）鉴定意见。关于伪造材料的笔迹鉴定意见、痕迹鉴定意见、司法会计鉴定意见等，证明行为人实施枉法行为的手段以及对危害后果的认识情况。

（6）视听资料、电子数据，行为人与被害人、受包庇人及请托的人往来的短信、通话记录、微信聊天记录，证明行为人实施枉法行为的动机、目的。

3. 关于本罪客观方面的证据

（1）犯罪嫌疑人的供述和辩解

①案件本身的事实、证据情况，依据法律法规应当如何处理；

②实施枉法行为的时间、地点、手段、方法、参与人及结果；

③行为人隐匿、毁灭证据或者伪造、编造证据的，查明隐匿、毁灭证据的方法、证据去向，实施具体行为的时间、地点、手段、意图；

④行为人在案件办理中的职权，以及案件的处理、请示过程，包括行为人在案件处理中发挥的作用，有无决定权，如何影响有决定权的人作出决定，具体的审批、执行情况；

⑤有无授意下属、欺骗领导和同事的行为；

⑥受他人指使或者与他人勾结、串通的，查明与他人串通的时间、次数、内容、分工、实行情况等；

⑦行为人在案件办理过程中所做出的公开法律文书、内部审查报告、审理报告等，有无在其中故意采用虚假证据认定案件事实、故意错误改变案件定性、在法定刑之外量刑等；

⑧枉法行为造成的后果，包括有无控告、申诉、上访、自杀、伤残、精神失常及经济损失情况等。

（2）被害人陈述

①案件的事实真相，包括其遭受侵害的时间、地点、侵害行为、结果等；

②行为人介入后的行为、处理过程、结果等；

③行为人答复其案件处理的原因、释法说理内容；

④因行为人徇私枉法而受到的人身损害、精神损伤、财产损失情况。

（3）证人证言

①请托人、受包庇人、被陷害人的证言，以证明行为人实施枉法行为的时间、地点、原因、经过、结果等；

②行为人上级领导、同事或下属的证言，以证明行为人对案件的处理、审批、决定过程及处理结果，行为人有无异常表现等；

③其他知情人关于行为人实施枉法行为的有关证言。

（4）物证、书证

①行为人伪造、编造的证据材料，隐匿、毁灭证据所使用的作案工具；

②徇私过程中收受的礼金、物品的实物及清单、照片以及其他物质性利益的相应凭证；

③反映行为人对案件处理过程的卷宗材料，包括案件请示报告、案件讨论笔录、审查报告、审理报告等；

④反映行为人枉法行为导致案件处理结果的相关书证，包括立案决定书、不予立案通知书、通缉令、逮捕决定书、起诉书、不起诉决定书、刑事判决书、释放证明等；

⑤被行为人包庇的人又继续进行违法犯罪活动的有关证据材料。

（5）鉴定意见

①针对隐匿、伪造、篡改的笔录、文件、印鉴、公章等进行的文检鉴定意见；

②被害人伤亡法医鉴定意见、精神病鉴定意见；

③指纹、足迹等痕迹鉴定意见；

④司法会计、税务鉴定意见；

⑤物品质量标准、卫生标准鉴定、价格认定结论书等；

⑥电子证据的司法鉴定意见。

（6）勘验、检查笔录

①行为人毁灭、伪造证据，隐藏作案工具所形成的现场勘验、检查笔录及勘查图、照片；

②行为人藏匿收受他人财物的现场勘验、检查笔录及勘查图、照片；

③对人身、尸体、指纹、足迹的勘验、检查笔录及勘察图、照片。

（7）视听资料及电子数据

①行为人伪造、变造证据时的监控视频、电子证据；

②行为人与包庇的人、请托人等相关人员联系的短信、微信、通话记录等。

（8）其他证明材料

①行为人辨认物证或伪造书证、文件的笔录；

②搜查笔录、扣押物品清单及照片，证实查获的赃款赃物或调取的相关物证；

③报案登记、立案决定书、破案经过、到案经过等证据材料，以证明案件来源、案发过程、侦破经过以及行为人是否有自首、立功的情节。

4. 关于本罪客体方面的证据

通过对前述证据的调取，能够综合反映行为人徇私枉法行为侵犯了国家司法机关正常的刑事诉讼活动和国家的司法公正。

5. 本罪证据收集需要注意的问题

徇私枉法罪中包庇有罪的人使其不受追诉或者重罪轻判的，司法工作人员应当利用了自身的职务权限，如承办案件或者指示、指挥承办案件，如果行为人没有利用具体的职务权限，则成立包庇罪。因此，要注意收集、审查行为人在包庇过程中有无利用自身的职务权限，以判断是否在具体职务行为中实施了包庇行为。

第十七章　刑讯逼供罪

一、刑法规定

第二百四十七条　司法工作人员对犯罪嫌疑人、被告人实行刑讯逼供或者使用暴力逼取证人证言的，处三年以下有期徒刑或者拘役。致人伤残、死亡的，依照本法第二百三十四条、第二百三十二条的规定定罪从重处罚。

二、罪名释义

刑讯逼供罪，是指司法工作人员对犯罪嫌疑人、被告人使用肉刑或者变相肉刑，逼取口供的行为。

刑讯逼供罪的主体是特殊主体，即司法工作人员。刑讯逼供是行为人在刑事诉讼过程中，利用职权进行的一种犯罪活动，具有这种主体要件的只能是有权办理刑事案件的司法工作人员。根据刑法第 94 条的解释，司法工作人员是指有侦查、检察、审判、监管职责的工作人员，包括公安机关和国家安全机关的侦查人员、检察机关的检察人员、审判机关的审判人员和监狱的监管人员。

本罪在主观上只能是故意，并且具有逼取口供的目的。至于行为人是否得到供述，犯罪嫌疑人、被告人的供述是否符合事实，均不影响本罪的成立。无论行为人逼取口供是为公还是为私，均不影响本罪的成立。

刑讯逼供罪客观方面表现为，司法机关为了获取口供，对侦查过程中的犯罪嫌疑人和起诉、审判过程中的刑事被告人，采取肉刑或者变相肉刑，逼取犯罪嫌疑人、被告人作出所期待的口供的行为。其中，肉刑，是指对被害人的肉体施行暴力，如吊打、捆绑、殴打以及其他折磨人的肉体的方法。变相肉刑，是指对被害人使用非暴力的摧残和折磨，如冻、饿、晒、烤等方式。

本罪的客体是复杂客体，即公民的人身权利和国家司法机关的正常活动。刑讯逼供，致人伤残、死亡的依刑法第 234 条关于故意伤害罪、第 232 条关于故意杀人罪的规定，从重处罚。

三、刑讯逼供罪的具体证据指引

1. 关于本罪主体的证据

本罪主体是特殊主体，即司法工作人员，具体包括侦查、检察、审判、监管人员，在办案实践中常见的是负有侦讯审任务的公安人员、检察人员和审判人员。

2. 关于本罪主观方面的证据

（1）犯罪嫌疑人的供述和辩解

①与被讯问的犯罪嫌疑人的关系，是否有私怨、纠纷、口角，在讯问过程中有无发生冲突、矛盾等；

②是否出于破案、办成大案或办成"铁案"等取得工作成效的动机；

③是否为获取被刑讯人口供而使用肉刑或者变相肉刑，有无在使用肉刑或者变形肉刑的过程中强迫或暗示被刑讯人应如何供述；

④对被刑讯人进行虐待是临时起意还是事先预谋、策划；

⑤实施刑讯逼供行为时的主观心态，对造成被刑讯人伤残、死亡后果的认识程度；

⑥刑讯逼供的手段、方式、时间、地点，有无刻意避开其他人员等；

⑦共同犯罪的犯意提起、预谋、组织、策划过程以及分工情况；

⑧有无授意、指使、强迫他人或者被他人授意、指使、强迫而实施刑讯逼供的行为。

（2）被害人陈述

①与行为人的关系，是否有私怨、纠纷、口角，在讯问过程中有无发生冲突、矛盾等；

②行为人在行为前、行为实施过程中、实施后的言行，有无进行警告、威胁等；

③刑讯逼供的时间、地点、次数，殴打的位置、使用变相肉刑的方式及后果等。

（3）证人证言

①参与讯问等目击证人的证言，以证明行为人是否为逼取口供而刑讯、被刑讯人的言行以及被刑讯逼供的过程、有无强迫或暗示对言词证据中哪些部分进行供述或修正等；

②其他知情人的证言，包括行为人与被害人之间有无冲突、矛盾，行为人有无表示对被害人不满，有无威胁、恐吓被害人，行为人及被害人在案发前后有无异常行为等。

（4）物证、书证

①刑讯逼供所使用的工具，如警棍、木棒、绳索、手铐等；

②被刑讯后所做的笔录或者被刑讯人的自书供述，以及被刑讯前所做的笔录等，以证明被刑讯逼供后言词证据有无变化。

（5）勘验、检查笔录、视听资料、电子证据等，以证明行为原因、手段、过程、后果，推断其主观是否具有刑讯逼供的故意。

3. 关于本罪客观方面的证据

（1）犯罪嫌疑人的供述和辩解

①实施刑讯逼供前有无进行准备活动，如准备犯罪工具、选择时间地点等；

②实施刑讯逼供的时间、地点、次数、共同参与人；

③实施刑讯逼供的方法、手段，包括有无使用工具、打击部位，使用变相肉刑的具体内容、周围环境、持续时间等；

④多次刑讯逼供的，有无对其进行威胁、如何隐瞒其刑讯逼供的行为；

⑤被刑讯人在刑讯过程中的言行、反应、面部表情，有无呼救、要求变更供述、危害后果等；

⑥被刑讯人未被刑讯前后的身体状况、有无疾病、身体不适等；

⑦是否有积极抢救被刑讯人的行为，案发后有无赔偿被刑讯人的经济损失等；

⑧刑讯逼供所使用的犯罪工具的来源、特征，事后如何处理犯罪工具，有无销毁犯罪过程中留下的痕迹、物证等；

⑨行为人为隐瞒其刑讯逼供行为，有无授意下属、欺骗领导和同事的行为、威胁其他犯罪嫌疑人等；

⑩共同犯罪的，查明起意、策划、分工、实施等情况，判断每一名行为人在共同犯罪中的地位和作用。

（2）被害人陈述

①刑讯的时间、地点、周围环境、室内布置情况、次数等；

②刑讯逼供的手段、持续时间，对于遭受变相肉刑的，说明室内外温度、亮度、噪音持续时间等；

③行为人的人数，每个行为人实施殴打、变相肉刑行为的方式、语言、行为人之间有无交流等；

④行为人在刑讯过程中的具体言行，包括行为人就原案哪些情节强迫或者暗示行为人应如何供述、有无侮辱性语言等；

⑤被刑讯人对原案的交待情况，被刑讯后对原案的交待有无变化以及变化的内容、原因等；

⑥行为人有无对其进行威胁、恐吓等；

⑦被刑讯的后果，身体恢复的情况，案发后有无获得赔偿等；

⑧有无向律师、同监室人员或其他人说过被刑讯逼供的情况；

⑨身体的恢复情况、当前的精神状态、有无（试图）自杀、自残等。

（3）证人证言

①目击或者听到刑讯逼供过程证人的证言，包括看到、听到行为人使用肉刑或者变相肉刑的时间、地点、周围环境，实施刑讯行为的人数、每个人的姓名、行为、方法、手段、打击的部位、有无使用工具、具体言行等；

②参与救治被害人的狱医、医院医务人员的证言，证明被害人的伤情和受伤的后果；

③其他证人，包括被害人同监室的人员、参与运送急救的人员等知情人、被害人家属的证言，以证明被刑讯人被刑讯前后的身体情况，送医期间行为人、被害人的言行，送医的具体过程，被害人被刑讯后的伤情以及当前身体、精神的恢复情况，有无（试图）自杀。

（4）物证

①行为人刑讯逼供所使用的犯罪工具，如警棍、木棒、绳索、手铐等；

②犯罪现场遗留的痕迹物证，如血迹、指纹、毛发等。

（5）书证

①原案的受案登记表、立案决定书、拘留证、逮捕证、破案经过等法律文书、内部工作文书；

②原案在刑讯前和刑讯后的笔录或者犯罪嫌疑人、被告人的自书供述；

③被刑讯人在原案的审查起诉阶段或庭审过程中关于原案的供述笔录；

④被害人伤情的照片、病历、抢救记录、诊断书、住院治疗记录等；

⑤被害人以往的健康状况证明，如健康体检表、收押健康体检表、检查报告单、每日巡诊记录；

⑥使用变相肉刑时的气象资料，包括气象部门提供的气温、天气状况等证明资料；

⑦被刑讯人记录被刑讯逼供经过的遗书、日记，被害人（试图）自杀、自残的医院抢救记录等；

⑧案发后与被刑讯人自愿达成的民事赔偿调解协议，以佐证行为人或其所属司法机关承认其刑讯逼供行为及后果；

⑨被刑讯人或其家属向党委、人大、上级司法机关提交的关于原案和刑讯逼供的控告、申诉材料。

（6）鉴定意见

①法医鉴定意见，证明凶器种类、打击部位、被害人伤情、死亡原因等；

②血型、DNA 鉴定意见，证实行为人、被害人身体、衣物或者现场遗留的血衣、血迹、毛发等是否是行为人或被害人的。

③电子证据的司法鉴定意见，证明被删除的监控、手机、电脑等设备的数据恢复情况；

④指纹、足迹等痕迹鉴定意见，证明案发现场提取的指纹、脚印等是否为行为人或被害人遗留；

⑤被害人伤亡法医鉴定意见、精神病鉴定意见，证明行为人殴打、体罚虐待的行为后果；

⑥文检鉴定意见，证实有关书证上的字迹、印鉴是否是行为人或被害人所留。

（7）勘验、检查、辨认、侦查实验等笔录

①现场勘查笔录、照片，证实被刑讯现场及受害人受伤、死亡的现场等有关情况；

②人身检查笔录及照片，证实被害人或行为人身体特征、伤情等；

③尸体检验笔录及照片，证实死亡时间、受伤部位、死亡原因等；

④被害人、目击证人辨认犯罪嫌疑人或物证的笔录；

⑤行为人、被害人、证人指认现场笔录；

⑥侦查实验笔录、录像，主要用于证明受伤部位、原因而模拟进行的实验，以获取证据。

（8）视听资料、电子数据

①与行为人实施刑讯逼供行为或行为前后有关的监控录像；

②行为人与相关人员联系的短信、微信、通话记录等。

（9）其他证明材料

①行为人辨认物证、指认案发地点的笔录，证人指认案发地点、行为人以及辨认物证的笔录；

②搜查笔录、扣押物品清单及照片，证实查获的涉案物品情况；

③报案登记、立案决定书、破案经过、到案经过等证据材料，以证明案件来源、案发过程、侦破经过以及行为人是否有自首、立功的情节；

④刑讯逼供是否造成冤假错案的有关文书材料等；

⑤犯罪嫌疑人实施刑讯逼供后的表现，如抢救、送往治疗，或对抗侦查、订立攻守同盟等；

⑥刑讯逼供造成的社会影响方面的证据，如人大代表议案、质询，政协委员的提案，报刊、电视、广播、网络以及境外媒体的报道等。

4. 关于本罪客体方面的证据

通过对前述证据的调取，能够综合反映行为人的行为侵犯了被害人的人身权利和司法机关的正常活动与威信。

5. 本罪证据收集需要注意的问题

刑讯逼供罪主观方面需具备逼取口供的目的，在调取证据的过程中，要特别注意收集有关"刑讯"与"逼供"之间具有关联性的证据。此外，还要注意及时固定有关伤情的证据，注意收集被刑讯逼供人同室被关押人的证言，用以分析刑讯逼供行为的真伪，排除自伤、自残的情况。